中国社会科学院创新工程学术出版资助项目

中国社会科学院马克思主义理论
学科建设与理论研究工程系列丛书

# 马克思 恩格斯 列宁 斯大林 论国家统一与领土主权

LUNGUOJIA TONGYI YU LINGTU ZHUQUAN

（上卷）

本卷主编：于逢春　冯建勇　吕文利

中国社会科学出版社

## 图书在版编目(CIP)数据

马克思恩格斯列宁斯大林论国家统一与领土主权：全二册／于逢春，冯建勇，吕文利主编．—北京：中国社会科学出版社，2015.12

（中国社会科学院马克思主义理论学科建设与理论研究工程系列丛书）

ISBN 978-7-5161-6701-4

Ⅰ.①马⋯　Ⅱ.①于⋯②冯⋯③吕⋯　Ⅲ.①马列著作-政治-研究　Ⅳ.①A564

中国版本图书馆 CIP 数据核字(2015)第 166980 号

| 出 版 人 | 赵剑英 |
| --- | --- |
| 责任编辑 | 赵　丽 |
| 责任校对 | 董晓月 |
| 责任印制 | 王　超 |

| 出　　版 | 中国社会科学出版社 |
| --- | --- |
| 社　　址 | 北京鼓楼西大街甲 158 号 |
| 邮　　编 | 100720 |
| 网　　址 | http：//www.csspw.cn |
| 发 行 部 | 010-84083685 |
| 门 市 部 | 010-84029450 |
| 经　　销 | 新华书店及其他书店 |
| 印　　刷 | 北京君升印刷有限公司 |
| 装　　订 | 廊坊市广阳区广增装订厂 |
| 版　　次 | 2015 年 12 月第 1 版 |
| 印　　次 | 2015 年 12 月第 1 次印刷 |
| 开　　本 | 710×1000　1/16 |
| 印　　张 | 69.5 |
| 插　　页 | 2 |
| 字　　数 | 1096 千字 |
| 定　　价 | 228.00 元（全二卷） |

凡购买中国社会科学出版社图书，如有质量问题请与本社营销中心联系调换
电话：010-84083683
版权所有　侵权必究

## "马克思主义经典作家专题摘编"编委会

| | |
|---|---|
| 编委会主任 | 李慎明 |
| 编委会副主任 | 侯惠勤　程恩富　李汉林 |
| 编委会成员 | 王伟光　武　寅　王苏粤　杨　扬 |
| | 陆建德　党圣元　卜宪群　步　平 |
| | 张顺洪　谢地坤　卓新平　吴太昌 |
| | 金　碚　张晓山　张世生　李　林 |
| | 房　宁　郝时远　李培林　尹韵公 |
| | 张宇燕　吴恩远　罗京辉　崔建民 |
| | 郑秉文　李向阳　黄　平　孙　新 |
| | 高　翔　刘迎秋　张星星 |
| 本卷主编 | 于逢春　冯建勇　吕文利 |

# 前　言

以毛泽东、邓小平、江泽民为核心的党的三代领导集体和以胡锦涛同志为总书记的党中央始终高度重视党的理论工作，重视全党对马克思主义理论的学习和研究工作。十八大以来，以习近平同志为总书记的党中央更是把意识形态工作作为党的一项极端重要的工作来抓。

2004 年 1 月，《中共中央关于进一步繁荣发展哲学社会科学的意见》下发，并决定实施马克思主义理论研究和建设工程。为贯彻落实党中央关于把中国社会科学院努力建设成为马克思主义坚强阵地、党和国家的思想库智囊团（智库）、哲学社会科学的最高殿堂的要求，中国社会科学院党组采取了一系列重要措施。2009 年年初决定把加强马克思主义理论学科建设与理论研究作为一项重要工作来抓，并成立中国社会科学院马克思主义理论学科建设与理论研究工程领导小组。小组成立后，一方面注重抓好马克思主义理论学科组织机构的建设，设立马克思主义理论类别的研究室和中心等；同时又注重马克思主义基础理论研究，安排了马克思主义经典作家在 36 个相关领域的"专题摘编"及基础理论专题研究。

中国社会科学院推出的"马克思主义经典作家专题摘编"丛书的出版，对马克思主义理论学科建设本身，对深化我国相关科研工作，对相关部门的工作人员和广大干部群众的学习将提供便利并会产生一定的促进作用。

中国社会科学院
"马克思主义经典作家专题摘编"编委会
2015 年 1 月

## 编选体例说明

1. 在马克思恩格斯的著作中，有关国家统一、领土主权、疆域及边疆民族的精辟论述，或如王冠上的蓝宝石，放眼便可以看见；或如珍珠撒落在地上，需仔细辨认，才能有所收获。所以，在整个马恩著作中，除了一些篇章之外，大多数文章从篇名上很难看出同国家统一、领土主权及其边疆与民族有什么关系，有的文章洋洋数万言，其中与此问题有关的只有一二段，或片言只语，相关研究者难以拿出大量时间来梳理这些精华，更不应让大多数研究者分别来重复劳动。为此，为了节省相关研究者的时间，我们根据自己的理解，从前往后找寻，尽可能少些遗漏，将这些熠熠发光的思想精华贡献给读者。

2. 为了使读者查阅方便，我们根据内容，从国家统一、领土主权、边疆理论、地缘政治学等方面着眼，粗分为30个类别。个别自然段落中内容丰富，涉及多个问题点且彼此内在逻辑密切、难以切割者，则根据问题侧重点的不同，放在相关标题下二次或数次出现，但所突出的重点是不同的。

3. 每一篇目均设有主题句。主题句摘录的原则是尽量遵从原文，唯个别处予以概况，取其大意；少部分主题句经编者提炼，取其要义。摘选的正文后标有原文写作时间、篇名、著作名、卷次、页码等信息，以便增加读者对所摘经典相关信息的了解。

4. 为了前后文连贯，保留其内在逻辑而不至于断章取义，在不徒增文字量的前提下，尽可能完整摘编。有的全文著录，有的整个自然段纳入文中，有的摘其有关部分。

5. 本摘编稿所使用的马恩著作版本有三，依次从《马克思恩格斯文集》（10卷）[①]、《马克思恩格斯全集》第2版[②]、《马克思恩格斯全集》第1版[③]中采撷相关内容。即"文集10卷本"中有的话，则从该本中摘录；没有的话，则依次求之于"全集第2版本"与"全集第1版本"。反映在摘编内容中，则均在后面标注版本、卷数与页码等信息。

---

[①] 人民出版社2009年版。
[②] 人民出版社从1995年开始出版，计划出版60余卷，现已出版20余卷。
[③] 人民出版社从1956年至1985年出版发行了50卷。

6. "全集第 1 版本"中，正文页下脚注与文后注释中对于书名、报刊杂志、条约等名称都使用引号（""），而"文集 10 卷本"与"全集第 2 版本"则都是用书名号（《 》）。为了统一格式，便于阅读，本摘编稿将"全集第 1 版本"的引号（" "），改为书名号（《 》）。

7. 上述三种版本对一些细微问题均以"编者注"、"译者注"方式，在正文页下脚注。本摘编稿在摘编时也一仍其旧，如法照录，不予变更。

8. 上述三种版本对一些标题与重大历史事件在卷后予以重点注释，并用阿拉伯数字按出现先后予以排列。为了阅读方便，本摘编稿特将其移转到正文页下，变成脚注。另外，原版本的卷后注释仅标示该注出处的页码，但不标示卷数。由于本摘编稿已打破原有的篇章，该页码已经失去意义，故本摘编稿在各注释之后，还另行标注原版本中的版本（文种、版别、出版社、出版时间）、卷数、阿拉伯数字序号，如"马真塔会战和索尔费里诺会战"条的文后注释，除了移转原注内容之外，还将缀上"——《马克思恩格斯全集》（中文第 2 版）第 19 卷，人民出版社 2006 年版，注释 83"字样，以便于查阅。

9. 各版本中的数字各有不同表示方式，或用汉字，或用阿拉伯字，或用罗马字，即使在同一版本中，部分数字也有不同的写法。为了忠实原版本原貌，本摘编稿均依照原文摘录。

10. 为保持经典著作原貌，文中的黑体字或加着重号之处均同所摘选的原文保持一致；脚注中的"编者注"是原版著作编者所加，"本书编者注"则为本书编者所加，未说明编者加的脚注是经典作家的原注。

11. "人民版"为了节约字数，在编辑时注释均用"本卷"代替"第〇〇卷"。本摘编稿在摘编过程中由于需要对各卷中的一些经典词句分门别类地重新编排，原来的"本卷"标注也将随之移动位置，就会失去原有的意义。为此，本摘编稿将"本卷"还原成原来的卷数。

12. 本摘编稿内分 31 章，对于"人民版"中的重要且篇幅较长的注释，凡是归属于同一篇章之内者，则以参见的方式予以简约标注；分属不同篇章者，则按原版书注释重新标注。

13. "人民版"中的注中注，都以"见注〇〇"形式标注，该注中注之中的二级注均放在书后，既利于节省篇幅，也容易互相参阅。由于本摘编稿已打破原有的篇章，难以找寻二级注，故将"见注〇〇"的"注

○○"的内容直接挪到各一级注释之后,以直接方便阅读。

14. 上述三种版本乃至同一版本之中,马克思恩格斯作为某些文献作者,或标注为"马克思"、"恩格斯",或标注为"卡·马克思"、"弗·恩格斯"。为了保持各版本原貌,本摘编稿不予统一。

15. 由于译者、出版社、出版年代的不同,本书中有时会出现同一人却有不同译名的现象,为保留原译文,编者没有进行统一。

16. 1918年2月14日以前俄国通用俄历,这以后改用公历。两种历法所标日期,在1900年2月以前相差12天(如俄历为1日,公历为13日),从1900年3月起,相差13天。

# 总 目 录

## 上卷　马克思恩格斯论国家统一与领土主权

一　所谓的"自然疆界"与"民族疆界" …………………………… (3)
二　所谓的"民族原则" ……………………………………………… (34)
三　领土获得及疆域管理的"属人原则" …………………………… (47)
四　民族构成及特性与国家或政治独立、民族自治 ……………… (58)
五　获得领土的"历史性权利" ……………………………………… (77)
六　战争、征服、兼并、购买、赠与与疆域及边界变更 ………… (88)
七　主权在民及其人民在领土变更中的地位 …………………… (102)
八　战略要地、地缘政治态势与疆域 …………………………… (111)
九　征服、同化与有效统治 ………………………………………… (161)
十　民族、民族主义与疆域 ………………………………………… (172)
十一　领土获得及疆域管理的"属人原则" ……………………… (195)
十二　领土获得及疆域管理的"属地原则" ……………………… (205)
十三　改变领土的条约与国际法则 ………………………………… (210)
十四　民族解放、国家统一与主权完整 …………………………… (230)
十五　语言、宗教及民族性与获得领土、建立国家之关系 …… (267)
十六　顽固维护封建制度的国家与民族在资本主义时代的结局 …… (285)
十七　反对专制统治及资产阶级压迫与国家独立、民族自决 …… (309)
十八　泛斯拉夫主义 ………………………………………………… (327)
十九　国家的起源 …………………………………………………… (361)
二十　沙俄、德国等数次瓜分波兰 ………………………………… (391)
二一　沙俄侵略土耳其 ……………………………………………… (409)
二二　沙俄侵略欧洲、近东及波斯 ………………………………… (426)
二三　沙俄侵略中亚及远东 ………………………………………… (444)
二四　沙俄侵略中国、鲸吞与巧夺中国领土 ……………………… (452)

二五　沙俄外交成功、意识形态欺骗与掠夺他国领土及利权 …… （457）
二六　对沙俄殊死战与国家统一、独立及世界和平 …………… （519）
二七　英国、法国等列强侵略欧洲、亚洲及波斯 ………………… （530）
二八　英国的爱尔兰政策 …………………………………………… （553）
二九　英国对欧洲大陆的"均势外交"及对沙俄政策 …………… （565）
三十　英国侵略南亚次大陆 ………………………………………… （599）
三一　英国侵华与中国门户洞开 …………………………………… （607）

## 中卷　列宁论国家统一与领土主权

一　论边疆地区经济 ………………………………………………… （663）
二　论"边疆"与"边界" …………………………………………… （690）
三　论边疆民族问题 ………………………………………………… （706）
四　论国家、领土与主权 …………………………………………… （737）
五　论边疆民族语言问题 …………………………………………… （784）

## 下卷　斯大林论国家统一与领土主权

一　论边疆民族问题 ………………………………………………… （793）
二　论国家、领土与主权 …………………………………………… （957）
三　关于中国的问题 ………………………………………………… （982）
四　论边疆民族语言问题 ………………………………………… （1016）
摘编后记 …………………………………………………………… （1021）

# 目　　录

（上卷）

## 上卷　马克思恩格斯论国家统一与领土主权

**一　所谓的"自然疆界"与"民族疆界"** ………………………… （3）

1. 所谓自然疆界和民族疆界恰恰相合而且同时又非常明显的国家并不很多 …………………………………………………… （3）
2. 奥地利人借口明乔河线是德国南方的自然疆界，企图以此证明他们侵占意大利是有理由的，而德国南方疆界这样的间接防御正好驳斥了这种论调 …………………………… （4）
3. 北意大利由伊宗察河口到施蒂尔夫山口的一段为德国边境所环抱，由施蒂尔夫山口到日内瓦与瑞士接壤，由日内瓦到瓦尔河口则与法国毗连 …………………………………… （5）
4. 从战略上整化各国版图并根据便于防御的河流线来确定它们的疆界的思想，在法国革命和拿破仑创立了运动性较大的军队并带领这些军队横扫全欧洲以后，更加受到重视了 ………………………………………………………………… （6）
5. 北意大利是一个附属物，它在任何情况下都只有在战时对德国有利，在平时却只能有害 ……………………………… （6）
6. 只要我们占据着伦巴第，在法国对德国的一切战争中意大利都无疑总是法国的盟邦 ……………………………………… （7）
7. 意大利的存在并不是为了给德国人作缓冲国 ………………… （7）
8. 法国疆界形势的军事意义首先在于这些疆界所起的防护巴黎的屏障作用 …………………………………………………… （8）
9. 自洛特布尔起，法国疆界即离开莱茵河，与它成直角转向西北；自洛特布尔到敦克尔克，法国疆界几乎是一条直线 ………………………………………………………………… （9）

10. 从这些简单的几何关系中可以看出,为什么法国和德国之间在北方进行的一切战争中比利时总是成为战场 ……(9)

11. 很难想象有比法国与比利时接壤的疆界更为薄弱的国境了 ……………………………………………………………(10)

12. 正如"中欧大国"的理论家在意大利寻找河流一样,法国人也正在他们北部疆界的那一边寻找一条河流充当良好的防御阵地 ……………………………………………(11)

13. 如果莱茵河属于法国,那末在同德国作战时,巴黎就真正成为国家的中心了 …………………………………(12)

14. 如果法国人占有了莱茵河疆界,法国的防御体系,就自然的条件而论,就将属于按维利森将军称为"理想的"、再好不过的那一类疆界了 …………………………(12)

15. 以莱茵河作为疆界河流仅有一点不足之处。只要莱茵河的一岸完全属于德国而另一岸完全属于法国,那末两国人民谁也不能控制这一河流 ……………………………(14)

16. 但是,法国人只有当我们不仅把莱茵河而且把莱茵河右岸的桥头堡都让给他们时,他们才能完成自己的职责 ……(14)

17. 莱茵河对于法国,就像艾契河和明乔河对于我们一样,只是莱茵河更加重要而已 ………………………………(15)

18. 因此,不管今后是否真正积极地防守疆界或者只派出部队占领以防可能的袭击,这段疆界仍然是很薄弱的 …………(16)

19. 法国人占有自己的"自然疆界"共17年,从此以后几乎已经45年没有这样的疆界了 ………………………(16)

20. 法国人找到了使这个伟大的民族获得光荣的解决问题的办法:他们把巴黎建筑成要塞 ……………………………(17)

21. 自从巴黎要塞筑成以后,法国就不再需要以莱茵河为疆界了 ……………………………………………………(18)

22. 我们在这种场合所必需的要塞构筑得愈早愈好 …………(18)

23. 我们现在已经明白,"中欧大国"鼓吹者所提出的"自然疆界"论将导致什么结果 …………………………………(19)

24. "自然疆界"论也可以用一个口号来彻底解决什列斯维

希—霍尔施坦问题 …………………………………………… (19)
25. "自然疆界"论使德国有权要求波河 ……………………… (19)
26. "自然疆界"论如用于葡萄牙 ………………………………… (20)
27. 如果考虑到永恒正义的法则 ………………………………… (20)
28. 如果"自然疆界"论，也就是纯粹以军事观点为根据的疆界论是正确的，那末对于那些出席维也纳会议的德国外交家，我们应该怎样来称呼呢? …………………… (20)
29. 你们愿不愿意听这种事情的一个实例呢? ………………… (21)
30. 就是即使德国总的说来注定要利用反击来进行防御，最有效的防御仍然是以攻势来进行的积极防御 …………… (22)
31. 一切波拿巴战争的最终目的，只能是夺回法国的"自然疆界"——莱茵河疆界 ………………………………… (23)
32. 所持的理由是：明乔河与波河下游是德国与意大利之间的自然疆界 ………………………………………………… (24)
33. 如果仅仅从军事观点出发，那么法国要求占有莱茵河的理由无论如何要比德国要求占有明乔河的理由充分得多 ………………………………………………………… (25)
34. 现在，在巴黎竟有人公开地说，阿尔卑斯山是法国的自然疆界，法国有权占有这些山脉 ……………………… (25)
35. 由巴塞尔到布里扬松，法国的疆界形成一个凹度很大的大圆弧；瑞士的很大一部分和萨瓦的全部都在这里嵌入法国疆界 ……………………………………………………… (26)
36. 最完善的疆界也有可以修正和改善的缺陷 ……………… (26)
37. 所以，要想使阿尔卑斯山脉成为法国由蒙塔博尔山到热安峰的自然疆界，就只有使这一疆界从热安峰成一直线直达巴塞尔 ………………………………………………… (27)
38. 在阿尔卑斯山主脉形成两国目前疆界的这整个地段上，只有一条石铺的山道——蒙热内夫尔 …………………… (27)
39. 所以，占有萨瓦，首先就会使法国获得一个进攻意大利时必不可少的地区 …………………………………………… (28)
40. 这是第一次暗示说：辛普朗也是法国的一个自然界桩，

正像它在第一帝国时代真的曾经是法国的界桩一样………… (28)
  41. 假定说瑞士多了一个新的州——北萨瓦………………………… (29)
  42. 意大利纵然完全统一了，也永远不可能靠它的2600万居
　　　民去进攻法国，除非它同德国联合………………………… (30)
  43. 法国在它这段本来就掩护得很好的疆界上，握有这样一
　　　些防御手段来对付最软弱的邻国，实际上是无需乎扩充
　　　领土了……………………………………………………… (30)
  44. 尼斯即使现在割让给法国，它也将永远属于意大利……… (31)
  45. 对拥有波希米亚的俄国泛斯拉夫主义者福格特来说，无
　　　疑是知道斯拉夫帝国的自然疆界在哪里的………………… (31)
  46. 法国重提自然疆界论，是对德国的直接威胁……………… (32)
  47. 这次宣扬的是一个泛日耳曼主义和"安全"边界的原则…… (32)

二　所谓的"民族原则"………………………………………………… (34)
  1. 双方通常都力图占领每一个可以威胁敌人和挫伤敌人的有
　　 利阵地，而不从道德原则方面去考虑这是否合乎永恒的正
　　 义或者民族原则……………………………………………… (34)
  2. 因此，福格特才这样宽慰德国说：波兰是根据自由自决变
　　 成为俄国的…………………………………………………… (34)
  3. 按照福格特的意见，在1859年，整个波兰同俄国合并的
　　 时机已经成熟………………………………………………… (35)
  4. 用久经考验的"民族原则"的方法来建立斯拉夫—俄罗斯
　　 帝国的过程中，一些马扎尔人和罗马尼亚人连同各种土耳
　　 其人也落到俄国手里……，福格特不管奥地利意下如何就
　　 是这样解释的………………………………………………… (35)
  5. 这样，福格特在1859年曾想通过"北方的白天使"和
　　 "南方的白天使"之间的同盟来实现的福格特式的"民族
　　 原则"………………………………………………………… (36)
  6. 因此，路易·波拿巴在多瑙河两公国里滥用"民族原则"，
　　 是为了掩盖他把多瑙河两公国转赠俄国…………………… (37)
  7. 他还忘记了，相反地，正是奥地利发动这个"民族原则的
　　 宣传"去反对匈牙利的……………………………………… (37)

8. 这个"民族原则"究竟是什么呢? ………………………… (39)
9. 于是就在自己的旗帜上写上"民族原则"——还有什么能比这更好呢? ………………………………………………… (40)
10. "民族原则"完全不触及欧洲历史上的一些民族(peoples)的民族生存权利这个大问题 ……………………… (40)
11. 民族原则决不是波拿巴主义者为了恢复波兰所搞出来的发明 …………………………………………………………… (41)
12. 甚至就在现在,俄国政府还有许多代理人……鼓吹"大芬兰民族(nationality)"的思想,……当然,是在俄国的庇护之下 ……………………………………………………… (42)
13. 只有在东欧,民族原则才能够真正被发明出来 ………… (42)
14. 所以,如果有人说,要求恢复波兰就意味着诉诸民族原则,那只能证明他们不懂他们究竟说了些什么 ………… (43)
15. 这就是民族原则运用于波兰事务的情形 ………………… (43)
16. 路易—拿破仑现在成了欧洲资产阶级的偶像 …………… (44)
17. "让说西班牙语的地方归西班牙人,让说德语的地方归德国人,而让说法语的地方归我" …………………………… (45)

三 领土获得及疆域管理的"属人原则" ………………………… (47)
1. 在全波兰,德国人和犹太人是从事工商业的市民的主要核心;他们是那些主要由于宗教迫害而离乡背井的移民的后裔 ……………………………………………………… (47)
2. 居住在波兹南的波兰人大大超过 80 万人,而德国人(不包括犹太人、官吏和士兵)只有 25 万人 ………………… (47)
3. 在其他斯拉夫国家……斯拉夫人由于德国人的侵略战争而大大减少,德国人则由于侵略而增加了 ………………… (48)
4. 弗里德里希二世向这个地区移来了许多德国人,于是出现了因波兹南问题而闻名的所谓"涅茨同胞" …………… (48)
5. 波兰的犹太人最近在德国所博得的出乎意料的同情和承认,在这里被正式表达出来了 ……………………………… (49)
6. 这篇报告接着描述了民族之间的相互关系,它说得尽量含糊,尽量有利于由波兰的德国人、"涅茨同胞"和犹太人

所组成的假想的50万德国人 …………………………………（49）

7. 普鲁士农民和普鲁士贵族定居于波兹南各地，在政府的支持下抱着明显的目的，他们不仅要使波兹南德国化，而且要使波兹南波美拉尼亚化 ………………………………（50）

8. 对波兰的叛卖是反革命的第一次断然措施，当时表现得最反动的正是"涅茨同胞"先生 ……………………………（50）

9. 在法兰克福发言，强词夺理地把他们对波兰民主派的反革命的叛卖行为说成是革命，是为了有主权的"涅茨同胞"而进行的实际的真正的革命 ……………………………（51）

10. 弗洛特韦尔治下的最后一件善行是学校的改良。……中等学校必须在普鲁士教师的帮助下使贵族青年和未来的天主教牧师普鲁士化，初级学校则是使农民子弟普鲁士化 ……………………………………………………………（52）

11. 根据这些资料，只有完全不懂德语的人，才算是波兰人，多少能说几句德语的人则一律算作德国人 ………………（53）

12. 德国人在这里强迫他们德意志化，而各斯拉夫地区的德意志化过程则和平得多，是通过移民和比较发达的民族影响比较不发达的民族来实现的 …………………………（55）

13. 萨瓦像瑞士西部各州一样，是法兰西民族占有完全的和决定性的优势的一个省份 ……………………………………（55）

14. 以这种方言为依据要求尼斯并入法国是不可能的 ………（56）

四 民族构成及特性与国家或政治独立、民族自治 ……………（58）

1. 这一权利确实是所有民族内部自由的基本条件之一 ……（58）

2. 在整个欧洲，没有一个大国境内不包括有一部分其他民族
……………………………………………………………………（58）

3. 但是，尽管语言上有共同性、种族上血统亲近，并且还有阿尔卑斯山脉，萨瓦居民似乎并没有半点愿望想要人家用伟大的法兰西祖国的各种帝制设施去为他们造福 …………（59）

4. 但是一切改变，如果希望能长期保持，就应当从下列原则出发，这就是应当愈来愈多地使那些大的、有生命力的欧洲民族具有由语言和共同感情来确定的、真正自然的疆界

……………………………………………………………………… (60)
5. 南方斯拉夫人的情况也是如此。斯洛文尼亚人和克罗地亚人把德国和匈牙利同亚得利亚海隔开，但德国和匈牙利出于"地理上和贸易上的考虑"，是不能让别人把它们同亚得利亚海隔开的 …………………………………………… (60)
6. 德国人和马扎尔人已经像一个大楔子楔入他们中间，直抵喀尔巴阡山的最边缘，差不多已到达黑海，他们用一条宽达六十到八十英里的广阔地带把捷克人、莫拉维亚人和斯洛伐克人同南方斯拉夫人隔开 ………………………………… (61)
7. 那样一来，在西里西亚和奥地利之间，会插入一个独立的波希米亚—莫拉维亚国家；奥地利和施梯里亚同它们通向亚得利亚海和地中海的天然出口的联系就会被"南方斯拉夫共和国"切断；德国的东部就会像被老鼠啃碎了的面包一样，被弄得支离破碎！ ……………………………………… (62)
8. 福格特说："俄国是一个坚固的核心，斯拉夫各民族越来越渴望围绕在它的四周" ……………………………………… (62)
9. 我们且来看一看：我们这位帝国的福格特把波希米亚和摩拉维亚划入俄国以后，是怎样来保卫德国东部边界的 ……… (63)
10. 为了压制波兰人的革命精神，梅特涅早就求助过卢西人。……他们自古以来就属于波兰，他们只是从梅特涅那里才知道，波兰人是他们的压迫者 ……………………… (64)
11. 在欧洲，任何一个国家都能在某个角落找到一个或几个残存的民族，即被那个后来成了历史发展的代表者的民族所排挤和征服了的以前的居民的残余。……其实它们的存在本身就已经是对伟大历史革命的抗议 ……………… (65)
12. 当时的问题在于：哪个民族将在这里发起革命，哪个民族将发挥最大的革命毅力，从而保证自己的未来 ………… (66)
13. 奥地利……政府一经恢复了力量，便用极端轻蔑的态度来对待议会和构成议会多数的斯拉夫族议员 …………… (66)
14. 敌人的优势的确大得惊人。整个奥地利，首先是一千六百万狂热的斯拉夫人，反对四百万马扎尔人 ………………… (68)

15. 那里讲到奥地利君主国是怎样产生的，它在反对斯拉夫人的不断斗争中怎样瓦解了又重新兴起 …………………… (68)
16. 最后，土耳其人模仿拜占庭人的榜样，征服了在多瑙河和沙瓦河南面的斯拉夫人，从此南方斯拉夫人的历史作用也就永远结束了 …………………………………………… (69)
17. 为了反对马扎尔人的这个运动，同时也为了反对在德国重新兴起的政治运动，奥地利的斯拉夫人建立了自己的宗得崩德——泛斯拉夫主义 ……………………………… (69)
18. 哪些民族应该领导这个庞大的斯拉夫国家呢？恰好是那些一千年来分散得七零八落的民族……；恰好是那些到处被隔离的、丧失了自己的民族力量的、只有几千人或最多不过两百万人的弱小民族！ …………………… (69)
19. 奥地利的南方斯拉夫人不能并入到塞尔维亚人、波斯尼亚人、摩尔拉克人和保加利亚人中去吗？ …………………… (70)
20. 这种为欧洲民主派所承认的欧洲各个大的民族构成体对政治独立的权利，当然不能不得到特别是工人阶级方面的同样承认 ………………………………………………… (70)
21. 欧洲没有一个国家不是一个政府管辖好几个不同的民族（nationalities） ………………………………………………… (71)
22. 此外，没有一条国家分界线是与民族（nationalities）的自然分界线，即语言的分界线相吻合的 …………………… (71)
23. 欧洲最近一千年来所经历的复杂而缓慢的历史发展的自然结果是，差不多每一个大的民族都同自己机体的某些末梢部分分离 …………………………………………… (71)
24. 1814年，联军在向前推进期间，正好在亚尔萨斯和德意志洛林遭到了最坚决的敌视 ……………………………… (72)
25. 对于由密集的人群决定战局的时代的战争来说，他们是最好的兵源 ……………………………………………………… (73)
26. 俄国在防御方面强大到几乎牢不可破，而在进攻方面却相当软弱无力 ………………………………………………… (74)
27. 他们在波拿巴入侵带来的恐怖景象面前周身发抖，而他

们对于受俄皇监护的耻辱却若无其事 …………………………（74）
28. 波兰倒下了，但是它的反抗拯救了法国革命 ……………（75）
29. 波兰就这样再次以自我牺牲拯救了欧洲的革命 ……………（76）

**五 获得领土的"历史性权利"** ………………………………（77）
1. 几百年前就在这里定居下来的德国小市民，在政治上早已很少倾向于德国……他们成了波兰人，成了操德语的波兰人，而且早已和祖国毫无联系 ………………………（77）
2. 根据这个早已过时的理论，莱茵河的界线是法德之间"几千年来争执的对象"，而波兰人可以提出要求把普鲁士省甚至把波美拉尼亚作为自己的封建领地！…………（77）
3. 德国人想"补偿"波兰所遭受的非正义行为……这怎样才能"补偿"呢？只有恢复1772年以前的status quo［局面］，或者至少把德国人从1772年起掠夺波兰人的全部东西归还波兰 …………………………………………（78）
4. 至于波兹南四周都是波兰的土地，它被迫实行德国化，波兰的犹太人根本不是德国人等等情况……对于施滕策尔先生之流的历史学家们是毫不相干的 ………………（79）
5. 波兰至少应该拥有1772年时代的领土，它不仅应该管辖本国各大河流经过的地区，而且应该管辖各大河流的出口地带以及广大的沿海地带，至少是波罗的海沿岸地带 ………（80）
6. 利希诺夫斯基先生……认为波兰人不会以波兹南为满足："如果我有荣幸做一个波兰人，那末我日日夜夜所想的只是如何恢复以前的波兰王国" ………………………（80）
7. 但是要知道，"历史所实现的"东西和"时间所批准的"东西常常是恰好相反的，而"时间"的批准也总是在于消灭"历史所实现的"东西 …………………………（83）
8. 普鲁士王国就是这样产生的 ……………………………（85）
9. 在霍亨索伦君主国形成的历史上，最重要的有三件事：取得勃兰登堡选帝侯国；普鲁士公国和这个选帝侯国的合并；最后是普鲁士公国晋升为王国 …………………（86）
10. 先前勃兰登堡选帝侯曾以普鲁士领主身分做过波兰共和

国的藩臣 ……………………………………………………………… (87)

**六 战争、征服、兼并、购买、赠与与疆域及边界变更** ……… (88)

1. 从此以后,零星收买欠债君主的领土的方法成了历代霍亨索伦选帝侯习以为常的事情 …………………………………… (88)
2. 霍亨索伦王朝……扩大领地的方法:除贿赂和交易之外,又加上了同俄国订立瓜分某些国家的条约 ……………… (88)
3. 法国没有得到一寸土地;它把割让给它的伦巴第慷慨地赠给了皮埃蒙特 ………………………………………………… (89)
4. "光荣的克里木战争",在这场战争中,英国、法国、土耳其和撒丁联军历经两年"占领了"俄国的半个要塞,但为此却把土耳其的整个要塞(卡尔斯)丢给俄国 ………… (91)
5. 第二帝国的丧钟已经在巴黎敲响了 ……………………… (92)
6. 老实说,把军事上的考虑当成决定国界的原则,岂不完全是一种蠢事和时代错乱吗? ……………………………… (94)
7. 如果国界按军事利益来决定,那么这种要求就会没完没了 ……………………………………………………………… (94)
8. 历史将来给予报应的时候,决不会是看你从法国割去了多少平方英里的土地 ……………………………………… (94)
9. 我们花了半年时间用武器夺得的东西,应该手执武器保卫它半个世纪 ……………………………………………… (95)
10. 克里木战争并没有使法国的领土增多,因而使法国孕育着一场新战争 ……………………………………………… (96)
11. 巴黎投降了,它交出了两亿赔款;要塞交给了普鲁士人 ……………………………………………………………… (97)
12. 还从法国手中夺走了两个省——亚尔萨斯和德意志洛林(包括麦茨和斯特拉斯堡),把它们并入德国 ……………… (97)
13. 而且,为了使四边形要塞区连成一气,就必须越出德语区,就必须兼并25万本来的法国人 ………………………… (98)
14. 亚尔萨斯和洛林的被兼并使俄国成为欧洲的仲裁人 ……… (99)
15. 由于从法国手中夺走两个狂热爱国的省份,于是就把法国投入了任何一个能给它带来收复这两个省份的希望的

　　　　人的怀抱 …………………………………………………… (99)
　16. 如果大陆西部的这两个最大最强的民族因彼此敌视而相互抵消，如果再加上在它们中间存在着永久性的纠纷的苹果而使它们相互斗争，那末，从中得利的只有当时行动更加自由的俄国 …………………………………… (100)
　17. 他们厌恶兼并是一个历史事实，对这一事实应当加以解释，而不应当破口大骂 ……………………………… (100)
　18. 决定欧洲当前的局势的是以下三个事实 …………………… (101)
七　主权在民及其人民在领土变更中的地位 ……………………… (102)
　1. 只要这条分界线没有得到另外两种力量即德国人民和波兰人民的批准，它还是不可能成为"最终的"界线的………… (102)
　2. 不过不应该由普鲁士官吏随便把居民变为德国人或波兰人，而应该给他们表示自己的意志的机会 ……………… (102)
　3. 美国和墨西哥是两个共和国；这两国的人民都是自主的。……但是，由于得克萨斯问题，在它们之间爆发了战争；美国人民的"主权意志"依靠美国志愿军的勇敢，从"地理的、贸易的和战略的考虑"出发，把自然确定的边界线向南推移了几百英里 …………………………… (104)
　4. 虽然如此，在战前并没有听到过任何同情并入法国的说法 ……………………………………………………………… (105)
　5. 这便是关于萨瓦民族性和民意的问题 …………………… (105)
　6. 如果德国工人阶级不 en masse（众口一辞地）说出他们的主张，那些恶棍和傻瓜就会肆无忌惮地继续他们的疯狂的赌博 …………………………………………………………… (106)
　7. 德国工人阶级坚决支持了它所无力阻止的这场战争 ……… (106)
　8. 历史会证明，德国工人决不是像德国资产阶级那样由柔软的材料制成的 ………………………………………………… (107)
　9. 在法国，路易·波拿巴曾利用资产阶级和工人阶级之间的斗争，在农民的帮助下当上总统 ………………………… (108)
　10. 但是，巴黎的真正保卫者——国民自卫军，武装的巴黎人民——仍然是不可侵犯的 ……………………………… (108)

11. 只有当俄国战局发生转变，使得俄国人民能够永远结束
自己沙皇的传统的侵略政策 ………………………………（109）

12. 它首先要办的事，就是让亚尔萨斯—洛林的居民有可能
按照自己的意见来决定自己的政治前途 ………………（109）

**八 战略要地、地缘政治态势与疆域** …………………………（111）

1. 谁掌握着这两个海峡，谁就可以随意开放和封锁通向地中
海的这个遥远角落的通道 …………………………………（111）

2. 从军事的角度来看，波兹南是决不能放弃的 ……………（112）

3. 达达尼尔海峡和博斯普鲁斯海峡在贸易上的重要性使它们
同时也成为头等的军事要地，成为在任何战争中都具有决
定性影响的重地 ……………………………………………（113）

4. 谁掌握多瑙河口，谁就掌握了多瑙河，控制了通往亚洲的
大道，同时也就在很大程度上控制了瑞士、德国、匈牙
利、土耳其的贸易，主要是摩尔多瓦和瓦拉几亚的贸易 ……（114）

5. 毫无疑问，亚得利亚海东岸具备第一流海军所需要的兵源
…………………………………………………………………（115）

6. 赫拉特现在之所以具有重要的政治意义，是因为它是西北
面的波斯湾、里海和药杀水同东面的印度河之间这一整个
地区的战略中心 ……………………………………………（116）

7. 在英军方面，作战基地是印度河的上游地区 ……………（118）

8. 今年一开始，"应当在波河上保卫莱茵河"这一公式就成
了德国大部分报刊的口号 …………………………………（119）

9. 在整整几个世纪中，北意大利较之比利时在更大程度上是
法国人和德国人逐鹿的场所 ………………………………（119）

10. 自帕维亚会战以来，在波河流域的战场上，间接决定着
法国和德国的命运，直接决定着意大利的命运 ………（120）

11. 奥地利人修筑通过施蒂尔夫山口的道路一事证明，他们
从马连峨失败中得出了正确的结论 ……………………（121）

12. 接着就是苏沃洛夫的远征，用这个老兵自己的形象的豪
语来说，在这次远征中，"俄国的刺刀穿透了阿尔卑
斯山" ………………………………………………………（122）

13. 拿破仑有句名言，任何小径只要山羊能走过，就可以用来迂回敌军 ·················································· (123)
14. 因此，不能想像，一支与德国人为敌的军队在兵力相等的情况下怎么能够在阿达河以东的平地上抗击越过阿尔卑斯山进攻的德军，而守住伦巴第 ················ (124)
15. 德军还有一个战术上的优势，就是在整个德国边境上的所有最重要的山口上，除施蒂尔夫山口外，分水岭都位于德国境内 ·································· (125)
16. 只要瑞士保持中立，德军对意大利作战时最近的道路总是提罗耳 ·············································· (126)
17. 如果说德国作为一个统一的政治机体，在十七世纪和十八世纪也没有起过十分显著的作用，那绝不是因为它没有占领明乔河线 ······························ (126)
18. 如果再加上前面所说提罗耳的各个山口都便于迂回所有这些河流线这一情况，那末即使在意大利疆土上没有奥地利一兵一卒，也没有任何理由怀疑德国的安全会受到威胁 ········································································ (127)
19. 另一个阵地可以抵御来自西方的进攻……这就是明乔河和艾契河所形成的阵地 ································ (129)
20. 上面对1848年战局的简述比任何理论根据都更好地证实了明乔河和艾契河这一阵地的力量 ···················· (131)
21. 对于现在的奥地利来说，占领明乔河线确实是一个头等重要的问题 ···················································· (132)
22. 拿破仑三次甚至四次重复为一警告：《il ne faut jamais attaquer le pays des montagnes》〔"绝不应当进攻山地"〕 ········································································ (133)
23. 如果奥地利不再占有明乔河和艾契河，那末提罗耳对于它就会成为命中注定一旦遭受来自北方或南方的攻击就得被迫放弃的阵地 ·································· (136)
24. 像意大利这样的国家，每当它遭到来自北面和东面的胜利进攻时，它本国的军队都不可避免地要作出抉择 ········ (136)

25. 确实不错,如果德国放弃明乔河线,从领土和阵地方面说它受的重大损失,等于让法军和意大利军队打了一次大胜仗 …………………………………………………………（138）

26. 整修经过阿尔卑斯山的山道,在提罗耳各道路交叉点构筑工事,还会使形势更为有利 …………………………（139）

27. 只要有按照要塞为军队服务而不是军队为要塞服务的现代原则构筑的相应的筑城工事,那末侵入德国比德国侵入意大利要容易粉碎得多 ………………………………（140）

28. 我们决不否认这样一个事实,即放弃明乔河和艾契河线德国就会失去一个非常强大的防御阵地 …………………（141）

29. 现在法国和撒丁从日内瓦到尼斯这一段疆界几乎是一条直线 ……………………………………………………………（141）

30. 尼斯和萨瓦都是意大利入侵法国的天然作战基地 …………（142）

31. "自由的和感恩图报的意大利,它的独立只能归功于法国" ………………………………………………………………（142）

32. 如果萨瓦成了法国的领土,那么从巴塞尔到大圣伯纳德山口的整个瑞士西部就会四面都受法国领土的包围 ………（143）

33. 即使这种情形是使萨瓦和皮埃蒙特分离的理由,但无论如何不能成为萨瓦并入法国的理由 ……………………（144）

34. 虽然萨瓦不能给意大利更多的贡献,但是这一点也已经足够了 ……………………………………………………………（144）

35. 反过来说,我们假定萨瓦与法国合并 …………………………（145）

36. 它们的目的仅在于使萨瓦天然的战略特性臻于完善 ………（146）

37. 如果这两个山口的南坡受到法军攻击,防守山口的意大利部队就会陷入走投无路的境地 …………………………（146）

38. 法国许多权威人士都断言,如果拿破仑在跨越阿尔卑斯山时所选择的山口不是大圣伯纳德而是小圣伯纳德,那也许要更好一些 ……………………………………………（147）

39. 如果在这里敷设一条道路,同上述的横贯道路联结起来,萨瓦——作为法国边境的一个省——的战略道路网就相当发达了 ……………………………………………………（148）

40. 但是，在夺取现代要塞时，军队在数量上将要受到相当大的损失 …………………………………………………………（148）
41. 萨瓦在法国手中，面对意大利，只能作为进攻的武器 ……（149）
42. 在现今的形势下，瑞士的任何一个邻国只能从正面进攻它 …………………………………………………………（149）
43. 从萨瓦属于法国或者为法军所占领的那一刻起，那就谈不上保卫由伯尔尼汝拉山到下瓦利斯的整个瑞士法语区了 ……………………………………………………………（150）
44. 截至目前，汝拉山是瑞士对付法国的第一道防线 ………（150）
45. 但是，如果萨瓦掌握在敌人手中，由圣然戈尔夫经过维勒讷沃和沙泰勒圣但尼进攻的纵队就将使得在瓦特州进行的一切抵抗毫无作用 …………………………………（151）
46. 如果说萨瓦对于皮埃蒙特的防御具有巨大意义，那么尼斯就具有更加巨大的意义 ……………………………………（152）
47. 所以，把尼斯让给法国，在军事上就等于把意大利军队的集结地点向后移到亚历山德里亚 ……………………………（152）
48. 这样看来，在战争的头3年中，意大利是完全以尼斯为屏障的 ……………………………………………………………（154）
49. 如果尼斯成为法国的一个省，那么，意大利对于法国就陷入了1794年战局后所处的那种地位 …………………（155）
50. 尼斯在南方给法国提供的侧击之利，和萨瓦在北方给它提供的侧击之利一样，只是尼斯提供的侧击之利更加充分、更加直接 ………………………………………………（155）
51. 萨瓦会显著加强法国的防御体系，这我们已经看到 ……（156）
52. 毫无疑义，阿尔萨斯的一般地势……约在巴塞尔和盖默斯海姆之间的半路上有斯特拉斯堡这样一个筑垒大城市，这就使法国入侵南德意志十分容易 ………………………（156）
53. 拥有科伦、科布伦茨和美因兹这三个大型的主要要塞的莱茵河筑垒线只有两个缺点 …………………………………（157）
54. 最强大的阵地本身并不能保卫自己，它要求有人来保卫它 ……………………………………………………………（158）

55. 这个国家（……），几乎是根本无法征服的 …………………… (159)
56. 这个由单一种族构成的不可攻克的国家的邻国，全都是这样一些国家：它们或者表面上或者实际上已趋于衰落，濒于崩溃，因此成了真正的征服对象［matière à conquêtes］………………………………………………………………………… (159)
57. 然而，沙皇格勒作为俄国的第三都城而与莫斯科和彼得堡并列，这不仅会意味着对东方基督教世界的精神统治，而且也是确立对欧洲的统治的决定性的一步 ………… (160)

## 九 征服、同化与有效统治 ……………………………… (161)

1. 普鲁士官僚……不但"破坏了"旧时的生活习惯和固有的制度，而且还"破坏了"全部社会生活，"破坏了"工农业生产、商业和采矿业 …………………………… (161)
2. 我们也熟悉那种直到最近还为普鲁士官吏所特有的"把一切强施于人"的习惯 …………………………………… (161)
3. "经过改良的"、"有教养的"、"优秀的"官吏，又企图在这些倔强的波兰人那里取得胜利 …………………………… (162)
4. 一切改革都出自波兰人自己。而普鲁士政府的最大善行，就在于搜刮高额地租和征收重税，利用青年为普鲁士服兵役 ……………………………………………………… (162)
5. 南方法兰西民族"在欧洲各民族的大家庭中"不仅"有"很大的"功绩"，而且简直有无限的"功绩"。可是它终于象波兰一样，起初被北方法兰西和英国瓜分，后来又被北方法兰西人全部征服了 ………………………………… (163)
6. 胡斯战争……是南方斯拉夫人独立干预历史进程的最后一次尝试。这一尝试失败了，从此以后，捷克人便一直受着德意志帝国的束缚 …………………………………… (164)
7. 造成这种情况的原因是：自从查理大帝时代以来，德意志人就十分坚决顽强地力求征服欧洲东部，把它殖民地化，或至少文明化 ……………………………………………… (165)
8. 如果说易北河和萨勒河以东的全部领土的确曾一度被斯拉夫血统的民族所占据，那么这个事实只能证明德意志族征

　　　　服、并吞和同化它的古老的东方邻人的历史趋势以及它的
　　　　肉体的和精神的能力 ………………………………………… (166)
　　9. 没有一个历史上有名的斯拉夫部落曾经被勃兰登堡边区侯
　　　　国征服过或者被它同化过，这个侯国甚至也从没有能够把
　　　　自己的势力伸展到邻近的温德海 ………………………… (167)
　　10. 俄国征服波兰的最初阶段在彼得大帝时代就开始了，可
　　　　是直到现在还没有彻底地完成 …………………………… (168)
　　11. 在法国，任何一个地方的人民参加革命的热情都不像说
　　　　德语的地方那么高 ………………………………………… (168)
　　12. 要想使"马赛曲"的故乡斯特拉斯堡德国化，就好像要
　　　　想使加里波第的故乡尼斯法国化一样荒谬 ……………… (169)
　　13. 那些说带有高地德意志语腔调的法语的亚尔萨斯资产者，
　　　　混血种的纨绔子，一举一动比任何一个真正的法国人还
　　　　要法国化 …………………………………………………… (169)
　　14. 而这个时期主要的事情是征服高加索并使之俄罗斯化，
　　　　而这只是经过二十年的斗争之后才终于完成 …………… (170)
十　民族、民族主义与疆域 ……………………………………… (172)
　　1. 这些斯拉夫地区已经完全德意志化；这已是既定事实，而
　　　　且已经无法挽回 …………………………………………… (172)
　　2. 波兰人的行动截然不同！八十年以来他们一直受压迫，受
　　　　奴役，遭到破产，他们始终站在革命方面 ……………… (172)
　　3. 一切泛斯拉夫主义者都认为，民族特性，即虚构的全体斯
　　　　拉夫人的民族特性，是高于革命的 ……………………… (173)
　　4. 大家都知道，在过去 1000 年中，整个德国东半部，直到
　　　　易北河、萨勒河和波希米亚林山，已经从斯拉夫族的入侵
　　　　者手里夺回来了。这些地区的大部分都已日耳曼化 …… (173)
　　5. 因此，近 70 年来，德意志民族和波兰民族间的分界线完
　　　　全改变了 …………………………………………………… (174)
　　6. 但是就像常有的情形那样——最近 400 年历史上的一切事
　　　　实都证明，捷克民族是个垂死的民族 …………………… (174)
　　7. 波希米亚和克罗地亚都没有强大到自身足以作为一个民族

  而存在 ……………………………………………………………（175）
8. 斯拉夫人的民族性现在到处都被奥地利的中央集权所摧
  毁，而这是他们的幻想和愚蠢所应得的 ………………（176）
9. 有许多民族的零星残余，它们的民族性和政治生命力早已
  熄灭，因此它们在近一千年来总是不得不尾随一个更强大
  的民族即它们的征服者 …………………………………（176）
10. 这里我们没有谈到波兰人，他们可尊敬的大部分是敌视
   泛斯拉夫主义的 ………………………………………（177）
11. 最初的运动是真正的民族运动 …………………………（177）
12. 这伙人的同盟胜利了 ……………………………………（179）
13. 然而，已具有独立性的各个民族的运动，从1848年起就
   使奥地利无力继续反抗俄国，从而也使奥地利的存在失
   去了最后的内在的历史根据 …………………………（180）
14. 1848年以前，哈布斯堡王朝由于在任何一个种族中都得
   不到特别的依靠，当然就把它对匈牙利的统治依托在统
   治的民族——马扎尔人身上 …………………………（180）
15. 德国人在波兰却妨碍了波兰城市的建立和波兰资产阶级
   的形成 …………………………………………………（181）
16. 波兰的德国人……他们把德国的市侩习气和德国小市民
   的狭隘性随身带到了波兰，他们兼有两个民族的坏的特
   性，而没有吸取好的特性 ……………………………（181）
17. 亚尼舍夫斯基先生……给人的印象同以前几个发言人完
   全不同。……在这位捍卫自己的民族生存、要求恢复自
   己的无可争辩的权利的波兰人面前，都黯然失色了 ………（181）
18. 在奥地利各个大小民族中，只有三个民族是进步的代表
   者，它们积极地影响历史，并且现在还保持着生命力，
   这就是德国人、波兰人、马扎尔人。因此，他们现在是
   革命的 …………………………………………………（182）
19. 波兰人表现了高度的政治认识和真正的革命精神，因为
   他们现在同自己以前的敌人——德国人和马扎尔人结成
   同盟来共同反对泛斯拉夫主义的反革命 ……………（183）

20. 相反地，打败了斯拉夫人的胜利者——德国人和马扎尔人——却在多瑙河地区掌握了历史的主动性 ……………… (184)

21. 作为动力的阶级，运动的代表者，即资产阶级，到处都是德国的或马扎尔的资产阶级。斯拉夫人好容易才开始形成自己的民族资产阶级，而对南方斯拉夫人来说，这种现象也只是极个别的情况 ………………………… (184)

22. 如果说马扎尔人曾在文明方面稍微落后于奥地利的德国人，那末最近他们已经用政治活动出色地弥补了自己的缺陷 ……………………………………………………… (185)

23. 人口稀少的、仅仅处于半文明状态的马扎尔人的国家，在物资供应方面远不如当时的法兰西共和国。……马扎尔人所剩下的只是他们的革命热忱、他们的勇敢精神以及科苏特给予他们的强有力的、动作迅速的组织 ……… (185)

24. 马扎尔人几乎人人都是优秀的骑手，他们具有进行这种游击战争的一切特质。……而被击溃的奥皇军队的每一个士兵所遇到的每一个农民、每一个牧人都将是他的死敌 ……………………………………………………… (187)

25. 但是，如果斯拉夫人无论在什么地方认真地参加了1848年的运动，如果他们迅速地加入到革命民族的行列中来，那这些责难就会是多余的、不公正的 ……………… (188)

26. 大家知道，曾有大批波兰人……，在意大利、维也纳和匈牙利同奥地利的军队作过战，并且现在还在喀尔巴阡山地区作战；但是有谁听说过捷克军队和南方斯拉夫军队举行过起义来反对黑黄旗呢？ ………………… (188)

27. 1848年革命强迫欧洲的一切民族表明态度：是拥护这次革命，还是反对这次革命 ……………………………… (189)

28. 如果说"八百万斯拉夫人"在八个世纪中一直被迫忍受四百万马扎尔人所加在他们身上的羁绊，那末，单单这一点便能充分证明：究竟谁具有更大的生命力和更富有精力——是人数众多的斯拉夫人呢，还是为数不多的马扎尔人！ …………………………………………………… (189)

29. 要不是德国人和马扎尔人把这些在历史上起了如此微小的作用的零散的小民族凑在一起，并领导它们去同穆罕默德和苏雷曼的军队作战，要不是它们的这些所谓"压迫者"决定了为保护这些弱小民族而进行的各次战役的结局，那末，这些民族会落到什么地步呢！ ……（189）

30. 在人类历史上，没有任何其他国家和任何其他人民像西西里和西西里人那样，受到过如此痛苦的奴役、征服和外来压迫，进行过如此不倦的争取自身解放的斗争 ……（190）

31. 然而，就是在这里，同俄国人战斗的最后一个勇士仍然是波兰人贝姆将军 ……（192）

32. 用这种强力手段来压服一个具有生命力的民族，其结果将和预期的目的刚刚相反 ……（193）

33. 在法国革命以前，在佛日山脉中有许多小封君，他们在德国面前表示自己是直接听命于皇帝的帝国官员，而在法国面前则承认它对他们拥有主权 ……（194）

十一　领土获得及疆域管理的"属人原则" ……（195）

1. 在全波兰，德国人和犹太人是从事工商业的市民的主要核心；他们是那些主要由于宗教迫害而离乡背井的移民的后裔 ……（195）

2. 居住在波兹南的波兰人大大超过80万人，而德国人（不包括犹太人、官吏和士兵）只有25万人 ……（195）

3. 在其他斯拉夫国家……斯拉夫人由于德国人的侵略战争而大大减少，德国人则由于侵略而增加了 ……（196）

4. 弗里德里希二世向这个地区移来了许多德国人，于是出现了因波兹南问题而闻名的所谓"涅茨同胞" ……（196）

5. 波兰的犹太人最近在德国所博得的出乎意料的同情和承认，在这里被正式表达出来了 ……（197）

6. 这篇报告接着描述了民族之间的相互关系，它说得尽量含糊，尽量有利于由波兰的德国人、"涅茨同胞"和犹太人所组成的假想的50万德国人 ……（197）

7. 普鲁士农民和普鲁士贵族定居于波兹南各地，在政府的支

持下抱着明显的目的，他们不仅要使波兹南德国化，而且要使波兹南波美拉尼亚化 …………………………………………（198）
8. 对波兰的叛卖是反革命的第一次断然措施，当时表现得最反动的正是"涅茨同胞"先生 ……………………………………（198）
9. 在法兰克福发言，强词夺理地把他们对波兰民主派的反革命的叛卖行为说成是革命，是为了有主权的"涅茨同胞"而进行的实际的真正的革命 …………………………………（198）
10. 弗洛特韦尔治下的最后一件善行是学校的改良。……中等学校必须在普鲁士教师的帮助下使贵族青年和未来的天主教牧师普鲁士化，初级学校则是使农民子弟普鲁士化 …………………………………………………………（200）
11. 根据这些资料，只有完全不懂德语的人，才算是波兰人，多少能说几句德语的人则一律算作德国人 …………………（201）
12. 德国人在这里强迫他们德意志化，而各斯拉夫地区的德意志化过程则和平得多，是通过移民和比较发达的民族影响比较不发达的民族来实现的 ………………………………（202）
13. 萨瓦像瑞士西部各州一样，是法兰西民族占有完全的和决定性的优势的一个省份 ………………………………（202）
14. 以这种方言为依据要求尼斯并入法国是不可能的 …………（203）

十二　领土获得及疆域管理的"属地原则" …………………………（205）
1. 可是不言而喻，移居到某个国家去的外国人除了和当地居民共忧乐而外，不能有别的要求！ …………………………（205）
2. "采取一些措施！"就是采取禁止把地产拍卖给波兰人的办法 …………………………………………………………（205）
3. 而在波兹南，这些移民经常毫不让步地向国有地、向森林、向被分割的波兰贵族领地移动，以便把当地的波兰人和他们的语言撵出他们的故乡，建立一个真正普鲁士的省 ………………………………………………………………（206）
4. 为了使波兰的普鲁士农民不致没有天然的统治者，接着就给他们派来了特雷斯科夫或吕提晓之流的普鲁士贵族的杰出人物，他们在那里也同样以低得可笑的价格收购了波兰

  贵族的领地，而且用的还是国库贷款 ……………………（206）

5. 施滕策尔先生眼泪汪汪地要议会相信，波兹南这个重要而强大的要塞留在德国人手中是多么必要，因为居住在这里的有 2 万以上的德国人（其中大多数是波兰的犹太人），他们拥有全部地产的 2/3 等等 ……………………（207）

6. 波兰人应当感谢弗洛特韦尔先生，这不仅是因为继续停止（……）各州州长的选举，而且特别是因为政府用收购被拍卖的领地并将其仅仅转卖给可信赖的德国人（……）的办法，来逐渐剥夺波兰地主的土地 ……………………（208）

十三　改变领土的条约与国际法则 ……………………（210）

1. 维也纳条约是反动的欧洲对革命的法国取得巨大胜利的总结。……但是因为这次胜利是在英国……等国的资产阶级特别是法国资产阶级的帮助下取得的，所以对资产阶级也必须作若干让步 ……………………（210）

2. 1828 年，俄国曾得到机会向土耳其发动了战争，结果缔结了阿德里安堡条约，该条约把整个黑海东岸地区北起阿纳帕南至波季（切尔克西亚除外）割让给俄国，并且把多瑙河河口诸岛屿划归俄国所有，使摩尔多瓦和瓦拉几亚实际上也脱离了土耳其，转归俄国统辖 ……………………（211）

3. 据说，克拉伦登勋爵曾收到一个通知，通知告诉他关于圣地的问题不是俄国公爵所关心的唯一问题。这个通知还谈到一个主要问题，这就是关于土耳其的信希腊正教的基督徒和某些条约所规定的俄皇在同他们的关系中的地位问题……………………（212）

4. 俄国占据了塞凡湖边的恰克恰地带……，并且要波斯放弃对它自己的另一部分领土卡潘的要求，作为俄国撤兵的交换条件。波斯拒绝了，于是它被侵略，被征服，在 1828 年 2 月被迫签订图尔克曼恰伊条约 ……………………（213）

5. 这两项条款确保了俄国"扩张领土和获得贸易特权"，因而公开破坏了威灵顿公爵在圣彼得堡签订的 1826 年 4 月 4 日的议定书，以及俄国同其他强国在伦敦缔结的 1827 年 7

月6日的条约 ······ (214)

6. 大约一年半以前，英国政府在广州宣布了一种新奇的国际法原则，按照这种原则，一个国家可以对另一个国家的任何地区采取规模巨大的军事行动，而无需同这个国家宣战或宣布处于战争状态 ······ (216)

7. 英国只是大笔一挥……把一个几乎与爱尔兰大小相仿的王国的全部领土……给没收了 ······ (217)

8. 奥德人民举行起义反对英国政府的合法权力，现在英国政府就厉声宣布，起义是实行没收的充分根据 ······ (217)

9. 英国人对印度本地人……否认二十年来构成相互关系的公认基础的条约的合法性；用公开违背公认的条约的方式强占独立的领土，彻底没收整个国家的每一亩土地 ······ (218)

10. 维也纳条约，这部唯一在欧洲得到承认的国际法法典，是人类有史以来最突出的 fiction juris publici ［国际法假象］ 之一 ······ (218)

11. 有一个事实非常值得注意，就是关于意大利问题的新协定是在法奥两国皇帝短促会见时签订的 ······ (219)

12. 奥地利甚至可以利用这种新的形势来保证自己对其他意大利国家的控制 ······ (220)

13. 意大利民族在产生时，就遭到维拉弗兰卡协定的非常尖刻的侮辱 ······ (220)

14. 这样，意大利的独立变成了伦巴第对皮蒙特的臣属，皮蒙特对法国的臣属 ······ (221)

15. 根据条约的条件，意大利应按照德意志联邦的形式，组成以教皇为名誉首脑的意大利联邦 ······ (222)

16. 当然，尼古拉废除了受到1815年条约保证的波兰王国的宪法和独立，是出于对1815年条约的"尊重" ······ (224)

17. 大家知道，尼古拉和查理十世于1830年签订了一项秘密条约 ······ (224)

18. 亚历山大二世和路易·波拿巴之间缔结的同盟的第一条件就是：……"法国方面绝对放弃波兰" ······ (225)

19. 根据1815年的条约划定的欧洲各国的疆界，只符合于外交的要求，主要是符合于当时最强大的大陆国家——俄国的要求 …………………………………………………………… (227)

20. 洛林是在1735年由奥地利根据维也纳和约出卖给法国的 ………………………………………………………………… (227)

21. 蒂尔西特和约的条款被破坏了，于是爆发了1812年的战争 …………………………………………………………… (228)

**十四 民族解放、国家统一与主权完整** ……………………… (230)

1. 只有当波兰重新存在的时候，德国和波兰之间的边界才能确定 …………………………………………………………… (230)

2. 使波兰恢复自由的那个铁面无情的铁的必然性又是什么呢？……这就是土地民主制的建立对波兰来说不仅是迫切的政治问题，而且是迫切的社会问题；……最后，这就是如果不同时获得独立的民族生存，不占有波罗的海沿岸地区和波兰各河流的出口地带，实行土地革命是不可能的 …… (231)

3. "你们吞下了波兰，但是我发誓，你们决不能把它消化！" ………………………………………………………………… (232)

4. 威尼斯和伦巴第的报道则更加明确，这些报道使我们强烈地感觉到1847年底和1848年初在这两个省出现的那些征候 ……………………………………………………………… (233)

5. 意大利不可能永远处于目前这种状况，因为凡事都有个终结 …………………………………………………………… (235)

6. 在欧洲的任何地区开始的战争决不会在开始的地方结束；如果这种战争确实不可避免，那我们就由衷地、诚心诚意地希望它能真正而公正地解决意大利问题以及其他各种问题 ……………………………………………………………… (238)

7. 在所有这些场合所提出的主要论据全都是政治性的，说什么意大利根本不能独立 ……………………………………… (240)

8. 这样一来，德意志祖国也许几乎要比现在操德语的范围扩大一倍 ……………………………………………………… (240)

9. 我们这里所说的德国，是指一个统一的国家而言，它对武

　　　　装力量的领导和它的行动都是由一个中心来实行的……………（242）
　10. 说意大利人政治上无能，说他们注定不是受德国人统治便是受法国人统治的这种自私的谰言以及关于能否建立统一的意大利的各种议论，竟出自德国人之口，实在使我们有些奇怪 …………………………………………（242）
　11. 因此，如果我们不是把占领别国领土和镇压别国民族（……）当作自己力量的源泉，而是关心自己在本国内成为统一的和强大的，那样我们就会做得好一些 …………（243）
　12. 至于这一政策的理论，我们只能说，它所遵循的唯一原则是，法国永远不会容许一个统一的、独立的意大利存在 ……………………………………………………（244）
　13. 如果路易·拿破仑愿意扮演捍卫意大利独立的武士的角色，那他用不着与奥地利作战 ……………………（245）
　14. 我们德国人如果以波河、明乔河、艾契河以及所有意大利的废物换得德国的统一，那就是作了一桩漂亮的生意 ……………………………………………………………（245）
　15. 谁也不会否认30年来意大利革命是同他的名字连在一起的，而且在这同一时期欧洲承认他是他的同胞的民族愿望的出色表达者 ……………………………………（246）
　16. 意大利战争结束了 ……………………………………（253）
　17. 撒丁所以一再大声疾呼地控诉奥地利，不仅因为奥地利图谋全面监督意大利事务 ………………………（254）
　18. 法国曾大声宣称，它现在不能容许，并且将来也不会容许意大利统一 ………………………………………（255）
　19. 随着北意大利统一的不可避免性的日益明显，法国进行这次战争所追求的"观念"也就更加暴露在光天化日之下 …………………………………………………（255）
　20. 路易—拿破仑事实上是这样宣布了意大利的独立 …（256）
　21. 相反，我们所关心的是重新建立一个能奉行自己政策的、统一而强大的意大利 ……………………………（256）
　22. 第二，是法国公开宣扬自然疆界论 …………………（257）

23. 但是，为什么五百五十万捷克人……另外的五百五十万南方斯拉夫人也不能同土耳其的斯拉夫人一起建立另一个国家呢? ……………………………………………………………… (257)

24. 凡是工人阶级独立参加政治运动的地方，他们的对外政策一开始就用不多的几个字——恢复波兰表达出来 ……… (258)

25. 对于波兰、德国和意大利来说，力求恢复民族统一就成了一切政治运动的第一步 ……………………………………… (259)

26. 德国首先要在普鲁士的兵营里取得自己的统一，这完全是它应得的惩罚 ……………………………………………… (259)

27. 使德国和意大利处于分割状态，对法国以往所执行的政策来说，曾经是法国的一种不可让予的基本权利 ……… (260)

28. 意大利没有"一直解放到亚得利亚海"，也没有得到统一 ……………………………………………………………………… (261)

29. 从三十年战争的时代起，德意志罗马帝国就只在名义上还是一个国家 ……………………………………………… (262)

30. 在彼得之后，由于普鲁士的兴起，这种情况变得进一步有利于俄国了 …………………………………………………… (263)

31. 作为联邦国家的德意志帝国实际上已经瓦解 ……… (263)

32. 普鲁士……找了一个至少在完全不择手段这方面能跟俄国外交较量的人物执掌政权 ……………………………… (264)

33. 俄国对欧洲发生极大影响的必要前提，是俄国沙皇对德国的传统的控制力 ……………………………………… (264)

34. 到那一天，俾斯麦将失去他的所有反法同盟者，而这些同盟者是受到俄国的威胁才投入他的怀抱的 ……… (265)

**十五 语言、宗教及民族性与获得领土、建立国家之关系** ……… (267)

1. 毫无疑问，就是在这一片"德意志联邦的领土上"，大部分居民讲的还是波兰话 ……………………………………… (267)

2. 把他们并入德国，也就等于抑制波兹南占半数以上的波兰居民的语言和民族性 ……………………………………… (267)

3. 弗里德里希—威廉三世当时给波兹南人许下的诺言：保持他们的民族特性、语言和宗教 ……………………………… (268)

4. 斯拉夫人主要是从事农业的人民……当感到需要城市手工业和城市人口集中的时候,德国人便伸展到斯拉夫各国来了 ………………………………………………………………(268)

5. 如果法国人在最近宣布 Cologne、Coblence、Mayence 和 Francfort（科伦、科布伦茨、美因兹和法兰克福的法文名字）自古以来就是法国的领土,那末世界历史观点将怎么说呢?那将是世界历史观点的不幸！…………………(269)

6. 波兰就恰恰相反……它对它的压迫者们的反对立场同时也就是对本国大贵族的反对立场。……波兰复兴的保证,波兰复兴的必然性就在这里 ………………………………(270)

7. 波兰流亡者为了复兴波兰,表现得很坚定……。但是难道波兰国内的波兰人做的事情就少吗?……没有流亡的波兰人和几乎所有的波兰流亡者（……）比较起来,接受的一般欧洲文明要多得多,对他们常住的波兰的需要要清楚得多 ………………………………………………………(272)

8. 奥地利的斯拉夫人从来没有过自己的历史,在历史、文学、政治、贸易和工业方面他们都依赖于德国人和马扎尔人,他们部分地已经被德国人、马扎尔人和意大利人同化了,一旦成立许多独立国家,统治这些国家的也不会是他们 ………………………………………………………………(273)

9. 对他们说来,宗教改革运动只不过是使教会财产世俗化的宗教根据,所以他们在十六和十七两个世纪中所获得的产业的最好部分都可以归之于一个丰富的来源,即掠夺教会 …………………………………………………………………(274)

10. 英国的、法国的、俄国的军官曾先后尝试过组织波斯的军队。各种办法相继采用,但是……东方人所具有的忌妒、阴险、愚昧、贪婪而又腐败,每一种办法都行不通 ……………………………………………………………………(275)

11. 东方民族在这方面太无知无能了,他们只好把炮兵的管理完全交给欧洲教官 ……………………………………(276)

12. 那时人民保持平静,让皇帝的军队去同侵略者作战,失

败之后，则抱着东方宿命论的态度屈从于敌人的暴力 …… (277)
13. 这些把炽热的炮弹射向毫无防御的城市、杀人又强奸妇女的文明贩子们，尽可以把中国人的这种抵抗方法叫做卑劣的、野蛮的、凶残的方法 …… (278)
14. 北萨瓦对瑞士来说等于丹纳士人的礼物 …… (278)
15. 尼斯西部操普罗旺斯方言，东部，即罗亚河东岸地区，则操意大利方言 …… (279)
16. 为了正确地研究民族成分问题，我们必须了解一下阿尔卑斯山脉西部地区各种语言的相互关系 …… (279)
17. 因此，在这种情形上，民间语并不能确定民族的归属 …… (280)
18. 可见，企图以普罗旺斯方言作为论据（……）来断言尼斯在民族上属于法国，这从一开始就是没有道理的 …… (281)
19. 信教自由——这就是为了消灭波兰所需要的字眼 …… (282)
20. 可是俄国政府在自己的国家里，除正教而外，不能容忍任何宗教 …… (282)
21. 整个来说，这片德国领土在革命前几乎完全没有法国化 …… (283)
22. 但正在这个时候，在布拉格也召开了另外一个斯拉夫人代表大会……而这个真正的武装的斯拉夫人代表大会在文迪施格雷茨的指挥之下，不到24小时就把假想的斯拉夫人霸权的这些奠基者们驱逐出城，并把他们赶得东逃西散了 …… (283)
23. 我们来看一看中欧的语言分布图 …… (284)

十六　顽固维护封建制度的国家与民族在资本主义时代的结局 …… (285)
1. 瓜分波兰之所以能够实现，是由于波兰大封建贵族和参加瓜分波兰的3个强国结成联盟 …… (285)
2. 在斯拉夫土地上掌权的一部分马扎尔贵族和德国贵族被斯拉夫族同化了，于是，各斯拉夫民族自己也愿意保持这个要愈来愈坚决地维护贵族、反对不断发展的德国资产阶级和马扎尔资产阶级的君主国 …… (285)
3. 梅特涅……依靠上层封建贵族和金融贵族，依靠官僚和军队，在比他的一切竞争者更大得多的程度上实现了君主专

制的理想 ·················································································(286)
 4. 梅特涅公爵的政府所遵循的两个方针是：第一，使奥地利治下的各民族中的每一个民族都受到所有其他处于同样境地的民族的牵制；第二，这向来是一切专制君主制的基本原则，即依靠封建地主和做证券交易的大资本家这两个阶级，同时使这两个阶级的权势和力量互相平衡，以便政府保留完全的行动自由 ·············································(287)
 5. 为了达到这个目的，一切旧的、既存的、世袭的权力，都像国家的权力一样受到保护 ·············································(289)
 6. 皇帝受到崇拜，而事实似乎也证实了老弗兰茨一世的话。他曾经怀疑这种制度能否持久，但他接着就安慰自己说："在我和梅特涅在世的时候，它总还可以维持下去的" ······(290)
 7. 但另一方面，应不应该把主要是德意志人居住的大块大块的土地和完全属于德意志人的大城市，让给一个从未证明自己能够摆脱以农奴制为基础的封建状态的民族呢？这个问题是十分复杂的 ···················································(291)
 8. 德国各邦政府在这次战争中抓住一切机会出卖石勒苏益格—荷尔斯泰因的革命军队，故意让丹麦人在这支军队被分散或分开的时候把它消灭 ·······································(291)
 9. 这些被自由派加强起来当作反对较先进的党派的作战工具的军队，刚刚在某种程度上恢复它们的自信和纪律，便翻脸反对自由派，而把政权交还给了旧制度的代表人物 ········(292)
 10. 泛斯拉夫主义的浪潮……到处都与欧洲的革命运动相冲突，同时，斯拉夫人虽然自称为自由而战，却总是（除了波兰的一部分民主派之外）站在专制主义和反动势力的一边 ·····················································································(293)
 11. 奥普两邦政府现在已把一切权力都集中在自己手里……奥地利用它对付匈牙利和意大利，普鲁士用它对付德意志。因为普鲁士也准备进行一次战役来恢复各小邦的"秩序" ·············································································(294)
 12. 奥地利政府终于丢掉了假面具。在3月4日颁布的宪法中，它宣称奥地利是一个不可分割的君主国，财政、关税制度和军事编制完全统一；这样便抹去了德意志省份和非德意志省份之间的一切界线和差别 ·················（296）

13. 所有这些恢复亚得利亚海的海军威力的优越条件只遇到一个障碍，那就是奥地利本身 ·················（296）

14. 8月9日，英军终于在南京城下抛锚了。结果不出英军所料。皇帝恐惧万分，只得于8月29日签订条约 ·················（298）

15. 波斯……正规军只要一上战场，就立刻被俄军击溃，并且常常刚一听到枪炮声就逃跑 ·················（299）

16. 造就一批按照欧洲的现代方式培养出来的……军官和士官……这需要很长的时间，而且一定还会遇到东方人的愚昧、急躁、偏见以及东方宫廷所固有的宠辱无常等因素的最顽强的抗拒 ·················（300）

17. 一个人口几乎占人类三分之一的大帝国，不顾时势，安于现状，人为地隔绝于世并因此竭力以天朝尽善尽美的幻想自欺 ·················（300）

18. 侵蚀了天朝官僚体系之心脏、摧毁了宗法制度之堡垒的腐败作风，就是同鸦片烟箱一起从停泊在黄埔的英国趸船上被偷偷带进这个帝国的 ·················（301）

19. 一般说来，人们过高估计了中国人的消费能力和支付能力 ·················（301）

20. 这种指挥是地道的旧奥地利式的 ·················（302）

21. 虽然它们已尝到了第一次法国革命的果实，但是它们从心底里厌恶严格的集权统治、地方长官的管辖以及巴黎派来的文明传教士永无过错的说教 ·················（304）

22. 法国对一切进口贸易几乎都采取了中国式的闭关自守政策，这一点在边境地区感到特别厉害 ·················（304）

23. 缅甸按政体来说是一个纯粹的专制国家 ·················（305）

24. 一个顽固地保持着封建社会制度不受侵犯的国家……注定要衰落 ·················（306）

25. 首先拿波兰来说，这个以掠夺和压迫农民为基础的贵族

共和国处于完全土崩瓦解的状态 ················· (307)

　26. 为了在国内实行专制统治，沙皇政府在国外应该是绝对
　　　不可战胜的 ································· (307)

十七　反对专制统治及资产阶级压迫与国家独立、民族自决 ········ (309)

　1. 从1846年克拉柯夫起义时起，争取波兰独立的斗争同时
　　　也就是反对宗法封建的专制政体而争取土地民主制（东欧
　　　民主制的唯一可能的形式）的斗争 ·················· (309)

　2. 建立波兰国家和调整波兰与德国的边界不仅是必要的，而
　　　且是革命以来东欧所发生的一切政治问题中最容易解决的
　　　问题 ······································· (309)

　3. 如果德国在革命以后，为了自己的利益，有勇气拿起武器
　　　去要求俄国放弃波兰，它就可以保证波兰实现上述一切，
　　　同时也就保卫了自己的利益和荣誉 ··················· (310)

　4. 小贵族民主制的旧波兰早已死亡了并被埋葬了……但是这
　　　个悲剧的"主角"却生了一个强壮的儿子……这个儿子就
　　　是农民民主制的波兰 ······························ (310)

　5. "俄国的专制主义并没有解放波兰人，消灭波兰的小贵族
　　　阶级以及把这样多的贵族家庭逐出波兰，——这一切既没
　　　有使俄国建立民主制度，也没有使俄国具备合乎人道的生
　　　活条件" ······································ (311)

　6. 波兰人的功绩就在于他们首先承认并宣告土地民主制是使
　　　一切斯拉夫民族获得解放的唯一可能的形式 ··········· (312)

　7. 在1793年以后，在1848年的革命运动中，一个被占优势
　　　的反革命包围的民族敢于用革命的激情来对抗怯懦的反革
　　　命的狂暴，用terreur rouge［红色恐怖］来对抗terreur
　　　blanche［白色恐怖］，这还是第一次 ················ (313)

　8. 现在，由于工业、贸易和交通的长足进展，政治上的集中
　　　成了比当时即比十五和十六世纪更加迫切的要求。凡是还
　　　能集中的一切，都正在集中 ······················· (314)

　9. 布拉格的巷战对奥地利的民主泛斯拉夫主义者来说是一个
　　　转折点 ······································ (314)

10. 他们无力在自己的祖国反对由他们自己改组过的奥地利军阀，他们遭到了被他们所出卖的德国人和马扎尔人的遗弃，他们遭到了革命的欧洲的遗弃，他们将被迫忍受那种在他们的帮助下加在维也纳人和马扎尔人身上的军事专制制度 ……………………………………………………………… (315)

11. 但是有一种徐缓的、表面上看不见的运动在进行着，它使梅特涅的一切努力都白费了。工商业资产阶级的财富和势力都增加了 ……………………………………………… (315)

12. 这样，奥地利也在缓慢地但确定无疑地走向伟大的转变，而这时法国忽然爆发了事变，它使逼近的暴风雨立刻倾降下来，驳倒了老弗兰茨关于大厦在他和梅特涅在世的时候还是会维持下去的断语 ……………………………………… (316)

13. 法国国王成功地取代自己的诸侯时所使用的不可胜数的小冲突、阴谋诡计、背信弃义等手法，无疑将永远成为历史学家所喜爱的题目，因为它们是一个大国形成的里程碑 ………………………………………………………………… (317)

14. 西欧工人和中欧工人对外政策的这一纲领，得到了这个纲领被提给的那个阶级的一致承认 ………………………………… (318)

15. 彼得一世有一次曾经感叹，在征服世界方面，俄国佬所缺少的只是士气 ……………………………………………………… (319)

16. 事实上，关于废除农奴制的法令无非是一种诈骗伎俩 …… (320)

17. 但是法国革命发生了。亚尔萨斯和洛林从来不敢指望从德国手中得到的东西，由法国送给它们了 ……………………… (321)

18. 恰好相反。他们被置于独裁统治之下，而邻邦法国却是实行共和制度的 ………………………………………………… (321)

19. 法国的压迫至少是现代的压迫，它迫使德意志的君主们消除了他们以往的生存方式中最恶劣的旧时代残余 ……… (322)

20. 对拿破仑的胜利就是欧洲的君主国对法国革命的胜利，因为拿破仑帝国是法国革命的最后阶段 ……………………… (322)

21. 沙皇专制制度同正处于形成阶段的新社会之间的不可调和性也以同样的速度显现出来 ………………………………… (323)

22. 如果说沙皇厌恶与共和国结盟，那么革命的法国人民对于与暴君，与残害波兰和俄国的刽子手结盟则更加厌恶得多 ································· (323)
23. 一旦沙皇政权这个全欧洲反动势力的最后的坚固堡垒垮台，整个欧洲的风向就会完全改变 ····················· (324)
24. 我们的党在帝国国会里向来要求，让亚尔萨斯—洛林的居民有可能自己决定自己的命运 ························· (325)

### 十八　泛斯拉夫主义 ················································ (327)

1. 泛斯拉夫主义不是产生在俄国或波兰，而是产生在布拉格和阿格拉姆 ········································· (327)
2. 泛斯拉夫主义的直接目的，是要建立一个由俄国统治的从厄尔士山脉和喀尔巴阡山脉直到黑海、爱琴海和亚得利亚海的斯拉夫国家 ············································· (327)
3. 八世纪和九世纪曾经是泛斯拉夫主义的时代……如果那时……他们都未能获得独立，并建立起巩固的国家，那末现在，在经受了一千年的压迫和丧失了自己的民族特性以后，他们怎么能够做到这一点呢？ ················· (328)
4. 南方斯拉夫人的民族特征的恢复实际上是从最残酷地镇压奥地利和匈牙利的革命开始的；这是南方斯拉夫运动的领导者们对俄国沙皇的第一次有力的效劳 ······················ (328)
5. 一千年来一直被德国人和马扎尔人牵着走的南方斯拉夫人在1848年所以要起来为恢复自己的民族独立而斗争，是为了与此同时把德国和匈牙利的革命镇压下去。他们是反革命的代表者 ································· (329)
6. 在即将来临的世界大战中，不仅那些反动阶级和王朝，而且那许多反动民族也要完全从地球上消失。这也将是一种进步 ··············································· (330)
7. 在东欧却还有一些貌似民主和革命的派别，继续做这种漂亮话和柔情蜜意的应声虫，继续宣扬关于欧洲各族人民友爱的福音。这些派别（……）就是各斯拉夫民族的民主泛斯拉夫主义者 ········································· (330)

8. 我们看到的民主泛斯拉夫主义的纲领,是一本小册子。……这里一个字也没有提到实际存在的妨碍这种普遍解放的障碍,一个字也没有提到其差别如此之大的各个文明发展阶段,以及由这一点所决定的各族人民的不同政治要求 ································································ (331)

9. 布拉格代表大会以后许多斯拉夫人所起的作用,本来应当打破泛斯拉夫主义者的幻想;……但是,他们直到现在……还向我们端出那一套陈词滥调 ························· (333)

10. 泛斯拉夫主义的目的实际上无非是要给那些在历史、文学、政治、贸易和工业方面都依附于德国人和马扎尔人的零散的奥地利斯拉夫人一个据点,这个据点一方面是俄国,另一方面是由斯拉夫人的多数所统治的、依附于俄国的奥地利联合君主国 ····················· (334)

11. 我们重复一遍,除了波兰人、俄罗斯人——充其量还有土耳其的斯拉夫人——以外,没有一个斯拉夫民族是有前途的,原因很简单:其他一切斯拉夫人都没有具备为独立和维持生命力所必需的历史、地理、政治和工业的条件 ······················································· (335)

12. 那些从来没有自己的历史,从达到文明发展的最初阶段即最低阶段的时候起就陷于异族统治之下,或者只是由于异族的压迫才被强迫提高到文明发展的最初阶段的民族,是没有生命力的,是永远也不可能获得什么独立的 ····················································································· (336)

13. 但是正是捷克人应当成为计划中的斯拉夫国家的核心,因为莫拉维亚人也同德国人混杂得很厉害,而斯洛伐克人则同德国人和马扎尔人混杂在一起,在民族关系上他们已经完全衰落了 ································· (337)

14. 德国人在北方从斯拉夫人手中重新夺回了起初属于德国而后来属于斯拉夫人的由易北河至瓦尔塔河的那片地区;所以要夺取这片地区,是由于从瓜分卡罗林君主国而产生的"地理上和战略上的考虑" ······················· (338)

15. 在南方，当德国人发现各斯拉夫部族的时候，它们都已经零零散散 ………………………………………………………………（339）
16. 直到今天还受着"七十万奥斯曼人蹂躏"的"一千二百万斯拉夫人、瓦拉几亚人和希腊人"的命运不是非常明显地说明了这一点吗？ ………………………………………………（339）
17. 如果亚历山大、凯撒和拿破仑也是一些像泛斯拉夫主义者现在为了维护其衰弱不堪的被保护人而要求的那种软心肠人，那历史会是什么样子呢？ ………………………………（340）
18. 正是现在，出现了泛斯拉夫主义者，他们要求我们"解放"这些已经半德意志化的斯拉夫人，要求我们消灭斯拉夫人的一切物质利益强加于这些斯拉夫人的集中 ………（340）
19. 唯一可以责备马扎尔人的地方，就是他们对这个本性就是反革命的民族让步太多了 ………………………………………（341）
20. 如果斯拉夫人在他们受压迫的某一个时期开始新的革命历史，那末他们仅用这一点就足以证明自己是有生命力的 …………………………………………………………………（341）
21. 斯拉夫人……他们在家里受压迫，在外边，在斯拉夫人影响所及的一切地方，他们却是一切革命民族的压迫者 …（341）
22. 但是，正因为如此，我们有权不赞成斯拉夫人的不切实际的幻想，并像我们谴责我们自己的民族一样来严厉谴责其他民族 ………………………………………………………（342）
23. 但有一点无论如何是不容置疑的，这就是在以自己的优势兵力把拿破仑由奥得河击退到巴黎的那些军队中，有四分之三是斯拉夫人，俄国的斯拉夫人或奥地利的斯拉夫人 ……………………………………………………………………（342）
24. 在瓜分波兰的时候，是一个斯拉夫国家和一个半斯拉夫国家彼此之间进行竞争 ……………………………………………（343）
25. 但是当法国人、德国人、意大利人、波兰人和马扎尔人举起革命旗帜的时候，斯拉夫人却像一个人一样全都站到反革命的旗帜下面了 ……………………………………………（343）
26. 其基础已经动摇的奥地利，由于斯拉夫人的黑黄色狂热才得到了保全，暂时获得了巩固，正是克罗地亚人……给文迪施格雷茨和耶拉契奇提供了军队去镇压维也纳、克拉科夫、里沃夫和匈牙利的革命 ………………………… (344)

27. 奥地利斯拉夫人中间的所谓民主派，不是恶棍，就是空想家，而那些在本民族中不能为从国外输入的思想找到基础的幻想家又经常被那些恶棍牵着鼻子走 …………… (345)

28. 这些叛徒们也终于开始明白，他们受了反革命的欺骗，根本谈不到"斯拉夫的奥地利"，以及"各民族平等的联邦国家" …………………………………………………………… (345)

29. 波兰人是没有任何泛斯拉夫主义欲望的唯一斯拉夫民族 … (346)

30. 奥地利的泛斯拉夫主义者们当然明白：他们的愿望，一般说来凡是可以实现的，都已经在俄国保护下重新恢复起来的"奥地利联合君主国"中实现了 ……………… (347)

31. 但是，泛斯拉夫主义的幼稚性和反动性并不比泛日耳曼主义少些 ……………………………………………………… (347)

32. 泛斯拉夫主义者同意参加革命，可是有一个条件，就是允许他们不顾最迫切的物质需要，把一切斯拉夫人毫无例外地联合成为一些独立的斯拉夫国家 ……………… (349)

33. 那时候就要斗争，对出卖革命的斯拉夫民族"无情地进行殊死的斗争"，进行歼灭战 ………………………………… (349)

34. 为什么不把这8000万斯拉夫人组成一个强有力的联邦，把侵入神圣的斯拉夫族领土的土耳其人……驱逐出去或消灭掉呢？于是，就从几个斯拉夫族……发起了一个荒唐的、反历史的运动 ……………………………………… (350)

35. 后来波希米亚人和克罗地亚人在布拉格召开了一个斯拉夫人代表大会……会议开始以后，那些发言人都无法讲一种大家都能听懂的共同的斯拉夫语言 ……………… (350)

36. 泛斯拉夫主义，这不仅仅是一种争取民族独立的运动；这是一种力图把一千年来历史所创造的一切东西化为乌有的运动 ……………………………………………………… (351)

37. 奥地利的斯拉夫人分为两个集团：一个集团是由各民族

的残余分子组成，他们过去有自己的历史，而现在的历史发展是同那些与他们有不同种族和语言的民族联系在一起的 ························································ (352)

38. 奥地利斯拉夫人的另一集团是由一些零星的不同的民族构成的，这些民族在历史进程中同本民族的基本群众分离，因而他们的主要中心是处在奥地利境界以外 ············ (353)

39. 泛斯拉夫主义的最初形式是纯粹文艺的形式 ············ (353)

40. 居住在邻接德国地区的斯拉夫人中间非民族化的过程，德国人的缓慢而不间断的推进，匈牙利人的入侵（……），插入斯拉夫族地区的土耳其人……的存在——所有这一切造成了真正的语言上的巴比伦 ············ (354)

41. 我们看到，奥地利的泛斯拉夫主义缺乏取得成就的最重要的因素：群众和统一 ································ (355)

42. 奥地利已开始在本国领土上反对斯拉夫人 ············ (356)

43. 另一方面，泛斯拉夫主义并没有绝迹；它深受凌辱，它正在愤怒、沉默，并从在匈牙利进行干涉的时候起把俄国皇帝当做它命中注定的救世主 ························ (356)

44. 泛斯拉夫主义不就是俄国为了自己的利益而把民族原则应用于塞尔维亚人……及其他在土耳其、匈牙利和德国境内的昔日的斯拉夫民族（peoples）的残余吗？ ············ (357)

45. 1861年夏天，车尔尼雪夫斯基……揭穿了泛斯拉夫主义者的阴谋 ····················································· (357)

46. 1862年……巴枯宁声明崇拜国家和泛斯拉夫主义的爱国主义 ····················································· (358)

47. 泛斯拉夫主义是圣彼得堡内阁的发明，它的目的无非是要把俄国的欧洲疆界向西面和南面推进 ············ (359)

十九　国家的起源 ·························································· (361)

1. 我们越往前追溯历史，个人，也就是进行生产的个人，就显得越不独立，越从属于一个更大的整体 ············ (361)

2. 某一些种族、素质、气候、自然条件如离海远近、土地肥沃程度等等，比另外一些更有利于生产 ············ (361)

3. 所有的征服有三种可能 ·················································· (362)
4. 在一切社会形式中都有一种一定的生产支配着其他一切生产的地位和影响，因而它的关系也支配着其他一切关系的地位和影响 ·············································································· (362)
5. 资本是资产阶级社会的支配一切的经济权力。它必须成为起点又成为终点 ·························································· (363)
6. 氏族，直到野蛮人进入文明时代为止，甚至再往后一点，是一切野蛮人所共有的制度（就现有资料而言） ··············· (364)
7. 在许多有五六个以上氏族的印第安人部落中间，我们看到，每三四个或更多的氏族联合成一个特殊的集团……胞族 ··································································································· (368)
8. 正如几个氏族组成一个胞族一样，几个胞族就古典形式来说则组成一个部落；而那些大大衰微的部落则往往没有胞族这种中间环节 ··················································· (369)
9. 但在个别地方，最初本是亲属部落的一些部落从分散状态中又重新团结为永久的联盟，这样就跨出了形成民族［Nation］的第一步 ······································································ (372)
10. 我们也看到，氏族作为社会单位出现以后，氏族、胞族和部落这整个社会组织就怎样以几乎不可抗拒的必然性（因为是天然性）从这种单位中发展出来 ·············· (375)
11. 祖鲁卡菲尔人在数年前，也像努比亚人在数月前一样——两者都是至今还保存着氏族制度的部落 ············· (376)
12. 但我们不要忘记，这种组织是注定要灭亡的 ················· (377)
13. 这种自然形成的共同体的权力必然要被打破，而且也确实被打破了 ············································································ (377)
14. 凯尔特人的保存到今天的最古的法律，使我们看到了仍然充满着活力的氏族 ·········································· (378)
15. 至迟于11世纪所制定的古代威尔士的法律，还表明有整个村落共同耕作的事情 ········································· (379)
16. 爱尔兰氏族（即塞普特［sept］；部落称为clainne，即克兰）的存在是千真万确的 ······································· (380)

17. 在苏格兰，氏族制度是随着 1745 年起义的被镇压而灭亡的 …………………………………………………………………（382）
18. 德意志人在民族大迁徙以前，曾组织成为氏族 …………（383）
19. 在德意志人那里，骑兵队和楔形步兵纵队的战斗队形，也是按氏族的组织来编的 ……………………………………（385）
20. 前面我们已经分别考察了国家在氏族制度的废墟上兴起的三种主要形式 ……………………………………………（385）
21. 可见，国家决不是从外部强加于社会的一种力量……确切地说，国家是社会在一定发展阶段上的产物 …………（386）
22. 国家和旧的氏族组织不同的地方，第一点就是它按地区来划分它的国民。……第二个不同点，是公共权力的设立 …………………………………………………………（386）
23. 为了维持这种公共权力，就需要公民缴纳费用——捐税 …（387）
24. 此外，在历史上的大多数国家中，公民的权利是按照财产状况分级规定的 …………………………………………（388）
25. 所以，国家并不是从来就有的 …………………………（389）

二十　沙俄、德国等数次瓜分波兰 ……………………………（391）
1. 冯·普富尔先生在波兹南划定的新界线是对波兰的新的掠夺 …………………………………………………………（391）
2. 旧分界线至少还以瓦尔塔河作为波兰人的边界，新分界线却把应当改组的部分又缩小 1/4 …………………………（391）
3. 议会的行动不出我们所料，它批准了对波兰的 7 次瓜分 …（392）
4. 法兰克福议会还把对波兰的这 7 次瓜分说成是施给波兰人的 7 次恩惠 ……………………………………………………（392）
5. 他们几次重新瓜分波兰，不是由于什么别的原因，而只是为了充实普鲁士的国库 …………………………………（393）
6. 在第三次瓜分波兰以后，弗里德里希—威廉二世为了国家的利益，没收了波兰官方的领地和天主教僧侣的领地 ……（394）
7. 在两个月期间对波兰进行的 4 次有名的瓜分，其真正原因就是……占有领地的愿望和普鲁士政府的贪心——这就是确定边界线的唯一根据 ………………………………………（394）

8. 把重新瓜分波兰说成是对波兰农民的善行——这种荒谬绝伦的颠倒是非的伎俩,当然会使国民议会中充满善心和博爱的一群中间派感激涕零! ……………………………………（395）
9. 曾弗先生接着谈到第一次瓜分以来的波兰历史,他用许多有意歪曲和无中生有的材料来充实这部历史,同他比较起来,施滕策尔先生倒成了最渺小的拙劣的作者了…………（397）
10. 约丹先生……这样严格地遵循曾弗先生的演说,甚至完全忘记了波兹南的其他部分即大波兰部分在1794年就已"归普鲁士所有,从那时候起,如果不算昙花一现的华沙大公国这一段时间,它一直是属于普鲁士的" ……………（399）
11. 瓦滕斯累本先生……叙述了他在1830年以后备军人资格向波兰边境进军的逸事,接着就扮演桑科·判札的角色,用"天上的仙鹤不如手中的家雀"这句谚语奉劝波兰人 ………………………………………………………………（400）
12. 在法兰西帝国崩溃后的一片混乱时期,沙皇亚历山大不是征服华沙公国,而是干脆把它占领,自然,他当时是力图把它连同被波拿巴划归公国的克拉科夫一起控制在自己手中的 ……………………………………………………（400）
13. 福格特……竟忘记了波兰的被侵占,并且歪曲了克拉科夫被侵占的历史 ……………………………………………（402）
14. 大家知道,俄国成功地索回了原先归普鲁士和奥地利管辖的几块波兰领土,其中一部分是从拿破仑第一手中搞到的,一部分是在维也纳会议上搞到的 …………………（404）
15. 俄国兵差不多不断地占领着这个国家,波兰国王即使自己并不想做卖国贼,但也愈来愈成为俄国大使手中的玩物 ……………………………………………………………（405）
16. 从本世纪初开始……外国军队不断地侵占波兰全部国土或取道波兰;它成了他们的客栈和小饭店（……）,不过他们通常总是忘了付钱 ……………………………………（405）
17. 这就决定了波兰在将来要被瓜分 ……………………（407）
18. 我不谈第一次瓜分波兰的详情细节 …………………（407）

19. 维也纳会议把波兰王国给了俄国 …………………………………（408）
二一　沙俄侵略土耳其 ……………………………………………………（409）
　　1. 英国无法同意俄国占领达达尼尔海峡和博斯普鲁斯海峡。俄国如果占领这两个海峡，无论在贸易方面和政治方面，对英国实力都是一个沉重的打击，如果不是致命打击的话 ……………………………………………………………………（409）
　　2. 特拉佩宗特的贸易也成为极其重大的政治问题，因为它是俄国和英国在亚洲内地的新的利害冲突之源 ……………（410）
　　3. 一次征服必然继之以又一次征服，一次兼并必然继之以又一次兼并，所以俄国征服土耳其只不过是兼并匈牙利、普鲁士、加利西亚和最终建立某些狂热的泛斯拉夫主义哲学家所梦寐以求的斯拉夫帝国的序幕而已 ……………（411）
　　4. 如果俄国企图以实际的军事行动来支援缅施科夫的可笑的示威行动（……），那么，它开头的两个行动很可能就是再一次占领多瑙河两公国和侵入亚美尼亚的卡尔斯省与巴统港 ………………………………………………………（411）
　　5. 现在，比较稳健的尼古拉只是要求承认他是土耳其的唯一的保护人 ……………………………………………（412）
　　6. 1853年，我们看到，同一位阿伯丁成了这同一个国家的"混合内阁"的首脑。只要指出这个简单的事实，就足以说明为什么俄国目前在它同土耳其和同欧洲的冲突中表现得那样咄咄逼人了 ………………………………………（414）
　　7. 俄国利用这种种欺骗与谎言造成的混乱，终于找到了发动1828—1829年战争的借口 ………………………………（415）
　　8. 这会意味着对黑海、小亚细亚、巴尔干半岛的独占统治 ……（416）
　　9. 叶卡捷琳娜进行了两次这样的战争 ………………………（416）
　　10. 芬兰归我，挪威归你 ………………………………………（417）
　　11. 亚历山大追求的目标，照旧是沙皇格勒 …………………（417）
　　12. 被法国所出卖的土耳其……把比萨拉比亚让给了俄国人 …（418）
　　13. 对俄国外交说来，问题是要利用在欧洲所取得的霸权进一步向沙皇格勒推进 ……………………………………（419）

14. "整个欧洲都怀着惶恐的心情望着这个俄国巨人" ············ (420)
15. 现在开始更坚决地行动起来，终于发动了对土战争 ········ (421)
16. 于是，吉比奇推进到了阿德里安堡 ···························· (421)
17. 通过安吉阿尔—斯凯莱西条约在许多年内把土耳其置于
　　俄国的实际统治之下 ······································ (422)
18. 他过分性急地向君士坦丁堡进军 ···························· (423)
19. 它又利用了这个有利的形势发起对沙皇格勒的进攻 ········ (424)
20. 最后，土耳其由于领土丧失、精疲力竭和过重的战争赔
　　款而完全从属于俄国 ······································ (424)

二二　沙俄侵略欧洲、近东及波斯 ································· (426)
1. 俄国最近60年来所夺取的领土，从面积和重要性来看，
　　等于俄罗斯帝国在此以前的整个欧洲部分 ·················· (426)
2. 按照这个条约，波斯不得不付给俄国200万英镑的赔款，
　　并割让包括埃里温和阿巴萨巴德的要塞在内的埃里温省和
　　纳希切万省。照尼古拉的说法，签订这个条约的唯一目的
　　是划定沿阿拉斯河的共同边界，硬说这是防止两个帝国将
　　来任何纠纷的唯一方法 ······································ (426)
3. 俄国的贪婪的眼光既注视着多瑙河口，又紧盯着高加索山
　　脉。它在多瑙河口是要夺得统治地位，在高加索山脉则是
　　保住这种地位 ·············································· (427)
4. 俄国侵占摩尔多瓦和瓦拉几亚是由阿德里安堡条约为它做
　　好准备的，它占有高加索的权利也是从这个条约中得到承
　　认的 ························································ (428)
5. 为了使奥地利完全依从于斯拉夫人，强大的斯拉夫后备军
　　即俄国军队于1849年开进了匈牙利，在那里强迫它接受
　　和约 ························································ (429)
6. 俄国最初入侵波斯是在彼得大帝时代，但是那次入侵并没
　　有得到多少好处。取得更多成功的是亚历山大一世 ·········· (430)
7. 俄国占有里海西岸和北岸的全部地区。……在里海东岸有
　　道路通往咸海的各个据点，都有俄国的堡垒 ················ (432)
8. 但愿德国人永远也不要忘记，俄国竟然禁止他们去援助遭

　　　　到攻击的德国的一个邦 …………………………………………（433）
　9. 但愿德国人也不要忘记俄国的其他许多事情 ………………（433）
　10. 大家知道，叶卡捷琳娜二世曾经力图在地中海上为俄国
　　　　取得一些军港 …………………………………………………（435）
　11. 然而，只是在1831年把波兰人平定下去，使这个地区完
　　　　全臣服俄国人时，这个楔子的真正意义才显示出来 ………（436）
　12. 福格特要波兰人通过"自由自决"溶化于俄国，要匈牙
　　　　利人俯首听命于俄国的统治，从而在斯拉夫各民族中
　　　　灭亡 ……………………………………………………………（437）
　13. 先生们，备马吧！ ……………………………………………（438）
　14. 原来俄国曾经利用西欧的革命时期，悄悄地占据多瑙河
　　　　各公国，并准备一场新的征服土耳其的战争 ………………（438）
　15. 对巴尔干半岛的统治将把俄国的疆界扩展到亚德里亚海 …（439）
　16. 到叶卡捷琳娜逝世的时候，俄国的领地已超过了甚至最
　　　　肆无忌惮的民族沙文主义所能要求的一切 …………………（439）
　17. 俄国外交立刻为确立对德意志各小邦的霸权而开始了
　　　　进军 ……………………………………………………………（440）
　18. 在这里我们所看到的，是对别国领土的赤裸裸的暴力的
　　　　掠夺，是明火执仗的抢劫 ……………………………………（440）
　19. 应该不理会欧洲，甚至不理会欧洲大战的危险，立即占
　　　　领多瑙河两公国 ………………………………………………（441）
　20. 多瑙河两公国从这时起直到克里木战争为止，成了俄国
　　　　军队的 karczma zajezdna ……………………………………（441）
　21. 所以当1848年二月革命爆发时，俄国外交竟能够把这个
　　　　革命作为对它极为有利的事件来欢迎 ………………………（442）
　22. 那时很快就会发现，在喀尔巴阡山脉和爱琴海之间的地
　　　　区，各民族以及各民族碎块实行自治和实行自由联合的
　　　　主要障碍，原来就是那个用所谓的解放这些民族的幌子
　　　　来掩盖自己的独霸世界计划的沙皇政府 ……………………（443）
二三　沙俄侵略中亚及远东 …………………………………………（444）
　1. 俄国人向中亚或南亚发动任何大规模进攻时所必须遵循的

  作战路线，是自然条件规定了的 ………………………………（444）
 2. 几个星期以前，我们曾指出俄国近年来在东亚细亚，即在
  太平洋西岸有着极顺利的进展 ……………………………（445）
 3. 1833年瓦西里·彼罗夫斯基将军被派往奥连堡担任总
  督……在几年内使吉尔吉斯人屈服于俄国的实际控制和统
  治之下 ………………………………………………………（446）
 4. 当英国还一直不能替在布哈拉被杀的使节斯托达特和康诺
  利复仇的时候，希瓦可汗释放了全体俄国俘虏，并派使节
  到圣彼得堡去求和 …………………………………………（447）
 5. 这时彼罗夫斯基着手开辟一条取道吉尔吉斯草原的交通线
  ………………………………………………………………（447）
 6. 这时，俄国便正式占有了咸海和锡尔河三角洲以北的全部
  地区 …………………………………………………………（448）
 7. 俄军来到离河口约450英里、隶属于浩罕可汗的阿克麦吉
  特要塞时，便把它一举攻了下来 …………………………（448）
 8. 按照条约，希瓦可汗承认俄国的最高权力 ………………（449）
 9. 自从俄军这样深入中亚细亚以后，从北方进攻印度的计
  划，已经不再是模糊不定的意图，而是具有相当明确的轮
  廓了 …………………………………………………………（449）
 10.（俄国人）只要穿过吉尔吉斯草原，就进入土尔克斯坦东
   南方那些耕种较好和肥沃富饶的地区，在征服这些地区
   方面，没有人能比得上他们 ……………………………（450）
二四 沙俄侵略中国、鲸吞与巧夺中国领土 ………………………（452）
 1. 从目前同中国人发生的冲突中，俄国不要花费一个钱，不
  用出动一兵一卒，到头来能比任何一个参战国都得到更多
  的好处 ………………………………………………………（452）
 2. 俄国的努力决不只限于发展这种内陆贸易。它占领黑龙江
  沿岸的地方——当今中国统治民族的故乡——已经有几年
  的时间了 ……………………………………………………（452）
 3. 正当英法两国的海陆军向香港集结之际，西伯利亚边界线
  上的哥萨克缓慢地……向黑龙江沿岸推移，俄国海军陆战

队则构筑工事把满洲的良好港湾包围起来 ……………………（453）
　4. 第一次鸦片战争，使俄国得以签订一个使它有权沿黑龙江航行并在陆上边界自由贸易的条约；而通过进行第二次鸦片战争，又帮助俄国获得了鞑靼海峡和贝加尔湖之间价值无量的地域 ……………………………………………………（454）
　5. 正当英国人在广州同中国的下级官吏争执不下……的时候，俄国人已经占领了黑龙江以北的地区和该地区以南的大部分满洲海岸 …………………………………………………（455）
　6. 至于俄国……不但英、法所得的一切明显利益，不管是什么，俄国都有份，而且俄国还得到了黑龙江边的整个地区，这个地区是它早已悄悄占领的 …………………………（455）
　7. 由于征服了中亚细亚和吞并了满洲，俄国使自己的领地增加了一块像除俄罗斯帝国外的整个欧洲那样大的地盘，并从冰天雪地的西伯利亚进入了温带 …………………………（456）

二五　沙俄外交成功、意识形态欺骗与掠夺他国领土及利权 ………（457）
　1. 过去150年以来，这个帝国在它所进行的每次战争中不仅从未失掉领土，而且总是获得领土 …………………………（457）
　2. 沙皇认为，英国的军事调动只不过是一场闹剧，所以，他如果能够通过这次毫无阻碍地占领摩尔多瓦和瓦拉几亚的行动，使他不仅可以以"主人"的资格退场，而且可以靠苏丹臣民作牺牲品进行每年的盛大的军事演习 …………（457）
　3. 俄国的传统政策一向就是先煽动希腊人起义，然后弃之不顾，让苏丹去对他们实行报复。……这一企图失败之后，沙皇就转过身向其他强国提出截然相反的建议："出兵土耳其，在宫墙之下迫使它接受和约" …………………………（459）
　4. 1830—1831年的波兰起义刚刚结束，俄国军队突然开进克拉科夫，占领该市达两月之久。然而这在当时被看作因战争关系而临时采取的必要步骤，而且在那种动乱时期很快就被人遗忘了 ……………………………………………（460）
　5. 俄国依靠自己的希腊正教教会领袖和庇护者的地位，正是在这些塞尔维亚人和保加利亚人当中第一次开始进行了泛

斯拉夫主义的鼓动 …………………………………………（461）
6. 当英国人和我们自己……连跟两广总督直接联系的权利都
 得不到的时候，俄国人却享有在北京派驻使节的特权 ………（462）
7. 中国人自古以来就对从海上来到他们国家的一切外国人抱
 有反感……俄国人却自己独享内地陆路贸易，这成了他们
 被排除于海上贸易之外的一种补偿 …………………………（463）
8. 最后，俄国获得了两个具有重大意义的地区：一个在里
 海，另一个在波斯北部沿海边境 ……………………………（464）
9. 伦敦《泰晤士报》为此感到很不是滋味，所以它在刊登来
 自圣彼得堡的过分渲染大不列颠占便宜的新闻时，特意将
 电讯中提到俄国依照条约获得黑龙江流域的那一部分删
 去了 ………………………………………………………………（465）
10. 普鲁士……宫廷奸党的头子们和国王的宠臣冯·格尔拉
 赫将军、枢密官尼布尔（……）是彼得堡政府的直接代
 理人 ……………………………………………………………（465）
11. 普鲁士王国的大政方针是依靠俄国的援助来霸占全德 …（466）
12. 欧洲土耳其的基督教居民，无论是希腊人还是斯拉夫人，
 现在比任何时候都更加渴望摆脱土耳其的束缚，更加把
 俄国看成是自己唯一的保护人 ……………………………（467）
13. 结果，英国和法国对中国进行的战争只是让俄国得到了
 好处 ……………………………………………………………（467）
14. 当英国终于决定打到北京……的时候，俄国——尽管就
 在此时夺取了中国的一块大小等于法德两国加在一起的
 领土和一条同多瑙河一样长的河流——竟能以处于弱者
 地位的中国人的无私的保护人身份出现 …………………（468）
15. 中国人不大需要英国商品因而英国货根本没有打入内地。
 与此同时有一种适合中国人需要的、经由恰克图或西藏
 运去的俄国布匹，就千真万确地一直运销到沿海 ………（469）
16. 恰克图和北京之间的……从前不定期通行的、只是被容
 忍的交通线，现在要定期使用并作为一项权利加以规定
 …………………………………………………………………（469）

17. 凡是俄国外交同英国外交或法国外交交锋的地方，俄国总是占上风 ················································· (470)
18. 当英国硬逼天朝人签订了天津条约而到受到普遍祝贺的时候，我曾试图说明：实际上从这次海盗式的英中战争中取得实利的唯一强国是俄国，英国根据条约所得到的商业利益是很微小的 ······································· (470)
19. 法国将得到莱茵河左岸，俄国则将得到在土耳其行动的自由 ····························································· (470)
20. 在这个世纪内，俄国曾两次与法国结成同盟，并且每一次结盟都是以瓜分德国为目的或者基础 ···················· (471)
21. 牌握在俄国的手里，路易—拿破仑只能为它火中取栗 ····· (473)
22. 俄国的自然的和传统的对法政策，是允许法国占领莱茵河左岸或者在一定场合帮助它占领以换取法国对俄国侵占魏克瑟尔河和多瑙河的承认和支持 ·························· (474)
23. 侵占君士坦丁堡是俄国政策一贯的目的，为了达到这个目的，它是不择手段的 ········································· (475)
24. 无论从所处的地位或个人的品格来看，路易—拿破仑都注定要替俄国计划服务 ········································· (475)
25. 从来没有一个人比路易—拿破仑对俄国的政策更为适合了，从来没有一个人所处的地位比他现今的地位对俄国的政策更为有利了 ····················································· (476)
26. 俄国从来都是非万不得已不肯牺牲一个戈比和一名兵士，但一有机会就要在欧洲各国间挑起纷争并削弱它们 ········ (476)
27. 谁都知道，响亮而持久地要求解放农奴的呼声，开始于亚历山大一世时期 ················································· (478)
28. 因此，"好心的沙皇"把发动侵略战争和执行俄国的传统对外政策（……）看成推迟国内革命的唯一手段 ·········· (479)
29. 俄国在把克里木合并之前，它曾宣布克里木独立 ·········· (480)
30. 多瑙河两公国啊！从彼得大帝进入多瑙河两公国以来，俄国就为它们"独立"操心尽力了 ······························· (481)
31. 叫嚷俄国是自由主义和民族意愿的保护者，这种转化并

无新意 ……………………………………………………（482）
32. 尼古拉1843年于"青年意大利"的号召毫无结果以后，
　　 便于1844年3月把布捷涅夫先生派往罗马 ………………（485）
33. 此后不久，布伦诺夫就带着这个文件去伦敦，把它当作
　　 法国背叛变节的一项证据交给英国政府，并利用它来组
　　 织1840年的反法同盟 ……………………………………（486）
34. 戈尔盖的党当时散布要把一个俄国亲王当做匈牙利未来
　　 的国王予以信赖，此举瓦解了匈牙利革命的反抗力量
　　 …………………………………………………………………（487）
35. 当然，俄国把罗马尼亚的这种解放的全部荣誉都归于路
　　 易·波拿巴，而它自己则捞取这一解放的一切实际实惠
　　 …………………………………………………………………（487）
36. 当君士坦丁堡刚落入土耳其人之手，莫斯科大公就把拜
　　 占庭皇帝的双头鹰添进了自己的国徽，从而宣称自己是
　　 他们未来的继承人和复仇者 ………………………………（488）
37. 这位女皇和她的宫廷声明信奉最文明的原则，她竟然能
　　 够把舆论引入这样的迷途，以致伏尔泰和其他许多人都
　　 歌颂"北方的塞米拉米达" …………………………………（488）
38. 为了证明它的贪求仅止于此，它在三次瓜分的时候
　　 都……把居住着波兰人的地方，甚至把小俄罗斯的一部
　　 分（东加里西亚）留给自己的同谋者 ……………………（489）
39. 俄国的政策并没有改变 ……………………………………（489）
40. 我不必提醒你们：俄国的侵略政策在亚洲正获得接二连
　　 三的成功 ……………………………………………………（490）
41. 因此，普鲁士并不是对抗俄国的堡垒，而是俄国准备用
　　 来入侵法国和征服德国的工具 ……………………………（491）
42. 沙皇能对欧洲发生极大的影响，是由于他对德国有传统
　　 的控制力 ……………………………………………………（492）
43. 而对外政策，这毫无疑问是沙皇政府所擅长的、而且是
　　 非常擅长的一个方面 ………………………………………（493）
44. 正是这个最初由外国冒险家组成的秘密团体，把俄罗斯

　　　　帝国变得像现在这样强大 ……………………………………… (493)
45. 可是这样一帮冒险家怎么竟能够对欧洲历史的进程造成
　　如此巨大的影响呢？ ……………………………………………… (494)
46. 俄国只愿意进行这样的战争 ………………………………………… (495)
47. 彼得大帝有步骤地毁坏了波兰，他的继承者只要伸手去
　　拿就行了。而且对此他们还有"民族原则"这样一个借
　　口 ……………………………………………………………………… (496)
48. 彼得大帝……只做到了同德意志帝国诸侯结成姻亲以及
　　在外交上利用德国内部的纠纷 …………………………………… (497)
49. 因此，只要善于利用利益冲突，就能使俄国在从事任何
　　外交活动时取得强大的甚至是绝对强大的盟友的支持 …… (498)
50. 资产阶级启蒙运动的完全成熟了的第二种形式在18世纪
　　变成了现代的耶稣会精神，变成了俄国的外交 …………… (499)
51. 波兰的一块土地是女皇抛给普鲁士的一根骨头，使它在
　　100年间驯顺地被拴在俄国的锁链上 …………………………… (499)
52. 他们由于参加掠夺波兰而把自己完全置于俄国沙皇政府
　　的控制之下 ………………………………………………………… (500)
53. "开明"是18世纪沙皇政府在欧洲高喊的口号，就像19
　　世纪的"解放各族人民"一样 …………………………………… (500)
54. 这样，德国的弱势地位就被确定下来，德国被宣布为法
　　国和俄国未来瓜分的对象 ………………………………………… (501)
55. 俄国对土耳其人的战争总是在俄国西部边界太平无事，
　　而欧洲在别处忙于其他事务的时候进行的 …………………… (502)
56. 这一要求从那时起便成为俄国政策的不变目的 ……………… (503)
57. 法国革命的爆发给叶卡捷琳娜带来了新的时运 ……………… (503)
58. 在叶卡捷琳娜的政策中已经明显地显示出俄国目前政策
　　的所有主要的特征 ………………………………………………… (504)
59. 拿破仑的崛起现在给了俄国外交取得新成就的机会 ……… (505)
60. 但是当要最后结算的时候，俄国便重新出面了 ……………… (505)
61. 西方归拿破仑，东方归亚历山大！ ……………………………… (506)
62. 而在拿破仑攻入莫斯科之后过了大约18个月，亚历山大

便作为欧洲的主宰进入了巴黎 ……………………………（507）
63. 在欧洲大陆上，他不再有对手了 ……………………（508）
64. 俄国以前从来没有占据过如此强大的地位 ………………（508）
65. 但是，当达来朗想用他所臆造的这个词儿使沙皇亚历山大上钩的时候，俄国的外交反而却借助这个词儿愚弄了整个欧洲 ……………………………………………（509）
66. 但是沙皇外交曾通过它的半官方代理人尽可能在它的正统主义的同盟者的内部煽动不和 ………………………（509）
67. 这并不妨碍他甚至还装模作样地谴责希腊人的起义，于此同时却给这次起义煽风点火 ………………………（510）
68. 俄国外交就用这种希望（……）牵着法国的鼻子走 ……（511）
69. 我不来详细谈1830—1848年期间的俄土关系 …………（511）
70. 这个《公文集》至今仍是关于沙皇政府力图使西欧各国彼此发生争吵，从而利用它们的分裂使它们全都服从自己的统治的那些阴谋历史的主要资料之一，至少是最可靠的资料 ………………………………………………（512）
71. 难道俄国外交不是很有理由对于西方的革命暗中感到高兴吗？ ……………………………………………………（513）
72. 他说的只是外交的俄国 …………………………………（514）
73. 相反，在国外，它好像接二连三地获得胜利 ……………（515）
74. 沙皇外交现在处于令人羡慕的地位 ……………………（516）
75. 尽管如此，巨大的胜利还是获得了 ……………………（516）
76. 这就是说，俄国又在干涉西方国家的内政，这一次是公开以反动派的庇护人的姿态出现 …………………………（517）
77. 当你读俄国报纸的时候，的确会以为整个俄国都热衷于沙皇的侵略政策 ……………………………………………（518）

二六　对沙俄殊死战与国家统一、独立及世界和平 ………（519）
  1. 对俄国作战就是真正同我们过去可耻的一切进行彻底的公开的决裂，就是真正解决和统一德国，在封建制度的废墟上以及在昙花一现的资产阶级统治的基地上建立民主制度 …………………………………………………………（519）

2. 对俄国作战是唯一能够解决问题、唯一能够保卫德国的荣誉和利益的办法 ········································· (519)
3. 对于那些以最反革命的民族的名义向我们所说的关于博爱的悲天悯人的漂亮话,我们的回答是,恨俄国人,过去是现在仍然是德国人的首要的革命激情 ·················· (520)
4. 因此,德国的先进政党认为,要支持大陆上的运动,就必须对俄国开战,而且它深信,即使是部分地恢复波兰的民族独立,也必然要引起这样的战争,所以它支持波兰人 ······ (520)
5. 俄国毫无疑问是一个有侵略野心的国家,一百年来就是这样,直到1789年的伟大运动才给它产生了一个充满强大生命力的严峻敌人 ······································ (521)
6. 我们希望德国能迅速地手持利剑来回答这个问题 ············· (522)
7. 看来,德国注定不仅要用笔墨而且要用刀剑来向俄国说明这一事实了 ······························································· (522)
8. 从18世纪中叶起奥地利能够作为一个国家存在的惟一因素,即它对俄国在东欧的推进的抵抗……使福格特发现了"奥地利是东方一切纷争的策源地" ······················ (523)
9. 他们要对俄作战,因为俄国干涉波兰的事务 ···················· (524)
10. 可是,为什么在谈到波兰的时候,我们总是只提一个俄国呢? ································································ (525)
11. 对他们来说,恢复波兰就意味着使他们自己的国家摆脱对俄国的臣服地位 ················································· (525)
12. 总之,对欧洲来说只能有一种选择:要么是以俄国佬为首的亚细亚的野蛮势力像雪崩一样压到它的头上;要么它就应当恢复波兰 ························································ (526)
13. 我们,西欧的工人政党,双倍地关心俄国革命政党的胜利 ································································· (527)
14. 卡尔·马克思的一个功劳就在于,他第一个在1848年指出,……西欧的工人政党必须与俄国沙皇政府作殊死的斗争 ································································· (527)
15. 从各国人民越来越敢于起来发表意见并且得到成功的时

候起，俄国外交的处境严重地恶化了 …………………………（528）

二七　英国、法国等列强侵略欧洲、亚洲及波斯 ………………（530）

1. 英国，或者说得确切些，东印度公司对波斯的宣战，是英国借以在亚洲大陆上扩张自己领地而重复使用的狡猾而冒险的外交伎俩之一 …………………………………………（530）

2. 多少年来，英国一直渴望在波斯湾有一个立脚点，尤其想霸占位于波斯湾北部的哈腊克岛 ………………………（530）

3. 在波斯的首都德黑兰，英国的影响极小，因为——姑且不谈俄国的阴谋活动——法国在那里占着显著的地位，而在这三个海盗中波斯最须防备的是英国 ……………………（531）

4. 伦敦"泰晤士报"在最近……，以英国的名义表示愿意把欧洲事务的领导权让给法国，而亚洲和美洲事务的管理权无疑应属于英吉利民族 …………………………………（532）

5. 英国不久前发动了对波斯的战争，根据最近的报道，这场战争进行得异常激烈，其结果是波斯的沙赫被迫投降 ……（532）

6. 著名的阿富汗战争就这样开始了 ………………………（533）

7. 英军……以东印度公司的名义占领了波斯在波斯湾最重要的港口布什尔 ……………………………………………（534）

8. 英国向波斯湾的远征，只不过是一种牵制行动 …………（535）

9. 英印军队……仅仅一个印度骑兵团的一次冲杀，就把整个波斯军队，无论警卫部还是基干部队，完全扫出了战场 ………………………………………………………………（536）

10. 巴格达批准的和约……第五条规定，自互换和约批准书之日起三个月内，波斯军队必须撤离赫拉特领土、赫拉特城和阿富汗的一切地区 ……………………………（536）

11. 约翰·杨格爵士在密件上建议放弃对该群岛的保护权，将该群岛交给希腊，然而预先要割下它最好的一块地（科尔富岛）并将它并入大不列颠的殖民地 ………………（539）

12. 就在这时，大不列颠对群岛所抱的人道感情，却表现为亨利·华德爵士以真正奥地利式的残酷性镇压了当时群岛上所发生的起义 ……………………………………（541）

13. 英国，这个主张自由贸易的英国，竟恬不知耻地给伊奥尼亚人加上出口税的负担 ……………………………………… (542)

14. 自从勃固省落到英国人手中以后，缅甸就没有冲积平原，也没有出海口 ……………………………………………… (543)

15. 福格特透露，路易·波拿巴这一次用这些钓饵使普鲁士上了钩 ………………………………………………………… (544)

16. 总起来说：一方面，路易·波拿巴将允许俄国经过波森染指波希米亚，经过匈牙利染指土耳其，而另一方面，他自己将使用武力在法国边境上建立一个统一独立的意大利 …………………………………………………………… (547)

17. 保卫联邦领土，是通过把波希米亚和摩拉维亚让给俄国，……使莱茵地区和威斯特伐利亚脱离普鲁士 ……… (550)

## 二八　英国的爱尔兰政策 …………………………………… (553)

1. 英国人应该要求爱尔兰分离，让爱尔兰人自己去解决土地所有制问题 …………………………………………………… (553)

2. 说明过去若干世纪中英国政府企图把爱尔兰居民英国化的一切尝试都毫无结果 ………………………………………… (553)

3. 英国政府挑起了爱尔兰人的起义，并且通过收买达到了合并 ……………………………………………………………… (554)

4. 110多万人为960万只羊所排挤 ……………………… (555)

5. 那末，任何地理上的借口都不能证明征服爱尔兰乃是英国的天职 ………………………………………………………… (556)

6. 为什么凯撒当时所说的高卢人的那许多特征，在十二个世纪以后，吉拉德又在爱尔兰人中重新发现 ……………… (557)

7. 在英国本土的任何人民运动都会因为和爱尔兰人（……）的不和而陷入瘫痪状态 ……………………………………… (558)

8. 这在爱尔兰不仅是一个单纯的经济问题，同时还是一个民族问题 …………………………………………………………… (560)

9. 实际上，克伦威尔时代的英吉利共和国就是由于爱尔兰而覆灭的 …………………………………………………………… (560)

10. 不是在英国，而只有在爱尔兰才能给英国统治阶级以决

   定性的打击 …………………………………………………… (561)
  11. 爱尔兰是英国土地贵族的堡垒 ……………………………… (562)
  12. 至于英国资产阶级，它首先是和英国贵族有着共同的利
    益，都想把爱尔兰变成一个纯粹的牧场 …………………… (562)
  13. 他们对待爱尔兰工人的态度和以前美国各蓄奴州的白种
    贫民对待黑人的态度大致相同 ……………………………… (563)
  14. 而加速这一革命的唯一办法就是使爱尔兰独立 ………… (563)
二九　英国对欧洲大陆的"均势外交"及对沙俄政策 ………………… (565)
  1. 德国要得到什列斯维希，英国则不愿意使它有这种机会；
    德国要实行保护关税，英国则希望有贸易自由；德国要统
    一，英国则希望它分散；德国希望成为一个独立的国家，
    英国则力求在工业上奴役它 ………………………………… (565)
  2. 最后，当帕麦斯顿在阿伯丁勋爵的再三坚持下，准备违心
    地同意俄国强行占领两公国的行为的时候，突然从巴黎拍
    来电报，报告拿破仑决定把这种行为视为开战的理由。于
    是混乱达到了极点 …………………………………………… (567)
  3. 在此种种事件之后，英国大使就向土耳其政府提交了，或
    者说是代表俄国及其他强国提交了1827年7月6日伦敦条
    约的各项决定 ………………………………………………… (568)
  4. 帕麦斯顿……勋爵阁下的沉默使人得出这样的结论：政府
    "根本不想为波兰人做什么事情，它想把波兰人的命运交
    给俄国处理" ………………………………………………… (570)
  5. 帕麦斯顿勋爵，……事先就冷静地估计到波兰要被攻陷，
    并且等待这一个适当时机来表示和持有他对维也纳条约某
    些条款的意见，因为他已经确信，宽宏大量的沙皇力图以
    武力压垮波兰人民只不过是为了尊重波兰的宪法 ………… (572)
  6. 当华沙陷落后俄国人的残暴行为被揭露出来的时候，帕麦
    斯顿却建议议院对俄国皇帝要尽量温和 …………………… (573)
  7. 当一方面波兰命运业已决定，另一方面土耳其帝国由于穆
    罕默德—阿里的叛乱而势将崩溃的时候，帕麦斯顿却要议
    院相信，"局势的发展一般是令人非常满意" ……………… (574)

8. 波兰革命爆发后，……奥地利政府……同法英两国政府就波兰王国的复兴问题进行商谈。……帕麦斯顿勋爵拒绝了这项建议 ································································· (575)

9. 后来在另外一个场合，亨·加利·奈特先生曾把勋爵阁下对波兰起义问题上的所作所为作了如下概述："只要问题一涉及俄国，勋爵阁下的行动就表现出令人难以理解的不彻底性……在波兰问题上，勋爵阁下让我们一再地失望……" ·············································································· (576)

10. 帕麦斯顿……勋爵阁下为反对俄国侵略波兰所作的努力，还不止于此 ·········································································· (577)

11. 当俄荷贷款协定列入维也纳条约时，威灵顿公爵曾惊呼："这是卡斯尔雷勋爵在外交上的杰作，因为债务迫使俄国遵守维也纳条约"。当俄国拒绝遵守维也纳条约，占领了克拉科夫的时候，休谟先生提议不再从不列颠国库中拨款给俄国。但是子爵阁下认为，尽管俄国在波兰问题上有权违反维也纳条约，英国在俄国问题上仍旧有义务遵守条约 ········································································· (584)

12. 波斯人和阿富汗人这两个民族都把俄国视为天然的敌人，因而也都把英国视为天然的盟友。……然而，不能说这种优越已成功地得到利用 ························································· (586)

13. 英国和奥地利反对路易十四的共同斗争，……几乎持续了四分之一世纪。在奥地利王位继承战争中，英国同奥地利一起，对普鲁士和法国斗争了近6年 ···························· (587)

14. 英国人迄今一直是这样设想的：他们时而同俄国人、时而又同法国人争夺马耳他和伊奥尼亚群岛 ················· (592)

15. 现在西西里又在流血，而英国则安闲地观望着卑劣的波旁及其同样卑劣的宗教鹰从和世俗鹰从——耶稣会教徒和近卫军的新的放纵行为 ·········································· (594)

16. 克里木战争是一出无与伦比的大型误会喜剧 ············ (595)

17. 本来应该成为侵略者的坟墓的南俄草原，成了……俄国军队的坟墓 ······································································ (596)

18. 这时在博斯普鲁斯海峡忽然出现了四艘英国装甲舰,迫使已经能够看见索菲娅教堂圆顶的俄国人停下来 ………… (596)

19. 这正是俄国外交150年来力图避免的事情 …………………… (597)

**三十 英国侵略南亚次大陆** …………………………………………… (599)

1. 英国在奥德的统治权是这样建立起来的 …………………… (599)

2. 东印度公司……不宣战就侵入他的领土,出其不意地将他俘虏,夺去他的王位和兼并他的国家 ……………………… (599)

3. 有一件奇怪的事实证明,兼并奥德不是英国政府突然决定的 ……………………………………………………………… (600)

4. 1837年,当帕麦斯顿再度出任外交大臣,奥克兰勋爵出任印度总督时,奥德国王又一次被迫同东印度公司签订新的条约 ……………………………………………………………… (600)

5. 但是英国人所希望的恰恰相反。只有兼并才能使他们心满意足 ……………………………………………………………… (602)

6. (英国)军官和士兵进城的时候是穷光蛋或者负债累累,而出城的时候都突然变成了富豪 …………………………… (603)

7. 真是妙事!印度兵或者锡克兵更有纪律,他们中间做贼做盗的、贪财好利的竟少于那些无可比拟的军人模范英国兵! ……………………………………………………………… (605)

8. 尽管如此,目前英国人毕竟又重新征服了印度 …………… (605)

**三一 英国侵华与中国门户洞开** ………………………………………… (607)

1. 在全部事件过程中,错误是在英国人方面 ………………… (607)

2. 根据这些前提,中国总督得出结论说,没有任何违背条约的行为。然而英国全权公使在10月12日不但要求交出全体被捕水手,而且要求道歉 …………………………………… (608)

3. 这样,这出外交兼军事的话剧就截然分成两幕:第一幕,借口中国总督破坏1842年的条约而炮轰广州;第二幕,借口总督顽强坚持1849年协定而更猛烈地继续炮轰 ……… (610)

4. 世界上的文明国家,对于这种以违背了无中生有的外交礼节为借口,不先行宣战就侵入一个和平国家的做法是否赞同,恐怕是个问题 ……………………………………………… (612)

5. 德比和林德赫斯特无疑地都证明了英国在那艘划艇事件上没有任何理由 ………………………………………………………… (614)
6. 如果包令博士真的害有想进入广州城的"偏执狂",这是由于在他背后这位头脑冷静的白厅首脑鼓动着他的偏执狂 …………………………………………………………………………… (616)
7. 广州城的无辜居民和安居乐业的商人惨遭屠杀,他们的住宅被炮火夷为平地,人权横遭侵犯 ……………………… (621)
8. 英国报纸对于旅居中国的外国人在英国庇护下每天所干的破坏条约的可恶行为真是讳莫如深! ………………… (624)
9. 如果英国人向中国人挑起的这场争端达到顶点,那就可以预料,其结果将是一次新的陆海军远征 …………… (624)
10. 长江岸边安分怕事的居民,度过了将近二百年的长期和平生活,现在才第一次经历战争 ……………………… (625)
11. 对京城的军事示威行动如果成功,就会从根本上动摇中华帝国本身的存在,就会加速清王朝的倾覆 ………… (627)
12. 第二次鸦片战争以解除第一次鸦片战争还在表面上加于鸦片贸易的束缚而告终 …………………………… (628)
13. 英国虽然一直声称同中国处于和平状态,却因此而不能不迫使中国偿付连英国现任大臣们都认为是由英国自己的海盗行为所造成的耗费 ……………………………………… (629)
14. 在第五十一款上载有英国侵略所取得的另一个大胜利。按照这一条款,"嗣后各式公文,无论京外,内叙大英国官民,自不得提书夷字" …………………………………… (631)
15. 就英国的贸易来说,和约……是中国人无法履行的,因而随时可能成为挑起新战争的借口 ………………… (632)
16. 第一次鸦片战争还刺激了鸦片贸易的增长而损害了合法贸易;只要整个文明世界的压力还没有迫使英国放弃在印度强制种植鸦片和以武力在中国推销鸦片的做法 ……… (633)
17. 中国皇帝为了制止自己臣民的自杀行为,……而东印度公司却迅速地把在印度种植鸦片和向中国私卖鸦片变成自己财政系统的不可分割的部分 …………………………… (635)

18. 正因为英国政府在印度实行了鸦片垄断，中国才采取了
    禁止鸦片贸易的措施 …………………………………………（637）
19. 1834年，……由于……对华贸易就向英国私人企业敞开
    了大门，……在1837年还是把价值2500万美元的39000
    箱鸦片顺利地偷运进了中国 …………………………………（638）
20. 作为帝国政府，它假装同违禁的鸦片贸易毫无关系，甚
    至还订立禁止这种贸易的条约 ………………………………（639）
21. 1842年8月29日由亨利·璞鼎查爵士签订的、并且像新
    近与中国订立的条约一样也是在炮口下强加给对方的对
    华条约，从商务观点来看，其结果是不成功的 ……………（640）
22. 由于最近这次海盗式的战争和统治王朝遭到的许多新的
    屈辱，外国进口所遇到的产生于帝国内部动乱状态的一
    切障碍，只会增加不会减少 …………………………………（643）
23. 然而，惯于吹嘘自己道德高尚的约翰牛，却宁愿用海盗
    式的借口经常向中国勒索军事赔款，来弥补自己的贸易
    逆差 ……………………………………………………………（644）
24. 尊敬的普鲁斯先生在法国的全权公使布尔布隆先生偕同
    下，带着一支英国远征舰队出发。这支远征队的任务是
    沿白河上驶护送两国公使进京 ………………………………（645）
25. 中国人这样做，并不是违背条约，而是挫败入侵 …………（646）
26. 中国人根据条约的中文本行动，而不是根据额尔金勋爵
    都承认与"该项规定的正确含义"有些偏离的英文本行
    动 ………………………………………………………………（647）
27. 第二个结果必然是现政府的崩溃，因为该政府是以上次
    对华战争的制造者为首的 ……………………………………（647）
28. 他们想要再发动一场对华战争 ………………………………（648）
29. 既然天津条约中并无条文赋予英国人和法国人以派遣舰
    队上驶白河的权利，那么非常明显，破坏条约的不是中
    国人而是英国人 ………………………………………………（649）
30. 这只不过是帕麦斯顿勋爵的一套老把戏。当俄国要跟中
    国缔结通商条约时，他用鸦片战争把中国推入它北方邻

邦的怀抱；当俄国要求割让黑龙江时，他又用第二次对华战争促其实现；而现在俄国想要巩固它在北京的势力 … (650)

31. 就是这样一个人，现在正准备用挫败俄国在中国的阴谋这一虚假借口发动第三次对华战争 …………………… (652)

32. 即将对天朝人进行另一次文明战争，看来现在被英国报刊相当普遍地认为是已成定论的事了 …………………… (653)

33. 不过，它以自己独有的逻辑，否定了进行战争的理由并不否定战争本身 …………………………………………… (654)

34. 在同一论题的第二篇文章中，《经济学家》详细论述了英国对华贸易的直接的和间接的重要意义 ……………… (655)

35. 帕麦斯顿暂时用这样一种声明防止了内阁的分裂和自由党人联盟的分裂，他说，保护英国贸易所必需的武力必须集结在中国海面 ……………………………………… (656)

36. 纽卡斯尔公爵竭力要证明远征白河的合法性，他采取的方式也同样别出心裁的 …………………………………… (657)

# 上 卷

## 马克思恩格斯论国家统一与领土主权

# 一 所谓的"自然疆界"与"民族疆界"

**1. 所谓自然疆界和民族疆界恰恰相合而且同时又非常明显的国家并不很多**

当然,这里还有一些政治上的理由在起作用,我们对此也不能不加以注意。自1820年开始在意大利掀起的民族运动①,每经过一次失败就重新兴起而且更加壮大。所谓自然疆界和民族疆界恰恰相合而且同时又非常明显的国家并不很多。如果在这样一个国家里,而且又有2500万人口,民族运动已经愈来愈加强起来,那末只要它在政治上和军事上最重要的而且人口约占四分之一的这一部分领土处于反民族的外国统治之下,这种运动就不会再平息下去。1820年以来,奥地利只是依靠暴力,依靠对此起彼伏的起义进行镇压,依靠戒严的恐怖手段才统治住了意大利的。为了维持在意大利的统治,奥地利不得不采用比对待普通犯人还要坏的办法对待自己的政治敌人,即每一个有民族意识的意大利人。奥地利过去并且现在有些地方仍然采用的对付意大利政治犯的手段是任何一个文明的国家闻所未闻的。为了使意大利的政治犯失节,奥地利人特别喜欢对他们进行杖笞,以此来向他们逼供和惩罚他们。不少人对意大利人的匕首或者对于政治性的暗杀流露出道义上的愤懑,但是他们似乎完全忘记了这一切都是对奥地利杖笞的回答。奥地利为了维持自己在意大利的统治所不得不采用的方法,就最好地证明了这一统治是不能长久的;德国在意大利的利益恰恰与拉多维茨、维利森和海尔布隆纳尔的说法相反,是和奥地利的利益不一致的,德国必然会问:这些利益是不是大到超过

---

① 指十九世纪二十年代初意大利的革命事件。1820年7月资产阶级革命者烧炭党人在那不勒斯发动起义,反对专制制度,争取实行了一个温和的自由主义的宪法。1821年3月皮蒙特发生起义,领导起义的自由党人颁布了宪法,并企图利用北意大利反对奥地利统治的运动,将整个国家在皮蒙特执政的萨瓦王朝的统治下统一起来。由于神圣同盟各大国的干涉以及奥地利军队占领了那不勒斯和皮蒙特,这两个国家又恢复了专制制度。——《马克思恩格斯全集》(中文第1版)第13卷,人民出版社1962年版,注释130。

了随这些利益而产生的许多不利呢？

摘自弗·恩格斯：《波河与莱茵河①》（1859年2月底—3月初）（二），《马克思恩格斯全集》（中文第1版）第13卷，人民出版社1962年版，第278—279页。

**2. 奥地利人借口明乔河线是德国南方的自然疆界，企图以此证明他们侵占意大利是有理由的，而德国南方疆界这样的间接防御正好驳斥了这种论调**

附带说一下，奥地利人借口明乔河线是德国南方的自然疆界，企图以此证明他们侵占意大利是有理由的，而德国南方疆界这样的间接防御正好驳斥了这种论调。如果情况真如这种论调所说的那样，那末莱茵河就应当是法国的自然疆界。在一种场合有效的一切论据，在另一场合也可能完全适用。但是，幸而法国既不需要莱茵河，德国也不需要波河或者明乔河。谁要从翼侧迂回别人，他也会被别人迂回。威尼斯省可以从翼侧威胁提罗耳，而提罗耳则可以威胁整个意大利。直通米兰的博尔米奥山口，可以用来为进攻的里雅斯特和格腊迪斯卡的敌人准备第二个马连峨，这恰恰就和大圣伯纳德山口对于向瓦尔河一线进攻的梅拉斯所起的作用是一样的②。归根到底，在战争中，谁能够更持久、更成功地进行野战，谁就有更大的

---

① 《波河与莱茵河》这一著作是弗·恩格斯在下述情况下写的，当时在意大利即将发生冲突，有必要明确无产阶级革命家和欧洲的民主派对德国统一和意大利统一的道路问题所应采取的立场，以反对资产阶级的，首先是德国资产阶级的观点。在这一著作中恩格斯还提出了一项任务：揭穿欧洲各国统治集团用来为其侵略和掠夺政策辩护的各种沙文主义理论，并证明这些理论从战略的观点来看都是不能成立的。

这一著作恩格斯在2月计划撰写，3月9日就已写成，并将手稿送给马克思校阅。马克思看过以后，给予很高的评价。1859年3月10日他在给恩格斯的信中说："妙极了，就连很难处理的这一问题的政治方面，也阐述得非常出色。"根据马克思的建议，为了避免官方以沉默来抵制的阴谋，这一著作是在德国匿名刊印的。1859年4月它由柏林敦克尔出版社出版，印数是1000册。这一著作对当时德国的社会舆论有很大的影响。它在军界也很有影响；许多人都以为，作者是一位著名的将军。1859年5月，马克思和恩格斯认为有必要让广大读者了解这一著作出自哪一党派，于是就在《人民报》第2号指出，它的作者是无产阶级政党的一位著名活动家；稍晚一些时候，在6月4日《人民报》第5号上公布了恩格斯的名字。——《马克思恩格斯全集》（中文第1版）第13卷，人民出版社1962年版，注释108。

② 指1800年的意大利战局。奥军总司令梅拉斯最初在瓦尔河附近胜利地攻击了法军右翼，但是在1800年5月下半月，波拿巴越过阿尔卑斯山，进入了奥军的后方。6月2日，法军占领米兰，并渡至波河南岸，1800年6月14日奥军在马连峨被击溃。——《马克思恩格斯全集》（中文第1版）第13卷，人民出版社1962年版，注释93。

可能获得胜利。让德国紧紧握有提罗耳吧，那样，它便完全可以让意大利在平原上为所欲为。只要德军能够进行野战，威尼斯省是否在政治上从属于德国，那是没有多大意义的。从军事观点看来，德国的阿尔卑斯山疆界控制着威尼斯省，这对于德国说来，应当是很够了。

摘自弗·恩格斯：《奥地利如何控制意大利》，《马克思恩格斯全集》（中文第1版）第13卷，人民出版社1962年版，第219—220页。

**3. 北意大利由伊宗察河口到施蒂尔夫山口的一段为德国边境所环抱，由施蒂尔夫山口到日内瓦与瑞士接壤，由日内瓦到瓦尔河口则与法国毗连**

北意大利由伊宗察河口到施蒂尔夫山口的一段为德国边境所环抱，由施蒂尔夫山口到日内瓦与瑞士接壤，由日内瓦到瓦尔河口则与法国毗连。由东向西，即由亚得利亚海向施蒂尔夫山口逐渐推移，山道就一个比一个更深入波河流域的心脏，因而就能迂回在它东面的一切意大利或法国军队的阵地。伊宗察河疆界线也可以通过它西面最近的卡尔弗利特（卡波列托）山口从契维达列方向来迂回。通过庞塔菲尔山口可以迂回塔腊门托河附近的阵地，从克伦地亚和卡多烈的两条非石铺的山道也可以对这个阵地进行侧击。出勃伦纳山口可以经过佩特耳施坦山口——从布鲁内克到科丁纳·达姆佩佐和贝卢诺——迂回皮亚韦河线；经由苏甘纳谷地到巴萨诺可以迂回布兰塔河线，沿艾契河谷可以迂回艾契河线。基泽河上的阵地可以由朱迪卡里耶来迂回，奥利奥河上的阵地可以沿通过托纳列山口的非石铺道来迂回；最后，阿达河以东的整个区域可以由施蒂尔夫山口和瓦尔特林纳来迂回。

因此，可以说，在这样有利的战略形势之下，是否真正占有到波河为止的这一平原，对我们德国人说来是无所谓的。只要双方兵力相等，不论敌军配置在任何地方，配置在阿达河以东或者波河以北他们所有的阵地都可能被迂回。不论他们在什么地方渡过波河或阿达河，他们到处都会使自己的翼侧受到打击；如果他们配置在波河以南，他们与米兰和皮蒙特的交通就要受到威胁；如果他们退到提契诺河以西，他们就有与整个半岛丧失联系的危险。最后，如果他们竟敢转而向维也纳进攻，他们就随时都可能被切断而不得不在背靠敌国领土而面向意大利的情况下应战。如果他们遭到失败，那就会是第二个马连峨，只是法国人和德国人互换角色而已；即使德国人在这次会战中失败，他们也决不至于傻到错过向提罗耳退却的机会。

> 摘自弗·恩格斯:《波河与莱茵河》(1859年2月底—3月初)(二),《马克思恩格斯全集》(中文第1版)第13卷,人民出版社1962年版,第254—255页。

**4. 从战略上整化各国版图并根据便于防御的河流线来确定它们的疆界的思想,在法国革命和拿破仑创立了运动性较大的军队并带领这些军队横扫全欧洲以后,更加受到重视了**

无论如何,从战略上整化各国版图并根据便于防御的河流线来确定它们的疆界的思想,在法国革命和拿破仑创立了运动性较大的军队并带领这些军队横扫全欧洲以后,更加受到重视了。在七年战争①时,军队作战的区域还仅限于一省,军队的运动在整整几个月里都围绕着个别的要塞、阵地或个别的作战基地进行,而现在在每一次战争中都必须注意到许多国家的地形;以前个别战术阵地所具有的意义,现在只有很大的要塞群、很长的河流线或高而险峻的山脉才具有。从这个观点来看,当然像明乔河和艾契河这样的一些河流线现在的意义就要比以前大得多了。

> 摘自弗·恩格斯:《波河与莱茵河》(1859年2月底—3月初)(二),《马克思恩格斯全集》(中文第1版)第13卷,人民出版社1962年版,第262—263页。

**5. 北意大利是一个附属物,它在任何情况下都只有在战时对德国有利,在平时却只能有害**

北意大利是一个附属物,它在任何情况下都只有在战时对德国有利,在平时却只能有害。为了使意大利继续屈从所需要的兵力,从1820年开始,一直在增加,从1848年起甚至在最太平的时期也超过7万人,这些军队总是觉得身在敌国,必须时刻提防受人袭击。非常明显,奥地利虽然从皮蒙特获得了军事赔款,在伦巴第反复勒索军税,又发行强制公债和征收特别税,但是它在1848—1849年的战争和对意大利的占领所付出的代价仍然远远超过了它1848年以来从意大利所得到的利益。而在1848—1854年

---

① 七年战争(1756—1763年)是欧洲两个联盟间的战争:一方是英、普,另一方是法、俄、奥。这次战争是由于各封建专制大国(普鲁士、奥地利、俄国、法国)之间的利益发生冲突以及法国和英国的殖民竞争而引起的。战争的结果是,不列颠殖民帝国靠占有法国的领地而得到扩张和俄国实力的增长;奥地利和普鲁士基本上保持原来的疆界。——《马克思恩格斯全集》(中文第1版)第13卷,人民出版社1962年版,注释116。

这个时期，奥地利有计划地把意大利当作临时占领的国家来对待，在离开以前尽量搜刮。只是从东方战争时期起，也就是在几年中，伦巴第在某种程度上才处于比较正常的条件下；但是在目前混乱的形势下，在意大利人的民族感情再次被极强烈地激发起来的时候，这样的局面还能持续多久呢？

摘自弗·恩格斯：《波河与莱茵河》（1859年2月底—3月初）（二），《马克思恩格斯全集》（中文第1版）第13卷，人民出版社1962年版，第279页。

## 6. 只要我们占据着伦巴第，在法国对德国的一切战争中意大利都无疑总是法国的盟邦

但是，更重要的是弄清下列问题：占领伦巴第所得的利益比起因此在全意大利引起的对我们的仇恨和极强烈的敌视来究竟孰轻孰重？这种利益比起德国人由于奥地利（它以德国的名义，而且要我们相信，也是为了德国的利益）想在这个国家里保持自己的统治而采取的措施所负的共同责任来究竟孰轻孰重？这种利益比起经常干涉意大利整个其余部分的内政而带来的不利来究竟孰轻孰重？迄今的实践表明，而且奥地利人要我们相信，不这样干涉，伦巴第就保持不住；而进行这种干涉更加激发了整个意大利对我们德国人的仇恨。在我们上述的所有军事探讨中，我们总是把最坏的情况，即法意同盟作为前提。只要我们占据着伦巴第，在法国对德国的一切战争中意大利都无疑总是法国的盟邦。但是，只要我们放弃伦巴第，这一点就不再是不可避免的了。保有四个要塞而使我们必然受到极强烈的敌视，使法国人同2500万意大利人结成同盟，这难道对我们有利吗？

摘自弗·恩格斯：《波河与莱茵河》（1859年2月底—3月初）（二），《马克思恩格斯全集》（中文第1版）第13卷，人民出版社1962年版，第279—280页。

## 7. 意大利的存在并不是为了给德国人作缓冲国

我们姑且假定意大利应该处于德国或者法国的势力之下，在这种情况下，除了同情或憎恶的问题外，决定的关键仍旧还有向意大利扩展自己势力的两个国家的军事地理形势。就算法国和德国的军力是相等的，虽然德国显然可能会强大得多，但是我们认为现在已经证明，即使是在对法军最有利的情况下，即瓦里斯和辛普朗对法军是开放的，法军的直接军事势力也只能达到皮蒙特，如果想把势力扩展到更远的地区，他们首先就要打胜

仗，而我们的势力却遍及整个伦巴第以及皮蒙特与半岛相接的地区，要使我们失去这种势力，我们的敌人首先必须打败我们。不过有保证德国居于优势地位的这种地理形势，德国是不必害怕与法国争雄的。

不久以前，海尔布隆纳尔将军曾在奥格斯堡"总汇报"上发表了如下的意见：德国的存在并不是为了给将遭雷殛的波拿巴王朝作避雷针。意大利人也同样有权说：意大利的存在并不是为了给德国人作缓冲国，以缓和法国对他们的打击，而为此所得到的报答是挨奥地利的杖笞。如果德国愿意保有这样一个缓冲国，那末它实现这个目的的最好的方法就是同意大利搞好关系，承认民族运动，让意大利人能决定自己的事务，因为意大利人是不会干涉德国事务。拉多维茨硬说，如果奥地利今天退出北意大利，法国明天必然会统治那里，这种说法不仅在他那个时候，就是在三个月以前也是毫无根据的。今天正在形成的局势证明，拉多维茨的说法开始成为现实，不过是就同他所说的完全相反的意义来讲。如果说2500万意大利人都不能捍卫自己的独立，那末200万丹麦人、400万比利时人和300万荷兰人就更做不到这一点了。虽然如此，我们却没有听到，拥护德国在意大利的统治的人们抱怨法国和瑞典在上述国家的统治并要求以德国的统治来代替它。

> 摘自弗·恩格斯：《波河与莱茵河》（1859年2月底—3月初）（二），《马克思恩格斯全集》（中文第1版）第13卷，人民出版社1962年版，第280—281页。

**8. 法国疆界形势的军事意义首先在于这些疆界所起的防护巴黎的屏障作用**

你有权要求的，别人当然也有权要求。如果我们与其说是为了抵御意大利人不如说是为了抵御法国人而要求取得波河和明乔河，那末，如果法国人为了抵御我们同样也要求取得一些河流的话，我们就不应当奇怪了。

法国的重心不在它的中部，即奥尔良附近的卢瓦尔河上，而是在北部，在塞纳河上，在巴黎，而且两次经验也证明，只要巴黎一陷落，整个法国也就要陷落了[①]。法国疆界形势的军事意义首先在于这些疆界所起的防护巴黎的屏障作用。

---

[①] 指反拿破仑同盟的军队于1814年3月30—31日和1815年7月6—8日占领巴黎的事实。——《马克思恩格斯全集》（中文第1版）第13卷，人民出版社1962年版，注释132。

由巴黎到里昂、巴塞尔、斯特拉斯堡、洛特布尔的直线距离几乎相等，大约都是 55 德里。每当以巴黎为目标由意大利攻入法国时，如果攻入的军队不愿意使自己的交通线受到威胁，就必须突入罗尼河和卢瓦尔河之间的里昂地区或者更向北推进。因此，在敌人向巴黎前进的时候，法国对自己在格勒诺布尔以南的阿尔卑斯疆界可以不予注意，因为巴黎在这一方面是完全有掩护的。

　　　　　　摘自弗·恩格斯：《波河与莱茵河》（1859 年 2 月底—3 月初）（三），《马克思恩格斯全集》（中文第 1 版）第 13 卷，人民出版社 1962 年版，第 282 页。

### 9. 自洛特布尔起，法国疆界即离开莱茵河，与它成直角转向西北；自洛特布尔到敦克尔克，法国疆界几乎是一条直线

　　自洛特布尔起，法国疆界即离开莱茵河，与它成直角转向西北；自洛特布尔到敦克尔克，法国疆界几乎是一条直线。因此，我们以巴黎—里昂为半径经过巴塞尔、斯特拉斯堡和洛特布尔划出的圆弧，到洛特布尔即中断；法国北部疆界简直成了这一圆弧的弦，弦那边的弓形地区不属于法国。由巴黎到北部疆界最短的交通线，即巴黎—蒙斯线，只有巴黎—里昂或巴黎—斯特拉斯堡半径的一半。

　　　　　　摘自弗·恩格斯：《波河与莱茵河》（1859 年 2 月底—3 月初）（三），《马克思恩格斯全集》（中文第 1 版）第 13 卷，人民出版社 1962 年版，第 282—283 页。

### 10. 从这些简单的几何关系中可以看出，为什么法国和德国之间在北方进行的一切战争中比利时总是成为战场

　　从这些简单的几何关系中可以看出，为什么法国和德国之间在北方进行的一切战争中比利时总是成为战场。经过比利时，可以迂回从凡尔登和马尔纳河上游直到莱茵河的法国整个东部。也就是说，不等配置在莱茵地区的法国军队经过凡尔登或肖蒙赶回巴黎，从比利时攻入的军队就可能先到达巴黎城下。因此，从比利时攻入法国的军队在胜利进军的条件下总是可以在巴黎和法国莱茵军团或摩塞尔军团之间楔入；因为从比利时疆界到对迂回有决定意义的马尔纳河上各点（莫市、梯叶里堡、埃佩尔讷）的路线比直接到巴黎的路线还要短，这一点就更容易做到了。

　　但是不仅如此，敌人沿着从麦士河到海边整个这一线在向巴黎方向前

进时,在到达安讷河和瓦瑟河下游以前,都不会遇到任何天然障碍,而且这两条河流的分布也非常不利于从北方防守巴黎。无论1814年或者是1815年,这些河流都没有给攻入的军队造成严重的困难。即使把它们也划入塞纳河及其支流所形成的防御体系区内(在1814年,这些河流曾部分地被这样利用),那末同时也要承认这样一个事实:法国北部的真正防御只是在贡比臬和苏瓦松附近才开始,而且从北方掩护巴黎的第一道防御阵地距巴黎仅12德里。

摘自弗·恩格斯:《波河与莱茵河》(1859年2月底—3月初)(三),《马克思恩格斯全集》(中文第1版)第13卷,人民出版社1962年版,第283页。

### 11. 很难想象有比法国与比利时接壤的疆界更为薄弱的国境了

很难想象有比法国与比利时接壤的疆界更为薄弱的国境了。大家都知道,沃邦费了多少心血以人工的防御手段来弥补这一疆界的自然防御手段的不足;大家还知道,1814年和1815年攻入法国的敌军几乎毫不介意地通过了三层要塞带。谁都知道,1815年在受到仅仅一个普鲁士军的攻击并经过空前的短期围攻和炮击之后,要塞便一个接着一个投降了。阿温在受到10门野战榴弹炮半日的射击之后于1815年6月22日投降。吉兹要塞一弹未发,就在10门野炮之前投降了。莫贝日在围攻开始后的第14天,即7月13日投降了;兰德列西在围攻开始和两小时炮击之后,即在围攻者总共发射了126发爆炸弹和52发实心弹之后36小时,即7月21日就打开了城门。马里昂堡仅仅 pro forma(为了装样子),让敌人对它开始围攻并发射了一发24磅的实心弹,然后于7月28日投降。菲利普维耳只支持住了两昼夜的围攻和几小时的炮击,罗克鲁阿在敌人开始堑壕作业和两小时炮击之后26小时便投降了。只有梅济埃尔在围攻开始后支持了18昼夜。在要塞司令中间投降之风极为盛行,这和普鲁士在耶拿会战后所表露的情绪相差无几;如果借口说1815年所有这些要塞都已坍塌倾颓,守军薄弱,装备不好,那末毕竟不能忘记,这些要塞除了少数例外,不可能不是经常无人过问的。沃邦的三层要塞带目前已失去任何意义,它对于法国是绝对有害的。麦士河以西的要塞没有一个能独自掩护任何一块领土,而且我们在任何地方也找不到四五个要塞在一起组成要塞群,使军队能在其中掩蔽而同时保持机动能力。造成这种状况的原因在于任何一个要塞都不在大河岸旁。

利斯河、些耳德河和松布尔河，从军事观点来看，只有在比利时境内才有意义；因此，分散在开阔地上的这些要塞的威力不能扩展到火炮射程以外。除了在向比利时进攻时可以加以利用的疆界上的几个大筑垒基地和麦士河及摩塞尔河上几处有战略意义的据点以外，法国北部疆界上其他一切要塞和堡垒都只能无谓地分散兵力。哪一个政府如能铲平这些要塞，就可以说是造福于法国了。但是法国传统的迷信对此又会说些什么呢？

因此，法国的北部疆界是极端不利于防御的；实际上这里是无法防守的，沃邦的要塞带并没有加强它，在目前只是它的弱点的供认和标志而已。

摘自弗·恩格斯：《波河与莱茵河》（1859年2月底—3月初）（三），《马克思恩格斯全集》（中文第1版）第13卷，人民出版社1962年版，第283—285页。

**12. 正如"中欧大国"的理论家在意大利寻找河流一样，法国人也正在他们北部疆界的那一边寻找一条河流充当良好的防御阵地**

正如"中欧大国"的理论家在意大利寻找河流一样，法国人也正在他们北部疆界的那一边寻找一条河流充当良好的防御阵地。那末这能是哪一条河流呢？

第一条可能引起注意的是些耳德河下游和迪尔河一直到松布尔河与麦士河的汇合处这一线。这一条线把比利时最好的一半划入了法国。它几乎把法国人和德国人交战的所有著名的比利时战场都包括在内，如奥登纳德、热马普、弗略留斯、利尼、滑铁卢[1]。但是，即使有这一线也还不能作为防线，因为它在些耳德河和麦士河中间留有巨大的空隙，敌人仍可由此长驱直入。

第二条线可能是麦士河。可是，纵然法国占领了麦士河左岸，它的地位仍然不如德国在意大利只占领艾契河时所处的地位那样有利。艾契河一

---

① 奥登纳德会战发生在1708年7月11日，在争夺西班牙王位继承权的战争时期。法军被英奥联军击败。

1792年11月6日，法国革命军在杜木里埃指挥下于热马普大胜奥军。1794年6月25日在弗略留斯会战中，法军击溃了科堡公爵的军队。这项胜利使法军得以进入比利时境内并占领比利时。

1815年6月16日，普鲁士军队在布吕歇尔指挥下于利尼被拿破仑的法军所击败。这是拿破仑第一获胜的最后一次会战。1815年6月18日在滑铁卢会战中，拿破仑的军队被威灵顿和布吕歇尔指挥的英荷联军和普鲁士军队所击溃。——《马克思恩格斯全集》（中文第1版）第13卷，人民出版社1962年版，注释133。

线可以使德国的疆界非常完整，而麦士河在这一点上还差得很远。如果麦士河由那慕尔直接流向安特卫普，那它就会成为一条相当好的疆界线。但麦士河却由那慕尔转向东北，只是到文洛以后才成大的弓形流入北海。

那慕尔以北麦士河和北海之间的整个地区在战时只能由自己的要塞来掩护；因此，敌人一渡过麦士河，就一定会与法国军队相遇于南布拉班特平原，而法军向德国莱茵河左岸进攻时却立即会碰到坚固的莱茵河防线，也就是直接碰到科伦营垒。麦士河在色当和柳提赫之间所形成的凹角也会使这一线受到削弱，虽然这一凹角为阿尔登高原所弥补。因此，麦士河一线在一个地方给予法国人的好处太多，而在另一个地方却又太少，因而不能成为一条好的国防线。所以我们还得进一步找寻。

现在我们再把圆规的一脚放在巴黎，以巴黎—里昂为半径由巴塞尔到北海划一弧线。这时我们就会发现，莱茵河由巴塞尔非常准确地沿着这一圆弧流到它的河口。莱茵河上的各要点与巴黎的距离都相等，相差仅数德里。这也就是法国企图获得莱茵河疆界的真正的现实的理由。

摘自弗·恩格斯：《波河与莱茵河》（1859 年 2 月底—3 月初）（三），《马克思恩格斯全集》（中文第 1 版）第 13 卷，人民出版社 1962 年版，第 285—286 页。

**13. 如果莱茵河属于法国，那末在同德国作战时，巴黎就真正成为国家的中心了**

如果莱茵河属于法国，那末在同德国作战时，巴黎就真正成为国家的中心了。由巴黎向受威胁的疆界（不论莱茵河还是汝拉山）所引的一切半径，长度都是相等的。凸出的圆弧到处朝向敌人，敌人不得不在这个圆弧的外面进行迂回机动，而法国军队却可以沿较短的弦运动而赶过敌人。几个军团的作战线和退却线等长，极其便于它们进行向心退却，而能在预定进行主要突击的地点集中其中两个军团来对抗处在分散状态的敌人。

摘自弗·恩格斯：《波河与莱茵河》（1859 年 2 月底—3 月初）（三），《马克思恩格斯全集》（中文第 1 版）第 13 卷，人民出版社 1962 年版，第 286 页。

**14. 如果法国人占有了莱茵河疆界，法国的防御体系，就自然的条件而论，就将属于按维利森将军称为"理想的"、再好不过的那一类疆界了**

如果法国人占有了莱茵河疆界，法国的防御体系，就自然的条件而论，就将属于按维利森将军称为"理想的"、再好不过的那一类疆界了。成扇形流入塞纳河的云纳河、奥布河、马尔纳河、安讷河和瓦瑟河在塞纳河流域形成了坚强的内部防御体系（拿破仑在1814年曾利用这一体系在战略上给联军以非常严重的教训①），只有在莱茵河作为疆界线的条件下，这一河流防御体系才能在各个方向受到同等的掩护；敌人将差不多同时自各方接近这一地区，并可被河流阻止，直到法国军队能以集中的兵力分别向敌军各个孤立的纵队进击时为止；但是，如果没有莱茵河一线，在决定性地区如贡比臬和苏瓦松一带的防御就只能在距巴黎仅12德里的地点开始。在欧洲任何地区的铁路，都不能像在莱茵河和塞纳河之间这块地区的铁路那样，可以迅速集中大批兵力来大力支援防御。铁路线以巴黎为圆心，沿半径分别通往布伦、布鲁治、根特、安特卫普、马斯特里赫特、柳提赫和科伦，通往曼海姆并经过麦茨通往美因兹，通往斯特拉斯堡、巴塞尔、第戎和里昂。无论敌人最大的兵力在什么地方出现，到处都会遇到由巴黎沿铁路开来的全部后备军的迎击。塞纳河流域的内部防御能力特别是由于在这一地区内的所有作为半径的铁路都沿河谷（瓦瑟河、马尔纳河、塞纳河、奥布河、部分云纳河）通过而更为加强。但是不仅如此，三条同圆心的铁路弧线，每一条的长度至少都有圆周的四分之一，以彼此几乎相等的距离环绕着巴黎：第一条弧线是莱茵河左岸的铁路线，现在几乎由诺伊斯直通巴塞尔；第二条弧线由奥斯坦德和安特卫普经那慕尔、阿尔隆、提翁维耳、麦茨和南锡到厄比纳尔，也几乎全部连接起来；最后，第三条弧线由加来经利尔、杜埃、圣昆廷、里姆、马尔纳河岸夏龙和圣迪济埃到肖蒙。因此，在这一地区内，到处都能够在极短的时间内将大批军队集中在任何一个地点；在这里，由于自然和人工的条件，甚至没有任何要塞也可以借军队机动的能力进行非常坚强的防御，使侵入法国的敌人遇到与他们在1814年和1815年所遇到的完全不同的抵抗。

摘自弗·恩格斯：《波河与莱茵河》（1859年2月底—3月初）（三），《马克思恩格斯全集》（中文第1版）第13卷，人民出版社1962年版，第286—287页。

---

① 指1814年2—3月拿破仑第一在蒙米赖、梯叶里堡、里姆等会战中战胜了第六次反法同盟的优势兵力。——《马克思恩格斯全集》（中文第1版）第13卷，人民出版社1962年版，注释134。

**15. 以莱茵河作为疆界河流仅有一点不足之处。只要莱茵河的一岸完全属于德国而另一岸完全属于法国，那末两国人民谁也不能控制这一河流**

以莱茵河作为疆界河流仅有一点不足之处。只要莱茵河的一岸完全属于德国而另一岸完全属于法国，那末两国人民谁也不能控制这一河流。无论在什么地方都不能阻止较强的军队（无论它属于哪一个国家）渡过莱茵河；这种事情我们已见过几百次，而且战略也告诉我们，为什么这种情形是不可避免的。如果德国人以优势兵力进攻，法国人就只好在较近的接近地上进行防御：北方军团在文洛和那慕尔之间的麦士河上进行防御；摩塞尔军团在摩塞尔河上，大约在萨尔河流入摩塞尔河的汇合处附近进行防御；上莱茵军团在摩塞尔河上游和麦士河上游进行防御。为了完全控制莱茵河，为了能够有力地阻挡敌人渡河，法军必须在莱茵河右岸占据桥头堡。因此，当时拿破仑直截了当地把威塞尔、卡斯特尔和克尔并入法兰西帝国①，是完全合乎逻辑的。在目前的情况下，他的侄子除了德国人在莱茵河左岸为他构筑的绝好的要塞以外，一定还会要求取得埃伦布莱施坦、多伊茨，而必要时还要取得盖尔曼尔斯海姆附近的桥头堡。这样，法国的军事地理体系，无论从进攻或者从防御的观点来说，才算是完备的，任何更多的加添只能是有害的。至于这一体系的自然条件是多么好，多么不言而喻，1813年联军已提供了确凿的证据。法国在这以前大约17年建立了这一体系，而且人们认为这样做是理所当然的，因此可敬的联军尽管处于优势而法国无力抵御，但是他们却惊惶地退却了，连想也不敢想动摇这一体系，就像不敢亵渎圣物一样；如果不是运动的德意志民族分子把联军吸引到自己方面的话，莱茵河也许在今天还是法国的河流。

摘自弗·恩格斯：《波河与莱茵河》（1859年2月底—3月初）（三），《马克思恩格斯全集》（中文第1版）第13卷，人民出版社1962年版，第287—288页。

**16. 但是，法国人只有当我们不仅把莱茵河而且把莱茵河右岸的桥头堡都让给他们时，他们才能完成自己的职责**

但是，法国人只有当我们不仅把莱茵河而且把莱茵河右岸的桥头堡都

---

① 威塞尔、卡斯特尔和克尔于1808年并入法国；在联军粉碎了拿破仑法国以后，这些莱茵河上的筑垒据点归还给了普鲁士。——《马克思恩格斯全集》（中文第1版）第13卷，人民出版社1962年版，注释135。

让给他们时，他们才能完成自己的职责，正如在拉多维茨、维利森和海尔布隆纳尔看来，我们德国人要保住艾契河和明乔河以及这两条河上的桥头堡培斯克拉和曼都亚，才算完成自己的职责。但是，那时我们就会使得德国对法国完全无能为力，就像目前意大利对德国一样。那时，俄国就会像在1813年那样，成为德国的当然"解放者"（正如目前法国，或者更正确地说，法国政府成为意大利的"解放者"一样），而且为了补偿它的大公无私的行为，它一定会只要求一些"小块"领土——如加里西亚和普鲁士——以便使波兰的版图完整，因为经过这些省份不是也可以"迂回"波兰吗？

摘自弗·恩格斯：《波河与莱茵河》（1859年2月底—3月初）（三），《马克思恩格斯全集》（中文第1版）第13卷，人民出版社1962年版，第288页。

**17. 莱茵河对于法国，就像艾契河和明乔河对于我们一样，只是莱茵河更加重要而已**

莱茵河对于法国，就像艾契河和明乔河对于我们一样，只是莱茵河更加重要而已。如果说通过在意大利手中或者可能在法国手中的威尼斯省，可以迂回巴伐利亚和莱茵河上游并打开通向维也纳的道路，那末比利时和德国通过比利时则可迂回法国整个东部并且使得通向巴黎的道路更加畅通无阻。由伊宗察河到维也纳的距离到底还有60德里，在这一地区内还有某些防御的可能性；由松布尔河到巴黎一共才有30德里，而且只是在距巴黎12德里处，即苏瓦松或贡比臬附近，才可以找到多少能作为掩护的河流进行防御。如果像拉多维茨所说的，德国让出艾契河和明乔河，就会使自己事先处于像整个战局失败后所处的地位，那末法国在现有疆界的条件下所处的地位，就好像它有了莱茵河疆界却打了两次败仗一样，其中一次是为了争夺莱茵河和麦士河上的要塞而进行的，另外一次是在比利时平原的田野上进行的。甚至像北意大利要塞的强大阵地，在某种程度上也会在莱茵河下游和麦士河上找到类似的情况；难道说就不能把马斯特里赫特、科伦、幽里希、威塞尔和文洛稍事修筑，再加上两个中间据点，来构成同样强大的防御体系，使它完全能够掩护比利时和北布拉班特并使野战能力极弱的法国军队能够在河流间机动，以阻止有强大优势的敌军，最后借助铁路毫无阻碍地退到比利时平原或杜埃地区吗？

摘自弗·恩格斯：《波河与莱茵河》（1859年2月底—3月初）（三），《马克思恩格斯全集》（中文第1版）第13卷，人民出版社1962年版，第288—289页。

### 18. 因此，不管今后是否真正积极地防守疆界或者只派出部队占领以防可能的袭击，这段疆界仍然是很薄弱的

在进行这种研究的时候，我们都是从德国人向法国进攻的时候比利时对德国人完全开放并与德国人结盟这样一个假定出发的。因为我们应当用法国人的观点来论证，所以我们有权要求这个，就如同我们的敌人认为意大利——即便自由和统一的意大利也一样——是经常和德国人敌对的国家而有权要求明乔河一样。在所有类似的情况下，首先考虑最坏的场合并准备应付它是非常自然的；法国人现在考虑他们北部疆界的防御能力和战略形势的时候，就应当这样作。至于说比利时和瑞士一样，根据欧洲条约都是中立国，这种情况我们在这里可以不必注意。因为第一，历史实践一定会再次证明，这种中立在任何一次欧洲战争中都无非是一纸空文而已；第二，法国无论如何不能坚决指靠这种中立，不能在军事上这样来对待与比利时接壤的全部疆界，就好像那里已出现一个能掩护法国免遭德国进攻的海湾似的。因此，不管今后是否真正积极地防守疆界或者只派出部队占领以防可能的袭击，这段疆界仍然是很薄弱的。

摘自弗·恩格斯：《波河与莱茵河》（1859年2月底—3月初）（三），《马克思恩格斯全集》（中文第1版）第13卷，人民出版社1962年版，第289—290页。

### 19. 法国人占有自己的"自然疆界"共17年，从此以后几乎已经45年没有这样的疆界了

我们已经把波河和莱茵河作了充分的比较。除了莱茵河的问题涉及的范围比波河更大以外（这只能加强法国的要求），没有比这更加相似的情况了。可以相信，一旦爆发战争，德国兵士在波河上保卫莱茵河，实际上将比"中欧大国"鼓吹者在理论上所作的更为成功。当然，这些鼓吹者也是在波河上保卫莱茵河，但……只是为了法国人。

不过德国人也可能在什么时候一再吃败仗，以致失去自己在明乔河和波河上的"自然疆界"，对于这样一种情况，我们愿意再作个比拟。法国人占有自己的"自然疆界"共17年，从此以后几乎已经45年没有这样的

疆界了。在这个期间,他们优秀的军事权威也同样在理论上得出了这样的结论:沃邦要塞带对防止敌人侵入毫无作用,这一点已在现代军事学术的原则中找到了根据,可见在1814年和1815年,并不是偶然的机会,也不是人们极喜欢说的《trahison》["叛变"]使联军得以安然地在要塞之间通过。此后,就很明显了,为保障易受袭击的北部疆界,必须采取某种措施。但是,虽然如此,在最近的将来不可能恢复莱茵河疆界,这是非常清楚的,那末该怎么办呢?

摘自弗·恩格斯:《波河与莱茵河》(1859年2月底—3月初)(三),《马克思恩格斯全集》(中文第1版)第13卷,人民出版社1962年版,第290页。

**20. 法国人找到了使这个伟大的民族获得光荣的解决问题的办法:他们把巴黎建筑成要塞**

法国人找到了使这个伟大的民族获得光荣的解决问题的办法:他们把巴黎建筑成要塞,在近代史上他们最先试图把自己的首都变为规模宏大的营垒。旧派军事专家看到这种不智的举动,大摇其头。这不过是为了法国式的自夸而浪费金钱罢了!这没有什么了不起的,纯粹是吹牛。谁听说过有方圆9德里、居民百万的要塞呢?除非将一半军队作为守备部队,否则怎样来防御这样的要塞呢?怎样供应这样多人的粮食呢?糊涂、法国式的自负、犯罪、修建巴比伦塔①的重演!守旧的军事家这样指责这一新的举动,这些人正按沃邦式的六角形要塞研究围攻战,他们所知道的消极的防御方法中,没有比一个步兵排由隐蔽路向斜堤底部出击的规模更大的反击了!但是,法国人还是沉着地继续他们的工程,虽然巴黎还没有受到战争的考验,但是他们已心满意足,因为全欧洲非守旧的军事家都认为他们作得对,威灵顿已开始设计伦敦的筑城,在维也纳周围,如果我们没有弄错的话,也已经开始构筑独立堡垒,柏林的设防问题至少也正在讨论中。他们从塞瓦斯托波尔的例子中亲身体会到,巨大的营垒,如果为进行大规模的积极防御的一支大军所防守,将具有多么巨大的威力。而且塞瓦斯托波尔周围仅有一道要塞围墙,根本没有独立堡垒,只有野战工事,没有任何石砌的内岸!

---

① 根据《圣经》传说,有人企图在巴比伦修建一座高可接天的塔。在开工后,天神发怒,"弄混了建筑者的语言",使他们不能互相了解,以致停工。建筑巴比伦塔一语的转意是:混乱、愚蠢、瞎忙。——译者注

摘自弗·恩格斯：《波河与莱茵河》（1859年2月底—3月初）（三），《马克思恩格斯全集》（中文第1版）第13卷，人民出版社1962年版，第291页。

### 21. 自从巴黎要塞筑成以后，法国就不再需要以莱茵河为疆界了

自从巴黎要塞筑成以后，法国就不再需要以莱茵河为疆界了。就像德国在意大利一样，法国将首先以进攻来防守自己的北部疆界。铁路网的分布说明，这个问题正应当这样来理解。如果进攻被打退，法军可以坚守在瓦瑟河和安讷河之间；敌人继续前进就会失去任何意义，因为对于攻打巴黎来说，由比利时攻入的军队本身将过于薄弱。法国的北方军团可配置在安讷河后，保证与巴黎的交通线，静待其他军团的到来，在最坏的场合，也可在马尔纳河后，左翼以巴黎为依托，占领侧方阵地进行积极防御。敌人除了向梯叶里堡前进以攻击法国在摩塞尔河及莱茵河的军团的交通线以外，别无他法。但是这些行动远不像巴黎未设防时那样具有决定性的意义。甚至在最坏的场合，法军其他军团向卢瓦尔河后的退路也不会被截断；集中在卢瓦尔河地区后，法军仍然会有相当强大的力量，可以威胁已被削弱并因围攻巴黎而兵力分散的敌军，或者可以突入巴黎。一句话，由于巴黎的设防，经过比利时的迂回已不再是危险的了；这一迂回的影响也不再有决定性的意义；因迂回而产生的不利因素以及抵抗这一迂回所需的手段，现在就容易计算了。

摘自弗·恩格斯：《波河与莱茵河》（1859年2月底—3月初）（三），《马克思恩格斯全集》（中文第1版）第13卷，人民出版社1962年版，第291—292页。

### 22. 我们在这种场合所必需的要塞构筑得愈早愈好

仿照法国人的例子，我们就会做得很好。如果我们不使自己为必须占领德国以外的领土（这些领土对于德国来说已日益不巩固）的呼声所蒙蔽，而事先准备应付我们必须放弃意大利的这一不可避免的情况，我们会做得好得多。我们在这种场合所必需的要塞构筑得愈早愈好。至于在什么地方以及如何配置这些要塞，我们在前面已大略谈过，要更详细地谈就不是我们的事了。不要只耽于幻想和构筑筑垒封锁点，不应只依靠这些封锁点而轻视唯一能使退却的军队停驻的那种类型的工事，即营垒和河岸上的要塞群。

摘自弗·恩格斯：《波河与莱茵河》（1859年2月底—3月初）（三），《马克思恩格斯全集》（中文第1版）第13卷，人民出版社1962年版，第292页。

**23. 我们现在已经明白，"中欧大国"鼓吹者所提出的"自然疆界"论将导致什么结果**

我们现在已经明白，"中欧大国"鼓吹者所提出的"自然疆界"论将导致什么结果。德国有权利要求波河，法国也有同样的权利要求莱茵河。如果说法国不应当为了一个好的军事阵地而把900万瓦伦人、尼德兰人和德国人并入法国，那末我们同样也没有任何权力为了一个军事阵地而去奴役600万意大利人。波河这一自然疆界归根到底不过仅仅是一个军事阵地，可是有人对我们说，只是为了这个缘故德国就必须保持它。

摘自弗·恩格斯：《波河与莱茵河》（1859年2月底—3月初）（四），《马克思恩格斯全集》（中文第1版）第13卷，人民出版社1962年版，第293页。

**24. "自然疆界"论也可以用一个口号来彻底解决什列斯维希—霍尔施坦问题**

"自然疆界"论也可以用一个口号来彻底解决什列斯维希—霍尔施坦问题：Danmark til Eideren！丹麦到埃德尔河！① 丹麦人不要求他们的明乔河和波河，即埃德尔河，以及他们的曼都亚，即弗利得利赫什达特，又要求什么呢？

摘自弗·恩格斯：《波河与莱茵河》（1859年2月底—3月初）（四），《马克思恩格斯全集》（中文第1版）第13卷，人民出版社1962年版，第293页。

**25. "自然疆界"论使德国有权要求波河**

"自然疆界"论使德国有权要求波河，同样也使俄国有权要求加里西亚和布柯维纳，并且在波罗的海方面整化领土，至少把普鲁士的维斯拉河右岸地区全部囊括进去。再过几年，俄国又可以同样有权利提出要求说：

---

① 丹麦到埃德尔河——十九世纪四十至六十年代的丹麦自由党（即埃德尔丹麦人党）提出来的口号，他们要求把居民主要是德国人并且与邻近的其他德国地区有埃德尔一河之隔的什列斯维希公国完全与丹麦合并。——《马克思恩格斯全集》（中文第1版）第13卷，人民出版社1962年版，注释136。

俄属波兰的自然疆界是奥得河。

> 摘自弗·恩格斯：《波河与莱茵河》（1859年2月底—3月初）（四），《马克思恩格斯全集》（中文第1版）第13卷，人民出版社1962年版，第293页。

### 26. "自然疆界"论如用于葡萄牙

"自然疆界"论如用于葡萄牙，这个国家也可以要求把领土扩大到比利牛斯山并把整个西班牙划入葡萄牙。

> 摘自弗·恩格斯：《波河与莱茵河》（1859年2月底—3月初）（四），《马克思恩格斯全集》（中文第1版）第13卷，人民出版社1962年版，第293页。

### 27. 如果考虑到永恒正义的法则

如果考虑到永恒正义的法则，罗伊斯—格莱茨—施莱茨—罗宾斯坦公国①的自然疆界至少应当扩展到德意志联邦的疆界或者甚至更远些——到波河，也可能到维斯拉河。要知道罗伊斯·格莱茨·施莱茨·罗宾斯坦公国和奥地利一样，同样都有实现自己权利的要求！

> 摘自弗·恩格斯：《波河与莱茵河》（1859年2月底—3月初）（四），《马克思恩格斯全集》（中文第1版）第13卷，人民出版社1962年版，第293—294页。

### 28. 如果"自然疆界"论，也就是纯粹以军事观点为根据的疆界论是正确的，那末对于那些出席维也纳会议的德国外交家，我们应该怎样来称呼呢？

如果"自然疆界"论，也就是纯粹以军事观点为根据的疆界论是正确的，那末对于那些出席维也纳会议的德国外交家，我们应该怎样来称呼呢？他们使我们面临德国人打德国人的战争的威胁，使我们失去麦士河，使德国东部疆界门户洞开，让外国人确定德国的外部疆界和从内部分割它。老实说，哪个国家也不像德国这样，有那么多的理由来抱怨维也纳会议；但是，如果我们从自然疆界的观点来看问题，那末当时那些德国的国家伟人的名誉将如何呢？何况拥护波河自然疆论，靠1815年外交家的遗产过活并

---

① 罗伊斯·格莱茨·施莱茨·罗宾斯坦是讽指德国的各小邦，它们的正式名称是弟系罗伊斯和长系罗伊斯。——《马克思恩格斯全集》（中文第1版）第13卷，人民出版社1962年版，注释137。

继承维也纳会议的传统的也正是这些人。

摘自弗·恩格斯:《波河与莱茵河》(1859年2月底—3月初)(四),《马克思恩格斯全集》(中文第1版)第13卷,人民出版社1962年版,第294页。

**29. 你们愿不愿意听这种事情的一个实例呢?**

你们愿不愿意听这种事情的一个实例呢?

1830年比利时从荷兰分立出来的时候①,也是现在把明乔河作为生死问题提出来的这些人在大喊大叫。他们,为毗邻的尼德兰强国的分裂而大声疾呼,因为这个强国应当作为对付法国的屏障,而且应当负有义务以薄薄的要塞带来与当时确实是极为庞大的工事的沃邦式要塞带相抗衡(甚至在有了20年的经验以后,偏见还是这样深)。各大国似乎很担心,有朝一日,棱堡、半眼镜堡和眼镜堡栉比皆是的阿拉斯、利尔、杜埃和瓦郎西恩会突然出现在比利时并安然屹立在那里!我们在本文中与之力争的这一狭隘思想的代表者们那时痛哭抱怨,说什么德国处于危急中,因为比利时只是唯法国之命是从的附庸,必然要成为德国的敌人;说什么用德国的(也就是从法国人手中夺来的)金钱建筑起来对付法国的宝贵的要塞现在可能被法国人用来反对我们。他们说法国的疆界已经推进到麦士河和些耳德河以至更远的地方,再向前推进到莱茵河,还需要很久吗!我们大多数人都还清楚地记得这些号泣。但是实际情况怎样呢?从1848年以来,特别是从波拿巴复辟以来,比利时愈来愈坚决地脱离法国而接近德国。现在甚至可以把比利时看作是德意志联邦的一个外国成员国。比利时人采取这种反对法国的立场时做了些什么呢?他们把根据维也纳会议的决定从上面强迫他们国家建立的所有要塞作为完全无法对付法国的废物全部铲平了,然后在安特卫普周围建成了一座营垒。这个营垒的规模相当大,足以容纳整个军团并在法国侵入时可以使它在那里等待英国或德国的援助。他们这样做是完全正确的。

摘自弗·恩格斯:《波河与莱茵河》(1859年2月底—3月初)(四),《马克思恩格斯全集》(中文第1版)第13卷,人民出版社1962年版,第294—295页。

---

① 根据1815年维也纳会议的决定,比利时和荷兰组成一个统一的尼德兰王国,而比利时实际上是隶属于荷兰,由于1830年的资产阶级革命,比利时成了独立的君主立宪国。——《马克思恩格斯全集》(中文第1版)第13卷,人民出版社1962年版,注释138。

**30. 就是即使德国总的说来注定要利用反击来进行防御，最有效的防御仍然是以攻势来进行的积极防御**

正是1830年曾经想把主要操法语的信天主教的比利时与操荷兰语的信新教的荷兰硬缚在一起的那个英明政策，从1848年以来又想用暴力把意大利置于奥地利压迫之下并使我们德国人对奥地利在意大利的行为负责。所有这一切都完全是由于害怕法国而产生的。这些先生的全部爱国主义看来就在于，一谈到法国就狂热地激动起来。好像五六十年以前老拿破仑所赐予他们的打击，至今痛犹在身。当然我们不属于把法国军事力量估计过低的这类人。比如说，我们清楚地知道，德国没有一支军队在轻步兵、小规模战争的经验和技术方面以及在炮兵学的某些方面能与法国军队相比。但是，当我们看到这些人起初夸耀他们拥有120万名德国兵，似乎这些兵士已经作好战斗准备，如同科尔布博士为了亚尔萨斯和洛林与法国下一盘棋而摆好的棋子一样[①]，可是后来在每一个别场合下，同样是这些人却又表现得非常畏缩，似乎这120万兵士不躲在不可摧毁的阵地内，就一定会被人数少一半的法军打得落花流水，这种情况确实使人再也无法忍耐。为了反对这一消极防御政策，我们认为提醒下列事实是适时的，就是即使德国总的说来注定要利用反击来进行防御，最有效的防御仍然是以攻势来进行的积极防御。提醒下列事实也是适时的，就是我们已经很多次地证明，正是在进攻方面我们优于法国及其他国家。

"进攻毕竟是我们军队所特有的精神，这正是非常好的，"——弗里德里希大帝曾这样讲过他的步兵。[②]

至于他的骑兵如何善于进攻，有罗斯巴赫、措尔恩多夫和霍恩弗里德贝尔格等会战可以作证。而1813年和1814年德国步兵如何善于进攻，最好的证明是1815年战争之初所颁发的布吕歇尔的有名训示：

---

① 暗指德国资产阶级政论家格·弗·科尔布在1859—1866年由他担任编辑的资产阶级民主派报纸"新法兰克福报"上发表的充满普鲁士大国政策精神的好战言论。——《马克思恩格斯全集》（中文第1版）第13卷，人民出版社1962年版，注释139。

② 这是1748年8月14日弗里德里希二世给骑兵少将们的训示中的话。——《马克思恩格斯全集》（中文第1版）第13卷，人民出版社1962年版，注释140。

"因为经验教导我们,法国军队抵挡不住我们成营兵士的刺刀冲锋,所以要想打败敌人或攻占某一阵地,照例都应当采用刺刀冲锋。"

我们最成功的会战是进攻的会战;如果说德国兵士还有不及法国兵士的地方,那就是德国兵士还不善于为了防御的目的而坚守村庄和房屋,至于在进攻中,他们证明自己完全不亚于法军,并且多次地证明了这点。

摘自弗·恩格斯:《波河与莱茵河》(1859年2月底—3月初)(四),《马克思恩格斯全集》(中文第1版)第13卷,人民出版社1962年版,第295—296页。

### 31. 一切波拿巴战争的最终目的,只能是夺回法国的"自然疆界"——莱茵河疆界

自从波拿巴、皮埃蒙特、俄国三者之间的阴谋开始暴露在公众面前,已经一年了。起初是新年谈话①,接着是向"意大利的伊菲姬妮亚"求婚②,然后是意大利的哀鸣,最后是哥尔查科夫承认他对路易—拿破仑负有书面义务③。而在这中间,则是扩军备战,调动军队,威胁恫吓和调解

---

① 新年谈话指1859年1月1日拿破仑第三在土伊勒里宫接见外交使团时与奥地利大使许布纳尔进行的谈话,据新闻报道,拿破仑第三向许布纳尔表示遗憾,说法奥之间的关系"变得不如以前那样友好"。这次谈话引起了拿破仑第三与奥地利的外交冲突。——《马克思恩格斯全集》(中文第2版)第19卷,人民出版社2006年版,注释331。

② 向"意大利的伊菲姬妮亚"求婚指拿破仑第三的堂弟拿破仑亲王(普隆—普隆)和撒丁公主克洛蒂尔达的联姻(见马克思1859年1月写的《路易—拿破仑的处境》一文)。马克思把克洛蒂尔达讽喻为希腊神话中亚加米农国王的女儿伊菲姬妮亚,传说亚加米农在进行特洛伊远征前,把她当作祭祀主神的祭品。——《马克思恩格斯全集》(中文第2版)第19卷,人民出版社2006年版,注释332。

③ 书面义务指俄法秘密协定。由于波拿巴法国和沙皇俄国在巴黎会议上的接近,两国在拿破仑第三的倡议下于1859年3月3日缔结了俄法秘密协定。协定规定,以法国和撒丁为一方同以奥地利为另一方一旦发生战争,俄国对法国采取友好的中立态度。法国答应提出关于修改1856年的巴黎和约中有关限制俄国黑海主权的条款,沙皇亚历山大二世答应拿破仑第三,在他准备以军事上粉碎奥地利方面给予外交的援助,而一旦战争发生即将俄军开至奥地利边境,以便在东方牵制奥地利的一部分军队。同时拿破仑第三根据协定的精神,继续支持俄国在巴尔干半岛的政策。可是到后来,鉴于拿破仑第三不愿履行自己的诺言,又由于在其他问题上产生分歧,两国之间的关系冷淡了。——《马克思恩格斯全集》(中文第2版)第19卷,人民出版社2006年版,注释333。

的尝试。当时，在最初的时刻，整个德国都本能地感觉到：现在问题不在于意大利，而是关系到我们自身的利害。事端将起于泰辛河，但最后将在莱茵河结束。一切波拿巴战争的最终目的，只能是夺回法国的"自然疆界"——莱茵河疆界。

> 摘自弗·恩格斯：《萨瓦、尼斯与莱茵》①（1860年2月）（一），《马克思恩格斯全集》（中文第2版）第19卷，人民出版社2006年版，第439页。

**32. 所持的理由是：明乔河与波河下游是德国与意大利之间的自然疆界**

但是，因为法国人对于莱茵河这一自然疆界的隐蔽要求而陷于不可言状的恐怖中的那一部分德国报纸，即以奥格斯堡《总汇报》为首的报纸，却以同样不可言状的狂热替奥地利在北意大利的统治作辩护，所持的理由是：明乔河与波河下游是德国与意大利之间的自然疆界。奥格斯堡《总汇报》的奥尔格斯先生发动了他的全部战略机构来证明：没有波河和明乔河，德国就要灭亡，放弃奥地利在意大利的统治就是背叛德国。

这样，事情就被弄颠倒了。非常明显，说莱茵河受到威胁只不过是借口，目的在于保持奥地利在意大利的暴力统治。所谓莱茵河受到威胁，就是要唆使德国一致拥护奥地利对北意大利的奴役。这时还出现一种滑稽的矛盾：同样的理论，用在波河他们就加以维护，用在莱茵河他们却加以非难。

> 摘自弗·恩格斯：《萨瓦、尼斯与莱茵》（1860年2月）（一），《马克思恩格斯全集》（中文第2版）第19卷，人民出版社2006年版，第439—440页。

---

① 《萨瓦、尼斯与莱茵》这一著作同《萨瓦与尼斯》（见《马克思恩格斯全集》13卷第64—68页）一样，是恩格斯应马克思的请求于1860年2月4—20日之间写成的，这是他1859年2月写的另一著作《波河与莱茵河》的续篇。恩格斯利用他在军事科学、历史和语言学方面的渊博知识，揭穿了波拿巴对萨瓦、尼斯以及莱茵河左岸地区的要求是荒谬的。恩格斯写这一著作的另一个目的是根据对奥意法战争的经过和结果的分析，证明马克思和他在对外政策问题上所坚持的革命无产阶级的立场的正确性。

曾经匿名出版过小册子《波河与莱茵河》的柏林出版商敦克尔，这次由于在对德国各政党的立场的估计上同恩格斯意见分歧，提出只有在作者在扉页上署名的条件下才同意出版这部新的著作。恩格斯不愿意正式署名，以免过早地让军界读者知道这两部著作均出于非军人之手，所以认为只要指出这本新出的小册子出于《波河与莱茵河》的作者之手就够了。于是，这本小册子便于1860年4月在柏林的贝伦德出版社匿名出版。——《马克思恩格斯全集》（中文第2版）第19卷，人民出版社2006年版，注释330。

## 33. 如果仅仅从军事观点出发，那么法国要求占有莱茵河的理由无论如何要比德国要求占有明乔河的理由充分得多

本文作者当时写了一本小册子，名为《波河与莱茵河》①。正是为了民族运动的利益，这本小册子反驳了明乔河疆界论；它试图从军事理论的观点来证明：德国为了自己的防御不需要意大利的任何一块领土；如果仅仅从军事观点出发，那么法国要求占有莱茵河的理由无论如何要比德国要求占有明乔河的理由充分得多。总而言之，作者想使德国人能以洁白之身投入当前的斗争。

作者的目的究竟达到了多少，可以让别人去判断。我们没有见到有任何人企图本着科学精神反驳那本小册子所作的分析。小册子最初所指向的目标——奥格斯堡《总汇报》曾答应要就这个问题发表自己的论文，但它并没有这样做。它只是从《东德意志邮报》转载了三篇他人的论文②，而这些论文的批评也仅仅限于宣称《波河与莱茵河》的作者是"小德意志派"③，因为他想放弃意大利。无论如何，据我们所知，奥格斯堡《总汇报》从此以后就不再提明乔河疆界论了。

摘自弗·恩格斯：《萨瓦、尼斯与莱茵》（1860年2月）（一），《马克思恩格斯全集》（中文第2版）第19卷，人民出版社2006年版，第440页。

## 34. 现在，在巴黎竟有人公开地说，阿尔卑斯山是法国的自然疆界，法国有权占有这些山脉

无论如何已经非常清楚，尼斯和萨瓦是路易—拿破仑同意伦巴第和威尼斯归并于皮埃蒙特而要求的代价，他所以提出以这个为代价而同意中意大利并入皮埃蒙特，是因为目前不能取得威尼斯。现在，波拿巴在萨瓦和尼斯的代理人开始玩弄无耻的手腕，被收买的巴黎报纸也开始叫嚣说，皮埃蒙特政府在这两个省份中压制大声疾呼地要求与法国合并的人民的意志。现在，在巴黎竟有人公开地说，阿尔卑斯山是法国的自然疆界，法国有权

---

① 恩格斯写于1859年2月底—3月初。——编者注
② 三篇论文分别载于1859年4月19、21和22日《总汇报》第109、111和112号附刊。——编者注
③ 小德意志派主张建立小德意志，即主张在普鲁士领导下统一德国，而把奥地利排斥在外。企图实现这个小德意志计划的行动之一是1849年建立了在普鲁士国王领导下的17个德国君主的联邦，1850年这个联邦瓦解了。
小德意志报刊是反映建立小德意志的人的观点的报刊，他们赞成在普鲁士领导下统一德国，而把奥地利排斥在外。——《马克思恩格斯全集》（中文第2版）第19卷，人民出版社2006年版，注释192。

占有这些山脉。

> 摘自弗·恩格斯：《萨瓦、尼斯与莱茵》（1860年2月）（一），《马克思恩格斯全集》（中文第2版）第19卷，人民出版社2006年版，第446—447页。

### 35. 由巴塞尔到布里扬松，法国的疆界形成一个凹度很大的大圆弧；瑞士的很大一部分和萨瓦的全部都在这里嵌入法国疆界

那么，从问题的军事方面来看，情形怎样呢？占有萨瓦对于皮埃蒙特有什么战略上的利益，而对于法国又有什么利益？萨瓦的易手，对毗邻的第三个国家——瑞士又有什么影响呢？

由巴塞尔到布里扬松，法国的疆界形成一个凹度很大的大圆弧；瑞士的很大一部分和萨瓦的全部都在这里嵌入法国疆界。如果我们在这个圆弧上作一弦，那么为它所切断的这一块弓形地将几乎完全为瑞士法语区和萨瓦所填满。如果法国的疆界推进到这个弦上，那么从劳特堡到弗雷瑞斯的一段疆界便会形成一条像从劳特堡到敦刻尔克那样的大体上的直线，不过这条线在防御上具有与劳特堡—敦刻尔克线完全不同的意义。北部疆界是完全暴露的，而东部疆界的北段则有莱茵河作掩护，南段则有阿尔卑斯山作掩护。事实上，在巴塞尔和勃朗峰之间的那段疆界，没有一处是用地形标志的：确切些说，这里的"自然疆界"是沿着到莱克吕兹堡的汝拉山脉这一条线走的，从那里起再经过阿尔卑斯山支脉，这些支脉从勃朗峰向南延伸，环绕阿尔沃河谷，最后也伸展到莱克吕兹堡附近为止。不过，如果自然疆界成为一个凹形的圆弧，那它便不能完成它的任务，因此也就不再是自然疆界了。既然如此不自然地使我们的疆界向里弯进去的这个凹曲的弓形地带的居民在"语言、风俗和文化"方面说来又都是法国人，那么难道就不应当改正自然界所造成的错误，实际上恢复理论所要求的外凸形状或者至少使它成为一条直线吗？难道住在自然疆界那一边的法国人就应当作为自然界恶作剧的牺牲品吗？

> 摘自弗·恩格斯：《萨瓦、尼斯与莱茵》（1860年2月）（二），《马克思恩格斯全集》（中文第2版）第19卷，人民出版社2006年版，第451页。

### 36. 最完善的疆界也有可以修正和改善的缺陷

这种波拿巴主义的理由不是没有任何意义的，在兼并的阴谋没有彻底失败以前一直接二连三地实行兼并的第一帝国已经证实了这一点。最完善

的疆界也有可以修正和改善的缺陷；如果不是需要客气一点的话，这种兼并可以无止境地继续下去，至少从上述论据可以得出这样的结论：无论从民族成分方面或者从法国的军事利益方面来说，为吞并萨瓦而制造的一切说法，也同样适用于瑞士法语区。

摘自弗·恩格斯：《萨瓦、尼斯与莱茵》（1860年2月）（二），《马克思恩格斯全集》（中文第2版）第19卷，人民出版社2006年版，第451—452页。

**37. 所以，要想使阿尔卑斯山脉成为法国由蒙塔博尔山到热安峰的自然疆界，就只有使这一疆界从热安峰成一直线直达巴塞尔**

由滕达山口向西北偏北方向延伸的阿尔卑斯山脉，在很像皮埃蒙特、萨瓦和法国三国边界上的界桩的蒙塔博尔山整个转向东北偏北，而在皮埃蒙特、萨瓦和瑞士三国交界处热安峰更向东偏折。所以，要想使阿尔卑斯山脉成为法国由蒙塔博尔山到热安峰的自然疆界，就只有使这一疆界从热安峰成一直线直达巴塞尔。换句话说，就是使萨瓦并入法国的要求内包含着兼并瑞士法语区的要求。

摘自弗·恩格斯：《萨瓦、尼斯与莱茵》（1860年2月）（二），《马克思恩格斯全集》（中文第2版）第19卷，人民出版社2006年版，第452页。

**38. 在阿尔卑斯山主脉形成两国目前疆界的这整个地段上，只有一条石铺的山道——蒙热内夫尔**

在阿尔卑斯山主脉形成两国目前疆界的这整个地段上，只有一条石铺的山道——蒙热内夫尔。除此以外，还有阿真泰拉山口，这个山口由巴斯洛内特通至施图拉河谷，这里可以通行炮兵；另外可能还有一些骡马道，稍许费些力气，便可以通过各种兵器。但是，萨瓦和尼斯各有两条石铺山道穿过阿尔卑斯山主脉，所以任何一支进攻的法国军队，如果还没有控制这两个省，至少要先占领其中的一条山道，才能越过阿尔卑斯山。不仅如此，如果法国进攻，出蒙热内夫尔山口只能发动对都灵的直接攻击，而萨瓦的两个山口——塞尼，特别是小圣伯纳德却造成侧击的可能。对于进攻的意大利军队来说，经由蒙热内夫尔山口去攻击法国的心脏必须进行很大的迂回运动，而通过塞尼山口却有由都灵去巴黎的大道。因此，任何一个统帅都只会把蒙热内夫尔山口用做辅助纵队的通路；而主要的作战线总是要通过萨瓦。

摘自弗·恩格斯：《萨瓦、尼斯与莱茵》（1860年2月）（二），《马克思恩格斯全集》（中文第2版）第19卷，人民出版社2006年版，第452页。

### 39. 所以，占有萨瓦，首先就会使法国获得一个进攻意大利时必不可少的地区

所以，占有萨瓦，首先就会使法国获得一个进攻意大利时必不可少的地区，不然，它就得预先夺取它。采取守势的意大利军队当然任何时候也不会为了保卫萨瓦而进行决战，但是他们可以用积极的山地战和破坏道路等方法，在一定程度上把进攻的敌人牵制在阿尔克河和伊泽尔河上游河谷（塞尼大道和圣伯纳德大道正经过这里），然后凭借封锁山道的堡垒，在阿尔卑斯山主脉的北坡再据守一些时候。在这里，就像在一般的山地战中一样，当然谈不到绝对的防守；决战将拖到敌人冲下平原时进行。但是，这无疑将保证赢得时间，时间对集中兵力进行大会战有决定性的意义。对于像意大利这样一个狭长而缺乏铁路的国家，时间是特别重要的。因为它所面对的法国地形优越而又布满良好的战略铁路网；如果法国在战前就已占有萨瓦，意大利无疑会失掉这段时间。意大利在任何时候都不会单独与法国作战；如果它有同盟者的话，两军在萨瓦可能势均力敌。这样一来，阿尔卑斯山脉的争夺战将具有持久的性质；在最坏的场合，意军总能在山脉的北坡支持一段时间，如果北坡失守，它就会与法军争夺南坡，因为只有占领了这两面山坡并能越过山脉，才能成为山脉的主人。至于进攻者是否有力量和决心下到平地上追击防御者，这就非常值得怀疑了。

摘自弗·恩格斯：《萨瓦、尼斯与莱茵》（1860年2月）（二），《马克思恩格斯全集》（中文第2版）第19卷，人民出版社2006年版，第452—453页。

### 40. 这是第一次暗示说：辛普朗也是法国的一个自然界桩，正像它在第一帝国时代真的曾经是法国的界桩一样

瑞士已感觉到萨瓦在战略上对它的压力非常大，所以它在1814年便完成了它的北部地区的有名的中立化，而在1816年又从撒丁取得条约的许诺：沙布莱、福西尼和热内瓦山除瑞士以外将不让与其他任何国家。路易—拿破仑也到处放出风声，说他仅仅要求得到萨瓦的南部，而沙布莱、福西尼和到于斯河畔为止的热内瓦山的一部分应归属于瑞士。但是要礼尚

往来,据《泰晤士报》消息,他正利用福格特先生私下里在瑞士州议会打探一下,看他们是否同意因此而赋予他自由支配辛普朗山口的权利。这是第一次暗示说:辛普朗也是法国的一个自然界桩,正像它在第一帝国时代真的曾经是法国的界桩一样。

摘自弗·恩格斯:《萨瓦、尼斯与莱茵》(1860 年 2 月)(二),《马克思恩格斯全集》(中文第 2 版)第 19 卷,人民出版社 2006 年版,第 461 页。

**41. 假定说瑞士多了一个新的州——北萨瓦**

假定说瑞士多了一个新的州——北萨瓦,那么,疆界就会由在勃朗峰和小圣伯纳德山口之间离开阿尔卑斯山主脉而通向罗讷河峡谷(莱克吕兹堡)的那条山岭所形成,而且,看来这条疆界是十分"自然的"。但是,通过这个山岭的有来自伊泽尔河谷与罗讷河谷的下列道路:(1)塞塞勒—日内瓦道路,(2)阿讷西—日内瓦道路,(3)阿讷西—博讷维尔道路,(4)阿尔贝维尔—萨朗什道路。博讷维尔和萨朗什一样,都有道路经过阿尔沃河谷的北面山岭通往托农。因此,瑞士是毫无屏障来阻挡对日内瓦湖南岸的托农的入侵的,并且因为由塞塞勒或者阿尔贝维尔到托农不超过 15 德里,所以占有北萨瓦,最多只能使瑞士多防御 5 天。但是因为对于这个新州的防御除了民团以外再不能派出什么部队,所以进攻的纵队也同样可以由日内瓦直扑托农(5 德里),而由这里去圣然戈尔夫仅还有约 4 德里。因此,在这种情况下,占有北萨瓦只能使瑞士赢得仅仅 3 天的时间。况且,这只能使瑞士分散防御力量。受法国攻击的瑞士军队的退路,显然是沿低洼地区经过伯尔尼的这一路线,在那里如有可能就沿阿尔河到苏黎世,不然便是到卢塞恩,然后由这两地进入莱茵河上游谷地。因此,瑞士军队不应当把他们的阵地向南推移得过远,以免被敌人赶出这些防线而逼进高山地区。我们已经看到,把瓦特州包括到瑞士的防御体系中还比较容易,但北萨瓦和因萨瓦不复中立而被暴露出来的瓦利斯州肯定是不能够包括在这一体系中的。但是,大家知道,在一个以民军担任防御的联邦制国家里,一旦遭到威胁时,每个公民都会多么强烈地希望保卫自己的乡土。显然,如果整个整个的城市和州毫无抵抗就让给敌人,军队就会抱怨,国民院议员就要大声疾呼,何况这还是瑞士专门为了自己的防御而取得的一个新州呢!在总参谋部本身,每个人都想设法对他自己的地区加以特别的保护,而在民军中,由于受和平时期舒适享乐生活的影响,纪律至少也是很松弛的，所以长官将很难维持部队的秩序。可以断定，在这种情况下长官十次有九次会表现的软弱无力，或者不得不忍让妥协。占领北萨瓦的部队，将根本不会对防御有什么好处，而在退却之际还一定会吃尽苦头，其中有一部分会被驱逐到瓦利斯，在那里他们不得不考虑，如何通过盖米山口或者富尔卡山口重新和主力军会合。

摘自弗·恩格斯：《萨瓦、尼斯与莱茵》（1860年2月）（二），《马克思恩格斯全集》（中文第2版）第19卷，人民出版社2006年版，第461—462页。

**42. 意大利纵然完全统一了，也永远不可能靠它的2600万居民去进攻法国，除非它同德国联合**

意大利纵然完全统一了，也永远不可能靠它的2600万居民去进攻法国，除非它同德国联合。但在这样的战争中，主要的兵力总是德国提供的，意大利只提供次要兵力。仅仅这一点，就足以使进攻的主力从阿尔卑斯山转移至莱茵河和马斯河。此外，还应当看到，进攻的最终目标——巴黎——位于法国的北部。对法国最致命的攻击总是来自比利时；如果比利时保持中立，那这种攻击总是来自德国的莱茵河左岸和来自巴登的莱茵河上游。一切其他的攻击都要采取迂回运动，而且多多少少总是偏向一旁，而不是直接指向巴黎。克劳塞维茨（在他所著的《战争论》第6篇第23章中）早就嘲笑过1814年那一支20万人的军队，他们不径直地向巴黎进军，却按照愚蠢透顶的理论，经过瑞士向朗格勒高原迂回；如果他看到企图经过意大利和萨瓦或者甚至经过尼斯来对巴黎进行主攻的作战计划，他又会作何评价呢？一切经由萨瓦的进攻比起从莱茵的进攻来都有极大的缺陷，首先，交通线长，并且还要经过阿尔卑斯山，其次，离巴黎远，最后，里昂巨大的营垒阵地具有很大的钳制力，它在大多数场合下将迫使敌人中止进攻。因此，在1814年战局中，经过意大利向法国挺进的那部分军队几乎没有发挥任何作用。

摘自弗·恩格斯：《萨瓦、尼斯与莱茵》（1860年2月）（三），《马克思恩格斯全集》（中文第2版）第19卷，人民出版社2006年版，第472页。

**43. 法国在它这段本来就掩护得很好的疆界上，握有这样一些防御手段来对付最软弱的邻国，实际上是无需乎扩充领土了**

法国在它这段本来就掩护得很好的疆界上，握有这样一些防御手段来对付最软弱的邻国，实际上是无需乎扩充领土了。如果法国现在的国境线到处都和法意交界线一样,距离巴黎很远,都有天然的障碍、人为的工事以及不利于敌人的交通线,因而都那样可靠,那法国会是无法攻克的。如果波拿巴主义正好看中了这一点,才借口法国没有自然疆界便无法进行防御而提出所谓自然疆界的要求,那它为占有莱茵河的要求找根据就不知要容易多少倍!

摘自弗·恩格斯:《萨瓦、尼斯与莱茵》(1860年2月)(三),《马克思恩格斯全集》(中文第2版)第19卷,人民出版社2006年版,第472页。

### 44. 尼斯即使现在割让给法国,它也将永远属于意大利

尼斯即使现在割让给法国,它也将永远属于意大利。萨瓦可能归并法国,将来当欧洲的各大民族在更大的规模上统一起来的时候,它也许会自愿这样做。但是,在德国和意大利在政治和军事方面也实现了民族的统一从而显著地提高了自己在欧洲的权力地位以后,是萨瓦自愿成为法国的领土呢,还是像路易—拿破仑这样一个靠征服别人过日子的统治者,为了永远统治萨瓦,并为了给自然疆界论创立先例而从还处于分裂状态的意大利取得萨瓦——这是完全不同的两回事。

摘自弗·恩格斯:《萨瓦、尼斯与莱茵》(1860年2月)(三),《马克思恩格斯全集》(中文第2版)第19卷,人民出版社2006年版,第472—473页。

### 45. 对拥有波希米亚的俄国泛斯拉夫主义者福格特来说,无疑是知道斯拉夫帝国的自然疆界在哪里的

对拥有波希米亚的俄国泛斯拉夫主义者福格特来说,无疑是知道斯拉夫帝国的自然疆界在哪里的。这条疆界从梅泽里茨直通利泊罗瑟和吕本,然后到达易北河同波希米亚边境山脉的交叉点以南,再往前通至波希米亚和摩拉维亚的西南部边境。这条线以东全是斯拉夫地区;混杂在斯拉夫地区里的几块德国飞地和其他外族的土地,不可能长久地阻碍大斯拉夫整体的发展;况且,它们对于它们所在的地方并没有权利。既然出现了这种"泛斯拉夫主义的现状",那么不言而喻,在南部也必须对边界进行类似的修改。在南部,也有一个不受欢迎的德国楔子插在北部和南部的斯拉夫人中间,占据了多瑙河谷和施泰尔阿尔卑斯山脉。福格特不会容忍这个楔子,于是就坚定不移地把奥地利、萨尔茨堡、施泰尔马克和克恩滕山的德国部分完全并入俄国。用久经考验的"民族原则"的方法来建立斯拉夫—俄罗

斯帝国的过程中，一些马扎尔人和罗马尼亚人连同各种土耳其人也落到俄国手里（要知道，"好心的沙皇"在征服切尔克西亚和消灭克里木的鞑靼人时，也是为了给"民族原则"增光！），作为对他们插入北部斯拉夫人和南部斯拉夫人之间的惩罚——福格特不管奥地利意下如何就是这样解释的。

摘自卡·马克思：《福格特先生①》（1860年2—11月）（八），《马克思恩格斯全集》（中文第2版）第19卷，人民出版社2006年版，第222—223页。

**46. 法国重提自然疆界论，是对德国的直接威胁**

法国重提自然疆界论，是对德国的直接威胁，是一件明白无误的事实，这件事证明一年前在德国表露出来的民族感情是正确的。固然，现在不是路易—拿破仑，而是他操纵的报纸在大叫大嚷说：当然，过去和现在都仅仅是指莱茵河而言。

摘自弗·恩格斯：《萨瓦、尼斯与莱茵》（1860年2月）（四），《马克思恩格斯全集》（中文第2版）第19卷，人民出版社2006年版，第475页。

**47. 这次宣扬的是一个泛日耳曼主义和"安全"边界的原则**

如果说，只要旧的国家体系继续存在，法国的沙文主义就能在下列事

---

① 马克思的抨击著作《福格特先生》，是对庸俗民主主义者、波拿巴的代理人卡·福格特的诽谤性著作《我对〈总汇报〉的诉讼》的答复，福格特的这一著作是反对马克思及其所领导的无产阶级革命家的。福格特的小册子出版于1859年12月，而在1860年1月，柏林的一家资产阶级报纸《国民报》就用两篇社论转述了该小册子的诽谤性内容。马克思为了正在形成中的无产阶级政党的利益，决定用文字回答福格特，而对进行诽谤的《国民报》则向法院提出控告。从1860年1月底，马克思就着手为写一本反对福格特的书和起诉《国民报》而收集材料。为此目的，他写给许多同他在共同的政治活动和革命活动中有过联系的人，请他们提供揭露福格特的材料。从1860年2月起，马克思开始把控告《国民报》编辑察贝尔的材料寄往柏林，寄给他的法律顾问韦伯律师。但是在1860年4—10月期间，马克思的起诉却被普鲁士的各级司法机关毫无理由地拒绝了。

马克思在准备和寄发诉讼材料的同时，着手撰写抨击福格特的著作。他研究了18—19世纪的政治史和外交史，从论述外交政策问题的书籍和报纸中作了大量摘录，并且到曼彻斯特恩格斯那里，以便查阅由恩格斯保存的那些反映无产阶级革命家活动以及他们同各种敌对派别进行斗争的书信和文件。1860年9月，马克思基本上写完了这一抨击性著作。但是，在普鲁士的各级司法机关驳回了他对察贝尔的起诉书之后，他又补写了《一件诉讼案》这一章，对普鲁士的司法制度进行了有力的批评。马克思于11月写完抨击福格特的著作，把它题名为《福格特先生》。

《福格特先生》这一抨击性著作于1860年12月1日问世，它由伦敦佩奇出版社出版，由希尔费尔德印刷厂印刷。该著作在马克思和恩格斯生前没有再版过，只有第四篇附录《科隆共产党人案件》曾被收入马克思的《揭露科隆共产党人案件》一书的第2版。1885年出版《揭露》的第3版时，恩格斯对这一附录略加补充。——《马克思恩格斯全集》（中文第2版）第19卷，人民出版社2006年版，注释90。

实即首都巴黎，从而整个法国自1815年以来几次战败后已处于无法防守的地位这一事实中，找到一定的物质根据，那末，一旦把国境线东边移到佛日山脉，北面移到麦茨城，这种沙文主义将得到什么样的新鲜养料呵。

说洛林人和亚尔萨斯人期待着德国政府的仁政，就连最狂妄的①条顿人也不敢这样断言。这次宣扬的是一个泛日耳曼主义和"安全"边界的原则，据说这个原则会在东方给德国和欧洲带来光辉的结果。

谁没有完全被当前的叫嚣震聋耳朵或者不热中于震聋德国人民的耳朵，他就应该了解到，1870年的战争必然孕育着德国和俄国之间的一场战争，正如1866年的战争孕育着1870年的战争一样。

我说这是必然的，不可避免的，除非有一种不大可能的情况发生，即在这以前俄国爆发一次革命。

如果这种不大可能的情况不出现的话，那末德国和俄国之间的战争现在就应该认为是一种 fait accompli（既成事实）。

摘自卡·马克思和弗·恩格斯：《给社会民主工党委员会的信②》（1870年8月22—30日之间），《马克思恩格斯全集》（中文第1版）第17卷，人民出版社1963年版，第282—283页。

---

① 传单上被删去的"最狂妄的"这几个字，是在一份留有恩格斯笔迹的传单上由他添上的。——编者注

② 《给德国社会民主工党委员会的信》，是为了答复不伦瑞克委员会委员们对马克思的请求而写的，他们请求马克思说明德国无产阶级对普法战争应采取的立场。马克思也由于"人民国家报"编辑部（李卜克内西等）虽然总的说来站在国际主义立场，但是在战争之初对战争做了片面的估计，在一定程度上忽略了国家统一的任务，认为有发表他的意见的必要。

马克思和恩格斯在他们的通信中详细地研究了这个问题。例如，恩格斯在1870年8月15日的信中草拟了德国社会民主党的策略路线，强调指出必须反对兼并亚尔萨斯和洛林，参加争取统一德国的运动，分清德意志民族的利益和普鲁士王朝的利益，始终把德法两国工人利益的一致性放在第一位。马克思十分重视给社会民主工党领导人的答复，因为这是"对德国工人行动的指导"（见1870年8月17日马克思致恩格斯的信）。马克思在1870年8月22日和30日之间在曼彻斯特和恩格斯见面的时候，才和恩格斯一起最后拟定了这个答复。这封信由马克思署名寄往德国。

1870年9月5日社会民主工党委员会以传单形式单独发表的关于战争的宣言，引用了这封信的一部分。宣言号召德国工人阶级忠于无产阶级国际事业，并建议德国工人举行群众大会和抗议集会，反对普鲁士政府的兼并计划。宣言指出，它所引用的信是由"伦敦一位最老的最有威望的同志写的"。

马克思和恩格斯给社会民主工党委员会的这封信只有宣言中所引用的那一部分保存下来。在苏共中央马克思列宁主义研究院收藏的那份宣言的传单上，有恩格斯亲笔做的许多记号，这证明该文件是马克思和恩格斯共同拟定的。——《马克思恩格斯全集》（中文第1版）第17卷，人民出版社1963年版，注释142。

## 二　所谓的"民族原则"

**1. 双方通常都力图占领每一个可以威胁敌人和挫伤敌人的有利阵地，而不从道德原则方面去考虑这是否合乎永恒的正义或者民族原则**

因此，固守波河在目前只具有这样一种意义，那就是德国虽然处于最终目的在于夺取它的最好几个省份的这种袭击的威胁之下，但是绝对不想不经过战斗就把它即使不是最坚强的军事阵地，也是极坚强的军事阵地之一拱手让与他人。从这个意义上说，当然整个德国都非常关心波河的防御。在战争前夜，也和在战争中一样，双方通常都力图占领每一个可以威胁敌人和挫伤敌人的有利阵地，而不从道德原则方面去考虑这是否合乎永恒的正义或者民族原则。那时大家都只顾维护自己的私利。

摘自弗·恩格斯：《波河与莱茵河》（1859年2月底—3月初）（一），《马克思恩格斯全集》（中文第1版）第13卷，人民出版社1962年版，第249—250页。

**2. 因此，福格特才这样宽慰德国说：波兰是根据自由自决变成为俄国的**

现在让我们来看一看，按照受巴黎原著启示的福格特的想法，俄国该怎样跟法国协同利用意大利战争。一个以"民族原则[①]为指路明星"的人，在俄国的"民族"构成，特别是"波兰民族"这样的问题上，看来会遇到些难题；可是：

"对于我们来说，民族原则是高贵的，但自由自决原则更高贵。"（《研究》，第121页）

……

---

[①] 民族原则是波拿巴第二帝国（1852—1870年）统治集团为从思想上掩盖侵略计划和对外政策而提出的。拿破仑第三冒充是"民族的保卫者"，利用被压迫民族的民族利益进行投机，以巩固法国的霸权并扩大其疆域。"民族原则"与承认民族自决权毫无共同之处，它的目的是挑起民族不和，把民族运动，特别是小民族的运动变成互相竞争的大国的反革命政策的工具。沙皇俄国的外交也利用这一原则来扩大沙皇在巴尔干，在中欧各斯拉夫民族中的影响。马克思在本文对欧洲国家当权派蛊惑人心地利用"民族原则"的行为进行了揭露。——《马克思恩格斯全集》（中文第2版）第19卷，人民出版社2006年版，注释229。

因此，福格特才这样宽慰德国说：波兰是根据自由自决变成为俄国的。

"毫无疑问"——，他说，——"毫无疑问，由于俄国人民党的积极努力，波兰和俄国之间裂开的鸿沟已经大大缩小了，也许，只需要一种不大的推动力，就可把它完全填平了。"（《研究》，第12页）

<blockquote>摘自卡·马克思：《福格特先生》（1860年2—11月）（八），《马克思恩格斯全集》（中文第2版）第19卷，人民出版社2006年版，第215—216页。</blockquote>

**3. 按照福格特的意见，在1859年，整个波兰同俄国合并的时机已经成熟**

按照福格特的意见，在1859年，整个波兰同俄国合并的时机已经成熟。福格特并不是要求从俄国人、奥地利人和普鲁士人手中解放波兰民族，而是要求先前的整个波兰国家溶化并消失于俄国。波兰完了！"俄国"这种"恢复波兰"的观念，在沙皇尼古拉逝世以后立即传遍了全欧，1855年3月，戴维·乌尔卡尔特曾在其抨击性著作"The New Hope of Poland"（《波兰的新希望》）中就曾加以揭露。

<blockquote>摘自卡·马克思：《福格特先生》（1860年2—11月）（八），《马克思恩格斯全集》（中文第2版）第19卷，人民出版社2006年版，第217页。</blockquote>

**4. 用久经考验的"民族原则"的方法来建立斯拉夫—俄罗斯帝国的过程中，一些马扎尔人和罗马尼亚人连同各种土耳其人也落到俄国手里……，福格特不管奥地利意下如何就是这样解释的**

对拥有波希米亚的俄国泛斯拉夫主义者福格特来说，无疑是知道斯拉夫帝国的自然疆界在哪里的。这条疆界从梅泽里茨直通利泊罗瑟和吕本，然后到达易北河同波希米亚边境山脉的交叉点以南，再往前通至波希米亚和摩拉维亚的西南部边境。这条线以东全是斯拉夫地区；混杂在斯拉夫地区里的几块德国飞地和其他外族的土地，不可能长久地阻碍大斯拉夫整体的发展；况且，它们对于它们所在的地方并没有权利。既然出现了这种"泛斯拉夫主义的现状"，那么不言而喻，在南部也必须对边界进行类似的修改。在南部，也有一个不受欢迎的德国楔子插在北部和南部的斯拉夫人中间，占据了多瑙河谷和施泰尔阿尔卑斯山脉。福格特不会容忍这个楔子，于是就坚定不移地把奥地利、萨尔茨堡、施泰尔马克和克恩滕山的德国部分完全并入俄国。用久经考验的"民族原则"的方法来建立斯拉夫—俄罗斯帝国的过程中，一些马扎尔人和罗马尼亚人连同各种土耳其人也落到俄国手里（要知道，"好心的沙皇"在征服切尔克西亚和消灭克里木的鞑靼人时，也是为了给"民族原则"增光！），作为对他们插入北部斯拉夫人和南部斯拉夫人之间的惩罚——福格特不管奥地利意下如何就是这样解释的。

摘自卡·马克思：《福格特先生》（1860 年 2—11 月）（八），《马克思恩格斯全集》（中文第 2 版）第 19 卷，人民出版社 2006 年版，第 222—223 页。

**5. 这样，福格特在 1859 年曾想通过"北方的白天使"和"南方的白天使"之间的同盟来实现的福格特式的"民族原则"**

在这次行动中，我们德国人失去的只不过是东西普鲁士、西里西亚、勃兰登堡和萨克森的一部分、整个波希米亚、摩拉维亚以及奥地利（不包括蒂罗尔，因为它的一部分按"民族原则"应划给意大利），——失去的只不过是这一切加上我国的民族生存！

但是，我们不妨停留在最直接的一点：加利西亚、波希米亚和摩拉维亚变成俄国的！

在这种情况下，德意志的奥地利，德意志的西南部和德意志的北部便永远也不可能采取一致行动，除非——必然会有这一天——在俄国的领导下。

福格特让我们德国人唱他的巴黎人在 1815 年唱过的歌：

"万岁！亚历山大，
万岁！王中之王，
你赐给我们法律，
却不要一点报酬。"[①]

---

[①]《人民的呼唤和呼唤人民》，载于 1850 年 9 月 27 日《1850 年人民报》第 26 号。——编者注

这样，福格特在1859年曾想通过"北方的白天使"和"南方的白天使"之间的同盟来实现的福格特式的"民族原则"，按他本人的意见，首先应当表现在波兰民族在俄国内部的溶化，马扎尔民族在俄国内部的灭亡和德意志民族在俄国内部的消失。

摘自卡·马克思：《福格特先生》（1860年2—11月）（八），《马克思恩格斯全集》（中文第2版）第19卷，人民出版社2006年版，第223—224页。

**6. 因此，路易·波拿巴在多瑙河两公国里滥用"民族原则"，是为了掩盖他把多瑙河两公国转赠俄国**

早在1858年，土伊勒里宫里能操腹语的人就已利用他的无数传声筒，演奏了"罗马尼亚民族"这个题目。因此，福格特的权威人士科苏特先生于1858年11月20日在格拉斯哥的讲演中就能给以回答：

"瓦拉几亚和摩尔多瓦正在获得一部在秘密外交洞穴里炮制出来的宪法……实际上，它恰好是赏赐给俄国的一部宪章，让它在多瑙河两公国作威作福。"（"It is in reality no more nor less than a charter granted to Russia for the purpose of disposing of the Principalities."）

因此，路易·波拿巴在多瑙河两公国里滥用"民族原则"，是为了掩盖他把多瑙河两公国转赠俄国，正如奥地利政府在1848—1849年滥用"民族原则"，是为了借助塞尔维亚人、斯洛文尼亚人、克罗地亚人和瓦拉几亚人等等来绞杀马扎尔人和德国人的革命一样。

摘自卡·马克思：《福格特先生》（1860年2—11月）（八），《马克思恩格斯全集》（中文第2版）第19卷，人民出版社2006年版，第237页。

**7. 他还忘记了，相反地，正是奥地利发动这个"民族原则的宣传"去反对匈牙利的**

罗马尼亚人民，——而为他们操心的既有俄国驻布加勒斯特的领事，又有利欲熏心的摩尔多瓦—瓦拉几亚的贵族流氓；其中多数流氓甚至不是罗马尼亚人，而是一群从外国跑来的形形色色的亡命之徒，仿佛是一个东方的十二月帮，——罗马尼亚人民一如既往地在极其丑恶的徭役制的桎梏下受苦受难,而这种徭役制只有俄国人借助于组织规程①才能组织起来的,只有东方的半上流社会才会抓住不放。

福格特为了用自己的一套花言巧语去美化从丹屠出版的原著中汲取来的智慧,他这样说:

"南方的一个皮埃蒙特已够使奥地利操心的了,它不需要东方再来一个。"(《研究》,第64页)

皮埃蒙特侵吞意大利的土地。那么,多瑙河两公国——土耳其的最不好战的地区——就应当侵占罗马尼亚土地?应当从俄国手中夺取比萨拉比亚、从奥地利手中夺取特兰西瓦尼亚、泰梅什堡的巴纳特和布科维纳?福格特不仅忘记了"好心的沙皇",他还忘记了,匈牙利在1843—1849年间看来丝毫无意于让别人从自己手中夺走这些在一定程度上是罗马尼亚的土地,用出鞘的剑来回答他们"痛苦的哀号";他还忘记了,相反地,正是奥地利发动这个"民族原则的宣传"去反对匈牙利的。

但是,当福格特根据他从浏览过的一本小册子中得到的朦胧印象,心安理得地"认为,两公国的可悲状况……来自希腊人和法纳尔人的腐烂毒气"(《研究》,第63页)的时候,福格特的《研究》的渊博历史知识,便又光彩夺目地显露出来了。

他没有想到,法纳尔人(由君士坦丁堡的一个市区得名),就是从18世纪初起,在俄国人保护下在多瑙河两公国居住下来的那些希腊人。有一部分就是君士坦丁堡的卖汽水小贩的后裔,他们又在俄国人的指使下扮演"罗马尼亚民族"。

---

① 组织规程(Règlement organìque)是多瑙河两公国(摩尔多瓦和瓦拉几亚)的第一部宪法。1828—1829俄土战争结束后,根据1829年缔结的阿德里安堡和约规定的条件,俄军占领了两公国。这部宪法是由这两个公国的俄国行政当局首脑帕·德·基谢廖夫于1831年实施的。根据组织规程,每个公国的立法权交给大土地占有者所选出的议会,而行政权交给土地贵族、僧侣和城市的代表所选出的终身国君。规程保持了原有的封建制度,包括徭役制,从而巩固了大贵族和上层僧侣的统治地位。同时,组织规程还规定了一系列资产阶级的改革:废除国内关税,实行贸易自由,司法和行政分立等。1848—1849年革命期间,组织规程被取消。——《马克思恩格斯全集》(中文第2版)第19卷,人民出版社2006年版,注释220。

摘自卡·马克思：《福格特先生》（1860年2—11月）（八），《马克思恩格斯全集》（中文第2版）第19卷，人民出版社2006年版，第238—239页。

**8. 这个"民族原则"究竟是什么呢？**

有人说，要求波兰独立似乎就意味着承认"民族原则"，而民族原则是为支持法国的拿破仑专制所搞出来的一种波拿巴主义的发明。这个"民族原则"究竟是什么呢？

根据1815年的条约划定的欧洲各国的疆界，只符合于外交的要求，主要是符合于当时最强大的大陆国家——俄国的要求。无论是居民的意愿、利益、或者民族区分，都没有加以考虑。于是，波兰被瓜分了，德国被分裂了，意大利被分裂了，至于居住在东南欧的当时还很少为人知道的许多更小的民族（nationalities），就更不用说了。因此，对于波兰、德国和意大利来说，力求恢复民族统一就成了一切政治运动的第一步，因为没有民族统一，民族生存只不过是一个幻影。当1821—1823年意大利和西班牙的革命尝试被镇压下去以后，以及又在1830年法国七月革命以后，文明欧洲大部分地区的激进的政治活动家彼此建立了联系，并试图制定一种类似共同纲领的东西，解放和统一被压迫和被分裂的民族，便成了他们的共同口号。[①] 1848年的情形也是如此，那时，被压迫民族中又增加了一个，这就是匈牙利。关于欧洲每一个大的民族构成体在一切内部事务上有权支配自己的命运而不管它的邻邦这一点，当然不会有两种意见，因为这并不妨害他人的自由。这一权利确实是所有民族内部自由的基本条件之一。例如，当德国还在帮助奥地利直接地、或者通过自己的附庸去奴役意大利的时候，它能不能达到自由和统一呢？要知道奥地利王朝的彻底摧毁是德国统一的最首要的条件！

---

[①] 指"青年欧洲"，它是资产阶级革命者、政治流亡者的秘密组织，根据马志尼的倡议于1834年在瑞士成立。"青年欧洲"由下列的民族组织组成："青年意大利"、"青年波兰"等等，它们的宗旨是为民族统一、民族独立和在欧洲各国建立共和制度而斗争。——《马克思恩格斯全集》（中文第1版）第16卷，人民出版社1964年版，注释145。

摘自弗·恩格斯:《工人阶级同波兰有什么关系?①》(1866年1月底—4月6日)(二),《马克思恩格斯全集》(中文第1版)第16卷,人民出版社1964年版,第174—175页。

## 9. 于是就在自己的旗帜上写上"民族原则"——还有什么能比这更好呢?

路易—拿破仑,这个"上奉天命、下承民意"的皇帝,于1851年coup d'état〔政变〕以后,不得不为自己的对外政策发明一种民主化了的、通俗的名称。于是就在自己的旗帜上写上"民族原则"——还有什么能比这更好呢?每一个民族(nationality)都应当是自己命运的主宰;任何一个民族(nationality)的每一个单独部分都应当被允许与自己的伟大祖国合并,——还有什么能比这更自由主义呢?不过,请注意,——现在说的已经不是Nations,而是Nationalities了。

摘自弗·恩格斯:《工人阶级同波兰有什么关系?》(1866年1月底—4月6日)(二),《马克思恩格斯全集》(中文第1版)第16卷,人民出版社1964年版,第175页。

## 10. "民族原则"完全不触及欧洲历史上的一些民族(peoples)的民族生存权利这个大问题

这样一来,我们可以看出,在"民族原则"同民主派和工人阶级关于欧洲各个大的民族有分离的独立的生存权利的旧论点之间,是有差别的。"民族原则"完全不触及欧洲历史上的一些民族(peoples)的民族生存权利这个大问题,如果说它也触及的话,那也只是为了混淆问题。

---

① 这一组题为《工人阶级同波兰有什么关系?》的文章是弗·恩格斯应马克思的请求于1866年1月底至4月6日之间写成的。因为当时在总委员会里围绕着1866年伦敦代表会议的一项决议,即关于把波兰独立的问题列入即将在日内瓦举行的代表大会的议事日程的决议,展开了一场斗争。为了阐明国际在民族问题上的立场,必须一方面批判蒲鲁东主义者在民族问题上持有的虚无主义,一方面揭露波拿巴集团为蛊惑人心而提出的所谓"民族原则"的反动本质。

这组文章没有写完。文章曾载于1863年3月24日、31日和5月5日《共和国》周报第159、160和165号。

《共和国》(《The Commonwealth》)是英国的一家周报,是国际总委员会的机关报,从1866年2月至1867年7月在伦敦出版。1866年6月以前,马克思参加了该报编委会,1866年2月至4月格·埃卡留斯任编辑。该报刊载过关于总委员会会议的报道和国际的文件。由于参加该报领导工作的工联领袖们的妥协政策,该报在选举改革的斗争过程中改变了自己的方针,实际上变成了激进资产阶级的机关报。——《马克思恩格斯全集》(中文第1版)第16卷,人民出版社1964年版,注释140。

民族原则提出了这样两类问题：第一是关于这些历史上的大的民族（peoples）之间的分界线问题；第二是关于一些民族（peoples）的为数众多的细小残余的民族独立生存权利问题，这些民族（peoples）在历史舞台上曾经或长或短地存在过一个时期，但后来却成为某一个更有生命力因而也能克服更大困难的较强大的民族的组成部分。一个民族（people）在欧洲的重要性，它的生命力，从民族原则的观点看来，是算不了什么的；在它看来，从来没有历史、也没有创造历史所必需的精力的瓦拉几亚的罗马尼亚人，同具有两千年历史并具有坚韧不拔的民族生命力的意大利人，具有同等重要意义；威尔士人和曼恩岛居民，只要他们愿意，他们就能像英格兰人一样地享有独立的政治生存权利，而似乎这不是什么荒谬的看法。① 但所有这些都是绝顶荒谬的，它被套上一种通俗的形式，好用来迷惑轻信者；所有这些不过是一句便当的空话，需要时利用利用，不需要时就一脚踢开。

摘自弗·恩格斯：《工人阶级同波兰有什么关系？》（1866年1月底—4月6日）（二），《马克思恩格斯全集》（中文第1版）第16卷，人民出版社1964年版，第176—177页。

**11. 民族原则决不是波拿巴主义者为了恢复波兰所搞出来的发明**

不管这种发明多么空洞，但是要把它想出来，却需要比路易—拿破仑的头脑更加聪明的头脑。民族原则决不是波拿巴主义者为了恢复波兰所搞出来的发明，而只是俄国人为了灭亡波兰所臆造出来的发明。正如下面我们就会看到的，俄国在遵守民族原则的借口下吞并了旧波兰的大部分领土。这种思想已经存在有一百多年了，而现在，俄国正在经常地利用它。

---

① 恩格斯对于小民族历史命运的一些观点，以及他的下述判断是不确切的，他认为：小民族通常缺乏独立的民族生存的能力，它们在历史发展过程中不可避免地会被更大的、更有生命力的民族吞并。恩格斯正确地强调指出了资本主义所特有的集中化和建立大国的趋向，却没有足够地注意到另一趋向——小民族为反对民族压迫争取独立进行斗争。它们渴望建立自己的国家。正如历史所表明的那样，许多小民族，首先是那些从前包括在奥地利帝国旧的各个斯拉夫民族，不仅显示出有独立的民族发展的能力，而且还成为建立新的社会制度即社会主义制度的参加者（关于这个问题详见《马克思恩格斯全集》中文版第6、8、11卷的说明）。——《马克思恩格斯全集》（中文第1版）第16卷，人民出版社1964年版，注释146。

摘自弗·恩格斯：《工人阶级同波兰有什么关系？》（1866年1月底—4月6日）（二），《马克思恩格斯全集》（中文第1版）第16卷，人民出版社1964年版，第177页。

**12. 甚至就在现在，俄国政府还有许多代理人……鼓吹"大芬兰民族（nationality）"的思想，……当然，是在俄国的庇护之下**

泛斯拉夫主义不就是俄国为了自己的利益而把民族原则应用于塞尔维亚人、克罗地亚人、卢西人①、斯洛伐克人、捷克人以及其他在土耳其、匈牙利和德国境内的昔日的斯拉夫民族（peoples）的残余吗？甚至就在现在，俄国政府还有许多代理人奔走于挪威北部和瑞典的拉伯兰人中间，为的是在这些游牧的野蛮人当中鼓吹"大芬兰民族（nationality）"的思想，说在欧洲的极北地区应当恢复大芬兰民族，当然，是在俄国的庇护之下。被压迫的拉伯兰人的"绝望的哭声"在俄国报刊上响得很厉害，但这哭声不是出自被压迫的游牧人自身，而是出自俄国的代理人，——要知道，强迫这些可怜的拉伯兰人不只是说他们的野蛮的半爱斯基摩方言，还要他们学文明的挪威语或瑞典语，这的确是一种惊人的压迫啊！

摘自弗·恩格斯：《工人阶级同波兰有什么关系？》（1866年1月底—4月6日）（二），《马克思恩格斯全集》（中文第1版）第16卷，人民出版社1964年版，第177页。

**13. 只有在东欧，民族原则才能够真正被发明出来**

只有在东欧，民族原则才能够真正被发明出来，在那里，一千年来亚洲人入侵的浪潮一个接一个涌来，把一大堆一大堆混杂的民族碎片留在岸上，直到现在民族学家也只能勉勉强强把它们区分开来；在那里，十分混乱地杂居着土耳其人、操芬兰语的马扎尔人、罗马尼亚人、犹太人以及近一打斯拉夫部落。这就是制造民族原则的基础，而俄国是怎样把它制造出来的，我们现在来看看波兰的例子。

摘自弗·恩格斯：《工人阶级同波兰有什么关系？》（1866年1月底—4月6日）（二），《马克思恩格斯全集》（中文第1版）第16卷，人民出版社1964年版，第177—178页。

---

① 卢西人是资产阶级民族学家和史学家对加里西亚、外喀尔巴阡和布柯维纳的乌克兰居民的称呼，流行于十九世纪。他们被用暴力同乌克兰人民的主要部分分割开来；1941—1945年苏联伟大卫国战争胜利之后，乌克兰人民才最终重新统一了。——《马克思恩格斯全集》（中文第1版）第16卷，人民出版社1964年版，注释147。

**14. 所以，如果有人说，要求恢复波兰就意味着诉诸民族原则，那只能证明他们不懂他们究竟说了些什么**

在波兰，也同差不多所有其他欧洲国家一样，居住着各种不同民族（nationalities）的人。波兰的大多数居民即它的基本核心，无疑是操波兰语的本地波兰人。可是，自1390年起，波兰本土就已经与立陶宛大公国合并①，后者在1794年最后一次瓜分以前曾是波兰共和国不可分割的一部分。在这个立陶宛大公国境内，曾经居住过许多不同的部落。波罗的海沿岸的北部省份由立陶宛人自己管辖，这是一种与他们的斯拉夫邻人操不同语言的民族（people）；这些立陶宛人很大一部分曾被日耳曼移民所征服，而日耳曼移民反过来又吃力地防御着立陶宛的大公。其次，在现今的波兰王国的南部和东部，住着白俄罗斯人，他们的语言介乎波兰语和俄罗斯语之间，而更接近于俄罗斯语；最后，在南部地区还住着所谓的小俄罗斯人，大多数权威人士认为，他们现在的语言与我们通常称之为俄罗斯语的大俄罗斯语完全不同。所以，如果有人说，要求恢复波兰就意味着诉诸民族原则，那只能证明他们不懂他们究竟说了些什么，因为恢复波兰，就是恢复至少由四个不同民族（nationalities）组成的国家。

摘自弗·恩格斯：《工人阶级同波兰有什么关系？》（1866年1月底—4月6日）（三），《马克思恩格斯全集》（中文第1版）第16卷，人民出版社1964年版，第179页。

**15. 这就是民族原则运用于波兰事务的情形**

为了证明它的贪求仅止于此，它在三次瓜分的时候都竭力表示自己只关心白俄罗斯地区和小俄罗斯地区合并于俄罗斯的问题，而把居住着波兰人的地方，甚至把小俄罗斯的一部分（东加里西亚）留给自己的同谋者。可是，现在的情形怎样呢？1793年和1794年被奥地利和普鲁士吞并的大部地区，现在却以波兰王国这个名称而处于俄国的控制之下，并且在波兰人中间逐渐唤起一种希望：好像只要他们服从俄国的最高权威，放弃对昔日立陶宛地区的一切要求，他们就可以期望把所有其余的波兰地区统一起来，在以俄国沙皇为国王的条件下恢复波兰。如果在目前情况下普鲁士和

---

① 1385年的波兰立陶宛合并，规定立陶宛大公国合并于波兰，这为波兰与立陶宛的统一奠定了基础。——《马克思恩格斯全集》（中文第1版）第16卷，人民出版社1964年版，注释148。

奥地利对打起来，那末非常可能是这样一场战争：归根到底将不是使什列斯维希—霍尔施坦归并于普鲁士或威尼斯归并于意大利，而是把奥地利所占领的波兰部分，和至少是把普鲁士所占领的波兰部分归并于俄国。

这就是民族原则运用于波兰事务的情形。

    摘自弗·恩格斯：《工人阶级同波兰有什么关系？》（1866年1月底—4月6日）（三），《马克思恩格斯全集》（中文第1版）第16卷，人民出版社1964年版，第182—183页。

**16. 路易—拿破仑现在成了欧洲资产阶级的偶像**

  路易—拿破仑现在成了欧洲资产阶级的偶像。这不仅是因为他在1851年12月2日"拯救了社会"，当时，他虽然借此消灭了资产阶级的政治统治，但只是为了拯救它的社会统治。不仅是因为他表明了，普选制在有利的情况下可以变成压迫群众的工具；不仅是因为在他的统治下工业、商业、特别是投机事业和交易所欺骗勾当盛况空前。而首先是因为，资产阶级认为他是同它骨肉相连的第一个"大政治家"。他像任何真正的资产者一样，也是暴发户。他曾"历尽千辛万苦"：在意大利是烧炭党人的密谋家，在瑞士是炮兵军官，在英国是负债累累的贵族流浪汉和特别警察①，可是，无论在何时何地，他都是王位追求者，——就是这样一个人以自己的冒险经历，以自己在一切国家里的道德败坏行为，使自己成了法国人的皇帝，并成为欧洲命运的主宰，就像典型的资产者——美国人通过一系列真正的和欺骗性的破产使自己成为百万富翁一样。他做了皇帝之后，不仅使政治为资本家发财致富和交易所欺骗勾当服务，而且完全按照证券交易所的规则来推行政治本身，用"民族原则"②来进行投机。

---

  ① 1848年4月10日，住在英国的路易·波拿巴参加了破坏宪章派示威游行的活动，他加入了特别警察部队即所谓特别警察的行列。——《马克思恩格斯全集》（中文第1版）第21卷，人民出版社1965年版，注释473。

  ② "民族原则"是第二帝国的当权派提出的，他们普遍地利用它来从思想上掩盖侵略计划和对外政策上的冒险。拿破仑第三冒充是"民族的保卫者"，利用被压迫民族的民族利益进行投机，以便巩固法国的霸权并扩大其疆域。"民族原则"与承认民族自决权毫无共同之处，其目的是挑起民族不和，把民族运动特别是小民族的运动变成互相竞争的大国的反革命政策的工具。对波拿巴的"民族原则"的揭露，见卡·马克思的抨击性著作《福格特先生》（《马克思恩格斯全集》中文版第14卷第526—527页）和弗·恩格斯的著作《工人阶级同波兰有什么关系？》（《马克思恩格斯全集》中文版第16卷第170—183页）。——《马克思恩格斯全集》（中文第1版）第21卷，人民出版社1965年版，注释474。

摘自弗·恩格斯：《暴力在历史中的作用①》（1887年12月底—1888年3月），《马克思恩格斯全集》（中文第1版）第21卷，人民出版社1965年版，第471页。

## 17."让说西班牙语的地方归西班牙人，让说德语的地方归德国人，而让说法语的地方归我"

亚尔萨斯是在三十年战争中被法国基本上占领的。黎塞留这样做是背

---

① 本著作是恩格斯打算写但没有完成的题为《暴力在历史中的作用》这一小册子的一部分。原先，即在1886年底，恩格斯准备修改并单独出版《反杜林论》第二编中的三章，这三章所用的统一的标题是"暴力论"，目的是批评杜林的暴力论，并与此相对地阐明关于经济和政治的相互关系的唯物主义观点；恩格斯还计划把该著作第一编中有关道德和法的两章——"永恒的整理"和"平等"（见《马克思恩格斯全集》俄文第2版第20卷）加以修改同上述三章编在一起。恩格斯本来打算把这本书叫做"论世界历史中的法和暴力"。后来，恩格斯改变了自己的计划，决定只出版一个小册子，内容包括上述三章和新加的第四章，这一章把前三章中所说的基本原理具体运用于1848年到1888年的德国历史，从批判"俾斯麦的全部政策"的观点来分析这段历史。小册子的书名先定为《暴力在历史中的作用》。第四章的写作工作，恩格斯大约是在1887年底开始的，一直继续到1888年的最初几个月。可是，他因忙于其他工作，在1888年3月中断了这一工作，看来，他后来就没有再进行下去。恩格斯逝世以后，在他的文稿里，在一个标有"暴力论"字样的专门封套中，发现了《反杜林论》的上述三章、计划写的小册子的未完成的第四章手稿和该小册子的前言的草稿、第四章的全部提纲、这一章的没有写完的结尾部分的提纲，以及从十九世纪七十至八十年代德国历史、特别是从康·布勒的"现代史。1815—1885"1888年柏林第2版第1—4卷（C. Bulle. 《Geschichte der neuesten Zeit. 1815—1885》. 2. Aufl., Bd. I—IV, Berlin, 1888）中所作的年表摘要。

未完成的一章的手稿、前言的草稿和一些准备材料，第一次由爱·伯恩施坦发表在1895—1896年《新时代》杂志第22—26期上，标题为"新德意志帝国建立时期的暴力和经济"。伯恩施坦为手稿付印所做的准备工作，是右翼社会民主党人肆无忌惮地对待恩格斯遗稿的一个例子：伯恩施坦竟不是复制手稿，而是擅自把手稿分成若干篇，给每一篇都按上一个他自己臆想出来的小标题，编上注释号码，并在恩格斯的原文中添进自己的话。可能是由于伯恩施坦采取令人不能容忍的草率态度，有一部分手稿（见俄文版第21卷第506—513页）已经遗失。1896年，手稿译成法文发表在"社会发展"（《Devenir Scial》）杂志第6—9期上，一起发表的还有《反杜林论》的上述三章。1899年，恩格斯的著作以意大利文在罗马出版单行本，它是完全从发表在《新时代》上的德文转译的。这一著作的不完全的俄译文，于1898年发表在彼得堡的"科学评论"（Научное обозрение）杂志第5期上。第一个同样不完全的俄文单行本，于1905年在基辅出版。在1923年于莫斯科出版的、题为"德意志帝国形成时期的暴力和经济"的版本中，除了第四章的手稿以外，还第一次用俄文发表了曾刊载在《新时代》上的为小册子而准备的材料。

在《马克思恩格斯全集》第一版（1937年版第16卷第1部）中，恩格斯这一著作第一次不是按照《新时代》上所发表的样子，而是按照手稿本身刊载，并从原文中消除了由伯恩施坦所加的一切东西（如分篇，加小标题等等）。并且使标题也按恩格斯的想法作了更改。为写该著作而作的准备材料和摘要，第一次用俄文全文发表在"马克思恩格斯文库"1948年俄文版第10卷上。

在本版中，除了《暴力在历史中的作用》这一小册子的第四章手稿以外，还发表了为小册子写的前言的草稿、第四章整章的提纲和这一章的结尾部分的提纲，该提纲揭示了该著作中还没有完成的那一篇的内容。——《马克思恩格斯全集》（中文第1版）第21卷，人民出版社1965年版，注释459。

弃了亨利四世的下述坚定原则的：

> "让说西班牙语的地方归西班牙人，让说德语的地方归德国人，而让说法语的地方归我。"

黎塞留所根据的，是莱茵的自然疆界、古高卢的历史疆界这一原则。这是一件蠢事；但是，囊括了洛林、比利时的法语区、甚至法兰斯孔太的德意志帝国，却无权指责法国兼并说德语的地方。如果说，路易十四1681年在和平时期曾经借助于斯特拉斯堡的一个亲法政党而占领了该市①，那末，普鲁士没有必要对此表示愤懑，它在1796年也曾经对帝国自由市纽伦堡同样施加暴力（虽然未能成功），而且根本没有一个普鲁士政党要它这样做。②

摘自弗·恩格斯：《暴力在历史中的作用》（1887年12月底—1888年3月），《马克思恩格斯全集》（中文第1版）第21卷，人民出版社1965年版，第506页。

---

① 根据结束了全欧三十年战争（1618—1648）的威斯特伐里亚和约的规定，虽然亚尔萨斯成了法国的一个组成部分，但斯特拉斯堡仍然留在德意志帝国版图内。按照路易十四于1681年9月30日发布的敕令，法国军队占领了属于亚尔萨斯的斯特拉斯堡市。以菲尔施坦堡主教为首的斯特拉斯堡天主教派欢迎归并于法国，并促使对法国人采取不反抗行动。——《马克思恩格斯全集》（中文第1版）第21卷，人民出版社1965年版，注释528。

② 人们指责路易十四，说他曾在最和平的时期骗使他的"归并议会"（见注529）觊觎不属于他的德国地区。因此，即使出于最恶毒的嫉妒也不能对普鲁士人说什么了。情况恰好相反。普鲁士人在1795年直接破坏帝国宪法而同法国单独媾和（见注530），并且把分界线后头各个同样背信弃义的小邻邦团结在自己周围，结成了第一个北德意志联邦，在此之后，他们就利用了同奥地利结盟的不得不单独继续作战的德国南部帝国官员的窘境，企图在法兰克尼亚实行兼并。他们在安斯巴赫和拜罗伊特（它们当时属于普鲁士）按照路易的样子建立了"归并议会"，对一系列邻邦提出了领土要求，相形之下，倒使路易的法律论据成了十分显然令人信服的。后来，当德国人被击退，而法国人进入法兰克尼亚的时候，以拯救者自命的普鲁士人就占领了纽伦堡周围地区，包括直到城墙的市郊在内，并且诱使心惊胆战的纽伦堡庸人签订了一项条约（1796年9月2日），在不许犹太人进入城内的条件下规定该市归普鲁士统治。但是，卡尔大公紧接着又转入进攻，于1796年9月3日和4日在维尔茨堡打败了法国人，于是普鲁士硬要纽伦堡人接受自己的德意志使命这样一种企图也就烟消云散了。

注529："归并议会"是路易十四在1679—1680年建立的，其任务是从法律上和历史上来论证法国对邻国某些领土要求的合理性，此后即由法国军队进占这些领土。

注530：1795年巴塞尔和约是普鲁士在4月5日单独同法兰西共和国签订的，因而普鲁士就在第一次反法同盟中出卖了自己的盟国。

## 三 领土获得及疆域管理的"属人原则"

**1. 在全波兰，德国人和犹太人是从事工商业的市民的主要核心；他们是那些主要由于宗教迫害而离乡背井的移民的后裔**

至于"德国人"住的城市希望合并的问题是这样的：在全波兰，德国人和犹太人是从事工商业的市民的主要核心；他们是那些主要由于宗教迫害而离乡背井的移民的后裔。他们在波兰土地上建立了城市，并且在数百年间和波兰国家同命运共呼吸。这些德国人和犹太人（居民中的极小部分）却企图利用这个国家目前的状况来争夺统治权。他们借口自己是德国人，然而他们和美洲的德国人一样，很少象德国人。把他们并入德国，也就等于抑制波兹南占半数以上的波兰居民的语言和民族性，而且受抑制的正好是该省民族起义声势浩大的部分即布克、扎姆特尔、波兹南、奥博尔尼克等州的波兰居民的语言和民族性。

摘自弗·恩格斯：《对波兰的重新瓜分①》（1848年6月8日），《马克思恩格斯全集》（中文第1版）第5卷，人民出版社1958年版，第63页。

**2. 居住在波兹南的波兰人大大超过80万人，而德国人（不包括犹太人、官吏和士兵）只有25万人**

接着谈到了居民成分问题。施滕策尔先生计算了一下：1843年在大公国居住的有79万波兰人、42万德国人和将近8万犹太人，总共约130万人。

施滕策尔先生的说法是和波兰人的说法，特别是和普什鲁斯基大主教的说法相矛盾的，照普什鲁斯基的说法，居住在波兹南的波兰人大大超过80万人，而德国人（不包括犹太人、官吏和士兵）只有25万人。

不过我们还是根据施滕策尔先生的说法吧。要达到我们的目的，这已经足够了。为了避免今后的一切争论，我们就假定在波兹南有42万德国人。那末，这些包括犹太人在内已达50万的德国人究竟是些什么样的人呢？

---

① 在该号《新莱茵报》的内容提要中本文标题为《对波兰的重新瓜分》，而正文的标题则是《对波兰的第七次瓜分》。——《马克思恩格斯全集》（中文第1版）第5卷，人民出版社1958年版，注释37。

摘自弗·恩格斯：《法兰克福关于波兰问题的辩论》（1848年8月7日—9月6日）（一），《马克思恩格斯全集》（中文第1版）第5卷，人民出版社1958年版，第372—373页。

**3. 在其他斯拉夫国家……斯拉夫人由于德国人的侵略战争而大大减少，德国人则由于侵略而增加了**

德国人的这种移民，特别是向斯拉夫各国的移民，从12世纪和13世纪以来几乎一直没有间断过。此外，自从宗教改革以来，由于对宗教教派的迫害，时常有大批德国人被迫逃亡波兰，他们在那里受到热烈欢迎。在其他斯拉夫国家，在波希米亚①、莫拉维亚等等国家，斯拉夫人由于德国人的侵略战争而大大减少，德国人则由于侵略而增加了。

正是在波兰这种情况特别明显。几百年前就在这里定居下来的德国小市民，在政治上早已很少倾向于德国，正象在美国的德国人一样，或者象柏林的"法国移民"或蒙特维的亚的15000个法国人在政治上很少倾向于法国一样。这在17世纪和18世纪的地方分权时代是可能的，他们成了波兰人，成了操德语的波兰人，而且早已和祖国毫无联系。

摘自弗·恩格斯：《法兰克福关于波兰问题的辩论》（1848年8月7日—9月6日）（一），《马克思恩格斯全集》（中文第1版）第5卷，人民出版社1958年版，第373—374页。

**4. 弗里德里希二世向这个地区移来了许多德国人，于是出现了因波兹南问题而闻名的所谓"涅茨同胞"**

简单地说，涅茨区已成为普鲁士的地区，从而已不再成为"争执的对象"。弗里德里希二世向这个地区移来了许多德国人，于是出现了因波兹南问题而闻名的所谓"涅茨同胞"。以国家为出发点的德国化是从1773年开始的。

"根据一切值得相信的材料来看，大公国里的犹太人全是德国人，而且都愿意成为德国人……波兰过去在宗教上采取容忍态度，以及犹太人具有某些为波兰人所缺少的特性，这就使得犹太人能够在几世纪以来扩大活动范围，深入到波兰的生活（即波兰人的腰包）② 中去。

---

① 即捷克。——编者注
② 括弧里的话是恩格斯的。——译者注

他们一般都通晓两种语言，即使在家里他们和他们的孩子也从小就讲德语。"

摘自弗·恩格斯：《法兰克福关于波兰问题的辩论》（1848年8月7日—9月6日）（一），《马克思恩格斯全集》（中文第1版）第5卷，人民出版社1958年版，第376页。

**5. 波兰的犹太人最近在德国所博得的出乎意料的同情和承认，在这里被正式表达出来了**

波兰的犹太人最近在德国所博得的出乎意料的同情和承认，在这里被正式表达出来了。凡是莱比锡市场的势力（投机、吝啬和腐败的最充分的体现）所及的地方，那里被侮辱的人突然成了德国同胞；正直的米歇尔含着喜悦的眼泪紧紧地拥抱他们，而施滕策尔先生则代表德意志民族妄想把他们看做今后愿意成为德国人的德国人。

为什么波兰的犹太人不能成为真正的德国人呢？难道他们"和他们的孩子在家里"不是"从小"就讲德语的吗？还要讲什么样的德语呵！

但是，我们要请施滕策尔先生注意，他可以用这样的方法取得整个欧洲和半个美洲，甚至一部分亚洲。大家都知道，德语是全世界犹太人的语言。在纽约和君士坦丁堡，在彼得堡和巴黎，"犹太人和他们的孩子在家里从小就讲德语"，其中一部分人讲的德语要比"涅茨同胞"的"同种族的"同盟者——波兹南犹太人所讲的更为正确。

摘自弗·恩格斯：《法兰克福关于波兰问题的辩论》（1848年8月7日—9月6日）（一），《马克思恩格斯全集》（中文第1版）第5卷，人民出版社1958年版，第376—377页。

**6. 这篇报告接着描述了民族之间的相互关系，它说得尽量含糊，尽量有利于由波兰的德国人、"涅茨同胞"和犹太人所组成的假想的50万德国人**

这篇报告接着描述了民族之间的相互关系，它说得尽量含糊，尽量有利于由波兰的德国人、"涅茨同胞"和犹太人所组成的假想的50万德国人。德国农民的地产，按面积来说要比波兰农民的地产大（我们将看到这是怎么产生的）。自从波兰第一次被瓜分以来，波兰人和德国人（特别是和普鲁士人）之间的仇恨似乎已达到了顶点。

摘自弗·恩格斯：《法兰克福关于波兰问题的辩论》（1848年8月7日—9月6日）（一），《马克思恩格斯全集》（中文第1版）第5卷，人民出版社1958年版，第377页。

### 7. 普鲁士农民和普鲁士贵族定居于波兹南各地，在政府的支持下抱着明显的目的，他们不仅要使波兹南德国化，而且要使波兹南波美拉尼亚化

这样就产生了德国人向波兰的第三次移民：普鲁士农民和普鲁士贵族定居于波兹南各地，在政府的支持下抱着明显的目的，他们不仅要使波兹南德国化，而且要使波兹南波美拉尼亚化。如果说波兰的德国小市民还可以有所辩解，说他们在某种程度上促进了贸易的发展，如果说"涅茨同胞"还可以夸耀，说他们开垦了若干沼泽地带，那末，近来普鲁士人的入侵是没有任何遁词的。他们甚至没有始终一贯地实行土地分割，因为普鲁士贵族紧跟着普鲁士农民来到了。

摘自弗·恩格斯：《法兰克福关于波兰问题的辩论》（1848年8月7日—9月6日）（一），《马克思恩格斯全集》（中文第1版）第5卷，人民出版社1958年版，第380页。

### 8. 对波兰的叛卖是反革命的第一次断然措施，当时表现得最反动的正是"涅茨同胞"先生

走上讲台的是从克罗托申来的果登，他是波兰的真正的德国人。在他之后发言的是从伊诺弗罗茨拉夫来的曾弗，这是"涅茨同胞"的极好的典型，他不会干任何欺骗勾当，他在报名发言时说要反对委员会的提案，而在发言时却赞成这个提案。由于这种欺骗方式，有一个要发言反对提案的人没有轮到发言。

"涅茨同胞"在国民议会中发言的手法是世界上最可笑的喜剧，它再一次表明真正的普鲁士人能够干些什么。大家知道，波兹南那些自私自利的犹太普鲁士小人是同官僚，同普鲁士王国军官，同勃兰登堡和波美拉尼亚的容克地主，总而言之，同旧普鲁士的一切反动势力最紧密地团结起来，肩并肩地反对波兰人的。对波兰的叛卖是反革命的第一次断然措施，当时表现得最反动的正是"涅茨同胞"先生。

摘自弗·恩格斯：《法兰克福关于波兰问题的辩论》（1848年8月7日—9月6日）（四），《马克思恩格斯全集》（中文第1版）第5卷，人民出版社1958年版，第395—396页。

**9. 在法兰克福发言，强词夺理地把他们对波兰民主派的反革命的叛卖行为说成是革命，是为了有主权的"涅茨同胞"而进行的实际的真正的革命**

现在请看一看热爱普鲁士、以"天佑吾王，天佑吾国！"为口号的学校教师和官吏；请欣赏一下他们如何在这里，在法兰克福发言，强词夺理地把他们对波兰民主派的反革命的叛卖行为说成是革命，是为了有主权的"涅茨同胞"而进行的实际的真正的革命；他们如何蹂躏历史权利，并且在似乎已经死亡的波兰面前宣布："只有活人才有权利"！

但普鲁士人就真是这样：在斯普列伊是"上帝的子民"，在华尔特是有主权的人民；在斯普列伊是平民的骚动，在华尔特是革命；在斯普列伊是"没有任何日期的历史权利"①，在华尔特是填写了昨天日期的具体事实的权利，——虽然如此，诚实的普鲁士人的心情是毫不虚伪的，是正直而高尚的！

我们现在来听一听果登先生的话：

"我们不得不再度捍卫那个具有如此重大的意义、对我们祖国孕育着如此重大的后果的事业，即使这个事业本身在我们看来不完全是正义的（！），但是由于必要，我们也应该使它成为正义的（！！）。我们的权利与其说是根源于过去，不如说是根源于现代跳动很快的脉搏（更确切些说，是枪托的殴打）②。"

"波兰的农民和市民，由于归并到别国（普鲁士）③，感到自己是处在前所未有的安全和幸福的状态（特别是从波普战争和瓜分波兰的时候起）"④。

"因瓜分波兰而发生的违反正义的行为，已经由你们（德国的）⑤人民的仁慈（特别是普鲁士官吏的笞杖）⑥，由他们的勤劳（在被掠夺

---

① 见第5卷第416页。——编者注
② 括弧里的话是恩格斯的。——译者注
③ 同上。
④ 同上。
⑤ 同上。
⑥ 同上。

和被分赠的波兰的土地上）①，并在今年4月间由他们的鲜血全补偿了！"

从克罗托申来的果登先生的鲜血！

"革命，这就是我们的权利，我们是根据这个权利到这里来的！"

"变成黄色的羊皮纸，现在已经不能作为证明我们加入德国的合法性的文件了；我们不是作为嫁妆或遗产、不是通过购买或交换加入德国的；我们是德国人，我们属于我们的祖国，因此，合理的、合法的、自主的意志鼓励我们这样做；这种意志是由我们的地理环境、我们的语言和习俗、我们的人数（！）、我们的财产，首先是由我们的德国的思想方法和对祖国的热爱决定的。"

"我们的权利是这样无可争辩，它在现代世界观上扎下的根子是这样深，即使不具有德国人的心情，也一定会承认它。"

普鲁士犹太人的"涅茨同胞"所具有的建立在"现代世界观"基础上的、依靠榴霰弹"革命"的、从战地现实生活的"跳动很快的脉搏"中产生的"自主的意志"万岁！领取巨薪的波兹南官吏的德国精神、掠夺教会领地和官方领地的德国精神、弗洛特韦尔 àla〔式的〕货币贷款的德国精神万岁！

摘自弗·恩格斯：《法兰克福关于波兰问题的辩论》（1848年8月7日—9月6日）（四），《马克思恩格斯全集》（中文第1版）第5卷，人民出版社1958年版，第396—397页。

**10. 弗洛特韦尔治下的最后一件善行是学校的改良。……中等学校必须在普鲁士教师的帮助下使贵族青年和未来的天主教牧师普鲁士化，初级学校则是使农民子弟普鲁士化**

谁想知道这方面的详细情形，不妨读一读1841年弗洛特韦尔的备

---

① 括弧里的话是恩格斯的。——译者注

忘录①。在1830年以前，政府什么也没有做。在整个大公国里，弗洛特韦尔只发现4英里的公路！可是要不要列举一下弗洛特韦尔本人的善行呢？弗洛特韦尔先生这个狡猾的官僚，竭力用修筑公路、开辟运河、疏浚沼泽积水等等办法来收买波兰人，不过他不是用普鲁士政府的金钱，而是用波兰人自己的金钱来收买他们。这些改良主要是用私人的资金或各州的经费来进行的，如果说政府也曾为某些地方拨过一些补助金，那也不过是它以征税办法从省里搜刮来的或者以收入形式从波兰官方领地和教会领地取得的那个总额中微不足道的一部分。其次，波兰人应当感谢弗洛特韦尔先生，这不仅是因为继续停止（从1826年起）各州州长的选举，而且特别是因为政府用收购被拍卖的领地并将其仅仅转卖给可信赖的德国人（1833年的圣旨）的办法，来逐渐剥夺波兰地主的土地。弗洛特韦尔治下的最后一件善行是学校的改良。但这又是一种普鲁士化的措施。中等学校必须在普鲁士教师的帮助下使贵族青年和未来的天主教牧师普鲁士化，初级学校则是使农民子弟普鲁士化。关于学校的实质，勃罗姆堡区督察员瓦拉赫先生不知怎么在坦率直言时泄露出来了；有一次他写信给总督博伊尔曼先生说，波兰语是在农村居民中普及教育和推广福利事业的主要障碍！既然教师不懂波兰语，事情当然是这样。但是这些学校的经费是由谁负担的呢？仍然由波兰人自己负担，因为第一，多数最重要的但不是专门为普鲁士化这一目的服务的专科学校，是靠私人出钱或靠各省等级会议的经费创办和维持的；第二，即使是为了普鲁士化而创办的学校，也是靠1833年3月31日收归国有的寺院的收入来维持的，国库拨发的经费，在10年内每年只有21000塔勒。

摘自弗·恩格斯：《法兰克福关于波兰问题的辩论》（1848年8月7日—9月6日）（四），《马克思恩格斯全集》（中文第1版）第5卷，人民出版社1958年版，第398—399页。

**11. 根据这些资料，只有完全不懂德语的人，才算是波兰人，多少能说几句德语的人则一律算作德国人**

在亚尼舍夫斯基之后发言的是从波兹南来的凯尔斯特校长先生。在

--------

① "弗洛特韦尔总督先生关于1830年12月至1841年年初治理波兹南大公国的备忘录"斯特拉斯堡版（《Denkschrift des Oberpr?sidenten Herrn Flottwell, über die Verwaltung des Gros-Herzogthum Posen, vom Dezember 1830 bis zum Beginn des Jahres 1841》, Strasburg）。——《马克思恩格斯全集》（中文第1版）第5卷，人民出版社1958年版，注释202。

为本民族的生存、为本民族的社会和政治自由而斗争的波兰人之后,是为自己的薪金而斗争的、迁居波兹南的普鲁士教师。在被压迫者的激昂慷慨的高贵的演说之后,是靠压迫来过幸福生活的官僚的卑鄙无耻的发言。

瓜分波兰,"现在叫做耻辱",在当时却是"极普遍的现象"。

"按民族来独树一帜的民族权利,完全是一种新的、任何地方都没有承认过的权利。""在政治上,只有实际的占有才能起决定作用。"

这就是凯尔斯特的论证所根据的那些意味深长的格言中的几个例子。再说下去就矛盾百出了。

他说:"有些地带随着波兹南归并德国,毫无疑问,这些地带大部分是波兰的;"过了一会又说:"至于波兹南的波兰部分,它并没有要求合并到德国去,据我想来,诸位先生,你们不要违背它的意志,把这一部分合并过去!"

在发表了这些议论之后,他引用了关于居民成分的统计资料,这些资料是靠"涅茨同胞"所使用的有名的计算方法获得的。根据这些资料,只有完全不懂德语的人,才算是波兰人,多少能说几句德语的人则一律算作德国人。末了,他使用了一个极端巧妙的计算方法,由此得出结论说,波兹南省议会表决时,赞成合并到德国去的17票对26票的少数,其实是多数。

"根据省的法规,毫无疑义,必须有2/3的多数,才有权做出决定。当然,17票还不到26票的2/3,但是不够的部分是很小很小的,在决定如此重要的问题时是不必加以重视的!!"

这样一来,少数既然成了多数的2/3,"根据省的法规",它就是多数了!旧普鲁士国家制度,无疑会因凯尔斯特先生的这种发明而给他加冕。实际上,问题是这样的:必须有2/3的票数,才能提出建议。加入德意志联邦也就是这样的建议。因此，这个建议只有得到议会的 2/3，即 43 票的 2/3 的票数的赞成，才是合法的。可是，几乎有 2/3 的票数表示反对。这说明了什么呢？原来，17 是"43 的 2/3 弱"！

如果说波兰人不象"理智的国家"的公民那样，他们不是"有教养的民族"，那末，这是理所当然的，因为理智的国家给他们派去当教师的是这样的算术专家。

摘自弗·恩格斯：《法兰克福关于波兰问题的辩论》（1848 年 8 月 7 日—9 月 6 日）（六），《马克思恩格斯全集》（中文第 1 版）第 5 卷，人民出版社 1958 年版，第 412—413 页。

## 12. 德国人在这里强迫他们德意志化，而各斯拉夫地区的德意志化过程则和平得多，是通过移民和比较发达的民族影响比较不发达的民族来实现的

在南方，当德国人发现各斯拉夫部族的时候，它们都已经零零散散。这是那些曾经占据过后来为马扎尔人所占领的地区的非斯拉夫族的阿瓦尔人所干的事情。德国人强迫这些斯拉夫人纳贡，并同他们进行了多次的战争。德国人也同阿瓦尔人和马扎尔人进行了这样的战争，结果从他们手中夺取了由恩斯河至莱达河的整个地区。德国人在这里强迫他们德意志化，而各斯拉夫地区的德意志化过程则和平得多，是通过移民和比较发达的民族影响比较不发达的民族来实现的。德国的工业、德国的贸易和德国的文化自然也把德国的语言带到了这些地区。至于说到"压迫"，那末斯拉夫人所受到的德国人的压迫，并不比德国人民大众所受的压迫更重。

摘自弗·恩格斯：《民主的泛斯拉夫主义①》（1849 年 2 月 14—15 日）（一），《马克思恩格斯全集》（中文第 1 版）第 6 卷，人民出版社 1961 年版，第 332 页。

## 13. 萨瓦像瑞士西部各州一样，是法兰西民族占有完全的和决定性的优势的一个省份

尽管尚贝里省长明确地宣称，撒丁国王从来无意把萨瓦让给法国，而英国外交大臣却于本月 2 日在下院断然声明，去年夏天瓦列夫斯基伯爵以

---

① 关于恩格斯在本文中发挥的关于奥地利帝国境内各斯拉夫民族的命运的观点，参看《马克思恩格斯全集》第六卷说明第 XIX—XXI 页。——《马克思恩格斯全集》（中文第 1 版）第 6 卷，人民出版社 1961 年版，注释 207。

法国皇帝的名义拒绝了这个方案。然而，约翰·罗素勋爵的声明谈的是几个月以前的情况，那时被否定了的事，可能现在已经接近于实现了。当然，要使人相信在萨瓦居民中最近发展起来的拥护并入法国的运动纯粹是由当地人发起，是困难的，甚至是不可能的。这个运动大概是由法国代理人煽动起来的，而维克多—艾曼努埃尔国王的政府则批准了这个运动，或者至少对它采取了容忍的态度。

萨瓦像瑞士西部各州一样，是法兰西民族占有完全的和决定性的优势的一个省份。人民都操南法兰西方言（普罗旺斯方言或利穆赞方言），书面的和正式的语言到处都是法语。可是这丝毫也不能证明萨瓦人愿意并入法国，特别是并入波拿巴的法国。据一位于1859年1月为了军事目的曾经在这个地区旅行的德国军官的见闻录记述，除了尚贝里和下萨瓦的其他几个城市以外，亲法派无论在哪里都毫无影响，同时上萨瓦、莫列讷和塔朗泰斯认为最好是保持现状，沙布莱、福西尼和热内瓦这3个北部地区则认为最好加入瑞士联邦，组成它的一个新的州。但是，既然萨瓦居民完全是法兰西人，它无疑会日益倾向于法兰西民族的基本中心，并且最后会并入这个中心，这不过是一个时间问题罢了。

摘自弗·恩格斯：《萨瓦与尼斯①》（1860年1月29日—2月3日之间），<br>《马克思恩格斯全集》（中文第2版）第19卷，人民出版社2006年版，第<br>64—65页。

### 14. 以这种方言为依据要求尼斯并入法国是不可能的

尼斯的情况却不同，伯爵领地尼斯的人民也操普罗旺斯方言，但是这里的书面语、教育、民族精神都是意大利的。北意大利方言和南法兰西方言非常接近，几乎无法说明某种方言止于何地，某种方言起于何地。甚至皮埃蒙特和伦巴第的方言按其词尾变化来说也完全是普罗旺斯语，而具有拉丁语词根的词的构成法实质上与意大利语相同。以这种方言为依据要求

---

① 拿破仑第三声明法国要求占有萨瓦和尼斯。为了揭露这种要求，马克思1860年1月28日写信给恩格斯，请他"写一写（不用很长）萨瓦（和尼斯）对于法国的军事意义。可参照今天《泰晤士报》诺曼比在上院的发言"。恩格斯于1860年1月29日—2月3日之间写了本文。文章作为邮件随阿拉伯轮船于1860年2月4日从利物浦寄出。于18日抵达纽约，首次发表在1860年2月21日《纽约每日论坛报》第5874号上。

马克思的请求也促使恩格斯写作《萨瓦、尼斯与莱茵》（见本卷第435—484页）一文。——《马克思恩格斯全集》（中文第2版）第19卷，人民出版社2006年版，注释89。

尼斯并入法国是不可能的。因此，现在只是根据设想中的尼斯对法国的同情要求它并入法国，然而是否存在这种同情，那还大成问题。即使有这种同情，即使有特殊的方言，尼斯也完全是意大利的一个省份。最令人信服的证明，就是尼斯养育了杰出的意大利军人朱泽培·加里波第。而那种认为加里波第会成为法国人的看法简直是笑话。

摘自弗·恩格斯：《萨瓦与尼斯①》（1860年1月29日—2月3日之间），《马克思恩格斯全集》（中文第2版）第19卷，人民出版社2006年版，第65页。

---

① 拿破仑第三声明法国要求占有萨瓦和尼斯。为了揭露这种要求，马克思1860年1月28日写信给恩格斯，请他"写一写（不用很长）萨瓦（和尼斯）对于法国的军事意义。可参照今天《泰晤士报》诺曼比在上院的发言"。恩格斯于1860年1月29日—2月3日之间写了本文。文章作为邮件随阿拉伯轮船于1860年2月4日从利物浦寄出。于18日抵达纽约，首次发表在1860年2月21日《纽约每日论坛报》第5874号上。

马克思的请求也促使恩格斯写作《萨瓦、尼斯与莱茵》（见本卷第435—484页）一文。——《马克思恩格斯全集》（中文第2版）第19卷，人民出版社，2006年版注释89。

## 四 民族构成及特性与国家或政治独立、民族自治

**1. 这一权利确实是所有民族内部自由的基本条件之一**

关于欧洲每一个大的民族构成体在一切内部事务上有权支配自己的命运而不管它的邻邦这一点，当然不会有两种意见，因为这并不妨害他人的自由。这一权利确实是所有民族内部自由的基本条件之一。例如，当德国还在帮助奥地利直接地、或者通过自己的附庸去奴役意大利的时候，它能不能达到自由和统一呢？要知道奥地利王朝的彻底摧毁是德国统一的最首要的条件！

摘自弗·恩格斯：《工人阶级同波兰有什么关系？》（1866年1月底—4月6日）（二），《马克思恩格斯全集》（中文第1版）第16卷，人民出版社1964年版，第174—175页。

**2. 在整个欧洲，没有一个大国境内不包括有一部分其他民族**

在整个欧洲，没有一个大国境内不包括有一部分其他民族。法国有佛来米族的、德意志族的、意大利族的地区。英国是唯一真正具有自然疆界的国家，可是它走出这个疆界向四面八方扩张，在各国进行征服；在以真正的奥地利式的手段镇压了规模宏大的印度起义后，现在它又和自己的保护地之一——伊奥尼亚群岛进行斗争①。德国有半斯拉夫族的地区，有居住着斯拉夫族、马扎尔族、瓦拉几亚族和意大利族的附属地。而彼得堡白帝又统治着多少种操其他语言的民族啊！

摘自弗·恩格斯：《波河与莱茵河》（1859年2月底—3月初）（四），《马克思恩格斯全集》（中文第1版）第13卷，人民出版社1962年版，第298页。

---

① 1858年底到1859年初，在1815年确立了英国保护权的伊奥尼亚群岛上当地居民的民族解放运动加强了，他们要求取消不列颠高级专员对该岛的专制统治，并与希腊合并。从1815年以来一直延续不断的斗争在1864年以伊奥尼亚群岛转归希腊而告终。

1857—1859年印度发生了反对英国统治的大规模的人民起义。这次起义是1857年春在孟加拉军队中由当地居民组成的所谓西帕依部队发动的，起义席卷了印度北部和中部极其广大的地区。起义的主要动力是农民和城市贫苦的手工业者。当地封建主所领导的这次起义，由于印度的封建割据状态，宗教和种姓上的分歧以及殖民者在军事技术上占着优势，结果遭到了失败。——《马克思恩格斯全集》（中文第1版）第13卷，人民出版社1962年版，注释144。

**3. 但是，尽管语言上有共同性、种族上血统亲近，并且还有阿尔卑斯山脉，萨瓦居民似乎并没有半点愿望想要人家用伟大的法兰西祖国的各种帝制设施去为他们造福**

但是，尽管语言上有共同性、种族上血统亲近，并且还有阿尔卑斯山脉，萨瓦居民似乎并没有半点愿望想要人家用伟大的法兰西祖国的各种帝制设施去为他们造福。他们有一种传统的意识：不是意大利征服了萨瓦，而是萨瓦征服了皮埃蒙特。当时，全省强悍的山民以面积不大的下萨瓦为中心，联合起来组成了一个国家，后来又下山进入意大利平原，采用各种军事和政治措施，依次兼并了皮埃蒙特、蒙费拉、尼斯、洛梅利纳、撒丁和热那亚。这个王朝建都于都灵，成为意大利王朝，但是萨瓦仍然是这个国家的发源地，并且萨瓦的十字徽号到现在还是由尼斯到里米尼、由松德里奥到锡耶纳的北意大利的国徽。法国在1792—1794年的战争中征服了萨瓦，在1814年以前，该地被称为蒙勃朗省。但是在1814年，它根本不想再留在法国了：当时惟一的问题是：并入瑞士呢，还是与皮埃蒙特恢复旧关系。虽然如此，这个省仍然是法国的，一直到"百日"①终了时为止，它被归还给皮埃蒙特。当然，随着时间的推移，旧的历史传统逐渐减弱了；萨瓦被忽视了，而皮埃蒙特的意大利各省却获得了压倒一切的地位；皮埃蒙特的政策越来越着重于关心南方和东方。更加值得注意的是，恰恰是居民中那个自命为历史传统的主要代表的阶级——旧的、保守的教皇至上派②贵族，仍然抱有最多的分立主义倾向；当旧的寡头政治的贵族制度还在瑞士居于统治地位时，这个阶级一直企图使萨瓦并入瑞士；只是从瑞士普遍施行民主制时起，他们这种企图看来才改变了方向；在路易—拿破仑统治之下，法国已变成极其反动的、教皇至上主义的国家，因此它就成了萨瓦贵族逃避皮埃蒙特的革命政策

---

① 百日是指拿破仑第一恢复帝制的短暂时期，自1815年3月20日他率军从流放地厄尔巴岛重返巴黎时起，到同年6月28日他在滑铁卢失败后第二次退位时为止。——《马克思恩格斯全集》（中文第2版）第19卷，人民出版社2006年版，注释340。

② 教皇至上主义是教皇至上派的理论。教皇至上派是天主教的一个极端反动的派别，它反对各民族教会的独立性，维护罗马教皇干涉一切国家内政的权力。19世纪下半叶教皇至上主义影响的加强，表现在欧洲若干国家建立了天主教堂，表现在梵蒂冈宗教会议于1870年通过了教皇"永无谬误"的信条等等。——《马克思恩格斯全集》（中文第2版）第19卷，人民出版社2006年版，注释249。

的避难所。

> 摘自弗·恩格斯：《萨瓦、尼斯与莱茵》（1860年2月）（二），《马克思恩格斯全集》（中文第2版）第19卷，人民出版社2006年版，第449—450页。

**4. 但是一切改变，如果希望能长期保持，就应当从下列原则出发，这就是应当愈来愈多地使那些大的、有生命力的欧洲民族具有由语言和共同感情来确定的、真正自然的疆界**

谁都不能肯定说，欧洲的地图已最后确定。但是一切改变，如果希望能长期保持，就应当从下列原则出发，这就是应当愈来愈多地使那些大的、有生命力的欧洲民族具有由语言和共同感情来确定的、真正自然的疆界；同时在某些地方还保留着的、但是没有能力再作为独立的民族而存在的那些残余的民族，仍然应当留在比较大的民族里面，或者溶化到他们中间，或者没有任何政治意义地作为人种学的纪念品①。军事观点在这里只能具有次要的意义。

> 摘自弗·恩格斯：《波河与莱茵河》（1859年2月底—3月初）（四），《马克思恩格斯全集》（中文第1版）第13卷，人民出版社1962年版，第298页。

**5. 南方斯拉夫人的情况也是如此。斯洛文尼亚人和克罗地亚人把德国和匈牙利同亚得利亚海隔开，但德国和匈牙利出于"地理上和贸易上的考虑"，是不能让别人把它们同亚得利亚海隔开的**

南方斯拉夫人的情况也是如此。斯洛文尼亚人和克罗地亚人把德国和匈牙利同亚得利亚海隔开，但德国和匈牙利出于"地理上和贸易上的考虑"，是不能让别人把它们同亚得利亚海隔开的。诚然，这种地理上和贸易上的考虑对于巴枯宁的幻想来说并不是一种障碍，然而这种考虑毕竟是存在的，并且对于德国和匈牙利来说，是一个非常重要的问题，就像从但泽

---

① 恩格斯关于一些小民族的历史命运的看法，即他认为这些小民族通常没有能力作为一个独立的民族存在下去，而在集中的进程中不可避免地要被更大的、生命力更强的民族所吞并的意见，是不确切的。恩格斯正确地看到了资本主义社会所固有的集中的趋势，建立大国的趋势，但是没有充分估计到另一种趋势——小民族反对民族压迫、争取独立的斗争的趋势，它们力求建立自己的国家的趋势。历史表明，有许多小民族，而且首先是以前参加了奥地利帝国的那些斯拉夫民族，不仅表现了作为一个独立民族发展的能力，而且成了建立新社会制度——社会主义制度的参加者。——《马克思恩格斯全集》（中文第1版）第13卷，人民出版社1962年版，注释145。

到里加的波罗的海海岸对于波兰一样。在问题关系到各大民族的存在和其一切资源的自由发展的地方，悲天悯人地对某些分散在各个不同地方的德国人或斯拉夫人表示关切，是不会起任何作用的！何况这些南方斯拉夫人到处都同德国人、马扎尔人和意大利人混杂起来了，在这里，随便翻开语言分布图就会看出，计划中的南方斯拉夫国家会变成许多零零碎碎的小块，在最好的情况下，这整个国家也要落入的里雅斯特、阜姆、萨拉的意大利资产者和阿格拉姆、莱巴赫、卡尔施塔特、泽姆林、潘切沃、威斯基尔欣①的德国资产者手中！

摘自弗·恩格斯：《民主的泛斯拉夫主义②》（1849年2月14—15日）（一），《马克思恩格斯全集》（中文第1版）第6卷，人民出版社1961年版，第329—330页。

**6. 德国人和马扎尔人已经像一个大楔子楔入他们中间，直抵喀尔巴阡山的最边缘，差不多已到达黑海，他们用一条宽达六十到八十英里的广阔地带把捷克人、莫拉维亚人和斯洛伐克人同南方斯拉夫人隔开**

不仅如此。如果奥地利的斯拉夫人像波兰人、马扎尔人和意大利人一样，是一个紧密的实体，如果它们能够联合成一个拥有一千二百万到两千万人口的国家，那末他们的要求倒会有一些认真的性质。但事实上情况恰好相反。德国人和马扎尔人已经像一个大楔子楔入他们中间，直抵喀尔巴阡山的最边缘，差不多已到达黑海；他们用一条宽达六十到八十英里的广阔地带把捷克人、莫拉维亚人和斯洛伐克人同南方斯拉夫人隔开。居住在这个地带以北的五百五十万斯拉夫人，同居住在这个地带以南的五百五十万斯拉夫人，被一个由于历史和必然性的缘故而成为同盟者的一千万到一千一百万德国人和马扎尔人的紧密实体分开了。

但是，为什么五百五十万捷克人、莫拉维亚人和斯洛伐克人不能建立一个国家，另外的五百五十万南方斯拉夫人也不能同土耳其的斯拉夫人一起建立另一个国家呢？

---

① 克罗地亚称作：里耶卡、萨达尔、萨格勒布；斯洛文尼亚称作柳布梁纳；克罗地亚称作：卡尔洛瓦茨；塞尔维亚称作：泽蒙、潘切沃、贝拉咯尔克瓦。——编者注

② 关于恩格斯在本文中发挥的关于奥地利帝国境内各斯拉夫民族的命运的观点，参看《马克思恩格斯全集》第六卷说明第XIX—XXI页。——《马克思恩格斯全集》（中文第1版）第6卷，人民出版社1961年版，注释207。

请随便拿一张精确的语言分布图来，看一看捷克人和在语言上与捷克人相近的邻族的分布情形。他们像楔子一样插在德国中间，但两边都受到德国人的压迫和排挤。波希米亚三分之一的居民讲德语；在波希米亚捷克人和德国人的比例是34比17。但是正是捷克人应当成为计划中的斯拉夫国家的核心，因为莫拉维亚人也同德国人混杂得很厉害，而斯洛伐克人则同德国人和马扎尔人混杂在一起，在民族关系上他们已经完全衰落了。如果到头来这个国家仍然受德国城市资产阶级的统治，那这算是什么斯拉夫国家呢?！

摘自弗·恩格斯：《民主的泛斯拉夫主义》（1849年2月14—15日）（一），《马克思恩格斯全集》（中文第1版）第6卷，人民出版社1961年版，第329页。

**7. 那样一来，在西里西亚和奥地利之间，会插入一个独立的波希米亚—莫拉维亚国家；奥地利和施梯里亚同它们通向亚得利亚海和地中海的天然出口的联系就会被"南方斯拉夫共和国"切断；德国的东部就会像被老鼠啃碎了的面包一样，被弄得支离破碎！**

其实，如果能够帮助奥地利的斯拉夫人获得他们的所谓"权利"，德国人和马扎尔人的处境会十分令人惬意！那样一来，在西里西亚和奥地利之间，会插入一个独立的波希米亚—莫拉维亚国家；奥地利和施梯里亚同它们通向亚得利亚海和地中海的天然出口的联系就会被"南方斯拉夫共和国"切断；德国的东部就会像被老鼠啃碎了的面包一样，被弄得支离破碎！这一切就是对德国人的报答，因为德国人曾经努力使顽固的捷克人和斯洛文尼亚人开化起来，在他们那里建立贸易和工业以及多少还过得去的农业和文化！

摘自弗·恩格斯：《民主的泛斯拉夫主义》（1849年2月14—15日）（一），《马克思恩格斯全集》（中文第1版）第6卷，人民出版社1961年版，第330—331页。

**8. 福格特说："俄国是一个坚固的核心，斯拉夫各民族越来越渴望围绕在它的四周"**

然而，福格特对俄国还是不够卖力气。

在奥地利的"非德意志省份"中间，不仅有加利西亚、匈牙利和意大利，更有波希米亚和摩拉维亚，德意志联邦不应为他们"拔剑张弩"去反对法国和"完全站在法国一边"①的俄国。

福格特说:"俄国是一个坚固的核心,斯拉夫各民族越来越渴望围绕在它的四周。"(《研究》第9—10页)

波希米亚和摩拉维亚的居民属于"斯拉夫各民族"。就像莫斯科公国变成了俄国一样,俄国也应当变成泛斯拉夫国。"我们旁边有捷克人,我们就会败于任何敌人。"(《研究》第134页)我们,即德国,应当竭力摆脱捷克人,也就是摆脱波希米亚和摩拉维亚。"对各个君主的非德意志领地不给任何保证。"(《研究》第133页)"联邦内再不要任何非德意志省份"(《研究》第133页),可是要法国有德意志省份!因此,不仅应当"在当前的法兰西帝国没有侵犯德意志联邦的领土"时"对该帝国听之任之"(前言第9页),而且应当在俄国只侵犯"联邦内非德意志省份"时也对俄国"听之任之"。俄国把军队推进到那些构成俄国"阴谋"的牺牲品的奥地利的"斯拉夫人附属地",有助于发展德国的"统一"和"民族性"。当奥地利在意大利忙于应付路易·波拿巴,而普鲁士迫使德意志联邦之剑入鞘的时候,"好心的沙皇"将"用金钱、武器和弹药暗中支持"摩拉维亚和波希米亚的革命(《研究》第13页)。

可是"我们旁边有捷克人,我们就会败于任何敌人!"

"好心的沙皇"是多么宽宏大量,因为他竟使我们摆脱了波希米亚和摩拉维亚及其捷克人,这些捷克人属于"斯拉夫各民族",自然"必须围绕在俄国的四周"。

摘自卡·马克思:《福格特先生》(1860年2—11月)(八),《马克思恩格斯全集》(中文第2版)第19卷,人民出版社2006年版,第219—221页。

**9. 我们且来看一看:我们这位帝国的福格特把波希米亚和摩拉维亚划入俄国以后,是怎样来保卫德国东部边界的**

我们且来看一看:我们这位帝国的福格特把波希米亚和摩拉维亚划

---

① 卡·福格特《欧洲现状研究》(附《跋》)1859年日内瓦—伯尔尼增订第2版。——编者注

入俄国以后,是怎样来保卫德国东部边界的。波希米亚成为俄国的波希来亚!但是,波希米亚位于德国中间,西里西亚使它同俄属波兰隔开,被福格特俄罗斯化了的摩拉维亚使它同被福格特俄罗斯化了的加利西亚和匈牙利隔开。这样一来,俄国就得到了长50德里①、宽25—35德里这样一块德意志联邦的领土。它把它的西部边界向西推进了整整65德里。然而,由于从埃格尔河到阿尔萨斯的劳特堡按直线仅仅是45德里,因此,法国方面的楔子,尤其是俄国方面的楔子,就会把德国北部和南部完全切断,形成德国的被分割状态。从维也纳直达柏林的通道,甚至从慕尼黑直达柏林的通道,这时都得经过俄国。德累斯顿、纽伦堡、雷根斯堡和林茨就会成为我们同俄国毗连的边境城市;我国对斯拉夫所处的地位,在南部至少会变得像在查理大帝以前那样(但在西部,福格特却不允许我们返回到路易十五时代),我们可以从我国的历史中勾销一千年。

波兰所起过作用,波希米亚能够起更好的胜任。只要把布拉格变成一个筑垒阵地,并在莫尔多瓦河和埃格尔河流入易北河的汇流处建筑一些辅助堡垒,在波希米亚的俄军就能够从容地等待一开始就分散地从巴伐利亚、奥地利和勃兰登堡开来的德军,使其中较强的遭遇堡垒的迎击,而把较弱的各个击破。

摘自卡·马克思:《福格特先生》(1860年2—11月)(八),《马克思恩格斯全集》(中文第2版)第19卷,人民出版社2006年版,第221—222页。

**10. 为了压制波兰人的革命精神,梅特涅早就求助过卢西人。……他们自古以来就属于波兰,他们只是从梅特涅那里才知道,波兰人是他们的压迫者**

至于波兰人,我们介绍读者看一看我们所写的法兰克福关于波兰问题的辩论那篇文章②。为了压制波兰人的革命精神,梅特涅早就求助过卢西人;卢西人所不同于波兰人的,是他们的方言稍有差异,而主要的区别是他们信奉正教;他们自古以来就属于波兰,他们只是从梅特涅那里才知道,

---

① 1德里=7420米。——编者注
② 见《法兰克福关于波兰问题的辩论》(《马克思恩格斯全集》中文版第5卷第371—411页)。——《马克思恩格斯全集》(中文第1版)第6卷,人民出版社1961年版,注释158。

波兰人是他们的压迫者。似乎在旧波兰，波兰人本身没有遭受过同卢西人一样的压迫，似乎在奥地利统治下，梅特涅不是他们共同的压迫者！

波兰人和卢西人的情况就是这样。由于自己的历史情况和地理位置，他们同奥地利本土是截然分开的。因此，为了更好地分析其他各民族的混乱情况，我们在叙述中只好把他们撇在一边。

可是，我们还要指出一点，波兰人表现了高度的政治认识和真正的革命精神，因为他们现在同自己以前的敌人——德国人和马扎尔人结成同盟来共同反对泛斯拉夫主义的反革命。一个斯拉夫民族能把自由看得比斯拉夫的民族特征更珍贵，仅仅这一点就足以证明它的生命力，从而保证它是有前途的。

摘自弗·恩格斯：《匈牙利的斗争①》（1849年1月8日左右），《马克思恩格斯全集》（中文第1版）第6卷，人民出版社1961年版，第197—198页。

**11. 在欧洲，任何一个国家都能在某个角落找到一个或几个残存的民族，即被那个后来成了历史发展的代表者的民族所排挤和征服了的以前的居民的残余。……其实它们的存在本身就已经是对伟大历史革命的抗议**

在欧洲，任何一个国家都能在某个角落找到一个或几个残存的民族，即被那个后来成了历史发展的代表者的民族所排挤和征服了的以前的居民的残余。这些按黑格尔的说法是被历史进程无情地蹂躏了的民族的残余，这些残存的民族，每次都成为反革命的狂热的代表者，并且以后还会是这样，直到它们被完全消灭或者完全丧失其民族特性为止；其实它们的存在本身就已经是对伟大历史革命的抗议。

在苏格兰，盖尔人就是这样，他们是1640年至1745年斯图亚特王朝的支柱。

在法国，布列塔尼人就是这样，他们是1792年至1800年波旁王朝的支柱。

在西班牙，巴斯克人就是这样，他们是唐·卡洛斯的支柱。

在奥地利，泛斯拉夫主义的南方斯拉夫人就是这样；这只是残存的民

---

① 关于恩格斯在这篇文章中发挥的关于奥地利帝国境内各斯拉夫民族的命运的观点，参看人民出版社版《马恩全集》第六卷说明第XIX—XXI页。——《马克思恩格斯全集》（中文第1版）第6卷，人民出版社1961年版，注释155。

族，只是一千年来极度混乱的发展的产物。这些同样处于极度混乱状态中的残存民族把整个欧洲运动的倒退视为唯一的救星，它们想使这个运动不是从西向东，而是从东向西地进行，在它们看来，俄国的鞭子是解放的工具和统一的纽带，——这一切都是完全自然的事情。

摘自弗·恩格斯：《匈牙利的斗争》（1849年1月8日左右），《马克思恩格斯全集》（中文第1版）第6卷，人民出版社1961年版，第202—203页。

**12. 当时的问题在于：哪个民族将在这里发起革命，哪个民族将发挥最大的革命毅力，从而保证自己的未来**

1848年革命强迫欧洲的一切民族表明态度：是拥护这次革命，还是反对这次革命。在一个月内，已经成熟到能够进行革命的一切民族都进行了革命，而没有成熟到能够进行革命的一切民族都联合起来反对革命。在那个时候，应当把东欧民族的混乱状态弄清楚。当时的问题在于：哪个民族将在这里发起革命，哪个民族将发挥最大的革命毅力，从而保证自己的未来。斯拉夫人仍然是那样无声无息，而忠实于自己以前的历史作用的德国人和马扎尔人则领导了运动。于是，斯拉夫人就完全投入了反革命的怀抱。

摘自弗·恩格斯：《民主的泛斯拉夫主义》（1849年2月14—15日）（二），《马克思恩格斯全集》（中文第1版）第6卷，人民出版社1961年版，第337页。

**13. 奥地利……政府一经恢复了力量，便用极端轻蔑的态度来对待议会和构成议会多数的斯拉夫族议员**

奥地利和普鲁士政府利用1849年的最初几个月来扩大上一年10月和11月的战果。自从维也纳被占领以后，奥地利的议会就在摩拉维亚的一个叫做克雷姆西尔的小镇上继续其有名无实的存在。斯拉夫族的议员和选派他们的人曾经充当奥地利政府用来摆脱虚脱状态的主要工具，在这里，他们因为自己背叛欧洲革命而受到了应有的惩罚。政府一经恢复了力量，便用极端轻蔑的态度来对待议会和构成议会多数的斯拉夫族议员；当帝国军队的最初的胜利已经预示匈牙利战争将很快结束的时候，议会便在3月4日解散了，议员们也被武力驱散了。这时斯拉夫人才终于看到他们受了愚弄，于是他们大声疾呼：我们要到法兰克福去继续我们在这里已经不能进行的反对派活动！但这时已经太迟了，而他们除了安分守己或者参加无能的法兰克福议会以外再别无选择，单是这个事实也足以表明他们是完全无可奈何了。

摘自弗·恩格斯：《德国的革命和反革命①》（1851年8月—1852年9月）（十四），《马克思恩格斯文集》第2卷，人民出版社2009年版，第429页。

---

① 《德国的革命和反革命》是恩格斯总结德国1848—1849年革命经验的重要著作。在这篇著作中，恩格斯用历史唯物主义观点分析德国革命的起因、性质、过程和失败的原因，批判了资产阶级、小资产阶级社会主义思想对工人的侵蚀，指出应当根据社会总的经济状况和生活条件研究革命发生和成败的原因，并通过对德国社会阶级结构、各阶级的社会地位及其革命中的态度和作用的分析，论述了无产阶级领导权和工农联盟问题。他强调革命是"社会进步和政治进步的强大推动力"（见第2卷第383页），阐明了无产阶级革命斗争的策略原则，指出武装起义是一种艺术，必须遵守一定规则；不要把起义当儿戏，事前必须有充分准备，要集中强大的优势力量对付敌人，起义一旦开始，就必须以最大的决心行动起来并采取进攻，要按照"勇敢，勇敢，再勇敢！"的要求去行动。恩格斯还运用唯物史观分析了民族问题，抨击了奥地利和普鲁士的民族压迫政策，揭露了资产阶级在1848年革命中对民族解放斗争的背叛，强调无产阶级应当支持被压迫民族的解放运动。他还批判了"泛斯拉夫主义"，指出这种理论起着助长俄罗斯帝国的侵略扩张政策的作用。

这篇著作由恩格斯于1851年8月—1852年9月写的19篇文章组成。1851年7月底，《纽约每日论坛报》编辑查·德纳约请马克思为该报撰稿。当时马克思正忙于经济学研究，因此请恩格斯帮忙。恩格斯在写这些文章时利用了《新莱茵报》合订本以及马克思提供的其他资料，文章在寄出前都经马克思看过。恩格斯本来还打算写一篇结束语，但未能写成。

这些文章从1851年10月25日—1852年10月23日陆续发表在《纽约每日论坛报》的"德国"专栏，标题是《革命和反革命》，署名是卡尔·马克思，直到1913年马克思和恩格斯的来往书信发表后，人们才知道作者是恩格斯。

在马克思和恩格斯生前，这组文章没有出版过单行本，开头几篇文章曾被译成德文在美国的德文报纸《纽约晚报》以及柏林的《德意志总汇报》上转载。

1896年，马克思的女儿爱·马克思—艾威林编辑出版了这组文章的第一个英文单行本，并给每篇文章加了标题，书名是《革命和反革命或1848年的德国》。同年还出版了卡·考茨基翻译的德文本，书名是《德国的革命和反革命》。这两个版本均收入了恩格斯1852年11月写的《最近的科隆案件》（见《马克思恩格斯全集》中文第2版第11卷），作为恩格斯原打算写的结束语。在后来编辑出版的马克思恩格斯著作的全集本中，没有将《最近的科隆案件》收入《德国的革命和反革命》。1900年，马克思的女儿劳·拉法格将此书译成法文出版。

本卷选用《德国的革命和反革命》作为标题，并保留了爱·马克思—艾威林为19篇所加的标题。

这篇著作1930年由刘镜园译成中文，由上海新生命书局出版；1939年延安解放社又出版了王石巍、柯柏年等翻译的中译本。——《马克思恩格斯文集》第2卷，人民出版社2009年版，注释225。

**14. 敌人的优势的确大得惊人。整个奥地利，首先是一千六百万狂热的斯拉夫人，反对四百万马扎尔人**

敌人的优势的确大得惊人。整个奥地利，首先是一千六百万狂热的斯拉夫人，反对四百万马扎尔人。

群众性的起义，全国都来制造武器，发行纸币，迅速镇压一切阻碍革命运动的人，不断革命——总而言之，在被科苏特所武装、组织和鼓舞的匈牙利，我们重新看到了光荣的1793年的一切基本特征。维也纳缺少这种所谓在死亡的威吓下二十四小时内就能整装待发的革命组织，否则文迪施格雷茨永远也进不了这个城市。我们看看他能否战胜这种革命组织进入匈牙利。

摘自弗·恩格斯：《匈牙利的斗争》（1849年1月8日左右），《马克思恩格斯全集》（中文第1版）第6卷，人民出版社1961年版，第193—194页。

**15. 那里讲到奥地利君主国是怎样产生的，它在反对斯拉夫人的不断斗争中怎样瓦解了又重新兴起**

现在我们就来比较详细地观察一下正在进行的斗争和斗争中的各个党派。

奥地利君主国是由于企图仿照法国国王（直到路易十一为止）曾经在法国采用过的办法把德国联合为统一的君主国而产生的。由于德国人和奥地利人都有一种可怜的地方局限性，由于哈布斯堡王朝具有一种同这一切相适应的小商贩性质，所以这种企图没有成功。哈布斯堡王朝没有得到整个德国，只是得到了德国南部的一些土地。当时在那里，不是在同分散的斯拉夫各民族直接进行斗争，就是德国封建贵族和德国市民阶级共同统治着被压迫的斯拉夫各民族。在这两种情况下，各省的德国人都需要外来的支援。对他们来说，联合起来反对斯拉夫人就是这种支援，于是，通过把有关各省在哈布斯堡王朝的统治下合并起来的方法，实现了这种联合。

这样就产生了德意志奥地利。为了判定我们的说法是否正确，只要随便拿一本历史教科书来读读就够了。那里讲到奥地利君主国是怎样产生的，它在反对斯拉夫人的不断斗争中怎样瓦解了又重新兴起。

摘自弗·恩格斯：《匈牙利的斗争》（1849年1月8日左右），《马克思恩格斯全集》（中文第 1 版）第 6 卷，人民出版社 1961 年版，第 194 页。

**16. 最后，土耳其人模仿拜占庭人的榜样，征服了在多瑙河和沙瓦河南面的斯拉夫人，从此南方斯拉夫人的历史作用也就永远结束了**

德国人从西面，马扎尔人从东面分别楔入这些密集的斯拉夫人中间。德国人侵占了波希米亚西部地区，沿着多瑙河两岸一直伸展到莱达河东岸地区。奥地利大公国、莫拉维亚部分地区、施梯里亚大部分地区都德意志化了。这样就把捷克人和莫拉维亚人同克伦地亚和克莱纳的居民隔开了。马扎尔人用同样的方法清除了居住在特兰西瓦尼亚和匈牙利中部直到德国边境的斯拉夫人，并占领了这个地区。马扎尔人在这里把斯洛伐克人和某些卢西人居住的地区（在北部）同塞尔维亚人、克罗地亚人和斯洛文尼亚人隔离开来，统治了所有这些民族。最后，土耳其人模仿拜占庭人的榜样，征服了在多瑙河和沙瓦河南面的斯拉夫人，从此南方斯拉夫人的历史作用也就永远结束了。

摘自弗·恩格斯：《匈牙利的斗争》（1849 年 1 月 8 日左右），《马克思恩格斯全集》（中文第 1 版）第 6 卷，人民出版社 1961 年版，第 198 页。

**17. 为了反对马扎尔人的这个运动，同时也为了反对在德国重新兴起的政治运动，奥地利的斯拉夫人建立了自己的宗得崩德——泛斯拉夫主义**

如果说马扎尔人曾在文明方面稍微落后于奥地利的德国人，那末最近他们已经用政治活动出色地弥补了自己的缺陷。在 1830 年至 1848 年这个时期中，只有匈牙利一个国家的政治生活比整个德国更活跃，并且，匈牙利旧宪法的封建形式也比德国南部宪法的现代形式更能用来为民主利益服务。谁在这里领导了这个运动呢？马扎尔人。谁支持奥地利的反动派呢？克罗地亚人和斯洛文尼亚人。

为了反对马扎尔人的这个运动，同时也为了反对在德国重新兴起的政治运动，奥地利的斯拉夫人建立了自己的宗得崩德——泛斯拉夫主义。

摘自弗·恩格斯：《匈牙利的斗争》（1849 年 1 月 8 日左右），《马克思恩格斯全集》（中文第 1 版）第 6 卷，人民出版社 1961 年版，第 200 页。

**18. 哪些民族应该领导这个庞大的斯拉夫国家呢？恰好是那些一千年来分散得七零八落的民族……；恰好是那些到处被隔离的、丧失了自己的民族力量的、只有几千人或最多不过两百万人的弱小民族！**

哪些民族应该领导这个庞大的斯拉夫国家呢？恰好是那些一千年来分

散得七零八落的民族（其他的非斯拉夫民族往这些民族中间灌输了具有生命力和发展能力的因素）；恰好是那些只是由于各非斯拉夫民族的胜利武器才从土耳其暴政的蹂躏下被拯救出来的民族；恰好是那些到处被隔离的、丧失了自己的民族力量的、只有几千人或最多不过两百万人的弱小民族！这些民族已经衰弱到这种程度，以致像保加利亚人这样一个在中世纪时最强悍的民族，现在在土耳其却只以温和敦厚和心地善良著称，并以被称为dobre chrisztian（善良的基督徒）为荣！在包括捷克人和塞尔维亚人在内的这些民族中间，能够找到一个民族具有为人民所保持的、并被认为超乎琐碎的地方纠纷之上的民族历史传统吗？

摘自弗·恩格斯：《匈牙利的斗争》（1849年1月8日左右），《马克思恩格斯全集》（中文第1版）第6卷，人民出版社1961年版，第201—202页。

**19. 奥地利的南方斯拉夫人不能并入到塞尔维亚人、波斯尼亚人、摩尔拉克人和保加利亚人中去吗？**

但是，奥地利的南方斯拉夫人不能并入到塞尔维亚人、波斯尼亚人、摩尔拉克人①和保加利亚人中去吗？当然，如果除了上述的困难以外，奥地利边疆居民对居住在沙瓦河和乌纳河东岸的土耳其斯拉夫人没有世仇的话，这样做是可能的。但是，尽管他们属于同一个族系，这些许多世纪以来一直把对方看作骗子手和土匪的人彼此之间的仇恨，甚至比斯拉夫人和马扎尔人之间的仇恨还要大得多。

摘自弗·恩格斯：《民主的泛斯拉夫主义》（1849年2月14—15日）（一），《马克思恩格斯全集》（中文第1版）第6卷，人民出版社1961年版，第330页。

**20. 这种为欧洲民主派所承认的欧洲各个大的民族构成体对政治独立的权利，当然不能不得到特别是工人阶级方面的同样承认**

这种为欧洲民主派所承认的欧洲各个大的民族构成体对政治独立的权利，当然不能不得到特别是工人阶级方面的同样承认。实际上，这也就是承认其他生命力显然很强大的民族具有那种正是各国工人为自己所要求的独立的民族生存权利。不过，这种承认和对民族愿望的同情，只是同欧洲

---

① 摩尔拉克人——居住在达尔马戚亚的塞尔维亚族，大部分是天主教徒。——《马克思恩格斯全集》（中文第1版）第6卷，人民出版社1961年版，注释212。

那些大的、历史上清楚确定了的民族有关；这就是意大利、波兰、德意志和匈牙利。而法国、西班牙、英国和斯堪的那维亚，它们没有被分裂，也没有处在外国的统治之下，所以它们只是间接地同这件事有关；至于说到俄国，它只能说是大量赃物的占有者，到清算那一天，它必须退还这些赃物。

    摘自弗·恩格斯：《工人阶级同波兰有什么关系？》（1866年1月底—4月6日）（二），《马克思恩格斯全集》（中文第1版）第16卷，人民出版社1964年版，第175页。

**21. 欧洲没有一个国家不是一个政府管辖好几个不同的民族（nationalities）**

  欧洲没有一个国家不是一个政府管辖好几个不同的民族（nationalities）。苏格兰山区的克尔特人和威尔士人，按其民族（nationality）来说，无疑地有别于英格兰人，然而，谁也不把这些早已消失了的民族（peoples）的残余叫做民族，同样，谁也不会把法国布列塔尼的克尔特居民叫做民族。

    摘自弗·恩格斯：《工人阶级同波兰有什么关系？》（1866年1月底—4月6日）（二），《马克思恩格斯全集》（中文第1版）第16卷，人民出版社1964年版，第175—176页。

**22. 此外，没有一条国家分界线是与民族（nationalities）的自然分界线，即语言的分界线相吻合的**

  此外，没有一条国家分界线是与民族（nationalities）的自然分界线，即语言的分界线相吻合的。法国境外有许多人，他们自己的语言是法语，同样，德国境外也有许多人，他们说的是德语，这种情形大概还会继续存在下去。

    摘自弗·恩格斯：《工人阶级同波兰有什么关系？》（1866年1月底—4月6日）（二），《马克思恩格斯全集》（中文第1版）第16卷，人民出版社1964年版，第176页。

**23. 欧洲最近一千年来所经历的复杂而缓慢的历史发展的自然结果是，差不多每一个大的民族都同自己机体的某些末梢部分分离**

  欧洲最近一千年来所经历的复杂而缓慢的历史发展的自然结果是，差不多每一个大的民族都同自己机体的某些末梢部分分离，这些部分脱离了本民族的民族生活，多半参加了其他某一民族（people）的民族生活，已经不想再和本民族的主体合并了。瑞士和亚尔萨斯的德意志人不愿再合并于德国。同样,比利时和瑞士的法兰西人也不愿在政治上再合并于法国。而这种情况最终会带来不小的好处:政治上形成的不同的民族往往包含有某些异族成分,这些异族成分同它们的邻人建立联系,使过于单一的民族性格具有多样性。

摘自弗·恩格斯:《工人阶级同波兰有什么关系?》(1866年1月底—4月6日)(二),《马克思恩格斯全集》(中文第1版)第16卷,人民出版社1964年版,第176页。

**24. 1814年,联军在向前推进期间,正好在亚尔萨斯和德意志洛林遭到了最坚决的敌视**

大革命不是使敦克尔克的佛来米人、布列塔尼的克尔特人和科西嘉的意大利人发生了同样的奇迹吗?如果我们抱怨德国人也发生了这样的事,那末,我们岂不是忘记了使这样的事有可能发生的我们的全部历史吗?难道我们忘记了,整个莱茵河左岸即使只是消极地参加了革命,但是在1814年德国人再度攻入的时候仍然是亲法的,并且直到1848年革命使德国人在莱茵居民的心目中恢复名誉以前也一直是亲法的吗?难道我们忘记了,海涅的法国狂、甚至他的波拿巴主义也不过是莱茵河左岸人民普遍情绪的反映吗?

1814年,联军在向前推进期间,正好在亚尔萨斯和德意志洛林遭到了最坚决的敌视,受到了人民本身最激烈的反抗;因为在这里人们感到有再度变成德国人的危险。而当时在那里人们还是几乎光说德语的。可是,当脱离法国的危险过去了的时候,当德国浪漫主义沙文主义者的兼并欲被打消的时候,人们就认为有必要在语言方面也更紧密地同法国融合在一起,从这时起,学校就像卢森堡人自愿实行过的那样法国化了。但这种转变过程毕竟是非常缓慢的;只有现在这一代资产阶级才真正法国化了,而农民和工人还是说德语的。这大致上同卢森堡的情况一样:除了一部分教会讲坛以外,书面德语已被法语排挤了,但德国的民间方言只是在语言交界处失去了地盘,而且,作为日常用语,它在这里比在德国的大部分地区应用得更为广泛。

摘自弗·恩格斯:《暴力在历史中的作用》(1887年12月底—1888年3月),《马克思恩格斯全集》(中文第1版)第21卷,人民出版社1965年版，第 508—509 页。

**25. 对于由密集的人群决定战局的时代的战争来说，他们是最好的兵源**

我们来看看上一世纪中叶俄国的情况。那时它就拥有一大片国土，它的居民完全属于同一种族。人口稀少，但增长迅速，因此，单是时间的推移就足以保证国家威力的增长。这些居民在精神上停滞不前，缺乏创造性，但是在其传统的生活方式的范围内，他们无所不能；他们坚韧顽强，大胆无畏，忠贞不贰，吃苦耐劳，对于由密集的人群决定战局的时代的战争来说，他们是最好的兵源。

摘自弗·恩格斯：《俄国沙皇政府的对外政策①》（1889 年 12 月—1890 年 2 月）（一），《马克思恩格斯文集》第 4 卷，人民出版社 2009 年版，第 356 页。

---

① 《俄国沙皇政府的对外政策》是恩格斯应俄国社会主义者的要求为他们准备在伦敦出版的《社会民主党人》杂志写的一篇文章。恩格斯在这篇文章中回顾了沙皇俄国两个世纪以来的对外侵略和战争政策，指出沙皇俄国是欧洲反动势力的堡垒，沙皇制度是扼杀欧洲革命民主运动、民族解放运动的元凶，同时揭露了西欧反动势力同沙皇俄国互相勾结的反动目的。恩格斯全面考察了在 19 世纪 80 年代末至 90 年代初的欧洲局势，揭露了欧洲列强的军国主义、军备竞赛和掠夺政策，指出"欧洲正好像沿着斜坡一样越来越快地滑向规模空前和激烈程度空前的世界战争的深渊。能够阻止这种趋势的只有一种情况，那就是俄国制度的改变（见本卷第 349 页）。恩格斯基于这一科学的分析和预测，阐明了俄国革命者反对沙皇专制制度的斗争的国际意义，指出俄国革命政党的胜利和沙皇专制制度的崩溃与西欧工人阶级政党能否一心一意致力于完成自己的历史任务密切相关，这个历史任务就是"解决无产阶级和资产阶级之间的冲突和把资本主义社会改造为社会主义社会"（见本卷第 392 页）。这篇文章是恩格斯辩证地、历史地、富有预见性地分析形势以指导工人阶级革命斗争的典范，在各国工人运动中产生了广泛深刻的影响。

这篇文章写于 1889 年 12 月—1890 年 2 月，原文是德文，译成俄文后，以《沙皇俄国的对外政策》为标题在 1890 年 2 月出版的《社会民主党人》杂志第 1 期刊登了第一章，其余两章刊登在 1890 年 8 月出版的该杂志第 2 期。在此期间，前两章用德文原文发表在 1890 年《新时代》第 8 年卷第 4 期。但是该杂志编辑部未经恩格斯同意，擅自对文章作了修改。这些修改歪曲了恩格斯对俄国和普鲁士的统治集团所做的评论。恩格斯在 1890 年 4 月 1 日给杂志编辑卡·考茨基和承办人约·亨·狄茨的信中，对这种做法表示抗议，同时要求根据原稿重新刊登前两章。于是这两章按原稿和第三章一起发表在该杂志第 5 期。

这篇文章由恩格斯译成英文，发表在 1890 年《时代》杂志 4 月号和 5 月号。恩格斯在翻译过程中，对文章作了修改和补充。

在恩格斯生前，这篇文章已得到相当广泛的传播，先后以波兰文、罗马尼亚文、法文、保加利亚文发表。这篇文章最后阐述欧洲形势的部分，曾作为独立的文章发表在 1890 年 7 月 13 日《北方守卫者》第 28 号和 1890 年 7 月 1 日《选民报》第 113 号。——《马克思恩格斯文集》第 4 卷，人民出版社 2009 年版，注释 228。

### 26. 俄国在防御方面强大到几乎牢不可破，而在进攻方面却相当软弱无力

俄国在防御方面强大到几乎牢不可破，而在进攻方面却相当软弱无力。在国内，军队的征集、组织、武装和调动，都碰到极大的障碍，不仅在物质上有种种困难，而且官吏和军官的贪污现象也极端严重。直到今天，所有想使俄国具备大规模进攻能力的尝试都遭到了失败；很可能，最近一次即目前所作的实行普遍义务兵役制①的尝试，也会遭到完全的失败。可以说，在这方面障碍几乎与需要组织的群众的数字的平方成正比地增长，更不用谈在少得可怜的城市居民中找不到现在所需的大量军官了。这一弱点对俄国外交来说从来不是秘密；因此，俄国外交总是尽力设法避免战争，只是把它当作万不得已的手段，并且只是在最有利的条件下才进行战争。

摘自弗·恩格斯：《俄国沙皇政府的对外政策》（1889年12月—1890年2月）（一），《马克思恩格斯文集》第4卷，人民出版社2009年版，第356—357页。

### 27. 他们在波拿巴入侵带来的恐怖景象面前周身发抖，而他们对于受俄皇监护的耻辱却若无其事

条顿族的爱国喉舌们会说，但是你们不应该把德国人同法国人混为一谈呀。我们所要的不是荣誉，而是安全。德国人本质上是爱好和平的民族。在他们清醒的监护下，甚至掠夺行为也从未来战争的原因变成了永久和平的保证。1792年为了用刺刀镇压18世纪革命这一崇高目的而侵入法国的当然不是德国人呀！由于奴役意大利、压迫匈牙利和瓜分波兰而染污了双手的也不是德国人呀！在德国现行军事制度下，所有成年男子被分成现役常备军和归休常备军两部分，这两部分都必须绝对服从自己的天赐长上。这样的军事制度当然是维护和平的"物质保证"，并且是文明的最高目的！在德国，也如在任何其他地方一样，有权势者的走卒总是用虚伪的自我吹

---

① 俄国1874年废除征兵制，实行普遍义务兵役制。根据自1874年1月1日起实行的义务兵役制条例，俄国所有年龄从21岁起至43岁止的男性居民，都必须在正规军、后备部队或民团中服兵役，中亚细亚、哈萨克斯坦以及西伯利亚、伏尔加河沿岸和极北地区若干民族地区的居民除外。征召服役采用抽签的办法进行。这种制度旨在把俄国的军队变为一支资产阶级类型的居民普遍服役的军队。但是在沙皇俄国的专制贵族制度的条件下，等级特权、仅限于有产阶级享有的多种优待、各居民阶层的服役条件不平等以及其他种种因素，都妨碍了普遍义务兵役制原则的实现。——《马克思恩格斯文集》第4卷，人民出版社2009年版，注释229。

谎毒化社会舆论。

　　这帮德国爱国志士一看到法国的梅斯和斯特拉斯堡这两个要塞就装出气愤的样子,但是对于俄国在华沙、莫德林、伊万城等处修筑庞大的防御工事体系,他们却不认为有什么不好。他们在波拿巴入侵带来的恐怖景象面前周身发抖,而他们对于受俄皇监护的耻辱却若无其事。

　　　　摘自卡·马克思:《国际工人协会总委员会关于普法战争的第二篇宣言①》,《马克思恩格斯文集》第 3 卷,人民出版社 2009 年版,第 124 页。

## 28. 波兰倒下了,但是它的反抗拯救了法国革命

　　但是这一次事物也有不利的一面。由于对波兰的掠夺也使用了 1792—1794 年同盟②的力量,它就削弱了同盟进攻法国的力量,法国这时就得以强大起来,以至完全独立地取得了胜利。波兰倒下了,但是它的反抗拯救了法国革命,而随着法国革命开始了连沙皇政府也无力对付的运动。波兰

---

　　① 《国际工人协会总委员会关于普法战争的第二篇宣言》是马克思在 1870 年 9 月 6—9 日写成的。

　　1870 年 9 月 6 日,国际总委员会研究了由于第二帝国崩溃及普法战争进入一个新阶段而形成的新局势,决定就普法战争发表第二篇宣言。为此,成立了一个起草委员会,其成员有马克思、海·荣克、乔·米尔纳和奥·赛拉叶。

　　马克思起草这篇宣言时,利用了恩格斯寄给他的各种材料,这些材料揭露了普鲁士军阀、容克和资产阶级借口军事战略上的需要而并吞法国领土的野心。总委员会在 1870 年 9 月 9 日召开的专门会议,一致通过了马克思起草的这一宣言。宣言被分送到伦敦各资产阶级报刊,然而这些报刊却采取沉默态度,只有《派尔—麦尔新闻》在 1870 年 9 月 16 日摘要刊登了宣言。9 月 11—13 日宣言用英文以传单的形式印发了 1000 份。9 月底又出版了将第一篇和第二篇宣言印在一起的新版本。这一版中改正了第一版的几个印刷错误,也对个别段落的文字作了修改。

　　第二篇宣言的德文本是马克思翻译的,他在翻译时删去了个别段落,增加了几句专门针对德国工人说的话。第二宣言的这个译本发表在 1870 年 10—11 月《先驱》杂志第 10—11 期,1870 年 10 月 8 日维也纳《人民意志报》第 37 号以及 1870 年 10 月 1 日苏黎世《哨兵报》第 33 号,同时以传单的形式在日内瓦印发。1891 年恩格斯在《法兰西内战》的德文第 3 版中刊出了第二篇宣言,为该版翻译第二篇宣言的是路;考茨基夫人,恩格斯对译文进行了校订。

　　第二篇宣言的法译文载于 1870 年 10 月 23 日、12 月 4 日《国际报》第 93、99 号及 1870 年 9 月 21 日《波尔多论坛报》,并以节译的形式载于 1870 年 10 月 4 日《平等报》第 35 号,此外,这篇宣言还用佛拉芒文发表于 1872 年 10 月 16、24 日安特卫普《工人报》第 51、52 号。——《马克思恩格斯文集》第 3 卷,人民出版社 2009 年版,注释 62。

　　② 指欧洲各封建专制国家组成的第一次反法同盟。英国也积极参加了这次反革命同盟的建立。1792 年 2 月,在英国和沙皇俄国的支持下,普鲁士和奥地利缔结了旨在对法国进行干涉的军事同盟。在 1792 年 8 月 10 日法国宣布共和以及 1793 年 1 月处死路易十六之后,英国、荷兰、西班牙、那不勒斯、撒丁和德国与意大利的一系列小邦于 1793 年公开参加了反法同盟。法国和第一次反法同盟参加国的战争一直持续到 1797 年。——《马克思恩格斯文集》第 4 卷,人民出版社 2009 年版,注释 246。

人的这一作用，我们西方人永远也不会忘记。而且，我们将看到，波兰人并不只是这一次拯救了欧洲的革命。

摘自弗·恩格斯：《俄国沙皇政府的对外政策》（1889年12月—1890年2月）（二），《马克思恩格斯文集》第4卷，人民出版社2009年版，第366页。

**29. 波兰就这样再次以自我牺牲拯救了欧洲的革命**

在还没有来得及进一步利用这些优势以前，七月革命①爆发了。这时俄国的代理人不得不暂时收起自由主义词句；现在的问题只是保卫"正统主义"了。神圣同盟②向法国的进军已经准备停当，可是忽然爆发了波兰起义，这次起义把俄国牵制了整整一年；波兰就这样再次以自我牺牲拯救了欧洲的革命。③

摘自弗·恩格斯：《俄国沙皇政府的对外政策》（1889年12月—1890年2月）（三），《马克思恩格斯文集》第4卷，人民出版社2009年版，第376—378页。

---

① 七月革命指1830年7月爆发的法国资产阶级革命。1814年拿破仑第一帝国垮台后，代表大土地贵族利益的波旁王朝复辟，竭力恢复封建专制统治，压制资本主义的发展，限制言论自由和新闻出版自由，加剧了资产阶级同贵族地主的矛盾，激起了人民的反抗。1830年7月27—29日巴黎爆发革命，推翻了波旁王朝。金融资产阶级攫取了革命果实，建立了以奥尔良公爵路易—菲力浦为首的代表贵族和大金融资产阶级利益的"七月王朝"。——《马克思恩格斯文集》第4卷，人民出版社2009年版，注释268。

② 神圣同盟是欧洲各专制君主镇压欧洲各国进步运动和维护封建君主制度的反动联盟。该同盟是战胜拿破仑第一以后，由俄国沙皇亚历山大一世和奥地利首相梅特涅倡议，于1815年9月26日在巴黎建立的，同时还缔结了神圣同盟条约。几乎所有的欧洲君主国家都参加了该同盟。这些国家的君主负有相互提供经济、军事和其他方面援助的义务，以维持维也纳会议上重新划定的边界和镇压各国革命。神圣同盟为了镇压欧洲各国资产阶级革命和民族解放运动，先后召开过几次会议。由于欧洲诸国间的矛盾以及民族革命运动的发展，1830年法国七月革命后神圣同盟实际上已经瓦解。——《马克思恩格斯文集》第4卷，人民出版社2009年版，注释260。

③ 指1830—1831年的波兰起义。这次起义是由沙皇政府的民族压迫和警察压迫引起的。1880年11月20日（17日）在华沙以军事政变开始的这次起义，具有人民起义的性质，结果赶走了沙皇军队。但是波兰政府和军队中的贵族领导人实行投降政策，阻挠广大的人民群众参加民族解放运动，同时表现了对乌克兰和白俄罗斯土地的侵略野心。资产阶级民主派代表未能废除农奴的依附关系，因而起义没有得到农民的应有支持。1831年2月开始的战事的最后结局是：波兰政府于1831年9月8日（8月26日）投降，把华沙交给沙皇军队。波兰起义虽然遭受了失败，但是在波兰人民的解放斗争中起了巨大的作用，并且具有重大的国际意义。——《马克思恩格斯文集》第4卷，人民出版社2009年版，注释269。

## 五 获得领土的"历史性权利"

**1. 几百年前就在这里定居下来的德国小市民，在政治上早已很少倾向于德国……他们成了波兰人，成了操德语的波兰人，而且早已和祖国毫无联系**

德国人的这种移民，特别是向斯拉夫各国的移民，从12世纪和13世纪以来几乎一直没有间断过。此外，自从宗教改革以来，由于对宗教教派的迫害，时常有大批德国人被迫逃亡波兰，他们在那里受到热烈欢迎。在其他斯拉夫国家，在波希米亚①、莫拉维亚等等国家，斯拉夫人由于德国人的侵略战争而大大减少，德国人则由于侵略而增加了。

正是在波兰这种情况特别明显。几百年前就在这里定居下来的德国小市民，在政治上早已很少倾向于德国，正象在美国的德国人一样，或者象柏林的"法国移民"或蒙特维的亚的15000个法国人在政治上很少倾向于法国一样。这在17世纪和18世纪的地方分权时代是可能的，他们成了波兰人，成了操德语的波兰人，而且早已和祖国毫无联系。

摘自弗·恩格斯：《法兰克福关于波兰问题的辩论》（1848年8月7日—9月6日）（一），《马克思恩格斯全集》（中文第1版）第5卷，人民出版社1958年版，第373—374页。

**2. 根据这个早已过时的理论，莱茵河的界线是法德之间"几千年来争执的对象"，而波兰人可以提出要求把普鲁士省甚至把波美拉尼亚作为自己的封建领地！**

现在我们来谈谈波兰人应当特别感谢普鲁士政府的那些恩惠吧。

1772年，弗里德里希二世侵占了涅茨区②，次年，开凿了一条勃罗姆堡运河以沟通奥德河与维斯拉河之间的内河航运。

> "那些几世纪以来波兰和波美拉尼亚争执不下的地方，那些满目荒凉、沼泽遍野而无人烟的地方，现在已经被开垦，而且住上了大批移民。"

---

① 即捷克。——编者注
② 由涅茨河而得名（波兰称为诺帖茨）。——编者注

这么说来,对波兰的第一次瓜分完全不是什么掠夺。弗里德里希二世所占领的不过是"几世纪以来争执不下的"地区。但是,能够争夺这个地区的独立的波美拉尼亚究竟从什么时候起不再存在了呢?有多少世纪这个地区实际上已不再是波兰人所争执的地区了呢?这种"争执"和"要求"的生了锈的陈腐理论,这种在17世纪和18世纪适用于掩饰扩大贸易和圈地的野心的理论究竟有什么价值呢?在1848年,当各种"历史的权利"和"非正义性"已经毫无根据的时候,这个理论有什么价值呢?

不过,施滕策尔应当考虑:根据这个早已过时的理论,莱茵河的界线是法德之间"几千年来争执的对象",而波兰人可以提出要求把普鲁士省甚至把波美拉尼亚作为自己的封建领地!

摘自弗·恩格斯:《法兰克福关于波兰问题的辩论》(1848年8月7日—9月6日)(一),《马克思恩格斯全集》(中文第1版)第5卷,人民出版社1958年版,第375—376页。

**3. 德国人想"补偿"波兰所遭受的非正义行为……这怎样才能"补偿"呢?只有恢复1772年以前的 status quo[局面],或者至少把德国人从1772年起掠夺波兰人的全部东西归还波兰**

今天,我们要谈谈施滕策尔先生所论述的波兹南的革命和反革命的历史。

> "对任何不幸者充满同情(这种同情是毫无价值的)① 的德国人民,始终深切地感到他们的君主对波兰人干下了严重的非正义行为。"

当然,他们是以德国人的宁静的心"深切地感到"的,在这颗心里,感情藏得如此之"深"以致从来也没有在行动中表现出来!当然,他们曾经通过1831年的某些施舍,通过宴会和波兰舞会来表示"同情",但是事情也只限于跳跳舞来祝福波兰人,喝喝香槟酒和唱唱"波兰人还没有灭亡!"② 的歌罢了。如果真正要做一些重大的事情,真正要受一些牺牲,那就决不是德国人的事情!

---

① 括弧里的话是恩格斯的。——译者注
② 这是波兰国歌的歌词。——《马克思恩格斯全集》(中文第1版)第5卷,人民出版社1958年版,注释195。

"德国人诚恳地伸出了友谊之手,来补偿他们的君主过去的罪恶。"

当然,如果悲天悯人的词句和令人沮丧的废话能够"补偿"什么的话,那末任何一个民族在历史面前都不象德国人那样纯洁。

"但是就在波兰人欢迎德国人(就是握住向他们伸出的友谊之手)① 的时候,两个民族的利益和目的就不一致了。波兰人只想恢复他们以前的国家,至少恢复1772年第一次瓜分前的疆界。"

真的,单是那种向来就成为德意志民族性的主要装饰品的无思想、无内容、无目的的热情,就足以使德国人因波兰人的要求而感到茫然!德国人想"补偿"波兰所遭受的非正义行为。这种非正义行为是从什么时候开始的呢?撇开过去的种种叛卖行为不谈,至少是从1772年第一次瓜分波兰时开始的。这怎样才能"补偿"呢?只有恢复1772年以前的 status quo 〔局面〕,或者至少把德国人从1772年起掠夺波兰人的全部东西归还波兰。但是这和德国人的利益有没有矛盾呢?好吧,如果谈到利益,那就根本谈不上"补偿"这一类悲天悯人的话;那你们就得用冷酷无情的实际的口吻讲话,就得抛开宴会上的言词和温厚的感情。

摘自弗·恩格斯:《法兰克福关于波兰问题的辩论》(1848年8月7日—9月6日)(二),《马克思恩格斯全集》(中文第1版)第5卷,人民出版社1958年版,第381—382页。

**4. 至于波兹南四周都是波兰的土地,它被迫实行德国化,波兰的犹太人根本不是德国人等等情况……对于施滕策尔先生之流的历史学家们是毫不相干的**

施滕策尔先生现在谈到普鲁士政府4次重新瓜分波兰的问题。最初是夺取涅茨区和其他4个区(4月14日);再加上总人口为593390人的其他各区的若干部分,并将这全部地区并入德意志联邦(4月22日)。随后是夺取波兹南城和波兹南要塞以及瓦尔特河左岸的剩余部分,——

---

① 括弧里的话是恩格斯的。——译者注

因此又有 273500 人，就是说，和上述数字合计，要比居住于整个波兹南的德国人（即使按普鲁士的统计）多出一倍。这是按照 4 月 29 日的诏书进行的，而 5 月 2 日已经接收入德意志联邦了。施滕策尔先生眼泪汪汪地要议会相信，波兹南这个重要而强大的要塞留在德国人手中是多么必要，因为居住在这里的有 2 万以上的德国人（其中大多数是波兰的犹太人），他们拥有全部地产的 2/3 等等。至于波兹南四周都是波兰的土地，它被迫实行德国化，波兰的犹太人根本不是德国人等等情况，对于"永远不说假话，永远不隐瞒真相"的人们，即对于施滕策尔先生之流的历史学家们是毫不相干的。

摘自弗·恩格斯：《法兰克福关于波兰问题的辩论》（1848 年 8 月 7 日—9 月 6 日）（二），《马克思恩格斯全集》（中文第 1 版）第 5 卷，人民出版社 1958 年版，第 383—384 页。

**5. 波兰至少应该拥有 1772 年时代的领土，它不仅应该管辖本国各大河流经过的地区，而且应该管辖各大河流的出口地带以及广大的沿海地带，至少是波罗的海沿岸地带**

建立波兰国家和调整波兰与德国的边界不仅是必要的，而且是革命以来东欧所发生的一切政治问题中最容易解决的问题。散居和杂居在喀尔巴阡山以南的种族庞杂的各个民族为独立而进行的斗争，比起波兰争取独立的斗争和确定波兰与德国的边界问题来，要复杂得多，要以更多的鲜血作代价，要引起更多的纷争和内战。

不言而喻，问题不是要建立一个虚幻的波兰，而是要建立一个有生命力基础的国家。波兰至少应该拥有 1772 年时代的领土，它不仅应该管辖本国各大河流经过的地区，而且应该管辖各大河流的出口地带以及广大的沿海地带，至少是波罗的海沿岸地带。

摘自弗·恩格斯：《法兰克福关于波兰问题的辩论》（1848 年 8 月 7 日—9 月 6 日）（三），《马克思恩格斯全集》（中文第 1 版）第 5 卷，人民出版社 1958 年版，第 391 页。

**6. 利希诺夫斯基先生……认为波兰人不会以波兹南为满足："如果我有荣幸做一个波兰人，那末我日日夜夜所想的只是如何恢复以前的波兰王国"**

利希诺夫斯基先生首先庄严地保证他对波兰人具有骑士的同情，然后向亚尼舍夫斯基说了一些恭维话，又对波兰人作了应有的评价，说波兰人有"伟大的殉道诗篇"，而突然之间就急转直下了。为什么这些同情减少了呢？因为在所有的起义和革命中"波兰人总是站在街垒的第一线"！毫无疑问，这是一种罪恶行为，只要波兰人经过"造"，这种罪恶行为是不会再发生的。但是，我们可以使利希诺夫斯基放心，使他相信在"波兰的流亡者"中间，甚至在他认为堕落不堪的波兰小贵族流亡者中间，也有人是保持清白，和街垒完全无关的。

接着出现了一个有趣的场面。

利希诺夫斯基："用脚践踏已经变成黄色的羊皮纸的左派先生们，以奇怪的方式呼吁历史权利。他们没有任何权利为了波兰的事业而挑选日期。对历史权利来说，是不存在任何日期的。（左派大笑①）

对历史权利来说，是不存在任何日期的。"（左派大笑）

主席："诸位先生，让发言人有可能把话说完，不要打断他的话。"

利希诺夫斯基："历史权利没有任何日期。"（左边来的笑声）

主席："请不要打断发言人的话，请保持肃静。"（骚动）

利希诺夫斯基："对历史权利来说，能够要求比更早的日期有更大权利的那个日期是不存在的！"（左派叫"好"，活跃②）

难道我们没有权利说高贵的骑士讲的不是德国话，而是普鲁士话吗？

没有任何日期的历史权利遇到了我们的高贵的骑士这个厉害的敌人：

---

① 笑声是由利希诺夫斯基的文法错误引起的，他连用两个否定词（《Für das historische Recht gibt es kein Datum nicht》），这是违反德语规则的。恩格斯在这几篇文章中不止一次地引用利希诺夫斯基的这句话，每次都保留了文法错误的句子构造。——编者注

② 利希诺夫斯基这次的句子构造是正确的。——编者注

"如果我们深入历史，我们就会发现（在波兹南）① 许多地区曾经是西里西亚和德国的；再深入下去，我们就到了斯拉夫人建成莱比锡和德勒斯顿的时期，随后就会达到塔西佗——如果我们深入这个问题，天知道这些先生还要把我们带到什么地方去。"

世界上的事情大概是很糟糕的。普鲁士贵族的领地无可挽救地被抵押出去，犹太债主变得非常顽固，一人签字的票据所规定的一个接着一个的付款期限来得太快；拍卖，丧失自由，因轻率举债而被免职，——看来，所有这一切无法解决的财政困难的惨状，使普鲁士贵族有必遭破产的危险，因为事情发展到了这样的地步：有一位利希诺夫斯基竟否认他在唐·卡洛斯亲信的骑士中为了获得骑士马刺②而捍卫的那种历史权利！

如果我们想深入历史债务权利的问题，那就自然只有天知道，法庭执行吏要把憔悴的骑士们带到什么地方去！可是，难道负债不是普鲁士骑士们的最好的、唯一可饶恕的③特点吗？

美男子在转到本题时，认为在反对波兰的德国人时不应该"描绘隐藏在渺茫的远处的未来波兰的朦胧远景（！）"；他认为波兰人不会以波兹南为满足：

"如果我有荣幸做一个波兰人，那末我日日夜夜所想的只是如何恢复以前的波兰王国。"

但是既然利希诺夫斯基先生"没有这种荣幸"，既然他只是上西里西亚的一个改造了的波兰人，那末他"日日夜夜"所想的就完全是另外的、爱国精神比较少的事情了。

---

① 括弧里的话是恩格斯的。——译者注
② 唐·卡洛斯1833年因觊觎西班牙王位而反对国王斐迪南的女儿伊萨伯拉，他援引了1713年关于禁止母系继承王位的法律。利希诺夫斯基在1838—1840年参加了唐·卡洛斯发动的内战，获得了准将的军衔。——《马克思恩格斯全集》（中文第1版）第5卷，人民出版社1958年版，注释210。
③ 双关语：德文《Schulden》——"负债"，《entschuldigende》——"可饶恕的"，"可宽宥的"。——编者注

"谈到荣幸，我必须说，几十万波兰人应该成为德国人，老实说，在目前的情况下，这对他们决不是不幸。"

相反地，假如普鲁士政府再建立一个苗圃，来栽培可以制造利希诺夫斯基这一类人物的木材，那该多好啊。

我们那位蓄着翘起的胡须的骑士，继续用那种实际上是用来跟剧场楼座中的女士们谈话的、但也十分适合议会水平的亲切而潇洒的语调胡诌了一些时候，然后以如下的话作结束：

"我再没有什么可说的了，现在请你们自己决定，你们是把50万德国人接收到我们这方面来呢，还是拒绝他们……但是那时候你们也得删掉老民歌手的歌词：'哪里讲德国话，那里神就在天上载歌载舞'。① 请删掉这些歌词！"

老阿伦特在写这首歌时，竟没有想到波兰的犹太人和他们的德国话，这当然是很糟糕的。但是幸而出现了我们上西里西亚的骑士。谁不知道贵族阶级对犹太人负有几世纪来都奉为神圣的老债务呢？过去平民所忽略了的事情，骑士利希诺夫斯基都想起来了。

波兰的犹太高利贷者死不要脸地说着蹩脚的德国话，
对所有的人进行招摇撞骗的地方，

就是利希诺夫斯基的故乡！

摘自弗·恩格斯：《法兰克福关于波兰问题的辩论》（1848年8月7日—9月6日）（七），《马克思恩格斯全集》（中文第1版）第5卷，人民出版社1958年版，第415—418页。

**7. 但是要知道，"历史所实现的"东西和"时间所批准的"东西常常是恰好相反的，而"时间"的批准也总是在于消灭"历史所实现的"东西**

接着，卢格先生指出，法国"声明说，虽然1815年的条约已经撕毁，

---

① 引自阿伦特"德国人的祖国"一诗。——《马克思恩格斯全集》（中文第1版）第5卷，人民出版社1958年版，注释211。

但它还是愿意承认目前的领土状况"。"这是非常正确的",因为卢格先生在拉马丁的宣言中找到了直到现在还没有人找到的东西,即新的国际权利的基础。他用下面的话来发挥这种见解:

"从与法国的这些关系中应该出现新的历史(!)权利(№1)[①]。历史权利就是各民族的权利(!№2)[②]。在我们所说的(?)情况下,是指新的国际权利(!№3)[③]。这是对历史权利(!№4)[④] 的唯一正确的理解。对历史权利(!№5)[⑤] 的任何别的理解都是荒谬的。其他任何国际权利(!№6)[⑥] 都是不存在的。历史权利(№7)[⑦] 是历史所实现的、时间所批准的权利(原来如此!)[⑧],因为它(什么?)[⑨] 取消和撕毁旧的条约,代之以新的条约。"

总而言之:历史权利就是修改事件的理性!

在德国统一的使徒行传上,即在法兰克福议会速记记录[⑩]第1186页第一栏中,就是这样一字不差地记载着的。可是还有人埋怨"新莱茵报"用感叹号批评了卢格先生!这种令人头晕的、疯狂的历史权利和国际权利的舞蹈,自然会使心地纯洁的左派惊讶,当波美拉尼亚的哲学家以不可动摇的信念对着左派耳朵高喊"历史权利是历史所实现的、时间所批准的权利"等等时,他们自然会惊得目瞪口呆!

但是要知道,"历史所实现的"东西和"时间所批准的"东西常常是恰好相反的,而"时间"的批准也总是在于消灭"历史所实现的"

---

[①] 括弧里的话和符号是恩格斯的。——译者注
[②] 同上。
[③] 同上。
[④] 同上。
[⑤] 同上。
[⑥] 同上。
[⑦] 同上。
[⑧] 同上。
[⑨] 同上。
[⑩] "在美因河畔法兰克福召开的德国制宪国民议会的会议速记记录"1848年美因河畔法兰克福版第2卷第1186页(《Stenographischer Bericht über die Verhandlungen der deutschen constituirenden Nationalversammlung zu Frankfurt am Main》. Bd. II, Frankfurt am Main, 1848, S. 1186)。——《马克思恩格斯全集》(中文第1版)第5卷,人民出版社1958年版,注释216。

东西。

现在卢格先生提出了"唯一正确的和切实可行的"建议：

"建议中央政权协同英法两国召集一个恢复自由和独立的波兰的会议，通过本国的大使邀请一切有关国家参加。"

多么大胆的善良的想法！罗素勋爵和卡芬雅克应该恢复波兰；英法资产阶级应该用战争来威胁俄国，以便实现目前和他们毫不相干的波兰的解放！在现在这个普遍混乱和一团糟的时代，每一个安定人心的消息把行市提高了0.8%，遇到一连串破坏性的打击又化为乌有；工业同慢性的破产作斗争；商业陷于瘫痪状态；为了使失业的无产阶级不致作普遍的最后的殊死搏斗，必须耗费大量的钱来维持他们的生活，——在这样的时代，难道3个文明民族的资产者还会制造新的纠纷吗？什么样的纠纷呵！对从二月起就成了英国的最亲密的同盟者的俄国作战！对俄国作战，进行这个谁都知道会使德法资产阶级毁灭的战争！为了什么利益呢？什么利益也不为！这实在比波美拉尼亚的天真还要天真！

摘自弗·恩格斯：《法兰克福关于波兰问题的辩论》（1848年8月7日—9月6日）（九），《马克思恩格斯全集》（中文第1版）第5卷，人民出版社1958年版，第428—429页。

### 8. 普鲁士王国就是这样产生的

在十五世纪初，勃兰登堡边区侯国隶属于卢森堡王朝，这个王朝的首领西吉兹蒙特同时也掌握着德意志帝国的王权。当他非常缺钱而且被债主逼得很厉害的时候，他碰上了一个性情随和、容易商量的朋友，纽伦堡的军政长官弗里德里希。论起家世，弗里德里希是一个属于霍亨索伦世家的王公。1411年，弗里德里希被任命为勃兰登堡的最高长官。勃兰登堡仿佛是作为皇帝向他借款的抵押品而交给他的。正像一个已经初步占有败家子的房产的精明高利贷者一样，弗里德里希继续用新的贷款使西吉兹蒙特陷入新的债务中，直到1415年弗里德里希得到勃兰登堡世袭选帝侯国从而借贷双方以此了清债务为止。为了不致对这件事的性质留下任何疑点，它附有两个条件：一个条件是卢森堡王朝保留可用40万金弗罗伦赎回选帝侯国的权利；另一个条件是弗里德里希及其继承者在每次选举皇帝的时候，必须投卢森堡王朝的票。第一个条件明显地说明所缔结的协议是一项交易，第二个条件表明它是一种贿赂。为了成为选帝侯国的绝对主人，西吉兹蒙特的这位贪得无厌的朋友只需要再做一件事——取消可以赎回的那个条件。为此弗里德里希等着了一个好时机，即西吉兹蒙特在康斯坦茨宗教会议①上又由于帝国代表团的开支而感到手头拮据，这时他就急忙从自己的边区赶到瑞士，倾囊相助，于是这个致命的条件便被消灭了。这就是在位的霍亨索伦王朝迄今据以占有勃兰登堡选帝侯国的神权所由来的途径和手段。普鲁士王国就是这样产生的。

摘自卡·马克思：《霍亨索伦王朝的神权》，《马克思恩格斯全集》（中文第 1 版）第 12 卷，人民出版社 1962 年版，第 108 页。

**9. 在霍亨索伦君主国形成的历史上，最重要的有三件事：取得勃兰登堡选帝侯国；普鲁士公国和这个选帝侯国的合并；最后是普鲁士公国晋升为王国**

在霍亨索伦君主国形成的历史上，最重要的有三件事：取得勃兰登堡选帝侯国；普鲁士公国和这个选帝侯国的合并；最后是普鲁士公国晋升为王国。我们已经知道取得选帝侯国的情形。普鲁士公国的获得则是通过三个步骤。首先，使教会财产世俗化；其次，用相当暧昧的通婚：选帝侯约阿希姆—弗里德里希娶了膝下无子的普鲁士公爵、精神错乱的阿尔勃莱希特的次女，而他的儿子约翰—西吉兹蒙特则娶了公爵的长女；最后是用右手收买波兰国王的近臣，用左手收买波兰贵族共和国的议会。这些收买勾当非常复杂，以致整整延续了好多年。把普鲁士公国变为王国也是采用这一类办法。选帝侯弗里德里希第三亦即后来的国王弗里德里希一世，为要取得王位，需要得到德意志皇帝的同意。为了取得皇帝的天主教良心所愤怒地反对的这个同意，弗里德里希第三收买了耶稣会教徒沃尔弗（列奥波特一世的忏悔牧师），而且附加了 3 万名勃兰登堡人，他们得在奥地利争夺

---

① 康斯坦茨宗教会议（1414—1418）是在德意志皇帝西吉兹蒙特积极推动下召开的，其目的是为了在宗教改革运动开始的情况下巩固天主教会的已经动摇的地位。——《马克思恩格斯全集》（中文第 1 版）第 12 卷，人民出版社 1962 年版，注释 92。

西班牙王位继承权的战争①中充当炮灰。霍亨索伦选帝侯返回到了用活货币付账的古日耳曼习俗时代，区别只在于：古日耳曼人用的是牲畜，而他用的却是人。禀承天命的霍亨索伦王国就是这样起家的。

摘自卡·马克思：《霍亨索伦王朝的神权》，《马克思恩格斯全集》（中文第1版）第12卷，人民出版社1962年版，第110页。

### 10. 先前勃兰登堡选帝侯曾以普鲁士领主身分做过波兰共和国的藩臣

他们不敢公然说阿尔萨斯和洛林的居民渴望投入德国怀抱。恰恰相反。为了惩罚这些居民对法国的爱国情感，斯特拉斯堡（一个有一座居高临下的独立要塞的城市）被"德意志的"爆炸弹野蛮地滥轰了六天之久，城市被焚毁，大批赤手空拳的居民被杀害！当然嘛！这两省的领土先前有个时候曾经隶属于早已寿终正寝的德意志帝国。因此，这块领土连同它所有的居民，看来应该当做德国不可剥夺的财产加以没收。如果依照古玩鉴赏家的想法恢复昔日欧洲的地图，那就千万不要忘记，先前勃兰登堡选帝侯曾以普鲁士领主身分做过波兰共和国的藩臣②。

摘自卡·马克思：《国际工人协会总委员会关于普法战争的第二篇宣言》，《马克思恩格斯文集》第3卷，人民出版社2009年版，第122页。

---

① 1701—1714年，为了争夺西班牙王位继承权，以法国、西班牙为一方，以英国、荷兰、奥地利、普鲁士及以德意志皇帝为首的其他若干德意志邦为另一方，进行了战争。争夺西班牙王位继承权的战争，开始时是西班牙王位的各种追求者之间的王朝战争，后来实际上变成了瓜分西班牙领土的战争，变成了法国和英国为争夺海上和殖民地的霸权的第一次大规模冲突。战争的结果是西班牙帝国部分地被瓜分了：它在尼德兰和意大利的领地割给了奥地利的哈布斯堡王朝；直布罗陀和梅诺尔卡岛割给了英国等等。由于这场战争，法国的海上和殖民地势力被削弱了。法国在北美的领地也转到了英国的手里。英国在争夺西班牙王位继承权的战争中获利最大。——《马克思恩格斯全集》（中文第1版）第12卷，人民出版社1962年版，注释98。

② 1618年勃兰登堡选帝侯国与16世纪初由条顿骑士团领地组成并臣属于波兰贵族共和国的普鲁士公国（东普鲁士）合并。勃兰登堡选帝侯作为普鲁士的领主而成为波兰的藩臣，这种关系一直维持到1657年，当时勃兰登堡选帝侯利用了波兰对瑞典作战的困难，使波兰承认了他对普鲁士领地的主权。——《马克思恩格斯文集》第3卷，人民出版社2009年版，注释63。

## 六 战争、征服、兼并、购买、赠与与疆域及边界变更

**1. 从此以后，零星收买欠债君主的领土的方法成了历代霍亨索伦选帝侯习以为常的事情**

弗里德里希的直接继承人是一个十分软弱无力的人，因为他有一种总是身披铁甲在公众面前出现的怪癖，所以有"铁人"的外号。他用10万金弗罗伦从条顿骑士团手里买下了新边区，正像他父亲从皇帝手里买下了老边区和他的选帝侯的爵位一样。从此以后，零星收买欠债君主的领土的方法成了历代霍亨索伦选帝侯习以为常的事情，正像武装干涉曾经是罗马元老院的家常便饭一样。我们且把这种肮脏交易的枯燥详情放在一边，来看看宗教改革运动的时代吧。

摘自卡·马克思：《霍亨索伦王朝的神权》，《马克思恩格斯全集》（中文第1版）第12卷，人民出版社1962年版，第108—109页。

**2. 霍亨索伦王朝……扩大领地的方法：除贿赂和交易之外，又加上了同俄国订立瓜分某些国家的条约**

霍亨索伦王朝从十八世纪初鸿运亨通以来，更加完善了他们的扩大领地的方法：除贿赂和交易之外，又加上了同俄国订立瓜分某些国家的条约，他们并没有战胜这些国家，但是当这些国家被打败之后，他们却突然向它们扑过去。例如，我们看到，霍亨索伦王朝同彼得大帝串通起来瓜分了瑞典领土；同叶卡特林娜二世串通起来瓜分了波兰；同亚历山大一世串通起来瓜分了德意志①。

因此，那些以纽沙特尔是霍亨索伦王朝靠贿赂得到的为理由来反对普

---

① 普鲁士参加了北方战争，站在俄国一边，反对瑞典，1720年同瑞典签订了和约。按照和约，普鲁士取得了瑞典波美拉尼亚的一部、波莫瑞湾中的乌泽多姆岛和沃林岛。

波兰（波兰贵族共和国）曾于1772、1793、1795年三次被俄国、普鲁士、奥地利瓜分。俄国分得了立陶宛、白俄罗斯和乌克兰的土地。普鲁士和奥地利分得了波兰本土和乌克兰西部。

在1815年的维也纳会议上（这个会议确定了战胜拿破仑的各国对欧洲的瓜分），普鲁士取得了北萨克森、波兹南、莱茵省和威斯特伐里亚，俄国取得了波兰王国，包括一部分以前算作普鲁士领地的波兰土地。——《马克思恩格斯全集》（中文第1版）第12卷，人民出版社1962年版，注释99。

鲁士要求占有它的人们就犯了一个可悲的错误，即忘记了霍亨索伦王朝之取得勃兰登堡、取得普鲁士就是靠了贿赂，而且取得王位也是用了同样的方法。不可能有任何疑问：他们占有纽沙特尔是和占有他们的其他领地一样，凭着同一个神权，并且他们不可能放弃其中的一个而不使所有其余的都受到危险。

摘自卡·马克思：《霍亨索伦王朝的神权》，《马克思恩格斯全集》（中文第 1 版）第 12 卷，人民出版社 1962 年版，第 110—111 页。

### 3. 法国没有得到一寸土地；它把割让给它的伦巴第慷慨地赠给了皮埃蒙特

路易—拿破仑也算满意了。马真塔和索尔费里诺会战①给予他的荣誉虽然不算很大，但已经比他有权期望得到的为多了；并且在险恶的四要塞之间，奥军不再由于自己将军的无能而挨打的时刻总是会到来。此外，普鲁士也进行了动员，而无论是法国在莱茵的军团，或者是俄国军队都没有作战准备。简单地说，在直至亚德里亚海的地区内建立自由意大利的想法被放弃了。路易—拿破仑提议媾和，于是签订了维拉弗兰卡条约②。法国

---

① 马真塔会战和索尔费里诺会战是 1859 年奥意法战争期间进行的两次会战。1859 年 6 月 4 日，法军在通往米兰的要冲击败了奥军，攻占了马真塔，然后进入米兰。1859 年 6 月 24 日法国和皮埃蒙特联军在索尔费里诺会战中击败了奥军。恩格斯在 1859 年写的《军事事件》、《奥军的失败》、《马真塔会战》、《历史的公断》和《索尔费里诺会战》的文章中分别分析了这两次会战的进程。——《马克思恩格斯全集》（中文第 2 版）第 19 卷，人民出版社 2006 年版，注释 83。

② 1859 年 8 月 8 日—10 月 20 日在苏黎世召开了有奥地利、法国和撒丁参加的会议，以拟定最后和约的条款；同年 11 月 10 日各方在和约上签了字。略加修改的维拉弗兰卡初步和约的条款成了苏黎世和约的基础。苏黎世条约由三个单独的外交文件组成，即奥法条约、法撒关于把伦巴第转让给撒丁的条约以及奥法撒共同条约。

维拉弗兰卡条约是 1859 年 7 月 11 日法奥之间签署的维拉弗兰卡初步和约。1859 年 7 月 8 日法奥两国皇帝在维拉弗兰卡城举行单独会晤，皮埃蒙特国王没有获准参加。这次会晤是根据拿破仑第三的建议举行的，因为他害怕战争拖下去会加强意大利和其他欧洲国家中的革命运动和民族解放运动。在这次会晤中签订了停战协定。7 月 11 日法奥双方签署了初步和约，根据和约，伦巴第（曼都亚和培斯克拉两要塞除外）转让法国（但是拿破仑第三后来为了换取萨瓦和尼斯，把伦巴第让给了撒丁），威尼斯仍然受奥地利统治，同意在战时由于人民起义而被赶走的托斯卡纳公爵和摩地那公爵复位。和约规定建立以教皇为首脑的意大利联邦这个和约完全符合拿破仑第三的计划，它并没有解决意大利民族统一这个课题，相反地却加深了国家的政治分裂，在它的某些地区保存了外国统治。尽管初步和约中的某些条文没有实行（例如，建立意大利联邦、两位公爵——他们的领土于 1860 年并入皮埃蒙特——在托斯卡纳和摩地那复位等条）或者有了改变，但整个说来，和约中提出的条件为 1859 年 11 月 10 日签订的苏黎世和约打下了基础。——《马克思恩格斯全集》（中文第 2 版）第 19 卷，人民出版社 2006 年版，注释 4。

没有得到一寸土地；它把割让给它的伦巴第慷慨地赠给了皮埃蒙特；它是为了观念而战，它怎么能考虑莱茵河疆界呢？

在这时候，中意大利暂时并入皮埃蒙特，北意大利王国成为当时颇为可观的力量。

  大陆原有各省和撒丁岛共有人口⋯⋯⋯⋯⋯⋯⋯ 4730500 人
  伦巴第（曼图亚除外）⋯⋯⋯⋯⋯⋯⋯ 约 2651700 人
  托斯卡纳⋯⋯⋯⋯⋯⋯⋯⋯⋯⋯⋯⋯⋯⋯ 1719900 人
  帕尔马与摩德纳⋯⋯⋯⋯⋯⋯⋯⋯⋯⋯⋯ 1090900 人
  罗马涅（博洛尼亚、费拉拉、拉韦纳与弗利）⋯⋯ 1058800 人
  共计（根据1848年资料）⋯⋯⋯⋯⋯⋯⋯ 11251800 人

国家的面积由1373平方德里①增加到2684平方德里。因此，如果北意大利王国最后能建成，它就是头等的意大利国家，除它以外，剩下的只有：

  威尼斯⋯⋯⋯⋯⋯⋯⋯⋯⋯⋯⋯⋯⋯⋯⋯ 2452900 人
  那不勒斯⋯⋯⋯⋯⋯⋯⋯⋯⋯⋯⋯⋯⋯⋯ 8517600 人
  教皇国的剩余部分⋯⋯⋯⋯⋯⋯⋯⋯⋯⋯ 2235600 人
  共计⋯⋯⋯⋯⋯⋯⋯⋯⋯⋯⋯⋯⋯⋯⋯ 13206100 人

因此，仅仅北意大利拥有的人口就几乎相当于意大利其余各地区人口的总和。根据财政和军事力量以及居民的文明程度，这样一个国家在欧洲可以要求取得高于西班牙而仅次于普鲁士的地位，而且，因为它确信意大利其余各地对它的同情日益增长，所以它也无疑会要求这个地位。

摘自弗·恩格斯：《萨瓦、尼斯与莱茵》（1860年2月）（一），《马克思恩格斯全集》（中文第2版）第19卷，人民出版社2006年版，第444—445页。

---

① 1平方德里等于55.063平方公里。——编者注

**4. "光荣的克里木战争"，在这场战争中，英国、法国、土耳其和撒丁联军历经两年"占领了"俄国的半个要塞，但为此却把土耳其的整个要塞（卡尔斯）丢给俄国**

"光荣的克里木战争"①，在这场战争中，英国、法国、土耳其和撒丁联军历经两年"占领了"俄国的半个要塞，但为此却把土耳其的整个要塞（卡尔斯）丢给俄国，并且在巴黎会议上签订和约②时不得不谦恭地"请求"敌人"允许"他们不受干扰地把自己的军队海运回国，——的确，把这场战争说成是什么战争都可以，只是不能把它说成"拿破仑式的"。总而言之，它只在巴赞库尔的小说③里才是光荣的。但是克里木战争暴露许多问题。路易·波拿巴出卖了假盟友（土耳其），以便同假敌人结成同盟。巴黎和约的第一个结果是牺牲了"切尔克斯民族"，是俄国人完全消灭了克里木的鞑靼人以及使波兰和瑞典的民族希望破灭，这种希望原是寄托在西欧对俄国的十字军征讨上的。而从克里木战争中得出的另一个教训是：路易·波拿巴不敢再进行第二次克里木战争，不敢失掉旧军队和欠下新国债，以换取大家承认法国有足够的财富来"为自己的光荣付出代价"，换取路易—拿破仑的名字在一项欧洲条约里出现，换取"欧洲保守的报刊和王朝的报刊"都

---

① 克里木远征即克里木战争（俄土战争），是1853年—1856年俄国对英国、法国、土耳其和撒丁的联盟的战争。这场战争是由于这些国家在近东的经济和政治利益发生冲突而引起的，又称东方战争。——《马克思恩格斯全集》（中文第2版）第19卷，人民出版社2006年版，注释17。

② 指巴黎条约，是1856年3月30日由法国、英国、奥地利、撒丁、普鲁士和土耳其的代表为一方和俄国代表为另一方在巴黎会议上所签订的和约，即结束了1853—1956年克里木战争（见注17）的和约。条约规定俄国让出多瑙河河口和南比萨拉比亚的部分地区，放弃对多瑙河两公国摩尔多瓦和瓦拉几亚的保护权，同意黑海中立，禁止外国军舰通过海峡，俄国和土耳其在黑海不能有海军军械库和舰队。俄国把卡尔斯归还给土耳其，以此换回联军在克里木所占领的塞瓦斯托波尔和其他城市，等等。在会议上，法国不支持英国提出的高加索脱离俄国的要求，不支持奥地利提出的比萨拉比亚并入土耳其的要求。在会议上形成的法俄两国的接近，后来有了加强。

注17：克里木远征即克里木战争（俄土战争），是1853年—1856年俄国对英国、法国、土耳其和撒丁的联盟的战争。这场战争是由于这些国家在近东的经济和政治利益发生冲突而引起的，又称东方战争。——《马克思恩格斯全集》（中文第2版）第19卷，人民出版社2006年版，注释247。

③ 巴赞库尔《塞瓦斯托波尔陷落前的克里木远征》1857年巴黎版第1、2卷。——编者注

照福格特的高度评价（《研究》，第 32 页）一致承认"皇帝圣上的美德、智慧和稳健"，换取当时整个欧洲把真拿破仑才受之无愧的全部荣誉都献给他，但有个明确的条件，就是路易·波拿巴要照路易—菲力浦的榜样在"实践理性的界限之内"①，即在 1815 年条约规定的界限循规之内蹈矩，并且一刻也不忘记那根把小丑同他所扮演的英雄分开来的细线。政治上的鬼蜮伎俩、当权者和社会状况——这一切使十二月帮的头目能够起初在法国境内、然后在法国境外扮演拿破仑的角色，这一切的确都是他的时代所特有的，并不属于伟大的法国革命的编年史。

摘自卡·马克思：《福格特先生》（1860 年 2—11 月）（八），《马克思恩格斯全集》（中文第 2 版）第 19 卷，人民出版社 2006 年版，第 236—237 页。

**5. 第二帝国的丧钟已经在巴黎敲响了**

在我们 7 月 23 日发表的第一篇宣言中，我们说过：

"第二帝国的丧钟已经在巴黎敲响了。它以一场模仿丑剧开始，仍将以一场模仿丑剧告终。但是不应该忘记，正是欧洲各国政府和统治阶级使路易·波拿巴能够把复辟帝国的残酷笑剧表演了 18 年之久。"②

这样，在军事行动实际开始以前，我们就已经把波拿巴泡沫当做过去的事情来对待了。

我们对第二帝国生命力的看法没有错，我们担心在德国方面"战争失去其严格的防御性质而蜕变为反对法国人民的战争"③，也没有错。从事实本身来看，防御性战争是到路易·波拿巴缴械、色当投降和巴黎宣告共和国成立时而告终的。但是还在这些事件之前很久，当波拿巴军队腐朽透顶的情况刚一变得显而易见的时候，普鲁士军事上的幕后操纵者就决定要打一场征服战争了。不过在他们面前有一个相当讨厌的障碍，即国王威廉自

---

① 显然是借用伊·康德《实践理性批判》。——编者注
② 见《马克思恩格斯文集》第 3 卷，人民出版社 2009 年版，第 115 页。——编者注
③ 同上书，第 116 页。——编者注

己在战争开始时发表的声明。威廉在北德意志联邦①国会上发表的御前演说中，曾庄严地宣称，他是同法国皇帝作战，不是同法国人民作战。8月11日，他曾发布告法兰西民族书，其中说道②：

"拿破仑皇帝在陆上和海上向昨天和今天一直都愿意同法国人民和平相处的德意志民族发动了进攻；为了打退他的进攻，我负起了指挥德国军队的责任，而现在战局驱使我越过法国的国界。"

威廉并不满足于宣称他只是"为了打退进攻"才负起指挥德国军队的责任，以此来表白战争的防御性质，他又补充说，他只是在"战争驱使"下才越过了法国的国界。自然，防御战争并不排除"战局"所要求的进攻行动。

可见，这位虔诚的国王曾向法国和全世界保证他所进行的是严格意义的防御战争。怎样才能使他摆脱这一庄严保证的约束呢？导演这出戏的人们便不得不把事情弄成这样：仿佛威廉是违心地顺从了德意志民族的不可抗拒的要求。他们立刻将此意暗示给了德国自由资产阶级以及他们那帮教授和资本家、市议员和新闻记者。这个在1846—1870年争取公民自由的斗争中曾表现得空前犹豫、无能和怯懦的资产阶级，看到要在欧洲舞台上扮演凶猛吼叫的德国爱国主义之狮的角色，当然是欢欣若狂。它再次要求它的公民独立的权利，摆出一副逼迫普鲁士政府的样子。逼迫政府干什么呢？逼迫政府接受政府自己的秘密计划。它深切忏悔不该那样长久地、几乎像信奉宗教一样地深信路易·波拿巴永无谬误，因此它大声疾呼要求肢解法兰西共和国。让我们略微听一听这些爱国勇士们所用的独特论据吧。

---

① 北德意志联邦是1867年建立的以普鲁士为首的德意志联邦国家，它取代了已经解体的德意志邦联。加入北德意志联邦的有19个德意志邦和3个自由市，它们在形式上都被承认有自治权。北德意志联邦的宪法保证普鲁士在联邦中居统治地位；普鲁士国王被宣布为联邦元首和联邦武装部队总司令，并被授予指导对外政策的权力。原来在联邦以外的巴伐利亚、巴登、符腾堡和黑森—达姆施塔特在1870年加入了联邦。北德意志联邦的建立在德意志国家统一的道路上向前迈进了一步。1871年1月，随着德意志帝国的建立，北德意志联邦不复存在。——《马克思恩格斯文集》第3卷，人民出版社2009年版，注释39。

② 在马克思翻译并于1870年以单行本刊印的德文本中删去了这句话和以下的引文，接下来一直到"他们立刻将此意暗示给了……市议员和新闻记者"这一段的文字也有所删节。——编者注

摘自卡·马克思：《国际工人协会总委员会关于普法战争的第二篇宣言》，《马克思恩格斯文集》第3卷，人民出版社2009年版，第120—122页。

### 6. 老实说，把军事上的考虑当成决定国界的原则，岂不完全是一种蠢事和时代错乱吗？

但是，老实说，把军事上的考虑当成决定国界的原则，岂不完全是一种蠢事和时代错乱吗？如果按照这条规则行事，那么奥地利就仍然有权要求取得威尼斯，要求取得明乔河一线；而法国就仍然有权为保护巴黎而要求取得莱茵河一线，因为巴黎从东北受到进攻的危险，无疑比柏林从西南受到进攻的危险要大。

摘自卡·马克思：《国际工人协会总委员会关于普法战争的第二篇宣言》，《马克思恩格斯文集》第3卷，人民出版社2009年版，第123页。

### 7. 如果国界按军事利益来决定，那么这种要求就会没完没了

如果国界按军事利益来决定，那么这种要求就会没完没了，因为任何一条军事分界线都必然有其缺点，都可能用再兼并一些邻近地区的办法加以改善；并且这种国界永远也无法最终和公允地划定。因为每一次总是战胜者强迫战败者接受自己的条件，从而播下新战争的种子。

摘自卡·马克思：《国际工人协会总委员会关于普法战争的第二篇宣言》，《马克思恩格斯文集》第3卷，人民出版社2009年版，第123页。

### 8. 历史将来给予报应的时候，决不会是看你从法国割去了多少平方英里的土地

全部历史的教训就是这样。就各民族来说和就个人来说都是如此。为了剥夺对方的进攻能力，就必须剥夺他们的防御手段。不但要勒住他们的喉咙，而且要杀死对方。如果说过去有哪个战胜者曾经获取"物质保证"用以摧毁一个民族的力量的话，那就是拿破仑第一，他缔结了蒂尔西特和约[①]，并利用这个和约来宰割普鲁士以及德国其余部分。然而，

---

[①] 蒂尔希特和约是拿破仑法国同参加第四次反法同盟的战败国俄国和普鲁士在1807年7月7日和9日签订的和约。和约条件对普鲁士极为苛刻，使普鲁士丧失很大一部分领土，其中包括易北河以西的全部属地。为了分裂战败国，拿破仑没有向俄国提出领土要求，反而使它获得了普鲁士割让的比亚韦斯托克地区，但是亚历山大一世必须承认法国在德国占领的地区和拿破仑在那里所修改的疆界，同意在原来归并于普鲁士的一小块波兰领土上成立华沙大公国（法国企图使之成为进攻俄国的跳板），与普鲁士一样解除与英国的联盟，加入拿破仑的大陆体系。拿破仑第一强行签订的掠夺性的蒂尔希特和约，引起了德国人民的极端不满，从而为1813年反对拿破仑统治的解放运动奠定了基础。——《马克思恩格斯文集》第3卷，人民出版社2009年版，注释65。

几年之后，他那赫赫威势就像一根腐烂的芦苇似的被德国人民摧毁了。普鲁士现在在它最狂妄的幻想中能够或者敢于向法国索取的"物质保证"，难道能够和拿破仑第一曾从德国本身索取过的相比吗？结果也会是同样悲惨的。历史将来给予报应的时候，决不会是看你从法国割去了多少平方英里的土地，而是看你在19世纪下半叶重新推行掠夺政策的这种罪恶有多大！

摘自卡·马克思：《国际工人协会总委员会关于普法战争的第二篇宣言》，《马克思恩格斯文集》第3卷，人民出版社2009年版，第123—124页。

### 9. 我们花了半年时间用武器夺得的东西，应该手执武器保卫它半个世纪

民族自由党人是愚蠢的——虽然小拉斯克尔精明能干——这一点我们早就知道，而且他们自己也知道。但是我们还是不认为他们会像毛奇所说的那样愚蠢，这位沉默大师在帝国国会里讲了整整一个小时，但是他仍然是沉默大师，因为他对自己的听众几乎隐瞒了他自己所想的一切。只有两点他坦率地表示了自己的意见：第一，不幸的第一条是完全必要的；第二，他说了一段出名的话：

"我们花了半年时间用武器夺得的东西，应该手执武器保卫它半个世纪，使别人不能再从我们手里把它夺走。我们自从打了几次胜仗以后到处都受到了重视，但是哪里也没有受到爱戴。"①

Habemus confitentem reum〔在我们面前是一个已经招了供的罪犯〕②。这里我们已经使罪犯认罪了。当普鲁士在色当会战③以后提出了割地的要求的时候，有人就说：新的疆界完全是由于战略必要性所决定的；我们所

---

① 这里和下面引用的都是1874年2月16日毛奇在帝国国会的演说。——《马克思恩格斯全集》（中文第1版）第18卷，人民出版社1964年版，注释403。
② 西塞罗"关于利加里的演说"。——编者注
③ 1870年9月2日的色当会战是1870—1871年普法战争的决定性会战之一，在这次会战中由麦克马洪统率的法国军队被普鲁士军队所击溃，拿破仑第三当了俘虏。色当惨败加速了第二帝国的覆灭，并导致法国宣告成立共和国。从这时起，这次战争便完全失去了它原来对德国所具有的防御性质，非常明显地暴露了普鲁士军阀、容克地主和资产阶级的掠夺野心。——《马克思恩格斯全集》（中文第1版）第18卷，人民出版社1964年版，注释404。

要的只是为我们的防御所绝对必需的东西；在这条新疆界以内，在我们的工事构筑好以后，我们就能够抵抗任何侵犯。如果谈的是问题的纯粹战略方面，的确是如此。

摘自弗·恩格斯：《帝国军事法①》（1874年2月底—3月初）（二），《马克思恩格斯全集》（中文第1版）第18卷，人民出版社1964年版，第550—551页。

**10. 克里木战争并没有使法国的领土增多，因而使法国孕育着一场新战争**

克里木战争使法国成了欧洲的领导强国，而使冒险家路易—拿破仑成了当代的伟人，这当然是用不着多说的。但是，克里木战争并没有使法国的领土增多，因而使法国孕育着一场新战争，在这场新战争中，路易—拿破仑要完成他的真正使命——成为"帝国扩大者"②。这场新战争早在前一次战争时期就已这样做了准备：允许撒丁加入西方列强的同盟，充当法兰西帝国的仆从国，特别是充当该帝国反对奥地利的前哨；其次，这场战争也是在缔结和约时路易—拿破仑同以惩罚奥地利为最大满足的俄国达成协议③所准备好的。

摘自弗·恩格斯：《暴力在历史中的作用④》（1887年12月底—1888年3月），《马克思恩格斯全集》（中文第1版）第21卷，人民出版社1965年版，第470—471页。

---

① 《帝国军事法》一文是恩格斯由于帝国国会正讨论关于增加平时军人数的法律而专门为《人民国家报》撰写的。这个法律批准后被称为七年期限法，它使整个德国都采用普鲁士的军事制度。这个法律反映了德国军国主义的壮大和德国统治集团的侵略意图。

这篇文章曾载于1874年3月8日和11日《人民国家报》第28号和29号，俄译文第一次发表。——《马克思恩格斯全集》（中文第1版）第18卷，人民出版社1964年版，注释396。

② 恩格斯在这里使用了"帝国扩大者"（《Mehrer des Reiches》）这一说法，这是中世纪神圣罗马帝国皇帝的封号的一部分。——编者注

③ 恩格斯指1859年3月3日（2月19日）俄法两国在巴黎签订对付奥地利的秘密条约。根据该条约规定，以法国和撒丁为一方同以奥地利为另一方一旦发生战争，俄国对法国应采取友好的中立态度。法国答应提出关于修改1856年结束克里木战争的巴黎和约中有关限制俄国黑海主权的条款的问题。可是，到后来，鉴于拿破仑第三不愿履行自己的诺言，又由于在其他问题上产生了分歧，因而就使两国之间的相互关系冷淡了。——《马克思恩格斯全集》（中文第1版）第21卷，人民出版社1965年版，注释472。

④ 关于恩格斯《暴力在历史中的作用》一文的由来，参见本摘编稿第2章（二、所谓的"民族原则"）第16节（16、路易—拿破仑现在成了欧洲资产阶级的偶像）的注释。——专题摘编者注

**11. 巴黎投降了，它交出了两亿赔款；要塞交给了普鲁士人**

俾斯麦指挥下的容克们所关心的是：尽管士兵和不少军官的所作所为无可责难，但是战争还是要保持特殊的普鲁士性质，并且硬要法国人也明白这一点；可是，法国人却让整个军队对容克的卑劣行为负责。

不过，就是这帮容克还是要对法国人民表示史无前例的敬意。当想要解围巴黎的一切尝试遭到失败，全部法军都被击退，布尔巴基向德国人的交通线实行最后一次大规模进攻也以失败告终的时候；当整个欧洲外交界采取袖手旁观的态度，而让法国去听天由命的时候，挨饿的巴黎终于被迫投降了。① 当容克们终于有可能胜利地进入不信神的人的巢穴，并对巴黎的造反分子彻底地进行报复——1814年俄国皇帝亚历山大和1815年威灵顿都没有让他们这样做——的时候，他们的心脏激烈地跳动起来了；现在他们可以痛痛快快地惩治一下革命的摇篮和故乡了。

巴黎投降了，它交出了两亿赔款；要塞交给了普鲁士人；城防军在胜利者面前放下了武器，交出了他们的野炮；巴黎要塞围墙的大炮都被拆除了；国家的所有一切反抗手段都接二连三地交出去了。

摘自弗·恩格斯：《暴力在历史中的作用》（1887年12月底—1888年3月），《马克思恩格斯全集》（中文第1版）第21卷，人民出版社1965年版，第504页。

**12. 还从法国手中夺走了两个省——亚尔萨斯和德意志洛林（包括麦茨和斯特拉斯堡），把它们并入德国**

可是，这也是俾斯麦不得不承担的唯一牺牲。他竟说什么在法国并没有能同他签订和约的政府，——这既是真的又是假的，不论在9月4日或者在1月28日都是一样，——他以此为借口纯粹按普鲁士方式彻底利用他的胜利，直到彻底打倒了法国以后才同意签订和约。在签订和约时，他又按照美好的旧普鲁士方式"毫无顾忌地利用有利形势"。不仅榨取了五十亿战争赔款这样一笔空前巨大的款子，而且还从法国手中夺走了两个

---

① 恩格斯指德国军队同布尔巴基指挥下的法国东方军团于1871年1月15—17日所进行的埃里库尔（在伯尔福附近）会战，东方军团进入佛日山脉东部地区，以便在那儿对围困巴黎的德国军队的主要交通线进行侧击。东方军团的进攻被德国人击败了，它不得不退却，在退却过程中，它被紧逼到瑞士边界，被拘禁在瑞士境内。在实行这种退却期间，国防政府的代表法夫尔于1871年1月28日同俾斯麦签署了关于停战和巴黎投降的议定书。——《马克思恩格斯全集》（中文第1版）第21卷，人民出版社1965年版，注释525。

省——亚尔萨斯和德意志洛林（包括麦茨和斯特拉斯堡），把它们并入德国。① 从这一兼并开始，俾斯麦第一次以独立政治家的姿态出现，他不再用自己的方法去实现从外面强加于他的纲领，而是去实现他自己脑子活动的产物了；在这里他就犯了他的第一个大错误②。

摘自弗·恩格斯：《暴力在历史中的作用》（1887年12月底—1888年3月），《马克思恩格斯全集》（中文第1版）第21卷，人民出版社1965年版，第505—506页。

**13. 而且，为了使四边形要塞区连成一气，就必须越出德语区，就必须兼并25万本来的法国人**

从军事上来看，这种兼并肯定是有一定目的的。占领了麦茨和斯特拉斯堡以后，德国就有了一道极其强固的防御线。只要比利时和瑞士保持中立，法国人就只能在麦茨和佛日山脉之间的狭长地带采取大规模进攻行动，此外，科布伦茨、麦茨、斯特拉斯堡、美因兹还能形成世界上最坚固、最巨大的四边形要塞区。但是，这种四边形要塞区，像奥地利在伦巴第的四边形要塞区③一样，也是一半处在敌人领土上，在那里充当镇压居民的基地的。而且，为了使四边形要塞区连成一气，就必须越出德语区，就必须兼并25万本来的法国人。

因此，战略上的巨大利益是唯一能够为兼并辩护的理由。可是，这种利益能不能比得上由此而遭到的损失呢？

摘自弗·恩格斯：《暴力在历史中的作用》（1887年12月底—1888年3

---

① 关于停战和巴黎投降的议定书在1871年1月28日签订以后，法国和普鲁士之间的军事行动就没有再起。以梯也尔为首的法国投降派统治集团于1871年2月26日匆忙地按照俾斯麦规定的条件签署了初步和约。1871年5月10日在法兰克福签署了最后和约，确认由德国兼并亚尔萨斯和洛林东部。根据法兰克福条约，法国支付五十亿法郎赔款的条件更苛刻了，德军占领法国领土的期限延长了，——这是俾斯麦帮助凡尔赛政府镇压公社的代价。——《马克思恩格斯全集》（中文第1版）第21卷，人民出版社1965年版，注释527。

② 以下直到"俾斯麦已达到目的"（见第21卷513页）以前的各段文字，由于缺少这几页手稿，这一部分是按照《新时代》杂志上发表的原文复制的（见1805—1896年《新时代》第1卷第25期第772—776页）。——编者注

③ 指出北意大利的要塞——维罗那、列尼亚哥、曼都亚和培斯克拉——所组成的极其坚固的筑垒阵地，关于作为奥地利在北意大利进行统治的保垒的这个四边形要塞区的作用，见恩格斯的著作《奥地利如何控制意大利》和《波河与莱茵河》（《马克思恩格斯全集》中文版第13卷第213—220、247—299页）。——《马克思恩格斯全集》（中文第1版）第21卷，人民出版社1965年版，注释532。

月),《马克思恩格斯全集》(中文第 1 版) 第 21 卷,人民出版社 1965 年版,第 509—510 页。

### 14. 亚尔萨斯和洛林的被兼并使俄国成为欧洲的仲裁人

年轻的德意志帝国由于公开而率直地宣布粗野的暴力是自己的基本原则而使自己在道义上遭到了巨大的损失,对于这种损失,这位普鲁士的容克是不加考虑的。相反,他要的是倔强的、用暴力加以镇压的臣民;他们是普鲁士威力日益增强的证据;实际上他也从来没有什么别的证据。但是,他却不能不考虑兼并的政治后果。而这种后果是显而易见的。早在兼并在法律上生效以前,马克思就在国际的一个通告中就兼并一事向全世界大声疾呼:亚尔萨斯和洛林的被兼并使俄国成为欧洲的仲裁人。① 而且,在俾斯麦本人于 1888 年 2 月 6 日的帝国国会演说中向万能的沙皇——战争与和平的主宰诉苦,最终承认了这句话的真实②以前,社会民主党人也曾在帝国国会的讲台上一而再、再而三地说过。

摘自弗·恩格斯:《暴力在历史中的作用》(1887 年 12 月底—1888 年 3 月),《马克思恩格斯全集》(中文第 1 版) 第 21 卷,人民出版社 1965 年版,第 510 页。

### 15. 由于从法国手中夺走两个狂热爱国的省份,于是就把法国投入了任何一个能给它带来收复这两个省份的希望的人的怀抱

的确,这是非常明显的。由于从法国手中夺走两个狂热爱国的省份,于是就把法国投入了任何一个能给它带来收复这两个省份的希望的人的怀抱,并且使它变成了自己的永久的敌人。不错,在这方面当之无愧地并且诚心诚意地代表德国庸人的俾斯麦,要求法国人不仅应当在国法上、而且应当在道义上放弃亚尔萨斯—洛林,甚至应当欢迎革命法国的这两个地区"重归故国"(尽管这两个地区根本不想这个故国)。然而,很遗憾,法国人并不这样做,正像德国人在拿破仑战争时期在道义上不放弃莱茵河左岸

---

① 指"国际工人协会总委员会关于普法战争的第二篇宣言"(见《马克思恩格斯全集》中文第 1 版第 17 卷第 285—294 页)。——《马克思恩格斯全集》(中文第 1 版) 第 21 卷,人民出版社 1965 年版,注释 533。

② 在改组德国武装力量法案的讨论期间,俾斯麦在他的 1888 年 2 月 6 日在帝国国会的演说中,坚持有必要加强德意志帝国的军事威力,实际上承认有可能产生法国和沙皇俄国的反德同盟,然后就百般赞扬亚历山大三世的对德政策,把这一政策同当时俄国报刊上进行的反德运动对立起来。——《马克思恩格斯全集》(中文第 1 版) 第 21 卷,人民出版社 1965 年版,注释 534。

一样，虽然这一地区当时根本不希望回到德国人那里去。只要亚尔萨斯人和洛林人要求回到法国，法国将力图而且必然力图重新得到他们，将寻找而且必然寻找达到这一目的的手段，因而包括寻找盟友。而它用来对付德国的天然同盟者就是俄国。

摘自弗·恩格斯：《暴力在历史中的作用》（1887年12月底—1888年3月），《马克思恩格斯全集》（中文第1版）第21卷，人民出版社1965年版，第510—511页。

**16. 如果大陆西部的这两个最大最强的民族因彼此敌视而相互抵消，如果再加上在它们中间存在着永久性的纠纷的苹果而使它们相互斗争，那末，从中得利的只有当时行动更加自由的俄国**

如果大陆西部的这两个最大最强的民族因彼此敌视而相互抵消，如果再加上在它们中间存在着永久性的纠纷的苹果而使它们相互斗争，那末，从中得利的只有当时行动更加自由的俄国，——而俄国的侵略野心越是有指望从法国得到无条件的支持，它就越少受到德国方面的阻挠。俾斯麦难道不是把法国置于这样一种境地，也就是使它不得不乞求同俄国结盟，只要俄国答应使失去的省份归还它，它就一定甘愿把君士坦丁堡让给俄国吗？如果说，虽然如此，和平仍然已经维持了十七年之久，那末，这难道不只是由于法国和俄国实行的后备军制度要提供足数受过训练的每年的兵员至少需要十六年，而德国在最近实行改革以后甚至需要二十五年吗？亚尔萨斯—洛林被兼并是在最近十七年中支配着整个欧洲政治的因素，这种兼并在目前不也是以战争威胁着我们这部分世界的全部危机的主要原因吗？消除这一事实，和平就有保证！

摘自弗·恩格斯：《暴力在历史中的作用》（1887年12月底—1888年3月），《马克思恩格斯全集》（中文第1版）第21卷，人民出版社1965年版，第511页。

**17. 他们厌恶兼并是一个历史事实，对这一事实应当加以解释，而不应当破口大骂**

如果说，现在亚尔萨斯人是这个样子，那末我们有权对此大发雷霆吗？绝对没有。他们厌恶兼并是一个历史事实，对这一事实应当加以解释，而不应当破口大骂。在这里我们应当问一下自己：德国要犯好多好大的历史罪过，才使亚尔萨斯人产生了这样一种情绪？如果企图使亚尔萨斯人重新德国化已经过了十七年，他们还异口同声地向我们大声疾呼：请不要对我们这样做吧，那末，我们的新德意志帝国从外面看上去是一个什么样子呢？我们是否有权设想，两次顺利的战争和俾斯麦的十七年独裁就足以消除三百年的可耻历史的全部后果呢？

摘自弗·恩格斯：《暴力在历史中的作用》（1887年12月底—1888年3月），《马克思恩格斯全集》（中文第1版）第21卷，人民出版社1965年版，第512—513页。

**18. 决定欧洲当前的局势的是以下三个事实**

决定欧洲当前的局势的是以下三个事实：（1）德国吞并亚尔萨斯—洛林；（2）沙皇俄国力图占领君士坦丁堡；（3）无产阶级和资产阶级之间的斗争在所有国家中更加炽烈地燃烧起来，社会主义运动的普遍高涨是这个斗争的标志。

前两件事实使得欧洲分裂为现在的两大军事阵营。德国的吞并把法国变成俄国反对德国的同盟者，沙皇对君士坦丁堡的威胁把奥地利，甚至意大利，变成德国的同盟者。两个阵营都在准备决战，准备一场世界上从未见过的战争，一场将有1000万到1500万武装的士兵互相对峙的战争。只有两个情况至今阻碍着这场可怕的战争爆发：第一，武器技术空前迅速地发展，每一种新发明的武器甚至还没有来得及在一支军队中使用，就被另外的新发明所超过；第二，绝对没有可能预料胜负，完全不知道究竟谁将在这场大战中最后成为胜利者。

摘自弗·恩格斯：《俄国沙皇政府的对外政策》（1889年12月—1890年2月）（三），《马克思恩格斯文集》第4卷，人民出版社2009年版，第390页。

# 七　主权在民及其人民在领土变更中的地位

**1. 只要这条分界线没有得到另外两种力量即德国人民和波兰人民的批准，它还是不可能成为"最终的"界线的**

冯·普富尔先生声言，新界线一经内阁批准，就是最终的界限。他丝毫没有提到妥协议会和德国国民议会，既然是关于确定德国边界的问题，这两个议会也应当表示自己的意见。不过，即使内阁、妥协派、法兰克福议会批准了普富尔先生的决定，只要这条分界线没有得到另外两种力量即德国人民和波兰人民的批准，它还是不可能成为"最终的"界线的。

摘自弗·恩格斯：《对波兰的重新瓜分》（1848年6月8日），《马克思恩格斯全集》（中文第1版）第5卷，人民出版社1958年版，第63页。

**2. 不过不应该由普鲁士官吏随便把居民变为德国人或波兰人，而应该给他们表示自己的意志的机会**

在第一篇论文里，我们分析了施滕策尔报告中的"历史论证"，因为他的报告中有些地方涉及革命前波兹南的情况。今天，我们要谈谈施滕策尔先生所论述的波兹南的革命和反革命的历史。

> "对任何不幸者充满同情（这种同情是毫无价值的）[①] 的德国人民，始终深切地感到他们的君主对波兰人干下了严重的非正义行为。"

当然，他们是以德国人的宁静的心"深切地感到"的，在这颗心里，感情藏得如此之"深"以致从来也没有在行动中表现出来！当然，他们曾经通过1831年的某些施舍，通过宴会和波兰舞会来表示"同情"，但是事情也只限于跳跳舞来祝福波兰人，喝喝香槟酒和唱唱"波兰人还没有灭亡！"[②] 的歌罢了。如果真正要做一些重大的事情，真正要受一些牺牲，那就决不是德国人的事情！

---

[①] 括弧里的话是恩格斯的。——译者注
[②] 这是波兰国歌的歌词。——《马克思恩格斯全集》（中文第1版）第5卷，人民出版社1958年版，注释195。

"德国人诚恳地伸出了友谊之手,来补偿他们的君主过去的罪恶。"

当然,如果悲天悯人的词句和令人沮丧的废话能够"补偿"什么的话,那末任何一个民族在历史面前都不象德国人那样纯洁。

"但是就在波兰人欢迎德国人(就是握住向他们伸出的友谊之手)① 的时候,两个民族的利益和目的就不一致了。波兰人只想恢复他们以前的国家,至少恢复1772年第一次瓜分前的疆界。"

真的,单是那种向来就成为德意志民族性的主要装饰品的无思想、无内容、无目的的热情,就足以使德国人因波兰人的要求而感到茫然!德国人想"补偿"波兰所遭受的非正义行为。这种非正义行为是从什么时候开始的呢?撇开过去的种种叛卖行为不谈,至少是从1772年第一次瓜分波兰时开始的。这怎样才能"补偿"呢?只有恢复1772年以前的 status quo〔局面〕,或者至少把德国人从1772年起掠夺波兰人的全部东西归还波兰。但是这和德国人的利益有没有矛盾呢?好吧,如果谈到利益,那就根本谈不上"补偿"这一类悲天悯人的话;那你们就得用冷酷无情的实际的口吻讲话,就得抛开宴会上的言词和温厚的感情。

况且,第一,波兰人决不是"只""想"恢复波兰1772年的疆界。一般说来,波兰人这一次所"想"的事情和我们没有关系。他们首先只要求改组整个波兹南,并且只谈到今后如果德国—波兰和俄罗斯发生战争时的可能性问题。

第二,"两个民族的利益和目的不一致",只是由于革命的德国在各民族之间的关系上的"利益和目的"仍然和以前专制的德国完全一样。当然,只要德国的"利益和目的"是不惜任何代价同俄国订立同盟,或者至少同俄国和平共处,那末波兰的一切就必须照旧。但是以后我们会看到,德国的真正利益和波兰的利益是多么一致。

施滕策尔先生接着说了一段冗长、混乱和含糊的话,他详细地说明波

---

① 括弧里的话是恩格斯的。——译者注

兰的德国人是如何正确，他们虽然给了波兰应有的报答，但是同时却希望仍然做普鲁士人和德国人。在这里，"虽然"排除了"但是"，"但是"排除了"虽然"——当然，这和施滕策尔先生是毫无关系的。

这里所以加进这样一段冗长混乱的历史叙述，是因为施滕策尔先生企图以此来详尽地证明：在"两个民族的利益和目的不一致"因而使相互间的仇恨日益增长的情况下，流血的冲突是不可避免的。德国人坚持"民族的"利益，波兰人则坚持纯粹"领土的"利益。这就是说，德国人要求按民族来瓜分大公国，波兰人则竭力争取他们以前的一切地区都归自己。

这又不合乎事实，因为波兰人只要求改组，并且声明他们完全同意让出那些德国居民占大多数而且愿意归并到德国去的民族杂居的边境地区。不过不应该由普鲁士官吏随便把居民变为德国人或波兰人，而应该给他们表示自己的意志的机会。

摘自弗·恩格斯：《法兰克福关于波兰问题的辩论》（1848年8月7日—9月6日）（二），《马克思恩格斯全集》（中文第1版）第5卷，人民出版社1958年版，第381—383页。

**3. 美国和墨西哥是两个共和国；这两国的人民都是自主的。……但是，由于得克萨斯问题，在它们之间爆发了战争；美国人民的"主权意志"依靠美国志愿军的勇敢，从"地理的、贸易的和战略的考虑"出发，把自然确定的边界线向南推移了几百英里**

关于建立"各族人民的普遍的兄弟同盟"和划定"各族人民本身的主权意志根据其民族特点所确定的界线"问题，我们再说一句话。美国和墨西哥是两个共和国；这两国的人民都是自主的。

根据道德的理论，这两个共和国本来应当是"兄弟的"和"结成联邦的"国家，但是，由于得克萨斯问题，在它们之间爆发了战争；美国人民的"主权意志"依靠美国志愿军的勇敢，从"地理的、贸易的和战略的考虑"出发，把自然确定的边界线向南推移了几百英里，这究竟是怎么回事呢？这次战争虽然有力地打击了巴枯宁以"正义和人道"为依据的理论，但它完全是为了文明的利益进行的。巴枯宁是否要谴责美国人进行这种"侵略战争"呢？富饶的加利福尼亚从对它毫无作为的懒惰的墨西哥人手中摆脱出来，这有什么害处呢？如果精力充沛的美国佬迅速地开发那里的金砂矿床，增加流通手段，在短时间内在太平洋沿岸最适宜的地方集中稠密的人口，开展广泛的贸易，建立许多大城市，开辟轮船交通，铺设从纽约到旧金山的铁路，第一次使太平洋真正接触现代文明，在历史上第三次为世界贸易开辟新的方向，那有什么不好呢？当然，加利福尼亚和得克萨斯的某些西班牙人的"独立"在这种情况下可能会遭到侵害；"正义"和其他道德原则也许会受到一些破坏；但是同那些具有全世界历史意义的事实比较起来，这又算得了什么呢？

摘自弗·恩格斯：《民主的泛斯拉夫主义》（1849年2月14—15日）（一），《马克思恩格斯全集》（中文第1版）第6卷，人民出版社1961年版，第326页。

### 4. 虽然如此，在战前并没有听到过任何同情并入法国的说法

如果法国报纸说，萨瓦在语言上和风俗上同法国一致，那末这种说法至少用于瑞士法语区、比利时瓦隆区以及拉芒什海峡的英属诺曼底群岛也是同样正确的。萨瓦人民讲的是南法兰西方言；受过教育的人所使用的语言和书面语到处都是法语。意大利语的成分在萨瓦是如此之少，以致法兰西民间语（即南法兰西或普罗旺斯民间语）甚至越过阿尔卑斯山渗入皮埃蒙特直到多拉里帕里亚河和多拉巴尔泰阿河上游地区。虽然如此，在战前并没有听到过任何同情并入法国的说法。只是在同法国有某些贸易来往的下萨瓦的个别人中间偶尔有过这样的想法；这种想法，对当地广大居民来说，就像在其他所有与法国接壤而操法语的地区一样，是毫不相干的。特别值得注意的是，在1792年到1812年期间曾合并到法国的那些地区中，没有一个有丝毫想要回到法国鹰的卵翼之下的愿望。虽然它们已尝到了第一次法国革命的果实，但是它们从心底里厌恶严格的集权统治、地方长官的管辖以及巴黎派来的文明传教士永无过错的说教。

摘自弗·恩格斯：《萨瓦、尼斯与莱茵》（1860年2月）（二），《马克思恩格斯全集》（中文第2版）第19卷，人民出版社2006年版，第448页。

### 5. 这便是关于萨瓦民族性和民意的问题

目前的情况是这样：一般说来，不存在想要使萨瓦与皮埃蒙特分离的要求。在萨瓦的上部地区，即在莫列讷、塔朗泰斯和上萨瓦，居民坚决主张维持现状。在热内瓦、福西尼和沙布莱，如果什么时候出现变动，居民宁愿并入瑞士。只是在下萨瓦的某些地方，以及在全省的反动贵族中间，

有赞成并入法国的呼声。但是这种呼声是这样微弱，甚至在尚贝里绝大多数的居民都坚决表示反对，连反动贵族（见科斯塔·德·博雷加尔的声明）也不敢承认他们同情这种呼声。

这便是关于萨瓦民族性和民意的问题。

摘自弗·恩格斯：《萨瓦、尼斯与莱茵》（1860年2月）（二），《马克思恩格斯全集》（中文第2版）第19卷，人民出版社2006年版，第450页。

### 6. 如果德国工人阶级不 en masse（众口一辞地）说出他们的主张，那些恶棍和傻瓜就会肆无忌惮地继续他们的疯狂的赌博……

这场战争是有利还是有害，完全取决于德国胜利者当前的行动。

如果他们夺去了亚尔萨斯和洛林，那末法国就会联合俄国共同对德国作战。这种战争的致命后果是没有必要加以说明的。

如果他们同法国缔结光荣的和约，那末，这场战争就会把欧洲从俄国人的独裁下解放出来，就会使普鲁士溶于德国之中，就会使欧洲大陆的西部获得和平发展，最后，它还会促进俄国社会革命的爆发（这一革命的因素只有靠这样一种外来的推动才能得到发展），因而这对俄国人民也是非常有利的。

但是，我担心的是，如果德国工人阶级不 en masse（众口一辞地）说出他们的主张，那些恶棍和傻瓜就会肆无忌惮地继续他们的疯狂的赌博……

摘自卡·马克思和弗·恩格斯：《给社会民主工党委员会的信》（1870年8月22—30日之间），《马克思恩格斯全集》（中文第1版）第17卷，人民出版社1963年版，第283—284页。

### 7. 德国工人阶级坚决支持了它所无力阻止的这场战争

德国工人阶级坚决支持了它所无力阻止的这场战争，把这看做是争取德国独立、争取法国和全欧洲从第二帝国这个可恶的梦魇的羁绊下解放出来的战争。正是德国的产业工人和农业劳动者一起，撇下了半饥半饱的家庭而组成了英勇的军队的骨干。他们在国外战场上有许多人战死，而回国后还要有许多人穷死饿死[1]。所以他们现在也要求得到"保证"——保证

---

[1] 在1870年德文版中加有："而爱国主义的空谈家会安慰他们说，资本无祖国，而工资是由非爱国主义的国际性的供求规律来调节的。因此，难道工人阶级现在还不应该表示自己的态度，不再让资产阶级老爷们用工人阶级的名义来讲话。"——编者注

使他们付出的无数牺牲不致白费,使他们获得自由,使他们对波拿巴军队的胜利不会像1815年那样变成德国人民的失败①。而他们所要求的第一个这样的保证,就是给法国以光荣的和平并承认法兰西共和国。

摘自卡·马克思:《国际工人协会总委员会关于普法战争的第二篇宣言》,《马克思恩格斯文集》第3卷,人民出版社2009年版,第125—126页。

**8. 历史会证明,德国工人决不是像德国资产阶级那样由柔软的材料制成的**

德国社会民主工党中央委员会在9月5日发表了一个宣言,坚决要求这些保证。宣言说:

"我们抗议兼并阿尔萨斯和洛林。我们了解我们是代表德国工人阶级说话的。为了法国和德国的共同利益,为了和平和自由的利益,为了西方文明战胜东方野蛮的利益,德国工人决不能容忍兼并阿尔萨斯和洛林……我们将忠实地同我们的全世界工人同志们站在一起,为无产阶级共同的国际事业而奋斗!"②

遗憾的是,我们不能指望他们马上获得成功。既然法国工人在和平时期尚且不能制止住侵略者,那么德国工人在军事狂热时期又怎么会有更多的希望制止住胜利者呢?德国工人的宣言要求把路易·波拿巴当做普通罪犯引渡给法兰西共和国。他们的统治者却已在竭力设法重新把他扶上土伊勒里宫的宝座,认为他是能葬送法国的最佳人选。可是无论如何,历史会证明,德国工人决不是像德国资产阶级那样由柔软的材料制成的。他们一定会尽到自己的责任。

摘自卡·马克思:《国际工人协会总委员会关于普法战争的第二篇宣言》,

---

① 指德国封建反动势力在拿破仑统治覆灭后取得的胜利。

德国和欧洲其他许多国家的人民曾一起参加了反对拿破仑统治的解放战争,然而1815年拿破仑被推翻以后,战争的胜利果实却被欧洲封建专制国家中以反动贵族阶级为支柱的统治者们所窃取。以奥地利、普鲁士和沙皇俄国为核心的反革命的君主联盟——神圣同盟,成了欧洲国家命运的主宰。随着德意志联邦的建立,德国保持了封建割据的局面,巩固了德意志各邦的封建专制制度,保留了贵族阶级的一切特权,加剧了对处于半农奴制下的农民的剥削。——《马克思恩格斯文集》第3卷,人民出版社2009年版,注释67。

② 《社会民主党委员会宣言。致全体德国工人!》,载于1870年9月11日《人民国家报》第73号。——编者注

《马克思恩格斯文集》第 3 卷，人民出版社 2009 年版，第 126—127 页。

## 9. 在法国，路易·波拿巴曾利用资产阶级和工人阶级之间的斗争，在农民的帮助下当上总统

在法国，路易·波拿巴曾利用资产阶级和工人阶级之间的斗争，在农民的帮助下当上总统，并在军队的帮助下登上帝座。可是，一个新的、由军队制造出来的、在 1815 年法国版图内的拿破仑皇帝，则是一种死产了的徒劳的事情。这个再生的拿破仑帝国，意味着把法国扩张到莱茵河地区，实现法国沙文主义的传统梦想。

摘自弗·恩格斯：《暴力在历史中的作用》（1887 年 12 月底—1888 年 3 月），《马克思恩格斯全集》（中文第 1 版）第 21 卷，人民出版社 1965 年版，第 469 页。

## 10. 但是，巴黎的真正保卫者——国民自卫军，武装的巴黎人民——仍然是不可侵犯的

巴黎投降了，它交出了两亿赔款；要塞交给了普鲁士人；城防军在胜利者面前放下了武器，交出了他们的野炮；巴黎要塞围墙的大炮都被拆除了；国家的所有一切反抗手段都接二连三地交出去了。但是，巴黎的真正保卫者——国民自卫军，武装的巴黎人民——仍然是不可侵犯的；没有人敢要求他们交出武器，无论是枪支或者是大炮。[①] 为了向全世界宣告胜利的德国军队在武装的巴黎人民面前恭恭敬敬地停下了脚步，胜利者没有进入巴黎，只满足于获准把爱丽舍园——一个公园！——占领了三天，而这个地方四周都受巴黎人的哨兵保护、监视和包围！没有一个德国兵走进巴黎市政厅，没有一个德国兵踏上林荫道，而得以进入路弗尔宫去赏鉴艺术珍品的几个人必须请求批准，否则便是违反投降条件。法国被击溃了，巴黎被饿倒了，可是，巴黎人民用自己的光荣的过去为自己争得了这样的尊敬：没有一个胜利者敢要求他们解除武装，没有一个胜利者胆敢搜查他们的家，胆敢用胜利游行来玷污这些街道——经历了多次革命的战场。仿佛是那位新出炉的德国皇帝[②]在活着的巴黎革命者面前脱帽致敬，就像他的

---

① 正是这些属于国民自卫军而不是属于国家因而没有交给普鲁士人的大炮，梯也尔在 1871 年 3 月 18 日下令要从巴黎人那儿偷过来，这就成了起义的导火线，由此产生了公社。

② 威廉一世。——编者注

哥哥①当年在死难的柏林三月战士②面前脱帽致敬那样，仿佛是整个德国军队都站在皇帝背后，举枪致敬。

摘自弗·恩格斯：《暴力在历史中的作用》（1887年12月底—1888年3月），《马克思恩格斯全集》（中文第1版）第21卷，人民出版社1965年版，第504—505页。

### 11. 只有当俄国战局发生转变，使得俄国人民能够永远结束自己沙皇的传统的侵略政策

只有当俄国战局发生转变，使得俄国人民能够永远结束自己沙皇的传统的侵略政策，抛弃世界霸权的幻想，而关心自己在国内的受到极严重威胁的切身利益时，这种世界战争的全部危险才会消失。

摘自弗·恩格斯：《俄国沙皇政府的对外政策》（1889年12月—1890年2月）（三），《马克思恩格斯文集》第4卷，人民出版社2009年版，第390页。

### 12. 它首先要办的事，就是让亚尔萨斯—洛林的居民有可能按照自己的意见来决定自己的政治前途

"还有一个问题：亚尔萨斯—洛林这个一切纠纷的根源会怎么样？您相信能同时使法国和德国都满意地和平解决这一问题吗？"

"我希望，经过十年左右，德国社会党将取得政权。它首先要办的事，就是让亚尔萨斯—洛林的居民有可能按照自己的意见来决定自己的政治前途。因而，这一问题将在没有任何法国士兵的参预下得到解决。相反，德国和法国之间的战争是妨碍社会党人取得政权的唯一手段。如果法国同俄国结成同盟进攻俄国，德国将为保卫民族的生存而进行殊死的斗争，而对于民族的生存，德国社会党人远较资产者更为关心。因此社会党人将战到最后一人，并且将毫不犹豫地采取1793年法国采用过的革命手段。"

---

① 弗里德里希·威廉四世。——编者注
② 指普鲁士1848年三月事件中的下面一件事情：柏林3月18日人民起义胜利以后，起义者于3月19日早晨强迫普鲁士国王弗里德里希·威廉四世走上皇宫阳台，要他向阵亡的街垒战士的尸体脱帽致敬。——《马克思恩格斯全集》（中文第1版）第21卷，人民出版社1965年版，注释526。

摘自弗·恩格斯：《1892年4月1日弗·恩格斯对法国"闪电报"记者的谈话①》，《马克思恩格斯全集》（中文第1版）第22卷，人民出版社1965年版，第622—623页。

---

① 恩格斯于1892年4月1日对法国《闪电报》记者艾·马萨尔发表了谈话。4月3日，恩格斯审阅记者的记录，差不多完全把它改写了。1892年4月4日，恩格斯在劳拉·拉法格的信里提到这次谈话，他说，如果该报任意改动经他审阅后的文字，他将反对记者的做法。谈话在4月16日转载于工人党机关报《社会主义报》，由此可见，恩格斯显然认为发表出来的文字是符合他答记者问的内容的。谈话发表在《闪电报》上的标题是："无政府主义。同德国社会党人恩格斯的谈话"；发表在《社会主义者报》上的标题是："饥荒造成的和平"（最后两段被删掉）。

本版所载的谈话，删去了记者加在前边的按语和后边的评论。

《闪电报》（《L'éclair》）是一家法国资产阶级日报，从1888年至1889年在巴黎出版。——《马克思恩格斯全集》（中文第1版）第22卷，人民出版社1965年版，注释525。

## 八 战略要地、地缘政治态势与疆域

**1. 谁掌握着这两个海峡，谁就可以随意开放和封锁通向地中海的这个遥远角落的通道**

现在让我们更具体地来看看黑海的贸易。据伦敦杂志《经济学家》统计，不列颠向土耳其领地，包括埃及和多瑙河两公国的出口总值如下①：

1840年……………………………1440592英镑
1842年……………………………2068842英镑
1844年……………………………3271333英镑
1846年……………………………2707571英镑
1848年……………………………3626241英镑
1850年……………………………3762480英镑
1851年……………………………3548959英镑

在这些总额中，黑海各港口，包括君士坦丁堡在内，至少要占三分之二。而整个不断迅速增长的贸易，都决定于控制着达达尼尔海峡和博斯普鲁斯海峡这两个黑海咽喉的国家是否可靠。谁掌握着这两个海峡，谁就可以随意开放和封锁通向地中海的这个遥远角落的通道。如果俄国占领了君士坦丁堡，谁还能指望它会敞开这些大门，让英国像过去一样闯入俄国的贸易范围呢？

这就是土耳其特别是达达尼尔海峡在贸易上的意义。很明显，货物经过这些黑海的大门是否完全自由，不仅决定着十分广泛的贸易的命运，而且决定着欧洲和中亚之间的基本联系的命运，从而也就决定着在这个广大地区恢复文明的基本手段的命运。

---

① 1853年3月12日《经济学家》第498期。——编者注

摘自弗·恩格斯：《土耳其问题的真正症结①》，《马克思恩格斯全集》（中文第2版）第12卷，人民出版社1998年版，第18—19页。

## 2. 从军事的角度来看，波兹南是决不能放弃的

这样，从军事的角度来看，波兹南是决不能放弃的。既然照维利森的说法，建筑这个要塞是战略上的一个最大的错误，那就可以毁掉这个要塞，而去加强布勒斯劳②。但是加强波兹南要塞曾经花了1000万（这又不合乎事实，恐怕连500万也不到），自然，把这个珍贵的艺术品留在手里，同时占领20至30平方英里的波兰土地，是更有利的。

如果已经控制波兹南"城和要塞"，自然就给夺取更多的地方提供了有利的机会。

施滕策尔先生带着得意的微笑继续说道："但是要保住要塞，就必须保证从格洛高、尤斯特林和托恩③到要塞的通路，并且也必须保证从要塞通往东方的要塞区（只要前进1000至2000步就完全够了，如象马斯特里赫特要塞区到比利时和灵堡的距离那样）④。这样，同时就能够保证毫无阻碍地控制勃罗姆堡运河，而波兰居民占绝大多数的大批地区也不得不并入德意志联邦。"

正是根据这些理由，著名的硝酸银普富尔⑤这位人类保护者对波兰进

---

① 这是恩格斯应马克思1853年3月10日来信之邀撰写的关于东方问题的第二篇文章。文章基本上贯穿了马克思来信中提出的第2点建议："俄国对土耳其的侵犯。奥地利的贪婪。法国的野心。英国的利益。这个纠纷的种子在贸易上和军事上的意义。"

恩格斯写成的这篇文章在3月23—25日，最迟是在25日寄出的。同时寄出的还有马克思25日写的通讯。《纽约每日论坛报》编辑部在发表时把收到的文章分成了两部分。马克思论述时事的部分4月11日作为通讯发表在《纽约每日论坛报》第3739号，署名卡尔·马克思（见本卷第22—26页）。恩格斯写的这部分一天后作为社论发表在1853年4月12日的《纽约每日论坛报》第3740号，没有署名。——《马克思恩格斯全集》（中文第2版）第12卷，人民出版社1998年版，注释22。

② 即弗罗茨拉夫。——编者注
③ 即格洛古夫、科斯特森和托伦。——编者注
④ 括号里的话是恩格斯的。——译者注
⑤ 见注释63。——译者注

注释63：根据普鲁士将军普富尔的命令，给被俘的1848年波兹南起义的参加者剃光头发，并用硝酸银在他们的手上和耳朵上打烙印。从此以后，硝酸银（von Höllenstein）就成了普富尔将军的绰号。

行了两次新的瓜分,从而满足了施滕策尔先生的一切愿望,把整个大公国 3/4 的地区并入了德国。施滕策尔先生以非常感激的心情承认这种举动,因为他作为一个历史学家,必须看到这个路易十四的"归并议会"① 的再版(而且更胜一筹)是德国人已经学会从历史教训中取得教益的明证。

摘自弗·恩格斯:《法兰克福关于波兰问题的辩论》(1848 年 8 月 7 日—9 月 6 日)(二),《马克思恩格斯全集》(中文第 1 版)第 5 卷,人民出版社 1958 年版,第 384—385 页。

**3. 达达尼尔海峡和博斯普鲁斯海峡在贸易上的重要性使它们同时也成为头等的军事要地,成为在任何战争中都具有决定性影响的重地**

现在让我们从军事的角度来考察一下这个问题。达达尼尔海峡和博斯普鲁斯海峡在贸易上的重要性使它们同时也成为头等的军事要地,成为在任何战争中都具有决定性影响的重地,其地位同直布罗陀和松德海峡的赫尔辛格类似。但是达达尼尔海峡由于自己的地理位置,甚至更为重要。直布罗陀或赫尔辛格的炮火不能控制自己海峡的全部地区;要完全封锁海峡,还要借助于舰队。而达达尼尔海峡和博斯普鲁斯海峡却很狭窄,只要在适当的地方构筑若干设备完善的堡垒(俄国一旦占领海峡,马上就会这样做),就可能挡住企图通过海峡的全世界联合舰队。这样一来,黑海就会成为俄国的内湖,甚至位于俄国腹地的拉多加湖也比不上它;高加索人的反抗也马上就会因饥饿而中止;特拉佩宗特就成了俄国的港口,而多瑙河就成了俄国的河流。此外,土耳其帝国丧失君士坦丁堡之后就会被分成两部分:亚洲土耳其和欧洲土耳其,这两部分将无法彼此沟通或相互支援,而被迫退到亚洲的土耳其军队的主力将完全不起作用。征服者就可以毫不困难地征服马其顿、帖萨利亚、阿尔巴尼亚,因为这些地区已被包围,与主力隔绝,它们除了求饶和请求派兵维持国内秩序之外,别无他路可走。

摘自弗·恩格斯:《土耳其问题的真正症结》,《马克思恩格斯全集》(中文第 2 版)第 12 卷,人民出版社 1998 年版,第 19 页。

---

① "归并议会"是路易十四在 1670—1680 年建立的,其任务是从法律上和历史上来论证法国对邻国某些领土要求的合理性,论证以后,随即由法国军队进占这些领土。——《马克思恩格斯全集》(中文第 1 版)第 5 卷,人民出版社 1958 年版,注释197。

**4. 谁掌握多瑙河口，谁就掌握了多瑙河，控制了通往亚洲的大道，同时也就在很大程度上控制了瑞士、德国、匈牙利、土耳其的贸易，主要是摩尔多瓦和瓦拉几亚的贸易**

只要看一眼欧洲地图，就会在黑海西岸看到多瑙河的河口，正是这条发源于欧洲心脏的河，可以说是天然形成的一条通往亚洲的大道。正对面，在黑海东岸，自库班河以南，高加索山脉从黑海东南伸向里海，绵延700英里，把欧亚两洲分开。

谁掌握多瑙河口，谁就掌握了多瑙河，控制了通往亚洲的大道，同时也就在很大程度上控制了瑞士、德国、匈牙利、土耳其的贸易，主要是摩尔多瓦和瓦拉几亚的贸易。如果他还掌握了高加索，黑海就成了他的囊中之物①；而要关闭黑海的门户，只要把君士坦丁堡和达达尼尔海峡拿过来就行了。占有了高加索山脉就可以直接控制特拉佩宗特，并通过在里海的统治地位直接控制波斯的北方沿海地带。

摘自马克思：《帕麦斯顿勋爵》（第七篇②）（1853年12月20日寄往纽约），《马克思恩格斯全集》（中文第2版）第12卷，人民出版社1998年版，第458页。

---

① 这句话在《纽约每日论坛报》上为"如果把高加索再给这个强国，黑海就完全属于它，成了它的一个内海"。——编者注

② 在1854年1月11日的《纽约每日论坛报》上，本文开头是以下这段话："看来，帕麦斯顿勋爵的辞职已经在英国产生了他所能预期的那种奇迹般的效果。公众对他辞职后留下的内阁越来越不满，其实这个内阁的政策却是帕麦斯顿直到他在职的最后一分钟始终最坚决地予以支持的。同时那些痛斥联合内阁的党派却竟相颂扬帕麦斯顿。它们一方面号召给予俄国的侵犯以有力的和应有的回击，但是另一方面它们似乎极其渴望它们所热爱的这位国家活动家回到领导岗位上来。这个训练有素和不知疲倦的演员就是这样在愚弄全世界。如果不是涉及重大的利害关系，这倒是一个很有趣的景象。关于误解是如何根深蒂固我们业已指出过了，现在我们只想在下面再提供一些证据，来说明帕麦斯顿出于某种原因一贯为俄国卖力，并为此而利用英国。凡是想看一看现代史舞台的幕后情形，并给这些事件和人物作出与它们的实际价值相符的评价的人，我们认为，都会从我们的叙述中获得某种教益。"

这些话不可能是马克思这篇文章的原文，因为《帕麦斯顿勋爵》这组文章的后几篇，马克思寄给《论坛报》编辑部不迟于1853年12月6日，即至少是在帕麦斯顿短期辞职（1853年12月16日）的前10天。报纸编辑部拖延很久，即到1854年1月11日才发表这篇文章，所以在发表时作了补充。补充的东西可能是从马克思的另一篇后来写的文章中借用来的。根据燕·马克思的记事簿上的记载，这篇文章于1853年12月20日寄往纽约，谈的是英国报刊对帕麦斯顿辞职的反应。1853年12月20日的这篇文章没有在《纽约每日论坛报》上发表，手稿至今没有找到。——《马克思恩格斯全集》（中文第2版）第12卷，人民出版社1998年版，注释259。

**5. 毫无疑问，亚得利亚海东岸具备第一流海军所需要的兵源**

很早以前，斯特拉本就指出过①：亚得利亚海的意大利海岸完全没有海湾和海港，而在它对面的伊利里亚海岸却都布满着优良的港口。的确，我们看到，在罗马内战期间，庞培在伊皮罗斯和伊利里亚海岸轻而易举地就组成了庞大的舰队，而凯撒在意大利海岸上费尽九牛二虎之力才搜集到为数不多的船只来一批一批地运输军队。伊斯的利亚和达尔马戚亚海岸由于有很深的海湾，有荒野的岩岛，有大量的浅滩和优越的天然港，便成了培育身体强壮、大胆无畏、受过几乎每天都在亚得利亚海上咆哮的大风浪锻炼的优秀水手的头等地方。这里海上的大祸害 Borà② 总是来得非常突然，它掀起旋风式的风暴来袭击水手，只有最有锻炼的水手才能在甲板上呆得住。这种风暴有时一连不停地发作几个星期，受害最大的地区正好在卡塔罗港和伊斯的利亚南端之间。但是，达尔马戚亚人由于从小就习惯于同这种大风暴作斗争，所以在它的猛烈袭击下他们只能锻炼得越发坚强，而把其他海洋上的一般风暴完全不放在眼里。这样，空气、陆地和海洋就共同培育出了这一带海岸上的坚强而沉着的水手。

西斯蒙第曾说过，制造丝绸对伦巴第的农民说来是这样自然，正像吐丝之对于蚕一样。同样，对达尔马戚亚人说来，海上生活是这样自然，就像对于海岛一样。正像绿林豪杰是古条顿族诗歌的主题一样，海上英雄成了他们民歌的主题。达尔马戚亚人至今仍念念不忘乌斯考克人③东征西讨的功绩：这些人曾在一个半世纪当中使威尼斯和土耳其的正规军队不敢轻举妄动。只是在1617年土耳其和奥地利签订条约以后他们才停止了活动，可是这以前乌斯考克人是享有皇帝荫庇之便的。乌斯考克人的历史只有第

---

① 斯特拉本"地方志"第3卷。——《马克思恩格斯全集》（中文第1版）第12卷，人民出版社1962年版，注释86。

② 布拉风（强烈的东北风）。——编者注

③ 乌斯考克人（塞尔维亚文是逃亡者的意思）是巴尔干半岛的斯拉夫人，在十五世纪后半期波斯尼亚和黑塞哥维纳被土耳其人占领后逃到亚得利亚海的达尔马戚亚海岸。乌斯考克人组成了特殊的秘密武装团体——义勇队，于十五至十六世纪间同土耳其人进行了斗争，他们在当地居民支援下，在陆地和海上袭击土耳其人。乌斯考克人在亚得利亚海地区的活动也破坏了威尼斯的海外贸易。乌斯考克人的斗争是被征服的人民对侵略者和本地地主进行的民族的、宗教的和阶级的斗争的一种特殊形式。至今在巴尔干半岛西部人民的民歌里还保存着对乌斯考克人的英勇善战及其丰功伟绩的记忆。——《马克思恩格斯全集》（中文第1版）第12卷，人民出版社1962年版，注释87。

聂伯河畔的哥萨克人的历史可与之相比：前者是从土耳其被赶出去的，后者是从波兰被赶出去的；前者横行于亚得利亚海上，后者在黑海大逞雄威；前者最初受到奥地利的秘密支持，但后来却被奥地利消灭，对于后者，俄国起了同样的作用。海军上将埃梅里奥的地中海战舰的达尔马戚亚水手是为拿破仑所赞赏的。所以说，毫无疑问，亚得利亚海东岸具备第一流海军所需要的兵源。这些人所唯一不足的就是纪律。拿破仑根据1813年的人口调查得知这海岸上共有水手43500人：

| | |
|---|---|
| 的里雅斯特 | 12000 |
| 阜姆 | 6000 |
| 萨拉 | 9500 |
| 斯普利特 | 5000 |
| 腊古扎 | 8500 |
| 卡塔罗 | 2500 |
| 总计 | 43500 |
| 现时他们的人数至少应该是 | 55000 |

摘自卡·马克思：《奥地利的海外贸易》，《马克思恩格斯全集》（中文第1版）第12卷，人民出版社1962年版，第99—100页。

**6. 赫拉特现在之所以具有重要的政治意义，是因为它是西北面的波斯湾、里海和药杀水同东面的印度河之间这一整个地区的战略中心**

赫拉特现在之所以具有重要的政治意义，是因为它是西北面的波斯湾、里海和药杀水同东面的印度河之间这一整个地区的战略中心；因此，一旦英国和俄国为了争夺亚洲的霸权而发生严重冲突（英国侵入波斯可能加速这一冲突），赫拉特就将成为双方争执的主要目标，而且可能成为双方最先采取大规模军事行动的场所。

赫拉特被赋予这样重要的意义，并不是没有根据的，这一点，凡是了解它的地理位置的人都会一目了然。波斯的内陆是四面环山的高原，水流不能外溢。这些水流不足以形成一个或几个中央湖泊；它们不是被广阔的沼泽地化为乌有，就是逐渐消失在干燥的大沙漠中。这个大沙漠占了波斯高原的绝大部分，形成了波斯西部和东北部之间的一道几乎无法逾越的障碍。沙漠北面的边界是呼罗珊山脉，它由里海的东南角几乎向正东延伸，形成厄尔布尔士山脉和兴都库什山脉之间的连接线；呼罗珊山脉由此向南延伸出一条支脉，将波斯沙漠跟灌溉较好的阿富汗地区分开，赫拉特正位于此，其周围有一片相当广阔而且特别肥沃的谷地为它提供保障。在呼罗珊山脉以北有一片沙漠，与其南麓的沙漠相似。几条像穆尔加布河那样的大河，在这里也被沙漠吞噬了。但是奥克苏斯河与药杀水，由于水势强大，得以冲过沙漠，在下游形成了适于耕作的广阔谷地。在药杀水的那边，沙漠便逐渐带有南俄罗斯草原的性质，并且最后完全消失。因此，在里海和英属印度之间有三个文化比较发达的不同地区。第一，波斯西部的几个城市：设拉子、舒斯特尔、德黑兰、伊斯法罕；第二，阿富汗的几个城市：喀布尔、加兹尼、坎大哈；第三，图兰的几个城市：希瓦、布哈拉、巴尔赫、撒马尔罕。在所有这些城市之间保持着相当频繁的交往，交往的中心自然是赫拉特。所有从里海到印度河以及从波斯湾到奥克苏斯河的道路，都在这个城市会合。赫拉特是喀布尔到德黑兰以及设拉子到巴尔赫的中途客栈。经亚兹德和库希斯坦穿过波斯沙漠的那条沿途有绿洲的大驿路，直通向赫拉特；另一方面，从西亚通往东亚和中亚的唯一的一条绕过沙漠的道路，必须经过呼罗珊山脉和赫拉特。

因此，赫拉特在强国的手里是可以用来控制伊朗和图兰，即波斯和奥克苏斯河北面地区的一个据点。谁占有赫拉特，谁就完全掌握了中央阵地的全部优势，因此从这一阵地向任何方向发起进攻，比从伊朗或图兰的其他任何城市都更加便利，更有把握获得胜利。同时，阿斯泰拉巴德、希瓦、布哈拉、巴尔赫、喀布尔和坎大哈等城市彼此之间交通非常困难，即使从所有这些城市向赫拉特发起联合进攻，也很少有可能获得胜利。向赫拉特进攻的各纵队，几乎不可能互相取得联系，而赫拉特如果有一位果敢的将军，却可以袭击它们并将它们各个击破。尽管如此，在这种情况下，从坎大哈、喀布尔和巴尔赫推进的各纵队，一定要比从阿斯泰拉巴德、希瓦、布哈拉分进合击的各纵队获得胜利的可能性大一些，因为从阿富汗方面进攻时，是从山地到平原，而且可以完全不经过沙漠，而从里海和阿拉斯河方面进攻时，只有一个纵队（从阿斯泰拉巴德出发的）可以不经过沙漠，其他各纵队则必须经过沙漠，以致完全不可能互相取得联系。

摘自弗·恩格斯：《英国波斯战争的前景①》，《马克思恩格斯全集》（中文第 2 版）第 16 卷，人民出版社 2007 年版，第 45—47 页。

### 7. 在英军方面，作战基地是印度河的上游地区

在英军方面，作战基地是印度河的上游地区；他们的军火库一定是设在白沙瓦。他们已从那里向喀布尔派出一个纵队，喀布尔距赫拉特按直线计算为 400 英里。但当发生严重的战争时，英军除应占领喀布尔外，还应占领加兹尼、坎大哈以及用来防守阿富汗各山口的山地堡垒。他们在这方面将遇到的困难，未必比俄军占领阿斯泰拉巴德时所遇到的困难更大，因为他们在表面上是帮助阿富汗人反对波斯的侵犯。

从喀布尔至赫拉特的进军，没有不可克服的困难。不需要派出侧路纵队，因为俄军两支侧路纵队都不可能接近这个地区；如果奥伦堡纵队经若干战斗之后由布哈拉进抵巴尔赫，那么喀布尔的强大预备队会立即予以迎头痛击。英军占有的优势，就是他们的作战线比较短；因为，虽然赫拉特恰恰位于加尔各答和莫斯科的正中间，但是，在喀布尔河和印度河汇合处的英军作战基地距赫拉特只有 600 英里，而在阿斯特拉罕的俄军作战基地距赫拉特则为 1250 英里。喀布尔的英军比阿斯泰拉巴德的俄军距离赫拉特近 100 英里，根据已知的地形条件，英军所经过的地区，开发较好，居民较多，道路也比俄军在呼罗珊可能遇到的更好些。至于双方的军队，英军无疑在适应气候方面胜过俄军。英军的欧洲团无疑将像他们在因克尔曼②

---

① 这篇文章是恩格斯应马克思的请求为《纽约每日论坛报》撰写的。文章的写作时间大约在 1857 年 1 月底至 2 月初之间。因为马克思在 1857 年 1 月 23 日写给恩格斯的信中说："我很希望在星期二以前……寄来一篇关于波斯的军事文章。"这里的星期二即 1 月 27 日。而马克思在 1857 年 2 月 6 日给恩格斯写信说，接到回信前他不给《论坛报》寄文章。

文章于 1857 年 2 月 19 日作为社论发表在《纽约每日论坛报》第 4941 号。——《马克思恩格斯全集》（中文第 2 版）第 16 卷，人民出版社 2007 年版，注释 62。

② 克里木战争期间，英军和法军于 1854 年 11 月 5 日在因克尔曼附近击败俄军。俄军失利的原因在于指挥上的一系列错误：零散地使用兵力，哥尔查科夫将军所部在战事正酣之际停止作战，总司令缅施科夫公爵领导不力。

恩格斯在他的文章《因克尔曼会战》（见《马克思恩格斯全集》中文第 2 版第 13 卷第 682—687 页）中详细地描绘了这次会战。——《马克思恩格斯全集》（中文第 2 版）第 16 卷，人民出版社 2007 年版，注释 66。

的伙伴们那样坚毅顽强，而且对西帕依①步兵也绝不能小看。查理·纳皮尔爵士这位地地道道的士兵和统帅，在多次战斗中曾目睹西帕依作战的情况，对他们极为推崇。正规的印度骑兵价值不大，可是非正规的印度骑兵却很出色，他们在欧洲军官的指挥下，无疑地将胜过哥萨克骑兵。

摘自弗·恩格斯：《英国波斯战争的前景》，《马克思恩格斯全集》（中文第2版）第16卷，人民出版社2007年版，第49—50页。

### 8. 今年一开始，"应当在波河上保卫莱茵河"这一公式就成了德国大部分报刊的口号

今年一开始，"应当在波河上保卫莱茵河"这一公式就成了德国大部分报刊的口号。

这个口号由于波拿巴的备战活动和威胁而得到了充分的证实。在德国，大家凭本能正确地感觉到，波河只是路易·拿破仑的借口，而莱茵河在任何情况下都是他的主要目标。也许，只有为确定莱茵河上的疆界的战争，才能成为波拿巴主义的避雷针，帮他应付在国内威胁着它的两个因素：革命群众"爱国主义的威焰"② 和"资产阶级"不可遏止的不满情绪。这样做就会给前者提出一个具有民族意义的任务，而给后者一个夺取新市场的希望。因此，关于解放意大利的谈论在德国迷惑不了任何人。这就正如古谚语所说的：打麻袋，赶驴子。如果说意大利被迫当了麻袋，那末这次德国却根本不想当驴子。

摘自弗·恩格斯：《波河与莱茵河》（1859年2月底—3月初）（一），《马克思恩格斯全集》（中文第1版）第13卷，人民出版社1962年版，第249页。

### 9. 在整整几个世纪中，北意大利较之比利时在更大程度上是法国人和德国人逐鹿的场所

在整整几个世纪中，北意大利较之比利时在更大程度上是法国人和德国人逐鹿的场所。占领比利时和波河谷地总是进攻者必要的条件，无论是

---

① 西帕依（Sepoys，意即士兵，当时欧洲籍士兵称gora）是18世纪中叶以后英国殖民者从印度本地人中间招募的雇佣兵，受英国军官的统领。在英印军队中的西帕依被英国人用于征服印度以及阿富汗、缅甸和其他邻国的战争。西帕依和印度人民群众一样，对殖民制度抱有不满的情绪，甚至在1857年印度民族起义中成为反英斗争的一支重要力量。——《马克思恩格斯全集》（中文第2版）第16卷，人民出版社2007年版，注释67。

② 海涅"夜巡逻来到巴黎"（"新诗集"）。——编者注

德国进攻法国或法国进攻德国都是这样；只有占领这些地方才能充分可靠地掩护攻入法国或德国的军队的后方和翼侧。只有比利时和北意大利完全中立，这种常规才能发生例外；但是这样的情况一直到现在还没有出现过。

摘自弗·恩格斯：《波河与莱茵河》（1859年2月底—3月初）（二），《马克思恩格斯全集》（中文第1版）第13卷，人民出版社1962年版，第253页。

### 10. 自帕维亚会战以来，在波河流域的战场上，间接决定着法国和德国的命运，直接决定着意大利的命运

自帕维亚会战[①]以来，在波河流域的战场上，间接决定着法国和德国的命运，直接决定着意大利的命运。自近代大规模的常备军出现以来，由于德国和法国力量的不断增长，由于意大利在政治上的解体，古意大利，也就是卢比康河以南的意大利已失去任何军事价值，只要占领旧南阿尔卑斯的高卢，随之就必然能统治整个狭长的亚平宁半岛。人口最稠密的地区是波河和艾契河流域以及热那亚沿岸、罗曼尼亚沿岸和威尼斯沿岸；在这些地区，农业最繁荣，工业最发达，商业也最活跃。半岛（即那不勒斯和教皇国）的社会发展比较缓慢；从军事观点来看，这些地区已经有几世纪没有起过任何作用了。过去谁占领了波河谷地，切断了半岛同大陆的陆上交通，谁就能够一有机会就不费力地征服整个意大利。法国人在革命战争中曾两次做到这一点，奥地利人在最近这一世纪也曾两次获得这样的结果。因此，只有波河和艾契河流域才具有军事意义。

这个流域为连绵不断的阿尔卑斯山脉和亚平宁山脉三面环抱，而第四面——自阿克维列亚到里米尼——则与亚得利亚海相连；大自然把这一块土地的轮廓勾划得非常鲜明，波河在这上面自西向东流过。这个地区的南部边界，即亚平宁山边界，目前我们对它没有任何兴趣，但北部边界，亦即阿尔卑斯山边界，却使我们很感兴趣。那里只有少数地方才有石铺大道通向终年积雪的山峰；甚至车行道、骡马道和人行小道也很有限；峡谷里漫长的隘路通向穿越高山的山口。

摘自弗·恩格斯：《波河与莱茵河》（1859年2月底—3月初）（二），《马克思恩格斯全集》（中文第1版）第13卷，人民出版社1962年版，第

---

[①] 1525年2月24日，弗朗斯瓦一世的军队在帕维亚被德国皇帝查理五世的军队所击败。——《马克思恩格斯全集》（中文第1版）第13卷，人民出版社1962年版，注释115。

253—254 页。

**11. 奥地利人修筑通过施蒂尔夫山口的道路一事证明，他们从马连峨失败中得出了正确的结论**

奥地利人修筑通过施蒂尔夫山口的道路一事证明，他们从马连峨失败中得出了正确的结论。拿破仑修筑了通过辛普朗山口的道路，以便能有进入意大利腹地的安全的道路；奥地利人从施蒂尔夫山口向博尔米奥铺设了一条大道，因而补充了自己在伦巴第的积极防御体系。有人可能会说，这一山道地势太高，冬季无法通行；整个路线上难走的地方太多，因为它至少有50德里①（从巴伐利亚的菲森到科摩湖滨的莱科）通过对行人不便的山区；在这个地区，它必须通过三个山口；最后，它很容易在科摩湖和山地的狭长隘路上被阻塞。我们现在来分析一下。

这个山口实际上正是阿尔卑斯山脉中所有能通行的山口中最高的一个：它高达8600英尺，冬季积雪很深。但是如果我们回想一下麦克唐纳1799—1800年通过什普留根山口和托纳列山口的冬季进军这件事，那末就不会把这样的障碍看得太了不起了。冬天，阿尔卑斯山所有的山道都有积雪，但仍然能够通行。全部炮兵的改编（自阿姆斯特朗发明了操作方便的后装的线膛炮以来，这已成为迫不及待的任务了）使较轻的火炮也可编入野战炮兵，从而大大提高它的运动性。较严重的障碍是在山区的行程很长，要接连不断地越过一个个的山口。施蒂尔夫山口位置不在阿尔卑斯山南北斜面的分水岭上，而在亚得利亚海区域的两条河流——阿达河和艾契河的分水岭上。要从音河谷地到艾契河谷地，必须先经由勃伦纳山口或芬斯特闵茨山口，通过阿尔卑斯山主脉。但是由于音河在提罗耳地区是在两条山脉之间大致上自西向东流的，所以由博登湖和巴伐利亚出发的军队也必须越过这两个山脉中的北面那个山脉。这样一来，仅仅在这一段道路上，我们大约就得通过两三个山口。但是无论怎样困难，这样的障碍也决不能成为阻挡军队从这一条道路进入意大利的决定因素。如果音河谷地已部分通车的铁路以及艾契河谷地正在设计修筑的铁路完全建成，这一段行程的困难很快就会减少到最低限度。固然，拿破仑所选择的从洛桑通过大圣伯纳德山口到伊符雷的道路仅经过约30德里的高山区，但是1779年拿破仑进军时

---

① 1德里等于7420米。——编者注

所经过的，也就是1809年欧仁亲王和麦克唐纳为了与拿破仑会师于维也纳而经过的从乌迪讷到维也纳的道路，却有60多德里的山路，而且也要通过阿尔卑斯山的三个山口。从庞—迭—博富阿森经过小圣伯纳德山口到伊符雷的道路不经过瑞士而直接由法国深深进入意大利境内，因而最便于进行迂回，但是这条道路也有40德里通过高山，从洛桑经过辛普朗山口到塞斯托—卡兰德的道路也是一样。

至于说在山口上或科摩湖附近道路有被封锁的可能，那末自法军在阿尔卑斯山多次进军以来，人们已经不大相信这些筑垒封锁点的效果了。瞰制它们的高地和迂回的可能性几乎使它们失去作用。法军曾以猛攻夺取了许多封锁点，而山道上的工事从来没有真正阻挡住他们过。在阿尔卑斯山面向意大利这边的斜坡上构筑的山道上的工事可以从切韦达列山口、蒙特科尔诺和加维阿来迂回，也可以从托纳列山口和阿普里卡来迂回。从瓦尔特林纳有几条骡马道通到贝尔加马斯加，科摩湖上狭长的隘路上的封锁点有一部分可以从这里，有一部分可以从德尔维奥或贝拉诺通过萨辛纳谷地来迂回。况且山地战术本来也要求几个纵队同时行进，其中一个突破敌人防线，通常目的就达到了。

摘自弗·恩格斯：《波河与莱茵河》（1859年2月底—3月初）（二），《马克思恩格斯全集》（中文第1版）第13卷，人民出版社1962年版，第255—257页。

**12. 接着就是苏沃洛夫的远征，用这个老兵自己的形象的豪语来说，在这次远征中，"俄国的刺刀穿透了阿尔卑斯山"**

最困难的山口几乎一年四季都可以通过，只是要派精锐的部队和果断的将领来完成这一任务；最不重要的、甚至车辆都不能通行的平行的山道也同样可以成为良好的作战线，特别是可以用来进行迂回运动；山地封锁点的用处已经不大，——所有这些事实，都已为1796—1801年在阿尔卑斯山的多次进军再好不过地证明了。当时，阿尔卑斯山还没有一个山口铺上了石道，然而，军队还是从各个方向通过了山岭。1799年，路瓦松在3月初就率领法军一个旅从人行小道通过了莱斯河和莱茵河的分水岭；同时，勒库尔布通过伯纳丁和维阿马拉山口，从这里再越过阿耳布拉和尤列尔（高7100英尺）两山口，在3月24日就用迂回的方法占领了马丁斯布鲁克隘路，同时又派德索尔取道闵斯德谷地通过皮佐克和伏尔姆斯山口（高

7850英尺的人行小道）进至艾契河上游谷地，由此再进至雷申—舍迪克山口。5月初，勒库尔布又经由阿耳布拉山口退回。

同年9月，接着就是苏沃洛夫的远征，用这个老兵自己的形象的豪语来说，在这次远征中，"俄国的刺刀穿透了阿尔卑斯山"（Ruskij styk prognal cres A lpow）。他派大部炮兵通过什普留根山口，又把迂回的纵队沿布伦尼奥谷地派到卢克曼尼尔山口（高5948英尺的人行小道），由这里通过西克斯—马敦山口（约6500英尺）进入莱斯河上游谷地，他自己则沿当时勉强可以通行的车行道（高6594英尺）通过圣哥达山口。9月24—26日，他以强攻夺取了鬼桥附近的封锁点；但是到阿尔多夫后，他前面是一个湖，周围又都是法军；于是他不得不沿舍亨塔尔而上，经过金齐库尔姆到穆塔塔尔。他把全部炮兵和辎重留在莱斯河谷，到了这里以后，他又碰到了优势的法军，而勒库尔布仍然尾随其后。于是苏沃洛夫又通过普拉格尔山口进入克伦河谷，想从这条路到达莱茵河平原。在涅费尔斯隘路上，他遇到了敌人的不可克服的抵抗，因此被迫沿小径通过高达8000英尺的庞尼克斯山口到达莱茵河上游谷地并恢复与什普留根山口的联络。行军自10月6日开始，到10日，他的大本营就到了依朗兹。这次行军是到当时为止所进行的一切阿尔卑斯山行军中最出色的一次。

<blockquote>摘自弗·恩格斯：《波河与莱茵河》（1859年2月底—3月初）（二），《马克思恩格斯全集》（中文第1版）第13卷，人民出版社1962年版，第257—258页。</blockquote>

**13. 拿破仑有句名言，任何小径只要山羊能走过，就可以用来迂回敌军**

我们不想多谈拿破仑越过大圣伯纳德山口的行军。这一战斗行动还比不上当时其他类似的战斗行动。季节很有利，唯一值得注意的只是拿破仑为了迂回巴尔德堡垒这一封锁点所采取的一种巧妙的方法。

反之，1800—1801年冬麦克唐纳所进行的一次战斗行动是特别值得赞扬的。麦克唐纳奉命率领法军左翼15000人的一支部队迂回明乔河和艾契河上的奥军右翼，他在严冬统率各兵种越过了什普留根山口（高6510英尺）。一路经历了极大的困难，时常为雪崩和暴风雪所阻，但他于12月1—7日率领军队通过了山口，溯阿达河而上由瓦尔特林纳向阿普里卡山口前进。奥军也同样不怕山地的冬天。他们扼守阿耳布拉山口、尤列尔山口和布劳利奥（伏尔姆斯山口），在布劳利奥甚至还袭击了法军，俘获了一队徒步的骠骑兵。麦克唐纳由阿达河谷通过阿普里卡山口到达奥利奥河谷后，就由人行小道登上特别高的托纳列山口，于12月22日进攻奥军，后者以冰块阻塞了山道的隘路。因为他当日的攻击和第二次攻击（这是在12月31日，可见他已在山中停留了9天！）都同样被击退了，他就沿卡莫尼卡谷地而下抵达伊泽奥湖，命令骑兵和炮兵沿平原行进，自己亲率步兵越过通往特隆皮亚谷地、萨比亚谷地和朱迪卡里耶（他也到过这里）的三个山岭到了诺罗，这时已经是1月6日了。与此同时，巴拉盖·狄利埃山音河谷地经过雷申—舍迪克山口（芬斯特闵茨山口）进入艾契河上游谷地。既然这样的行军在60年前可以做到，那末在现在，当大部分山口都有了很好的石铺大道的时候，我们还有什么做不到的呢？

  从这一简短的叙述中，我们就可以看出，在所有的封锁点中只有那些因时间仓卒或指挥人员无能而未能迂回的各点才能暂时守住。例如，巴拉盖·狄利埃一出现在艾契河上游谷地，托纳列山口就无法扼守了。其他几次战局也证明，封锁点可以用迂回的方法来夺取，也常常可以用强攻的方法来夺取。卢齐延什泰格曾两三次被攻下，1797年和1809年庞塔菲尔山口的马尔鲍尔格情况也一样。提罗耳的封锁点既没有在1797年阻止住茹贝尔，也没有在1805年阻止住奈元帅。拿破仑有句名言，任何小径只要山羊能走过，就可以用来迂回敌军。从那时起，战争就是以这种迂回各种封锁点的方法来进行的。

摘自弗·恩格斯：《波河与莱茵河》（1859年2月底—3月初）（二），《马克思恩格斯全集》（中文第1版）第13卷，人民出版社1962年版，第258—259页。

**14. 因此，不能想像，一支与德国人为敌的军队在兵力相等的情况下怎么能够在阿达河以东的平地上抗击越过阿尔卑斯山进攻的德军，而守住伦巴第**

  因此，不能想像，一支与德国人为敌的军队在兵力相等的情况下怎么能够在阿达河以东的平地上抗击越过阿尔卑斯山进攻的德军，而守住伦巴第。这支敌军只有一个可能，那就是配置在现有的或者应当重新修筑起来的要塞之间并在其间进行机动。这个可能，我们下面再来分析。

  现在让我们来看看，法国要攻入意大利可以利用哪些山口。德国的疆界环抱着北意大利的一半，而法国的疆界则由北到南几乎成一条直线，因而使法国没有围攻之利。只有占领萨瓦和热那亚沿岸的一部分地方，法军才能通过小圣伯纳德山口和滨海阿尔卑斯山的山口进行迂回运动；但是这些迂回运动也只能影响到塞齐亚河和博尔米达河；因此，无论是伦巴第或者是各公国都不会遭到从法国方面迂回的危险，半岛本身则更是如此。只有在热那亚登陆才能造成迂回整个皮蒙特的形势，但这对于一支大军是有很多困难的。在更靠东的地方，例如在斯佩戚亚登陆，那就不能以皮蒙特和法国为基地而只能以半岛为基地，因此，迂回敌人和被敌人迂回的机会是相等的。

上面我们一直是把瑞士当作一个处于中立地位的国家来谈的。如果它被卷入战争，法国就可以多一个山口，即辛普朗山口（大圣伯纳德山口和小圣伯纳德山口一样，都通到阿奥斯塔，除路途较短以外，没有任何更多的好处）。通过辛普朗山口的道路通至提契诺河，因此使皮蒙特暴露于法军之前。在同样的情况下，德军也会取得具有次要意义的什普留根山口，它在科摩湖附近与施蒂尔夫道路会合；此外，德军还可以利用伯纳丁，它的影响可以一直扩展到提契诺河。圣哥达山口，能为哪方所利用要看情况而定，但是它对双方都只有很少的侧击之利。因此，我们可以看出，法军和德军通过阿尔卑斯山的迂回运动，都能影响到现在伦巴第和皮蒙特的交界线即提契诺河。但是，如果德军到了提契诺河附近，即使他们仅仅到达皮阿琴察和克雷莫纳附近，他们就可以封锁法军连接意大利半岛的陆上道路。换句话说，如果说法国控制着皮蒙特，那末德国就控制着意大利其余的整个地区。

摘自弗·恩格斯：《波河与莱茵河》（1859年2月底—3月初）（二），《马克思恩格斯全集》（中文第1版）第13卷，人民出版社1962年版，第259—261页。

**15. 德军还有一个战术上的优势，就是在整个德国边境上的所有最重要的山口上，除施蒂尔夫山口外，分水岭都位于德国境内**

德军还有一个战术上的优势，就是在整个德国边境上的所有最重要的山口上，除施蒂尔夫山口外，分水岭都位于德国境内。庞塔菲尔山口的费拉河起源于克伦地亚；佩特耳施坦山口的博伊泰河发源于提罗耳。在提罗耳省，上述这一优势具有决定的意义。有兰塔河上游谷地（苏甘纳谷地）、基泽河上游谷地（朱迪卡里耶）和艾契河的大部都在提罗耳境内。虽然在每一个别场合，不很好地研究当地地形就不能最后肯定，占领高山山口的分水岭是否真正具有战术优势，但是照一般惯例，谁占领山脊和向敌斜坡的一部分，谁无疑就有制高和迂回的可能性；不但如此，而且这样无疑也就可能在战争尚未开始之前设法使次要山口上最险阻的地方能通过各个兵种，这一点在提罗耳对于保证交通有决定性的意义。既然我国领土正像德意志联邦在提罗耳南部的领土一样深深楔入敌国；既然像现在一样，两个主要的山口——勃伦纳和芬斯特闵茨——都距离敌国边境很远；此外，既然最重要的各平行山道，例如通过朱迪卡里耶和苏甘纳谷地的山道，也完全位于德国境内，那末所有这一切就使得攻入北意大利的战术条件非常有利，因此一旦发生战争，只要合理地利用它们，胜利就是有把握的。

摘自弗·恩格斯：《波河与莱茵河》（1859年2月底—3月初）（二），《马克思恩格斯全集》（中文第1版）第13卷，人民出版社1962年版，第261页。

### 16. 只要瑞士保持中立，德军对意大利作战时最近的道路总是提罗耳

只要瑞士保持中立，德军对意大利作战时最近的道路总是提罗耳；如果瑞士放弃中立，那捷径就是提罗耳和格劳宾登（音河和莱茵河的河谷）。霍亨施陶芬王朝当日就是沿这一道路侵入意大利的。在军事上作为一个统一的国家来行动的德国，从其他方向都不能在意大利进行迅速而坚决的打击。但是，从这一方向进攻的作战基地不是奥地利内地，而是从博登湖到萨尔茨堡的巴伐利亚和上士瓦本。在整个中世纪时期情况就是这样。只是奥地利在多瑙河中游建国以后，在维也纳成为帝国的中心以后，在德意志帝国崩溃以后，在意大利进行的已经不再是德国的战争而只是奥地利的战争以后，才放弃了由音斯布鲁克到维罗那和由琳道到米兰的那条旧的捷径，而开始利用由维也纳经克拉根富特和特雷维佐到维琴察的一条漫长的、曲折的和不好走的道路。这条路，德军从前只是在万不得已的情况下，在敌军威胁下退却时才利用，而无论如何不是用来进攻的。

摘自弗·恩格斯：《波河与莱茵河》（1859年2月底—3月初）（二），《马克思恩格斯全集》（中文第1版）第13卷，人民出版社1962年版，第261—262页。

### 17. 如果说德国作为一个统一的政治机体，在十七世纪和十八世纪也没有起过十分显著的作用，那绝不是因为它没有占领明乔河线

当德意志帝国真正作为一个军事强国存在的时候，当它因此以上士瓦本和巴伐利亚作为进攻意大利的基地的时候，它总是从政治上考虑，而绝

不是纯从军事上考虑来力图统治北意大利。在争夺意大利的长期战争中，伦巴第有时属于德国，有时独立，有时属于西班牙，有时属于奥地利；但是不要忘记，伦巴第是从威尼斯分出来的，而威尼斯本来是独立的。虽然伦巴第拥有曼都亚，但是，明乔河线和明乔河与伊宗察河之间的地区却不在伦巴第的境内，也正是这个地区，目前有人要我们相信，不占领它，德国就不能高枕无忧。但是，德国（通过奥地利）是从1814年起才完全占领了明乔河线。如果说德国作为一个统一的政治机体，在十七世纪和十八世纪也没有起过十分显著的作用，那绝不是因为它没有占领明乔河线。

摘自弗·恩格斯：《波河与莱茵河》（1859年2月底—3月初）（二），《马克思恩格斯全集》（中文第1版）第13卷，人民出版社1962年版，第262页。

**18. 如果再加上前面所说提罗耳的各个山口都便于迂回所有这些河流线这一情况，那末即使在意大利疆土上没有奥地利一兵一卒，也没有任何理由怀疑德国的安全会受到威胁**

那末，我们就来研究一下这些河流线。

自辛普朗山口以东的阿尔卑斯山沿北意大利平原流入波河或直接流入亚得利亚海的一切河流，都与波河形成或者各自形成一小凹部向东的圆弧。因此，位于河东的军队要比位于河西的军队更便于防守这些河流。试看提契诺河、阿达河、奥利奥河、基泽河、明乔河、艾契河、布兰塔河、皮亚韦河和塔腊门托河，这些河流中的每一条都各自形成或者与和它相连的波河的一部分形成一个圆弧，其圆心位于河流以东。因此，位于这些河流左岸，即东岸的军队可以占领河流东面的中心阵地，这样就能在较短的时间内赶到河道上受攻击的任何一点；他们扼守着若米尼称这"内线"① 的河流线，可以沿半径或弦运动，而敌军却不得不沿较长的路线即圆周进行机动。如果位于右岸的军队必须进行防御，这种情况对他们也不利，因为地形便于敌人进行佯攻，原来使敌人在防御中易于进行机动的距圆周各点较

---

① 这是若米尼在他著的"军事学术概论，或战略、大型战术和军事政策的配合的新分析表解"（《Précis de l'art de la guerre, ou Nouveau tableau analytique des principales combinaisons de la stratégie, de la grande tactique et de la politique militaire》）一书中所用的术语。该书的第一版于1838年在巴黎出版。——《马克思恩格斯全集》（中文第1版）第13卷，人民出版社1962年版，注释117。

短的距离，现在又使敌人在进攻时具有决定性的优势。因此，伦巴第—威尼斯各河流线无论是防御或是进攻，正好都对德军极其有利，而对意大利军队或者意法联军不利。如果再加上前面所说提罗耳的各个山口都便于迂回所有这些河流线这一情况，那末即使在意大利疆土上没有奥地利一兵一卒，也没有任何理由怀疑德国的安全会受到威胁，因为只要我们愿意，我们随时都能占领伦巴第。

　　此外，伦巴第的这些河流大部分都很小，不太适合于进行真正的防御。除了波河（关于波河我们以后还要谈到）本身以外，无论对于法国或者对于德国，在这一河流的整个流域里只有两处真正有价值的阵地；两国的总参谋部都正确地估计到了这些阵地的力量；它们已被加固，而且在最近将来的战争中当然会起决定的作用。在皮蒙特，原来一直向东流的波河在卡萨勒以东1德里处转弯，有整整3德里的一段流向南东方向，而后又折向东流。在北面河弯处，塞齐亚河自北流入波河，在南面河弯处，博尔米达河自西南流入。在博尔米达河与波河的汇合处不远，在亚历山大里亚附近，有塔纳罗河、奥尔巴河和贝尔博河流入博尔米达河，这些河流共同形成向一个中心点辐射的河网体系，其中很重要的一个枢纽又为亚历山大里亚营垒所掩护。军队从亚历山大里亚出发可以随意到这些小河的任何一岸作战：可以防卫直接位于前方的波河线；此外也可以在同样设有工事的卡萨勒渡过波河或者沿河在右岸行动。这一设有相当工事的阵地是掩护皮蒙特或者可以作为进攻伦巴第和各公国的基地的唯一阵地。但是，它有一个缺点，就是没有纵深，同时因为它既可以被迂回，又可以被正面突破，所以这种形势极为不利；有力而巧妙的进攻可以迅速把这个阵地压缩到尚未完工的亚历山大里亚营垒的边界上；至于说这一阵地究竟能够在多大程度上保证它的防御者无需在不利的条件下应战，这一点我们无法判断，因为我们既没有关于那里最新的筑垒的材料，也没有关于它们完成情况的材料。这一阵地可使皮蒙特抵御来自东方的进攻，它的这一意义早就为拿破仑所承认，所以亚历山大里亚又重新加固。在1814年，要塞没有发挥它的防御力量；现在它的防御力量究竟有多大，可能在最近的将来我们就会看到。

摘自弗·恩格斯：《波河与莱茵河》（1859年2月底—3月初）（二），《马克思恩格斯全集》（中文第1版）第13卷，人民出版社1962年版，第263—264页。

**19. 另一个阵地可以抵御来自西方的进攻……这就是明乔河和艾契河所形成的阵地**

另一个阵地可以抵御来自西方的进攻，它之对于威尼斯省同亚历山大里亚之对皮蒙特有同等的，甚至是大得多的意义，这就是明乔河和艾契河所形成的阵地。明乔河发源于加尔达湖，向南流4德里到曼都亚，在这个地区形成一个小河湾，周围都是湖泊似的沼泽，然后向东南流入波河。该河从曼都亚沼泽以南到波河入口处的这段流程过短，无法使整个军团渡过，因为敌人从曼都亚出击，就可以攻击他们的后方并且迫使他们在极其不利的条件下应战。因此，迂回运动必须在曼都亚以南更远的地方进行，并且必须在列维勒或费拉拉附近渡过波河。在北面，明乔河阵地有很长一段为加尔达湖所掩护，可防止敌人迂回，所以明乔河上真正需要防御的从培斯克拉到曼都亚这一线不超过4德里，同时在两翼都有要塞为依托，可以保证军队转至河的右岸。明乔河本身不是什么重大的障碍，同时由于地形关系，有时右岸高，有时左岸高。因为所有这一切，所以明乔河线在1848年以前在一定程度上受到蔑视，如果不是由于一个特殊情况的影响而使它大大得到加强，它未必会得到这样大的名声。这一特殊情况就是在它东面4德里的地方有北意大利第二条河流——艾契河流过，它成弧形，几乎与明乔河和波河下游平行，因而形成第二道更加强大的阵地，而傍河的两个要塞——维罗那和列尼亚哥又加强了它。这两条河流连同它们的四个要塞一起形成德国或奥地利军队对付从意大利或法国进攻的军队的非常坚固的防御阵地，欧洲任何其他阵地都不能和它相比；而且只要有一支在派出守备部队后还有能力进行野战的军队，就可以在这个阵地上从容地抗击甚至兵力超过自己一倍的敌人的进攻。1848年，拉德茨基就曾证明这样的阵地可以起什么样的作用。在米兰三月革命①以后，在几个意大利团脱离奥军而皮蒙特军队渡过提契诺河以后，拉德茨基率领他的残部约45000人退向维罗那。分出15000人作为要塞的守备部队后，他所能调动的只剩下3万人左右。他的敌人近6万人，包括皮蒙特、托斯卡纳、摩地那和帕尔马的军

---

① 指1848年3月18—22日米兰的人民起义，这次起义为1848—1849年意大利革命奠定了基础。经过人民群众五天的斗争，奥地利军队被逐出米兰，3月22日成立了有意大利自由资产阶级的代表参加的临时政府。——《马克思恩格斯全集》（中文第1版）第13卷，人民出版社1962年版，注释118。

队，配置在明乔河和艾契河之间。在拉德茨基后方有杜兰多的军队45000人，由志愿军和罗马教皇及那不勒斯派出的军队①编成。当时拉德茨基只有一条交通线，即通过提罗耳的交通线，但就连这条通过山区的交通线也受到伦巴第志愿军的威胁，虽然威胁并不十分严重。尽管如此，拉德茨基还是支持下来了。监视培斯克拉和曼都亚就用去皮蒙特很多的军队，以致他们在5月6日只能用4个师的兵力（40000—45000人）攻击维罗那附近的阵地（桑塔路其亚会战）；而拉德茨基则连维罗那的守备部队在内，可以有36000人投入战斗。因此，如果把奥军在战术意义上极强大的防御阵地估计在内，战场上就已经恢复均势，结果皮蒙特军队被击败了。5月15日那不勒斯的反革命事件使得同拉德茨基作战的那不勒斯军队调走了15000人②，从而使威尼斯军队减少到3万人，但是其中仅有5000瑞士人组成的教皇军和大约同等数量的意大利人组成的教皇基干部队适于进行野战；其余都是志愿军。4月在伊宗察河编成的几乎有2万人的奥地利预备军团在努根特的率领下，很容易地冲过了这些部队的防线，在5月25日与拉德茨基在维罗那会师。于是，这位老元帅终于可以摆脱其消极防御的状况了。为了解救被皮蒙特军队围困的培斯克拉并扩大他所占领的地区，他率领全部军队向曼都亚进行了有名的侧敌行军（5月27日）；5月29日，他在这里渡到明乔河右岸，以猛攻夺取了库尔塔唐附近的敌军阵地，30日在戈伊托附近进到意大利军队的后方和翼侧。但是，同日培斯克拉陷落了，天气也不利，加之拉德茨基也觉得自己还没有足够的力量进行决战。因此，6月4日他又经由曼都亚回师艾契河，派一个预备军去维罗那，自己则率领其余的部队经列尼亚哥向维琴察进发，当时维琴察正由杜兰多和他的17000人设防固守。10日拉德茨基以3万人猛攻维琴察，11日杜兰多在进行了英勇的抵抗以后投降。第二军（即达斯普雷军）占领了帕多瓦、布兰

---

① 在1848年的三月日子里，在全意大利奋起反对奥地利统治的人民群众的压力下，教皇庇护九世和那不勒斯的国王斐迪南二世被迫派军队去北意大利参加反对奥地利的斗争；但是这些军队参加解放战争是暂时的，不久斐迪南二世和庇护九世便公开投入意大利革命的敌人的阵营。——《马克思恩格斯全集》（中文第1版）第13卷，人民出版社1962年版，注释119。

② 1848年5月15日那不勒斯国王斐迪南二世实行了反革命政变，残酷地镇压了那不勒斯的人民起义。原来在伦巴第支援革命军的一个那不勒斯军被斐迪南二世召回那不勒斯，这减轻了拉德茨基在北意大利的负担。——《马克思恩格斯全集》（中文第1版）第13卷，人民出版社1962年版，注释120。

塔河上游谷地和威尼斯全省，然后随第一军进至维罗那；与此同时，另一个预备军团在韦尔登指挥下由伊宗察河方面开来。在整个这段时间内，直到整个战局结束时，皮蒙特军队执迷不悟地把全部注意力集中在里沃利高原，大概从拿破仑胜利时起他们就把这个高原视为占领意大利的锁钥，但是，在1848年，当奥地利人新开辟了一条经由达尔萨谷地到提罗耳的可靠的交通线，即经伊宗察河到维也纳的直接交通线后，这个高原就再没有任何意义了。同时皮蒙特军队还必须采取某种行动来对付曼都亚，因此他们在明乔河右岸上封锁了曼都亚；这个行动只能有一种意义：证明束手无策的状态支配着皮蒙特兵营，把军队分散在里沃利和博尔戈福特之间整整8德里的战线上，并且让明乔河把军队分为两半，不能互相支援。

正当皮蒙特军队企图在明乔河左岸也封锁曼都亚的时候，拉德茨基又从韦尔登的军队得到12000人的增援，于是决定对力量已经削弱的皮蒙特军队的中央进行突破，然后将敌人前来增援的部队各个击破。7月22日，他下令攻击里沃利，23日皮蒙特军队即全部退出该地；7月23日，他亲自率领4万人由维罗那出击，向索恩河和索马康帕尼亚附近仅仅由约14000名皮蒙特军队防守的阵地进攻，攻占了该阵地，从而打乱了敌人整个防线。7月24日，皮蒙特军队左翼完全被赶过明乔河，而这时已集中并转入对奥地利军进攻的他们的右翼，也于25日在库斯托查被粉碎；26日，全部奥军渡过了明乔河，又一次在沃尔塔附近击败了皮蒙特军队。战局到此结束；皮蒙特军几乎未作抵抗，即退过提契诺河。

<blockquote>摘自弗·恩格斯：《波河与莱茵河》（1859年2月底—3月初）（二），《马克思恩格斯全集》（中文第1版）第13卷，人民出版社1962年版，第264—267页。</blockquote>

### 20. 上面对1848年战局的简述比任何理论根据都更好地证实了明乔河和艾契河这一阵地的力量

上面对1848年战局的简述比任何理论根据都更好地证实了明乔河和艾契河这一阵地的力量。皮蒙特军队到达四边形要塞区以后，不得不分派很多的兵力来监视这些要塞，以致他们进攻的力量，正如桑塔路其亚会战所表明的那样，就因此而大为削弱；而拉德茨基刚获得第一批增援，就能在要塞之间完全自由地行动，有时以曼都亚为基地，有时以维罗那为基地，今天在明乔河右岸威胁敌人后方，过几天又攻占维琴察，一直把战局的主动权握在自己手里。固然，皮蒙特军队曾接连犯了错误。但是，阵地的作用也就在于能使敌人陷入困境，而且几乎是迫使他们去犯错误。对各个要塞的监视，尤其是对这些要塞的围攻，迫使他们分散、削弱自己现有部队的进攻力量；河流又使他们加大了军队分散的程度，使他们的几个军几乎不能相互支援。在敌人的野战军时刻都可能从维罗那的独立堡垒出动并向围攻者猛扑的条件下，要想围攻曼都亚，那该需要多么巨大的兵力啊！

1797年只有曼都亚才阻住了波拿巴将军的常胜军。他一生只有两次对要塞感到敬畏，一次是在曼都亚，另外一次是十年之后在但泽。1797年战争的整个后半期，即卡斯提奥涅、美多列、卡利阿诺、巴萨诺、阿尔科列、里沃利等会战①，都是围绕着曼都亚进行的，只是在这一要塞陷落后，胜利者才敢继续东进渡过伊宗察河。那时维罗那还没有构筑好工事；1848年，在艾契河右岸的维罗那周围仅构筑好城墙，桑塔路其亚会战就是在不久以后奥地利构筑多面堡、后来又接着构筑独立堡垒的地方进行的；只是在有了这些工事以后，维罗那营垒才成为整个阵地的核心——内堡，而阵地也因此而具有极大的威力。

摘自弗·恩格斯：《波河与莱茵河》（1859年2月底—3月初）（二），《马克思恩格斯全集》（中文第1版）第13卷，人民出版社1962年版，第268页。

## 21. 对于现在的奥地利来说，占领明乔河线确实是一个头等重要的问题

可见，我们并不是要竭力缩小明乔河线的作用。但是不应当忽视，只是在奥地利开始独自担当风险在意大利进行战争，而博岑—音斯布鲁克—

---

① 所列举的是1796—1797年波拿巴所进行的意大利战局中在围攻曼都亚时期（见注88）发生的几次会战：在美多列，奥军败于法军；在巴萨诺，波拿巴于1796年9月8日击败了武尔姆泽尔指挥的奥地利军队；由于在1796年11月6—7日的卡利阿诺会战中遭到失败，法国军队被奥地利军队击退到里沃利。——《马克思恩格斯全集》（中文第1版）第13卷，人民出版社1962年版，注释121。

［注88］波拿巴围攻曼都亚是在1796年6月开始的。当时，波拿巴的主要兵力正在对那些企图替要塞解围的奥军作战。1796年8月5日，波拿巴在卡斯提奥涅击败了乌尔姆捷尔指挥的奥军；1796年9月上半月在布兰塔河河谷再次击败了乌尔姆捷尔的军队；1796年11月15—17日，法军在阿尔科列会战中粉碎了新派往曼都亚解围的奥军；1797年1月14—15日，波拿巴在里沃利会战中又一次打败了奥军。经过9个月的围攻，法军终于在1797年2月2日迫使曼都亚守军投降。——《马克思恩格斯全集》（中文第1版）第13卷，人民出版社1962年版，注释。

慕尼黑这一交通线由于另外一条交通线，即特雷维佐—克拉根富特—维也纳交通线的出现而退居次要地位以后，这一条河流线的作用才显示出来。对于现在的奥地利来说，占领明乔河线确实是一个头等重要的问题。奥地利作为不受制于德国的、以欧洲大国身分行动的独立国家，必须或者把明乔河及波河下游控制在自己手里，或者放弃提罗耳的防御；不然，提罗耳就可能从两个方面受到迂回并且只有经过托勃拉赫山口才能与帝国的其余部分保持联系（由萨尔茨堡通过巴伐利亚到音斯布鲁克）。

摘自弗·恩格斯：《波河与莱茵河》（1859年2月底—3月初）（二），《马克思恩格斯全集》（中文第1版）第13卷，人民出版社1962年版，第269页。

**22. 拿破仑三次甚至四次重复为一警告：《il ne faut jamais attaquer le pays des montagnes》〔"绝不应当进攻山地"〕**

但是，老一辈的军事家中，有人认为提罗耳本身就具有很大的防御能力，它既能瞰制多瑙河流域，又能瞰制波河流域。然而这个意见无疑是以幻想为基础的，从来没有为经验证实过，因为像1809年的战争①那样的起义战争，不能作为给正规军作战下结论的根据。

提出这个观点的是毕洛夫。他在他所著的霍根林登②和马连峨战史中顺便提出了这个观点。当拿破仑在世时被派到圣海伦岛去的一位英国军事工程师埃梅特曾有过该书③的法译本，这本书在1819年落到被囚的统帅手中。他在该书上作了许多眉批，埃梅特于1831年将该书连同拿破仑的眉批一起再版。

看来，这本书开始一部分给拿破仑留下了很好的印象。对于毕洛夫提

---

① 指1809年提罗耳农民在安德列阿斯·霍弗领导下进行的反对拿破仑压迫的民族解放斗争。在这次起义战争中，提罗耳人广泛地采用了山地游击战的作战方法。1809年10月奥地利政府同拿破仑法国签订和约以后，提罗耳农民由于得不到奥地利正规军的支持，于1810年被法国人和意大利人所击溃。——《马克思恩格斯全集》（中文第1版）第13卷，人民出版社1962年版，注释122。

② 指法国反对第二次欧洲各国同盟的战争时期于1800年12月3日发生的霍根林登会战。法国军队在莫罗指挥下击败了约翰大公的奥地利军队。——《马克思恩格斯全集》（中文第1版）第13卷，人民出版社1962年版，注释123。

③ 指毕洛夫著的"德国和意大利1800年战局史"（Bulov.《Histoire de la campagne de 1800 en Allemagne et en Italie》）一书。该书第一版于1801年在柏林以德文出版。——《马克思恩格斯全集》（中文第1版）第13卷，人民出版社1962年版，注释124。

出的将全部步兵展开成散兵线的意见，他赞许地指出：《De l'ordre, toujours de l'ordre, les tirailleurs dovent toujours être soutenus par les lignes》.〔"队形，总是队形，散兵线始终应当由横队支援。"〕以后又几次写道：《Bien c'est bien》〔"好，这很好"〕，又是《bien》〔"好"〕。但是到了第20页，拿破仑看到可怜的毕洛夫煞费苦心地想要用他的离心退却和向心进攻的理论来说明（说得极不成功而且又很笨拙）战争的各种变化无常的现象，看到他用幼稚的解释使巧妙的几步棋失去意义的时候，就忍耐不住了。开始拿破仑一连几处指出：《Mauvais》，《cela est mauvais》，《mauvais principe》〔"不好"〕，〔"这不好"〕，〔"不好的原则"〕，接着他指出：《cela n'est pas vrais》，《absurde》，《mauvais plan bien dangereux》，《restez unis si vous voulez vaincre》，《il ne faut jamais séparer son armée son armée par un fleuve》，《tout cet échafaudage est absurde》〔"这不对"〕〔"胡说"〕〔"不好的而且是非常危险的计划"〕，〔"如果想要取得胜利，就得坚持集中"〕，〔"任何时候都不能让河流把自己的军队隔开"〕，〔"这简直是一派胡言"〕等等。及至以后当拿破仑发现毕洛夫总是夸奖坏的战例而指责好的战例，把最愚蠢的动机强加于一些将军并向他们提出一些最可笑的劝告，甚至还想废除刺刀而用长矛装备步兵第二列的时候，他不禁叹道：《bavardage inintelligible, quel absurde bavardage, quelle absurdité, quel misérable bavardage, quelle ignorance de la guerre》.〔"莫名其妙的空谈，毫无意义的空谈，荒谬绝伦，可怜到极点的空谈，对战争简直无知已极。"〕

毕洛夫指责克赖指挥的奥地利多瑙河军团，因为它退到乌尔姆，而不进入提罗耳。提罗耳——这是由许多山峰和峭壁形成的不可攻破的棱堡，如果有相当强大的军队将它占领，就能同时控制巴伐利亚和一部分伦巴第地区（这里拿破仑批道：《On n'attaque pas les montagnes, pas plus le Tirol que la Suisse, on les ob—serve et on les tourne par les plaines》.〔"对山地不能进攻，无论对提罗耳或者对瑞士都不能这样作，应当监视它们，沿平原迂回它们。"〕）。接着毕洛夫又指责莫罗不应当让克赖军团把自己牵制在乌尔姆附对奥地利帝国是致命的打击（拿破仑批道：《A baurde, quand même le Tirole 氷 été ouvert, il ne fallait pas y entrer》.〔"胡说八道，纵然提罗耳完全开放，也不应当进占。"〕）。

拿破仑读完全书以后，他对向心进攻和离心退却的体系和山地瞰制平原的理论下了如下的评语:《si vous voulez apprendre la manière de faire battre une armée supérieure par une armée inférieure, étudiez les maximes de cet écrivain; vous aurez des idées sur la science de la guerre, il vous préscrit le contre—pied de ce qu'il faut enseigner》.〔"如果你想要知道使比较强大的军队被比较弱小的军队打败的方法,就请你研究这个作者所提出的原理;你将会得到一个关于军事科学的概念,他教你不要去做的,恰好就是你应当学习的东西。"〕

拿破仑三次甚至四次重复为一警告:《 il ne faut jamais attaquer le pays des montagnes》.〔"绝不应当进攻山地。"〕他对山地的这种恐惧无疑产生在较晚的时期,那时他的军队已经非常庞大,必须依靠平原来解决给养问题和造成战术展开的条件。西班牙[①]和提罗耳大概也促使他得出这样的结论。以前他并不是这样惧怕山地的。他的1796年远征前半期完全是在山地进行的,而在以后的几年中,马森纳和麦克唐纳充分证明:在山地战中,而且首先是在山地战中,也能以较小的兵力获得很大的成果。但是,总的说来,有一点是显而易见的,就是我们现代的军队在平原和小丘陵相间的地形上能够最好地发挥自己的力量,而主张率领大军进入高山(不是因为要通过这些高山,而是要在那里长期地占领阵地)的理论,尤其是在左右两面有像巴伐利亚或伦巴第这样四通八达的平原可以解决战争的结局的条件下,是错误的。比如说,提罗耳对于一支15万人的军队能够供养多久呢?饥饿很快地就会把他们重新赶到平原上,而敌人在这段时间内却可以在平原上巩固自己的阵地,因此他们可能被迫在极不利的条件下应战。最后,在狭窄的山谷中,这支军队又能在什么地方找到展开全部兵力的阵地呢?

摘自弗·恩格斯:《波河与莱茵河》(1859年2月底—3月初)(二),《马克思恩格斯全集》(中文第1版)第13卷,人民出版社1962年版,第269—272页。

---

① 指1808—1814年西班牙人民反对法国占领者的民族解放斗争。在反对拿破仑军队的斗争中,西班牙人广泛地采用了山地游击战的作战方法。——《马克思恩格斯全集》(中文第1版)第13卷,人民出版社1962年版,注释125。

## 23. 如果奥地利不再占有明乔河和艾契河，那末提罗耳对于它就会成为命中注定一旦遭受来自北方或南方的攻击就得被迫放弃的阵地

如果奥地利不再占有明乔河和艾契河，那末提罗耳对于它就会成为命中注定一旦遭受来自北方或南方的攻击就得被迫放弃的阵地。德国却可以通过提罗耳的各山口迂回直到阿达河的伦巴第地区，但是，在奥地利单独行动时则相反，从伦巴第和威尼斯省却可以迂回直到布兰塔河的提罗耳地区。只有当奥地利北有巴伐利亚作掩护，南又由于占领了明乔河线而有了掩护时，它才能守住提罗耳。莱茵联邦①建立以后使得奥地利甚至连提罗耳和威尼斯省两地合在一起都完全不能真正防守，所以，拿破仑根据普勒斯堡和约从奥地利割去这两省②是完全贯彻了他的主张。

因此，对于奥地利说来，占领连同培斯克拉和曼都亚在内的明乔河线是绝对必要的。对于整个德国，虽然从军事观点来看占领这一线也还是有很大的好处，但是没有任何必要。好处在什么地方是十分明显的。那就是这一河流线使我们可以在伦巴第平原预先占有一个强大的阵地，而不需要一开始先去夺取它，同时这一河流线使我们的防御地带变得十分完整并且大大加强了我们的攻势。

> 摘自弗·恩格斯：《波河与莱茵河》（1859年2月底—3月初）（二），《马克思恩格斯全集》（中文第1版）第13卷，人民出版社1962年版，第272页。

## 24. 像意大利这样的国家，每当它遭到来自北面和东面的胜利进攻时，它本国的军队都不可避免地要作出抉择

可是如果德国不占有明乔河线又怎么样呢？

假定整个意大利是独立的、统一的，并同法国结盟以进攻德国，那末从

---

① 莱茵联邦是1806年7月在拿破仑第一的保护下成立的德国南部和西部的各邦的联盟。由于1805年击溃了奥地利，所以拿破仑能够在德国建立这种军事政治堡垒。有16个德国邦参加这个联邦，后来又有5个邦加入，它们实际上成了拿破仑法国的藩属。1813年拿破仑的军队在德国遭到失败以后，莱茵联邦便瓦解了。——《马克思恩格斯全集》（中文第1版）第13卷，人民出版社1962年版，注释126。

② 根据1805年12月26日法国和奥地利在普勒斯堡（布拉的斯拉发）签订的和约，奥地利承认法国对意大利部分领土（皮蒙特、热那亚、帕尔马、皮阿琴察等）的占领，并把亚得利亚海的沿海地区（威尼斯省、伊斯的利亚半岛和达尔马戚亚）让给了意大利王国（也就是让给当了意大利国王的拿破仑第一），自己仅保留了的里雅斯特。拿破仑把提罗耳转让给了与他结盟的巴伐利亚。——《马克思恩格斯全集》（中文第1版）第13卷，人民出版社1962年版，注释127。

前面所讲的一切可以看出，在这种情况下德国的作战线和退却线就会不是维也纳—克拉根富特—特雷维佐方向，而是慕尼黑—音斯布鲁克—博岑和慕尼黑—菲森—芬斯特闵茨山口—格留恩斯方向，这些路线通往伦巴第平原的出口都在苏甘纳谷地和瑞士边境之间。那末在这种情况下攻击所应指向的决定性地点是什么地方呢？显然，这将是北意大利的把半岛同皮蒙特和法国连结起来的那一部分地区，亦即波河中游从亚历山大里亚到克雷莫纳的这一段。但是，德国人要进入这一地区，有加尔达湖和科摩湖之间那些山口就完全够了，并且这些道路还可以作退却之用，万不得已时也可以经由施蒂尔夫山口退却。这时，位于明乔河和艾契河畔的那些要塞（根据我们前面的假设，它们是在意大利军队手中）就离决战战场很远。对我们的敌人来说，派一支强大得足以采取进攻行动的部队去占领维罗那营垒，只是无谓地分散兵力。或者可以想象，意大利军队也许会以主力在他们所喜爱的里沃利高原上掩护艾契河谷以抵御德军吧？自从通往斯特尔维奥山口（通过施蒂尔夫山口）的道路筑成以后，艾契河谷的出口就不再起那样重要的作用了。但是，即使里沃利重新起占领意大利的锁钥的作用，而且那里的意大利军队能诱使德军向它进攻，那时维罗那又有什么用呢？它不能封锁艾契河谷的出口，否则，意大利军队向里沃利的进军就成为多余的了。要在失败时掩护退却，有培斯克拉就足够了，因为它能保证渡过明乔河，这样就可以继续安全地向曼都亚或克雷莫纳前进。如果意大利军队把全部兵力集中在四个要塞之间，不进行战斗而在这里等待法军到来，这在战局一开始就会把敌人的兵力分成两半，这就使我们能够处于两军之间，首先以联合的兵力向法军猛扑，粉碎他们，然后再把意大利军队从他们的要塞里赶出来，当然，这个过程会比较长些。像意大利这样的国家，每当它遭到来自北面和东面的胜利进攻时，它本国的军队都不可避免地要作出抉择：以半岛或者以皮蒙特作为它的作战基地，这样一个国家显然应当在它的军队可能面临这种抉择的地区构筑大规模的防御工事。在这种情况下，提契诺河和阿达河与波河的汇流处就可作为据点。维利森将军（在他所著的"1848年意大利战局"一书中）曾表示希望，这两个地点都由奥地利人设防。但是，这已经不可能了，因为筑垒所需的这块领土不属于奥地利（在克雷莫纳附近，波河右岸属于帕尔马，而在皮阿琴察，奥军也只有权留驻守备部队）；此外，这两个地点都太深入意大利，奥军在任何一次战争中都会受到起义者的包围。维利森一看到两条河流的汇合点，就不能不立即设计构筑大型营垒，但是他又忘记了，无论提契诺河还是阿达河都不适于做防线，因此，甚至根据他自己的意见来看，它们也不能掩护位于其后的地区。但是，对奥军说来是白白浪费兵力的地方，对意大利军队却是绝好的阵地。对他们说来，波河是主要防线；匹戚格顿、克雷莫纳和皮阿琴察这个三角地带连同其左面的亚历山大里亚和右面的曼都亚能成为这一防线的真正的屏障，使军队可以在它的掩护下静待远方盟军的到来，或者甚至可以在一定场合下在决定性的战场上，在塞齐亚河和艾契河之间的平原上实行进攻。

摘自弗·恩格斯：《波河与莱茵河》（1859年2月底—3月初）（二），《马克思恩格斯全集》（中文第1版）第13卷，人民出版社1962年版，第272—274页。

**25. 确实不错，如果德国放弃明乔河线，从领土和阵地方面说它受的重大损失，等于让法军和意大利军队打了一次大胜仗**

冯·拉多维茨将军曾就这个问题在法兰克福国民议会中发表过意见，他说，如果德国失去了明乔河线，它就将陷入目前只有在整个战局失败时才能遇到的那种处境。那时，战争立刻就会在德国本土上展开；战争将会在伊宗察河和意大利提罗耳开始，而包括巴伐利亚在内的整个南德意志将被迂回，所以甚至在德国，战争也将在伊扎尔河地区进行，而不是在莱茵河上游地区进行。

看来，冯·拉多维茨将军对于自己听众的军事知识有完全正确的判断。确实不错，如果德国放弃明乔河线，从领土和阵地方面说它受的重大损失，等于让法军和意大利军队打了一次大胜仗。但是，德国即使这样让步，也绝不会处于战败时所处的那种地位。难道说，集中在巴伐利亚的阿尔卑斯山麓、经过提罗耳山口进攻伦巴第的一支强大的、新锐的德国军队的处境，会同一支因战败而士气沮丧的、在敌人追击下仓卒向勃伦纳山口退却的军队的处境完全一样吗？难道从一个能在许多方面瞰制法军和意大利军队的会合地区的阵地上发动胜利进攻的条件，能够同一支战败的军队把炮兵拖过阿尔卑斯山的条件相提并论吗？我们在未占领明乔河线的时候征服意大利的次数远比我们占领了它以后为多。在必要时我们还会重演这个把戏，这一点谁能怀疑呢？

摘自弗·恩格斯：《波河与莱茵河》（1859年2月底—3月初）（二），《马克思恩格斯全集》（中文第1版）第13卷，人民出版社1962年版，第

274—275页。

**26. 整修经过阿尔卑斯山的山道，在提罗耳各道路交叉点构筑工事，还会使形势更为有利**

至于断言没有明乔河线，战争马上会在巴伐利亚和克伦地亚开始，这也同样是不正确的。我们对这一问题的看法总括如下：没有明乔河线，南德边境的防御只能是攻势的。这是由于德国边境诸省多山，不能作为决战的场所，同时阿尔卑斯山各条山道的有利形势也决定了这点。战场位于这些山道前面的平原上。我们必须冲下山去，世界上没有任何力量可以阻止我们这样作。不能想像还有比我们在这里所具有的条件更有利于进攻了，甚至在法意结成同盟这种对我们最不利的情况下也是如此。整修经过阿尔卑斯山的山道，在提罗耳各道路交叉点构筑工事，还会使形势更为有利，道路交叉点的工事应当十分坚固，万一我们退却，即使不能完全阻住敌人，至少也要能迫使他们分派大量部队来保证自己的交通线。至于阿尔卑斯山的道路情况，在阿尔卑斯地区的一切战争都向我们证明，不仅大部分主要的非石铺道，而且甚至许多骡马道，各兵种通过都不太困难。在这样的条件下，德国向伦巴第的进攻确实可以组织得使它具有取胜的一切可能。当然，尽管如此，我们仍然可能会打败仗，那时才可能发生拉多维茨所说的那种情况。那时关于维也纳会失去掩护和敌人会通过提罗耳迂回巴伐利亚的问题又将是个什么情况呢？

首先非常明显，在提罗耳的德国军队没有完全彻底被赶过勃伦纳山口之前，没有一营敌人敢于渡过伊宗察河。从巴伐利亚成为德国对意大利作战的基地以来，意法联军向维也纳的进攻就不再有任何意义了，因为这种进攻只会是不利地分散兵力。但是，即使在那时维也纳仍然是非常重要的中心，敌军会派遣自己的主力来占领它，这也不过说明，它应当设防。如果维也纳设了防，那末拿破仑的1797年远征及其1805年和1809年的侵入意大利和德国都会使法军遭到极不利的结局。前进到这样远的一支进攻的军队，常常有使自己最后的兵力为设防的首都的抵抗所粉碎的危险。纵然敌人把德国军队赶过了勃伦纳山口，那他们需要有多么巨大的优势兵力才能分兵向奥地利内地作有效的行动啊！

摘自弗·恩格斯：《波河与莱茵河》（1859年2月底—3月初）（二），《马克思恩格斯全集》（中文第1版）第13卷，人民出版社1962年版，第

275—276页。

**27. 只要有按照要塞为军队服务而不是军队为要塞服务的现代原则构筑的相应的筑城工事，那末侵入德国比德国侵入意大利要容易粉碎得多**

但是，通过意大利迂回整个南德的可能性又怎样呢？事实上，如果说从伦巴第有可能迂回直到慕尼黑的南德，那末试问：德国能够迂回意大利多少地方呢？至少也能够迂回到米兰和帕维亚。因此，在这方面，机会是均等的。但是，德国的领土比意大利广阔得多，所以配置在上莱茵地区的德国军队在遭到敌军通过意大利向慕尼黑方向的"迂回"时，完全不必立即撤退。上巴伐利亚的营垒或者慕尼黑的临时工事可以掩护被击败的提罗耳军团并迅速阻止敌人的追击，这时上莱茵军团只需要选择乌尔姆和英果尔施塔特或者美因河作为基地来作战，就是说在最坏的场合也只不过要变换作战基地。对于意大利，情形就完全不同了。如果敌军通过提罗耳各山口从西面迂回意大利军队，那末只要把意大利军队赶出要塞，就可以征服整个意大利。在同时对意大利和法国作战时，德国经常会有好几支——至少有三支军队——作战，而胜败也要看所有三个战局的总的结果如何。但是，意大利只能提供一支军队展开的战场；任何分散兵力的作法都是错误的；如果这一支军队被歼灭，意大利也就被征服了。对于在意大利的法国军队来说，在任何情况下主要的问题都是保持与法国的交通线；由于这一交通线不是只到田达山口和热那亚为止，因此法军就得把自己的翼侧暴露给驻在提罗耳的德军；而且法军在意大利前进得愈远，暴露得也愈多。既然在意大利将反复进行德国战争，而且作战基地将由奥地利转到巴伐利亚，那末法军和意军经过提罗耳进入巴伐利亚的可能性当然应该预计到。但是，只要有按照要塞为军队服务而不是军队为要塞服务的现代原则构筑的相应的筑城工事，那末侵入德国比德国侵入意大利要容易粉碎得多。因此，我们不应当用所谓"迂回"整个南德这种说法吓唬人。敌人即使经过意大利和提罗耳迂回了德国的上莱茵军团，也必须在前进到波罗的海之后才能利用这一迂回的成果。拿破仑由耶拿向施特廷的进军[1]恐怕不能在慕尼黑到但泽的方向上重复了。

---

[1] 指1806年10月14日法军在耶拿和奥埃尔施太特战胜了普鲁士军队以后，在拿破仑第一率领下在普鲁士疾速地、几乎毫无阻挡地向前推进的事实；10月28日法军就已进入施特廷（兹杰辛）。——《马克思恩格斯全集》（中文第1版）第13卷，人民出版社1962年版，注释128。

摘自弗·恩格斯:《波河与莱茵河》(1859年2月底—3月初)(二),《马克思恩格斯全集》(中文第1版)第13卷,人民出版社1962年版,第276—277页。

## 28. 我们决不否认这样一个事实,即放弃明乔河和艾契河线德国就会失去一个非常强大的防御阵地

我们决不否认这样一个事实,即放弃明乔河和艾契河线德国就会失去一个非常强大的防御阵地。但是,认为这个阵地对南德边境的安全必不可少,那我们是坚决地反对的。当然,如果从一个假定出发(看来持相反观点的人就是从这种假定出发的),认为随便哪一支德国军队不管在什么地方出现,总是要被击败的,那就可以设想艾契河、明乔河和波河对于我们是绝对必要的。果真如此,这些防线实际上对于我们也就不会有任何好处;无论要塞还是军队也都不能给我们帮什么忙;我们也最好是干脆从卡夫丁的轭形门下面走过吧①!我们不是这样设想德国武装力量的,因此我们认为,我们的南部边境给我们提供的向伦巴第领土进攻的那些有利条件,完全足以保证它本身的安全。

摘自弗·恩格斯:《波河与莱茵河》(1859年2月底—3月初)(二),《马克思恩格斯全集》(中文第1版)第13卷,人民出版社1962年版,第277—278页。

## 29. 现在法国和撒丁从日内瓦到尼斯这一段疆界几乎是一条直线

单纯从财政观点来看,把这两个省割让出去并不会使皮埃蒙特受到很大的损失。萨瓦是一个穷省,虽然能为撒丁军队提供优秀的士兵,但是它自己的行政费用从来都是入不敷出。尼斯的财政状况也好不了多少,而且只是那么一小块地方。损失显然是不大的。尼斯虽然是意大利的一个省份,但为了北意大利和中意大利的统一可以把它牺牲,而失去像萨瓦这样的一个外族人居住的省份甚至可以认为划得来,因为这样能促使意大利的统一。但是,如果从军事观点看这个问题,那情况就截然不同了。

现在法国和撒丁从日内瓦到尼斯这一段疆界几乎是一条直线。南面的

---

① 公元前321年,在第二次萨姆尼特战争时期,萨姆尼特人在古罗马卡夫丁城附近的卡夫丁峡谷中击败了罗马军团,并强迫他们通过轭形门,这对战败的军队来说是莫大的耻辱。从此便有了"通过卡夫丁峡谷"的说法,即遭受莫大的侮辱。——《马克思恩格斯全集》(中文第1版)第13卷,人民出版社1962年版,注释129。

海和北面中立的瑞士把通向意大利的一切道路都切断了。在这个意义上说，如果意大利和法国之间发生战争，交战双方的处境看来是一样的。但是，萨瓦和尼斯都位于以宽广的半圆包围着皮埃蒙特的阿尔卑斯山主脉的后面，而且这两省都向法国敞开着。所以，在皮埃蒙特和法国的疆界线上双方各占有阿尔卑斯山的一个斜坡，而在疆界的北部和南部，意大利却占有阿尔卑斯山的两个斜坡，因此它完全控制着各个山口。

摘自弗·恩格斯：《萨瓦与尼斯》（1860年1月29日—2月3日之间），《马克思恩格斯全集》（中文第2版）第19卷，人民出版社2006年版，第65—66页。

### 30. 尼斯和萨瓦都是意大利入侵法国的天然作战基地

此外，由于交通往来很少，由皮埃蒙特经阿尔卑斯山通往法国的一切道路全都秽塞不堪，而由皮埃蒙特经塞尼山口通往萨瓦的道路和由皮埃蒙特经滕达山口通往尼斯的道路却是欧洲交通的干线，维修得非常好。所以，在意大利和法国之间的历次战争中，如果进攻的方面是意大利的话，尼斯和萨瓦都是意大利入侵法国的天然作战基地，而如果进攻的方面是法国的话，它就必须夺取这两个省，才能向阿尔卑斯山后面的意大利发动进攻。纵然意大利人面对着在数量上占优势的军队不能守住尼斯和萨瓦，这两个省仍然使他们有可能及时把意大利的兵力集中到皮埃蒙特平原，从而保证意大利免遭突然的攻击。

摘自弗·恩格斯：《萨瓦与尼斯》（1860年1月29日—2月3日之间），《马克思恩格斯全集》（中文第2版）第19卷，人民出版社2006年版，第66页。

### 31. "自由的和感恩图报的意大利，它的独立只能归功于法国"

如果意大利占有萨瓦和尼斯所得到的军事上的优势仅限于这些积极方面，那么牺牲这两个省份，仍然不致有什么严重损失。但是负面影响却非常之大。我们假定勃朗峰、伊斯朗山、塞尼山和滕达山口都是标示法国疆界的一个个大界桩。在这种情况下，疆界就不是像现在这样的一条直线，而是以一个巨大的圆弧包围着皮埃蒙特了。尚贝里、阿尔贝维尔、穆捷这样一些主要道路的汇合点就会变成法国的兵站。法国人会在塞尼山的北坡构筑防御工事并保卫北坡；两个国家的前哨就将在距离都灵只有两天行程的这个山脉的各个山顶上遭遇。在南面，尼斯将会成为法国各个兵站的中心，而前哨将设置在距离热那亚只有四天行程的奥内利亚。这样一来，即使在和平时期，法国人也是待在意大利西北部两个最大城市的门口，而且由于他们的领土几乎从三面包围了皮埃蒙特，法国人将使意大利军队无法在波河上游谷地集结。把意大利兵力集中到亚历山德里亚以西的任何企图，都可能使军队在集中尚未完成以前就遭到攻击的危险——换句话说，可能使他们遭到被各个击破的一连串失败。这样一来，皮埃蒙特的防御中心便会立即从都灵移到亚历山德里亚；换言之，皮蒙埃特本身将无法进行认真的防御，而处于法国人的控制之中。路易—拿破仑正是把这一点称为

"自由的和感恩图报的意大利，它的独立只能归功于法国"。①

摘自弗·恩格斯：《萨瓦与尼斯》（1860年1月29日—2月3日之间），《马克思恩格斯全集》（中文第2版）第19卷，人民出版社2006年版，第66—67页。

## 32. 如果萨瓦成了法国的领土，那么从巴塞尔到大圣伯纳德山口的整个瑞士西部就会四面都受法国领土的包围

我们如果转向北面就可以看出，那个对意大利长期存在的威胁，对瑞士来说也可能会成为致命的打击。当萨瓦成为法国的领土时，从巴塞尔到大圣伯纳德山口的整个瑞士西部就会四面都受法国领土的包围，一旦发生战争，连一天也守不住。这一点是这样明显，以致维也纳会议决定让北萨瓦和瑞士一样中立化，一旦发生战争，瑞士有权占领并防御这个地区。只有400万人口的小国撒丁不可能反对这个决定，但法国是否可能并愿意让它的一部分领土因此在军事方面归属于一个别的而且还是较小的国家呢？一旦发生战争，瑞士能不能够试图占领法国的一个省份并把它置于自己的军事控制之下呢？当然不能。在这种情况下，法国会在任何它觉得合适的时候像吞并萨瓦和尼斯一样，轻而易举地吞并整个瑞士法语区——伯尔尼汝拉山区、纳沙泰尔、沃州、日内瓦以及弗里堡和瓦莱的那些它认为合适的地区；而在这个时刻尚未到来以前，瑞士会一直处于法国强有力的控制

---

① 《拿破仑第三告驻意大利军队书，7月12日于瓦莱焦》，载于1859年7月14日《总汇通报》第195号。——编者注

和影响之下，好像只是法国的一个卫星国罢了。至于说到瑞士在战时保持中立，其实只要一宣战这种中立就将不复存在。一旦有一个强大的和好战的国家随时都可能击溃它的中立的邻邦，那就不可能有任何的中立。

这个表面看来是无害的吞并萨瓦和尼斯的计划无非是要在意大利和瑞士建立法国的统治——使法国雄踞于阿尔卑斯山巅。在这个小步骤实现以后，到我们亲眼看到法国还企图雄踞在莱茵河上以前，难道还需要经过很长的时间吗？

摘自弗·恩格斯：《萨瓦与尼斯》（1860年1月29日—2月3日之间），<br>《马克思恩格斯全集》（中文第2版）第19卷，人民出版社2006年版，第<br>66—67页。

### 33. 即使这种情形是使萨瓦和皮埃蒙特分离的理由，但无论如何不能成为萨瓦并入法国的理由

萨瓦与皮埃蒙特被阿尔卑斯山主脉隔开，因而萨瓦所需要的一切物资差不多都是从北面的日内瓦和部分地从里昂取得的，正如位于阿尔卑斯山山口以南的泰辛州仰赖于热那亚和威尼斯一样。即使这种情形是使萨瓦和皮埃蒙特分离的理由，但无论如何不能成为萨瓦并入法国的理由，因为萨瓦的商业中心在日内瓦。这不仅是由于地理位置的缘故，而且也是法国的关税立法过于聪明和法国海关吹毛求疵的结果。

摘自弗·恩格斯：《萨瓦、尼斯与莱茵》（1860年2月）（二），《马克思<br>恩格斯全集》（中文第2版）第19卷，人民出版社2006年版，第449页。

### 34. 虽然萨瓦不能给意大利更多的贡献，但是这一点也已经足够了

1792—1795年间在萨瓦进行的各次战局便是这种不分胜负的山地战的例子，当时双方的军事行动都拖沓、犹豫和没有信心。

1792年9月21日，孟德斯鸠将军侵入萨瓦。防守该地的1万名撒丁军队以当时惯用的方法分散为极长的哨兵线，以致他们在任何地方都不能集中足够的兵力进行抵抗。尚贝里和蒙梅利扬被占领，法军迅速地沿山谷一直挺进到阿尔卑斯山主脉的山麓。当时山岭还完全在撒丁军队手中，他们于1793年8月15日经过几次小战斗后，即在戈登将军指挥下转入进攻，法军因派遣部队去围攻里昂而被削弱，被他们从阿尔克河和伊泽尔河谷赶回蒙梅利扬。被击败的法军纵队在这里同他们的预备队会合。凯勒曼从里昂折回，立即（在9月11日）转入进攻，没费很大力气又把撒丁军队击退

到阿尔卑斯山的山口；不过他的力量也因此而疲惫不堪，到了山麓就不得不停止前进。但是，1794年阿尔卑斯军团增加到75000人，而与之对抗的皮埃蒙特军队则只有4万人，此外还有一支也许正在待命的由1万名奥地利人组成的预备队。虽然如此，法军起初的攻击，无论在小圣伯纳德山口或者在塞尼山口，都未奏效，直到4月23日法军才终于占领了圣伯纳德山口，5月14日才占领了塞尼山口，于是整个山岭才落入法军之手。

总之，为了在山这面从皮埃蒙特军手里夺得进入意大利的通道，法军曾不得不进行3次战局。如果说在目前条件下已不可能在这种有限地区内在几次战局中这样毫无结局地作战，那么在双方兵力处于一定的均势的情况下，法军不仅将难以强行通过阿尔卑斯山山口，而且也将难以保留充分的兵力，以便迅速冲到平原。虽然萨瓦不能给意大利更多的贡献，但是这一点也已经足够了。

> 摘自弗·恩格斯：《萨瓦、尼斯与莱茵》（1860年2月）（二），《马克思恩格斯全集》（中文第2版）第19卷，人民出版社2006年版，第453—454页。

### 35. 反过来说，我们假定萨瓦与法国合并

反过来说，我们假定萨瓦与法国合并。那时意大利的处境将怎样呢？阿尔卑斯山的北坡在法军手中，意军只能够防守南坡，法军却可以从高高的山顶上瞰制南坡的堡垒和阵地，或者至少可以监视它们，在大多数场合，甚至可以在距离很近的地方对它们进行迂回。这样，山地防御便成了意军最后的、最软弱的、而且伤亡最为严重的行动。萨瓦山地战所能提供的那种收集情报的可能性也就完全没有了。但还不仅如此。法国在夺取萨瓦以前，它在某种情况下可能以此为满足，从而迫使意大利采取消极防御；它已经得到一定的成效，它可以把军队更好地用到其他地方去；不把过多的兵力放在这个战场上，对法国是有利的。相反，如果萨瓦最终成为法国的一个省，那么按法国方式进行攻势防御是有利的。消极防御在整个战局过程中造成的人员牺牲，会和进攻意大利时同样的多；进攻所需的兵力多不了多少，而前途却完全两样！

> 摘自弗·恩格斯：《萨瓦、尼斯与莱茵》（1860年2月）（二），《马克思恩格斯全集》（中文第2版）第19卷，人民出版社2006年版，第454—455页。

## 36. 它们的目的仅在于使萨瓦天然的战略特性臻于完善

在兼并萨瓦后的第二天，法国总参谋部的军官们将进入阿尔克河和伊泽尔河的河谷，探索偏谷，翻山越岭，讯问最好的阿尔卑斯山的向导，丈量距离，测绘地形，详细地记录一切情况；所有这一切都不是出于旅行者偶然的兴会，而是根据明显的，也许现在就已经准备好的计划进行的。随着这些军官的到来，很快就会出现工程师和承包商；经过一段很短的时间，在这些高山中最僻静的深处，将会铺设道路，砌筑房屋，不管是当地的居民或旅行者大概都不能说出它们的用途来。它们既不是为当地农民而修，也不是为旅行者而建，它们的目的仅在于使萨瓦天然的战略特性臻于完善。

摘自弗·恩格斯：《萨瓦、尼斯与莱茵》（1860年2月）（二），《马克思恩格斯全集》（中文第2版）第19卷，人民出版社2006年版，第455页。

## 37. 如果这两个山口的南坡受到法军攻击，防守山口的意大利部队就会陷入走投无路的境地

塞尼山口和蒙热内夫尔山口一样，都是通往苏萨的。如果这两个山口的南坡受到法军攻击，防守山口的意大利部队就会陷入走投无路的境地。他们无法知道，主攻将来自何方；但是，他们一开始就知道，如果法军强行通过其中的一个山口并占领苏萨，那么防守另一个山口的部队就被截断了后路。如果塞尼山口首先被强行通过，那么防守蒙热内夫尔山口的部队不管怎样还可以丢下火炮、辎重和马匹由山径避入费内斯特雷莱谷地；但是，如果进攻者通过蒙热内夫尔山口直逼苏萨，塞尼山口的守军就会丧失一切退却的可能。在这样的条件下，这两个山口的防御就只限于采取简单的佯动。同时，两支法国部队的两条作战线，即由格勒诺布尔到布里扬松和由尚贝里到朗勒堡的两条大道，大致上是平行的，中间只隔着一条从蒙塔博尔山岔出的、有许多人行山道和骡马道的山脊。只要在这个山脊上修筑一条仅需4德里长的横贯道路，法军便能够随心所欲地把兵力由这条大道调到那一条大道；这样，对意军的钳形攻势就将更为有效，而阿尔卑斯山战线为对付来自意大利的进攻所进行的防御在这一边也将会格外加强。

摘自弗·恩格斯：《萨瓦、尼斯与莱茵》（1860年2月）（二），《马克思恩格斯全集》（中文第2版）第19卷，人民出版社2006年版，第455—456页。

**38. 法国许多权威人士都断言，如果拿破仑在跨越阿尔卑斯山时所选择的山口不是大圣伯纳德而是小圣伯纳德，那也许要更好一些**

其次，在萨瓦还有一个通过阿尔卑斯山的山口——小圣伯纳德。法国许多权威人士都断言，如果拿破仑在跨越阿尔卑斯山时所选择的山口不是大圣伯纳德而是小圣伯纳德，那也许要更好一些，因为小圣伯纳德比较低，春季融雪较早，并且一般比较容易通过。由里昂和贝桑松出动的法军纵队至少可以同样容易地在阿尔贝维尔和洛桑会合；这两个山口又都通往奥斯塔和伊夫雷亚。关于究竟哪一个山口对于拿破仑在1800年的战局更有利这个问题竟能引起争论，这一事实本身就已证明，小圣伯纳德山口在军事上多么重要。当然，要想使小圣伯纳德山口能够用来重复以前在马伦戈进行过的那种战略的迂回运动，必须有完全特殊的条件。在现代战争中，作战的兵力要巨大得多，排成一个纵队任何时候都不可能越过高山；在我们时代，谁敢仅仅动用3万人的兵力去做迂回运动，在大多数场合无异于自取灭亡。对于第一次或第二次战局说来，这一切都是正确的。但是，当双方顽强进行的一切战争由于出现了现代的要塞群和筑垒阵地而具有另一种性质——持久性的时候，当双方的力量没有被一连串的战局逐渐消耗殆尽，战争的结局就不能最后决定的时候，军队的人数最后就会越来越少。假定说，战争在北意大利平原上打来打去已有数年之久；这时已占领了卡萨莱或者亚历山德里亚，或者把两个城市全都占领了的法军，后来又被逐回阿尔卑斯山那边；在这里双方兵力都已大大削弱，战斗停止下来。但是，在现代，在有铁路网以及到处都已把火炮的重量减轻了的情况下，通过小圣伯纳德山口把3—4万或者更多的军队调到伊夫雷亚去，难道还算什么了不起的事吗？法军可以由伊夫雷亚开向他们平原上的筑垒基地，他们在那里可以得到必需的一切，并且可以从守备部队中得到补充；如果这是不可能的话，那么即使更强大的敌军部队也不能把他们通往都灵的道路和通过这两个最近的山口的退路截断。那时，上述的3—4万军队加上守备部队便会形成相当可观的力量；在最坏的场合，在击溃首当其冲的敌军之后，便可以在自己的筑垒阵地周围作战，并且极有希望获得胜利。我们只要回忆一下，到1814年时军队缩减得多么厉害，而拿破仑在这一年又以怎样少的兵力获得了怎样大的战果，这就可以明白了。

摘自弗·恩格斯：《萨瓦、尼斯与莱茵》（1860年2月）（二），《马克思恩格斯全集》（中文第2版）第19卷，人民出版社2006年版，第456—457页。

**39. 如果在这里敷设一条道路，同上述的横贯道路联结起来，萨瓦——作为法国边境的一个省——的战略道路网就相当发达了**

如上所述，圣伯纳德大道是沿着伊泽尔河谷走的，而通往塞尼山口的大道则是沿着阿尔克河谷走的。这两条河流都发源于伊斯朗山附近。在圣莫里斯堡上方；圣伯纳德大道离开河流而越过山岭，而峡谷（蒂涅河谷）则往右转向南逐渐升高，在朗勒堡下方，即泰尔米尼翁附近，有一小偏谷（圣巴泰勒米河谷）伸入阿尔克河谷。自蒂涅河谷起，有三条人行山道经过伊斯朗山与沙弗卡雷山之间的山岭通往圣巴泰勒米河谷。这三条人行山道中准会有一条可以铺成石路。如果在这里铺设一条道路，同上述的横贯道路联结起来，萨瓦——作为法国边境的一个省——的战略道路网就相当发达了。如果在阿尔卑斯山主脉后面直接有一条道路联结三个主要山口，就可以在两天内把主力部队从圣伯纳德和蒙热内夫尔调到塞尼山口附近，并在四五天内从这一翼调到另一翼。如果再在这个道路网上加上两条道路：一条从穆捷经过普拉洛尼昂山口到圣巴泰勒米和朗勒堡，一条从穆捷到圣让—德莫里耶讷，那就很难再增加什么了。留下的事情仅仅是为了加强（不是为了完全阻塞）而构筑一些必要的工事，并保障作为中央基地的主要道路交叉点穆捷免受敌人的猛烈攻击。在这里，问题只在于铺设不到25德里的新道路。

摘自弗·恩格斯：《萨瓦、尼斯与莱茵》（1860年2月）（二），《马克思恩格斯全集》（中文第2版）第19卷，人民出版社2006年版，第457页。

**40. 但是，在夺取现代要塞时，军队在数量上将要受到相当大的损失**

如果这些道路或类似的道路修成了的话——毫无疑问，法国总参谋部已经有了在战略上充分利用萨瓦的现成计划——，阿尔卑斯山南坡的防御将是怎样一种情形呢？如果有这样的道路网确保新的勒库尔布能自由调动他的军队，那么，他凭借着坚固的中央基地和小堡垒，在防御战中能够打出怎样出色的仗来呢？还是不要说，山地战在我们现代军队庞大的条件下已不再是可能的了。只有在军队真正庞大和决定性的优势在某一方时，这种提法才是正确的。但是，在夺取现代要塞时，军队在数量上将要受到相当大的损失，而优势为均势所代替的情形也会经常出现。当然，没有必要是不会进入山地的，但由巴黎到意大利或者由意大利到巴黎的道路总是要通过萨瓦或者瓦利斯的。

摘自弗·恩格斯：《萨瓦、尼斯与莱茵》（1860年2月）（二），《马克思恩格斯全集》（中文第2版）第19卷，人民出版社2006年版，第457—458页。

### 41. 萨瓦在法国手中，面对意大利，只能作为进攻的武器

总而言之，萨瓦由于它的地理位置，特别是由于它那些通过阿尔卑斯山的山口，如作为法国的一个省，能够使法军甚至在数量优势不大的情况下占领阿尔卑斯山在意大利境内的山坡，并向谷地出击，因而会发挥比本身力量大得多的作用。如果在战场上事先构筑一些工事，法军就会处于非常有利的地位，即使在其他方面完全处于均势，他们也能够立即取得对敌人的优势；不仅如此，小圣伯纳德山口还会迫使意军向很远的地方派出掩护部队，那时法军在某些情况下就可以利用这个山口进行决定性的攻击。

萨瓦在法国手中，面对意大利，只能作为进攻的武器。

摘自弗·恩格斯：《萨瓦、尼斯与莱茵》（1860年2月）（二），《马克思恩格斯全集》（中文第2版）第19卷，人民出版社2006年版，第458页。

### 42. 在现今的形势下，瑞士的任何一个邻国只能从正面进攻它

那么，这与瑞士有怎样的利害关系呢？

在现今的形势下，瑞士的任何一个邻国只能从正面进攻它。在这里，我们把不包括奥地利的南德意志看作一个邻国，而把奥地利看作另一个邻国，因为我们刚才已经看到，这两个国家并不总是一定采取一致行动的。南德意志只能沿巴塞尔到康斯坦茨一线进攻，奥地利只能沿赖讷克到明斯特一线进攻，意大利只能沿波斯基亚沃到日内瓦一线进攻，而法国也只能沿日内瓦到巴塞尔一线进攻。瑞士军队的退却线到处都是在正面之后，与正面垂直；而它的中立的边界地区到处都或多或少地掩护它的翼侧。因而，如果一个邻国进攻瑞士，那么在战斗开始之前，是无法进行战略迂回的。只有奥地利在格劳宾登州附近占有侧击之利，但是，瑞士军队反正在任何情况下也不会在格劳宾登州进行决战来回击奥军的进攻，而会在更靠西北方，在阿尔卑斯山麓进行决战。奥地利让出了伦巴第，就使瑞士的这种有利形势变得更加有利；无论如何，一年以前，奥地利本来有机会对瑞士的

西南部发动一场向心进攻，这种进攻在山地的条件下而且在兵力占优势的情况下往往是不可忽视的。但是，这样一种进攻的威胁也只限于格劳宾登、泰辛、乌里和格拉鲁斯诸州，就是说只限于人口最稀少而又最为贫困的这部分地区。此外，在这种情况下，因为敌人由意大利来的道路不得不越过圣哥达山口，他们的兵力就必然会大为分散。诸邻国目前这种对瑞士有利的配置，对瑞士来说具有比欧洲的中立保证还要大的价值。这样一种配置使瑞士在受到一个邻国的进攻时，能够长期支持战斗，而这一点归根到底是这样一个小国所能指望的惟一的东西。

摘自弗·恩格斯：《萨瓦、尼斯与莱茵》（1860年2月）（二），《马克思恩格斯全集》（中文第2版）第19卷，人民出版社2006年版，第458—459页。

### 43. 从萨瓦属于法国或者为法军所占领的那一刻起，那就谈不上保卫由伯尔尼汝拉山到下瓦利斯的整个瑞士法语区了

从萨瓦属于法国或者为法军所占领的那一刻起，那就谈不上保卫由伯尔尼汝拉山到下瓦利斯的整个瑞士法语区了。日内瓦现在就有可能在24小时之内变成法军的基地；汝拉山如同齐尔河到纳沙泰尔湖和比尔湖防线一样，都是可以绕过的；法军将用不着在峡谷中作战，然后强行通过位于这两湖之间的狭道并穿过大沼泽，他们可以安然地通过瓦特州富庶的丘陵地区迂回进军，于是进行真正抵抗的第一道阵地也就会成为在伯尔尼之前、萨讷河和森瑟河之后必然展开第一次大会战的阵地，因为由萨瓦经过维勒讷沃和沃韦进行迂回的纵队将使在瓦特州的一切抵抗毫无作用。

摘自弗·恩格斯：《萨瓦、尼斯与莱茵》（1860年2月）（二），《马克思恩格斯全集》（中文第2版）第19卷，人民出版社2006年版，第459—460页。

### 44. 截至目前，汝拉山是瑞士对付法国的第一道防线

截至目前，汝拉山是瑞士对付法国的第一道防线，对缺少经验但熟悉地形并有居民援助的民兵来说，这是一个出色的战场。但是由于蜿蜒曲折的国境线常常横断汝拉山的平行山脉，所以也不能够过分看重它。第二道更为重要的防线是齐尔河，齐尔河连接纳沙泰尔湖和比尔湖并由比尔湖流入阿尔河。这道防线在右方为阿尔河下游所延续，左方为奥尔布河所延续；

奥尔布河在伊韦尔东附近流入纳沙泰尔湖上端。齐尔河在这两湖之间的长度仅半德里，而由比尔湖到阿尔河的长度也只有一德里。实际上，这个阵地的正面在这两个湖之间；它为低洼地上的大沼泽所加强，因为这个大沼泽由纳沙泰尔湖扩展到阿尔贝格，而且只有沿大道才可以通过。当敌军从右翼经过比伦迂回这个正面时，可以用预备队在阿尔贝格附近将其击退。更为深入的迂回则须要在阿尔河上架设桥梁，这样就容易暴露自己的交通线。从左翼的迂回只有经过瓦特州才可能实现，并且会依次遇到奥尔布河、曼丘河、布鲁瓦河的阻隔。瑞士军队在这一线上的抵抗也不可能被敌人沿日内瓦湖向弗赖堡进行的迂回所粉碎，因为沿纳沙泰尔湖退却的瑞士军队总是掌握有通向那里的较短的道路。因此，虽然只有在特殊的情况下，即在敌人犯了很大错误的条件下，齐尔河上的阵地才适于进行大会战，但是它仍然能够满足瑞士对它的一切要求：它能使瑞士阻止敌人，特别是能使瑞士从西南部抽调出部队来。

摘自弗·恩格斯：《萨瓦、尼斯与莱茵》（1860年2月）（二），《马克思恩格斯全集》（中文第2版）第19卷，人民出版社2006年版，第460页。

**45. 但是，如果萨瓦掌握在敌人手中，由圣然戈尔夫经过维勒讷沃和沙泰勒圣但尼进攻的纵队就将使得在瓦特州进行的一切抵抗毫无作用**

但是，如果萨瓦掌握在敌人手中，由圣然戈尔夫经过维勒讷沃和沙泰勒圣但尼进攻的纵队就将使得在瓦特州进行的一切抵抗毫无作用，因为这个纵队既然到达沃韦附近，它距弗赖堡的距离就差不多只比奥尔布河上的瑞士军队距弗赖堡的距离远2德里，因此能够截断他们的退路。由圣然戈尔夫到弗赖堡约12德里；弗赖堡处在两湖之间的齐尔河阵地左后方约一天行程的地方，距彼得林根（帕耶讷）3德里，通过瓦特前进的法军纵队和萨瓦部队可能在彼得林根会合。因此，进攻者如占有萨瓦，便能够在三四天内通过罗讷河谷截断瑞士军队与瓦利斯的联系，夺取日内瓦、瓦得和弗赖堡直到萨讷河一带，而且主力能直捣齐尔河阵地的后方，于是巴塞尔、索洛图恩、伯尔尼汝拉山和诺因堡便会落到他们手中。这些地方绝不是荒无人烟的高山地区，恰恰都是瑞士最富庶、工业最发达的州。

摘自弗·恩格斯：《萨瓦、尼斯与莱茵》（1860年2月）（二），《马克思恩格斯全集》（中文第2版）第19卷，人民出版社2006年版，第460—461页。

**46. 如果说萨瓦对于皮埃蒙特的防御具有巨大意义，那么尼斯就具有更加巨大的意义**

如果说萨瓦对于皮埃蒙特的防御具有巨大意义，那么尼斯就具有更加巨大的意义。由尼斯去意大利有三条道路：一条是沿海岸直达热那亚的科尔尼什大道，第二条是经过奥内利亚附近的纳瓦山口进入塔纳罗河谷到达切瓦的道路，最后，第三条是经过滕达山口到达库内奥（科尼）的道路。固然，第一条道路最后为热那亚所遮断，但是进攻的纵队在阿尔本加附近以及更往下在萨沃纳都有机会经由良好的石铺大道越过亚平宁山，此外还有许多通过山脉的骡马道和人行小径；至于作战时如何利用这些道路，拿破仑在1796年已经做出了榜样。第三条道路（经过滕达山口）对于尼斯说来，等于塞尼山口对于萨瓦；它直通都灵，但很少有或者没有任何侧击之利。而中间那条经过纳瓦山口的道路则直通亚历山德里亚，它在南方的重要性和小圣伯纳德山口在北方的重要性相同，不过它的作用更直接得多，偶然条件的影响也更小得多。另外，它还有一个优点，就是距沿海道路非常近，在进攻时能够从那里得到很大的援助。沿纳瓦大道进攻的纵队在加雷西奥便可以与顺沿海道路进抵阿尔本加的军队重新取得联系，因为由阿尔本加有一条横贯道路通到这里；过了切瓦以后，这条大道往下直通亚历山德里亚，途中经过位于切瓦与萨沃纳之间的卡尔卡雷，而与来自萨沃纳的另外一条路相连接。但是，在切瓦、萨沃纳和奥内利亚之间有一些高山，因此不能固守。此外，纳瓦山口的北坡连同塔纳罗河的发源地一带位于尼斯境内，因此，谁在战前占有尼斯，山口便属于谁。

摘自弗·恩格斯：《萨瓦、尼斯与莱茵》（1860年2月）（三），《马克思恩格斯全集》（中文第2版）第19卷，人民出版社2006年版，第467—468页。

**47. 所以，把尼斯让给法国，在军事上就等于把意大利军队的集结地点向后移到亚历山德里亚**

如果法国军队在战争开始之前便控制了尼斯，他们就可以由此地威胁向亚历山德里亚以西出动的任何意大利部队的翼侧、后方和交通线。所以，把尼斯让给法国，在军事上就等于把意大利军队的集结地点向后移到亚历山德里亚，并放弃皮埃蒙特本土的防御，因为整个说来，只有在尼斯和萨瓦才能够防守皮埃蒙特。

革命战争的历史在这方面也提供出最好的例证。

1792年10月1日，昂塞尔姆将军率领9000人的一个师渡过瓦尔河，同时法国舰队（12艘战列舰和巡航舰）在尼斯前面离海岸1000步远的水面上抛了锚。尼斯居民因为同情革命而起义，力量薄弱的皮埃蒙特守备部队（2000人）匆匆退到滕达山口，在索尔焦布防。尼斯城热烈欢迎法军，但是法军到处抢掠，焚烧农民的房屋，强奸农民的妻女，无论昂塞尔姆将军每日发布的命令或国民公会委员们的布告都无法节制他们。这便是后来的意大利军团的最初的核心，波拿巴将军以后靠他们为自己取得了最初的荣誉。看来，波拿巴主义在初期总是要依靠流氓无产者的；没有十二月十日会①这样的组织，它在任何地方都站不住脚。

交战双方对峙很久而不采取行动：法军占据着尼斯城及其四郊，以一个奥地利师加强了的皮埃蒙特军队占据着以索尔焦为中心的坚固的筑垒阵地，在山上居高临下。1793年6月间，法军进行了几次总的说来没有什么效果的攻击；7月间，他们占领了通向敌人阵地后方的阿真泰拉山口。在占领土伦（1793年12月）后，意大利军团得到很大的增援，同时波拿巴将军也暂时被派遣到那里。第二年春天，他向索尔焦的敌方兵营发起进攻，4月28日大获全胜，使法军控制了滨海阿尔卑斯山脉的一切山口。这时波拿巴建议，让阿尔卑斯军团与意大利军团在施图拉河谷会合去攻占皮埃蒙特；但是他的计划未被采纳。不久以后，由于热月九日政变②，波拿巴失掉了自己最有力的庇护者小罗伯斯比尔，同时也就丧失了他在军事委员会中的势力；他又成为一个普通的师长了。军队转入守势。只是在奥地利将军科洛雷多以惯常的迟缓行动向萨沃纳前进，企图截断法军与中立的热那亚之间的对法军极端重要的交通线时，波拿巴才有了攻击他的机会，并打

---

① 马克思在摘录《路易·波拿巴的雾月十八日》时，把"会"均改为"帮"。这里指的是"十二月十日会"。该会是为纪念它的庇护人路易·波拿巴1848年12月10日经普选成为法兰西共和国总统而得名。这一组织是波拿巴派的秘密团体，成立于1849年，主要由堕落分子、政治冒险家、军人等组成。虽然1850年11月该组织表面上被解散，实际上它的党羽还继续进行波拿巴主义的宣传，并积极参加了1851年12月2日政变。——《马克思恩格斯全集》（中文第2版）第19卷，人民出版社2006年版，注释101。

② 热月九日政变是1794年7月27—28日在法国发生的反革命政变，其结果是推翻了雅各宾派政府，建立起大资产阶级的统治。代表新兴资产阶级利益的丹东派，也与其他反革命分子一起积极参加了热月九日政变。——《马克思恩格斯全集》（中文第2版）第19卷，人民出版社2006年版，注释344。

败了他。虽然如此，通往热那亚的道路仍然受着威胁；同时1795年的战局一开始就是把法军驱逐出整个热那亚沿海地区。这时，由于法国与西班牙媾和①，东比利牛斯军团得以抽出来调往尼斯，到11月已全部在那里集中。在滨海阿尔卑斯山一带负责指挥的谢勒尔，根据马塞纳制定的计划立即转入了进攻。当塞律里埃把皮埃蒙特军队钳制在滕达山口时，马塞纳沿高山地区作迂回运动，从背后到达洛阿诺，同时奥热罗又从正面攻击洛阿诺（11月23日）。计划完全成功了，奥军阵亡2000人，被俘5000人，损失火炮40门，并且同皮埃蒙特军队的联系完全被截断了。与热那亚的交通现在又有了保障，于是法军在整个冬季就牢牢地控制着山地。1796年春，波拿巴终于取得意大利军团的指挥权，于是情势大变。他凭借原由他控制的尼斯和西部海岸，从萨沃纳向山地运动，在蒙特诺特、米莱西莫和代戈②大破奥军。并把他们与皮埃蒙特军队隔开，后者因被法军优势兵力包围，陷于孤立，经过几次后卫战以后，即匆匆签订和约。这样，在博尔米达河上游河谷与塔纳罗河谷的四次胜利的战斗保证了法军对整个皮埃蒙特的军事占领，直接攻击都灵甚至已经没有必要了。战争立即转移到伦巴第，皮埃蒙特则成了法军作战基地的一部分。

> 摘自弗·恩格斯：《萨瓦、尼斯与莱茵》（1860年2月）（三），《马克思恩格斯全集》（中文第2版）第19卷，人民出版社2006年版，第468—470页。

**48. 这样看来，在战争的头3年中，意大利是完全以尼斯为屏障的**

这样看来，在战争的头3年中，意大利是完全以尼斯为屏障的。只是在第三次战局中，意大利才丧失了滨海阿尔卑斯山的山口，最后，只是在第四次战局中，这些山口才被利用，并且是非常坚决地被利用了。在第一个星期的山地战斗后，仅仅经过一次有力的佯攻，就使皮埃蒙特军队了解

---

① 指1795年7月22日法国同参加第一次反法同盟的西班牙在巴塞尔签订的单独和约，根据这一和约西班牙退出了反法同盟。——《马克思恩格斯全集》（中文第2版）第19卷，人民出版社2006年版，注释345。

② 指1796—1797年波拿巴在对第一次反法同盟的战争中在意大利战局最初阶段进行的几次会战。1796年4月，波拿巴的军队从尼斯经由山道向波河河谷发起进攻，4月12日在蒙特诺特击败了一股奥军；4月13—14日在米莱西莫粉碎了在与奥军结盟的皮埃蒙特军队编制中的一股奥军；4月14—15日在代戈击败了前来救援这一股军队的奥军。——《马克思恩格斯全集》（中文第2版）第19卷，人民出版社2006年版，注释346。

到自己已陷于孤立无援的境地而必须投降了。这一次进攻几乎可以向米兰长驱直入；博尔米达河、泰辛河与阿尔卑斯山之间的整个地区，轻易地落入了法军手中。

摘自弗·恩格斯：《萨瓦、尼斯与莱茵》（1860年2月）（三），《马克思恩格斯全集》（中文第2版）第19卷，人民出版社2006年版，第470页。

### 49. 如果尼斯成为法国的一个省，那么，意大利对于法国就陷入了1794年战局后所处的那种地位

如果尼斯成为法国的一个省，那么，意大利对于法国就陷入了1794年战局后所处的那种地位。对法军敞开的就不仅是经滕达山口到施图拉河谷的道路和经纳瓦山口到塔纳罗河谷的道路了。因为要阻挡转入攻势的法军优势兵力向阿尔本加和萨沃纳前进是不可能的。因此，法军在攻势开始三四日后又将位于1796年战局的出发点。意大利军队的主力应当在哪里抵抗法军呢？在热那亚的沿海地区，没有他们展开的余地；而在贝尔博河和塔纳罗河以西，他们和亚历山德里亚、伦巴第及亚平宁半岛之间的交通线将受到威胁。他们惟一能做的，就是在亚历山德里亚以南进攻并以联合兵力攻击由山地走出的独立纵队。但是，这要以一开始就放弃阿尔卑斯山疆界的防御为前提，因为不然的话，位于滕达山口附近及其西部和西北部的所有部队就会被截断。换句话说，占有尼斯就会使法国控制阿尔卑斯山脉，使阿尔卑斯山不再成为意大利的屏障，同时，又使法国在军事上控制皮埃蒙特。

摘自弗·恩格斯：《萨瓦、尼斯与莱茵》（1860年2月）（三），《马克思恩格斯全集》（中文第2版）第19卷，人民出版社2006年版，第470页。

### 50. 尼斯在南方给法国提供的侧击之利，和萨瓦在北方给它提供的侧击之利一样，只是尼斯提供的侧击之利更加充分、更加直接

尼斯在南方给法国提供的侧击之利，和萨瓦在北方给它提供的侧击之利是一样的，只是尼斯提供的侧击之利更加充分、更加直接。既然尼斯和萨瓦各自都有使皮埃蒙特本土完全暴露在法军攻击面前的作用，那法国同时占有了这两省，会对皮埃蒙特具有多么巨大的优势啊！皮埃蒙特将被这两省象钳子似地夹住；沿着由小圣伯纳德山口四周直到纳瓦山口和萨沃纳上方的山道的全线，可以进行各种各样的佯攻，直到在一个翼侧阵地上发动真正的攻击并截断死死地堵在山地中的一切意大利部队时为止。意大利

军队只有一个办法,就是集中在亚历山德里亚和卡萨莱附近,在阿尔卑斯山一带仅留下警戒部队,一旦发现主攻方向,立刻把集中的兵力派往该处。如果这竟成为事实,那么换句话说,这就等于不仅把阿尔卑斯山脉,而且把皮埃蒙特境内整个波河流域一开始就拱手让给敌人,而意军抵抗法国的第一道防御阵地就将位于亚历山德里亚筑垒线以后。有萨瓦和尼斯作为前进堡垒,皮埃蒙特就是意大利军队的第一个作战基地;如果没有它们,从军事观点来看,皮埃蒙特便成了法国进攻体系的一部分,只有在皮埃蒙特领土上取得胜利并夺回在萨瓦和尼斯的各个山口,才能从法军手中重新夺回皮埃蒙特。

摘自弗·恩格斯:《萨瓦、尼斯与莱茵》(1860年2月)(三),《马克思恩格斯全集》(中文第2版)第19卷,人民出版社2006年版,第470—471页。

### 51. 萨瓦会显著加强法国的防御体系,这我们已经看到

但是有人说,一旦在北意大利形成一个军事强国,法国为了它本身的防御便需要占有尼斯和萨瓦。

萨瓦会显著加强法国的防御体系,这我们已经看到。至于尼斯,如果说它能加强法国的防御体系的话,那只是因为敌人想侵入法国阿尔卑斯各省时不得不预先占领它。不过,问题在于,是否会有一个军事上强大的意大利国家对法国造成极大的威胁,以致法国需要对它进行特别的防御。

摘自弗·恩格斯:《萨瓦、尼斯与莱茵》(1860年2月)(三),《马克思恩格斯全集》(中文第2版)第19卷,人民出版社2006年版,第471页。

### 52. 毫无疑义,阿尔萨斯的一般地势……约在巴塞尔和盖默斯海姆之间的半路上有斯特拉斯堡这样一个筑垒大城市,这就使法国入侵南德意志十分容易

但是,更有心计的爱国者们要求占有阿尔萨斯和洛林德语区的理由是,此乃防止法国侵略的"物质保证"。因为这种卑鄙的口实曾把许多头脑迟钝的人弄得糊里糊涂,我们认为有责任比较详细地谈谈这一点。

毫无疑义,阿尔萨斯的一般地势(和莱茵河对岸相比而言),加上约在巴塞尔和盖默斯海姆之间的半路上有斯特拉斯堡这样一个筑垒大城市,这就使法国入侵南德意志十分容易,而从南德意志入侵法国就特别困难。同样毫无疑义,阿尔萨斯和洛林德语区并入德国,会大大加强南德意志的

边防，因为那时南德意志将能够控制全部孚日山脉和作为北面关隘屏障的各个要塞。如果梅斯也被并入，当然，法国两个主要的对德作战基地一时就都失掉了，但是这并不能阻止它在南锡或凡尔登建立新的基地。德国拥有科布伦茨、美因茨、盖莫斯海姆、拉施塔特和乌尔姆等，这些基地都是用于对法国作战的，并且在这次战争中都曾被充分地加以利用。如果德国连法国在这一地带仅有两个还算是有价值的要塞——特拉斯堡和梅斯——都不肯给它留下，那还有什么公平可言？况且，斯特拉斯堡只有在南德意志成为与北德意志分离的势力时，才能使南德意志受到威胁。从1792年到1795年，南德意志一次也没有从这方面受到侵犯，因为普鲁士当时参加了反对法国革命的战争；但是，当普鲁士于1795年缔结了单独和约①而把南方置之不顾的时候，南德意志就开始受到以斯特拉斯堡为基地的侵犯，并且一直继续到1809年。实际上，统一的德国任何时候都能够使斯特拉斯堡以及驻在阿尔萨斯的任何法国军队无以为害，办法是：把自己的全部军队集中在萨尔路易和兰道之间——在这次战争中就是这样做的——并沿美因茨到梅斯的交通线进攻或应战。只要德国的大部军队驻扎在那里，那么从斯特拉斯堡向南德意志进犯的任何法国军队，都有被从侧翼包围和被切断交通线的危险。如果最近这次战争证明了什么东西的话，那就是证明了从德国向法国进攻较为容易。

摘自卡·马克思：《国际工人协会总委员会关于普法战争的第二篇宣言》，《马克思恩格斯文集》第3卷，人民出版社2009年版，第122—123页。

### 53. 拥有科伦、科布伦茨和美因兹这三个大型的主要要塞的莱茵河筑垒线只有两个缺点

拥有科伦、科布伦茨和美因兹这三个大型的主要要塞的莱茵河筑垒线只有两个缺点：第一，它可以通过斯特拉斯堡来加以迂回；第二，它缺少由能够使整个战略基地具有纵深的筑垒据点组成的突出线，吞并亚尔萨斯—洛林补救了这两个缺点。斯特拉斯堡和麦茨现在构成第一线，科伦、科布伦茨、美因兹构成了第二线。这些全都是头等的要塞，它们拥有远远向前突出的堡垒，能够抵抗现代的线膛炮。此外，这些要塞之间相隔的距

---

① 指1795年4月5日参加了反法同盟的普鲁士同法兰西共和国单独缔结的巴塞尔和约，这一和约导致了欧洲各国第一次反法同盟的瓦解。——《马克思恩格斯文集》第3卷，人民出版社2009年版，注释64。

离，对现代庞大军队的自由运动都极为有利，而且它们都配置在非常便于防守的地方。只要比利时的中立没有遭到破坏，法国的进犯就可以轻而易举地在麦茨和佛日山脉之间的狭窄地带上被遏止；只要愿意，从一开始就可以退到莱茵河东岸，迫使法国分兵进攻麦茨、斯特拉斯堡、科布伦茨和美因兹，从而使它在第一次大会战以前就削弱自己的力量。按威力来说，这是全欧洲的其他任何阵地都无法与之相比的；威尼斯四边形要塞区①同这个几乎无法攻克的阵地相比简直就是一件儿童玩具。

摘自弗·恩格斯：《帝国军事法》（1874年2月底—3月初）（二），《马克思恩格斯全集》（中文第1版）第18卷，人民出版社1964年版，第551页。

### 54. 最强大的阵地本身并不能保卫自己，它要求有人来保卫它

恰好是为了保持这个几乎无法攻克的阵地，德国才被迫——用毛奇的话来说——要手执武器把夺得的东西保卫整整半个世纪！最强大的阵地本身并不能保卫自己，它要求有人来保卫它。为了保卫它，就需要兵士：就是说，阵地越强大，需要的兵士就越多，这样继续下去，形成永无止境的恶性循环。还要补充一点，重新回到祖国怀抱的亚尔萨斯—洛林的"被夺去了的同胞们"，却丝毫也不想知道任何有关德意志母亲的情况，而法国人则无论在任何情况下，只要一有恰当的机会，就会设法从德国的怀抱中把亚尔萨斯人和洛林人解放出来。德国一方面得到了强大的阵地，另一方面也迫使法国人支持任何想进攻德国的人，这样一来，两者就相互抵消了。换句话说，强大的阵地本身包含着欧洲结成同盟反对德意志帝国的萌芽。在出现这个事实的情况下，无论是两三个皇帝举行会见还是举杯祝贺，都丝毫也无济于事，这一点没有谁比毛奇和俾斯麦知道得更清楚了。毛奇用下面那句忧郁的话谨慎地暗示了这一点：

"我们自从打了几次胜仗以后到处都受到了重视，但是哪里也没有受到爱戴！"

---

① 威尼斯四边形要塞区（又称意大利四边形要塞区）是由意大利北部的四个要塞——维罗那、列尼亚哥、曼都亚和培斯克拉组成的非常坚强的筑垒阵地。四边形要塞区在十九世纪的历次战争中作为军队行动的根据地起了很大的作用。——《马克思恩格斯全集》（中文第1版）第18卷，人民出版社1964年版，注释405。

这就是毛奇的真话。

> 摘自弗·恩格斯：《帝国军事法》（1874年2月底—3月初）（二），《马克思恩格斯全集》（中文第1版）第18卷，人民出版社1964年版，第551—552页。

**55. 这个国家（……），几乎是根本无法征服的**

这个国家的本土只有一面边界，即西部边界面向欧洲，因此也只有这一面易受到攻击；国内没有一旦攻下来就可以迫使它媾和的中心；这个国家由于道路交通不畅，幅员广阔，补给资源缺乏，几乎是根本无法征服的——这里为任何善于利用它的人提供了一个无懈可击的坚强的阵地，他可以从这里不受惩罚地在欧洲玩弄各种把戏，把任何一个别国政府拖入无休止的战争。

> 摘自弗·恩格斯：《俄国沙皇政府的对外政策》（1889年12月—1890年2月）（一），《马克思恩格斯文集》第4卷，人民出版社2009年版，第356页。

**56. 这个由单一种族构成的不可攻克的国家的邻国，全都是这样一些国家：它们或者表面上或者实际上已趋于衰落，濒于崩溃，因此成了真正的征服对象 [matière à conquêtes]**

然而再回过来看看1760年的俄国。这个由单一种族构成的不可攻克的国家的邻国，全都是这样一些国家：它们或者表面上或者实际上已趋于衰落，濒于崩溃，因此成了真正的征服对象 [matière à conquêtes]。北部是瑞典，它的实力和威望正是由于查理十二作了入侵俄国的尝试而丧失的；查理十二由此毁灭了瑞典，并清楚地向大家表明了俄国是不可攻克的。南部是已成强弩之末的土耳其人和他们的纳贡者克里木鞑靼人；土耳其人的进攻力量早在一百年前已被摧毁，他们的防御力量还算可观，但也日益减弱；这一日益扩大的弱点的最好标志是：在被他们征服的基督教徒（构成巴尔干半岛人口多数的斯拉夫人、罗马尼亚人和希腊人）中已开始出现反抗。这些基督教徒，几乎全属于希腊正教派，因此是俄国人的教友，而其中的斯拉夫人——塞尔维亚人和保加利亚人——又是他们的同族。因此，只要俄国一宣布自己的使命是保护被压迫的希腊正教教会和被奴役的斯拉夫人，就会在这里为解放的幌子下的侵略准备好基础。高加索山脉以南，还有一些在土耳其统治下的小的基督教国家和信奉基督教的亚美尼亚人，对于他们，沙皇政府也同样可以自称是"解放者"。而且，在这里，在南方，还有一件使贪婪的侵略者着迷的、在欧洲无与伦比的战利品：东罗马帝国的旧都，整个希腊正教世界的都城；这个城市，单是它的俄国名称——君士坦丁堡—沙皇格勒，就表明了对东方的统治，表明了它的统治者在东方基督教世界中享有的威望。

> 摘自弗·恩格斯：《俄国沙皇政府的对外政策》（1889年12月—1890年2月）（一），《马克思恩格斯文集》第4卷，人民出版社2009年版，第357—358页。

**57. 然而，沙皇格勒作为俄国的第三都城而与莫斯科和彼得堡并列，这不仅会意味着对东方基督教世界的精神统治，而且也是确立对欧洲的统治的决定性的一步**

然而，沙皇格勒作为俄国的第三都城而与莫斯科和彼得堡并列，这不仅会意味着对东方基督教世界的精神统治，而且也是确立对欧洲的统治的决定性的一步。这会意味着对黑海、小亚细亚、巴尔干半岛的独占统治。这会意味着，只要沙皇高兴，他随时都可以封锁黑海，禁止除俄国之外的任何别的商船和舰队航行，会意味着把黑海变为俄国的军港和俄国舰队独占的演习场所，俄国舰队可以在任何时刻从这个安全的后备阵地由设防的博斯普鲁斯海峡出击，也可以返回这个港口隐蔽。那时，俄国只要再取得对松德海峡和两个贝耳特海峡的同样的（直接或间接）控制，它在海上也就会是不可攻克的了。

> 摘自弗·恩格斯：《俄国沙皇政府的对外政策》（1889年12月—1890年2月）（一），《马克思恩格斯文集》第4卷，人民出版社2009年版，第358页。

# 九　征服、同化与有效统治

**1. 普鲁士官僚……不但"破坏了"旧时的生活习惯和固有的制度，而且还"破坏了"全部社会生活，"破坏了"工农业生产、商业和采矿业**

"普鲁士由于最坚决地整顿国家制度和行政制度（什么话！）[①]，由于严格推行这些制度，就特别明显地破坏了波兰人旧时的法律和固有的制度。"

可尊敬的普鲁士官僚的这些"坚决整顿的"和"严格推行的"措施是多么有力，它不但"破坏了"旧时的生活习惯和固有的制度，而且还"破坏了"全部社会生活，"破坏了"工农业生产、商业和采矿业，总而言之，毫无例外地"破坏了"一切社会关系，——关于这一点，不仅波兰人，而且普鲁士其余的居民，特别是我们莱茵省的居民，都能说出一些惊人的事情来。但是，施滕策尔先生在这里连1807—1848年的官僚都不谈，而只谈1772—1806年的官僚，谈最典型的地道的普鲁士国家制度下的官吏，他们的卑鄙、贪污、贪婪和残酷，在1806年的叛变行为中明显地表现出来了。这些官吏似乎保护了波兰农民反对贵族，而得到的却是忘恩负义；当然，这些官吏一定会感到："任何东西，甚至是强施于人的善行，都不能补偿民族独立的丧失"。

摘自弗·恩格斯：《法兰克福关于波兰问题的辩论》（1848年8月7日—9月6日）（一），《马克思恩格斯全集》（中文第1版）第5卷，人民出版社1958年版，第377页。

**2. 我们也熟悉那种直到最近还为普鲁士官吏所特有的"把一切强施于人"的习惯**

我们也熟悉那种直到最近还为普鲁士官吏所特有的"把一切强施于人"的习惯。哪一个莱茵人没有和新入口的旧普鲁士官吏打过交道，哪一个莱茵人不对这种无比的狂妄自大、这种到处多管闲事的可耻行径、这种

---

[①] 括号里的话是恩格斯的。——译者注

眼光短浅和极端自信的结合、这种横行霸道的行为感到惊讶！诚然，在我们这里，旧普鲁士人先生们的骄气往往很快就受到了挫折，在他们的管辖之下，已经既没有"涅茨同胞"，也没有秘密审判，既没有普鲁士法律，也没有体罚；由于没有体罚，有人甚至悲痛欲绝。但是，正是在波兰，在这个可以肆无忌惮地采取体罚和进行秘密审判的地方，他们究竟是如何进行统治的，我们不说也可以想象得到了。

总而言之，普鲁士的专制制度已经给自己取得了这样一种爱："早在耶拿战役以后，波兰人的仇恨就已表现为普遍起义和驱逐普鲁士官吏的形式"。因此，官吏的统治暂时停止了。

摘自弗·恩格斯：《法兰克福关于波兰问题的辩论》（1848 年 8 月 7 日—9<br>月 6 日）（一），《马克思恩格斯全集》（中文第 1 版）第 5 卷，人民出版<br>社 1958 年版，第 377—378 页。

### 3. "经过改良的"、"有教养的"、"优秀的"官吏，又企图在这些倔强的波兰人那里取得胜利

但是在 1815 年，这种统治又恢复起来了，只是形式稍微改变了一下。"经过改良的"、"有教养的"、"廉洁的"、"优秀的"官吏，又企图在这些倔强的波兰人那里取得胜利。

"但是就连建立波兹南大公国也未能取得充分的同意，因为……普鲁士国王当时决不能允许个别省有完全独立的组织，而把自己的国家在一定程度上变为联盟的国家。"

摘自弗·恩格斯：《法兰克福关于波兰问题的辩论》（1848 年 8 月 7 日—9<br>月 6 日）（一），《马克思恩格斯全集》（中文第 1 版）第 5 卷，人民出版<br>社 1958 年版，第 378 页。

### 4. 一切改革都出自波兰人自己。而普鲁士政府的最大善行，就在于搜刮高额地租和征收重税，利用青年为普鲁士服兵役

不过，弗洛特韦尔先生也承认，一切改革都出自波兰人自己。而普鲁士政府的最大善行，就在于搜刮高额地租和征收重税，利用青年为普鲁士服兵役，——关于这一点，弗洛特韦尔先生也和曾弗先生一样，绝口不谈。

简单说来，普鲁士政府的一切善行，归结起来就是在波兹南安置普鲁

士的下级军官，不管是做教官还是做教师，也不管是做宪兵还是做税吏。

我们不能详细分析曾弗先生对波兰人的一些无根据的猜疑和不确实的统计资料了。显然，曾弗先生说话的唯一目的是要激起议会对波兰人的仇恨。

<blockquote>摘自弗·恩格斯：《法兰克福关于波兰问题的辩论》（1848年8月7日—9月6日）（四），《马克思恩格斯全集》（中文第1版）第5卷，人民出版社1958年版，第399页。</blockquote>

**5. 南方法兰西民族"在欧洲各民族的大家庭中"不仅"有"很大的"功绩"，而且简直有无限的"功绩"。可是它终于象波兰一样，起初被北方法兰西和英国瓜分，后来又被北方法兰西人全部征服了**

但卢格先生对自己的功绩比谁都知道得更清楚。他许下诺言：

"我要用我的全部热情、我的全部知识。"

他提出了建议，但是这不是什么普通的建议，不是一般的建议，而是唯一正确的合乎真理的建议，绝对的建议。

"决不能有任何别的建议、别的假定了。当然可以采取另一种行动，诸位先生，因为人是习惯于离开正确的道路的。正因为人离开了正确的道路，他也就具有自由的意志……但是正确的决不因此就不再是正确的了。而在目前的情况下，我的建议是可能提出的建议中唯一正确的建议。"

（这样一来，卢格先生就使自己的"自由的意志"为"正确的"东西牺牲了。）

我们现在来仔细地看一看卢格先生的热情和知识，看一看他的唯一正确的建议。

"消灭波兰之所以是可耻的非正义行为，是因为这样就压制了这个民族的宝贵的发展，这个民族在欧洲各民族的大家庭中曾经树立过巨大的功绩，曾经辉煌地发展过中世纪生活的一个阶段，即发展过骑精神。专制主义妨碍了小贵族共和国实现它本身的内在的（！）消灭，而这种消灭，借助于革命时期制定的宪法是有可能实现的。"

中世纪的南方法兰西民族和北方法兰西民族，不比现在的波兰民族和俄罗斯民族有更多的亲属关系。南方法兰西民族——vulgo〔即一般所谈的〕普罗温斯民族——在中世纪时代不仅完成了"宝贵的发展"，甚至还走在欧洲发展的前面。它在新时代的一切民族中第一个创造了标准语言。它的诗当时对拉丁语系各民族甚至对德国人和英国人都是望尘莫及的范例。在创造封建骑士精神方面，它可与卡斯提尔人、北方法兰西人和英格兰诺曼人相匹敌；在工商业方面，它丝毫不逊于意大利人。它不仅"辉煌地"发展了"中世纪生活的一个阶段"，甚至使古希腊文明在中世纪末期回光返照。因此，南方法兰西民族"在欧洲各民族的大家庭中"不仅"有"很大的"功绩"，而且简直有无限的"功绩"。可是它终于象波兰一样，起初被北方法兰西和英国瓜分，后来又被北方法兰西人全部征服了。从阿尔比教派战争①起到路易十一止，北方法兰西人对南方法兰西人进行了连绵不断的奴役战争，结果把全国征服了，但是北方法兰西人在文化程度上低于其南方的邻人，犹如俄国人低于波兰人一样。"专制主义"（路易十一）"妨碍了"南方法兰西"小贵族共和国"（在它的繁荣时期，这个称号是完全正确的）"实现它本身的内在的消灭"，而这种消灭，借助于城市市民阶层的发展，无论如何是有可能实现的，正象波兰小贵族共和国借助于1791年的宪法来实现它的消灭一样。

摘自弗·恩格斯：《法兰克福关于波兰问题的辩论》（1848年8月7日—9月6日）（八），《马克思恩格斯全集》（中文第1版）第5卷，人民出版社1958年版，第419—420页。

**6. 胡斯战争……是南方斯拉夫人独立干预历史进程的最后一次尝试。这一尝试失败了，从此以后，捷克人便一直受着德意志帝国的束缚**

现在我们来谈谈奥地利本土。

---

① 阿尔比教派战争是1209年至1229年北方法兰西的封建主和教皇对南方法兰西的"异教徒"（又称阿尔比教派，因南法城市阿尔比而得名）进行的战争。阿尔比教派运动是市民和小骑士阶层反对天主教教会和封建国家的一种特殊形式。战争在1229年以朗基多克并入法国国王的领地而结束。——《马克思恩格斯全集》（中文第1版）第5卷，人民出版社1958年版，注释212。

奥地利位于苏台德山和喀尔巴阡山的南部，易北河上游谷地和多瑙河中游地区。在中世纪早期，奥地利是一个完全居住着斯拉夫人的国家。按语言和风俗来看，这些斯拉夫人同土耳其的斯拉夫人、塞尔维亚人、波斯尼亚人、保加利亚人、弗拉基亚和马其顿的斯拉夫人属于同一个民族。这个民族同波兰人和俄罗斯人不同，被称为南方斯拉夫人。除了这些有血缘关系的斯拉夫民族以外，从黑海到波希米亚森林和提罗耳阿尔卑斯山的整个广大地区中，只是在巴尔干南部居住着为数不多的希腊人，在多瑙河下游地区零零星星地散居着一些说罗马尼亚语的瓦拉几亚人。

德国人从西面，马扎尔人从东面分别楔入这些密集的斯拉夫人中间。德国人侵占了波希米亚西部地区，沿着多瑙河两岸一直伸展到莱达河东岸地区。奥地利大公国、莫拉维亚部分地区、施梯里亚大部分地区都德意志化了。这样就把捷克人和莫拉维亚人同克伦地亚和克莱纳的居民隔开了。马扎尔人用同样的方法清除了居住在特兰西瓦尼亚和匈牙利中部直到德国边境的斯拉夫人，并占领了这个地区。马扎尔人在这里把斯洛伐克人和某些卢西人居住的地区（在北部）同塞尔维亚人、克罗地亚人和斯洛文尼亚人隔离开来，统治了所有这些民族。最后，土耳其人模仿拜占庭人的榜样，征服了在多瑙河和沙瓦河南面的斯拉夫人，从此南方斯拉夫人的历史作用也就永远结束了。

胡斯战争，即捷克民族为反对德国贵族和德意志皇帝的最高权力而进行的带有宗教色彩的农民战争，是南方斯拉夫人独立干预历史进程的最后一次尝试。这一尝试失败了，从此以后，捷克人便一直受着德意志帝国的束缚。

摘自弗·恩格斯：《匈牙利的斗争》（1849年1月8日左右），《马克思恩格斯全集》（中文第1版）第6卷，人民出版社1961年版，第198—199页。

**7. 造成这种情况的原因是：自从查理大帝时代以来，德意志人就十分坚决顽强地力求征服欧洲东部，把它殖民地化，或至少文明化**

造成这种情况的原因是：自从查理大帝时代以来，德意志人就十分坚决顽强地力求征服欧洲东部，把它殖民地化，或至少文明化。封建贵族在易北河与奥得河之间所进行的征服，武装骑士团在普鲁士和立窝尼亚一带所建立的封建殖民地，只是为德国工商业资产阶级所实行的一次规模更大和更有效得多的日耳曼化计划奠定了基础,因为在德国,正如在西欧其他国家一样,从15世纪起,资产阶级的社会和政治作用增长起来了。斯拉夫人,尤其是西方的斯拉夫人(波兰人和捷克人),主要是从事农业的民族,他们从来不怎么重视工商业。结果,随着这些地区人口的增加和城市的兴起,一切工业品的生产便落在德意志人移民的手里,这些商品与农产品的交换完全被犹太人所垄断,而这些犹太人,如果说他们属于什么民族的话,那么在这些国家里,他们当然与其说属于斯拉夫人,不如说属于德意志人。整个东欧的情形都是如此,虽然程度略轻。在彼得堡、佩斯、雅西,甚至在君士坦丁堡,直到今天,手工业者、小商人、小厂主都还是德意志人,而放债人、酒店老板和小贩(在这些人口稀少的国家,这种人是非常重要的)则大多数是犹太人,他们的母语是一种讹误百出的德语。在边境各斯拉夫人地区,德意志人的重要性随着城市和工商业的发达而增加,而当事实表明一切精神文化都必须从德国输入时,他们的重要性就更大了。继德意志商人和手工业者之后,德意志牧师、教员和学者也到斯拉夫人的土地上安家立业。最后,侵略军的铁蹄或审慎周密的外交手段,不仅跟随在由于社会发展而发生的缓慢的但是肯定无疑的非民族化过程的后面,而且常常走在它的前面。因此,自从第一次瓜分波兰①以后,由于把官地卖给或赐给德意志殖民者,由于奖励德意志资本家在这些混居地区建立工业企业等等,以及由于经常对该地波兰居民采取极端横暴的手段,西普鲁士和波森的大部分就日耳曼化了。

摘自弗·恩格斯:《德国的革命和反革命》(1851年8月—1852年9月)(八),《马克思恩格斯文集》第2卷,人民出版社2009年版,第396—397页。

**8. 如果说易北河和萨勒河以东的全部领土的确曾一度被斯拉夫血统的民族所占据,那么这个事实只能证明德意志族征服、并吞和同化它的古老的东方邻人的历史趋势以及它的肉体的和精神的能力**

过去1000年的历史应该已经向他们表明,这样开倒车是不行的;

---

① 第一次瓜分波兰是普鲁士、奥地利和俄国根据1772年8月5日在圣彼得堡签订的协定进行的。奥地利分得了加利西亚,普鲁士分得了瓦尔米亚以及波美拉尼亚、库亚维恩和大波兰地区的一部分;利夫兰和白俄罗斯东部的一部分划归俄国。波兰当时失去了29%的领土。——《马克思恩格斯文集》第2卷,人民出版社2009年版,注释255。

如果说易北河和萨勒河以东的全部领土的确曾一度被斯拉夫血统的民族所占据，那么这个事实只能证明德意志族征服、并吞和同化它的古老的东方邻人的历史趋势以及它的肉体的和精神的能力；德意志人进行并吞的趋势过去一向是，现在也还是西欧文明传播到东欧的最有力的方法之一；只有当日耳曼化的过程进行到那些能够保持独立民族生存、团结统一的大民族（匈牙利人是这种民族，在某种程度上波兰人也是这种民族）的边界时，这种趋势才会停止；因此，这些垂死的民族的自然而不可避免的命运，就是让它们的强邻完成这种瓦解和并吞它们的过程。当然，这对曾经把一部分波希米亚人和南方斯拉夫人鼓动起来的泛斯拉夫主义梦想家的民族野心来说，并不是一种很惬意的前途；但是他们怎么能够希望历史为了让少数病弱者称心而倒退 1000 年呢？这些人在他们居住的所有地方到处都是和德意志人混居杂处并且为后者所包围，他们几乎从很久以来为了满足文明的需要除了德语以外就再没有别的语言，而且他们甚至缺乏民族生存的首要条件——众多的人口和整片的领土。

摘自弗·恩格斯：《德国的革命和反革命》（1851 年 8 月—1852 年 9 月）（十四），《马克思恩格斯文集》第 2 卷，人民出版社 2009 年版，第 430 页。

**9. 没有一个历史上有名的斯拉夫部落曾经被勃兰登堡边区侯国征服过或者被它同化过，这个侯国甚至也从没有能够把自己的势力伸展到邻近的温德海**

这样规模宏伟的大事，在勃兰登堡边区侯国的历史上是怎样也找不出的。它的对手的历史听起来像一首魔鬼的史诗，而它的历史则只不过像一段家庭丑闻。两者之间，甚至在本来可以希望发现利益相似（即令不是利益一致）的地方，也存在着显著的差异。勃兰登堡和奥地利这两个边区起初对德意志防御和进攻邻近斯拉夫部落具有前哨的意义。但就是从这个角度来看，勃兰登堡的历史也是缺乏色彩、生命和魅力的，因为它湮没在同没没无闻的斯拉夫部落的小争斗之中了。这些部落散居在易北河和奥德河之间的一小块土地上，而且其中没有一个发展到足以在历史上占有任何位置的程度。没有一个历史上有名的斯拉夫部落曾经被勃兰登堡边区侯国征服过或者被它同化过，这个侯国甚至也从没有能够把自己的势力伸展到邻近的温德海。自十二世纪以来就为历代勃兰登堡边区侯爵所觊觎的波美拉尼亚，甚至到1815年也还没有全部并入普鲁士王国①。当勃兰登堡选帝侯开始蚕食它的时候，它早已不是一个斯拉夫国家了。波罗的海南岸和东南岸的变化，部分是由于德意志市民的商业雄心，部分是借助了德意志骑士的刀剑；这变化属于德意志和波兰的历史，而与勃兰登堡的历史是无关的。勃兰登堡只是来收获不是它自己种下的庄稼。

摘自卡·马克思：《霍亨索伦王朝的神权》，《马克思恩格斯全集》（中文第1版）第12卷，人民出版社1962年版，第106—107页。

**10. 俄国征服波兰的最初阶段在彼得大帝时代就开始了，可是直到现在还没有彻底地完成**

这个反奥的民族运动现在应当成为分裂奥地利的杠杆，运动首先是在意大利，然后（如果需要的话）是在匈牙利。俄国的做法和拿破仑第一不一样；在西方，特别是在那些人口稠密、文明程度超越它本国人民之上的地方，它前进得很慢。俄国征服波兰的最初阶段在彼得大帝时代就开始了，可直到现在还只是部分地完成。缓慢的、然而可靠的胜利和迅速的、具有决定意义且成果巨大的攻击一样，都是符合它的期望的；但是，它总是同时考虑到这两种可能性的。它在1859年战争中利用匈牙利起义的做法，即把这次起义留作第二步使用的做法，清楚地暴露了俄国的手法。

摘自弗·恩格斯：《萨瓦、尼斯与莱茵》（1860年2月）（四），《马克思恩格斯全集》（中文第2版）第19卷，人民出版社2006年版，第478页。

**11. 在法国，任何一个地方的人民参加革命的热情都不像说德语的地方那么高**

在法国，任何一个地方的人民参加革命的热情都不像说德语的地方那么高。所以，当德意志帝国向革命宣战的时候，当德国人不仅自己现在还服服贴贴地带着锁链，而且还让人利用自己来把旧的奴隶制重新强加于法国人，把刚被赶走的封建主重新强加于亚尔萨斯农民的时候，亚尔萨斯人和洛林人就不再属于德意志民族了，他们学会了憎恨和鄙视德国人，在斯

---

① 按照1815年的《维也纳条约》，波美拉尼亚的一部分——所谓瑞典波美拉尼亚划归普鲁士。——《马克思恩格斯全集》（中文第1版）第12卷，人民出版社1962年版，注释91。

特拉斯堡写出了"马赛曲",配上了谱,而且首先由亚尔萨斯人唱起来,德意志的法国人不管语言和过去经历如何,在几百个战场上,在为革命进行的斗争中,已经同本来的法国人融合为一个民族[Volk]了。

摘自弗·恩格斯:《暴力在历史中的作用》(1887年12月底—1888年3月),《马克思恩格斯全集》(中文第1版)第21卷,人民出版社1965年版,第508页。

**12. 要想使"马赛曲"的故乡斯特拉斯堡德国化,就好像要想使加里波第的故乡尼斯法国化一样荒谬**

这就是俾斯麦和普鲁士容克冒着危险要使之再度德国化的地方,他们是被那种看来同德国一切问题密不可分的沙文主义浪漫主义的复活支持着的。要想使"马赛曲"的故乡斯特拉斯堡德国化,就好像要想使加里波第的故乡尼斯法国化一样荒谬。但是在尼斯,路易—拿破仑至少还遵守了礼貌,他让兼并问题由投票来决定,——这一招成功了。撇开普鲁士人有充分理由厌恶这类革命措施不谈,——还从来没有发生过某一个地方的人民群众要求归并于普鲁士的事情,——大家也都非常清楚地知道:正是这里的居民比本来的法国人本身更一心一德地留恋法国。因此就赤裸裸地用暴力割了出来。这是对法国革命的一种报复行动,被夺走的正是由于革命才同法国融合为一的土地之一。

摘自弗·恩格斯:《暴力在历史中的作用》(1887年12月底—1888年3月),《马克思恩格斯全集》(中文第1版)第21卷,人民出版社1965年版,第509页。

**13. 那些说带有高地德意志语腔调的法语的亚尔萨斯资产者,混血种的纨绔子,一举一动比任何一个真正的法国人还要法国化**

那些说带有高地德意志语腔调的法语的亚尔萨斯资产者,混血种的纨绔子,一举一动比任何一个真正的法国人还要法国化,他们瞧不起歌德,而醉心于拉辛,但终究摆脱不了自己出身于德国这样一种秘密的亏心事,正是这个原因才使他们以轻蔑的口吻妄谈德国的一切,以致从来不适于充当德国和法国之间的调停人,——这些亚尔萨斯资产者诚然是些卑贱的家伙,不管他们是牟尔豪森的工厂主还是巴黎的记者。可是,使他们变成了现在这个样子的,不正是最近三百年的德国历史吗?几乎所有侨外的德国人,特别是商人,不是在不久以前还都同亚尔萨斯人一样吗?他们否认自己出身于德国，他们以一种真正的自我折磨的精神冒充着异邦的、自己新祖国的国籍，同时，像亚尔萨斯人那样自愿地把自己置于至少是同样的可笑境地，而亚尔萨斯人毕竟多少是由外界情况使然的。例如在英国，从1815年到1840年迁移到那里去的全部德国商人，几乎毫无例外地英国化了，他们在自己人中间也几乎只说英语，直到今天，例如在曼彻斯特交易所里，还有不少老德国庸人在那儿跑来跑去，只要能把他们看成是地道的英国人，他们就不惜献出自己的一半财产。从1848年以来，在这方面才发生了变化。而从1870年起，当甚至预备役尉官也来到了英国，而且柏林把自己的部队派到那里去的时候，普鲁士的高傲自大就代替了以往的卑躬屈节，这在外国同样把我们弄得很可笑。

摘自弗·恩格斯：《暴力在历史中的作用》（1887年12月底—1888年3月），《马克思恩格斯全集》（中文第1版）第21卷，人民出版社1965年版，第511—512页。

**14. 而这个时期主要的事情是征服高加索并使之俄罗斯化，而这只是经过二十年的斗争之后才终于完成**

我不来详细谈1830—1848年期间的俄土关系。其中重要的是，俄国第一次能够出面保护土耳其不受它的发动叛乱的埃及附庸穆罕默德—阿里的侵袭，派遣3万军队去博斯普鲁斯海峡保卫君士坦丁堡，并通过安吉阿尔—斯凯莱西条约①在许多年内把土耳其置于俄国的实际统治之下；其次，它在1840年，由于帕麦斯顿的背叛，能够在转瞬之间把威胁它的欧洲同盟

---

① 《安吉阿尔—斯凯莱西条约》是俄国和土耳其于1833年7月8日在君士坦丁堡签订的友好共同防御条约。在条约签订以前，俄军在博斯普鲁斯海峡地区安吉阿尔—斯凯莱西地方登陆。这支登陆部队被派到土耳其是为了支援苏丹对付威胁土耳其首都的易卜拉欣帕沙（起义反对苏丹的埃及统治者穆罕默德—阿里的儿子）的军队。1833年5月，土耳其政府在英国和法国的调停下同穆罕默德—阿里缔结了和约，将叙利亚和巴勒斯坦割让给穆罕默德—阿里。尽管对苏丹的直接威胁已经消除，但沙皇外交利用紧张局势和俄军驻扎土耳其的机会，迫使土耳其政府同俄国缔结了防御同盟，并且签订了《安吉阿尔—斯凯莱西条约》，使该同盟从法律上固定下来。条约中列入了一项秘密条款，规定土耳其必须根据俄国的要求禁止外国军舰通过黑海海峡。另一项条款确认了《阿德里安堡条约》和其他的俄土协议。条约的有效期定为八年。——《马克思恩格斯文集》第4卷，人民出版社2009年版，注释270。

变成反法同盟，①最后，它通过不断的占领，对农民实行剥削②以及用《组织规程》③（见马克思《资本论》第1卷第8章）④将贵族引诱到自己方面来等办法准备好了对多瑙河两公国的兼并。而这个时期主要的事情是征服高加索并使之俄罗斯化，而这是经过20年的斗争之后才终于完成的。

摘自弗·恩格斯：《俄国沙皇政府的对外政策》（1889年12月—1890年2月）（三），《马克思恩格斯文集》第4卷，人民出版社2009年版，第377页。

---

① 1839—1841年的土埃战争加剧了英法之间的矛盾。法国暗中支持埃及统治者穆罕默德—阿里。英国害怕站在苏丹方面的俄国单方面干预冲突，同时又企图将法国孤立起来，坚持西欧列强共同采取行动向土耳其政府提供军事援助。1840年7月15日俄国、英国、奥地利、普鲁士和土耳其背着法国在伦敦签订了对土耳其苏丹提供军事援助的协定。这一情况造成了法国外交上的孤立，出现了法国和欧洲几个大国同盟之间的战争的危险，法国迫不得已停止了对穆罕默德—阿里的援助。这就意味着法国在近东问题上的政策遭到严重的挫败。由于英国和奥地利的军事干涉，穆罕默德—阿里不得不放弃自己在埃及境外的领地，并服从苏丹的最高权力。——《马克思恩格斯文集》第4卷，人民出版社2009年版，注释271。

② 在英译文中不是"对农民实行剥削"，而是"把自己的士兵驻屯在农民当中"。——编者注

③ 《组织规程》是1831年多瑙河两公国摩尔多瓦和瓦拉几亚的第一部宪法。这两个公国在1828—1829年俄土战争结束后为俄军占领。《组织规程》的方案是由两公国的俄国行政当局首脑帕·德·基谢廖夫拟定的。根据《组织规程》，每个公国的立法权交给土地占有者选出的议会，而行政权则交给土地占有者、僧侣和各城市的代表所推选出的终身国君。规程保持了原有的封建制度，包括徭役制，将政治大权集中在土地占有者手中。同时，《组织规程》还规定实行一系列资产阶级的改革措施，即废除国内关税壁垒，实行贸易自由，司法与行政分离以及取消刑讯等。1848年革命期间，该《组织规程》被废除。对《组织规程》的评述，见《资本论》第1卷第8章第2节（《马克思恩格斯全集》第5卷第275—276页）。——《马克思恩格斯文集》第4卷，人民出版社2009年版，注释272。

④ 在英译文中弧里的话改成了一个脚注："这是一种为农村居民制定的法典，它规定农民的大部分工作时间由贵族（地方上的土地贵族）支配，并且完全无偿。详见卡尔·马克思《资本论》第1卷英文版第10章第218—222页。"（恩格斯在这里援引的是《资本论》第一卷英文第一版（1887年伦敦版），这个版本本章节的分法和德文版不同。——《马克思恩格斯文集》第4卷，人民出版社2009年版，注释273。）——编者注

# 十　民族、民族主义与疆域

**1. 这些斯拉夫地区已经完全德意志化；这已是既定事实，而且已经无法挽回**

德国人在北方从斯拉夫人手中重新夺回了起初属于德国而后来属于斯拉夫人的由易北河至瓦尔塔河的那片地区；所以要夺取这片地区，是由于从瓜分卡罗林君主国而产生的"地理上和战略上的考虑"。这些斯拉夫地区已经完全德意志化；这已是既定事实，而且已经无法挽回，除非泛斯拉夫主义者能够找到已经消亡了的索布语、温德语和奥博德里特语，并把这些语言强加于莱比锡、柏林和施特廷①的居民。但上述夺取行为是有利于文明的，这一点至今还没有人否认过。

摘自弗·恩格斯：《民主的泛斯拉夫主义》（1849年2月14—15日）（一），《马克思恩格斯全集》（中文第1版）第6卷，人民出版社1961年版，第331—332页。

**2. 波兰人的行动截然不同！八十年以来他们一直受压迫，受奴役，遭到破产，他们始终站在革命方面**

波兰人的行动截然不同！八十年以来他们一直受压迫，受奴役，遭到破产，他们始终站在革命方面，并且宣布，波兰的革命化同波兰的独立是不可分割地联系在一起的。在巴黎、维也纳、柏林，在意大利和匈牙利，波兰人都参加了历次革命和革命战争，不管是反对德国人、斯拉夫人、马扎尔人，或者即使是反对波兰人都是一样。波兰人是没有任何泛斯拉夫主义欲望的唯一斯拉夫民族。他们能够成为这样的民族，是有充分理由的：压迫他们的，主要是他们自己的所谓斯拉夫兄弟，而波兰人对俄罗斯人的仇恨甚至超过对德国人的仇恨——他们有充分的权利这样做。正是因为波兰的解放同革命密切地联系着，正是因为"波兰人"和"革命者"两个词成了同义语，波兰人就赢得了全欧洲的同情，保证了他们民族的复兴，而捷克人、克罗地亚人和俄国人却受到全欧洲的憎恨，整个西方都用流血的革命战争来反对他们。

---

① 波兰称作：兹杰辛。——编者注

摘自弗·恩格斯：《民主的泛斯拉夫主义》（1849年2月14—15日）（二），《马克思恩格斯全集》（中文第1版）第6卷，人民出版社1961年版，第338—339页。

### 3. 一切泛斯拉夫主义者都认为，民族特性，即虚构的全体斯拉夫人的民族特性，是高于革命的

但是，我们不要沉溺于幻想。一切泛斯拉夫主义者都认为，民族特性，即虚构的全体斯拉夫人的民族特性，是高于革命的。泛斯拉夫主义者同意参加革命，可是有一个条件，就是允许他们不顾最迫切的物质需要，把一切斯拉夫人毫无例外地联合成为一些独立的斯拉夫国家。如果我们德国人也提出这种荒诞无稽的条件，那我们在三月里不知要走到哪里去了！但是革命是不允许向它提出任何条件的。或者做一个革命者，接受革命的一切后果，不管这种后果是什么，或者投入反革命的怀抱，有朝一日会不知不觉地（也许是事与愿违地）发现自己同尼古拉和文迪施格雷茨处在同一个阵营中。

我们和马扎尔人应该保障奥地利斯拉夫人的独立，——巴枯宁提出了这个要求，而像卢格那种类型的人真的会私下对他许下这种诺言。他们竟要求我们和欧洲的其他革命民族保证反革命势力可以直接在我们的大门口肆无忌惮地存在，保证他们有策划阴谋和武装起来反对革命的自由权利；我们应当在德国的中心建立一个反革命的捷克国家，我们应当在俄国楔入德国、波兰和匈牙利的、设在易北河、喀尔巴阡山和多瑙河地区的前哨部队的援助下粉碎德国、波兰和匈牙利的革命力量！

我们不打算这样做。

摘自弗·恩格斯：《民主的泛斯拉夫主义》（1849年2月14—15日）（二），《马克思恩格斯全集》（中文第1版）第6卷，人民出版社1961年版，第341—342页。

### 4. 大家都知道，在过去1000年中，整个德国东半部，直到易北河、萨勒河和波希米亚林山，已经从斯拉夫族的入侵者手里夺回来了。这些地区的大部分都已日耳曼化

从以上几篇的叙述中已经可以明显看出，除非1848年三月革命后紧接着再来一次新的革命，否则德国就不可避免地要恢复到这次事变以前的状

态。但我们现在试图略加阐述的历史问题，性质非常复杂，如果不考虑到可以称之为德国革命的国际关系的种种情况，便不能够充分了解后来的一些事件。而这些国际关系也像德国内部情形一样复杂。

大家都知道，在过去1000年中，整个德国东半部，直到易北河、萨勒河和波希米亚林山，已经从斯拉夫族的入侵者手里夺回来了。这些地区的大部分都已日耳曼化，以至斯拉夫族的民族性和语言几百年以前已经完全消失；如果我们把少数完全孤立的残余（总数不到10万人，包括波美拉尼亚的卡舒布人、卢萨蒂亚的文德人或索布人）除外，这些地区的居民都已经是地地道道的德意志人了。但在所有同旧波兰接壤的地带和捷克语国家，在波希米亚和摩拉维亚，情形就不同了。在这些地方，两个民族在每个区域都是混居杂处，城市一般地说在不同程度上属于德意志人，而农村中则是斯拉夫人占优势，不过在农村中斯拉夫人也因德意志人势力的增强而逐渐被瓦解和排挤。

摘自弗·恩格斯：《德国的革命和反革命》（1851年8月—1852年9月）（八），《马克思恩格斯文集》第2卷，人民出版社2009年版，第396页。

### 5. 因此，近70年来，德意志民族和波兰民族间的分界线完全改变了

因此，近70年来，德意志民族和波兰民族间的分界线完全改变了。1848年的革命，立即唤醒一切被压迫民族起来要求独立和自己管理自己事务的权利；所以很自然，波兰人也立即要求恢复他们在1772年以前旧波兰共和国的疆界以内的国家。的确，就在当时，这个疆界作为德意志民族与波兰民族的分界线也已经过时了，而此后随着日耳曼化的进展，它更是一年比一年过时了；但是，既然德意志人当时曾经那样热情地宣布他们赞助波兰复国，那么，要求他们放弃他们所掠得的一部分领土作为他们同情心的真实性的第一个证据，也就是理所当然的了。

摘自弗·恩格斯：《德国的革命和反革命》（1851年8月—1852年9月）（八），《马克思恩格斯文集》第2卷，人民出版社2009年版，第397—398页。

### 6. 但是就像常有的情形那样——最近400年历史上的一切事实都证明，捷克民族是个垂死的民族

民族问题在波希米亚也引起了另一场斗争。在这个居住着200万德意

志人和300万捷克语斯拉夫人的地区,有不少伟大的历史事迹几乎都与捷克人先前的霸权相联系。但自从15世纪的胡斯战争①以后,斯拉夫族的这一支脉的势力就被摧毁了。捷克语地区分裂了:一部分形成了波希米亚王国,一部分形成了摩拉维亚公国,第三部分——斯洛伐克人居住的喀尔巴阡山地则归入匈牙利。从那时起,摩拉维亚人和斯洛伐克人就已失掉一切民族意识和民族生命力的痕迹,虽然在很大程度上还保留着他们的语言。波希米亚被德意志人的地区三面包围。德意志人在波希米亚境内作出了很大的成绩,甚至在首都布拉格,这两个民族也完全势均力敌;而资本、商业、工业和精神文化则普遍掌握在德意志人手里。捷克民族的头号卫士帕拉茨基教授本人就是一个发了狂的博学的德意志人,直到今天他还不能正确地、不带外国腔调讲捷克语。但是就像常有的情形那样——最近400年历史上的一切事实都证明它是垂死的民族——于1848年作了最后一次努力来恢复它从前的生命力,而这次努力的失败,撇开一切革命方面的考虑不谈,足以证明波希米亚此后只能作为德国的一个组成部分而存在,即使它的一部分居民在几百年之内继续说非德意志的语言。

摘自弗·恩格斯:《德国的革命和反革命》(1851年8月—1852年9月)(八),《马克思恩格斯文集》第2卷,人民出版社2009年版,第399—400页。

**7. 波希米亚和克罗地亚都没有强大到自身足以作为一个民族而存在**

波希米亚和克罗地亚(斯拉夫族的另一个分散的成员,它受匈牙利人的影响,就像波希米亚人受德意志人的影响一样),是欧洲大陆上所谓"泛斯拉夫主义"的发源地。波希米亚和克罗地亚都没有强大到自身足以作为一个民族而存在。它们各自的民族性都已逐渐被种种历史原因的作用

---

① 胡斯战争是1419—1434年间捷克民族为反对德国贵族和德意志皇帝的最高权力而进行的带有宗教色彩的农民战争(见恩格斯《匈牙利的斗争》,《马克思恩格斯全集》中文第1版第6卷第199页),因捷克爱国者和宗教改革领袖胡斯而得名。胡斯严厉谴责教皇兜售"赎罪券",反对教会占有土地,抨击教士的奢侈堕落行为,主张用捷克语举行宗教仪式。1415年7月胡斯作为异教徒被处以火刑。对胡斯的处决激起捷克人民更大的义愤,1419年7月30日布拉格发生起义,拉开了这场民族解放战争的序幕。胡斯战争的参加者分为两大派,即代表农民和平民的塔博尔派与代表市民和中小贵族的圣杯派。战争期间,塔博尔派军队击退了教皇和德意志皇帝组织的五次反对捷克的十字军征讨。最后由于圣杯派同国外封建反动势力实行叛变性的妥协,人民起义遭到失败。胡斯派的运动对16世纪欧洲宗教改革产生了巨大的影响。——《马克思恩格斯文集》第2卷,人民出版社2009年版,注释256。

所破坏，这些原因必然使它们为更强大的民族所并吞，它们只能寄希望于通过和其他斯拉夫民族联合起来而恢复一定的独立性。

摘自弗·恩格斯：《德国的革命和反革命》（1851年8月—1852年9月）（九），《马克思恩格斯文集》第2卷，人民出版社2009年版，第401页。

## 8. 斯拉夫人的民族性现在到处都被奥地利的中央集权所摧毁，而这是他们的幻想和愚蠢所应得的

奥地利制宪议会中的波希米亚、摩拉维亚、达尔马提亚的代表和一部分波兰的代表（贵族），在这个议会中对德意志代表发动了有计划的斗争。德意志人和一部分波兰人（破产的贵族）在这个议会中是革命进步势力的主要支持者。对他们采取反对态度的大多数斯拉夫族代表，并不满足于这样明确表露自己整个运动的反动倾向，他们竟下贱地同驱散他们的布拉格会议的奥地利政府暗中勾结。他们的这种卑鄙的行为也得到了报应。斯拉夫代表在1848年十月起义（归根到底正是这次起义使他们在制宪议会中获得了多数）时支持政府，而在这之后，现在这个几乎是清一色的斯拉夫人的议会，也像布拉格代表大会一样被奥地利军队驱散了，这些泛斯拉夫主义者还被警告说，他们如果再有所动作，就将被关进监狱。他们得到的只是这样一个结果：斯拉夫人的民族性现在到处都被奥地利的中央集权所摧毁，而这是他们的幻想和愚蠢所应得的。

摘自弗·恩格斯：《德国的革命和反革命》（1851年8月—1852年9月）（九），《马克思恩格斯文集》第2卷，人民出版社2009年版，第403页。

## 9. 有许多民族的零星残余，它们的民族性和政治生命力早已熄灭，因此它们在近一千年来总是不得不尾随一个更强大的民族即它们的征服者

德国的斯拉夫人恢复独立的民族生存的尝试，现在而且很可能是永远地就这样完结了。有许多民族的零星残余，它们的民族性和政治生命力早已被消灭，因此它们在近1000年以来总是不得不尾随一个更强大的民族即它们的征服者，就像过去威尔士人在英国，巴斯克人在西班牙，下布列塔尼人在法国一样，也像今天西属或法属克里奥尔人在最近被英裔美国人占领的北美洲那些地方一样。这些垂死的民族，如波希米亚人、卡林西亚人、达尔马提亚人等等，都力图利用1848年的普遍混乱恢复他们在公元800年时的政治状况。

摘自弗·恩格斯：《德国的革命和反革命》（1851年8月—1852年9月）（十四），《马克思恩格斯文集》第2卷，人民出版社2009年版，第429—430页。

## 10. 这里我们没有谈到波兰人，他们可尊敬的大部分是敌视泛斯拉夫主义的

这里我们没有谈到波兰人，他们可尊敬的大部分是敌视泛斯拉夫主义的；也没有谈到假民主和假社会主义形式的泛斯拉夫主义，这种泛斯拉夫主义本质上同普通的露骨的俄国泛斯拉夫主义不同的地方只是在于它的漂亮言词和假仁假义。我们同样很少谈到德国思辨哲学的代表①，这些代表们因离奇的愚昧无知而堕落为俄国阴谋的工具。以后我们还要来谈这个问题，并将详细说明这些以及另外一些与泛斯拉夫主义有关的问题。

摘自弗·恩格斯：《德国和泛斯拉夫主义②》（1855年4月17日左右）（二），《马克思恩格斯全集》（中文第1版）第11卷，人民出版社1962年版，第225页。

## 11. 最初的运动是真正的民族运动

然而，这种迫使德国一致拥护奥地利对意大利的统治和政策的企图，却为北德意志的哥达派的庸人们造成反对民族运动的求之不得的借口。最初的运动是真正的民族运动，它比从阿尔汉格尔斯克到圣弗朗西斯科的一

---

① 这里恩格斯指的是德国唯心主义哲学家布鲁诺·鲍威尔，他在《俄国和德国》（1853）、《俄国和英国》（1854）等许多小册子中实质上发展了泛斯拉夫主义思想。——《马克思恩格斯全集》（中文第1版）第11卷，人民出版社1962年版，注释134。

② 恩格斯的这两篇文章是应马克思的请求为在《新奥得报》和《纽约每日论坛报》上同时发表而写的。从《新奥得报》发表的第二篇文章中以及1855年4月17日马克思写给恩格斯的信中可以看出，恩格斯建议继续批判泛斯拉夫主义的理论；马克思和恩格斯认为揭露泛斯拉夫主义理论的反动实质具有很大的意义，但是后来在报纸上没有看到恩格斯关于这一题目的文章。《纽约每日论坛报》在1855年5月5日和7日以《欧洲的斗争》（《The European Struggle?》）和《奥地利的弱点》（《Austria's Weakness》）为题歪曲地登载了恩格斯关于泛斯拉夫主义的文章；《论坛报》编辑部在第二篇文章中加进了一整段话，赞扬了报纸撰稿人之一阿·古罗夫斯基的泛斯拉夫主义思想。——《马克思恩格斯全集》（中文第1版）第11卷，人民出版社1962年版，注释130。

切席勒纪念会①都具有更强烈得多的民族性质；这个运动是自然地、本能地、直接地发生的。至于奥地利对意大利是否享有权利，意大利是否有权要求独立，明乔河线是否需要，——这一切在当时对这个民族运动来说都无所谓。既然我们之中的一个遭到攻击，并且是遭到与意大利毫无关系而对于夺取莱茵河左岸地区却有很大兴趣的第三者的攻击，那我们就应当联合起来反对他，反对路易—拿破仑和法兰西第一帝国的传统。人民本能地而且是正确地感觉到了这一点。

但是，哥达自由派的庸人们老早就不把德意志的奥地利看做是"我们之中的一个"了。战争正合乎他们的心意，因为战争可以削弱奥地利，从而最后促成小德意志帝国或大普鲁士帝国的产生。北德意志的庸俗民主派有许多人附和他们，这些人指望路易—拿破仑能毁灭奥地利，然后让他们把整个德国统一在普鲁士的霸权之下；有一小部分住在法国和瑞士的德国流亡者也附和他们，这些人竟恬不知耻地公开和波拿巴主义勾结。但是，我们坦白地说，他们最有力的同盟者是那些永远不敢正视危险的德国小市民阶层的怯懦性；为了哀求把自己的死刑缓期一年执行，他们会背弃自己的忠实同盟者。这样一来，没有了同盟者，他们自己今后的失败就更加确定无疑了。和这些怯懦之辈携手同行的是某些过于聪明的人，他们经常有千百个决不采取任何行动的理由，但是却有更多的借口来高谈阔论。除了对上述借口之外，他们对一切都表示怀疑。对于规定把莱茵河左岸地区让给法国的巴塞尔和约②表示欢迎、而当奥军在乌尔姆③和奥斯特尔利茨败北④时又暗中庆幸的，就是这班

---

① 指1859年席勒诞生一百周年的纪念活动。——《马克思恩格斯全集》（中文第2版）第19卷，人民出版社2006年版，注释110。

② 巴塞尔条约即巴塞尔和约（1795年4月5日），是参加了第一次反法同盟的普鲁士同法国单独缔结的，和约规定普鲁士把西部领土转让法国，但继续占有东部的波兰领土，为此必须退出反法同盟。这个和约的签订是法军胜利的结果，也是法国在外交上善于利用第一次反法同盟参加国之间的矛盾，首先是普鲁士与奥地利之间的矛盾的结果。这个和约的签订导致了欧洲各国第一次反法同盟的瓦解。——《马克思恩格斯全集》（中文第2版）第19卷，人民出版社2006年版，注释202。

③ 指乌尔姆会战。在第三次反法同盟战争时期，1805年10月17日，马克将军指挥的奥地利军队在乌尔姆要塞被法军包围，结果被迫向拿破仑第一投降。——《马克思恩格斯全集》（中文第2版）第19卷，人民出版社2006年版，注释334。

④ 奥斯特利茨是斯拉夫科夫（今属捷克）的旧称。1805年12月2日，俄奥军队（第三次反法同盟）和法军之间在奥斯特利茨进行了一次决定性的会战（亦称三皇之战），这次会战以拿破仑第一的胜利而告终。——《马克思恩格斯全集》（中文第2版）第19卷，人民出版社2006年版，注释86。

过于聪明的人,他们永远看不到自己的耶拿①的来临,柏林是他们的大本营。

摘自弗·恩格斯:《萨瓦、尼斯与莱茵》(1860年2月)(一),《马克思恩格斯全集》(中文第2版)第19卷,人民出版社2006年版,第440—441页。

**12. 这伙人的同盟胜利了**

这伙人的同盟胜利了。德国背弃了奥地利。然而,奥军在伦巴第平原上打得非常英勇,使敌人为之惊讶,使所有的人都为之赞叹,只有哥达党人及其追随者除外。操场上的刻板操练、驻地内的严酷管教、军士的棍棒,所有这一切都不能从他们身上磨灭掉德意志人所固有的无穷无尽的战斗力。虽然武装简陋、装具沉重,但这些未经战火考验的年轻部队面对着久经战斗、服装轻便、装备灵巧的法军,表现得像老兵一样;只是由于奥军指挥的极端无能和步调不一,才使这样的部队打了败仗。但这是怎样的败仗呢?敌人没有得到战利品,没有得到军旗,几乎没有得到火炮,也几乎没有俘虏;敌人所缴获的惟一的军旗是在战场上尸体堆中捡来的,而未受伤的俘虏也只是意大利或匈牙利的逃兵。奥军从普通兵到少校都获得了荣誉,而这个荣誉差不多完全属于德意志奥地利人。意大利人是不能用的,他们大部分已被遣散,匈牙利人不是成群结队地投降,便是非常不可靠,克罗地亚人在这次战争中比平时的表现差得多②。只有德意志奥地利人才完全有资格享受这个荣誉,尽管他们因为指挥不良而首当其冲地蒙受了耻辱。

摘自弗·恩格斯:《萨瓦、尼斯与莱茵》(1860年2月)(一),《马克思恩格斯全集》(中文第2版)第19卷,人民出版社2006年版,第441—442页。

---

① 1806年10月14日,普鲁士军队在耶拿会战中被法军击败,同一天,在拿破仑的元帅路·尼·达武的指挥下,法军在奥尔施泰特击溃了普鲁士军队主力,这两次失败迫使普鲁士向拿破仑法国投降。这两次会战通常称为耶拿会战。——《马克思恩格斯全集》(中文第2版)第19卷,人民出版社2006年版,注释88。

② 参看《泰晤士报》记者自奥军兵营发出的关于索尔费里诺会战的报道。在卡夫里亚诺,以志愿者资格参战的老炮兵总司令努根特,曾尽一切力量派遣一些边屯营(注335)投入战斗,但枉费心机。

注335:边屯营是指奥地利帝国南部,即达尔马提亚、克罗地亚、斯拉沃尼亚、特兰希瓦尼亚和巴纳特等地的边境地区居民组成的部队。这些居民因使用土地而有义务服兵役保卫边境。——《马克思恩格斯全集》(中文第2版)第19卷,人民出版社2006年版,注释335。

**13. 然而，已具有独立性的各个民族的运动，从 1848 年起就使奥地利无力继续反抗俄国，从而也使奥地利的存在失去了最后的内在的历史根据**

首先必须消灭奥地利。奥地利从 1792 年到 1809 年在战场上顽强地反抗过法国，而从 1814 年以来它又在同样顽强地（这是它仅有的然而是无可争辩的功绩）从外交上反对俄国侵略魏克瑟尔河和多瑙河的计划。在 1848—1849 年间，当德国、意大利和匈牙利的革命把奥地利推到彻底崩溃的边缘时，俄国拯救了奥地利——它的崩溃不应该是革命的结果，因为革命会使帝国的已解放的地区免受俄国政策的摆布。然而，已具有独立性的各个民族的运动，从 1848 年起就使奥地利无力继续反抗俄国，从而也使奥地利的存在失去了最后的内在的历史根据。

摘自弗·恩格斯：《萨瓦、尼斯与莱茵》（1860 年 2 月）（四），《马克思恩格斯全集》（中文第 2 版）第 19 卷，人民出版社 2006 年版，第 477—478 页。

**14. 1848 年以前，哈布斯堡王朝由于在任何一个种族中都得不到特别的依靠，当然就把它对匈牙利的统治依托在统治的民族——马扎尔人身上**

1848 年以前，哈布斯堡王朝由于在任何一个种族中都得不到特别的依靠，当然就把它对匈牙利的统治依托在统治的民族——马扎尔人身上。附带提一下，梅特涅倒是各民族最大的维护者。他迫使一个民族憎恨另一个民族，但是他需要这些民族，以便强迫它们这样做。因此，他维护它们。我们不妨来比较一下波森和加利西亚。1848—1849 年革命之后，在斯拉夫人帮助下击败了德国人和马扎尔人的哈布斯堡王朝，企图仿效约瑟夫二世，用暴力使德国成分在匈牙利居于统治地位。哈布斯堡王朝由于害怕俄国，不敢投入他们的拯救者——斯拉夫人的怀抱。他们这个联合国家的反动势力，在匈牙利与其说是针对他们的战败者——马扎尔人，不如说是针对他们的拯救者——斯拉夫人的。因此，奥地利反动势力在同它的拯救者的斗争中，就像瑟美列在其 1860 年于伦敦出版的小册子《1848—1860 年的匈牙利》中所指出的，把斯拉夫人赶回到马扎尔人的旗帜下。可见，奥地利对匈牙利的统治，不论在 1848 年以前或者以后，都是同马扎尔人在匈牙利的统治并存的。

摘自卡·马克思：《福格特先生》（1860 年 2—11 月）（八），《马克思恩格斯全集》（中文第 2 版）第 19 卷，人民出版社 2006 年版，第 218 页。

### 15. 德国人在波兰却妨碍了波兰城市的建立和波兰资产阶级的形成

但是，不正是他们（德国人——摘编者注）给波兰带来了文化和教育，带来了贸易和手工业吗？的确，他们随身带来了小型贸易和行会手工业；他们以自己的消费和有限的交换的发展，在某种程度上提高了生产。至于高等教育，1772年以前在整个波兰都很少听到，以后在奥属波兰和俄属波兰的情形也是这样。关于普属波兰，我们还要比较详细地谈一谈。同时，德国人在波兰却妨碍了波兰城市的建立和波兰资产阶级的形成。他们以自己独特的语言，以自己和波兰居民的疏远，以自己成千上万种特权和城市法规，妨碍了中央集权这个使一切国家迅速发展的最有力的政治手段的实现。差不多每一个城市都有自己的独特的法律；尤其是在民族杂居的城市里，都存在过而且往往还继续存在着对德国人、对波兰人、对犹太人的不同的法律。

摘自弗·恩格斯：《法兰克福关于波兰问题的辩论（1848年8月7日—9月6日）》（一），《马克思恩格斯全集》（中文第1版）第5卷，人民出版社1958年版，第374页。

### 16. 波兰的德国人……他们把德国的市侩习气和德国小市民的狭隘性随身带到了波兰，他们兼有两个民族的坏的特性，而没有吸取好的特性

波兰的德国人停留在最低级的工业发展阶段，他们没有掌握大资本，不善于从事大工业，没有控制广泛的贸易关系。为了使工业能够在波兰扎根，需要英国人科克里尔到华沙来。零售贸易，手工业，至多不过是粮食贸易和工场手工业（织布业等等），而且规模非常小，——这就是波兰的德国人的全部活动。在评价波兰的德国人的功绩的时候，也不应忽略下列情况：他们把德国的市侩习气和德国小市民的狭隘性随身带到了波兰，他们兼有两个民族的坏的特性，而没有吸取好的特性。

摘自弗·恩格斯：《法兰克福关于波兰问题的辩论（1848年8月7日—9月6日）》（一），《马克思恩格斯全集》（中文第1版）第5卷，人民出版社1958年版，第374页。

### 17. 亚尼舍夫斯基先生……给人的印象同以前几个发言人完全不同。……在这位捍卫自己的民族生存、要求恢复自己的无可争辩的权利的波兰人面前，都黯然失色了

从波兹南来的波兹南国民委员会委员亚尼舍夫斯基先生走上了讲台。

亚尼舍夫斯基先生的演说是圣保罗教堂的讲台上发出的真正议会辞令

的第一个典范。我们终于听到了雄辩家的言论，他不追求会场的赞许，他用真正生动活泼、热情洋溢的语言来说话，正因为如此，他给人的印象同以前几个发言人完全不同。勃鲁姆对议会的良心所作的呼吁，约丹的微不足道的热情，拉多维茨的始终如一的冷淡，舒泽尔卡的模棱两可的温厚，在这位捍卫自己的民族生存、要求恢复自己的无可争辩的权利的波兰人面前，都黯然失色了。亚尼舍夫斯基说得兴奋而热烈，但是并不装腔作势；他只是以合理的愤怒心情来说明事实，没有这种愤怒的心情，就不可能正确地阐明这类事实，而在辩论的过程中听到了无耻的捏造以后，这种愤怒的心情是加倍合理的。他的演说真正是辩论的中心点，他击退了以前对波兰人的种种攻击，纠正了波兰的朋友们的一切错误，使辩论回到它的唯一实际、唯一真实的基础上去，并且预先剥夺了在他后面发言的右派的最有力的论据。

"你们吞下了波兰，但是我发誓，你们决不能把它消化！"

亚尼舍夫斯基演说的这个明确的结论将使我们永志不忘，同样使我们不能忘记的是他对波兰的朋友们的种种哀求所作的自豪的声明：

"我不是以一个穷人的身分向你们说话的，我所依据的是自己的无可争辩的权利；我不是来呼吁同情，而只是来呼吁正义的。"

摘自弗·恩格斯：《法兰克福关于波兰问题的辩论》（1848年8月7日—9月6日）（六），《马克思恩格斯全集》（中文第1版）第5卷，人民出版社1958年版，第411—412页。

**18.** 在奥地利各个大小民族中，只有三个民族是进步的代表者，它们积极地影响历史，并且现在还保持着生命力，这就是德国人、波兰人、马扎尔人。因此，他们现在是革命的

1848年首先在奥地利造成了极可怕的混乱局面，使所有这些由于梅特涅的罪过直到当时还互相奴役的民族一度获得自由。德国人、马扎尔人、捷克人、波兰人、莫拉维亚人、斯洛伐克人、克罗地亚人、卢西人、罗马尼亚人、伊利里亚人、塞尔维亚人互相间都发生了冲突，同时，在这些民

族的每一个民族内部，各个不同阶级之间也进行着斗争。但是，在这种混乱局面中很快就有了头绪。斗争者分成了两大阵营：德国人、波兰人和马扎尔人站在革命方面，其他民族，即除了波兰人以外的一切斯拉夫人、罗马尼亚人和特兰西瓦尼亚地区的萨克森人，则站在反革命方面。

为什么会出现这样的民族划分呢？这是由什么原因造成的呢？

这种划分符合这些民族过去的全部历史情况。这是解决所有这些大小民族生死存亡问题的开始。

直到现在为止，奥地利过去的全部历史都证明了这一点，1848年也证实了这一点。在奥地利各个大小民族中，只有三个民族是进步的代表者，它们积极地影响历史，并且现在还保持着生命力，这就是德国人、波兰人、马扎尔人。因此，他们现在是革命的。

其他一切大小民族，在最近的将来都要在世界革命的风暴中灭亡。因此，它们现在是反革命的。

摘自弗·恩格斯：《匈牙利的斗争》（1849年1月8日左右），《马克思恩格斯全集》（中文第1版）第6卷，人民出版社1961年版，第196—197页。

**19. 波兰人表现了高度的政治认识和真正的革命精神，因为他们现在同自己以前的敌人——德国人和马扎尔人结成同盟来共同反对泛斯拉夫主义的反革命**

至于波兰人，我们介绍读者看一看我们所写的法兰克福关于波兰问题的辩论那篇文章[①]。为了压制波兰人的革命精神，梅特涅早就求助过卢西人；卢西人所不同于波兰人的，是他们的方言稍有差异，而主要的区别是他们信奉正教；他们自古以来就属于波兰，他们只是从梅特涅那里才知道，波兰人是他们的压迫者。似乎在旧波兰，波兰人本身没有遭受过同卢西人一样的压迫，似乎在奥地利统治下，梅特涅不是他们共同的压迫者！

波兰人和卢西人的情况就是这样。由于自己的历史情况和地理位置，他们同奥地利本土是截然分开的。因此，为了更好地分析其他各民族的混

---

① 见"法兰克福关于波兰问题的辩论"（《马克思恩格斯全集》中文版第5卷第371—411页）。——《马克思恩格斯全集》（中文第1版）第6卷，人民出版社1961年版，注释151。

乱情况，我们在叙述中只好把他们撇在一边。

可是，我们还要指出一点，波兰人表现了高度的政治认识和真正的革命精神，因为他们现在同自己以前的敌人——德国人和马扎尔人结成同盟来共同反对泛斯拉夫主义的反革命。一个斯拉夫民族能把自由看得比斯拉夫的民族特征更珍贵，仅仅这一点就足以证明它的生命力，从而保证它是有前途的。

摘自弗·恩格斯：《匈牙利的斗争》（1849年1月8日左右），《马克思恩格斯全集》（中文第1版）第6卷，人民出版社1961年版，第197—198页。

### 20. 相反地，打败了斯拉夫人的胜利者——德国人和马扎尔人——却在多瑙河地区掌握了历史的主动性

相反地，打败了斯拉夫人的胜利者——德国人和马扎尔人——却在多瑙河地区掌握了历史的主动性。如果没有德国人、特别是马扎尔人的帮助，南方斯拉夫人就会像在一部分斯拉夫人中确实已经发生的情况那样变成土耳其人，或者至少也会像至今斯拉夫族的波斯尼亚人的情况那样变成伊斯兰教徒。对奥地利的南方斯拉夫人说来，这是一个伟大的功绩，值得为此把自己的族别改成德意志民族或马扎尔民族以资酬劳。

摘自弗·恩格斯：《匈牙利的斗争》（1849年1月8日左右），《马克思恩格斯全集》（中文第1版）第6卷，人民出版社1961年版，第199页。

### 21. 作为动力的阶级，运动的代表者，即资产阶级，到处都是德国的或马扎尔的资产阶级。斯拉夫人好容易才开始形成自己的民族资产阶级，而对南方斯拉夫人来说，这种现象也只是极个别的情况

十五世纪和十六世纪土耳其人的入侵，是八世纪阿拉伯人入侵的再版。在维也纳城下和匈牙利平原上，不止一次地重演了查理·马尔泰尔的胜利①。就像当年在普瓦提埃附近一样，也像后来蒙古人入侵时期在瓦尔施塔特附近②一样，现在危险又威胁着整个欧洲的发展。当问题涉及拯救欧洲发展的时候，像奥地利的斯拉夫人这样几个早就分崩离析和衰弱了的民族能起什么作用呢？何况问题还在于拯救它们自己。

---

① 指732年在普瓦提埃战役中法兰克人对阿拉伯人的胜利。——《马克思恩格斯全集》（中文第1版）第6卷，人民出版社1961年版，注释159。

② 1241年，在西里西亚的瓦尔施塔特（波兰称作：多勃勒地区）附近发生了会战，结果蒙古人战胜了德国人和斯拉夫人。但是，蒙古人没有利用这次胜利就从西里西亚进攻匈牙利去了。——《马克思恩格斯全集》（中文第1版）第6卷，人民出版社1961年版，注释160。

内部情况是和外部情况相适应的。作为动力的阶级，运动的代表者，即资产阶级，到处都是德国的或马扎尔的资产阶级。斯拉夫人好容易才开始形成自己的民族资产阶级，而对南方斯拉夫人来说，这种现象也只是极个别的情况。由于有了资产阶级，德国人或马扎尔人便掌握了工业，掌握了资本，德国的文化也发展起来了；在精神方面，斯拉夫人也受德国人的支配，连克罗地亚的斯拉夫人也是如此。同样的情况也发生在匈牙利，不过时间较迟，因而程度也较弱罢了。在这里，马扎尔人同德国人一起领导了精神和贸易的发展。但是，匈牙利的德国人尽管仍然保持着德国的语言，然而在精神、性格和习俗方面，都成为道地的马扎尔人了。只有新迁去的农民移民、犹太人和特兰西瓦尼亚的萨克森人是例外，他们坚持在异国保留他们那种不必要的民族特性。

摘自弗·恩格斯：《匈牙利的斗争》（1849年1月8日左右），《马克思恩格斯全集》（中文第1版）第6卷，人民出版社1961年版，第199—200页。

## 22. 如果说马扎尔人曾在文明方面稍微落后于奥地利的德国人，那末最近他们已经用政治活动出色地弥补了自己的缺陷

如果说马扎尔人曾在文明方面稍微落后于奥地利的德国人，那末最近他们已经用政治活动出色地弥补了自己的缺陷。在1830年至1848年这个时期中，只有匈牙利一个国家的政治生活比整个德国更活跃，并且，匈牙利旧宪法的封建形式也比德国南部宪法的现代形式更能用来为民主利益服务。谁在这里领导了这个运动呢？马扎尔人。谁支持奥地利的反动派呢？克罗地亚人和斯洛文尼亚人。

为了反对马扎尔人的这个运动，同时也为了反对在德国重新兴起的政治运动，奥地利的斯拉夫人建立了自己的宗得崩德——泛斯拉夫主义。

摘自弗·恩格斯：《匈牙利的斗争》（1849年1月8日左右），《马克思恩格斯全集》（中文第1版）第6卷，人民出版社1961年版，第200页。

## 23. 人口稀少的、仅仅处于半文明状态的马扎尔人的国家，在物资供应方面远不如当时的法兰西共和国。……马扎尔人所剩下的只是他们的革命热忱、他们的勇敢精神以及科苏特给予他们的强有力的、动作迅速的组织

政治方面的情况就是这样。现在谈谈军事方面。

纯粹是马扎尔人居住的地区，还不到整个匈牙利和特兰西瓦尼亚的三

分之一。从普勒斯堡①到多瑙河和蒂萨河北面，直至喀尔巴阡山脉，居住着几百万斯洛伐克人和为数不多的卢西人。在南面，在沙瓦河、多瑙河和德拉瓦河之间，居住着克罗地亚人和斯洛文尼亚人。再往东去，沿着多瑙河，是有五十多万人口的塞尔维亚移民区。特兰西瓦尼亚的瓦拉几亚人和萨克森人把这两个斯拉夫地区联合起来了。

这样一来，马扎尔人便受着天然敌人的三面包围。如果占据着山口的斯洛伐克人表现得不是那么冷淡，那末他们在他们的地区特别适于游击战争的情况下会成为非常危险的敌人。

但是，在目前条件下，马扎尔人在北面只需要顶住加里西亚和莫拉维亚方面的军队的进攻。相反地，在东面，大批的罗马尼亚人和萨克森人动员起来了，并同驻扎在当地的奥地利军队汇合起来了。他们的阵地非常巩固，一方面因为这是山地，另一方面因为他们占领着大部分城市和要塞。

最后，在南面，被德国移民、瓦拉几亚人以及奥地利的一个军所支持的巴纳特的塞尔维亚人，有宽广的阿利布纳尔沼泽作掩护，要进攻他们几乎是不可能的。

克罗地亚人有德拉瓦河和多瑙河作掩护，同时又有一支拥有全部后备物资的强大的奥地利军队的支援，所以，他们早在10月以前就已经推进到匈牙利本土，并且现在他们坚守着他们在德拉瓦河下游的防御战线，并不费很大力气。

最后，现在文迪施格雷茨和耶拉契奇正以密集的纵队从第四方面，即从奥地利方面向前推进。马扎尔人被敌人的数倍于己的优势兵力从四面八方包围起来了。

现在的斗争很像1793年反对法国的斗争，不同的是，人口稀少的、仅仅处于半文明状态的马扎尔人的国家，在物资供应方面远不如当时的法兰西共和国。

匈牙利制造的武器和弹药质量必然很差；特别是制造大炮的工作总是无法迅速安排妥当。这个国家比法国小得多，因此，每让出一寸土地都意味着更大得多的损失。马扎尔人所剩下的只是他们的革命热忱、他们的勇敢精神以及科苏特给予他们的强有力的、动作迅速的组织。

---

① 斯洛伐克称作：布拉的斯拉发。——编者注

摘自弗·恩格斯：《匈牙利的斗争》（1849年1月8日左右），《马克思恩格斯全集》（中文第1版）第6卷，人民出版社1961年版，第204—206页。

**24. 马扎尔人几乎人人都是优秀的骑手，他们具有进行这种游击战争的一切特质。……而被击溃的奥皇军队的每一个士兵所遇到的每一个农民、每一个牧人都将是他的死敌**

但是，这并不意味着奥地利已经取得了胜利。

"如果我们不能在莱达河上击溃奥皇军队，那我们就在拉布尼茨河①上击溃他们；如果不能在拉布尼茨河上击溃他们，那就在佩斯城下击溃他们；如果不能在佩斯城下击溃他们，那就在蒂萨河上击溃他们。总之，无论如何我们要击溃他们。"②

科苏特是这样说的，并且他正尽一切可能去履行自己的诺言。

即使布达佩斯陷落了，马扎尔人也还有广大的下匈牙利草原。这个地方好像是故意为进行骑兵游击战争而创造的。在这里的沼泽地中，有许多几乎无法接近的地方，马扎尔人能够在这里坚守下去。马扎尔人几乎人人都是优秀的骑手，他们具有进行这种游击战争的一切特质。奥皇军队如果敢于进入这个荒凉地区，他们就必须从加里西亚或奥地利取得全部粮食补给，因为在这里他们的确什么东西也找不到。如果是这样，那就很难说他们能在这里坚持下去。以密集队形前进在这里是不可能的；而分散为流动队，就必然遭到覆灭。它的笨重装备必然使它逃不出敏捷的马扎尔人骑兵队的手掌，而且，即使奥皇军队能够取胜，他们也根本无法追击马扎尔人的骑兵队；而被击溃的奥皇军队的每一个士兵所遇到的每一个农民、每一个牧人都将是他的死敌。在这些草地上作战就像在阿尔及利亚作战一样，笨拙的奥军要花费多年的功夫，才能结束这场战争。而马扎尔人只要能够坚持几个月，他们就会得救。

摘自弗·恩格斯：《匈牙利的斗争》（1849年1月8日左右），《马克思恩

---

① 匈牙利称作：列普策河。——编者注
② 引自科苏特1848年11月9日在匈牙利议会会议上的演说。见1848年11月11日"公报"（《Közlöny》）。——《马克思恩格斯全集》（中文第1版）第6卷，人民出版社1961年版，注释162。

格斯全集》（中文第 1 版）第 6 卷，人民出版社 1961 年版，第 206—207 页。

**25. 但是，如果斯拉夫人无论在什么地方认真地参加了 1848 年的运动，如果他们迅速地加入到革命民族的行列中来，那这些责难就会是多余的、不公正的**

但是，如果斯拉夫人无论在什么地方认真地参加了 1848 年的运动，如果他们迅速地加入到革命民族的行列中来，那这些责难就会是多余的、不公正的。只要大胆地进行一次民主革命的尝试，纵然遭到失败，也可以使各族人民忘却他们许多世纪的耻辱和怯懦，也可以使一个即使是深受鄙视的民族的名誉马上得到恢复。德国人在去年已经有过这种体验。但是当法国人、德国人、意大利人、波兰人和马扎尔人举起革命旗帜的时候，斯拉夫人却像一个人一样全都站到反革命的旗帜下面了。走在前面的是很久以来一直对马扎尔人坚持其反革命的分离主义打算的南方斯拉夫人，其次是捷克人，他们后面是武装起来的、准备在决定关头投入战斗的俄国人。

摘自弗·恩格斯：《民主的泛斯拉夫主义》（1849 年 2 月 14—15 日）（二），《马克思恩格斯全集》（中文第 1 版）第 6 卷，人民出版社 1961 年版，第 336 页。

**26. 大家知道，曾有大批波兰人……，在意大利、维也纳和匈牙利同奥地利的军队作过战，并且现在还在喀尔巴阡山地区作战；但是有谁听说过捷克军队和南方斯拉夫军队举行过起义来反对黑黄旗呢？**

大家知道，在意大利，马扎尔的骠骑兵曾经大批投向意大利人；在匈牙利，整个整个的意大利营听从匈牙利革命政府的指挥，并且现在还在匈牙利旗帜下作战；大家知道，德国兵团在维也纳是怎样对待人民的；甚至在加里西亚，这些兵团也决不是可靠的部队；大家知道，曾有大批波兰人，不分奥地利的波兰人，还是非奥地利的波兰人，在意大利、维也纳和匈牙利同奥地利的军队作过战，并且现在还在喀尔巴阡山地区作战；但是有谁听说过捷克军队和南方斯拉夫军队举行过起义来反对黑黄旗[①]呢？

摘自弗·恩格斯：《民主的泛斯拉夫主义》（1849 年 2 月 14—15 日）（二），《马克思恩格斯全集》（中文第 1 版）第 6 卷，人民出版社 1961 年版，第 336 页。

---

① 即反对奥地利哈布斯堡王朝。——编者注

## 27. 1848年革命强迫欧洲的一切民族表明态度：是拥护这次革命，还是反对这次革命

1848年革命强迫欧洲的一切民族表明态度：是拥护这次革命，还是反对这次革命。在一个月内，已经成熟到能够进行革命的一切民族都进行了革命，而没有成熟到能够进行革命的一切民族都联合起来反对革命。在那个时候，应当把东欧民族的混乱状态弄清楚。当时的问题在于：哪个民族将在这里发起革命，哪个民族将发挥最大的革命毅力，从而保证自己的未来。斯拉夫人仍然是那样无声无息，而忠实于自己以前的历史作用的德国人和马扎尔人则领导了运动。于是，斯拉夫人就完全投入了反革命的怀抱。

摘自弗·恩格斯：《民主的泛斯拉夫主义》（1849年2月14—15日）（二），《马克思恩格斯全集》（中文第1版）第6卷，人民出版社1961年版，第337页。

## 28. 如果说"八百万斯拉夫人"在八个世纪中一直被迫忍受四百万马扎尔人所加在他们身上的羁绊，那末，单单这一点便能充分证明：究竟谁具有更大的生命力和更富有精力——是人数众多的斯拉夫人呢，还是为数不多的马扎尔人！

至于说到马扎尔人，那末要知道，在匈牙利住着大量的德国人，但是马扎尔人从来没有理由抱怨"万恶的德国政策"，虽然他们总共只有"约四百万人"！如果说"八百万斯拉夫人"在八个世纪中一直被迫忍受四百万马扎尔人所加在他们身上的羁绊，那末，单单这一点便能充分证明：究竟谁具有更大的生命力和更富有精力——是人数众多的斯拉夫人呢，还是为数不多的马扎尔人！

摘自弗·恩格斯：《民主的泛斯拉夫主义》（1849年2月14—15日）（一），《马克思恩格斯全集》（中文第1版）第6卷，人民出版社1961年版，第332页。

## 29. 要不是德国人和马扎尔人把这些在历史上起了如此微小的作用的零散的小民族凑在一起，并领导它们去同穆罕默德和苏雷曼的军队作战，要不是它们的这些所谓"压迫者"决定了为保护这些弱小民族而进行的各次战役的结局，那末，这些民族会落到什么地步呢！

当然，德国人和马扎尔人的滔天"罪行"在于，他们妨碍了这一千二

百万斯拉夫人受土耳其人同化！要不是德国人和马扎尔人把这些在历史上起了如此微小的作用的零散的小民族凑在一起，并领导他们去同穆罕默德和苏雷曼的军队作战，要不是他们的这些所谓"压迫者"决定了为保护这些弱小民族而进行的各次战役的结局，那末，这些民族会落到什么地步呢！直到今天还受着"七十万奥斯曼人蹂躏"的"一千二百万斯拉夫人、瓦拉几亚人和希腊人"的命运不是非常明显地说明了这一点吗？

摘自弗·恩格斯：《民主的泛斯拉夫主义》（1849年2月14—15日）（一），《马克思恩格斯全集》（中文第1版）第6卷，人民出版社1961年版，第332—333页。

## 30. 在人类历史上，没有任何其他国家和任何其他人民像西西里和西西里人那样，受到过如此痛苦的奴役、征服和外来压迫，进行过如此不倦的争取自身解放的斗争

在人类历史上，没有任何其他国家和任何其他人民像西西里和西西里人那样，受到过如此痛苦的奴役、征服和外来压迫，进行过如此不倦的争取自身解放的斗争。几乎从波利菲米斯在埃特纳火山附近游逛和赛丽斯向西库利人①传授耕作方法时起，一直到现在，西西里就是连续不断的入侵、混战和顽强抵抗的场所。西西里人是几乎所有北方种族和南方种族混合的产物：首先是土著的西卡尼人同腓尼基人、迦太基人、希腊人混合，以及同通过买卖或由于战争从世界各地运往该岛的奴隶混合，以后又同阿拉伯人、诺曼人、意大利人混合。虽然有这种种变化和变异，西西里人仍然为争取自由一直进行着战斗。

三千多年以前，西西里的土著居民曾经尽一切力量抵抗过武器较为完善和军事学术较为发达的迦太基和希腊的征服者。他们被迫纳贡，但无论是迦太基征服者，或者是希腊征服者，都没有能使他们完全屈服。西西里在长时期内成为希腊人和迦太基人角逐的场所；它的居民被弄得流离失所，一部分沦为奴隶；它的城市住满了迦太基人和希腊人，成了向该岛的整个腹地推行压迫和奴役的主要中心。但古代的这些西西里人从未放过一次机会为自由而斗争，至少是一有可能就向迦太基统治者和叙拉古人复仇。最

---

① 西库利人是西西里的古老部落之一，最初居于该岛东部。——《马克思恩格斯全集》（中文第1版）第15卷，人民出版社1963年版，注释29。

后，罗马人把迦太基人和叙拉古人都征服了，把所有能卖的人都卖为奴隶。有一次竟有3万个巴诺摩（现在的巴勒摩）居民这样被卖了出去。罗马人利用人数无算的奴隶队伍在西西里耕种土地，以便用西西里的小麦养活不朽之都①的贫穷无产者。为此他们不仅把岛上的居民变为奴隶，而且还从所有其他属地上把奴隶向岛上运。凡是稍许了解罗马历史或西塞罗演说艺术的人，都会知道罗马的总督、大法官和地方官的极端残暴。大概，罗马人的残忍在任何其他地方都没有这样放纵过。自由的城市贫民和贫苦农民交不出向他们勒索的苛重贡品，他们本人或他们的儿女就被税吏无情地卖为奴隶。

虽然如此，无论在叙拉古的迪奥尼修斯时代，还是在罗马人统治时代，西西里都不时爆发惊人的奴隶起义，在起义中往往是当地人和被运到该岛的奴隶共同斗争。在罗马帝国衰落时代，许多征服者侵入了西西里。后来，又有一个时期西西里被摩尔人所侵占；但西西里人——首先是住在该岛腹地的土著居民——始终进行着有一定成效的反抗，一步步捍卫或争得各种细小的自由。当中世纪的暗夜中刚刚露出曙光的时候，西西里人就不仅已经争得了一系列的市镇自由，而且也建立了那时任何地方都还没有出现的萌芽形式的立宪政体。西西里人早于任何其他欧洲民族采用表决方式来调整政府和君主的收入。可见，西西里的土地自古以来就不适于压迫者和征服者生存，而西西里晚祷②在历史上将永垂不朽。当阿腊贡王朝使西西里人附属于西班牙时，他们在一定程度上保住了自己的政治自由免遭侵犯；在哈布斯堡王朝时代和波旁王朝时代，他们也都取得了这样的成就。当法国革命和拿破仑把统治那不勒斯的暴虐王朝逐出那不勒斯时，西西里人在英国的种种诺言和保证的诱惑下接纳了逃亡者，并且和拿破仑作斗争，用鲜血来保护他们，拿金钱来支持他们。每一个人都知道，后来波旁王朝用什么样的背叛行为报答了他们，英国企图而且至今还企图用什么样的花招和丧尽良心的自我更正来掩饰它背信弃义地把西西里人民和他们的自由交

---

① 即罗马城，罗马帝国的首都。——译者注

② 西西里晚祷是1282年3月30日举行复活节晚祷时在巴勒摩发生的反对法国侵略者的人民起义。起义的直接原因是法国兵士胡作非为。起义席卷了整个西西里，结果法国人被赶走，从1266年起统治西西里的昂茹王朝被推翻。——《马克思恩格斯全集》（中文第1版）第15卷，人民出版社1963年版，注释30。

给波旁王朝去宰割的行为。

摘自卡·马克思：《西西里和西西里人》，《马克思恩格斯全集》（中文第1版）第15卷，人民出版社1963年版，第49—51页。

**31. 然而，就是在这里，同俄国人战斗的最后一个勇士仍然是波兰人贝姆将军**

过了十八年，又有一座新的革命火山爆发了，或者更确切地说，又发生了一次震撼整个大陆的地震。甚至连德国也显得不安宁了，虽然自从所谓的争取独立的战争以来俄国就一直把它当做幼儿一样地看管起来。但是，最令人惊奇的是：维也纳在所有的德国城市中第一个尝试筑起街垒，并且顺利地筑成了。这一次——看来这是历史上破天荒的一次——俄国失去了自制。沙皇尼古拉不再向近卫军发表演说，而向他的人民颁布诏书，诏书中说道：法国的瘟疫甚至传染上德国了，它已逼近了帝国的边界，疯狂的革命把自己狂热的视线转向了神圣的罗斯。"没有什么好大惊小怪的！"——他喊道。要知道就是这个德国许多年来都是无神论的策源地。亵渎神明的哲学的溃疡已经损伤了这个表面上看来如此仪表堂堂的民族的生命中枢。最后他用对德国人的号召结束了他的诏书：

"上帝和我们同在！放明白些吧，异教徒，降服吧，因为上帝和我们同在！"[1]

在这以后，他立即通过自己的忠实奴仆涅谢尔罗迭交给德国人另外一封对这个异教民族充满温情的照会[2]。怎么会有这样的转变呢？事情是这样的：柏林人不仅完成了革命，而且扬言要恢复波兰，而普属波兰人则被人民的热情引入迷途，也开始在波兹南修建兵营。沙皇因此才摆出了这副殷勤的姿态。又是波兰人民、这个欧洲的不死的勇士迫使蒙古人退却了。

---

[1] 尼古拉一世的"诏书"载于1848年3月15日"北方蜜蜂"报第59号。——《马克思恩格斯全集》（中文第1版）第16卷，人民出版社1964年版，注释175。

[2] 指1848年7月6日涅谢尔罗迭给俄国驻德意志各邦的大使们的通告。马克思在"俄国的照会"一文中详细分析了这个通告（见《马克思恩格斯全集》中文版第5卷第342—349页）。——《马克思恩格斯全集》（中文第1版）第16卷，人民出版社1964年版，注释176。

只是当波兰人被德国人、尤其是被法兰克福国民议会出卖之后,俄国才惊魂初定,并准备了足够的兵力,以便对1848年革命的最后一个掩蔽部——匈牙利进行打击,然而,就是在这里,同俄国人战斗的最后一个勇士仍然是波兰人贝姆将军。

摘自卡·马克思:《1867年1月22日在伦敦纪念波兰起义大会上的演说①》,《马克思恩格斯全集》(中文第1版)第16卷,人民出版社1964年版,第224—225页。

**32. 用这种强力手段来压服一个具有生命力的民族,其结果将和预期的目的刚刚相反**

掌权的武人奸党、大学教授、市民阶级和啤酒店的小政客都说,这②是永远防止德国同法国作战的办法。恰好相反,这是把这场战争变成欧洲的经常性事物的最可靠的办法。这的确是在获得了新生的德国使军事专制制度作为霸占西方的波兰——亚尔萨斯和洛林——的必要条件永世长存下去的最好办法。这是使未来的和平仅仅变成在法国未强大到要求收复失地时的停战状态的万无一失的办法。这是使德国和法国在相互残杀之中同归于尽的万无一失的办法。

发明了这种永久和平保证的恶棍和傻瓜们,应该哪怕从普鲁士的历史

---

① 这是马克思于1867年1月22日在伦敦剑桥大厅举行的纪念1863—1864年波兰起义四周年的大会上所发表的演说。这次会议是国际总委员会和波兰流亡者联合会伦敦支部共同组织的。马克思积极参加了这次大会和大会的筹备工作。3月12日波兰流亡者联合会伦敦支部向总委员会、向马克思和其他演讲人致谢,感谢他组织这次大会,感谢他们的发言。

包括马克思的演说词在内的会议的详细报道,载于1867年1月31日和2月10日波兰文《自由之声》报第129号和第130号,编辑部作了按语,说"本报一字不易地刊登了这篇以观察精湛缜密、结论合乎逻辑而见称的演说"。

马克思演说词英文手稿的译文在1908年3月15日还刊登在法国社会主义报纸《社会主义报》第18号上,手稿是马克思的女儿劳拉·拉法格寄给编辑部的。我们没有得到马克思的这份手稿,据《社会主义报》编辑部说,手稿带有草稿的性质,没有注明日期;其中某些段落被马克思亲自划掉了。核对《社会主义报》刊出的法文演说词和《自由之声》报刊出的波兰文演说词表明,马克思在手稿上划掉的段落并非他在发表演说时省略的,只是次序有变动。已发表的两份演说词除了某些挪动外,几乎每个字都一样。本卷所收入的马克思的演说词是根据马克思生前发表在《自由之声》报上的文字。

《自由之声》(《Glos Wolny》)是波兰文报纸,1863年1月在伦敦创刊,每月出3号;是波兰流亡者中的民主派的机关报;该报编辑是安·扎比茨基。——《马克思恩格斯全集》(中文第1版)第16卷,人民出版社,1964年版注释173。

② 指兼并亚尔萨斯和洛林。——编者注

中，从拿破仑为提尔西特和约①付出惨重代价的例子中知道：用这种强力手段来压服一个具有生命力的民族，其结果将和预期的目的刚刚相反。而法国，即使在失去亚尔萨斯和洛林之后，都不是提尔西特和约以后的普鲁士可与相比的！

摘自卡·马克思和弗·恩格斯：《给社会民主工党委员会的信》（1870年8月22—30日之间），《马克思恩格斯全集》（中文第1版）第17卷，人民出版社1963年版，第282页。

**33. 在法国革命以前，在佛日山脉中有许多小封君，他们在德国面前表示自己是直接听命于皇帝的帝国官员，而在法国面前则承认它对他们拥有主权**

在法国革命以前，在佛日山脉中有许多小封君，他们在德国面前表示自己是直接听命于皇帝的帝国官员，而在法国面前则承认它对他们拥有主权；他们就从这种双重地位中得到好处，如果德意志帝国容忍这种情况，而不向邦君们追究责任，那末，当法国根据自己的主权保护这些地区的居民免遭被逐邦君侵犯的时候，德意志帝国就不应当抱怨。

摘自弗·恩格斯：《暴力在历史中的作用》（1887年12月底—1888年3月），《马克思恩格斯全集》（中文第1版）第21卷，人民出版社1965年版，第507页。

---

① 提尔西特和约是拿破仑法国同参加第四次反法同盟的战败国俄国和普鲁士在1807年7月7日和9日签订的和约。和约条件对普鲁士极为苛刻，使普鲁士丧失很大一部分领土（其中包括易北河以西的全部属地。）俄国没有丧失什么土地，反而获得了普鲁士割让给它的别洛斯托克地区。但是，亚历山大一世必须承认法国在德国占领的地方和拿破仑在那里所修改的疆界，同意成立华沙大公国（这是法国在俄国边界上的一个进攻基地），并参加对英国的封锁（即所谓大陆封锁）。拿破仑第一强迫签订的这个掠夺性的提尔西特和约，引起了德国人民的极端不满，从而为1813年的反拿破仑统治的解放运动奠定了基础。——《马克思恩格斯全集》（中文第1版）第17卷，人民出版社1963年版，注释143。

# 十一　领土获得及疆域管理的"属人原则"

**1. 在全波兰，德国人和犹太人是从事工商业的市民的主要核心；他们是那些主要由于宗教迫害而离乡背井的移民的后裔**

至于"德国人"住的城市希望合并的问题是这样的：在全波兰，德国人和犹太人是从事工商业的市民的主要核心；他们是那些主要由于宗教迫害而离乡背井的移民的后裔。他们在波兰土地上建立了城市，并且在数百年间和波兰国家同命运共呼吸。这些德国人和犹太人（居民中的极小部分）却企图利用这个国家目前的状况来争夺统治权。他们借口自己是德国人，然而他们和美洲的德国人一样，很少象德国人。把他们并入德国，也就等于抑制波兹南占半数以上的波兰居民的语言和民族性，而且受抑制的正好是该省民族起义声势浩大的部分即布克、扎姆特尔、波兹南、奥博尔尼克等州的波兰居民的语言和民族性。

摘自弗·恩格斯：《对波兰的重新瓜分》（1848年6月8日），《马克思恩格斯全集》（中文第1版）第5卷，人民出版社1958年版，第63页。

**2. 居住在波兹南的波兰人大大超过80万人，而德国人（不包括犹太人、官吏和士兵）只有25万人**

接着谈到了居民成分问题。施滕策尔先生计算了一下：1843年在大公国居住的有79万波兰人、42万德国人和将近8万犹太人，总共约130万人。

施滕策尔先生的说法是和波兰人的说法，特别是和普什鲁斯基大主教的说法相矛盾的，照普什鲁斯基的说法，居住在波兹南的波兰人大大超过80万人，而德国人（不包括犹太人、官吏和士兵）只有25万人。

不过我们还是根据施滕策尔先生的说法吧。要达到我们的目的，这已经足够了。为了避免今后的一切争论，我们就假定在波兹南有42万德国人。那末，这些包括犹太人在内已达50万的德国人究竟是些什么样的人呢？

摘自弗·恩格斯：《法兰克福关于波兰问题的辩论》（1848年8月7日—9月6日）（一），《马克思恩格斯全集》（中文第1版）第5卷，人民出版社1958年版，第372—373页。

**3. 在其他斯拉夫国家……斯拉夫人由于德国人的侵略战争而大大减少，德国人则由于侵略而增加了**

德国人的这种移民，特别是向斯拉夫各国的移民，从12世纪和13世纪以来几乎一直没有间断过。此外，自从宗教改革以来，由于对宗教教派的迫害，时常有大批德国人被迫逃亡波兰，他们在那里受到热烈欢迎。在其他斯拉夫国家，在波希米亚①、莫拉维亚等等国家，斯拉夫人由于德国人的侵略战争而大大减少，德国人则由于侵略而增加了。

正是在波兰这种情况特别明显。几百年前就在这里定居下来的德国小市民，在政治上早已很少倾向于德国，正象在美国的德国人一样，或者象柏林的"法国移民"或蒙特维的亚的15000个法国人在政治上很少倾向于法国一样。这在17世纪和18世纪的地方分权时代是可能的，他们成了波兰人，成了操德语的波兰人，而且早已和祖国毫无联系。

摘自弗·恩格斯：《法兰克福关于波兰问题的辩论》（1848年8月7日—9月6日）（一），《马克思恩格斯全集》（中文第1版）第5卷，人民出版社1958年版，第373—374页。

**4. 弗里德里希二世向这个地区移来了许多德国人，于是出现了因波兹南问题而闻名的所谓"涅茨同胞"**

简单地说，涅茨区已成为普鲁士的地区，从而已不再成为"争执的对象"。弗里德里希二世向这个地区移来了许多德国人，于是出现了因波兹南问题而闻名的所谓"涅茨同胞"。以国家为出发点的德国化是从1773年开始的。

"根据一切值得相信的材料来看，大公国里的犹太人全是德国人，而且都愿意成为德国人……波兰过去在宗教上采取容忍态度，以及犹太人具有某些为波兰人所缺少的特性，这就使得犹太人能够在几世纪以来扩大活动范围，深入到波兰的生活（即波兰人的腰包)②中去。他们一般都通晓两种语言，即使在家里他们和他们的孩子也从小就讲德语。"

---

① 即捷克。——编者注
② 括弧里的话是恩格斯的。——译者注

摘自弗·恩格斯:《法兰克福关于波兰问题的辩论》(1848年8月7日—9月6日)(一),《马克思恩格斯全集》(中文第1版)第5卷,人民出版社1958年版,第376页。

**5. 波兰的犹太人最近在德国所博得的出乎意料的同情和承认,在这里被正式表达出来了**

波兰的犹太人最近在德国所博得的出乎意料的同情和承认,在这里被正式表达出来了。凡是莱比锡市场的势力(投机、吝啬和腐败的最充分的体现)所及的地方,那里被侮辱的人突然成了德国同胞;正直的米歇尔含着喜悦的眼泪紧紧地拥抱他们,而施滕策尔先生则代表德意志民族妄想把他们看做今后愿意成为德国人的德国人。

为什么波兰的犹太人不能成为真正的德国人呢?难道他们"和他们的孩子在家里"不是"从小"就讲德语的吗?还要讲什么样的德语呵!

但是,我们要请施滕策尔先生注意,他可以用这样的方法取得整个欧洲和半个美洲,甚至一部分亚洲。大家都知道,德语是全世界犹太人的语言。在纽约和君士坦丁堡,在彼得堡和巴黎,"犹太人和他们的孩子在家里从小就讲德语",其中一部分人讲的德语要比"涅茨同胞"的"同种族的"同盟者——波兹南犹太人所讲的更为正确。

摘自弗·恩格斯:《法兰克福关于波兰问题的辩论》(1848年8月7日—9月6日)(一),《马克思恩格斯全集》(中文第1版)第5卷,人民出版社1958年版,第376—377页。

**6. 这篇报告接着描述了民族之间的相互关系,它说得尽量含糊,尽量有利于由波兰的德国人、"涅茨同胞"和犹太人所组成的假想的50万德国人**

这篇报告接着描述了民族之间的相互关系,它说得尽量含糊,尽量有利于由波兰的德国人、"涅茨同胞"和犹太人所组成的假想的50万德国人。德国农民的地产,按面积来说要比波兰农民的地产大(我们将看到这是怎么产生的)。自从波兰第一次被瓜分以来,波兰人和德国人(特别是和普鲁士人)之间的仇恨似乎已达到了顶点。

摘自弗·恩格斯:《法兰克福关于波兰问题的辩论》(1848年8月7日—9月6日)(一),《马克思恩格斯全集》(中文第1版)第5卷,人民出版社1958年版,第377页。

**7. 普鲁士农民和普鲁士贵族定居于波兹南各地，在政府的支持下抱着明显的目的，他们不仅要使波兹南德国化，而且要使波兹南波美拉尼亚化**

这样就产生了德国人向波兰的第三次移民：普鲁士农民和普鲁士贵族定居于波兹南各地，在政府的支持下抱着明显的目的，他们不仅要使波兹南德国化，而且要使波兹南波美拉尼亚化。如果说波兰的德国小市民还可以有所辩解，说他们在某种程度上促进了贸易的发展，如果说"涅茨同胞"还可以夸耀，说他们开垦了若干沼泽地带，那末，近来普鲁士人的入侵是没有任何遁词的。他们甚至没有始终一贯地实行土地分割，因为普鲁士贵族紧跟着普鲁士农民来到了。

摘自弗·恩格斯：《法兰克福关于波兰问题的辩论》（1848年8月7日—9月6日）（一），《马克思恩格斯全集》（中文第1版）第5卷，人民出版社1958年版，第380页。

**8. 对波兰的叛卖是反革命的第一次断然措施，当时表现得最反动的正是"涅茨同胞"先生**

走上讲台的是从克罗托申来的果登，他是波兰的真正的德国人。在他之后发言的是从伊诺弗罗茨拉夫来的曾弗，这是"涅茨同胞"的极好的典型，他不会干任何欺骗勾当，他在报名发言时说要反对委员会的提案，而在发言时却赞成这个提案。由于这种欺骗方式，有一个要发言反对提案的人没有轮到发言。

"涅茨同胞"在国民议会中发言的手法是世界上最可笑的喜剧，它再一次表明真正的普鲁士人能够干些什么。大家知道，波兹南那些自私自利的犹太普鲁士小人是同官僚，同普鲁士王国军官，同勃兰登堡和波美拉尼亚的容克地主，总而言之，同旧普鲁士的一切反动势力最紧密地团结起来，肩并肩地反对波兰人的。对波兰的叛卖是反革命的第一次断然措施，当时表现得最反动的正是"涅茨同胞"先生。

摘自弗·恩格斯：《法兰克福关于波兰问题的辩论》（1848年8月7日—9月6日）（四），《马克思恩格斯全集》（中文第1版）第5卷，人民出版社1958年版，第395—396页。

**9. 在法兰克福发言，强词夺理地把他们对波兰民主派的反革命的叛卖行为说成是革命，是为了有主权的"涅茨同胞"而进行的实际的真正的革命**

现在请看一看热爱普鲁士、以"天佑吾王，天佑吾国！"为口号的学校教师和官吏；请欣赏一下他们如何在这里，在法兰克福发言，强词夺理地把他们对波兰民主派的反革命的叛卖行为说成是革命，是为了有主权的"涅茨同胞"而进行的实际的真正的革命；他们如何蹂躏历史权利，并且在似乎已经死亡的波兰面前宣布："只有活人才有权利！"

但普鲁士人就真是这样：在斯普列伊是"上帝的子民"，在华尔特是有主权的人民；在斯普列伊是平民的骚动，在华尔特是革命；在斯普列伊是"没有任何日期的历史权利"①，在华尔特是填写了昨天日期的具体事实的权利，——虽然如此，诚实的普鲁士人的心情是毫不虚伪的，是正直而高尚的！

我们现在来听一听果登先生的话：

"我们不得不再度捍卫那个具有如此重大的意义、对我们祖国孕育着如此重大的后果的事业，即使这个事业本身在我们看来不完全是正义的（！），但是由于必要，我们也应该使它成为正义的（！！）。我们的权利与其说是根源于过去，不如说是根源于现代跳动很快的脉搏（更确切些说，是枪托的殴打）②。"

"波兰的农民和市民，由于归并到别国（普鲁士）③，感到自己是处在前所未有的安全和幸福的状态（特别是从波普战争和瓜分波兰的时候起）④。"

"因瓜分波兰而发生的违反正义的行为，已经由你们（德国的）⑤人民的仁慈（特别是普鲁士官吏的笞杖）⑥，由他们的勤劳（在被掠夺和被分赠的波兰的土地上）⑦，并在今年4月间由他们的鲜血全补偿了！"

从克罗托申来的果登先生的鲜血！

---

① 见第5卷第416页。——编者注
② 括弧里的话是恩格斯的。——译者注
③ 同上。
④ 同上。
⑤ 同上。
⑥ 同上。
⑦ 同上。

"革命，这就是我们的权利，我们是根据这个权利到这里来的！"

"变成黄色的羊皮纸，现在已经不能作为证明我们加入德国的合法性的文件了；我们不是作为嫁妆或遗产、不是通过购买或交换加入德国的；我们是德国人，我们属于我们的祖国，因此，合理的、合法的、自主的意志鼓励我们这样做；这种意志是由我们的地理环境、我们的语言和习俗、我们的人数（！）、我们的财产，首先是由我们的德国的思想方法和对祖国的热爱决定的。"

"我们的权利是这样无可争辩，它在现代世界观上扎下的根子是这样深，即使不具有德国人的心情，也一定会承认它。"

普鲁士犹太人的"涅茨同胞"所具有的建立在"现代世界观"基础上的、依靠榴霰弹"革命"的、从战地现实生活的"跳动很快的脉搏"中产生的"自主的意志"万岁！领取巨薪的波兹南官吏的德国精神、掠夺教会领地和官方领地的德国精神、弗洛特韦尔 à la〔式的〕货币贷款的德国精神万岁！

摘自弗·恩格斯：《法兰克福关于波兰问题的辩论》（1848年8月7日—9月6日）（四），《马克思恩格斯全集》（中文第1版）第5卷，人民出版社1958年版，第396—397页。

**10. 弗洛特韦尔治下的最后一件善行是学校的改良。……中等学校必须在普鲁士教师的帮助下使贵族青年和未来的天主教牧师普鲁士化，初级学校则是使农民子弟普鲁士化**

弗洛特韦尔治下的最后一件善行是学校的改良。但这又是一种普鲁士化的措施。中等学校必须在普鲁士教师的帮助下使贵族青年和未来的天主教牧师普鲁士化，初级学校则是使农民子弟普鲁士化。关于学校的实质，勃罗姆堡区督察员瓦拉赫先生不知怎么在坦率直言时泄露出来了；有一次他写信给总督博伊尔曼先生说，波兰语是在农村居民中普及教育和推广福利事业的主要障碍！既然教师不懂波兰语，事情当然是这样。但是这些学校的经费是由谁负担的呢？仍然由波兰人自己负担，因为第一，多数最重要的但不是专门为普鲁士化这一目的服务的专科学校，是靠私人出钱或靠各省等级会议的经费创办和维持的；第二，即使是为了普鲁士化而创办的学校，也是靠1833年3月31日收归国有的寺院的收入来维持的，国库拨发的经费，在 10 年内每年只有 21000 塔勒。

摘自弗·恩格斯：《法兰克福关于波兰问题的辩论》（1848 年 8 月 7 日—9 月 6 日）（四），《马克思恩格斯全集》（中文第 1 版）第 5 卷，人民出版社 1958 年版，第 398—399 页。

**11. 根据这些资料，只有完全不懂德语的人，才算是波兰人，多少能说几句德语的人则一律算作德国人**

在亚尼舍夫斯基之后发言的是从波兹南来的凯尔斯特校长先生。在为本民族的生存、为本民族的社会和政治自由而斗争的波兰人之后，是为自己的薪金而斗争的、迁居波兹南的普鲁士教师。在被压迫者的激昂慷慨的高贵的演说之后，是靠压迫来过幸福生活的官僚的卑鄙无耻的发言。

瓜分波兰，"现在叫做耻辱"，在当时却是"极普遍的现象"。

"按民族来独树一帜的民族权利，完全是一种新的、任何地方都没有承认过的权利。""在政治上，只有实际的占有才能起决定作用。"

这就是凯尔斯特的论证所根据的那些意味深长的格言中的几个例子。再说下去就矛盾百出了。

他说："有些地带随着波兹南归并德国，毫无疑问，这些地带大部分是波兰的；"过了一会又说："至于波兹南的波兰部分，它并没有要求合并到德国去，据我想来，诸位先生，你们不要违背它的意志，把这一部分合并过去！"

在发表了这些议论之后，他引用了关于居民成分的统计资料，这些资料是靠"涅茨同胞"所使用的有名的计算方法获得的。根据这些资料，只有完全不懂德语的人，才算是波兰人，多少能说几句德语的人则一律算作德国人。末了，他使用了一个极端巧妙的计算方法，由此得出结论说，波兹南省议会表决时，赞成合并到德国去的 17 票对 26 票的少数，其实是多数。

"根据省的法规，毫无疑义，必须有 2/3 的多数，才有权做出决定。当然，17 票还不到 26 票的 2/3，但是不够的部分是很小很小的，在决定如此重要的问题时是不必加以重视的！！"

这样一来，少数既然成了多数的 2/3，"根据省的法规"，它就是多数了！旧普鲁士国家制度，无疑会因凯尔斯特先生的这种发明而给他加冕。实际上，问题是这样的：必须有 2/3 的票数，才能提出建议。加入德意志联邦也就是这样的建议。因此，这个建议只有得到议会的 2/3，即 43 票的 2/3 的票数的赞成，才是合法的。可是，几乎有 2/3 的票数表示反对。这说明了什么呢？原来，17 是 "43 的 2/3 弱"！

如果说波兰人不象"理智的国家"的公民那样，他们不是"有教养的民族"，那末，这是理所当然的，因为理智的国家给他们派去当教师的是这样的算术专家。

摘自弗·恩格斯：《法兰克福关于波兰问题的辩论》（1848 年 8 月 7 日—9 月 6 日）（六），《马克思恩格斯全集》（中文第 1 版）第 5 卷，人民出版社 1958 年版，第 412—413 页。

**12. 德国人在这里强迫他们德意志化，而各斯拉夫地区的德意志化过程则和平得多，是通过移民和比较发达的民族影响比较不发达的民族来实现的**

在南方，当德国人发现各斯拉夫部族的时候，它们都已经零零散散。这是那些曾经占据过后来为马扎尔人所占领的地区的非斯拉夫族的阿瓦尔人所干的事情。德国人强迫这些斯拉夫人纳贡，并同他们进行了多次的战争。德国人也同阿瓦尔人和马扎尔人进行了这样的战争，结果从他们手中夺取了由恩斯河至莱达河的整个地区。德国人在这里强迫他们德意志化，而各斯拉夫地区的德意志化过程则和平得多，是通过移民和比较发达的民族影响比较不发达的民族来实现的。德国的工业、德国的贸易和德国的文化自然也把德国的语言带到了这些地区。至于说到"压迫"，那末斯拉夫人所受到的德国人的压迫，并不比德国人民大众所受的压迫更重。

摘自弗·恩格斯：《民主的泛斯拉夫主义》（1849 年 2 月 14—15 日）（一），《马克思恩格斯全集》（中文第 1 版）第 6 卷，人民出版社 1961 年版，第 332 页。

**13. 萨瓦像瑞士西部各州一样，是法兰西民族占有完全的和决定性的优势的一个省份**

尽管尚贝里省长明确地宣称，撒丁国王从来无意把萨瓦让给法国，而英国外交大臣却于本月2日在下院断然声明,去年夏天瓦列夫斯基伯爵以法国皇帝的名义拒绝了这个方案。然而,约翰·罗素勋爵的声明谈的是几个月以前的情况,那时被否定了的事,可能现在已经接近于实现了。当然,要使人相信在萨瓦居民中最近发展起来的拥护并入法国的运动纯粹是由当地人发起,是困难的,甚至是不可能的。这个运动大概是由法国代理人煽动起来的,而维克多—艾曼努埃尔国王的政府则批准了这个运动,或者至少对它采取了容忍的态度。

萨瓦像瑞士西部各州一样,是法兰西民族占有完全的和决定性的优势的一个省份。人民都操南法兰西方言(普罗旺斯方言或利穆赞方言),书面的和正式的语言到处都是法语。可是这丝毫也不能证明萨瓦人愿意并入法国,特别是并入波拿巴的法国。据一位于1859年1月为了军事目的曾经在这个地区旅行的德国军官的见闻录记述,除了尚贝里和下萨瓦的其他几个城市以外,亲法派无论在哪里都毫无影响,同时上萨瓦、莫列讷和塔朗泰斯认为最好是保持现状,沙布莱、福西尼和热内瓦这3个北部地区则认为最好加入瑞士联邦,组成它的一个新的州。但是,既然萨瓦居民完全是法兰西人,它无疑会日益倾向于法兰西民族的基本中心,并且最后会并入这个中心,这不过是一个时间问题罢了。

摘自弗·恩格斯:《萨瓦与尼斯》(1860年1月29日—2月3日之间),<br>《马克思恩格斯全集》(中文第2版)第19卷,人民出版社2006年版,第64—65页。

### 14. 以这种方言为依据要求尼斯并入法国是不可能的

尼斯的情况却不同,伯爵领地尼斯的人民也操普罗旺斯方言,但是这里的书面语、教育、民族精神都是意大利的。北意大利方言和南法兰西方言非常接近,几乎无法说明某种方言止于何地,某种方言起于何地。甚至皮埃蒙特和伦巴第的方言按其词尾变化来说也完全是普罗旺斯语,而具有拉丁语词根的词的构成法实质上与意大利语相同。以这种方言为依据要求尼斯并入法国是不可能的。因此,现在只是根据设想中的尼斯对法国的同情要求它并入法国,然而是否存在这种同情,那还大成问题。即使有这种同情,即使有特殊的方言,尼斯也完全是意大利的一个省份。最令人信服的证明,就是尼斯养育了杰出的意大利军人朱泽培·加里波第。而那种认为加里波第会成为法国人的看法简直是笑话。

摘自弗·恩格斯：《萨瓦与尼斯》（1860年1月29日—2月3日之间），《马克思恩格斯全集》（中文第2版）第19卷，人民出版社2006年版，第65页。

## 十二　领土获得及疆域管理的"属地原则"

**1. 可是不言而喻，移居到某个国家去的外国人除了和当地居民共忧乐而外，不能有别的要求！**

施滕策尔先生企图激起德国人对波兰的德国人的同情，他说：

"当国王……，特别是在17世纪，越来越软弱无力，甚至已经不能保卫当地波兰农民不受贵族最残酷的压迫的时候，德国的乡村和城市也趋于衰落，其中有许多变成了贵族的财产。只有一些比较大的国王的城市拯救了自己旧有的一部分优惠权"（应读作：特权）。

施滕策尔先生真的不要求波兰人比保卫自己更好地保卫（其实也是"本地的"）"德国人"（应读作：波兰的德国人）吗？可是不言而喻，移居到某个国家去的外国人除了和当地居民共忧乐而外，不能有别的要求！

摘自弗·恩格斯：《法兰克福关于波兰问题的辩论》（1848年8月7日—9月6日）（一），《马克思恩格斯全集》（中文第1版）第5卷，人民出版社1958年版，第374—375页。

**2. "采取一些措施！"就是采取禁止把地产拍卖给波兰人的办法**

所以，普鲁士国王，用施滕策尔的话来说，"当时决不能"履行自己的诺言和维也纳条约①！！

"1830年，波兰贵族对华沙起义的同情引起了忧虑，从那时起就开始实行一个经过周密考虑的政策，这个政策归结起来就是采取一些措施（！），即采取收买、分割波兰领地并把它们分给德国人的办法，来逐步地彻底地消灭波兰贵族，于是波兰贵族对普鲁士的仇恨就增长起来了。"

---

① 在俄罗斯、普鲁士和奥地利1815年5月3日在维也纳签订的条约中以及在1815年6月9日维也纳代表大会的最后决议案中，都包含有在波兰全境建立人民代议制和民族国家机构的诺言。在波兹南，问题归结为召开具有谘议职能的等级代表会议。——《马克思恩格斯全集》（中文第1版）第5卷，人民出版社1958年版，注释192。

"采取一些措施!"就是采取禁止把地产拍卖给波兰人的办法,以及采取施滕策尔先生所竭力渲染的其他类似的措施。

摘自弗·恩格斯:《法兰克福关于波兰问题的辩论》(1848年8月7日—9月6日)(一),《马克思恩格斯全集》(中文第1版)第5卷,人民出版社1958年版,第378—379页。

**3. 而在波兹南,这些移民经常毫不让步地向国有地、向森林、向被分割的波兰贵族领地移动,以便把当地的波兰人和他们的语言撵出他们的故乡,建立一个真正普鲁士的省**

如果普鲁士政府在我们这里也禁止把按照法庭决定应该出卖的地产卖给莱茵省的居民,莱茵省的居民将说些什么呢!这方面的借口是不难找到的:为了使新旧省的居民混合起来,为了把土地分割和莱茵立法的恩惠扩大到旧省居民身上;为了促使莱茵省居民通过移民而在旧省培植自己的工业等等。要使普鲁士"移民"也为我们造福,理由是够多的!我们将怎样看待那些由于完全消除了竞争而以低得可笑的价格收购我们的土地、并且还得到国家援助的居民呢?我们将怎样看待那些只是为了使我们习惯于如醉如狂地欢呼"天佑吾王,天佑吾国!"而强行移入的居民呢!

要知道,我们毕竟是德国人,我们和旧省居民讲的是一样的话。而在波兹南,这些移民经常毫不让步地向国有地、向森林、向被分割的波兰贵族领地移动,以便把当地的波兰人和他们的语言撵出他们的故乡,建立一个真正普鲁士的省,这个省在普鲁士狂方面甚至要超过波美拉尼亚。

摘自弗·恩格斯:《法兰克福关于波兰问题的辩论》(1848年8月7日—9月6日)(一),《马克思恩格斯全集》(中文第1版)第5卷,人民出版社1958年版,第379页。

**4. 为了使波兰的普鲁士农民不致没有天然的统治者,接着就给他们派来了特雷斯科夫或吕提晓之流的普鲁士贵族的杰出人物,他们在那里也同样以低得可笑的价格收购了波兰贵族的领地,而且用的还是国库贷款**

为了使波兰的普鲁士农民不致没有天然的统治者,接着就给他们派来了特雷斯科夫或吕提晓之流的普鲁士贵族的杰出人物,他们在那里也同样以低得可笑的价格收购了波兰贵族的领地,而且用的还是国库贷款。此外,

1846年波兰起义①以后，在崇高的和最崇高的大人物仁慈的庇护下，柏林成立了一个专为德国贵族收购波兰地产的股份公司。勃兰登堡和波美拉尼亚贵族中的消瘦的食客，预见到对起义的波兰人的审判会使大批波兰地主遭到破产，而他们的地产很快就会廉价出卖。这对那些债务累累的乌刻马克的唐·腊努多②该是多么好的生财之道啊！差不多是不花钱的肥沃土地，可以供奴役的波兰农民，而且还有为国王和祖国服务的功劳，——这是多么光辉灿烂的远景啊！

  摘自弗·恩格斯：《法兰克福关于波兰问题的辩论》（1848年8月7日—9月6日）（一），《马克思恩格斯全集》（中文第1版）第5卷，人民出版社1958年版，第379—380页。

  **5. 施滕策尔先生眼泪汪汪地要议会相信，波兹南这个重要而强大的要塞留在德国人手中是多么必要，因为居住在这里的有2万以上的德国人（其中大多数是波兰的犹太人），他们拥有全部地产的2/3等等**

  施滕策尔先生继续说，出于（虚构的，根本不存在的）波兰人反对让出德国居民占大多数的地区，维利森的使命自然遭到了失败。施滕策尔先生手头有维利森对波兰人的声明和波兰人对维利森的声明。这些已经公布的声明证明情况恰恰相反。但是，一个如施滕策尔先生所说的"多年研究历史并且立志永远不说假话、永远不隐瞒真相的人"竟会说出这样的话来！

  施滕策尔先生怀着这种永远不隐瞒真相的诚实精神，轻轻地放过了在波兹

---

  ① 见注释115。——《马克思恩格斯全集》（中文第1版）第5卷，人民出版社1958年版，注释193。

  注释115：波兰人民为了民族解放曾准备在1846年2月举行起义。起义的主要发起人是波兰的革命民主主义者（邓波夫斯基等人）。但是，由于波兰小贵族的背叛行为和普鲁士警察逮捕了起义的领袖，总起义没有成功。只是个别地方发出了革命的火花。只有在从1815年起由奥、俄、普共管的克拉柯夫，起义者在2月22日取得了胜利并建立了国民政府，发表了废除封建义务的宣言。克拉柯夫起义在1846年3月初被镇压下去了。在1846年11月，奥、普、俄签订了关于把克拉柯夫并入奥地利帝国的条约。

  ② 指丹麦作家路·霍尔堡的喜剧"唐·腊努多·迭·科利勃腊多斯，或称贫穷和骄傲"中的人物，这是一个非常愚蠢的妄自尊大的没落贵族的典型。——《马克思恩格斯全集》（中文第1版）第5卷，人民出版社1958年版，注释194。

南横行无忌的残暴行为,放过了背信弃义地撕毁雅罗斯拉韦茨协定①的无耻行径,放过了在特舍美什诺、米洛斯拉弗和弗勒申②的屠杀,放过了只有三十年战争中的兵痞们才干得出来的毁灭一切的暴行,他对这些事情竟只字未提。

施滕策尔先生现在谈到普鲁士政府4次重新瓜分波兰的问题。最初是夺取涅茨区和其他4个区(4月14日);再加上总人口为593390人的其他各区的若干部分,并将这全部地区并入德意志联邦(4月22日)。随后是夺取波兹南城和波兹南要塞以及瓦尔特河左岸的剩余部分,——因此又有273500人,就是说,和上述数字合计,要比居住于整个波兹南的德国人(即使按普鲁士的统计)多出一倍。这是按照4月29日的诏书进行的,而5月2日已经接收入德意志联邦了。施滕策尔先生眼泪汪汪地要议会相信,波兹南这个重要而强大的要塞留在德国人手中是多么必要,因为居住在这里的有2万以上的德国人(其中大多数是波兰的犹太人),他们拥有全部地产的2/3等等。至于波兹南四周都是波兰的土地,它被迫实行德国化,波兰的犹太人根本不是德国人等等情况,对于"永远不说假话,永远不隐瞒真相"的人们,即对于施滕策尔先生之流的历史学家们是毫不相干的。

摘自弗·恩格斯:《法兰克福关于波兰问题的辩论》(1848年8月7日—9月6日)(二),《马克思恩格斯全集》(中文第1版)第5卷,人民出版社1958年版,第383—384页。

**6. 波兰人应当感谢弗洛特韦尔先生,这不仅是因为继续停止(……)各州州长的选举,而且特别是因为政府用收购被拍卖的领地并将其仅仅转卖给可信赖的德国人(……)的办法,来逐渐剥夺波兰地主的土地**

不妨读一读1841年弗洛特韦尔的备忘录③。在1830年以前,政府什么

---

① 《雅罗斯拉韦茨协定》是1848年4月11日由波兹南委员会和普鲁士军事代表维利森将军签订的。该协定规定,解除波兰起义部队的武装和解散他们的部队。交换条件是:答应波兰人在波兹南实行"民族改组",即建立波兰部队,委任波兰人担任行政和其他职务,在行政和诉讼事宜中使用本民族语言。但是普鲁士当局背信弃义地撕毁了这个协定;普鲁士军队利用和起义部队所达成的协议,残酷地镇压波兹南的民族解放运动。答应波兰人实行"改组"的诺言也就没有实现。——《马克思恩格斯全集》(中文第1版)第5卷,人民出版社1958年版,注释196。

② 波兰称作弗热斯尼亚。——编者注

③ "弗洛特韦尔总督先生关于1830年12月至1841年年初治理波兹南大公国的备忘录"斯特拉斯堡版(《Denkschrift des Oberpräsidenten Herrn Flottwell, über die Verwaltung des Gros—Herzogthum Posen, vom Dezember 1830 bis zum Beginn des Jahres 1841》, Strasburg)。——《马克思恩格斯全集》(中文第1版)第5卷,人民出版社1958年版,注释202。

也没有做。在整个大公国里,弗洛特韦尔只发现4英里的公路!可是要不要列举一下弗洛特韦尔本人的善行呢?弗洛特韦尔先生这个狡猾的官僚,竭力用修筑公路、开辟运河、疏浚沼泽积水等等办法来收买波兰人,不过他不是用普鲁士政府的金钱,而是用波兰人自己的金钱来收买他们。这些改良主要是用私人的资金或各州的经费来进行的,如果说政府也曾为某些地方拨过一些补助金,那也不过是它以征税办法从省里搜刮来的或者以收入形式从波兰官方领地和教会领地取得的那个总额中微不足道的一部分。其次,波兰人应当感谢弗洛特韦尔先生,这不仅是因为继续停止(从1826年起)各州州长的选举,而且特别是因为政府用收购被拍卖的领地并将其仅仅转卖给可信赖的德国人(1833年的圣旨)的办法,来逐渐剥夺波兰地主的土地。

摘自弗·恩格斯:《法兰克福关于波兰问题的辩论》(1848年8月7日—9月6日)(四),《马克思恩格斯全集》(中文第1版)第5卷,人民出版社1958年版,第398—399页。

## 十三　改变领土的条约与国际法则

**1. 维也纳条约是反动的欧洲对革命的法国取得巨大胜利的总结。……但是因为这次胜利是在英国……等国的资产阶级特别是法国资产阶级的帮助下取得的,所以对资产阶级也必须作若干让步**

但是卢格先生拿脑袋来担保,说"和平解决"波兰问题是可能的。越来越妙了! 为什么呢? 因为现在谈的是:

> "维也纳条约力求达到的东西,现在应该成为现实,应该真正实现……维也纳条约力求确立一切民族反对大法兰西民族的权利……它求复兴德意志民族。"

现在弄清楚了为什么卢格先生的"要求一般说来"和右派相同。右派也要求实现维也纳条约。

维也纳条约是反动的欧洲对革命的法国取得巨大胜利的总结。它是欧洲反动势力在15年复辟时期进行统治的典型形式。它恢复了正统主义、天赋的王权、封建贵族、僧侣的统治、宗法式的立法和行政。但是因为这次胜利是在英国、德国、意大利、西班牙等国的资产阶级特别是法国资产阶级的帮助下取得的,所以对资产阶级也必须作若干让步。可是肥美的战利品已经被君主、贵族、僧侣和官僚们分完,资产阶级就只好满足于任何时候也不会兑现、任何人也不想兑现的未来的期票。卢格先生不去研究维也纳条约的真正的实际内容,他相信这些空洞的诺言也就是条约的真实内容,而把反动的实践仅仅解释为为非作歹!

过了33年,在1830和1848年的革命以后,还相信这些期票会兑现,还以为维也纳诺言的多情的词句在1848年有某种意义,这的确要有非常宽大的胸怀!

卢格先生在扮演维也纳条约的唐·吉诃德的角色!

卢格先生在结束时向议会泄露了一个大秘密:1848年革命之所以发生,不过是由于1846年在克拉柯夫破坏了1815年的条约。这对于所有的暴君是一个警告!

简单地说，卢格先生自从我们在文艺舞台上同他最后会晤以来，一点也没有改变。还是那些他在"哈雷年鉴"和"德国年鉴"①上扮演德国哲学的守门人这一角色时就记得烂熟的老一套词句；还是那样糊涂，还是那样轻率，观点还是那样混乱；还是那样善于以冠冕堂皇的形式来传达最空洞最荒谬的思想；还是那样缺乏"知识"；尤其是，还是那样力求得到一生中还没有听过类似的话的德国庸人们的赞许。

摘自弗·恩格斯：《法兰克福关于波兰问题的辩论》（1848年8月7日—9月6日）（九），《马克思恩格斯全集》（中文第1版）第5卷，人民出版社1958年版，第429—431页。

**2. 1828年，俄国曾得到机会向土耳其发动了战争，结果缔结了阿德里安堡条约，该条约把整个黑海东岸地区北起阿纳帕南至波季（切尔克西亚除外）割让给俄国，并且把多瑙河河口诸岛屿划归俄国所有，使摩尔多瓦和瓦拉几亚实际上也脱离了土耳其，转归俄国统辖**

1828年，俄国曾得到机会向土耳其发动了战争，结果缔结了阿德里安堡条约②，该条约把整个黑海东岸地区北起阿纳帕南至波季（切尔克西亚除外）割让给俄国，并且把多瑙河河口诸岛屿划归俄国所有，使摩尔多瓦和瓦拉几亚实际上也脱离了土耳其，转归俄国统辖，当时大不列颠的外交大臣是阿伯丁勋爵。1853年，我们看到，同一位阿伯丁成了这同一个国家的"混合内阁"的首脑。只要指出这个简单的事实，就足以说明为什么俄国目前在它同土耳其和同欧洲的冲突中表现得那样咄咄逼人了。

---

① 《哈雷年鉴》（《Hallische Jahrbücher》）和《德国年鉴》（《Deutsche Jahrbücher》）是青年黑格尔派的文艺哲学杂志的简称，该杂志自1838年1月至1841年6月用小型日报的形式以《德国科学和艺术哈雷年鉴》（《Hallische Jahrbücher für deutsche Wissenschaft und Kunst》）的名称在莱比锡出版，自1841的7月至1843年1月以《德国科学和艺术年鉴》（《Deutsche Jahrbücher für Wissenschaft und Kunst》）的名称出版。该杂志在1841年6月以前由阿·卢格和特·厄赫帖迈耶尔在哈雷编辑，从1841年7月起由阿·卢格在德勒斯顿编辑。——《马克思恩格斯全集》（中文第1版）第5卷，人民出版社1958年版，注释217。

② 《阿德里安堡条约》是1828—1829年俄土战争中俄国获胜后两国于1829年9月14日缔结的和约。根据条约，多瑙河口及附近诸岛屿，以及库班河口至南黑海东岸很大一部分土地划归俄国所有。土耳其必须承认摩尔多瓦和瓦拉几亚的自治，赋予它们独立选举国君的权利。这种自治由俄国来保障，这等于确立了沙皇对这两个公国的保护权。土耳其政府还被迫承认希腊为独立国（同土耳其的联系仅限于向苏丹纳年贡），遵守以前就塞尔维亚的自治问题所缔结的一切约定，并用特别敕令赋予这种自治以法律效力。——《马克思恩格斯全集》（中文第2版）第12卷，人民出版社1998年版，注释41。

摘自卡·马克思：《土耳其和俄国》（1853年6月21日），《马克思恩格斯全集》（中文第2版）第12卷，人民出版社1998年版，第154页。

**3. 据说，克拉伦登勋爵曾收到一个通知，通知告诉他关于圣地的问题不是俄国公爵所关心的唯一问题。这个通知还谈到一个主要问题，这就是关于土耳其的信希腊正教的基督徒和某些条约所规定的俄皇在同他们的关系中的地位问题**

据说，克拉伦登勋爵曾收到一个通知，通知告诉他关于圣地的问题不是俄国公爵[①]所关心的唯一问题。这个通知还谈到一个主要问题，这就是关于土耳其的信希腊正教的基督徒和某些条约所规定的俄皇在同他们的关系中的地位问题。所有这些都经过了详尽的讨论，俄国准备采取的方针也得到了清楚的说明，这就是5月6日的协定草案[②]详尽阐述的那个方针。克拉伦登勋爵征得阿伯丁勋爵的同意，对这一方针丝毫没有表示反对，或者加以阻止。在伦敦这种情况的时候，波拿巴把他的舰队开到了萨拉米斯岛，公众舆论从外面施加了压力，大臣们在两院中都受到了质询，罗素郑重许诺要维护土耳其的领土完整和独立，缅施科夫公爵则在君士坦丁堡撕下了自己的假面具。阿伯丁和克拉伦登两位勋爵这时就不能不向其他大臣说明事情的原委，于是联合内阁面临瓦解的危险，因为帕麦斯顿勋爵极力主张完全相反的政策（他的过去使他不能不这样做）。阿伯丁勋爵为了防止他的内阁瓦解，终于向帕麦斯顿作了让步，同意英法两国舰队在达达尼尔海峡联合行动。但是就在这同时，阿伯丁勋爵为了履行自己对俄国的承诺，私下电告圣彼得堡说，他将不把俄军占领多瑙河两公国看做开战的理由，而《泰晤士报》也接到了指示，要它为接受对国际条约的这个新解释制造舆论。这里，不能不为这家报纸说句公道话：它为了把黑的说成白的，确实卖了很大的力气。这家报纸过去一直争辩说，俄国对土耳其的信希腊正教的基督徒的保护权根本不会有任何政治意义，而现在这同一家报纸却突然断言：摩尔多瓦和瓦拉几亚从属于两个宗主国，它们实际上已不是土耳

---

[①] 亚·谢·缅施科夫。——编者注

[②] 指解决圣地问题过程中，俄国特命全权公使缅施科夫1853年5月6日以最后通牒方式向土耳其政府提出的俄土协定草案。其中要求土耳其帝国保障正教居民的宗教自由，并承认俄国沙皇对他们的保护权。这一草案遭到苏丹的拒绝。——《马克思恩格斯全集》（中文第2版）第12卷，人民出版社1998年版，注释119。

其帝国的完整的部分了："严格地说来"，占领它们并不是对土耳其帝国的侵犯，因为，按照布加勒斯特条约①和阿德里安堡条约的规定，沙皇对他在多瑙河两省的教友们有保护权。1849年5月1日签订的巴尔塔利曼尼协定②明确规定：

"1. 对这些省份的占领一旦发生，只能由俄国和土耳其的武装部队联合执行；

2. 进行占领的唯一理由只能是两公国发生了严重事件。"

现在，这两个公国根本没有发生任何事件，而且俄国没有打算和土耳其一起去占领这些地方，恰恰相反，正好是为了反对土耳其，于是《泰晤士报》就认为，土耳其应当对俄国的单独占领平静地加以容忍，然后再同俄国进行谈判。但是如果土耳其不够冷静，认为占领就是开战的理由，那么，《泰晤士报》认为，英法两国也决不应该这样做。而即使英法两国要这样做，那么，《泰晤士报》建议，它们也要采取温和的态度，决不要作为交战国的一方来反对俄国，而只是作为帮助土耳其进行防御的盟国。

摘自卡·马克思：《土耳其和俄国》（1853年6月21日），《马克思恩格斯全集》（中文第2版）第12卷，人民出版社1998年版，第155—157页。

**4. 俄国占据了塞凡湖边的恰克恰地带……，并且要波斯放弃对它自己的另一部分领土卡潘的要求，作为俄国撤兵的交换条件。波斯拒绝了，于是它被侵略，被征服，在1828年2月被迫签订图尔克曼恰伊条约**

说到这里，我应该提请读者回忆一下某些历史事实，以便使读者对勋

---

① 《布加勒斯特条约》是1812年5月28日俄国和土耳其结束1806—1812年的俄土战争时签订的和约。和约规定把到普鲁特河为止的比萨拉比亚和南高加索的一些省份割让给俄国，俄国获得多瑙河沿岸的通商航行权；和约还规定土耳其应给予塞尔维亚以内政自治权。和约确认俄土两国过去达成的关于承认摩尔多瓦和瓦拉几亚拥有某些自治权的协定，还确认1774年库楚克—凯纳吉条约所规定的俄国保护多瑙河两公国的正教居民利益的权利。——《马克思恩格斯全集》（中文第2版）第12卷，人民出版社1998年版，注释120。

② 巴尔塔利曼尼协定是俄国和土耳其在派军队进驻摩尔多瓦和瓦拉几亚镇压那里的革命运动以后，于1849年5月1日签订的。根据这一协定，占领制度要一直保持到革命危机完全消除的时候（外国军队直到1851年才撤出两公国）。根据协定苏丹需征得沙皇同意后任命国君；如革命重起，俄国和土耳其还将采取包括再一次进行军事占领的多种措施。——《马克思恩格斯全集》（中文第2版）第12卷，人民出版社1998年版，注释121。

爵阁下的亲希腊感情的性质不再有任何怀疑。①

俄国占据了塞凡湖边的恰克恰地带（这无疑是波斯的领土），并且要波斯放弃对它自己的另一部分领土卡潘的要求，作为俄国撤兵的交换条件。波斯拒绝了，于是它被侵略，被征服，在1828年2月被迫签订图尔克曼恰伊条约②。按照这个条约，波斯不得不付给俄国200万英镑的赔款，并割让包括埃里温和阿巴萨巴德的要塞在内的埃里温省和纳希切万省。照尼古拉的说法，签订这个条约的唯一目的是划定沿阿拉斯河的共同边界，硬说这是防止两个帝国将来任何纠纷的唯一方法。但是他同时又拒绝把属于波斯的阿拉斯河岸的塔雷什和莫甘两地归还波斯。最后，波斯还保证不在里海驻留舰队。这就是俄波战争的起因和结果。

摘自卡·马克思：《帕麦斯顿勋爵》（第二篇）（1853年10月19日），《马克思恩格斯全集》（中文第2版）第12卷，人民出版社1998年版，第411页。

**5. 这两项条款确保了俄国"扩张领土和获得贸易特权"，因而公开破坏了威灵顿公爵在圣彼得堡签订的1826年4月4日的议定书，以及俄国同其他强国在伦敦缔结的1827年7月6日的条约**

俄国侵占摩尔多瓦和瓦拉几亚是由阿德里安堡条约为它作好准备的，它占有高加索的权利也是从这个条约中得到承认的。

该条约第四款规定：

"两个帝国〈俄国和土耳其〉之间沿格鲁吉亚、伊梅雷蒂亚和古里亚的边界线以北和以东各地，以及从库班河口到圣尼古拉炮台（包括该炮台在内）的黑海沿岸地区，仍归俄国。"③

关于多瑙河，条约有如下的规定：

---

① "以便使读者……不再有任何怀疑"在1853年10月19日的《纽约每日论坛报》上被删去。——编者注

② 《图尔克曼恰伊条约》是俄国和波斯两国于1828年2月22日在图尔克曼恰伊村签订的一个条约，该条约结束了1826—1828年的俄波战争。条约规定了俄国和波斯新的国境线，即基本以阿拉斯河为共同边界，跨阿拉斯河的埃里温省和纳希切万省划归俄国。条约给予俄国商船在里海自由航行和俄国独自享有在里海拥有舰队的特殊权利。与此同时，波斯必须作出不在里海驻留舰队的保证。——《马克思恩格斯全集》（中文第2版）第12卷，人民出版社1998年版，注释244。

③ 马克思引用的资料来源未能查明。——编者注

"沿多瑙河直到圣乔治河口划为国界，依此，多瑙河诸支流所形成的各个岛屿统属俄国。南岸仍归奥斯曼土耳其政府。但双方同意南岸从圣乔治和苏利纳两条支流的分叉处起，距多瑙河两小时路程〈6英里〉以内的地区规定为非居住区，不得修造任何建筑物。仍属俄国宫廷所有的诸岛也依此规定。在这些岛屿上除设立检疫所外，不得修造任何设施或工事。"①

这两项条款确保了俄国"扩张领土和获得贸易特权"，因而公开破坏了威灵顿公爵在圣彼得堡签订的1826年4月4日的议定书②，以及俄国同其他强国在伦敦缔结的1827年7月6日的条约③。因此，英国政府当时拒绝承认阿德里安堡条约④。威灵顿公爵曾对这个条约提出抗议。（达德利·斯图亚特勋爵1837年3月17日在下院的演说）

---

① 马克思引用的资料来源未能查明。——编者注

② 1826年4月4日俄国和英国在彼得堡签订了一个议定书，其目的是力图掩饰它们站在希腊方面干涉希土冲突的真正目的，声明它们既不打算用损害土耳其的办法来扩大自己的领土，也不打算在苏丹属地上追求特殊的影响和贸易特权。英、俄、法在缔结1827年7月6日伦敦条约时重申了这个声明。——《马克思恩格斯全集》（中文第2版）第12卷，人民出版社1998年版，注释260。

③ 英、俄、法三国代表讨论希腊问题的伦敦会议于1827—1829年举行。1827年7月6日，三大强国在伦敦缔结了一个公约，确认英俄1826年4月4日在彼得堡签订的议定书，承认希腊的自治权。像议定书一样，公约也承认希腊为一独立国家并同意用武力调停希土冲突。根据这个协议，三强国向希腊领海派去了联合舰队，参加了纳瓦里诺会战。在伦敦会议上还签署了其他几个有关希腊的文件，其中包括1829年3月22日的议定书，这份议定书确定了希腊的国界，并规定在希腊建立政体。但是，这些协议以及英法两国力图通过外交途径解决冲突的努力，均未动摇土耳其政府在希腊问题上的立场，只是吉比奇将军率领下的俄军在1829年战事中取得的胜利才迫使土耳其政府作出让步。——《马克思恩格斯全集》（中文第2版）第12卷，人民出版社1998年版，注释45。

④ 《阿德里安堡条约》是1828—1829年俄土战争中俄国获胜后两国于1829年9月14日缔结的和约。根据条约，多瑙河口及附近诸岛屿，以及库班河口以南黑海东岸很大一部分土地划归俄国所有。土耳其必须承认摩尔多瓦和瓦拉几亚的自治，赋予它们独立选举国君的权利。这种自治由俄国来保障，这等于确立了沙皇对这两个公国的保护权。土耳其政府还被迫承认希腊为独立国（同土耳其的联系仅限于向苏丹纳年贡），遵守以前就塞尔维亚的自治问题所缔结的一切条约，并用特别敕令赋予这种自治以法律效力。——《马克思恩格斯全集》（中文第2版）第12卷，人民出版社1998年版，注释41。

摘自卡·马克思：《帕麦斯顿勋爵》（第七篇①）（1853年12月20日寄往纽约），《马克思恩格斯全集》（中文第2版）第12卷，人民出版社1998年版，第459—460页。

**6. 大约一年半以前，英国政府在广州宣布了一种新奇的国际法原则，按照这种原则，一个国家可以对另一个国家的任何地区采取规模巨大的军事行动，而无需同这个国家宣战或宣布处于战争状态**

大约一年半以前，英国政府在广州宣布了一种新奇的国际法原则，按照这种原则，一个国家可以对另一个国家的任何地区采取规模巨大的军事行动，而无需同这个国家宣战或宣布处于战争状态。现在，又是这个英国政府，由印度总督坎宁勋爵出面，更进一步破坏了现行的国际法。它宣称：

"奥德省的土地所有权应予没收，归英国政府所有；英国政府将本着它认为适宜的方式行使此项权利。"②

摘自卡·马克思：《奥德的兼并》（1858年5月14日），《马克思恩格斯全集》（中文第1版）第12卷，人民出版社1962年版，第502页。

---

① 在1854年1月11日的《纽约每日论坛报》上，本文开头是以下这段话："看来，帕麦斯顿勋爵的辞职已经在英国产生了他所能预期的那种奇迹般的效果。公众对他辞职后留下的内阁越来越不满，其实这个内阁的政策却是帕麦斯顿直到他在职的最后一分钟始终最坚决地予以支持的。同时那些痛斥联合内阁的党派却竞相颂扬帕麦斯顿。它们一方面号召给予俄国的侵犯以有力的和应有的回击，但是另一方面它们似乎极其渴望它们所热爱的这位国家活动家回到领导岗位上来。这个训练有素和不知疲倦的演员就是这样在愚弄全世界。如果不是涉及重大的利害关系，这倒是一个很有趣的景象。关于误解是如何根深蒂固我们业已指出过了，现在我们只想在下面再提供一些证据，来说明帕麦斯顿出于某种原因一贯为俄国卖力，并为此而利用英国。凡是想看一看现代史舞台的幕后情形，并给这些事件和人物作出与它们的实际价值相符的评价的人，我们认为，都会从我们的叙述中获得某种教益。"

这些话不可能是马克思这篇文章的原文，因为《帕麦斯顿勋爵》这组文章的后几篇，马克思寄给《论坛报》编辑部不迟于1853年12月6日，即至少是在帕麦斯顿短期辞职（1853年12月16日）的前10天。报纸编辑部拖延有久，即到1854年1月11日才发表这篇文章，所以在发表时作了补充。补充的东西可能是从马克思的另一篇后来写的文章中借用来的。根据燕·马克思的记事簿上的记载，这篇文章于1853年12月20日寄往纽约，谈的是英国报刊对帕麦斯顿辞职的反应。1853年12月20日的这篇文章没有在《纽约每日论坛报》上发表，手稿至今没有找到。——《马克思恩格斯全集》（中文第2版）第12卷，人民出版社1998年版，注释259。

② 马克思援引的是印度总督坎宁勋爵1858年3月3日的公告。——《马克思恩格斯全集》（中文第1版）第12卷，人民出版社1962年版，注释355。

**7. 英国只是大笔一挥……把一个几乎与爱尔兰大小相仿的王国的全部领土……给没收了**

1831年华沙陷落以后，俄国皇帝没收了那时属于许多波兰贵族的"土地所有权"，这件事在英国报界和议会中引起了一致的愤怒。诺瓦拉战役以后，奥地利政府并没有没收而只是查封了积极参加独立战争的伦巴第贵族的地产，这在英国又引起了一致的愤怒。最后，当路易—拿破仑在1851年12月2日以后没收了奥尔良家族的地产——按照法国的习惯法，这些地产早在路易—菲力浦登极时就该收归国有，但是由于一个法律上的花招而逃避了这种命运，——英国人简直是愤怒不已，伦敦"泰晤士报"也说，这种行动破坏了社会秩序的基础，使市民社会无法继续存在。实践说明了这全部高尚的愤怒有多大价值。英国只是大笔一挥，就不仅把几个有爵位的人的地产、不仅把王族的土地给没收了，而且把一个几乎与爱尔兰大小相仿的王国①的全部领土，即埃伦伯勒勋爵本人所谓的"整整一个民族的世袭财产"给没收了。

摘自卡·马克思：《奥德的兼并》（1858年5月14日），《马克思恩格斯全集》（中文第1版）第12卷，人民出版社1962年版，第502—503页。

**8. 奥德人民举行起义反对英国政府的合法权力，现在英国政府就厉声宣布，起义是实行没收的充分根据**

但是，我们来看看坎宁勋爵以英国政府的名义提出了什么样的口实——我们无法把这叫做理由——来为这种旷古未闻的行为辩护吧。第一，"勒克瑙现在在军队的统治之下"；第二，"叛军的反抗得到这个城市以及全省居民的支持"；第三，"他们犯下了重罪，自己招致正义的惩罚"。说得明白一点：因为英国军队占领了勒克瑙，所以英国政府有权没收它尚未到手的奥德土地。因为靠英国人供养的土著士兵哗变了，所以原来在武力压迫下屈从于英国统治之下的奥德当地居民就没有权利为争取自己的民族独立而举行起义。简单地说，奥德人民举行起义反对英国政府的合法权力，现在英国政府就厉声宣布，起义是实行没收的充分根据。可见，如果撇开

---

① 奥德原属莫卧儿帝国，但在十八世纪中叶，奥德的莫卧儿总督实际上已经成为独立的统治者。自1765年起，英国人把奥德变成一个附属的（臣服于英国人的）公国，奥德的实际政权遂落入英国驻扎官的手中。然而为了掩饰这种局面，英国人常常称奥德的统治者为国王。——《马克思恩格斯全集》（中文第1版）第12卷，人民出版社1962年版，注释356。

坎宁勋爵的夸夸其谈，那末全部问题就归结为这样：在他看来，英国在奥德的统治权是合法地建立起来的。

摘自卡·马克思：《奥德的兼并》（1858 年 5 月 14 日），《马克思恩格斯全集》（中文第 1 版）第 12 卷，人民出版社 1962 年版，第 503 页。

**9. 英国人对印度本地人……否认二十年来构成相互关系的公认基础的条约的合法性；用公开违背公认的条约的方式强占独立的领土，彻底没收整个国家的每一亩土地**

但是，这个条约不仅被收进 1845 年出版的官方编纂的条约汇编，而且在 1839 年 7 月 8 日奥克兰勋爵给奥德国王的通知里、1847 年 11 月 23 日哈丁勋爵（当时的总督）向同一位国王所上的条陈以及 1851 年 12 月 10 日斯利曼上校（在勒克瑙的驻劄官）致达尔豪西勋爵本人的信件里，都把它当做现行条约而正式引用。达尔豪西勋爵的所有前任、连同他自己的僚属在和奥德国王的来往信件里，都把这个条约视为有效条约，为什么达尔豪西勋爵本人偏偏这样顽固地否认条约的合法性呢？唯一的原因是，按照这个条约，不论国王为干涉自己的事务提供了什么样的口实，这种干涉总是受到限制：英国的官员们只能在奥德国王的名义下掌握这个国家的行政权，而且他们必须将剩余的收入交给国王。但是英国人所希望的恰恰相反。只有兼并才能使他们心满意足。否认二十年来构成相互关系的公认基础的条约的合法性；用公开违背公认的条约的方式强占独立的领土，彻底没收整个国家的每一亩土地——英国人对印度本地人使用的所有这一切背信弃义、令人发指的手法，目前不仅在印度，而且在英国国内，都已开始得到它应有的报复。

摘自卡·马克思：《奥德的兼并》（1858 年 5 月 14 日），《马克思恩格斯全集》（中文第 1 版）第 12 卷，人民出版社 1962 年版，第 507 页。

**10. 维也纳条约，这部唯一在欧洲得到承认的国际法法典，是人类有史以来最突出的 fiction juris publici〔国际法假象〕之一**

En passant〔顺便〕指出，维也纳条约，这部唯一在欧洲得到承认的国际法法典，是人类有史以来最突出的 fiction juris publici〔国际法假象〕之一。这个条约的第一条说的是什么呢？说的是永远推翻波拿巴王朝的法兰西王位；然而现在高踞法兰西王位的是第二帝国的奠基人路易—拿破仑，欧洲所有君主都承认了他，同他称兄道弟，他受到了欧洲君主的厚待和膜拜。另一条规定，比利时永久被赏赐给荷兰；可是十八年来，比利时与荷兰分立不仅是 faitaccompli〔既成的事实〕，而且是法定的事实。其次，维也纳条约规定，让1846年并入奥地利的克拉科夫永远成为独立共和国；条约最后的、然而同样重要的一个条款，是被尼古拉并入俄罗斯帝国的波兰应该成为只是通过罗曼诺夫王朝同俄国保持君合国关系的独立的立宪王国。这样，这部欧洲 jus pulicum〔国际法〕的圣书便一页一页地被撕掉了，只有在一方的利益和另一方的软弱决定有必要时，它才被引为根据。

得比内阁对于它是应该接受一部分报刊给它的不应得的赞扬，还是应该反驳另一部分报刊给它的不应受的诽谤，显然犹豫不决。然而经过一星期的犹豫之后，内阁决定采取后者，并且正式宣布约翰·杨格爵士的密件是在内阁事先不知道的情况下发表的，目前正在对这一犯罪行为的肇事人进行调查。终于发现肇事人是威廉·赫德逊·格恩赛先生；他被中央刑事法庭审讯，罪状是盗窃密件。结果得比内阁成为斗争的胜利者，此后这一诉讼案件也就失去它的政治趣味了。然而由于这一诉讼案件，大不列颠和伊奥尼亚群岛之间的关系又吸引了全世界的注意。但是约翰·杨格爵士的计划并不是他个人幻想的产物，关于这一点，他的前任亨利·华德爵士1850年4月13日致伊奥尼亚议会的公开信的如下一段就可令人信服地证明：

"我并未授权代表不列颠国王来谈论那在祝词中只是模模糊糊说到其前景的遥远未来，即希腊民族的彼此隔离的人们又能取得欧洲列强的同意而联合成一个强大帝国。但是我不难说出我自己的意见〈他在代表不列颠国王说话〉，如果这种事情是人力所及的，那末英国的君主和议会都将同样赞助伊奥尼亚人重新取得将在世界政治中占有应得地位的新的强国的成员资格。"

摘自卡·马克思：《伊奥尼亚群岛问题》（1858年12月17日），《马克思恩格斯全集》（中文第1版）第12卷，人民出版社1962年版，第706—707页。

**11. 有一个事实非常值得注意，就是关于意大利问题的新协定是在法奥两国皇帝短促会见时签订的**

但是，尽管奥地利这次被迫放弃了监护人的身分，然而监护人的位子看来却没有空出来。有一个事实非常值得注意,就是关于意大利问题的新协定是在法奥两国皇帝短促会见时签订的,就是说,是由两个各自统率一支外国军队的外国人签订的。还有一个事实也非常值得注意,就是这个协定签订的时候不仅没有遵照手续哪怕表面上征询一下协定所涉及的各方的意见,甚至也没有通知他们,而他们也没有怀疑会有人背着他们搞什么勾当和宰割他们。从阿尔卑斯山背后开来了两支军队,在伦巴第谷地相遇并打了起来。经过6个星期的斗争之后,这两支外国军队的外国首领没有让一个意大利人参加他们的会议,就动手安排和处理意大利的事务。在军事方面降到了一个法国将军地位的撒丁国王,就参与达成最后协议和对协议的影响来说,他所起的作用显然不会超过他即使是一个真正的普通法国将军所能起的作用。

摘自卡·马克思:《意大利赢得了什么?》,《马克思恩格斯全集》(中文第1版)第13卷,人民出版社1962年版,第466—467页。

### 12. 奥地利甚至可以利用这种新的形势来保证自己对其他意大利国家的控制

至于谈到构成新制度的一部分的意大利联邦,那末必须指出下述情况:这个联邦或者是一个具有一定程度权力和影响的政治实体,或者只是一种骗局。在后一种情况下意大利绝不会得到统一、自由和发展。如果它确是一个实体,那末只要注意一下它的成员,就可以预料从它那里究竟会得到什么好东西?要知道,被专制制度的利益所联合起来的奥地利(由于占领威尼斯省或王国而加入了联邦)、教皇和那不勒斯国王可以轻易地制服撒丁,即使其余的较小的国家都站在撒丁方面也无济于事。奥地利甚至可以利用这种新的形势来保证自己对其他意大利国家的控制,这种控制至少会像它以前企图通过跟它们签订的专门条约而取得的控制一样,是不受欢迎的。

摘自卡·马克思:《意大利赢得了什么?》,《马克思恩格斯全集》(中文第1版)第13卷,人民出版社1962年版,第468页。

### 13. 意大利民族在产生时,就遭到维拉弗兰卡协定的非常尖刻的侮辱

发生的这件事,用 idées napoléoniennes〔拿破仑观念〕的语言来说,大概叫做"民族复兴"。如果拿维也纳会议的协议和维拉弗兰卡的这桩交易相比,维也纳会议也可以被大胆地怀疑为拥护革命原则和同情人民。

意大利民族在产生时，就遭到维拉弗兰卡协定的非常尖刻的侮辱；这个协定明目张胆地宣布，意大利不是对奥战争中的一方，因此在缔结对奥和约时没有发言权。加里波第和他的英勇的山地居民，托斯卡纳、帕尔马、康地那和罗曼尼亚的起义①，维克多—艾曼努尔本人和他的遭到蹂躏的国土，他的已经枯竭的财力和伤亡很大的军队，——所有这些都被熟视无睹。战争好像是在哈布斯堡王朝和波拿巴王朝之间进行的。意大利战争似乎没有发生过。维克多—艾曼努尔甚至不能希望受到一个次要的盟国所能受到的重视。他不是交战的一方；他只是一个工具，因此不能享有按照国际法每一个参战国无论本身多小都应享有的权利。甚至像缔结1815年和约时被兼并的德国各小邦的诸侯所受到的待遇②，他也没有受到。让这个寒酸可怜的穷亲戚忍气吞声地去吃他的富足而强大的同伴的残羹剩饭吧。

摘自卡·马克思：《维拉弗兰卡条约》，《马克思恩格斯全集》（中文第1版）第13卷，人民出版社1962年版，第473—474页。

**14. 这样，意大利的独立变成了伦巴第对皮蒙特的臣属，皮蒙特对法国的臣属**

如果我们现在转而研究维拉弗兰卡条约的内容——这里是指条约的正式内容，——那就可以看到，它完全符合于缔结条约的方式。伦巴第应当割让给皮蒙特；但是，奥地利也曾在1848年向查理—阿尔伯特和帕麦斯顿勋爵提出过这个问题的建议③，不过当时的条件优越得多，而且也没有目前条约中的缺点。那时，还没有任何一个外国利用意大利的民族运动来为自己服务。土地是打算割让给撒丁，而不是给法国；威尼斯也打算从奥地

---

① 1859年4月，在托斯卡纳、摩地那和帕尔马都爆发了人民起义，统治这些地方的公国王朝中的人物纷纷逃出他们的领地请求奥地利军队保护。由于起义的结果而建立起来的国民议会宣布各公国的人民愿意加入皮蒙特。关于各公国并入皮蒙特的问题，1860年3月通过全民投票得到了彻底的解决。——《马克思恩格斯全集》（中文第1版）第13卷，人民出版社1962年版，注释195。

② 指那些丧失了政权的德国小邦君主，他们的领地被兼并了，即在拿破仑战争和维也纳会议（1814—1815年）期间由于德国版图的重新划分而被并入德国较大的各邦。许多被兼并的小邦的代表应邀参加了维也纳会议。——《马克思恩格斯全集》（中文第1版）第13卷，人民出版社1962年版，注释246。

③ 1848年，帕麦斯顿为了限制意大利革命运动的发展并执行英国传统的"欧洲均势"政策，曾力求使伦巴第归并于皮蒙特君主国。奥地利政府慑于国内的革命事件和意大利人民的民族解放斗争，被迫在5月24日的备忘录中同意让出伦巴第，并让威尼斯分立，成为一个以奥地利大公为首的独立国家，但在皮蒙特战败以后，奥地利又收回了自己的意见。——《马克思恩格斯全集》（中文第1版）第13卷，人民出版社1962年版，注释247。

利分出去，变成一个独立的意大利国家，不属奥地利皇帝管辖，而由奥地利大公统治。当时，这些条件被宽宏的帕麦斯顿轻蔑地拒绝了，他把接受这些条件看做是意大利独立战争的最可怜的结局。现在，同样是这个伦巴第，却作为法国的礼物赠给萨瓦王朝，而威尼斯，包括明乔河上的四边形要塞区，仍然留在奥地利的魔爪中。

这样，意大利的独立变成了伦巴第对皮蒙特的臣属，皮蒙特对法国的臣属。如果说奥地利的自尊心可能因为割让伦巴第而受到伤害，那末奥地利的实力却因为撤出这块土地而更为加强，因为这块土地占用了它的部分兵力，却仍然无法抵御外国的侵犯，也不能补偿为维持这些兵力所花的费用。在伦巴第白白地耗费的金钱，现在可以有益地用于其他地方。奥地利仍然掌握着具有决定意义的军事阵地，在任何有利的时机都能从这个阵地进击弱小的邻国。后者获得了难以抵御侵犯的边界和住有不安分的、心怀不满和疑惧的居民的土地，实际上只是更加削弱了自己，同时，甚至还失去了自命为意大利利益的代表者的口实。皮蒙特进行了一件有利于王朝的交易，但是放弃了自己的民族使命。撒丁由一个独立国变成了依靠别人恩典生存的国家，它为了抵御东方的敌人，不得不在西方的保护者面前卑躬屈节。

摘自卡·马克思：《维拉弗兰卡条约》，《马克思恩格斯全集》（中文第 1 版）第 13 卷，人民出版社 1962 年版，第 474—475 页。

**15. 根据条约的条件，意大利应按照德意志联邦的形式，组成以教皇为名誉首脑的意大利联邦**

然而事情还不仅仅这样。根据条约的条件，意大利应按照德意志联邦的形式，组成以教皇为名誉首脑的意大利联邦。目前，在实现这个"拿破仑观念"方面，看来还有一些困难，我们还要看一看，拿破仑第三怎样克服在实现他的"得意杰作"时所遇到的障碍。因为，不论事情的结果如何，有一点是不用怀疑的，即这个以教皇为首的联邦正是拿破仑第三的"得意杰作"。然而，要知道推翻罗马教皇的世俗政权向来被认为是意大利解放的 conditio sine qua non〔必要条件〕。马基雅弗利早就在他的"佛罗伦萨史"① 中指出教皇的统治是意大利衰败的根源。而现在，路易—拿破仑

---

① 尼·马基雅弗利著："佛罗伦萨史"（N. Machiavelli.《Le Istorie Fiorentine》）。该书的第一版于 1532 年在罗马和佛罗伦萨出版。——《马克思恩格斯全集》（中文第 1 版）第 13 卷，人民出版社 1962 年版，注释 248。

不但不想解放罗曼尼亚，反而打算使整个意大利归属于教皇的傀儡政权。实际上，如果这个联邦终于组成，则教皇的冠冕将成为奥地利统治的标志。奥地利与那不勒斯、罗马、托斯卡纳、帕尔马及摩地那分别缔结条约的目的是什么呢？这就是想要建立一个在奥地利领导下的意大利各国君主的联邦。在维拉弗兰卡条约规定建立的意大利联邦中，教皇、奥地利和复位的各公爵——如果他们能够复位的话——为一方，皮蒙特为另一方，这样的和约和联邦真是超过了奥地利的最大胆的期望。从1815年起，奥地利就力图建立意大利各国君主的联邦来对付皮蒙特。现在它可以使这个皮蒙特服从自己了。既然意大利联邦名义上是以开除撒丁的教籍①的教皇为首，而实际上是由撒丁的死敌来领导的，那末奥地利就可以在这个联邦内，消灭这个小国的生命力。这样一来，不是解放了意大利，而是压迫了皮蒙特。与奥地利对抗的皮蒙特，注定要担任普鲁士的角色，但是它没有普鲁士在联邦议会中使对手难于活动的那些手段。法国从自己这方面来说值得庆幸的是，它对意大利可以采取与俄国对德意志联邦所采取的同样的态度，然而，俄国在德国的影响是建立在哈布斯堡王朝与霍亨索伦王朝保持均势的基础上的。皮蒙特能够恢复自己威信的唯一的方法，已由它的保护者明白地给它指出了。路易—拿破仑在告兵士书中说道：

"伦巴第归并于皮蒙特，这就为我们〈即为波拿巴家族〉建立了一个强大的盟邦，它的独立将归功于我们。"

这样，拿破仑就是在宣布，独立的皮蒙特已经被他的一个总督管辖区取代了。维克多—艾曼努尔没有任何手段来摆脱这种屈辱的境地。他只能诉诸被他欺骗了的信任他的意大利，或者诉诸把赃物分了一部分给他的奥地利。但是，很可能，意大利的革命会干预这件事情，以改变整个半岛的状况并且再次把马志尼和共和党人推上舞台。

摘自卡·马克思：《维拉弗兰卡条约》，《马克思恩格斯全集》（中文第1

---

① 由于席卷北意大利和教皇国的争取和皮蒙特合并的运动日益加强，教皇庇护九世于1859年6月发布通告，威胁说凡是敢于侵犯教皇世俗政权的人，一律开除教籍，这首先是针对维克多·艾曼努尔二世说的。——《马克思恩格斯全集》（中文第1版）第13卷，人民出版社1962年版，注释249。

版）第13卷，人民出版社1962年版，第475—476页。

## 16. 当然，尼古拉废除了受到1815年条约保证的波兰王国的宪法和独立，是出于对1815年条约的"尊重"

当然，尼古拉废除了受到1815年条约①保证的波兰王国的宪法和独立，是出于对1815年条约的"尊重"。俄国在1831年派莫斯科军队占领了克拉科夫，同样也是对这个自由市的完整性的尊重。1836年，克拉科夫又被俄国人、奥地利人和普鲁士人占领；他们对待它和对待一个被征服的国家毫无二致，而它根据1815年条约在1840年还向英国和法国发出呼吁，但是毫无结果。最后，1846年2月22日，俄国人、奥地利人和普鲁士人又一次占领了克拉科夫，以便把它并入奥地利。② 条约是遭到3个北方国家破坏的，而1846年奥地利的侵占，只不过是1831年俄国入侵的尾声。福格特由于对"北方的白天使"的柔情，竟忘记了波兰的被侵占，并且歪曲了克拉科夫被侵占的历史。③

摘自卡·马克思：《福格特先生》（1860年2—11月）（八），《马克思恩格斯全集》（中文第2版）第19卷，人民出版社2006年版，第206—207页。

## 17. 大家知道，尼古拉和查理十世于1830年签订了一项秘密条约

大家知道，尼古拉和查理十世于1830年签订了一项秘密条约，它规定

---

① 《维也纳条约》即1815年条约。英、普、俄、奥等反拿破仑战争联盟国家的君主、代表和复辟的波旁王朝代表于1815年5—6月在维也纳会议上签订了旨在恢复各国王朝统治和满足战胜国领土要求的条约和协议。根据1815年条约的决定，奥地利获得意大利的伦巴第和威尼斯等地；普鲁士获得莱茵河两岸及北部萨克森的土地；瑞典从丹麦获得挪威；俄国获得芬兰，并把华沙大公国改为波兰王国，由沙皇统治；克拉科夫成为俄、普、奥共同保护的共和国。奥地利的尼德兰（比利时）合并于荷兰称为尼德兰王国。德意志组成松散的德意志联邦；瑞士重新恢复中立；英国得到荷兰的好望角与锡兰殖民地以及法属殖民地马耳他岛。维也纳会议决定恢复法国1792年的疆界，恢复波旁王朝在法国的统治，并将法国置于列强的严格监督之下；法国不得再侵占欧洲领土。——《马克思恩格斯全集》（中文第2版）第19卷，人民出版社2006年版，注释19。

② 1846年2月，波兰各地准备举行以波兰民族解放为目的的起义。起义的主要发起人是波兰革命民主主义者（邓波夫斯基等人）。但是由于贵族的背叛和起义领导人被普鲁士警察当局逮捕，总起义被破坏了，只有个别地方爆发革命。2月22日，起义者仅仅在克拉科夫，即按照《维也纳条约》于1815年宣布为奥地利、俄国和普鲁士保护下的自由市取得了胜利，并建立了国民政府，该政府发表了废除封建义务的宣言。克拉科夫起义于1846年3月初被镇压下去。1846年11月奥地利、普鲁士和俄国签订了关于克拉科夫并入奥地利帝国的条约。——《马克思恩格斯全集》（中文第2版）第19卷，人民出版社2006年版，注释212。

③ 帕麦斯顿曾以引人发笑的抗议愚弄了欧洲，从1831年起，他非常卖力地参与了针对克拉科夫的阴谋活动。（见我的抨击性文章《帕麦斯顿和波兰》1853年伦敦版）。

了下列条件：法国允许俄国占领君士坦丁堡，自己取得莱茵河各省和比利时作为补偿；普鲁士得到汉诺威和萨克森作为补偿；奥地利获得土耳其在多瑙河流域的一部分省份。在路易—菲力浦时代，在俄国的推动下，同一个计划又由摩莱提交给彼得堡内阁。此后不久，布伦诺夫就带着这个文件去伦敦，把它当作法国背叛变节的一项证据交给英国政府，并利用它来组织1840年的反法同盟。

摘自卡·马克思：《福格特先生》（1860年2—11月）（八），《马克思恩格斯全集》（中文第2版）第19卷，人民出版社2006年版，第215页。

**18. 亚历山大二世和路易·波拿巴之间缔结的同盟的第一条件就是：……"法国方面绝对放弃波兰"**

这次我没有提到他的丹屠出版的原著小册子，因为我保留了一段唯一有说服力的引文，证明他在这里一半隐约其词一半道破底细的东西，都听命于从土伊勒里宫发出的一个口号。在1859年5月2—16日的一期《思想和行动》上，马志尼预言了后来发生的事变，他并且指出：亚历山大二世和路易·波拿巴之间缔结的同盟的第一条件就是："abbandono assoluto della Polonia"（法国方面绝对放弃波兰，而福格特则译为："最终填平横在波兰和俄国之间的鸿沟"）。

《Che la Guerra si prolunghi e assuma … proporzioni europee, l'insurrezione delle provincie oggi turche preparata di lunga mano e equelle del—l'Ungheria, daranno campo all'Alleanza di rivelarsi … Principi russi governerebbo le provincie che surgerebbo sulle rovine dell'Impero Turco e del—l'Austria … Constanton di Russia già proposto ai malcontenti ungheresi.》（见1859年6月2—16日《思想和行动》）"如果战争继续下去而且发展成欧洲规模的战争，那么，早已准备就绪的现今土耳其各省和匈牙利的起义，就会使同盟有机会公开登场……俄国的公爵们将治理在土耳其帝国和奥地利的废墟上建立起来的各个国家……俄国大公康斯坦丁已被推荐给心怀不满的匈牙利人了。"[1]

---

[1] 这里引证的马志尼的宣言，由马克思译成英文，并加上简短的引言发表在《纽约每日论坛报》上（见马克思1859年5月底写的《马志尼宣言》）。——《马克思恩格斯全集》（中文第2版）第19卷，人民出版社2006年版，注释231。

然而，福格特的亲俄仅仅是第二位的。在这一点上，他仅仅是遵照土伊勒里宫发出的口号办事，仅仅是竭力为德国设下圈套，这些圈套是路易·波拿巴和亚历山大二世商妥为应付反奥地利战争的某些突发事件用的；事实上他只是在奴颜婢膝地重复他的巴黎原著小册中的泛斯拉夫主义腔调。他的本行就是唱《路易之歌》①：

"我知道有一个国王，人称路易先生②；
他为上帝〈即各民族〉效劳，十分热诚。"

我们在前面听过了福格特对撒丁的颂扬，说它"甚至赢得了俄国的尊重"。现在有这样一个对比：

他说："在〈普鲁士的〉声明里，没有谈到奥地利……如果北美和交趾支那之间发生战争，那么，语调也不过如此。可是声明里却特别强调了普鲁士的德意志使命，它的德意志职责，旧普鲁士。因此，法国〈而按他在第27页上所说的法国是："归根到底，法国现在不过是它的统治者的形体"〉随即通过《通报》和其他报刊滥加赞扬。——奥地利大为震怒。"（《研究》第18页）

"从路易·波拿巴通过《通报》和十二月政变的其他报刊对普鲁士滥加赞扬来看，普鲁士对自己的'德意志使命'的理解是正确的。"③ 真是恬不知耻！我们不禁想起了：福格特由于对"北方的白天使"的柔情，说只有奥地利破坏1815年条约而且只有奥地利侵占克拉科夫。他现在又同样友好地为"南方的白天使"效劳。

---

① 《路易之歌》是中世纪一位无名诗人的诗作，用法兰克方言写于9世纪末。该诗是献给西法兰克王路易三世的颂词，赞扬他在881年打败了诺尔曼人。——《马克思恩格斯全集》（中文第2版）第19卷，人民出版社2006年版，注释232。
② 指西法兰克王路易三世。——编者注
③ 这里显然不是一句引文，而是从上面的引文中得出的结论。——编者注

"卡芬雅克，这位保守的共和党代表人物和加格恩的在军事上的同类货色〈也是一个对比！〉，对这个国家的共和国〈教皇国的共和国！〉犯下了卑鄙的灭绝种族罪〈对一个国家的共和国犯下了灭绝种族罪！〉，然而，灭绝种族罪并未能帮助他登上总统宝座。"（《研究》第69页）

摘自卡·马克思：《福格特先生》（1860年2—11月）（八），《马克思恩格斯全集》（中文第2版）第19卷，人民出版社2006年版，第224—225页。

## 19. 根据1815年的条约划定的欧洲各国的疆界，只符合于外交的要求，主要是符合于当时最强大的大陆国家——俄国的要求

有人说，要求波兰独立似乎就意味着承认"民族原则"，而民族原则是为支持法国的拿破仑专制所搞出来的一种波拿巴主义的发明。这个"民族原则"究竟是什么呢？

根据1815年的条约划定的欧洲各国的疆界，只符合于外交的要求，主要是符合于当时最强大的大陆国家——俄国的要求。无论是居民的意愿、利益、或者民族区分，都没有加以考虑。于是，波兰被瓜分了，德国被分裂了，意大利被分裂了，至于居住在东南欧的当时还很少为人知道的许多更小的民族（nationalities），就更不用说了。

摘自弗·恩格斯：《工人阶级同波兰有什么关系？》（1866年1月底—4月6日）（二），《马克思恩格斯全集》（中文第1版）第16卷，人民出版社1964年版，第174页。

## 20. 洛林是在1735年由奥地利根据维也纳和约出卖给法国的

洛林是在1735年由奥地利根据维也纳和约出卖给法国的[①]，在1766年最终为法国占有。它在几世纪当中只是在名义上属于德意志帝国，它的历

---

[①] 指奥地利和法国于1735年10月3日在维也纳签署的、结束了所谓波兰王位继承战争（1733—1735）的初步和约；在这场战争中，俄国和奥地利支持萨克森选帝侯（从1734年起是波兰国王奥古斯特三世）为波兰王位继承人，而法国则支持国王路易十五的岳父斯塔尼斯拉夫·列申斯基。根据和约的条件，路易十五放弃了让自己的岳父取得波兰王位的要求，并向奥地利的哈布斯堡王朝作了其他一系列让步，以便把洛林公国（在这以前统治该公国的洛林的弗兰茨·斯蒂凡得到托斯卡纳作为补偿）换给斯塔尼斯拉夫·列申斯基，而该公国应于他逝世以后转交给法兰西王室。初步和约的条件最后由1738年的维也纳和约固定下来。——《马克思恩格斯全集》（中文第1版）第21卷，人民出版社1965年版，注释531。

代公爵从各个方面来说都是法国人，而且几乎一直同法国结盟。

> 摘自弗·恩格斯：《暴力在历史中的作用》（1887年12月底—1888年3月），《马克思恩格斯全集》（中文第1版）第21卷，人民出版社1965年版，第506—507页。

### 21. 蒂尔西特和约的条款被破坏了，于是爆发了1812年的战争

但是，这种在东方"行动自由"的代价是加入拿破仑的大陆体系[①]，同英国断绝一切贸易往来。而这对于当时的俄国意味着商业的彻底破产。这是在这样一个时代，当时叶甫盖尼·奥涅金（普希金笔下的）已经从亚当·斯密那里得知，

> 国家是怎样富起来的，
> …………
> 当它有丰富物产的时候，
> 为什么不需要金钱。

可是，另一方面，

> 他的父亲不能理解他，
> 还是老把田地拿去抵押[②]。

俄国只有通过海上贸易，把自己的原料产品输往当时的主要市场——英国，才能获得钱；而俄国已经太西方化了，以致没有钱就无法生存。贸易封锁日益变得无法忍受。经济比外交和沙皇加在一起还要更强；同英国

---

[①] 大陆体系或大陆封锁是法国皇帝拿破仑第一在拿破仑战争期间为反对英国而采取的一项重要的经济政治措施。1805年法国舰队被英国舰队消灭后，拿破仑于1806年11月21日颁布了《柏林敕令》，禁止欧洲大陆各国同英国进行贸易。参加大陆体系的有西班牙、那不勒斯、荷兰、普鲁士、丹麦和奥地利等国。根据1807年的蒂尔希特条约的秘密条款，俄国加入了大陆体系。1812年拿破仑在俄国遭到失败后，所谓的大陆体系便瓦解了。——《马克思恩格斯文集》第4卷，人民出版社2009年版，注释256。

[②] 普希金《叶甫盖尼·奥涅金》第1章第7节。——编者注

的贸易又悄悄地恢复了；蒂尔西特和约①的条款被破坏了，于是爆发了1812年的战争。

摘自弗·恩格斯：《俄国沙皇政府的对外政策》（1889年12月—1890年2月）（二），《马克思恩格斯文集》第4卷，人民出版社2009年版，第369—370页。

---

① 这里列举的是第四次反法同盟战争中1806—1807年的一系列会战。参加这次反法同盟的国家有英国、俄国、普鲁士和瑞典。普鲁士于1806年7月同俄国订立了反对拿破仑的秘密同盟。

耶拿（图林根）会战是普鲁士军队和法国军队在1806年10月14日进行的，结果普军被击溃。

普鲁士埃劳（东普鲁士）会战于1807年2月7—8日在法国军队和俄国军队之间进行，这是第四次反法同盟对法国进行的一次极其惨烈的战役，拿破仑损失了大量兵力仍未能获得决定性的胜利。

1807年6月14日法国军队和俄国军队之间进行的弗里德兰（东普鲁士）会战，以拿破仑军队获胜而告结束。

蒂尔希特和约是拿破仑法国同参加第四次反法同盟的战败国和普鲁士在1807年7月7日和9日签订的和约。和约条件对普鲁士极为苛刻，使普鲁士丧失很大一部分领土，其中包括易北河以西的全部属地。为了分裂战败国，拿破仑没有向俄国提出领土要求，反而使它获得了普鲁士割让的比亚韦斯托克地区，但是亚历山大一世必须承认法国在德国占领的地区和拿破仑在那里所修改的疆界，同意在原来归并于普鲁士的一小块波兰领土上成立华沙大公国（法国企图使之成为进攻俄国的跳板），与普鲁士一样解除与英国的联盟，加入拿破仑的大陆体系。俄国和拿破仑法国缔结了针对英国的攻守同盟。作为报答，拿破仑答应俄国对土耳其和瑞典有采取行动的自由。

——《马克思恩格斯文集》第4卷，人民出版社2009年版，注释251。

## 十四　民族解放、国家统一与主权完整

**1. 只有当波兰重新存在的时候，德国和波兰之间的边界才能确定**

我们已经详细分析了作为辩论基础的施滕策尔先生的报告。我们已经指出他如何伪造波兰现代的和更早的历史以及德国人在波兰的历史；他如何歪曲全部问题；历史学家施滕策尔不仅有意颠倒是非，而且暴露了自己鲁莽无知。

在谈到辩论本身之前，我们还要粗略地探讨一下波兰问题。

单独地提出波兹南问题是毫无意义的，是无法获得解决的。它只是波兰问题的一部分，只能和波兰问题联系起来，同波兰问题一起解决。只有当波兰重新存在的时候，德国和波兰之间的边界才能确定。

但是波兰能不能重新存在，会不会重新存在呢？在讨论中这个问题被否定了。

法国一个历史学家说过：il y a des peuples nécessaires——现时存在的都是不可缺少的民族。波兰民族无疑是在 19 世纪这些不可缺少的民族之列的。

然而正是对我们德国人来说，波兰的民族生存比对任何人都更有必要。

从 1815 年开始，某些方面甚至从法国第一次革命时期开始的欧洲反动势力，首先建立在什么基础上呢？建立在俄罗斯—普鲁士—奥地利神圣同盟的基础上。而这个同盟是靠什么结成的呢？靠瓜分波兰，这 3 个同盟者从瓜分波兰中取得了利益。

这 3 个强国对波兰进行的瓜分的路线，乃是一根把它们互相联结起来的链条；共同的掠夺用团结的纽带把它们联系起来了。

从第一次掠夺波兰时起，德国就陷于依赖俄国的地位。俄国命令普鲁士和奥地利保持君主专制政体，普鲁士和奥地利必须服从。资产阶级，特别是普鲁士资产阶级为自己争取统治地位的那种本来就软弱无力的意图，由于不可能摆脱俄国，由于俄国支持普鲁士的封建专制阶级而落空了。

摘自弗·恩格斯：《法兰克福关于波兰问题的辩论》（1848 年 8 月 7 日—9 月 6 日）（三），《马克思恩格斯全集》（中文第 1 版）第 5 卷，人民出版

社 1958 年版，第 389—390 页。

**2.** 使波兰恢复自由的那个铁面无情的铁的必然性又是什么呢？……这就是土地民主制的建立对波兰来说不仅是迫切的政治问题，而且是迫切的社会问题；……最后，这就是如果不同时获得独立的民族生存，不占有波罗的海沿岸地区和波兰各河流的出口地带，实行土地革命是不可能的

可是我们不准备在更伟大的人物也要碰到的 petites misères de la vie humaine〔人类生活中的渺小的不幸〕上面耽搁了。我们现在要跟着柏林来的威廉·约丹先生飞到更高的地方去。我们在那里会听到说："和波兰人越疏远，对波兰人了解得越少，就越爱波兰人；反之，和波兰人越接近，就越不爱"波兰人，因此，"这种同情"的基础"与其说是对波兰性格的真正赞美，不如说是某种世界主义的唯心主义"。

但是地球上各民族对其他某个民族，无论在"同它疏远"的时候，或是在"同它接近"的时候都不"爱"它，世界历史观点对此将作何解释呢？地球上各民族空前一致地鄙视、利用、讥笑和凌辱这个民族，"世界历史观点"对此又作何解释呢？这个民族就是德意志民族。

世界历史观点会告诉我们：这是建立在"世界主义的唯物主义"基础上的。它就这样摆脱了困境。

不过，全世界历史的鹰并没有因为这一类小小的异议而感到难堪，它越飞越勇敢，越飞越高，最后，一直飞到自在自为思想的纯以太中，大唱英勇的、全世界历史的黑格尔学派的如下颂歌：

"让人们给历史以应有的报偿吧，历史在它的为必然性所注定的道路上，总是用铁蹄无情地践踏那个在同等民族中间已经无力支持的民族，但是看到这个民族所受的长期苦难而不表示任何同情，毕竟是残忍的和野蛮的，我决不能这样冷酷无情（上帝会奖赏你的，高贵的约丹！）[①]。可是，被悲剧所感动是一回事，想使悲剧向相反的方向发展是另一回事。要知道，仅仅那个使英雄屈服的铁的必然性，就能把他的命运变为真正的悲剧；而要干预这个命运的行程，想用人类的同情来阻止正在转动的历史车轮，并且还要把它倒转过来，这就意味着他

---

① 括弧里的话是恩格斯的。——译者注

本身会遭到压死的危险。希望波兰复兴，仅仅是因为它的灭亡引起了正义的哀痛，——我把这叫做怯懦的感伤。"

多么丰富的思想！多么深湛的智慧！多么动人的言词！世界历史观点后来整理自己的演说速记记录时这样说。

波兰人必须选择：如果他们想表演"真正的悲剧"，那末他们就应该驯顺地让铁蹄和正在转动的历史车轮来蹂躏自己，同时告诉尼古拉："陛下，服从你的意志"！或者，如果他们想起来造反，想试一试能否用"历史的铁蹄"来痛击自己的压迫者，那末他们就不表演任何"真正的悲剧"，而从柏林来的威廉·约丹先生对他们就不会再感到兴趣。在罗生克兰茨教授那里受过美学教育的世界历史观点这样说。

暂时把波兰消灭了的那个铁面无情的铁的必然性到底是什么呢？这就是建立在农奴制基础上的小贵族民主制的崩溃，也就是大贵族在小贵族内部的产生。这是前进的一步，因为它是摆脱过时的小贵族民主制的唯一途径。但它的后果是什么呢？是历史的铁蹄即东方的3个专制君主粉碎了波兰。大贵族为了要消灭小贵族民主制，不得不和外国结成同盟。波兰的大贵族在不久以前，有一部分一直到今天，还是波兰压迫者的忠实同盟者。

使波兰恢复自由的那个铁面无情的铁的必然性又是什么呢？这就是从1815年起在波兰，至少在波兹南和加里西亚，甚至在一部分俄属波兰没有中断过的大贵族统治，现在也象1772年的小贵族民主制那样垮台了；这就是土地民主制的建立对波兰来说不仅是迫切的政治问题，而且是迫切的社会问题；这就是如果农奴制的或"有义务"〔robotpflichtige〕的农民不能成为自由的农民，那末波兰人民赖以为生的农业就要毁灭；最后，这就是如果不同时获得独立的民族生存，不占有波罗的海沿岸地区和波兰各河流的出口地带，实行土地革命是不可能的。

摘自弗·恩格斯：《法兰克福关于波兰问题的辩论》（1848年8月7日—9月6日）（五），《马克思恩格斯全集》（中文第1版）第5卷，人民出版社1958年版，第405—407页。

3. "你们吞下了波兰，但是我发誓，你们决不能把它消化！"

从波兹南来的波兹南国民委员会委员亚尼舍夫斯基先生走上了讲台。

亚尼舍夫斯基先生的演说是圣保罗教堂的讲台上发出的真正议会辞令

的第一个典范。我们终于听到了雄辩家的言论，他不追求会场的赞许，他用真正生动活泼、热情洋溢的语言来说话，正因为如此，他给人的印象同以前几个发言人完全不同。勃鲁姆对议会的良心所作的呼吁，约丹的微不足道的热情，拉多维茨的始终如一的冷淡，舒泽尔卡的模棱两可的温厚，在这位捍卫自己的民族生存、要求恢复自己的无可争辩的权利的波兰人面前，都黯然失色了。亚尼舍夫斯基说得兴奋而热烈，但是并不装腔作势；他只是以合理的愤怒心情来说明事实，没有这种愤怒的心情，就不可能正确地阐明这类事实，而在辩论的过程中听到了无耻的捏造以后，这种愤怒的心情是加倍合理的。他的演说真正是辩论的中心点，他击退了以前对波兰人的种种攻击，纠正了波兰的朋友们的一切错误，使辩论回到它的唯一实际、唯一真实的基础上去，并且预先剥夺了在他后面发言的右派的最有力的论据。

"你们吞下了波兰，但是我发誓，你们决不能把它消化！"

亚尼舍夫斯基演说的这个明确的结论将使我们永志不忘，同样使我们不能忘记的是他对波兰的朋友们的种种哀求所作的自豪的声明：

"我不是以一个穷人的身分向你们说话的，我所依据的是自己的无可争辩的权利；我不是来呼吁同情，而只是来呼吁正义的。"

摘自弗·恩格斯：《法兰克福关于波兰问题的辩论》（1848年8月7日—9月6日）（六），《马克思恩格斯全集》（中文第1版）第5卷，人民出版社1958年版，第411—412页。

**4. 威尼斯和伦巴第的报道则更加明确，这些报道使我们强烈地感觉到1847年底和1848年初在这两个省出现的那些征候**

像牧童谎报狼来了①一样，意大利人一味重复说，"意大利的激昂情绪已经达到顶点，它已经处在革命的边缘"，而欧洲的帝王们又一味空谈

---

① 马克思在这里引用的是《伊索寓言》中的"牧童和农夫"的故事。——《马克思恩格斯全集》（中文第1版）第13卷，人民出版社1962年版，注释40。

"解决意大利问题",所以如果狼真的来了而没有人发觉,如果真正的革命和全面的欧洲战争突然爆发而使我们感到意外,那也没有什么可奇怪的!1859年的欧洲战云密布,即使法国和皮蒙特对奥地利的敌对态度和公开的备战不会引起什么后果,意大利人对压迫者的刻骨仇恨随同日益加深的痛苦也并不是不可能爆发为全面的革命的。我们仅仅说"并不是不可能",是因为长久不能实现的希望使人痛苦,而长久不能证实的预言使人怀疑。然而,如果相信英国、意大利和法国报纸的报道,那末那不勒斯的舆论便是本国实际情况的 fac simile〔真实反映〕,而革命熔岩的奔腾也就不会比老维苏威火山的又一次爆发更加令人吃惊。记者们从教皇国详细地报道了教权主义政府日益严重的滥用职权的情况,并且还谈到,罗马居民深深相信:改革或者改良是不可能实现的,唯一的办法是彻底推翻这个政府,假如不是驻有瑞士、法国和奥地利的军队①,这个办法也许早就采用了,而且尽管有这些重大的障碍,这种行动还是随时可能采取的。

威尼斯和伦巴第的报道则更加明确,这些报道使我们强烈地感觉到1847年底和1848年初在这两个省出现的那些征候②。大家一致抵制奥地利的烟草和工业品,叫民众不到娱乐场所去的呼吁也得到了广泛的响应。意大利人有意处处表现出对大公③以及所有的奥地利官吏的仇恨,以致忠实于哈布斯堡王朝的意大利贵族阿尔丰梭·帕尔恰公爵不敢当着民众的面向路过的大公妃脱帽致敬;为了惩罚这一行为,大公命令公爵立即离开米兰,这就使得公爵那一阶级的人也同意了普遍的要求:fuori i Tedeschi!〔德意志人滚出去!〕如果民众情绪的这种无言的表露,再加上民众同兵士之间每天都发生的纠纷——这种纠纷总是由民众挑起的——以及帕维亚大学生的

---

① 法国和奥地利的军队从镇压1848—1849年意大利革命时起就驻扎在罗马和教皇国的领土上,瑞士雇佣军则是罗马教皇的近卫军。——《马克思恩格斯全集》(中文第1版)第13卷,人民出版社1962年版,注释41。

② 1847年底和1848年初,在并入奥地利帝国版图的威尼斯和伦巴第发生了意大利居民反对奥地利的群众性运动。资产阶级知识分子在民族解放运动中起了积极作用;在1848年初被奥地利当局封闭的帕维亚城内的一个大学是运动的策源地之一。当时到处发生了要求实行行政改革和经济改革的请愿运动。为了对苛捐杂税、对限制意大利工商业的措施以及对奥地利人实行的烟草垄断表示抗议,居民一致抵制奥地利的工业品和烟草;共和党人的地下小组组织了游行示威,示威者经常与军警发生冲突。——《马克思恩格斯全集》(中文第1版)第13卷,人民出版社1962年版,注释42。

③ 斐迪南—马克西米利安。——编者注

风潮和继之而来的大学的封闭,那末在我们面前就将重新揭开1848年米兰五日①的序幕。

摘自卡·马克思:《意大利的统一问题》,《马克思恩格斯全集》(中文第1版)第13卷,人民出版社1962年版,第178—179页。

### 5. 意大利不可能永远处于目前这种状况,因为凡事都有个终结

虽然我们也相信,意大利不可能永远处于目前这种状况,因为凡事都有个终结,虽然我们知道,整个半岛都在进行积极的组织活动,不过我们暂时还是不能说,这些活动是人民意志的完全自发的表现呢,还是由路易—拿破仑及其同盟者卡富尔伯爵的代理人鼓动起来的。从表面迹象看来,得到法国,可能还得到俄国支持的皮蒙特,企图在今年春季进攻奥地利。从法皇在巴黎接见奥地利大使的情况看来,法皇对许布纳尔先生所代表的政府似乎没有什么友好的愿望②;从那样强大的兵力集中在阿尔及利亚这点看来,自然会认为,对奥地利的敌对行动将从进攻奥属意大利各省开始;皮蒙特的战争准备及其官方和半官方报纸每天所登载的近似向奥地利宣战的言论,使我们有理由推测,国王一有借口就会渡过提契诺河。此外,根据私人的可靠消息,蒙特维多和罗马的英雄加里波第③被召往都灵一说是确实的。卡富尔同他谈了话,把不久即将发生的战争的前景告诉了他,并且说最好能召集和组织志愿军。作为主要当事方面之一的奥地利清楚地表示,它相信这些传说。除了集中在它所属的意大利各省的12万人以外,它

---

① 指1848年3月18—22日米兰的人民起义,这次起义为1848—1849年意大利革命奠定了基础。经过人民群众五天的斗争,奥地利军队被逐出米兰,3月22日成立了有意大利自由资产阶级的代表参加的临时政府。——《马克思恩格斯全集》(中文第1版)第13卷,人民出版社1962年版,注释43。

② 1859年1月1日,拿破仑第三在土伊勒里宫接见外交使团时,向奥地利大使许布纳尔表示遗憾,说法奥之间的关系"变得不如以前那样友好"。这次谈话引起了拿破仑第三与奥地利的外交冲突。而关于对奥发动战争的问题早在这以前很久就已决定了:1858年7月法国和皮蒙特在普龙比埃尔签订了一项秘密协定,规定法国将参加即将发生的对奥战争,为此,皮蒙特答应把萨瓦和尼斯割让给法国。——《马克思恩格斯全集》(中文第1版)第13卷,人民出版社1962年版,注释44。

③ 1842—1846年,加里波第参加了乌拉圭人民反对阿根廷独裁者罗萨斯的民族解放斗争。他所建立的意大利侨民革命军团在乌拉圭共和国的首都蒙特维多的保卫战中和其他决战中起了很大的作用。乌拉圭政府曾颁发特令表彰加里波第军团的功勋。

1849年2—7月,加里波第实际上领导了由于人民起义而建立的罗马共和国的保卫战。共和国的军队在几个月内胜利地击退了法国、奥地利和那不勒斯军队为镇压革命而举行的进攻。1849年7月3日,由于反革命力量占优势,同时法国将军乌迪诺背信弃义地破坏停战协定,占领了罗马城,因而罗马共和国被颠覆。——《马克思恩格斯全集》(中文第1版)第13卷,人民出版社1962年版,注释45。

正采取一切可能的手段来扩充兵力，不久以前它派出了3万人的援军。威尼斯、的里雅斯特等地的防御工事正在扩大和加固；在奥属其他各省已经要求地主和一切有马的人交出马匹，因为骑兵和工兵需要乘骑。奥地利一方面抓紧一切机会准备"以明智的奥地利方式"进行抵抗，另一方面又采取措施准备应付可能遭到的失败。对于普鲁士这个在利害关系上正好与奥地利针锋相对的德国的皮蒙特，奥地利至多只能指望它保持中立。奥地利派了泽巴赫男爵到圣彼得堡争取俄国在奥地利遭受侵犯时给予支援，看来他的使命是完全失败了。沙皇①在许多方面的意图，以及在并不是最次要的地中海（在那里，他的船只也有了停泊场②）问题上的意图，同他在巴黎的旧时的敌人、今日的忠实盟友的计划太相吻合了，因此他不想保护"感恩图报的"奥地利③。大家清楚地知道，英国人民对意大利人仇恨giogo tedesco〔德意志人的桎梏〕是同情的，因此，不论英国所有的大臣是怎样希望援助奥地利，但是任何一届英国内阁是否敢于这样做，这是使人不能不深表怀疑的。此外，奥地利也像其他许多国家一样坚信，以"滑铁卢的雪耻者"自居的野心家④绝不会放弃他贬低"老奸巨猾的阿尔比昂"⑤的强烈愿望，他虽然不会冒险深入敌巢实行进攻，但却会毫不犹豫地在东方向它挑衅，同俄国一起进攻土耳其帝国（尽管这违背他保证土耳其帝国不受侵犯的誓言），这样一来，他就可以迫使英军的一半兵力在东方战场上作战，而利用瑟堡来牵制英军的另一半兵力，使他们不得不防守本国的海岸而不能调动。因此，奥地利非常惶惑地感到，一旦战争真正爆发，它就只

---

① 亚历山大二世。——编者注

② 指1858年8月俄国和皮蒙特所达成的协定，根据这项协定，俄国航运贸易公司有权临时使用尼斯附近的维拉弗兰卡港湾的东部来停泊船只、添燃料和修理船只。——《马克思恩格斯全集》（中文第1版）第13卷，人民出版社1962年版，注释46。

③ 马克思讽刺奥地利因为沙皇俄国帮助它镇压了1848—1849年的匈牙利革命而"感恩图报"。五十年代初期，由于东方问题的尖锐化，奥地利在对外政策上转而敌视俄国，这种转变表现在据说是奥地利政府首脑施瓦尔岑堡说的、后来成了成语的一句话中："奥地利还要以其忘恩负义的崇高行为使全世界惊奇。"——《马克思恩格斯全集》（中文第1版）第13卷，人民出版社1962年版，注释47。

④ 拿破仑第三。——编者注

⑤ 阿尔比昂是不列颠群岛的古称。"老奸巨猾的阿尔比昂"这个字眼是十八世纪末法国资产阶级革命时期开始被人使用的。由于英国政府进行了反对法兰西共和国的许多阴谋活动并多次组织反法同盟，所以法国共和党人这样称呼英国。——《马克思恩格斯全集》（中文第1版）第13卷，人民出版社1962年版，注释48。

有依靠自己。但是应当指出，为了尽可能减少万一失败时所受的损失，奥地利采取了许多办法，其中之一可以说明它的厚颜无耻的创造才能。在整个威尼斯—伦巴第地区的营房、宫殿、军火库和其他官用建筑物，虽然在营造和维修上曾使意大利人担负了极其繁重的捐税，然而都算是帝国的财产。现在，政府强迫各市政府以特别昂贵的价格把这些建筑物全部收买下来，借口是将来政府不再把它们作为自己的财产，而愿意租赁。可是即使奥地利将来还能保持统治权，市政府在什么时候才能得到一文钱的租金，这至多只能成为一个疑问；而如果奥地利从它在意大利的全部领地或部分领地上被赶了出去，那末它就可以庆幸自己由于想出了这条妙计而把它原来要损失掉的很大一部分财产变成了便于随身携带的现金。此外，有人肯定地说，奥地利正在千方百计地力图说服罗马教皇、那不勒斯国王以及托斯卡纳、帕尔马、摩地那的公爵们像它那样坚决地对人民群众或帝王企图改变意大利现状的一切行为反抗到底。但是谁都没有奥地利那样清楚地知道，它的这些可怜的工具为抗拒人民起义浪潮或外国干涉所作的一切努力都将无济于事。虽然每一个真正的意大利人都渴望着对奥作战，但是我们一点不用怀疑，相当大一部分意大利人认为，法国和皮蒙特所发动的战争，从前景看来，结局至少是可疑的。尽管谁也不会真正相信，罗马的刽子手在某种慈悲感的影响下会变成伦巴第的救主，然而有一小撮人赞成路易—拿破仑把缪拉特扶上那不勒斯王位的计划，并且声称，他们相信路易—拿破仑的意图是把教皇逐出意大利或将其权力限制在罗马城和罗马近郊平原之内，并且帮助皮蒙特把整个北意大利并入它的版图。其次，还有一派为数不多却是正直的人，他们认为，意大利的王冠引诱着维克多—艾曼努尔，就像它曾引诱过他的父亲①一样；他们相信，他焦急地等待着，只要有适当的时机，就拔出剑来夺取意大利的王冠，他将利用法国或者其他任何国家的帮助来达到他的唯一目的——取得这个垂涎已久的宝物。此外，还有人数多得多的一派，他们在受奥地利压迫的意大利各省特别是在伦巴第以及在伦巴第侨民中到处都有拥护者，他们并不特别相信皮蒙特国王或皮蒙特君主制度，但还是说："不管他的目的怎样，皮蒙特毕竟拥有10万人的陆军，还有海军、军火库和资金，让他向奥地利挑战吧，我们一定跟他上战场；他如果对事业保持忠诚，那就会得到奖赏；如果辜负了

---

① 查理—阿尔伯特。——编者注

希望，那末在民族中还是有足够的力量来继续进行已经开始了的斗争，直到胜利为止。"

摘自卡·马克思：《意大利的统一问题》，《马克思恩格斯全集》（中文第1版）第13卷，人民出版社1962年版，第179—182页。

**6. 在欧洲的任何地区开始的战争决不会在开始的地方结束；如果这种战争确实不可避免，那我们就由衷地、诚心诚意地希望它能真正而公正地解决意大利问题以及其他各种问题**

与此相反，意大利民族派声称：他们认为，在法国和皮蒙特的庇护下宣布为争取意大利的独立而战是民族的不幸。在他们看来，问题不是像人们所经常错误地认为的那样，在于摆脱了外国统治的意大利是以共和制政体还是以君主制政体的形式统一起来，而是在于这个办法并不能为意大利人争得意大利，最多也只能以同样残酷的另一个外国压迫代替这一个外国压迫。民族派认为，十二月二日的英雄①如果不是在自己的军队日益增长的急躁情绪或法国人民带有威胁性的态度的压力之下，是不会进行战争的；一旦被迫进行战争，他将选择意大利作为战场以便完成他伯父②的计划——把地中海变为"法国的内湖"——，只要把缪拉特扶上那不勒斯王位，他就可以达到这个目的；他将迫使奥地利接受他的条件，力图完成已经在克里木开始的对1815年条约的报复，因为当时奥地利是迫使法国接受使波拿巴家族受到极大耻辱的条件的一方。民族派认为，皮蒙特只是法国手中的一个工具，并且深信，拿破仑第三达到了自己的目的，就不会再冒险帮助意大利去争取他不许法国获得的那种自由，而会同奥地利媾和，并扼杀意大利人继续进行战争的一切尝试。如果奥地利大体上能守住自己的阵地，那末皮蒙特就不得不满足于将帕尔马和摩地那两个公国并入它现在的版图；但是如果奥地利在这次战争中失败，那末就会在阿迪杰河媾和，把整个威尼斯省和伦巴第的一部分留在可恨的奥地利人的手中。关于在阿迪杰河媾和一事，民族派断言，皮蒙特和法国已经互相达成默契。虽然民族派相信，一旦发生反对奥地利的民族战争，意大利民族必定胜利，但是他们仍然断言，如果这次战争以拿破仑为鼓舞者，以撒丁国王为独裁者，

---

① 指拿破仑第三。他在1851年12月1日夜间实行了法国的反革命政变，推翻了第二共和国（1848—1851年）。——《马克思恩格斯全集》（中文第1版）第13卷，人民出版社1962年版，注释49。

② 拿破仑第一。——编者注

那末意大利人就不能采取任何步骤来反对他们自己所承认的领袖，他们决不能防止外交骗局、投降、签订条约，结果必定是使自己重新戴上枷锁；民族派指出了皮蒙特在1848年对待威尼斯和米兰以及1849年在诺瓦拉的所作所为①，并且劝告同胞们从自己不幸地信任了君主的这一事件中吸取沉痛的教训。民族派的一切努力都是为了把整个半岛组织起来，唤醒民众团结起来作最后的努力，在民众还没有感到有足够的力量来发起伟大的民族起义的时候暂不进行斗争，因为民族起义在推翻了教皇、炮弹国王②之流以后，就有可能利用有关各省的陆军、海军和军用物资来消灭外来的敌人。他们认为，皮蒙特军队和人民是热心争取意大利自由的战士，因而觉得，只要皮蒙特国王愿意，就完全能够促进意大利的自由和独立；如果他站在反动派一边，那末他们知道，军队和人民是会站在民族事业一边的。如果国王不辜负他的拥护者对他的期望，意大利人很快就会以最鲜明的态度来表示他们的谢意。不管怎样，民族本身是能够决定自己的命运的。民族派估计意大利革命的胜利将成为一切被压迫民族为了从他们的压迫者的奴役下解放出来而展开共同斗争的信号，因此他们并不害怕法国的干涉，因为拿破仑第三自己国内的麻烦事将层出不穷，即使想实现他好大喜功的野心，也无力干涉别国的事务。那末 chi tocca—tocca〔谁先开始呢〕？——意大利人这样问道。我们不敢预言是谁最先出现在战场上：是革命者呢，还是正规军。然而，看来可以十分有把握地说，在欧洲的任何地区开始的战争决不会在开始的地方结束；如果这种战争确实不可避免，那我们就由衷地、诚心诚意地希望它能真正而公正地解决意大利问题以及其他各种问题，因为这些问题如果得不到解决，它们就会常常破坏欧洲的和平，从而妨碍整个文明世界的进步和繁荣。

摘自卡·马克思：《意大利的统一问题》，《马克思恩格斯全集》（中文第

---

① 皮蒙特国王查理·阿尔伯特因害怕意大利的共和主义运动扩大，千方百计地拒绝帮助在1848年3月发动起义反对奥地利统治的威尼斯和米兰。在人民群众的压力下，他被迫对奥地利宣战，但是在皮蒙特军队最初几次失利以后，他却在1848年8月与奥地利签订了停战协定，1849年春季又恢复了军事行动，虽然皮蒙特军队和意大利人民进行了英勇的斗争，但是他在诺瓦拉会战失败（1849年3月23日）后，竟向奥地利投降。恩格斯在1849年给《新莱茵报》写的许多文章中揭露了皮蒙特君主国的这种叛变行为（见《马克思恩格斯全集》中文版第6卷458—468页）。——《马克思恩格斯全集》（中文第1版）第13卷，人民出版社1962年版，注释50。

② 庇护九世和斐迪南二世。——编者注

1版）第13卷，人民出版社1962年版，第182—184页。

**7. 在所有这些场合所提出的主要论据全都是政治性的，说什么意大利根本不能独立**

但是，在波河上保卫莱茵河这种提法，完全不同于德国许许多多军事家及政治家的意图，他们宣布波河即伦巴第和威尼斯省在战略上是德国的必要补充部分，甚至说是它的不可分割的一部分。这个观点从1848年和1849年意大利战争以来提得特别多，在理论上也不断得到更多的论证；拉多维茨将军在圣保罗教堂①以及维利森将军在他所著的"1848年意大利战局"②一书中都论证了这一观点。在非奥地利的南德，巴伐利亚将军海尔布隆纳尔也以极大的热情评论过这一问题。在所有这些场合所提出的主要论据全都是政治性的，说什么意大利根本不能独立；意大利不是应当由德国统治，就是应当由法国统治；如果今天奥地利人被赶出意大利，明天在艾契河流域，在的里雅斯特的大门口，就会出现法国人，接着德国整个南部边境就会暴露于"夙敌"之前。因此，奥地利是代表整个德国而且是为了整个德国的利益而控制伦巴第的。

据我们所知，主张这一观点的军事权威是德国最有名的人物。虽然如此，我们还是应当最坚决地反对他们。

> 摘自弗·恩格斯：《波河与莱茵河》（1859年2月底—3月初）（一），《马克思恩格斯全集》（中文第1版）第13卷，人民出版社1962年版，第250页。

**8. 这样一来，德意志祖国也许几乎要比现在操德语的范围扩大一倍**

对于以充当德国在意大利的利益的官方辩护士为己任的奥格斯堡"总汇报"来说，这个观点成了它真正狂热地加以辩护的信念的象征。这家基督教德意志的报纸，虽然痛恨犹太人和土耳其人，却宁愿自身接受"割礼"也不让在意大利的"德国"诸省受到"割礼"。那些热心于政治的将军们所辩护的，归根到底无非是使德国获得最好的军事阵地，而对奥格斯

---

① 指1848年8月12日拉多维茨在德国国民议会会议上的讲话。从1848年5月18日到1849年5月30日，国民议会的会议都是在美因河畔法兰克福的圣保罗教堂举行的。——《马克思恩格斯全集》（中文第1版）第13卷，人民出版社1962年版，注释109。

② 威·维利森"1848年意大利战局"1849年柏林版（W. Williscii《Derltal ionische Feldzng des Jahres 1848》. Berlin, 1849）。——《马克思恩格斯全集》（中文第1版）第13卷，人民出版社1962年版，注释110。

堡"总汇报"来说这却是某种政治理论的最重要的组成部分。这里所说的理论就是所谓"中欧大国"论，根据这个理论，奥地利、普鲁士及德国其他各邦应当在奥地利的霸权下形成一个联邦制的国家；对于匈牙利和沿多瑙河的斯拉夫—罗马尼亚各国应当用殖民、办学校和怀柔的方法使它们德意志化；从而使这个国家集合体的重心逐渐转向东南方，转向维也纳；此外，还应当重新夺取亚尔萨斯和洛林①。这个"中欧大国"应当是德意志民族神圣罗马帝国②的复活，并且除了其他的目的以外，似乎还要兼并原奥属尼德兰③以及荷兰作为藩属。这样一来，德意志祖国也许几乎要比现在操德语的范围扩大一倍；如果所有这一切真正实现了，德国就要成为欧洲的仲裁者和主宰。命运已经在设法使所有这一切得以实现。罗曼语系各民族正在迅速地衰落着；西班牙人和意大利人已经完全灭亡了；法国人目前也正衰落中。另一方面，斯拉夫人完全无力建设真正的现代的国家，世界历史的进程注定他们要德意志化，而复兴的奥地利则一定要再度成为执行天意的主角。因此，保持精神力量而又能完成历史创举的，就只有日耳曼各民族了，但是其中英国人已经深深陷入了自己岛国的唯我主义和实利主义，以致欧洲大陆不得不以关税壁垒来隔绝他们的影响，隔绝他们的工商业，而自己另搞一套合理的大陆体系④。

摘自弗·恩格斯：《波河与莱茵河》（1859年2月底—3月初）（一），《马克思恩格斯全集》（中文第1版）第13卷，人民出版社1962年版，第250—251页。

---

① 根据1648年结束三十年战争的威斯特伐里亚和约，原来属于哈布斯堡王朝的亚尔萨斯和部分洛林转归法国。1766年整个洛林都归属法国。——《马克思恩格斯全集》（中文第1版），人民出版社1962年版，注释111。

② 德意志民族神圣罗马帝国是创立于952年的一个中世纪的帝国，其领土包括整个德国和部分意大利。后来，法国的部分领土、捷克、奥地利、尼德兰、瑞士和其他国家也加入了这个帝国。这个帝国不是一个中央集权国家，而是承认皇帝的最高权力的各封建公国和自由市的不巩固的联盟。1806年对法战争失败后，哈布斯堡王朝被迫放弃神圣罗马帝国皇帝的封号，这一帝国便不复存在了。——《马克思恩格斯全集》（中文第1版）第13卷，人民出版社1962年版，注释112。

③ 指南尼德兰（即现在的比利时和卢森堡）。南尼德兰从1714年到1797年是奥地利哈布斯堡王朝的领地，当时被称为奥属尼德兰。——《马克思恩格斯全集》（中文第1版），人民出版社1962年版，注释113。

④ 指对拿破仑第一的大陆体系的模仿。——《马克思恩格斯全集》（中文第1版）第13卷，人民出版社1962年版，注释114。

**9. 我们这里所说的德国，是指一个统一的国家而言，它对武装力量的领导和它的行动都是由一个中心来实行的**

因此，纯粹的德意志的美德和年轻的"中欧大国"就绝对有把握在短期内争得陆上和海上的世界霸权，从而开辟历史的新纪元，那时德国在经过了长期休养生息之后将会重执牛耳，而其他各民族则将唯命是从。

> 法国人和俄国人占有了陆地，
> 海洋是属于英国人的，
> 只有在梦想的空中王国里，
> 德国人的威力是无可争辩的。①

我们根本不想在这里谈论这些爱国幻想的政治方面，我们只是一般地就这个题目概括地说几句，使得以后没有人再能利用这些堂皇的词句作为确定"德国"必须统治意大利的新的论据。这里我们关心的只是问题的军事方面，也就是，德国为了本身的防御需不需要永远统治意大利，特别是需不需要在军事上完全占领伦巴第和威尼斯省？

从纯粹的军事观点来看，这个问题可以表述如下：德国为了防守它的南部边境，需不需要占领艾契河、明乔河和波河下游及其桥头堡培斯克拉和曼都亚？

在设法回答这一问题之前，我们应当牢牢记住：我们这里所说的德国，是指一个统一的国家而言，它对武装力量的领导和它的行动都是由一个中心来实行的；我们不是把德国看做某种臆想的政治机体，而是把它看做一个真正存在的政治机体。否则，就根本谈不上什么德国的政治需要或者军事需要。

摘自弗·恩格斯：《波河与莱茵河》(1859年2月底—3月初)(一)，《马克思恩格斯全集》(中文第1版)第13卷，人民出版社1962年版，第251—252页。

**10. 说意大利人政治上无能，说他们注定不是受德国人统治便是受法国人统治的这种自私的谰言以及关于能否建立统一的意大利的各种议论，竟出自德国人之口，实在使我们有些奇怪**

说意大利人政治上无能，说他们注定不是受德国人统治便是受法国人

---

① 海涅"德国——一个冬天的童话"第七章。——编者注

统治的这种自私的谰言以及关于能否建立统一的意大利的各种议论，竟出自德国人之口，实在使我们有些奇怪。我们——人口比意大利多一倍的伟大的德意志民族，摆脱"注定"不是受法国人统治便是受俄国人统治的命运，难道是很久以前的事吗？关于德国是统一还是分裂的问题难道今天实际上已经解决了吗？难道此刻我们不正是处在将决定我们未来的方向问题的重大事变的前夜吗？难道对爱尔福特的拿破仑或者奥地利在华沙会议上对俄国的态度或者布隆采耳会战①我们都忘记得干干净净了吗？

摘自弗·恩格斯：《波河与莱茵河》（1859年2月底—3月初）（一），《马克思恩格斯全集》（中文第1版）第13卷，人民出版社1962年版，第280页。

**11. 因此，如果我们不是把占领别国领土和镇压别国民族（……）当作自己力量的源泉，而是关心自己在本国内成为统一的和强大的，那样我们就会做得好一些**

至于统一的问题，我们的意见是这样的：或者意大利可以形成一个统一的整体，那时它将有它自己的政策，这种政策绝对不会是法国的，也绝对不会是德国的，因此对我们也不会比对法国人更有害些；或者意大利仍然保持分裂状态，那时这样的状态也可以使我们在每一次对法国的战争中在意大利获得同盟者。

只有一点是毫无疑问的，那就是只要我们本身强大，不管我们是否占领伦巴第，我们总会在意大利保持有很大的影响。如果我们让意大利自己管理自己的事务，意大利人对我们的仇恨自然就会消失，而我们对他们的自然的影响无论如何会大得多，在某种情况下甚至可以跃居真正的领导地

---

① 1808年秋，当拿破仑第一到爱尔福特同俄皇亚历山大一世进行谈判时，几乎整个德国都向法国屈服了，只有奥地利还对拿破仑作过抵抗。为了向拿破仑表示忠诚而聚集到爱尔福特的德国各邦君主，同意共同反对奥地利。

1850年5月和10月，在华沙举行了有俄国、奥地利和普鲁士参加的会议，会议是由于奥地利和普鲁士争夺德国霸权的斗争尖锐化而由俄国倡议召开的。在会议上，俄皇以奥普争端的调停人的身份出现，他利用自己的影响，迫使普鲁士放弃了在它的保护下建立德国各邦的政治联盟的企图。

布隆采耳会战在这里是对库尔黑森（黑森—加塞尔）起义时期于1850年11月8日普鲁士和奥地利先头部队发生的一次小战斗的讽称；当时普鲁士和奥地利彼此争夺干涉库尔黑森内政以镇压起义的权利。在与普鲁士发生的这次冲突中，奥地利又得到了俄国在外交上的支持，普鲁士被迫让步。——《马克思恩格斯全集》（中文第1版）第13卷，人民出版社1962年版，注释131。

位。因此，如果我们不是把占领别国领土和镇压别国民族（只有被偏见弄瞎了眼睛的人才会否认它们有历史发展的能力）当作自己力量的源泉，而是关心自己在本国内成为统一的和强大的，那样我们就会做得好一些。

摘自弗·恩格斯：《波河与莱茵河》（1859年2月底—3月初）（一），《马克思恩格斯全集》（中文第1版）第13卷，人民出版社1962年版，第281页。

**12. 至于这一政策的理论，我们只能说，它所遵循的唯一原则是，法国永远不会容许一个统一的、独立的意大利存在**

不管产生这个政策的动机是什么，我们可以看到，这一政策起初在保卫可疑的或者夸大到荒谬程度的德国利益的借口下使我们受到一切较小邻国的憎恨，然后又对它们倾向于法国表示愤慨。波拿巴复辟整整五年才使比利时脱离了与法国的联盟，而比利时是被1815年开始的、1830年继续执行的神圣同盟①的政策驱入这一联盟的；在意大利，我们为法国人造成了一种和明乔河意义相同的形势。但是，法国对意大利的政策一直是狭隘的、自私的、剥削的，所以，只要我们稍有诚意，意大利人无疑地就会倒向我们，而不是倒向法国。大家都很清楚，拿破仑及其地方官员和将军们在1796年到1814年期间如何从意大利勒索金钱、粮食、艺术珍品和兵员。1814年，奥军以"解放者"的身分来到意大利并且也被作为解放者接待了。（至于他们如何解放意大利，关于这点每一个意大利人对Tedeschi〔德国人〕所抱的仇恨态度可作为最好的说明。）法国在意大利的政策的实践方面就是如此，至于这一政策的理论，我们只能说，它所遵循的唯一原则是，法国永远不会容许一个统一的、独立的意大利存在。一直到路易·拿破仑，这一原则始终没有动摇，而且为了避免一切的误会，拉·格隆尼埃尔还不得不再一次宣布它是永恒的真理②。难道在法国实行这种狭隘而庸俗的政策，实行这种毫无顾忌地要求干涉意大利内政的政策的情况下，我们德国人还怕已经不再直接受德国统治的意大利会永远作为法国的温顺仆

---

① 神圣同盟是沙皇俄国、奥地利和普鲁士为了镇压一些国家的革命运动和维护那里的封建君主制度于1815年建立的欧洲各专制君主的反动联盟。——《马克思恩格斯全集》（中文第1版）第13卷，人民出版社1962年版，注释142。

② 指波拿巴分子拉·格隆尼埃尔匿名出版的小册子"皇帝拿破仑第三和意大利"1859年巴黎版（《LEmpereur NapolSoti I I I et rUaiie》. Paris, 1859）。——《马克思恩格斯全集》（中文第1版）第13卷，人民出版社1962年版，注释143。

从来反对我们吗？这种担心是十分可笑的。这仍然是1830年对比利时问题所发出的那种惊叫。但是，尽管如此，比利时还是走到我们这边来了，不邀而来地走到我们这面来了，意大利一定也会同样地向我们靠拢。

摘自弗·恩格斯：《波河与莱茵河》（1859年2月底—3月初）（四），《马克思恩格斯全集》（中文第1版）第13卷，人民出版社1962年版，第296—297页。

### 13. 如果路易·拿破仑愿意扮演捍卫意大利独立的武士的角色，那他用不着与奥地利作战

但是，必须牢牢记住，占领伦巴第的问题是意大利与德国的相互关系问题，决不是路易·拿破仑与奥地利的相互关系问题。对于像路易·拿破仑这样只为了自己的、在某些方面是反德国的利益才愿参与其间的第三者来说，问题只在于简单地握有一个省份，只是在万不得已时才放弃它，问题只在于简单地扼守一个军事阵地，只是在不能再守时才放弃它。在这种场合，政治问题就立即让位于军事问题：有人袭击我们——我们自卫。

如果路易·拿破仑愿意扮演捍卫意大利独立的武士的角色，那他用不着与奥地利作战。《Charité bien ordonnée commence chez soi—même》〔"好事先自为之。"〕科西嘉"省"虽然是波拿巴主义的诞生地，却原是意大利的岛屿。让路易·拿破仑首先把科西嘉岛让给他的姻伯维克多·艾曼努尔，那时也许我们还可以听"听他的谈论。在他没有这样作以前，他最好还是不要谈他热烈地忠实于意大利的利益吧！

摘自弗·恩格斯：《波河与莱茵河》（1859年2月底—3月初）（四），《马克思恩格斯全集》（中文第1版）第13卷，人民出版社1962年版，第297—298页。

### 14. 我们德国人如果以波河、明乔河、艾契河以及所有意大利的废物换得德国的统一，那就是作了一桩漂亮的生意

但是，如果欧洲的地图要重新绘制的话，我们德国人有权要求做得公平合理，不能再像以往所常发生的那样只让德国做出牺牲，而所有其他国家则在这样的重新分配中光占便宜，不牺牲任何东西。我们可以放弃给我们国境加添的许多东西，可以放弃使我们牵涉在最好不直接干预的事件中的许多东西。但是所有别的国家也应当这样；让他们给我们树立大公无私的榜样，不然就让他们闭上嘴。从整个这一研究中所得的最后结论是，我

们德国人如果以波河、明乔河、艾契河以及所有意大利的废物换得德国的统一，那就是作了一桩漂亮的生意，因为统一会使我们不蹈华沙和布隆采耳的覆辙，只有统一才能使我们在国内和国外强大起来。一当我们取得了这个统一，我们就可以不再防御了。那时我们就不再需要什么明乔河了，那时"我们特有的精神"又将重新是"进攻"了；要知道现在还有一些腐朽的地方非常需要这种"进攻"精神。

摘自弗·恩格斯：《波河与莱茵河》（1859年2月底—3月初）（四），《马克思恩格斯全集》（中文第1版）第13卷，人民出版社1962年版，第298—299页。

**15. 谁也不会否认30年来意大利革命是同他的名字连在一起的，而且在这同一时期欧洲承认他是他的同胞的民族愿望的出色表达者**

在目前情况下，马志尼的任何声明都是一个比互相角逐着的各个内阁的外交公文或来自战场的五光十色的公报更值得注意的事件。尽管人们对罗马三执政之一①的品格看法多么不同，但谁也不会否认30年来意大利革命是同他的名字连在一起的，而且在这同一时期欧洲承认他是他的同胞的民族愿望的出色表达者。如今他做出了一件英勇过人的、具有爱国主义自我牺牲精神的非凡壮举。他一个人冒着牺牲自己声誉的危险，大声疾呼地反对自我欺骗、盲目狂热和自私谎言这种巴比伦的混乱语言②。他对波拿巴、亚历山大和这两个暴君的代理人卡富尔之间协商好的行动计划所作的揭露，尤其应当仔细地加以估量，因为大家知道，在欧洲所有非官方人士中，马志尼具有最广泛的手段来洞悉各个占统治地位的大国的见不得天日的秘密。他劝告人民志愿军要划清自己本身的事业和那些僭称王者的事业之间的界限，永不辱没自己的宣言，不让自己的宣言被路易—拿破仑这个可耻的名字所玷污，这些劝告都被加里波第准确地实行了。据伦敦"泰晤士报"驻巴黎记者报道，路易—拿破仑认为加里波第的宣言中没有提法国

---

① 从1849年3月起马志尼是三执政的首领（马志尼、萨费和阿尔美利尼），罗马共和国制宪议会授予三执政以执行权和保卫共和国的全权。——《马克思恩格斯全集》（中文第1版）第13卷，人民出版社1962年版，注释218。

② 见本卷（指《马克思恩格斯全集》（中文第1版）第13卷——专题摘编者注）第291页译者注。

二字①是个奇耻大辱。关于加里波第和罗马三执政之一有秘密联系的消息引起了很大的恐惧，以致把他的军队从最初所答应给他的 1 万名 chas-seurs d'Alpes〔阿尔卑斯猎兵〕削减到 4000 名，配属给他的炮兵部队被召了回去，应他的要求已经派出的唯一的一个炮兵连也被召回，而且还暗中派了两个老练的警探装成志愿军去做他的随员，他们奉命报告加里波第的一言一行。

下面我们把马志尼宣言的确切译文刊登出来，该宣言是在伦敦发表的，刊载在最近一期"思想和行动"上，标题是《La Guerra》（"战争"）②：

"战争开始了。所以，我们面临的不是应该讨论的或然性，而是既成的事实。战争在奥地利和皮蒙特之间爆发了。路易·波拿巴的士兵已在意大利境内。一年前我们告诉大家的那个俄法同盟已在欧洲面前露出了原形。撒丁议会把独裁权交给了维克多—艾曼努尔。托斯卡纳公国政府被武装起义推翻了，托斯卡纳接受了国王的独裁〈后来他把独裁权让给了波拿巴〉。很可能，意大利的普遍骚动将在其他地方引起类似的后果。我们祖国的命运现在肯定要在战场上来决定。

在这种情况下，我们的大部分同胞只是醉心于行动，一心向往正规军的有力支持，迷恋于对引起公愤的奥地利统治的军事进攻，他们忘记了过去的错误及其原因，他们不仅牺牲了自己最深刻的信念，而且甚至放弃恢复自己的信念，他们抛弃任何预见性，任何判断的自由，毫无条件地欢迎任何一个愿意作战的人，不加分析地赞同法国和皮蒙特所做的一切事情，他们就这样开始为自由而战，而同时却使自己处于奴隶地位。其他一些人，看到了宣传家们和追随他们的群众中任何类似政治道德的东西消失了，看到半世纪来作为自由的信徒的人民突然同专制主义结成联盟，看到昨天还信仰蒲鲁东的无政府主义的人无

---

① 指的是加里波第在 1869 年 5 月在他的志愿军进入伦巴第领土时所发表的告伦巴第居民书。——《马克思恩格斯全集》（中文第 1 版）第 13 卷，人民出版社 1962 年版，注释 219。

② "思想和行动"（《Penaiero ed Azione》）是由马志尼主编的意大利资产阶级民主派的机关报；1858—1859 年在伦敦出版，1860 年在罗迦诺和热那亚出版，每月两次。
马志尼宣言"战争"发表在 1859 年 5 月 16 日的"思想和行动"上，后来转载于《纽约每日论坛报》，略有删节。——《马克思恩格斯全集》（中文第 1 版）第 13 卷，人民出版社 1962 年版，注释 220。

条件向国王投降，而霍夫雷多·马美利的同胞们向那个使马美利和其他成千上万的人一起丧命的人①欢呼《Viva l'Imperatore！》〔"皇帝万岁！"〕，便对未来感到绝望，并声称我们的人民不会享受自由。

　　至于我们，那我们是既不赞成一些人的盲目的奴才的希望，也不赞成另一些人的沮丧绝望情绪。战争是在最不利的征兆下开始的。但是，意大利人只要愿意，就可以把战争引向良好的目的；我们也相信我们人民的高尚的本能。这些本能将通过宣传家们怂恿人民去犯的错误坚决为自己开辟道路。如果志愿军不是在会背弃他们希望的各强国的无限权力下统一起来，而是从容地在各自的国家里组织起义，并争取主动，以意大利人民的名义来领导这些起义，那也许会好些；但是神圣和崇高的精神推动着他们，他们要确凿地证明自己对共同祖国的忠诚，而意大利也把最伟大的希望寄托在这个自发产生的未来民族军队的核心身上。接受国王独裁是一个错误，这个错误的确可以招致致命的结果，并且有辱为自己的解放而奋起斗争的人民的尊严；罗马和威尼斯是一个例子，那里的人民大会和国防领导人之间的一致曾是强盛的泉源，也可以回忆一下英国的情形，它经受住了反对第一帝国的长时期和可怕的战争而丝毫没有破坏公民的自由，从这里就可以看出，在一个具有忠于君主制度的议会的国家中，这种独裁显然不外是对联合起来的暴君的要求的一种让步，是实现旨在以领土问题偷换自由问题的计划的第一阶段；但是，人民热情地接受了独裁，他们相信自己正在为共同祖国的利益而作最高尚的自我牺牲，并且受到了这样一种意见的迷惑：说什么战争的胜利取决于这种权力的集中，因此愿意以自己的赞同来表示他们决心不惜任何代价来进行斗争并取得胜利。起义的各省向君主独裁者的专制政权的无条件投降，几乎必然会导致不幸的后果。起义的逻辑要求每个起义的省份服从当地的起义政权，并推举代表去成立全国起义政府；但是，甚至这个重大错误也是对民族统一的要求的贡献；这个错误坚决驳斥了欧洲报刊关于我们的分歧的无稽之谈，这个错误对意大利说来是可以理解的。在意大利，爱国主

---

① 指的是意大利诗人和爱国者霍夫雷多·马美利于1849年7月在保卫罗马共和国、抵抗路易·波拿巴派去的法国军队时牺牲一事。——《马克思恩格斯全集》（中文第1版）第13卷，人民出版社1962年版，注释221。

义在目前已经极其强烈，它一定能克服一切错误。善良的公民们不要再灰心丧气了，而应当给爱国主义指出应有的方向。为了这个目的，他们应该坚决主张说明事情的真相，不怕恶意的曲解。在这样极其严重的关头，不容许人们去注意直接的利益或各种责难。

事情的真相就是如此。

意大利运动和1848年一样，是力求争取，甚至是在更大程度上争取自由和国家统一。撒丁国王和路易·波拿巴完全是为了别的目的进行战争。民族的愿望和公认的领导人的愿望之间的对抗在1848年曾使战争彻底失败，现在，这种对抗和1848年一样有可能，甚至在更大程度上有可能使意大利陷入绝望的境地。

国家统一——这就是意大利所要的东西。路易—拿破仑是不喜欢这个东西的。除了皮蒙特为报偿路易—拿破仑帮助它在北部建立王国而已经让给他的尼斯和萨瓦之外，他还伺机使缪拉特在南部登上王位，使自己的堂弟在中部登上王位。罗马和教皇国仍旧由教皇暂时管理。

是否真诚，这无关紧要，但是目前执掌皮蒙特最高权力的大臣完全同意这一计划。

这样一来，意大利必然要分为四个国家：其中两个直接由外国人管理，而法国将间接地占有整个意大利。教皇在1849年以后成了法国的藩臣，撒丁国王出于感激之情和由于力量不足也将成为帝国的藩臣。

如果奥地利要抵抗到底，那末这个计划就会全部实现。但是，如果奥地利在一开头就吃了败仗，提出像在1848年某个时候曾向英国政府提出的那种条件，即在保留威尼斯的情况下让出伦巴第，——在这种情况下，自然受到整个欧洲外交界支持的和约将被接受；不过得到实现的将只有一个条件，即扩大撒丁王国并把萨瓦和尼斯转让给法国；意大利的统治者们将向意大利大肆进行报复，而朝夕思慕的计划的完全实现将推到某个更有利的时候。

这个计划欧洲各国政府都是知道的。因此他们进行了全面的扩军备战，因此在整个德意志联邦掀起了战争的狂热，因此便准备好了英国、德国和普鲁士结成同盟的因素，——尽管各国政府作了相反的保证，这个同盟仍然是不可避免的。如果意大利和波拿巴结成联盟来捍卫自己的民族生存，那末保护奥地利和1815年的各项条约将不可避免地成为同盟的中心问题。

路易—拿破仑害怕同盟。因此他就同不可靠的和背信弃义的盟友俄国结成联盟。但是，即使是做出严重危害自由的让步，例如法国以全部放弃波兰和承认沙皇对土耳其欧洲部分的全部保护权为代价来使地中海成为法国的内湖，俄国终究还是要进行干涉的。如果战争继续下去，并由于德国的干涉而具有了欧洲规模，那末在此以前早已准备好了的土耳其各省的起义以及匈牙利的起义将使这个联盟有可能采取一些显著的形式。

如果事情达到这个地步，就会产生一种把关于人民的权利和自由的任何思想都淹没在领土的重新瓜分中的意图。俄国的诸侯将统治在土耳其帝国和奥地利废墟上建立起来的各个国家，波拿巴王朝的亲王们将统治各个新的意大利国家，如果有机会的话，也许还要加上其他一些国家。给不满的匈牙利人已经内定了俄罗斯大公康斯坦丁，如同给教皇国和托斯卡纳的君主政体的宣传家们内定了路易—拿破仑·波拿巴一样。像查理五世和克雷门特七世这两个死敌联合起来瓜分意大利各自由市①那样，两个真正彼此仇视的皇帝联合起来扼杀对自由的一切希望并使欧洲帝国化。因此便有了在一定时期内消灭被卡富尔备加蹂躏的皮蒙特的自由的法令。于是报刊不能说话，于是不允许对军事行动作任何解释，于是人民一无所知，而统治者也就可以一无顾忌地施展他们的策略了。被独立的幽灵迷住了的人民意识，——这种独立归根到底只是改头换面的从属关系，——就这样疏远了关于自由的思想，而自由却是任何独立的真正泉源。

联合起来的暴君们的计划就是如此。一些人可能会否认这些计划，正因为他们自己在准备执行这些计划，就像路易·波拿巴否认他有举行 coup d'état〔政变〕的任何企图一样，另一些人由于盲目相信统治者所说的每一句话或者由于使他们头脑模糊不清的盲目希望而否认这些计划；但是这些计划的现实性并不因此而有所减少；我知道这些计

---

① 指查理五世在最后战胜了教皇过去的盟友法国人并把他们赶出意大利之后，于1528年在博洛尼亚同教皇克雷门特七世所签订的条约。从那时起，帝国政权和天主教会便团结一致来消灭意大利各城市国家残存的独立活动。——《马克思恩格斯全集》（中文第1版）第13卷，人民出版社1962年版，注释222。

划，各国政府也知道这些计划，并且这些计划一部分在路易—拿破仑和卡富尔伯爵的讲话中，一部分在他们的行动中已经暴露出来了。我只说卡富尔伯爵，因为我觉得，维克多·艾曼努尔没有参与在普伦贝尔和斯图加特进行的勾当。

如果卡富尔伯爵是意大利的真正朋友，那他就会利用由于掌握重要的物质力量和由于在意大利占优势的普遍趋势而产生的巨大威望来准备意大利的运动，并从皮蒙特方面给这个运动以刻不容缓的支持。对于仅仅由意大利的力量发起的斗争，欧洲是会表示赞成和同情的。现今对于应意大利的呼吁并以解放者的姿态进入意大利的拿破仑采取威慑态度的欧洲绝不会容忍拿破仑没有得到请求而自动去援助奥地利。这本来是一件神圣和崇高的事业；卡富尔也是能完成这一事业的。但是在这样的情况下，为了自由和权利，就必须和意大利革命结成同盟。这种作法是不合这位撒丁王国大臣心意的。对人民和对自由的憎恶促使他去同暴政结成联盟，同那个由于穷兵黩武的老传统而引起各族人民痛恨的暴政结成联盟。这一计划改变了意大利问题的原来性质。如果这个计划由于有了公认的作为意大利保护人的同盟者而获得成功，——那末国家的统一将会丧失，意大利将成为在法国保护下的重新实行分割的场所。如果这个计划同十二月英雄一起破产，那末意大利就要承担各种损失，意大利将遭受无穷无尽的压迫，而欧洲将不会为我们悲痛，而会说：'你们是罪有应得'（《Voi non avete, se non quello che meritate》）。人们的一切策略，所有的打算都是由道德规范主宰的，人民要是破坏这些道德规范，就不能不受到惩罚。一切罪过结果都不可避免地要求赎偿。法国——我们当时曾谈过这一点——要赎偿自己的罗马征伐。撒丁王国把由于半世纪来的牺牲、痛苦和善意良愿而成为神圣的事业同自私自利和暴政连在一起，但愿意大利不要去赎偿该由撒丁王国承担的严重罪过！

然而战争毕竟是事实——具有重大意义的事实，它提出了新的义务并根本改变了我们自己的行动。意大利处在卡富尔的阴谋和联盟的威胁之间，处在路易—拿破仑和奥地利之间，处在这些同样可悲的可能性之间，——这种危险的情况越是严重，全民的力量就越应该联合起来挽救祖国于危亡。如果我们的各个政府之间进行战争，我们尽可以袖手旁观，等待交战各方互相削弱和民族自发势力向前冲去的时刻。但是这种自发势力已经迸发出来了。全国不管是否受骗都是群情鼎沸，它相信，利用皇帝和国王的战争它就能达到自己的目的。托斯卡纳运动、意大利兵士和公民的自发运动，志愿军中的普遍的激昂情绪和振奋精神冲破了官方阴谋的圈子，然而这一切都是民族心脏的跳动。必须继之以实际行动；必须扩大战争，使战争意大利化（italia—nizzare）。共和主义者能够完成这一使命。

意大利只要愿意，就能拯救自己，免除我们所指出的危险。它能够摆脱目前的危机，达到国家统一。

必须使奥地利失败。我们可以对法皇的干涉表示遗憾，但是我们不能否认奥地利是意大利一切民族发展的死敌。每一个意大利人都应当促使奥地利覆灭。这是所有的人的尊严和安全所要求的。欧洲应该知道，我们和奥地利之间正不断地进行战争。意大利人民必须维护自己的尊严，使之不受侵犯，并使欧洲相信，我们能容忍暴政的帮助，是由于意大利政府请求了这种帮助，但是我们却没有要求它，我们并没有因为它而放弃我们对各族人民的自由和联盟的信念。意大利人可以真心诚意地高呼《V iba la Francia！》〔"法兰西万岁！"〕，但是决不会喊《V iva l'Imperatore！》〔"皇帝万岁！"〕……意大利必须到处实行起义……在北部是为了争取自由，而不是坐享其成；在南部是为了组织民族军队的后备队。在奥地利人设有兵营的一切地方或兵营附近，起义可以相当审慎地接受国王的军事领导；在南部，起义应当比较独立地进行……那不勒斯和西西里岛能够保证意大利的事业并建立以民族阵营为代表的政权……无论在哪里，起义的口号都应当是：'统一、自由和民族独立！'罗马的名字应当永远和意大利的名字并列在一起。罗马的义务是不派一个人去参加撒丁军队，相反地，要向帝制的法国证明，对任何一个国家说来，一面为了意大利的独立而战，同时却主张支持教皇的专制制度，——这是不体面的事情……意大利的命运现在取决于罗马、那不勒斯和志愿民兵队的行动。罗马代表祖国的统一，那不勒斯和志愿军能够组成它的军队。责任是重大的；如果罗马、那不勒斯和志愿军不能履行这些责任，他们就不配得到自由，他们也不能得到自由。听凭各个政府支配的战争将以缔结第二个康波福米奥和约①而告终。

被那些断送了1848年起义的人现在宣布为胜利秘诀的纪律，不外是叫人民奴隶似地服从和消极听命。我们所理解的纪律，可以要求同进行正规战争有关的一切紧密一致起来；它可以要求在一切形式问题上保持沉默；但是绝不能要求意大利不实行起义或屈服于专横暴虐的独裁者和外国暴君的意志。意大利永远不会放弃自己获得自由和统一的崇高决心！

摘自卡·马克思：《马志尼宣言②》，《马克思恩格斯全集》（中文第1版）第13卷，人民出版社1962年版，第406—412页。

### 16. 意大利战争结束了

意大利战争结束了。正像奥地利人突然地开始了这次战争一样，拿破仑也突然地结束了这次战争③。这次战争虽然为时不久，但是代价昂贵。在进行战争的那几个星期内，不仅功勋、入侵、反击、进军、会战、胜利和失败比比皆是，而且生命财产遭到了只有在许多历时长久得多的战争中

---

① 康波福米奥和约是法国同参加第一次反法同盟的奥地利于1797年10月签订的。根据这个条约，法国把威尼斯共和国的一部分领土连同威尼斯城以及伊斯的利亚半岛和达尔马威亚转让给奥地利以换取奥地利在莱茵河疆界上的让步；另一部分则并入拿破仑第一于1797年夏季在意大利北部夺来的土地上建立的南阿尔卑斯共和国，归属法国的还有伊奥尼亚群岛和威尼斯共和国在阿尔巴尼亚沿岸地区的领地。——《马克思恩格斯全集》（中文第1版）第13卷，人民出版社1962年版，注释223。

② 本卷刊登的马克思为马志尼的宣言"战争"所写的按语，表明了马克思和恩格斯认为必须给予在波拿巴干涉意大利解放事业这个问题上采取正确立场的马志尼以支持。马克思和恩格斯赞许马志尼就这个问题所发表的反拿巴言论，然而就在这个时期他们仍继续不断地批评马志尼的整个观点和策略。——《马克思恩格斯全集》（中文第1版）第13卷，人民出版社1962年版，注释217。

③ 1859年7月8日在维拉弗兰卡城举行了法奥两国皇帝在没有皮蒙特国王参加下的单独会晤。这次会晤是根据拿破仑第三的建议举行的，因为他害怕战争拖下去会加强意大利和其他欧洲国家中的革命运动和民族解放运动。在这次会晤中签订了停战协定。7月11日法奥双方签署了初步和约，根据和约，伦巴第（曼都亚和培斯克拉两要塞除外）转归法国（但是拿破仑第三后来为了换取萨瓦和尼斯，把伦巴第让给了撒丁），威尼斯仍然受奥地利统治，托斯卡纳公爵和摩地那公爵应该复位。和约规定建立以教皇为首脑的意大利联邦。尽管初步和约中的某些条文没有实行（例如，建立意大利联邦、托斯卡纳公爵和摩地那公爵复位等条）或者有了改变，但整个说来和约的条件是1859年11月10日在苏黎世签订的最后和约打下了基础。——《马克思恩格斯全集》（中文第1版）第13卷，人民出版社1962年版，注释245。

才会遭到的大量损失。这次战争的某些后果是十分显著的。奥地利丧失了土地，它的军队的英勇善战的声誉一落千丈，它的自豪感遭到了严重的伤害。但是，我们担心，如果说它从这里吸取了什么教训的话，那也只会是军事方面的教训而不是政治方面的教训，我们担心，这次战争的结局只会使它在军训、军纪和军备方面作一些改变，而不会在政治制度或者管理方法方面作什么改变。可能，它已相信了线膛炮的功效。也许，它会在自己的军队中实行一些从法国的朱阿夫兵那里剽窃来的东西。它这样做的可能性比根本改变仍由它统治的意大利诸省的管理制度的可能性要大得多。

此外，奥地利至少现在对意大利没有监护权了，它以前一直不顾撒丁的抗议和不满，坚持保留这种权利，从而引起了这次战争。

摘自卡·马克思：《意大利赢得了什么？》，《马克思恩格斯全集》（中文第1版）第13卷，人民出版社1962年版，第466页。

### 17. 撒丁所以一再大声疾呼地控诉奥地利，不仅因为奥地利图谋全面监督意大利事务

撒丁所以一再大声疾呼地控诉奥地利，不仅因为奥地利图谋全面监督意大利事务，而且还因为它支持一切违法乱纪行为，它的政策是要保持现状，它干涉它的各个意大利邻国的内政和妄想取得用武力来镇压这些国家的居民改变或改善自己政治地位的任何尝试的权利。意大利人的感情和愿望或撒丁所保卫的实行革命的权利在新制度下是否比在旧制度下得到更多的注意呢？尽管在战争时期波河以南各意大利公国所提供的援助被接受了，可是根据和约却又把这些公国交还给它们的被赶走的统治者。在意大利的任何一个地区，对坏的管理制度的埋怨都没有像在教皇国那样厉害。这个国家的恶劣管理制度，奥地利对这种恶劣管理制度的同情和支持，不久以前被看作是意大利状况中的一种糟糕的，甚至是一种糟糕透顶的现象。尽管奥地利被迫放弃了自己对教皇国的武装保护权，但是这个国家的不幸的居民却没有因为这一改变而得到任何好处。法国像奥地利过去一样广泛地支持教皇的世俗权力；因为教皇国政府的违法乱纪行为在意大利爱国者看来是同它的教会性质不可分割的，所以大概没有改善的希望。目前作为教皇的唯一保护者的法国，对于教皇国政府的违法乱纪行为实际上应当比过去奥地利负有更大的责任。

摘自卡·马克思：《意大利赢得了什么？》，《马克思恩格斯全集》（中文第

1版）第13卷，人民出版社1962年版，第467—468页。

**18. 法国曾大声宣称，它现在不能容许，并且将来也不会容许意大利统一**

但这却不是波拿巴政策所希望的。法国曾大声宣称，它现在不能容许，并且将来也不会容许意大利统一。法国人把意大利的独立和自由理解为在波拿巴庇护下以教皇为名誉首脑的意大利的莱茵联邦①之类的东西，理解为以法国霸权代替奥地利霸权。同时，在中意大利建立伊特鲁里亚王国，即为日罗姆·波拿巴的继承人建立意大利的威斯特伐利亚王国②这种善良的想法也流传开来。但是北意大利王国的巩固把所有这一切计划都打破了。小日罗姆·波拿巴在周游各公国时没有得到任何东西，甚至连一张选票也没有得到；建立波拿巴主义的伊特鲁里亚，和复辟一样，都是不可能的；除了并入皮埃蒙特以外，别无他途。③

摘自弗·恩格斯：《萨瓦、尼斯与莱茵》（1860年2月）（一），《马克思恩格斯全集》（中文第2版）第19卷，人民出版社2006年版，第446页。

**19. 随着北意大利统一的不可避免性的日益明显，法国进行这次战争所追求的"观念"也就更加暴露在光天化日之下**

但是，随着北意大利统一的不可避免性的日益明显，法国进行这次战争所追求的"观念"也就更加暴露在光天化日之下。这就是把萨瓦和尼斯并入法国的观念。还在战争期间，便已经造出了舆论，声言这种合并是法国干预意大利事务的代价。但是没有人听。难道维拉弗兰卡条约不是驳倒

---

① 莱茵联邦是1806年7月在拿破仑第一的控制下成立的德国南部和西部各邦德联盟。由于1805年击溃了奥地利，所以拿破仑能够在德国建立军事政治堡垒。莱茵联邦组成后，德意志民族神圣罗马帝国就不复存在了。最初有16个邦（巴伐利亚、符腾堡、巴登等）参加这个联邦，后来又有5个邦（萨克森、威斯特伐利亚等）加入，它们实际上成了法国的藩属。1813年拿破仑的军队失败后，莱茵联邦便瓦解了。——《马克思恩格斯全集》（中文第2版）第19卷，人民出版社2006年版，注释337。

② 威斯特伐利亚王国是1807年拿破仑第一在德国中部建立的，一直存在到1813年，威斯特伐利亚的王位授予了拿破仑第一的弟弟日罗姆·波拿巴，其子即拿破仑亲王，也称普隆—普隆。——《马克思恩格斯全集》（中文第2版）第19卷，人民出版社2006年版，注释338。

③ 指维拉弗兰卡和约和苏黎世条约中规定的摩德纳、帕尔马和托斯卡纳各公国统治者的复辟，这些公国在1859年爆发了起义，统治者被赶下台。摩德纳、帕尔马和托斯卡纳争取并入皮埃蒙特的人民运动使过去的统治者无法进行复辟。1860年3月上述各公国都加入了皮埃蒙特。——《马克思恩格斯全集》（中文第2版）第19卷，人民出版社2006年版，注释339。

这种说法吗？虽然如此，全世界还是突然得知：在温雅国王①的民族的与立宪的制度下，有两个省在外国统治下呻吟，这是两个只是由于粗暴的力量才离开了祖国的法国省，它们以充满泪水和期望的双眼凝视着伟大的祖国；路易—拿破仑再不能对于由尼斯和萨瓦发出的痛苦呼号充耳不闻了。

摘自弗·恩格斯：《萨瓦、尼斯与莱茵》（1860年2月）（一），《马克思恩格斯全集》（中文第2版）第19卷，人民出版社2006年版，第446页。

### 20. 路易—拿破仑事实上是这样宣布了意大利的独立

对于我们德国人来说，在围绕萨瓦和尼斯问题进行的这场交易中，关系重大的是下面三点。

第一，路易—拿破仑事实上是这样宣布了意大利的独立：意大利至少被分裂为3个或者甚至4个国家；威尼斯属于奥地利；法国由于占领萨瓦和尼斯而控制着皮埃蒙特。教皇领地在罗马涅分出去以后将把那不勒斯同北意大利王国完全分割开来，从而使北意大利王国无法向南方作任何扩张，因为领地的其余部分必须"保证"归教皇占有。同时，对北意大利王国来说，威尼斯仍然是一块摆在嘴边的诱饵，意大利的民族运动也就会以奥地利为直接的和主要的敌人；而为了使这个新的王国能够按照路易—拿破仑的愿望出来反对奥地利，法军占领了可以控制阿尔卑斯西部的一切阵地，并把前哨推进到距都灵9德里的地方。这便是波拿巴主义在意大利布下的阵势，一旦发生争夺莱茵河疆界的战争，这种阵势可以代替它整整一个军团。而奥地利从这里得到的，如果说真能得到点什么的话，充其量也不过是一个派遣自己盟军的好借口。在这里只有一个补救办法，那就是完全改变德国对意大利的政策。德国并不需要到明乔河和波河为止的威尼斯领土，这一点我们认为已经在别的地方②说明了。

摘自弗·恩格斯：《萨瓦、尼斯与莱茵》（1860年2月）（四），《马克思恩格斯全集》（中文第2版）第19卷，人民出版社2006年版，第474页。

### 21. 相反，我们所关心的是重新建立一个能奉行自己政策的、统一而强大的意大利

对于教皇统治和那不勒斯统治的存在，我们也不感兴趣，相反，我们所关心的是重新建立一个能奉行自己政策的、统一而强大的意大

---

① 维克多—艾曼努尔二世。——编者注
② 恩格斯《波河与莱茵河》1859年柏林版。——编者注

利。因此，在一定条件下，我们可以比波拿巴主义对意大利作更多的贡献。也许不久会发生一些情况，那时回顾这一点将具有重要的意义。

摘自弗·恩格斯：《萨瓦、尼斯与莱茵》（1860 年 2 月）（四），《马克思恩格斯全集》（中文第 2 版）第 19 卷，人民出版社 2006 年版，第 474—475 页。

### 22. 第二，是法国公开宣扬自然疆界论

第二，法国公开宣扬自然疆界论。法国报纸重新高唱这种论调，不仅是得到政府的同意而且是根据政府的直接命令，这是毫无疑义的。这个理论目前只应用于阿尔卑斯山脉；这件事本身在一定程度上还是无害的。萨瓦和尼斯只是两个不大的省份，一个只有 575000 人，另一个只有 236000 人，总共不过使法国人口增加 811000 人；它们在政治上和军事上的意义也不是一眼就能看出来的。但是，由于对这两个省份的领土要求，恰恰使自然疆界论的观点被重新抬了出来，并使法国人重忆起这种观点，而欧洲人不得不再习惯于听这个口号，就好像习惯于听 10 年来不同时期所宣布而后又被抛弃的其他波拿巴的口号一样，——这些就特别同我们德国人有关了。在《国民报》的共和主义者们十分卖力地继续使用的第一帝国的语言中，所谓法国自然疆界主要是指莱茵河。就是今天，一谈到自然疆界，任何一个法国人都不会想到萨瓦或者尼斯，而只会想到莱茵河。哪一个依仗自己国家的侵略野心和侵略传统的政府，敢于重新鼓吹自然疆界论，却让法国满足于尼斯和萨瓦呢？

摘自弗·恩格斯：《萨瓦、尼斯与莱茵》（1860 年 2 月）（四），《马克思恩格斯全集》（中文第 2 版）第 19 卷，人民出版社 2006 年版，第 475 页。

### 23. 但是，为什么五百五十万捷克人……另外的五百五十万南方斯拉夫人也不能同土耳其的斯拉夫人一起建立另一个国家呢？

但是，为什么五百五十万捷克人、莫拉维亚人和斯洛伐克人不能建立一个国家，另外的五百五十万南方斯拉夫人也不能同土耳其的斯拉夫人一起建立另一个国家呢？

请随便拿一张精确的语言分布图来，看一看捷克人和在语言上与捷克人相近的邻族的分布情形。他们像楔子一样插在德国中间，但两边都受到德国人的压迫和排挤。波希米亚三分之一的居民讲德语；在波希米亚捷克

人和德国人的比例是34比17。但是正是捷克人应当成为计划中的斯拉夫国家的核心，因为莫拉维亚人也同德国人混杂得很厉害，而斯洛伐克人则同德国人和马扎尔人混杂在一起，在民族关系上他们已经完全衰落了。如果到头来这个国家仍然受德国城市资产阶级的统治，那这算是什么斯拉夫国家呢？！

摘自弗·恩格斯：《民主的泛斯拉夫主义》（1849年2月14—15日）（一），《马克思恩格斯全集》（中文第1版）第6卷，人民出版社1961年版，第329页。

**24. 凡是工人阶级独立参加政治运动的地方，他们的对外政策一开始就用不多的几个字——恢复波兰表达出来**

凡是工人阶级独立参加政治运动的地方，他们的对外政策一开始就用不多的几个字——恢复波兰表达出来。整个宪章运动时期的情形是如此；法国工人在1848年前很久，以及在值得缅怀的1848年是如此，他们在1848年5月15日走向制宪议会的时候曾经高呼《Vive la Pologne!》——波兰万岁！[①] 德国的情形也是如此，1848年和1849年德国工人阶级的好几家机关报都曾要求对俄作战以恢复波兰。[②] 就是现在，除了下面将要详细谈到的一个仅有的例外，情形也是如此。欧洲工人一致宣称恢复波兰是自己政治纲领的不可分割的部分，是最能表达他们对外政策的一种要求。诚然，资产阶级也曾"同情过"，而且现在也还"同情"波兰人，但是，这种同情并不妨碍他们在1831年、1846年和1863年让波兰人陷于灾难，甚至也不妨碍他们一面在口头上维护波兰的利益，一面却放纵波兰最凶恶的敌人如帕麦斯顿勋爵之流（这些人实际上是俄国的帮凶）去为非作歹。

摘自弗·恩格斯：《工人阶级同波兰有什么关系？》（1866年1月底—4月

---

[①] 指1848年5月15日巴黎的民众示威游行，参加游行的有15万人。示威者向应于当天讨论波兰问题的制宪议会走去，闯进了波旁王宫的会议大厅，要求对争取独立的波兰给予军事援助，由于这些要求遭到拒绝，示威者曾企图宣布解散制宪议会并成立革命政府，然而他们被用武力驱散了。——《马克思恩格斯全集》（中文第1版）第16卷，人民出版社1964年版，注释141。

[②] 这里谈的是德国民主派报刊和工人报刊，首先是1848年6月1日至1849年5月19日在科伦出版的、由马克思编辑的日报《新莱茵报》。民主派中无产阶级一翼的战斗机关报《新莱茵报》坚决维护波兰的独立，把波兰的解放和推翻俄国的反动沙皇制度联系起来，后者在当时是欧洲封建专制反动势力的主要支柱。——《马克思恩格斯全集》（中文第1版）第16卷，人民出版社1964年版，注释142。

6日）（一），《马克思恩格斯全集》（中文第1版）第16卷，人民出版社1964年版，第170—171页。

## 25. 对于波兰、德国和意大利来说，力求恢复民族统一就成了一切政治运动的第一步

因此，对于波兰、德国和意大利来说，力求恢复民族统一就成了一切政治运动的第一步，因为没有民族统一，民族生存只不过是一个幻影。当1821—1823年意大利和西班牙的革命尝试被镇压下去以后，以及又在1830年法国七月革命以后，文明欧洲大部分地区的激进的政治活动家彼此建立了联系，并试图制定一种类似共同纲领的东西，解放和统一被压迫和被分裂的民族，便成了他们的共同口号。① 1848年的情形也是如此，那时，被压迫民族中又增加了一个，这就是匈牙利。关于欧洲每一个大的民族构成体在一切内部事务上有权支配自己的命运而不管它的邻邦这一点，当然不会有两种意见，因为这并不妨害他人的自由。这一权利确实是所有民族内部自由的基本条件之一。例如，当德国还在帮助奥地利直接地、或者通过自己的附庸去奴役意大利的时候，它能不能达到自由和统一呢？要知道奥地利王朝的彻底摧毁是德国统一的最首要的条件！

摘自弗·恩格斯：《工人阶级同波兰有什么关系？》（1866年1月底—4月6日）（二），《马克思恩格斯全集》（中文第1版）第16卷，人民出版社1964年版，第174—175页。

## 26. 德国首先要在普鲁士的兵营里取得自己的统一，这完全是它应得的惩罚

目前的战争开辟了一个有世界历史意义的新时代，因为在战争中德国证明了：它即使在没有奥地利的德意志区的情况下，也能够不依赖外国而独立行动。德国首先要在普鲁士的兵营里取得自己的统一，这完全是它应得的惩罚。但是，虽然是用这种方法，结果毕竟是获得了。一些琐琐碎碎

---

① 指"青年欧洲"，它是资产阶级革命者、政治流亡者的秘密组织，根据马志尼的倡议于1834年在瑞士成立。"青年欧洲"由下列的民族组织组成："青年意大利"、"青年波兰"等等，它们的宗旨是为民族统一、民族独立和在欧洲各国建立共和制度而斗争。——《马克思恩格斯全集》（中文第1版）第16卷，人民出版社1964年版，注释145。

的事情，如德国北部的民族自由党和德国南部的人民党①之间的冲突，将不能再徒劳无益地挡住前进道路了。局势将会有很大的发展，而且将会简单化起来，如果德国工人阶级那时不能负起他们应负的历史使命，那是他们的过错。这场战争已经把欧洲大陆的工人运动的重心从法国移到德国。所以德国工人阶级肩负着更大的责任……

摘自卡·马克思和弗·恩格斯：《给社会民主工党委员会的信》（1870年8月22—30日之间），《马克思恩格斯全集》（中文第1版）第17卷，人民出版社1963年版，第284页。

### 27. 使德国和意大利处于分割状态，对法国以往所执行的政策来说，曾经是法国的一种不可让予的基本权利

使德国和意大利处于分割状态，对法国以往所执行的政策来说，曾经是法国的一种不可让予的基本权利；路易—拿破仑则立即着手零星售卖这种基本权利以换取所谓补偿。他愿意帮助意大利和德国消除分割状态，但是有一个条件：德国和意大利向民族统一方面每前进一步，都要割让领土给他做报酬。这样一来，不仅使法国沙文主义得到满足，不仅使帝国逐步向1801年的疆界②扩展，而且又使法国重新处于特别开明的、解放各民族的强国地位，使路易—拿破仑处于各被压迫民族的保卫者的地位。于是，整个开明的、为民族理想所振奋的资产阶级——因为它非常关心从世界市场上肃清一切阻碍商业的东西，——都异口同声地欢呼这一解放世界的开

---

① 民族自由党是德国资产阶级、而其中主要是普鲁士资产阶级的政党，于1866年秋在资产阶级的进步党分裂之后成立。民族自由党放弃了资产阶级为了满足自己的物质利益而争取政治统治的要求，其主要目标是把德意志各邦统一于普鲁士的领导之下；它们的政策反映了德国自由资产阶级对俾斯麦的投降。

德国人民党成立于1865年，由主要是德国南部各邦的小资产阶级民主派以及一部分资产阶级民主派组成。与民族自由党相反，德国人民党反对确立普鲁士对德国的领导权，坚持既包括普鲁士又包括奥地利在内的所谓"大德意志"计划。这个党执行反普鲁士政策，提出一般民主口号，同时也是德意志某些邦的分立主义倾向的代表者。它宣传建立联邦制的德国的思想，反对以集中统一的民主共和国的形式统一德国。——《马克思恩格斯全集》（中文第1版）第17卷，人民出版社1963年版，注释144。

② 指吕内维尔和约所规定的法国疆域，该和约是法奥之间于1801年2月9日在第二次反法同盟军队失败以后签订的。和约确认由于反对第一次和第二次同盟的战争结果而扩大的法国疆域，包括对莱茵河左岸、比利时和卢森堡的兼并；和约并且准许法国实际上统治1795—1798年建立的依附于它的巴达维亚、海尔维第、利古里亚和南阿尔卑斯等共和国。——《马克思恩格斯全集》（中文第1版）第21卷，人民出版社1965年版，注释475。

明活动。

> 摘自弗·恩格斯:《暴力在历史中的作用》(1887年12月底—1888年3月),《马克思恩格斯全集》(中文第1版)第21卷,人民出版社1965年版,第471—472页。

### 28. 意大利没有"一直解放到亚得利亚海",也没有得到统一

这种情况在意大利首先开始。① 在这里,从1849年起便是奥地利的无限统治,而当时奥地利是全欧洲的替罪羊。克里木战争的小得可怜的结果,人们不是归罪于只想进行一场假装的战争的西方强国的不坚决,而是归罪于奥地利的动摇态度,但这种动摇态度却是西方列强本身应负最大责任的。而俄国则由于奥地利人进军普鲁特河——这是报答俄国1849年在匈牙利的帮助的——而遭到过伤害(虽然正是这种进军拯救了俄国),所以很高兴奥地利遭到任何攻击。普鲁士已不再算数了,在巴黎和会上它就已受到了en canaille〔毫不客气的〕侮辱。因此,在俄国协助下准备好的解放意大利"一直到亚得利亚海"的战争,在1859年春天开始,到夏天就在明乔河地区结束了。奥地利没有被赶出意大利,意大利没有"一直解放到亚得利亚海",也没有得到统一,撒丁的领土是扩大了,但是,法国占领了萨瓦和尼斯,从而达到了它在意大利那边的1801年的疆界。②

> 摘自弗·恩格斯:《暴力在历史中的作用》(1887年12月底—1888年3月),《马克思恩格斯全集》(中文第1版)第21卷,人民出版社1965年版,第472页。

---

① 恩格斯用铅笔在页边上写着:"奥尔西尼"。——编者注
② 法国和撒丁(皮蒙特)对奥地利的战争是由拿破仑第三发动的,他企图在"解放"意大利的旗帜下(在战争宣言中,拿破仑第三蛊惑性地答应把它"一直解放到亚得利亚海"),通过对外冒险来掠夺领土并巩固法国波拿巴制度。意大利的大资产阶级和自由派贵族希望通过战争在皮蒙特的萨瓦王朝的统治下实现意大利的统一。战争开始于1859年4月29日。在索尔费里诺发生决战(1859年6月24日),奥军遭到失败而退到明乔河,以后,拿破仑第三出于害怕意大利民族解放运动增长和不愿促使建立统一而独立的意大利国家,就于7月11日背着撒丁同奥地利在维拉弗兰卡城签订了初步和约。根据这一和约,威尼斯仍然归奥地利统治,伦巴第转到了法国手里,后来法国又把它转交给皮蒙特,以换取萨瓦和尼斯。维拉弗兰卡条约所规定的条件成了1859年11月10日在苏黎世签署的最后和约的基础。——《马克思恩格斯全集》(中文第1版)第21卷,人民出版社1965年版,注释476。

**29. 从三十年战争的时代起，德意志罗马帝国就只在名义上还是一个国家**

在波兰后面是另一个似乎已不可挽回地陷入完全崩溃状态的国家——德国。从三十年战争①的时代起，德意志罗马帝国就只在名义上还是一个国家。帝国诸侯的权力越来越接近完全的主权。他们的同德意志相对抗的权利（这种权利在德国相当于波兰的自由否决权②）在威斯特伐利亚和约③中明确得到法国和瑞典的保障，因此，德国中央权力的加强就得取决于对此加以阻挠的外国的同意。而且瑞典由于在德国有它的征服地，因而是德意志帝国的成员，它在帝国国会中有席位，有投票权。在每一次战争中，皇帝都发现德意志帝国诸侯是他的外国敌人的盟友，所以每次战争同时也是内战。几乎帝国所有较大的诸侯和中等诸侯都被路易十四收买了，而且在经济上这个国家已经被破坏到这种地步，要不是每年流入法国的这笔贿金，它就根本不可能在国内保有作为流通手段的货币④。因此，皇帝早已不在他的帝国内部，而是在他的奥地利的（德意志的和非德意志的）世袭领地中寻找自己的支柱，因为帝国只是让

---

① 三十年战争（1618—1648年）是一次全欧洲范围的战争，由新教徒和天主教徒之间的斗争引起，是欧洲国家集团之间矛盾尖锐化的结果。德国是战争的主要场所，是战争参加者进行军事掠夺和侵略的对象。

三十年战争分为四个时期：捷克时期（1618—1624年）、丹麦时期（1625—1629年）、瑞典时期（1630—1635年）以及法国瑞典时期（1635—1648年）。

三十年战争以1648年缔结威斯特伐利亚和约而告结束，和约的签订加深了德国政治上的分裂。——《马克思恩格斯文集》第4卷，人民出版社2009年版，注释155。

② 波兰的自由否决权是16—18世纪封建贵族的波兰实行的国会决定任何问题必须一致通过的原则。根据这一原则，国会下院的任何一个议员都能阻止议案的通过，即使所有其他议员都赞成这一议案。这个原则同波兰国王的选举制一样，是旨在削弱国王权力以巩固波兰大地主和贵族的政治地位的波兰贵族"宪法"的基本原则之一。——《马克思恩格斯文集》第4卷，人民出版社2009年版，注释234。

③ 威斯特伐利亚和约是指1648年签订的以下两个和约：一个是德国皇帝、德意志诸侯和瑞典在奥斯纳布吕克签订的和约，另一个是德国皇帝和法国在明斯特签订的和约，这两个城市都在威斯特伐利亚境内。由于战胜国瑞典和法国与德意志诸侯互相勾结，根据和约的条款，德国被割去大片领土。整个波美拉尼亚西部加上吕根岛、波美拉尼亚东部的几个地方，以及几个教会领地割让给瑞典，法国获得了哈布斯堡王朝从前在阿尔萨斯的领地，它过去所侵占的领土的权利也得到确认。一些德意志诸侯也扩大了自己的领地。威斯特伐利亚和约加强了德国政治上的分裂。德意志诸侯获得了奉行独立的对外政策、彼此间缔结同盟以及和外国缔结同盟的权利。——《马克思恩格斯文集》第4卷，人民出版社2009年版，注释235。

④ 见古·居利希《关于现代主要商业国家的商业、工业和农业的历史叙述》1830年耶拿版第2卷，第201—206页。

他耗费金钱，而且使他劳神费力、忧愁烦恼，除此之外，毫无裨益。于是普鲁士王朝作为奥地利王朝的对手开始显露头角，并逐渐与它并驾齐驱了。

这就是彼得大帝时代的德国状况。

> 摘自弗·恩格斯：《俄国沙皇政府的对外政策》（1889年12月—1890年2月）（一），《马克思恩格斯文集》第4卷，人民出版社2009年版，第359—360页。

## 30. 在彼得之后，由于普鲁士的兴起，这种情况变得进一步有利于俄国了

在彼得之后，由于普鲁士的兴起，这种情况变得进一步有利于俄国了。这样，德国皇帝在帝国内部有了一个差不多与他势均力敌的敌人，它使德国的分裂状态永久化和极端化。但同时这个敌人羽翼未丰，还要依靠法国或俄国的帮助——特别是俄国的帮助，因此，它越多地摆脱对德意志帝国的从属关系，则越牢靠地陷入对俄国的从属地位。

> 摘自弗·恩格斯：《俄国沙皇政府的对外政策》（1889年12月—1890年2月）（一），《马克思恩格斯文集》第4卷，人民出版社2009年版，第361页。

## 31. 作为联邦国家的德意志帝国实际上已经瓦解

作为联邦国家的德意志帝国实际上已经瓦解；奥地利和普鲁士开始作为独立的欧洲大国行动，而且像俄国和法国那样，把帝国各小邦仅仅看做是供侵略的领土。这些小邦的未来将会怎样呢？普鲁士还太小，太年轻，因而还不能要求得到对它们的霸权，奥地利则刚刚彻底丧失了这种霸权。但是俄国和法国要求得到德意志帝国的王位继承权。法国用武力摧毁了旧的帝国；它利用自己沿整个莱茵河与德国紧邻的关系对各小邦直接施加压力；拿破仑和法国军队以胜利的荣誉完成了其余的工作，使德意志的小诸侯都俯身在它的脚下。而俄国呢？现在当它100年来所追求的目标几乎要达到的时候，当德国已陷于彻底瓦解，已经精疲力竭、软弱无力和走投无路的时候，俄国能容许科西嘉岛的暴发户在这种时候从它的鼻子底下把猎获物夺走吗？

> 摘自弗·恩格斯：《俄国沙皇政府的对外政策》（1889年12月—1890年2月）（二），《马克思恩格斯文集》第4卷，人民出版社2009年版，第368页。

**32. 普鲁士……找了一个至少在完全不择手段这方面能跟俄国外交较量的人物执掌政权**

1859年的战争也震惊了普鲁士。普鲁士几乎把军队增加了一倍，并且找了一个至少在完全不择手段这方面能跟俄国外交较量的人物执掌政权。这个人就是俾斯麦。在1863年波兰起义期间，也用一种做戏似的夸张的姿态站在俄国方面反对奥地利、法国、英国，竭尽全力保证俄国获胜。① 他以此使沙皇在石勒苏益格—荷尔斯泰因问题上放弃了他通常采取的政策；经沙皇许可，这两个公国在1864年脱离了丹麦。② 然后是1866年的普奥战争；这里沙皇又有了高兴的机会，因为奥地利又受到了惩罚，而普鲁士这个甚至在1849—1850年受了侮辱之后仍然忠贞不贰的唯一的附庸则增强了力量。1866年的战争导致了1870年的普法战争，沙皇又站在他的普鲁士"好样的舅舅"③一边，他直接威胁奥地利，这样就使法国失去了能帮它避免完全溃败的唯一盟国。但是正如路易·波拿巴在1866年一样，亚历山大在1870年也由于德国武器的迅速成功而受了愚弄。接着到来的不是使交战双方都弄得精疲力竭的持久战，而是迅速的打击，结果在五个星期之内，波拿巴的帝国就被打垮了，它的军队作为战俘被送入德国。

摘自弗·恩格斯：《俄国沙皇政府的对外政策》（1889年12月—1890年2月）（三），《马克思恩格斯文集》第4卷，人民出版社2009年版，第383—384页。

**33. 俄国对欧洲发生极大影响的必要前提，是俄国沙皇对德国的传统的控制力**

当时欧洲只有一个地方正确地理解了局势：这就是国际工人协会总委

---

① 1863—1864年的波兰民族解放起义期间，奥·俾斯麦的普鲁士政府企图阻止起义扩展到普鲁士所侵占的波兰领土，并且希望事先得到俄国的支持以便为普鲁士的领导下统一德国，因此向沙皇政府提供了军事援助以镇压起义。1863年2月根据俾斯麦的倡议，俄国和普鲁士缔结了关于共同对付起义者的协定。——《马克思恩格斯文集》第4卷，人民出版社2009年版，注释281。

② 1864年由于奥普同丹麦之间的战争以丹麦战败而告结束，石勒苏益格与荷尔斯泰因两公国被宣布由奥地利和普鲁士共管，1866年普奥战争以后这两个公国被并入普鲁士。——《马克思恩格斯文集》第4卷，人民出版社2009年版，注释282。

③ 在原文中这几个字是用德文字母拼写的俄文；在英译文中是用拉丁字母拼写的，并加了如下的脚注："好样的舅舅〔Uncle's a brick〕是亚历山大二世在收到威廉的报捷电报时惯用的赞语。"——编者注

员会。1870年9月9日，这个总委员会发表了一篇宣言①，其中把1866年战争跟1870年战争作了类比②。宣言中说，1866年的战争是经路易—拿破仑同意进行的，但是一当普鲁士获得胜利，力量增强，就会使法国立刻采取与普鲁士敌对的立场。同样，1870年的新胜利以及由此引起的普鲁士德意志力量的进一步增强，会迫使俄国沙皇和德国敌对，尽管在战争期间他曾在外交上支持过德国。俄国对欧洲发生极大影响的必要前提，是俄国沙皇对德国的传统的控制力，不过这种能力如今已遭到破坏。在革命运动开始在俄国内部成为威胁性的力量的时刻，沙皇是不能容许在国外丧失这种威势的。假若现在德国再以吞并阿尔萨斯—洛林迫使法国投入俄国的怀抱，那么它不是必将成为俄国掠夺计划的公开的工具，就会是在短暂的喘息之后准备同时对俄法两国作战——这场战争很容易变成一场反对联合起来的斯拉夫语种族和罗曼语种族的种族战争。

摘自弗·恩格斯：《俄国沙皇政府的对外政策》（1889年12月—1890年2月）（三），《马克思恩格斯文集》第4卷，人民出版社2009年版，第384页。

**34. 到那一天，俾斯麦将失去他的所有反法同盟者，而这些同盟者是受到俄国的威胁才投入他的怀抱的**

到那一天，俾斯麦③将失去他的所有反法同盟者，而这些同盟者是受到俄国的威胁才投入他的怀抱的。不论对于奥地利来说还是对于意大利来说，为俾斯麦④火中取栗，去参加欧洲大战，都不会有丝毫的好处。德意志帝国又将陷于孤立，在那种情况下，用毛奇的说法是：大家全都怕它，可是谁也不喜欢它⑤，这是它的政策的必然结果。那时，甚至连为自由而

---

① 指马克思《国际工人协会总委员会关于普法战争第二篇宣言》（见《马克思恩格斯文集》第3卷）。——《马克思恩格斯文集》第4卷，人民出版社2009年版，注释283。

② 在英译文中，由此到本段末尾不是转述宣言的内容，而是援引宣言中相应的一段话，从"在1865年，路易·波拿巴和俾斯麦曾相互作出保证"起到"即反对联合起来的斯拉夫语种族和罗曼语种族的战争"（见《马克思恩格斯文集》第3卷，人民出版社2009年版，第125页）。——编者注

③ 在英译文中不是"俾斯麦"，而是"德意志帝国"。——编者注

④ 在英译文中不是"为俾斯麦"，而是"为德国皇帝"。——编者注

⑤ 1874年2月16日赫·毛奇在德意志帝国国会发表演说，不得不承认，德国人从打胜仗以来"谁都佩服他们，可是谁都不喜欢他们"。——《马克思恩格斯文集》第4卷，人民出版社2009年版，注释294。

斗争的俄国同共和制的法国的相互接近，对两国的局势来说都将是非常自然的，而对欧洲整个局势来说也将是没有危险的。在这种情况下，俾斯麦本人或他的继承者在决定对法国发动战争之前也必须三思，因为在这场战争中，俄国不会牵制奥地利，奥地利也不会牵制俄国，以便来掩护他的侧翼，两国反而都会为他遭到的每一个失败而高兴，这样，即使单是法国人他是否能对付得了，也是很值得怀疑的。那时所有的同情都会在法国一边，即使在最坏的情况下也会保障法国不再丧失领土。因此，那时德意志帝国将不会走上战争的道路，相反，它大概很快就会发现自己所处的孤立地位难以忍受，因而会诚心诚意地去同法国达成协议；这样一来，可怕的战争危险就会消除，欧洲就能裁军，而从这里得益最多的会是德国自己。

摘自弗·恩格斯：《俄国沙皇政府的对外政策》（1889年12月—1890年2月）（三），《马克思恩格斯文集》第4卷，人民出版社2009年版，第390—391页。

# 十五　语言、宗教及民族性与获得领土、建立国家之关系

**1. 毫无疑问，就是在这一片"德意志联邦的领土上"，大部分居民讲的还是波兰话**

冯·普富尔先生在波兹南划定的新界线是对波兰的新的掠夺。这个新界线把波兹南的"应当改组的"部分缩小到不及整个大公国的1/3，而把大波兰的大部分并入了德意志联邦。波兰的语言和民族性只是在沿俄罗斯边界的狭长地带才得到承认。这一地带包括弗勒申和普列申①州以及莫吉尔诺、冯格罗维茨、格内森、施罗达、施里姆、科斯滕、弗劳施塔特、克廖本、克罗托申、阿德瑙和席尔德堡②等州的一部分。这些州的其余部分以及布克、波兹南、奥博尔尼克、扎姆特尔、比恩包姆、梅泽里茨、博姆斯特、恰尔尼科夫、荷德捷日、维尔济茨、勃罗姆堡③、舒宾、伊诺弗罗茨拉夫等州则根据冯·普富尔先生的命令，干脆全部变成了德国的领土。但是毫无疑问，就是在这一片"德意志联邦的领土上"，大部分居民讲的还是波兰话。

摘自弗·恩格斯：《对波兰的重新瓜分》（1848年6月8日），《马克思恩格斯全集》（中文第1版）第5卷，人民出版社1958年版，第62页。

**2. 把他们并入德国，也就等于抑制波兹南占半数以上的波兰居民的语言和民族性**

至于"德国人"住的城市希望合并的问题是这样的：在全波兰，德国人和犹太人是从事工商业的市民的主要核心；他们是那些主要由于宗教迫害而离乡背井的移民的后裔。他们在波兰土地上建立了城市，并且在数百年间和波兰国家同命运共呼吸。这些德国人和犹太人（居民中的极小部分）却企图利用这个国家目前的状况来争夺统治权。他们借口自己是德国

---

① 波兰称作：弗热斯尼亚，普列舍夫。——编者注
② 莫吉尔诺，冯格罗维茨，格涅兹诺，斯罗达，斯列姆，科息茨雅恩，弗斯霍瓦，克罗比亚，克罗托申，奥多利亚努夫，奥斯特舍舒央。——编者注
③ 布克，波兹南，奥博尔尼基，沙莫土雷，门兹胡德，门兹热奇，巴比莫斯特，恰尔恩库夫，荷德捷日，维日斯克，贝德哥什。——编者注

人，然而他们和美洲的德国人一样，很少象德国人。把他们并入德国，也就等于抑制波兹南占半数以上的波兰居民的语言和民族性，而且受抑制的正好是该省民族起义声势浩大的部分即布克、扎姆特尔、波兹南、奥博尔尼克等州的波兰居民的语言和民族性。

摘自弗·恩格斯：《对波兰的重新瓜分》（1848年6月8日），《马克思恩格斯全集》（中文第1版）第5卷，人民出版社1958年版，第63页。

**3. 弗里德里希—威廉三世当时给波兹南人许下的诺言：保持他们的民族特性、语言和宗教**

为了说明普鲁士国家制度施给波兰人的恩惠，最好分析一下作为讨论基础的国际法问题委员会的报告，这篇报告是历史编纂学家施滕策尔执笔起草的。

这篇报告按风格来说完全是一种最刻板的外交文件，它首先叙述了1815年波兹南大公国通过"加入"与"联合"而产生的经过，接着列举了弗里德里希—威廉三世当时给波兹南人许下的诺言：保持他们的民族特性、语言和宗教，从当地居民中任命总督，把著名的普鲁士宪法①推广到波兹南人中间去。

大家知道，这些诺言哪一条也没有实现过。被分裂的三部分波兰之间的交往自由当然也没有实现过。这种自由愈是不能实现，维也纳会议也就愈是心平气和地表示同意。

摘自弗·恩格斯：《法兰克福关于波兰问题的辩论》（1848年8月7日—9月6日）（一），《马克思恩格斯全集》（中文第1版）第5卷，人民出版社1958年版，第372页。

**4. 斯拉夫人主要是从事农业的人民……当感到需要城市手工业和城市人口集中的时候，德国人便伸展到斯拉夫各国来了**

斯拉夫人主要是从事农业的人民，不大善于从事斯拉夫各国直到现在才可能从事的那种城市手工业。当贸易只限于零售交易的时候，贸易的形式是原始的、粗糙的，从事贸易的全是犹太行商。当人口增加和文化水平提高的时候，当感到需要城市手工业和城市人口集中的时候，德国人便伸

---

① 恩格斯所讲的普鲁士宪法，是指国王弗里德里希—威廉三世屡次提出的关于在普鲁士实行等级宪法的诺言，但是这个诺言并没有兑现。——《马克思恩格斯全集》（中文第1版）第5卷，人民出版社1958年版，注释191。

展到斯拉夫各国来了。在中世纪帝国城市的小市民中、在萧条的商队的国内贸易中、在有限的海上贸易中以及在14世纪和15世纪的行会手工业中达到空前繁荣的德国人，表现了自己有成为世界历史上的小市民的才干，而且直到今天在整个东欧和北欧，甚至在美洲，他们仍然是小资产阶级的核心。在彼得堡、莫斯科、华沙和克拉柯夫，在斯德哥尔摩和哥本哈根，在佩斯、敖德萨和雅西，在纽约和费拉得尔菲亚，手工业者、小商人和小捐客大部分（往往是极大部分）是由德国人或祖籍是德国的人组成的。在所有这些城市里，都有纯粹讲德语的街区，而其中有些城市（如佩斯），差不多全是德国人。

摘自弗·恩格斯：《法兰克福关于波兰问题的辩论》（1848年8月7日—9月6日）（一），《马克思恩格斯全集》（中文第1版）第5卷，人民出版社1958年版，第373页。

**5. 如果法国人在最近宣布 Cologne、Coblence、Mayence 和 Francfort（科伦、科布伦茨、美因兹和法兰克福的法文名字）自古以来就是法国的领土，那末世界历史观点将怎么说呢？那将是世界历史观点的不幸！**

"其次，西部各州——比恩鲍姆州、梅泽里茨州、博姆斯特州、弗劳施塔特州①——从这些城市的名称就可以看出，按其居民的绝大多数来说，自古以来就是德国的。"

但是门兹胡德州也是这样吗，约丹先生？——"从这个州的名称就可以看出，按其居民的绝大多数来说，自古以来就是波兰的"吗？

不过，门兹胡德也就是比恩鲍姆州。用波兰话来说，这个城市就叫做门兹胡德。

这一个"可理解的世界"的"世界历史观点"的语源学"古玩陈列室"，会从基督教德意志的利奥先生那里得到多大的支持！不消说，Mailand、Lüttich、Genf、Kopenhagen②"从名称上就可以看出，自古以来"就是"德国的"；可是"世界历史观点"是否"从名称上就已"看出海孟

---

① 波兰称作：门兹胡德、门兹热奇、巴比莫斯特、弗斯霍瓦。——编者注
② 米兰、列日、日内瓦、哥本哈根的德文名字。——编者注

斯—艾希赫、维尔斯—来登、耶纳乌和加尔天菲尔德自古以来就是德国的呢？当然，世界历史观点是很难在地图上找到这些自古以来的德国名称的，当它知道这些名称指的就是勒—克纳乌、里昂、热那亚和康波—弗列多的时候，它自然只有感谢杜撰了这些名称的利奥先生。

如果法国人在最近宣布 Cologne、Coblence、Mayence 和 Francfort① 自古以来就是法国的领土，那末世界历史观点将怎么说呢？那将是世界历史观点的不幸！

摘自弗·恩格斯：《法兰克福关于波兰问题的辩论》（1848年8月7日—9月6日）（五），《马克思恩格斯全集》（中文第1版）第5卷，人民出版社1958年版，第404—405页。

**6. 波兰就恰恰相反……它对它的压迫者们的反对立场同时也就是对本国大贵族的反对立场。……波兰复兴的保证，波兰复兴的必然性就在这里**

波兰就恰恰相反，它由于社会条件（这些社会条件我们在前面已经分析过了）（见本报第81号）②，成了俄国、奥地利和普鲁士的革命的部分。它对它的压迫者们的反对立场同时也就是对本国大贵族的反对立场。甚至小贵族阶级（一部分还站在封建的立场上）也以无比的忘我精神参加民主的土地革命。当德国还在最庸俗的立宪思想和浮夸的哲学思想中徘徊的时候，波兰就已经成了东欧民主的策源地。

波兰复兴的保证，波兰复兴的必然性就在这里，而根本不在于久已埋葬了的骑士精神的辉煌发展。

但是卢格先生还有另外一个为"欧洲各民族的大家庭"中必须有独立的波兰存在作辩护的论据：

"加在波兰身上的暴力，使波兰人散布在欧洲各地；他们到处流散，因为遭到非正义行为而充满了愤怒……波兰精神在法国和德国（!?）成了更合乎人道的精神，而且纯化了，因为波兰的流亡者成了宣传自由的人（№1）③……斯拉夫人是能够加入欧洲各民族的大家庭

---

① 科伦、科布伦茨、美因兹和法兰克福的法文名字。——编者注
② 指《新莱茵报》第81号，见本卷第389—393页。——编者注
③ 括弧里的话和符号是恩格斯加的。——译者注

的（没有"大家庭"无论如何是不可能的！）①，因为……他们的流亡者真正做到了传播自由（No2）②……多亏波兰人这些自由的传播者（No3）③，所有的俄国军队（！！）才感染了新时代的思想……我尊重波兰人在全欧洲表现出来的那种手执武器宣传自由（No4）④的可敬的志向……只要他们不断发出自己的声音，他们在历史上就会受到赞扬，因为他们到处以急先锋（No5）⑤的姿态出现（！！！）……波兰人是投到斯拉夫民族中去的自由的因素（No6）⑥；他们把在布拉格举行的斯拉夫人代表大会引上了自由的道路（No7）⑦，他们在法国、俄国和德国进行活动。由此可见，波兰人在现代文明中也是积极的因素，他们起了很好的作用，因为他们起了很好的作用，因为他们是必需的，所以他们决不是没有生气的。"

卢格先生要证明：第一，波兰人是必需的；第二，波兰人不是没有生气的。他在证明时说："因为他们是必需的，所以他们决不是没有生气的。"

如果从上面所引的那段把同样的意思重复了7次之多的冗长的话中去掉几个字——波兰人、因素、自由、宣传、文明、传播，你们就可以看到这一段夸夸其谈的话还剩下些什么。

卢格先生要证明波兰复兴的必要性。他以如下的话来证明这一点。波兰人不是没有生气的，恰恰相反，他们是充满生命力的，他们起了很好的作用，他们是全欧洲自由的传播者。他们是怎样做到这一点的呢？加在他们身上的暴力和可耻的非正义行为，使他们散居在欧洲各地，他们带来了因为遭到非正义行为而产生的愤怒，正当的革命的愤怒。他们在被放逐中使自己的这种愤怒"纯化了"，而这个纯化了的愤怒又使他们能够传播自

---

① 括弧里的话和符号是恩格斯的。——译者注
② 同上。
③ 同上。
④ 同上。
⑤ 同上。
⑥ 同上。
⑦ 同上。

由，并使他们"站在街垒的最前列"。由此应该得出什么结论呢？要放弃可耻的非正义行为和加在波兰人身上的暴力，要复兴波兰，——那时候"愤怒"就会消失，那时候愤怒就不会再纯化，那时候波兰人就会回家，而不再"传播自由"。如果说"因为遭到非正义行为而产生的愤怒"是使波兰人成为革命者的唯一原因，那末放弃非正义行为就会使他们成为反动分子。如果说反抗压迫是波兰人维持生命力的唯一来源，那末请放弃压迫吧，这样波兰人就会没有生气。

这样一来，卢格先生恰恰证明了他想要证明的反面。由他的论据引申出来的结论，就是为了自由和欧洲各民族大家庭的利益，波兰不应该复兴。

<blockquote>摘自弗·恩格斯：《法兰克福关于波兰问题的辩论》（1848年8月7日—9月6日）（八），《马克思恩格斯全集》（中文第1版）第5卷，人民出版社1958年版，第421—423页。</blockquote>

**7. 波兰流亡者为了复兴波兰，表现得很坚定……。但是难道波兰国内的波兰人做的事情就少吗？……没有流亡的波兰人和几乎所有的波兰流亡者（……）比较起来，接受的一般欧洲文明要多得多，对他们常住的波兰的需要要清楚得多**

而且，卢格先生的"知识"是很奇怪的，他说到波兰人时，只提到流亡者，只看到街垒中的流亡者。我们绝对不想侮辱波兰流亡者，他们在战场上以及在为了波兰的利益而进行的18年秘密工作中，证明了自己的毅力和勇气。但是我们也不能否认：凡是熟悉波兰流亡者的人，都知道波兰流亡者远不象卢格先生跟在前公爵利希诺夫斯基后面信口妄谈的那样，达到了以传道者的精神热爱自由和一心想置身街垒的程度。波兰流亡者为了复兴波兰，表现得很坚定，忍受了很多痛苦，做了很多工作。但是难道波兰国内的波兰人做的事情就少吗？难道他们没有蔑视严重的危险吗？难道他们没有遭受麻比特和斯皮尔堡的监狱、鞭笞、西伯利亚矿场、加里西亚的屠杀和普鲁士的榴霰弹等等的惨祸吗？可是这一切在卢格先生看来都是不存在的。他很少注意到，没有流亡的波兰人和几乎所有的波兰流亡者（除列列韦尔和梅洛斯拉夫斯基以外）比较起来，接受的一般欧洲文明要多得多，对他们常住的波兰的需要要清楚得多。卢格先生认为波兰所有的一切知识，或者用他的话来说，"传播到波兰人中间的、波兰人所掌握的"一切知识，是由于他们居住在外国取得的。我们在№〔81〕①中曾经指出：波兰人既不应当从二月以后已经由于空谈而没落的法国政治空想家那里去了解本国的需要，也不应当从还没有机会没落的深思熟虑的德国思想家那里去了解本国的需要；我们曾经指出：波兰本身就是研究波兰需要什么的最好的学校。波兰人的功绩就在于他们首先承认并宣告土地民主制是使一切斯拉夫民族获得解放的唯一可能的形式，而根本不是象卢格先生所设想的那样，把"在法国成熟了的政治自由的伟大思想"这一类空话"甚至（！）把在德国产生的哲学（卢格先生陷在这种哲学中）②搬到了波兰和俄国"。

摘自弗·恩格斯：《法兰克福关于波兰问题的辩论》（1848年8月7日—9月6日）（八），《马克思恩格斯全集》（中文第1版）第5卷，人民出版社1958年版，第423—424页。

**8. 奥地利的斯拉夫人从来没有过自己的历史，在历史、文学、政治、贸易和工业方面他们都依赖于德国人和马扎尔人，他们部分地已经被德国人、马扎尔人和意大利人同化了，一旦成立许多独立国家，统治这些国家的也不会是他们**

昨天我们在文章的最后曾经指出，奥地利的斯拉夫人从来没有过自己的历史，在历史、文学、政治、贸易和工业方面他们都依赖于德国人和马扎尔人，他们部分地已经被德国人、马扎尔人和意大利人同化了，一旦成立许多独立国家，统治这些国家的也不会是他们，而是他们城市中的德国资产阶级和意大利资产阶级，最后，无论是匈牙利，还是德国，都不会容许割去和单独成立这种没有生命力的小的中间国家。

但是这一切也许还不会有决定意义。如果斯拉夫人在他们受压迫的某一个时期开始新的革命历史，那末他们仅用这一点就足以证明自己是有生命力的。从这个时候起，革命就会要求他们求得解放，而德国人和马扎尔人的局部利益就会在欧洲革命的更重要的利益面前消失。

可是这种情形过去恰好一次也没有发生。

---

① 指《新莱茵报》第81号。——译者注
② 括弧里的话是恩格斯的。——译者注

摘自弗·恩格斯：《民主的泛斯拉夫主义》（1849年2月14—15日）（二），《马克思恩格斯全集》（中文第1版）第6卷，人民出版社1961年版，第334页。

**9. 对他们说来，宗教改革运动只不过是使教会财产世俗化的宗教根据，所以他们在十六和十七两个世纪中所获得的产业的最好部分都可以归之于一个丰富的来源，即掠夺教会**

不要以为：既然宗教改革运动成了霍亨索伦王朝的主要支柱，那末霍亨索伦王朝也是宗教改革运动的主要支柱。完全相反。这个王朝的创业人弗里德里希第一的统治是从他率领西吉兹蒙特的军队攻打胡斯派①开始的，后者为他的这种热心曾狠狠地打击了他。1499—1535年在位的约阿西姆第一·奈斯托尔对待宗教改革运动，就如对待塔波尔派②运动一样。他一直到死都在迫害这个运动。约阿希姆第二·赫克脱，虽然自己信奉了路德教，但是正在新教被查理五世的占压倒优势的力量弄得精疲力尽的时刻却不肯拔剑相助。他不但拒绝参加施马尔卡尔登联盟③的武装反抗，反而在暗中援助皇帝。因此，德国宗教改革运动从霍亨索伦王朝方面所遇到的，在它产生时是公开的敌对态度，在它斗争的早期是虚伪的中立，而在它可

---

① 胡斯派是1419—1434年期间捷克人民反对德国封建主和天主教会的民族解放战争的参加者。胡斯派运动的思想上的鼓舞者是捷克的伟大爱国者、学者和捷克宗教改革运动的领袖杨·胡斯（约1369—1415），这个运动就是因他而得名。在这次战争期间，以农民和平民的部队为主力的胡斯派的军队，击退了由教皇和德国皇帝组织的五次反对捷克的十字军征讨。只是由于捷克的贵族和市民阶级分子同国外的封建反动势力实行叛变性的妥协，人民起义才遭到失败。胡斯派的运动对十六世纪欧洲宗教改革产生了巨大的影响。——《马克思恩格斯全集》（中文第1版）第12卷，人民出版社1962年版，注释93。

② 塔波尔派（以运动中心塔波尔城而得名）是捷克胡斯派的民族解放运动和宗教改革运动（见注93）中的革命的、民主的一翼。塔波尔派的要求反映了农民群众和城市平民要消灭整个封建制度的意向。——《马克思恩格斯全集》（中文第1版）第12卷，人民出版社1962年版，注释94。

③ 施马尔卡尔登联盟（以其缔结联盟地点普鲁士城市施马尔卡尔登而得名）是若干新教诸侯和许多帝国城市的联盟。产生于1531年初，其目的是要保卫宗教改革事业，反抗以皇帝查理五世为首的天主教诸侯。1546—1548年，皇帝和联盟之间进行了战争，结果是查理五世胜利，施马尔卡尔登联盟瓦解。1555年新教徒才战胜了查理五世。——《马克思恩格斯全集》（中文第1版）第12卷，人民出版社1962年版，注释95。

怕的最后一幕，即在三十年战争①时期，则是畏缩动摇、胆怯的消极和卑鄙的背信弃义。大家知道，选帝侯乔治—威廉曾企图切断古斯达夫—阿道夫的解放部队的去路，古斯达夫—阿道夫曾不得不施展各种手段把选帝侯赶进新教阵营，后来这位选帝侯同奥地利签订了片面和约②，企图溜出这个阵营。然而，即使霍亨索伦王朝不是德国宗教改革运动的骑士，无疑也是它的财务管理。他们不愿为宗教改革运动的事业奋斗，却热衷于借宗教改革运动之名进行打劫。对他们说来，宗教改革运动只不过是使教会财产世俗化的宗教根据，所以他们在十六和十七两个世纪中所获得的产业的最好部分都可以归之于一个丰富的来源，即掠夺教会。这的确是神权的相当奇异的表现方式。

摘自卡·马克思：《霍亨索伦王朝的神权》，《马克思恩格斯全集》（中文第1版）第12卷，人民出版社1962年版，第109—110页。

**10. 英国的、法国的、俄国的军官曾先后尝试过组织波斯的军队。各种办法相继采用，但是……东方人所具有的忌妒、阴险、愚昧、贪婪而又腐败，每一种办法都行不通**

英国人在亚洲刚结束了一场战争③，现在又开始进行另一场战争④了。

---

① 1618—1648年的三十年战争是第一次全欧洲范围的战争，它是由新教徒和天主教徒的斗争而引起的。在捷克发生的反对哈布斯堡王朝的君主制度的压迫和天主教反动进攻的起义是这场战争的开端。后来，参战的欧洲各国形成了两个阵营。罗马教皇、西班牙和奥地利的哈布斯堡王朝以及德意志的天主教诸侯联合在天主教旗帜下反对新教国家：捷克、丹麦、瑞典、荷兰共和国以及若干接受了宗教改革的德意志邦。新教各国受到法国国王——哈布斯堡王朝的敌人的支持。德国是这次斗争的主要场所，是战争参加者的军事掠夺和侵略的对象。战争在第一阶段带有反抗欧洲封建专制反动势力的性质，但后来，特别是从1635年起变成了相互竞争的外国掠夺者对德意志的一系列的入侵。战争于1648年以签订使德国在政治上分散性更加巩固的威斯特伐里亚和约而告终。——《马克思恩格斯全集》（中文第1版）第12卷，人民出版社1962年版，注释96。

② 三十年战争期间，勃兰登堡选帝侯乔治—威廉于1631年同瑞典结成联盟，但是作战很勉强。由于害怕波美拉尼亚会被自己的姻亲、领导新教国家联盟的瑞典国王古斯达夫二世阿道夫夺去，乔治—威廉不久就拒绝援助他。1635年，他背弃了瑞典，而同德国皇帝缔结了和约。——《马克思恩格斯全集》（中文第1版）第12卷，人民出版社1962年版，注释97。

③ 指1856—1857年英国对波斯进行的战争。19世纪中叶，英国企图征服波斯和阿富汗，以便在中东和亚洲实行进一步的侵略扩张。1856年10月，波斯占领了波阿两国有争议的领土赫拉特。英国以此为借口于11月对波斯宣战，先后占领了恰拉克岛、布什尔港、穆罕默腊市和阿瓦士市。由于俄国在外交上支持波斯，印度爆发了为争取民族独立、反对英国统治的大规模的人民起义，以及向中国调兵进行第二次鸦片战争等等，英国不得不在1857年3月4日同波斯签订和约，英军撤出波斯，波斯撤出赫拉特，并放弃对赫拉特的一切要求。——《马克思恩格斯文集》第2卷，人民出版社2009年版，注释375。

④ 指第二次鸦片战争。——《马克思恩格斯文集》第2卷，人民出版社2009年版，注释376。

波斯人对英国侵略的抵抗和中国人迄今对英国侵略所进行的抵抗，形成了值得我们注意的对照。在波斯，欧洲式的军事组织被移植到亚洲式的野蛮制度上；在中国，这个世界上最古老国家的腐朽的半文明制度，则用自己的手段与欧洲人进行斗争。波斯被打得一败涂地，而绝望的、陷于半瓦解状态的中国，却找到了一种抵抗办法，这种办法实行起来，就不会再有第一次英国对华战争①那种节节胜利的形势出现了。

波斯的状况与1828—1829年俄土战争②时土耳其的状况相同。英国的、法国的、俄国的军官曾先后尝试过组织波斯的军队。各种办法相继采用，但是每一种办法都行不通，因为那些本来应在这些办法的实施下成为欧洲式军官和士兵的东方人所具有的忌妒、阴险、愚昧、贪婪而又腐败。新式的正规军从来没有机会在战场上考验一下自己的组织和战斗能力。它的全部战绩只限于对库尔德人、土库曼人和阿富汗人的几次征讨，而在这几次征讨中，它只是作为波斯的数量众多的非正规骑兵的某种核心或预备队。实际作战的主要是非正规骑兵，而正规军通常只是利用它那表面威武的阵势来吓唬敌人而已。最后，同英国的战争终于爆发了。

摘自弗·恩格斯：《波斯和中国》（1857年5月20日），《马克思恩格斯文集》第2卷，人民出版社2009年版，第622页。

**11. 东方民族在这方面太无知无能了，他们只好把炮兵的管理完全交给欧洲教官**

到处都成为例外的唯一兵种是炮兵。东方民族在这方面太无知无能了，他们只好把炮兵的管理完全交给欧洲教官。结果，在波斯也像在土耳其一样，炮兵都比步兵和骑兵强得多。

英印军队是所有按照欧洲方式组织起来的东方军队中最老的一支，也是唯一不隶属于东方政府而隶属于纯粹欧洲式政府，并且差不多完全由欧

---

① 即1840—1842年的第一次鸦片战争。——编者注

② 1828—1829年俄土战争是尼古拉一世借口支持信奉基督教的希腊人反对土耳其压迫的民族运动而挑起的。1828年4—10月是战争的第一阶段，1829年5—8月是战争的第二阶段。土耳其军队起初对集中在多瑙河地区（锡利斯特里亚、舒姆拉、瓦尔纳等要塞附近）的俄国军队进行了有力的抗击。1828年10月11日，瓦尔纳被俄军攻占。1829年5月30日，土军在库列夫恰（保加利亚）会战中被击溃。1829年夏，俄国军队向君士坦丁堡进军，并于6月11日击败了土耳其军队。1829年9月14日，土耳其接受了俄国提出的全部条件，签订了《阿德里安堡和约》。——《马克思恩格斯文集》第2卷，人民出版社2009年版，注释377。

洲军官指挥的军队。很自然，在上述那种情况下，这样一支军队，又有大量英国后备部队和强大海军做后盾，是不难把波斯的正规军击溃的。挫折越严重，对于波斯人越有好处。正如土耳其人已经懂得的那样，波斯人现在也会懂得：欧洲式的服装和阅兵操练本身还不是一种护符；再过20年以后，波斯人可能就会像那个样子了，就像土耳其人在最近的各次胜利中所表现的那样。

摘自弗·恩格斯：《波斯和中国》（1857年5月20日），《马克思恩格斯文集》第2卷，人民出版社2009年版，第624—625页。

**12. 那时人民保持平静，让皇帝的军队去同侵略者作战，失败之后，则抱着东方宿命论的态度屈从于敌人的暴力**

据说，攻克布什尔和穆罕默腊的军队将立即调往中国。在中国，他们将遇到不同的敌人。抗击他们的将不是依照欧洲方式部署的部队，而是大群亚洲人摆成的不规则的战阵。毫无疑问，他们将不难对付这种队伍。可是，如果中国人发起全民战争来对抗他们，如果野蛮人毫无顾虑地运用他们善于运用的唯一武器，英国人又怎么办呢？

现在，中国人的情绪与1840—1842年战争①时的情绪已显然不同。那时人民保持平静，让皇帝的军队去同侵略者作战，失败之后，则抱着东方宿命论的态度屈从于敌人的暴力。但是现在，至少在迄今斗争所及的南方各省，民众积极地而且是狂热地参加反对外国人的斗争。他们经过极其冷静的预谋，在供应香港欧洲人居住区的面包里大量地投放了毒药。（有几只面包送交李比希化验。他发现面包的各个部分都含有大量的砒霜，这表明在和面时就已掺入砒霜。但是药量过大，结果一定是变成了呕吐剂，因而抵消了毒效。）他们暗带武器搭乘商船，而在中途杀死船员和欧洲乘客，夺取船只。他们绑架和杀死他们所遇到的每一个外国人。连移民到外国去的苦力都好像事先约定好了，在每一艘移民船上起来暴动，夺取船只，他们宁愿与船同沉海底或者在船上烧死，也不投降。甚至国外的华侨——他们向来是最听命和最驯顺的臣民——也进行密谋，突然在夜间起事，如在沙捞越就发生过这种情形；又如在新加坡，当局只是靠武力和戒备才压制住他们。是英国政府的海盗政策造成了这一所有中国人普遍起义反抗所有外

---

① 第一次鸦片战争。——编者注

国人的局面，并使之表现为一场灭绝战。

> 摘自弗·恩格斯：《波斯和中国》（1857年5月20日），《马克思恩格斯文集》第2卷，人民出版社2009年版，第625—626页。

### 13. 这些把炽热的炮弹射向毫无防御的城市、杀人又强奸妇女的文明贩子们，尽可以把中国人的这种抵抗方法叫做卑劣的、野蛮的、凶残的方法

军队对于采取这种作战方法的民族有什么办法呢？军队应当在什么地方进入敌国，深入到什么地方和怎样在那里坚守下去呢？这些把炽热的炮弹射向毫无防御的城市、杀人又强奸妇女的文明贩子们[①]，尽可以把中国人的这种抵抗方法叫做卑劣的、野蛮的、凶残的方法；但是只要这种方法有效，那么对中国人来说这又有什么关系呢？既然英国人把他们当做野蛮人对待，那么英国人就不能反对他们充分利用他们的野蛮所具有的长处。如果他们的绑架、偷袭和夜间杀人就是我们所说的卑劣行为，那么这些文明贩子们就不应当忘记：他们自己也承认过，中国人采取他们通常的作战方法，是不能抵御欧洲式的破坏手段的。

简言，我们不要像道貌岸然的英国报刊那样从道德方面指责中国人的可怕暴行，最好承认这是"保卫社稷和家园"的战争，这是一场维护中华民族生存的人民战争。虽然你可以说，这场战争充满这个民族的目空一切的偏见、愚蠢的行动、饱学的愚昧和迂腐的野蛮，但它终究是人民战争。而对于起来反抗的民族在人民战争中所采取的手段，不应当根据公认的正规作战方法或者任何别的抽象标准来衡量，而应当根据这个反抗的民族所刚刚达到的文明程度来衡量。

> 摘自弗·恩格斯：《波斯和中国》（1857年5月20日），《马克思恩格斯文集》第2卷，人民出版社2009年版，第626页。

### 14. 北萨瓦对瑞士来说等于丹纳士人的礼物

对瑞士来说，惟一的保证就是北萨瓦既不属于它也不属于法国；在这种情况下，北萨瓦在战时就能对于两国切实保守中立，而实际上却掩护了

---

[①] 英国侵略者在1856年利用亚罗号划艇事件作为发动第二次鸦片战争的口实，从1856年10月27日起，开炮轰击广州城。29日，英军攻破外城，一度冲入城内，纵火将靖海门、五仙山附近民房烧毁殆尽，后因兵力不足，只得退出，但是炮轰城市、掠杀居民的暴行依然继续。——《马克思恩格斯文集》第2卷，人民出版社2009年版，注释380。

瑞士。如果它属于瑞士，那对于瑞士来说并不比它属于法国要好多少。萨瓦的价值只在于使瑞士赢得3天至多5天的时间，但是这些时间大部分将会在以后防御瓦特州时失去。这与肯定敌人在任何情况下都只能够在巴塞尔和日内瓦湖之间进攻比较起来，还算得了什么呢？

北萨瓦对瑞士来说等于丹纳士人的礼物①。不仅如此，这种礼物还包藏着一种威胁。在这种场合下，法国将在军事上控制整个瑞士法语区，使它无法进行任何哪怕是半真半假的防御。法国兼并南萨瓦以后，就会立刻提出吞并瑞士法语区的要求。

摘自弗·恩格斯：《萨瓦、尼斯与莱茵》（1860年2月）（二），《马克思恩格斯全集》（中文第2版）第19卷，人民出版社2006年版，第462—463页。

**15. 尼斯西部操普罗旺斯方言，东部，即罗亚河东岸地区，则操意大利方言**

大家知道，尼斯伯爵领地位于滨海阿尔卑斯山麓，它和热那亚省的疆界，通过塞尔沃附近的奥内利亚以东一德里处向下一直伸到海边。尼斯西部操普罗旺斯方言，东部，即罗亚河东岸地区，则操意大利方言。但是除瓦尔河上一些村庄外，标准语到处都是意大利语，只是在尼斯城里，由于外国人大量流入，法语和意大利语才不相上下。

摘自弗·恩格斯：《萨瓦、尼斯与莱茵》（1860年2月）（三），《马克思恩格斯全集》（中文第2版）第19卷，人民出版社2006年版，第464页。

**16. 为了正确地研究民族成分问题，我们必须了解一下阿尔卑斯山脉西部地区各种语言的相互关系**

为了正确地研究民族成分问题，在这里我们必须了解一下阿尔卑斯山脉西部地区各种语言的相互关系。

在阿尔卑斯山脉一带，凡是意大利语和其他语言交错的地方，意大利语总是处于劣势。它没有渗入阿尔卑斯山脉以外的任何一个地方：格劳宾登和蒂罗尔的罗曼方言完全与意大利语无关。相反，在阿尔卑斯山脉以南，

---

① 丹纳士人的礼物是指谁得到谁就可能遭殃的礼物。根据关于夺取特洛伊城的传说，希腊人（根据希腊部族之一的名称也称为丹纳士人）送给特洛伊人一只木马表示和解，其中藏有武装的军士。这就是罗马诗人维吉尔的长诗《亚尼雅士之歌》第2部中的一个主人公所说的一句获得了广泛流传的话"我害怕丹纳士人，甚至害怕送礼的丹纳士人"的由来。——《马克思恩格斯全集》（中文第2版）第19卷，人民出版社2006年版，注释341。

一切边缘地区的语言却夺取了意大利语的地盘。在威尼斯省的西部山区乌迪内,说的是克赖因—斯洛文尼亚语。在蒂罗尔,德语的成分在整个南坡和埃奇河上游河谷占统治地位;再向南,在意大利语地区的中部,有七村社和十三村社①孤岛般的德语区;格里斯山南麓、泰辛的卡韦尔尼奥河谷、皮埃蒙特的福尔马扎河谷、辛普朗山麓的上韦德罗河谷,最后,还有玫瑰峰的整个东南坡、利斯、上塞西亚和安扎斯卡等河谷,都说德语。法语的疆界起自利斯河谷,包括整个奥斯塔河谷和从塞尼山口起的科蒂安山的东坡,因此,一般都认为,波河上游所有河流都发源于法语区。通常认为,这个疆界是由代蒙特(施图拉河畔)起,即滕达山口稍西的地方起,到罗亚河并且沿罗亚河直到海边。

摘自弗·恩格斯:《萨瓦、尼斯与莱茵》(1860年2月)(三),《马克思恩格斯全集》(中文第2版)第19卷,人民出版社2006年版,第464—465页。

**17. 因此,在这种情形上,民间语并不能确定民族的归属**

关于德意志或斯拉夫民间语与意大利民间语之间的界限的问题,是不会引起什么怀疑的。但是如果两种罗曼语相遇,而且它们既不是意大利标准语即真正的托斯卡纳语,也不是北法兰西受过教育的人的语言,而是意大利语的皮埃蒙特方言和行吟诗人所使用的、已经衰落了的、变成无数种方言的南法兰西语(为了简便起见,我们用一个不太确切但却是通用的叫法——普罗旺斯语——来称呼它),那么问题就不同了。无论谁,只要他哪怕是肤浅地研究过罗曼语比较语法或者普罗旺斯文学,那他在伦巴第和皮埃蒙特一定会立即觉察出,这里的民间语与普罗旺斯语非常近似。固然,在伦巴第语中,这种类似处仅仅限于方言的外形,例如:阳性元音词尾要省略,而阴性词尾在单数中仍然保留;同样,大部分元音词尾在变位时使这种语言带有普罗旺斯语的声调,而鼻音 n 以及 u 和 oeu 的发音却好像北法兰西语;但是构词法和语音学实际上仍然是意大利语的,令人奇怪的是,

---

① 七村社(Sette comuni)和十三村社(Tredici comuni)是位于威尼斯省境内阿尔卑斯山南部支脉上由德国人居住的两个小山区的名称。这两个德国移民区出现在13世纪下半叶;这两个移民区的居民所说的德语方言在19世纪下半叶只是在少数几个村子中还保留着。——《马克思恩格斯全集》(中文第2版)第19卷,人民出版社2006年版,注释342。

凡与意大利语偏离的地方，则正如勒托—罗曼语①中那样，多半很像葡萄牙语②。皮埃蒙特方言在主要特点上和伦巴第方言非常类似，但是它比后者更接近于普罗旺斯方言，而且无疑的，科蒂安山和滨海阿尔卑斯山一带这两种方言非常相近，很难在它们中间划出确切的界限③。此外，南法兰西方言大部分甚至并不比皮埃蒙特方言更接近于北法兰西标准语。因此，在这种情形上，民间语并不能确定民族的归属。操普罗旺斯语的阿尔卑斯山一带的农民既容易学会法语，又同样容易学会意大利语，但是两种语言都同样用得很少；他们非常熟悉皮埃蒙特语，用这一种语言也足够了。如果一定要找出个根据，那么只有标准语才能提供，而这种标准语在全皮埃蒙特和尼斯，显然是意大利语：惟一的例外或许是奥斯塔河谷和瓦尔德锡河谷，在这两个地区，有些地方占优势的是法兰西标准语。

摘自弗·恩格斯：《萨瓦、尼斯与莱茵》（1860年2月）（三），《马克思恩格斯全集》（中文第2版）第19卷，人民出版社2006年版，第465—466页。

**18. 可见，企图以普罗旺斯方言作为论据（……）来断言尼斯在民族上属于法国，这从一开始就是没有道理的**

可见，企图以普罗旺斯方言作为论据（况且只是在半个省份使用的普罗旺斯方言）来断言尼斯在民族上属于法国，这从一开始就是没有道理的。如果注意到在比利牛斯山的西面，包括阿拉贡、加泰罗尼亚和巴伦西亚，

---

① 勒托—罗曼语（这个语种名称来自古罗马的勒戚亚省名）属于罗曼语族；主要在瑞士东南部和意大利西北部的高山地区作为口语流行。——《马克思恩格斯全集》（中文第2版）第19卷，人民出版社2006年版，注释343。

② "钥匙"在拉丁语是clavis，意大利语是chiave，葡萄牙语是chave，伦巴第语是cià u（读"恰乌"）。去年夏天奥格斯堡《总汇报》上登载的来自维罗纳的通讯（见发自奥地利大本营的报道）写道：在街上，大家见面时常常说"恰乌，恰乌"。这家常常在语言方面犯错误的聪明的报纸，显然找不出打开这个"恰乌"之谜的钥匙。这个字实际是s-ciau（读"斯恰乌"），类似于伦巴第语中的schiavo——奴隶，仆役，就如在我国彼此寒暄时也说："您的仆人，顺从的仆人"等一样。在伦巴第方言中，真正普罗旺斯语的形式，我们记得只有两个：阴性过去时形动词的词尾为da（amà，amada）与动词现在时第一人称的词尾为i（ami——我爱，saludi——我致敬）。

③ 意大利方言和普罗旺斯方言的不同点是：（1）在意大利语中i在辅音后面要元音化（fiore，piu，bianco），普罗旺斯方言则不然；（2）名词复数由拉丁语主格构成（donne，cappelli）。固然，普罗旺斯方言和古法兰西方言，在中世纪同样有过这样一种主格的构成法，而其余各格则由拉丁语的宾格（词尾—s）构成。但是据我们所知，所有现代的普罗旺斯方言，都只是保存着后面这种形式。然而，在这两种方言交错的地区，还可能发生疑问：现在保留下来的主格形式是来自意大利方言还是来自普罗旺斯方言。

普遍都说普罗旺斯方言，虽然它在这些西班牙省份里受到卡斯蒂利亚语的一些影响，但不仅在总的方面仍然保持着远较法国任何地方都纯粹的形式，甚至还作为书面语存在于民间文学中，——如果注意到这点，那上述断言就更没有道理了。如果路易—拿破仑在最近的将来也以这3个省份在民族上属于法国为理由而要求占有它们，那西班牙该怎么办呢？

在伯爵领地尼斯要博得对法国的同情，似乎比在萨瓦还要难些。在农村中没有半点反应，在城市中，一切尝试遭到了比在尚贝里更加彻底的失败，虽然在这个海滨胜地，纠合一批波拿巴分子要容易得多。想使尼斯人加里波第成为法国人，——这个念头倒真是不坏！

摘自弗·恩格斯：《萨瓦、尼斯与莱茵》（1860年2月）（三），《马克思恩格斯全集》（中文第2版）第19卷，人民出版社2006年版，第466—467页。

**19. 信教自由——这就是为了消灭波兰所需要的字眼**

信教自由——这就是为了消灭波兰所需要的字眼。波兰在宗教问题上从来就是非常自由的；下述事实就是证明：当犹太人在欧洲所有其他国家遭到迫害时，他们在这里却找到了避难所。东部各省的大部分居民信奉正教，而波兰人则是天主教徒，这些正教徒中有很大一部分人在十六世纪时被迫承认罗马教皇的最高权力，因而被叫作东方礼天主教徒，不过他们当中有很多人在各方面仍然保持原先的正教信仰。这主要是农奴，而他们的高贵主人差不多全都是天主教徒；这些农奴按民族（nationality）来说都是小俄罗斯人。

摘自弗·恩格斯：《工人阶级同波兰有什么关系？》（1866年1月底—4月6日）（三），《马克思恩格斯全集》（中文第1版）第16卷，人民出版社1964年版，第181页。

**20. 可是俄国政府在自己的国家里，除正教而外，不能容忍任何宗教**

可是俄国政府在自己的国家里，除正教而外，不能容忍任何宗教，它把叛教当作罪行严加惩罚，它征服别的民族，吞并左右邻邦的领土，同时不断加强对俄罗斯农奴的束缚，——就是这个俄国政府，却很快对波兰大肆攻击起来，它借口信教自由，说什么因为波兰压迫正教徒；借口要维护民族原则，因为东部地区的居民是小俄罗斯人，需要把他们合并到大俄罗斯里去；并且借口革命权利，武装农奴去反对他们的主人。俄国是完全不择手段的。人们在谈到阶级对阶级的战争时，总是把它看做一种非常革命的东西；但是，俄国大约还在一百年以前就在波兰开始了这样的战争，而这是阶级战争的绝妙样品，当时，俄国的士兵和小俄罗斯的农奴一起前进，焚烧波兰贵族的城堡，但只是为了给俄国的吞并作准备；一旦吞并实现，还是那些俄国士兵就又把农奴拖回他们主人的枷锁之下。

摘自弗·恩格斯：《工人阶级同波兰有什么关系？》(1866年1月底—4月6日)(三)，《马克思恩格斯全集》(中文第1版)第16卷，人民出版社1964年版，第181—182页。

**21. 整个来说，这片德国领土在革命前几乎完全没有法国化**

整个来说，这片德国领土在革命前几乎完全没有法国化。在内部交往中，德语仍然是学校用语和官方用语，至少在亚尔萨斯如此。法国政府保护着这些德国省份，这些省份经历了长期战争的破坏以后，现在，从十八世纪初期起，在自己的土地上再也看不到敌人了。由绵延不断的内战弄得四分五裂的德意志帝国，实际上已不可能引诱亚尔萨斯人回到母亲的怀抱；他们至少能过着安宁与和平的日子，他们知道自己的处境，因而居于领导地位的庸人们便认为这是不可思议的天定的道路。而且他们的命运并不是独一无二的，须知，霍尔施坦人也是受外来的丹麦统治的。

摘自弗·恩格斯：《暴力在历史中的作用》(1887年12月底—1888年3月)，《马克思恩格斯全集》(中文第1版)第21卷，人民出版社1965年版，第507页。

**22. 但正在这个时候，在布拉格也召开了另外一个斯拉夫人代表大会……而这个真正的武装的斯拉夫人代表大会在文迪施格雷茨的指挥之下，不到24小时就把假想的斯拉夫人霸权的这些奠基者们驱逐出城，并把他们赶得东逃西散了**

后来波希米亚人和克罗地亚人在布拉格召开了一个斯拉夫人代表大会①，筹备成立一个斯拉夫人大同盟。即使没有奥地利军队的干涉，这个

---

① 斯拉夫人代表大会于1848年6月2日在布拉格举行。代表大会上，受哈布斯堡王朝压迫的斯拉夫民族的民族运动中的两个派别展开了斗争。温和的自由主义右派（属于该派的有代表大会的领导者弗·帕拉茨基和帕·约·沙法里克）为了维护和巩固哈布斯堡王朝，试图使之变为各民族享有平等权利的联邦，从而解决民族问题。民主主义左派（萨宾纳、弗里奇、利贝尔特等）对此坚决反对，他们竭力主张同德国和匈牙利的革命民主力量一致行动。代表大会部分代表参加了1848年6月12—17日布拉格起义，受到残酷的迫害；其余的代表，即温和的自由派代表于6月16日宣布代表大会无限期休会。——《马克思恩格斯文集》第2卷，人民出版社2009年版，注释257。

大会也会遭到惨败。几种斯拉夫语言各不相同，就像英语、德语和瑞典语各不相同一样；因此在会议开始以后，那些发言人都无法讲一种大家都能听懂的共同的斯拉夫语言。曾经试用法语，但大多数人也不懂，于是，这些可怜的斯拉夫族狂热分子——他们的唯一的共同感情就是对德意志人的共同仇恨——最后不得不用与会者都听得懂的唯一语言，即可恨的德语来表达意见！但正在这个时候，在布拉格也召开了另外一个斯拉夫人代表大会，参加这个大会的是加利西亚人的轻骑兵、克罗地亚人和斯洛伐克人的掷弹兵、波希米亚人的炮兵和重骑兵，而这个真正的武装的斯拉夫人代表大会在文迪施格雷茨的指挥之下，不到24小时就把假想的斯拉夫人霸权的这些奠基者们驱逐出城，并把他们赶得东逃西散了。

摘自弗·恩格斯：《德国的革命和反革命》（九），《马克思恩格斯文集》第2卷，人民出版社2009年版，第402—403页。

### 23. 我们来看一看中欧的语言分布图

我们来看一看中欧的语言分布图，比如，就拿斯拉夫的一个权威性资料——沙法里克的斯拉夫各国地图①来说吧。在这一分布图上，斯拉夫语言的界线从施托尔佩附近的波美拉尼亚沿海地区起，经过雅斯特罗夫，向南通往内茨河上的霍杰日，然后向西直达梅泽里茨。但是从这里起，它向东南急转直下。在这里，德国的西里西亚大楔子深深地插在波兰和波希米亚之间。在摩拉维亚和波希米亚，斯拉夫语言又远远地向西移——不过，它受到向前推进的德国成分多方面的侵蚀，同这里的德国城市和零星分散的德语区犬牙交错，正如在北方，整个魏克瑟尔河下游和东西普鲁士的得天独厚地区都是讲德语的，它们往波兰移动是不顺利的。在波兰语的最西点和捷克语的最北点之间，在德语区中间，有一个孤零零的劳西茨—文德语区，然而，这个地区几乎割断了西里西亚。

摘自卡·马克思：《福格特先生》（1860年2—11月）（八），《马克思恩格斯全集》（中文第2版）第19卷，人民出版社2006年版，第222页。

---

① 指由斯洛伐克斯拉夫学家帕·约·沙法里克专门为他的《斯拉夫民族志》（*Slovansky národopis*）一书绘制的地图，该书出版于1842年。——《马克思恩格斯全集》（中文第2版）第19卷，人民出版社2006年版，注释230。

# 十六 顽固维护封建制度的国家与民族在资本主义时代的结局

**1. 瓜分波兰之所以能够实现，是由于波兰大封建贵族和参加瓜分波兰的3个强国结成联盟**

此外还有一种情形，就是从3个同盟国最初企图征服波兰的时候起，波兰人就不仅举行起义来争取自己的独立，同时还进行革命活动来反对本国的社会制度。

瓜分波兰之所以能够实现，是由于波兰大封建贵族和参加瓜分波兰的3个强国结成联盟。正如前诗人约丹先生所断言的，这个联盟根本不是进步的；它是大贵族摆脱革命的最后一个手段，它彻头彻尾是反动的。

第一次瓜分波兰的结果，波兰其他各阶级，即小贵族、城市市民和一部分农民结成了联盟，这是十分自然的；这个同盟既反对波兰的压迫者，也反对本国的大贵族，1791年的宪法①证明，波兰人在那时就已经清楚地了解到，他们的独立是和推翻大贵族阶级，和国内的土地改革根本分不开的。

摘自弗·恩格斯：《法兰克福关于波兰问题的辩论》（1848年8月7日—9月6日）（三），《马克思恩格斯全集》（中文第1版）第5卷，人民出版社1958年版，第390页。

**2. 在斯拉夫土地上掌权的一部分马扎尔贵族和德国贵族被斯拉夫族同化了，于是，各斯拉夫民族自己也愿意保持这个要愈来愈坚决地维护贵族、反对不断发展的德国资产阶级和马扎尔资产阶级的君主国**

匈牙利加入了德意志奥地利。马扎尔人在匈牙利进行的斗争同德国人在德意志奥地利进行的斗争一样。楔入奥地利大公国和施梯里亚的斯拉夫野蛮人中间的德国人和以同样方式楔入莱达河流域的斯拉夫野蛮人中间的

---

① 1791年的波兰宪法反映了波兰小贵族中最进步的人士和城市资产阶级的意向。这个宪法废除了利别龙委多（联邦议会的决议案必须一致通过的原则）和国王的被选举权，规定政府向联邦议会负责，并给予资产阶级以许多政治上和经济上的权利，这些措施反对大贵族和封建的无政府状态，从而巩固了中央政权。1791年的宪法由于承认地主和农民之间所签订的赎卖契约具有约束力，而使农奴制关系稍微缓和了。——《马克思恩格斯全集》（中文第1版）第5卷，人民出版社1958年版，注释199。

马扎尔人联合起来了。像德国贵族在南部和北部，在波希米亚①、莫拉维亚、克伦地亚和克莱纳统治了斯拉夫民族，同化了他们，从而把他们卷入了欧洲运动一样，马扎尔贵族也在南部和北部，在克罗地亚、斯拉窝尼亚和喀尔巴阡山附近地区上统治了斯拉夫民族。德国贵族和马扎尔贵族的利益是一致的，他们的敌人是天然的同盟者。马扎尔人同奥地利的德国人之间的同盟是必要的。只要有一个大事件，只要有一次对他们两者的强有力的进攻，就会使这个同盟成为不可分割的。土耳其人征服拜占庭帝国就是这样的事件。土耳其人威胁匈牙利，其次也威胁维也纳，因此，匈牙利曾在几世纪中同哈布斯堡王朝不可分割地联结在一起。

但是，他们的共同敌人逐渐衰弱了。土耳其帝国开始衰落，而斯拉夫人也无力起来反对马扎尔人和德国人了。在斯拉夫土地上掌权的一部分马扎尔贵族和德国贵族被斯拉夫族同化了，于是，各斯拉夫民族自己也愿意保持这个要愈来愈坚决地维护贵族、反对不断发展的德国资产阶级和马扎尔资产阶级的君主国。民族矛盾消失了，哈布斯堡王朝也改变了政策。这个在德国市民阶级支持下登上了德意志皇帝宝座的哈布斯堡王朝，现在却开始比其他任何王朝都更坚决地维护封建贵族，反对资产阶级。

奥地利参加瓜分波兰，就是根据这种精神行事的。加里西亚的名门豪绅和达官显贵，即波托茨基家族、留博米尔斯基家族、查尔托雷斯基家族，把波兰出卖给奥地利，而成为哈布斯堡王朝最可靠的支柱，以此换得了哈布斯堡王朝对他们的领地的保护，以免受下层贵族和资产阶级的侵犯。

> 摘自弗·恩格斯：《匈牙利的斗争》（1849年1月8日左右），《马克思恩格斯全集》（中文第1版）第6卷，人民出版社1961年版，第194—196页。

### 3. 梅特涅……依靠上层封建贵族和金融贵族，依靠官僚和军队，在比他的一切竞争者更大得多的程度上实现了君主专制的理想

但是，城市资产阶级愈来愈富裕，其影响也愈来愈大，和工业齐头并进的农业的进步也改变了农民对地主的地位。资产阶级和农民反对贵族的运动愈来愈带有威胁性。由于农民到处都是民族局限性和地方局限性的体现者，农民运动必然带有地方性质和民族性质，所以与农民运动一起又产

---

① 即捷克。——编者注

生了民族之间的旧的斗争。

在这种形势下，梅特涅完成了他的杰作。他消除了贵族（除了最有势力的封建贵族以外）对国家事务的任何影响。他把那些最有势力的金融贵族拉到自己方面来，从而削弱了资产阶级，——他必须这样做，财政状况要求他这样做。于是，他依靠上层封建贵族和金融贵族，依靠官僚和军队，在比他的一切竞争者更大得多的程度上实现了君主专制的理想。他利用每一个民族的贵族和其他各民族的农民的帮助，把各民族的资产阶级和农民置于自己统治之下；同时他又利用各民族的贵族对各民族的资产阶级和农民的恐惧心理，把各民族的贵族置于自己的统治之下。各种不同的阶级利益，民族局限性和各种地方偏见，尽管错综复杂，总是处在适度的抗衡状态中，使老奸巨猾的骗子手梅特涅有可能自由地施展他的伎俩。他唆使各族人民互相倾轧究竟收到了什么效果，加里西亚的大屠杀①就说明了这一点。当时，梅特涅利用染上了宗教狂热病和民族狂热病的卢西族②农民，把为了农民利益而掀起的波兰民主运动镇压下去了。

摘自弗·恩格斯：《匈牙利的斗争》（1849年1月8日左右），《马克思恩格斯全集》（中文第1版）第6卷，人民出版社1961年版，第196页。

**4. 梅特涅公爵的政府所遵循的两个方针是：第一，使奥地利治下的各民族中的每一个民族都受到所有其他处于同样境地的民族的牵制；第二，这向来是一切专制君主制的基本原则，即依靠封建地主和做证券交易的大资本家这两个阶级，同时使这两个阶级的权势和力量互相平衡，以便政府保留完全的行动自由**

我们现在应该来看看奥地利，这个国家在1848年3月以前不为外国人所了解，差不多就像最近一次同英国作战以前的中国③一样。

---

① 指1846年2月的加里西亚事件，当时在波兰土地上爆发了争取波兰民族解放的起义。克拉科夫的起义者暂时取得了胜利。同时在加里西亚爆发了农民起义。奥地利当局阴险地利用了被压迫的乌克兰农民对波兰小贵族的仇视，于是在一些地方成功地驱使起义的农民去反对波兰的起义队伍。克拉科夫起义被镇压下去后，加里西亚的农民运动也被残酷地镇压下去了。——《马克思恩格斯全集》（中文第1版）第6卷，人民出版社1961年版，注释156。

② 卢西人是资产阶级人种志学家和史学家对加里西亚、外喀尔巴阡和布柯维纳的乌克兰居民的称呼，流行于十九世纪。这些地方的居民被用暴力同全体乌克兰人民分割开来；1941—1945年苏联伟大卫国战争胜利之后，乌克兰人民才最终重新统一了。——《马克思恩格斯全集》（中文第1版）第6卷，人民出版社1961年版，注释157。

③ 即鸦片战争（1839—1842年）以前的中国。——编者注

当然，我们这里只能研究德意志的奥地利。波兰、匈牙利或意大利的奥地利人，不属于本题范围；至于1848年后他们对德意志的奥地利人的命运的影响，我们将在以后来谈。

梅特涅公爵的政府所遵循的两个方针是：第一，使奥地利治下的各民族中的每一个民族都受到所有其他处于同样境地的民族的牵制；第二，这向来是一切专制君主制的基本原则，即依靠封建地主和做证券交易的大资本家这两个阶级，同时使这两个阶级的权势和力量互相平衡，以便政府保留完全的行动自由。以各种封建收益作为全部收入的土地贵族，不能不支持政府，因为政府是他们对付被压迫的农奴阶级（他们靠掠夺这些农奴为生）的唯一靠山。而每当他们之中较不富裕的一部分起来反对政府的时候，例如1846年加利西亚的情形，梅特涅立刻唆使这些农奴去反抗他们，因为这些农奴总是力图抓住机会来狠狠地报复他们的直接压迫者①。另一方面，交易所的大资本家由于大量投资于国家的公债，也受到梅特涅政府的束缚。奥地利在1815年恢复了它的全部实力，1820年后又在意大利恢复和维持了专制君主制，1810年的破产②又免除了它的一部分债务，所以，在媾和之后，它很快就在欧洲各大金融市场重新建立了信用；而信用越是增长，它也就越是加紧利用这种信用。于是，欧洲的一切金融巨头都把他们的很大一部分资本投入奥地利的公债。他们全都需要维持奥地利的信用，而要维持奥地利的国家信用又总是需要新的借款，于是他们便不得不时常增加新的贷款，以维持他们过去已经投资的债券的信用。1815年以后的长期和平，以及表面上看来奥地利这样一个千年帝国不可能倾覆的假象，使梅特涅政府的信用惊人地增长，甚至使它可以不依赖维也纳的银行家和证券投机商了；因为只要梅特涅还能够在法兰克福和阿姆斯特丹得到足够的

---

① 1846年2—3月加利西亚爆发了乌克兰农民起义，当时在奥地利所辖的波兰地区，以克拉科夫为中心恰好也爆发了波兰民族解放起义。奥地利当局利用乌克兰农民与当时准备进行反奥暴动的波兰贵族之间的阶级矛盾和民族矛盾，多次使起义农民将矛头指向波兰起义者的队伍。起义农民一开始就解除了波兰贵族起义部队的武装，随后大规模摧毁地主庄园。奥地利政府在平息波兰贵族的起义运动之后，又镇压了加利西亚的农民起义。——《马克思恩格斯文集》第2卷，人民出版社2009年版，注释250。

② 奥地利的财政状况在19世纪初依然极度拮据。当局曾想采用发行纸币的办法来克服支付和信贷上的困难；1810年流通的钞票超过10亿盾，全值兑现已不可能。1811年2月20日的特许令规定兑现面值的五分之一，这实际上意味着国家的破产。——《马克思恩格斯文集》第2卷，人民出版社2009年版，注释251。

资金,他当然就能心满意足地看着奥地利的资本家们被踩在他的脚下,而且,他们在其他方面也得仰承他的鼻息。银行家、证券投机商、政府的承包商虽然总是设法从专制君主制那里获得大宗利润,但这是以政府对他们的人身和财产具有几乎是无限的支配权作为交换条件的,因此,不能期待这一部分人会对政府持任何反对态度。这样,梅特涅便有把握获得帝国中最有力量和最有权势的两个阶级的支持,此外他还拥有军队和官僚机构,它们被组织得非常适合于为专制制度服务。奥地利的文武官员自成一个门第;他们的父辈是为奥皇效劳的,他们的子孙也将如此。他们不属于那在双头鹰①的羽翼下联合起来的许多民族中的任何一族;他们经常从帝国的一端迁移到另一端,从波兰到意大利,从德意志地区到特兰西瓦尼亚。他们对匈牙利人、波兰人、德意志人、罗马尼亚人、意大利人、克罗地亚人,对一切没有"皇家和王室"等等标记而具有某一民族特性的人同样予以轻视;他们没有民族性,或者更确切地说,正是他们构成了真正的奥地利民族。很明显,这样一个文武官员的特殊等级,在一个有才智有能力的统治者手里会是怎样一种驯顺而有力的工具。

摘自弗·恩格斯:《德国的革命和反革命》(1851年8月—1852年9月)(四),《马克思恩格斯文集》第2卷,人民出版社2009年版,第375—377页。

**5. 为了达到这个目的,一切旧的、既存的、世袭的权力,都像国家的权力一样受到保护**

至于居民中的其他阶级,梅特涅采取十足的旧式政治家的态度,不大重视他们的支持。他对待他们只有一个政策:通过赋税从他们身上尽可能多的进行榨取,同时使他们保持平静。工商业资产阶级在奥地利发展缓慢。多瑙河流域的贸易相对来说无足轻重;奥地利只有的里雅斯特一个港埠,而这个港埠的贸易也十分有限。至于工业家,他们受益于广泛实行的保护关税制度,这一制度在大多数场合甚至完全排除了外国的竞争;但向他们提供这种优惠,主要是为了增加他们纳税的能力;不过,由于国内对工业的限制,由于行会和其他封建工会(在不妨碍政府实现它的目的和意图的情况下,它们是受到周密的保护的)的特权,这种优惠在很大程度上已经

---

① 神圣罗马帝国国徽。——编者注

被抵消了。小手工业者被封闭在中世纪行会的狭窄框框内，这种行会使各个行业彼此不断地为争夺特权而斗争，同时它们使工人阶级的各个成员几乎没有任何可能提高自己的社会地位，从而使这些强制性的联合体的成员具有一种世袭的稳定性。最后，农民和工人只是被当作征税的对象；他们所得到的唯一的关心，就是要尽可能使他们保持当前的和以前其父辈所赖以生存的生活条件。为了达到这个目的，一切旧的、既存的、世袭的权力，都像国家的权力一样受到保护；地主对小佃农的权力、厂主对工厂工人的权力、手工业师傅对帮工和学徒的权力、父亲对儿子的权力，到处都受到政府的极力维护，凡有不服从者，都像触犯法律一样，要受到奥地利司法的万能工具——笞杖的惩罚。

摘自弗·恩格斯：《德国的革命和反革命》（1851年8月—1852年9月）

（四），《马克思恩格斯文集》第2卷，人民出版社2009年版，第377页。

**6. 皇帝受到崇拜，而事实似乎也证实了老弗兰茨一世的话。他曾经怀疑这种制度能否持久，但他接着就安慰自己说："在我和梅特涅在世的时候，它总还可以维持下去的"**

最后，为了把这些创造人为的安定的努力结成一个包罗万象的体系，被允许给予人民的精神食粮都要经过最审慎的选择，而且极其吝啬。教育到处都掌握在天主教教士手里，而教士的首脑们像大封建地主一样，是迫切需要保存现有制度的。大学都办成这个样子：只容许它们造就充其量在种种专门知识领域可能有比较高深造诣的专家，但无论如何不允许进行在别的大学里可望受到的那种全面的自由的教育。除了匈牙利，根本没有报刊，而匈牙利的报纸在帝国一切其他地方都是违禁品。至于一般的著述，100年以来其发行范围不但毫未扩大，自约瑟夫二世死后反倒缩减了。在奥地利各邦与文明国家接壤的地方，除了关税官员的警戒线，还有书报检查官的警戒线；外国的任何书籍或报纸不经过两次三番的详细审查，查明它们丝毫没有沾染时代的恶毒精神，绝不会让它们进入奥地利。

在1815年后的将近30年中，这种制度取得了惊人的成就。奥地利几乎完全不为欧洲所了解，而欧洲也同样不为奥地利所了解。居民中各阶级和全体居民的社会状况，似乎都没有丝毫变化。不管阶级与阶级之间存在着怎样的怨仇（这种怨仇正是梅特涅统治的一个主要条件，他甚至有意加深这种怨仇，让上层阶级充当政府进行一切横征暴敛的工具，从而把憎恶引向它们），不管人民对国家下级官吏有怎样的憎恨，但整个说来，他们对于中央政府很少或者根本没有不满情绪。皇帝受到崇拜，而事实似乎也证实了老弗兰茨一世的话。他曾经怀疑这种制度能否持久，但他接着就安慰自己说："在我和梅特涅在世的时候，它总还可以维持下去的。"

摘自弗·恩格斯：《德国的革命和反革命》（1851 年 8 月—1852 年 9 月）（四），《马克思恩格斯文集》第 2 卷，人民出版社 2009 年版，第 377—378 页。

**7. 但另一方面，应不应该把主要是德意志人居住的大块大块的土地和完全属于德意志人的大城市，让给一个从未证明自己能够摆脱以农奴制为基础的封建状态的民族呢？这个问题是十分复杂的**

但另一方面，应不应该把主要是德意志人居住的大块大块的土地和完全属于德意志人的大城市，让给一个从未证明自己能够摆脱以农奴制为基础的封建状态的民族呢？这个问题是十分复杂的。唯一可能的解决方法是同俄国开战。那时，革命化了的各民族间的划界问题就会成为次要的问题，而主要的问题就将是确立一个对付共同敌人的安全的疆界。波兰人在东方获得广大的领土，他们在西方的要求便会比较温和而合理；总而言之，对他们来说，里加和米塔瓦也会同但泽和埃尔宾一样重要。

摘自弗·恩格斯：《德国的革命和反革命》（1851 年 8 月—1852 年 9 月）（八），《马克思恩格斯文集》第 2 卷，人民出版社 2009 年版，第 398 页。

**8. 德国各邦政府在这次战争中抓住一切机会出卖石勒苏益格—荷尔斯泰因的革命军队，故意让丹麦人在这支军队被分散或分开的时候把它消灭**

如果匈牙利和德国的边境还有任何疑问，那也一定要引起另一场争端。但是，幸亏没有任何口实，而且两个民族的利益密切相连，他们一起反对共同的敌人——奥地利政府和泛斯拉夫主义狂热。相互的善意谅解一刻也没有受到损害。但是意大利的革命至少使德国的一部分陷入了自相残杀的战争，而在这里必须指出一个事实，1848 年头六个月曾经在维也纳参加街垒战斗的人又满腔热情地参加了与意大利爱国者作战的军队，这证明梅特涅的统治多么严重地阻碍了社会意识的发展。不过，这种可悲的思想混乱并没有继续多久。

最后，还因为石勒苏益格—荷尔斯泰因而发生了与丹麦的战争。这两个地方在民族、语言和感情方面无疑都是德意志的，而从军事、海运和商业方面说，也是德国所需要的。这两地的居民在过去三年中曾经顽强地反对丹麦人的入侵。此外，根据条约，正义在他们方面。三月革命使他们与丹麦人发生公开冲突，德国援助了他们。可是，虽然在波兰、意大利、波希米亚，以及后来在匈牙利，战事进行得十分激烈，但在这个唯一得人心的、唯一至少具有部分革命性的战争中，却让部队采取了一系列毫无意义的前进和后撤行动，甚至屈从外国的外交干涉，在进行了许多次英勇的战斗之后，导致了十分悲惨的结局。德国各邦政府在这次战争中抓住一切机会出卖石勒苏益格—荷尔斯泰因的革命军队，故意让丹麦人在这支军队被分散或分开的时候把它消灭，德意志志愿兵的部队也遭到同样的待遇。

摘自弗·恩格斯：《德国的革命和反革命》（1851年8月—1852年9月）（九），《马克思恩格斯文集》第2卷，人民出版社2009年版，第403—404页。

## 9. 这些被自由派加强起来当作反对较先进的党派的作战工具的军队，刚刚在某种程度上恢复它们的自信和纪律，便翻脸反对自由派，而把政权交还给了旧制度的代表人物

虽然德国的名字遭到普遍的憎恨，而德国各立宪派和自由派的政府却洋洋得意。它们把波兰人和波希米亚人的运动镇压下去了。它们到处重新挑起旧日的民族仇恨，这种仇恨直到今天还使德意志人、波兰人和意大利人彼此间不能有任何谅解和共同行动。它们使人民习惯于内战和军队镇压的场面。普鲁士军队在波兰，奥地利军队在布拉格都恢复了自信。当满怀着过分的爱国激情（即海涅所谓的"die patriotische überkraft"）[①] 的、热心革命但目光短浅的青年被引导到石勒苏益格和伦巴第去在敌人的霰弹下送死的时候，普鲁士和奥地利的正规军这些真正的作战工具，却得到机会以战胜外国人来重新赢得人心。但是我们要再说一遍：这些被自由派加强起来当作反对较先进的党派的作战工具的军队，刚刚在某种程度上恢复它们的自信和纪律，便翻脸反对自由派，而把政权交还给了旧制度的代表人物。当拉德茨基在阿迪杰河彼岸他的军营中接到维也纳的"责任大臣们"的第

---

① 海涅《夜巡逻来到巴黎》。——编者注

一批命令时，他大喊道："这些大臣是些什么人？他们并不是奥地利政府！奥地利现在就只存在于我的军营中；我和我的军队就是奥地利；等将来我们把意大利人打败，我们就要为皇帝夺回帝国！"老拉德茨基是对的。但维也纳的没有头脑的"责任"大臣们却没有注意他。

摘自弗·恩格斯：《德国的革命和反革命》（1851年8月—1852年9月）（九），《马克思恩格斯文集》第2卷，人民出版社2009年版，第404—405页。

**10. 泛斯拉夫主义的浪潮……到处都与欧洲的革命运动相冲突，同时，斯拉夫人虽然自称为自由而战，却总是（除了波兰的一部分民主派之外）站在专制主义和反动势力的一边**

因此，泛斯拉夫主义的浪潮，在德国和匈牙利的斯拉夫人地区，到处都掩盖着所有这些无数的小民族力求恢复独立的企图，到处都与欧洲的革命运动相冲突，同时，斯拉夫人虽然自称为自由而战，却总是（除了波兰的一部分民主派之外）站在专制主义和反动势力的一边。在德国、匈牙利是这样，甚至在土耳其某些地方也是这样。他们是人民事业的叛徒，是奥地利政府的各种阴谋的拥护者和主要支持者，在所有革命的民族的心目中，他们是罪人。虽然任何地方的人民群众都没有参加泛斯拉夫运动的领袖们所制造的关于民族问题的琐碎的纷争——这完全是因为他们过分无知，但永远不应该忘记：在布拉格这个半德意志的城市里，成群的狂热的斯拉夫人曾经一再高呼："宁受俄罗斯的鞭笞也不要德意志的自由！"在他们1848年的初次尝试遭到失败以后，在奥地利政府给了他们教训以后，下次遇有机会他们大概不会再这样做了。但如果他们再一次准备以类似的借口去和反革命势力联合，那么德国的职责就很明显了。没有一个处于革命状态并卷入了对外战争的国家，能够容忍一个旺代①处在自己的心腹之中。

摘自弗·恩格斯：《德国的革命和反革命》（1851年8月—1852年9月）（十四），《马克思恩格斯文集》第2卷，人民出版社2009年版，第430—431页。

---

① 旺代是法国西部的一个省。1793年春季，该省经济落后地区的农民在贵族和僧侣的唆使和指挥下举行反对法国大革命的暴动，围攻并夺取了共和国军队防守的索米尔城。暴动于1795年被平定，但是在1799年和以后的年代中，这一地区的农民又多次试图叛乱。旺代因此而成为反革命叛乱策源地的代名词。——《马克思恩格斯文集》第2卷，人民出版社2009年版，注释50。

**11. 奥普两邦政府现在已把一切权力都集中在自己手里……奥地利用它对付匈牙利和意大利，普鲁士用它对付德意志。因为普鲁士也准备进行一次战役来恢复各小邦的"秩序"**

至于皇帝①在解散议会的同时所颁布的宪法，没有必要再谈它，因为它从未生效，现在则已完全废除了。从1849年3月4日起，奥地利已经完全恢复了专制制度。

在普鲁士，各议院曾在2月开会，审查和批准国王②所颁布的新宪法。它们开了差不多六个星期的会，对政府的态度十分谦卑恭顺，但它们当时还没有充分的决心完全遵照国王和他的大臣们的愿望办事。因此，时机一到它们就被解散了。

于是，奥地利和普鲁士都暂时摆脱了议会监督的束缚。两邦政府现在已把一切权力都集中在自己手里，并且能够在一切需要的场合使用这种权力。奥地利用它对付匈牙利和意大利，普鲁士用它对付德意志。因为普鲁士也准备进行一次战役来恢复各小邦的"秩序"。

现在，在德国的两个巨大的运动中心维也纳和柏林，反革命占了上风，只是在各小邦里斗争尚未见分晓，虽然在那里力量的对比也日渐不利于革命方面。我们已经说过，这些小邦在法兰克福国民议会③里找到了共同中心。虽然这个所谓的国民议会的反动性质早已十分明显，连法兰克福的人

---

① 弗兰茨—约瑟夫一世。——编者注
② 弗里德里希—威廉四世。——编者注
③ 法兰克福国民议会即法兰克福全德国民议会于1848年5月18日在美因河畔法兰克福召开，其目的是消除德国政治上的分裂状态和制定全德宪法。议会的选举采取两级制，不是直接选举。议会中，除了罗·勃鲁姆、卡·福格特等人组成的左翼外，还有阿·卢格、弗·齐茨、威·特日奇勒等人组成的极左翼，或称激进民主党。议会的多数派是自由资产阶级中间派，它又分裂成中间派右翼和中间派左翼。中间派拥护立宪君主政体。由于自由派多数的胆怯和妥协，以及小资产阶级左翼的动摇性和不彻底性，议会害怕接管国家的最高权力，没有成为真正统一德国的机构，最后变成了一个没有实际权力，只能导致群众离开革命斗争的纯粹的争论俱乐部。

当德意志各大邦召回本邦议员，而法兰克福市当局又禁止留下的左翼议员在当地开会时，左翼议员便于1849年5月30日决定把议会地点迁往斯图加特，并试图组织保卫帝国宪法的合法运动。1849年6月6日，国民议会宣布废除帝国摄政及其阁员，建立由温和民主派弗·拉沃、卡·福格特、亨·西蒙、弗·许勒尔和奥·贝谢尔组成的五人摄政，但是没有成功。同年6月18日，议会被军队驱散，停止了活动。马克思和恩格斯曾在《新莱茵报》上发表许多文章，对法兰克福国民议会的活动进行了尖锐的批评。——《马克思恩格斯文集》第2卷，人民出版社2009年版，注释243。

民也都武装起来反对它，但是它的产生却多少带一点革命性。1月间它曾经采取过一反常态的革命立场；它的权限从未确定，但它却终于能够作出一项决议，说它的决定具有法律效力——虽然各大邦从未承认这个决议。在这种情况下，在立宪君主派看到正在恢复元气的专制派已经夺取了它的阵地的时候，差不多全德国的保皇派自由资产阶级自然都把他们的最后希望寄托在这个议会的多数派身上，而小商人的代表，民主派的核心，在日渐困难的境遇中团结在这个议会的少数派周围，这个少数派的确是民主派在议会中最后的密集的方阵。另一方面，各大邦的政府，尤其是普鲁士的内阁，日渐清楚地看到，这样一个不正常的民选机关和德国已经复辟的君主制度是不能相容的，而它们所以没有要求立刻把它解散，那只是因为时机未到，也因为普鲁士还希望先利用它去达到沽名钓誉的目的。

同时，这个可怜的议会本身也一天比一天更加狼狈。在维也纳和柏林，它派去的代表和委员都遭到极端的轻蔑；它的一个议员[①]在维也纳被当做一个普通造反者处以死刑，虽然他具有议员人身不受侵犯的权利。它的法令到处都没有人理睬。如果说各大邦还曾经提到这些法令，那只是在抗议书中提到，这些抗议书中否认议会有权通过它们的政府必须执行的法律和决定。代表这个议会的中央执行政权，几乎和全德各邦的内阁都发生了外交争辩，而且不管议会和中央政府如何努力，它们都没有能够使奥地利和普鲁士说明它们的意图、计划和要求究竟是什么。最后，议会终于开始清楚地看到，至少是看到了这样一点：它已失去了一切权力，它本身也在奥地利和普鲁士的掌握中；如果它真打算给德国制定全联邦宪法，它就必须立刻认真地开始做这件事情。许多动摇的议员也都清楚地看到，他们被各邦政府大大地愚弄了。但他们既然处于软弱无力的地位，现在他们又能做什么呢？唯一能挽救他们的办法是迅速而坚决地投入人民的营垒，但就是采取这个步骤，成功的希望也是很渺茫的。其次，这是一伙软弱无能、优柔寡断、目光短浅、自以为是的人，当各种互相矛盾的谣言和外交照会的没完没了的嘈杂声把他们弄得晕头转向的时候，他们却在不断重复的誓言中寻求慰藉和支持，说什么他们是国家最优秀、最伟大、最英明的人物，只有他们才能拯救德国。一年的议会生活已使他们变成了道地的白痴，难

---

① 罗·勃鲁姆。——编者注

道在这伙可怜虫中间能找到可以作出迅速明确的决定的人吗？至于行动坚决果断的人，那就更不用说了！

摘自弗·恩格斯：《德国的革命和反革命》（1851年8月—1852年9月）（十四），《马克思恩格斯文集》第2卷，人民出版社2009年版，第431—433页。

**12. 奥地利政府终于丢掉了假面具。在3月4日颁布的宪法中，它宣称奥地利是一个不可分割的君主国，财政、关税制度和军事编制完全统一；这样便抹去了德意志省份和非德意志省份之间的一切界线和差别**

奥地利政府终于丢掉了假面具。在3月4日颁布的宪法中，它宣称奥地利是一个不可分割的君主国，财政、关税制度和军事编制完全统一；这样便抹去了德意志省份和非德意志省份之间的一切界线和差别。它这样宣布，是与法兰克福议会已经通过的决议和已经通过的草拟中的联邦宪法的条文相抵触的。这是奥地利对议会的挑战，而可怜的议会除了应战而外，再没有别的选择。它虚张声势地应战一番，但奥地利很明白它自己的力量，也很了解议会一文不值，所以根本不予理睬。而这个自以为是宝贝的代议机关，为了报复奥地利对它的这种侮辱，竟想不出更好的办法，而只好自缚手足，跪倒在普鲁士政府面前。说来似乎令人难以置信，它向之屈膝跪拜的，正是它曾经斥之为违背宪法和敌视民意并坚持要撤换而没有撤换掉的那些大臣。

摘自弗·恩格斯：《德国的革命和反革命》（1851年8月—1852年9月）（十四），《马克思恩格斯文集》第2卷，人民出版社2009年版，第433—434页。

**13. 所有这些恢复亚得利亚海的海军威力的优越条件只遇到一个障碍，那就是奥地利本身**

奥地利人迟迟不能习惯他们再成为海军强国的想法。直到最近，他们的海军署在他们自己眼中还只不过是陆军的一个部门而已。陆军上校的军衔等于海军上校的军衔；陆军中校等于海军巡洋舰舰长；陆军少校等于海防舰舰长。对奥地利人说来，军衔表上的这种相等似乎就保证了陆军军人和海军军人在职务上的真正相等。他们认为他们找到了培养一名海军士官的最好办法，那就是先让他成为一个骠骑兵的旗手。海军兵员的补充办法和陆军相同；唯一不同之点只是，伊斯的利亚和达尔马戚亚两省专门为海军提供兵员。服役期限也一样，即无论在陆上或海上都是八年。

陆军和海军分开，也像奥地利现代的一切进步一样，是1848年革命的结果。奥地利人丝毫也没有从拿破仑吸取教训；到1848年为止，威尼斯一直是奥地利的唯一的军火库。奥地利人就没有考虑过威尼斯海港的缺点，因为事实上他们并没有现代化的海军。他们的全部海军只包括：6艘巡洋舰、5艘海防舰、7艘双桅舰、6艘单桅舰、16艘轮船和36艘军用艇，共有大炮850门。作为对意大利人闹革命的惩罚，奥地利人把海军学校、了望台、水文测量局、漂浮器械和炮场由威尼斯移到了的里雅斯特。造船厂和器材库则留在原处；因为官僚的报复心理，海军部门就这样被分置在两地。但是这样奥地利并没有惩罚了威尼斯，而只是把自己的海军基地的这两部分都削弱了。奥地利政府只是逐渐发现，无论的里雅斯特是多么出色的商港，但是用它作海军基地却是不合适的。最后奥地利政府才想起了拿破仑在亚得利亚海上所受到的教训，而把波拉作为他们的海军管理的中心。海军总部迁到波拉后的头几年时间，他们不是用来修建造船厂，而是完全按照奥地利的办法：用来修建营房。波拉防御系统的基础，是从港湾入口处的岛屿上组织交叉火力，跟一连串马克西米利安式塔楼配合起来，这些塔楼的作用是阻止敌舰对港口进行轰击。除了战略上的优点以外，波拉还具备一个作为优良港口所必备的条件：它能够保证一支庞大海军的物资供应。伊斯的利亚的橡树林按质量比那不勒斯的毫不逊色；卡尔尼奥拉、克伦地亚和施梯里亚有用不尽的松木林，它们现在已经成了的里雅斯特的主要出口项目；施梯里亚有丰富的铁；昂科纳的大麻经波拉向外运出是再便当没有的了；煤迄今仍要从英国运来，但是达尔马戚亚的塞贝尼科地区的煤矿已开始生产质量更好的煤了，而一俟维也纳至的里雅斯特的铁路通车，就能够从塞美林运到质量最好的煤。伊斯的利亚的一切农产品，由于是在白垩土质上生长出来的，所以都能耐得住长途运输。植物油非常丰富；匈牙利的谷物向这里供应非常方便；从多瑙河流域可以运来大量的猪肉。这些猪肉现在都销售于加拉兹和汉堡，但是铁路将会把它运到的里雅斯特和波拉。

所有这些恢复亚得利亚海的海军威力的优越条件只遇到一个障碍，那就是奥地利本身。假如奥地利凭着它现有的组织和现有的政府能够在亚得利亚海上建立一支强大的商业和军事的舰队，那它就要推翻全部历史传统,——按照历史传统,海上势力的强大永远是同自由结合在一起的。但是,推翻传统则意味着推翻奥地利自身。

摘自卡·马克思:《奥地利的海外贸易》,《马克思恩格斯全集》(中文第1版)第12卷,人民出版社1962年版,第101—103页。

**14. 8月9日,英军终于在南京城下抛锚了。结果不出英军所料。皇帝恐惧万分,只得于8月29日签订条约**

英军此次作战自始至终大发兽性,这种兽性和引起这次战争的贩私贪欲完全相符。如果这些侵略者到处都遭到同样的抵抗,他们绝对到不了南京。可是事实上不是这样。对岸的瓜州城投降了,并交出了300万元的赎金,英国海盗自然是分外高兴地将这笔钱放进了腰包里。

过了镇江,航道深达30英寻①,因此,就深度来说航行已很便利,可是某些地方的水流非常湍急,每小时不下于六七英里。但是没有什么力量能够制止这些军舰开往南京。8月9日,英军终于在南京城下抛锚了。结果不出英军所料。皇帝恐惧万分,只得于8月29日签订条约②;而现在英国人就是借口中国人破坏了这个条约而提出了以新战争相威胁的新要求。

如果这次新战争真的打起来,大概还会按前一次战争的样子来进行。但是,现在有许多原因使英国人不能指望得到同样轻易地成功了。那一次战争的经验,中国人是不会白白忘掉的。不久以前在珠江的军事行动中,中国人在炮兵射击和防御方法上技术大有进步,以致使人怀疑在中国军队中是否有欧洲人。在一切实际事务中——而战争就是极其实际的——中国人远胜过一切东方人,因此毫无疑问,英国人定会发现中国人在军事上是自己的高才生。其次,如果英军这次又企图溯长江而上,他们很可能遇到看来他们在上次战争中没有遇到的人工设置的障碍。而最重要的一点是,再度占领南京,未必会在北京朝廷中引起像上次那样

---

① 1英寻等于1.829米。——编者注
② 指中英双方1842年8月29日签订的南京条约,这个条约又称江宁条约。它是西方列强强加给中国的一系列不平等条约中的第一个不平等条约。条约的主要内容有:①中国割让香港;②向英国赔款两千一百万银元;③开放广州、福州、厦门、宁波、上海等五口对外通商,英国可派驻领事;④废除"公行"制度,英商可以同中国商人自由进行贸易;⑤中国抽收进出口货的税率由中英共同协定。南京条约签订后,中国逐渐沦为一个半殖民地国家。——《马克思恩格斯全集》(中文第2版)第16卷,人民出版社2007年版,注释18。

的惶恐不安。很长时间以来，南京及其周围的大部分地区都是在起义者①的手里，有一个——也许是几个——起义领袖以南京为自己的大本营②。在这种情况下，英军如占领南京，对于皇帝③来说那可能是求之不得的。将起义者赶出南京，这倒是替皇帝效劳，但英军占领这个城市后，要守住它，将会是一件相当困难、麻烦和危险的事情，而且近来的经验已经证明，南京被一支敌军占领，对于北京或皇帝的统治可能也不会马上造成什么致命的后果。

摘自弗·恩格斯：《英人对华的新远征④》，《马克思恩格斯全集》（中文第2版）第16卷，人民出版社2007年版，第106—107页。

**15. 波斯……正规军只要一上战场，就立刻被俄军击溃，并且常常刚一听到枪炮声就逃跑**

但是不应根据这一切来指责波斯人是怯懦的民族，也不能由此认为不能教东方人学欧洲式战术。1806—1812年俄土战争⑤和1828—1829年的俄土战争中提供了许多这方面的事例。抵抗俄军最有利的都是非正规部队，这些非正规部队的兵员既有从设防城市征召来的，也有从山区省份征召来的。正规军只要一上战场，就立刻被俄军击溃，并且常常刚一听到枪炮声就逃跑；而一个由阿尔瑙特人⑥编成的非正规连，竟在瓦尔纳的一个深谷中成功地抵抗俄军的围攻达几星期之久。但是在最近的那场战争中，从奥尔泰尼察和切塔泰到卡尔斯和因古里河，土耳其的正规军每次交战中都击

---

① 指太平军。——编者注

② 这里讲的是太平军起义。1851年太平军建立了"太平天国"，起义领袖洪秀全被立为"天王"。1853年3月，太平军攻克南京，即以南京作为天国首都。——《马克思恩格斯全集》（中文第2版）第16卷，人民出版社2007年版，注释118。

③ 咸丰帝。——编者注

④ 19世纪50—60年代，马克思和恩格斯十分关注和同情中国人民当时对外反抗列强侵略、对内反对腐败清政府的英勇斗争，在《纽约每日论坛报》上发表了许多有关中国的文章：《英中冲突》、《议会关于对华军事行动的辩论》、《英人在华的残暴行动》和《英人对华的新远征》等。马克思和恩格斯指出第二次鸦片战争是："极端不义的战争"（见本卷第92页），揭露了英国政府发动这场战争的荒唐借口，谴责了英国殖民主义者的奸淫烧杀、无恶不作的罪行。——《马克思恩格斯全集》（中文第2版）第16卷，人民出版社2007年版，注释14。

⑤ 1806—1812年俄土战争是拿破仑第一施展外交阴谋致使俄国和土耳其之间矛盾加剧而引起的。除1807—1809年战事中断外，几年间交战双方各有胜败。1811年，战局发生了对俄国有利的变化，1812年5月28日，俄土两国签订了《布加勒斯特条约》。——《马克思恩格斯文集》第2卷，人民出版社2009年版，注释378。

⑥ 土耳其人对阿尔巴尼亚人的称呼。——编者注

败了俄军①。

摘自弗·恩格斯:《波斯和中国》(1857年5月20日),《马克思恩格斯文集》第2卷,人民出版社2009年版,第623—624页。

**16. 造就一批按照欧洲的现代方式培养出来的……军官和士官……这需要很长的时间,而且一定还会遇到东方人的愚昧、急躁、偏见以及东方宫廷所固有的宠辱无常等因素的最顽强的抗拒**

事实是:把新的军队按欧洲方式来加以组编、装备和操练,还远不能算是完成了把欧洲的军事组织应用于野蛮民族的工作。这只是第一步。采用某种欧洲式的军事条令,也是不够的;欧洲式的军事条令不能保证培养出欧洲式的纪律,就如同一套欧洲式的操典本身不能产生欧洲式的战术和战略一样。主要的问题,同时也是主要的困难就在于:需要造就一批按照欧洲的现代方式培养出来的、在军事上完全摆脱了旧的民族偏见和习惯的、能使新部队振作精神的军官和士官。这需要很长的时间,而且一定还会遇到东方人的愚昧、急躁、偏见以及东方宫廷所固有的宠辱无常等因素的最顽强的抗拒。只要士兵在检阅时可以列队行进,在转换方向、展开队形和排成纵队时不致乱成一团,那么苏丹或沙赫就会很容易认为自己的军队已经无所不能了。至于军事学校,由于它们收效很慢,所以在东方政府不稳定的情况下,很难期望收到任何效果。甚至在土耳其,受过训练的军官也很少,土耳其军队如果不是有大量的叛教者②和欧洲军官,它在最近那次战争中就根本打不了仗。

摘自弗·恩格斯:《波斯和中国》(1857年5月20日),《马克思恩格斯文集》第2卷,人民出版社2009年版,第624页。

**17. 一个人口几乎占人类三分之一的大帝国,不顾时势,安于现状,人为地隔绝于世并因此竭力以天朝尽善尽美的幻想自欺**

1800年,输入中国的鸦片已经达到2000箱。在18世纪,东印度公司与

---

① 指克里木战争中的几次会战。
1853年11月4日,土耳其军队渡多瑙河,占领了俄军在多瑙河左岸的奥尔泰尼察阵地。
1854年1月6日,在切塔泰村进行了一场血战,俄军以重大伤亡为代价才把土耳其军队赶至卡拉法特。
1855年9月29日,俄军对被围困的土耳其要塞卡尔斯进行突袭,因兵力准备不足,且对方事先已有准备,突袭失败。
1855年11月6日,俄军在因古里河一战中,被占优势的土耳其军队赶出了明格列里亚。——《马克思恩格斯文集》第2卷,人民出版社2009年版,注释379。
② 指原信基督教后改信伊斯兰教的人。——编者注

天朝帝国之间的斗争，具有外国商人与一国海关之间的一切争执都具有的共同点，而从 19 世纪初起，这个斗争就具有非常突出的独有的特征。中国皇帝[①]为了制止自己臣民的自杀行为，下令同时禁止外国人输入和本国人吸食这种毒品，而东印度公司却迅速地把在印度种植鸦片和向中国私卖鸦片变成自己财政系统的不可分割的部分。半野蛮人坚持道德原则，而文明人却以自私自利的原则与之对抗。一个人口几乎占人类三分之一的大帝国，不顾时势，安于现状，人为地隔绝于世并因此竭力以天朝尽善尽美的幻想自欺。这样一个帝国注定最后要在这样一场殊死的决斗中被打垮：在这场决斗中，陈腐世界的代表是激于道义原则，而最现代的社会的代表却是为了获得贱买贵卖的特权——这真是任何诗人想也不敢想的一种奇异的对联式悲歌。

摘自卡·马克思：《鸦片贸易史》（1858 年 8 月 31 日—9 月 3 日）（一），《马克思恩格斯文集》第 2 卷，人民出版社 2009 年版，第 632 页。

**18. 侵蚀了天朝官僚体系之心脏、摧毁了宗法制度之堡垒的腐败作风，就是同鸦片烟箱一起从停泊在黄埔的英国趸船上被偷偷带进这个帝国的**

正因为英国政府在印度实行了鸦片垄断，中国才采取了禁止鸦片贸易的措施。天朝的立法者对违禁的臣民所施行的严厉惩罚以及中国海关所颁布的严格禁令，结果都毫不起作用。中国人的道义抵制的直接后果就是，帝国当局、海关人员和所有的官吏都被英国人弄得道德堕落。侵蚀了天朝官僚体系之心脏、摧毁了宗法制度之堡垒的腐败作风，就是同鸦片烟箱一起从停泊在黄埔的英国趸船上被偷偷带进这个帝国的。

摘自卡·马克思：《鸦片贸易史》（1858 年 8 月 31 日—9 月 3 日）（二），《马克思恩格斯文集》第 2 卷，人民出版社 2009 年版，第 633 页。

**19. 一般说来，人们过高估计了中国人的消费能力和支付能力**

我们仔细地考察了中国贸易的历史以后感觉到，一般说来，人们过高地估计了中国人的消费能力和支付能力。在以小农经济和家庭手工业为核心的当前中国社会经济结构中，根本谈不上大宗进口外国货。虽然如此，只要取消鸦片贸易，中国还可以逐渐地再多吸收一些英美商品，数额可达 800 万英镑，粗略算来这也就是中国对英美贸易总顺差的数目。这个结论是是从分析下面这个简单事实而自然得出的：尽管有着贸易顺差，中国的

---

① 嘉庆帝。——编者注

财政和货币流通却由于总额约达700万英镑的鸦片进口而陷于严重的混乱。

摘自卡·马克思：《英中条约》（1858年9月10日），《马克思恩格斯文集》第2卷，人民出版社2009年版，第641页。

## 20. 这种指挥是地道的旧奥地利式的

　　这种指挥是地道的旧奥地利式的。久洛伊一人的无能所无法做的事，却由于权奸和弗兰茨—约瑟夫的在场而造成的指挥不统一所完成了。久洛伊向洛梅利纳进攻，刚一到卡萨莱—亚历山德里亚地区，便立即停止前进；结果进攻全部失败。法军毫无阻挡地和撒丁军队会合了。为了充分表明他确已束手无策，久洛伊命令在蒙特贝洛附近进行侦察，就好像他从一开始就想证明，在军事指挥上那种试探摸索和疑虑重重的旧奥地利精神至今仍然旺盛，犹如在已寿终正寝的宫廷军事会议[①]时代一样。他把主动权拱手让给敌人。他把自己的军队由皮亚琴察一直摆到阿罗纳，以便按照惯用的奥地利方式，做到各地都有直接掩护。拉德茨基的传统仅仅过了10年就被遗忘了。当敌人在帕莱斯特罗进攻的时候，奥军各旅进入战斗却十分缓慢和分散，以致每一个旅总是在其他旅还未到达以前便被逐出阵地。而且，当敌人真正进行机动（这一机动的可能性使洛梅利纳的整个阵地具有了应有的意义），即由韦尔切利向博法洛拉侧敌行军的时候，当终于有机会向诺瓦拉攻击，以阻止敌人这个大胆的机动，并利用敌人所处的不利态势的时候，久洛伊却惊惶失措，急忙回头渡过泰辛河，想绕一个弯从正面拦阻进攻的敌人。6月3日晨4时，正在退却的时候，赫斯出现在罗萨泰的大本营。在维罗纳重新恢复了的宫廷军事会议，看来恰好在这个决定性时刻对久洛伊的能力发生怀疑。因此，现在这里便出现了两个总司令。根据赫斯的提议，所有纵队都按兵不动，一直到他确信对诺瓦拉攻击的时机已经错过而不得不让事态自然发展时为止。这其间几乎过了5小时之久，在这5小时当中部队中断了运动[②]。在6月4日整整一天内，各纵队才零零散散地

---

　　[①] 宫廷军事会议是1556—1848年奥地利全军的最高机构，它掌管军事部门的工作，在战时对军事行动执行最高指挥权。宫廷军事会议虽然远离战场却经常干预最高指挥官做决策，使最高指挥官的行动受到钳制。——《马克思恩格斯全集》（中文第2版）第19卷，人民出版社2006年版，注释336。

　　[②] 参看《泰晤士报》驻奥军的第一个记者布莱克利上尉在该报发表的声明，其中就这一事实做了报道。达姆施塔特的《军事总汇报》替久洛伊辩护，说行军中断5小时乃是由于一种从公务上考虑不便向外宣布的、不以久洛伊的意愿为转移的事件所致，而且把战斗的失利推到这一事件上。但是，布莱克利已经说明了这个事件是什么。

陆续到达马真塔，既疲倦又饥饿；但是他们仍然英勇作战并且获得卓越的胜利，直到麦克马洪违反下达给他的由图尔比戈直取米兰的命令，转向马真塔并袭击奥军翼侧时为止。这时，法国其余各军都来到了，但奥地利各军却迟迟不到，于是会战失败了。奥军的退却非常缓慢，以致有一个师在梅莱尼亚诺遭到法国整整两个军的攻击。其中一个旅抗击法国六个旅，坚守这个据点达数小时之久，直到人员损失过半才开始退却。最后，久洛伊被撤换了。军队由马真塔围绕过米兰沿一个大圆弧行进，仍然来得及比沿较短的弦运动的敌人先期到达斯蒂维耶雷堡和洛纳托附近的阵地（根本谈不上追击！）。这个多年以来便被奥军周密勘察过的阵地，据说是弗兰茨—约瑟夫专门为他的部队选择的。事实上，这个阵地早已列入四边形要塞区①的防御体系，是一个可以用反冲锋的方法进行防御战的极好阵地。在这里，奥地利军队终于与现在开来的或在这以前一直留做预备队的增援部队会合了。但是当敌人刚到达基耶塞河的西岸时，又立刻发出退却信号，于是军队退到了明乔河东面。这个行动刚结束，奥军又回头渡过这条河，想从敌人手中夺回刚才自愿让给敌人的阵地。奥地利军队就是在这种朝令夕改、一片混乱的情况下，在对统帅部已失去信任的情况下在索尔费里诺投入战斗的。这是一场混战：无论在法军方面或者在奥军方面，都谈不上统帅部的战术指导。奥地利将军们的更为严重的庸碌无能、惊惶失措和怕负责任，法军师旅长们的更为坚强的信心以及法军所固有的并在阿尔及利亚达到了完善地步的那种成散开队形和在居民点作战的优越性，——这一切正是使奥军最后被逐出战场的原因。于是，战争便结束了。有谁能比可怜的奥尔格斯先生更欣喜若狂呢？他的责任就是在奥格斯堡《总汇报》上不顾一切地夸奖奥军的统帅部，而且用一些明智的战略理由替它的行为辩解。

摘自弗·恩格斯：《萨瓦、尼斯与莱茵》（1860年2月）（一），《马克思恩格斯全集》（中文第2版）第19卷，人民出版社2006年版，第442—444页。

---

① 四边形要塞区又称威尼斯四边形要塞区，是意大利北部维罗纳、莱尼亚戈、曼图尼和佩斯基耶拉四个要塞组成的极为坚固的筑垒阵地。在19世纪战争中，四边形要塞区作为军队作战的基地起过很大的作用。1848年革命以后，控制这个要塞区的奥军按照当时战术的要求改建了这群要塞。——《马克思恩格斯全集》（中文第2版）第19卷，人民出版社2006年版，注释12。

**21. 虽然它们已尝到了第一次法国革命的果实,但是它们从心底里厌恶严格的集权统治、地方长官的管辖以及巴黎派来的文明传教士永无过错的说教**

如果法国报纸说,萨瓦在语言上和风俗上同法国一致,那么这种说法至少用于瑞士法语区、比利时瓦隆区以及拉芒什海峡的英属诺曼底群岛也是同样正确的。萨瓦人民讲的是南法兰西方言;受过教育的人所使用的语言和书面语到处都是法语。意大利语的成分在萨瓦是如此之少,以致法兰西民间语(即南法兰西或普罗旺斯民间语)甚至越过阿尔卑斯山渗入皮埃蒙特直到多拉里帕里亚河和多拉巴尔泰阿河上游地区。虽然如此,在战前并没有听到过任何同情并入法国的说法。只是在同法国有某些贸易来往的下萨瓦的个别人中间偶尔有过这样的想法;这种想法,对当地广大居民来说,就像在其他所有与法国接壤而操法语的地区一样,是毫不相干的。特别值得注意的是,在1792年到1812年期间曾合并到法国的那些地区中,没有一个有丝毫想要回到法国鹰的卵翼之下的愿望。虽然它们已尝到了第一次法国革命的果实,但是它们从心底里厌恶严格的集权统治、地方长官的管辖以及巴黎派来的文明传教士永无过错的说教。

摘自弗·恩格斯:《萨瓦、尼斯与莱茵》(1860年2月)(二),《马克思恩格斯全集》(中文第2版)第19卷,人民出版社2006年版,第448页。

**22. 法国对一切进口贸易几乎都采取了中国式的闭关自守政策,这一点在边境地区感到特别厉害**

七月革命[①]和二月革命[②]重新唤起了人们对于法国的同情,但是波拿巴

---

[①] 七月革命指1830年爆发的法国资产阶级革命。1814年拿破仑第一帝国垮台后,代表大土地贵族利益的波旁王朝复辟,它竭力恢复封建专制统治,压制资本主义的发展,限制言论自由和新闻出版自由,加剧了资产阶级同贵族地主的矛盾,激起了人民的反抗。1830年7月27—29日巴黎爆发革命,推翻了波旁王朝。金融资产阶级攫取了革命果实,建立了以奥尔良公爵路易—菲力浦为首的代表金融资产阶级利益的七月王朝。——《马克思恩格斯全集》(中文第2版)第19卷,人民出版社2006年版,注释26。

[②] 二月革命指1848年2月爆发的法国资产阶级民主革命。代表金融资产阶级利益的"七月王朝"推行极端反动的政策,反对任何政治改革和经济改革,阻碍资本主义发展,加剧对无产阶级和农民的剥削,引起全国人民的不满;农业歉收和经济危机进一步加深了国内矛盾。1848年2月22—24日巴黎爆发了革命,推翻了"七月王朝",建立了资产阶级共和派的临时政府,宣布成立法兰西第二共和国。它是欧洲1848—1849年大革命的第一次革命。无产阶级和小资产阶级积极参加了这次革命,但革命果实却落到资产阶级手里。——《马克思恩格斯全集》(中文第2版)第19卷,人民出版社2006年版,注释148。

主义立刻又断送了这种同情。谁也不愿意输入拉姆贝萨、卡宴和嫌疑犯处治法①。此外，法国对一切进口贸易几乎都采取了中国式的闭关自守政策，这一点在边境地区感到特别厉害。第一共和国在各个边境地区遇到的都是被压迫的、民生凋敝的省份，都是四分五裂的、被剥夺了普通的自然利益的民族，它使这些省份和民族的农村居民得到了解放，使那里的农业、商业和工业得到了振兴。但是，第二帝国在各个边境地区所碰到的情况却是，那里原来享有的自由比它本身所能给予的自由还要多；它在德国和意大利所碰到的是强烈的民族感情，在各个小国内所碰到的是巩固起来的个别利益，在这工业发展非常迅速的45年中，这种利益增长了，并且在各方面都和世界贸易交织在一起。除了罗马凯撒时代的专制统治，除了把商业和工业关闭在它那关税壁垒的大牢狱之内，第二帝国没有给它们带来任何东西，最多不过是发给它们一个远走他乡②的通行证。

摘自弗·恩格斯：《萨瓦、尼斯与莱茵》（1860年2月）（二），《马克思恩格斯全集》（中文第2版）第19卷，人民出版社2006年版，第448—449页。

## 23. 缅甸按政体来说是一个纯粹的专制国家

缅甸按政体来说是一个纯粹的专制国家，国王除了有其他封号以外，还有生死主宰者的称号，下狱、罚款、拷问或处死都完全取决于国王的最高意志。具体的行政事务由赫鲁奥特—达乌，即枢密院掌管，枢密院由预定的王位法定继承人领导，如果没有这样的人，则由王族中的某个亲王领导。通常四个大臣参加枢密院，但是他们不固定主管某些部门，他们的活动取决于偶然因素。他们组成上诉审法院，受理要求最后判决的上诉书。同时他们每个人都有全权对那些没有提交枢密院集体审理的案件作出司法判决。他们从争讼的财产中扣下10%作为诉讼费用，因此他们从这方面获得了非常可观的收入。从缅甸的国家机关各方面的情况来看，不难使人相信，司法是很少维护人民利益的。每一个官吏同时又是掠夺者；法官贪污，

---

① 社会治安法（lois de sûretè publique），又称嫌疑犯处治法（Loi des suspects），它是1858年2月19日由法国立法团通过的一项法律。该法律授予皇帝拿破仑第三及其政府以无限权力，可以把一切敌视第二帝国制度的嫌疑分子投入监狱或流放到法国和阿尔及利亚的偏僻地区，或者彻底驱逐出法国领土。——《马克思恩格斯全集》（中文第2版）第19卷，人民出版社2006年版，注释236。

② 指法属海外殖民地圭亚那，首府卡宴，流放政治犯的地方。——编者注

警察无能，国内盗贼很多，生命财产没有保障，没有任何促使进步的动因。在首都附近，国王的权力使人恐惧和顺从，但是离中央越远，国王的权力也就越弱，而在距离更远的省份，臣民不重视白象统治者的诏令；在那里，人们选举自己的执政者（这种选举经国王批准），而只给政府缴纳少量赋税。在同中国接壤的省份，有一种很有趣的情况：那里的人民毫不在乎地在两国政府（中国政府和缅甸政府）的管辖下生活，两国政府以平等的权利参与批准这些地方的执政者，但是通常都是明智地选定同一个人。虽然英国各种使团访问缅甸，传教士在缅甸的活动也比在亚洲其他地方更有成绩，但是缅甸的内地至今还是真正的 terra incognita〔未经考察的地方〕，现代的地理学家和制图家对这些地方提出了一些荒谬的假设，然而他们对缅甸的具体知识却是非常少的。

见1858年伦敦出版的亨利·尤耳上尉的"1855年受印度总督的委派出使阿瓦王国宫廷的记述"①。

摘自弗·恩格斯：《缅甸》，《马克思恩格斯全集》（中文第1版）第14卷，人民出版社1964年版，第293—294页。

### 24. 一个顽固地保持着封建社会制度不受侵犯的国家……注定要衰落

后来小俄罗斯的富饶平原又引起了他们（俄罗斯——摘编者注）的吞并欲望；可是，波兰人从来就是骁勇的，而且在当时还是一个强大的民族（people），他们不仅善于保卫自己的国家，而且还能进攻别的国家；十七世纪初，他们甚至把莫斯科占领了好几年②。

当政的贵族的逐渐腐化，资产阶级赖以发展的力量不足，以及耗尽国家元气的连年战争，终于摧毁了波兰的威力。一个顽固地保持着封建社会制度不受侵犯的国家，当它的所有邻邦都在进步，形成了自己的资产阶级，发展了贸易和工业，建立了许多大城市的时候，——这样的国家就注定要衰落，贵族确实使波兰衰落了，完完全全衰落了。而在把它弄到这步田地

---

① H. Yule. 《A Narrative of the Mission sent by the Gover-nor-General of India to the Court of Ava in 1855》. London, 1858. ——《马克思恩格斯全集》（中文第1版）第14卷，人民出版社1964年版，注释275。

② 指1605年6月波兰干涉者占领莫斯科；由于人民起义，干涉者的政权于1606年5月被推翻。1610年9月波兰人再次进入莫斯科，夺取了莫斯科大公国的王位。全体俄国人民掀起了反对干涉者的解放斗争。1612年10月莫斯科为米宁和波札尔斯基率领的人民自卫团所解放。——《马克思恩格斯全集》（中文第1版）第16卷，人民出版社1964年版，注释149。

之后，贵族又互相责难，并把自己和自己的国家出卖给外国人。1700年至1772年的波兰历史，不过是俄国人在波兰篡夺政权的编年史，而这种篡夺之所以可能，就是由于贵族的出卖。

摘自弗·恩格斯：《工人阶级同波兰有什么关系？》（1866年1月底—4月6日）（三），《马克思恩格斯全集》（中文第1版）第16卷，人民出版社1964年版，第180页。

### 25. 首先拿波兰来说，这个以掠夺和压迫农民为基础的贵族共和国处于完全土崩瓦解的状态

首先拿波兰来说，这个以掠夺和压迫农民为基础的贵族共和国处于完全土崩瓦解的状态；它的宪法使得任何全国性的行动都无法采取，因而使国家成为邻国可以轻取的战利品。根据波兰人自己的说法，从本世纪初开始，波兰就靠混乱维持着（Polska nierzadem stoi）；外国军队不断地侵占波兰全部国土或取道波兰；它成了他们的客栈和小饭店（如波兰人所说的：karczma zajezdna），不过他们通常总是忘了付钱。

摘自弗·恩格斯：《俄国沙皇政府的对外政策》（1889年12月—1890年2月）（一），《马克思恩格斯文集》第4卷，人民出版社2009年版，第359页。

### 26. 为了在国内实行专制统治，沙皇政府在国外应该是绝对不可战胜的

他的继承人[①]匆忙缔结的和约，条件极其宽大。[②] 比较起来，战争的后果对国内的影响要更大一些。为了在国内实行专制统治，沙皇政府在国外应该是绝对不可战胜的；它必须不断地赢得胜利，它应该善于用沙文主义的胜利狂热，用不断征服新的地方来奖赏自己臣民的无条件的忠顺。而现在沙皇政府遭到了惨败，并且是发生在它的外表上最显赫威武的代表人物

---

[①] 亚历山大二世。——编者注

[②] 以法国、英国、奥地利、撒丁、普鲁士、土耳其为一方，俄国为另一方的1853—1856年的克里木战争结束时1856年3月30日签订的巴黎和约。在战争中失败的俄国不得不割让多瑙河河口和比萨拉比亚南部的一部分地方，放弃对多瑙河两公国和土耳其的信奉基督教的臣民的宗主权，同意黑海中立化，这就意味着禁止外国军舰通过海峡和禁止俄国、土耳其在黑海设置海军军需库和驻扎舰队；俄国将卡尔斯归还土耳其，以交换联军在克里木占领的塞瓦斯托波尔和其他城市。英国和奥地利在巴黎会议谈判期间未能完全实现它们对俄国的侵略意图。塞瓦斯托波尔的英勇的保卫战，土耳其军队在高加索战区的失败，联军在波罗的海的失利，以及俄国外交对英法矛盾的巧妙利用都对谈判的结果产生了影响。——《马克思恩格斯文集》第4卷，人民出版社2009年版，注释277。

身上；沙皇政府在全世界面前使俄国丢了丑，同时也在俄国面前给自己丢了丑。随之出现了惊人的觉醒。战争中的庞大牺牲使俄国人民大大地醒悟，沙皇过于滥用了俄国人民的忠诚，因此，再要使他们回到从前那种机械服从的消极状态是不可能了。而且俄国在经济方面和思想方面也进一步发展了；除贵族阶级之外又出现了另一个有教养的阶级——资产阶级。总之，新沙皇不得不装扮成自由派，但这一次是在国内。而这就为俄国的内部历史、为本民族的思想界的运动及其反映即社会舆论奠定了开端，这种社会舆论尽管还很微弱，但是它越来越具有重要意义，越来越不可忽视。这样，在沙皇外交面前出现了一个同它势不两立的敌人。因为只有当人民还完全消极容忍，除了政府的意志之外没有别的意志，其唯一的使命就是为实现外交家的目的而提供炮灰和缴纳赋税的时候，这种外交才有可能存在。但是既然俄国已开始了内部的发展，同时也开始了内部的党派斗争，那么赢得使这一党派斗争能在不引起暴力震荡的情况下进行的立宪形式，就只是时间问题了。而到那时，原先的俄国掠夺政策就将成为过去；在各党派争夺政权的斗争中，外交将失去它的始终不变的目的；无条件地支配全民族的力量将成为不可能，——俄国将和以往一样难于攻破而且在进攻方面同样相对地软弱无力，但是在所有别的方面，它将成为与其他国家完全一样的欧洲国家，它以往的外交的那种特殊力量将永远被破坏。

摘自弗·恩格斯：《俄国沙皇政府的对外政策》（1889年12月—1890年2月）（三），《马克思恩格斯文集》第4卷，人民出版社2009年版，第381—382页。

# 十七　反对专制统治及资产阶级压迫与国家独立、民族自决

**1. 从 1846 年克拉柯夫起义时起，争取波兰独立的斗争同时也就是反对宗法封建的专制政体而争取土地民主制（东欧民主制的唯一可能的形式）的斗争**

在波罗的海和黑海之间的各个大农业国家，只有实行土地革命，才能摆脱宗法封建的野蛮状态，才能把农奴制的或劳役制的［frohnpflichtigen］农民变为自由的农民，这个革命和 1789 年法国农村中的革命完全相似。波兰民族是邻近的农业民族中首先宣布实行这个革命的民族，这是它的功绩。1791 年的宪法，是改革的第一次尝试；1830 年起义时，列列韦尔宣布土地革命是救国的唯一方法，但是议会对这一点承认得太迟了；1846 年和 1848 年起义时，曾公开宣布实行土地革命。

波兰人从被奴役的那一天起，就起来革命，从而使自己的奴役者更牢固地站在反革命的立场上。他们迫使自己的压迫者不仅在波兰，而且在本国保持宗法封建制度。特别是从 1846 年克拉柯夫起义时起，争取波兰独立的斗争同时也就是反对宗法封建的专制政体而争取土地民主制（东欧民主制的唯一可能的形式）的斗争。

由此可见，只要我们还在帮助压迫波兰，只要我们还把波兰的一部分拴在德国身上，我们自己就仍然要受俄国和俄国政策的束缚，我们在国内就不能彻底摆脱宗法封建的专制政体。建立民主的波兰是建立民主德国的首要条件。

摘自弗·恩格斯：《法兰克福关于波兰问题的辩论》（1848 年 8 月 7 日—9 月 6 日）（三），《马克思恩格斯全集》（中文第 1 版）第 5 卷，人民出版社 1958 年版，第 390—391 页。

**2. 建立波兰国家和调整波兰与德国的边界不仅是必要的，而且是革命以来东欧所发生的一切政治问题中最容易解决的问题**

建立波兰国家和调整波兰与德国的边界不仅是必要的，而且是革命以来东欧所发生的一切政治问题中最容易解决的问题。散居和杂居在喀尔巴阡山以南的种族庞杂的各个民族为独立而进行的斗争，比起波兰争取独立

的斗争和确定波兰与德国的边界问题来,要复杂得多,要以更多的鲜血作代价,要引起更多的纷争和内战。

不言而喻,问题不是要建立一个虚幻的波兰,而是要建立一个有生命力基础的国家。波兰至少应该拥有1772年时代的领土,它不仅应该管辖本国各大河流经过的地区,而且应该管辖各大河流的出口地带以及广大的沿海地带,至少是波罗的海沿岸地带。

摘自弗·恩格斯:《法兰克福关于波兰问题的辩论》(1848年8月7日—9月6日)(三),《马克思恩格斯全集》(中文第1版)第5卷,人民出版社1958年版,第391页。

### 3. 如果德国在革命以后,为了自己的利益,有勇气拿起武器去要求俄国放弃波兰,它就可以保证波兰实现上述一切,同时也就保卫了自己的利益和荣誉

如果德国在革命以后,为了自己的利益,有勇气拿起武器去要求俄国放弃波兰,它就可以保证波兰实现上述一切,同时也就保卫了自己的利益和荣誉。至于德国居民和波兰居民在边境地区特别是沿海一带杂居的问题,双方应该互相作某种让步;某些德国人会成为波兰人,而某些波兰人也会成为德国人,这是不言而喻的,也是不会有什么困难的。

但是德国经过不彻底的革命,并没有找到勇气来采取这样坚决的行动。发表一些关于解决波兰的华而不实的演说,在火车站上欢迎来往的波兰人并对他们表示德国人民最热烈的同情(有谁没有被这种同情纠缠过呢?),——这就是我们能够做的事情;至于同俄国开战,使整个欧洲的均势受到威胁,最后,退还掠夺来的某一小块土地,——如果期望做这些事情,那就是太不了解我们德国人了!

摘自弗·恩格斯:《法兰克福关于波兰问题的辩论》(1848年8月7日—9月6日)(三),《马克思恩格斯全集》(中文第1版)第5卷,人民出版社1958年版,第391—392页。

### 4. 小贵族民主制的旧波兰早已死亡了并被埋葬了……但是这个悲剧的"主角"却生了一个强壮的儿子……这个儿子就是农民民主制的波兰

从柏林来的约丹先生却把这说成是想阻止正在转动的历史车轮,并且还要把它倒转过来!

当然,小贵族民主制的旧波兰早已死亡了并被埋葬了,只有约丹先生

才能指望什么人来使这个波兰的"真正悲剧"向相反的方向发展；但是这个悲剧的"主角"却生了一个强壮的儿子，仔细地认识一下这个儿子，的确会使某个目空一切的柏林文学家胆颤心惊。这个儿子刚刚在准备演自己的戏，刚刚把自己的手放到"正在转动的历史车轮"上去，而他的胜利却是有保证的，——这个儿子就是农民民主制的波兰。

有一些陈腐的小说式的虚夸，有一些装腔作势的对世界的蔑视（这在黑格尔看来是勇敢，而在约丹先生看来却是不足道的平凡的蠢举），简单说来，有一些钟和炮，丑恶的言词所包含的"烟雾和音响"①，加上在最普通的历史方面的难以置信的糊涂和无知，——整个世界历史观点归结起来就是这样！

<blockquote>
摘自弗·恩格斯：《法兰克福关于波兰问题的辩论》（1848年8月7日—9月6日）（五），《马克思恩格斯全集》（中文第1版）第5卷，人民出版社1958年版，第407—408页。
</blockquote>

**5."俄国的专制主义并没有解放波兰人，消灭波兰的小贵族阶级以及把这样多的贵族家庭逐出波兰，——这一切既没有使俄国建立民主制度，也没有使俄国具备合乎人道的生活条件"**

南方法兰西人同自己的压迫者斗争了好几个世纪。但是历史的发展是铁面无情的。经过300年的斗争，普罗温斯人的优美的语言沦落到了地方方言的地步，他们本身也成了法兰西人。北方法兰西的专制主义，在南方法兰西身上压了300年，只是在300年后，北方法兰西人消灭了南方法兰西民族独立的最后一点残余，才补偿了自己的压迫。制宪议会把那些独立的省划分为几个部分，国民公会的铁拳破天荒第一次把南方法兰西的居民变成法兰西人，并为了补偿他们已经丧失的民族特性，给予他们以民主。但是在3个世纪中对他们的奴役，可以一字不差地借用卢格先生关于波兰人所说的话：

> "俄国的专制主义并没有解放波兰人，消灭波兰的小贵族阶级以及把这样多的贵族家庭逐出波兰，——这一切既没有使俄国建立民主制

---

① 歌德《浮士德》第一部第十六场（《玛尔特的花园》）。——《马克思恩格斯全集》（中文第1版）第5卷，人民出版社1958年版，注释206。

度，也没有使俄国具备合乎人道的生活条件。"

可是，从来也没有把北方法兰西人征服南方法兰西叫做"最可耻的非正义行为"。这是怎么一回事呢，卢格先生？二者必居其一：或者征服南方法兰西是可耻的非正义行为，或者征服波兰决不是非正义行为。请你选择吧，卢格先生！

波兰人和南方法兰西人之间究竟有什么区别呢？为什么南方法兰西象一个软弱无力的累赘那样被北方法兰西人拖着走，直到它的民族特性完全消灭为止，而波兰人却完全有希望很快站在斯拉夫各部族的前列呢？

南方法兰西由于社会条件（这些社会条件我们在这里不可能详细分析），是法国的反动的部分。它对北方法兰西的反对立场很快就变成了对整个法国各进步阶级的反对立场。它成了封建主义的主要支柱，并且直到现在还是法国反革命的堡垒。

摘自弗·恩格斯：《法兰克福关于波兰问题的辩论》（1848 年 8 月 7 日—9 月 6 日）（八），《马克思恩格斯全集》（中文第 1 版）第 5 卷，人民出版社 1958 年版，第 420—421 页。

### 6. 波兰人的功绩就在于他们首先承认并宣告土地民主制是使一切斯拉夫民族获得解放的唯一可能的形式

而且，卢格先生的"知识"是很奇怪的，他说到波兰人时，只提到流亡者，只看到街垒中的流亡者。我们绝对不想侮辱波兰流亡者，他们在战场上以及在为了波兰的利益而进行的 18 年秘密工作中，证明了自己的毅力和勇气。但是我们也不能否认：凡是熟悉波兰流亡者的人，都知道波兰流亡者远不象卢格先生跟在前公爵利希诺夫斯基后面信口妄谈的那样，达到了以传道者的精神热爱自由和一心想置身街垒的程度。波兰流亡者为了复兴波兰，表现得很坚定，忍受了很多痛苦，做了很多工作。但是难道波兰国内的波兰人做的事情就少吗？难道他们没有蔑视严重的危险吗？难道他们没有遭受麻比特和斯皮尔堡的监狱、鞭笞、西伯利亚矿场、加里西亚的屠杀和普鲁士的榴霰弹等等的惨祸吗？可是这一切在卢格先生看来都是不存在的。他很少注意到，没有流亡的波兰人和几乎所有的波兰流亡者（除列列韦尔和梅洛斯拉夫斯基以外）比较起来，接受的一般欧洲文明要多得多，对他们常住的波兰的需要要清楚得多。卢格先生认为波兰所有的一切知识，或者用他的话来说，"传播到波兰人中间的、波兰人所掌握的"一切知识，是由于他们居住在外国取得的。我们在 No〔81〕① 中曾经指出：波兰人既不应当从二月以后已经由于空谈而没落的法国政治空想家那里去了解本国的需要，也不应当从还没有机会没落的深思熟虑的德国思想家那里去了解本国的需要；我们曾经指出：波兰本身就是研究波兰需要什么的最好的学校。波兰人的功绩就在于他们首先承认并宣告土地民主制是使一切斯拉夫民族获得解放的唯一可能的形式，而根本不是象卢格先生所设想的那样，把"在法国成熟了的政治自由的伟大思想"这一类空话甚至（!）把在德国产生的哲学（卢格先生陷在这种哲学中）② 搬到了波兰和俄国"。

摘自弗·恩格斯：《法兰克福关于波兰问题的辩论》（1848年8月7日—9月6日）（八），《马克思恩格斯全集》（中文第1版）第5卷，人民出版社1958年版，第423—424页。

**7. 在1793年以后，在1848年的革命运动中，一个被占优势的反革命包围的民族敢于用革命的激情来对抗怯懦的反革命的狂暴，用 terreur rouge〔红色恐怖〕来对抗 terreur blanche〔白色恐怖〕，这还是第一次**

当意大利去年夏秋两季的反革命进攻遭到第一次反击的时候，在匈牙利平原上，压迫者同直接导源于二月革命的运动的斗争的最后阶段正在结束。新的意大利运动是1849年运动的序幕，而对马扎尔人进行的战争则是1848年运动的尾声。也许，这个尾声还会演成一幕正在暗中准备着的新悲剧。

这个尾声像1848年革命悲剧中迅速交替的最初几场一样，像巴黎和维也纳的陷落一样，具有英雄豪迈的特点；这种特点使它迥然不同于6月至10月间发生的那些可怜的或微不足道的事件。1848年的最后一幕通过恐怖主义正转入1849年的第一幕。

在1793年以后，在1848年的革命运动中，一个被占优势的反革命包围的民族敢于用革命的激情来对抗怯懦的反革命的狂暴，用 terreur rouge〔红色恐怖〕来对抗 terreur blanche〔白色恐怖〕，这还是第一次。长时期以来，我们第一次见到了真正的革命性质，第一次看见了一个敢于代表本族

---

① 指《新莱茵报》第81号。——译者注
② 括弧里的话是恩格斯的。——译者注

人民接受敌人的挑战而进行殊死斗争的人——路德维希·科苏特；对于本民族来说，他体现了丹东和卡诺的形象。

摘自弗·恩格斯：《匈牙利的斗争》（1849年1月8日左右），《马克思恩格斯全集》（中文第1版）第6卷，人民出版社1961年版，第193页。

### 8. 现在，由于工业、贸易和交通的长足进展，政治上的集中成了比当时即比十五和十六世纪更加迫切的要求。凡是还能集中的一切，都正在集中

但是现在，由于工业、贸易和交通的长足进展，政治上的集中成了比当时即比十五和十六世纪更加迫切的要求。凡是还能集中的一切，都正在集中。正是现在，出现了泛斯拉夫主义者，他们要求我们"解放"这些已经半德意志化的斯拉夫人，要求我们消灭斯拉夫人的一切物质利益强加于这些斯拉夫人的集中。

一句话，德国人和马扎尔人对上述斯拉夫人所犯下的"罪行"，原来是最好的、值得感激的行为，原来是我国人民和匈牙利人民在自己历史上可以夸耀的行为。

摘自弗·恩格斯：《民主的泛斯拉夫主义》（1849年2月14—15日）（一），《马克思恩格斯全集》（中文第1版）第6卷，人民出版社1961年版，第333页。

### 9. 布拉格的巷战对奥地利的民主泛斯拉夫主义者来说是一个转折点

斯拉夫人代表大会的结果，证明了这次代表大会的幻想是多么没有根据和虚无缥缈。如果是在其他任何一个民族那里，轰击像布拉格这样一个城市的事件一定会引起对压迫者的不共戴天的仇恨。可是捷克人怎么样呢？他们却去亲吻那些把他们抽打得遍体鳞伤的鞭子，他们却热烈地向他们的兄弟在它下面被处死刑、他们的妻子在它下面遭到凌辱的那面旗帜宣誓。布拉格的巷战对奥地利的民主泛斯拉夫主义者来说是一个转折点。他们为了他们的可怜的"民族独立"的前途，竟把民主和革命出卖给奥地利君主国，出卖给这个正如巴枯宁本人在第二十九页上所说的"为在欧洲的心脏系统地实行专制制度效力"的"中心"。我们总有一天还要无情地报复斯拉夫人这种出卖革命的怯懦而卑鄙的行为。

摘自弗·恩格斯：《民主的泛斯拉夫主义》（1849年2月14—15日）（二），《马克思恩格斯全集》（中文第1版）第6卷，人民出版社1961年版，第337—338页。

**10. 他们无力在自己的祖国反对由他们自己改组过的奥地利军阀，他们遭到了被他们所出卖的德国人和马扎尔人的遗弃，他们遭到了革命的欧洲的遗弃，他们将被迫忍受那种在他们的帮助下加在维也纳人和马扎尔人身上的军事专制制度**

这些叛徒们也终于开始明白，他们受了反革命的欺骗，根本谈不到"斯拉夫的奥地利"，以及"各民族平等的联邦国家"，更不用说为奥地利斯拉夫人建立民主的机关。耶拉契奇这个并不比奥地利斯拉夫人中的其他大多数民主主义者更坏的恶棍，痛心疾首地悔恨他这样被人利用了，而斯特拉蒂米洛维奇为了不再被人利用，宣布要公开起义反对奥地利。现在斯拉夫菩提树①所属各团体又在到处反对政府，他们根据沉痛的经验一天比一天深刻地认识到，他们上了别人的什么圈套。但是现在已经太晚了；他们无力在自己的祖国反对由他们自己改组过的奥地利军阀，他们遭到了被他们所出卖的德国人和马扎尔人的遗弃，他们遭到了革命的欧洲的遗弃，他们将被迫忍受那种在他们的帮助下加在维也纳人和马扎尔人身上的军事专制制度。"要服从皇帝，这样奥皇军队就不会像对待造反的马扎尔人一样来对待你们。"拉亚契奇总主教的这句话表明，在最近时期中等待着他们的是什么。

摘自弗·恩格斯：《民主的泛斯拉夫主义》（1849年2月14—15日）（二），《马克思恩格斯全集》（中文第1版）第6卷，人民出版社1961年版，第338页。

**11. 但是有一种徐缓的、表面上看不见的运动在进行着，它使梅特涅的一切努力都白费了。工商业资产阶级的财富和势力都增加了**

但是有一种徐缓的、表面上看不见的运动在进行着，它使梅特涅的一切努力都白费了。工商业资产阶级的财富和势力都增加了。工业中机器和蒸汽的采用，在奥地利，也像在所有别的地方一样，使社会各阶级的一切旧有关系和生活条件发生了变革；它把农奴变成了自由民，把小农变成了工业工人；它摧毁了旧有的封建手工业行会，消灭了许多这种行会的生存手段。新的工商业居民与旧的封建制度到处发生冲突。因业务关系日益频

---

① 斯拉夫菩提树是1848年4月底成立的一个捷克国民协会。布拉格协会的领导权掌握在资产阶级自由主义者（沙法里克、加乌奇）的手中，他们在1848年6月布拉格起义之后转入反革命阵营，而在各省分会中起领导作用的主要是捷克激进的资产阶级代表。——《马克思恩格斯全集》（中文第1版）第6卷，人民出版社1961年版，注释214。

繁地去国外旅行的资产阶级，把关于帝国关税壁垒以外的各文明国家的神话般的知识介绍给国内；最后，铁路的建设加速了国内工业和智力的发展。此外，在奥地利的国家机构中，也存在一个危险的部分，这就是匈牙利的封建宪法、议会辩论以及反政府的大批破落贵族对政府及其同盟者豪绅显贵们进行的斗争。匈牙利的议会所在地普雷斯堡在维也纳的大门口。这一切因素都促使城市资产阶级产生一种情绪——这不是真正反政府的情绪，因为当时反政府还不可能，而是一种不满情绪，产生一种实行改革，主要是行政上的改革，而不是立宪性质的改革的普遍要求。也如在普鲁士一样，在这里一部分官僚与资产阶级联合起来了。在这个世袭的官吏阶层中间，约瑟夫二世的传统还没有被遗忘；政府中较多教育的官员本身也幻想各种可能的改革，他们宁愿要这位皇帝的进步和开明的专制，而不愿要梅特涅的"严父般的"专制。一部分较穷的贵族也支持资产阶级，至于居民中一向有充分理由对上层阶级（虽然不是对政府）不满的下层阶级，它们在大多数场合是不会不支持资产阶级的改革要求的。

摘自弗·恩格斯：《德国的革命和反革命》（1851年8月—1852年9月）（四），《马克思恩格斯文集》第2卷，人民出版社2009年版，第378—379页。

**12.** 这样，奥地利也在缓慢地但确定无疑地走向伟大的转变，而这时法国忽然爆发了事变，它使逼近的暴风雨立刻倾降下来，驳倒了老弗兰茨关于大厦在他和梅特涅在世的时候还是会维持下去的断语

大约正是在这个时候，即1843年或1844年，在德国创立了一个适应这种变革的特殊的著作部门。少数奥地利的作家、小说家、文艺批评家、蹩脚诗人（他们的才能都很平常，但都天生具有犹太人所特有的那种勤奋）在莱比锡以及奥地利以外的其他德国城市站住了脚，在这些梅特涅的势力所不及的地方出版了一些论述奥地利事务的书籍和小册子。他们和他们的出版商的这桩生意"十分兴隆"。全德国都急于想了解这个欧洲的中国的政治秘密；奥地利人本身通过波希米亚边境上的大批的走私而获得了这些出版物，他们的好奇心更加强烈。当然，这些出版物中所泄露的秘密并没有什么重要意义，它们的善意的作者所设计的改革计划非常天真，可以说在政治上十分纯朴。他们认为宪法和新闻出版自由在奥地利来说是难以得到的东西。实行行政改革，扩大省议会权限，允许外国书报入境，稍

稍放松书报检查制度——这些善良的奥地利人的忠君守法的谦恭的要求,不过如此而已。

无论如何,要阻止奥地利与德国其他部分以及经过德国与全世界的文化交流,越来越不可能了,这种情况大大促进了反政府的舆论的形成,并且至少使奥地利居民中的一部分人获得了一些政治信息。于是在1847年底,当时盛行于全德国的政治的和政治宗教的鼓动也波及到奥地利,虽然在程度上较弱。这种鼓动在奥地利进行得较为沉寂,但它仍然找到了足以供它施加影响的革命因素。这些因素是:被地主或政府的横征暴敛压得喘不过气来的农民、农奴或封建佃农,在警察的棍棒下被迫在厂主随意规定的任何条件下做工的工厂工人,被行会条例剥夺了在自己的行业取得独立地位的任何机会的手工业帮工,在经营中处处被种种荒谬条例捆住手脚的商人,不断与小心翼翼地保护着自己的特权的手工业行会或贪婪而多事的官吏发生冲突的厂主,与无知而专横的教士或愚蠢而跋扈的上司进行徒劳无益的斗争的教师、学者和受过较高教育的官员。总之,没有一个阶级感到满意,因为政府有时不得不作的一些小小让步,并不由它自己出资(国库是负担不了的),而是靠上层贵族和教士出资进行。至于大银行家和公债持有人,意大利最近的事变、匈牙利议会中日益加强的反对派,以及波及整个帝国的异常的不满情绪和要求改革的呼声,自然丝毫也不会加强他们对奥地利帝国的巩固与支付能力的信心。

这样,奥地利也在缓慢地但确定无疑地走向伟大的转变,而这时法国忽然爆发了事变,它使逼近的暴风雨立刻倾降下来,驳倒了老弗兰茨关于大厦在他和梅特涅在世的时候还是会维持下去的断语。

摘自弗·恩格斯:《德国的革命和反革命》(1851年8月—1852年9月)(四),《马克思恩格斯文集》第2卷,人民出版社2009年版,第379—381页。

## 13. 法国国王成功地取代自己的诸侯时所使用的不可胜数的小冲突、阴谋诡计、背信弃义等手法,无疑将永远成为历史学家所喜爱的题目,因为它们是一个大国形成的里程碑

琐碎细小是一切封建冲突的特点。但是,也必须注意到它们之间存在着很大的区别。法国国王成功地取代自己的诸侯时所使用的不可胜数的小冲突、阴谋诡计、背信弃义等手法,无疑将永远成为历史学家所喜爱的题目,因为

它们是一个大国形成的里程碑。另一方面,讲述某个诸侯如何为自身利益割去德意志帝国的相当大一部分领地,却是完全无益和乏味的题目,除非有某种特殊情况,像奥地利历史上所有的那种情况使它生色。在这里,我们看到:同一个公爵,既是由选举产生的帝国首领,又是帝国一个省的世袭诸侯,竟为了本省的利益而阴谋侵害帝国;这个阴谋取得了成果,因为他的南侵行动似乎使德意志帝国和意大利之间的传统冲突复起;而他的东侵行动似乎延续了日耳曼种族和斯拉夫种族之间的殊死斗争相信奉基督教的欧洲对信奉伊斯兰教的东方的反抗;最后,他利用巧妙的亲族关系使他的家族势力达到这样高的地位,以致一度不仅大有把帝国罩上表面的光彩而一口吞下之势,而且简直要把整个世界葬于一个世界君主国的墓茔中。

摘自卡·马克思:《霍亨索伦王朝的神权》,《马克思恩格斯全集》(中文第1版)第12卷,人民出版社1962年版,第105—106页。

## 14. 西欧工人和中欧工人对外政策的这一纲领,得到了这个纲领被提给的那个阶级的一致承认

西欧工人和中欧工人对外政策的这一纲领,得到了这个纲领被提给的那个阶级的一致承认,不过,正如上面已经指出的,这里只有一个例外。在法国工人中间,有一小部分是已故的比·约·蒲鲁东的学派的追随者。这一学派 in toto〔完全〕与大多数先进的有思想的工人背道而驰;它把他们称之为愚蠢的大老粗,在大多数问题上都与他们持完全对立的意见。它对他们的对外政策也是抱这种态度。蒲鲁东主义者充当被压迫的波兰的审判官,像斯泰里布雷芝的陪审员一样,宣判波兰是"罪有应得"。他们称赞俄国是未来的伟大国家,是世界上最先进的强国,像美国那样微不足道的国家甚至不值得和它并提。他们责备国际工人协会总委员会,说它抄袭了波拿巴主义的民族原则(Principle of nationalities)①,宣布慷慨的俄国民族(people)不在文明欧洲范围以内,而这是违反世界民主和各民族友好

---

① 恩格斯在这篇文章里用了 nation(нация)、nationality(наияналность)和 people(народ)三个词。这三个词一般都译"民族",我们在这里同样也译"民族"。但在本文中这三个词的含义是有区别的。为了不致混淆起见,凡原文用 nationality 和 people 的地方,我们都附上原文;凡不附原文的地方,则原文都是用 nation。——译者注

原则的严重恶行。这就是他们的责难。① 如果把他们的民主词句丢在一边，那就立刻可以看出：他们是在怎样逐字逐句地重复各国极端保守派关于波兰和俄国的言论。诸如此类的责难是不值一驳的，但是，既然这些话是出自工人阶级一部分人之口（尽管是很小一部分人），那就应当再一次考察一下俄波问题，论证一下今后我们可以称作已联合起来的欧洲工人的对外政策的那种东西。

摘自弗·恩格斯：《工人阶级同波兰有什么关系？》（1866年1月底—4月6日）（一），《马克思恩格斯全集》（中文第1版）第16卷，人民出版社1964年版，第171—172页。

**15. 彼得一世有一次曾经感叹，在征服世界方面，俄国佬所缺少的只是士气**

彼得一世有一次曾经感叹，在征服世界方面，俄国佬所缺少的只是士气。② 俄国所需要的旺盛士气只有在吞噬波兰人之后才能进入它的躯体。那时你们把什么东西投到天秤的另一端呢？人们会根据不同的观点来回答这个问题。有些人说，俄国由于解放了农民而进入了文明民族的大家庭。另一些人断言，不久前聚集在普鲁士人手里的德国实力能够抵挡亚洲人的一切打击。而某些更激进的人却把他们的希望寄托在西欧的内部社会改造上。③

那末，谈到第一种意见，即俄国农奴的解放，只能说它使最高政权摆

---

① 这里谈的是1864年3—7月在《人民论坛报》上连续刊载的，蒲鲁东主义者艾·德尼的一组关于波兰问题的文章中的意见，以及1865年12月载于"佛尔维耶回声报"上的对总委员会的责难（见16卷第586—596页）。

《人民论坛报》（《La Trtbune de Peuple》）是比利时的民主派报纸；是工人团体"人民协会"的机关报，1861年至1868年在布鲁塞尔出版；从1866年1月起为国际比利时各支部的机关报；德·巴普参加过该报的编辑部。——《马克思恩格斯全集》（中文第1版）第16卷，人民出版社1964年版，注释144。

② 在《社会主义报》上刊登的马克思的演说词中，这句话是这样的："俄国政策的着眼点并没有改变；从1848年起实现它的手段大大增多了，不过，只是有一点对它说来到现在还是达不到的，彼得一世也曾经提到这个弱点，他曾经感叹，在征服世界方面，俄国佬所缺少的只是士气。"——编者注

③ 在《社会主义报》上，这一段的末尾是这样的："从大陆来的欧洲人可能回答我说：俄国由于解放了农奴，进入了文明民族的大家庭；不久前聚集在普鲁士人手里的德国实力能够抵挡亚洲人的一切打击；最后，西欧的社会革命将消除'国际冲突'的危险。只有'泰晤士报'的英国人可能反驳我说：在最坏的情况下，如果俄国占领了君士坦丁堡，英国就会占领埃及，并从而保证通向广大的印度市场的道路。"——编者注

脱了贵族可能对其中央集权活动所起的反作用。它为招募自己的队伍创造了广泛的条件，它破坏了俄国农民的村社所有制，分离了农民，巩固了他们对沙皇爷爷的信仰。它没有清除掉他们的亚细亚的野蛮性，因为文明是要用好些世纪来建立的。任何提高他们道德水平的尝试都被当做罪行受到惩罚。只要提醒你们关于政府对戒酒协会的惩罚就够了，那些戒酒协会力图把俄国佬从费尔巴哈称之为俄国佬的宗教的物质实体的东西、即伏特加酒中拯救出来。农民的解放在将来会引起什么后果还不知道，不过它增加了沙皇现有的实力这一点，在今天已看得很清楚了。

摘自卡·马克思：《1867年1月22日在伦敦纪念波兰起义大会上的演说》，《马克思恩格斯全集》（中文第1版）第16卷，人民出版社1964年版，第227—228页。

**16. 事实上，关于废除农奴制的法令无非是一种诈骗伎俩**

1861年3月3日，亚历山大二世在欧洲全体自由派的响亮的掌声中宣布废除农奴制。车尔尼雪夫斯基和革命派争取保持公社土地所有制的努力虽然获得了结果，但是结果是如此不能令人满意，早在关于废除农奴制的宣言尚未公布以前，车尔尼雪夫斯基就痛心地承认道：

"如果我知道，我提出来的这个问题会得到这样的解决，我宁愿遭到失败也不愿获得这样的胜利。我宁愿让他们按他们自己的意愿行事而完全不考虑我们的要求。"

事实上，关于废除农奴制的法令无非是一种诈骗伎俩。相当大一部分土地被从真正的所有者手中夺走，而宣布了实行农民赎买土地的制度。沙皇这个背信弃义的法令成了车尔尼雪夫斯基和他那一派人反对皇帝的各项改革的新的、无可辩驳的论据。而自由派却站到赫尔岑的旗帜下面，大声高呼："加利利人，你胜利啦！"加利利人这个词在他们嘴里就是亚历山大二世。——从此以后，以赫尔岑的"钟声"为主要机关报的自由派，就不断吹捧解放者沙皇，为了转移社会上对这个反人民的法令所引起的怨恨和抗议的注意力，他们竟呼吁沙皇继续进行他的解放事业，并且为解放被压迫的各斯拉夫民族、为实现泛斯拉夫主义的思想而开始一次十字军征讨。

摘自卡·马克思和弗·恩格斯：《社会主义民主同盟和国际工人协会》

(1873年4—7月),《马克思恩格斯全集》(中文第1版)第18卷,人民出版社1964年版,第489—490页。

**17. 但是法国革命发生了。亚尔萨斯和洛林从来不敢指望从德国手中得到的东西,由法国送给它们了**

但是法国革命发生了。亚尔萨斯和洛林从来不敢指望从德国手中得到的东西,由法国送给它们了。封建枷锁打碎了。从属的、服徭役的农民变成了自由人,他们在许多场合下成了自己的宅院和土地的自由所有者。城市望族的统治和行会特权消失了。贵族也被赶走了。而在小邦君和贵族的领土上,农民效法邻人,赶走了邦君、政府机关和贵族,并宣布自己是自由的法国公民。

摘自弗·恩格斯:《暴力在历史中的作用》(1887年12月底—1888年3月),《马克思恩格斯全集》(中文第1版)第21卷,人民出版社1965年版,第507—508页。

**18. 恰好相反。他们被置于独裁统治之下,而邻邦法国却是实行共和制度的**

难道从1871年起,同德国合并就使亚尔萨斯人更高兴一些吗?恰好相反。他们被置于独裁统治之下,而邻邦法国却是实行共和制度的。在他们那里实行了烦琐的、讨厌的普鲁士地方行政长官制度,而同这种制度比较起来,臭名远扬的法国行政长官的那种受法律严格调节的干涉制度还是可贵的。残存的出版自由、集会和结社权很快就取消了,固执的市政委员会也解散了,德国的官僚被任命为市长。相反地,对于"名流"即完全法国化了的贵族和资产者,却百般奉迎,他们对即使不亲德、但是说德语的农民和工人——他们构成了还能试图与之和解的唯一因素——的压榨却受到了保护。而这样做得到了什么东西呢?得到的是:1887年2月,当整个德国受到恐吓,并且俾斯麦的卡特尔多数派被送进了帝国国会①的时候,亚尔萨斯—洛林选举了清一色的极端亲法派,而抛弃了哪怕有一点点同情德

---

① 1886—1887年冬天,俾斯麦利用对法关系中的某些紧张局面和报刊上掀起的关于"战争威胁"的叫嚣,要求帝国国会通过大大扩充军队和批准今后七年军事预算的法案。大多数议员都拒绝通过俾斯麦所要求的七年预算,而只限于三年,于是帝国国会被解散。在1887年2月21日的选举中,表示支持俾斯麦的各个党派(保守党、"自由保守派"和民族自由党)得到了多数票,它们在这一基础上联合成所谓"卡特尔"。新的帝国国会批准了俾斯麦所要求的预算。——《马克思恩格斯全集》(中文第1版)第21卷,人民出版社1965年版,注释535。

国人的嫌疑的人。

  摘自弗·恩格斯：《暴力在历史中的作用》（1887年12月底—1888年3月），《马克思恩格斯全集》（中文第1版）第21卷，人民出版社1965年版，第512页。

**19. 法国的压迫至少是现代的压迫，它迫使德意志的君主们消除了他们以往的生存方式中最恶劣的旧时代残余**

  命运保佑了德国。俄国人和奥地利人在奥斯特尔利茨城下被打败，新的莱茵联邦也就没有成为沙皇政府的前哨。① 而法国的压迫至少是现代的压迫，它迫使德意志的君主们消除了他们以往的生存方式中最恶劣的旧时代残余。

  摘自弗·恩格斯：《俄国沙皇政府的对外政策》（1889年12月—1890年2月）（二），《马克思恩格斯文集》第4卷，人民出版社2009年版，第368页。

**20. 对拿破仑的胜利就是欧洲的君主国对法国革命的胜利，因为拿破仑帝国是法国革命的最后阶段**

  对拿破仑的胜利就是欧洲的君主国对法国革命的胜利，因为拿破仑帝国是法国革命的最后阶段；恢复"正统主义"就是对这次胜利的庆祝。但是，当达来朗想用他所臆造的这个词儿使沙皇亚历山大上钩的时候，俄国的外交却反而借助这个词儿愚弄了整个欧洲。它借口保卫正统主义而建立了"神圣同盟"②，这个同盟是俄奥普同盟的扩大，把它变成了所有欧洲的

---

  ① 1805年12月2日俄奥联军和法军进行的奥斯特利茨（摩拉维亚）会战以拿破仑第一取得胜利而告结束。奥地利在这次战败后退出了第三次反法同盟，与拿破仑签订了普雷斯堡和约。俄国和英国继续作战，并于1806年组织了反拿破仑法国的新的第四次同盟。
  新的莱茵联邦是1806年7月在拿破仑第一的保护下成立的德国南部和西部各邦的联盟。由于1805年击溃了奥地利，拿破仑得以在德国建立这样一个军事政治堡垒。莱茵联邦组成后，德意志民族神圣罗马帝国即不复存在。最初有16个邦（巴伐利亚、符腾堡、巴登等）参加这个联邦，后来又有5个邦（萨克森、威斯特伐利亚等）加入，它们实际上成了拿破仑法国的附庸。这些邦的军队参加了拿破仑的侵略战争。由于拿破仑军队战败，莱茵联邦在1813年瓦解。——《马克思恩格斯文集》第4卷，人民出版社2009年版，注释250。
  ② 神圣同盟是欧洲各专制君主镇压欧洲各国进步运动和维护封建君主制度的反动联盟。该同盟是战胜拿破仑第一以后，由俄国沙皇亚历山大一世和奥地利首相梅特涅倡议，于1815年9月26日在巴黎建立的，同时还缔结了神圣同盟条约。几乎所有的欧洲君主国家都参加了该同盟。这些国家的君主负有相互提供经济、军事其他方面援助的义务，以维持维也纳会议上重新划定的边界和镇压各国革命。神圣同盟为了镇压欧洲各国资产阶级革命和民族解放运动，先后召开过几次会议。由于欧洲诸国间的矛盾以及民族革命运动的发展，1830年法国七月革命后神圣同盟实际上已经瓦解。——《马克思恩格斯文集》第4卷，人民出版社2009年版，注释260。

君主在俄国沙皇领导下反对本国人民的一个阴谋。其他的君主都相信这一借口；但是沙皇及其外交如何看待这个借口，下面我们就会看到。

摘自弗·恩格斯：《俄国沙皇政府的对外政策》（1889年12月—1890年2月）（三），《马克思恩格斯文集》第4卷，人民出版社2009年版，第372页。

### 21. 沙皇专制制度同正处于形成阶段的新社会之间的不可调和性也以同样的速度显现出来

现在我们谈到核心问题。俄国在政府政策支持下从1856年开始的内部发展，显示了它的作用；社会革命取得了巨大的进展；俄国日益西方化；大工业化和铁路的发展，一切实物贡赋之改用货币支付，以及因此而引起的旧社会基础的瓦解——所有这一切都以越来越快的速度进行着。但是沙皇专制制度同正处于形成阶段的新社会之间的不可调和性也以同样的速度显现出来。立宪的和革命的反对党成立了，政府只有用越来越野蛮的暴力才能使它们屈服。俄国外交界恐惧地看到，俄国人民自己作主的日子已经不远——到那时，俄罗斯民族由于要处理自己的内部事务，就会既没有时间，也没有心思去做夺取君士坦丁堡、印度和世界霸权那样的蠢事了。1848年停留在波兰边境上的革命，现在正在敲打俄国的大门，而在俄国国内，它也已经有足够的同盟者，他们就只等为革命打开大门的时机了。

摘自弗·恩格斯：《俄国沙皇政府的对外政策》（1889年12月—1890年2月），《马克思恩格斯文集》第4卷，人民出版社2009年版，第388—389页。

### 22. 如果说沙皇厌恶与共和国结盟，那么革命的法国人民对于与暴君，与残害波兰和俄国的刽子手结盟则更加厌恶得多

到那时，法国将摆脱由于和沙皇结盟而陷入的那种无可奈何的反常的处境。如果说沙皇厌恶与共和国结盟，那么革命的法国人民对于与暴君，与残害波兰和俄国的刽子手结盟则更加厌恶得多。法国如果在战争中站在沙皇一边，一旦失败，法国就不可能使用自己伟大的、唯一有效的自救手段，1793年的挽救手段——进行革命，通过恐怖来动员全民的力量，以及在敌对的国家进行革命宣传。一旦如此，沙皇就会立即与法国的敌人联合起来，因为从1848年起时代已经大大地改变了，从那时候起沙皇已经在俄国国内亲身体验

到什么是恐怖了。因此，与沙皇结盟根本不会加强法国的力量，相反，在最危险的关头，它会妨碍法国拔出自己的刀剑。但是，如果俄国国民议会在俄国取代了强大的沙皇的地位，那么新的解放了的俄国同法兰西共和制的同盟就是十分自然和完全正常的了，那时这个同盟将促进法国的革命运动，而不是阻碍它，那时这个同盟对于为自己的解放而斗争的欧洲无产阶级也会是有利的。由此可见，沙皇的万能权势的跌落对于法国也有好处。

那时，那种把整个欧洲变成兵营并且迫使人们把战争几乎当做救星看待的疯狂的军备竞赛的所有借口也将消失。那时甚至连德意志帝国国会也很快就会被迫拒绝关于不断增加的军事拨款的要求。

而这样一来，西方就有可能不受外来干扰地、一心一意地致力于自己当前的历史任务：解决无产阶级和资产阶级之间的冲突和把资本主义社会改造为社会主义社会①。

摘自弗·恩格斯：《俄国沙皇政府的对外政策》（1889年12月—1890年2月）（三），《马克思恩格斯文集》第4卷，人民出版社2009年版，第392页。

### 23. 一旦沙皇政权这个全欧洲反动势力的最后的坚固堡垒垮台，整个欧洲的风向就会完全改变

俄国沙皇专制制度的崩溃也会直接促使这个过程加快。一旦沙皇政权这个全欧洲反动势力的最后的坚固堡垒垮台，整个欧洲的风向就会完全改变。因为欧洲的反动政府②都很清楚，它们虽然由于君士坦丁堡等等而同沙皇争吵不休，但是可能有这么一天，它们会乐意把君士坦丁堡、博斯普鲁斯海峡、达达尼尔海峡以及沙皇所要求的一切都抛给他，只要他能保护它们不受革命的危害。所以，一旦这个主要堡垒③本身转入革命的手中，欧洲的反动政府就会彻底丧失自信心和镇静；那时它们将只有指靠自己本身的力量，并且很快会感到局势发生了多么大的变化。也许，

---

① 在英译文中不是"把资本主义社会改造为社会主义社会"，而是"解决与此有关的经济问题。"——编者注
② 在英译文中不是"因为欧洲的反动政府"，而是"因为柏林和维也纳的大人先生们"。——编者注
③ 英译文中在"一旦这个主要堡垒"的后面补充有："一旦俄国"。——编者注

他们竟会派遣自己的军队去恢复沙皇政权——这将是世界历史的莫大讽刺！①

正是由于这些情况，整个西欧，特别是西欧的工人政党，关心着，深切地关心着俄国革命政党的胜利和沙皇专制制度的崩溃。欧洲正好像沿着斜坡一样越来越快地滑向规模空前和激烈程度空前的世界战争的深渊。能够阻止这种趋势的只有一种情况，那就是俄国制度的改变。这种改变将在最近若干年内发生，这是无庸置疑的，但愿这种改变及时发生，发生在没有它就无法避免的那种事情出现之前。

摘自弗·恩格斯：《俄国沙皇政府的对外政策》（1889年12月—1890年2月）（三），《马克思恩格斯文集》第4卷，人民出版社2009年版，第393—394页。

**24. 我们的党在帝国国会里向来要求，让亚尔萨斯—洛林的居民有可能自己决定自己的命运**

"照您看来，社会民主党将对欧洲产生什么样的影响呢？"

"毫无疑问，我们将为和平而斗争。我们始终抗议兼并亚尔萨斯—洛林，在色当战役之后，马克思和我写了'国际'的宣言，我们在宣言中指出，德国人民没有理由同法兰西共和国发生争端，我们要求光荣条件下的和平，并且预言了后来确实发生了的事情，就是：这一兼并会把法国抛进

---

① 在英译文中，这句话为："也许，德国皇帝会受到诱惑，竟会派兵去恢复沙皇政权，可是这一定会成为毁灭他自己的政权的一个步骤"。接着还加了这样一段话："事实上，毫无疑问，德国正迅速地接近革命，而完全不以俄国或法国可能采取什么行动为转移。最近的普选表明，德国社会党人的力量每隔三年便增加一倍；现在，社会党是帝国所有的政党中最强大的政党，在总数700万张选票中，它拥有1437000张，一切惩治法和非常法都完全无法阻止他们取得胜利。但是德国社会党人一方面准备接受年轻的皇帝愿意向工人阶级作的任何理所当然的经济上的让步，同时也满怀决心——在实行非常法十年之后这种决心更是空前地坚定——去争回1848年在柏林街垒战中获得的、但在曼托伊费尔和俾斯麦统治时期丧失殆尽的政治自由。他们懂得，只有这种政治自由才会为他们争取工人阶级经济解放的必要手段。尽管某些迹象仿佛证明着相反的情况，但是我们还是处在德国社会党人同代表专制和宗法权力的德国皇帝斗争的前夜。在这场战斗中，皇帝最后必定失败。选举结果表明，社会党人甚至在农村选区也迅速地取得胜利，大城市则实际上已被他们争取到手了；而在每个身体合格的成年男子都是士兵的国家中，这就意味着军队逐渐转向社会主义。只要俄国的制度突然发生变化，这一事件就会在德国产生巨大的影响；这会加快危机的到来并且使社会党人获胜的机会倍增。"——编者注

俄国的怀抱并对欧洲的和平造成经常的威胁。① 我们的党在帝国国会里向来要求，让亚尔萨斯—洛林的居民有可能自己决定自己的命运——或者重新并入法国，或者留在德国，或者并入瑞士，或者成为独立的国家。"

摘自弗·恩格斯：《1893年6月底弗·恩格斯对英国"每日纪事报"记者的谈话②》，《马克思恩格斯全集》第22卷，人民出版社1965年版，第634—635页。

---

① 恩格斯指"国际工人协会总委员会关于普法战争的第二篇宣言"（见《马克思恩格斯全集》中文版第17卷第285—294页）。宣言是马克思写的，但是其中包括有恩格斯的材料，这些材料驳斥了普鲁士容克和德国资产阶级对亚尔萨斯—洛林的贪求，以及为此提出的军事战略上的论据。——《马克思恩格斯全集》（中文第1版）第22卷，人民出版社1965年版，注释541。

② 恩格斯就6月举行的德意志帝国国会选举和德国社会民主党在这次选举中的成功，对英国《每日纪事报》记者发表了谈话。谈话除发表在上述英国的报纸外，还以删节的形式发表在1893年7月15日《社会主义者报》第148号，全文发表在1893年7月16日《社会评论》杂志第14期。载于《每日纪事报》的谈话，标题是："德国选举。恩格斯先生的谈话"；《社会主义者报》的标题是：《弗·恩格斯和德国选举》；《社会评论》的标题是：《同弗·恩格斯交谈关于德意志帝国国会选举的结果》。——《马克思恩格斯全集》（中文第1版）第22卷，人民出版社1965年版，注释536。

## 十八　泛斯拉夫主义

**1. 泛斯拉夫主义不是产生在俄国或波兰，而是产生在布拉格和阿格拉姆**

泛斯拉夫主义不是产生在俄国或波兰，而是产生在布拉格和阿格拉姆[①]。泛斯拉夫主义，这是奥地利的，其次是土耳其的一切弱小的斯拉夫民族为了反对奥地利的德国人、马扎尔人，可能也是为了反对土耳其人而结成的同盟。土耳其人只是在个别情况下才被考虑进去，而作为一个也是处于完全衰落状态的民族，完全可以不考虑他们。泛斯拉夫主义按其基本倾向来说，是要反对奥地利的革命分子，因此，它显然是反动的。

泛斯拉夫主义很快就以双重的叛卖行为暴露了这种反动倾向：它使至今仍站在革命方面的唯一的斯拉夫民族——波兰人成了它的可怜的民族局限性的牺牲品；它把自己和波兰出卖给俄国沙皇。

摘自弗·恩格斯：《匈牙利的斗争》（1849年1月8日左右），《马克思恩格斯全集》（中文第1版）第6卷，人民出版社1961年版，第200—201页。

**2. 泛斯拉夫主义的直接目的，是要建立一个由俄国统治的从厄尔士山脉和喀尔巴阡山脉直到黑海、爱琴海和亚得利亚海的斯拉夫国家**

泛斯拉夫主义的直接目的，是要建立一个由俄国统治的从厄尔士山脉和喀尔巴阡山脉直到黑海、爱琴海和亚得利亚海的斯拉夫国家。在这个国家里，除了德语、意大利语、马扎尔语、瓦拉几亚语、土耳其语、希腊语和阿尔巴尼亚语以外，还要包括将近一打斯拉夫语和主要方言。这一切不是用直到现在把奥地利联合在一起并促进了它的发展的那些因素联合起来

---

[①] 1848年6月2日，在布拉格召开了斯拉夫人代表大会，会上暴露了哈布斯堡帝国压迫下的各斯拉夫民族的民族运动中两种倾向的斗争。包括代表大会领导人（帕拉茨基、沙法里克）在内的右派即温和自由派，企图用保存和巩固哈布斯堡王朝君主国的办法来解决民族问题。左派即民主派（萨宾纳、弗利契、里别尔特等人）坚决反对这种做法，并极力主张与德国和匈牙利的革命民主运动采取联合行动。代表大会中属于激进派并且积极参加了布拉格起义的那部分代表，遭到了残酷的镇压。留在布拉格的温和自由派的代表于6月16日宣布代表大会无定期延期。

1848年6月在阿格拉姆（萨格勒布）举行了南方斯拉夫民族代表会议。——《马克思恩格斯全集》（中文第1版）第6卷，人民出版社1961年版，注释161。

的，而是用斯拉夫民族特征的抽象性质和所谓的斯拉夫语（当然这是大多数居民的共同语）联合起来的。但是，要不是在某些思想家的头脑里，哪里会存在这种斯拉夫的民族特征呢？要不是在帕拉茨基先生、盖伊先生及其同僚的幻想中以及部分地在已经没有任何一个斯拉夫人能够了解的俄国教堂的古斯拉夫祈祷仪式中，哪里会存在什么"斯拉夫语"呢？事实上，所有这些民族都处在文明发展的极不相同的阶段上，从波希米亚的相当发达的（多亏德国人）现代工业和文化，直到克罗地亚人和保加利亚人的几乎是游牧性质的野蛮状态；所以，事实上所有这些民族的利益是极为对立的。事实上，这十个至十二个民族的斯拉夫语，是由同样数目的方言组成的，这些方言大部分互不相通，甚至可以归为不同的几大类（捷克语、伊利里亚语和塞尔维亚—保加利亚语）。由于这些民族十分轻视文学，而且其中大多数不开化，这些方言已变成了真正的民间土话，除了少数例外情形，这些方言都以某种异族的，即非斯拉夫的语言作为自己的标准语。所以，泛斯拉夫主义的统一，不是纯粹的幻想，就是俄国的鞭子。

摘自弗·恩格斯：《匈牙利的斗争》（1849年1月8日左右），《马克思恩格斯全集》（中文第1版）第6卷，人民出版社1961年版，第201页。

**3. 八世纪和九世纪曾经是泛斯拉夫主义的时代……如果那时……他们都未能获得独立，并建立起巩固的国家，那末现在，在经受了一千年的压迫和丧失了自己的民族特性以后，他们怎么能够做到这一点呢？**

八世纪和九世纪曾经是泛斯拉夫主义的时代，当时南方斯拉夫人还统治着整个匈牙利和奥地利，并且威胁着拜占庭。如果那时他们都未能抵挡住德国人和马扎尔人的入侵，如果甚至在他们的两个敌人——德国人和马扎尔人彼此进行着激烈斗争的时候，他们都未能获得独立，并建立起巩固的国家，那末现在，在经受了一千年的压迫和丧失了自己的民族特性以后，他们怎么能够做到这一点呢？

摘自弗·恩格斯：《匈牙利的斗争》（1849年1月8日左右），《马克思恩格斯全集》（中文第1版）第6卷，人民出版社1961年版，第202页。

**4. 南方斯拉夫人的民族特征的恢复实际上是从最残酷地镇压奥地利和匈牙利的革命开始的；这是南方斯拉夫运动的领导者们对俄国沙皇的第一次有力的效劳**

可见，南方斯拉夫人早在1848年以前就明显地暴露了他们的反动性质；1848年向全世界揭露了他们的这种反动性质。

当二月风暴爆发的时候，是谁进行了奥地利革命呢？是维也纳还是布拉格？是布达佩斯还是阿格拉姆？是德国人和马扎尔人还是斯拉夫人？

的确不能否认，在有教养的南方斯拉夫人中存在过一个不大的民主党派，它虽然不放弃自己的民族特征，但愿意把这种特征献给争取自由的斗争。这种幻想也曾在西欧的民主主义者当中博得了同情，并且当斯拉夫的民主主义者还参加反对共同敌人的斗争时，这种同情是完全正当的。这种幻想由于轰击布拉格而破灭了。在这个事件以后，所有的南方斯拉夫民族都效法克罗地亚人把自己交给奥地利反动派支配。那些还继续胡说什么民族平等、民主的奥地利等等的南方斯拉夫运动的领导者们，不是变成了像许多报纸的无耻文人一样的愚蠢的空想家，就是变成了像耶拉契奇一样的恶棍。他们的民主誓言并不比奥地利官方反革命势力的民主誓言更有价值。简言之，南方斯拉夫人的民族特征的恢复实际上是从最残酷地镇压奥地利和匈牙利的革命开始的；这是南方斯拉夫运动的领导者们对俄国沙皇的第一次有力的效劳。

如果不算上层贵族、官僚和军阀，奥地利的权奸就只能从斯拉夫人那里得到支持。斯拉夫人在意大利的陷落中起过决定性的作用，斯拉夫人袭击过维也纳，现在斯拉夫人又从四面八方进攻马扎尔人。他们的思想家是以帕拉茨基为首的捷克人，他们的军事首领是以耶拉契奇为首的克罗地亚人。

这就是他们对德国民主刊物的报答。6月间，当文迪施格雷茨屠杀捷克民主主义者的时候，德国民主刊物到处都对他们表示同情。而这同一个文迪施格雷茨现在却成了他们的英雄。

摘自弗·恩格斯：《匈牙利的斗争》（1849年1月8日左右），《马克思恩格斯全集》（中文第1版）第6卷，人民出版社1961年版，第203—204页。

**5. 一千年来一直被德国人和马扎尔人牵着走的南方斯拉夫人在1848年所以要起来为恢复自己的民族独立而斗争，是为了与此同时把德国和匈牙利的革命镇压下去。他们是反革命的代表者**

总括起来说：

在奥地利（波兰和意大利除外），德国人和马扎尔人在1848年，像近千年来一样，掌握了历史主动权。他们是革命的代表者。

一千年来一直被德国人和马扎尔人牵着走的南方斯拉夫人在1848年所以要起来为恢复自己的民族独立而斗争，是为了与此同时把德国和匈牙利的革命镇压下去。他们是反革命的代表者。此外还应该加上两个民族，也是早已走向衰落和丧失了任何历史活动能力的民族：特兰西瓦尼亚的萨克森人和罗马尼亚人。

哈布斯堡王朝的权力，是在反对南方斯拉夫人的斗争中通过联合德国人和马扎尔人的方法建立起来的。现在这个王朝却想在反对德国人和马扎尔人的斗争中联合南方斯拉夫人来苟延残喘。

摘自弗·恩格斯：《匈牙利的斗争》（1849年1月8日左右），《马克思恩格斯全集》（中文第1版）第6卷，人民出版社1961年版，第204页。

### 6. 在即将来临的世界大战中，不仅那些反动阶级和王朝，而且那许多反动民族也要完全从地球上消失。这也将是一种进步

马扎尔人的处境远不像被收买的患着黑黄色的[①]狂热症的人想要使我们相信的那样坏。他们还没有被打败。即使他们倒下去，那也是像1848年革命的最后一批英雄一样光荣地倒下去，而这种失败只是暂时的失败。那时，极其残酷野蛮的斯拉夫反革命将会立刻席卷奥地利君主国，而权奸将会看到，他们的伙伴们都是些什么人物。只要法国无产阶级的起义（路易—拿破仑正在竭尽全力挑起这一起义）一取得胜利，奥地利的德国人和马扎尔人就会获得解放，他们就会向斯拉夫的野蛮人伸报血海深仇。那时爆发的大战将驱散这个斯拉夫的宗得崩德，甚至将从地球上消灭掉这些顽固的小民族的名字。

在即将来临的世界大战中，不仅那些反动阶级和王朝，而且那许多反动民族也要完全从地球上消失。这也将是一种进步。

摘自弗·恩格斯：《匈牙利的斗争》（1849年1月8日左右），《马克思恩格斯全集》（中文第1版）第6卷，人民出版社1961年版，第207页。

### 7. 在东欧却还有一些貌似民主和革命的派别，继续做这种漂亮话和柔情蜜意的应声虫，继续宣扬关于欧洲各族人民友爱的福音。这些派别（……）就是各斯拉夫民族的民主泛斯拉夫主义者

我们一再指出，在二月革命和三月革命以后出现的甜蜜幻想，例如幻想达到各族人民的普遍友爱，建立欧洲联邦共和国和实现永久和平，实质

---

[①] 黑色和黄色是奥地利国旗的颜色。——《马克思恩格斯全集》（中文第1版）第6卷，人民出版社1961年版，注释163。

上只是掩盖了当时思想界的领导人物们极端的张惶失措和庸碌无能。这些人看不到或者不愿看到，为了捍卫革命需要做些什么；他们不能或者不想采取任何真正革命的措施；一些人的故步自封和另一些人的反革命阴谋——这一切就使得人民仅仅得到的只是一些温情脉脉的漂亮话，而不是采取革命行动。夸夸其谈的恶棍拉马丁，就是这个在诗意盎然的美丽辞藻和华而不实的悦耳言词掩盖下背叛人民的时代的典型人物。

进行过革命的各族人民都懂得，他们当时由于轻信浮华的言词和虚夸的保证，付出了多么大的代价。结果不是革命的安全得到保障，而是到处成立了暗中破坏革命的反动议会；不是实现了过去在街垒上所许下的诺言，而是反革命在那不勒斯、巴黎、维也纳和柏林得胜，米兰的陷落和反对匈牙利的战争发生；不是各族人民结成兄弟同盟，而是"神圣同盟"在英国和俄国的庇护下重新恢复。那些在4月和5月里还兴高采烈地欢迎这些浮华言词的人，现在只好满面羞愧地回味他们当时怎样受了这些傻瓜和恶棍的欺骗了。

沉痛的经验使人们认识到，要实现"欧洲各族人民的兄弟同盟"，不能依靠空洞的言词和美好的意愿，而必须通过彻底的革命和流血的斗争；问题不在于欧洲各族人民在一个共和国的旗帜下结成同盟，而在于革命的各族人民结成反对反革命民族的同盟，这种同盟不是在纸上，而只有在战场上才能实现。

这种沉痛的、然而是必要的经验使整个西欧不再相信拉马丁的漂亮话了。相反地，在东欧却还有一些貌似民主和革命的派别，继续做这种漂亮话和柔情蜜意的应声虫，继续宣扬关于欧洲各族人民友爱的福音。

这些派别（我们撇开某些愚昧无知的德国空想家如阿·卢格先生等等不谈）就是各斯拉夫民族的民主泛斯拉夫主义者。

摘自弗·恩格斯：《民主的泛斯拉夫主义》（1849年2月14—15日）（一），《马克思恩格斯全集》（中文第1版）第6卷，人民出版社1961年版，第322—323页。

**8. 我们看到的民主泛斯拉夫主义的纲领，是一本小册子。……这里一个字也没有提到实际存在的妨碍这种普遍解放的障碍，一个字也没有提到其差别如此之大的各个文明发展阶段，以及由这一点所决定的各族人民的不同政治要求**

我们看到的民主泛斯拉夫主义的纲领，是一本小册子："对斯拉夫人的号召。俄国爱国志士、布拉格斯拉夫人代表大会代表米哈伊尔·巴枯宁著"1848年克顿版①。

巴枯宁是我们的朋友。但这并不妨碍我们批评他的小册子。

我们就来看看，巴枯宁怎样在他的呼吁书中一开头就陷入了去年3月和4月的幻想：

> "革命生活的第一个特征，就是高呼憎恨旧的压迫，高呼同情和热爱一切被压迫民族。各族人民……终于体验到了旧的外交所带给人类的耻辱，并且已经认识到，只要欧洲还有一个民族受着压迫，各民族的幸福安宁就无法得到保障……打倒压迫者！——响起了一致的呼声。光荣归于被压迫的人们，归于波兰人、意大利人和其他各族人民！不应当再进行侵略战争，但必须把最后一次战争，即争取各族人民彻底解放的光荣的革命斗争进行到底！废除各种暴君会议基于所谓历史的、地理的、贸易的和战略的考虑强行划定的各种人为的界线！除了各族人民本身的主权意志根据其民族特点所确定的界线，即根据正义和民主的精神划定的自然界线以外，不应该有任何其他的界线。这就是各族人民一致的呼声。"（第6页和第7页）

从这段话中我们已经完全可以重新看到革命最初几个月中的那种一味耽于幻想的狂热。这里一个字也没有提到实际存在的妨碍这种普遍解放的障碍，一个字也没有提到其差别如此之大的各个文明发展阶段，以及由这一点所决定的各族人民的不同政治要求。"自由"一词代替了这一切。这里根本没有谈到现实，即使不得不谈一谈的时候，现实也被描绘成为由那些"暴君会议"和"外交家们"任意制定的某种绝对不中用的东西。书中简单地把绝对不能违反的、无条件地要求"自由"的冒牌的人民意志同这种可憎的现实对立起来。

我们已经看到，它们中间谁更有力。冒牌的人民意志所以如此可耻地受到欺骗，正是因为它轻信那种脱离实际存在的关系的如此荒诞的抽象

---

① 《Aufruf an die Slaven. Von einem russisehen Patrioten Michael Bakunin. Mitglied des Slavenkongresses in Prag》. Koethen, 1848. ——《马克思恩格斯全集》（中文第1版）第6卷，人民出版社1961年版，注释208。

概念。

"革命已经以其充分的权力宣布解散那些专制国家,如普鲁士邦……奥地利……土耳其帝国……和暴君们的最后希望——俄罗斯帝国……革命已经宣布这一切的最终目的是要建立一个欧洲共和国总联邦。"(第8页)

在这里,在西方,我们真正应该感到奇怪的是,当这一切美好计划刚一付诸实现就遭到了失败的时候,居然还有人认为这些计划是某种值得赞扬的伟大的东西。要知道,糟糕的是,正是由于:革命虽"以其充分的权力宣布解散那些专制国家",但同时它又"以其充分的权力"根本不去动手实现自己的法令。

摘自弗·恩格斯:《民主的泛斯拉夫主义》(1849年2月14—15日)(一),《马克思恩格斯全集》(中文第1版)第6卷,人民出版社1961年版,第323—324页。

**9. 布拉格代表大会以后许多斯拉夫人所起的作用,本来应当打破泛斯拉夫主义者的幻想;……但是,他们直到现在……还向我们端出那一套陈词滥调**

当时召开了斯拉夫人代表大会。代表大会完全赞成这些幻想。请听:

"我们亲身体验到我们有共同的历史〈?〉和血统关系。我们宣誓,决不容许别人再把我们的命运分开。我们诅咒那个长期使我们成为它的牺牲品的政策,我们自己给自己确立了完全独立的权利,并庄严地宣誓,一切斯拉夫民族今后都应该获得这种独立。我们承认波希米亚[1]和莫拉维亚的独立……我们向德国人民,向民主的德国伸出友谊之手。我们代表我们那些居住在匈牙利的人,向马扎尔人,向我们种族的凶恶敌人建议结成兄弟同盟……在我们的解放同盟中,我们也没有忘记我们那些呻吟在土耳其人压迫之下的兄弟。我们庄严地诅咒那个曾经三度瓜分波兰的罪恶政策……我们说出了这一切,我们要同

---

[1] 即捷克。——编者注

各民族的一切民主主义者〈?〉一起要求：实现各民族的自由、平等和博爱。"（第10页）

民主泛斯拉夫主义居然到现在还提出这些要求：

"当时我们对我们的事业充满信心……正义和人道完全在我们这一边，而在我们敌人那一边的只是违法和野蛮。这不是我们所醉心的那种虚无缥缈的幻想，而是唯一正确和必要的政策即革命政策的思想。"

"正义"、"人道"、"自由"、"平等"、"博爱"、"独立"——直到现在除了这些或多或少属于道德范畴的字眼外，我们在泛斯拉夫主义的宣言中没有找到任何别的东西。这些字眼固然很好听，但在历史和政治问题上却什么也证明不了。"正义"、"人道"、"自由"等等可以一千次地提出这种或那种要求，但是，如果某种事情无法实现，那它实际上就不会发生，因此无论如何它只能是一种"虚无缥缈的幻想"。布拉格代表大会以后许多斯拉夫人所起的作用，本来应当打破泛斯拉夫主义者的幻想；他们本来应当认识到，用一切善良愿望和美好幻想丝毫也不能左右铁的现实，他们的政策同法兰西共和国的政策一样，很少能说是"革命的政策"。但是，他们直到现在，即1849年1月，还向我们端出那一套陈词滥调，殊不知由于实行了血腥的反革命，西欧已对这一套陈词滥调的内容绝望了！

摘自弗·恩格斯：《民主的泛斯拉夫主义》（1849年2月14—15日）（一），《马克思恩格斯全集》（中文第1版）第6卷，人民出版社1961年版，第324—326页。

**10. 泛斯拉夫主义的目的实际上无非是要给那些在历史、文学、政治、贸易和工业方面都依附于德国人和马扎尔人的零散的奥地利斯拉夫人一个据点，这个据点一方面是俄国，另一方面是由斯拉夫人的多数所统治的、依附于俄国的奥地利联合君主国**

我们要顺便指出，这种不顾各族人民的历史状况和社会发展阶段而硬要把它们联合起来建立各族人民普遍的兄弟同盟的理论，早在革命前很久就受到了"新莱茵报"编辑们的批评，而且当时批评的是这些编辑的好友——英国和法国的民主主义者。这可以在当时英国、法国和比利时的民主报刊上找到证明。①

至于专门谈到泛斯拉夫主义，我们在"新莱茵报"第194号②上已经指出，如果撇开民主泛斯拉夫主义者的真诚的自我欺骗不谈，泛斯拉夫主义的目的实际上无非是要给那些在历史、文学、政治、贸易和工业方面都依附于德国人和马扎尔人的零散的奥地利斯拉夫人一个据点，这个据点一方面是俄国，另一方面是由斯拉夫人的多数所统治的、依附于俄国的奥地利联合君主国。我们已经论证过，那些几百年来并非出于自己的意愿而被历史拖着走的小民族，必然要成为反革命的民族，而且它们在1848年革命中所采取的全部立场的确都是反革命的立场。既然民主泛斯拉夫主义的宣言不加区别地要求一切斯拉夫人都获得独立，我们应该再来谈谈这个问题。

摘自弗·恩格斯：《民主的泛斯拉夫主义》（1849年2月14—15日）（一），《马克思恩格斯全集》（中文第1版）第6卷，人民出版社1961年版，第326—327页。

**11. 我们重复一遍，除了波兰人、俄罗斯人——充其量还有土耳其的斯拉夫人——以外，没有一个斯拉夫民族是有前途的，原因很简单：其他一切斯拉夫人都没有具备为独立和维持生命力所必需的历史、地理、政治和工业的条件**

首先我们要指出，对斯拉夫人代表大会的民主主义者来说，政治上的浪漫和温情是可以原谅的。除了波兰人以外（由于很明显的原因，波兰人不是泛斯拉夫主义者），这些人全都属于这样的民族，这些民族或者像南方斯拉夫人一样，由于其全部历史状况必然是反革命的民族，或者像俄罗斯人一样，距离革命还很远，因此它们至少在目前还是反革命的。这些由于在国外所受的教育而具有民主主义情绪的派别，企图把自己的民主主义观点同自己的民族感情调和起来，大家知道，这种感情在斯拉夫人身上表现

---

① 见恩格斯的"在伦敦举行的各族人民庆祝大会"一文（《马克思恩格斯全集》中文版第2卷第662—676页），马克思和恩格斯的演说"论波兰"，恩格斯的"路易·勃朗在第戎宴会上的演说"、"'满意的'多数派议员"，以及1848年1月马克思在布鲁塞尔所做的"关于自由贸易的演说"（《马克思恩格斯全集》中文版第4卷第409—412页、第423—426页、第430—437页、第444—459页）。——《马克思恩格斯全集》（中文第1版）第6卷，人民出版社1961年版，注释209。

② 见第六卷第200—204页。——编者注

得非常强烈；因为现实世界，他们本国的实际状况不能为这种调和提供任何根据，或者只能提供一些假想的根据，所以除了彼岸的"梦想的空中王国"①、美好愿望的世界，幻想的政治以外，他们就一无所有了。如果克罗地亚人、潘都尔兵和哥萨克人是欧洲民主的先锋队，如果西伯利亚共和国大使在巴黎呈递国书，那该多好呵！当然，这是美妙的前景；但是，就连最激烈的泛斯拉夫主义者也不要求欧洲民主必须等待这种前景的实现，目前恰好正是宣言专门为其要求独立的那些民族，是民主的特别凶恶的敌人。

我们重复一遍，除了波兰人、俄罗斯人——充其量还有土耳其的斯拉夫人——以外，没有一个斯拉夫民族是有前途的，原因很简单：其他一切斯拉夫人都没有具备为独立和维持生命力所必需的历史、地理、政治和工业的条件。

摘自弗·恩格斯：《民主的泛斯拉夫主义》（1849年2月14—15日）（一），《马克思恩格斯全集》（中文第1版）第6卷，人民出版社1961年版，第327—328页。

**12. 那些从来没有自己的历史，从达到文明发展的最初阶段即最低阶段的时候起就陷于异族统治之下，或者只是由于异族的压迫才被强迫提高到文明发展的最初阶段的民族，是没有生命力的，是永远也不可能获得什么独立的**

那些从来没有自己的历史，从达到文明发展的最初阶段即最低阶段的时候起就陷于异族统治之下，或者只是由于异族的压迫才被强迫提高到文明发展的最初阶段的民族，是没有生命力的，是永远也不可能获得什么独立的。

奥地利斯拉夫人的命运正是这样。捷克人（我们把莫拉维亚人和斯洛伐克人也算在内，尽管他们的语言和历史有所不同）从来没有自己的历史。从查理大帝时代起，波希米亚就并入了德国。有一个短时期，捷克民族曾经获得了解放，建立了大莫拉维亚帝国，但是很快又被征服了，在五百年中它一直像皮球一样，在德国、匈牙利和波兰之间被抛来抛去。此后，波

---

① 海涅"德国——一个冬天的童话"第七章。——《马克思恩格斯全集》（中文第1版）第6卷，人民出版社1961年版，注释210。

希米亚和莫拉维亚最后并入了德国，斯洛伐克地区则留给了匈牙利。这个在历史上根本不存在的"民族"还要要求独立吗？

所谓南方斯拉夫人的情况也是如此。伊利里亚的斯洛文尼亚人、达尔马威亚人、克罗地亚人和绍克人①的历史何在呢？从十一世纪开始，他们就连政治独立的最后一点影子也丧失了，他们分别受到德国人、威尼斯人和马扎尔人的统治。现在竟有人想把这些破烂的碎片拼凑成一个坚固、独立并且有生命力的民族！

摘自弗·恩格斯：《民主的泛斯拉夫主义》（1849 年 2 月 14—15 日）（一），《马克思恩格斯全集》（中文第 1 版）第 6 卷，人民出版社 1961 年版，第 328 页。

**13. 但是正是捷克人应当成为计划中的斯拉夫国家的核心，因为莫拉维亚人也同德国人混杂得很厉害，而斯洛伐克人则同德国人和马扎尔人混杂在一起，在民族关系上他们已经完全衰落了**

不仅如此。如果奥地利的斯拉夫人像波兰人、马扎尔人和意大利人一样，是一个紧密的实体，如果它们能够联合成一个拥有一千二百万到两千万人口的国家，那末他们的要求倒会有一些认真的性质。但事实上情况恰好相反。德国人和马扎尔人已经像一个大楔子楔入他们中间，直抵喀尔巴阡山的最边缘，差不多已到达黑海，他们用一条宽达六十到八十英里的广阔地带把捷克人、莫拉维亚人和斯洛伐克人同南方斯拉夫人隔开。居住在这个地带以北的五百五十万斯拉夫人，同居住在这个地带以南的五百五十万斯拉夫人，被一个由于历史和必然性的缘故而成为同盟者的"一千万到一千一百万德国人和马扎尔人的紧密实体"分开了。

但是，为什么五百五十万捷克人、莫拉维亚人和斯洛伐克人不能建立一个国家，另外的五百五十万南方斯拉夫人也不能同土耳其的斯拉夫人一起建立另一个国家呢？

请随便拿一张精确的语言分布图来，看一看捷克人和在语言上与捷克人相近的邻族的分布情形。他们像楔子一样插在德国中间，但两边都受到德国人的压迫和排挤。波希米亚三分之一的居民讲德语；在波希米亚捷克

---

① 绍克人——居住在斯拉窝尼亚和匈牙利南部的塞尔维亚人的绰号，他们大部分是天主教徒。——《马克思恩格斯全集》（中文第 1 版）第 6 卷，人民出版社 1961 年版，注释211。

人和德国人的比例是34比17。但是正是捷克人应当成为计划中的斯拉夫国家的核心，因为莫拉维亚人也同德国人混杂得很厉害，而斯洛伐克人则同德国人和马扎尔人混杂在一起，在民族关系上他们已经完全衰落了。如果到头来这个国家仍然受德国城市资产阶级的统治，那这算是什么斯拉夫国家呢?！

摘自弗·恩格斯：《民主的泛斯拉夫主义》（1849年2月14—15日）（一），《马克思恩格斯全集》（中文第1版）第6卷，人民出版社1961年版，第329页。

**14. 德国人在北方从斯拉夫人手中重新夺回了起初属于德国而后来属于斯拉夫人的由易北河至瓦尔塔河的那片地区；所以要夺取这片地区，是由于从瓜分卡罗林君主国而产生的"地理上和战略上的考虑"**

然而，正是这种以开化为名而加在斯拉夫人身上的羁绊，构成了德国人和马扎尔人的滔天罪行！请大家听听下面的话吧：

"你们的愤怒是正当的，你们有权要求对那种万恶的德国政策进行报复，因为这种政策只想使你们遭到灭亡，使你们世世代代遭受奴役"……（第5页）

"……马扎尔人，我们种族的凶恶敌人，一共才不过四百万人，他们却吹嘘要把羁绊加到八百万斯拉夫人的身上……"（第9页）

"我知道马扎尔人对我们的斯拉夫弟兄干下的一切坏事，我知道他们对我们的民族所犯下的罪行，我知道他们如何鄙视我们的语言，如何践踏我们的独立。"（第30页）

德国人和马扎尔人对斯拉夫民族所犯下的骇人听闻的滔天罪行究竟是什么呢？我们这里不谈瓜分波兰的事情，这个问题与此无关，我们只谈据说是斯拉夫人所蒙受的"世世代代的不公平待遇"。

德国人在北方从斯拉夫人手中重新夺回了起初属于德国而后来属于斯拉夫人的由易北河至瓦尔塔河的那片地区；所以要夺取这片地区，是由于从瓜分卡罗林君主国而产生的"地理上和战略上的考虑"。这些斯拉夫地区已经完全德意志化；这已是既定事实，而且已经无法挽回，除非泛斯拉夫主义者能够找到已经消亡了的索布语、温德语和奥博德里特语，并把这些语言强加于莱比锡、柏林和施特廷①的居民。但上述夺取行为是有利于文明的，这一点至今还没有人否认过。

摘自弗·恩格斯：《民主的泛斯拉夫主义》（1849年2月14—15日）（一），《马克思恩格斯全集》（中文第1版）第6卷，人民出版社1961年版，第331—332页。

### 15. 在南方，当德国人发现各斯拉夫部族的时候，它们都已经零零散散

在南方，当德国人发现各斯拉夫部族的时候，它们都已经零零散散。这是那些曾经占据过后来为马扎尔人所占领的地区的非斯拉夫族的阿瓦尔人所干的事情。德国人强迫这些斯拉夫人纳贡，并同他们进行了多次的战争。德国人也同阿瓦尔人和马扎尔人进行了这样的战争，结果从他们手中夺取了由恩斯河至莱达河的整个地区。德国人在这里强迫他们德意志化，而各斯拉夫地区的德意志化过程则和平得多，是通过移民和比较发达的民族影响比较不发达的民族来实现的。德国的工业、德国的贸易和德国的文化自然也把德国的语言带到了这些地区。至于说到"压迫"，那末斯拉夫人所受到的德国人的压迫，并不比德国人民大众所受的压迫更重。

摘自弗·恩格斯：《民主的泛斯拉夫主义》（1849年2月14—15日）（一），《马克思恩格斯全集》（中文第1版）第6卷，人民出版社1961年版，第332页。

### 16. 直到今天还受着"七十万奥斯曼人蹂躏"的"一千二百万斯拉夫人、瓦拉几亚人和希腊人"的命运不是非常明显地说明了这一点吗？

当然，德国人和马扎尔人的滔天"罪行"在于，他们妨碍了这一千二百万斯拉夫人受土耳其人同化！要不是德国人和马扎尔人把这些在历史上起了如此微小的作用的零散的小民族凑在一起，并领导他们去同穆罕默德和苏雷曼的军队作战，要不是他们的这些所谓"压迫者"决定了为保护这些弱小民族而进行的各次战役的结局，那末，这些民族会落到什么地步呢！直到今天还受着"七十万奥斯曼人蹂躏"的"一千二百万斯拉夫人、瓦拉几亚人和希腊人"的命运不是非常明显地说明了这一点吗？（第8页）

摘自弗·恩格斯：《民主的泛斯拉夫主义》（1849年2月14—15日）（一），《马克思恩格斯全集》（中文第1版）第6卷，人民出版社1961年

---

① 波兰称作：兹杰辛。——编者注

版，第 332—333 页。

**17. 如果亚历山大、凯撒和拿破仑也是一些像泛斯拉夫主义者现在为了维护其衰弱不堪的被保护人而要求的那种软心肠人，那历史会是什么样子呢？**

最后，在欧洲几个大君主国一般地说已经成了"历史的必要性"的时代，德国人和马扎尔人把所有这些弱小民族联合成为一个大的国家，从而使这些民族能够参预历史的发展（否则他们光靠自己始终是无法过问历史的发展的），能否认为这是"罪行"和"万恶的政策"呢！当然，在这种情况下难免践踏几朵娇嫩的民族鲜花。但是，没有暴力，没有坚定不移的无情手段，历史上任何事情都是不会成功的。如果亚历山大、凯撒和拿破仑也是一些像泛斯拉夫主义者现在为了维护其衰弱不堪的被保护人而要求的那种软心肠人，那历史会是什么样子呢？而波斯人、赛尔特人和日耳曼民族的神圣罗马帝国的居民在哪方面不如捷克人、奥古林人和奥地利边防军马队呢？

摘自弗·恩格斯：《民主的泛斯拉夫主义》（1849 年 2 月 14—15 日）（一），《马克思恩格斯全集》（中文第 1 版）第 6 卷，人民出版社 1961 年版，第 333 页。

**18. 正是现在，出现了泛斯拉夫主义者，他们要求我们"解放"这些已经半德意志化的斯拉夫人，要求我们消灭斯拉夫人的一切物质利益强加于这些斯拉夫人的集中**

但是现在，由于工业、贸易和交通的长足进展，政治上的集中成了比当时即比十五和十六世纪更加迫切的要求。凡是还能集中的一切，都正在集中。正是现在，出现了泛斯拉夫主义者，他们要求我们"解放"这些已经半德意志化的斯拉夫人，要求我们消灭斯拉夫人的一切物质利益强加于这些斯拉夫人的集中。

一句话，德国人和马扎尔人对上述斯拉夫人所犯下的"罪行"，原来是最好的、值得感激的行为，原来是我国人民和匈牙利人民在自己历史上可以夸耀的行为。

摘自弗·恩格斯：《民主的泛斯拉夫主义》（1849 年 2 月 14—15 日）（一），《马克思恩格斯全集》（中文第 1 版）第 6 卷，人民出版社 1961 年版，第 333 页。

**19. 唯一可以责备马扎尔人的地方，就是他们对这个本性就是反革命的民族让步太多了**

至于说到马扎尔人，那末这里还必须特别指出，他们从革命开始的时候起，对待目空一切的克罗地亚人就过于迁就和软弱。大家都知道，科苏特除了没有让他们的代表在议会中用克罗地亚语发言以外，对他们作了一切可能的让步。唯一可以责备马扎尔人的地方，就是他们对这个本性就是反革命的民族让步太多了。

摘自弗·恩格斯：《民主的泛斯拉夫主义》（1849年2月14—15日）（一），《马克思恩格斯全集》（中文第1版）第6卷，人民出版社1961年版，第333页。

**20. 如果斯拉夫人在他们受压迫的某一个时期开始新的革命历史，那末他们仅用这一点就足以证明自己是有生命力的**

昨天我们在文章的最后曾经指出，奥地利的斯拉夫人从来没有过自己的历史，在历史、文学、政治、贸易和工业方面他们都依赖于德国人和马扎尔人，他们部分地已经被德国人、马扎尔人和意大利人同化了，一旦成立许多独立国家，统治这些国家的也不会是他们，而是他们城市中的德国资产阶级和意大利资产阶级，最后，无论是匈牙利，还是德国，都不会容许割去和单独成立这种没有生命力的小的中间国家。

但是这一切也许还不会有决定意义。如果斯拉夫人在他们受压迫的某一个时期开始新的革命历史，那末他们仅用这一点就足以证明自己是有生命力的。从这个时候起，革命就会要求他们求得解放，而德国人和马扎尔人的局部利益就会在欧洲革命的更重要的利益面前消失。

可是这种情形过去恰好一次也没有发生。

摘自弗·恩格斯：《民主的泛斯拉夫主义》（1849年2月14—15日）（二），《马克思恩格斯全集》（中文第1版）第6卷，人民出版社1961年版，第334页。

**21. 斯拉夫人……他们在家里受压迫，在外边，在斯拉夫人影响所及的一切地方，他们却是一切革命民族的压迫者**

斯拉夫人——我们再一次提醒大家，在这种情况下我们总是把波兰人除外，——恰好是经常充当反革命的主要工具。他们在家里受压迫，在外边，在斯拉夫人影响所及的一切地方，他们却是一切革命民族的压迫者。

摘自弗·恩格斯:《民主的泛斯拉夫主义》(1849年2月14—15日)(二),《马克思恩格斯全集》(中文第1版)第6卷,人民出版社1961年版,第334页。

## 22. 但是,正因为如此,我们有权不赞成斯拉夫人的不切实际的幻想,并像我们谴责我们自己的民族一样来严厉谴责其他民族

请不要反驳我们,说我们在这里似乎是在维护德国人的民族偏见。德国、法国、比利时和英国的报纸上有事实为证,正是"新莱茵报"的编辑们,早在革命以前很久就最坚决地反对过德国人的民族局限性的一切表现①。虽然和其他一些人不同,他们没有人云亦云地对德国的一切乱加指责,但是他们历史地指出和无情地揭露了德国由于它的贵族和资产阶级、由于它的工业不发达,而在历史上无疑起过的那种卑鄙作用;他们向来承认,西方那些伟大的历史的民族,英国人和法国人,同落后的德国人比较起来有许多长处。但是,正因为如此,我们有权不赞成斯拉夫人的不切实际的幻想,并像我们谴责我们自己的民族一样来严厉谴责其他民族。

摘自弗·恩格斯:《民主的泛斯拉夫主义》(1849年2月14—15日)(二),《马克思恩格斯全集》(中文第1版)第6卷,人民出版社1961年版,第334—335页。

## 23. 但有一点无论如何是不容置疑的,这就是在以自己的优势兵力把拿破仑由奥得河击退到巴黎的那些军队中,有四分之三是斯拉夫人,俄国的斯拉夫人或奥地利的斯拉夫人

直到现在人们总是说,德国人是全欧洲专制制度的雇佣兵。我们丝毫不打算否认德国人在1792—1815年反对法国革命的历次可耻战争中,在1815年以后压迫意大利和1772年以后压迫波兰的过程中所起的可耻作用;但是,谁在背后为德国人撑腰呢?谁利用他们来作自己的雇佣兵或先锋队呢?是英国和俄国。要知道,俄国人直到现在还在吹嘘,说他们用无数的军队决定了拿破仑的垮台。当然,这在很大程度上是正确的。但有一点无论如何是不容置疑的,这就是在以自己的优势兵力把拿破仑由奥得河击退

---

① 见恩格斯的《德国状况》(《马克思恩格斯全集》中文版第2卷第631—653页)、《诗歌和散文中的德国社会主义》、《论波兰》的演说、《三个新宪法》、《致"改良报"》(《马克思恩格斯全集》中文版第4卷第223—275页、第410—412页、第528—533页和第542—544页)。——《马克思恩格斯全集》(中文第1版)第6卷,人民出版社1961年版,注释213。

到巴黎的那些军队中，有四分之三是斯拉夫人，俄国的斯拉夫人或奥地利的斯拉夫人。

摘自弗·恩格斯：《民主的泛斯拉夫主义①》（1849年2月14—15日）（二），《马克思恩格斯全集》（中文第1版）第6卷，人民出版社1961年版，第335页。

**24. 在瓜分波兰的时候，是一个斯拉夫国家和一个半斯拉夫国家彼此之间进行竞争**

但是，德国人压迫过意大利人和波兰人呀！在瓜分波兰的时候，是一个斯拉夫国家和一个半斯拉夫国家彼此之间进行竞争；镇压考斯丘什科的军队大多数是由斯拉夫人组成的；吉比奇和帕斯凯维奇的军队完全是斯拉夫军队。在意大利，只有 tedeschi〔德国人〕在一个长时期内享有压迫者的臭名。但是，再问一次，可以最好地被用来进行压迫、而其残暴行为都算在德国人身上的那些军队又是由什么人组成的呢？还是斯拉夫人。请到意大利去问一问，是谁镇压了米兰的革命。现在已经不会有人对你说，这是 tedeschi 干的，——自从 tedeschi 在维也纳进行了革命以后，人们已经不再仇视他们了，——人们会说，这是 croati〔克罗地亚人〕干的。现在意大利人用这个名称称呼一切奥地利军队，就是说，称呼他们最痛恨的一切：i croati！

摘自弗·恩格斯：《民主的泛斯拉夫主义》（1849年2月14—15日）（二），《马克思恩格斯全集》（中文第1版）第6卷，人民出版社1961年版，第335—336页。

**25. 但是当法国人、德国人、意大利人、波兰人和马扎尔人举起革命旗帜的时候，斯拉夫人却像一个人一样全都站到反革命的旗帜下面了**

但是，如果斯拉夫人无论在什么地方认真地参加了1848年的运动，如果他们迅速地加入到革命民族的行列中来，那这些责难就会是多余的、不公正的。只要大胆地进行一次民主革命的尝试，纵然遭到失败，也可以使各族人民忘却他们许多世纪的耻辱和怯懦，也可以使一个即使是深受鄙视的民族的名誉马上得到恢复。德国人在去年已经有过这种体验。

---

① 关于恩格斯在本文中发挥的关于奥地利帝国境内各斯拉夫民族的命运的观点，参看《马克思恩格斯全集》第六卷说明第 XIX—XXI 页。——《马克思恩格斯全集》（中文第1版）第6卷，人民出版社1961年版，注释207。

但是当法国人、德国人、意大利人、波兰人和马扎尔人举起革命旗帜的时候，斯拉夫人却像一个人一样全都站到反革命的旗帜下面了。走在前面的是很久以来一直对马扎尔人坚持其反革命的分离主义打算的南方斯拉夫人，其次是捷克人，他们后面是武装起来的、准备在决定关头投入战斗的俄国人。

摘自弗·恩格斯：《民主的泛斯拉夫主义》（1849年2月14—15日）（二），《马克思恩格斯全集》（中文第1版）第6卷，人民出版社1961年版，第336页。

**26. 其基础已经动摇的奥地利，由于斯拉夫人的黑黄色狂热才得到了保全，暂时获得了巩固，正是克罗地亚人……给文迪施格雷茨和耶拉契奇提供了军队去镇压维也纳、克拉科夫、里沃夫和匈牙利的革命**

大家知道，在意大利，马扎尔的骠骑兵曾经大批投向意大利人；在匈牙利，整个整个的意大利营听从匈牙利革命政府的指挥，并且现在还在匈牙利旗帜下作战；大家知道，德国兵团在维也纳是怎样对待人民的；甚至在加里西亚，这些兵团也决不是可靠的部队；大家知道，曾有大批波兰人，不分奥地利的波兰人，还是非奥地利的波兰人，在意大利、维也纳和匈牙利同奥地利的军队作过战，并且现在还在喀尔巴阡山地区作战；但是有谁听说过捷克军队和南方斯拉夫军队举行过起义来反对黑黄旗①呢？

恰恰相反，至今大家所知道的只是：其基础已经动摇的奥地利，由于斯拉夫人的黑黄色狂热才得到了保全，暂时获得了巩固，正是克罗地亚人、斯洛文尼亚人、达尔马戚亚人、捷克人、莫拉维亚人和卢西人给文迪施格雷茨和耶拉契奇提供了军队去镇压维也纳、克拉科夫、里沃夫和匈牙利的革命。现在我们又从巴枯宁那里得知，驱散布拉格斯拉夫人代表大会的并不是德国人，而是加里西亚的、捷克的、斯洛伐克的斯拉夫人，而且"只是斯拉夫人"！（第33页）

摘自弗·恩格斯：《民主的泛斯拉夫主义》（1849年2月14—15日）（二），《马克思恩格斯全集》（中文第1版）第6卷，人民出版社1961年版，第336—337页。

---

① 即反对奥地利哈布斯堡王朝。——编者注

**27. 奥地利斯拉夫人中间的所谓民主派，不是恶棍，就是空想家，而那些在本民族中不能为从国外输入的思想找到基础的幻想家又经常被那些恶棍牵着鼻子走**

而布拉格斯拉夫人代表大会的情况怎样呢？

我们再重复一遍：奥地利斯拉夫人中间的所谓民主派，不是恶棍，就是空想家，而那些在本民族中不能为从国外输入的思想找到基础的幻想家又经常被那些恶棍牵着鼻子走。在布拉格斯拉夫人代表大会上，空想家们占了上风。当贵族泛斯拉夫主义者图恩伯爵和帕拉茨基等人觉得这种空想是一种危险东西的时候，他们就把这些空想家出卖给了文迪施格雷茨和黑黄色反革命。这个为充满了幻想的布拉格青年所维护的幻想家代表大会竟被本民族的士兵们所驱散，人们竟用一种斯拉夫人的军事代表大会来和这个想入非非的斯拉夫人代表大会对抗，这是多么辛辣而难堪的讽刺啊！占领了布拉格、维也纳、里沃夫、克拉科夫、米兰和布达佩斯的奥地利军队，才是真正的，积极的斯拉夫人代表大会！

斯拉夫人代表大会的结果，证明了这次代表大会的幻想是多么没有根据和虚无缥缈。如果是在其他任何一个民族那里，轰击像布拉格这样一个城市的事件一定会引起对压迫者的不共戴天的仇恨。可是捷克人怎么样呢？他们却去亲吻那些把他们抽打得遍体鳞伤的鞭子，他们却热烈地向他们的兄弟在它下面被处死刑、他们的妻子在它下面遭到凌辱的那面旗帜宣誓。布拉格的巷战对奥地利的民主泛斯拉夫主义者来说是一个转折点。他们为了他们的可怜的"民族独立"的前途，竟把民主和革命出卖给奥地利君主国，出卖给这个正如巴枯宁本人在第二十九页上所说的"为在欧洲的心脏系统地实行专制制度效力"的"中心"。我们总有一天还要无情地报复斯拉夫人这种出卖革命的怯懦而卑鄙的行为。

摘自弗·恩格斯：《民主的泛斯拉夫主义》（1849 年 2 月 14—15 日）（二），《马克思恩格斯全集》（中文第 1 版）第 6 卷，人民出版社 1961 年版，第 337—338 页。

**28. 这些叛徒们也终于开始明白，他们受了反革命的欺骗，根本谈不到"斯拉夫的奥地利"，以及"各民族平等的联邦国家"**

这些叛徒们也终于开始明白，他们受了反革命的欺骗，根本谈不到"斯拉夫的奥地利"，以及"各民族平等的联邦国家"，更不用说为奥地利斯拉夫人建立民主的机关。耶拉契奇这个并不比奥地利斯拉夫人中的其他大多数民主主义者更坏的恶棍,痛心疾首地悔恨他这样被人利用了,而斯特拉蒂米洛维奇为了不再被人利用,宣布要公开起义反对奥地利。现在斯拉夫菩提树①所属各团体又在到处反对政府,他们根据沉痛的经验一天比一天深刻地认识到,他们上了别人的什么圈套。但是现在已经太晚了;他们无力在自己的祖国反对由他们自己改组过的奥地利军阀,他们遭到了被他们所出卖的德国人和马扎尔人的遗弃,他们遭到了革命的欧洲的遗弃,他们将被迫忍受那种在他们的帮助下加在维也纳人和马扎尔人身上的军事专制制度。"要服从皇帝,这样奥皇军队就不会像对待造反的马扎尔人一样来对待你们。"拉亚契奇总主教的这句话表明,在最近时期中等待着他们的是什么。

摘自弗·恩格斯:《民主的泛斯拉夫主义》(1849年2月14—15日)(二),《马克思恩格斯全集》(中文第1版)第6卷,人民出版社1961年版,第338页。

### 29. 波兰人是没有任何泛斯拉夫主义欲望的唯一斯拉夫民族

波兰人的行动截然不同!八十年以来他们一直受压迫,受奴役,遭到破产,他们始终站在革命方面,并且宣布,波兰的革命化同波兰的独立是不可分割地联系在一起的。在巴黎、维也纳、柏林,在意大利和匈牙利,波兰人都参加了历次革命和革命战争,不管是反对德国人、斯拉夫人、马扎尔人,或者即使是反对波兰人都是一样。波兰人是没有任何泛斯拉夫主义欲望的唯一斯拉夫民族。他们能够成为这样的民族,是有充分理由的:压迫他们的,主要是他们自己的所谓斯拉夫兄弟,而波兰人对俄罗斯人的仇恨甚至超过对德国人的仇恨——他们有充分的权利这样做。正是因为波兰的解放同革命密切地联系着,正是因为"波兰人"和"革命者"两个词成了同义语,波兰人就赢得了全欧洲的同情,保证了他们民族的复兴,而捷克人、克罗地亚人和俄国人却受到全欧洲的憎恨,整个西方都用流血的革命战争来反对他们。

---

① 斯拉夫菩提树是1848年4月底成立的一个捷克国民协会。布拉格协会的领导权掌握在资产阶级自由主义者(沙法里克、加乌奇)的手中,他们在1848年6月布拉格起义之后转入反革命阵营,而在各省分会中起领导作用的主要是捷克激进的资产阶级代表。——《马克思恩格斯全集》(中文第1版)第6卷,人民出版社1961年版,注释214。

摘自弗·恩格斯:《民主的泛斯拉夫主义》(1849年2月14—15日)(二),《马克思恩格斯全集》(中文第1版)第6卷,人民出版社1961年版,第338—339页。

**30. 奥地利的泛斯拉夫主义者们当然明白:他们的愿望,一般说来凡是可以实现的,都已经在俄国保护下重新恢复起来的"奥地利联合君主国"中实现了**

奥地利的泛斯拉夫主义者们当然明白:他们的愿望,一般说来凡是可以实现的,都已经在俄国保护下重新恢复起来的"奥地利联合君主国"中实现了。如果奥地利瓦解了,那末等待着他们的前途将是德国人和马扎尔人的革命恐怖主义,而决不会像他们所想象的那样,是在奥地利统治下受奴役的一切民族的解放。因此,他们只有指望保全奥地利,而且为了使斯拉夫人在这个国家中保持多数,指望加里西亚仍然属于奥地利。可见,泛斯拉夫主义的利益是同波兰的复兴直接相矛盾的,因为没有加里西亚的波兰,不是从波罗的海一直伸展到喀尔巴阡山的波兰,就不是波兰。但是,正因为如此,"斯拉夫的奥地利"是极其虚无缥缈的幻想,因为正像奥地利直到最近几个月的全部历史所证明的,如果没有德国人和马扎尔人的统治、没有维也纳和布达佩斯这两个中心,奥地利就要重新瓦解。所以,泛斯拉夫主义的实现只能是俄国对奥地利的庇护。因此,公开反动的泛斯拉夫主义者拼命保全"联合君主国",是完全正确的;这是唯一能够挽救一点什么东西的手段。但是所谓的民主泛斯拉夫主义者面临着一种极其困难的抉择:他们或者是放弃革命,借助于"联合君主国"至少部分地挽救民族特性,或者是放弃民族特性,通过瓦解"联合君主国"的办法挽救革命。在那个时刻,东欧革命的命运,是取决于捷克人和南方斯拉夫人的立场的;我们永远不会忘记,他们在紧要关头,由于自己微不足道的民族希望,把革命出卖给了彼得堡和奥里缪茨!

摘自弗·恩格斯:《民主的泛斯拉夫主义》(1849年2月14—15日)(二),《马克思恩格斯全集》(中文第1版)第6卷,人民出版社1961年版,第339—340页。

**31. 但是,泛斯拉夫主义的幼稚性和反动性并不比泛日耳曼主义少些**

如果德国的民主派在它的纲领中把归还亚尔萨斯、洛林和在一切方面都倾向于法国的比利时的要求列入头条,借口说那里的居民大多数是德国人,那我们将怎么说呢?如果德国的民主派打算成立泛日耳曼德国—丹麦—瑞典—英国—荷兰同盟,以便"解放"说德语的一切国家,那他们会是多么令人可笑呵!幸运的是,德国民主派的发展已经超过了这些幻想,1817年和1830年,德国的大学生们曾经醉心于这类反动的幻想,而现在全德国都给他们以应有的评价。只是在德国人民彻底摆脱了这类虚无缥缈的幻想之后,德国的革命才有了可能,德国人民才开始起了一些作用。

但是,泛斯拉夫主义的幼稚性和反动性并不比泛日耳曼主义少些。当你们读到去年春季的布拉格泛斯拉夫主义运动的历史时,你们会感到,你们被抛回三十年以前去了:三色饰带、古式服装、古斯拉夫的祈祷仪式、原始森林时代及其风俗的完全复原;"同盟会"是真正的德国大学生联合会①,斯拉夫人代表大会是瓦特堡纪念大会②的再版;还是那一套话,还是那些幻想,而且还是那首悲伤的歌曲:"我们建筑了美丽的大厦"③ 等等。谁想读一下这首译成了斯拉夫散文的著名歌曲,就让他读一读巴枯宁的小册子。

德国大学生联合会的会员们曾经长期受着强烈的反革命情绪、极端的仇法情绪和最狭隘的民族情感的支配,后来他们全都成了他们仿佛曾经醉心过的事业的叛徒,和这些人一样,只是更迅速些罢了(因为1848年是革命的年度),民主泛斯拉夫主义者的民主外貌很快就变成了狂热地仇恨德国人和马扎尔人的情绪,变成了间接反对复兴波兰(留博米尔斯基)和直接参加反革命的行动。

如果个别诚实的斯拉夫民主主义者现在号召奥地利的斯拉夫人参加革命,把奥地利君主国当作主要的敌人,甚至为了革命的利益同马扎尔人一

---

① 同盟会——1848年3月在捷克出现的民族的,主要是大学生的组织。
德国大学生联合会——在反拿破仑解放战争的影响下产生的德国大学生的组织;这些组织主张统一德国。在德国大学生联合会中除进步思想外,也广泛流行着极端民族主义的思想。——《马克思恩格斯全集》(中文第1版)第6卷,人民出版社1961年版,注释215。

② 瓦特堡纪念大会是德国大学生于1817年10月18日为了纪念宗教改革三百周年和1813年的莱比锡会战四周年而举行的。这一表现了民族主义情绪的纪念大会后来形成了反对派大学生反对梅特涅统治的示威游行。——《马克思恩格斯全集》(中文第1版)第6卷,人民出版社1961年版,注释216。

③ 阿·本策尔于1819年就耶拿大学生联合会解散一事而作的歌曲。——《马克思恩格斯全集》(中文第1版)第6卷,人民出版社1961年版,注释217。

起前进，那末这会使我们想到这样一件事情：一只母鸡，绝望地在池塘边跑来跑去，看样子是它所孵出来的那些小鸭突然离开了它，跑到它所不能跟去的另一个天地去了。

摘自弗·恩格斯：《民主的泛斯拉夫主义》（1849年2月14—15日）（二），《马克思恩格斯全集》（中文第1版）第6卷，人民出版社1961年版，第340—341页。

**32. 泛斯拉夫主义者同意参加革命，可是有一个条件，就是允许他们不顾最迫切的物质需要，把一切斯拉夫人毫无例外地联合成为一些独立的斯拉夫国家**

但是，我们不要沉溺于幻想。一切泛斯拉夫主义者都认为，民族特性，即虚构的全体斯拉夫人的民族特性，是高于革命的。泛斯拉夫主义者同意参加革命，可是有一个条件，就是允许他们不顾最迫切的物质需要，把一切斯拉夫人毫无例外地联合成为一些独立的斯拉夫国家。如果我们德国人也提出这种荒诞无稽的条件，那我们在三月里不知要走到哪里去了！但是革命是不允许向它提出任何条件的。或者做一个革命者，接受革命的一切后果，不管这种后果是什么，或者投入反革命的怀抱，有朝一日会不知不觉地（也许是事与愿违地）发现自己同尼古拉和文迪施格雷茨处在同一个阵营中。

我们和马扎尔人应该保障奥地利斯拉夫人的独立，——巴枯宁提出了这个要求，而像卢格那种类型的人真的会私下对他许下这种诺言。他们竟要求我们和欧洲的其他革命民族保证反革命势力可以直接在我们的大门口肆无忌惮地存在，保证他们有策划阴谋和武装起来反对革命的自由权利；我们应当在德国的中心建立一个反革命的捷克国家，我们应当在俄国楔入德国、波兰和匈牙利的、设在易北河、喀尔巴阡山和多瑙河地区的前哨部队的援助下粉碎德国、波兰和匈牙利的革命力量！

我们不打算这样做。

摘自弗·恩格斯：《民主的泛斯拉夫主义》（1849年2月14—15日）（二），《马克思恩格斯全集》（中文第1版）第6卷，人民出版社1961年版，第341—342页。

**33. 那时候就要斗争，对出卖革命的斯拉夫民族"无情地进行殊死的斗争"，进行歼灭战**

如果巴枯宁最后还要叫喊：

"的确，斯拉夫人不应该丧失任何东西，而应该得胜！的确，他应该生存下去！而且我们将会生存下去。只要有人对我们的哪怕是最小一部分权利提出异议，只要我们共同机体上的一个器官还同我们分开或者同我们脱离，我们就将斗争到底，我们将无情地进行殊死的斗争，直到斯拉夫民族终于成为伟大的、自由的和独立的民族为止"，——

如果革命的泛斯拉夫主义认真地接受这些话，并在凡是涉及虚构的斯拉夫民族特性的地方都放弃革命，那末我们也就知道我们该怎么办了。

那时候就要斗争，对出卖革命的斯拉夫民族"无情地进行殊死的斗争"，进行歼灭战，实行无情的恐怖主义——而这样做不是为了德国的利益，而是为了革命的利益！

摘自弗·恩格斯：《民主的泛斯拉夫主义》（1849年2月14—15日）（二），《马克思恩格斯全集》（中文第1版）第6卷，人民出版社1961年版，第342页。

**34. 为什么不把这8000万斯拉夫人组成一个强有力的联邦，把侵入神圣的斯拉夫族领土的土耳其人……驱逐出去或消灭掉呢？于是，就从几个斯拉夫族……发起了一个荒唐的、反历史的运动**

波兰人有2200万，俄罗斯人有4500万，塞尔维亚人和保加利亚人有800万；为什么不把这8000万斯拉夫人组成一个强有力的联邦，把侵入神圣的斯拉夫族领土的土耳其人、匈牙利人，尤其是那可恨而又不可缺少的Niemetz即德意志人驱逐出去或消灭掉呢？于是，就从几个斯拉夫族的历史学爱好者的书斋里发起了一个荒唐的、反历史的运动，其目的无非是要使文明的西方屈服于野蛮的东方，城市屈服于乡村，商业、工业和文化屈服于斯拉夫农奴的原始农业。

摘自弗·恩格斯：《德国的革命和反革命》（1851年8月—1852年9月）（九），《马克思恩格斯文集》第2卷，人民出版社2009年版，第401页。

**35. 后来波希米亚人和克罗地亚人在布拉格召开了一个斯拉夫人代表大会……会议开始以后，那些发言人都无法讲一种大家都能听懂的共同的斯拉夫语言**

后来波希米亚人和克罗地亚人在布拉格召开了一个斯拉夫人代表大会，筹备成立一个斯拉夫人大同盟。即使没有奥地利军队的干涉，这个大会也会遭到惨败。几种斯拉夫语言各不相同，就像英语、德语和瑞典语各不相同一样；因此在会议开始以后，那些发言人都无法讲一种大家都能听懂的共同的斯拉夫语言。曾经试用法语，但大多数人也不懂，于是，这些可怜的斯拉夫族狂热分子——他们的唯一的共同感情就是对德意志人的共同仇恨——最后不得不用与会者都听得懂的唯一语言，即可恨的德语来表达意见！但正在这个时候，在布拉格也召开了另外一个斯拉夫人代表大会，参加这个大会的是加利西亚人的轻骑兵、克罗地亚人和斯洛伐克人的掷弹兵、波希米亚人的炮兵和重骑兵，而这个真正的武装的斯拉夫人代表大会在文迪施格雷茨的指挥之下，不到 24 小时就把假想的斯拉夫人霸权的这些奠基者们驱逐出城，并把他们赶得东逃西散了。

摘自弗·恩格斯：《德国的革命和反革命》（1851 年 8 月—1852 年 9 月）（九），《马克思恩格斯文集》第 2 卷，人民出版社 2009 年版，第 402—403 页。

**36. 泛斯拉夫主义，这不仅仅是一种争取民族独立的运动；这是一种力图把一千年来历史所创造的一切东西化为乌有的运动**

据可靠消息报道，俄国当今的皇帝给某些宫廷发了一份电报，其中说道：

"一旦奥地利同西方最终结成联盟，或者对俄国采取某种公开敌对行动，亚历山大二世就要亲自领导泛斯拉夫主义运动，并且将把他目前的全俄罗斯皇帝的称号改为全体斯拉夫人皇帝的称号〈？〉。"

如果亚历山大的这个声明确实可信，那末它就是战争开始以来第一次坦率的表白。这是使战争具有欧洲性质的第一个步骤，到现在为止这种性质只是从各种各样的托词和借口、议定书和条约、瓦特耳的几段话和普芬多夫的语录来猜测的。土耳其的独立问题、甚至土耳其的生存问题从而也退居次要地位。现在问题已经不是谁来管辖君士坦丁堡，而是谁来统治整个欧洲了。斯拉夫人由于内部纠纷早就弄得四分五裂，他们被德国人逼退到东方，部分地被德国人、土耳其人和匈牙利人所征服，但是他们用逐渐传播泛斯拉夫主义的办法在 1815 年以后又悄悄地把自己的各个支系联合起来，现在他们第一次声明自己的统一，并且进而向至今还统治着欧洲的罗曼—赛尔特民族和德意志民族宣布殊死战。泛斯拉夫主义，这不仅仅是一种争取民族独立的运动；这是一种力图把一千年来历史所创造的一切东西化为乌有的运动；这是一种只有把土耳其、匈牙利和半个德国从欧洲地图上抹掉才能达到自己的目的，而在达到这个目的之后，又只有通过征服欧洲的办法才能保证自己的未来的运动。现在泛斯拉夫主义已经从信条变成了政治纲领，它掌握有80万名步兵。它使欧洲处在一个十字路口：或者被斯拉夫人征服，或者永远消灭泛斯拉夫主义的进攻力量的中心——俄国。

摘自弗·恩格斯：《德国和泛斯拉夫主义》（1855年4月17日左右）（一），《马克思恩格斯全集》（中文第1版）第11卷，人民出版社1962年版，第218—219页。

**37. 奥地利的斯拉夫人分为两个集团：一个集团是由各民族的残余分子组成，他们过去有自己的历史，而现在的历史发展是同那些与他们有不同种族和语言的民族联系在一起的**

我们必须回答的下一个问题就是：奥地利被俄国式的泛斯拉夫主义所触动的程度如何？在居住在波希米亚森林和克伦地亚的阿尔卑斯山以东的7000万斯拉夫人中，几乎有1500万人处在奥地利君主的统治之下，其中几乎包括斯拉夫语系的所有各种代表。波希米亚系或捷克系（600万人）全部处在奥地利的统治之下，波兰系有近300万加里西亚波兰人，俄罗斯系有住在加里西亚和匈牙利东北部的300万小俄罗斯人（卢西人和卢田人），这是在俄罗斯帝国境外的唯一的俄罗斯族；南斯拉夫系几乎有300万斯洛文尼亚人（克伦地亚人和克罗地亚人）和塞尔维亚人，以及为数不多的散居各处的保加利亚人。因此，奥地利的斯拉夫人分为两个集团：一个集团是由各民族的残余分子组成，他们过去有自己的历史，而现在的历史发展是同那些与他们有不同种族和语言的民族联系在一起的。他们作为民族，处境是困难的，这是因为这些过去伟大而现在悲惨的残余分子在奥地利境内没有任何的民族的组织，相反地，他们散居在各个省内。斯洛文尼亚人虽然勉勉强强有150万人，但他们分散在克莱纳、克伦地亚、施梯里亚、克罗地亚以及匈牙利西南部等各省。捷克人是奥地利斯拉夫人中人口最多的一个民族，一部分住在波希米亚，一部分住在莫拉维亚，一部分（斯洛伐克系）住在匈牙利西北部。因此上述这些民族虽然全都住在奥地利境内，但未被承认为已经形成了的不同的民族。他们或者被看成是德意志民族的附加部分,或者被看成是匈牙利民族的附加部分,实际上他们也不是什么别的民族。

摘自弗·恩格斯:《德国和泛斯拉夫主义》(1855年4月17日左右)(一),《马克思恩格斯全集》(中文第1版)第11卷,人民出版社1962年版,第219—220页。

**38. 奥地利斯拉夫人的另一集团是由一些零星的不同的民族构成的,这些民族在历史进程中同本民族的基本群众分离,因而他们的主要中心是处在奥地利境界以外**

奥地利的斯拉夫人分为两个集团:一个集团是由各民族的残余分子组成……。奥地利斯拉夫人的另一集团是由一些零星的不同的民族构成的,这些民族在历史进程中同本民族的基本群众分离,因而他们的主要中心是处在奥地利境界以外。因此,奥地利的波兰人倾向于俄属波兰,把它看做自己的自然中心,卢西人倾向于另一些同俄国合并的小俄罗斯地区,而塞尔维亚人则倾向于土耳其的塞尔维亚。所有这些同本民族分离的零星部分,每个都倾向于他们的自然中心,这是完全可以理解的,随着他们中间文明的传播,并因此对民族历史活动的需要的日益增长,这种现象也就愈来愈明显了。在这两种情况下,奥地利的斯拉夫人仅仅是 disjecta membra〔分散的人,零星的部分〕,他们力图彼此重新结合起来,或者是各自同本民族的基本群众合而为一。为什么泛斯拉夫主义不是俄国的而是奥地利的发明创造,原因就在这里。为了保证各个斯拉夫民族的复兴,奥地利的各个斯拉夫民族就开始赞成欧洲所有斯拉夫民族联合起来。俄国本身是强大的,波兰则深深意识到自己民族存在的不可动摇的稳定性,而且公开地敌视斯拉夫俄国——显然这两个民族都不会要求创造泛斯拉夫主义。处在土耳其统治之下的塞尔维亚人和保加利亚人还很不开化,不会提出这种思想;保加利亚人顺从地屈服于土耳其人,而塞尔维亚人则致力于争取本身独立的斗争。

摘自弗·恩格斯:《德国和泛斯拉夫主义》(1855年4月17日左右)(一),《马克思恩格斯全集》(中文第1版)第11卷,人民出版社1962年版,第219—220页。

**39. 泛斯拉夫主义的最初形式是纯粹文艺的形式**

泛斯拉夫主义的最初形式是纯粹文艺的形式。它的创始人是多勃罗夫斯基

（捷克人，斯拉夫方言的科学语文学的奠基人）和科勒（匈牙利外喀尔巴阡山的斯洛伐克诗人）。多勃罗夫斯基富有学者和研究家的热情，而科勒的政治思想很快占了优势。泛斯拉夫主义起初只满足于一些哀诗，它的诗歌的主题是过去的伟大，现在的耻辱、不幸和异族的压迫。"呵，上帝！难道大地上就找不到一个人能把正义交还给斯拉夫人吗？"关于建立一个迫使欧洲遵守它的法律的泛斯拉夫帝国的想法，那时还只是模模糊糊地有所表露。但是，哀诗时期很快就结束了，单纯"为了斯拉夫人的正义"的呼吁也随之过去了。

有关斯拉夫人的政治、文学和语言学发展的历史研究活动，在奥地利取得了巨大的成就。语言学家沙法里克、科皮塔尔和米克洛希奇以及历史学家帕拉茨基领导了这个运动，追随他们的还有许多其他的天资较差或根本没有才能的学者，如汉卡和盖伊等人。捷克和塞尔维亚的光荣的历史时代都被作了色彩鲜明的描绘以与这些民族目前受屈辱的悲惨处境相对照；正如在德国的其他地方政治和神学在"哲学"的幌子下遭受批判一样，在奥地利，梅特涅认为，泛斯拉夫主义者利用语文学来鼓吹斯拉夫人统一的学说，并建立这样一个政党，它的目的显然是要根本改变奥地利各民族的现状，甚至要把奥地利变成一个大斯拉夫帝国。

摘自弗·恩格斯：《德国和泛斯拉夫主义》（1855年4月17日左右）（二），《马克思恩格斯全集》（中文第1版）第11卷，人民出版社1962年版，第221页。

**40. 居住在邻接德国地区的斯拉夫人中间非民族化的过程，德国人的缓慢而不间断的推进，匈牙利人的入侵（……），插入斯拉夫族地区的土耳其人……的存在——所有这一切造成了真正的语言上的巴比伦**

从波希米亚和克伦地亚往东，一直到黑海，语言的混杂情况真是令人吃惊。居住在邻接德国地区的斯拉夫人中间非民族化的过程，德国人的缓慢而不间断的推进，匈牙利人的入侵（这一入侵的结果使北部和南部的斯拉夫人被700万密集的芬兰民族分割开来），插入斯拉夫族地区的土耳其人、鞑靼人和瓦拉几亚人的存在——所有这一切造成了真正的语言上的巴比伦。村与村之间，几乎是田庄与田庄之间，语言都有变化。甚至在波希米亚，500万居民中有200万德意志人和300万斯拉夫人，而且这些斯拉夫人三面受到德意志人的包围。奥地利的斯拉夫族的情况也是这样。把斯拉夫人的原有土地归还给斯拉夫人，把奥地利（提罗耳和伦巴第除外）变成一个斯拉夫帝国,这就是泛斯拉夫主义者的目的,这就意味着宣布近千年来的历史发展全部无效,砍掉德国的三分之一和整个匈牙利,把维也纳和布达佩斯变成斯拉夫的城市——目前占有这些地区的德意志人和匈牙利人是不能同情这种行动的。而且,各种斯拉夫方言的差别很大,除极少数外,讲斯拉夫方言的人彼此都听不懂。有一个可笑的例子可以证明这一点:1848年在布拉格召开的斯拉夫人代表大会①上,曾经想找出一种大家都能听懂的共同语言,作了各种各样的尝试都没有成功,最后与会者不得不讲他们所最痛恨的语言——德语。

摘自弗·恩格斯:《德国和泛斯拉夫主义》(1855年4月17日左右)(二),《马克思恩格斯全集》(中文第1版)第11卷,人民出版社1962年版,第221—222页。

**41. 我们看到,奥地利的泛斯拉夫主义缺乏取得成就的最重要的因素:群众和统一**

因此,我们看到,奥地利的泛斯拉夫主义缺乏取得成就的最重要的因素:群众和统一。所以缺乏群众,是因为泛斯拉夫主义派只掌握一部分受过教育的阶级,在人民中没有什么威信,因此要同时反抗它所敌对的奥地利政府以及德意志民族和匈牙利民族,力量就不够了。所以没有统一,是因为泛斯拉夫主义派的统一原则是纯粹理想的原则,在第一次企图实现这种统一原则时,就因语言上的差别而遭到了失败。只要泛斯拉夫主义一直是纯粹奥地利的运动,那末它不会有很大的危险性,但它会很快地找到它所需要的那种统一和群众的中心。

摘自弗·恩格斯:《德国和泛斯拉夫主义》(1855年4月17日左右)(二),《马克思恩格斯全集》(中文第1版)第11卷,人民出版社1962年版,第222—223页。

---

① 斯拉夫人代表大会于1848年6月2日在布拉格举行;在代表大会上,受哈布斯堡王朝压迫的斯拉夫民族的民族运动中的两个派别展开了斗争,温和的自由主义右派(属于该派的有代表大会领导者帕拉茨基、沙法里克)企图以维护和巩固哈布斯堡王朝的办法来解决民族问题。民主主义左派(萨宾纳、弗利契和里别尔特等)坚决反对这一点,竭力主张同德国和匈牙利的革命民主力量一致行动。代表大会中属于激进派和积极参加1813年6月布拉格起义的那一部分代表受到了残酷的迫害,布拉格其余的代表即温和的自由派代表6月16日宣布代表大会无限期休会。——《马克思恩格斯全集》(中文第1版)第11卷,人民出版社1962年版,注释131。

### 42. 奥地利已开始在本国领土上反对斯拉夫人

如果说泛斯拉夫主义运动同俄国的结合是它的一种自我斥责的话，那末奥地利同样明显地承认了它自己的没有生命力，因为它决定接受、甚至呼请这种斯拉夫人的援助以反对它境内的三个刚刚具有历史生命力而且正在表现这种生命力的民族，即反对德意志人、意大利人和匈牙利人。从1848年起，对泛斯拉夫主义所欠的这笔债一直威胁着奥地利，意识到这笔债，是奥地利政策的主因。

奥地利已开始在本国领土上反对斯拉夫人，但是，如果不实行哪怕有部分的进步性质的政策，就不可能做到这一点。各省的特权都废除了，实行了集中管理制来代替联邦管理制，提出承认一种人为的民族——奥地利民族来代替各种不同的民族。虽然这些新办法有一部分是针对德意志人、意大利人和匈牙利人的，但是它们的重点却落在不大密集的斯拉夫族身上，德意志人也受到了相当大的压力。如果说国内对斯拉夫人的依赖因此而消除了，那末对俄国的依赖仍旧存在，所以必须哪怕是暂时地或在一定程度上结束这种直接的和屈辱的依赖状态。这就是奥地利在东方问题上奉行虽然是动摇的、但至少是公开宣布的反俄政策的真实原因。

摘自弗·恩格斯：《德国和泛斯拉夫主义》（1855年4月17日左右）（二），《马克思恩格斯全集》（中文第1版）第11卷，人民出版社1962年版，第224页。

### 43. 另一方面，泛斯拉夫主义并没有绝迹；它深受凌辱，它正在愤怒、沉默，并从在匈牙利进行干涉的时候起把俄国皇帝当做它命中注定的救世主

另一方面，泛斯拉夫主义并没有绝迹；它深受凌辱，它正在愤怒、沉默，并从在匈牙利进行干涉的时候起把俄国皇帝当做它命中注定的救世主。一旦俄国作为泛斯拉夫主义首领而采取公开行动，奥地利为了使自己生存不至于遭到威胁，是否会采取向匈牙利和波兰让步的对策？考察这样的问题并不是我们的任务。但有一点是很清楚的：现在已经不仅是俄国，而是整个泛斯拉夫主义的阴谋有在欧洲废墟上建立自己统治的危险。所有斯拉夫人的联合具有显著的力量，而且这种力量会日益增强，因此这种联合很快要迫使与它敌对的力量采取与过去完全不同的形式行动起来。

摘自弗·恩格斯：《德国和泛斯拉夫主义》（1855年4月17日左右）

（二）,《马克思恩格斯全集》（中文第 1 版）第 11 卷，人民出版社 1962 年版，第 225 页。

## 44. 泛斯拉夫主义不就是俄国为了自己的利益而把民族原则应用于塞尔维亚人……及其他在土耳其、匈牙利和德国境内的昔日的斯拉夫民族（peoples）的残余吗？

泛斯拉夫主义不就是俄国为了自己的利益而把民族原则应用于塞尔维亚人、克罗地亚人、卢西人①、斯洛伐克人、捷克人以及其他在土耳其、匈牙利和德国境内的昔日的斯拉夫民族（peoples）的残余吗？甚至就在现在，俄国政府还有许多代理人奔走于挪威北部和瑞典的拉伯兰人中间，为的是在这些游牧的野蛮人当中鼓吹"大芬兰民族（nationality）"的思想，说在欧洲的极北地区应当恢复大芬兰民族，当然，是在俄国的庇护之下。被压迫的拉伯兰人的"绝望的哭声"在俄国报刊上响得很厉害，但这哭声不是出自被压迫的游牧人自身，而是出自俄国的代理人，——要知道，强迫这些可怜的拉伯兰人不只是说他们的野蛮的半爱斯基摩方言，还要他们学文明的挪威语或瑞典语，这的确是一种惊人的压迫啊！

摘自弗·恩格斯：《工人阶级同波兰有什么关系？》（1866 年 1 月底—4 月 6 日）（二），《马克思恩格斯全集》（中文第 1 版）第 16 卷，人民出版社 1964 年版，第 177 页。

## 45. 1861 年夏天，车尔尼雪夫斯基……揭穿了泛斯拉夫主义者的阴谋

1861 年夏天，车尔尼雪夫斯基在"同时代人"（《Sovremennik》）杂志②上揭穿了泛斯拉夫主义者的阴谋，并且向各斯拉夫民族说明了关于俄国的真正局势和他们的虚伪朋友——泛斯拉夫主义者主张自私自利的蒙昧主义的真相。当时，从西伯利亚回来的巴枯宁认为发表意见的时候到了。于是，他写了以"告俄国、波兰和全体斯拉夫族友人书"为题的长篇宣言

---

① 卢西人是资产阶级民族学家和史学家对加里西亚、外喀尔巴阡和布柯维纳的乌克兰居民的称呼，流行于十九世纪，他们被用暴力同乌克兰人民的主要部分分割开来；1941—1945 年苏联伟大卫国战争胜利之后，乌克兰人民才最终重新统一了。——《马克思恩格斯全集》（中文第 1 版）第 16 卷，人民出版社 1962 年版，注释 147。

② "同时代人"（《Современнцк》）是俄国的一家文学和社会政治性杂志，从 1836 年至 1866 年在彼得堡出版（从 1843 年起每月出版）；它由亚·谢·普希金创办，从 1847 年起，该杂志的编辑是涅克拉索夫和帕纳也夫。别林斯基、杜勃罗留波夫和车尔尼雪夫斯基曾经为该杂志撰稿；在六十年代，该杂志实际上是俄国革命民主派的机关报。——《马克思恩格斯全集》（中文第 1 版）第 18 卷，人民出版社 1964 年版，注释 374。

的第一部分,作为附录刊载在1862年2月15日的"钟声"上。宣言的第二部分一直没有出现。

宣言一开始就做了如下的声明:

"我保持着战无不胜的思想的勇敢精神,我的身心、意志、激情都仍然忠实于朋友们,忠实于伟大的共同事业和我自己……久经考验的老朋友以及与我们同思想共意志的年轻朋友,现在我来到你们这里,请求你们:在此接受我加入你们的队伍,允许我在你们中间,和你们一道,把我的全部余年贡献给争取俄国的自由、争取波兰的自由、争取全体斯拉夫人的自由和独立的斗争。"

摘自卡·马克思和弗·恩格斯:《社会主义民主同盟和国际工人协会》(1873年4—7月),《马克思恩格斯全集》(中文第1版)第18卷,人民出版社1964年版,第490页。

**46. 1862年……巴枯宁声明崇拜国家和泛斯拉夫主义的爱国主义**

巴枯宁之所以向他的老朋友和年轻朋友提出这种毕恭毕敬的请求,是因为

"在异邦一个活动家是不愉快的。我在革命的年代里对这一点深有所感:无论在法国还是在德国,我都不能扎根。因此,由于我还保持着当年对全世界进步运动的全部热烈同情,而且为了不白白地浪费我的余年,我现在应该把自己的直接活动局限在俄国、波兰和全体斯拉夫人的范围之内。在我的爱情和信仰中,这三个单独的世界是不可分割的。"

1862年,即十一年以前,当时年满51岁的伟大的无政府主义者巴枯宁声明崇拜国家和泛斯拉夫主义的爱国主义。

"直到现在,大俄罗斯民族可以说只是过着外部的国家生活。无论他们在国内的状况多么艰难,尽管他们陷于极度的破产和遭受奴役,他们仍然珍重俄国的统一、力量和伟大,并且甘愿为这些做出一切牺

牲。这样就在大俄罗斯民族当中形成了国家观念和不讲空话而务实际的爱国主义。可见，在斯拉夫各部族之中只有这个民族保全下来了，只有这个民族在欧洲站稳了脚跟，并且使一切人都感觉到它是一种力量……别担心这个民族会丧失它的合法的感召力，以及它用三百年来为了自己国家的完整而以难以忍受的自我牺牲精神建树的功绩在自己内部培植的政治力量……我们将把我国的鞑靼人发送到亚洲去，把我国的德国人发送到德国去，我们将是自由的纯粹俄罗斯民族……"

为了使这篇以要求进行一场反对鞑靼人和德国人的十字军征讨为结尾的泛斯拉夫主义宣传更有分量，巴枯宁指点读者去找尼古拉皇帝：

"甚至有人说，尼古拉皇帝本人在临死以前不久准备对奥地利宣战，他想号召奥地利和土耳其的一切斯拉夫人、马扎尔人、意大利人发动总起义。他自己制造了一场反对自己的东方风暴，而为了躲过这场风暴，他曾想从一个独裁的皇帝变成一个革命的皇帝。据说，致斯拉夫人的各篇呼吁书上已经由他签了字，而且其中还有一篇致波兰的呼吁书。不管他怎样仇恨波兰，他还是知道，没有波兰要发动斯拉夫人的起义是不可能的……他已经彻底战胜了自我，以致准备承认波兰的独立存在，但是……只是在维斯拉河的西岸。"

就是这个从1868年以来一直伪装成国际主义者的人，在1862年为了俄国政府的利益宣扬种族战争。

摘自卡·马克思和弗·恩格斯：《社会主义民主同盟和国际工人协会》（1873年4—7月），《马克思恩格斯全集》（中文第1版）第18卷，人民出版社1964年版，第490—492页。

**47. 泛斯拉夫主义是圣彼得堡内阁的发明，它的目的无非是要把俄国的欧洲疆界向西面和南面推进**

泛斯拉夫主义是圣彼得堡内阁的发明，它的目的无非是要把俄国的欧洲疆界向西面和南面推进。但是，因为他们不敢向居住在奥地利、普鲁士和土耳其的斯拉夫人直截了当地宣布，他们将要被溶化在大俄罗斯帝国之中，所以他们只是在这些人面前把俄国描绘成一个能够把他们从外国人的压迫下解放出来并把他们联合成伟大的自由联邦的强国。于是，泛斯拉夫主义就具有了各种不同的色彩，从尼古拉的泛斯拉夫主义一直到巴枯宁的泛斯拉夫主义；但是，这一切泛斯拉夫主义所追求的是同一个目的，实质上它们彼此之间是完全一致的，我们刚才引用的那段文字就证明了这一点。

摘自卡·马克思和弗·恩格斯：《社会主义民主同盟和国际工人协会》（1873年4—7月），《马克思恩格斯全集》（中文第1版）第18卷，人民出版社1964年版，第492页。

## 十九　国家的起源

**1. 我们越往前追溯历史，个人，也就是进行生产的个人，就显得越不独立，越从属于一个更大的整体**

我们越往前追溯历史，个人，也就是进行生产的个人，就显得越不独立，越从属于一个更大的整体：最初还是十分自然地在家庭和扩大成为氏族的家庭中；后来是在由氏族间的冲突和融合而产生的各种形式的公社中。只有到十八世纪，在"市民社会"中，社会结合的各种形式，对个人说来，才只是达到他私人目的的手段，才是外在的必然性。但是，产生这种孤立个人的观点的时代，正是具有迄今为止最发达的社会关系（从这种观点看来是一般关系）的时代。人是最名副其实的 ξωον πomXóv①，不仅是一种合群的动物，而且是只有在社会中才能独立的动物。孤立的一个人在社会之外进行生产——这是罕见的事，偶然落到荒野中的已经内在地具有社会力的文明人或许能做到——就像许多个人不在一起生活和彼此交谈而竟有语言发展一样，是不可思议的。在这方面无需多说。十八世纪的人们有这种荒诞无稽的看法本是可以理解的，如果不是巴师夏、凯里和蒲鲁东等人又把这种看法郑重其事地引进最新的经济学中来，这一点本来可以完全不提。蒲鲁东等人自然乐于用编造神话的办法，来对一种他不知道历史来源的经济关系的起源作历史哲学的说明，说什么这种观念对亚当或普罗米修斯已经是现成的，后来它就被付诸实行等等。再没有比这类想入非非的 locus communis〔陈词滥调〕更加枯燥乏味的了。

摘自《卡·马克思的遗稿·导言》，《马克思恩格斯全集》（中文第1版）第12卷，人民出版社1962年版，第734—735页。

**2. 某一些种族、素质、气候、自然条件如离海远近、土地肥沃程度等等，比另外一些更有利于生产**

照一般的提法，答案总是这样一个一般的说法：一个工业民族，当它一般地达到它的历史高峰的时候，也就达到它的生产高峰。实际上，一个民族的工业高峰是在它还不是以既得利益〔Gewinn〕为要务，而是以争取

---

① 社会动物（亚里士多德"政治论"第1卷第1章）。——编者注

利益［Gewinnen］为要务的时候。在这一点上，美国人胜过英国人。或者是这样的说法：例如，某一些种族、素质、气候、自然条件如离海远近、土地肥沃程度等等，比另外一些更有利于生产。这又是同义反复，即财富的主客观因素越是在更高的程度上具备，财富就越容易创造。

摘自《卡·马克思的遗稿·导言》，《马克思恩格斯全集》（中文第1版）第12卷，人民出版社1962年版，第736—737页。

### 3. 所有的征服有三种可能

然而，这些问题即使照上面那样平庸的提法，也可以同样给予简短的回答。所有的征服有三种可能。征服民族把自己的生产方式强加于被征服的民族（例如，本世纪英国人在爱尔兰所做的，部分地在印度所做的）；或者是征服民族让旧生产方式维持下去，自己满足于征收贡赋（如土耳其人和罗马人）；或者是发生一种相互作用，产生一种新的、综合的生产方式（日耳曼人的征服中一部分就是这样）。在所有的情况下，生产方式，不论是征服民族的，被征服民族的，还是两者混合形成的，总是决定新出现的分配。因此，虽然这种分配对于新的生产时期表现为前提，但它本身又是生产的产物，不仅是一般历史生产的产物，而且是一定历史生产的产物。

例如，蒙古人把俄罗斯弄成一片荒凉，这样做是适合于他们的生产、畜牧的，大片无人居住的地带是畜牧的主要条件。在日耳曼蛮族，用农奴耕作是传统的生产，过的是乡村的孤独生活，他们能够非常容易地让罗马各省服从这些条件，因为那里发生的土地所有权的集中已经完全推翻了旧的农业关系。

摘自《卡·马克思的遗稿·导言》，《马克思恩格斯全集》（中文第1版）第12卷，人民出版社1962年版，第747—748页。

### 4. 在一切社会形式中都有一种一定的生产支配着其他一切生产的地位和影响，因而它的关系也支配着其他一切关系的地位和影响

在研究经济范畴的发展时，正如在研究任何历史科学、社会科学时一样，应当时刻把握住：无论在现实中或在头脑中，主体——这里是现代资产阶级社会——都是既与的；因而范畴表现这个一定社会的、这个主体的存在形式、存在规定、常常只是个别的侧面；因此，这个一定社会在科学上也决不是在把它当做这样一个社会来谈论的时候才开始存在的。这必须把握住，因为这对于分篇直接具有决定的意义。例如，从地租开始，从土

地所有制开始，似乎是再自然不过的了，因为它是同土地结合着的，而土地是一切生产和一切存在的源泉，并且它又是同农业结合着的，而农业是一切多少固定的社会的最初的生产方式。但是，这是最错误不过的了。在一切社会形式中都有一种一定的生产支配着其他一切生产的地位和影响，因而它的关系也支配着其他一切关系的地位和影响。这是一种普照的光，一切其他色彩都隐没其中，它使它们的特点变了样。这是一种特殊的以太，它决定着它里面显露出来的一切存在的比重。以畜牧民族为例（纯粹的渔猎民族还处于真正发展的起点之外）。在他们中间出现一定形式的，即偶然的耕作。土地所有制由此决定了。它是公有的，这种形式依这些民族保持传统的多少而或多或少地遗留下来，斯拉夫人中的公社所有制就是个例子。在从事定居耕作——这种定居已是一大进步——的民族那里，像在古代社会和封建社会，耕作居于支配地位，那里连工业、工业的组织以及与工业相应的所有制形式都多少带着土地所有制的性质；或者像在古代罗马人中那样工业完全附属于耕作；或者像中世纪那样工业在城市中和在城市的各种关系上模仿着乡村的组织。在中世纪，甚至资本——只要不是纯粹的货币资本——作为传统的手工工具等等，也带着这种土地所有制的性质。

摘自《卡·马克思的遗稿·导言》，《马克思恩格斯全集》（中文第1版）第12卷，人民出版社1962年版，第757—758页。

**5. 资本是资产阶级社会的支配一切的经济权力。它必须成为起点又成为终点**

在资产阶级社会中情况则相反。农业越来越变成仅仅是一个工业部门，完全由资本支配。地租也是如此。在土地所有制居于支配地位的一切社会形式中，自然联系还占优势。在资本居于支配地位的社会形式中，社会、历史所创造的因素占优势。不懂资本便不能懂地租。不懂地租却完全可以懂资本。资本是资产阶级社会的支配一切的经济权力。它必须成为起点又成为终点，必须放在土地所有制之前来说明。分别考察了两者之后，必须考察它们的相互关系。

因此，把经济范畴按它们在历史上起决定作用的先后次序来安排是不行的，错误的。它们的次序倒是由它们在现代资产阶级社会中的相互关系决定的，这种关系同看来是它们的合乎自然的次序或者同符合历史发展次序的东西恰好相反。问题不在于各种经济关系在不同社会形式的相继更替的序列中在历史上占有什么地位,更不在于它们在"观念上"(蒲鲁东)(在历史运动的一个模糊表象中)的次序。而在于它们在现代资产阶级社会内部的结构。

摘自《卡·马克思的遗稿·导言》,《马克思恩格斯全集》(中文第 1 版)<br>第 12 卷,人民出版社 1962 年版,第 758 页。

**6. 氏族,直到野蛮人进入文明时代为止,甚至再往后一点,是一切野蛮人所共有的制度(就现有资料而言)**

我们现在来谈一谈摩尔根的另一发现,这一发现至少与他根据亲属制度恢复原始家庭形式有着同等重要的意义。摩尔根证明:美洲印第安人部落内部用动物名称命名的血族团体,实质上是与希腊人的氏族[genea]、罗马人的氏族[gentes]相同的;美洲的形式是原始的形式,而希腊—罗马的形式是晚出的、派生的形式;原始时代希腊人和罗马人的氏族、胞族和部落的全部社会组织,跟美洲印第安人的组织极其相似;氏族,直到野蛮人进入文明时代为止,甚至再往后一点,是一切野蛮人所共有的制度(就现有资料而言)。摩尔根证明了这一切以后,便一下子说明了希腊、罗马上古史中最困难的地方,同时,出乎意料地给我们阐明了——原始时代国家产生以前社会制度的基本特征。虽然这个发现在人们一旦知道它之后显得十分简单,但是,摩尔根只是最近才做到这一点的;在他于 1871 年出版的前一部著作中,他还没有看透这个秘密,而这个秘密揭开之后,就使一向那样自信的英国原始史学家们一时[①]沉默了下去。

摩尔根普遍用以表示这种血族团体的拉丁语氏族[gens]一词,像同意义的希腊语 genos 一词一样,来源于共同的雅利安语的字根 gan(德语为 kan,因为在德语中,通例是用 k 代替雅利安语的 g),gan 的意思是"生育"。gens,genos,梵语的 dschanas,哥特语(依照上面所说的通例)的 kuni,古斯堪的纳维亚语和盎格鲁撒克逊语的 kyn,英语的 kin,中古高地德意志语的 künne,都同样表示血族、世系,不过拉丁语的 gens 和希腊语的 genos,都是专用以表示这样的一种血族团体,这种团体自夸有共同的世系(这里指的是出自一个共同的男始祖),并且借某种社会的和宗教的制度而组成一个特殊的公社。但是这种血族团体的起源与本性,我们的一切

---

① "一时"是恩格斯在 1891 年版上增补的。——编者注

历史编纂学家迄今为止却一直弄不清楚。

我们在前面，在研究普那路亚家庭时，已经看到原始形式的氏族是怎样构成的。凡由于普那路亚婚姻，并且依照这种婚姻中必然占统治地位的观念而成为一个确定的女始祖即氏族创立者的公认后代的人，都是这种氏族的成员，这样就组成了氏族。由于在这种家庭形式下父系血统不能确定，所以只承认女系。又由于兄弟不得娶自己的姊妹为妻，只能同其他世系的妇女结婚，所以，根据母权制，同这些异族妇女所生的子女，便列在氏族以外。这样，留在血族团体内部的只有各代女儿的子孙；儿子的子孙则归入其母亲的氏族。一俟这种血缘亲属集团构成一个面对同一部落内其他类似集团的特殊集团，它又是什么样子呢？

摩尔根举出易洛魁人的氏族，特别是塞讷卡部落的氏族，作为这种原始氏族的古典形式。这个部落内有八个氏族，都以动物的名称命名：(1)狼，(2)熊，(3)龟，(4)海狸，(5)鹿，(6)鹬，(7)苍鹭，(8)鹰。每个氏族内都盛行以下的习俗：

1. 氏族选举一个酋长（平时的首脑）和一个酋帅（军事领袖）。酋长必须从本氏族成员中选出，他的职位在氏族内世袭，一旦出缺，必须立刻重新补上；军事首领，也可以从氏族以外的人中选出并且有时可以暂缺。由于易洛魁人奉行母权制，因而酋长的儿子属于另一氏族，所以从不选举前一酋长的儿子做酋长，而是往往选举他的兄弟做酋长，或者选举他的姊妹的儿子做酋长。所有的人，无论男女，都参加选举。不过选举须经其余七个氏族确认，只有在这以后，当选为酋长的人才被隆重地，就是说由全易洛魁联盟的联合议事会委任。这样做的意义，在后面就可以看出来，酋长在氏族内部的权力，是父亲般的、纯粹道德性质的；他手里没有强制的手段。此外，由于他的职位，他也是塞讷卡部落议事会以及全体易洛魁人联盟的议事会的成员。酋帅仅仅在出征时才能发号施令。

2. 氏族可以任意罢免酋长和酋帅。这仍是由男女共同决定的。被罢免的人，此后便像其他人一样成为普通战士，成为私人。此外，部落议事会也可以甚至违反氏族的意志而罢免酋长。

3. 氏族的任何成员都不得在氏族内部通婚。这是氏族的根本规则，维系氏族的纽带；这是极其肯定的血缘亲属关系的否定表现，赖有这种血缘亲属关系，它所包括的个人才成为一个氏族。摩尔根由于发现了这个简单的事实，就第一次揭示了氏族的本质。从前关于蒙昧人和野蛮人的报告，把构成氏族制度的各种集团，糊里糊涂地、不加分别地混为一谈，统称为部落、克兰①、萨姆②等等，而且往往说，在这种集团内部禁止通婚，这证明以前人们对于氏族是多么不了解。这便造成了一种不可救药的混乱，麦克伦南先生就在这个混乱中得以充当拿破仑，用最后的判决建立了这样的秩序：一切部落分为部落内部禁止通婚的（外婚制的）和许可通婚的（内婚制的）两种。他这样把问题彻底混淆以后，便埋头于最深沉的研究中，去探讨在他的两个无聊乏味的类别中，究竟哪一种更加古老：是外婚制还是内婚制。自从发现了以血缘亲属关系为基础的，因此其成员间不能通婚的氏族之后，这种荒谬的说法就不攻自破了。不言而喻，在我们见到的易洛魁人所处的那种发展阶段，氏族内部禁止通婚是被严格遵守着的。

4. 死者的财产转归同氏族其余的人所有，它必须留在氏族中。由于易洛魁人所能遗留的东西为数很少，所以他的遗产就由他最近的同氏族亲属分享；男子死时，由他的同胞兄弟、姊妹以及母亲的兄弟分享；妇女死时，由她的子女和同胞姊妹而不是由她的兄弟分享。根据同一理由，夫妇不能彼此继承，子女也不得继承父亲。

5. 同氏族人必须相互援助、保护，特别是在受到外族人伤害时，要帮助报仇。个人依靠氏族来保护自己的安全，而且也能作到这一点；凡伤害个人，便是伤害了整个氏族。因而，从氏族的血族关系中便产生了为易洛魁人所绝对承认的血族复仇的义务。假使一个氏族成员被外族人杀害了，那么被害者的全氏族就有义务实行血族复仇。起初是试行调解；行凶者的氏族议事会开会，大抵用道歉与赠送厚礼的方式，向被害者的氏族的议事会提议和平了结事件。如果提议被接受，事情就算解决了。否则，受害的氏族就指定一个或几个复仇者，他们的义务就是去追寻行凶者，把他杀死。如果这样做了，行凶者的氏族也没有诉怨的权利，事情就算了结了。

---

① 克兰即氏族，在凯尔特民族中，除指氏族外偶尔也指部落；在氏族关系解体时期，则指一群血缘相近且具有想象中的共同祖先的人们。克兰内部保存着土地公有制和氏族制度的古老习俗。在苏格兰和威尔士的个别地区，克兰一直存在到19世纪。——《马克思恩格斯文集》第4卷，人民出版社2009年版，注释51。

② 萨姆是马加尔人的血缘团体的称谓，参见路·亨·摩尔根《古代社会》1977年商务印书馆版下册第359页。——《马克思恩格斯文集》第4卷，人民出版社2009年版，注释52。

6. 氏族有固定的人名或几套人名，在全部落内只有该氏族才能使用这些人名，因此，氏族各个成员的名字，也就表明了他属于哪一氏族。氏族的人名自始就伴有氏族的权利。

7. 氏族可以接纳外人入族，并由此吸收他们为整个部落的成员。例如在塞讷卡部落中，未杀死的俘虏，由于被一个氏族接纳入族，就成为部落的成员，从而获得了氏族和部落的一切权利。接纳外人入族的事情，是根据氏族的个别成员的提议而实行的：男子可以提议接纳外人为兄弟或姊妹；女子可以提议接纳外人为自己的孩子；为了确认这种接纳，必须举行入族典礼。个别因特殊情形而人丁不旺的氏族，常常由于大批接纳另一氏族（得到它的同意）的人入族而重新兴旺起来。在易洛魁人中间，入族仪式在部落议事会的公共集会上举行的，实际上已经变为一种宗教仪式。

8. 印第安人的氏族有无专有的宗教祭祀，很难确定；不过印第安人的宗教仪式多少都是和氏族联系在一起的。在易洛魁人的六个一年一度的宗教节日期间，各个氏族的酋长和酋帅，由于他们的职位，都被列为"信仰守护人"，而执行祭司的职能。

9. 氏族有着共同的墓地。纽约州境内四周都为白种人包围的易洛魁人，他们的墓地现在已经绝迹了，但从前是存在过的。在其他印第安人那里，这种墓地还保存着；例如，和易洛魁人有近亲关系的吐斯卡罗腊人，他们虽然是基督徒，但在教堂墓地中，每一氏族都独成一排，所以，总是把母亲而不是把父亲和孩子埋在同一排。而在易洛魁人中间，死者的全氏族都要参加葬仪，营造坟墓，致悼词等等。

10. 氏族有议事会，它是氏族的一切成年男女享有平等表决权的民主集会。这种议事会选举、罢免酋长和酋帅，以及其余的"信仰守护人"；它作出为被杀害的氏族成员按受赎罪献礼（杀人赔偿金）或实行血族复仇的决定；它收养外人加入氏族。总之，它是氏族的最高权力机关。

典型的印第安人氏族的职能就是这样。

"它的全体成员都是自由人，都有相互保卫自由的义务；在个人权利方面平等，不论酋长或军事首领都不能要求任何优越权；他们是由血亲纽带结合起来的同胞。自由、平等、博爱，虽然从来没有表达出来，却是氏族的根本原则，而氏族又是整个社会制度的单位，是有组织的印第安人社会的基础。这就可以说明，为什么印第安人具有那种受到普遍承认的强烈的独立感和自尊心。"①

到发现美洲的时候，全北美洲的印第安人都是按照母权制而组成为氏族。仅在某几个部落如达科塔人的部落，氏族已然衰落；在另外几个部落中间，如在奥季布瓦、奥马哈等部落中间，氏族已经是依照父权制组成了。

摘自弗·恩格斯：《家庭、私有制和国家的起源》（1884年3月底—5月底）（三），《马克思恩格斯文集》第4卷，人民出版社2009年版，第98—103页。

**7. 在许多有五六个以上氏族的印第安人部落中间，我们看到，每三四个或更多的氏族联合成一个特殊的集团……胞族**

在许多有五六个以上氏族的印第安人部落中间，我们看到，每三四个或更多的氏族联合成一个特殊的集团，摩尔根根据希腊语对类似集团的称呼，忠实地把印第安语的名称译过来，把这种集团叫做 Phratrie（胞族）。例如，塞讷卡部落有两个胞族；第一个胞族包括1—4四个氏族，第二个胞族包括5—8四个氏族。更详细地研究表明，这种胞族大抵是当初由部落分裂成的最初的氏族；因为在氏族内部禁止通婚的情况下，每个部落必须至少包括两个氏族才能独立存在。随着部落的增殖，每个氏族又分裂成两个或两个以上的氏族，这些氏族如今也作为单个的氏族而存在；而包括一切女儿氏族的最初的氏族，则作为胞族继续存在。在塞讷卡人和大多数其他印第安人中间，一个胞族内的各氏族被认为是兄弟氏族，而其他胞族的各氏族则被认为是它们的从兄弟氏族——这种称呼，在美洲亲属制度中，像我们在前边所看到的，都具有极其真实而明确的意义。塞讷卡人起初在胞族内也不能通婚，但是这种习俗久已废除了，如今只限于氏族。塞讷卡部落有一种传说，"熊"和"鹿"两个氏族是最初的氏族，其他氏族都是从这两个氏族分化出来的。这个新组织扎下根以后，便根据需要而加以改变；要是某一胞族的一些氏族灭亡了，那么为均衡起见，有时就从别的胞族中拨几个氏族去补充它。因此，我们在不同的部落中间，可以看到名称相同

---

① 路·亨·摩尔根《古代社会》1877年伦敦版第85—86页，并参看马克思《路易斯·亨·摩尔根〈古代社会〉一书摘要》（《马克思恩格斯全集》中文第1版第45卷第416页）——编者注

的氏族以不同的方式集结在各胞族中。

易洛魁人的胞族的职能，部分的是社会性质的，部分的是宗教性质的。（1）胞族间互相赛球竞技；每一胞族选出自己的优秀球员，其余的人按胞族旁立观看，并以本胞族球员的获胜打赌。（2）在部落议事会上，每个胞族的酋长和军事首领坐在一起，两个胞族彼此相对，每个发言者都面对各胞族的代表讲话，把他们当作特别的团体。（3）如果部落内发生杀人事件，当行凶者与被害者不属于同一个胞族时，被害者的氏族往往诉诸自己的兄弟氏族；于是这些氏族就举行胞族议事会，把对方胞族作为一个团体进行交涉，使对方胞族也召集自己的议事会，以谋求事件的解决。因此，在这里，胞族又以最初的氏族的资格出现，并且比它派生的较微弱的单个氏族更有获胜的希望。（4）在重要人物死亡时，对方胞族办理安葬和丧礼，而死者胞族的成员则以死者的近亲服丧人资格参与葬仪。酋长死时，对方胞族将出缺一事通知易洛魁人的联盟议事会。（5）在选举酋长时，胞族议事会也出面参预。兄弟氏族对选举的确认，被认为是一种当然的事情；但另一个胞族的氏族则可能提出异议。在这种情况下，这个胞族的议事会即召开会议；如果议事会认为异议是正当的，选举就算无效。（6）从前，易洛魁人有一种特殊的宗教神秘仪式，白种人把它称为巫术集会。这种神秘仪式在塞讷卡人那里，是由两个宗教团体举行的；新会员入会时还举行正式的入会仪式；两个胞族中各有一个这样的团体。（7）在征服时期①，住在特拉斯卡拉四个区的四个 lineages（血族），如果是——而这差不多是肯定的——四个胞族的话，那么这证明，像希腊人的胞族以及德意志人的类似的血族团体一样，这种胞族也都有军事单位的意义；这四个血族在作战时各成一队，各穿自己的制服，有自己的旗帜和自己的首领。

摘自弗·恩格斯：《家庭、私有制和国家的起源》（1884年3月底—5月底）（三），《马克思恩格斯文集》第4卷，人民出版社2009年版，第103—105页。

**8. 正如几个氏族组成一个胞族一样，几个胞族就古典形式来说则组成一个部落；而那些大大衰微的部落则往往没有胞族这种中间环节**

正如几个氏族组成一个胞族一样，几个胞族就古典形式来说则组成一

---

① 指1519—1521年西班牙侵略者征服墨西哥的时期。——编者注

个部落;而那些大大衰微的部落则往往没有胞族这种中间环节。那么,美洲印第安人部落有什么特征呢?

1. 有自己的地区和自己的名称。每一部落除自己实际居住的地方以外,还占有相当大的地区供打猎和捕鱼之用。在这个地区之外,还有一块广阔的中立地带,一直延伸到邻近部落的地区边上;在语言接近的各部落中间,这种中立地带比较狭小,在语言不接近的各部落中间,中立地带比较宽大。这种地带跟德意志人的边境森林、凯撒的苏维汇人在他们地区四周所设的荒地相同;这也跟丹麦人和德意志人之间的 îsarnholt(丹麦语为 jarnved,limes Danicus)、德意志人和斯拉夫人之间的萨克森森林和 branibor(斯拉夫语,意即"防卫林",勃兰登堡这一名称即由此而来)相同。由这种不确定的疆界所隔开的地区,乃是部落的公有土地,而为相邻部落所承认,并由部落自己来防卫,以免他人侵占。疆界的不确定,多半仅在人口大量增加的时候,才会在实际上感到不方便。部落的名称,看来多半是偶然形成的,而不是有意选择的。随着时间的推移,往往一个部落被邻近各部落取了另外的名称,与该部落给自己使用的名称不同,像德意志人历史上最初的统称"日耳曼人"是由凯尔特人给他们取的一样。

2. 有独特的、仅为这个部落所有的方言。事实上,部落和方言在实质上范围是一致的;因分裂而形成新部落与新方言的事情,不久以前还在美洲发生,时至今日,也未必完全停止。在两个衰落的部落合而为一的地方,有时例外地在同一个部落内说着两种极为相近的方言。美洲各部落的平均人数在2000人以下;但是彻罗基部落却有26000人,这是在合众国说同一方言的数目最多的印第安人。

3. 有隆重委任氏族所选出的酋长和军事领袖的权利。

4. 有罢免他们的权利,甚至可以违反他们氏族的愿望而罢免他们。由于这些酋长和军事领袖都是部落议事会的成员,部落对他们有这种权利是当然的。凡已经组成部落联盟而且一切部落都有代表参加联盟议事会的地方,上述权利便转归联盟议事会了。

5. 有共同的宗教观念(神话)和崇拜仪式。

"印第安人,是按照野蛮人方式信仰宗教的人民。"①

他们的神话迄今还远没有得到考证性的研究;他们已经给自己的宗教观念——各种精灵——赋予人的形象,但是他们还处在野蛮时代低级阶段,所以还不知道具体的造像,即所谓偶像。这是一种正向多神教发展的自然崇拜与自然力崇拜。各部落都有其定期的节日和一定的崇拜形式,特别是舞蹈和竞技;舞蹈尤其是一切宗教祭祀的主要组成部分;每一部落各自庆祝自己的节日。

6. 有管理公共事务的部落议事会。它是由各个氏族的酋长和军事领袖组成的——这些人是氏族的真正代表,因为他们是随时都可以罢免的;议事会公开开会,四周围着其余的部落成员,这些成员有权加入讨论和发表自己的意见;决议则由议事会作出。按照通例,每个出席的人都可以随意发表意见,妇女也可以通过她们所选出的演说人陈述自己的意见。在易洛魁人中间,最后的决定需要一致通过,跟德意志人的马尔克公社在作出某些决定时一样。部落议事会特别是负有调整同其他部落的关系责任;它接待和派遣使者,宣战及媾和。要是发生战争,大多由志愿者去作战。在原则上,每一个部落只要没有同其他部落订立明确的和平条约,它同这些部落便都算是处在战争状态。反对这种敌人的军事行动,大多由一些优秀的战士来组织;这些战士发起一个战争舞蹈,凡参加舞蹈的人,就等于宣告加入了出征队,队伍便立刻组织起来,即时出动。部落的领土若被侵犯,其防卫也大多由志愿兵来担任。这种队伍的出发和归来,总要举行公共的典礼。这种出征并不需要得到部落议事会的同意,没有人去征求这种同意,也没有人给予这种同意。这正和塔西佗所记述的德意志人扈从队的私人出征一样②,不过德意志人的扈从队伍,已具有比较常备的性质,而成为一种在平时也有组织,在战时集结其他志愿兵的强固核心了。这种武装队伍的人数一般不多;印第安人的最重要的出征,即使到距离很远的地方去,也是由不大的战斗力量来进行的。假如有几支这样的扈从队为了一次大规模战事而联合起来时,其中每支

---

① 路·亨·摩尔根《古代社会》1877年伦敦版第115页,并参看马克思《路易斯·亨·摩尔根〈古代社会〉一书摘要》(《马克思恩格斯全集》中文第1版第45卷第436页)——编者注
② 塔西佗《日耳曼尼亚志》。——编者注

队伍只服从它自己的首领；作战计划的统一，好歹由这些首领的议事会来保证。据阿米亚努斯·马尔采利努斯的记载，4世纪阿勒曼尼人在莱茵的作战方法，就是如此。

7. 在有些部落中间，有一个最高的首领，但他的权力很小。他是酋长之一，当需要紧急行动时，他应当在议事会召集会议作出最后决定之前采取临时的措施。这是一种具有执行权力的官员的微弱萌芽，不过它在进一步发展中多半都没有什么结果；这种官员，如我们在后面将要看到的，虽不是到处，但在大多数场合，都是由最高军事首长发展来的。

摘自弗·恩格斯：《家庭、私有制和国家的起源》（1884年3月底—5月底）（三），《马克思恩格斯文集》第4卷，人民出版社2009年版，第105—108页。

**9. 但在个别地方，最初本是亲属部落的一些部落从分散状态中又重新团结为永久的联盟，这样就跨出了形成民族［Nation］的第一步**

大多数的美洲印第安人，都没有超过联合为部落的阶段。他们的人数不多的部落，彼此由广大的边境地带隔离开来，而且为不绝的战争所削弱，这样他们就以少数的人口占有辽阔的地区。亲属部落间的联盟，常因暂时的紧急需要而结成，随着这一需要的消失即告解散。但在个别地方，最初本是亲属部落的一些部落从分散状态中又重新团结为永久的联盟，这样就朝民族［Nation］的形成跨出了第一步。在合众国，我们在易洛魁人中间，便可以见到这种联盟的最发达的形式。他们从密西西比河以西的地方（在这里，他们大概是很大的达科塔族系的一个分支）迁移出来，经过长期漂泊才定居在今日的纽约州，而分成了五个部落：塞讷卡、卡尤加、奥嫩多加、欧奈达及摩霍克。他们以捕鱼、打猎及原始园艺为生；住在大多用栅栏防卫起来的村落中。他们的人数从未超过两万；五个部落中有几个氏族是共同的；他们说着同一种语言的非常近似的方言，占有互相接壤的、为五个部落所瓜分的地区。由于这个地区是他们不久以前才征服来的，所以这些部落便惯于团结起来对付被他们驱逐的部落，是自然而然的事。这样至迟到15世纪初，就发展成为一种真正的"永世联盟"，这种联盟，一经意识到它的新的实力，便立刻具有了进攻的性质，在1675年前后，当它达到了强盛的时候，便征服了它四周的广大土地，把这些地方上的居民一部分驱逐出境，一部分使之纳贡。易洛魁人联盟是尚未越过野蛮时代低级阶段的印第安人（因而，墨西哥人、新墨西哥人①和秘鲁人除外）所曾达到的最进步的社会组织。联盟的基本特点如下：

1. 五个血缘亲属部落以完全平等和在部落的一切内部事务上独立为基础，结成永世联盟。这种血缘亲属关系是联盟的真实基础。五个部落中有三个称为父亲部落，互为兄弟部落；其余两个称为儿子部落，也互为兄弟部落。有三个氏族——最老的——在五个部落中都还存在着，另外有三个氏族在三个部落中都还存在着；这些氏族中的每一个氏族，其成员在所有五个部落中都被认为是兄弟。仅在方言上有差异的共同语言，便是共同世系的表现和证明。

2. 联盟的机关是联盟议事会，由50个地位和威信平等的酋长组成；这个议事会对联盟的一切事务作最后的决定。

3. 这50个酋长，在联盟成立时，被分配在各部落和氏族中，担任专为联盟目的而设立的新的公职。当出缺时，有关的氏族便重新进行选举，同时有关的氏族也可以随时把他们罢免下来；不过委任权则属于联盟议事会。

4. 联盟的这些酋长们，在他们各自的部落中也是酋长，享有参加部落议事会和表决的权利。

5. 联盟议事会的一切决议，须经全体一致通过。

6. 表决是按部落举行的，这样，每个部落以及每个部落内的议事会全体成员，都必须一致赞成，决议才算有效。

7. 五个部落议事会中每一个都可以召集联盟议事会，但联盟议事会本身不得自行召集。

---

① 普韦布洛印第安人是原居住在新墨西哥（今美国西南部和墨西哥北部）的一个部落集团的名称。他们的村庄是要塞式建筑，有五六层，可容纳上千人。因西班牙殖民者称这些宅居群为pueblo（意为人民、村庄、公社）故而得名。普韦布洛印第安人同属史前阿纳萨齐人的有史时期的后裔，但他们的语言并不相同，分为四大语系。他们按居住地分为东西两支，东支有较发达的农业，种植多种农作物，并具有灌溉系统，掌握了复杂的、水平较高的建筑术，已接近阶级社会；西支则仍保留氏族制度。在路·亨·摩尔根《古代社会》一书中普韦布洛印第安人一般指印第安人的村庄；在休·豪·班克罗夫特《北美太平洋沿岸各州的土著民族》中，被用做美国西南部部落集团的总称。——《马克思恩格斯文集》第4卷，人民出版社2009年版，注释23。

8. 会议在聚集起来的民众面前公开举行,每个易洛魁人都可以发言;但只有议事会才能作决定。

9. 联盟没有一长制首长,即没有主掌执行权的首脑。

10. 但联盟有两个具有平等职能和平等权力的最高军事首长(类似斯巴达人的两"王",罗马的两执政官)。

易洛魁人在其中生活了400余年、而且直至今日还生活于其中的整个社会制度,就是如此。我依据摩尔根,比较详细地叙述了这种制度,因为我们在这里有机会研究一种尚不知有国家为何物的社会的组织情况。国家是以一种与全体固定成员相脱离的特殊的公共权力为前提的,所以毛勒凭其正确的直觉,确认德意志的马尔克制度是一种纯粹社会的制度,虽然它以后大部分成了国家的基础,但在本质上它是和国家不同的。因此,毛勒在他的一切著作中所研究的,是公共权力逐渐从马尔克、乡村、农户、城市等最初的组织中产生和与之并行而产生的情形。① 我们从北美印第安人那里可以看出,一个原来统一的氏族集团怎样逐渐散布于广阔的大陆;各部落怎样通过分裂而转化为各民族[Völker],转化为整个的部落集团;语言怎样改变,以致不仅成了互相不懂的东西,而且差不多消失了原来统一性的任何痕迹;与此同时,在部落内部,单个的氏族怎样分裂为好几个氏族,老的母亲氏族以胞族保存下来,但是这些最老的氏族的名称,在彼此相距极远的、老早就分离了的部落中间仍是一样的——"狼"和"熊"在大多数印第安部落中仍然是氏族的名称。一般说来,上述的社会制度适用于印第安人的一切部落,只是有许多部落没有达到亲属部落联盟的程度罢了。

摘自弗·恩格斯:《家庭、私有制和国家的起源》(1884年3月底—5月底)(三),《马克思恩格斯文集》第4卷,人民出版社2009年版,第108—110页。

---

① 格·路·毛勒的主要著作有:《马尔克制度、农户制度、乡村制度、城市制度和公共政权的历史概论》1854年慕尼黑版;《德国马尔克制度史》1856年朗根根版;《德国领主庄园、农民和农户制度史》1862—1863年埃朗根版第1—4卷;《德国乡村制度史》1865—1866年朗根根版第1—2卷和《德国城市制度史》1869—1871年朗根根版第1—4卷。——《马克思恩格斯文集》第4卷,人民出版社2009年版,注释53。

**10. 我们也看到，氏族作为社会单位出现以后，氏族、胞族和部落这整个社会组织就怎样以几乎不可抗拒的必然性（因为是天然性）从这种单位中发展出来**

我们也看到，氏族作为社会单位出现以后，氏族、胞族和部落这整个社会组织就怎样以几乎不可抗拒的必然性（因为是天然性）从这种单位中发展出来。这三种集团代表着不同层次的血缘亲属关系，每个都是闭关自守，自己的事情自己管理，但是又互相补充。归它们管辖的事情，包括低级阶段上的野蛮人的全部公共事务。所以，我们凡遇见某一民族是把氏族作为社会单位时，我们也就可以去寻找类似前面所讲的那种部落组织；凡有充足资料的地方，如在希腊人和罗马人那里，我们不仅能找出这种组织，而且也会确信，即使在没有这种资料作为依据的地方，只要与美洲社会制度作一比较，也有助于我们解决最困难的疑难和哑谜。

而这种十分单纯质朴的氏族制度是一种多么美妙的制度呵！没有士兵、宪兵和警察，没有贵族、国王、总督、地方官和法官，没有监狱，没有诉讼，而一切都是有条有理的。一切争端和纠纷，都由当事人的全体即氏族或部落来解决，或者由各个氏族相互解决，血族复仇仅仅当作一种极端的、很少应用的威胁手段；我们今日的死刑，只是这种复仇的文明形式，而带有文明的一切好处与弊害。虽然当时的公共事务比今日多得多——家户经济是由一组家庭按照共产制共同经营的，土地是全部落的财产，仅有小小的园圃归家户经济暂时使用——，可是，丝毫没有今日这样臃肿复杂的管理机关。一切问题，都由当事人自己解决，在大多数情况下，历来的习俗就把一切调整好了。不会有贫穷困苦的人，因为共产制的家户经济和氏族都知道它们对于老年人、病人和战争残废者所负的义务。大家都是平等、自由的，包括妇女在内。他们还不曾有奴隶；奴役异族部落的事情，照例也是没有的，当易洛魁人在1651年前后征服伊利部落和"中立民族"①的时候，他们曾建议这两个部落作为完全的平等的成员加入他们的联盟；被征服者只是在拒绝了这个建议之后，才被驱逐出自己所居住的地区。凡与未被腐蚀的印第安人接触过的白种人，都称赞这种野蛮人的自尊心、公正、刚强和勇敢，这些称赞证明了，这

---

① "中立民族"指17世纪居住在伊利湖北岸的几个与易洛魁人血缘相近的印第安部落所组成的军事联盟。因为这些部落在易洛魁人和古朗人的战争中保持中立，因此法国殖民者称其为"中立民族"。——《马克思恩格斯文集》第4卷，人民出版社2009年版，注释54。

样的社会能够产生怎样的男子,怎样的妇女。

摘自弗·恩格斯:《家庭、私有制和国家的起源》(1884年3月底—5月底)(三),《马克思恩格斯文集》第4卷,人民出版社2009年版,第110—111页。

## 11. 祖鲁卡菲尔人在数年前,也像努比亚人在数月前一样——两者都是至今还保存着氏族制度的部落

不久以前,我们在非洲看到了这种勇敢的例证。祖鲁卡菲尔人在数年前,也像努比亚人在数月前一样——两者都是至今还保存着氏族制度的部落——曾做出了任何欧洲军队都不能做的事情。① 他们没有枪炮,仅仅用长矛和投枪武装起来,在英国步兵——在密集队形战斗上被公认为世界第一——的后装枪的弹雨之下,竟然一直向前冲到刺刀跟前,不止一次打散英军队伍,甚至使英军溃退,尽管在武器上非常悬殊,尽管他们根本没有服过兵役,也不知道什么是操练。英国人诉苦说,卡菲尔人比马走得还快,一昼夜比马走得还远,这就可以证明这种野蛮人的能力和毅力。"他们的最小的一条筋都暴粟起来,坚硬如钢,像鞭条一样。"——一位英国的画家这样说。

在没有分化为不同的阶级以前,人类和人类社会就是如此。要是我们把他们的状况和现代绝大多数文明人的状况作一比较,那么就可以看出,在今日的无产者和小农同古代自由的氏族成员之间,差别是巨大的。

摘自弗·恩格斯:《家庭、私有制和国家的起源》(1884年3月底—5月底)(三),《马克思恩格斯文集》第4卷,人民出版社2009年版,第111—112页。

---

① 指祖鲁人和努比亚人反对英国殖民者的民族解放斗争。

1879年1月英国人向祖鲁人进攻,祖鲁人在自己的领袖开芝瓦约的领导下非常顽强地抵抗了英国殖民军达半年之久。英国殖民军只是由于在武器装备方面占巨大优势而在经过一系列战斗之后才取得胜利的。直到1887年,英国人由于利用了他们在祖鲁人中间挑起的连续几年的部落混战,才得以最后征服祖鲁人。

19世纪70年代英国殖民者开始侵入苏丹,遭到苏丹各族人民的顽强抵抗。1881年爆发了以穆斯林传教士穆罕默德·艾哈迈德(他自称"马赫迪",意即"救世主")为首的苏丹的努比亚人、阿拉伯人和其他民族的民族解放起义,起义于1883—1884年获得胜利,从英国殖民军队手中解放了几乎全部国土。在起义的过程中成立了独立的统一的马赫迪国家。1899年,英国殖民军利用这个国家因连年战事和发生部落纷争而内部削弱之机,依靠武器的绝对优势,征服了苏丹。

——《马克思恩格斯文集》第4卷,人民出版社2009年版,注释55。

**12. 但我们不要忘记，这种组织是注定要灭亡的**

这是一个方面。但我们不要忘记，这种组织是注定要灭亡的。它没有超出部落的范围；部落联盟的建立就已经意味着这种组织开始崩溃，这一点我们在后面将会看到的，易洛魁人征服其他部落的企图也表明了这一点。凡是部落以外的，便是不受法律保护的。在没有明确的和平条约的地方，部落与部落之间便存在着战争，而且这种战争进行得很残酷，使别的动物无法和人类相比，只是到后来，才因物质利益的影响而缓和一些。全盛时期的氏族制度，如我们在美洲所见的，其前提是生产极不发展，因而广大地区内人口极度稀少；因此，人类差不多完全受着同他异己地对立着的、不可理解的外部大自然的支配，这也就反映在幼稚的宗教观念中。部落始终是人们的界限，无论对其他部落的人来说或者对他们自己来说都是如此：部落、氏族及其制度，都是神圣而不可侵犯的，都是自然所赋予的最高权力，个人在感情、思想和行动上始终是无条件服从的。这个时代的人们，虽然令我们感到值得赞叹，但他们彼此完全没有差别，他们都还依存于——用马克思的话说——自然形成的共同体的脐带①。这种自然形成的共同体的权力必然要被打破，而且也确实被打破了。

摘自弗·恩格斯：《家庭、私有制和国家的起源》（1884年3月底—5月底）（三），《马克思恩格斯文集》第4卷，人民出版社2009年版，第112—113页。

**13. 这种自然形成的共同体的权力必然要被打破，而且也确实被打破了**

部落始终是人们的界限，无论对其他部落的人来说或者对他们自己来说都是如此：部落、氏族及其制度，都是神圣而不可侵犯的，都是自然所赋予的最高权力，个人在感情、思想和行动上始终是无条件服从的。这个时代的人们，虽然令我们感到值得赞叹，但他们彼此完全没有差别，他们都还依存于——用马克思的话说——自然形成的共同体的脐带②。这种自然形成的共同体的权力必然要被打破，而且也确实被打破了。不过

---

① 参看马克思《资本论》第1卷，《马克思恩格斯文集》第5卷，人民出版社2009年版，第97页。——编者注

② 同上。

它是被那种使人感到从一开始就是一种退化，一种离开古代氏族社会的纯朴道德高峰的堕落的势力所打破的。最卑下的利益——无耻的贪欲、狂暴的享受、卑劣的名利欲、对公共财产的自私自利的掠夺——揭开了新的、文明的阶级社会；最卑鄙的手段——偷窃、强制、欺诈、背信——毁坏了古老的没有阶级的氏族社会，把它引向崩溃。而这一新社会自身，在其整整两千五百余年的存在期间，只不过是一幅区区少数人靠牺牲被剥削和被压迫的大多数人而求得发展的图画罢了，而这种情形，现在比从前更加厉害了。

摘自弗·恩格斯：《家庭、私有制和国家的起源》（1884年3月底—5月底）（三），《马克思恩格斯文集》第4卷，人民出版社2009年版，第112—113页。

### 14. 凯尔特人的保存到今天的最古的法律，使我们看到了仍然充满着活力的氏族

由于篇幅的原因，我们不能详细研究今天仍然在各种不同的蒙昧民族和野蛮民族中间以比较纯粹或比较模糊的形式存在着的氏族制度，或者亚洲的文明民族古代历史上的氏族制度的痕迹了。① 这两者是到处都可以见到的。只举几个例子：在人们还不知道什么是氏族的时候，那位曾经费了莫大气力去误解氏族问题的麦克伦南，就已经证实了氏族的存在，并且大体上正确地描述了卡尔梅克人、切尔克斯人、萨莫耶德人②的氏族，以及三个印度民族——华拉耳人、马加尔人、曼尼普尔人的氏族。③ 不久以前，马·柯瓦列夫斯基也发现并描述了北萧胡人、显胡苏人、斯万人和其他高加索部落的氏族。在这里，我们只对凯尔特人和日耳曼人的氏族的存在，作若干简短的记述。

凯尔特人的保存到今天的最古的法律，使我们看到了仍然充满着活力的氏族；在爱尔兰，甚至到今天，在英国人用暴力破坏了氏族以后，它至少还本能地存在于人民的意识中；在苏格兰，在上世纪中叶，它还处于全盛时期，在这里它也只是由于英国人的武器、立法和法庭才被消灭的。

---

① 以下直到本段结束是恩格斯在1891年版上增加的。——编者注
② 涅涅茨人的旧称。——编者注
③ 约·弗·麦克伦南《原始婚姻》1865年爱丁堡版。——编者注

摘自弗·恩格斯：《家庭、私有制和国家的起源》（1884年3月底—5月底）（七），《马克思恩格斯文集》第4卷，人民出版社2009年版，第148页。

## 15. 至迟于11世纪所制定的古代威尔士的法律，还表明有整个村落共同耕作的事情

在威尔士被英国人征服以前数世纪①，即至迟于11世纪所制定的古代威尔士的法律，还表明有整个村落共同耕作的事情，虽然这只是一种普遍流行的早期习俗的稀有残余；每个家庭有供自己耕作的五英亩土地；此外，另有一块土地共同耕种，收获物实行分配。从它跟爱尔兰和苏格兰类似这一点来看，毫无疑问这种农村公社乃是一种氏族或氏族分支，即使对威尔士法律的重新考查——我没有时间去这样做（我的摘要是在1869年做的②）——未必能直接证实这一点。然而，威尔士以及爱尔兰的材料却直接证明，到11世纪时，凯尔特人的对偶婚还根本没有被专偶婚所代替。在威尔士，婚姻只有满了七年之后才不能解除，或者更确切些说，才不能终止。甚至只差三夜就满七年，夫妻还是可以分离的。那时便要分家：由妻子来分，丈夫取他的一份。家具是按一定的非常有趣的规则来分的。如果是丈夫提出离婚的，那他必须把妻子的嫁妆和其他某些东西还给她；如果是妻子提出离婚的，那她便少得一点。如有三个子女，丈夫分两个，妻子分一个，即中间那一个。如果妻子在离婚后重新结婚，而她的前夫想重新要她时，即使她的一只脚已经踏上新夫的婚床，也要顺从前夫的要求。而如果已经同居七年，即使以前并未正式结婚，他们也是夫和妻。在结婚以前，少女的贞操完全不严格遵守，也不

---

① 威尔士人在1283年被英格兰人征服，但在这以后继续保持自治，直到16世纪中叶它才完全并入英国。——《马克思恩格斯文集》第4卷，人民出版社2009年版，注释74。

② 1869—1870年，恩格斯着手编写一部长篇历史著作《爱尔兰史》。为此他曾开列了一个多达150余种图书的有关爱尔兰的数目，从这些著作中作的摘要共有15本，此外还有札记、单页资料、剪报等准备材料。但是1870年7月开始出现的一些重大历史事件迫使恩格斯中止了写作，这部未完成的《爱尔兰史》收入《马克思恩格斯全集》中文第1版第16卷，准备材料中的《戈尔德温·斯密〈爱尔兰历史和爱尔兰性格〉一书札记》和《有关爱尔兰没收土地历史的材料》收入《马克思恩格斯全集》中文第1版第45卷。后来，在写作《起源》时，恩格斯利用了这些准备材料和研究成果。这里谈到的有关威尔士法律的摘要，是指他当时对安·欧文受官方委托于1841年出版的历史资料集《威尔士的古代法律和规章》一书所作的摘要，见恩格斯1870年7月6日写给马克思的信。——《马克思恩格斯文集》第4卷，人民出版社2009年版，注释75。

要求遵守；与此有关的规定，具有非常轻佻的性质，是和资产阶级的道德完全不符。如果妻子与人通奸，丈夫可以殴打她（这是允许他这样作的三种情况之一，在其余场合殴打妻子是要受罚的），但是这样一来，他就无权要求别的补偿了；因为

"对于同一过错，或者要求赎罪，或者要求报复，但两者不可得兼"。①

妻子可据以要求离婚而且在分财产时自己的权利又不受损失的理由，范围非常广：只要丈夫有口臭就够了。为赎回初夜权而付给部落首领或国王的赎金（gobr merch，中世纪的 marcheta 这个名称、法语的 marquette 就是由此而来的）在法典上起着很大的作用。妇女在人民大会上享有表决权。如果我们补充下面几点：在爱尔兰已经证明有类似情况存在；在那里，暂时性的婚姻也非常流行，在离婚时，妻子享有很大的明确规定的照顾，甚至对她的家务操持也要给以赔偿；在那里，还有"长妻"与其他诸妻并存的事；而在分配遗产时，婚生子女和非婚生子女没有任何差别——这样，我们便看到了一幅对偶婚的图景，与这种对偶婚比较起来，北美现行的婚姻形式就显得严格了，不过，对于一个在凯撒时代还过着群婚生活的民族来说，在 11 世纪有这种情形，是不足为奇的。

摘自弗·恩格斯：《家庭、私有制和国家的起源》（1884 年 3 月底—5 月底）（七），《马克思恩格斯文集》第 4 卷，人民出版社 2009 年版，第 148—150 页。

**16. 爱尔兰氏族（即塞普特 [sept]；部落称为 clainne，即克兰）的存在是千真万确的**

爱尔兰氏族（即塞普特 [sept]；部落称为 clainne，克兰②）不仅由古代法典，而且还由 17 世纪被派到那里去把克兰领地变成英王王室领地的英

---

① 《威尔士的古代法律和规章》1841 年版第 1 卷第 93 页。——编者注
② 克兰即氏族，在凯尔特民族中，除指氏族外偶尔也指部落；在氏族关系解体时期，则指一群血缘相近且具有想象中的共同祖先的人们。克兰内部保存着土地公有制和氏族制度的古老习俗。在苏格兰和威尔士的个别地区，克兰一直存在到 19 世纪。——《马克思恩格斯文集》第 4 卷，人民出版社 2009 年版，注释 51。

国法学家们所证实并作过记述。直到那时，土地只要未被首领变为自己的私有领地，就仍是克兰或氏族的公共财产。如果某一氏族成员死亡，因而一户经济不再存在，首长（英国法学家称之为宗族长［caput cognationis］）便把全部土地在其他各户中间进行一次重新分配。这种分配，大体上应该是依照在德意志通行的规则来进行的。即在今日，还可以见到一些属于所谓朗得尔［rundale］制度的村田，在四五十年前，这种村田是很多的。农民们，即租种被英国征服者所掠夺的先前属于整个氏族公有的土地的个体佃农们，每人为自己承租的地段交纳租金，但是却把全部耕地和草地合并起来，按照方位和土质分成许多大块［“Gewanne”］，如摩泽尔河沿岸所称呼的那样；每个人在每一大块中都有一份；沼泽地和牧场共同使用。就在50年前，有时还重新分配土地，有些时候每年都重新分配。这种实行朗得尔制度的村落的地界图，看上去极似摩泽尔河沿岸或霍赫瓦尔德地区的一个德意志人农户公社的地界图。氏族此外还继续存在于"帮"［"factions"］中。爱尔兰农民常常分成各种帮派，它们是建立在看起来毫无意思和十分荒诞的、为英国人所完全不理解的差别的基础之上的，并且它们除了彼此之间进行心爱的盛大殴斗而外，似乎别无任何目的。这是被消灭了的氏族的人为的复活，是氏族灭亡后产生的代替物，这种代替物以特殊的方式证明了流传下来的氏族本能的继续存在。此外，有些地方，同氏族人还一道住在他们旧有的地区内；比如在30年代，莫纳亨郡的大多数居民只有四个姓，换言之，即起源于四个氏族或克兰。①

摘自弗·恩格斯：《家庭、私有制和国家的起源》（1884年3月底—5月底）

---

① 在爱尔兰度过的那几天中（1891年9月8—23日，恩格斯同玛·埃·罗舍和路·考茨基在苏格兰和爱尔兰旅行。由于恩格斯是在1891年9月底拿到最后的清样的，所以这个注释后来才加上的。——《马克思恩格斯文集》第4卷，人民出版社2009年版，注释76。），我重新鲜明地意识到那里的乡村居民还是多么明显地生活在氏族时代的观念中。土地占有者在他的佃户农民的眼中还俨然是一种为了全体的利益而管理土地的克兰的首领；农民以租金的形式向他纳贡，但认为在困难时也应得到他的帮助。同样，一切比较富裕的人，也被认为当自己的比较贫苦的邻居有急需时，有责任接济他们，这种帮助并不是施舍，而是比较富有的克兰成员或克兰首领理所当然地应给予比较贫苦的克兰成员的。政治经济学家和法学家们抱怨无法使爱尔兰农民接受现代资产阶级的财产概念，这是可以理解的；只有权利而无义务的财产概念，决不能灌输到爱尔兰人头脑中去。当具有这种素朴氏族观念的爱尔兰人突然流落到英国或美国的大城市，置身于道德观念和法律观念全然不同的居民中时，他们在道德和法律问题上会多么容易迷惑惶乱，失去一切依托并且往往大批地道德沦丧——这也是可以理解的。

（七），《马克思恩格斯文集》第4卷，人民出版社2009年版，第150—151页。

**17. 在苏格兰，氏族制度是随着1745年起义的被镇压而灭亡的**

在苏格兰，氏族制度是随着1745年起义的被镇压而灭亡的。① 至于苏格兰的克兰是这个制度的哪一个环节，尚待研究；但它是这样一个环节，则是没有疑问的。在瓦尔特·司各脱的小说中，我们可以看到关于苏格兰高地的这种克兰的生动描写。摩尔根说，这种克兰，

"就其组织和精神而言，乃是氏族的最好典型，也是氏族生活支配氏族成员的突出例证……从他们的结世仇和血族复仇上，从按克兰划分地区上，从他们的共同使用土地上，从克兰成员对于酋长的忠诚以及彼此间的忠诚上，我们都看到了氏族社会的那种通常的、持久的特征……世系是按照父权制计算的，因此男子的子女仍留在克兰内，而妇女的子女则转到他们父亲的克兰里去"②。

至于从前在苏格兰盛行过母权制，有下述事实为证：据贝达说，皮克特人的王室是按照女系继承的。③ 甚至普那路亚家庭的残余，在威尔士人以及苏格兰人中间还以初夜权的形式一直保存到中世纪，那时，只要是初夜权没有赎回，克兰的首领或国王，便可以作为以前的共同丈夫的最后代表者，对每个新娘享有行使这个权利。④

摘自弗·恩格斯：《家庭、私有制和国家的起源》（1884年3月底—5月

---

① 1745—1746年苏格兰山民举行起义，反对英格兰—苏格兰的土地贵族和资产阶级的夺地运动。苏格兰高地的一部分贵族，为了保存封建宗法的氏族制度，并支持被推翻的斯图亚特王朝的代表们对英国王位的要求，利用了山民的不满。起义的失败彻底破坏了苏格兰山地氏族制度，加剧了剥夺苏格兰农民土地的进程。——《马克思恩格斯文集》第4卷，人民出版社2009年版，注释77。

② 路·亨·摩尔根《古代社会》1877年伦敦版第357—358页。——编者注

③ 贝达《格鲁教会史》第1册第1章。——编者注

④ 在1884年版中在这句话后面接着还有两段话，第一段话是："这种权利——在北美洲的最西北部地区经常可以见到——在俄国人当中也流行过；到10世纪时被奥里珈女大公废除，"这一段话在1891年版中被恩格斯略去。第二段话是："在法国，特别是在尼韦奈和弗朗什孔泰，直到法国革命时期还存在着与塞尔维亚—克罗地亚地区的斯拉夫人的家庭公社相似的由农奴家庭组成的共产制家户，这也是从前氏族组织的残余。这种共产制家户还没有完全消亡，例如在卢昂地区（在索恩—卢瓦尔省）还可以看到一些巨大的、造型别致的农民住房，中间是公用的大厅，四周是卧室，住着同一家庭的好几代人。"这一段话在1891年版中被恩格斯修改后补入第二章（《马克思恩格斯文集》第4卷，人民出版社2009年版，第71页）。——编者注

底)（七），《马克思恩格斯文集》第 4 卷，人民出版社 2009 年版，第 151—152 页。

## 18. 德意志人在民族大迁徙以前，曾组织成为氏族

德意志人在民族大迁徙以前，曾组织成为氏族，这是没有疑问的。他们只是在公元前数世纪，才有可能占据了多瑙河、莱茵河、维斯瓦河和北方诸海之间的地区；基姆布利人和条顿人正处在大迁徙中，而苏维汇人只是到凯撒时代才稳定地定居下来。凯撒谈到苏维汇人时明确地说过：他们是按氏族和亲属关系（gentibus cognationibusque）分开居住的①；而在尤利氏族［gens Julia］的罗马人的口中，gentibus 这个名词有着不容误解的确定的意义。这适用于全体德意志人；甚至在被征服的罗马各行省，他们似乎还按氏族②定居。从《阿勒曼尼亚法典》③中可以得到证实，在多瑙河以南的被征服的土地上，人们是按血族（genealogiae）分开居住的。这里使用的 genealogia 一词，与后来的马尔克公社或农村公社的意义完全相同。不久以前，柯瓦列夫斯基提出了一种见解，说这些 genealogiac 都是大家庭公社，土地在它们之间进行分配，农村公社只是后来才从它们当中发展起来的。④ 所以关于 fara 也可以这样说，这个词在勃艮第人和伦巴德人那

---

① 凯撒《高卢战记》第 6 卷第 22 章。——编者注

② 以下直到"像在墨西哥人和希腊人那里一样，在德意志人那里"（《马克思恩格斯文集》第 4 卷，人民出版社 2009 年版，第 155 页）以前的段落，是恩格斯在 1891 年版中增补的；在 1884 年版中原是如下一段话："……还按氏族居住。在公元 8 世纪的《阿勒曼尼亚法典》中的 genealogia 一词完全与马尔克公社一词同义。这样我们就看到，德意志民族之一，并且恰恰又是苏维汇人，在这里是按血族即 gentes 分居的，每个氏族都分有确定的地区。勃艮第人和伦巴德人的氏族称为 fara，而《勃艮第法典》中所使用的氏族成员（faramanni）一词，同时也指勃艮第人，这是针对着罗马居民说的，后者自然不包括在勃艮第氏族内。因而在勃艮第人那里，土地的分配也是按照氏族进行的。日耳曼法学家们一百年来为之绞尽脑汁的 faramanni 问题，这样就可解决。在德意志人中并不是到处都把氏族称为 fara，尽管我们在一个哥特系的民族和另一个赫米诺南（高低德意志）系的民族那里可以发现这个名称。在德语中用来表示亲属关系的词根是很多的，这些词根同样使用在我们可以推断是和氏族有关的词语中。"——编者注

③ 《阿勒曼尼亚法典》是从 5 世纪起占有现在的阿尔萨斯、瑞士东部和德国西南部的阿勒曼尼亚德意志部落联盟的习惯法汇编；这一法典产生于 6 世纪末至 7 世纪初和 8 世纪。恩格斯在这里引用的是《阿勒曼尼亚法典》第八十一（在另一版本中是第八十四）条。——《马克思恩格斯文集》第 4 卷，人民出版社 2009 年版，注释 78。

④ 见马·马·柯瓦列夫斯基《原始的法》第一分册《氏族》1886 年莫斯科版和《家庭及所有制的起源和发展概论》1890 年斯德哥尔摩版。——《马克思恩格斯文集》第 4 卷，人民出版社 2009 年版，注释 79。

里，——自然也在哥特部落和赫米诺南部落或高地德意志部落那里——的含义和《阿勒曼尼亚法典》上的 genealogia 一词的含义虽不完全相同，却也大体一致。这里摆在我们面前的究竟是氏族还是家庭公社，还需要作进一步研究。

在一切德意志人中是否有一个表示氏族的共同名词，这个名词又是什么，关于这个问题，古代语言研究文献没有给我们提供答案。在语源上，哥特语的 kuni，中部高地德意志语的 künne 是和希腊语的 genos、拉丁语的 gens 相当的，而且是在相同的意义上来使用的。妇女的名称来自同一个词根，如希腊语的 gyne、斯拉夫语的 žena、哥特语的 qvino，以及古斯堪的纳维亚语的 kona，kuna 等，这表明曾存在过母权制时代——在伦巴德人和勃艮第人那里，像刚才说过的，我们看到 fara 一词，这个词被格林假定来源于词根 fisan，意即生育，我则倾向于认为它来源于更显而易见的词根 faran，意即乘车①、迁徙，用来表示当然只由亲属构成的迁徙队伍的一个固定的分队。这个词，在起初是向东方，后来又向西方迁徙的许多世纪中，渐渐地被用来指血族共同体本身了。其次，哥特语的 sibja，盎格鲁撒克逊语的 sib，古高地德语的 sippia，sippa，都是亲属②的意思。在古斯堪的纳维亚语中，亲属一词仅有复数的 sifjar；单数只用作女神西芙［Sif］的名字。最后，在《希尔德布兰德之歌》③中还见到另外一种用语，它出现在希尔德布兰德问哈杜布兰德的话中：

"这群人中的男子，谁是你的父亲……或你是哪一血族的？"（eddo huê lîhhes cnuosles du sîs）

要是德语有表示氏族的共同名称，那么这恐怕就是哥特语的 kuni 了；这不仅因为它和亲属语中相应的说法一致，而且因为最初表示氏族酋长或部落酋长的 kuning（王［König］）一词就是从 kuni 这个字演变来的。sibja

---

① 德语是 fahren。——编者注
② 德语是 sippe。——编者注
③ 《希尔德布兰德之歌》这部英雄史诗，是古代德意志叙事诗文献，反映了民族大迁徙后期东哥特人的习俗，流传于8世纪，保留下来的是一些片断。——《马克思恩格斯文集》第4卷，人民出版社2009年版，注释80。

（亲属）这个词似乎无须加以考虑；至少，sifjar 在古斯堪的纳维亚语中，不仅表示指血缘亲属，而且也表示姻亲亲属，即包括至少两个氏族的成员；因此，sif 这个词本身是不能表示氏族的用语。

摘自弗·恩格斯：《家庭、私有制和国家的起源》（1884 年 3 月底—5 月底）（七），《马克思恩格斯文集》第 4 卷，人民出版社 2009 年版，第 152—155 页。

**19. 在德意志人那里，骑兵队和楔形步兵纵队的战斗队形，也是按氏族的组织来编的**

像在墨西哥人和希腊人那里一样，在德意志人那里，骑兵队和楔形步兵纵队的战斗队形，也是按氏族的组织来编的；如果塔西佗说的是按家庭和亲属关系①，那么这种不明确的用语的来由是，在塔西佗时代氏族在罗马早已不再是一个有生命力的团体了。

摘自弗·恩格斯：《家庭、私有制和国家的起源》（1884 年 3 月底—5 月底）（七），《马克思恩格斯文集》第 4 卷，人民出版社 2009 年版，第 155 页。

**20. 前面我们已经分别考察了国家在氏族制度的废墟上兴起的三种主要形式**

前面我们已经分别考察了国家在氏族制度的废墟上兴起的三种主要形式。雅典是最纯粹、最典型的形式：在这里，国家是直接地和主要地从氏族社会本身内部发展起来的阶级对立中产生的。在罗马，氏族社会变成了封闭的贵族制，它的四周则是人数众多的、站在这一贵族制之外的、没有权利只有义务的平民；平民的胜利炸毁了旧的血族制度，并在它的废墟上面建立了国家，而氏族贵族和平民不久便完全溶化在国家中了。最后，在战胜了罗马帝国的德意志人中间，国家是直接从征服广大领土中产生的，氏族制度是不能提供任何手段来统治这样广阔的领土。但是，由于同这种征服相联系的，既不是跟旧有居民的严重斗争，也不是更加进步的分工；由于被征服者和征服者差不多处于同一经济发展阶段，从而社会的经济基础依然如故，所以，氏族制度还能够以改变了的、地区的形式，即以马尔克制度的形式，继续存在几个世纪，甚至在以后的贵族血族和城市望族的血族中，甚至在农民的血

---

① 塔西佗《日耳曼尼亚志》第 7 章。——编者注

族中，例如在迪特马申①，还以削弱了的形式复兴了一个时期。

摘自弗·恩格斯：《家庭、私有制和国家的起源》（1884 年 3 月底—5 月底）（九），《马克思恩格斯文集》第 4 卷，人民出版社 2009 年版，第 188—189 页。

**21. 可见，国家决不是从外部强加于社会的一种力量……确切地说，国家是社会在一定发展阶段上的产物**

可见，国家决不是从外部强加于社会的一种力量。国家也不像黑格尔所断言的是"伦理观念的现实"，"理性的形象和现实"。② 确切地说，国家是社会在一定发展阶段上的产物；国家是承认：这个社会陷入了不可解决的自我矛盾，分裂为不可调和的对立面而又无力摆脱这些对立面。而为了使这些对立面，这些经济利益互相冲突的阶级，不致在无谓的斗争中把自己和社会消灭，就需要有一种表面上凌驾于社会之上的力量，这种力量应当缓和冲突，把冲突保持在"秩序"的范围以内；这种从社会中产生但又居于社会之上并且日益同社会相异化的力量，就是国家。

摘自弗·恩格斯：《家庭、私有制和国家的起源》（1884 年 3 月底—5 月底）（九），《马克思恩格斯文集》第 4 卷，人民出版社 2009 年版，第 189 页。

**22. 国家和旧的氏族组织不同的地方，第一点就是它按地区来划分它的国民。……第二个不同点，是公共权力的设立**

国家和旧的氏族组织不同的地方，第一点就是它按地区来划分它的国民。正如我们所看到的，由血缘关系形成和连结起来的旧的氏族公社已经很不够了，这多半是因为它们是以氏族成员被束缚在一定地区为前提的，

---

① 对于氏族的本质至少已有大致概念的第一个历史编纂学家是尼布尔，这应归功于他熟悉迪特马申（见《马克思恩格斯文集》第 4 卷，人民出版社 2009 年版，注 92）的血族。但是他的错误也是直接由此而来的。

注 92：迪特马申是德国北部的一个地区，曾是自由民的一个要塞。自由民曾长期保留公社制度，反抗德国和丹麦封建主的征服。从 12 世纪中叶起迪特马申的居民逐渐取得独立。旧的地方贵族到 13 世纪事实上已经消失，在独立时期迪特马申仍是自治的农民公社的总和，这些农民公社的基础在许多地方都是旧有的农民氏族。到 14 世纪，迪特马申的最高权力属于全体土地自由占有者大会，后来转归三个由选举产生的委员会。1559 年丹麦国王弗雷德里克二世、荷尔斯泰因公爵约翰和阿道夫的军队摧毁了迪特马申居民的反抗，胜利者瓜分了这个地区。但是公社制度和部分自治在迪特马申一直保存到 19 世纪下半叶。

② 黑格尔《法哲学原理》第 257 和 360 节。——编者注

而这种束缚早已不复存在。地区依然，但人们已经是流动的了。因此，按地区来划分就被作为出发点，并允许公民在他们居住的地方实现他们的公共权利和义务，不管他们属于哪一氏族或哪一部落。这种按照居住地组织国民的办法是一切国家共同的。因此，我们才觉得这种办法很自然；但是我们已经看到，当它在雅典和罗马能够代替按血族来组织的旧办法以前，曾经需要进行多么顽强而长久的斗争。

第二个不同点，是公共权力的设立，这种公共权力已不再直接就是自己组织为武装力量的居民了。这个特殊的公共权力之所以需要，是因为自从社会分裂为阶级以后，居民的自动的武装组织已经成为不可能了。奴隶也包括在居民以内；9万雅典公民，对于365000奴隶来说，只是一个特权阶级。雅典民主制的国民军，是一种贵族的、用来对付奴隶的公共权力，它控制奴隶使之服从；但是如前所述，为了也控制公民使之服从，宪兵队也成为必要了。这种公共权力在每一个国家里都存在。构成这种权力的，不仅有武装的人，而且还有物质的附属物，如监狱和各种强制设施，这些东西都是以前的氏族社会所没有的。在阶级对立还没有发展起来的社会和偏远的地区，这种公共权力可能极其微小，几乎是若有若无的，像有时在美利坚合众国的某些地方所看到的那样。但是，随着国内阶级对立的尖锐化，随着彼此相邻的各国的扩大和它们人口的增加，公共权力就日益加强。就拿我们今天的欧洲来看吧，在这里，阶级斗争和争相霸占已经把公共权力提升到大有吞食整个社会甚至吞食国家的高度。

摘自弗·恩格斯：《家庭、私有制和国家的起源》（1884年3月底—5月底）（九），《马克思恩格斯文集》第4卷，人民出版社2009年版，第189—190页。

### 23. 为了维持这种公共权力，就需要公民缴纳费用——捐税

为了维持这种公共权力，就需要公民缴纳费用——捐税。捐税是以前的氏族社会完全没有的。但是现在我们却十分熟悉它了。随着文明时代的向前进展，甚至捐税也不够了；国家就发行票据，借债，即发行公债。关于这点，老欧洲也已经屡见不鲜了。

官吏既然掌握着公共权力和征税权，他们就作为社会机关而凌驾于社会之上。从前人们对于氏族制度的机关的那种自由的、自愿的尊敬，即使他们能够获得，也不能使他们满足了；他们作为同社会相异化的力量的代

表，必须用特别的法律来取得尊敬，凭借这种法律，他们享有了特殊神圣和不可侵犯的地位了。文明国家的一个最微不足道的警察，都拥有比氏族社会的全部机构加在一起还要大的"权威"；但是文明时代最有势力的王公和最伟大的国家要人或统帅，也可能要羡慕最平凡的氏族酋长所享有的，不是用强迫手段获得的，无可争辩的尊敬。后者是站在社会之中，而前者却不得不企图成为一种处于社会之外和社会之上的东西。

  由于国家是从控制阶级对立的需要中产生的，由于它同时又是在这些阶级的冲突中产生的，所以，它照例是最强大的、在经济上占统治地位的阶级的国家，这个阶级借助于国家而在政治上也成为占统治地位的阶级，因而获得了镇压和剥削被压迫阶级的新手段。因此，古希腊罗马时代的国家首先是奴隶主用来镇压奴隶的国家，封建国家是贵族用来镇压农奴和依附农的机关，现代的代议制的国家是资本剥削雇佣劳动的工具。但也例外地有这样的时期，那时互相斗争的各阶级达到了这样势均力敌的地步，以致国家权力作为表面上的调停人而暂时得到了对于两个阶级的某种独立性。17世纪和18世纪的专制君主制，就是这样，它使贵族和市民等级彼此保持平衡；法兰西第一帝国特别是第二帝国的波拿巴主义，也是这样，它唆使无产阶级去反对资产阶级，又唆使资产阶级来反对无产阶级。使统治者和被统治者都显得同样滑稽可笑的这方面的最新成就，就是俾斯麦国家的新德意志帝国：在这里，资本家和工人彼此保持平衡，并为了破落的普鲁士土容克的利益而遭受同等的欺骗。

    摘自弗·恩格斯：《家庭、私有制和国家的起源》（1884年3月底—5月底）（九），《马克思恩格斯文集》第4卷，人民出版社2009年版，第190—192页。

**24. 此外，在历史上的大多数国家中，公民的权利是按照财产状况分级规定的**

  此外，在历史上的大多数国家中，公民的权利是按照财产状况分级规定的，这直接地宣告国家是有产阶级用来防御无产者阶级的组织。在按照财产状况划分阶级的雅典和罗马，就已经是这样。在中世纪的封建国家中，也是这样，在这里，政治上的权力地位是按照地产来排列的。现代的代议制国家的选举资格，也是这样。但是，对财产差别的这种政治上的承认，决不是本质的东西。相反，它标志着国家发展的低级阶段。国家的最高形式，民主共和国，在我们现代的社会条件下正日益成为一种不可避免的必然性，它是无产阶级和资产阶级之间的最后决定性斗争只能在其中进行到底的国家形式——这种民主共和国已经不再正式讲什么财产差别了。在这种国家中，财富是间接地但也是更可靠地运用它的权力的。其形式一方面是直接收买官吏（美国是这方面的典型例子），另一方面是政府和交易所结成联盟，而公债愈增长，股份公司越是不仅把运输业而且把生产本身集中在自己手中，越是把交易所变成自己的中心，这一联盟也就越容易实现。除了美国以外，最新的法兰西共和国，也是这方面的一个显著例证，甚至一本正经的瑞士，在这方面也作出了自己的成绩。不过，为了使政府和交易所结成这种兄弟般的联盟，并不一定要有民主共和国，除英国以外，新的德意志帝国也证明了这一点，在德国，很难说普选制究竟是把谁抬得更高，是把俾斯麦还是把布莱希勒德。最后，有产阶级是直接通过普选制来统治的。只要被压迫阶级——在我们这里就是无产阶级——还没有成熟到能够自己解放自己，这个阶级的大多数人就仍将承认现存的社会秩序是唯一可行的秩序，而在政治上成为资本家阶级的尾巴，构成它的极左翼。但是，随着被压迫阶级成熟到能够自己解放自己，它就作为独立的党派结合起来，选举自己的代表，而不是选举资本家的代表了。因此，普选制是测量工人阶级成熟性的标尺。在现今的国家里，普选制不能而且永远不会提供更多的东西；不过，这也就足够了。在普选制的温度计标示出工人的沸点的那一天，他们以及资本家同样都知道该怎么办了。

摘自弗·恩格斯：《家庭、私有制和国家的起源》（1884年3月底—5月底）（九），《马克思恩格斯文集》第4卷，人民出版社2009年版，第192—193页。

### 25. 所以，国家并不是从来就有的

所以，国家并不是从来就有的。曾经有过不需要国家、而且根本不知国家和国家权力为何物的社会。在经济发展到一定阶段而必然使社会分裂为阶级时，国家就由于这种分裂而成为必要了。现在我们正在以迅速的步伐走向这样的生产发展阶段，在这个阶段上，这些阶级的存在不仅不再必要，而且成了生产的真正障碍。阶级不可避免地要消失，正如它们从前不可避免地产生一样。随着阶级的消失，国家也不可避免地要消失。以生产者自由平等的联合体的基础上按新方式来组织生产的社会，将把全部国家

机器放到它应该去的地方,即放到古物陈列馆去,同纺车和青铜斧陈列在一起。

摘自弗·恩格斯:《家庭、私有制和国家的起源》(1884年3月底—5月底)(九),《马克思恩格斯文集》第4卷,人民出版社2009年版,第193页。

## 二十　沙俄、德国等数次瓜分波兰

**1. 冯·普富尔先生在波兹南划定的新界线是对波兰的新的掠夺**

冯·普富尔先生在波兹南划定的新界线是对波兰的新的掠夺。这个新界线把波兹南的"应当改组的"部分缩小到不及整个大公国的1/3，而把大波兰的大部分并入了德意志联邦。波兰的语言和民族性只是在沿俄罗斯边界的狭长地带才得到承认。这一地带包括弗勒申和普列申①州以及莫吉尔诺、冯格罗维茨、格内森、施罗达、施里姆、科斯滕、弗劳施塔特、克廖本、克罗托申、阿德瑙和席尔德堡②等州的一部分。这些州的其余部分以及布克、波兹南、奥博尔尼克、扎姆特尔、比恩包姆、梅泽里茨、博姆斯特、恰尔尼科夫、荷德捷日、维尔济茨，勃罗姆堡③、舒宾、伊诺弗罗茨拉夫等州则根据冯·普富尔先生的命令，干脆全部变成了德国的领土。但是毫无疑问，就是在这一片"德意志联邦的领土上"，大部分居民讲的还是波兰话。

摘自弗·恩格斯：《对波兰的重新瓜分》（1848年6月8日），《马克思恩格斯全集》（中文第1版）第5卷，人民出版社1958年版，第63页。

**2. 旧分界线至少还以瓦尔塔河作为波兰人的边界，新分界线却把应当改组的部分又缩小1/4**

旧分界线至少还以瓦尔塔河作为波兰人的边界。新分界线却把应当改组的部分又缩小1/4。其理由是：一方面陆军大臣"希望"波兹南要塞周围方圆3—4英里的地区不包括在改组范围以内，另一方面各城市，例如奥斯特洛夫④等等要求并入德国。

说到陆军大臣的希望，那是不言而喻的。起初掠夺波兹南城市和揳入波兰内地10英里的波兹南要塞，然后为了毫无阻碍地享有掠夺来的东西，便承认侵占方圆3英里的新地区是合乎希望的。侵占了这一地区也就必然

---

① 波兰称作：弗热斯尼亚，普列舍夫。——编者注
② 波兰称作：莫吉尔诺，冯格罗维茨，格涅兹诺，斯罗达，斯列姆，科息茨雅恩，弗斯霍瓦，克罗比亚，克罗托申，奥多利亚努夫，奥斯特舍舒央。——编者注
③ 波兰称作：布克，波兹南，奥博尔尼基，沙莫土雷，门兹胡德，门兹热奇，巴比莫斯特，恰尔恩库夫，荷德捷日，维日尼克，贝德哥什。——编者注
④ 大波兰的奥斯特鲁夫。——编者注

会引起各种各样的小范围的圈地,而且这是把德国边界逐渐向俄属波兰边界推进的最好的借口。

  摘自弗·恩格斯:《对波兰的重新瓜分》(1848 年 6 月 8 日),《马克思恩格斯全集》(中文第 1 版)第 5 卷,人民出版社 1958 年版,第 62—63 页。

### 3. 议会的行动不出我们所料,它批准了对波兰的 7 次瓜分

  法兰克福议会中的辩论,从来也没有失去真正德国人的温和的性质,就是在最激动的时刻也是如此;可是在讨论波兹南问题的时候,终于群情激昂起来了。对于这个由普鲁士的榴霰弹和顺从的联邦议会的决议为议会准备好了的问题,议会必须作出明确的决定。议会必须拯救德国的荣誉,还是再一次使德国蒙上耻辱;这里丝毫没有折衷的余地。议会的行动不出我们所料,它批准了对波兰的 7 次瓜分,它把 1772、1794 和 1815 年的耻辱从德意志各邦君主的肩上转到了自己的肩上。

  摘自弗·恩格斯:《法兰克福关于波兰问题的辩论》(1848 年 8 月 7 日—9 月 6 日)(一),《马克思恩格斯全集》(中文第 1 版)第 5 卷,人民出版社 1958 年版,第 371 页。

### 4. 法兰克福议会还把对波兰的这 7 次瓜分说成是施给波兰人的 7 次恩惠

  不仅如此,法兰克福议会还把对波兰的这 7 次瓜分说成是施给波兰人的 7 次恩惠。难道犹太—德意志种族的暴力侵犯没有把波兰提到它过去不能想象的文化高度和知识水平吗?这些瞎了眼的忘恩负义的波兰人!如果你们没有被分割,你们就得自己去向法兰克福议会乞求这种恩惠!

  在沙福豪森附近的天国修道院里,有一个叫博纳维达·布兰克的牧师驯养了 40 只椋鸟,他割掉了椋鸟的下喙,因此它们不能再自己获取食物,而只好从牧师手中得到饲料。庸夫俗子们老远地看到这些鸟向这位可敬的牧师飞来,落到他的肩上,驯顺地在他的手中啄食,因而对他这种高超的教化和修养感到惊讶。给这位牧师做传记的人说:鸟儿们爱他就象爱自己的恩人一样。

  而这些受束缚、受摧残、受凌辱的波兰人却不愿意爱自己的普鲁士恩人!

  摘自弗·恩格斯:《法兰克福关于波兰问题的辩论》(1848 年 8 月 7 日—9 月 6 日)(一),《马克思恩格斯全集》(中文第 1 版)第 5 卷,人民出版社 1958 年版,第 371—372 页。

**5. 他们几次重新瓜分波兰，不是由于什么别的原因，而只是为了充实普鲁士的国库**

施滕策尔先生认为波兰人应该引以自慰的是，留给他们的土地比被归并地区的土地肥沃；他们的地产比德国人的地产少得多；"任何一个公正的人都不会否认，波兰农民感到自己在德国政府管辖下要比德国人在波兰政府管辖下好过得多"！！历史已经很好地证明了这一点。

施滕策尔先生在结束时要波兰人相信，留给他们的那一小块土地对他们是足够的，同时向他们呼吁，要他们养成公民的一切美德，从而

"很好地准备走向现在还被未来的帷幕遮住的那个时刻，走向他们企图用最正当的也许是非常热烈的方式促其到来的那个时刻。他们的一位最有远见的同国籍的人说得很中肯：'有一种王冠也能激起你的功名心，这就是公民的王冠'！德国人可以添上两句：这顶王冠虽然不是光辉灿烂的，但它却是更值得重视的！"

"它是更值得重视的！"可是普鲁士政府4次重新瓜分波兰的真正原因还"更值得重视"。

善良的德国人！你以为进行这几次瓜分是为了把你的德国同胞从波兰统治下拯救出来吗？是为了用波兹南要塞来保护你不受一切侵犯吗？是为了保护尤斯特林、格洛高和勃罗姆堡①的通路或涅茨运河吗？多么错误的想法！

他们可耻地欺骗了你。他们几次重新瓜分波兰，不是由于什么别的原因，而只是为了充实普鲁士的国库。

1815年以前对波兰的最初几次瓜分是武装掠夺领土；1848年的瓜分是盗窃。

善良的德国人，现在来看一看他们怎样欺骗了你！

摘自弗·恩格斯：《法兰克福关于波兰问题的辩论》（1848年8月7日—9月6日）（二），《马克思恩格斯全集》（中文第1版）第5卷，人民出版社1958年版，第385—386页。

---

① 即贝德哥什。——编者注

## 6. 在第三次瓜分波兰以后，弗里德里希—威廉二世为了国家的利益，没收了波兰官方的领地和天主教僧侣的领地

在第三次瓜分波兰以后，弗里德里希—威廉二世为了国家的利益，没收了波兰官方的领地和天主教僧侣的领地。正如1796年3月28日没收领地的公告中所说的那样，教会的领地是"全部地产中最大的部分"。这些新的领地由国王管辖或者把它们出租，这些新的领地是这样大，要加以管辖，就必须建立34个国有地管理区和21个林业总管理处。每一个国有地管理区管辖很多村庄；例如勃罗姆堡区的10个管理区共管辖636个村庄，而单是一个莫吉尔诺管理区就管辖了127个村庄。

此外，在1796年，弗里德里希—威廉二世还没收了奥文斯克的一个女修道院的领地和森林，并把它们卖给商人冯·特雷斯科夫（特雷斯科夫的祖先是最后一次英勇战争①中普鲁士军队的勇猛的首领）；这些领地共有24个有磨坊的村庄和2万摩尔根森林，价值至少也有100万塔勒。

以后，在1819年，又把至少值200万塔勒的克罗托申、罗兹德腊热夫、奥尔皮舍夫和阿德瑙②这几个国有地管理区让给图尔恩—翁特—塔克西斯公爵，作为对他让出他在某些并入普鲁士的省份中的邮务特权的补偿。

弗里德里希—威廉二世把所有这些领地攫为己有，似乎是为了更好地管理它们。但是这些领地，即波兰民族的财产，却被分赠了，让与了，出卖了，而由此所得的钱流到普鲁士的国库中去了。

格涅兹诺、斯科仁琴、特舍美什诺等国有地也被瓜分和出卖了。

> 摘自弗·恩格斯：《法兰克福关于波兰问题的辩论》（1848年8月7日—9月6日）（二），《马克思恩格斯全集》（中文第1版）第5卷，人民出版社1958年版，第386—387页。

## 7. 在两个月期间对波兰进行的4次有名的瓜分，其真正原因就是……占有领地的愿望和普鲁士政府的贪心——这就是确定边界线的唯一根据

这样，普鲁士政府手中还剩下27个国有地管理区和林业总管理处，总值至少有2000万塔勒。我们准备用手中的地图来证明所有这些领地和森林，除了极少数例外，甚至毫无例外，都在波兹南被归并的地区内。

---

① 恩格斯用讽刺的口吻这样称呼由于什列斯维希—霍尔施坦而引起的普鲁士和丹麦的战争。——《马克思恩格斯全集》（中文第1版）第5卷，人民出版社1958年版，注释198。

② 即奥多利亚努夫。——编者注

为了把这个无价之宝拯救出来，而且无论如何也不再归还波兰民族，就必须把它归入德意志联邦；但是因为它自己不能到德意志联邦来，所以德意志联邦就得到它那里去，于是波兹南3/4的土地就被并入德意志联邦了。

在两个月期间对波兰进行的4次有名的瓜分，其真正原因就是这样。具有决定意义的不是某一民族的要求，也不是所谓战略上的考虑；占有领地的愿望和普鲁士政府的贪心——这就是确定边界线的唯一根据。

正当德国市民们因捏造的他们可怜的同胞在波兹南遭受苦难而悲痛欲绝的时候，正当他们热烈地希望保障德国东部边境的安全的时候，正当他们因听到捏造的关于波兰人惨无人道的消息而对波兰人深恶痛绝的时候，普鲁士政府却偷偷摸摸地行动起来，干出了它的卑鄙勾当。可见德国人的无根据的盲目热情，仅仅适用于掩饰现代历史上最卑鄙的行为。

善良的德国人，这就是你的负责任的大臣们对你所开的玩笑！

但是，实际上你事先也能够知道这一点。凡是有汉泽曼先生参加的地方，那里的问题就决不会是德意志民族和军事需要的问题以及诸如此类的空谈，而总是关于现款和利润的问题。

摘自弗·恩格斯：《法兰克福关于波兰问题的辩论》（1848年8月7日—9月6日）（二），《马克思恩格斯全集》（中文第1版）第5卷，人民出版社1958年版，第387—388页。

**8. 把重新瓜分波兰说成是对波兰农民的善行——这种荒谬绝伦的颠倒是非的伎俩，当然会使国民议会中充满善心和博爱的一群中间派感激涕零！**

我们现在把波兹南议员应否参加讨论和表决这个先决问题放在一边，而直接谈谈关于主要问题的辩论。

开始辩论时，施滕策尔先生以报告人的资格发表了一篇非常混乱、非常含糊的演说。他俨然以历史学家和正人君子的姿态出现，谈到要塞和战壕，谈到善与恶，谈到同情心和德国人的心情；他追溯11世纪的情况，来证明波兰的小贵族从来就是压迫农民的；他利用波兰历史上极有限的一些事实，来为他的滔滔不绝的关于小贵族、农民、城市、君主专制政体的善行等等最肤浅最一般的议论作辩护；他证明瓜分波兰是正确的，但是每句话都吞吞吐吐，支吾其词；他乱七八糟地叙述了1791年5月3日的宪法原理，使本来就不知道这个宪法的议员，现在更莫名其妙了；他还打算把谈锋转到华沙大公国，但是他的话立刻被"扯得太远了！"的高叫声和主席的指责打断了。

弄得狼狈不堪的大历史学家用下面这些动人的话来继续他的发言：

> "我说得简单一点吧。现在要问：我们打算做什么？这是一个十分自然的问题（简直是！）①。小贵族想恢复波兰国家。他们肯定地说，这个国家将是民主的。我不怀疑他们是真正这样想的。但是，诸位先生，其他各阶层自然（！）也会给自己造成很大的幻想。我完全相信他们的真诚，可是如果说公爵和伯爵必须同人民融合起来，那我就不知道这种融合是如何发生的（这和施滕策尔先生有何相干！）②。在波兰，这是不可能的"等等。

施滕策尔先生把问题说成这样：仿佛在波兰，小贵族和大贵族实质上是一样的。施滕策尔先生自己也引用过的列列韦尔的"波兰史"，以及梅洛斯拉夫斯基的"波兰的革命和反革命之间的争论"③，还有其他许多现代著作，也许能把"多年来研究历史的人"教得聪明一些。施滕策尔先生所说的大多数"公爵和伯爵"，恰恰是波兰民主派斗争的对象。

因此，施滕策尔先生认为，必须把小贵族和他们的一切幻想抛开，另外创立一个农民的波兰（把波兰一部分一部分地并入德国）。

> "最好是向贫苦农民伸出手去，让他们日益强固，使他们或许（！）能够创立自由的波兰，不仅能够创立，而且能够保持。先生们，这就是主要的任务！"

---

① 括弧里的话是恩格斯的。——译者注
② 括弧里的话是恩格斯的。——译者注
③ 约·列列韦尔《波兰史》1844年巴黎—利尔版第1—2卷（J. Lelewel.《Histoire de Pologne》. T. 1–2, Paris – Lille, 1844）。
"波兰的革命和反革命之间的争论"。该书写道，有人想什么就讲什么，但也有人不能把所想的全部讲出来。1848年莱比锡版。（《Débat entre la révolution et la contrerévolution en Pologne》. Par quelqu'un qui ne dit que ce qu'il pense, mais qui ne peut pas dire tout ce qu'il pense. Leipzig, 1848）。——《马克思恩格斯全集》（中文第1版）第5卷，人民出版社1958年版，注释200。

在中间派两翼①的民族主义空谈家的"很好!"、"好极了!"的欢呼声中,为胜利所陶醉的历史学家离开了讲台。把重新瓜分波兰说成是对波兰农民的善行——这种荒谬绝伦的颠倒是非的伎俩,当然会使国民议会中充满善心和博爱的一群中间派感激涕零!

摘自弗·恩格斯:《法兰克福关于波兰问题的辩论》(1848年8月7日—9月6日)(四),《马克思恩格斯全集》(中文第1版)第5卷,人民出版社1958年版,第394—395页。

**9. 曾弗先生接着谈到第一次瓜分以来的波兰历史,他用许多有意歪曲和无中生有的材料来充实这部历史,同他比较起来,施滕策尔先生倒成了最渺小的拙劣的作者了**

继大言不惭地高谈最高权利的骑士之后发言的是既不知羞耻也没有良心的"涅茨同胞"。在伊诺弗罗茨拉夫的曾弗先生看来,连施滕策尔的提案对波兰人也还是太客气了,因此他建议采取某种较强硬的措词。曾弗先生以此为借口,厚颜无耻地以委员会提案的反对者的资格报名发言;他同样厚颜无耻地声称,取消波兹南人的表决权是极不公平的:

"我认为正是波兹南的代表负有参加表决的使命,因为这里讨论的恰恰是派我们到这里来的那些人的最重要的权利问题。"

曾弗先生接着谈到第一次瓜分以来的波兰历史,他用许多有意歪曲和无中生有的材料来充实这部历史,同他比较起来,施滕策尔先生倒成了最渺小的拙劣的作者了。波兹南所有一切勉强过得去的事情,都应该饮水思源,感谢普鲁士政府和"涅茨同胞"。

"华沙大公国产生了。普鲁士官吏的位置被波兰人占据了,到1814年,普鲁士政府为这几个省所做的一切好事,几乎连痕迹都看不见了。"

---

① 法兰克福国民议会中人数最多的一派,即自由资产阶级中间派,分裂成两个派别:中间派右翼(其中有达尔曼、亨利希、加格恩、巴塞尔曼、马提、梅维森、施梅林等人)和中间派左翼(其中有米特迈尔、威纳尔、拉沃等人)。中间派议员拥护君主立宪政体。——《马克思恩格斯全集》(中文第1版)第5卷,人民出版社1958年版,注释201。

曾弗先生说得对。无论是农奴身份,无论是波兰各州预算对普鲁士学校(例如对哈雷城的大学)的拨款,无论是不懂波兰语言的普鲁士官吏的敲诈勒索和残暴行为,"连痕迹都看不见了"。但是波兰还没有灭亡,因为承俄国的眷顾,普鲁士又兴盛起来了,而波兹南也重归普鲁士了。

"从那时候起,普鲁士政府又竭力改善波兹南省的状况了。"

谁想知道这方面的详细情形,不妨读一读1841年弗洛特韦尔的备忘录①。在1830年以前,政府什么也没有做。在整个大公国里,弗洛特韦尔只发现4英里的公路!可是要不要列举一下弗洛特韦尔本人的善行呢?弗洛特韦尔先生这个狡猾的官僚,竭力用修筑公路、开辟运河、疏浚沼泽积水等等办法来收买波兰人,不过他不是用普鲁士政府的金钱,而是用波兰人自己的金钱来收买他们。这些改良主要是用私人的资金或各州的经费来进行的,如果说政府也曾为某些地方拨过一些补助金,那也不过是它以征税办法从省里搜刮来的或者以收入形式从波兰官方领地和教会领地取得的那个总额中微不足道的一部分。其次,波兰人应当感谢弗洛特韦尔先生,这不仅是因为继续停止(从1826年起)各州州长的选举,而且特别是因为政府用收购被拍卖的领地并将其仅仅转卖给可信赖的德国人(1833年的圣旨)的办法,来逐渐剥夺波兰地主的土地。弗洛特韦尔治下的最后一件善行是学校的改良。但这又是一种普鲁士化的措施。中等学校必须在普鲁士教师的帮助下使贵族青年和未来的天主教牧师普鲁士化,初级学校则是使农民子弟普鲁士化。关于学校的实质,勃罗姆堡区督察员瓦拉赫先生不知怎么在坦率直言时泄露出来了;有一次他写信给总督博伊尔曼先生说,波兰语是在农村居民中普及教育和推广福利事业的主要障碍!既然教师不懂波兰语,事情当然是这样。但是这些学校的经费是由谁负担的呢?仍然由波兰人自己负担,因为第一,多数最重要的但不是专门为普鲁士化这一目的服务的专科学校,是靠私人出钱或靠各省等级会议的经费创办和维持的;

---

① "弗洛特韦尔总督先生关于1830年12月至1841年年初治理波兹南大公国的备忘录"斯特拉斯堡版(《Denkschrift des Oberpr?sidenten Herrn Flottwell, über die Verwaltung des Gros—Herzogthum Posen, vom Dezember 1830 bis zum Beginn des Jahres 1841》, Strasburg)。——《马克思恩格斯全集》(中文第1版)第5卷,人民出版社1958年版,注释202。

第二，即使是为了普鲁士化而创办的学校，也是靠1833年3月31日收归国有的寺院的收入来维持的，国库拨发的经费，在10年内每年只有21000塔勒。

摘自弗·恩格斯：《法兰克福关于波兰问题的辩论》（1848年8月7日—9月6日）（四），《马克思恩格斯全集》（中文第1版）第5卷，人民出版社1958年版，第397—399页。

**10. 约丹先生……这样严格地遵循曾弗先生的演说，甚至完全忘记了波兹南的其他部分即大波兰部分在1794年就已"归普鲁士所有，从那时候起，如果不算昙花一现的华沙大公国这一段时间，它一直是属于普鲁士的"**

我们现在来听一听伟大的威廉·约丹最近就波兰问题发出的钟声和炮声。

"恰恰相反，我认为我们应该提高到世界历史观点的水平，应该从这一观点来研究波兹南问题这个波兰大悲剧的插曲。"

强壮的威廉·约丹先生一下子就把我们高举到云端，高举到白雪皑皑、直冲霄汉的"世界历史观点"的秦波拉索①，于是在我们面前展现了一望无际的远景。

但是在这以前，他还花了一些时间从事平凡的"专门"讨论，而且很成功。这里是几个例子：

"后来，根据华沙条约（即根据第一次瓜分波兰的条约)②，涅茨地区归普鲁士所有，从那时候起，如果不算昙花一现的华沙大公国这一段时间，它一直是属于普鲁士的。"

约丹先生在这里把涅茨地区和波兹南其他地区对立起来了。他，这位世界历史观点的骑士、波兰历史的专家、列列韦尔著作的译者，是从什么地方得到这些材料的呢？正是从伊诺弗罗茨拉夫的曾弗先生的演说中得到

---

① 秦波拉索是南美厄瓜多尔的火山，海拔6272公尺。——译者注
② 括弧里的话是恩格斯的。——译者注

的！他这样严格地遵循曾弗先生的演说，甚至完全忘记了波兹南的其他部分即大波兰部分在 1794 年就已"归普鲁士所有，从那时候起，如果不算昙花一现的华沙大公国这一段时间，它一直是属于普鲁士的"。但是"涅茨同胞"曾弗没有谈到这一点，因此，"世界历史观点"只知道波兹南地区仅仅在 1815 年才"归普鲁士所有"。

摘自弗·恩格斯：《法兰克福关于波兰问题的辩论》（1848 年 8 月 7 日—9 月 6 日）（五），《马克思恩格斯全集》（中文第 1 版）第 5 卷，人民出版社 1958 年版，第 404—405 页。

**11. 瓦滕斯累本先生……叙述了他在 1830 年以后备军人资格向波兰边境进军的逸事，接着就扮演桑科·判札的角色，用"天上的仙鹤不如手中的家雀"这句谚语奉劝波兰人**

接着发言的是 ci—devant〔前〕伯爵冯·瓦滕斯累本。瓦滕斯累本先生以满怀好意、头脑简单的善良人物的姿态发言。他叙述了他在 1830 年以后备军人资格向波兰边境进军的逸事，接着就扮演桑科·判札的角色，用"天上的仙鹤不如手中的家雀"这句谚语奉劝波兰人，同时，他居然以最天真的形式插进了下面这个卑劣的意见：

> "为什么一次也没有找到同意在波兹南的应该分离的部分负责进行改组的波兰官吏呢？恐怕是他们自己害怕自己，他们觉得还没有成长到能够平安无事地组织居民的程度，同时却以种种理由来掩饰，说什么热爱祖国波兰妨碍了他们着手进行令人高兴的复兴工作！"

换句话说，整整 80 年来，波兰人牺牲自己的生命和财产，始终不渝地进行斗争，是为了他们自己也认为不可能的和无意义的那种事业。

摘自弗·恩格斯：《法兰克福关于波兰问题的辩论》（1848 年 8 月 7 日—9 月 6 日）（六），《马克思恩格斯全集》（中文第 1 版）第 5 卷，人民出版社 1958 年版，第 410—411 页。

**12. 在法兰西帝国崩溃后的一片混乱时期，沙皇亚历山大不是征服华沙公国，而是干脆把它占领，自然，他当时是力图把它连同被波拿巴划归公国的克拉科夫一起控制在自己手中的**

所谓的波兰王国已经从欧洲地图上消失了，波兰的民族独立性只剩下一个奇异的残留物,这就是自由市克拉科夫。在法兰西帝国崩溃后的一片混乱时期,沙皇亚历山大不是征服华沙公国,而是干脆把它占领,自然,他当时是力图把它连同被波拿巴划归公国的克拉科夫一起控制在自己手中的。曾一度占有克拉科夫的奥地利也想把它收回。沙皇既不能把克拉科夫弄到手,又不甘心把它让给奥地利,所以就提议把克拉科夫变成一个自由市。为此维也纳条约第六款①规定:

"克拉科夫市及其所属地区永远为奥地利、俄国和普鲁士保护下的自由、独立和完全中立的城市。"②

第九款规定,

"俄国、奥地利和普鲁士三国宫廷保证尊重,并要求别国永远尊重自由市克拉科夫及其所属地区的中立。任何军队任何时候不得以任何借口开进这一地区"。

1830—1831年的波兰起义③刚刚结束,俄国军队突然开进克拉科夫,占领该市达两月之久。④ 然而这在当时被看作是因战争关系而临时采取的必要步骤,而且在那种动乱时期很快就被人遗忘了。

1836年,奥地利、俄国和普鲁士的军队以所谓强迫克拉科夫当局交出五年前波兰革命的参加者为借口再次占领克拉科夫。克拉科夫的宪法被废

---

① 在这里和下文中,《纽约每日论坛报》未指明1815年《维也纳条约》第几款。——编者注
② 引自约·休谟1846年8月17日在下院的演说。——编者注
③ 1830—1831年的波兰起义是反对沙皇制度的民族解放起义。1830年11月29日在华沙以军事政变开始的这次起义,曾经赶走了沙皇的军队。起义的领导权基本上掌握在波兰小贵族的手里。他们由于拒绝满足广大农民群众废除农奴依附地位的要求,没有能够把农民群众吸引到自己方面来,没有农民的支持注定了起义的失败,起义遭到了沙皇的残酷镇压。对这次起义的评价,见恩格斯《关于波兰问题的演说》和《德国农民战争》第4节结尾(《马克思恩格斯全集》中文版第10卷第513—515页)。——《马克思恩格斯全集》(中文第2版)第12卷,人民出版社1998年版,注释249。
④ 这句话在《纽约每日论坛报》上为"1831年,克拉科夫被俄国军队短期占领"。——编者注

除了，最高权力为三国驻当地的领事所掌握，警察局被奥地利密探控制，参议会被封，法院被解散，克拉科夫大学由于附近各省学生不许前来而陷于停顿，自由市同周围各国的贸易也中断了①。

摘自卡·马克思:《帕麦斯顿勋爵》（第三篇②）（1853年10月19日），《马克思恩格斯全集》（中文第2版）第12卷，人民出版社1998年版，第420—421页。

**13. 福格特……竟忘记了波兰的被侵占，并且歪曲了克拉科夫被侵占的历史**

对于北方的"白天使"温情脉脉，使福格特过分粗暴地破坏了"天生的谦逊"，因为这种谦逊在丹屠出版的原著中还保持着。他在丹屠出版的《问题的实质，法国—意大利—奥地利》（1859年巴黎版）这本小册子的第20页上读到：

"当奥地利政府已经侵占了克拉科夫，从而破坏了保证克拉科夫独立的1815年条约时，它还有什么权利侈谈这些条约的不可侵犯性呢？"③

福格特把他的法文原著译成这样的德文：

---

① 这段话在《纽约每日论坛报》上为"1836年，俄国、奥地利和普鲁士的军队再次占领克拉科夫，其借口是，他们有责任以此种方式把某些波兰流亡者驱逐出该市及其所属地区。对此，勋爵阁下决定不提任何抗议，理由是，如他在1836年及1840年所说，'很难使我们的抗议具有实效'。但是，当奥地利把克拉科夫完全侵吞时，他却认为单纯的抗议是'唯一有效的办法'"。——编者注

② 在1853年11月4日的《纽约每日论坛报》上，以及在1853年在伦敦根据该报发表的文字出版的小册子帕麦斯顿与俄国》中，本篇开头是这样一段话："在伦敦最近举行的一次抗议不列颠内阁在当前俄土冲突中所采取的行动的大会上，一位先生竟敢专门发言批评帕麦斯顿勋爵，因而遭到极为愤怒的听众暴风雨般的嘘声，不得不默不作声。显然，与会者认为，要说内阁里有俄国的朋友，则这个朋友决不是子爵阁下；这时要是有人当众宣布勋爵阁下已就任首相，人们一定会热烈欢呼的。对这样一个不老实的虚伪的人如此信赖，再一次说明公众多么容易受表面上的出色才能所迷惑，同时再一次证明必须揭去这个阻挠人类自由事业进步的狡猾敌人的假面具。为此我们打算以近25年来的历史和一些议会辩论为依据，继续揭露这个老练演员在现代欧洲舞台上扮演的真实角色。"——编者注

③ 《De quel droit, d'ailleurs, le gounement antrichien viendraitilinvoquer l'inviolabilita de caux》（traités）《de 1815, lut qui jos a violés on confisquant oracovie, dont ces traits garantissaient l'indépendance?》。

"从迄今一直厚颜无耻地破坏条约的唯一的政府之口听到这类话，简直令人莫名其妙；在和平时期，平白无故地向受到条约保证的克拉科夫共和国伸出罪恶的黑手，并且不由分说地就把它并入帝国的版图。"（《研究》第58页）

当然，尼古拉废除了受到1815年条约①保证的波兰王国的宪法和独立，是出于对1815年条约的"尊重"。俄国在1831年派莫斯科军队占领了克拉科夫，同样也是对这个自由市的完整性的尊重。1836年，克拉科夫又被俄国人、奥地利人和普鲁士人占领；他们对待它和对待一个被征服的国家毫无二致，而它根据1815年条约在1840年还向英国和法国发出呼吁，但是毫无结果。最后，1846年2月22日，俄国人、奥地利人和普鲁士人又一次占领了克拉科夫，以便把它并入奥地利。② 条约是遭到3个北方国家破坏的，而1846年奥地利的侵占，只不过是1831年俄国入侵的尾声。福格特由于对"北方的白天使"的柔情，竟忘记了波兰的被侵占，并且歪曲了克拉科夫被侵占的历史。③

---

① 《维也纳条约》即1815年条约。英、普、俄、奥等反拿破仑战争联盟国家的君主、代表和复辟的波旁王朝代表于1815年5—6月在维也纳会议上签订了旨在恢复各国王朝统治和满足战胜国领土要求的条约和协议。根据1815年条约的决定，奥地利获得意大利的伦巴第和威尼斯等地；普鲁士获得莱茵河两岸及北部萨克森的土地；瑞典从丹麦获得挪威；俄国获得芬兰，并把华沙大公国改为波兰王国，由沙皇统治；克拉科夫成为俄、普、奥共同保护的共和国。奥地利的尼德兰（比利时）合并于荷兰称为尼德兰王国。德意志组成松散的德意志联邦；瑞士重新恢复中立；英国得到荷兰的好望角与锡兰殖民地以及法属殖民地马耳他岛。维也纳会议决定恢复法国1792年的疆界，恢复波旁王朝在法国的统治，并将法国置于列强的严格监督之下；法国不得再侵占欧洲领土。——《马克思恩格斯全集》（中文第2版）第19卷，人民出版社2006年版，注释19。

② 1846年2月，波兰各地准备举行以波兰民族解放为目的的起义。起义的主要发起人是波兰革命民主主义者（邓波夫斯基等人）。但是由于贵族的背叛和起义领导人被普鲁士警察当局逮捕，总起义被破坏了，只有个别地方爆发革命。2月22日，起义者仅仅在克拉科夫，即按照《维也纳条约》于1815年宣布为奥地利、俄国和普鲁士保护下的自由市取得了胜利，并建立了国民政府，该政府发表了废除封建义务的宣言。克拉科夫起义于1846年3月初被镇压下去。1846年11月奥地利、普鲁士和俄国签订了关于克拉科夫并入奥地利帝国的条约。——《马克思恩格斯全集》（中文第2版）第19卷，人民出版社2006年版，注释212。

③ 帕麦斯顿曾以引人发笑的抗议愚弄了欧洲，从1831年起，他非常卖力地参与了针对克拉科夫的阴谋活动。[见我的抨击性文章《帕麦斯顿和波兰》（见注213）1853年伦敦版]。
注213：见《马克思恩格斯全集》中文第2版第12卷第415—429页。

摘自卡·马克思：《福格特先生》（1860年2—11月）（八），《马克思恩格斯全集》（中文第2版）第19卷，人民出版社2006年版，第206—207页。

**14. 大家知道，俄国成功地索回了原先归普鲁士和奥地利管辖的几块波兰领土，其中一部分是从拿破仑第一手中搞到的，一部分是在维也纳会议上搞到的**

意大利战争应当提供这种不大的推动。（然而，亚历山大二世在这场战争时期相信：波兰还没有达到福格特那样的高度。）在"自由自决"的基础上溶化于俄国的波兰，作为一个中心体，将会按照重力定律，把正在异族统治下受苦受难的前波兰帝国被肢解的部分吸引过来。为了使这个吸引过程进行得比较顺利，福格特劝告普鲁士抓住时机摆脱"斯拉夫人附属地"（《研究》第17页），也就是甩掉波森（《研究》第97页），或许也要甩掉西普鲁士，因为只有东普鲁士才被认为是"纯粹的德国土地"。从普鲁士分离出来的各个部分，当然马上就会同俄国所吞没的中心体合并，而"纯粹的德国土地"东普鲁士，将变成俄国的飞地。另一方面，至于说到在《1860年的欧洲》地图上也被划入俄国版图的加利西亚，那么要知道，使加利西亚脱离奥地利就是使德国摆脱奥地利的非日耳曼领地的战争的直接目的。福格特想起了：

"1848年以前，在加利西亚俄国沙皇的肖像要比奥地利皇帝的肖像更为常见"（《研究》第12页），"俄国极其擅长玩弄这类阴谋，因此奥地利就可能有充分理由感到惶惶不可终日。"（《研究》第12页）

但是，不言而喻，为了摆脱"内部敌人"，德国应当安然地允许俄国人把支持这类阴谋的"军队推进到边境"（第13页）。虽然普鲁士自己会放弃它的波兰各省，但是俄国应当利用意大利战争从奥地利手中夺走加利西亚，正如亚历山大一世在1809年只不过是戏剧性地支持一下拿破仑第一就已得到了加利西亚的一部分作为酬谢。大家知道，俄国成功地索回了原先归普鲁士和奥地利管辖的几块波兰领土，其中一部分是从拿破仑第一手中搞到的，一部分是在维也纳会议①上搞到的。

摘自卡·马克思：《福格特先生》（1860年2—11月）（八），《马克思恩格斯全集》（中文第2版）第19卷，人民出版社2006年版，第216—217页。

**15. 俄国兵差不多不断地占领着这个国家，波兰国王即使自己并不想做卖国贼，但也愈来愈成为俄国大使手中的玩物**

1700年至1772年的波兰历史，不过是俄国人在波兰篡夺政权的编年史，而这种篡夺之所以可能，就是由于贵族的出卖。俄国兵差不多不断地占领着这个国家，波兰国王即使自己并不想做卖国贼但也愈来愈成为俄国大使手中的玩物。这种把戏要得那样成功，继续得那样长久，以至于到波兰最后被灭亡的时候，整个欧洲都没有提出一声抗议，而大家感到惊奇的只是，为什么俄国那样慷慨地把那末大一块领土让给了奥地利和普鲁士。

摘自弗·恩格斯：《工人阶级同波兰有什么关系？》（1866年1月底—4月6日）（三），《马克思恩格斯全集》（中文第1版）第16卷，人民出版社1964年版，第180—181页。

**16. 从本世纪初开始……外国军队不断地侵占波兰全部国土或取道波兰；它成了他们的客栈和小饭店（……），不过他们通常总是忘了付钱**

首先拿波兰来说，这个以掠夺和压迫农民为基础的贵族共和国处于完全土崩瓦解的状态；它的宪法使得任何全国性的行动都无法采取，因而使国家成为邻国可以轻取的战利品。根据波兰人自己的说法，从本世纪初开始，波兰就靠混乱维持着（Polska nierzadem stoi）；外国军队不断地侵占波兰全部国土或取道波兰；它成了他们的客栈和小饭店（如波兰人所说的：karczma zajezdna），不过他们通常总是忘了付钱。彼得大帝有步骤地毁坏了

---

① 《维也纳条约》即1815年条约。英、普、俄、奥等反拿破仑战争联盟国家的君主、代表和复辟的波旁王朝代表于1815年5—6月在维也纳会议上签订了旨在恢复各国王朝统治和满足战胜国领土要求的条约和协议。根据1815年条约的决定，奥地利获得意大利的伦巴第和威尼斯等地；普鲁士获得莱茵河两岸及北部萨克森的土地；瑞典从丹麦获得挪威；俄国获得芬兰，并把华沙大公国改为波兰王国，由沙皇统治；克拉科夫成为俄、普、奥共同保护的共和国。奥地利的尼德兰（比利时）合并于荷兰称为尼德兰王国。德意志组成松散的德意志联邦；瑞士重新恢复中立；英国得到荷兰的好望角与锡兰殖民地以及法属殖民地马耳他岛。维也纳会议决定恢复法国1792年的疆界，恢复波旁王朝在法国的统治，并将法国置于列强的严格监督之下；法国不得再侵占欧洲领土。——《马克思恩格斯全集》（中文第2版）第19卷，人民出版社2006年版，注释19。

波兰，他的继承者只要伸手去拿就行了。而且对此他们还有"民族原则"这样一个借口。① 波兰不是一个单一种族的国家。当大俄罗斯受到蒙古人压迫的时候，白俄罗斯和小俄罗斯归并于所谓立陶宛公国以寻求保护，防御来自亚洲的侵犯。后来，这个公国自愿地同波兰合并②。此后，由于波兰文明程度更高，白俄罗斯和小俄罗时期，波兰的信奉希腊正教的俄罗斯人被迫改宗罗马天主教。这就给了大俄罗斯的沙皇们一个称心如意的借口，使他们能够把过去的立陶宛公国当做一个俄罗斯民族的，但是遭受到波兰压迫的地区，而对之提出领土要求，尽管根据最伟大的现代斯拉夫学家米克洛希奇的意见，至少小俄罗斯人讲的并不就是一种俄罗斯方言，而是一种完全独立的语言；另一个干涉的借口是：作为希腊正教的维护者，要保护东方礼天主教徒③，虽然后者早已安于自己在罗马天主教教会中的现状。

---

① 恩格斯在这里借用"民族原则"一词来说明18世纪沙皇俄国对波兰的政策。"民族原则"原本是波拿巴第二帝国（1852—1870）统治集团使用的、反映其对外政策原则的名词。拿破仑第三自诩为"民族的保卫者"，利用被压迫民族的民族利益进行投机，以图巩固法国的霸权并扩大其疆域。"民族原则"与承认民族自决权毫无共同之处。相互争斗的大国，利用所谓的"民族原则"，挑起民族不和，把民族运动，特别是小民族的运动变成他们推行反革命政策的工具。马克思曾在《福格特先生》（见《马克思恩格斯全集》中文第2版第19卷）一文中，恩格斯曾在《工人阶级同波兰有什么关系？》（见《马克思恩格斯全集》中文第2版第21卷）一文中，对"民族原则"进行了揭露和批判。——《马克思恩格斯文集》第4卷，人民出版社2009年版，注释231。

② 这个公国是指13世纪初建立的封建国家立陶宛大公国。从13世纪中叶至15世纪初，乌克兰、白俄罗斯和俄罗斯西部领土沦于立陶宛诸王公的统治下。由于鞑靼蒙古人的入侵、封建割据和内讧的加剧，这些地区的势力有所削弱。立陶宛的封建主在这种形势下，利用人民要求联合起来抵御蒙古侵略者的愿望，占领了这些地方。

波兰和立陶宛合并的第一次尝试是在1385年进行的，当时两国签订了所谓克拉科夫合并条约，其目的主要是共同抵御条顿骑士团的侵略。合并条约规定立陶宛公国并入波兰，并在立陶宛强制推行天主教。在15世纪中叶以前，合并曾数度废除和恢复，合并逐渐从防御性的联合演变成波兰和立陶宛的封建主反对乌克兰和白俄罗斯人民的联合。1569年卢布林合并条约签订，根据这个条约波兰和立陶宛合并成一个国家，名为波兰贵族共和国；立陶宛保持自治权。——《马克思恩格斯文集》第4卷，人民出版社2009年版，注释232。

③ 东方礼天主教徒是指正教会和罗马天主教会合并而成的所谓东方礼天主教会的基督教徒。合并是按照波兰封建主和天主教僧侣（首先是耶稣会会士）在1596年布雷斯特宗教会议上提出的要求而宣布的，根据布雷斯特合并条约，波兰贵族共和国的正教居民虽然保持正教教会的仪式，但是应承认罗马教皇为自己的首领和接受天主教的基本教义。合并是波兰的大地主和贵族巩固他们对乌克兰和白俄罗斯人民的统治的一种手段，得到了乌克兰和白俄罗斯的高级僧侣和封建上层人物的支持，却遭到人民群众的抵制，为反对合并而斗争成了人民群众的解放运动的口号之一。——《马克思恩格斯文集》第4卷，人民出版社2009年版，注释233。

摘自弗·恩格斯：《俄国沙皇政府的对外政策》（1889年12月—1890年2月）（一），《马克思恩格斯文集》第4卷，人民出版社2009年版，第359页。

### 17. 这就决定了波兰在将来要被瓜分

1762年，当大淫妇叶卡捷琳娜二世在丈夫被杀后登上王位的时候，世界形势从来不曾这样有利于沙皇政府的侵略计划。……筋疲力尽的弗里德里希，只得拜倒在刚即位的俄国女皇的脚下，而不能有其他的选择。这样做，他不仅获得强有力的保护，而且还有希望兼并那块将东普鲁士和他的王国的主要部分隔开的波兰土地，而占领这块土地现在已成了他一生的主要目标。1764年3月31日（4月11日），叶卡捷琳娜和弗里德里希签订了一个彼得堡同盟条约①，根据这个条约的一项秘密条款，双方承担了用武力保护波兰现行宪法这个毁灭波兰的最好工具免遭任何改良的义务。这就决定了波兰在将来要被瓜分。

摘自弗·恩格斯：《俄国沙皇政府的对外政策》（1889年12月—1890年2月）（二），《马克思恩格斯文集》第4卷，人民出版社2009年版，第363页。

### 18. 我不谈第一次瓜分波兰的详情细节

我不谈第一次瓜分波兰②的详情细节。但是值得注意的是，这次瓜分是违反守旧的玛丽—泰莉莎的意志，主要由欧洲"开明"政治的三大台柱叶卡捷琳娜、弗里德里希和约瑟夫进行的。后两人以具有开明的治国才智而自负，把传统的国际法准则当做成见加以践踏，然而却愚蠢到这种地步，甚至看不出，他们由于参加掠夺波兰而把自己完全置于俄国沙皇政府的控

---

① 彼得堡条约是俄国和普鲁士于1764年3月31日签订的防御同盟条约，有效期为八年，代表俄国签字的是尼·伊·帕宁和副总理大臣亚·米·哥利岑，代表普鲁士签字的是普鲁士驻彼得堡大使佐尔姆斯。缔约双方彼此保证领土不受侵犯，一方受到入侵时另一方给予军事和财政援助，以及在互利的基础上建立贸易关系。在条约的秘密条款中双方承诺决不修改波兰和瑞典宪法。在一项专门的秘密条款中规定，普鲁士有支持俄国提出的波兰王位候选人的义务。彼得堡同盟条约反映了俄国和普鲁士阻止奥地利和法国加强在波兰的势力的意图。——《马克思恩格斯文集》第4卷，人民出版社2009年版，注释237。

② 第一次瓜分波兰是普鲁士、奥地利和俄国根据1772年8月5日在彼得堡签订的协定进行的。奥地利分得了加利西亚，普鲁士分得了瓦尔米亚以及波美拉尼亚、库亚维恩和大波兰区的一部分；利夫兰和白俄罗斯东部的一部分划归俄国。波兰当时失去了29%的领土。——《马克思恩格斯文集》第4卷，人民出版社2009年版，注释238。

制之下。

摘自弗·恩格斯:《俄国沙皇政府的对外政策》(1889年12月—1890年2月)(二),《马克思恩格斯文集》第4卷,人民出版社2009年版,第363—364页。

**19. 维也纳会议把波兰王国给了俄国**

被法国出卖的土耳其,于1812年在布加勒斯特签订了和约①,把比萨拉比亚让给了俄国人。维也纳会议把波兰王国给了俄国②,因此,过去波兰的领土现在差不多有十分之九已并入俄国。但是,更重要的是现在沙皇在欧洲所占的地位。在欧洲大陆上,他不再有对手了。奥地利和普鲁士听他使唤。法国波旁王朝在他的帮助下得以恢复王位,因此也对他俯首听命。瑞典在他的帮助下得到了挪威,作为它实行亲俄政策的回报。甚至西班牙王朝的复辟也应更多地归功于俄国人、普鲁士人和奥地利人的胜利,而不只是归功于威灵顿的胜利,因为后者的胜利永远也不可能推翻法兰西帝国。

摘自弗·恩格斯:《俄国沙皇政府的对外政策》(1889年12月—1890年2月)(二),《马克思恩格斯文集》第4卷,人民出版社2009年版,第371页。

---

① 俄土战争从1806年开始,一直进行到1812年(1807—1809年间曾一度中断)。这次战争是拿破仑第一施展外交阴谋致使俄国和土耳其之间矛盾加剧而引起的。交战中俄军在欧洲战场和高加索战场曾多次给土军以重创。战争以1812年5月28日签订布加勒斯特和约而告结束。根据这项和约,俄国获得了直到普鲁特河的比萨拉比亚和外高加索大部分地区以及多瑙河沿岸的通商航行权。和约确认了俄土过去达成的关于承认摩尔多瓦和瓦拉几亚享有一系列自治权的协议。

俄国在军事上的胜利客观上有助于巴尔干半岛上各民族反对土耳其统治的民族解放运动。俄军在巴尔干卓有成效的行动有力地支持了1804—1813年塞尔维亚人民的起义,这次起义是许多世纪以来塞尔维亚人民反对土耳其封建主统治的民族解放斗争历史上的重要里程碑。塞尔维亚人在起义中赶走了土耳其侵略者,1811年建立了自己的国家组织。根据1812年布加勒斯特和约,土耳其必须承认塞尔维亚内政自治。但是,土耳其苏丹利用拿破仑军队1813年入侵俄国的机会,撕毁和约,对塞尔维亚发起征讨,在那里一度恢复了土耳其的统治。由于塞尔维亚人于1815年又胜利地举行了起义,加上俄国在外交上的支援,土耳其的枷锁被粉碎。1828—1829年的俄土战争后,土耳其不得不通过1830年苏丹发布的特别敕令承认塞尔维亚的自治。——《马克思恩格斯文集》第4卷,人民出版社2009年版,注释255。

② 维也纳会议是欧洲各国(土耳其除外)从1814年9月至1815年6月断断续续召开的会议。参加会议的有英、普、俄、奥等反拿破仑战争同盟国的君主和代表,法国复辟的波旁王朝也派代表出席了会议。

根据会议的决议,为了复辟各正统王朝,欧洲版图被违反各国人民的国家统一和独立的利益加以重划。波兰再度被奥地利、普鲁士和俄国瓜分。按照1815年6月9日会议的决定,将拿破仑第一在1807年根据蒂尔西特和约建立的华沙大公国的大部分划归俄国,改称波兰王国。——《马克思恩格斯文集》第4卷,人民出版社2009年版,注释258。

# 二一　沙俄侵略土耳其

**1. 英国无法同意俄国占领达达尼尔海峡和博斯普鲁斯海峡。俄国如果占领这两个海峡，无论在贸易方面和政治方面，对英国实力都是一个沉重的打击，如果不是致命打击的话**

在目前东方问题的讨论中，英国报纸没有更大胆地阐明促使大不列颠认真地并坚决地反对俄国的兼并和扩张计划的根本利害关系之所在，对此我们感到吃惊。英国无法同意俄国占领达达尼尔海峡和博斯普鲁斯海峡。俄国如果占领这两个海峡，无论在贸易方面和政治方面，对英国实力都是一个沉重的打击，如果不是致命打击的话。这一点，只要概述一下英国和土耳其之间的贸易实况就清楚了。

在没有发现通往印度的直接通路以前，君士坦丁堡是广泛贸易的中心。就是现在，尽管印度的产品由陆路经波斯、图兰①和土耳其运往欧洲，土耳其的港口仍然承担着同欧洲和亚洲内陆地区进行的十分重要的、迅速增长的贸易往来。只要看看地图就明白这一点了。从黑林山脉起，到大诺夫哥罗德的沙丘地带止整个内陆地区，河流纵横，都汇入黑海或里海。多瑙河和伏尔加河这两条欧洲大河，以及德涅斯特河、第聂伯河和顿河，都是从内陆地区把产品运往黑海的天然渠道。我们说运往黑海，因为黑海也是通往里海的必由之路。三分之二的欧洲，即德国和波兰的部分地区、整个匈牙利、俄国最肥沃的地区以及整个欧洲土耳其，在出口和商品交换方面都自然同攸克辛海息息相关，尤为重要的是，这些国家主要是农业国，大量产品的运输必然以水运为主。匈牙利、波兰和南俄的粮食、羊毛和皮革在我们西方市场上数量与年俱增，这些产品全部都是在加拉茨、敖德萨、塔甘罗格和攸克辛海其他港口装船运来的。此外，在黑海上还有一种重要的贸易。君士坦丁堡，特别是在亚洲土耳其的特拉佩宗特，是同亚洲内地，同幼发拉底河和底格里斯河流域，同波斯和突厥斯坦进行商队贸易的主要中心。这种贸易也在迅速增长。希腊和亚美尼亚的商人从上述两个城市运进大量的英国工业品，这些工业品价格低廉，因此迅速地排挤着亚洲妇女

---

① 突厥斯坦低地的旧称。——编者注

的家庭手工业品。特拉佩宗特由于地理关系，比其他地方更适于进行这种贸易。它的后方接连着亚美尼亚高地，这里较之叙利亚的沙漠好走多了，而且距巴格达、设拉子和德黑兰相当近；德黑兰则是来自希瓦和布哈拉的商队的贸易地点。这一种贸易和整个黑海贸易的意义究竟有多大，可以在曼彻斯特的交易所里耳闻目睹，在那里，皮肤黝黑的希腊进货商人越来越多，他们开始起着越来越大的作用，在那里，希腊语、南方斯拉夫语和德语、英语的讲话声交织在一起。

摘自弗·恩格斯：《土耳其问题的真正症结》，《马克思恩格斯全集》（中文第2版）第12卷，人民出版社1998年版，第16—17页。

**2. 特拉佩宗特的贸易也成为极其重大的政治问题，因为它是俄国和英国在亚洲内地的新的利害冲突之源**

特拉佩宗特的贸易也正成为极其重大的政治问题，因为它是俄国和英国在亚洲内地的新的利害冲突之源。在1840年以前，俄国人在这个地区几乎一手垄断了外国工业品的贸易。俄国商品已在远至印度河流域的地区打开了销路，有时甚至比英国商品还受欢迎。可以有把握地断言，在阿富汗战争以及信德和旁遮普被征服①以前，英国同亚洲内地的贸易几乎等于零。现在情况不同了。不断扩大贸易的极端必然性这个注定像幽灵一样追逼着现代的英国，如果不能马上使它追逼得缓和一点，那么它就会从纽约到广州、从圣彼得堡到悉尼引起可怕的震荡。这种无法改变的必要性，逼着英国的贸易从印度河和黑海这两个方面同时打进亚洲内地。我们虽然对于俄国向这个地区的出口额知道得很少，但仍然可以从英国向这些地区的输出

---

① 阿富汗战争指1838—1842年的第一次英国阿富汗战争。英国为了对阿富汗进行殖民奴役而发动的这次战争以英国殖民者的侵略计划破产而告终。

同阿富汗接壤的印度西北部的信德省是1843年被英国征服的。在英国阿富汗战争期间，东印度公司用威胁和暴力的手段迫使信德的封建统治者同意英国军队通过他们的领地。英国人利用这个机会，于1843年要求当地封建主自认是东印度公司的藩属，并在摧毁了起义的俾路支各部落（信德的土著居民）后宣布整个信德省并入英属印度。

印度北部的旁遮普是在英国和锡克教徒的战争（1845—1846年、1848—1849年）中被英国人占领的。锡克教是16世纪旁遮普的一个教派，它的平等教义成了17世纪末反对印度封建主和阿富汗侵略者的农民的指导思想。以后锡克教徒本身分化出封建上层分子，其代表人物领导了19世纪初包括整个旁遮普和邻近一些地区的锡克教徒国家。1845年英国殖民者利用锡克教显贵中的叛变分子，挑起了和锡克教徒的冲突，于1846年使锡克教徒国家变成了英国的一个藩属。1848年锡克教徒举行起义，但1849年被完全征服。旁遮普被占领后，整个印度就变成了英国的殖民地。——《马克思恩格斯全集》（中文第2版）第12卷，人民出版社1998年版，注释23。

增加这一事实中有把握地断定，俄国在那里的贸易恐怕是大大缩减了。英国和俄国之间的贸易战场从印度河流域转移到了特拉佩宗特；先前曾经直抵东方英帝国边界的俄国贸易，现在已退居守势，收缩到它本国的海关线的边沿地带。这一情况对东方问题将来的解决，以及英国和俄国对待此事的态度具有重要意义，这一点是显而易见的。这两个国家在东方势必永远是死对头。

摘自弗·恩格斯:《土耳其问题的真正症结》，《马克思恩格斯全集》（中文第2版）第12卷，人民出版社1998年版，第17—18页。

**3. 一次征服必然继之以又一次征服，一次兼并必然继之以又一次兼并，所以俄国征服土耳其只不过是兼并匈牙利、普鲁士、加利西亚和最终建立某些狂热的泛斯拉夫主义哲学家所梦寐以求的斯拉夫帝国的序幕而已**

然而，这个如此庞大、如此大事扩张的国家，为了实现它成为世界帝国的野心已经走了这样远，难道会在半路上止步吗？即使它愿意这样做，形势也是不允许的。兼并了土耳其和希腊，它就可以获得优良的海港，而且还可以从希腊人当中获得海军所需要的能干的水兵。占领君士坦丁堡，它就站到了地中海的门槛上；控制了都拉斯和从安蒂瓦里到阿尔塔的阿尔巴尼亚沿海地区，它就可以进入亚得里亚海的腹地，窥伺着不列颠的伊奥尼亚群岛，并且只须36小时的航程即可到达马耳他岛。从北、东、南三面包围了奥地利领地，俄国就可以把哈布斯堡王朝视为自己的藩属了。这样，另一个问题也可能产生，甚至很可能产生。这个帝国的西部边界线变得犬牙交错，弯弯曲曲，同自然边界不一致，这样就要修改边界，于是俄国的自然边界就将从但泽或者斯德丁走向里雅斯特了。一次征服必然继之以又一次征服，一次兼并必然继之以又一次兼并，所以俄国征服土耳其只不过是兼并匈牙利、普鲁士、加利西亚和最终建立某些狂热的泛斯拉夫主义哲学家所梦寐以求的斯拉夫帝国的序幕而已。

摘自弗·恩格斯:《土耳其问题的真正症结》，《马克思恩格斯全集》（中文第2版）第12卷，人民出版社1998年版，第19—20页。

**4. 如果俄国企图以实际的军事行动来支援缅施科夫的可笑的示威行动（……），那么，它开头的两个行动很可能就是再一次占领多瑙河两公国和侵入亚美尼亚的卡尔斯省与巴统港**

在比斯开湾，发现科里海军上将的舰队正开往马耳他，去那里加强邓达斯海军上将的分舰队。关于这件事,《先驱晨报》公正地指出：

"如果在几个星期以前能够让邓达斯海军上将到萨拉米斯附近和法国舰队会合，那么，现在情况就会大不相同了。"①

如果俄国企图以实际的军事行动来支援缅施科夫的可笑的示威行动（哪怕仅仅是为了顾全自己的面子），那么，它开头的两个行动很可能就是再一次占领多瑙河两公国和侵入亚美尼亚的卡尔斯省与巴统港。这些地方，俄国早在签订阿德里安堡条约②的时候，就曾千方百计地企图弄到自己手里。巴统港是舰船在黑海东部的唯一可以安全停泊的港口，所以，如果俄国占领了它，土耳其就会丧失自己在本部的最后一个海军基地，黑海就要变成纯粹俄国的内海。如果俄国占领卡尔斯—亚美尼亚的最富庶、农业最发达的地方，同时再占领巴统，那么，它就能够切断英国和波斯之间通过特拉佩宗特的贸易，并且还能为自己建立一个既能对付小亚细亚又能对付英国的作战基地。然而，如果英国和法国能持强硬态度，尼古拉就很难在这一地区实现自己的计划，他就要碰到当年叶卡捷琳娜女皇在同阿迦·穆罕默德斗争时碰到的命运，当时，阿迦·穆罕默德曾经命令他的奴隶们用鞭子把俄国大使沃依诺维奇和他的随从赶到船上，离开阿斯特拉巴德。

摘自卡·马克思：《土耳其问题》（1853年5月31日），《马克思恩格斯全集》（中文第2版）第12卷，人民出版社1998年版，第121—122页。

**5. 现在，比较稳健的尼古拉只是要求承认他是土耳其的唯一的保护人**

最近的一些消息在印刷所广场③引起的慌乱，比其他任何地方都要大。

---

① 1853年5月26日《先驱晨报》第22168号。——编者注
② 《阿德里安堡条约》是1828—1829年俄土战争中俄国获胜后两国于1829年9月14日缔结的和约。根据条约，多瑙河口及附近诸岛屿，以及库班河口以南黑海东岸很大一部分土地划归俄国所有。土耳其必须承认摩尔多瓦和瓦拉几亚的自治，赋予它们独立选举国君的权利。这种自治由俄国来保障，这等于确立了沙皇对这两个公国的保护权。土耳其政府还被迫承认希腊为独立国（同土耳其的联系仅限于向苏丹纳年贡），遵守以前就塞尔维亚的自治问题所缔结的一切条约，并用特别敕令赋予这种自治以法律效力。——《马克思恩格斯全集》（中文第2版）第12卷，人民出版社1998年版，注释41。
③ 《泰晤士报》的所在地。——编者注

《泰晤士报》在可怕的打击之后，为了恢复常态，首先就来拼命抨击电报，说它是一个"最奇怪的"工具。《泰晤士报》大叫："从这些不真实的电讯中，是无法得出正确结论的"；它用这种办法把自己作了不正确结论的责任都推给电讯，然后就竭力用大臣们在议会里所用的辞句来摆脱和它自己先前的那些"正确"前提的干系。《泰晤士报》声称：

"不管奥斯曼帝国的最终命运怎样，更确切点说，不管统治了这个帝国已有四个世纪的伊斯兰教政权的最终命运怎样，英国和整个欧洲的所有政党有一点是意见一致的，这就是：当地的基督教居民逐步向文明、向独立治理进展，是符合全世界的利益的；无论如何也不能让这些民族沦于俄国的桎梏之下，使俄国的巨大版图更加扩大。在这个问题上，我们满怀信心地希望，不仅土耳其，而且全欧洲都来抵抗俄国的这种野心；我们希望，只要俄国的这种兼并和扩张的意图真正表现出来，马上就引起普遍的反感和不可遏止的反抗，土耳其的希腊族和斯拉夫族的臣民也是准备积极参加这种反抗的。"①

那么，可怜的《泰晤士报》当初怎么就相信了俄国对土耳其抱着"善良愿望"和它对一切扩张都抱"反感"呢？俄国对土耳其竟然抱着善良的愿望！彼得一世早就打算在土耳其的废墟上登上统治的宝座。叶卡捷琳娜也曾一再劝说奥地利并要求法国一同来参与拟议中的肢解土耳其，在君士坦丁堡建立一个以她孙子为首的希腊帝国，而且胸有成竹地让她的孙子受了相应的教育，甚至给他取了相应的名字。现在，比较稳健的尼古拉只是要求承认他是土耳其的唯一的保护人。但是所有的人都不会忘记，俄国做过波兰的保护人、克里木的保护人、库尔兰的保护人、格鲁吉亚和明格列利亚的保护人、切尔克西亚和高加索各部族的保护人。现在它又要当土耳其的保护人了！

摘自卡·马克思：《土耳其问题》（1853年5月31日），《马克思恩格斯全集》（中文第2版）第12卷，人民出版社1998年版，第122—123页。

---

① 1853年5月28日《泰晤士报》第21440号。——编者注

6. 1853年，我们看到，同一位阿伯丁成了这同一个国家的"混合内阁"的首脑。只要指出这个简单的事实，就足以说明为什么俄国目前在它同土耳其和同欧洲的冲突中表现得那样咄咄逼人了

1828年，俄国曾得到机会向土耳其发动了战争，结果缔结了阿德里安堡条约①，该条约把整个黑海东岸地区北起阿纳帕南至波季（切尔克西亚除外）割让给俄国，并且把多瑙河河口诸岛屿划归俄国所有，使摩尔多瓦和瓦拉几亚实际上也脱离了土耳其，转归俄国统辖，当时大不列颠的外交大臣是阿伯丁勋爵。1853年，我们看到，同一位阿伯丁成了这同一个国家的"混合内阁"的首脑。只要指出这个简单的事实，就足以说明为什么俄国目前在它同土耳其和同欧洲的冲突中表现得那样咄咄逼人了。

我在我的上一篇通讯里曾说过：《泰晤士报》在星期四②提出的那种强词夺理的、拐弯抹角的和不真诚的辩护理由，恐怕平息不了由于《新闻报》揭露阿伯丁、克拉伦登和布伦诺夫男爵之间的秘密协议引起的风波③。甚至《泰晤士报》后来也不得不在一篇半官方的文章中承认，克拉伦登勋爵实际上同意了俄国打算向土耳其政府提出的要求。但是，它又说，俄国人在伦敦表示的要求与在君士坦丁堡实际上提出的要求，二者的要旨完全不同。尽管布伦诺夫男爵送交不列颠大臣的文件就是从缅施科夫公爵得到的指示中"摘录下来的原文"。但是，《泰晤士报》在星期六又收回了自己的断语（毫无疑问是由于俄国使团的抗议），并且为布伦诺夫男爵作证，说他是极其"坦率和真诚的"④。《先驱晨报》昨天提出一个问题："是不是俄国向布伦诺夫男爵本人发了一个虚假的指示，为的是欺哄大不列颠大

---

① 《阿德里安堡条约》是1828—1829年俄土战争中俄国获胜后两国于1829年9月14日缔结的和约。根据条约，多瑙河口及附近诸岛屿，以及库班河口以南黑海东岸很大一部分土地划归俄国所有。土耳其必须承认摩尔多瓦和瓦拉几亚的自治，赋予它们独立选举君的权利。这种自治由俄国来保障，这等于确立了沙皇对这两个公国的保护权。土耳其政府还被迫承认希腊为独立国（同土耳其的联系仅限于向苏丹纳年贡），遵守以前就塞尔维亚的自治问题所缔结的一切条约，并用特别敕令赋予这种自治以法律效力。——《马克思恩格斯全集》（中文第2版）第12卷，人民出版社1998年版，注释41。

② 1853年6月16日。——编者注

③ 本卷第149—150页。——编者注

④ 巴尔塔利曼尼协定的条款及有关评论，引自1853年6月18日《泰晤士报》第21458号。——编者注

臣呢？"① 与此同时，人们又看到了一些新揭发出来的、原先被一家卖身投靠的日报千方百计向公众隐瞒起来的材料，它们完全排除了上述的解释。说明全部责任都在"混合内阁"身上；而且根据这些材料足以对阿伯丁勋爵和克拉伦登勋爵提出指控，换上其他任何一个议会都会这样做，只有本届议会除外，因为它只不过是一个用空前的行贿和恫吓手段硬拉起来的选举僵尸生下的瘫痪产儿而已。

摘自卡·马克思：《土耳其和俄国》（1853 年 6 月 21 日），《马克思恩格斯全集》（中文第 2 版）第 12 卷，人民出版社 1998 年版，第 154—155 页。

## 7. 俄国利用这种种欺骗与谎言造成的混乱，终于找到了发动 1828—1829 年战争的借口

俄国利用这种种欺骗与谎言造成的混乱，终于找到了发动 1828—1829 年战争的借口。这次战争以签订阿德里安堡条约②而结束，对于条约的内容，下面引用的麦克尼尔的著名的小册子《俄国在东方的进展》中的一段话作了概括：

"根据阿德里安堡条约，沙皇取得了阿纳帕、波季和黑海沿岸的广大地区，取得了阿哈尔齐赫帕沙辖区的一部分，包括阿哈尔卡拉基和阿哈尔齐赫的要塞，另外还取得了多瑙河口诸岛；条约还规定拆毁掉土耳其的格奥尔基瓦要塞，土耳其放弃多瑙河右岸沿岸数英里地区……成千上万的亚美尼亚人家庭从土耳其亚洲各省迁往沙皇境内，部分是强迫的，部分是受了教士的影响……沙皇为他在土耳其境内的臣民解除了对当地政府应负的一切义务，并以偿还军事开支和赔偿商业损失为名把巨额债款加在土耳其政府身上，最后，还抓住摩尔多瓦、瓦拉几亚和锡利斯特里亚不放，作为支付这笔赔款的抵押……俄国通

---

① 1853 年 6 月 20 日《先驱晨报》第 22189 号。——编者注

② 《阿德里安堡条约》是 1828—1829 年俄土战争中俄国获胜后两国于 1829 年 9 月 14 日缔结的和约。根据条约，多瑙河口及附近诸岛屿，以及库班河口以南黑海东岸很大一部分土地划归俄国所有。土耳其必须承认摩尔多瓦和瓦拉几亚的自治，赋予它们独立选举国君的权利。这种自治由俄国来保障，这等于确立了沙皇对这两个公国的保护权。土耳其政府还被迫承认希腊为独立国（同土耳其的联系仅限于向苏丹纳年贡），遵守以前就塞尔维亚的自治问题所缔结的一切条约，并用特别敕令赋予这种自治以法律效力。——《马克思恩格斯全集》（中文第 2 版）第 12 卷，人民出版社 1998 年版，注释 41。

过这项条约，使土耳其承认了3月22日的议定书（议定书确保苏丹对希腊拥有宗主权并从希腊取得年贡），同时利用自己的全部势力来促使希腊独立。希腊成了独立国，被任命为总统的是前俄国大臣卡波·迪斯特里亚伯爵。"（第105—107页）

事实就是如此。

摘自卡·马克思：《帕麦斯顿勋爵》（第二篇）（1853年10月19日），选自《马克思恩格斯全集》（中文第2版）第12卷，人民出版社1998年版，第412—413页。

## 8. 这会意味着对黑海、小亚细亚、巴尔干半岛的独占统治

然而，沙皇格勒作为俄国的第三都城而与莫斯科和彼得堡并列，这不仅会意味着对东方基督教世界的精神统治，而且也是确立对欧洲的统治的决定性的一步。这会意味着对黑海、小亚细亚、巴尔干半岛的独占统治。这会意味着，只要沙皇高兴，他随时都可以封锁黑海，禁止除俄国之外的任何别的商船和舰队航行，会意味着把黑海变为俄国的军港和俄国舰队独占的演习场所，俄国舰队可以在任何时刻从这个安全的后备阵地由设防的博斯普鲁斯海峡出击，也可以返回这个港口隐蔽。那时，俄国只要再取得对松德海峡和两个贝耳特海峡的同样的（直接或间接的）统治，它在海上也就会是不可攻克的了。

摘自弗·恩格斯：《俄国沙皇政府的对外政策》（1889年12月—1890年2月）（一），《马克思恩格斯文集》第4卷，人民出版社2009年版，第358页。

## 9. 叶卡捷琳娜进行了两次这样的战争

土耳其也没有被遗忘，俄国对土耳其人的战争总是在俄国西部边界太平无事，而欧洲在别处忙于其他事务的时候进行的。叶卡捷琳娜进行了两次这样的战争①。第一次战争的结果是占领了亚速海沿岸地区，克里木宣布独立，并在四年之后成了俄国的一个省份。第二次战争使俄国的边界从布格河推进到德涅斯特河。在这两次战争当中，俄国的代理人都煽动希腊人起义反对土耳其人。自然，起义者最后都被俄国政府抛弃。

---

① 此处是指1768—1774年和1787—1792年俄国对土耳其的战争，两次战争均是俄国获胜。——《马克思恩格斯文集》第4卷，人民出版社2009年版，注释242。

摘自弗·恩格斯：《俄国沙皇政府的对外政策》（1889年12月—1890年2月）（二），《马克思恩格斯文集》第4卷，人民出版社2009年版，第365页。

## 10. 芬兰归我，挪威归你

这个同盟的第一个成果是占领芬兰。俄国人不经宣战，只是得到拿破仑的同意，便开始了进攻；瑞典将军们的笨拙无能、彼此意见分歧以及卖身投靠，使俄国人较易地取得了胜利；俄国军队大胆横越封冻的波罗的海这一行动，迫使斯德哥尔摩发生暴力政变并将芬兰让与俄国。① 但是三年后，当沙皇亚历山大准备同拿破仑破裂时，他把被选为瑞典王储的贝尔纳多特元帅召到奥布，向他许诺，如果他加入英俄同盟反对拿破仑，就把挪威让给他。② 这样就在1814年实现了叶卡捷琳娜的计划：芬兰归我，挪威归你。

摘自弗·恩格斯：《俄国沙皇政府的对外政策》（1889年12月—1890年2月）（二），《马克思恩格斯文集》第4卷，人民出版社2009年版，第369页。

## 11. 亚历山大追求的目标，照旧是沙皇格勒

但是，芬兰不过是一个前奏曲。亚历山大追求的目标，照旧是沙皇格勒。在蒂尔西特和爱尔福特③，拿破仑曾坚定地答应把摩尔多瓦和瓦拉几

---

① 1808—1809年俄国和瑞典战争期间，巴克莱—德—托利率领俄军于1809年冬横越波的尼亚湾的冰封地带。俄军入侵瑞典领土加速实现了瑞典贵族反对国王古斯达夫四世的阴谋，这一阴谋的目的在于限制王权，维护贵族寡头的利益。1809年3月古斯达夫四世被推翻，此后不久，其叔父塞德曼兰公爵被立为瑞典国王，号查理十三。同年9月瑞典被迫和沙皇俄国在菲特烈港签订和约，将芬兰让给俄国。——《马克思恩格斯文集》第4卷，人民出版社2009年版，注释252。

② 1812年8月亚历山大一世和瑞典王储贝尔纳多特在奥布（图尔库）举行了会见。会见的结果是，俄国和瑞典于1812年8月30日签署了一项协定，两国结成了反对拿破仑法国的军事同盟。协定还规定在丹麦拒绝将挪威出让给瑞典国王时，俄国必须为瑞典反对丹麦提供军事援助。瑞典方面必须支持沙皇的领土要求，尤其是对拿破仑统治下的华沙大公国的领土要求。——《马克思恩格斯文集》第4卷，人民出版社2009年版，注释253。

③ 指拿破仑第一和亚历山大一世于1808年9月27日—10月14日在爱尔福特的会见。拿破仑对其各个属国，特别是对西班牙民族解放运动的发展深感不安，同时也害怕奥地利对他发动进攻，因此希望在与奥地利交战时得到亚历山大一世的援助，与此同时他也向亚历山大一世保证，支持俄国对摩尔多瓦和瓦拉几亚的领土要求。虽然谈判结果签署了一项秘密协定，形式上规定了恢复1807年在蒂尔西特缔结的法俄同盟，但是亚历山大一世在拿破仑和奥地利作战时并未对拿破仑提供积极支持。1809年法奥战争期间，俄国仅限于占领加利西亚，而未对奥地利采取任何军事行动。——《马克思恩格斯文集》第4卷，人民出版社2009年版，注释254。

亚给他，并且容许他瓜分土耳其的，但是君士坦丁堡得除外。从1806年起，俄国开始同土耳其作战；这一次，举行起义的不仅有希腊人，而且还有塞尔维亚人①。但是，如果说下面这句话对于波兰来说只是讽刺，那么对于土耳其倒是符合真实情况：靠混乱来维持着。壮实而平凡的士兵，壮实而平凡的土耳其农民的儿子，正是由于这种混乱才得以补救卖身投靠的帕沙所破坏了的一切。土耳其人可以被打败，但是不能使之屈服，因此俄国军队向沙皇格勒推进得非常缓慢。

摘自弗·恩格斯：《俄国沙皇政府的对外政策》（1889年12月—1890年2月）（二），《马克思恩格斯文集》第4卷，人民出版社2009年版，第369页。

### 12. 被法国所出卖的土耳其……把比萨拉比亚让给了俄国人

被法国出卖的土耳其，于1812年在布加勒斯特签订了和约②，把比萨拉比亚让给了俄国人。维也纳会议把波兰王国给了俄国③，因此，过去波兰的领土现在差不多有十分之九已并入俄国。但是，更重要的是现在沙皇在欧洲所占的地位。在欧洲大陆上，他不再有对手了。奥地利和普

---

① 俄土战争从1806年开始，一直进行到1812年（1807—1809年间曾一度中断）。这次战争是拿破仑第一施展外交阴谋致使俄国和土耳其之间矛盾加剧而引起的。交战中俄军在欧洲战场和高加索战场曾多次给土军以重创。战争以1812年5月28日签订布加勒斯特和约而告结束。根据这项和约，俄国获得了直到普鲁特河的比萨拉比亚和外高加索大部分地区以及多瑙河沿岸的通商航行权。和约确认了俄土过去达成的关于承认摩尔多瓦和瓦拉几亚享有一系列自治权的协议。

俄国在军事上的胜利客观上有助于巴尔干半岛上各民族反对土耳其统治的民族解放运动。俄军在巴尔干卓有成效的行动有力地支持了1804—1813年塞尔维亚人民的起义，这次起义是许多世纪以来塞尔维亚人民反对土耳其封建主统治的民族解放斗争历史上的重要里程碑。塞尔维亚人在起义中赶走了土耳其侵略者，1811年建立了自己的国家组织。根据1812年布加勒斯特和约，土耳其必须承认塞尔维亚内政自治。但是，土耳其苏丹利用拿破仑军队1813年入侵俄国的机会，撕毁和约，对塞尔维亚发起征讨，在那里一度恢复了土耳其的统治。由于塞尔维亚人于1815年又胜利地举行了起义，加上俄国在外交上的支援，土耳其的枷锁被粉碎。1828—1829年的俄土战争后，土耳其不得不通过1830年苏丹发布的特别敕令承认塞尔维亚的自治。——《马克思恩格斯文集》第4卷，人民出版社2009年版，注释255。

② 同上。

③ 维也纳会议是欧洲各国（土耳其除外）从1814年9月至1815年6月断断续续召开的会议。参加会议的有英、普、俄、奥等反拿破仑战争同盟国的君主和代表，法国复辟的波旁王朝也派代表出席了会议。

根据会议的决议，为了复辟各正统王朝，欧洲版图被违反各国人民的国家统一和独立的利益加以重划。波兰再度被奥地利、普鲁士和俄国瓜分。按照1815年6月9日会议的决定，将拿破仑第一在1807年根据蒂尔西特和约建立的华沙大公国的大部分划归俄国，改称波兰王国。——《马克思恩格斯文集》第4卷，人民出版社2009年版，注释258。

鲁士听他使唤。法国波旁王朝在他的帮助下得以恢复王位，因此也对他俯首听命。瑞典在他的帮助下得到了挪威，作为它实行亲俄政策的回报。甚至西班牙王朝的复辟也应更多地归功于俄国人、普鲁士人和奥地利人的胜利，而不只是归功于威灵顿的胜利，因为后者的胜利永远也不可能推翻法兰西帝国。

摘自弗·恩格斯：《俄国沙皇政府的对外政策》（1889 年 12 月—1890 年 2 月）（二），《马克思恩格斯文集》第 4 卷，人民出版社 2009 年版，第 371 页。

### 13. 对俄国外交说来，问题是要利用在欧洲所取得的霸权进一步向沙皇格勒推进

对俄国外交说来，问题是要利用在欧洲所取得的霸权进一步向沙皇格勒推进。为了达到这一目的，它可以利用三个杠杆：罗马尼亚人、塞尔维亚人、希腊人。最合适的是希腊人。这是个以经商为业的民族，而商人最苦于土耳其帕沙的压迫。信基督教的农民在土耳其统治下，物质条件比任何地方都优越。他们保留着在土耳其人统治以前就已存在的机构，并且保持着充分的自治；只要他们缴纳赋税，土耳其人通常不管他们；他们只是间或受到像中世纪西欧农民所不得不忍受的那种来自贵族的压迫。这是一种屈辱的、勉强忍耐的生存，但是在物质方面并不太坏，也并不怎样不适合这些民族当时的文明水平；因此，只是过了很长时间之后，斯拉夫的莱雅才发觉这种生存无法忍受。相反，自从土耳其的统治使希腊人的贸易摆脱了威尼斯人和热那亚人的具有压倒优势的竞争以后，这种贸易便迅速地繁荣起来，并且达到这样巨大的规模，连土耳其的统治也不能再容忍了。的确，土耳其的统治，也和任何别的东方的统治一样，是和资本主义社会不相容的；所取得的剩余价值无法保证不受总督和帕沙的贪婪的劫掠；缺少资产阶级从事经营活动①的首要基本条件，即保证商人的人身及其财产的安全。所以毫不奇怪，自 1774 年起已做过两次起义尝试的希腊人，这时

---

① 在英译文中不是"资产阶级从事经营活动"，而是"从事有利可图的贸易"。——编者注

又一次举行了起义①。

摘自弗·恩格斯:《俄国沙皇政府的对外政策》(1889年12月—1890年2月)(三),《马克思恩格斯文集》第4卷,人民出版社2009年版,第372—373页。

**14. "整个欧洲都怀着惶恐的心情望着这个俄国巨人"**

尽管有这一切,力图在解放希腊基督教徒、使之不受伊斯兰教压迫的幌子下而自己取代伊斯兰教的地位的沙皇,他的仁爱政策并未获得预期的成功②。因为正如俄国驻伦敦大使利文公爵所写的[1825年10月18日(30日)报告]:

"整个欧洲都怀着惶恐的心情望着这个俄国巨人,他的大军只待信号一发,就会向欧洲压将过去。因此,欧洲的利益是,支持土耳其强国这个我们帝国的天然的敌人"③。

希腊的战争仍然是胜败无常,俄国企图得到欧洲的崇高许可,占领多瑙河两公国,从而迫使土耳其投降,但是,它的所有尝试都没有成功。而与此同时,土耳其于1825年得到了埃及的援助;希腊人到处被击溃,起义几乎被镇压下去。俄国的政策面临着抉择:要么失败,要么作出大胆的决定。

摘自弗·恩格斯:《俄国沙皇政府的对外政策》(1889年12月—1890年2月)(三),《马克思恩格斯文集》第4卷,人民出版社2009年版,第374—375页。

---

① 指发生在1821年春天,并且很快具有群众性的希腊起义。1822年1月在埃皮扎夫罗斯召开的国民议会宣布希腊独立,并通过了宪法。土耳其苏丹在没有外援的情况下无力镇压希腊人的起义,于是求助于他的附庸、埃及的统治者穆罕默德·阿里,1825年穆罕默德·阿里的军队在易卜拉欣帕沙的指挥下侵入了摩里亚半岛(伯罗奔尼撒半岛),残暴地迫害希腊居民。起义初期,参加神圣同盟的几个大国,尤其是沙皇俄国,对起义都抱着强烈的反对态度。但是考虑到可以利用希腊人的斗争来巩固自己在巴尔干半岛南部的影响,于是,英国、沙皇俄国和法国承认希腊为交战的一方,并对它提供了军事援助。俄国在1828—1829年的俄土战争中的胜利对希腊获得独立具有决定性意义,土耳其被迫承认希腊为独立国。但是按照欧洲几个大国统治集团的决定,希腊人民在1832年被迫接受了反动的专制君主制度。——《马克思恩格斯文集》第4卷,人民出版社2009年版,注释261。

② 这句话中的"他的仁爱政策并未获得预期的成功"在英译文中是:"世界以不信任或者充其量是冷漠的心情看待沙皇的仁爱政策"。——编者注

③ 引自《关于俄国的文件汇编。鉴于目前的危机,了解这些多部分是秘密的和未经发表的文件是有益的》1854年巴黎版第52—53页。——编者注

## 15. 现在开始更坚决地行动起来，终于发动了对土战争

沙皇尼古拉登基。外交界不能希望有比他更好的沙皇了，因为他是个只有排长见识的庸人①；在他看来权力的外表高于一切，为了这外表他可以不顾一切。现在开始更坚决地行动起来，终于发动了对土战争，而没有受到欧洲的干涉。对英国用自由主义的词句，对法国则用上面提到过的许诺，使它们都派出舰队与俄国舰队联合起来，于1827年10月20日突然不宣而战，在纳瓦里诺袭击了土耳其和埃及的舰队，并把它一举消灭。② 诚然，英国不久就退出了联合，但是波旁王朝的法国仍然忠于俄国。当沙皇向土耳其人宣战，他的军队于1828年5月6日越过普鲁特河的时候，15000名法国士兵已准备乘船开往希腊，并且在8月和9月间在希腊登陆。这对于奥地利来说，显然是在警告它要在俄国人进军君士坦丁堡的时候从侧翼进攻他们，因为这样做的结果会引起同法国的战争，那时，规定由一个同盟者占领君士坦丁堡，由另一同盟者占领莱茵河左岸的俄法同盟就会生效。

摘自弗·恩格斯：《俄国沙皇政府的对外政策》（1889年12月—1890年2月）（三），《马克思恩格斯文集》第4卷，人民出版社2009年版，第375—376页。

## 16. 于是，吉比奇推进到了阿德里安堡

于是，吉比奇推进到了阿德里安堡。但是他在那里陷入了这样的处境：只要土耳其人再支持两个星期，他就得赶忙翻过巴尔干山脉退却。他只有2万人，并且其中四分之一患了鼠疫。这时普鲁士驻君士坦丁堡公使馆出面调停，用所谓俄国人行将发动进攻（实际上根本发动不起来）的虚假消息促使土耳其人媾和；用毛奇的话说，这使俄国统帅摆脱了

---

① 在英译文中不是"他是个只有排长见识的庸人"，而是"他是个自我陶醉的庸人，他的眼界永远超不过一个连级军官的眼界，他错误地把残酷当做毅力的表现，把任性执拗当做力量的表示"。——编者注

② 指纳瓦里诺会战，纳瓦里诺现名皮洛斯，是希腊的城市和港口，这次会战是1827年10月20日以土埃舰队为一方和以英国海军上将爱·科德林顿指挥的英法俄联合舰队为另一方进行的会战。英法俄联合舰队是欧洲列强为了武装调停土耳其和希腊起义者之间的战争而开进希腊领海的。由于土耳其司令部拒绝停止对希腊居民使用暴力而引发的会战，使土埃舰队全军覆没，加速了1828—1829年俄土战争的爆发，俄国在这一战争中取得了胜利。——《马克思恩格斯文集》第4卷，人民出版社2009年版，注释265。

"这样的处境,只要再延续那么几天,就会把他从胜利的高峰抛进毁灭的深渊"(毛奇《俄土战争》第390页)①。

摘自弗·恩格斯:《俄国沙皇政府的对外政策》(1889年12月—1890年2月)(三),《马克思恩格斯文集》第4卷,人民出版社2009年版,第376页。

## 17. 通过安吉阿尔—斯凯莱西条约在许多年内把土耳其置于俄国的实际统治之下

我不来详细谈1830—1848年期间的俄土关系。其中重要的是,俄国第一次能够出面保护土耳其不受它的发动叛乱的埃及附庸穆罕默德—阿里的侵袭,派遣3万军队去博斯普鲁斯海峡保卫君士坦丁堡,并通过安吉阿尔—斯凯莱西条约②在许多年内把土耳其置于俄国的实际统治之下;其次,它在1840年,由于帕麦斯顿的背叛,能够在转瞬之间把威胁它的欧洲同盟变成反法同盟,③ 最后,它通过不断的占领,对农民实行剥削④以及用《组

---

① 赫·毛奇《1828—1829年在土耳其欧洲部分的俄土战争》1845年柏林版第390页。——编者注

② 《安吉阿尔—斯凯莱西条约》是俄国和土耳其于1833年7月8日在君士坦丁堡签订的友好共同防御条约。在条约签订以前,俄军在博斯普鲁斯海峡地区安吉阿尔—斯凯莱西地方登陆。这支登陆部队被派到土耳其是为了支援苏丹对付威胁土耳其首都的易卜拉欣帕沙(起义反对苏丹的埃及统治者穆罕默德—阿里的儿子)的军队。1833年5月,土耳其政府在英国和法国的调停下同穆罕默德—阿里缔结了和约,将叙利亚和巴勒斯坦割让给穆罕默德·阿里。尽管对苏丹的直接威胁已经消除,但沙皇外交利用紧张局势和俄军驻扎土耳其的机会,迫使土耳其政府同俄国缔结了防御同盟,并且签订了《安吉阿尔—斯凯莱西条约》,使该同盟从法律上固定下来。条约中列入了一项秘密条款,规定土耳其必须根据俄国的要求禁止外国军舰通过黑海海峡。另一项条款确认了《阿德里安堡条约》和其他的俄土协议。条约的有效期定为八年。——《马克思恩格斯文集》第4卷,人民出版社2009年版,注释270。

③ 1839—1841年的土埃战争加剧了英法之间的矛盾。法国暗中支持埃及统治者穆罕默德—阿里。英国害怕站在苏丹方面的俄国单方面干预冲突,同时又企图将法国孤立起来,坚持西欧列强共同采取行动向土耳其政府提供军事援助。1840年7月15日俄国、英国、奥地利、普鲁士和土耳其背着法国在伦敦签订了对土耳其苏丹提供军事援助的协定。这一情况造成了法国外交上的孤立,出现了法国和欧洲几个大国同盟之间的战争的危险,法国迫不得已停止了对穆罕默德—阿里的援助。这就意味着法国在近东问题上的政策遭到严重的挫败。由于英国和奥地利的军事干涉,穆罕默德—阿里不得不放弃自己在埃及境外的领地,并服从苏丹的最高权力。——《马克思恩格斯文集》第4卷,人民出版社2009年版,注释271。

④ 在英译文中不是"对农民实行剥削",而是"把自己的士兵驻屯在农民当中"。——编者注

织规程》①(见马克思《资本论》第 1 卷第 8 章)②将贵族引诱到自己方面来等办法准备好了对多瑙河两公国的兼并。

摘自弗·恩格斯:《俄国沙皇政府的对外政策》(1889 年 12 月—1890 年 2 月)(三),《马克思恩格斯文集》第 4 卷,人民出版社 2009 年版,第 377 页。

### 18. 他过分性急地向君士坦丁堡进军

但是二月革命终究是沙皇政府的第一声丧钟。浅薄的尼古拉的狭隘心胸消受不了这不应得的福分;他过分性急地向君士坦丁堡进军;克里木战争爆发了;英法都去援助土耳其,奥地利则热衷于以其极端忘恩负义的行动震惊世界③。因为奥地利知道,作为对于在匈牙利的军事援助以及在华沙的判决的回报,期望于它的是对俄国在多瑙河地区的侵略保持中立或者甚至予以支援,而这就等于让奥地利的边界由克拉科夫到奥尔绍瓦和泽姆林被俄国包围起来。这一次奥地利竟敢于有自己的主张,这几乎是从未有过的事情。

摘自弗·恩格斯:《俄国沙皇政府的对外政策》(1889 年 12 月—1890 年 2 月)(三),《马克思恩格斯文集》第 4 卷,人民出版社 2009 年版,第 379 页。

---

① 《组织规程》是 1831 年多瑙河两公国摩尔多瓦和瓦拉几亚的第一部宪法。这两个公国在 1828—1829 年俄土战争结束后为俄军占领。《组织规程》的方案是由两公国的俄国行政当局首脑帕·德·基谢廖夫拟定的。根据《组织规程》,每个公国的立法权交给土地占有者选出的议会,而行政权则交给土地占有者、僧侣和各城市的代表所推选出的终身国君。规程保持了原有的封建制度,包括徭役制,将政治大权集中在土地占有者手中。同时,《组织规程》还规定实行一系列资产阶级的改革措施,即废除国内关税壁垒,实行贸易自由,司法与行政分离以及取消刑讯等。1848 年革命期间,该《组织规程》被废除。对《组织规程》的评述,见《资本论》第 1 卷第 8 章第 2 节(《马克思恩格斯全集》第 5 卷第 275—276 页)。——《马克思恩格斯文集》第 4 卷,人民出版社 2009 年版,注释 272。

② 在英译文中括弧里的话改成了一个脚注:"这是一种为农村居民制定的法典,它规定农民的大部分工作时间由贵族(地方上的土地贵族)支配,并且完全无偿。详见卡尔·马克思《资本论》第 1 卷英文版第 10 章第 218—222 页。"(恩格斯在这里援引的是《资本论》第一卷英文第一版(1887 年伦敦版),这个版本本章节的分法和德文版不同。——《马克思恩格斯文集》第 4 卷,人民出版社 2009 年版,注释 273。)——编者注

③ 据说这是奥地利政府首脑费·施瓦尔岑堡在奥地利采取敌视俄国的政策时讲的一句话。——编者注

## 19. 它又利用了这个有利的形势发起对沙皇格勒的进攻

新德意志帝国为俄国效了劳，它从法国夺去阿尔萨斯—洛林①，从而真的把法国推入俄国的怀抱。沙皇外交现在处于令人羡慕的地位；它得以把由于这一兼并而彼此成为死敌的法德两国都控制在它手中。它又利用了这个有利的形势发起对沙皇格勒的进攻，在1877年向土耳其宣战。在经过长久的战斗之后，俄国军队于1878年1月来到了土耳其首都的大门口，这时在博斯普鲁斯海峡忽然出现了四艘英国装甲舰，迫使已经能够看见索菲娅教堂圆顶的俄国人停下来，把自己拟定的圣斯特凡诺条约提交欧洲会议审查。②

摘自弗·恩格斯：《俄国沙皇政府的对外政策》（1889年12月—1890年2月）（三），《马克思恩格斯文集》第4卷，人民出版社2009年版，第384—385页。

## 20. 最后，土耳其由于领土丧失、精疲力竭和过重的战争赔款而完全从属于俄国

尽管如此，巨大的胜利还是获得了。罗马尼亚、塞尔维亚、黑山由于俄国的帮助而扩大了领土，得到了独立，因而它们都欠了俄国的债；多瑙河和巴尔干山脉之间的四边形要塞区，土耳其的这个强有力的棱堡③被暂

---

① 由于法国在1870—1871年的普法战争中失败，根据1871年2月26日在凡尔赛缔结的初步和约，法国将阿尔萨斯—洛林东部割让给1871年1月18日宣布成立的德意志帝国。1871年5月10日在美因河畔法兰克福签订的和约最后确认了这个条约的条款。——《马克思恩格斯文集》第4卷，人民出版社2009年版，注释284。

② 圣斯特凡诺初步和约是1877—1878年俄土战争结束以后，俄国和土耳其于1878年3月3日在圣斯特凡诺（君士坦丁堡附近）签订的。和约的签订意味着俄国对巴尔干影响的加强，引起了德国暗中支持的英国和奥匈帝国的激烈反对。在外交和军事威胁的压力下，俄国政府被迫把和约提交给1878年6月13日—7月13日在柏林举行的国际会议审查。出席这次国际会议的有俄国、德国、奥匈帝国、法国、英国、意大利和土耳其的代表，会议的结果是签订了柏林条约。根据柏林条约，对圣斯特凡诺和约的条款作了修改，从根本上变得不利于俄国和巴尔干半岛的斯拉夫民族。圣斯特凡诺和约规定的自治的保加利亚领土被割掉二分之一以上，巴尔干山脉以南的保加利亚各地区成立了"东鲁米利亚"自治省，仍受苏丹管辖；黑山的土地也割去很大一部分。柏林条约承认圣斯特凡诺和约的规定，把1856年从俄国夺去的比萨拉比亚的一部分归还俄国，同时也认可了奥匈帝国对波斯尼亚和黑塞哥维那的兼并。在会议的前夕，英国侵占了塞浦路斯。柏林会议的决定造成了巴尔干半岛新的国际紧张局势，同时也加剧了战争的危险性。——《马克思恩格斯文集》第4卷，人民出版社2009年版，注释285。

③ 这里指保加利亚领土上的四边形要塞区，这四个要塞区分别是锡利斯特拉、鲁斯楚克、舒姆拉和瓦尔纳。在1877—1878年俄土战争开始时土耳其军队的主力集中在这个地区。——《马克思恩格斯文集》第4卷，人民出版社2009年版，注释286。

时破坏；君士坦丁堡的最后掩蔽物巴尔干山脉被从土耳其人手中夺去，并且被解除了武装；形式上是土耳其的附庸国的保加利亚和东鲁米利亚，实际上成了俄国的附庸国；1856年失去的那部分比萨拉比亚领土被收复了；在亚美尼亚新的重要的阵地被占领了；奥地利在占领了波斯尼亚以后就成为瓜分土耳其的同谋者，它必定要反对塞尔维亚人要求独立和统一的一切努力；最后，土耳其由于领土丧失、精疲力竭和过重的战争赔款而完全从属于俄国，并陷入这样一种境地：它只能是——按照俄国人的看法（而这种看法是完全正确的）①——暂时地为俄国守护着博斯普鲁斯海峡和达达尼尔海峡。因此，看来俄国只需要选择适当时机来实现它的伟大的最终目的，即攫取"我们房屋的钥匙"② 君士坦丁堡了。

摘自弗·恩格斯：《俄国沙皇政府的对外政策》（1889年12月—1890年2月）（三），《马克思恩格斯文集》第4卷，人民出版社2009年版，第385页。

---

① 在英译文中不是"按照俄国人的看法（而这种看法是完全正确的）"，而是"这一点俄国外交界也十分清楚"。——编者注

② 这是亚历山大一世在1808年和法国大使科兰库谈话时的用语。——编者注

# 二二 沙俄侵略欧洲、近东及波斯

**1. 俄国最近 60 年来所夺取的领土，从面积和重要性来看，等于俄罗斯帝国在此以前的整个欧洲部分**

至于俄国对扩张所抱的"反感"，让我从俄国自彼得大帝以来大量夺取领土的现象中举出几个事实罢。

俄国边界向外伸展的情况是：

往柏林、德累斯顿和维也纳方向伸展……约 700 英里
往君士坦丁堡方向……………………………约 500 英里
往斯德哥尔摩方向……………………………约 630 英里
往德黑兰方向…………………………………约 1000 英里①

俄国从瑞典手里获得的领土比这个王国剩下的领土还大；它在波兰夺取的领土相当于整个奥地利帝国；在欧洲土耳其夺取的领土超过了普鲁士的国土面积（不包括莱茵河流域的属地）；在亚洲土耳其夺取的领土有全部德国本土那样大；在波斯夺取的领土面积等于一个英国；在鞑靼区夺取的领土面积等于欧洲土耳其、希腊、意大利和西班牙的总和。俄国最近 60 年来所夺取的领土，从面积和重要性来看，等于俄罗斯帝国在此以前的整个欧洲部分。

摘自卡·马克思：《土耳其问题》（1853 年 5 月 31 日），《马克思恩格斯全集》（中文第 2 版）第 12 卷，人民出版社 1998 年版，第 123—124 页。

**2. 按照这个条约，波斯不得不付给俄国 200 万英镑的赔款，并割让包括埃里温和阿巴萨巴德的要塞在内的埃里温省和纳希切万省。照尼古拉的说法，签订这个条约的唯一目的是划定沿阿拉斯河的共同边界，硬说这是防止两个帝国将来任何纠纷的唯一方法**

说到这里，我应该提请读者回忆一下某些历史事实，以便使读者对勋

---

① 见约·麦克尼尔匿名出版的小册子《俄国在东方的进展和现状》1836 年伦敦版第 32—36 页。——编者注

爵阁下的亲希腊感情的性质不再有任何怀疑①。

俄国占据了塞凡湖边的恰克恰地带（这无疑是波斯的领土），并且要波斯放弃对它自己的另一部分领土卡潘的要求，作为俄国撤兵的交换条件。波斯拒绝了，于是它被侵略，被征服，在1828年2月被迫签订图尔克曼恰伊条约②。按照这个条约，波斯不得不付给俄国200万英镑的赔款，并割让包括埃里温和阿巴萨巴德的要塞在内的埃里温省和纳希切万省。照尼古拉的说法，签订这个条约的唯一目的是划定沿阿拉斯河的共同边界，硬说这是防止两个帝国将来任何纠纷的唯一方法。但是他同时又拒绝把属于波斯的阿拉斯河岸的塔雷什和莫甘两地归还波斯。最后，波斯还保证不在里海驻留舰队。这就是俄波战争的起因和结果。

摘自卡·马克思：《帕麦斯顿勋爵》（第二篇）（1853年10月19日），《马克思恩格斯全集》（中文第2版）第12卷，人民出版社1998年版，第411页。

**3. 俄国的贪婪的眼光既注视着多瑙河口，又紧盯着高加索山脉。它在多瑙河口是要夺得统治地位，在高加索山脉则是保住这种地位**

俄国的贪婪的眼光既注视着多瑙河口，又紧盯着高加索山脉。它在多瑙河口是要夺得统治地位，在高加索山脉则是保住这种地位。高加索山脉把南俄同俄国人从穆斯林那里夺得的格鲁吉亚、明格列利亚、伊梅雷蒂亚和古里亚等富饶的省份隔开。这样，这个庞大帝国的脚就同身子分开了。只有一条可以称为道路的军用通道，从莫兹多克蜿蜒经过达里亚尔峡谷隘口，通往梯弗里斯；这条道路上虽然一个接一个地布满了工事，但仍不断从两旁遭到高加索各部族的袭击。这些部族如果有个军事首领把它们联合起来，甚至可能威胁邻近的哥萨克地区。"一想到含有敌意的切尔克西亚人由一个首领联合起来而可能给俄国南部带来的可怕后果，就不寒而栗"——德国人库普弗先生于1829年率领一个学术考察团随同艾曼努埃尔

---

① "以便使读者……不再有任何怀疑"在1853年10月19日的《纽约每日论坛报》上被删去。——编者注

② 《图尔克曼恰伊条约》是俄国和波斯两国于1828年2月22日在图尔克曼恰伊村签订的一个条约，该条约结束了1826—1828年的俄波战争。条约规定了俄国和波斯新的国境线，即基本以阿拉斯河为共同边界，跨阿拉斯河的埃里温省和纳希切万省划归俄国。条约给予俄国商船在里海自由航行和俄国独自享有在里海拥有舰队的特殊权利。与此同时，波斯必须作出不在里海驻留舰队的保证。——《马克思恩格斯全集》（中文第2版）第12卷，人民出版社1998年版，注释244。

将军考察厄尔布鲁士山时曾这样感叹地说过①。

现在，多瑙河和高加索这两个地方都吸引着我们的注意，使我们同样地感到担忧，——在多瑙河岸，俄国占领了欧洲的两大谷仓；在高加索，它面临着失掉格鲁吉亚的危险。②

摘自卡·马克思：《帕麦斯顿勋爵》（第七篇）（1853年12月20日寄往纽约），《马克思恩格斯全集》（中文第2版）第12卷，人民出版社1998年版，第458—459页。

### 4. 俄国侵占摩尔多瓦和瓦拉几亚是由阿德里安堡条约为它做好准备的，它占有高加索的权利也是从这个条约中得到承认的

俄国侵占摩尔多瓦和瓦拉几亚是由阿德里安堡条约为它作好准备的，它占有高加索的权利也是从这个条约中得到承认的。

该条约第四款规定：

"两个帝国〈俄国和土耳其〉之间沿格鲁吉亚、伊梅雷蒂亚和古里亚的边界线以北和以东各地，以及从库班河口到圣尼古拉炮台（包括该炮台在内）的黑海沿岸地区，仍归俄国。"③

关于多瑙河，条约有如下的规定：

"沿多瑙河直到圣乔治河口划为国界，依此，多瑙河诸支流所形成的各个岛屿统属俄国。南岸仍归奥斯曼土耳其政府。但双方同意南岸从圣乔治和苏利纳两条支流的分叉处起，距多瑙河两小时路程〈6英里〉以内的地区规定为非居住区，不得修造任何建筑物。仍属俄国官廷所有的诸岛也依此规定。在这些岛屿上除设立检疫所外，不得修造任何设施或工事。"④

---

① 阿·库普弗《厄尔布鲁士山旅行记》1830年圣彼得堡版第4页。——编者注
② 在《纽约每日论坛报》上这句话下面接着还有一句话："它在这两个地区的活动出于同样的原因。"——编者注
③ 马克思引用的资料来源未能查明。——编者注
④ 同上。

这两项条款确保了俄国"扩张领土和获得贸易特权",因而公开破坏了威灵顿公爵在圣彼得堡签订的1826年4月4日的议定书①,以及俄国同其他强国在伦敦缔结的1827年7月6日的条约②。因此,英国政府当时拒绝承认阿德里安堡条约③。威灵顿公爵曾对这个条约提出抗议。(达德利·斯图亚特勋爵1837年3月17日在下院的演说)

摘自卡·马克思:《帕麦斯顿勋爵》(第七篇)(1853年12月20日寄往纽约),《马克思恩格斯全集》(中文第2版)第12卷,人民出版社1998年版,第459—460页。

**5. 为了使奥地利完全依从于斯拉夫人,强大的斯拉夫后备军即俄国军队于1849年开进了匈牙利,在那里强迫它接受和约**

梅特涅在自己实力最雄厚的年代就已认识到了这种危险性,并且觉察到了俄国的阴谋。他使用他所有的一切手段来镇压了这个运动。但是他所使用的一切手段可以用一个词来说明,那就是迫害。而唯一有效的手段——德意志和匈牙利的精神的自由发展完全可以驱散斯拉夫怪影——是同他的一套卑鄙的政策相矛盾的。结果,在梅特涅垮台以后,

---

① 1826年4月4日俄国和英国在彼得堡签订了一个议定书,其目的是力图掩饰它们站在希腊方面干涉希土冲突的真正目的,声明它们既不打算用损害土耳其的办法来扩大自己的领土,也不打算在苏丹属地上追求特殊的影响和贸易特权。英、俄、法在缔结1827年7月6日伦敦条约时重申了这个声明。——《马克思恩格斯全集》(中文第2版)第12卷,人民出版社1998年版,注释260。

② 英、俄、法三国代表讨论希腊问题的伦敦会议于1827—1829年举行。1827年7月6日,三大强国在伦敦缔结了一个公约,确认英俄1826年4月4日在彼得堡签订的议定书,承认希腊的自治权。像议定书一样,公约也承认希腊为一独立国家并同意用武力调停希土冲突。根据这个协议,三强国向希腊领海派去了联合舰队,参加了纳瓦里诺会战。在伦敦会议上还签署了其他几个有关希腊的文件,其中包括1829年3月22日的议定书,这份议定书确定了希腊的国界,并规定在希腊建立政体。但是,这些协议以及英法两国力图通过外交途径解决冲突的努力,均未动摇土耳其政府在希腊问题上的立场,只是吉比奇将军率领下的俄军在1829年战事中取得的胜利才迫使土耳其政府作出让步。——《马克思恩格斯全集》(中文第2版)第12卷,人民出版社1998年版,注释45。

③ 《阿德里安堡条约》是1828—1829年俄土战争中俄国获胜后两国于1829年9月14日缔结的和约。根据条约,多瑙河口及附近诸岛屿,以及库班河口以南黑海东岸很大一部分土地划归俄国所有。土耳其必须承认摩尔多瓦和瓦拉几亚的自治,赋予它们独立选举国君的权利。这种自治由俄国来保障,这等于确立了沙皇对这两个公国的保护权。土耳其政府还被迫承认希腊为独立国(同土耳其的联系仅限于向苏丹纳年贡),遵守以前就塞尔维亚的自治问题所缔结的一切条约,并用特别敕令赋予这种自治以法律效力。——《马克思恩格斯全集》(中文第2版)第12卷,人民出版社1998年版,注释41。

1848年斯拉夫运动又蓬蓬勃勃地开展了，它席卷了比过去任何时候都要广泛的居民阶层。然而这个运动的极其反动的性质很快就暴露了出来。当奥地利的德意志人和匈牙利人的运动显然是一种进步的运动的时候，——斯拉夫人却正是挽救了旧制度，使旧制度免于毁灭，使拉德茨基得以向明乔河推进，使文迪施格雷茨得以夺取维也纳。为了使奥地利完全依从于斯拉夫人，强大的斯拉夫后备军即俄国军队于1849年开进了匈牙利①，在那里强迫它接受和约。

摘自弗·恩格斯：《德国和泛斯拉夫主义》（1855年4月17日左右）（二），《马克思恩格斯全集》（中文第1版）第11卷，人民出版社1962年版，第223—224页。

**6. 俄国最初入侵波斯是在彼得大帝时代，但是那次入侵并没有得到多少好处。取得更多成功的是亚历山大一世**

在1747年纳迪尔沙赫死后波斯处于一片混乱时，产生了艾哈迈德·杜兰尼统治下的独立的阿富汗王国，它包括了赫拉特、喀布尔、坎大哈、白沙瓦等公国和后来为锡克教徒②所占领的整个地区。这个勉强黏合起来的王国在它的创建人死后就瓦解了，它又重新分裂为原先的各个部分，即各有其独立的首领的阿富汗部落，它们各自为政，内讧不止，只有在共同对付波斯的威胁时才破例地联合起来。阿富汗人和波斯人之间的这种由于民族差异加上历史夙愿造成并且经常为边境纠纷和相互觊觎所加剧的政治上的对立，在一定程度上又由于宗教上的对立而变本加厉，因为阿富汗人是逊尼派伊斯兰教徒，

---

① 指沙皇俄国参与镇压1849年匈牙利的革命。——《马克思恩格斯全集》（中文第1版）第11卷，人民出版社1962年版，注释133。

② 锡克教是16世纪在旁遮普（印度西北部）地区出现的一个宗教派别。由印度教分裂而成，创始人是那纳克（1469—1538年）。锡克为印地语Sikh（意为门徒）的音译。锡克教主张一神论，认为世界上所有现象都是神的表现；在神的面前人人平等，种姓分立和歧视妇女等都是违背神意的；只有使个人灵魂和神结合才能获得最后解脱。锡克教里奉行祖师崇拜制。祖师共十代。第一代祖师即创始人那纳克。锡克教人人平等的教义成了17世纪末农民反对印度封建主和阿富汗掠夺者的思想体系。后来，锡克教徒分化出的封建上层于18世纪末在旁遮普建立了锡克国，锡克国被英国征服后，锡克教徒曾多次举行反英起义。——《马克思恩格斯全集》（中文第2版）第16卷，人民出版社2007年版，注释23。

即正统的伊斯兰教徒，而波斯则是异端的什叶派的堡垒。①

尽管存在这种尖锐和普遍的对立，波斯人和阿富汗人之间毕竟有一点是共同的，即他们都以俄国为敌。俄国最初入侵波斯是在彼得大帝时代，但是那次入侵并没有得到多少好处。取得更多成功的是亚历山大一世；他通过古利斯坦条约②夺得了波斯的12个省，这些省大部分位于高加索山脉南面。尼古拉通过那场图尔克曼恰伊条约③告终的1826—1827年的战争，又从波斯夺得若干地区，而且禁止波斯船只在波斯自己的靠近里海岸边的领水内航行。对昔日的领土被占记忆犹新，对今天的备受压制忍气吞声，对将来可能再遭侵略提心吊胆，这一切使波斯同俄国誓不两立。

摘自卡·马克思：《对波斯的战争④》（1857年1月27日左右），《马克思恩格斯全集》（中文第2版）第16卷，人民出版社2007年版，第24—25页。

---

① 逊尼派和什叶派是产生于17世纪的伊斯兰教的两个主要教派，是在伊斯兰教创始人穆罕默德去世后争夺继承权的斗争中形成的。

什叶派认为只有穆罕默德的女婿阿里及其后代才是穆罕默德的合法继承者即伊玛目。哈里发不应该由人民选举产生。而逊尼派则主张在"全体同意"的基础上选举哈里发。后来在仪式和规章方面什叶派与逊尼派也存在一些细微的差别。——《马克思恩格斯全集》（中文第2版）第16卷，人民出版社2007年版，注释24。

② 《古利斯坦条约》于1813年10月24日签订。该条约结束了1804—1813年的俄国和波斯的战争。条约正式规定把下列各地区划入俄罗斯帝国：达吉斯坦、格鲁吉亚连同舒拉格尔省、依梅雷蒂亚、古里亚、明格列利亚和阿布哈兹，此外还有卡拉巴赫、干扎、舍金、希尔万、杰尔宾特、库宾、巴库等诸汗国以及塔雷什汗国的北部。俄国享有在里海保持舰队的特殊权利；条约还规定双方商人可以进行自由贸易。这个条约直至1828年俄国与波斯之间签订《图尔克曼恰伊条约》之前一直有效。——《马克思恩格斯全集》（中文第2版）第16卷，人民出版社2007年版，注释25。

③ 《图尔克曼恰伊条约》是俄国和波斯两国之间于1828年2月22日在图尔克曼恰伊村签订的，该条约结束了1826—1828年的俄波战争。条约规定了俄国和波斯的新的国境线，即基本以阿拉斯河为共同边界。跨阿腊克斯河埃里温省和纳希勿万省划归俄国。条约给了俄国商船在里海自由航行和俄国独自享有在里海拥有舰队的特殊权利。与此同时，波斯必须作出不在里海驻留舰队的保证。——《马克思恩格斯全集》（中文第2版）第16卷，人民出版社2007年版，注释26。

④ 马克思在《对波斯的战争》这一标题下面写了四篇草稿，标明一、二的前两篇是有关英国和波斯战争的，第三、四篇，虽然分别加上《实际材料》和《帕麦斯顿在国会上的声明》的小标题，但谈的仍属同一问题。

草稿的写作时间应是1857年1月2日以后，因为草稿中提到的《泰晤士报》上有关中国的文章是1857年1月2日发表的。这些草稿中增删的字句很多，对此本卷没有加注声明。

后来，大约在1月27日前后，马克思在这些草稿的基础上写了两篇关于英国和波斯冲突的文章（誊写的手稿都保存下来了），《纽约每日论坛报》把它们合为一篇，作为社论发表在该报1857年2月14日第4937号。本卷在发表时，根据马克思的草稿加上了《对波斯的战争》这一标题。——《马克思恩格斯全集》（中文第2版）第16卷，人民出版社2007年版，注释20。

**7. 俄国占有里海西岸和北岸的全部地区。……在里海东岸有道路通往咸海的各个据点,都有俄国的堡垒**

以赫拉特为共同中心的三个文化中心,形成了三类不同的国家。在西边是波斯,图尔克曼恰伊条约①已将它变成俄国的属国。在东边是阿富汗和俾路支诸国,其中最重要的两个国家喀布尔和坎大哈现在可以列为英印帝国的属国。在北边是图兰的两个汗国希瓦和布哈拉;它们名义上中立,但一旦发生冲突,它们几乎一定会倒向将获胜的一方。波斯实际上从属俄国,而阿富汗实际上从属英国人,这可以由俄国人已派兵去波斯,英国人已派兵去喀布尔的事实来证明。

俄国占有里海西岸和北岸的全部地区。巴库(距阿斯泰拉巴德350英里)和阿斯特拉罕(距阿斯泰拉巴德750英里),是两个可供设置火库和集结预备队的主要据点。在俄国的里海舰队控制这个内海的情况下,俄国可以很容易地向阿斯泰拉巴德输送必需的军需品和援军。在里海东岸有道路通往咸海的各个据点,都有俄国的堡垒。由此向北方和东方伸展的这道俄国的堡垒线上,有乌拉尔河流域哥萨克的村庄,这道堡垒线在1847年就已经由乌拉尔河推进到了恩巴河和图尔盖河,即向俄国统治下的吉尔吉斯各游牧部落境内和咸海方向推进了约150—200英里。此后,实际上已在咸海沿岸修筑了堡垒,现在在咸海和药杀水上都有俄国的轮船航行。甚至有消息说,俄军已占领希瓦,不过这种说法至少还为时过早。②

摘自弗·恩格斯:《英国波斯战争的前景》,《马克思恩格斯全集》(中文第2版)第16卷,人民出版社2007年版,第47页。

---

① 《图尔克曼恰伊条约》是俄国和波斯两国之间于1828年2月22日在图尔克曼恰伊村签订的,该条约结束了1826—1828年的俄波战争。条约规定了俄国和波斯的新的国境线,即基本以阿拉斯河为共同边界。跨阿腊克斯河埃里温省和纳希切万省划归俄国。条约给了俄国商船在里海自由航行和俄国独自享有在里海拥有舰队的特殊权利。与此同时,波斯必须作出不在里海驻留舰队的保证。——《马克思恩格斯全集》(中文第2版)第16卷,人民出版社2007年版,注释26。

② 俄国在咸海沿岸修筑大量堡垒指奥伦堡军事总督瓦·阿·佩罗夫斯基沿锡尔河修筑的大量堡垒。

恩格斯写这篇文章时,俄军尚未占领希瓦。1873年8月12日俄国与希瓦签订条约后,希瓦可汗国才被俄国占领。——《马克思恩格斯全集》(中文第2版)第16卷,人民出版社2007年版,注释64。

### 8. 但愿德国人永远也不要忘记，俄国竟然禁止他们去援助遭到攻击的德国的一个邦

进一步的计划暂时搁了下来，但并没有放弃。搁多久，那就要看欧洲国际关系的发展情况，要看路易—拿破仑能把自己的御用军队①控制多久以及新的战争对俄国有多大的利害关系而定了。

俄国在对我们德国人的关系上将要扮演什么角色，去年哥尔查科夫公爵致德国各小邦的有名的通告②已经作了清楚的说明。从来还没有人以这样的口气对德国说过话。但愿德国人永远也不要忘记，俄国竟然禁止他们去援助遭到攻击的德国的一个邦。

摘自弗·恩格斯：《萨瓦、尼斯与莱茵》（1860年2月）（四），《马克思恩格斯全集》（中文第2版）第19卷，人民出版社2006年版，第481页。

### 9. 但愿德国人也不要忘记俄国的其他许多事情

但愿德国人也不要忘记俄国的其他许多事情。

1807年在签订蒂尔西特和约的时候，俄国要它的同盟者普鲁士拿出一块领土——比亚韦斯托克省给自己，并且把德国出卖给了拿破仑。

1814年，甚至奥地利也承认波兰有独立的必要（见卡斯尔雷回忆录）时，俄国还把华沙大公国（也就是以前属于奥地利和普鲁士的几个省③）几乎全部并入了自己的版图，从而对德国采取了进攻的态势，它将长期威胁着我们，直到我们把它从那里驱逐出去。在1831年后筑成的要塞群——莫德林、华沙、伊万城——甚至连亲俄派哈克斯特豪森也认为是对德国的直接威胁。

---

① 御用军是古罗马皇帝或统帅的私人卫队，享有特权。在罗马帝国时期，御用军经常发生内讧，并常常扶助自己方面的人登上皇位。后来"御用军"就成为雇佣兵及军阀横行霸道的同义语。马克思把拿破仑第三所依靠的那些法国军阀叫做御用军队。——《马克思恩格斯全集》（中文第2版）第19卷，人民出版社2006年版，注释43。

② 指俄国外交大臣哥尔查科夫1859年5月27日给俄国驻德国各邦的外交代表的紧急通告，1859年6月16日奥格斯堡《总汇报》第167号转载了该通告。——《马克思恩格斯全集》（中文第2版）第19卷，人民出版社2006年版，注释357。

③ 华沙大公国是拿破仑第一在1807年根据蒂尔西特和约划出原来归于普鲁士的一小块波兰领土所建立的藩属；1809年，奥地利被击溃后，奥地利占有的几块波兰领土也并入这个公国。根据1815年维也纳会议的决定，公国的领土重又被普鲁士、奥地利和俄国所瓜分。——《马克思恩格斯全集》（中文第2版）第19卷，人民出版社2006年版，注释358。

1814年和1815年，俄国采取了一切手段来使德意志联邦条例①以现在这种形式固定下来，从而使德国对外永远软弱无能。

自1815年到1848年，德国处于俄国的直接控制之下。奥地利在多瑙河上曾同俄国抗衡，而在莱巴赫、特罗保②和维罗纳等会议③上，它却实现了俄国对西欧所抱的一切希望。俄国能这样控制是德意志联邦条例造成的直接后果。普鲁士在1841年和1842年曾一度企图摆脱俄国的控制，但立即就被迫恢复原状。结果是，当1848年革命爆发时，俄国发出了一个通告④，把德国的运动说成是儿童游戏室里的吵闹。

1829年，俄国和波林尼雅克内阁缔结了自1823年就开始由夏多勃里昂准备的（并经他正式确认的）条约，根据这个条约，莱茵河左岸割让给了法国。

1849年，俄国在匈牙利支持了奥地利，条件是要奥地利恢复联邦议会和摧毁石勒苏益格—荷尔斯泰因的抵抗；伦敦议定书⑤保证俄国在最近期

---

① 德意志联邦条例即《德意志联邦条例。1815年6月8日》，它是1815年6月8日在维也纳会议上通过的德意志联邦宪法。根据这一条例，34个德意志邦在形式上组成了德意志联邦，但是并没有消除德意志的分裂状态，各邦的独立性以及德意志诸侯的政治权利仍然得到承认。——《马克思恩格斯全集》（中文第2版）第19卷，人民出版社2006年版，注释359。

② 特罗保（奥帕瓦）会议是神圣同盟的第二次会议，于1820年10月开幕，1821年5月在莱巴赫（卢布尔雅那）闭幕。在这两次会上，神圣同盟各大国公开宣布了干涉他国内政的原则，以维持当地的封建君主制度。根据这一原则，会议决定派遣军队到别国去镇压当地的资产阶级革命运动和民族解放运动，重建专制制度。——《马克思恩格斯全集》（中文第2版）第19卷，人民出版社2006年版，注释360。

③ 维罗纳会议是1822年10—12月神圣同盟在维罗纳召开的会议。会议通过了法国对革命的西班牙实行武装干涉以及奥地利继续占领那不勒斯和撒丁王国的决定。会议还谴责了希腊人民反对土耳其外来统治所进行的民族解放斗争。——《马克思恩格斯全集》（中文第2版）第19卷，人民出版社2006年版，注释222。

④ 指俄国外交大臣涅谢尔罗迭1848年7月6日给俄国驻德国各邦的代表发出的通告。马克思和恩格斯1848年8月在《俄国的照会》一文中对这一通告作了评价。——《马克思恩格斯全集》（中文第2版）第19卷，人民出版社2006年版，注释361。

⑤ 伦敦议定书指1852年5月8日由俄、奥、英、法、普、瑞典等国代表和丹麦代表共同签订的关于丹麦君主国继承权的条约。条约的基础是1850年8月2日上述伦敦会议参加国（除普鲁士以外）通过的议定书，该议定书规定了丹麦王室的领地（包括石勒苏益格和荷尔斯泰因两公国在内）的不可分割的原则。伦敦议定书中，提到俄国皇帝（作为1762年曾经以彼得三世这个名字统治过俄国的荷尔斯泰因—哥托尔普的卡·彼·乌尔利希公爵的后裔）是丹麦王位的合法要求者之一。尼古拉一世放弃了自己的权利，让位给被宣布为弗雷德里克七世的继承人格吕斯堡王朝的克里斯蒂安公爵。这就为俄国沙皇以后在格吕斯堡王朝不复存在时要求继承丹麦王位提供了口实。——《马克思恩格斯全集》（中文第2版）第19卷，人民出版社2006年版，注释362。

间获得对整个丹麦君主国的继承权，并使它有希望实现自彼得大帝以来就渴望实现的进入德意志联邦（以前是德意志帝国）的计划。

1850年，普鲁士和奥地利被召到华沙受沙皇审判。虽然在庸俗的政客眼里只有普鲁士受到了屈辱，其实奥地利所受的屈辱并不见得少些。

1853年，俄皇尼古拉一世在同汉·西摩尔爵士交谈中任意摆布德国，就好像德国是他的世袭领地似的。他说，他对奥地利是放心的；至于普鲁士，他根本不屑于一提。

最后，1859年，当神圣同盟看来已彻底瓦解的时候，俄国就同路易—拿破仑缔结条约，法国在俄国的同意和支持下进攻奥地利，哥尔查科夫还发出通告，非常放肆地禁止德国人向奥地利提供任何援助。

这就是从这个世纪开始以来我们要感激俄国人的一切，但愿我们德国人永远不要忘记这一切。

> 摘自弗·恩格斯：《萨瓦、尼斯与莱茵》（1860年2月）（四），《马克思恩格斯全集》（中文第2版）第19卷，人民出版社2006年版，第482—483页。

**10. 大家知道，叶卡捷琳娜二世曾经力图在地中海上为俄国取得一些军港**

克吕登纳夫人，这位神圣同盟的母亲，分得清善即"北方的白天使"（亚历山大一世）与恶即"南方的黑天使"（拿破仑第一）。福格特，这位新神圣同盟的养父，把两个人——沙皇和凯撒（亚历山大二世和拿破仑第三）都变为"白天使"。这两个人都命中注定是欧洲的解放者。

至于皮埃蒙特，福格特说："它甚至赢得了俄国的尊重。"（《研究》第71页）

甚至赢得了俄国的尊重——对一个国家，还能再多说些什么呢？在皮埃蒙特已经把维拉弗兰卡军港割让给俄国①，而同一位福格特就普鲁士购买亚德湾一事②提出了下列警告以后，更是如此：

---

① 1858年8月，俄国和撒丁王国达成了一项协定，使俄国的一家轮船和贸易公司暂时享有利用维拉弗兰卡港东部的权利，该港位于地中海岸尼斯附近，专供船只停泊和修理以及装添燃料之用。——《马克思恩格斯全集》（中文第2版）第19卷，人民出版社2006年版，注释210。

② 1853年，普鲁士向奥尔登堡公国购买了亚德湾的一部分岸边地带，用于建立军港（军港取名威廉港，建于1855—1869年）。——《马克思恩格斯全集》（中文第2版）第19卷，人民出版社2006年版，注释211。

"一个地处异国境内的军港,同它所属的国家毫无有机的后方联系,这是十分荒谬可笑的,因为这种军港的存在只是在下列情况下才有意义:在某种程度上把它看做达到未来努力的瞄准点,看做是为指引前进方向而升起的一面小旗。"(《研究》第 15 页)

大家知道,叶卡捷琳娜二世曾经力图在地中海上为俄国取得一些军港。

摘自卡·马克思:《福格特先生》(1860 年 2—11 月)(八),《马克思恩格斯全集》(中文第 2 版)第 19 卷,人民出版社 2006 年版,第 205—206 页。

**11. 然而,只是在 1831 年把波兰人平定下去,使这个地区完全臣服俄国人时,这个楔子的真正意义才显示出来**

当俄国根据 1815 年条约①兼并了绝大部分波兰本土的时候,它就获得了向西部挺进的阵地,它不仅在奥地利和普鲁士之间,而且在东普鲁士和西里西亚之间打入一个楔子,以致当时普鲁士的军官们(例如格奈泽瑙)就已经注意到,不能容忍与一个非常强大的邻邦有这样的边界关系。然而,只是在 1831 年把波兰人平定下去,使这个地区完全臣服俄国人时,这个楔子的真正意义才显示出来。必须使波兰俯首听命不过是在华沙、莫德林、伊万城建筑强大工事的一种借口。建筑这类强大工事的真正目的,是在战略上完全控制魏克瑟尔河地区,建立向北、向南和向西的进攻基地。甚至连非常迷恋信奉东正教的沙皇以及一切俄国事物的那个哈克斯特豪森,也看出这是对德国的显而易见的危险和威胁。俄国人在魏克瑟尔河上的设防阵地对德国的威胁,要比法国全部要塞的总和还要大,特别是波兰的全国性反抗一旦停止,而俄国一旦能够把波兰的军事力量当作自己的侵略力量

---

① 《维也纳条约》即 1815 年条约。英、普、俄、奥等反拿破仑战争联盟国家的君主、代表和复辟的波旁王朝代表于 1815 年 5—6 月在维也纳会议上签订了旨在恢复各国王朝统治和满足战胜国领土要求的条约和协议。根据 1815 年条约的决定,奥地利获得意大利的伦巴第和威尼斯等地;普鲁士获得莱茵河两岸及北部萨克森的土地;瑞典从丹麦获得挪威;俄国获得芬兰,并把华沙大公国改为波兰王国,由沙皇统治;克拉科夫成为俄、普、奥共同保护的共和国。奥地利的尼德兰(比利时)合并于荷兰称为尼德兰王国。德意志组成松散的德意志联邦;瑞士重新恢复中立;英国得到荷兰的好望角与锡兰殖民地以及法属殖民地马耳他岛。维也纳会议决定恢复法国 1792 年的疆界,恢复波旁王朝在法国的统治,并将法国置于列强的严格监督之下;法国不得再侵占欧洲领土。——《马克思恩格斯全集》(中文第 2 版)第 19 卷,人民出版社 2006 年版,注释 19。

来支配的时候,更是如此。

摘自卡·马克思:《福格特先生》(1860 年 2—11 月)(八),《马克思恩格斯全集》(中文第 2 版)第 19 卷,人民出版社 2006 年版,第 215 页。

## 12. 福格特要波兰人通过"自由自决"溶化于俄国,要匈牙利人俯首听命于俄国的统治,从而在斯拉夫各民族中灭亡

至于俄国,不管它在匈牙利进行直接或间接统治,完全是另一回事。如果按族系和宗教去统计同俄国相近的成分,那就会发现,俄国拥有占居民多数的非马扎尔人。马扎尔人种族在数量上少于按族系同俄国相近的斯拉夫人和按宗教同俄国相近的瓦拉几亚人。因此,俄国在匈牙利的统治就等于匈牙利民族的灭亡,也就是同马扎尔人的统治有历史渊源的匈牙利的灭亡。①

福格特要波兰人通过"自由自决"溶化于俄国,要匈牙利人俯首听命于俄国的统治,从而在斯拉夫各民族中灭亡②。

摘自卡·马克思:《福格特先生》(1860 年 2—11 月)(八),《马克思恩

---

① 在匈牙利革命战争中声名赫赫的莫里茨·佩尔采尔将军,在意大利战役时就已脱离了聚集在科苏特周围的在都灵的匈牙利军官们,他在一项公开声明中是这样解释他离去的动机的:一方面由于科苏特不过成了波拿巴的稻草人,另一方面是由于匈牙利未来将属于俄国这样一种前途。我曾写给他一封信,请他比较详尽地解释一下他的声明,他在回信(注有:1860 年 4 月 19 日于圣赫利尔)中写道:"我永远不会变成个工具:帮助匈牙利逃脱双头鹰的利爪,仅仅是为了随后又把它投入北方熊的致命的怀抱。"

② 科苏特先生从来没有怀疑过上面发挥的看法的正确性。他知道,奥地利可能残酷地虐待匈牙利,但不可能消灭它。1851 年 2 月 15 日,他从屈塔希亚写信给宰相路西德帕沙:"约瑟夫二世皇帝是哈布斯堡王朝出过的惟一英明人物,他用尽了他的罕有智慧和当时还流行的关于他的王朝的威力的观点所提供的一切非凡手段,来使匈牙利日耳曼化,并使它溶化于这个联合国家中。然而,斗争却使匈牙利获得了新的生命力……在最近这次革命中,奥地利从灰烬中站起来,只不过为了向沙皇、向它的那个从来不给帮助、反而一贯出卖这种帮助的主子双膝下跪。奥地利必须为这种帮助付出高昂的代价。"(《科苏特通信集》第 33 页)另一方面,在同一封信中,他还这样写道:匈牙利和土耳其只有联合起来,才能挫败俄国的泛斯拉夫主义阴谋诡计。1851 年 1 月 17 日,他从屈塔希亚写信给戴维·乌尔卡尔特尔说:"We must crush Russia, my dear Sir! and headed by you, we will! I have not only the resolution of wiil, but also that of hope! and this is no vain word, my doar Sir, no sanguine fascinasion; it is the word of a man, who is wont duly to calculate every chance: of a man though very weak in faculties, not to be shaken in persevence and rosolution etc."(同上,第 39 页)。("我们一定要摧毁俄国,亲爱的朋友,而且在您的领导下我们一定会摧毁它。我不仅充满决心,而且满怀希望——这并不是空话,亲爱的朋友,并不是一个爱激动的人的幻想:这是一个已习惯于对一切良机都加以深思熟虑的人说的话,此人虽然才菲能薄,但是坚毅果断,不可动摇,等等。")

格斯全集》（中文第 2 版）第 19 卷，人民出版社 2006 年版，第 218—219 页。

### 13. 先生们，备马吧！

三十多年前在法国爆发了革命。这是刚同查理十世签订了一项改善欧洲行政管理和地理安排的密约的圣彼得堡没有料到的事件。接到这个破坏了全部计划的消息之后，沙皇尼古拉召集了近卫军军官，对他们作了简短的杀气腾腾的演说，最后一句话是："先生们，备马吧！"这并不是空洞的威吓。帕斯凯维奇被派到柏林，为的是在那里准备入侵法国的计划。几个月功夫一切都已准备停当。普鲁士人应当在莱茵河集结，波兰军队应当进驻普鲁士，而俄国佬①则应跟在他们后面。然而那时，正如拉斐德在法国众议院所说的，"前卫军把武器调转来对准了主力部队"②。华沙的起义把欧洲从再一次的反雅各宾战争中拯救了出来。

摘自卡·马克思：《1867 年 1 月 22 日在伦敦纪念波兰起义大会上的演说》，《马克思恩格斯全集》（中文第 1 版）第 16 卷，人民出版社 1964 年版，第 224 页。

### 14. 原来俄国曾经利用西欧的革命时期，悄悄地占据多瑙河各公国，并准备一场新的征服土耳其的战争

但是，首先，占领莱茵河地区并不是路易·波拿巴力所能及的。在这方面的每一个尝试，结果都会使欧洲结成反法同盟。然而，提高法国威望和使军队得到新荣誉的时机到来了，这种时机是由一场几乎为全欧洲一致同意进行的反俄战争引起的，原来俄国曾经利用西欧的革命时期，悄悄地占据多瑙河各公国，并准备一场新的征服土耳其的战争。英国同法国结成了同盟，奥地利对二者表示友好，只有英勇的普鲁士去吻昨天还打着自己的俄国鞭子，并且继续保持亲俄的中立。可是，无论英国或者法国都不想使敌人遭到严重失败，因此，战争便以俄国遭受小小屈辱和俄法结成反奥

---

① 马克思用"俄国佬"一词指沙皇专制政府的反动政策的卫道者（并见第 16 卷第 594 页）。——编者注

② 摘自拉斐德于 1831 年 1 月 16 日在法国众议院会议上的发言，发言发表在 1831 年 1 月 17 日的"总汇通报"上。——《马克思恩格斯全集》（中文第 1 版）第 14 卷，人民出版社 1964 年版，注释 174。

同盟而告终。①

> 摘自弗·恩格斯：《暴力在历史中的作用》（1887年12月底—1888年3月），《马克思恩格斯全集》（中文第1版）第21卷，人民出版社1965年版，第469页。

### 15. 对巴尔干半岛的统治将把俄国的疆界扩展到亚德里亚海

对巴尔干半岛的统治将把俄国的疆界扩展到亚德里亚海。但是如果不相应地扩展俄国整个西部边界，不大大地扩张它的势力范围，西南部的这段边界就是不稳固的。而在这方面，形势可以说是更加有利的。

> 摘自弗·恩格斯：《俄国沙皇政府的对外政策》（1889年12月—1890年2月）（一），《马克思恩格斯文集》第4卷，人民出版社2009年版，第358页。

### 16. 到叶卡捷琳娜逝世的时候，俄国的领地已超过了甚至最肆无忌惮的民族沙文主义所能要求的一切

到叶卡捷琳娜逝世的时候，俄国的领地已超过了甚至最肆无忌惮的民族沙文主义所能要求的一切。凡是冠有俄罗斯名字的（少数奥地利的小俄罗斯人除外），都处在她的继承者的统治之下，这个继承者现在完全可以称自己为全俄罗斯的专制君主。俄国不仅夺得了出海口，而且在波罗的海和

---

① 克里木战争是一个绝无仅有的错中错的大喜剧，在这个喜剧中，每换一场人们都会问：这一场谁将受骗？可是，这一喜剧是以无数的财富和一百多万人的生命为代价的。在战争前夜，奥地利就进军多瑙河各公国；俄国人在奥地利人面前撤退。因此，在奥地利继续保持中立的时候，俄国在陆地边界上同土耳其作战就不可能了。但是，要使奥地利作为同盟国在这条边界上参加战争，只有在下述情况下才有可能：使战争成为真正的战争，以便恢复波兰，使俄国的西部边界永远东移。这样一来，普鲁士也就会被迫参加（俄国那时还正在通过普鲁士得到它的全部进口商品）；俄国不论在陆上或者海上都会受到封锁。很快就会失败，但是，这并非各同盟国的意图，相反，它们感到高兴的是，现在能免除一场真正的战争的一切危险。帕麦斯顿建议把战场转移到克里木去——这是俄国所希望的，——而路易—拿破仑就很乐意地这样做了。战争在克里木进行，可能始终是一场假装的战争，这样，所有主要的参加者都会感到满意。但是，尼古拉皇帝却认为有必要在这里进行一场真正的战争，而忘记了，这个地方对于一场假装的战争是极其有利的，而对于一场真正的战争就非常不利，俄国在防御方面的长处——它那人口稀少、交通不便、资源贫乏的广阔地区，——在俄国进行任何进攻战时都会变成对本身不利的反面东西，而这一点在任何地方都不像在克里木这一方面表现得如此明显。按理要成为入侵敌人的坟墓的南俄草原，竟成了俄国军队的坟墓，因为尼古拉以残忍而愚蠢的轻率态度把俄国的军团一个个赶往塞瓦斯托波尔，一直到仲冬还在赶。当最后一支仓促召募起来的、装备很差的、粮食供应可怜的军队损失了三分之二人员（整营整营的人倒毙在暴风雪中），残余部队无力把敌人驱逐出俄国土地的时候，傲慢而愚蠢的尼古拉就可悲地垮台了，他服毒自杀了。从此以后，战争又成了假装的战争，而且很快就缔结了和约。

黑海都占领了广阔的滨海地区和许多港口。受俄国统治的不仅有芬兰人、鞑靼人和蒙古人，而且还有立陶宛人、瑞典人、波兰人和德国人——还想要什么呢？对于任何其他民族来说，这是足够了。可是对于沙皇的外交来说（民族是不必考虑的），这只不过是为现在才得以开始的真正掠夺打好了基础。

摘自弗·恩格斯：《俄国沙皇政府的对外政策》（1889年12月—1890年2月）（二），《马克思恩格斯文集》第4卷，人民出版社2009年版，第366—367页。

**17. 俄国外交立刻为确立对德意志各小邦的霸权而开始了进军**

俄国外交立刻为确立对德意志各小邦的霸权而开始了进军。不言而喻，不战胜拿破仑就不可能达到这一点。因此，必须把德意志诸侯和德国的所谓舆论（如果那时能谈得上什么舆论的话）争取到自己这方面来。于是用外交来对付诸侯，用文字来对付庸人。各个宫廷充斥着俄国人的献媚、威胁、欺骗和贿赂，于此同时，人们又在公众中散发神秘的小册子，宣扬俄国是唯一能够拯救并且有效地保护德国的强国，而根据1779年的泰申和约，保护德国是它的权利和义务。当1805年战争爆发时，稍微懂一点事的人想必都会明白，问题在于各小邦是做法国的莱茵联邦，还是做俄国的莱茵联邦。

摘自弗·恩格斯：《俄国沙皇政府的对外政策》（1889年12月—1890年2月）（二），《马克思恩格斯文集》第4卷，人民出版社2009年版，第368页。

**18. 在这里我们所看到的，是对别国领土的赤裸裸的暴力的掠夺，是明火执仗的抢劫**

俄国以前从来没有占据过如此强大的地位。不过它也在自己的天然边界之外又跨出了一步。如果说对于叶卡捷琳娜的侵略，俄国的沙文主义还有某些托词——我不愿说是辩白——，那么对于亚历山大的侵略，就根本谈不到这一点了。芬兰是芬兰人和瑞典人的，比萨拉比亚是罗马尼亚人的，会议桌上的波兰①是波兰人的。在这里不再是对冠有俄罗斯名字的各个分

---

① 会议桌上的波兰指沙皇俄国根据1814—1815年维也纳会议的决定所吞并的波兰领土。维也纳会议后，波兰再度被俄、普、奥三国瓜分，沙皇俄国吞并了大部分波兰国土，成立了波兰王国，由沙皇亚历山大一世兼任国王。会议桌上的波兰或俄罗斯的波兰，即指这部分波兰领土。——《马克思恩格斯文集》第4卷，人民出版社2009年版，注释259。

散的同族部落进行合并的问题,在这里我们所看到的,是对别国领土的赤裸裸的暴力的掠夺,是明火执仗的抢劫。

摘自弗·恩格斯:《俄国沙皇政府的对外政策》(1889年12月—1890年2月)(二),《马克思恩格斯文集》第4卷,人民出版社2009年版,第371页。

### 19. 应该不理会欧洲,甚至不理会欧洲大战的危险,立即占领多瑙河两公国

总理大臣涅谢尔罗德向自己的大使们征询意见。驻巴黎的波措—迪—博尔哥[1825年10月4日(16日)报告]和驻伦敦的利文[1825年10月18日(30日)报告]无条件地主张大胆行动:应该不理会欧洲,甚至不理会欧洲大战的危险,立即占领多瑙河两公国。这显然是俄国外交界的普遍看法。但是亚历山大是一个优柔寡断、反复无常的人,他自命不凡,充满神秘主义的幻想;他不仅有东罗马帝国时代的希腊人即拜占庭人(拿破仑这样叫他)的狡猾和虚伪,而且还有他们的犹豫不定和缺乏毅力。他当真地推崇起正统主义,并对希腊的起义者感到厌倦。他无所事事,在没有铁路的情况下几乎不可捉摸地前往南方的塔甘罗格附近旅行。忽然传来了他的死讯。谣传他是被毒死的。是不是外交界又像以前除掉父亲那样除掉了儿子呢?无论如何,对外交界说来他死得再适时不过了。

摘自弗·恩格斯:《俄国沙皇政府的对外政策》(1889年12月—1890年2月)(三),《马克思恩格斯文集》第4卷,人民出版社2009年版,第375页。

### 20. 多瑙河两公国从这时起直到克里木战争为止,成了俄国军队的 karczma zajezdna

无论如何,这次媾和使俄罗斯帝国得到了多瑙河口、亚洲的一块土地以及经常干涉多瑙河两公国事务的新口实。① 多瑙河两公国从这时起直到

---

① 1828—1829年俄土战争中俄国获胜后两国于1829年9月签订了阿德里安堡和约。和约规定,多瑙河口和附近岛屿以及库班河以南的黑海东岸很大一部分地区划归俄国所有。土耳其必须承认摩尔多瓦和瓦拉几亚自治,给予它们独立选举国君的权利。这种自治由俄国来负责保证,实际上确立了沙皇对这两个公国的保护权。此外,土耳其政府还必须承认希腊为独立国(同土耳其的联系仅限于向苏丹纳年贡),遵守以前就塞尔维亚的自治问题所缔结的一切条约,并颁布特别敕令使塞尔维亚的自治合法化。——《马克思恩格斯文集》第4卷,人民出版社2009年版,注释266。

克里木战争①为止，成了俄国军队的 karczma zajezdna②；在这个期间，它们不受俄国军队侵扰的时间是很少的。

摘自弗·恩格斯：《俄国沙皇政府的对外政策》（1889年12月—1890年2月）（三），《马克思恩格斯文集》第4卷，人民出版社2009年版，第376页。

**21. 所以当1848年二月革命爆发时，俄国外交竟能够把这个革命作为对它极为有利的事件来欢迎**

俄国外交已经经受住了这么多次西欧革命，不仅没有受到损害，而且还得到直接的益处，所以当1848年二月革命③爆发时，俄国外交竟能够把这次革命作为对它极为有利的事件来欢迎。革命蔓延到了维也纳，不仅除掉了俄国的主要对手梅特涅，而且还把奥地利的斯拉夫人，这些沙皇政府的可能的同盟者，从沉睡中唤醒；革命席卷了柏林，从而治好了什么都想做而什么都做不到的弗里德里希—威廉四世渴望脱离俄国而独立的病症。还有什么更称心的事呢？俄国保证不会受任何传染，波兰被重兵驻守着，动也不能动弹。而当革命一延伸到多瑙河两公国④，俄国外交就得到了它所希望的东西：有了借口重新侵入摩尔多瓦和瓦拉几亚，以便在那里恢复秩序并且进一步巩固俄国的统治。

摘自弗·恩格斯：《俄国沙皇政府的对外政策》（1889年12月—1890年2

---

① 克里木战争是1853—1856年俄国对英国、法国、土耳其和撒丁的联盟进行的战争。这场战争是由于这些国家在近东的经济和政治利益发生冲突而引起的，故又称东方战争。克里木战争中俄国的惨败重挫了沙皇俄国独占黑海海峡和巴尔干半岛的野心，同时加剧了俄国国内封建制度的危机。这场战争以签订巴黎和约而告结束。——《马克思恩格斯文集》第4卷，人民出版社2009年版，注释267。

② 在英译文中，karczma zajezdna 后面作了注解：（餐馆）。——编者注

③ 二月革命指1848年2月爆发的法国资产阶级民主革命。代表金融资产阶级利益的"七月王朝"推行极端反动的政策，反对任何政治改革和经济改革，阻碍资本主义发展，加剧对无产阶级和农民的剥削，引起全国人民的不满，农业歉收和经济危机进一步加深了国内矛盾。1848年2月22—24日巴黎爆发革命，推翻了"七月王朝"，建立了资产阶级共和派的临时政府，宣布成立法兰西第二共和国。二月革命为欧洲1848—1849年革命拉开了序幕。无产阶级和小资产阶级积极参加了这次革命，但革命果实却落到了资产阶级手里。——《马克思恩格斯文集》第4卷，人民出版社2009年版，注释2。

④ 指1848年摩尔多瓦和瓦拉几亚爆发的资产阶级革命；当时这两个公国的人民掀起了广泛的群众运动，力争在革命过程中彻底摆脱对土耳其帝国的依附，消灭农奴制度和资本主义发展道路上的其他障碍。这场革命在国内反动势力联合苏丹土耳其与沙皇俄国的武装干涉下遭到镇压。——《马克思恩格斯文集》第4卷，人民出版社2009年版，注释274。

月）（二），《马克思恩格斯文集》第 4 卷，人民出版社 2009 年版，第 378 页。

**22. 那时很快就会发现，在喀尔巴阡山脉和爱琴海之间的地区，各民族以及各民族碎块实行自治和实行自由联合的主要障碍，原来就是那个用所谓的解放这些民族的幌子来掩盖自己的独霸世界计划的沙皇政府**

到那一天，奥地利将丧失它存在的唯一的历史根据——作为防止俄国进攻君士坦丁堡的屏障。只要俄国不再威胁博斯普鲁斯海峡，欧洲对于这堆形形色色的民族的存在就会失去任何兴趣。全部所谓的东方问题，即关于土耳其在斯拉夫人、希腊人和阿尔巴尼亚人居住区的统治的继续存在，以及关于黑海门户的占有权的争执（那时已经没有人能够独占这个门户，并用它来反对欧洲）也将失去意义，马扎尔人、罗马尼亚人、塞尔维亚人、保加利亚人、阿尔瑙特人①、希腊人②和土耳其人将终于有可能不受外来力量的干涉而自己解决相互间的纠纷，划定自己的国界，按照自己的意见处理自己的内部事务。那时很快就会发现，在喀尔巴阡山脉和爱琴海之间的地区，各民族以及各民族碎块实行自治和实行自由联合的主要障碍，原来就是那个用所谓的解放这些民族的幌子来掩盖自己的独霸世界计划的沙皇政府。

摘自弗·恩格斯：《俄国沙皇政府的对外政策》（1889 年 12 月—1890 年 2 月）（三），《马克思恩格斯文集》第 4 卷，人民出版社 2009 年版，第 391—392 页。

---

① 土耳其人对阿尔巴尼亚人的称呼。——编者注
② 英译文中在"希腊人"的后面补充有："亚美尼亚人。"——编者注

## 二三　沙俄侵略中亚及远东

**1. 俄国人向中亚或南亚发动任何大规模进攻时所必须遵循的作战路线，是自然条件规定了的**

俄国人向中亚或南亚发动任何大规模进攻时所必须遵循的作战路线，是自然条件规定了的。如果从陆路由高加索沿里海西南岸前进，就会遇到巨大的天然障碍——波斯北部的山脉，并且会使入侵的军队在到达主要目的地赫拉特之前必须通过1100英里以上的路程。如果从陆路由奥伦堡向赫拉特进攻，则不仅要经过那个使佩罗夫斯基的军队在远征希瓦时遭到重创①的沙漠，而且还要经过两个同样荒凉的沙漠。从奥伦堡到赫拉特的距离，按直线计算有1500英里，如果俄国人从这一方向进攻，则奥伦堡就是俄军能够选为作战基地的最近地点。此外，俄属亚美尼亚同奥伦堡都几乎完全与俄国的中心隔绝，前者被高加索山脉所隔绝，后者被大草原所隔绝。要在这两个地方中的任何一处把夺取中亚所必需的装备和军员集中起来，是根本办不到的。因此，只剩下一条路线，那就是穿过里海，以阿斯特拉罕和巴库作为基地，以里海东南岸的阿斯泰拉巴德作为监视站，而且这条路到赫拉特总共只有500英里。这条路线具有俄国所能期望的一切优越性。阿斯特拉罕在伏尔加河上的位置，正如新奥尔良在密西西比河上的位置一样。它位于俄国最大的一条河流的河口，而这条河流的上游地区实际上形成了俄罗斯帝国的中心——大俄罗斯，所以它具有一切方便条件可被用来转运兵员和军需品，以组织大规模的远征。由阿斯特拉罕乘轮船走四天，乘帆船则走八天，便能到达里海另一端的阿斯泰拉巴德。里海本身无疑是俄国的内海，阿斯泰拉巴德（现已被波斯沙赫献给俄国）则位于由西面到赫拉特这条惟一的道路上的起点，这条道路越过呼罗珊山脉，可以完全不经过沙漠。

俄国政府正是这样做的。准备在事态进一步复杂化时进攻赫拉特进攻

---

① 1839年11月奥伦堡军事总督瓦·阿·佩罗夫斯基将军率领远征军进攻希瓦汗国时遭到失败。由于对冬天穿越荒原的困难估计不足，这支由五千人组成的、带有若干火炮和粮秣车队的远征军因病折损半数，佩罗夫斯基未到希瓦即被迫返回奥伦堡。——《马克思恩格斯全集》（中文第2版）第16卷，人民出版社2007年版，注释65。

的主力纵队,正在向阿斯泰拉巴德集结。此外,还有两个侧路纵队,不过它们与主力的协同至少是很成问题的,因而每个纵队各有其自己的明确目标。集结于大不里士的右路纵队,任务是掩护波斯西部边境,防止土耳其人向那里采取任何敌对行动,并在必要时开往哈马丹和休斯特尔,以掩护首都德黑兰,防备土军和在波斯湾布什尔港登陆的英军的进攻。左路纵队由奥伦堡出发,很可能是指望得到由阿斯特拉罕开往里海东岸的援军。它应当保证占有咸海周围地区,并向希瓦、布哈拉和萨马尔罕进发,争取这些国家或者不抵抗或者协助俄军作战;此外,如有可能还要沿奥克苏斯河而上,向巴耳赫推进,以威胁英军在喀布尔或靠近赫拉特的翼侧和后方。据悉,俄军各支队伍已在途中,中路纵队和右路纵队已分别抵达阿斯泰拉巴德和大不里士。至于左路纵队的推进情况,一时大概还听不到什么消息。

摘自弗·恩格斯:《英国波斯战争的前景》,《马克思恩格斯全集》(中文第2版)第16卷,人民出版社2007年版,第47—49页。

**2. 几个星期以前,我们曾指出俄国近年来在东亚细亚,即在太平洋西岸有着极顺利的进展**

几个星期以前,我们曾指出①俄国近年来在东亚细亚,即在太平洋西岸有着极顺利的进展。今天,我们要请读者注意这同一个大国在另一方面,即在中亚细亚的同样顺利的进展。

关于两个亚洲大国俄国和英国可能在西伯利亚和印度之间的某处发生冲突的问题,关于哥萨克和西帕依在奥克苏斯河两岸发生冲突的问题,自从1839年英国和俄国同时出兵中亚细亚②以来,常常被人们谈论着。这两国军队的第一次远征由于当地恶劣的自然条件和气候而遭到的失败,有一个时期使人们对议论不感兴趣。英国曾以成功的然而一无所得的进军喀布尔来弥补自己的失败。俄国似乎是默默地忍受了自己的耻辱,可是我们就会看到,它丝毫也没有想到要放弃自己的计划,而且顺利地实现了自己的目的。当最近一次战争开始的时候,俄国有可能进攻印度的问题,又重新提出来了;但是那时大家几乎一点也不知道俄国的先遣部队已推进到什么

---

① 见第12卷第625—626页。——编者注

② 指瓦·亚·彼罗夫斯基在1839年组织的旨在征服希瓦但终告失败的一次远征以及第一次英国阿富汗战争。恩格斯在讲到英国军队的种种失败时,看来是指英印军队在进军喀布尔时所遭遇的困难。——《马克思恩格斯全集》(中文第1版)第12卷,人民出版社1962年版,注释402。

地方以及他们在哪一个方向进行侦察。印度报纸偶尔登载一些关于俄国在中亚细亚的征服地的报道，但是人们没有注意它们。最后，在1853年英国——波斯战争时期，整个问题又重新引起了讨论。

摘自弗·恩格斯：《俄国在中亚细亚的进展①》（1858年11月3日左右），<br>《马克思恩格斯全集》（中文第1版）第12卷，人民出版社1962年版，第636—637页。

### 3. 1833年瓦西里·彼罗夫斯基将军被派往奥连堡担任总督……在几年内使吉尔吉斯人屈服于俄国的实际控制和统治之下

但是近来中亚细亚的情况起了很大的变化，而且还在急速地变化着②。当1812年拿破仑在自己的地图上标出莫斯科作为向印度进军的作战基地时，他只是步彼得大帝的后尘而已。还在1717年，这位深谋远虑的、向自己的继承者指示种种侵略方针的帝王，就曾派军队远征希瓦，当然，那次

---

① 本文标题是根据马克思1858年的笔记本加的。从马克思在1858年10月8日给恩格斯的信中可以看出，马克思也在11月24日的《自由新闻》（《Free Press》）上发表了这篇文章，只是文章的首尾有所改动。——《马克思恩格斯全集》（中文第1版）第12卷，人民出版社1962年版，注释401。

② 在1858年11月24日《自由新闻》刊载的原文中，文章从开头到"当1812年"这几个字之前是这样的："兹附上从我所作的关于俄国近来在中亚细亚的进展的札记中摘录的几段文字。可能，这些材料有一部分对你们是新鲜的，因为据我所知，在圣彼得堡用俄文公布的、作为这些材料的主要来源的俄国官方文件，还没有来到英国。

只要注意一下年月日，就会发现帕麦斯顿勋爵的行动与俄国对中亚细亚的侵略之间的联系。例如：1839年俄军向希瓦推进，尽管他们遭到军事上的失败；1854年俄国在希瓦最后固定下来，虽然它只作了简单的军事示威，也没有发出一枪一炮；1856年俄军勿匆通过吉尔吉斯草原向土尔克斯坦东南部进军，恰巧这时，在印度发生了起义。在俄国官方文件中，只提到已经发生的事实（faits eccomplis）；当然，事件的内幕被小心翼翼地掩盖起来了，而在整个这出戏里只不过充当点缀品的武装力量，却被描绘成主要的登场人物。因为你们已很熟悉这个问题在外交上的全部经过，我在所摘录的文字里就只限于按俄国自己的说法来叙述事实。我仅就俄国在中亚细亚的进展从军事观点来看对印度有什么意义，补充了几点看法。

可能会产生这样的问题：为什么亚历山大二世公布了关于俄国入侵北亚细亚和中亚细亚的文件，而尼古拉一直用心良苦地不肯把这些文件公布于世的。一般来讲，关于亚历山大可以这样说，他做到了他父亲没有做到的事情，也就是说，让欧洲知道俄国的秘密的'亚洲'计划，从而使欧洲成为他在制定这些计划时的公开同谋者。其次，这些文件实质上只有学问渊博的德国人才能看懂，因为他们珍视亚历山大对发展地理科学的宽容态度。再者，克里木战争以后，老莫斯科派由于俄国丧失了它的威信而愚顽不化地一再表示不满。对于这一点，亚历山大就以公布文件来答复他们，从文件中不仅可以看出俄国最近一年来取得了多么重大的成就，而且公布文件这件事本身就是一种挑战，就是对'威信'的坚决肯定；这是尼古拉从来下不了决心去做的事"。

接下去那一部分文章的标题是："俄国文件概述。"——编者注

远征是失败了。此后，俄国在一个长时期内没有去破坏土尔克斯坦草原上的安宁，不过这时伏尔加河和乌拉尔河之间的地区内却移去了许多哥萨克人，沿乌拉尔河建立了哥萨克军屯。但在乌拉尔河彼岸，俄国对吉尔吉斯人的三个汗国或部落的统治仍然只停留在名义上，到1833年瓦西里·彼罗夫斯基将军被派往奥连堡担任总督以前，俄国的商队总是遭到吉尔吉斯人和希瓦人的抢劫。彼罗夫斯基发现，由于这些游牧民族的袭击，俄国同亚细亚内地和南部各地区的贸易往来完全被切断了，因为甚至近几年来护送商队的武装护卫队也不能保护商队。彼罗夫斯基为了结束这种状态，首先组织了流动纵队来对付吉尔吉斯人，接着很快就在他们的地域上布置了哥萨克兵哨。他用这种办法在几年内使吉尔吉斯人屈服于俄国的实际控制和统治之下，然后便着手实现彼得大帝很久以前制定的征讨希瓦的计划。

摘自弗·恩格斯：《俄国在中亚细亚的进展》（1858年11月3日左右），《马克思恩格斯全集》（中文第1版）第12卷，人民出版社1962年版，第637—638页。

**4. 当英国还一直不能替在布哈拉被杀的使节斯托达特和康诺利复仇的时候，希瓦可汗释放了全体俄国俘虏，并派使节到圣彼得堡去求和**

彼罗夫斯基得到俄皇的许可后，组织了一支军队，人数大约相当于一个步兵师（8000人），并附有许多半正规的哥萨克骑兵和非正规的巴什基里亚骑兵和吉尔吉斯骑兵的队伍。征集了15000头骆驼在荒漠的草原上往来运输给养。由于缺水的缘故，没有可能在夏季进行远征。因此，彼罗夫斯基选定在冬季作战，并在1839年11月由奥连堡出动。结果如何大家都已知道。暴风雪和严寒摧毁了他的军队，冻死了他的骆驼和马匹，使他损失惨重，不得不撤退。虽然如此，这次进军的公开目的还是达到了：当英国还一直不能替在布哈拉被杀的使节斯托达特和康诺利复仇的时候，希瓦可汗释放了全体俄国俘虏，并派使节到圣彼得堡去求和。

摘自弗·恩格斯：《俄国在中亚细亚的进展》（1858年11月3日左右），《马克思恩格斯全集》（中文第1版）第12卷，人民出版社1962年版，第638页。

**5. 这时彼罗夫斯基着手开辟一条取道吉尔吉斯草原的交通线**

这时彼罗夫斯基着手开辟一条取道吉尔吉斯草原的交通线。不到一年半的时间，科学考察团和工程勘察队就已开始进行工作，他们在军队的保护下考察了亚克萨尔特河（锡尔河）和咸海以北的整个区域。对于土壤的特性、修筑道路的最好线路以及开凿大水井的最适宜的地点，都作了调查。他们把这些水井钻凿或者挖掘在彼此相隔不远的距离内，在水井四周筑起足以抵御游牧部落任何袭击的坚固工事，在工事里面留有相当宽阔的地方用以贮藏大量的粮食。奥克苏斯河上的卡腊布拉克和伊尔吉兹河上的伊尔吉兹，成了保卫吉尔吉斯草原南部的中心据点；在这两个地方和乌拉尔河沿岸各城市之间，道路两旁都修筑了小型堡垒，在每相距 10 英里或 12 英里①的地方开凿了水井。

摘自弗·恩格斯：《俄国在中亚细亚的进展》（1858 年 11 月 3 日左右），<br>《马克思恩格斯全集》（中文第 1 版）第 12 卷，人民出版社 1962 年版，第<br>638—639 页。

### 6. 这时，俄国便正式占有了咸海和锡尔河三角洲以北的全部地区

在 1847 年采取了下一个步骤，即在锡尔河上离河口约 45 英里的地方建立了一座堡垒；这座堡垒取名阿腊耳斯克。里面可以容纳一个营以上的守备部队。阿腊耳斯克马上就成为分布在锡尔河下游以及与该河邻接的咸海沿岸的广阔的俄国农业移垦区的中心，这时，俄国便正式占有了咸海和锡尔河三角洲以北的全部地区。在 1848 年和 1849 年，咸海第一次受到详细的勘察；发现了一群新的岛屿，它们立刻就被划作不久就要着手建造的咸海汽船队的主要停泊处。在对着锡尔河河口的一个岛上建立了另一座堡垒，同时奥连堡和咸海之间的交通线也得到进一步加固并修竣完工。

摘自弗·恩格斯：《俄国在中亚细亚的进展》（1858 年 11 月 3 日左右），<br>《马克思恩格斯全集》（中文第 1 版）第 12 卷，人民出版社 1962 年版，第<br>639 页。

### 7. 俄军来到离河口约 450 英里、隶属于浩罕可汗的阿克麦吉特要塞时，便把它一举攻了下来

1842 年卸去奥连堡总督职务的彼罗夫斯基，现在又重新回到自己的岗位上，并于 1853 年春天率领大军向阿腊耳斯克推进。军队没有遇到什么特别的困难就穿过了沙漠，然后沿锡尔河向上游前进，当时还有浅水汽船沿河伴行。俄军来到离河口约 450 英里、隶属于浩罕可汗的阿克麦吉特要塞

---

① 在《自由新闻》上不是印作"12 英里"，而是"20 英里"。——编者注

时，便把它一举攻了下来，并立刻把它变成了自己的要塞，而且做得非常成功，以致同年12月浩罕军队在进攻这个要塞时遭到了惨败。

摘自弗·恩格斯：《俄国在中亚细亚的进展》（1858年11月3日左右），<br>《马克思恩格斯全集》（中文第1版）第12卷，人民出版社1962年版，第<br>639—640页。

### 8. 按照条约，希瓦可汗承认俄国的最高权力

1854年，当欧洲的注意力投向多瑙河和克里木的战事时，彼罗夫斯基率领了17000人的军队，从锡尔河上新建立的作战基地向希瓦推进。但是希瓦可汗没有坐等他到达奥克苏斯河就派使者前往俄国军营，双方签订了条约，按照条约，希瓦可汗承认俄国的最高权力，将宣战权和媾和权让给俄国，把统治本国臣民的无限权力移交给俄国，俄国永远有权确定商队的线路，规定捐税和关税，调整希瓦全境的贸易。在希瓦驻有俄国领事，他作为俄国政府的代表，也负责全权裁决希瓦的一切政治事务。

摘自弗·恩格斯：《俄国在中亚细亚的进展》（1858年11月3日左右），<br>《马克思恩格斯全集》（中文第1版）第12卷，人民出版社1962年版，第<br>640页。

### 9. 自从俄军这样深入中亚细亚以后，从北方进攻印度的计划，已经不再是模糊不定的意图，而是具有相当明确的轮廓了

随着希瓦的归顺，关于征服土尔克斯坦的问题实质上已经解决；也许现在这个问题在事实上也已经解决了。浩罕可汗和布哈拉可汗也曾派使节到圣彼得堡；俄国同他们签订的条约虽然没有公布，但是条约的内容可想而知。这些小国家唯一的力量就在于它们难以被人攻破，可是目前，至少对俄国来说，这一点已经不成问题了，所以不论俄国愿意让这些小国家有多大程度的独立，这种独立终究只是名义上的独立，因为只要从希瓦或阿克麦吉特派一支两万人的军队到比较富饶的上土尔克斯坦盆地去，就完全可以镇压任何反抗的企图和横扫全境。应当说，俄国在1854年以后并没有对这些地区置之不理，尽管它行动十分诡秘；而既然它在最近二十五年来在土尔克斯坦迅速地、悄悄地和连续不断地获得了成就，就很有把握可以预料，它的国旗不久将在兴都库什山和博洛尔塔格山的山隘上飘扬。

从军事观点来看，这些征服地的重大意义就在于，由于它们而为进攻印度建立了作战基地的核心；的确，自从俄军这样深入中亚细亚以后，从

北方进攻印度的计划,已经不再是模糊不定的意图,而是具有相当明确的轮廓了。亚洲的热带地区同温带地区为一片宽阔的、从波斯湾沿岸径直穿过整个大陆而通向黑龙江发源地的沙漠地带分隔开来。这个沙漠地带——姑且不说黑龙江沿岸地区——直到最近为止,军队几乎不能通行;唯一可以设想的穿越这个地带的道路,是由里海的阿斯特拉巴德取道赫拉特到喀布尔,再往印度河这样一条道路。但是现在俄军驻在亚克萨尔特河(锡尔河)和奥克苏斯河(阿姆河)下游,而且有了供给军队用水和粮食的军用道路和堡垒以后,中亚细亚沙漠就不再是军事上的障碍了。俄国本来只有一条未修好的、由阿斯特拉巴德经由赫拉特通往印度河的道路,而现在有三条不同的道路,在不久的将来就可以准备好供行军之用。首先是一条穿越赫拉特的老路,在目前局势下这条路不可能再对俄国封锁起来;其次,是从希瓦到巴耳赫的奥克苏斯谷地;第三是从阿克麦吉特到霍德仁特的锡尔河谷地,从这里军队可以通过水源充足和人烟稠密的地区到撒马尔汗和巴耳赫。赫拉特、撒马尔汗和巴耳赫可以成为攻打印度的一个极好的作战基地。巴耳赫距离英印帝国的西北前哨白沙瓦总共才500英里。撒马尔汗和巴耳赫都隶属于布哈拉可汗,布哈拉可汗现在已经完全依靠俄国,要是阿斯特拉巴德(它不是已经被俄国人占领,就是随时可能被他们占领)和巴耳赫将来落在俄国手中,只要俄国决心攻占赫拉特,赫拉特就保不住。一旦这样的作战基地实际上为俄国所占有,英国就不得不为自己的印度帝国而斗争了。从巴耳赫到喀布尔,不见得比从喀布尔到白沙瓦更远一些,仅仅这一件事实就已经证明,西伯利亚和印度之间的中立地带现在是多么狭窄。

摘自弗·恩格斯:《俄国在中亚细亚的进展》(1858年11月3日左右),《马克思恩格斯全集》(中文第1版)第12卷,人民出版社1962年版,第640—642页。

**10.(俄国人)只要穿过吉尔吉斯草原,就进入土尔克斯坦东南方那些耕种较好和肥沃富饶的地区,在征服这些地区方面,没有人能比得上他们**

十分清楚,如果俄国人的进展继续保持着最近二十五年内所采取的那种速度、那种精力和始终不渝的精神,那末再过十年或十五年,俄国人就将直叩印度的大门了。他们只要穿过吉尔吉斯草原,就进入土尔克斯坦东南方那些耕种较好和肥沃富饶的地区，在征服这些地区方面，没有人能比得上他们，这些地区可以在许多年内毫不费力地维持一支拥有5万或6万人，完全足够向任何地方，直至印度河进军的军队。像这样一支军队在十年内就可以征服全境、成立替卫队保护修筑道路和保护俄国国家农民垦殖广阔的土地（就像目前在咸海所做的一样）、使周围的国家慑服、准备同印度作战时所需要的作战基地和交通线。是否会在什么时候进行这种进军，那要取决于目前只能作为渺茫推测对象的政治条件①。

摘自弗·恩格斯：《俄国在中亚细亚的进展》（1858年11月3日左右），《马克思恩格斯全集》（中文第1版）第12卷，人民出版社1962年版，第642页。

---

① 《自由新闻》上刊载的最后一句话是："我们担保，凡是研究过这个国度的地理的军人都不会否认这一点。如果我们的推测正确无误，那末'哥萨克同西帕依'（假如那时还有愿意替英国效劳的西帕依）之间的搏斗，就不会像原来推测的那样，发生在奥克苏斯河沿岸，而是发生在喀布尔河和印度河沿岸"。——编者注

## 二四　沙俄侵略中国、鲸吞与巧夺中国领土

**1. 从目前同中国人发生的冲突中，俄国不要花费一个钱，不用出动一兵一卒，到头来能比任何一个参战国都得到更多的好处**

在对华贸易和交往方面，帕麦斯顿勋爵和路易—拿破仑采用武力来扩展，而俄国所处的地位却显然令人大为羡慕。真的，非常可能，从目前同中国人发生的冲突中，俄国不要花费一个钱，不用出动一兵一卒，到头来能比任何一个参战国都得到更多的好处。

俄国同中华帝国的关系是极为奇特的。当英国人和我们①自己——至于法国人，他们参加目前的军事行动只能算是客串，因为他们实际上没有同中国进行贸易——连跟两广总督直接联系的权利都得不到的时候，俄国人却享有在北京派驻使节的特权。固然，据说这种特权是俄国甘愿被天朝计入中华帝国的纳贡藩属之列才换的。但这毕竟使俄国外交在中国，也像在欧洲一样，能够产生一种决不仅限于纯粹外交事务的影响。

摘自卡·马克思：《俄国的对华贸易》（1857年3月18日），《马克思恩格斯文集》第2卷，人民出版社2009年版，第615页。

**2. 俄国的努力决不只限于发展这种内陆贸易。它占领黑龙江沿岸的地方——当今中国统治民族的故乡——已经有几年的时间了**

很显然，如果同中国的海上贸易由于现在发生的军事行动而停止，欧洲所需的全部茶叶可能就只有靠这条商路供应了。实际上，有人认为，即使在海上贸易畅通的情况下，俄国在完成了它的铁路网建设以后，也会在供应欧洲市场茶叶方面成为海运国家的一个强有力的竞争者。这些铁路将直接沟通喀琅施塔得和利包两港同俄国内地的古城——下诺夫哥罗德（在恰克图经商的商人居住的地方）之间的交通。欧洲将从这条陆路得到茶叶的供应，自然比使用我们②拟议中的太平洋铁路来达到这一目的可能性要大。中国的另一宗主要出口物——丝，也是一种体积小价值大而完全可以

---

①　在马克思和恩格斯以《纽约每日论坛报》驻伦敦通讯员的身份为该报撰写的文章中，"我国"常指美国，"我们"常指美国人。——《马克思恩格斯文集》第2卷，人民出版社2009年版，注释366。

②　同上。

由陆路运输的货物；同时，同中国的这种贸易也为俄国的工业品打开了在别处找不到的销路。

然而，可以看出，俄国的努力决不只限于发展这种内陆贸易。它占领黑龙江沿岸的地方——当今中国统治民族的故乡——已经有几年的时间了。① 它在这方面的努力，在上次战争②期间曾受阻中断，但是，无疑它将来会恢复并大力推进这种努力。俄国占领了千岛群岛和与其毗邻的堪察加沿岸。它在这一带海面上已经拥有一支舰队，无疑它将来会利用可能出现的任何机会来谋求参与同中国的海上贸易。不过对它来说，这与扩大已经为它所垄断的陆路贸易相比，其重要性就差不多了。

    摘自卡·马克思：《俄国的对华贸易》（1857年3月18日），《马克思恩格斯文集》第2卷，人民出版社2009年版，第617页。

**3. 正当英法两国的海陆军向香港集结之际，西伯利亚边界线上的哥萨克缓慢地……向黑龙江沿岸推移，俄国海军陆战队则构筑工事把满洲的良好港湾包围起来**

有一点是肯定无疑的，那就是旧中国的死亡正在迅速临近。国内战争已经把帝国的南方与北方分开，看来起义者之王③在南京不会受到帝国军队的危害（当然不能说不会受到他自己手下人阴谋之害④），正如天朝皇帝⑤在北京不会受到起义者的危害一样。广州迄今是独自进行着一种反对

---

 ① 《尼布楚条约》（1689年）签订以后，历代沙皇政府觊觎中国的黑龙江地区，图谋夺取通往太平洋的出海口。第一次鸦片战争结束后，沙皇俄国创立"黑龙江问题特别委员会"，加紧其侵略黑龙江的活动。1849—1855年，俄国海军上将根·涅韦利斯科伊率领武装人员侵入黑龙江下游，建立侵略据点。随后，在东西伯利亚总督尼·穆拉维约夫—阿穆尔斯基的指挥下，大批俄国侵略军闯入黑龙江地区，对黑龙江中上游北岸和下游两岸地区实行军事占领。——《马克思恩格斯文集》第2卷，人民出版社2009年版，注释370。

 ② 指克里木战争。这是1853—1856年俄国对英国、法国、土耳其和撒丁的联盟进行的战争。这场战争是由于这些国家在近东的经济和政治利益发生冲突而引起的，故又称东方战争。克里木战争中俄国的惨败重挫了沙皇俄国独占黑海海峡和巴尔干半岛的野心，同时加剧了俄国国内封建制度的危机。这场战争以签订巴黎和约而告结束。——《马克思恩格斯文集》第2卷，人民出版社2009年版，注释371。

 ③ 洪秀全。——编者注

 ④ 指1856年秋太平天国领导人之间的内讧。这次内讧是起义军领袖之间个人利益和团体利益压倒阶级利益和民族利益的结果。内讧中有三个起义军领袖以及成千上万的起义军士兵被杀害。这对太平天国起义的进一步发展造成了极大的危害。——《马克思恩格斯文集》第2卷，人民出版社2009年版，注释381。

 ⑤ 咸丰帝。——编者注

英国人、也是根本反对一切外国人的战争；正当英法两国的海陆军向香港集结之际，西伯利亚边界线上的哥萨克缓慢地但是不停地把他们的驻屯地由达斡尔山向黑龙江沿岸推移，俄国海军陆战队则构筑工事把满洲的良好港湾包围起来。中国的南方人在反对外国人的斗争中所表现的那种狂热本身，似乎表明他们已觉悟到旧中国遇到极大的危险；过不了多少年，我们就会亲眼看到世界上最古老的帝国的垂死挣扎，看到整个亚洲新纪元的曙光。

摘自弗·恩格斯：《波斯和中国》（1857年5月20日），《马克思恩格斯文集》第2卷，人民出版社2009年版，第627—628页。

**4. 第一次鸦片战争，使俄国得以签订一个使它有权沿黑龙江航行并在陆上边界自由贸易的条约；而通过进行第二次鸦片战争，又帮助俄国获得了鞑靼海峡和贝加尔湖之间价值无量的地域**

"条约中有关商务条款不能令人满意"——这就是帕麦斯顿最卑鄙的走卒《每日电讯》所做的结论。但是这家报纸却欣赏"条约中最妙的一点"，即"将有一位英国公使常驻北京，同时也将有一位满清大员常驻伦敦，他还可能会邀请女王参加在阿尔伯特门举办的舞会呢。"然而，无论约翰牛觉得这有多么开心，毫无疑问的是，如果有谁会在北京拥有政治影响，那一定是俄国，俄国由于上一个条约①得到了一块大小和法国相等的新领土，这块领土的边境大部分只和北京相距800英里。约翰牛自己通过进行第一次鸦片战争，使俄国得以签订一个使它有权沿黑龙江航行并在陆上边界自由贸易的条约；而通过进行第二次鸦片战争，又帮助俄国获得了鞑靼海峡和贝加尔湖之间价值无量的地域——这是俄国过去无限垂涎的一块地方，从沙皇阿列克谢·米哈伊洛维奇到尼古拉，一直都企图把它弄到手。这一切对于约翰牛来说决非愉快的回忆。伦敦《泰晤士报》为此感到很不是滋味，所以它在刊登来自圣彼得堡的过分渲染大不列颠占便宜的新闻时，特意将电讯中提到俄国依照条约获得黑龙江流域的那一部分删去了。

摘自卡·马克思：《中国和英国的条约》（1858年9月28日），《马克思恩

---

① 指俄国乘第二次鸦片战争之机胁迫中国于1858年5月28日签订的中俄瑷珲条约。下文所述俄国取得大片中国领土以及黑龙江航行权，均以该条约为据。在陆上边界自由贸易则属1851年8月6日签订的中俄伊犁塔尔巴哈台通商章程的内容。——《马克思恩格斯文集》第2卷，人民出版社2009年版，注释389。

格斯文集》第 2 卷，人民出版社 2009 年版，第 647—648 页。

**5. 正当英国人在广州同中国的下级官吏争执不下……的时候，俄国人已经占领了黑龙江以北的地区和该地区以南的大部分满洲海岸**

正当英国人在广州同中国的下级官吏争执不下、英国人自己在讨论叶总督是否真是遵照中国皇帝①的意旨行事这一重要问题的时候，俄国人已经占领了黑龙江以北的地区和该地区以南的大部分满洲海岸；他们在那里建筑了工事，勘测了一条铁路线并拟定了修筑城市和港口的规划。当英国终于决定打到北京，而法国也希望捞到一点好处而同英国联合起来的时候，俄国——尽管就在此时夺取了中国的一块大小等于法德两国加在一起的领土和一条同多瑙河一样长的河流——竟能以处于弱者地位的中国人的无私的保护人身份出现，而且在缔结和约时俨然以调停者自居；如果我们把各国条约②比较一下，就必须承认：这次战争不是对英、法而是对俄国有利，已成为昭然若揭的事实。

摘自弗·恩格斯：《俄国在远东的成功》（1858 年 10 月 25 日前后），《马克思恩格斯文集》第 2 卷，人民出版社 2009 年版，第 650 页。

**6. 至于俄国……不但英、法所得的一切明显利益，不管是什么，俄国都有份，而且俄国还得到了黑龙江边的整个地区，这个地区是它早已悄悄占领的**

英国没有得到任何新的领土，因为它无法提出领土要求而同时又不准法国这样做，而一场英国进行的战争如果使法国在中国沿海得到了领土，那是绝对没有好处的。至于俄国，情况完全不同。不但英、法所得的一切明显利益，不管是什么，俄国都有份，而且俄国还得到了黑龙江边的整个地区，这个地区是它早已悄悄占领的。俄国并不满足于此，它还取得了这样一个成果，即成立俄中委员会来确定边界。现在我们都知道这种委员会在俄国手里是什么货色。我们曾看到这种委员会在土耳其的亚洲边界上的活动情况，20 多年来它们在那里把这个国家的领土一块一块地割去，直到最近这次战争才打断了它们的活动，而现在又该重新再来一遍了。

---

① 咸丰帝。——编者注

② 这里是指 1858 年 6 月清政府在第二次鸦片战争中签订的四个不平等条约，即《中俄天津条约》（13 日），《中美天津条约》（18 日），《中英天津条约》（26 日）及《中法天津条约》（27 日）。——《马克思恩格斯文集》第 2 卷，人民出版社 2009 年版，注释 392。

摘自弗·恩格斯：《俄国在远东的成功》（1858年10月25日前后），《马克思恩格斯文集》第2卷，人民出版社2009年版，第652页。

## 7. 由于征服了中亚细亚和吞并了满洲，俄国使自己的领地增加了一块像除俄罗斯帝国外的整个欧洲那样大的地盘，并从冰天雪地的西伯利亚进入了温带

事实上，俄国正在迅速地成为亚洲的头等强国，它很快就会在这个大陆上压倒英国。由于征服了中亚细亚和吞并了满洲，俄国使自己的领地增加了一块像除俄罗斯帝国外的整个欧洲那样大的地盘，并从冰天雪地的西伯利亚进入了温带。中亚细亚各河流域和黑龙江流域，很快就会住满俄国的移民。这样获得的战略阵地对于亚洲，正如在波兰的阵地对于欧洲一样，具有重要的意义。占领图兰威胁着印度；占领满洲威胁着中国。而中国和印度，两国共有45000万人口，现在是亚洲举足轻重的国家。

摘自弗·恩格斯：《俄国在远东的成功》（1858年10月25日前后），《马克思恩格斯文集》第2卷，人民出版社2009年版，第653页。

# 二五　沙俄外交成功、意识形态欺骗与掠夺他国领土及利权

**1. 过去150年以来，这个帝国在它所进行的每次战争中不仅从未失掉领土，而且总是获得领土**

但在这种荒唐的理论之后，还站着俄罗斯帝国这一可怕的现实；这个帝国的一举一动都暴露出它那想把整个欧洲变成斯拉夫族，尤其是斯拉夫族的唯一强有力的部分即俄罗斯人的领土的野心；这个帝国虽有圣彼得堡和莫斯科两个首都，但只要被每个俄国农民视为其宗教和国家的真正首都的"沙皇之城"（君士坦丁堡，俄文为沙皇格勒，即沙皇城）还没有成为俄国皇帝[①]的真正的都城，这个帝国就没有找到自己的重心。过去150年以来，这个帝国在它所进行的每次战争中不仅从未失掉领土，而且总是获得领土。在中欧，人所共知，俄罗斯的政策是用种种阴谋手段支持新发明的泛斯拉夫主义体系，这个体系的发明最适合于它的目的。因此波希米亚和克罗地亚的泛斯拉夫主义者有的是自觉地、有的是不自觉地为俄国的直接利益服务；他们为了一个民族的幻影而出卖了革命事业，而这个民族的命运至多也不过同俄国统治下的波兰民族的命运一样。然而必须对波兰人加以赞扬：他们从来没有真正陷入这个泛斯拉夫主义的圈套；至于少数贵族变成了狂热的泛斯拉夫主义者，那是由于他们知道，他们在俄国统治下所受的损失，要比他们在自己的农奴起义时所受的损失轻微一些。

摘自弗·恩格斯：《德国的革命和反革命》（1851年8月—1852年9月）（九），《马克思恩格斯文集》第2卷，人民出版社2009年版，第401—402页。

**2. 沙皇认为，英国的军事调动只不过是一场闹剧，所以，他如果能够通过这次毫无阻碍地占领摩尔多瓦和瓦拉几亚的行动，使他不仅可以以"主人"的资格退场，而且可以靠苏丹臣民作牺牲品进行每年的盛大的军事演习**

如果上面这种对事情的叙述是正确的（根据我们对阿伯丁勋爵的过去的了解，可以有一切理由这样认为），那么几个月来吸引着欧洲注意的俄土

---

[①] 亚历山大一世。——编者注

悲喜剧的全部秘密就暴露出来了。现在我们马上明白了，为什么阿伯丁勋爵不愿把英国舰队调离马耳他岛。我们明白了，为什么罗斯上校会由于自己在君士坦丁堡的坚决行动而遭到训斥①；为什么缅施科夫公爵的态度那样咄咄逼人，为什么沙皇表现得那样大胆强硬。沙皇认为，英国的军事调动只不过是一场闹剧，所以，他如果能够通过这次毫无阻碍地占领摩尔多瓦和瓦拉几亚的行动，使他不仅可以以"主人"的资格退场，而且可以靠苏丹臣民作牺牲品进行每年的盛大的军事演习，那他是非常乐意的。我们认为，如果战争终于要爆发，那将是因为俄国走得太远而无法体面地收场。而且更重要的是，我们认为俄国之所以如此胆大妄为，仅仅是因为它一直指靠英国的纵容。

在这方面，"一个英国人"② 最近的一篇通讯有一段谈到联合内阁的话说得很中肯：

"每当达达尼尔海峡吹来一阵微风，联合内阁都会摇摆不已。好人阿伯丁的胆小怕事和克拉伦登的庸碌无能鼓励了俄国，引起了危机。"③

来自土耳其的最新消息说，土耳其驻巴黎大使收到了君士坦丁堡经过泽姆林发来的电报，电报通知他，土耳其政府已依据给列强的备忘录拒绝了俄国最近提出的最后通牒④。据马赛的报纸《信号报》报道，士麦那有消息说，俄国人在黑海截走了两艘土耳其商船，但是另有消息说，高加索各部族对俄国人发动了总攻，沙米尔取得了十分光辉的胜利，缴获大炮不

---

① 暗指1853年2月英国政府将其驻君士坦丁堡代办罗斯上校召回，并任命斯·德·雷德克利夫为英国驻土耳其公使以接替罗斯的职位。——《马克思恩格斯全集》（中文第2版）第12卷，人民出版社1998年版，注释123。

② 阿·理查兹的笔名。——编者注

③ 阿·理查兹《俄军占领两公国》，见1853年6月21日《晨报》第19343号。——编者注

④ 指涅谢尔罗德总理大臣1853年5月31日给土耳其外交大臣路西德帕沙的一封信。这封信把缅施科夫使团的失败归罪于土耳其政府，并且以最后通牒的形式要求接受缅施科夫在离开君士坦丁堡以前所提出的要求土耳其帝国保障正教居民的宗教自由，并承认俄国沙皇对他们的保护权。涅谢尔罗德以采取军事手段进行威胁，暗示在最后通牒遭到拒绝时将出兵占领摩尔多瓦和瓦拉几亚。在路西德帕沙1853年6月16日的回信中，得到英法两国的支持的土耳其拒绝了沙皇政府的要求。——《马克思恩格斯全集》（中文第2版）第12卷，人民出版社1998年版，注释124。

下 23 门。

> 摘自卡·马克思：《土耳其和俄国》（1853 年 6 月 21 日），《马克思恩格斯全集》（中文第 2 版）第 12 卷，人民出版社 1998 年版，第 158—159 页。

**3. 俄国的传统政策一向就是先煽动希腊人起义，然后弃之不顾，让苏丹去对他们实行报复。……这一企图失败之后，沙皇就转过身向其他强国提出截然相反的建议："出兵土耳其，在宫墙之下迫使它接受和约"**

至于希腊的宗教和自由，俄国当时对这两件事很少关心，正像俄罗斯的神现在很少关心"圣墓"和著名的"圆顶"的钥匙由谁掌握①一样。俄国的传统政策一向就是先煽动希腊人起义，然后弃之不顾，让苏丹去对他们实行报复。俄国对希腊的复兴实在太同情了，以致在维罗那会议上把希腊人看作叛乱分子，并且承认苏丹有权拒绝任何外国来干涉他与他的基督教臣民之间的关系。不仅如此，沙皇②还提出要"帮助土耳其政府镇压叛乱"——这样的提议自然是被拒绝了。这一企图失败之后，沙皇就转过身向其他强国提出截然相反的建议："出兵土耳其，在宫墙之下迫使它接受和约"。为了拿共同行动之类的东西束缚住沙皇的手脚，其他强国于 1827 年 7 月 6 日在伦敦同他缔结了条约，条约规定彼此承担在必要时用武力来调解苏丹同希腊人之间的争端的义务。在该条约签订前几个月，俄国曾同土耳其缔结一个阿克尔曼条约③，按照这个条约，俄国应放弃它对希腊问题的任何干预。在阿克尔曼条约缔结前，俄国曾唆使波斯皇太子进犯奥斯曼帝国，并曾对土耳其政府大肆侮辱，以促使它对俄国翻脸。在此种种事件之后，英国大使④就向土耳其政府提交了，或者说是代表俄国及其他强国

---

① 法国和沙皇俄国利用"圣地"之争来争夺近东霸权，这次争执的问题之一是耶路撒冷"圣墓"所在寺院的钥匙以及保护该寺院的圆顶的权利应属于天主教徒还是正教徒的问题。

② 尼古拉一世。——编者注

③ 《阿克尔曼条约》是俄国与土耳其于 1826 年 10 月 7 日签订的协定。根据这个协定，土耳其政府应严格遵守以前同俄国缔结的各项条约，给予俄国商船在土耳其领海航行的自由，给予俄国商人在土耳其领土上经商的权利，并放弃所有 1806—1812 年俄土战争后划归俄国所有的黑海高加索沿岸地区的权利。条约重申苏丹承认塞尔维亚自治，并规定摩尔多瓦和瓦拉几亚的国君。《阿克尔曼条约》没有提希腊问题。土耳其统治集团根据这一点，在 1828—1829 年俄土战争的前夕硬说俄国已根据这个条约放弃了对希腊事务的干预，如果它帮助希腊人就是违背这个规定。但实际上"对希腊事务不感兴趣"这句话沙皇政府并不是在签订《阿克尔曼条约》时说的，而是在这以前几个月说的。——《马克思恩格斯全集》（中文第 2 版）第 12 卷，人民出版社 1998 年版，注释 245。

④ 斯特拉特福·德·雷德克利夫。——编者注

提交了1827年7月6日伦敦条约的各项决定①。

摘自卡·马克思:《帕麦斯顿勋爵》(第二篇)(1853年10月19日),<br>
《马克思恩格斯全集》(中文第2版)第12卷,人民出版社1998年版,第<br>
411—412页。

**4. 1830—1831年的波兰起义刚刚结束,俄国军队突然开进克拉科夫,占领该市达两月之久。然而这在当时被看作因战争关系而临时采取的必要步骤,而且在那种动乱时期很快就被人遗忘了**

所谓的波兰王国已经从欧洲地图上消失了,波兰的民族独立性只剩下一个奇异的残留物,这就是自由市克拉科夫。在法兰西帝国崩溃后的一片混乱时期,沙皇亚历山大不是征服华沙公国,而是干脆把它占领,自然,他当时是力图把它连同被波拿巴划归公国的克拉科夫一起控制在自己手中的。曾一度占有克拉科夫的奥地利也想把它收回。沙皇既不能把克拉科夫弄到手,又不甘心把它让给奥地利,所以就提议把克拉科夫变成一个自由市。为此维也纳条约第六款②规定:

"克拉科夫市及其所属地区永远为奥地利、俄国和普鲁士保护下的自由、独立和完全中立的城市。"③

第九款规定,

"俄国、奥地利和普鲁士三国宫廷保证尊重,并要求别国永远尊重自由市克拉科夫及其所属地区的中立。任何军队任何时候不得以任何借口开进这一地区"。

---

① 1827年7月6日各强国在签署伦敦条约时同时签署了一个附加条约。该附加条约在土耳其对签约国的干预企图反抗时生效。条约和附加条约是分别签署的,并分别得到各国的批准。英国驻土耳其大使斯·坎宁向土耳其政府提交了这份附加条约。——《马克思恩格斯全集》(中文第2版)第12卷,人民出版社1998年版,注释246。

② 在这里和下文中,《纽约每日论坛报》未指明1815年《维也纳条约》第几款。——编者注

③ 引自约·休谟1846年8月17日在下院的演说。——编者注

1830—1831年的波兰起义①刚刚结束,俄国军队突然开进克拉科夫,占领该市达两月之久。② 然而这在当时被看作是因战争关系而临时采取的必要步骤,而且在那种动乱时期很快就被人遗忘了。

摘自卡·马克思:《帕麦斯顿勋爵》(第三篇③)(1853年10月19日),《马克思恩格斯全集》(中文第2版)第12卷,人民出版社1998年版,第420—421页。

**5. 俄国依靠自己的希腊正教教会领袖和庇护者的地位,正是在这些塞尔维亚人和保加利亚人当中第一次开始进行了泛斯拉夫主义的鼓动**

本世纪初土耳其的塞尔维亚人的民族运动④很快就使俄国政府注意到这样一个事实:在土耳其的居民中大约有700万斯拉夫人,他们的语言是

---

① 1830—1831年的波兰起义是反对沙皇制度的民族解放起义。1830年11月29日在华沙以军事政变开始的这次起义,曾经赶走了沙皇的军队。起义的领导权基本上掌握在波兰小贵族的手里。他们由于拒绝满足广大农民群众废除农奴依附地位的要求,没有能够把农民群众吸引到自己方面来,没有农民的支持注定了起义的失败,起义遭到了沙皇的残酷镇压。对这次起义的评价,见恩格斯《关于波兰问题的演说》和《德国农民战争》第4节结尾(《马克思恩格斯全集》中文版第10卷第513—515页)。——《马克思恩格斯全集》(中文第2版)第19卷,人民出版社1998年版,注释249。

② 这句话在《纽约每日论坛报》上为"1831年,克拉科夫被俄国军队短期占领"。——编者注

③ 在1853年11月4日的《纽约每日论坛报》上,以及1853年在伦敦根据该报发表的文字出版的小册子《帕麦斯顿与俄国》中,本篇开头是这样一段话:"在伦敦最近举行的一次抗议不列颠内阁在当前俄土冲突中所采取的行动的大会上,一位先生竟敢专门发言批评帕麦斯顿勋爵,因而遭到极为愤怒的听众暴风雨般的嘘声,不得不默不作声。显然,与会者认为,要说内阁里有俄国的朋友,则这个朋友决不是子爵阁下;这时要是有人当众宣布勋爵阁下已就任首相,人们一定会热烈欢呼的。对这样一个不老实的虚伪的人如此信赖,再一次说明公众多么容易为表面上的出色才能所迷惑,同时再一次证明必须揭去这个阻挠人类自由事业进步的狡猾敌人的假面具。为此我们打算以近25年来的历史和一些议会辩论为依据,继续揭露这个老练演员在现代欧洲舞台上扮演的真实角色。"——编者注

④ 1804年塞尔维亚发生了人民起义,这次起义是塞尔维亚人民世世代代反对土耳其封建主统治所进行的民族解放斗争史上一个最重要的里程碑。起义的直接原因是土耳其近卫军对塞尔维亚人的大屠杀。1804年2月,塞尔维亚广大人民群众在农村资产阶级的代表、做过海杜克的格奥尔基·彼得罗维奇(格奥尔基·车尔尼)的领导下群起投入反对土耳其侵略者的斗争。在1806—1812年的俄土战争时期,俄国军队在巴尔干的顺利挺进给塞尔维亚人的运动以重大的支持。在这次战争期间,塞尔维亚人赶走了土耳其侵略者之后,于1811年建立了自己的国家管理机构。按照1812年《布加勒斯特条约》,土耳其应该让塞尔维亚享有内政自治权。但是,苏丹乘拿破仑军队入侵俄国之隙撕毁条约,于1813年征讨塞尔维亚,并在那里暂时恢复了自己的统治。由于1815年塞尔维亚人又一次实行了胜利的起义,以及俄国在外交上的援助,土耳其的枷锁终被打碎。在1828—1829年的俄土战争后,土耳其在1830年苏丹的特别敕令中被迫承认塞尔维亚的自治(事实上的独立)。——《马克思恩格斯全集》(中文第1版)第11卷,人民出版社1962年版,注释132。

所有斯拉夫方言中同俄语最近似的一种语言，而宗教和教会语言（古斯拉夫语或教会斯拉夫语）则同俄国人的完全一样。俄国依靠自己的希腊正教教会领袖和庇护者的地位，正是在这些塞尔维亚人和保加利亚人当中第一次开始进行了泛斯拉夫主义的鼓动。当泛斯拉夫主义运动刚刚在奥地利生根的时候，俄国就立刻把它的谍报机关的分支伸展到自己盟国的地区。在它碰到信仰罗马天主教的斯拉夫人的地方，就根本不提宗教方面的问题，俄国仅仅表现为一个吸引一切斯拉夫人的中心，即团结各个复兴的斯拉夫民族的核心，它要使各个斯拉夫民族形成为一个强大而统一的民族，这个民族的使命是建立一个从易北河到中国、从亚得利亚海到北冰洋的伟大的斯拉夫帝国。总之，这里已经找到了所缺乏的群众和统一！泛斯拉夫主义一下子就落入了圈套。于是，它宣布了自己的判决。为了重新建立想象中的民族，泛斯拉夫主义者表示愿意为维护俄罗斯—蒙古人的野蛮统治而牺牲八百年来实际参加过的文明生活。难道这不是一开始就坚决反动地反对欧洲文明发展进程和力图使世界历史开倒车的运动的自然结果吗？

摘自弗·恩格斯：《德国和泛斯拉夫主义》（1855年4月17日左右）（二），《马克思恩格斯全集》（中文第1版）第11卷，人民出版社1962年版，第223页。

**6. 当英国人和我们自己……连跟两广总督直接联系的权利都得不到的时候，俄国人却享有在北京派驻使节的特权**

在对华贸易和交往方面，帕麦斯顿勋爵和路易—拿破仑采用武力来扩展，而俄国所处的地位却显然令人大为羡慕。真的，非常可能，从目前同中国人发生的冲突中，俄国不要花费一个钱，不用出动一兵一卒，到头来能比任何一个参战国都得到更多的好处。

俄国同中华帝国的关系是极为奇特的。当英国人和我们[①]自己——至于法国人，他们参加目前的军事行动只能算是客串，因为他们实际上没有同中国进行贸易——连跟两广总督直接联系的权利都得不到的时候，俄国人却享有在北京派驻使节的特权。固然，据说这种特权是俄国甘愿被天朝计入中华帝国的纳贡藩属之列才换的。但这毕竟使俄国外交在中国，也像

---

[①] 在马克思和恩格斯以《纽约每日论坛报》驻伦敦通讯员的身份为该报撰写的文章中，"我国"常指美国，"我们"常指美国人。——《马克思恩格斯文集》第2卷，人民出版社2009年版，注释366。

在欧洲一样，能够产生一种决不仅限于纯粹外交事务的影响。

摘自卡·马克思：《俄国的对华贸易》（1857年3月18日），《马克思恩格斯文集》第2卷，人民出版社2009年版，第615页。

**7. 中国人自古以来就对从海上来到他们国家的一切外国人抱有反感……俄国人却自己独享内地陆路贸易，这成了他们被排除于海上贸易之外的一种补偿**

因为俄国人被排除在同中国进行海上贸易之外，所以他们过去和现在同有关这个问题的纠纷，都没有任何利害关系或牵连；他们也没有尝到中国人对外国人的那种反感——中国人自古以来就对从海上来到他们国家的一切外国人抱有反感，而且并非毫无根据地把他们同那些看来总是出没于中国沿海的海盗式冒险家相提并论。然而俄国人却自己独享内地陆路贸易，这成了他们被排除于海上贸易之外的一种补偿。看来，在内地陆路贸易中，他们不会有什么竞争者。这种贸易是依据1768年叶卡捷琳娜二世在位时订立的一项条约①进行的，以恰克图作为主要的（如果不算是唯一的）活动中心。恰克图位于西伯利亚南部和中国的鞑靼②交界处、在流入贝加尔湖的一条河上、伊尔库茨克城以南约100英里的地方。这种一年一度的集市贸易，由12名代理商管理，其中6名俄国人，6名中国人；他们在恰克图会商并规定双方商品交换的比率，因为贸易完全是用以货易货的方式进行的。中国人方面拿来交换的货物主要是茶叶，俄国人方面主要是棉织品和毛织品。近年来，这种贸易似乎有很大的增长。10年或12年以前，在恰克图卖给俄国人的茶叶，平均不超过4万箱；但在1852年却达175000箱，其中大部分是上等货，即在大陆消费者中间享有盛誉的所谓商队茶，完全不同于由海上进口的次等货。中国人卖出的其他商品是少量的食糖、棉花、生丝和丝织品，不过这一切数量都很有限。俄国人则付出数量大致相等的棉织品和毛织品，再加上少量的俄国皮革、金属制品、毛皮，甚至还有鸦片。买卖货物的总价值——按照所公布的账目来看，货物定价都不高——

---

① 原文中国订立条约的年代写的是1787年。实际上，1787年中俄并未订立任何条约。叶卡捷琳娜二世在位期间（1762—1796年），中俄曾在1768年对1728年恰克图条约的个别条款进行修改，在1792年订立恰克图条约。这里根据史实改为1768年。——《马克思恩格斯文集》第2卷，人民出版社2009年版，注释369。

② 西方通常将中国北方诸民族泛称为"鞑靼"，此处显然指蒙古。——编者注

竟达1500万美元以上的巨额。1853年，因为中国内部不安定①以及产茶省区的通路被明火执仗的起义者队伍所占领，所以运到恰克图的茶叶数量就减少到5万箱，那一年的全部贸易额只有600万美元左右。但是在随后的两年内，这种贸易又恢复了，运往恰克图供应1855年集市的茶叶不下112000箱。

由于这种贸易的增长，位于俄国境内的恰克图就由一个普通的要塞和集市地点发展成一个相当大的城市了。它被选中成为这一带边区的首府，荣幸地驻上了一位军事司令官和一位民政长官。同时，恰克图和距离它约900英里的北京之间，最近建立了直接的、定期的邮政交通以传递公文。

摘自卡·马克思：《俄国的对华贸易》（1857年3月18日），《马克思恩格斯文集》第2卷，人民出版社2009年版，第615—617页。

**8. 最后，俄国获得了两个具有重大意义的地区：一个在里海，另一个在波斯北部沿海边境**

最后，条约要德黑兰宫廷请回默里先生，并向这位绅士道歉，因为在沙赫写给其首相的一封信中，默里先生被描述成一个"愚蠢无知的狂人"，一个"蠢材"一份"粗野、荒谬、令人厌恶的文件"的起草人。费鲁赫可汗也曾提出要向默里先生道歉，但是英国政府拒绝了，坚持要免去波斯首相的职务，要让默里先生"在号角声中，在长笛、竖琴、萨克布号、古琴、扬琴和其他乐器的乐声中"②，隆重地进入德黑兰。默里先生在任驻埃及总领事时，曾接受过巴罗先生私人赠送的礼物；他第一次到达布什尔时就把当时以法赫名义送给他的烟草运往市场公开出售；他曾像游侠骑士那样随身带着一个声誉可疑的波斯女人。他的这些所作所为不能使东方公众对英国人的廉洁和品格有过分的好感。所以，波斯朝廷被迫重新接纳他，这样的成功实在是大成问题的。总之，除了费鲁赫可汗在战争爆发前已提出的让步之外，这个条约没有一条值得为它浪费笔墨纸张，更不值得为它消耗金钱和抛洒鲜血。这次远征波斯所获得的纯利，可以总结如下：大不列颠在整个中亚细亚受到普遍的憎恨；由于动用印度军队，印度国库承受新的负担。印度的不满情绪日益增长；另一场克里木惨剧的重演不可避免；波

---

① 指太平军起义革命。——编者注
② 《旧约全书·但以理书》第3章第10节。——编者注

拿巴在英国与亚洲各国之间的正式调解人地位得到确认；最后，俄国获得了两个具有重大意义的地区：一个在里海，另一个在波斯北部沿海边境。

摘自卡·马克思：《与波斯签订的条约》，《马克思恩格斯全集》（中文第2版）第16卷，人民出版社2007年版，第162—163页。

**9. 伦敦《泰晤士报》为此感到很不是滋味，所以它在刊登来自圣彼得堡的过分渲染大不列颠占便宜的新闻时，特意将电讯中提到俄国依照条约获得黑龙江流域的那一部分删去了**

约翰牛自己通过进行第一次鸦片战争，使俄国得以签订一个使它有权沿黑龙江航行并在陆上边界自由贸易的条约；而通过进行第二次鸦片战争，又帮助俄国获得了鞑靼海峡和贝加尔湖之间价值无量的地域——这是俄国过去无限垂涎的一块地方，从沙皇阿列克谢·米哈伊洛维奇到尼古拉，一直都企图把它弄到手。这一切对于约翰牛来说决非愉快的回忆。伦敦《泰晤士报》为此感到很不是滋味，所以它在刊登来自圣彼得堡的过分渲染大不列颠占便宜的新闻时，特意将电讯中提到俄国依照条约获得黑龙江流域的那一部分删去了。

摘自卡·马克思：《中国和英国的条约》（1858年9月28日），《马克思恩格斯文集》第2卷，人民出版社2009年版，第648页。

**10. 普鲁士……宫廷奸党的头子们和国王的宠臣冯·格尔拉赫将军、枢密官尼布尔（……）是彼得堡政府的直接代理人**

现在有许多人认为——而且英国报刊也在大肆传播这种看法——这位摄政王的上台会立刻在普鲁士的外交政策上引起变革，使普鲁士摆脱俄国的控制而更向英国靠拢。很可能摄政王本人也抱有这种想法。他当然从来也没有忘记，尼古拉曾在华沙会议上对身为普鲁士全权代表和王室近亲的勃兰登堡伯爵横加侮辱，以致逼得伯爵自杀①。与此同时，尼古拉曾强迫——而且是非常无礼地强迫——普鲁士屈从奥地利的要求，同意让奥地利军队开往汉堡和什列斯维希—霍尔施坦，并且乖乖地在整个欧洲面前蒙羞受辱，这就使他对上述的人身侮辱更是痛定思痛。不久，当英国公布了

---

① 在1850年10月举行的所谓华沙会议期间，尼古拉同普鲁士代表首相勃兰登堡伯爵谈话时声色俱厉，语含威胁。勃兰登堡伯爵从华沙回来后即暴卒。人们认为他的死因是由于受到了沙皇的侮辱以及因普鲁士国家地位低落而焦虑不安所致。——《马克思恩格斯全集》（中文第1版）第12卷，人民出版社1962年版，注释406。

英国驻彼得堡大使的秘密函件时,这位绝非宽宏大量的亲王再一次为那位已故皇帝的有意的轻蔑态度所震惊:这位皇帝在估计一旦瓜分土耳其帝国,欧洲各大国可能采取什么态度时,对普鲁士竟不屑一提。如众所周知,在布拉格举行的一次会见中,普鲁士亲王在起初采取了一些气势汹汹的步骤以后,对他这位莫斯科姻兄的专横傲慢报之以执拗的沉默。在对俄战争期间,宫廷奸党怀疑亲王倒向西方联盟国家,因而对他的私人活动进行周密的surveillance〔监视〕和刺探,这是偶然在波茨坦的一件轰动一时的诉讼案中揭露出来的。而亲王则查明了,宫廷奸党的头子们和国王的宠臣冯·格尔拉赫将军、枢密官尼布尔(一位大历史学家的儿子)是彼得堡政府的直接代理人,他们经常向彼得堡政府详细报告内阁中发生的一切情况,并从它那里接受任务,其中甚至有像王国各地corps d'armée〔军团〕的部署情况这种问题。随着尼古拉皇帝的逝世,私人冤仇的起因消失了。

摘自卡·马克思:《普鲁士的摄政》(1858年10月13日),《马克思恩格斯全集》(中文第1版)第12卷,人民出版社1962年版,第649—650页。

### 11. 普鲁士王国的大政方针是依靠俄国的援助来霸占全德

再说,看不出亚历山大二世会像尼古拉那样在他舅父心中引起畏惧的情绪(尼古拉在与弗里德里希—威廉三世的长女结婚以后是很懂得怎样使霍亨索伦王朝产生这种畏惧情绪的)。也很可能同英国新建立的亲戚关系会对摄政王的外交政策的倾向有一些影响。但是实际上,外交政策不决定于亲王个人的好恶,而是决定于他的国家的地位。如果普鲁士不过是德意志国家之一,那问题的解决倒很简单;可是,普鲁士不仅仅是奥地利(而奥地利又与俄国为敌)的竞争者,而且普鲁士王国的大政方针是依靠俄国的援助来霸占全德。正是由于弗里德里希—威廉一世同俄国结成联盟,普鲁士才得以从瑞典夺走波美拉尼亚。另一方面,也正是由于同叶卡捷琳娜缔结联盟,弗里德里希大帝才能够把奥地利的西里西亚据为己有,才能够得到波兰自古就有的领土;弗里德里希—威廉二世和弗里德里希—威廉三世如法炮制,收到了同样的效果。正是在亚历山大一世的庇护下,普鲁士才得到了莱茵河流域各省,同时得以用损害萨克森的手段实行扩张。而一旦法国人进犯,普鲁士所必须依靠的又是俄国。所以,普鲁士国家的地位到底能不能使它的统治摆脱俄国的控制,公众在这个问题以及国内政策问题上的期望是否不至于落空，是很值得怀疑的。

摘自卡·马克思：《普鲁士的摄政》（1858年10月13日），《马克思恩格斯全集》（中文第1版）第12卷，人民出版社1962年版，第650—651页。

### 12. 欧洲土耳其的基督教居民，无论是希腊人还是斯拉夫人，现在比任何时候都更加渴望摆脱土耳其的束缚，更加把俄国看成是自己唯一的保护人

俄国由于自己在塞瓦斯托波尔城外遭到军事失败而要对法国和英国进行的报复，现在刚刚实现。虽然赫拉克利亚半岛上顽强而持久的战斗伤害了俄国的民族自豪感，并使它丧失了一小块领土，① 但是俄国在战争结束后还是得到了明显的好处。"病夫"的状况大为恶化②；欧洲土耳其的基督教居民，无论是希腊人还是斯拉夫人，现在比任何时候都更加渴望摆脱土耳其的束缚，更加把俄国看成是自己唯一的保护人。毫无疑问，现在波斯尼亚、塞尔维亚、黑山以及克里特岛上所发生的一切暴动和阴谋，都有俄国的代理人插手其中；但是土耳其在战争中就已经暴露出来的、并且被和约强加于它的义务所加剧了的那种极度衰颓和软弱，已足能说明苏丹的基督教臣民为什么会这样普遍激动不安了。可见，俄国虽然把一条窄小的土地暂时牺牲，却换得了在实现自己对土耳其的谋划方面的长足进展。加紧分裂土耳其和对土耳其基督教臣民行使保护权，这就是俄国在战争肇始时所追求的目的；而谁能说现在俄国不是比过去任何时候都在更大的程度上行使着这种保护权呢？

摘自弗·恩格斯：《俄国在远东的成功》（1858年10月25日前后），《马克思恩格斯文集》第2卷，人民出版社2009年版，第649页。

### 13. 结果，英国和法国对中国进行的战争只是让俄国得到了好处

可见俄国甚至在这场失利的战争中也是唯一的得利者。但是俄国还

---

① 赫拉克利亚半岛即克里木半岛南端自因克尔曼到巴拉克拉瓦以西的那部分土地，是克里木战争（1853—1856）的重要战场之一，塞瓦斯托波尔就在这个小半岛上。文中所说俄国丧失了一小块领土，是指按照1856年的巴黎和约，俄国被迫放弃的比萨拉比亚南部的一部分地区。——《马克思恩格斯文集》第2卷，人民出版社2009年版，注释390。

② 1853年1月9日沙皇尼古拉一世在同英国驻彼得堡公使乔·西摩尔会晤时曾称呼土耳其为"病夫"。尼古拉一世曾建议俄英瓜分土耳其帝国，但是英国不愿加强俄国的势力并希望保持奥斯曼帝国的弱小地位，因而拒绝了这一建议。——《马克思恩格斯文集》第2卷，人民出版社2009年版，注释391。

得进行报复，于是它选定了一个稳操胜券的领域——外交领域——来进行这种报复。当英国和法国对中国进行一场代价巨大的战争时，俄国保持中立，到战争快结束时才插手干预。结果，英国和法国对中国进行的战争只是让俄国得到了好处。这一回俄国的处境可真是再顺利没有了。摇摇欲坠的亚洲帝国正在一个一个地变成野心勃勃的欧洲人的猎获物。这里又有一个这样的帝国，它很虚弱，很衰败，甚至没有力量经受人民革命的危机，在这里，就连一场激烈爆发的起义也都变成了看来无法医治的慢性病；它很腐败，无论是控制自己的人们，还是抵抗外国的侵略，一概无能为力。

摘自弗·恩格斯：《俄国在远东的成功》（1858年10月25日前后），《马克思恩格斯文集》第2卷，人民出版社2009年版，第649—650页。

**14. 当英国终于决定打到北京……的时候，俄国——尽管就在此时夺取了中国的一块大小等于法德两国加在一起的领土和一条同多瑙河一样长的河流——竟能以处于弱者地位的中国人的无私的保护人身份出现**

正当英国人在广州同中国的下级官吏争执不下、英国人自己在讨论叶总督是否真是遵照中国皇帝[①]的意旨行事这一重要问题的时候，俄国人已经占领了黑龙江以北的地区和该地区以南的大部分满洲海岸；他们在那里建筑了工事，勘测了一条铁路线并拟定了修筑城市和港口的规划。当英国终于决定打到北京，而法国也希望捞到一点好处而同英国联合起来的时候，俄国——尽管就在此时夺取了中国的一块大小等于法德两国加在一起的领土和一条同多瑙河一样长的河流——竟能以处于弱者地位的中国人的无私的保护人身份出现，而且在缔结和约时俨然以调停者自居；如果我们把各国条约[②]比较一下，就必须承认：这次战争不是对英、法而是对俄国有利，已成为昭然若揭的事实。

摘自弗·恩格斯：《俄国在远东的成功》（1858年10月25日前后），《马克思恩格斯文集》第2卷，人民出版社2009年版，第650页。

---

① 咸丰帝。——编者注

② 这里是指1858年6月清政府在第二次鸦片战争中签订的四个不平等条约，即中俄天津条约（13日），中美天津条约（18日），中英天津条约（26日）及中法天津条约（27日）。——《马克思恩格斯文集》第2卷，人民出版社2009年版，注释392。

**15. 中国人不大需要英国商品因而英国货根本没有打入内地。与此同时有一种适合中国人需要的、经由恰克图或西藏运去的俄国布匹，就千真万确地一直运销到沿海**

各参战国得到的好处——其中也有俄国和美国的份——纯属商业性质，而且正如我们前次所指出的，这些好处大部分都是虚幻的①。……此外，关于这个新条约的价值还产生了另一些怀疑。有人断言，英中条约第二十八款所提到的子扣税是臆造的。过去人们之所以认为有这种税存在，纯粹是由于：中国人不大需要英国商品因而英国货根本没有打入内地。与此同时有一种适合中国人需要的、经由恰克图或西藏运去的俄国布匹，就千真万确地一直运销到沿海。人们忘记了，如果真有这种税存在的话，不管是英国货还是俄国货都一样要受到影响。

摘自弗·恩格斯：《俄国在远东的成功》（1858年10月25日前后），《马克思恩格斯文集》第2卷，人民出版社2009年版，第650—651页。

**16. 恰克图和北京之间的……从前不定期通行的、只是被容忍的交通线，现在要定期使用并作为一项权利加以规定**

其次，条约中还有关于恰克图和北京之间的邮政管理的条款。从前不定期通行的、只是被容忍的交通线，现在要定期使用并作为一项权利加以规定。在这两个地点之间每月要有一次邮班，全程大约1000英里，15天到达；而每三个月还要有一支商队走这同一条路线。很明显，将来中国人对这些业务要么是漫不经心，要么是力不胜任；既然交通线现在已作为权利为俄国所得，其结果就是这种业务将逐渐控制在俄国手中。我们曾看到，俄国人怎样在吉尔吉斯草原建立起自己的军事堡垒线②；我们深信不疑，用不了几年，同样的一条路线将穿过戈壁沙漠，那时候关于英国统治中国的梦想将永成泡影，因为俄国军队不论哪一天都能够向北京进发。

摘自弗·恩格斯：《俄国在远东的成功》（1858年10月25日前后），《马克思恩格斯文集》第2卷，人民出版社2009年版，第652—653页。

---

① 见卡·马克思：《中国和英国的条约》，《马克思恩格斯文集》第2卷，人民出版社2009年版，第643—648页。——编者注

② 见恩格斯《俄国在中亚西亚的进展》（《马克思恩格斯全集》中文第1版第12卷，第638—639页。）——编者注

**17. 凡是俄国外交同英国外交或法国外交交锋的地方，俄国总是占上风**

不难想象，在北京设立常驻使馆将会产生什么作用。请回想一下君士坦丁堡或德黑兰吧。凡是俄国外交同英国外交或法国外交交锋的地方，俄国总是占上风。俄国公使在几年以后就可能在与北京相隔一个月路程的恰克图拥有一支足以达到任何目的的强大军队和一条供这支军队顺利进军的道路——这样一位俄国公使在北京将具有无上的威力，谁能怀疑这一点呢？

摘自弗·恩格斯:《俄国在远东的成功》（1858年10月25日前后），《马克思恩格斯文集》第2卷，人民出版社2009年版，第653页。

**18. 当英国硬逼天朝人签订了天津条约而到受到普遍祝贺的时候，我曾试图说明：实际上从这次海盗式的英中战争中取得实利的唯一强国是俄国，英国根据条约所得到的商业利益是很微小的**

当英国硬逼天朝人签订了天津条约而到受到普遍祝贺的时候，我曾试图说明：实际上从这次海盗式的英中战争中取得实利的唯一强国是俄国，英国根据条约所得到的商业利益是很微小的；同时，从政治观点看来，这个条约不仅不能巩固和平，反而将使战争必然重起。[①] 事变的进程，完全证实了这个看法。天津条约已成过去的事情，在战争的严酷现实面前，表面上的和平也已经消失。

摘自卡·马克思:《新的对华战争》（一），《马克思恩格斯文集》第2卷，人民出版社2009年版，第654页。

**19. 法国将得到莱茵河左岸，俄国则将得到在土耳其行动的自由**

第三，这是最主要的，就是俄国对于这整个阴谋的态度。去年爆发了战争，哥尔查科夫本人承认俄国对路易—拿破仑负有"书面义务"，于是，关于这些义务的内容的传闻就扩散开了。这些传闻来自不同的渠道，并在主要问题上都互相印证了。俄国答应动员4个军配置在普鲁士和奥地利边境上，使路易—拿破仑更容易施展他的计谋。对于战争过程本身，据传已经预先考虑了下面三种情况。

---

[①] 见卡·马克思《中国和英国的条约》（《马克思恩格斯文集》第2卷，人民出版社2009年版，第643—648页）和弗·恩格斯《俄国在远东的成功》（《马克思恩格斯文集》第2卷，人民出版社2009年版，第649—653页）。——编者注

或者是奥地利同意以明乔河为边界而缔结和约。在这种情况下，它将丧失伦巴第，同时，由于与普鲁士和英国隔离，就很容易被拉入俄法同盟，而这个同盟下一步的目的（瓜分土耳其，把莱茵河左岸地区让给法国）将用其他方法来实现。

或者是奥地利为占有威尼斯而继续战斗，那时，它将被彻底逐出意大利，匈牙利将爆发起义，并在适当时机被转交给俄国康斯坦丁大公；伦巴第和威尼斯将归属于皮埃蒙特，而萨瓦和尼斯将归属于法国。

最后，或者是奥地利继续战斗而德意志联邦支持它。这时俄国将积极地加入战斗；法国将得到莱茵河左岸，俄国则将得到在土耳其行动的自由。

摘自弗·恩格斯：《萨瓦、尼斯与莱茵》（1860年2月）（四），《马克思恩格斯全集》（中文第2版）第19卷，人民出版社2006年版，第475—476页。

**20. 在这个世纪内，俄国曾两次与法国结成同盟，并且每一次结盟都是以瓜分德国为目的或者基础**

再说一遍，关于俄法同盟协定中最重要部分的这些材料，自战争爆发时就开始为大家获悉并且已经公布出来了。其中很大一部分已经为各种事件所证实。其余的部分情况怎样呢？

现在不可能提出相关文件来作证据，这是事物性质所使然。只有在有关事件本身成为历史陈迹的时候，这些证据才会大白于天下。只有根据事实与文件（例如1830年在华沙发现的俄国公文①）查明的俄国在以往各个历史时期的政策，才是揭开这个错综复杂的阴谋的钥匙。对此查明政策就足够了。

在这个世纪内，俄国曾两次与法国结成同盟，并且每一次结盟都是以瓜分德国为目的或者基础。

---

① 在1830—1831年的波兰起义期间，波兰起义者占领了康斯坦丁大公在华沙的档案库，其中有许多沙皇秘密外交文件。这些文件一部分发表在戴·乌尔卡尔特于1835—1836年出版的外交文件和材料丛刊《公文集。公文汇编》，一部分发表在1854年巴黎出版的《有关俄国的文件汇编》。鉴于目前的危机，了解这些多半是秘密的和未经发表的文件是有益的》。——《马克思恩格斯全集》（中文第2版）第19卷，人民出版社2006年版，注释347。

第一次是在蒂尔西特附近的木筏上。① 俄国当时让法国皇帝完全支配德国而自己仅取得普鲁士的一部分作为交换条件。为此它取得了在土耳其行动的自由，于是就赶忙夺取比萨拉比亚和摩尔多瓦，并驱军渡过多瑙河。但是不久以后，拿破仑"研究了土耳其问题②"并根本改变了他对于这个问题的看法；这个情况对俄国说来便成了1812年战争的主要原因之一。

第二次在1829年③。俄国与法国缔结了一个条约，根据这个条约，法国应取得莱茵河左岸，俄国则再度取得在土耳其行动的自由，这个条约被七月革命④撕毁了；达来朗在准备对波林尼雅克内阁的起诉时，发现了有关的文件，但为了避免使法国和俄国的外交出丑，他把这些文件付之一炬。在公众面前，各国外交家结成了秘密同盟，他们永远也不会公开地彼此揭丑。

---

① 拿破仑第一和亚历山大一世的第一次会见是1807年6月25日在涅曼河中心的木筏上单独进行的。这里指1807年的蒂尔西特和约，这是拿破仑法国同参加第四次反法同盟的战败国俄国和普鲁士于1807年7月7日（同俄国）和9日（同普鲁士）签订的合约。和约使普鲁士丧失很大一部分领土（其中包括易北河以西的全部属地）。为了分裂战败国，拿破仑对俄国没有提出领土要求，反而使他获得了普鲁士的比亚韦斯托克地区。但是，亚历山大一世必须承认法国在德国占领的地区和拿破仑在那里所修改的疆界，以及拿破仑对伊奥尼亚群岛的统治权，同意成立华沙大公国（这是法国在俄国边界上的一个进攻基地），并参加对英国的封锁（即所谓的大陆封锁）。在蒂尔西特，亚历山大一世答应在法国的调停下开始自1806年起和俄国处于战争状态的土耳其举行和平谈判。1807年8月俄国和土耳其签订了停战协定，但未能缔结和约；1809年军事行动恢复，1812年土耳其战败后才签订布加勒斯特和约。在蒂尔西特，拿破仑一世和亚历山大一世之间还达成了一项瓜分欧洲的秘密协议。除君士坦丁堡以外的土耳其在欧洲的领土、巴尔干半岛和瑞典为俄国的势力范围，法国将在埃及和余下的非洲国家扩张势力，并可在欧洲为所欲为。——《马克思恩格斯全集》（中文第2版）第19卷，人民出版社2006年版，注释348。

② 这里讽喻路易·波拿巴说过的一句话："研究问题并非创举"。——《马克思恩格斯全集》（中文第2版）第19卷，人民出版社2006年版，注释349。

③ 指1829年俄国和法国缔结的条约，根据这个条约，莱茵河左岸割让给了法国。——《马克思恩格斯全集》（中文第2版）第19卷，人民出版社2006年版，注释350。

④ 七月革命指1830年爆发的法国资产阶级革命。1814年拿破仑第一帝国垮台后，代表大土地贵族利益的波旁王朝复辟，它竭力恢复封建专制统治，压制资本主义的发展，限制言论自由和新闻出版自由，加剧了资产阶级同贵族地主的矛盾，激起了人民的反抗。1830年7月27—29日巴黎爆发革命，推翻了波旁王朝。金融资产阶级攫取了革命果实，建立了以奥尔良公爵路易—菲力浦为首的代表金融资产阶级利益的七月王朝。——《马克思恩格斯全集》（中文第2版）第19卷，人民出版社2006年版，注释26。

在 1853 年战争①中，俄国曾把希望寄托在神圣同盟②身上，据它的估计，它已经通过对匈牙利的干涉和使华沙屈服③而复活了神圣同盟，并且由于奥地利和普鲁士对路易—拿破仑的不信任使同盟得到了加强。但是它打错了算盘。奥地利以其忘恩负义的崇高行为④（在此期间，它已在石勒苏益格—荷尔斯泰因和华沙用高额偿还了它欠俄国的债）和它在多瑙河地区传统的反俄政策的彻底复活，使全世界吃了一惊。俄国在这个方面是失算了，但在另一个方面上，敌人阵营中的叛卖行为却挽救了它。

摘自弗·恩格斯：《萨瓦、尼斯与莱茵》（1860 年 2 月）（四），《马克思恩格斯全集》（中文第 2 版）第 19 卷，人民出版社 2006 年版，第 476—477 页。

### 21. 牌握在俄国的手里，路易—拿破仑只能为它火中取栗

有一点是很清楚的，那就是夺取君士坦丁堡这个固定的想法，现在只有和法国结盟才能够实现。另一方面，在法国又从来没有一个政府像路易—拿破仑政府那样需要夺取莱茵边界。形势比 1829 年更为有利。牌握在俄国的手里，路易—拿破仑只能为它火中取栗。

摘自弗·恩格斯：《萨瓦、尼斯与莱茵》（1860 年 2 月）（四），《马克思恩格斯全集》（中文第 2 版）第 19 卷，人民出版社 2006 年版，第 477 页。

---

① 克里木远征即克里木战争（俄土战争），是 1853 年—1856 年俄国对英国、法国、土耳其和撒丁的联盟的战争。这场战争是由于这些国家在近东的经济和政治利益发生冲突而引起的，又称东方战争。——《马克思恩格斯全集》（中文第 2 版）第 19 卷，人民出版社 2006 年版，注释 17。

② 神圣同盟是欧洲各专制君主镇压欧洲各国进步运动和维护封建君主制度的反革命联盟。该联盟是战胜拿破仑第一以后，由俄国沙皇亚历山大一世和奥地利首相梅特涅倡议，于 1815 年 9 月 26 日在巴黎建立的，同时还缔结了神圣同盟条约。几乎所有欧洲君主国家都参加了同盟。这些国家的君主负有相互提供经济、军事和其他方面援助的义务，以维持维也纳会议上重新划定的边界和镇压各国革命。神圣同盟为了镇压欧洲各国资产阶级革命和民族解放运动，分别召开过几次会议。由于欧洲诸国间的矛盾以及民族革命的发展，1830 年法国七月革命后神圣同盟实际上已经瓦解。——《马克思恩格斯全集》（中文第 2 版）第 19 卷，人民出版社 2006 年版，注释 131。

③ 指华沙会议。这个会议是根据俄国的倡议于 1850 年 10 月在华沙举行的有俄国、奥地利和普鲁士参加的会议，会上沙皇尼古拉一世以仲裁人身份，裁决普奥在统一德国问题上的争端。普鲁士在俄、奥压力下被迫放弃在它领导下建立德意志各邦联盟的计划。——《马克思恩格斯全集》（中文第 2 版）第 19 卷，人民出版社 2006 年版，注释 351。

④ 19 世纪 50 年代初，随着东方问题的尖锐化，奥地利转而奉行敌视俄国的对外政策，这种转变表现在奥地利首相兼外交大臣施瓦岑堡说过的一句话中："全世界将会因为我们的忘恩负义而感到惊奇"。——《马克思恩格斯全集》（中文第 2 版）第 19 卷，人民出版社 2006 年版，注释 352。

**22. 俄国的自然的和传统的对法政策，是允许法国占领莱茵河左岸或者在一定场合帮助它占领以换取法国对俄国侵占魏克瑟尔河和多瑙河的承认和支持**

难道俄国会只满足于在短促的1859年战局中削弱奥地利，而没有考虑到任何其他的可能性了吗？难道它动员第一批的4个军就只是为了得到这种满足吗？如果奥地利不让步，那又将怎样呢？如果军事上和政治上的局势迫使普鲁士和德国其他各邦（在战争继续的条件下是不得不如此的）出来援助奥地利呢，那时又将怎样呢？在这种场合下，俄国对法国又会承担些什么义务呢？

蒂尔西特条约①和1829年条约②给这个问题作出了答案。如果俄国把它的领土扩张到多瑙河并且直接或者间接地统治了君士坦丁堡，法国也应当取得它自己的那份战利品。俄国所能提供给法国的惟一抵偿就是莱茵河左岸；德国只得再次承受牺牲。俄国的自然的和传统的对法政策，是允许法国占领莱茵河左岸或者在一定场合帮助它占领以换取法国对俄国侵占魏克瑟尔河和多瑙河的承认和支持；对由于感恩图报而承认俄国侵占行为的德国，则帮助它从法国手中收复失地。自然，这个计划只有在发生重大的历史危机时才有可能实现，但是这绝不妨碍俄国在1859年很好地考虑到这些可能性，像在1829年那样。

摘自弗·恩格斯：《萨瓦、尼斯与莱茵》（1860年2月）（四），《马克思

---

① 拿破仑第一和亚历山大一世的第一次会见是1807年6月25日在涅曼河中心的木筏上单独进行的。这里指1807年的蒂尔西特和约，这是拿破仑法国同参加第四次反法同盟的战败国俄国和普鲁士于1807年7月7日（同俄国）和9日（同普鲁士）签订的合约。和约使普鲁士丧失很大一部分领土（其中包括易北河以西的全部属地）。为了分裂战败国，拿破仑对俄国没有提出领土要求，反而使他获得了普鲁士的比亚韦斯托克地区。但是，亚历山大一世必须承认法国在德国占领的地区和拿破仑在那里所修改的疆界，以及拿破仑对伊奥尼亚群岛的统治权，同意成立华沙大公国（这是法国在俄国边界上的一个进攻基地），并参加对英国的封锁（即所谓的大陆封锁）。在蒂尔西特，亚历山大一世答应在法国的调停下开始同1806年起和俄国处于战争状态的土耳其举行和平谈判。1807年8月俄国和土耳其签订了停战协定，但未能缔结和约；1809年军事行动恢复，1812年土耳其战败后才签订布加勒斯特和约。在蒂尔西特，拿破仑一世和亚历山大一世之间还达成了一项瓜分欧洲的秘密协议。除君士坦丁堡以外的土耳其在欧洲的领土、巴尔干半岛和瑞典为俄国的势力范围，法国将在埃及和余下的非洲国家扩张势力，并可在欧洲为所欲为。——《马克思恩格斯全集》（中文第2版）第19卷，人民出版社2006年版，注释348。

② 指1829年俄国和法国缔结的条约，根据这个条约，莱茵河左岸割让给了法国。——《马克思恩格斯全集》（中文第2版）第19卷，人民出版社2006年版，注释350。

恩格斯全集》（中文第2版）第19卷，人民出版社2006年版，第478—479页。

## 23. 侵占君士坦丁堡是俄国政策一贯的目的，为了达到这个目的，它是不择手段的

侵占君士坦丁堡是俄国政策一贯的目的，为了达到这个目的，它是不择手段的，如果今天还想来论证这个事实，那就可笑了。我们在这里只准备提醒一点，就是俄国除非与法国或者英国结盟，否则永远不能实现瓜分土耳其的目的。1844年，当俄国感到向英国直接提出建议是适时的时候，尼古拉皇帝曾去英国并亲自带去了俄国关于瓜分土耳其的备忘录①，其中还把埃及许给了英国人。建议被拒绝了，但是阿伯丁勋爵把这份备忘录放在一个小匣内，加了封签传给了他外交部的继任者。以后历任外交大臣都看了这个文件，然后重新加封传给自己的继任者，直到1853年上院辩论时，这件事才终于被公开出来。同时公布的还有尼古拉一世同汉密尔顿·西摩尔爵士之间关于"病夫"的有名会谈，会谈中埃及和干地亚岛同样被许给了英国，而俄国似乎只满足于一点小小的好处。② 可见，俄国在1853年对英国的许诺和在1844年是一样的，那么在1859年对法国的许诺难道会比1829年吝啬些吗？

摘自弗·恩格斯：《萨瓦、尼斯与莱茵》（1860年2月）（四），《马克思恩格斯全集》（中文第2版）第19卷，人民出版社2006年版，第479页。

## 24. 无论从所处的地位或个人的品格来看，路易—拿破仑都注定要替俄国计划服务

无论从所处的地位或个人的品格来看，路易—拿破仑都注定要替俄国计划服务。他既然自命是伟大的军事传统的继承人，所以也把1813年和1815年的失败作为遗产接受了下来。军队是他的主要支柱；他必须通过新的军事胜利，必须通过惩罚那些使法国在那几年遭受失败的国家并恢复法国的自然疆界使军队得到满足。只有当法国的三色国旗飘扬在整个莱茵河

---

① 《涅谢尔罗德伯爵向女王陛下的政府提交的备忘录》1854年伦敦版第6部分。——编者注

② 关于1853年初英国驻彼得堡公使西摩尔公爵同尼古拉一世关于土耳其问题的谈判，可参看马克思的《关于瓜分土耳其的文件》和《秘密的外交函件的往来》（见《马克思恩格斯全集》中文版第2版第13卷第149—178页）。——《马克思恩格斯全集》（中文第2版）第19卷，人民出版社2006年版，注释353。

左岸时,才能洗雪巴黎两次被占领①的耻辱。但是要达到这个目的,必须有强大的同盟者;而同盟者只能在英国与俄国之间选择。英国的内阁经常更换,即使有一个英国首相能同意这些计划,这个国家至少也是不可靠的。那么俄国呢?它已经两次表示愿意在这个基础上与法国结为同盟,只要求得到适中的代价。

摘自弗·恩格斯:《萨瓦、尼斯与莱茵》(1860年2月)(四),《马克思恩格斯全集》(中文第2版)第19卷,人民出版社2006年版,第480页。

### 25. 从来没有一个人比路易—拿破仑对俄国的政策更为适合了,从来没有一个人所处的地位比他现今的地位对俄国的政策更为有利了

从来没有一个人比路易—拿破仑对俄国的政策更为适合了,从来没有一个人所处的地位比他现今的地位对俄国的政策更为有利了。居于法国王位的是这样一个统治者:他仅仅为了保持自己的地位就必须进行战争,就必须进行侵略;他需要同盟,为了这个同盟他只好依赖俄国——这样一种形势是俄国从来没有遇到过的。自从斯图加特会晤②以来,法国政策的全部最后的原动力便不应再到巴黎,到路易—拿破仑的头脑中去寻找,而应该到彼得堡,到哥尔查科夫公爵的办公室里去寻找。德国的庸人们如此敬畏的这位"神秘"人物降为俄国外交所玩弄的工具,俄国外交让他摆出伟人的姿态而自己却享受实际的利益。

摘自弗·恩格斯:《萨瓦、尼斯与莱茵》(1860年2月)(四),《马克思恩格斯全集》(中文第2版)第19卷,人民出版社2006年版,第480页。

### 26. 俄国从来都是非万不得已不肯牺牲一个戈比和一名兵士,但一有机会就要在欧洲各国间挑起纷争并削弱它们

俄国从来都是非万不得已不肯牺牲一个戈比和一名兵士,但一有机会就要在欧洲各国间挑起纷争并削弱它们,因此,在路易—拿破仑还没有得

---

① 指欧洲国家反拿破仑同盟军队于1814年3月30—31日和1815年7月6—8日两次占领巴黎的事实。——《马克思恩格斯全集》(中文第2版)第19卷,人民出版社2006年版,注释354。

② 指1857年9月拿破仑第三和亚历山大二世子在斯图加特会晤。这次会晤的目的是俄国和法国在外交方面建立密切的合作关系,关于建立合作关系的问题早在1856年的巴黎会议上就已提出来了。在会晤时,亚历山大二世保证一旦法国和奥地利因意大利问题爆发战争,一定支持法国。还讨论了达达尼尔海峡问题、多瑙河两公国问题、意大利的命运问题,以及其他问题;拿破仑第三企图提出波兰问题,但没有成功。这次会晤结果没有缔结外交协定,但表明了俄国和法国想进行双边合作的意图。——《马克思恩格斯全集》(中文第2版)第19卷,人民出版社2006年版,注释355。

意洋洋地摆出意大利解放者的姿态以前,当然要由俄国通过哥尔查科夫的条约①来加以认可。当俄属波兰的民情报告已经证实形势非常不妙,以致在毗邻的匈牙利不能允许发生任何起义的时候,当动员俄国第一批4个军的尝试表明国家的元气尚未恢复的时候,当农民的骚动和贵族的抵抗规模在对外战争期间会成为一种威胁的时候,俄皇的将军衔侍卫长②就来到了法军大本营,于是就缔结了维拉弗兰卡和约③。俄国暂时可以满足于既得的成就了。奥地利因1854年的"忘恩负义"而遭到了严厉的惩罚,其严厉程度远比俄国所能指望的要大得多。在战前眼看就能整顿就绪的奥地利财政,受到了惨重的破坏,要几十年才能恢复,整个国家机构摇摇欲坠,它对意大利的统治不存在了,领土缩小了,军心涣散了,军队对自己的长官失去了信任,匈牙利人、斯拉夫人和威尼斯人的民族运动大大加强,与奥地利分离现在已经成了他们公开提出的目标;自此以后,俄国可以完全不再把奥地利的抵抗放在眼里,可以指望逐渐把奥地利变成自己的工具。这就是俄国的成就。而路易—拿破仑,除了为他的军队争得了极为渺小的荣誉,为自己争得了非常值得怀疑的荣誉,以及取得了关于有权占有萨瓦和尼斯的极不可靠的许诺而外,什么也没有得到;而这两省对他说来至多也

---

① 哥尔查科夫的条约即俄法秘密协定。——《马克思恩格斯全集》(中文第2版)第19卷,人民出版社2006年版,注释356。

② 帕·安·舒瓦洛夫。——编者注

③ 1859年8月8日—10月20日在苏黎世召开了有奥地利、法国和撒丁参加的会议,以拟定最后和约的条款;同年11月10日各方在和约上签了字。略加修改的维拉弗兰卡初步和约的条款成了苏黎世和约的基础。苏黎世条约由三个单独的外交文件组成,即奥法条约、法撒关于把伦巴第转让给撒丁的条约以及奥法撒共同条约。

维拉弗兰卡条约是1859年7月11日法奥之间签署的维拉弗兰卡初步和约。1859年7月8日法奥两国皇帝在维拉弗兰卡城举行单独会晤,皮埃蒙特国王没有获准参加。这次会晤是根据拿破仑第三的建议举行的,因为他害怕战争拖下去会加强意大利和其他欧洲国家中的革命运动和民族解放运动。在这次会晤中签订了停战协定。7月11日法奥双方签署了初步和约,根据和约,伦巴第(曼都亚和培斯克拉两要塞除外)转归法国(但是拿破仑第三后来为了换取萨瓦和尼斯,把伦巴第让给了撒丁),威尼斯仍然受奥地利统治,同意在战时由于人民起义而被赶走的托斯卡纳公爵和摩地那公爵复位。和约规定建立以教皇为首脑的意大利联邦这个和约完全符合拿破仑第三的计划,它并没有解决意大利民族统一这个课题,相反地却加深了国家的政治分裂,在它的某些地区保存了外国统治。尽管初步和约中的某些条文没有实行(例如,建立意大利联邦、两位公爵——他们的领土于1860年并入皮埃蒙特——在托斯卡纳和摩地那复位等等)或者有了改变,但整个说来,和约中提出的条件为1859年11月10日签订的苏黎世和约打下了基础。——《马克思恩格斯全集》(中文第2版)第19卷,人民出版社2006年版,注释4。

不过是丹纳士人的礼物①，它们会使他更加仰承俄国的鼻息。

摘自弗·恩格斯：《萨瓦、尼斯与莱茵》（1860年2月）（四），《马克思恩格斯全集》（中文第2版）第19卷，人民出版社2006年版，第480—481页。

**27. 谁都知道，响亮而持久地要求解放农奴的呼声，开始于亚历山大一世时期**

俄国"一贯敌视奥地利而同情法国"一事，使福格特对路易·波拿巴的民族解放倾向丝毫不加怀疑，就像"他的（路易·波拿巴的）政策现时同俄国的政策极其紧密地结合在一起"（第30页）一事，使他对亚历山大二世的民族解放倾向丝毫不加怀疑一样。

因此，应当把神圣的俄罗斯看成是东方的"争取自由"和"人民和民族的发展"的"朋友"，就像十二月政变的法国在西方那样。这一口号曾经散发给十二月二日的各个代理人。

"俄国"，——**福格特**在丹屠出版的《条约的信守，缔约的列强和皇帝拿破仑第三》（1859年巴黎版）这一小册子中读到，——"俄国属于斯拉夫人大家庭，属于优秀种族……有人对法俄两国之间突然产生的骑士协商感到惊奇。其实没有比这更自然的了：**原则相同，目标一致，政府和人民遵守神圣同盟法律**，不是为了进行欺骗和强制，而是为了指导和帮助各民族神圣的运动。这种最充分的诚意〈在路易—菲力浦同英国之间只有过**诚意协商**，但在路易·波拿巴同俄国之间却存在着最充分的诚意〉已经产生了极良好的结果：铁路、**农奴解放**、地中海上商船停泊场等等。"②

福格特立刻抓住了"农奴解放"，并且暗示说：

---

① 丹纳士人的礼物是指谁得到谁就可能遭殃的礼物。根据关于夺取特洛伊城的传说，希腊人（根据希腊部族之一的名称也称为丹纳士人）送给特洛伊人一只木马表示和解，其中藏有武装的军士。这就是罗马诗人维吉尔的长诗《亚尼雅士之歌》第2部中的一个主人公所说的一句获得了广泛流传的话"我害怕丹纳士人，甚至害怕送礼的丹纳士人"的由来。——《马克思恩格斯全集》（中文第2版）第19卷，人民出版社2006年版，注释341。

② 这一段引文中的着重是马克思加的。——《马克思恩格斯全集》（中文第2版）第19卷，人民出版社2006年版，注释214。

"目前的这一推动……似可把俄国变成争取自由的朋友，而不是争取自由的敌人。"(《研究》第10页)

他和他的丹屠出版的原著一样，也认为路易·波拿巴推动了所谓俄国的农奴解放，为此目的，他把成为这种推动力的英、土、法对俄战争变为"法国战争"(《研究》第9页)。

谁都知道，响亮而持久地要求解放农奴的呼声，开始于亚历山大一世时期。沙皇尼古拉毕生忙于农奴解放问题；为此，他在1838年成立了一个专门的国有土地部，在1843年下诏这个部采取准备性步骤，而在1847年甚至颁布了一些对农民有利的关于出卖贵族领地的法律①，到了1848年，只是由于害怕革命，他才又收回成命。因此，如果说农奴解放问题，在"好心的沙皇"——福格特是这样亲切地称呼亚历山大二世的②，——时期已有了长足进展，那显然是由于即使沙皇也奈何不得的经济关系的发展造成的。此外，按照俄国政府的精神去解放农奴，就会使俄国的侵略力量增强百倍。这种解放的目的只不过是消除障碍，从而完善专制制度；这类障碍就是大专制君主迄今所遇到的俄国贵族中以农奴制为依靠的众多小专制君主和自治的农民公社，这种公社的物质基础，即公社所有制，是要被所谓解放消灭的。

摘自卡·马克思：《福格特先生》(1860年2—11月)(八)，《马克思恩格斯全集》(中文第2版)第19卷，人民出版社2006年版，第207—209页。

**28. 因此，"好心的沙皇"把发动侵略战争和执行俄国的传统对外政策(……)看成推迟国内革命的唯一手段**

不巧，俄国农奴对解放的理解同政府的理解是不同的，而俄国贵族对解放又有另一种理解。因此，"好心的沙皇"发现，农奴的真正解放同他的专制制度是不相容的，正如好心的教皇庇护九世曾经发现，意大利的解放同教廷的存在条件是不相容的一样。因此，"好心的沙皇"把发动侵略

---

① 指1847年11月8日的敕谕：根据该敕谕规定，农奴所属的地主领地因债务而公开拍卖时，农奴有权赎买自己和土地(详见马克思1858年12月31日写的《关于俄国的农民解放》一文)。——《马克思恩格斯全集》(中文第2版)第19卷，人民出版社2006年版，注释215。

② 卡·福格特《欧洲现状研究》1859年第2版。——编者注

战争和执行俄国的传统对外政策（俄国历史编纂学家卡拉姆津说，这一政策是"不变的"①）看成是推迟国内革命的惟一手段。多尔戈鲁科夫公爵在《俄国真相》（1860年版）一书中，对所谓在亚历山大二世统治下已出现一个千年王国的荒诞无稽的童话，给予了致命的批判和驳斥；这类童话从1856年起由俄国的雇佣文人声嘶力竭地传遍全欧，1859年又由十二月骑士们大吹大擂地加以宣扬，而福格特也在他的《研究》中照搬过来。

摘自卡·马克思：《福格特先生》（1860年2—11月）（八），《马克思恩格斯全集》（中文第2版）第19卷，人民出版社2006年版，第209页。

**29. 俄国在把克里木合并之前，它曾宣布克里木独立**

按照福格特的说法，还在意大利战争爆发以前，"白沙皇"同"十二月英雄"②之间专门为了各民族的解放而订立的同盟，就已在多瑙河两公国经受了考验，在那里，罗马尼亚民族的统一和独立，由库扎上校被选为摩尔多瓦和瓦拉几亚的君主而得到了确认③。

"奥地利拼命抗议，法国和俄国鼓掌欢迎。"（《研究》第65页）

在俄国内阁于1837年给当时沙皇草拟的备忘录（1855年的《普鲁士周刊》曾经转载过）中，我们可以看到：

---

① 见卡拉姆津《俄罗斯史》1839年巴黎版第11卷。——编者注

② 十二月英雄指拿破仑第三。他在1851年12月1日夜间发动反革命政变，推翻了第二共和国（1848—1851）（见注197）——《马克思恩格斯全集》（中文第2版）第19卷，人民出版社2006年版，注释6。

注197：十二月政变即十二月二日政变。1848年12月10日担任法兰西共和国总统职务的路易·波拿巴于1851年12月2日在法国实行政变：立法议会和国务会议被解散，许多议员被逮捕，在32各省宣布处于战时状态，社会党和共和党的领导人被驱逐出法国。1852年1月14日通过了新宪法，根据新宪法规定，一切权力都集中在总统手中，而在1852年12月2日在法国建立了第二帝国（1852—1870，又称十二月政变帝国）的波拿巴政体，宣布路易·波拿巴为法国皇帝，帝号拿破仑第三。马克思在《路易·波拿巴的雾月十八日》一文中对政变作了分析（见《马克思恩格斯全集》中文第2版第11卷127—240页。）

③ 为支持自己在巴尔干的势力，俄国支持巴尔干各国人民进行反对土耳其统治的民族解放运动。俄国同也想加强自己在巴尔干的势力的法国一起，共同支持摩尔多瓦和瓦拉几亚合并和建立罗马尼亚国家的愿望。1859年1月，在俄国和法国的协助下，库扎上校被选为这两个公国的君主（执政者）。统一的罗马尼亚国家建于1862年。——《马克思恩格斯全集》（中文第2版）第19卷，人民出版社2006年版，注释216。

"俄国不喜欢立即就把有异己分子的国家合并过来……无论如何，对已决定要取得的国家，让一些特殊的、但完全听命的执政者去治理一个时期，就像我们在摩尔多瓦和瓦拉几亚所做的那样，是更为合适的，等等。"①

俄国在把克里木合并之前，它曾宣布克里木独立。

在1814年12月11日的俄国宣言中，我们看到：

"波兰人，你们的保卫者亚历山大皇帝向你们呼吁。为了保卫你们的祖国和维护你们的政治独立，你们自己武装起来吧。"

摘自卡·马克思：《福格特先生》（1860年2—11月）（八），《马克思恩格斯全集》（中文第2版）第19卷，人民出版社2006年版，第209—210页。

### 30. 多瑙河两公国啊！从彼得大帝进入多瑙河两公国以来，俄国就为它们"独立"操心尽力了

多瑙河两公国啊！从彼得大帝进入多瑙河两公国以来，俄国就为它们"独立"操心尽力了。在涅米罗夫会议（1737年）②上，女皇安娜要求苏丹让多瑙河两公国在俄国的保护下获得独立。在福克沙尼会议（1772年）③上，叶卡捷琳娜二世坚持两公国在欧洲的保护下获得独立。

亚历山大一世继续这种努力，在他把比萨拉比亚变成俄国的一个省（1812年布加勒斯特和约④）以后，目的就达到了。尼古拉甚至通过基谢廖

---

① 《俄国政策的标志》，载于1855年6月9日《普鲁士周刊》第23期。——编者注

② 涅米罗夫会议从1737年8月15日至11月11日在乌克兰的一个小城涅米罗夫举行，它是在俄土战争时期（1735—1739）由土耳其倡议召开的，1737年奥地利站在俄国一方参加战争。俄国代表团提出把摩尔多瓦和瓦拉几亚变成俄国保护下的独立公国，作为订立和约的条件之一。土耳其拒绝了在会议上提出的大多数建议，重新采取了军事行动。——《马克思恩格斯全集》（中文第2版）第19卷，人民出版社2006年版，注释217。

③ 福克沙尼会议从1772年7月27日至8月28日在摩尔多瓦的一个小城福克沙尼举行，其目的是结束1768年开始的俄土战争。俄方在会议上同时也提出了让瓦拉几亚和摩尔多瓦在欧洲列强共同保护下获得独立的建议，土耳其拒绝了俄国提出的这一要求及其他要求。会议毫无结果，战事又起。——《马克思恩格斯全集》（中文第2版）第19卷，人民出版社2006年版，注释218。

④ 布加勒斯特和约。——《马克思恩格斯全集》（中文第2版）第19卷，人民出版社2006年版，注释219。

夫,用至今还有效的组织规程①为罗马尼亚人造福,它在全欧洲对这部自由法典的一片欢呼声中建立了极其丑恶的农奴制度。亚历山大二世使多瑙河两公国在库扎统治下实现的准统一,只不过是把他的前辈执行了一个半世纪的政策向前推进了一步。但福格特发现:由于在一个俄国仆从统治下实行的这种联合,"两公国将成为阻挡俄国南进的一道屏障"(《研究》第64页)。

因为俄国欢迎库扎的当选(《研究》第65页),所以非常明显:好心的沙皇不遗余力地堵塞了自己"南进的道路",虽然"君士坦丁堡仍然是俄国政策一贯追求的目标"(《研究》第9页)。

摘自卡·马克思:《福格特先生》(1860年2—11月)(八),《马克思恩格斯全集》(中文第2版)第19卷,人民出版社2006年版,第210—211页。

### 31. 叫嚷俄国是自由主义和民族意愿的保护者,这种转化并无新意

叫嚷俄国是自由主义和民族意愿的保护者,这种转化并无新意。法国和德国的许许多多启蒙学者就曾把叶卡捷琳娜二世誉为进步的旗手。"高尚的"亚历山大一世(拿破仑把他鄙称为衰落帝国的希腊人②)曾扮演过全欧自由主义的英雄。难道他不曾用俄国的文明财富为芬兰造福?难道除了宪法而外,他不曾还把一个俄国首相黎塞留公爵慷慨地赐给法国?难道他不是"赫特里"③的秘密领袖,虽然他同时在维罗纳会议④上通过卖身投靠

---

① 组织规程(Règlement organìque)是多瑙河两公国(摩尔多瓦和瓦拉几亚)的第一部宪法。1828—1829年俄土战争结束后,根据1829年缔结的阿德里安堡和约规定的条件,俄军占领了两公国。这部宪法是由这两个公国的俄国行政当局首脑帕·德·基谢廖夫于1831年实施的。根据组织规程,每个公国的立法权交给大土地占有者所选出的议会,而行政权交给土地贵族、僧侣和城市的代表所选出的终身国君。规程保持了原有的封建制度,包括徭役制,从而巩固了大贵族和上层僧侣的统治地位。同时,组织规程还规定了一系列资产阶级的改革:废除国内关税,实行贸易自由,司法和行政分立等。1848—1849年革命期间,组织规程被取消。——《马克思恩格斯全集》(中文第2版)第19卷,人民出版社2006年版,注释220。

② 转义是:口是心非的奸诈汉。——编者注

③ 赫特里(Hetārie)即费里克·赫特里(Philike Htairia),是希腊的一个秘密团体,1814年成立于敖德萨。在希腊各大城市均有支部;该团体的目的是准备武装起义反对土耳其的统治。自1818年起,该团体的中心设在君士坦丁堡。它于1821年发动了起义,而在起义刚开始就解散了。沙皇政府曾暗中支持"赫特里"。——《马克思恩格斯全集》(中文第2版)第19卷,人民出版社2006年版,注释221。

④ 维罗纳会议是1822年10—12月神圣同盟在维罗纳召开的会议。会议通过了法国对革命的西班牙实行武装干涉以及奥地利继续占领那不勒斯和撒丁王国的决定。会议还谴责了希腊人民反对土耳其外来统治所进行的民族解放斗争。——《马克思恩格斯全集》(中文第2版)第19卷,人民出版社2006年版,注释222。

的夏多勃里昂怂恿路易十八讨伐西班牙的反叛①？难道他不曾通过斐迪南七世的听取忏悔的神父②，唆使斐迪南七世征讨起义的西班牙美洲殖民地，而同时却答应北美合众国总统③，支持他反对欧洲列强对美洲大陆进行的任何干涉？难道他不曾派遣伊普西朗蒂充当"神圣的希腊人义勇队的领袖"前往瓦拉几亚，并通过同一个伊普西朗蒂出卖了这支义勇队，同时谋杀了瓦拉几亚起义者的领袖弗拉基米烈斯库？1830年以前，在各种语言中，无论诗歌和散文，也都把尼古拉吹捧为民族解放的英雄。当他在1828—1829年对马茂德二世开战要解放希腊人时，——也就是在马茂德拒绝俄军过境镇压希腊起义之后，——帕麦斯顿在英国议会宣称：俄国解放者的敌人，必然是世界上的那些庞然怪物——唐·米格尔、奥地利和苏丹——的"朋友"。难道尼古拉为了对希腊人表示慈父般的关怀，不曾给他们派一个俄国将军卡波·迪斯特里亚伯爵去担任总统？但是，希腊人并非法国人，他们杀死了高尚的卡波·迪斯特里亚。尽管尼古拉从1830年七月革命④爆发时起，主要扮演的是正统派⑤的保护人，但他片刻也没有停止协助"民族的解放"。只要举几个例子就够了。1843年9月爆发的希腊宪

---

① 指法国军队为了镇压1820—1823年西班牙第二次资产阶级革命而对西班牙进行的武装干涉。西班牙国王斐迪南七世于1822年7月7日试图占领革命的马德里遭到失败以后，秘密请求神圣同盟援助他镇压革命。根据神圣同盟维罗纳会议的决定，应由法国援助斐迪南。昂古莱姆公爵指挥的法国军队于1823年进入西班牙，在该国恢复了专制制度，法军在西班牙一直驻留到1828年。——《马克思恩格斯全集》（中文第2版）第19卷，人民出版社2006年版，注释223。

② 维克多二世。——编者注

③ 詹·门罗。——编者注

④ 七月革命指1830年爆发的法国资产阶级革命。1814年拿破仑第一帝国垮台后，代表大土地贵族利益的波旁王朝复辟，它竭力恢复封建专制统治，压制资本主义的发展，限制言论自由和新闻出版自由，加剧了资产阶级同贵族地主的矛盾，激起了人民的反抗。1830年7月27—29日巴黎爆发革命，推翻了波旁王朝。金融资产阶级攫取了革命果实，建立了以奥尔良公爵路易—菲力浦为首的代表金融资产阶级利益的七月王朝。——《马克思恩格斯全集》（中文第2版）第19卷，人民出版社2006年版，注释26。

⑤ 正统派使法国代表大土地贵族和高级僧侣的利益的波旁王朝（1589—1792年和1814—1830年）长系的拥护者。1830年该王朝第二次被推翻后，正统派就结成为政党。在反对以金融贵族和大资产阶级为支柱的当政的奥尔良王朝时，一部分正统派常常抓住社会问题进行蛊惑宣传，标榜自己维护劳动者的利益，使他们不受资产者的剥削。马克思和恩格斯在《共产党宣言》中，把这个集团的代表人物的观点叫做封建的社会主义。——《马克思恩格斯全集》（中文第2版）第19卷，人民出版社2006年版，注释224。

法革命，是由俄国驻雅典公使卡塔卡济领导的，此人原先是纳瓦里诺惨败[1]时海军上将葛伊甸的总监军。1842年保加利亚骚乱的中心是俄国驻布加勒斯特领事馆，俄国将军杜阿梅尔于1842年春在这里接见了保加利亚代表团，向它说明了总起义的计划。塞尔维亚应成为起义的后备力量，而俄国将军基谢廖夫则应成为瓦拉几亚的君主。在塞尔维亚起义时（1843年），俄国通过驻君士坦丁堡大使馆怂恿土耳其对塞尔维亚人采用暴力，以便随后利用这个借口在反对土耳其人时争取欧洲的同情和狂热。沙皇尼古拉的解放计划也丝毫没有把意大利排除在外。一度是马志尼派的巴黎机关报《青年意大利》，在1843年11月的某一号上这样写道：

"罗马涅新近发生的骚动和希腊爆发的运动，多少是有些联系的……意大利的运动已遭到了失败，因为真正的民主派拒绝参加这一运动。共和派分子不愿支持由俄国发起的运动。为了在意大利发动总起义，一切都准备好了。运动应在那不勒斯开始，因为在那里，可能有一部分军队起来领导起义，或者直接投到爱国者方面来。那不勒斯的革命开始以后，伦巴第、皮埃蒙特和罗马涅应群起响应：应当建立以欧仁·博阿尔奈的儿子、沙皇的女婿——洛伊希滕贝格公爵为首的意大利帝国。《青年意大利》粉碎了这个计划。"[2]

1843年11月20日的《泰晤士报》就《青年意大利》的这一报道指出：

"如果这个伟大目标——建立以俄国公爵为首的意大利帝国——能够实现，那就更好了；但是，在意大利的任何突发事件都可能得到另

---

[1] 指纳瓦里诺会战（纳瓦里诺，现名皮洛斯，是希腊的港口城市），这是1827年10月20日进行的以土埃舰队为一方和以英国海军上将爱·科德林顿指挥下的英、法、俄联合舰队为另一方的会战。英、法、俄各国为了武装调停土耳其和希腊起义者之间的战争而把自己的联合舰队开进了希腊领海。因土耳其司令部拒绝停止对希腊居民的会战开始，结果土埃舰队全军覆没。这大大有利于希腊的民族解放斗争。会战加速了1828—1829年俄土战争的爆发，在这一战争中俄国取得了胜利。——《马克思恩格斯全集》（中文第2版）第19卷，人民出版社2006年版，注释225。

[2] 这段引文马克思转译自1843年11月20日《泰晤士报》第18458号上发表的《巴黎快讯》一文。——编者注

一种更直接的、即使不是那么巨大的好处：引起奥地利惶恐不安，转移它对俄国在多瑙河的一套可怕的（fearful）计划的注意力。"①

摘自卡·马克思：《福格特先生》（1860年2—11月）（八），《马克思恩格斯全集》（中文第2版）第19卷，人民出版社2006年版，第211—213页。

**32. 尼古拉1843年于"青年意大利"② 的号召毫无结果以后，便于1844年3月把布捷涅夫先生派往罗马**

尼古拉1843年于"青年意大利"③的号召毫无结果以后，便于1844年3月把布捷涅夫先生派往罗马。布捷涅夫代表沙皇把一项计划透露给教皇④，计划规定，把俄属波兰割让给奥地利以换取伦巴第，后者应组成以洛伊滕贝格公爵为首的北意大利王国。当时罗马教廷的英文机关报《纪事报》，于1844年4月就这一建议写道：

"这项美妙的计划中抛给罗马宫廷的诱饵是：波兰落入天主教之手，而伦巴第仍然处于天主教皇朝治理之下。但是，罗马外交界的老手们懂得，奥地利仅能勉强保住自己的领地，同时，大概迟早又会失去自己的斯拉夫各省，所以，把波兰割让给奥地利——即使建议中的这一部分是当真的——，只不过是以后要偿还的一笔债款；一旦以洛伊滕贝格公爵为首的北意大利真的处于俄国保护之下，很快也就必然接受俄国的统治。因此，这项被推崇备至的计划就暂时被束之高阁了。"

《纪事报》在1844年就是这样写的。

摘自卡·马克思：《福格特先生》（1860年2—11月）（八），《马克思恩

---

① 《巴黎快讯》，载于1843年11月20日《泰晤士报》第18458号。——编者注
② 青年意大利是1831年马志尼建立的一个秘密组织，主张建立意大利共和国，在实现意大利统一的斗争中起过重要作用。从1831年起秘密出版杂志《青年意大利》。1834年，马志尼倡议成立"青年欧洲"，"青年意大利"成为它的一个分支，于1848年解散。——《马克思恩格斯全集》（中文第2版）第19卷，人民出版社2006年版，注释226。
③ 同上。
④ 格雷戈里十六世。——编者注

格斯全集》（中文第2版）第19卷，人民出版社2006年版，第213页。

**33. 此后不久，布伦诺夫就带着这个文件去伦敦，把它当作法国背叛变节的一项证据交给英国政府，并利用它来组织1840年的反法同盟**

俄国外交家波措—迪—博尔哥在他的1825年10月写于巴黎的著名紧急报告①中，在列举了奥地利反对俄国在东方的干涉计划的各种阴谋诡计之后，这样写道：

"因此，我们的政策要求我们对这个国家（奥地利）采取威慑态度，要求我们通过我们的准备使它确信：如果它敢动一动来反对我们，那么，一场它从未经受过的极可怕的风暴就会降临到它的头上。"

波措用外来的战争和内部革命来吓唬奥地利，并提议由奥地利攫取向它"所许诺的"土耳其"省份"当作可能的和平解决，而把普鲁士简单地描绘成俄国的一个百依百顺的同盟者，在这以后，他接着写道：

"如果维也纳宫廷顺从我们的善良目标和意图，那么皇帝内阁的计划早就实现了，——这个计划不仅涉及占领多瑙河两公国和君士坦丁堡，而且还涉及把土耳其人赶出欧洲。"

大家知道，尼古拉和查理十世于1830年签订了一项秘密条约，它规定了下列条件：法国允许俄国占领君士坦丁堡，自己取得莱茵河各省和比利时作为补偿；普鲁士得到汉诺威和萨克森作为补偿；奥地利获得土耳其在多瑙河流域的一部分省份。在路易—菲力浦时代，在俄国的推动下，同一个计划又由摩莱提交给彼得堡内阁。此后不久，布伦诺夫就带着这个文件去伦敦，把它当作法国背叛变节的一项证据交给英国政府，并利用它来组织1840年的反法同盟。

摘自卡·马克思：《福格特先生》（1860年2—11月）（八），《马克思恩

---

① 指1825年10月16日俄国驻法国大使波茨措—迪—博尔哥给总理大臣涅谢尔罗德伯爵的紧急报告。这个紧急报告是对1825年8月18日涅谢尔罗德按亚历山大一世的指示草拟的通令的答复，通令征询俄国驻外使节对西方强国在东方问题上所采取的对俄政策和对俄外交路线的意见。——《马克思恩格斯全集》（中文第2版）第19卷，人民出版社2006年版，注释228。

格斯全集》（中文第 2 版）第 19 卷，人民出版社 2006 年版，第 214—215 页。

**34. 戈尔盖的党当时散布要把一个俄国亲王当做匈牙利未来的国王予以信赖，此举瓦解了匈牙利革命的反抗力量**

然而，福格特对俄国还不够卖力气。

这位可爱的伙伴叙述说："俄国人对待匈牙利革命者的态度是异常迁就的，甚至几乎是亲如手足的，这同奥地利人的行为适成鲜明对照，以致不能不产生自己的充分影响。俄国虽然镇压了党〈注意：在福格特看来，俄国镇压的并不是匈牙利，而是党〉，但对待它还是既温和又礼貌的，这样俄国就为下面一种观点奠定了基础，这种观点可大致表述如下：两害相权取其轻；而在目前场合下，俄国并不是较大的害。"（《研究》第 12、13 页）

普隆—普隆的福斯泰夫是用"异常迁就、既温和又礼貌"的、甚至几乎是"亲如手足的"态度来伴送俄国人在匈牙利的，并使自己变成了传播幻想的"渠道"；而 1849 年的匈牙利革命就失败在这种幻想上。戈尔盖的党当时散布要把一个俄国亲王当做匈牙利未来的国王予以信赖，此举瓦解了匈牙利革命的反抗力量①。

摘自卡·马克思：《福格特先生》（1860 年 2—11 月）（八），《马克思恩格斯全集》（中文第 2 版）第 19 卷，人民出版社 2006 年版，第 217—218 页。

**35. 当然，俄国把罗马尼亚的这种解放的全部荣誉都归于路易·波拿巴，而它自己则捞取这一解放的一切实际实惠**

"但至少事实是这样：目前法国在东方的政策是符合一个民族〈罗马尼亚民族〉的统一努力的。"（《研究》第 34、35 页）

---

① 在科莫恩投降以前曾在匈牙利革命军中、后来又在切尔克西亚和俄国人作战的波兰上校拉品斯基说："匈牙利人的不幸在于他们不了解俄国人。"（泰奥菲尔·拉品斯基《1849 年匈牙利主力军的进军》1850 年汉堡版第 216 页）。"维也纳内阁全落到了俄国人手里……按照他们的建议，把首领们杀害了……俄国人一方面千方百计地去博得同情，一方面迫使奥地利的所作所为变得比任何时候都更令人痛恨。"（同上，第 188、189 页）。

上面已经提到，库扎所保持的位置，或者是留给一个俄国总督、或者是留给一个俄国藩臣的。在《1860年的欧洲》地图上，作为藩属出现的是梅克伦堡大公。当然，俄国把罗马尼亚的这种解放的全部荣誉都归于路易·波拿巴，而它自己则捞取这一解放的一切实惠。阻碍俄国进一步实现其善良意图的是奥地利。因此，意大利战争应当把奥地利从一种障碍物变为一种工具。

摘自卡·马克思：《福格特先生》（1860年2—11月）（八），《马克思恩格斯全集》（中文第2版）第19卷，人民出版社2006年版，第237页。

**36. 当君士坦丁堡刚落入土耳其人之手，莫斯科大公就把拜占庭皇帝的双头鹰添进了自己的国徽，从而宣称自己是他们未来的继承人和复仇者**

当旧的波兰国家由于同立陶宛合并而组成时，俄国的情形是怎样的呢？那时，它还处在蒙古征服者的铁蹄之下，而在这以前一百五十年，波兰人和日耳曼人就已经共同努力把蒙古征服者赶回东方，赶过德涅泊河去了。莫斯科的大公们却只是在长期斗争之后，才终于摆脱了蒙古人的羁绊，开始把大俄罗斯的许多公国联合成一个统一的国家。然而，这一成就看来只是助长了他们的野心。当君士坦丁堡刚落入土耳其人之手，莫斯科大公就把拜占庭皇帝的双头鹰添进了自己的国徽，从而宣称自己是他们未来的继承人和复仇者；大家都知道，从那时起俄国人就力求占领沙皇格勒即沙皇城（他们在自己的语言中是这样称呼君士坦丁堡的）。

摘自弗·恩格斯：《工人阶级同波兰有什么关系？》（1866年1月底—4月6日）（三），《马克思恩格斯全集》（中文第1版）第16卷，人民出版社1964年版，第179—180页。

**37. 这位女皇和她的宫廷声明信奉最文明的原则，她竟然能够把舆论引入这样的迷途，以致伏尔泰和其他许多人都歌颂"北方的塞米拉米达"**

特别值得注意的是实现这次瓜分的方式。当时在欧洲已经存在着一种文明的"舆论"。虽然"泰晤士报"①当时还没有着手去制造这种商品，但是已经有这样一种在狄德罗、伏尔泰、卢梭以及十八世纪法国其他作家的巨大影响下形成的舆论。俄国向来就知道尽可能使社会舆论站在自己一边有多么重要，而且它也没有忘记去争取这种舆论。叶卡捷琳娜二世的宫廷

---

① "泰晤士报"（《The Times》）是英国保守派最大的日报；1785年创刊于伦敦。——《马克思恩格斯全集》（中文第1版）第16卷，人民出版社1964年版，注释150。

变成了当时有教养的人士、特别是法国人集聚的大本营；这位女皇和她的宫廷声明信奉最文明的原则，她竟然能够把舆论引入这样的迷途，以致伏尔泰和其他许多人都歌颂"北方的塞米拉米达①"，宣扬俄国是世界上最进步的国家，是自由主义原则的祖国，是信教自由的维护者。

摘自弗·恩格斯：《工人阶级同波兰有什么关系?》（1866年1月底—4月6日）（三），《马克思恩格斯全集》（中文第1版）第16卷，人民出版社1964年版，第181页。

**38. 为了证明它的贪求仅止于此，它在三次瓜分的时候……把居住着波兰人的地方，甚至把小俄罗斯的一部分（东加里西亚）留给自己的同谋者**

所有这一切都是在信教自由的名义下进行的，因为民族原则当时在西欧还不是时髦的东西。不过，那时已有人在小俄罗斯农民面前摆弄这一原则了，而从那时起，它在波兰事务中就开始起着重要的作用。俄国首先的和主要的贪求，就是把所有的俄罗斯部落都统一到沙皇的政权之下，沙皇自称为全俄罗斯其中也包括白俄罗斯和小俄罗斯的专制君主（Samodergetz v seckh Rossyiskikh）。为了证明它的贪求仅止于此，它在三次瓜分的时候都竭力表示自己只关心白俄罗斯地区和小俄罗斯地区合并于俄罗斯的问题，而把居住着波兰人的地方，甚至小俄罗斯的一部分（东加里西亚）留给自己的同谋者。

摘自弗·恩格斯：《工人阶级同波兰有什么关系?》（1866年1月底—4月6日）（三），《马克思恩格斯全集》（中文第1版）第16卷，人民出版社1964年版，第182页。

**39. 俄国的政策并没有改变**

现在还有一些十分天真的人，他们认为所有这一切都变了。像一位法国作家说的，波兰已不再是"必要的民族"，它只是感伤的回忆而已。可是，你们知道，无论是感情还是回忆，在交易所里都没有行情。当俄国的关于废除波兰王国的最后几道命令在英国传开了的时候，大财主们的机关

---

① 塞米拉米达是传说中的亚述女王。据希腊历史家说，她在巴比伦建筑了一座被称为"世界七大奇景"之一的"空中花园"。——译者注

报①就规劝波兰人当俄国佬。即使是为了让英国资本家刚刚借给沙皇的600万英镑的利息更有保证，它不是也应该这样做吗？"泰晤士报"写道：在最坏的情况下，就让俄国占领君士坦丁堡好了，只要它答应英国占领埃及，并保证英国通向广大的印度市场的道路就行！换句话说，如果俄国宽宏大量地答应英国把埃及从法国手里夺过来，那就让英国把君士坦丁堡给俄国吧。"泰晤士报"说，俄国佬喜欢向英国借钱，同时也很好地偿还。他喜欢英国钱。实实在在喜欢。然而他怎样喜欢英国人呢——关于这一点，1851年12月的"莫斯科新闻"②对你们说得再清楚不过了：

"不，最后一定轮到不讲信义的阿尔比昂③，过些时候我们只会在加尔各答同这个民族签订条约。"

我要问你们，有什么东西变了呢？来自俄国的危险减弱了吗？没有。只是欧洲统治阶级的理智昏聩到了极点。首先，根据俄国官方历史学家卡拉姆津的供认，俄国的政策并没有改变。④它的方法、它的策略、它的手段可能改变，但是这一政策的主旨——世界霸权是不会改变的。只有统治着一群野蛮人的善于随机应变的政府才能在目前想出类似的计划来。

摘自卡·马克思：《1867年1月22日在伦敦纪念波兰起义大会上的演说》，《马克思恩格斯全集》（中文第1版）第16卷，人民出版社1964年版，第225—226页。

**40. 我不必提醒你们：俄国的侵略政策在亚洲正获得接二连三的成功**

正如近代最大的俄国外交家波茨措—迪—博尔哥在维也纳会议期间写给亚历山大一世的信中关于这一点所谈到的那样：波兰是实现俄国对世界霸权的食欲的最重要的工具，然而当受尽欧洲不断变节的折磨的波兰人还

---

① 马克思指的是1867年1月7日"泰晤士报"的社论。——《马克思恩格斯全集》（中文第1版）第16卷，人民出版社1964年版，注释177。

② 指"莫斯科新闻"（《Московские ведомости》），它是最老的俄国报纸之一，从1756年至1917年出版，在十九世纪五十至六十年代带有反动倾向。——《马克思恩格斯全集》（中文第1版）第16卷，人民出版社1964年版，注释178。

③ 阿尔比昂是不列颠群岛的古称。——译者注

④ 见尼·米·卡拉姆津"俄罗斯国家史"1835年圣彼得堡版第11卷第1章第23页。——《马克思恩格斯全集》（中文第1版）第16卷，人民出版社1964年版，注释179。

没有变成俄国佬手中可怕的鞭子之前，它仍将是一个不可逾越的障碍。那么，撇开波兰人民的情绪不谈，请问，是否出现了什么东西妨碍俄国实现它的计划或遏止它的行动呢？

我不必提醒你们：俄国的侵略政策在亚洲正获得接二连三的成功。我不必提醒你们：所谓的英法对俄战争把高加索的山地要塞、黑海的统治权，以及叶卡捷琳娜二世、保罗和亚历山大一世曾经枉费心机地想从英国手里夺去的海上权利交给了俄国。铁路正在把俄国分布很广的兵力连接起来和集中起来。俄国在会议桌上的波兰①（它构成俄国在欧洲的强固营垒）的物质资源不可思议地增长了。华沙、莫德林、伊万城——拿破仑第一选定的各个据点——的工事控制着整个维斯拉河，并且是向北、向西和向南进攻的有威胁性的桥头堡。泛斯拉夫主义的宣传随着奥地利和土耳其的衰落而一步跟一步地前进。而泛斯拉夫主义的宣传意味着什么呢，你们可以从1848—1849年的经验中弄清楚，当时曾在耶拉契奇、文迪施格雷茨和拉德茨基麾下作战的斯拉夫人，侵入了匈牙利，破坏了维也纳，摧毁了意大利。除了这一切以外，英国对爱尔兰的罪行也给了俄国一个在大西洋彼岸的新的强大的同盟者。

摘自卡·马克思：《1867年1月22日在伦敦纪念波兰起义大会上的演说》，《马克思恩格斯全集》（中文第1版）第16卷，人民出版社1964年版，第226—227页。

**41. 因此，普鲁士并不是对抗俄国的堡垒，而是俄国准备用来入侵法国和征服德国的工具**

现在来谈谈普鲁士。这个波兰从前的附庸只是在俄国的庇护下并且靠瓜分波兰才变成头等强国的。如果普鲁士明天失去了它在波兰猎获的东西，它就会融合在德国里面，而不是把它吞并。它要作为德国内部的一个特殊的强国而存在，就一定要依靠俄国佬。不久前它的统治的扩张不仅没有削弱这种关系，反而使这种关系变得如胶似漆，并加强了同法国和奥地利的对抗。同时俄国是霍亨索伦王朝及其封建诸侯建立它们无限权力的支柱。它是它们用来对付人民的不满的盾牌。因此，普鲁士并不是对抗俄国的堡垒，而是俄国准备用来入侵法国和征服德国的工具。

---

① 会议桌上的波兰——是对根据1814—1815年维也纳会议的决定以波兰王国的正式名称划归俄国的那一部分波兰领土的称呼。——《马克思恩格斯全集》（中文第1版）第16卷，人民出版社1964年版，注释180。

摘自卡·马克思:《1867年1月22日在伦敦纪念波兰起义大会上的演说》,《马克思恩格斯全集》(中文第1版)第16卷,人民出版社1964年版,第228—229页。

**42. 沙皇能对欧洲发生极大的影响,是由于他对德国有传统的控制力**

在1865年,路易·波拿巴和俾斯麦曾相互作出保证,同样,在1870年,哥尔查科夫也和俾斯麦相互作出保证①。从前,路易·波拿巴自鸣得意地认为1866年的战争将使奥地利和普鲁士都精疲力竭,因而使他成为德国的最高主宰,同样,现在亚历山大也自鸣得意地认为1870年的战争将使德国和法国都精疲力竭,因而使他成为西欧大陆的最高主宰。当年第二帝国认为自己不能与北德意志联邦并存,如今专制的俄国也定会认为普鲁士领导的德意志帝国对它是一个威胁。这原是旧的政治制度的规律。在这个旧制度范围内,一国之所得即是他国之所失。沙皇能对欧洲发生极大的影响,是由于他对德国有传统的控制力,当俄国内部的那些火山似的社会力量有可能动摇专制制度最深固的根基时,难道沙皇能容许丧失他的这种国外威势吗?俄国的报纸已经用波拿巴的报纸在1866年战争结束后所用的口气说话了。难道条顿族的爱国志士真的以为他们迫使法国投入俄国的怀抱,就可以保证德国获得自由与和平②吗?如果德国在军事上的侥幸、胜利后的骄横以及王朝的阴谋驱使下要去宰割法国,那么它就只有两条路可走。它必须不顾一切后果,公开充当俄国扩张政策的工具③,或者是稍经喘息之后重新开始准备进行另一次"防御"战争,但不是进行那种新发明的"局部"战争,而是进行种族战争,即反对联合起来的斯拉夫语种族和罗曼语种族的战争④。

---

① 1865年10月,俾斯麦和拿破仑第三在比亚里茨会晤。拿破仑第三事实上同意了普鲁士与意大利的同盟并对奥地利战争。当时拿破仑第三认为,后来发生于1866年的普法战争将会持续很久,他可以伺机插手,从中渔利。

1870—1871年普法战争开始时,沙皇政府的外交大臣亚·哥尔查科夫在柏林和俾斯麦举行谈判时声明,俄国在战争中将采取有利于普鲁士的善意的中立,并将对奥地利施加外交压力;同时普鲁士政府则答应不给沙皇俄国在东方问题上的政策制造障碍。——《马克思恩格斯文集》第3卷,人民出版社2009年版,注释66。

② 在1870年德文版中,在"自由与和平"前面加有"独立"。——编者注

③ 在1870年德文版中加有"这符合霍亨索伦王朝的传统"。——编者注

④ 在1870年德文版中增加有"这就是昏聩的资产阶级爱国者为德国'保证'的和平前景。"——编者注

摘自卡·马克思：《国际工人协会总委员会关于普法战争的第二篇宣言》，《马克思恩格斯文集》第3卷，人民出版社2009年版，第125页。

### 43. 而对外政策，这毫无疑问是沙皇政府所擅长的、而且是非常擅长的一个方面

甚至俄国的革命家有时也表现出他们对俄国历史的这一方面知道得相当少。这是由于，第一，在俄国国内，关于这一切只容许官方的奇谈存在；第二，许多革命家过于轻视沙皇政府，认为它不能有任何合乎理智的行动，其所以不能，部分是由于它鼠目寸光，部分是由于贪污腐化。在对内政策方面倒确实是这样；在这里，沙皇政府的无能是十分明显的。但是不仅需要知道敌人的弱点，而且还要知道它的长处。而对外政策，这毫无疑问是沙皇政府所擅长的，而且是非常擅长的一个方面。俄国外交界形成了某种现代的耶稣会，它强大到在需要的时候甚至足以克服沙皇的任性，控制自己内部的贪污腐化，而在外部则更广泛地传播这种贪污腐化之风。最初这一耶稣会主要是由外国人组成的，其中有：科西嘉岛人，如波措—迪—博尔哥；德国人，如涅谢尔罗德；波罗的海沿岸的德国人，如利文。它的创始人叶卡捷琳娜二世也是外国人。

摘自弗·恩格斯：《俄国沙皇政府的对外政策》（1889年12月—1890年2月）（一），《马克思恩格斯文集》第4卷，人民出版社2009年版，第354—355页。

### 44. 正是这个最初由外国冒险家组成的秘密团体，把俄罗斯帝国变得像现在这样强大

旧俄高级贵族还有过多的世俗的私人利益和家族利益，他们并不绝对可靠，而在这一新教团中供职却是要求绝对可靠的。由于不能强迫贵族放弃个人财产，不能强迫他们接受天主教耶稣会神父的独身主义，所以，开始时仅把次要的职位，以及驻外代表、使节之类的职位委托给他们，这样来逐渐培养出本国外交官的班子。至今只有一个真的俄国人哥尔查科夫在这个教团中身居首领地位；他的继任者冯·吉尔斯的姓又是一个外国姓。

正是这个最初由外国冒险家组成的秘密团体，把俄罗斯帝国变得像现在这样强大。这一帮人以钢铁般的坚定性，始终不渝地追求既定的目标，不惜背信弃义，阴谋叛变，进行暗杀，也不惜卑躬屈节，重金贿买，不因胜利而陶醉，不因失败而气馁，踩着千百万士兵的尸体和至少是一个沙皇的尸体向

前进——这一帮人有多大本领就能干出多大的伤天害理的事情；对于使俄国的边界从第聂伯河和德维纳河扩展到魏克瑟尔河以西，直到普鲁特河、多瑙河和黑海，从顿河和伏尔加河扩展到高加索以南，直到奥克苏斯河和药杀水的发源地，他们的作用超过了俄国所有的军队；正是这一帮人使俄国成为巨大、强盛和令人恐惧的国家，并为它开辟了称霸世界的道路。但这样一来他们也就在国内巩固了沙皇政权。在庸俗爱国主义的公众的眼中，胜利的光荣、一连串的征服、沙皇政府的威力和光辉，足以绰绰有余地补偿它的一切罪恶、一切暴政、一切不义和专横；沙文主义的吹嘘夸耀足以绰绰有余地弥补一切拳打脚踢。这些成就的真正原因和详情细节在俄国越无人知道，它们越被官方的奇谈所代替（那些好心肠的政府为了臣民的福利和为了刺激他们的爱国主义到处都在这样做，例如在法国和普鲁士就是如此），这种现象就越厉害。因此，任何俄国人，只要他是沙文主义者，迟早总会拜倒在沙皇政府的面前，像我们从吉霍米罗夫的例子中已经看到的那样。

摘自弗·恩格斯：《俄国沙皇政府的对外政策》（1889年12月—1890年2月）

（一），《马克思恩格斯文集》第4卷，人民出版社2009年版，第355—356页。

### 45. 可是这样一帮冒险家怎么竟能够对欧洲历史的进程造成如此巨大的影响呢？

可是这样一帮冒险家怎么竟能够对欧洲历史的进程造成如此巨大的影响呢？非常简单。他们并不是凭空创造出什么新的东西，他们只不过正确地利用了现有的实际形势。俄国外交的一切成就都具有非常明显的物质基础。

我们来看看上一世纪中叶俄国的情况。那时它就拥有一大片国土，它的居民完全属于同一种族。人口稀少，但增长迅速，因此，单是时间的推移就足以保证国家威力的增长。这些居民在精神上停滞不前，缺乏创造性，但是在其传统的生活方式的范围内，他们无所不能；他们坚韧顽强，大胆无畏，忠贞不贰，吃苦耐劳，对于由密集的人群决定战局的时代的战争来说，他们是最好的兵源。这个国家的本土只有一面边界，即西部边界面向欧洲，因此也只有这一面易受到攻击；国内没有一旦攻下来就可以迫使它媾和的中心；这个国家由于道路交通不畅，幅员广阔，补给资源缺乏，几乎是根本无法征服的——这里为任何善于利用它的人提供了一个无懈可击的坚强的阵地，他可以从这里不受惩罚地在欧洲玩弄各种把戏，把任何一个别国政府拖入无休止的战争。

摘自弗·恩格斯：《俄国沙皇政府的对外政策》（1889年12月—1890年2月）（一），《马克思恩格斯文集》第4卷，人民出版社2009年版，第356页。

### 46. 俄国只愿意进行这样的战争

俄国在防御方面强大到几乎牢不可破，而在进攻方面却相当软弱无力。在国内，军队的征集、组织、武装和调动，都碰到极大的障碍，不仅在物质上有种种困难，而且官吏和军官的贪污现象也极端严重。直到今天，所有想使俄国具备大规模进攻能力的尝试都遭到了失败；很可能，最近一次即目前所作的实行普遍义务兵役制①的尝试，也会遭到完全的失败。可以说，在这方面障碍几乎与需要组织的群众的数字的平方成正比地增长，更不用谈在少得可怜的城市居民中找不到现在所需的大量军官了。这一弱点对俄国外交来说从来不是秘密；因此，俄国外交总是尽力设法避免战争，只是把它当作万不得已的手段，并且只是在最有利的条件下才进行战争。俄国只愿意进行这样的战争：由俄国的盟国来挑主要的担子，由它们的领土承受战场的破坏，由它们提供众多的兵士，而俄国军队则担任后备军这种在大多数战斗中都受到保护，但在所有的大战役中却能以相对少牺牲换得决定战局的荣誉的角色；在1813—1815年的战争②中就是这样。但是，在这样有利条件下进行的战争是不常有的，所以俄国外交宁愿利用其他强国的互相矛盾的利益和贪欲来达到自己的目的，唆使这些强国互相倾轧，从它们的敌对关系中坐收渔利，以便推行俄国的侵略政策。沙皇政府只是在对付那些显然弱小的敌人如瑞典人、土耳其人或波斯人时，才自己把战争担当起来，在这种情况下它就无须跟任何人分享战利品。

摘自弗·恩格斯：《俄国沙皇政府的对外政策》（1889年12月—1890年2

---

① 俄国1874年废除征兵制，实行普遍义务兵役制。根据自1874年1月1日起实行的义务兵役制条例，俄国所有年龄从21岁起至43岁止的男性居民，都必须在正规军、后备部队或民团中服兵役，中亚细亚、哈萨克斯坦以及西伯利亚、伏尔加河沿岸和极北地区若干民族地区的居民除外。征召服役采用抽签的办法进行。这种制度旨在把俄国的军队变为一支资产阶级类型的居民普遍服役的军队。但是在沙皇俄国的专制贵族制度的条件下，等级特权、仅限于有产阶级享有的多种优待、各居民阶层的服役条件不平等以及其他种种因素，都妨碍了普遍义务兵役制原则的实现。——《马克思恩格斯文集》第4卷，人民出版社2009年版，注释229。

② 指欧洲各国第六次（1813—1814年）和第七次（1815年）反法同盟所进行的战争。——《马克思恩格斯文集》第4卷，人民出版社2009年版，注释230。

月）（一），《马克思恩格斯文集》第4卷，人民出版社2009年版，第356—357页。

**47. 彼得大帝有步骤地毁坏了波兰，他的继承者只要伸手去拿就行了。而且对此他们还有"民族原则"这样一个借口**

对巴尔干半岛的统治将把俄国的疆界扩展到亚德里亚海。但是如果不相应地扩展俄国整个西部边界，不大大地扩张它的势力范围，西南部的这段边界就是不稳固的。而在这方面，形势可以说是更加有利的。

首先拿波兰来说，这个以掠夺和压迫农民为基础的贵族共和国处于完全土崩瓦解的状态；它的宪法使得任何全国性的行动都无法采取，因而使国家成为邻国可以轻取的战利品。根据波兰人自己的说法，从本世纪初开始，波兰就靠混乱维持着（Polska nierzadem stoi）；外国军队不断地侵占波兰全部国土或取道波兰；它成了他们的客栈和小饭店（如波兰人所说的：karczma zajezdna），不过他们通常总是忘了付钱。彼得大帝有步骤地毁坏了波兰，他的继承者只要伸手去拿就行了。而且对此他们还有"民族原则"这样一个借口①。波兰不是一个单一种族的国家。当大俄罗斯受到蒙古人压迫的时候，白俄罗斯和小俄罗斯归并于所谓立陶宛公国以寻求保护，防御来自亚洲的侵犯。后来，这个公国自愿地同波兰合并②。此后，由于波

---

① 恩格斯在这里借用"民族原则"一词来说明18世纪沙皇俄国对波兰的政策。"民族原则"原本是波拿巴第二帝国（1852—1870）统治集团使用的、反映其对外政策原则的名词。拿破仑第三自诩为"民族的保卫者"，利用被压迫民族的民族利益进行投机，以图巩固法国的霸权并扩大其疆域。"民族原则"与承认民族自决权毫无共同之处。相互争斗的大国，利用所谓的"民族原则"，挑起民族不和，把民族运动，特别是小民族的运动变成他们推行反革命政策的工具。马克思曾在《福格特先生》（见《马克思恩格斯全集》中文第2版第19卷）一文中，恩格斯曾在《工人阶级同波兰有什么关系？》（见《马克思恩格斯全集》中文第2版第21卷）一文中，对"民族原则"进行了揭露和批判。——《马克思恩格斯文集》第4卷，人民出版社2009年版，注释231。

② 这个公国是指13世纪初建立的封建国家立陶宛大公国。从13世纪中叶至15世纪初，乌克兰、白俄罗斯和俄罗斯西部领土沦于立陶宛诸王公的统治下。由于鞑靼蒙古人的入侵、封建割据和内讧的加剧，这些地区的势力有所削弱。立陶宛的封建主在这种形势下，利用人民要求联合起来抵御蒙古侵略者的愿望，占领了这些地方。

波兰和立陶宛合并的第一次尝试是在1385年进行的，当时两国签订了所谓克拉科夫合并条约，其目的主要是共同抵御条顿骑士团的侵略。合并条约规定立陶宛公国并入波兰，并在立陶宛强制推行天主教。在15世纪中叶以前，合并曾数度废除和恢复，合并逐渐从防御性的联合演变成波兰和立陶宛的封建主反对乌克兰和白俄罗斯人民的联合。1569年卢布林合并条约签订，根据这个条约波兰和立陶宛合并成一个国家，名为波兰贵族共和国；立陶宛保持自治权。——《马克思恩格斯文集》第4卷，人民出版社2009年版，注释232。

兰文明程度更高，白俄罗斯和小俄罗时期，波兰的信奉希腊正教的俄罗斯人被迫改宗罗马天主教。这就给了大俄罗斯的沙皇们一个称心如意的借口，使他们能够把过去的立陶宛公国当做一个俄罗斯民族的，但是遭受到波兰压迫的地区，而对之提出领土要求，尽管根据最伟大的现代斯拉夫学家米克洛希奇的意见，至少小俄罗斯人讲的并不就是一种俄罗斯方言，而是一种完全独立的语言；另一个干涉的借口是：作为希腊正教的维护者，要保护东方礼天主教徒①，虽然后者早已安于自己在罗马天主教教会中的现状。

摘自弗·恩格斯：《俄国沙皇政府的对外政策》（1889年12月—1890年2月）（一），《马克思恩格斯文集》第4卷，人民出版社2009年版，第358—359页。

**48. 彼得大帝……只做到了同德意志帝国诸侯结成姻亲以及在外交上利用德国内部的纠纷**

这就是彼得大帝时代的德国状况。这位真正的伟人（其伟大决不是像彼得的继承者叶卡捷琳娜二世的恭顺奴仆弗里德里希大帝那样的"伟大"）第一个充分估计了对俄国非常有利的欧洲形势。他不仅清楚地（比他那大概是由某个后裔编写的所谓遗嘱②中所写的要清楚得多）认识到，而且制定并开始实行了对瑞典、土耳其、波斯、波兰以及对德国的俄国政策的基本原则。除瑞典之外，德国比任何其他国家更多地引起了彼得的关注。瑞典他一定能打垮；波兰只要他一伸手就能拿到；土耳其离它还太远；但是要在德国站稳脚跟，在那里占据法国所充分利用的而瑞典还没有力量利用的那种地位——这是他的主要任务。他曾经尽一切办法想取得德国的一部

---

① 东方礼天主教徒是指正教教会和罗马天主教教会合并而成的所谓东方礼天主教会的基督教徒。合并是按照波兰封建主和天主教僧侣（首先是耶稣会会士）在1596年布雷斯特宗教会议上提出的要求而宣布的，根据布雷斯特合并条约，波兰贵族共和国的正教居民虽然保持正教教会的仪式，但是应承认罗马教皇为自己的首领和接受天主教的基本教义。合并是波兰的大地主和贵族巩固他们对乌克兰和白俄罗斯人民的统治的一种手段，得到了乌克兰和白俄罗斯的高级僧侣和封建上层人物的支持，却遭到人民群众的抵制，为反对合并而斗争成了人民群众的解放运动的口号之一。——《马克思恩格斯文集》第4卷，人民出版社2009年版，注释233。

② 指西欧的政治家和政论家们用来进行反俄宣传的一份伪造的文件。早在1797年，西方就出现了有所谓"彼得大帝遗嘱"的传说；1812年，累居尔的《论俄罗斯国家从它的产生到19世纪初叶的发展》一书叙述了这份伪造的遗嘱的内容；1836年，加亚尔代的《骑士德翁回忆录》一书，又使这份伪造的东西具有文件的形式。在19世纪西欧普遍都相信。这份"遗嘱"真的是彼得一世的文件，或是根据他的后裔的委托编写的。——《马克思恩格斯文集》第4卷，人民出版社2009年版，注释236。

分领土，从而侧身于德意志帝国诸侯之列，但是徒劳无功；他只做到了同德意志帝国诸侯结成姻亲以及在外交上利用德国内部的纠纷。

摘自弗·恩格斯：《俄国沙皇政府的对外政策》（1889年12月—1890年2月）（一），《马克思恩格斯文集》第4卷，人民出版社2009年版，第360—361页。

**49. 因此，只要善于利用利益冲突，就能使俄国在从事任何外交活动时取得强大的甚至是绝对强大的盟友的支持**

由上可见，在欧洲只有三个必须正视的强国：奥地利、法国、英国。而要唆使它们相互倾轧或用获取领土的诱饵去收买它们，这并不需要多高明的手法。英国和法国仍然是海上的竞争者；可以用占领比利时和德国领土的前景引诱法国；可以用向法国、普鲁士，而从约瑟夫二世时代起也向巴伐利亚索取各种利益的诺言引诱奥地利。因此，只要善于利用利益冲突，就能使俄国在从事任何外交活动时取得强大的甚至是绝对强大的盟友的支持。这样，与俄国相对立的，是这样一些正处于瓦解状态中的邻国，是这样三个大国，它们被传统、经济生活条件、政治或王朝利益或者侵略野心卷入永无休止的争吵，彼此总是忙于以狡计取胜对方；而俄国却是一个统一的、单一种族的、年轻的、迅速成长的国家，它是几乎无法攻破的，完全不可征服的，而且它是一块未被触动的、几乎毫无阻力的可塑之材。对于有本领和野心的人来说，对于追求权力的人，即那些不论地点，不择手段，只求取得真正权力、能为他们的本领和野心找到真正用武之地的人来说，这是多么难得的地方啊！"开明的"18世纪产生了许多这样的人；这些人在为"人类"服务的名义下走遍全欧，谒见所有开明的君主——而在那时有哪个君主不想成为开明的呢！——，在找到好差事的地方安居下来，组成一个"没有祖国"的贵族资产阶级的开明国际。这个国际拜倒在北方的塞米拉米斯的脚下，拜倒在那位在俄国被叫做叶卡捷琳娜二世的同样没有祖国的安哈尔特—采尔布斯特的索菲娅—奥古斯塔的脚下。这位叶卡捷琳娜正是从这个国际中为自己的俄国外交耶稣会搜罗人才的。

摘自弗·恩格斯：《俄国沙皇政府的对外政策》（1889年12月—1890年2月）（一），《马克思恩格斯文集》第4卷，人民出版社2009年版，第361—362页。

**50. 资产阶级启蒙运动的完全成熟了的第二种形式在 18 世纪变成了现代的耶稣会精神，变成了俄国的外交**

卡尔·考茨基在其论托马斯·莫尔的著作①中说明了，资产阶级启蒙运动的第一种形式，即 15 世纪和 16 世纪的"人道主义"，在进一步发展中怎样变成了天主教的耶稣会精神。我们在这里同样看到，资产阶级启蒙运动的完全成熟了的第二种形式在 18 世纪变成了现代的耶稣会精神，变成了俄国的外交。这种向自己对立面的转变，这种最终会达到与出发点完全相反之点的现象，是一切不清楚自身起因和存在条件，因而抱着纯粹幻想目的的历史运动的必然命运。"历史的讽刺"对它们作出无情的修正②。

现在我们来看一看，这个耶稣会怎样活动，怎样利用相互竞争着的大国的不断改变的目的作为手段，来达到它的从不改变、从不忽视的目的——俄国的世界霸权。

摘自弗·恩格斯：《俄国沙皇政府的对外政策》（1889 年 12 月—1890 年 2 月）（一），《马克思恩格斯文集》第 4 卷，人民出版社 2009 年版，第 362 页。

**51. 波兰的一块土地是女皇抛给普鲁士的一根骨头，使它在 100 年间驯顺地被拴在俄国的锁链上**

1762 年，当大淫妇叶卡捷琳娜二世在丈夫被杀后登上王位的时候，世界形势从来不曾这样有利于沙皇政府的侵略计划。七年战争把整个欧洲分裂成两个阵营。英国摧毁了法国在海上、在美洲、在印度的威力，然后又背弃了自己在大陆上的同盟者普鲁士国王弗里德里希二世。这后者，在 1762 年，当登上俄国的彼得三世登上王位并且停止对普鲁士作战的时候，已经到了穷途末路；这位被自己最后和唯一的同盟者英国所抛弃，跟奥地利和法国长久敌对，在七年生死存亡的斗争中弄得筋疲力尽的弗里德里希，只得拜倒在刚即位的俄国女皇的脚下，而不能有其他的选择。这样做，他不仅获得强有力的保护，而且还有希望兼并那块将东普鲁士和他的王国的主要部分隔开的波兰土地，而占领这块土地现在已成了他一生的主要目标。1764 年 3 月 31 日（4 月 11 日），叶卡捷琳娜和弗里德里希签订了一个彼得

---

① 卡·考茨基《托马斯·莫尔及其乌托邦。附历史的引言》1888 年斯图加特版。——编者注

② 在英译文中没有这段话。——编者注

堡同盟条约①，根据这个条约的一项秘密条款，双方承担了用武力保护波兰现行宪法这个毁灭波兰的最好工具免遭任何改良的义务。这就决定了波兰在将来要被瓜分。波兰的一块土地是女皇抛给普鲁士的一根骨头，使它在100年间驯顺地被拴在俄国的锁链上。

摘自弗·恩格斯:《俄国沙皇政府的对外政策》（1889年12月—1890年2月）（二），《马克思恩格斯文集》第4卷，人民出版社2009年版，第363页。

### 52. 他们由于参加掠夺波兰而把自己完全置于俄国沙皇政府的控制之下

我不谈第一次瓜分波兰②的详情细节。但是值得注意的是，这次瓜分是违反守旧的玛丽—泰莉莎的意志，主要由欧洲"开明"政治的三大台柱叶卡捷琳娜、弗里德里希和约瑟夫进行的。后两人以具有开明的治国才智而自负，把传统的国际法准则当做成见加以践踏，然而却愚蠢到这种地步，甚至看不出，他们由于参加掠夺波兰而把自己完全置于俄国沙皇政府的控制之下。

摘自弗·恩格斯:《俄国沙皇政府的对外政策》（1889年12月—1890年2月）（二），《马克思恩格斯文集》第4卷，人民出版社2009年版，第363—364页。

### 53. "开明"是18世纪沙皇政府在欧洲高喊的口号，就像19世纪的"解放各族人民"一样

这些开明、至尊的邻居对于叶卡捷琳娜是再有用不过了。"开明"③是18世纪沙皇政府在欧洲高喊的口号，就像19世纪的"解放各族人民"

---

① 彼得堡条约是俄国和普鲁士于1764年3月31日签订的防御同盟条约，有效期为八年，代表俄国签字的是尼·伊·帕宁和副总理大臣亚·米·哥利岑，代表普鲁士签字的是普鲁士驻彼得堡大使佐尔姆斯。缔约双方彼此保证领土不受侵犯，一方受到入侵时另一方给予军事和财政援助，以及在互利的基础上建立贸易关系。在条约的秘密条款中双方承诺决不修改波兰和瑞典宪法。在一项专门的秘密条款中规定，普鲁士有支持俄国提出的波兰王位候选人的义务。彼得堡同盟条约反映了俄国和普鲁士阻止奥地利和法国加强在波兰的势力的意图。——《马克思恩格斯文集》第4卷，人民出版社2009年版，注释237。

② 第一次瓜分波兰是普鲁士、奥地利和俄国根据1772年8月5日在彼得堡签订的协定进行的。奥地利分得了加利西亚，普鲁士分得了瓦尔米亚以及波美拉尼亚、库亚维恩和大波兰区的一部分；利夫兰和白俄罗斯东部的一部分划归俄国。但是波兰失去了29%的领土。——《马克思恩格斯文集》第4卷，人民出版社2009年版，注释238。

③ 在英译文中不是"开明"，而是"'进步'和'开明'"。——编者注

一样。沙皇政府每次掠夺领土，使用暴力，进行压迫，没有一次不是拿开明、自由主义、解放各族人民作为幌子。而天真幼稚的西欧自由党人，直到格莱斯顿，都相信这一点①，就像同样幼稚可笑的保守党人对于官方俄国同时反复说的那些关于保卫正统主义②，保持秩序、宗教、欧洲均势，以及关于条约神圣的空话也深信不疑一样。俄国外交巧妙地蒙骗了欧洲的两大资产阶级党派。俄国外交，也只有这种外交，被许可同时既是正统的又是革命的，既是保守的又是自由主义的，既是传统的又是开明的。这样一位俄国外交家对"有教养的"西方所怀的藐视，是可以理解的。

摘自弗·恩格斯：《俄国沙皇政府的对外政策》（1889年12月—1890年2月）（二），《马克思恩格斯文集》第4卷，人民出版社2009年版，第364页。

**54. 这样，德国的弱势地位就被确定下来，德国被宣布为法国和俄国未来瓜分的对象**

波兰之后就轮到德国了。1778年，奥地利和普鲁士在争夺巴伐利亚王位继承权的战争③中陷于纷争，这又只对叶卡捷琳娜有利。俄国现在已经强大到不要再像彼得那样期待取得作为德意志帝国成员的权利了④；它现在力求在那里取得它已在波兰取得的和法国在德意志帝国所占据的地位，即能防止任何改良企图而保持德国混乱局面的保证人的地位。它终于获得

---

① 在英译文中不是"都相信这一点"，而是"直到今天还相信这一点"。——编者注

② 指所谓的"正统主义原则"（源自拉丁字文"legitmus"，即"合法的"），是法国代表沙·达来朗在1814—1815年维也纳会议上提出来的。这一原则的提出，旨在恢复欧洲18世纪末法国资产阶级革命和拿破仑战争过程中被推翻的那些所谓"合法的"王朝。——《马克思恩格斯文集》第4卷，人民出版社2009年版，注释239。

③ 指1778—1779年巴伐利亚王位继承战争。这次战争的起因是，由于马克西米利安·约瑟夫选帝侯逝世后无直接继承人，德意志各邦都企图得到巴伐利亚的领土，以及奥地利和普鲁士争夺德意志的领导权。战争以1779年5月奥地利同普鲁士、萨克森缔结泰申和约而告结束。——《马克思恩格斯文集》第4卷，人民出版社2009年版，注释240。

④ 在英译文中不是"取得作为德意志帝国成员的权利"，而是"通过获得某个小的德意志公国的办法成为德意志帝国的成员"。——编者注

了这一地位。根据1779年的泰申和约①，俄国和法国共同负责保证这项和约以及它所确认的以前各项和约，特别是1648年的威斯特伐利亚和约②的执行。这样，德国的弱势地位就被确定下来，德国被宣布为法国和俄国未来瓜分的对象。

摘自弗·恩格斯：《俄国沙皇政府的对外政策》（1889年12月—1890年2月）（二），《马克思恩格斯文集》第4卷，人民出版社2009年版，第364—365页。

## 55. 俄国对土耳其人的战争总是在俄国西部边界太平无事，而欧洲在别处忙于其他事务的时候进行的

土耳其也没有被遗忘，俄国对土耳其人的战争总是在俄国西部边界太平无事，而欧洲在别处忙于其他事务的时候进行的。叶卡捷琳娜进行了两次这样的战争③。第一次战争的结果是得到了亚速海沿岸地区，克里木宣布独立，并在四年之后成了俄国的一个省份。第二次战争使俄国的边界从布格河推进到德涅斯特河。在这两次战争当中，俄国的代理人都煽动希腊人起义反对土耳其人。自然，起义者最后都被俄国政府抛弃。

摘自弗·恩格斯：《俄国沙皇政府的对外政策》（1889年12月—1890年2月）（二），《马克思恩格斯文集》第4卷，人民出版社2009年版，第365页。

---

① 泰申和约是以奥地利为一方，普鲁士和萨克森为另一方于1779年5月在泰申签订的和约。和约的签订结束了巴伐利亚王位继承战争（1778—1779）。根据和约规定，普鲁士和奥地利各获得了巴伐利亚的一些地区，萨克森得到了赔款。巴伐利亚王位归普法尔茨选帝侯所有。泰申和约确认了以前德意志各邦所签订的、从1648年的威斯特伐利亚条约起，至1763年的胡贝图斯堡条约止一系列和约。俄国最初就以交战双方的调停人，后来在和约的一项专门的条款中和法国一起被宣布为条约所规定的秩序的保证国，实际上获得了干预德意志各邦事务的权利。——《马克思恩格斯文集》第4卷，人民出版社2009年版，注释241。

② 威斯特伐利亚和约是指1648年签订的以下两个和约：一个是德国皇帝、德意志诸侯和瑞典在奥斯纳布吕克签订的和约，另一个是德国皇帝和法国在明斯特签订的和约，这两个城市都在威斯特伐利亚境内。由于战胜国瑞典和法国与德意志诸侯互相勾结，根据和约的条款，德国被割去大片领土。整个波美拉尼亚西部加上吕根岛、波美拉尼亚东部的几个地方，以及几个教会领地割让给瑞典。法国获得了哈布斯堡王朝从前在阿尔萨斯的领地，它过去所侵占的领土的权利也得到确认。一些德意志诸侯也扩大了自己的领地。威斯特伐利亚和约加强了德国政治上的分裂。德意志诸侯获得了奉行独立的对外政策、彼此间缔结同盟以及和外国缔结同盟的权利。——《马克思恩格斯文集》第4卷，人民出版社2009年版，注释235。

③ 此处是指1768—1774年和1787—1792年俄国对土耳其的战争，两次战争均是俄国获胜。——《马克思恩格斯文集》第4卷，人民出版社2009年版，注释242。

## 56. 这一要求从那时起便成为俄国政策的不变目的

在美国独立战争①期间，叶卡捷琳娜以自己及自己同盟者的名义首先提出了"武装中立"的原则（1780年），即要求限制英国认为它的军舰在公海上应当享有的权利，这一要求从那时起便成为俄国政策的不变目的，并且在1856年巴黎和约中已基本上为欧洲和英国本身所承认。② 只有美利坚合众国直到现在还不愿意予以考虑。

摘自弗·恩格斯：《俄国沙皇政府的对外政策》（1889年12月—1890年2月）（二），《马克思恩格斯文集》第4卷，人民出版社2009年版，第365页。

## 57. 法国革命的爆发给叶卡捷琳娜带来了新的时运

法国革命的爆发给叶卡捷琳娜带来了新的时运。她毫不惧怕革命思想渗入俄国，而只是把这一事件看做是使欧洲各国彼此争吵起来，从而使俄国能自由行动的一个新的有利时机。在她的两个"开明的"朋友和邻居③死后，弗里德里希—威廉二世在普鲁士，莱奥波德在奥地利企图实行独立的政策。革命给了叶卡捷琳娜一个大好机会，使她能以反对法兰西共和国作借口重新把这两个人拴在俄国的锁链上，并且在他们两人忙于法国边界问题的时候，在波兰进行新的掠夺。普鲁士和奥地利都陷入了圈套。虽然普鲁士（它从1787年到1791年扮演了波兰反对叶卡捷琳娜的同盟者的角色）还算及时地醒悟过来，并且这次要求在掠夺波兰的勾当中获得较大的

---

① 美国独立战争即1775—1783年北美独立战争，是13个英属北美殖民地推翻英国殖民统治，争取民族独立的战争。1781年10月，英军主力被击溃后在约克镇被迫投降，交战双方最终于1783年9月签订了巴黎和约。——《马克思恩格斯文集》第4卷，人民出版社2009年版，注释243。

② 叶卡捷琳娜二世在1780年3月11日发表的武装中立宣言中宣布：中立国船只有权在海上以武力抵御交战国的进攻，中立国有权和交战国自由贸易，中立国船只上的敌方货载不受侵犯，只有在被封锁的港口的入口实际为海军所封闭的情况下才承认封锁。这篇宣言的矛头针对英国，当时英国正在进行镇压北美洲起义的殖民地的战争（1775—1783年北美独立战争）；1780—1783年先后赞同宣言的有丹麦、瑞典、荷兰、普鲁士、奥地利、葡萄牙和双西西里王国。

武装中立的这些原则后来成了1856年4月16日奥地利、法国、英国、普鲁士、俄国、撒丁和土耳其的代表们签订《海上国际法原则宣言》的基础，并附于1853—1856年克里木战争的参加国于1856年3月30日所签订的巴黎和约之后。——《马克思恩格斯文集》第4卷，人民出版社2009年版，注释244。

③ 弗里德里希二世和约瑟夫二世。——编者注

份额,虽然也不得不补偿给奥地利一块波兰土地,但是猎获物的最大部分仍然落入叶卡捷琳娜手中。① 差不多整个白俄罗斯和小俄罗斯现在都并入了大俄罗斯。

摘自弗·恩格斯:《俄国沙皇政府的对外政策》(1889年12月—1890年2月)(二),《马克思恩格斯文集》第4卷,人民出版社2009年版,第365—366页。

## 58. 在叶卡捷琳娜的政策中已经明显地显示出俄国目前政策的所有主要的特征

在叶卡捷琳娜的政策中已经明显地显示出俄国目前政策的所有主要的特征:兼并波兰,虽然最初还不得不把一部分猎获物让给邻居;把德国变成下一个瓜分对象;把夺取君士坦丁堡当做永不忘记的、可以逐渐实现的最主要目标;夺取芬兰作为彼得堡的屏障而把挪威并给瑞典作为补偿——叶卡捷琳娜在腓特烈港就是这样向国王古斯塔夫三世提出的②;用国际法的限制性条款来削弱英国的海上优势;在土耳其的基督教徒——莱雅中煽动起义;最后,把自由主义的和正统主义的词句巧妙地结合起来,按照需要用它来愚弄西欧相信词句的"有教养的"庸人,以及他们的所谓舆论。

摘自弗·恩格斯:《俄国沙皇政府的对外政策》(1889年12月—1890年2月)(二),《马克思恩格斯文集》第4卷,人民出版社2009年版,第16—17页。

---

① 指1793年和1795年第二次和第三次瓜分波兰;这两次瓜分是奥地利、普鲁士和沙皇俄国对波兰贵族共和国实行掠夺政策的结果,它们成了镇压波兰民族运动的手段。1793年1月4日,俄国和普鲁士签订了关于第二次瓜分波兰的同盟条约。这次瓜分波兰,得到了白俄罗斯的一部分地区和第聂泊河西岸乌克兰地区;奥地利未参加第二次瓜分。

第三次瓜分波兰时,俄国、普鲁士和奥地利于1795年10月24日签订了圣彼得堡公约。此次瓜分波兰的借口是维护波兰国内的和平安宁。俄国分得了立陶宛、库尔兰、白俄罗斯的西部地区和沃伦的一部分。奥地利攫取了包括卢布林和克拉科夫在内的小波兰区的一部分。包括华沙在内的波兰的本土的大部分划归普鲁士。在第三次瓜分后的一百多年中,波兰贵族共和国已不再作为独立国家而存在。——《马克思恩格斯文集》第4卷,人民出版社2009年版,注释245。

② 1783年夏,根据瑞典国王古斯塔夫三世的提议在腓特烈港(芬兰)举行了他和叶卡捷琳娜二世的会见。古斯塔夫前往腓特烈港的目的,是要探明叶卡捷琳娜二世对土耳其和克里木的意图,以及她对瑞典兼并挪威的计划所持的态度。由于俄国准备对土耳其作战,叶卡捷琳娜二世当时为自己利益考虑也力图和瑞典搞好关系。——《马克思恩格斯文集》第4卷,人民出版社2009年版,注释247。

### 59. 拿破仑的崛起现在给了俄国外交取得新成就的机会

法国革命已经平息，它自己产生了自己的镇压者——拿破仑。它似乎证实了没有被大规模人民起义吓倒的俄国外交的高度英明。拿破仑的崛起现在给了俄国外交取得新成就的机会：德国日益接近于遭遇和波兰一样的命运。但是叶卡捷琳娜的继承者保罗是个固执、任性、难以捉摸的人；他时时刻刻打乱外交家们的行动；他变得使人无法容忍，必须把他除掉。这件事情的执行者在近卫军军官中很容易就找到了；皇储亚历山大参与了这一阴谋并掩护了这个阴谋。保罗被勒死了，随即开始了为新沙皇争取更大光荣的新的进军，这位沙皇由于他登极的方式而成了这帮耶稣会外交家的终生奴仆。

摘自弗·恩格斯：《俄国沙皇政府的对外政策》（1889年12月—1890年2月）（二），《马克思恩格斯文集》第4卷，人民出版社2009年版，第367页。

### 60. 但是当要最后结算的时候，俄国便重新出面了

这帮人听凭拿破仑彻底摧毁德意志帝国并使它的混乱局面达到顶点。但是当要最后结算的时候，俄国便重新出面了。根据吕内维尔和约（1801年）①，法国获得了德国的莱茵河左岸的全部地区，同时规定，因此而丧失领地的德意志诸侯应当在莱茵河右岸从帝国僧侣（主教、修道院院长等）的土地中得到赔偿。这时，俄国援引它根据1779年泰申和约所取得的保证人的权利宣布，在分配赔偿的时候，应当由它和法国这两个德意志帝国混乱局面的保证人共同发表决定性意见。而德意志诸侯的割据、贪婪，以及他们习以为常的对帝国的背叛，已经保证了俄国和法国的意见成为决定性的意见。结果是俄国和法国拟定了失去领地的诸侯瓜分教会土地的计划，并且这个由外国根据外国的利益拟定的计划的全部要点都上升成了德意志帝国的法律（1803年

---

① 吕内维尔和约是在欧洲各国第二次反法同盟战败之后奥地利与法国于1801年2月9日签订的。和约承认法国因在第一次和第二次反法同盟战争获胜后所扩大的疆域；并规定奥地利将在德国和意大利的一大部分领土割让给法国；同时承认在荷兰、瑞士和意大利北部的一些共和国接受法国的统治。——《马克思恩格斯文集》第4卷，人民出版社2009年版，注释248。

帝国代表会议总决议)。①

摘自弗·恩格斯:《俄国沙皇政府的对外政策》(1889年12月—1890年2月)(二),《马克思恩格斯文集》第4卷,人民出版社2009年版,第367页。

### 61. 西方归拿破仑,东方归亚历山大!

在奥斯特利茨会战以后,接着而来的是普俄联盟,耶拿会战,埃劳会战,弗里德兰德会战和1807年的蒂尔西特和约。② 这里又一次表明,俄国在战略上的安全地位给了它多么大的优势。虽然它在两次战役中都打败了,但是它却靠牺牲自己昨天的同盟者而获得了新的领土,并且同拿破仑结成了同盟来瓜分世界:西方归拿破仑,东方归亚历山大!

摘自弗·恩格斯:《俄国沙皇政府的对外政策》(1889年12月—1890年2月)(二),《马克思恩格斯文集》第4卷,人民出版社2009年版,第

---

① 1803年2月25日,德意志各邦代表组成的神圣罗马帝国的帝国会议经过长时间的协商,通过了决议,确认了法国和俄国于1801年10月缔结的秘密协定的有关条款。该协定借口补偿德意志各邦由于法国在第一次和第二次反法同盟战争获胜后占领了莱茵河左岸属地而受到的损失,规定了对拿破仑法国有利的解决德国莱茵省领土问题的办法。按照协定的条款,德国西部的许多小邦被取消。这些小邦的领土合并到德国较大的邦,作为对于根据吕内维尔和约将莱茵河左岸领土割让给法国的德意志诸侯的补偿。结果有总人口为303万的112个德意志邦,几乎包括全部教会领地和帝国城市被取消,它们的领地很大一部分划归完全依附拿破仑法国的巴伐利亚、符腾堡和巴登以及普鲁士。这些条款从形式上看符合帝国会议的总决议,但实际上是在法国和俄国的压力下得到确认的。——《马克思恩格斯文集》第4卷,人民出版社2009年版,注释249。

② 这里列举的是第四次反法同盟战争中1806—1807年的一系列会战。参加这次反法同盟的国家有英国、俄国、普鲁士和瑞典。普鲁士于1806年7月同俄国订立了反对拿破仑的秘密同盟。

耶拿(图林根)会战是普鲁士军队和法国军队在1806年10月14日进行的,结果普军被击溃。

普鲁士埃劳(东普鲁士)会战于1807年2月7—8日在法国军队和俄国军队之间进行,这是第四次反法同盟对法国进行的一次极其惨烈的战役,拿破仑损失了大量兵力仍未能获得决定性的胜利。

1807年6月14日法国军队和俄国军队之间进行的弗里德兰德(东普鲁士)会战,以拿破仑军队获胜而结束。

蒂尔西特和约是拿破仑法国同参加第四次反法同盟的战败国俄国和普鲁士在1807年7月7日和9日签订的和约。和约条件对普鲁士极为苛刻,使普鲁士丧失很大一部分领土,其中包括易北河以西的全部属地。为了分裂战败国,拿破仑没有向俄国提出领土要求,反而使它获得了普鲁士割让的比亚韦斯托克地区,但是,亚历山大一世必须承认法国在德国占领的地区和拿破仑在那里所修改的疆界,同意在原来归并于普鲁士的一小块波兰领土上成立华沙大公国(法国企图使之成为进攻俄国的跳板),与普鲁士一样解除与英国的联盟,加入拿破仑的大陆体系。俄国和拿破仑法国缔结了针对英国的攻守同盟。作为报答,拿破仑答应俄国对土耳其和瑞典有行动自由。——《马克思恩格斯文集》第4卷,人民出版社2009年版,注释251。

368—369页。

**62. 而在拿破仑攻入莫斯科之后过了大约18个月，亚历山大便作为欧洲的主宰进入了巴黎**

拿破仑率领着整个西方的联军越过了俄国的边界。波兰人有资格评断这一事件，他们劝告他停留在德维纳河和第聂泊河边，改组波兰，并在那里等待俄国人的进攻。像拿破仑这样的统帅应当懂得，这个计划是正确的。但是，拿破仑由于站在令人目眩的高处而基础又稳固，再也无法下决心进行旷日持久的战争。他需要迅速获得成功，取得辉煌的胜利，通过突击争取签订和约；他把波兰人的忠告当做耳边风，向莫斯科挺进，从而把俄国人引进了巴黎。

拿破仑的大军在从莫斯科撤退途中全军覆没，这成了西方普遍起义反对法国霸权的信号。普鲁士全民奋起，迫使怯懦的弗里德里希—威廉三世对拿破仑作战。奥地利刚一完成作战准备工作便加入了俄国和普鲁士的行列。在莱比锡会战①以后，莱茵联邦②脱离了拿破仑，而在拿破仑攻入莫斯科之后过了大约18个月，亚历山大便作为欧洲的主宰进入了巴黎。

摘自弗·恩格斯：《俄国沙皇政府的对外政策》（1889年12月—1890年2月）（二），《马克思恩格斯文集》第4卷，人民出版社2009年版，第370—371页。

---

① 莱比锡会战是1813年10月16—19日参加欧洲各国（俄国、奥地利、普鲁士、瑞典）第六次反法同盟的联军同拿破仑法国军队之间展开的决战。联军在这次会战中的胜利决定了同盟国在战争中的最后胜利，导致了莱茵联邦的瓦解，使德国摆脱拿破仑的统治。这次会战史称"民族之战"。——《马克思恩格斯文集》第4卷，人民出版社2009年版，注释257。

② 1805年12月2日俄奥联军和法军进行的奥斯特利茨（摩拉维亚）会战以拿破仑第一取得胜利而告结束。奥地利在这次战败后退出了第三次反法同盟，与拿破仑签订了普雷斯堡和约。俄国和英国继续作战，并于1806年组织了反拿破仑法国的新的第四次同盟。新的莱茵联邦是指1806年7月在拿破仑第一的保护下成立的德国南部和西部各邦的联盟。由于1805年击溃了奥地利，拿破仑得以在德国建立这样一个军事政治堡垒。由于1805年击溃了奥地利，拿破仑得以在德国建立这样一个军事政治堡垒。莱茵联邦组成后，德意志民族神圣罗马帝国即不复存在。最初有16个邦（巴伐利亚、符腾堡、巴登等）参加这个联邦，后来又有5个邦（萨克森、威斯特伐利亚等）加入，它们实际上成了拿破仑法国的附庸。这些邦的军队参加了拿破仑的侵略战争。由于拿破仑军队战败，莱茵联邦于1813年瓦解。——《马克思恩格斯文集》第4卷，人民出版社2009年版，注释250。

### 63. 在欧洲大陆上，他不再有对手了

被法国所出卖的土耳其，于1812年在布加勒斯特签订了和约①，把比萨拉比亚让给了俄国人。维也纳会议把波兰王国给了俄国②，因此，过去波兰的领土现在差不多有十分之九已并入俄国。但是，更重要的是现在沙皇在欧洲所占的地位。在欧洲大陆上，他不再有对手了。奥地利和普鲁士听他使唤。法国波旁王朝在他的帮助下得以恢复王位，因此也对他俯首听命。瑞典在他的帮助下得到了挪威，作为它实行亲俄政策的回报。甚至西班牙王朝的复辟也应更多地归功于俄国人、普鲁士人和奥地利人的胜利，而不只是归功于威灵顿的胜利，因为后者的胜利永远也不可能推翻法兰西帝国。

摘自弗·恩格斯：《俄国沙皇政府的对外政策》（1889年12月—1890年2月）（二），《马克思恩格斯文集》第4卷，人民出版社2009年版，第16—17页。

### 64. 俄国以前从来没有占据过如此强大的地位

俄国以前从来没有占据过如此强大的地位。不过它也在自己的天然边界之外又跨出了一步。如果说对于叶卡捷琳娜的侵略，俄国的沙文主义还

---

① 俄土战争从1806年开始，一直进行到1812年（1807—1809年间曾一度中断）。这次战争是拿破仑第一施展外交阴谋致使俄国和土耳其之间矛盾加剧而引起的。交战中俄军在欧洲战场和高加索战场曾多次给土军以重创。战争以1812年5月28日签订布加勒斯特和约而告结束。根据这项和约，俄国获得了直到普鲁特河的比萨拉比亚和外高加索大部分地区以及多瑙河沿岸的通商航行权。和约确认了俄土过去达成的关于承认摩尔多瓦和瓦拉几亚享有一系列自治权的协议。

俄国在军事上的胜利客观上有助于巴尔干半岛上各民族反对土耳其统治的民族解放运动。俄军在巴尔干卓有成效的行动有力地支持了1804—1813年塞尔维亚人民的起义，这次起义是许多世纪以来塞尔维亚人民反对土耳其封建主统治的民族解放斗争历史上的重要里程碑。塞尔维亚人在起义中赶走了土耳其侵略者，1811年建立了自己的国家组织。根据1812年布加勒斯特和约，土耳其必须承认塞尔维亚内政自治。但是，土耳其苏丹利用拿破仑军队1813年入侵俄国的机会，撕毁和约，对塞尔维亚发起征讨，在那里一度恢复了土耳其的统治。由于塞尔维亚人于1815年又胜利地举行了起义，加上俄国在外交上的支援，土耳其的枷锁被粉碎。1828—1829年的俄土战争后，土耳其不得不通过1830年苏丹发布的特别敕令承认塞尔维亚的自治。——《马克思恩格斯文集》第4卷，人民出版社2009年版，注释255。

② 维也纳会议是欧洲各国（土耳其除外）从1814年9月至1815年6月断断续续召开的会议。参加会议的有英、普、俄、奥等反拿破仑战争同盟国的君主和代表，法国复辟的波旁王朝也派代表出席了会议。

根据会议的决议，为了复辟各正统王朝，欧洲版图被违反各国人民的国家统一和独立的利益加以重划。波兰再度被奥地利、普鲁士和俄国瓜分。按照1815年6月9日会议的决定，将拿破仑第一在1807年根据蒂尔西特和约建立的华沙大公国的大部分划归俄国，改称波兰王国。——《马克思恩格斯文集》第4卷，人民出版社2009年版，注释258。

有某些托词——我不愿说是辩白——那么对于亚历山大的侵略，就根本谈不到这一点了。芬兰是芬兰人和瑞典人的，比萨拉比亚是罗马尼亚人的，会议桌上的波兰①是波兰人的。在这里不再是对冠有俄罗斯名字的各个分散的同族部落进行合并的问题，在这里我们所看到的，是对别国领土的赤裸裸的暴力的掠夺，是明火执仗的抢劫。

摘自弗·恩格斯：《俄国沙皇政府的对外政策》（1889年12月—1890年2月）（二），《马克思恩格斯文集》第4卷，人民出版社2009年版，第371页。

## 65. 但是，当达来朗想用他所臆造的这个词儿使沙皇亚历山大上钩的时候，俄国的外交反而却借助这个词儿愚弄了整个欧洲

对拿破仑的胜利就是欧洲的君主国对法国革命的胜利，因为拿破仑帝国是法国革命的最后阶段；恢复"正统主义"就是对这次胜利的庆祝。但是，当达来朗想用他所臆造的这个词儿使沙皇亚历山大上钩的时候，俄国的外交却反而借助这个词儿愚弄了整个欧洲。它借口保卫正统主义而建立了"神圣同盟"②，这个同盟是俄奥普同盟的扩大，把它变成了所有欧洲的君主在俄国沙皇领导下反对本国人民的一个阴谋。其他的君主都相信这一借口；但是沙皇及其外交如何看待这个借口，下面我们就会看到。

摘自弗·恩格斯：《俄国沙皇政府的对外政策》（1889年12月—1890年2月）（三），《马克思恩格斯文集》第4卷，人民出版社2009年版，第372页。

## 66. 但是沙皇外交曾通过它的半官方代理人尽可能在它的正统主义的同盟者的内部煽动不和

这样，希腊人的起义便提供了有利的机会，但是要使沙皇的外交能在

---

① 会议桌上的波兰指沙皇俄国根据1814—1815年维也纳会议的决定所吞并的波兰领土。维也纳会议后，波兰再度被俄、普、奥三国瓜分，沙皇俄国吞并了大部分波兰国土，成立了波兰王国，由沙皇亚历山大一世兼任国王。会议桌上的波兰或俄罗斯的波兰，即指这部分波兰领土。——《马克思恩格斯文集》第4卷，人民出版社2009年版，注释259。

② 神圣同盟是欧洲各专制君主镇压欧洲各国进步运动和维护封建君主制度的反动联盟。该同盟是战胜拿破仑第一以后，由俄国沙皇亚历山大一世和奥地利首相梅特涅倡议，于1815年9月26日在巴黎建立的，同时还缔结了神圣同盟条约。几乎所有的欧洲君主国家都参加了该同盟。这些国家的君主负有相互提供经济、军事和其他方面援助的义务，以维持维也纳会议上重新划定的边界和镇压各国革命。神圣同盟为了镇压欧洲各国资产阶级革命和民族解放运动，先后召开过几次会议。由于欧洲诸国间的矛盾以及民族革命运动的发展，1830年法国七月革命后神圣同盟实际上已经瓦解。——《马克思恩格斯文集》第4卷，人民出版社2009年版，注释260。

这里展开有力的活动，必须防止西方的干涉，也就是说，必须使西方忙于自己内部的事务。而正统主义这个词儿就出色地为此做好了准备。正统主义的君主们到处招致了深仇大恨。企图恢复革命前的秩序的尝试，使整个西方的资产阶级群情激奋；在法国和德国开始酝酿风潮，在西班牙和意大利爆发了公开的起义①。这一切阴谋和起义都有沙皇外交插手其间。这并不是说这些阴谋和起义都是由它搞起来的，或者它们获得暂时的成功至少是得到它的重大支持。但是沙皇外交曾通过它的半官方代理人尽可能在它的正统主义的同盟者的内部煽动不和②。它公开地庇护那些在同情希腊人的幌子下进行活动的西方叛乱分子，而这些募集金钱、往希腊派送志愿军及成批的武装辅助部队的希腊之友，不正是那些烧炭党人③及西方其他的自由党人吗？

摘自弗·恩格斯：《俄国沙皇政府的对外政策》（1889年12月—1890年2月）（三），《马克思恩格斯文集》第4卷，人民出版社2009年版，第373页。

### 67. 这并不妨碍他甚至还装模作样地谴责希腊人的起义，于此同时却给这次起义煽风点火

所有这一切丝毫不妨碍开明的沙皇亚历山大在亚琛、特罗保、莱巴赫、维罗纳的会议上号召自己的正统主义同行们采取最坚决的行动来对付他们的叛逆臣民，并且为了镇压革命于1821年派遣奥地利人进入意大利，于1823年派遣法国人进入西班牙；④这并不妨碍他甚至还装模作样地谴责希腊人的起义，于此同时却给这次起义煽风点火，并恩惠西方的希腊之友加

---

① 指1820—1823年在西班牙、1820—1821年在那不勒斯王国以及1821年在皮埃蒙特爆发的资产阶级革命。神圣同盟派遣法国军队到西班牙，派遣奥地利军队到意大利镇压了这些国家的革命。——《马克思恩格斯文集》第4卷，人民出版社2009年版，注释262。

② 在英译文中不是"在它的正统主义的同盟者的内部煽动不和"，而是"在它的正统主义的同盟者的臣民中煽动不满和内部不和"。——编者注

③ 烧炭党人是1806年在意大利，19世纪20年代在法国产生的秘密的政治团体的成员。意大利的烧炭党人包括城市资产阶级、资产阶级化的贵族、军官、小资产阶级和农民的代表人物，他们的目的是实现民族解放，实行政治改革，恢复意大利的统一。法国的烧炭党人包括各种政治派别的代表人物，其宗旨是推翻波旁王朝的专制制度，建立立宪政体。——《马克思恩格斯文集》第4卷，人民出版社2009年版，注释263。

④ 这里列举的神圣同盟的几次会议系1818年在亚琛、1820年在特罗保（奥帕瓦）、1821年在莱巴赫（卢布尔雅那）和1822年在维罗纳召开的会议，其目的在于镇压欧洲各国的资产阶级革命和民族解放运动。——《马克思恩格斯文集》第4卷，人民出版社2009年版，注释264。

倍活动。愚蠢的欧洲又令人难以置信地受到愚弄；沙皇政府向各国君主和反动派宣扬正统主义①，向自由主义的庸人宣扬各族人民的解放，宣扬开明②；而前者和后者都相信了它。

  摘自弗·恩格斯：《俄国沙皇政府的对外政策》（1889年12月—1890年2月）（二），《马克思恩格斯文集》第4卷，人民出版社2009年版，第373—374页。

### 68. 俄国外交就用这种希望（……）牵着法国的鼻子走

在维罗那，法国大臣、浪漫主义者夏多勃利昂完全为沙皇所迷惑，因为沙皇向法国人表示，只要他们驯顺地追随俄国，他们就有取得莱茵河左岸的希望。俄国外交就用这种希望（后来在查理十世时又以一些有约束力的诺言来予以加强）牵着法国的鼻子走，并且直到1830年，除了少数几次中断以外一直支配着法国的东方政策。

  摘自弗·恩格斯：《俄国沙皇政府的对外政策③》（1889年12月—1890年2月）（二），《马克思恩格斯文集》第4卷，人民出版社2009年版，第374页。

### 69. 我不来详细谈1830—1848年期间的俄土关系

我不来详细谈1830—1848年期间的俄土关系。其中重要的是，俄国第一次能够出面保护土耳其不受它的发动叛乱的埃及附庸穆罕默德—阿里的侵袭，派遣3万军队去博斯普鲁斯海峡保卫君士坦丁堡，并通过安吉阿尔—斯凯莱西条约④在许多年内把土耳其置于俄国的实际统治之下；

---

 ① 英译文中在"正统主义"的后面补充有："和保持现状"。——编者注
 ② 在英译文中"宣扬开明"这几个字被删掉了。——编者注
 ③ 关于恩格斯的《俄国沙皇政府的对外政策》一文的写作背景，参见本摘编稿第4章（四、民族构成及特性与国家或政治独立、民族自治）第25节（25、对于由密集的人群决定战局的时代的战争来说，他们是最好的兵源）的注释。——专题摘编者注
 ④ 《安吉阿尔—斯凯莱西条约》是俄国和土耳其于1833年7月8日在君士坦丁堡签订的友好共同防御条约。在条约签订以前，俄军在博斯普鲁斯海峡地区安吉阿尔—斯凯莱西地方登陆。这支登陆部队被派到土耳其是为了支援苏丹对付威胁土耳其首都的易卜拉欣帕沙（起义反对苏丹的埃及统治者穆罕默德—阿里的儿子）的军队。1833年5月，土耳其政府在英国和法国的调停下同穆罕默德—阿里缔结了和约，将叙利亚和巴勒斯坦割让给穆罕默德—阿里。尽管对苏丹的直接威胁已经消除，但沙皇外交利用紧张局势和俄军驻扎土耳其的机会，迫使土耳其政府同俄国缔结了防御同盟，并且签订了《安吉阿尔—斯凯莱西条约》，使该同盟从法律上固定下来。条约中列入了一项秘密条款，规定土耳其必须根据俄国的要求禁止外国军舰通过黑海海峡。另一项条款确认了《阿德里安堡条约》和其他的俄土协议。条约的有效期定为八年。——《马克思恩格斯文集》第4卷，人民出版社2009年版，注释270。

其次，它在1840年，由于帕麦斯顿的背叛，能够在转瞬之间把威胁它的欧洲同盟变成反法同盟，① 最后，它通过不断的占领，对农民实行剥削② 以及用《组织规程》③（见马克思《资本论》第1卷第8章）④ 将贵族引诱到自己方面来等办法准备好了对多瑙河两公国的兼并。而这个时期主要的事情是征服高加索并使之俄罗斯化，而这是经过20年的斗争之后才终于完成的。

摘自弗·恩格斯：《俄国沙皇政府的对外政策》（1889年12月—1890年2月）（三），《马克思恩格斯文集》第4卷，人民出版社2009年版，第377页。

**70. 这个《公文集》至今仍是关于沙皇政府力图使西欧各国彼此发生争吵，从而利用它们的分裂使它们全都服从自己的统治的那些阴谋历史的主要资料之一，至少是最可靠的资料**

这时，沙皇外交遭到了一次严重挫折：当康斯坦丁大公1830年11月

---

① 1839—1841年的土埃战争加剧了英法之间的矛盾。法国暗中支持埃及统治者穆罕默德—阿里。英国害怕站在苏丹方面的俄国单方面干预冲突，同时又企图将法国孤立起来，坚持西欧列强共同采取行动向土耳其政府提供军事援助。1840年7月15日俄国、英国、奥地利、普鲁士和土耳其背着法国在伦敦签订了对土耳其苏丹提供军事援助的协定。这一情况造成了法国外交上的孤立，出现了法国和欧洲几个大国同盟之间的战争的危险，法国迫不得已停止了对穆罕默德—阿里的援助。这就意味着法国在近东问题上的政策遭到严重的挫败。由于英国和奥地利的军事干涉，穆罕默德—阿里不得不放弃自己在埃及境外的领地，并服从苏丹的最高权力。——《马克思恩格斯文集》第4卷，人民出版社2009年版，注释271。

② 在英译文中不是"对农民实行剥削"，而是"把自己的士兵驻屯在农民当中"。——编者注

③ 《组织规程》是1831年多瑙河两公国摩尔多瓦和瓦拉几亚的第一部宪法。这两个公国在1828—1829年俄土战争结束后为俄军占领。《组织规程》的方案是由两公国的俄国行政当局首脑帕·德·基谢廖夫拟定的。根据《组织规程》，每个公国的立法权交给土地占有者选出的议会，而行政权则交给土地占有者、僧侣和各城市的代表所推选出的终身国君。规程保持了原有的封建制度，包括徭役制，将政治大权集中在土地占有者手中。同时，《组织规程》还规定实行一系列资产阶级的改革措施，即废除国内关税壁垒，实行贸易自由，司法与行政分离以及取消刑讯等。1848年革命期间，该《组织规程》被废除。对《组织规程》的评述，见《资本论》第1卷第8章第2节（《马克思恩格斯全集》第5卷第275—276页）。——《马克思恩格斯文集》第4卷，人民出版社2009年版，注释272。

④ 在英译文中括弧里的话改成了一个脚注："这是一种为农村居民制定的法典，它规定农民的大部分工作时间由贵族（地方上的土地贵族）支配，并且完全无偿。详见卡尔·马克思《资本论》第1卷英文第10章第218—222页。"（恩格斯在这里援引的是《资本论》第一卷英文第一版（1887年伦敦版），这个版本章节的分法和德文版不同。——《马克思恩格斯文集》第4卷，人民出版社2009年版，注释273。）——编者注

29日为了躲避波兰起义者被迫逃出华沙的时候，他的全部外交档案、外交大臣[1]的报告原本和大使们的一切重要报告的官方复本都落到了起义者手中。1825—1830年间俄国外交的全部手腕被揭露了[2]。波兰政府通过扎莫伊斯基伯爵把这些文件转交给了英法两国，按照英国国王威廉四世指示，戴维·乌尔卡尔持于1834年将它们发表在《公文集》上。这个《公文集》至今仍是关于沙皇政府力图使西欧各国彼此发生争吵，从而利用它们的分裂使它们全都服从自己的统治的那些阴谋历史的主要资料之一，至少是最可靠的资料。

摘自弗·恩格斯：《俄国沙皇政府的对外政策》（1889年12月—1890年2月）（三），《马克思恩格斯文集》第4卷，人民出版社2009年版，第377—378页。

**71. 难道俄国外交不是很有理由对于西方的革命暗中感到高兴吗？**

不仅如此。奥地利，即俄国在巴尔干半岛边界上最顽固、最倔强的对手，因匈牙利和维也纳的起义已濒于毁灭。但是匈牙利人的胜利意味着欧洲革命的重新爆发，而在匈牙利军队中有许多波兰人这一事实，将保证这次革命不会又在波兰的边界上停留下来。所以尼古拉宽大为怀。他命令自己的军队开进匈牙利，以优势的兵力镇压了匈牙利军队，从而确定了欧洲革命的失败。而当普鲁士仍然企图利用革命破坏德意志联邦，并且至少使德国北部诸小邦服从于普鲁士霸权的时候，尼古拉就传唤普鲁士和奥地利到华沙去接受他的裁判，并且作出了有利于奥地利的判决。[3] 普鲁士许多年来顺从俄国所得的报答是，当它稍微表示了一点儿抗拒的意图时就遭到了难堪的侮辱。石勒苏益格—荷尔斯泰因问题，尼古拉也以不利于德国的方式作出了裁定，他在确信格吕克斯堡的克里斯蒂安对沙皇政府的目的有

---

[1] 卡·瓦·涅谢尔罗德。——编者注

[2] 这句话在英译文中为："俄国外交的全部手段和它在1825—1830年间所搞的全部阴谋被揭露了。"——编者注

[3] 普鲁士和奥地利的代表为了调整两国的关系，曾在尼古拉一世的调停下于1850年10月在华沙举行谈判。奥地利和普鲁士争夺德国霸权的斗争在1848—1849年的革命后日趋尖锐。奥地利力图恢复维也纳会议所建立的、在革命中已实际瓦解的德意志各邦的联合——德意志联邦，普鲁士希望建立一个在自己的庇护下的各德意志的联盟来巩固自己的统治地位。尼古拉一世皇帝不愿意普鲁士强大起来，企图保持德国的封建割据状态，在华沙进行谈判时，奥地利和普鲁士之间发生了争吵，而他却扮演了仲裁人的角色，并暗示坚决支持奥地利。——《马克思恩格斯文集》第4卷，人民出版社2009年版，注释275。

用之后，指定他为丹麦王位的继承人。① 不仅匈牙利，整个欧洲都俯身在沙皇的脚下，这就是革命的直接后果。难道俄国外交不是很有理由对于西方的革命暗中感到高兴吗？

> 摘自弗·恩格斯：《俄国沙皇政府的对外政策》（1889年12月—1890年2月）（三），《马克思恩格斯文集》第4卷，人民出版社2009年版，第378页。

### 72. 他说的只是外交的俄国

俄国不赌气，它在积聚力量——总理大臣哥尔查科夫在战争结束后说道。② 他自己也不知道他的话多么正确。他说的只是外交的俄国。但是非官方的俄国也在积聚力量。而且这种积聚（recueillement），受到政府本身的支持。战争证明：哪怕出于纯粹军事上的考虑，俄国也需要铁路和大工业。于是，政府着手培植俄国的资本家阶级。但是这个阶级没有无产阶级是无法存在的，而为了创造无产阶级分子，不得不实行所谓农民解放；农民为了人身自由把自己最好的一部分土地给了贵族。他们手中剩下的土地，对他们来说饿死嫌太多，活命嫌太少。这样，在俄国的农民公社③被根本破坏的同时，新兴的大资产阶级却由于给铁路公司的种种特权、保护关税及其他优惠办法而像在温室中一样发展起来；于是，在城市和乡村里开始了一场真正的社会革命，这场革命使业已活动起来的思想界平静下来。年轻的资产阶级的出现反映在自由主义立宪运动中，而无产阶级的诞生则反映在通常称做虚无主义的运动中。这就是俄国积聚力量的真正后果。

> 摘自弗·恩格斯：《俄国沙皇政府的对外政策》（1889年12月—1890年2月）（三），《马克思恩格斯文集》第4卷，人民出版社2009年版，第382页。

---

① 1852年5月8日在伦敦，俄国、奥地利、英国、法国、普鲁士、瑞典和丹麦的代表共同签订了关于保证丹麦君主国完整的条约。这个文件的基础是上述几个国家的代表于1850年8月2日在伦敦签订的议定书。议定书确定了丹麦国王的领地包括石勒苏益格和荷尔斯泰因公国在内不得分割的原则，从而为这两个公国的德国居民力图脱离丹麦，与德国合并的努力制造了障碍。1852年条约虽然承认了两公国有自治权，但是仍然保留了丹麦国王对它们的最高权力。格吕克斯堡公爵克里斯蒂安被指定为无嗣的丹麦国王弗雷德里克七世的继承人（后为国王克里斯蒂安九世）。——《马克思恩格斯文集》第4卷，人民出版社2009年版，注释276。

② 这是亚·米·哥尔查科夫1856年8月21日给俄国驻国外的外交代表的通告中的一句话。他在1856年就任外交大臣时在这个通告中规定了俄国外交政策的方针。——《马克思恩格斯文集》第4卷，人民出版社2009年版，注释278。

③ 在原文中这个词是用德文字母拼写的俄文；在英译文中是用拉丁字母拼写的，并加了如下的注脚："俄国农民的自治公社"。——编者注

### 73. 相反，在国外，它好像接二连三地获得胜利

然而，外交界看来还没有注意到，它在国内有了一个什么样的对手。相反，在国外，它好像接二连三地获得胜利。在1856年的巴黎会议上，奥尔洛夫扮演了一个为许多人所追求的主角①：他不但没有作出牺牲，反而获得了新的成就；英国自认为应当享有的，而俄国从叶卡捷琳娜时代起就提出异议的海上作战权利被彻底取消了，并且建立了反对奥地利的俄法同盟。②而在1859年，当路易—拿破仑决定为俄国向奥地利报仇的时候，这个同盟便见诸行动。当时马志尼揭露了俄国与法国的协定，按照这个协定，如果奥地利进行长久的抵抗，便准备提出俄国的一个大公作为独立匈牙利的国王候选人；而奥地利由于迅速缔结和约避免了这些后果。但是从1848年起，各国人民时常打乱外交家的计划。意大利既违背沙皇的意志，也违背路易—拿破仑的意志而成了独立统一的国家。③

---

① 在英译文中这句话的后半句是："奥尔洛夫是中心人物，起了领导作用。"——编者注
② 这里涉及附在巴黎和约之后的《海上国际法原则宣言》。
由于波拿巴法国和沙皇俄国在巴黎会议上的亲近，在拿破仑第三的推动下1859年3月3日缔结了法俄秘密协定。沙皇亚历山大二世向拿破仑第三承诺，对他准备从军事上粉碎奥地利的行动给予外交上的援助，一旦战争发生便将俄军开至奥地利边境，以便在东方牵制奥地利的一部分兵力。同时拿破仑根据协定的精神，继续支持俄国在巴尔干半岛的政策。——《马克思恩格斯文集》第4卷，人民出版社2009年版，注释279。
③ 1859年，拿破仑第三在事先得到亚历山大二世支持的情况下发动了法国和皮埃蒙特（撒丁王国）对奥地利的战争。在这场战争中，他企图打着"解放"意大利的旗号，通过卓有成效的"局部"战争掠夺新的领土并巩固法国波拿巴政体。朱·马志尼当时在他的宣言《战争》中揭露了拿破仑第三的真正意图，马克思在他的《马志尼宣言》（见《马克思恩格斯全集》中文第1版第13卷）一文中详细摘引了这篇宣言。
意大利的大资产阶级和自由派贵族希望没有人民群众的参与，通过战争在皮埃蒙特的萨瓦王朝的统治下实现意大利的统一。奥军在马真塔和索尔费里诺失败以后，拿破仑第三害怕意大利反对奥地利压迫的民族解放运动日益发展，竭力维持意大利政治上分裂的局面，同时还畏惧战争持续下去带来军事上错综复杂的问题，在法国和皮埃蒙特的军队获得几次胜利以后，他认为自己找到了理由，于1859年7月11日背着撒丁同奥地利单独缔结了维拉弗兰卡初步和约。战争使法国获得了萨瓦和尼斯，伦巴第并入皮埃蒙特。
但是，皮埃蒙特执政的上层人物实施的王朝政策和法国波拿巴分子的阴谋诡计未能得逞，1860年，意大利掀起了争取国家统一的大规模的民族解放斗争。由于得到人民群众支持的加里波第的志愿军英勇战斗，在西西里和那不勒斯，波旁王朝被推翻，南意大利和皮埃蒙特联合，并于1861年建立了意大利王国。威尼斯省则直到1866年仍然处在奥地利人的统治之下。直到1870年意大利军队攻占了罗马后，意大利的最后统一才实现。——《马克思恩格斯文集》第4卷，人民出版社2009年版，注释280。

摘自弗·恩格斯：《俄国沙皇政府的对外政策》（1889年12月—1890年2月）（三），《马克思恩格斯文集》第4卷，人民出版社2009年版，第382—383页。

### 74. 沙皇外交现在处于令人羡慕的地位

新德意志帝国为俄国效了劳，它从法国夺去阿尔萨斯—洛林①，从而真的把法国推入俄国的怀抱。沙皇外交现在处于令人羡慕的地位；它得以把由于这一兼并而彼此成为死敌的法德两国都控制在它手中。它又利用了这个有利的形势发起对沙皇格勒的进攻，在1877年向土耳其宣战。在经过长久的战斗之后，俄国军队于1878年1月来到了土耳其首都的大门口，这时在博斯普鲁斯海峡忽然出现了四艘英国装甲舰，迫使已经能够看见索菲娅教堂圆顶的俄国人停下来，把自己拟定的圣斯特凡诺条约提交欧洲会议审查。②

摘自弗·恩格斯：《俄国沙皇政府的对外政策》（1889年12月—1890年2月）（三），《马克思恩格斯文集》第4卷，人民出版社2009年版，第384—385页。

### 75. 尽管如此，巨大的胜利还是获得了

尽管如此，巨大的胜利还是获得了。罗马尼亚、塞尔维亚、黑山由于俄国的帮助而扩大了领土，得到了独立，因而它们都欠了俄国的债；多瑙

---

① 由于法国在1870—1871年的普法战争中失败，根据1871年2月26日在凡尔赛缔结的初步和约，法国将阿尔萨斯—洛林东部割让给1871年1月18日宣布成立的德意志帝国。1871年5月10日在美因河畔法兰克福签订的和约最后确认了这个条约的条款。——《马克思恩格斯文集》第4卷，人民出版社2009年版，注释284。

② 圣斯特凡诺初步和约是1877—1878年俄土战争结束以后，俄国和土耳其于1878年3月3日在圣斯特凡诺（君士坦丁堡附近）签订的。和约的签订意味着俄国对巴尔干影响的加强，引起了德国暗中支持的英国和奥匈帝国的激烈反对。在外交和军事威胁的压力下，俄国政府被迫把和约提交给1878年6月13日—7月13日在柏林举行的国际会议审查。出席这次国际会议的有俄国、德国、奥匈帝国、法国、英国、意大利和土耳其的代表，会议的结果，签订了柏林条约。根据柏林条约，圣斯特凡诺和约的条款作了修改，从根本上变得不利于俄国和巴尔干半岛的斯拉夫民族。圣斯特凡诺和约规定的自治的保加利亚的领土被割掉二分之一以上，巴尔干山脉以南的保加利亚各地区成立了"东鲁米利亚"自治省，仍受苏丹管辖；黑山的土地也被割去很大一部分。柏林条约承认了圣斯特凡诺和约的规定，把1856年从俄国割让的比萨拉比亚的一部分地区归还俄国，同时也认可了奥匈帝国对波斯尼亚和黑塞哥维那的兼并。在会议前夕，英国侵占了塞浦路斯。柏林会议的决定造成了巴尔干半岛新的国际紧张局势，同时也加剧了战争的危险性。——《马克思恩格斯文集》第4卷，人民出版社2009年版，注释285。

河和巴尔干山脉之间的四边形要塞区，土耳其的这个强有力的棱堡①被暂时破坏；君士坦丁堡的最后掩蔽物巴尔干山脉被从土耳其人手中夺去，并且被解除了武装；形式上是土耳其的附庸国的保加利亚和东鲁米利亚，实际上成了俄国的附庸国；1856年失去的那部分比萨拉比亚领土被收复了；在亚美尼亚新的重要的阵地被占领了；奥地利在占领了波斯尼亚以后就成为瓜分土耳其的同谋者，它必定要反对塞尔维亚人要求独立和统一的一切努力；最后，土耳其由于领土丧失、精疲力竭和过重的战争赔款而完全从属于俄国，并陷入这样一种境地：它只能是——按照俄国人的看法（而这种看法是完全正确的）②——暂时地为俄国守护着博斯普鲁斯海峡和达达尼尔海峡。因此，看来俄国只需要选择适当时机来实现它的伟大的最终目的，即攫取"我们房屋的钥匙"③君士坦丁堡了。

摘自弗·恩格斯：《俄国沙皇政府的对外政策》（1889年12月—1890年2月）（三），《马克思恩格斯文集》第4卷，人民出版社2009年版，第385页。

**76. 这就是说，俄国又在干涉西方国家的内政，这一次是公开以反动派的庇护人的姿态出现**

其实，就连与共和制的法国（它的执政者经常变动）的同盟对沙皇政府来说也决不可靠，而且更不符合它的夙愿。只有君主制复辟的法国，沙皇政府才会充分相信它是自己在目前唯一可能发生的可怕战争中的盟友。这就是五年以来沙皇政府将奥尔良王室置于自己的十分特殊庇护之下的原因；他们必须通过和丹麦王室（俄国在松德海峡的前哨）通婚来同沙皇俄国结成亲戚。布朗热将军被利用来准备奥尔良王室（现在也成了俄国的前哨）在法国的复辟，这位将军的信徒们在法国自我吹嘘说，他们大肆挥霍的那些金钱的神秘来源不是别处，正是俄国政府，它供给他们1500万法郎

---

① 这里指保加利亚领土上的四边形要塞区，这四个要塞区分别是锡利斯特拉、鲁斯楚克、舒姆拉和瓦尔纳。在1877—1878年俄土战争开始时土耳其军队的主力集中在这个地区。——《马克思恩格斯文集》第4卷，人民出版社2009年版，注释286。

② 在英译文中不是"按照俄国人的看法（而这种看法是完全正确的）"，而是"这一点俄国外交界也十分清楚"。——编者注

③ 这是亚历山大一世在1808年和法国大使科兰库谈话时的用语。——编者注

从事复辟运动。① 这就是说，俄国又在干涉西方国家的内政，这一次是公开以反动派的庇护人的姿态出现，利用法国资产阶级的急躁的沙文主义对抗法国工人的革命精神。

摘自弗·恩格斯：《俄国沙皇政府的对外政策》（1889年12月—1890年2月）（三），《马克思恩格斯文集》第4卷，人民出版社2009年版，第387页。

**77. 当你读俄国报纸的时候，的确会以为整个俄国都热衷于沙皇的侵略政策**

当你读俄国报纸的时候，的确会以为整个俄国都热衷于沙皇的侵略政策；到处是沙文主义和泛斯拉夫主义，到处是把基督教徒从土耳其人的压迫下解放出来，把斯拉夫人从德国和马扎尔人的压迫下解放出来的号召。但是，第一，任何人都知道俄国报刊披戴着什么样的枷锁；第二，政府成年累月地在所有学校里培养这种沙文主义和泛斯拉夫主义；第三，如果这些报刊也表达出一点独立见解的话，那么它只是表达了城市居民的情绪，即新兴资产阶级的情绪，而资产阶级自然热衷于把新的侵略看做是扩大俄国市场的手段。但是这种城市居民在全国只占微不足道的少数。一旦国民议会使俄国人民的绝大多数即农村居民有机会发表自己的意见，我们所听到的就会完全不同。政府曾经试行建立地方自治机关，② 而随后它又被迫取消这些地方自治机关，③ 从这个经验中保证可以看到这样的情况：俄国的国民议会仅仅是为了克服最严重的内部困难，也很快就会坚决打消一切发动新的侵略的意图。

摘自弗·恩格斯：《俄国沙皇政府的对外政策》（1889年12月—1890年2月）（三），《马克思恩格斯文集》第4卷，人民出版社2009年版，第389—390页。

---

① 这里指与若·布朗热将军的名字联系在一起的1886—1889年的法国沙文主义运动。布朗热分子利用人民群众对资产阶级共和派的政策的不满，展开了沙文主义和复仇主义的宣传，目的是准备政变，在法国实行君主制复辟。恩格斯认为布朗热主义是波拿巴主义的变种，指出了它的危险性，并要求法国社会主义者坚决揭露布朗热及其追随者的蛊惑性的复仇主义口号的实质。——《马克思恩格斯文集》第4卷，人民出版社2009年版，注释289。

② 在原文中这里和下面的"地方自治机关"是用德文字母拼写的俄文；在英译文中这个词是用拉丁字母拼写的，并在括号中作了注解：（郡参议会）。——编者注

③ 1864年俄国实行了有限的地方自治，建立了地方自治机关。然而从1866年起，沙皇政府又开始有计划地排挤地方自治机关，在80年代残酷镇压革命运动的反动时期，这种排挤更是变本加厉——《马克思恩格斯文集》第4卷，人民出版社2009年版，注释293。

## 二六　对沙俄殊死战与国家统一、独立及世界和平

**1. 对俄国作战就是真正同我们过去可耻的一切进行彻底的公开的决裂，就是真正解决和统一德国，在封建制度的废墟上以及在昙花一现的资产阶级统治的基地上建立民主制度**

对俄国作战究竟是什么意思呢？对俄国作战就是真正同我们过去可耻的一切进行彻底的公开的决裂，就是真正解决和统一德国，在封建制度的废墟上以及在昙花一现的资产阶级统治的基地上建立民主制度。对俄国作战是在对我们的斯拉夫邻邦特别是对波兰的关系上挽救我们的荣誉和利益的唯一可能的办法。

然而我们是市侩，而且始终是市侩。我们举行过好几打大大小小的革命，可是革命还没有完成，而自己就先害怕起来了。在我们大肆吹嘘以后，我们完全没有贯彻到底。革命没有使我们的眼界扩大，反而使它缩小了。在讨论一切问题的时候，那种最怯懦、最狭隘、最肤浅的庸俗见解就表现出来了，而我们的一切真正的利益当然又遭到了损害。从这种打小算盘的庸俗见解出发，解决波兰的大问题自然就归结为改组波兹南省的一部分地区的无谓的空谈，而我们对波兰人的热情也就变成了榴散弹和硝酸银。

摘自弗·恩格斯：《法兰克福关于波兰问题的辩论》（1848年8月7日—9月6日）（三），《马克思恩格斯全集》（中文第1版）第5卷，人民出版社1958年版，第392页。

**2. 对俄国作战是唯一能够解决问题、唯一能够保卫德国的荣誉和利益的办法**

我们再重复一遍：对俄国作战是唯一能够解决问题、唯一能够保卫德国的荣誉和利益的办法。既然不敢进行这种战争，就必然会发生这样的事情：在柏林被击溃的反动军阀在波兹南重新抬头；他们在挽救德国的荣誉和民族利益的幌子下举起反革命的旗帜，镇压我们的同盟者，革命的波兰人，——在这个时刻，被愚弄的德国居然向它的胜利的敌人热烈致敬。重新瓜分波兰已经完成了，所差的只是德国国民议会的批准了。

要挽救这个问题，法兰克福议会还有一个办法，就是否认整个波兹南属于德意志联邦，并且声明，在有可能同复兴的波兰进行 d'égal à égal〔平等的〕谈判以前，边界问题是有讨论的余地的。

不过，这未免对我们的法兰克福国民议会中的教授、律师和牧师们提出过多的要求了！诱惑力是非常之大的：他们，从来没有闻过火药味的和平的市民们，应该通过简单的投票方式为德国夺取500平方英里的地区，兼并80万"涅茨同胞"、波兰的德国人、犹太人和波兰人，虽然这是损害了德国的荣誉和真正的长远的利益的。多么大的诱惑！他们屈服了，批准了瓜分波兰。

根据一些什么理由，我们明天就会见分晓。

摘自弗·恩格斯：《法兰克福关于波兰问题的辩论》（1848年8月7日—9月6日）（三），《马克思恩格斯全集》（中文第1版）第5卷，人民出版社1958年版，第392—393页。

**3. 对于那些以最反革命的民族的名义向我们所说的关于博爱的悲天悯人的漂亮话，我们的回答是，恨俄国人，过去是现在仍然是德国人的首要的革命激情**

对于那些以最反革命的民族的名义向我们所说的关于博爱的悲天悯人的漂亮话，我们的回答是：恨俄国人，过去是现在仍然是德国人的首要的革命激情；自从革命开始以来又加上了对捷克人和克罗地亚人的仇恨，只有对这些斯拉夫民族实行最坚决的恐怖主义，我们才能够同波兰人和马扎尔人一道保障革命的安全。我们现在知道，革命的敌人集中在什么地方：他们集中在俄国和奥地利的斯拉夫地区；无论什么花言巧语或关于这些国家的渺茫的民主未来的指示，都不能阻止于我们把我们的敌人当作敌人来对待。

摘自弗·恩格斯：《民主的泛斯拉夫主义》（1849年2月14—15日）（二），《马克思恩格斯全集》（中文第1版）第6卷，人民出版社1961年版，第342页。

**4. 因此，德国的先进政党认为，要支持大陆上的运动，就必须对俄国开战，而且它深信，即使是部分地恢复波兰的民族独立，也必然要引起这样的战争，所以它支持波兰人**

因此，德国的先进政党认为，要支持大陆上的运动，就必须对俄国开战，而且它深信，即使是部分地恢复波兰的民族独立，也必然要引起这样的战争，所以它支持波兰人。而当权的自由派资产阶级党却很清楚地预见到，反对俄国的民族战争将使它自身崩溃，因为这种战争一定会使更活跃、更积极的人掌握政权；因此，它装出一副热心于德意志民族的扩张的样子，宣布普属波兰，即波兰革命鼓动的中心，是未来的德意志帝国的一个不可缺少的组成部分。在热情高涨的最初几天向波兰人许下的诺言，被可耻地背弃了。经政府批准而组成的波兰军队，被普鲁士的炮兵击溃和屠杀；到1848年4月，即柏林革命后六个星期，波兰的运动就被镇压下去，而且波兰人和德意志人之间旧有的民族敌视复活了。为俄国专制君主①立下这份无法估量的巨大功劳的是自由派商人阁员康普豪森和汉泽曼。应当附带说明，这次对波兰的战役，是改组和鼓舞普鲁士军队的第一步，正是这支军队后来推翻了自由派政党，摧毁了康普豪森先生和汉泽曼先生辛辛苦苦地促成的运动。"恶有恶报"②，这就是从赖德律—洛兰到尚加尔涅、从康普豪森到海瑙，所有这些1848年和1849年的暴发户的共同的命运。

摘自弗·恩格斯：《德国的革命和反革命》（1851年8月—1852年9月）（八），《马克思恩格斯文集》第2卷，人民出版社2009年版，第398—399页。

**5. 俄国毫无疑问是一个有侵略野心的国家，一百年来就是这样，直到1789年的伟大运动才给它产生了一个充满强大生命力的严峻敌人**

俄国毫无疑问是一个有侵略野心的国家，一百年来就是这样，直到1789年的伟大运动才给它产生了一个充满强大生命力的严峻敌人。我们指的是欧洲革命、民主思想的爆炸力量以及人生来就有的自由要求。从这个时候起，欧洲大陆实际上只存在着两种势力：一种是俄国和专制，一种是革命和民主。现在，革命似乎是被镇压下去了，但是它活着，人们还非常怕它，就像过去一直就非常怕它一样。不久前的米兰起义③使反动派惊慌

---

① 亚历山大一世。——编者注
② 引自《旧约外传·所罗门智训》。——编者注
③ 米兰起义是意大利革命家马志尼的拥护者1853年2月6日在米兰发动并得到匈牙利革命流亡者支持的起义。起义者大多数是意大利的爱国工人，他们的目的是要推翻奥地利的统治，但是他们的密谋策略导致了起义的失败。马克思在一系列文章中（见《马克思恩格斯全集》中文第2版第11卷，第634—635、640—643、668—669页）对这次起义作了评价。——《马克思恩格斯全集》（中文第2版）第12卷，人民出版社1998年版，注释24。

万分就说明这一点。但是俄国如果占领了土耳其，它的力量几乎会增加一倍，它就会比所有其他欧洲国家的力量加在一起还要强大。如果事态这样发展，对革命事业将是一种莫大的灾难。维护土耳其的独立或在奥斯曼帝国可能解体之际粉碎俄国的兼并计划，这是一件极其重要的大事。在这种情况下，革命民主派和英国的利益是相符的，无论前者或后者都不能让沙皇把君士坦丁堡变成自己的一个首府。所以我们将看到，如果被逼得无路可走的话，这两种势力将给沙皇以同样坚决的抵抗。

摘自弗·恩格斯：《土耳其问题的真正症结①》，《马克思恩格斯全集》<br>（中文第2版）第12卷，人民出版社1998年版，第20—21页。

### 6. 我们希望德国能迅速地手持利剑来回答这个问题

就是现在，我们也还受到俄法同盟的威胁。法国本身只有在个别时机并且也只有在与俄国结盟后才能威胁我们。但是俄国却时时刻刻在威胁我们，侮辱我们，每当德国起来反抗时，它就以莱茵河左岸作为许诺来策动法国宪兵。

难道我们应该继续容忍俄国这样玩弄我们吗？俄国把我们最美丽、最富庶、工业最发达的一个省永远当作诱使法国御用军政权上钩的诱饵，难道我们4500万人民还要继续忍受下去吗？难道莱茵地区除了作为战争的牺牲品，帮助俄国取得在多瑙河和魏克瑟尔河上行动的自由以外，就再没有其他任何用处了吗？

问题就是这样摆着。我们希望德国能迅速地手持利剑来回答这个问题。只要我们能团结一致，就一定能把法国御用军和俄国"毛虫"一起打发回老家。

摘自弗·恩格斯：《萨瓦、尼斯与莱茵》（1860年2月）（四），《马克思<br>恩格斯全集》（中文第2版）第19卷，人民出版社2006年版，第483页。

### 7. 看来，德国注定不仅要用笔墨而且要用刀剑来向俄国说明这一事实了

在此期间，我们已经有俄国农奴这样一个同盟者。现在俄国农村居民中的统治阶级和被统治阶级之间爆发的斗争，正在动摇俄国对外政策

---

① 关于恩格斯《土耳其问题的真正症结》的由来，参见本摘编稿第8章（八、战略要地、地缘政治态势与疆域）第1节（1、谁掌握着这两个海峡，谁就可以随意开放和封锁通向地中海的这个遥远角落的通道）的注释。——专题摘编者注

的整个体系。这个体系只有当俄国内部在政治上还没有发展以前，才可能存在。但是这个时代已经过去了。由政府与贵族以各种方式推动的工业和农业的发展，已经达到了不能再承受现存的社会关系的程度。这种社会关系的废除一方面是必要的，而另一方面，不经过暴力变革又是不可能的。随着从彼得大帝到尼古拉一世的俄国的毁灭，这个俄国的对外政策也将遭到毁灭。

看来，德国注定不仅要用笔墨而且要用刀剑来向俄国说明这一事实了。如果发展到这一步，那时德国就将恢复自己的名誉，洗净几世纪来蒙受的政治耻辱。

摘自弗·恩格斯：《萨瓦、尼斯与莱茵》（1860年2月）（四），《马克思恩格斯全集》（中文第2版）第19卷，人民出版社2006年版，第484页。

**8. 从18世纪中叶起奥地利能够作为一个国家存在的惟一因素，即它对俄国在东欧的推进的抵抗……使福格特发现了"奥地利是东方一切纷争的策源地"**

从18世纪中叶起奥地利能够作为一个国家存在的惟一因素，即它对俄国在东欧的推进的抵抗——这种抵抗是孤立无援的、不坚决的、胆怯的，但却是顽强的——，使福格特发现了"奥地利是东方一切纷争的策源地"（《研究》第56页）。他带着同他的肥胖外形十分相称的"某种童稚的天真"，把俄国同法国结盟反对奥地利的原因——"好心的沙皇"的解放倾向除外，——说成是因为奥地利对尼古拉在匈牙利革命时期所给予的帮助采取了以怨报德的态度。

"在克里木战争时期，奥地利已经走到了武装的、敌对的中立的最后边缘。不言而喻，这一行动，况且是带有虚伪和狡诈印记的这一行动，必然激怒俄国政府凶狠地反对奥地利，从而把该政府推到法国一边去。"（《研究》第10、11页）

在福格特看来，俄国执行的是温情主义的政策。奥地利在1850年华沙会议期间损害德国利益向石勒苏益格—荷尔斯泰因进军①，它对沙皇所表示的这种感激，仍然不能使知恩图报的福格特感到满足。

摘自卡·马克思：《福格特先生》（1860年2—11月）（八），《马克思恩格斯全集》（中文第2版）第19卷，人民出版社2006年版，第213—214页。

### 9. 他们要对俄作战，因为俄国干涉波兰的事务

工人阶级的态度却迥然不同。他们要过问，而不是不过问；他们要对俄作战，因为俄国干涉波兰的事务；而且每当波兰人起来反对自己的压迫者的时候，他们都证明了这一点。就在不久以前，国际工人协会更充分地表达了它所代表的阶级的这种共同的本能的感情，在自己的旗帜上写道："抵抗俄国对欧洲的威胁——恢复波兰！"②

---

① 指在尼古拉一世调停下普鲁士和奥地利的代表1850年10月在华沙举行的谈判，目的是调整两国关系，因为这两个国家争夺德意志霸权的斗争，在1848—1849年革命以后，特别是在由于黑森选帝侯国（见注150）和由于石勒苏益格—荷尔斯泰因而引起了冲突之后，更加尖锐了。尽管普鲁士同丹麦在1850年7月订立了柏林和约，规定要在石勒苏益格—荷尔斯泰因恢复革命前状况，但普鲁士仍继续帮助这两个公国同丹麦作斗争。奥地利首相施瓦尔岑堡要求允许奥地利军队进入石勒苏益格—荷尔斯泰因，以便完全制服这两个公国，但是遭到普鲁士政府的反对。尼古拉一世皇帝不愿意看到普鲁士强大并力图保持德意志封建割据状态，在华沙表示坚决支持奥地利。普鲁士和奥地利之间的冲突，1850年11月底两国政府首脑在捷克城市奥尔米茨（奥洛穆茨）举行会谈时得到了解决。按照1850年11月29日签署的奥尔米茨协定，普鲁士被迫放弃它要主宰德意志的贪求，并且在石勒苏益格—荷尔斯泰因和黑森选帝侯国问题上向奥地利让了步。由于签署了这一协定，奥地利派一个军团前往荷尔斯泰因。——《马克思恩格斯全集》（中文第2版）第19卷，人民出版社2006年版，注释227。

注150：1848—1849年革命失败以后，在普鲁士和奥地利之间爆发了一场争夺德意志霸权的斗争。奥地利企图恢复在革命时期实际上已经瓦解的德意志联邦。普鲁士希望通过建立一个在它保护下的德意志各邦的联盟，来巩固自己的霸权。1850年秋，奥普两国的斗争因黑森选帝侯国在它们之间引起的冲突而尖锐化了。黑森选帝侯国的革命事件使奥普两国找到了干涉其内政的借口。为了回敬奥地利军队进驻黑森选帝侯国，普鲁士政府也向那里进军。可是在沙皇尼古拉一世的压力下，普鲁士未经反抗就向奥地利让步了。

② 指1865年国际伦敦代表会议议程第九项（见16卷第583页）。

伦敦代表会议于1865年9月25—29日举行。总委员会委员和各支部领导人参加了会议。

代表会议听取了总委员会的报告，批准了它的财务报告和将要召开的代表大会的议程。马克思排除了蒲鲁东主义者的反对，终于把恢复波兰的独立这一要求列入代表大会议程。由马克思领导筹备和举行的伦敦代表会议在国际的建立和健全组织的时期起了巨大的作用。——《马克思恩格斯全集》（中文第1版）第16卷，人民出版社1964年版，注释143。

摘自弗·恩格斯：《工人阶级同波兰有什么关系？》（1866年1月底—4月6日）（一），《马克思恩格斯全集》（中文第1版）第16卷，人民出版社1964年版，第171页。

### 10. 可是，为什么在谈到波兰的时候，我们总是只提一个俄国呢？

可是，为什么在谈到波兰的时候，我们总是只提一个俄国呢？难道奥地利和普鲁士这两个德意志人的强国不也是参加了对波兰的掠夺吗？难道它们不也是奴役着波兰的一部分领土并同俄国一起镇压波兰的任何民族运动吗？

大家很清楚，奥地利如何持续不变地力求站在波兰事务之外，如何长期地反对俄国和普鲁士策划的瓜分计划。波兰曾是奥地利反对俄国的天然同盟者。自从俄国成为威胁力量的那一刻起，最符合奥地利利益的，莫过于在奥地利和一个新兴的强大帝国之间保持一个不受侵犯的波兰。奥地利只是在看到波兰的命运已经决定，不管有没有它参加，另外两个强国都决心要消灭波兰的时候，才出于自卫感而加入它们一伙，以便也能拿到一份领土。但是，早在1815年它就主张恢复独立的波兰；1831年和1863年，它曾准备在英法同意支持它时为此而战，并放弃自己占据的一部分波兰领土。克里木战争时期的情形也是如此。谈论这一切，并不是为奥地利政府的总的政策进行辩护。奥地利经常都在证明：压迫更弱小的民族，是奥地利统治者习以为常的事情。不过，在波兰问题上，自卫的本能比对新的领土的贪婪和统治者的习惯都更加强烈罢了。这就是目前不必谈奥地利的原因所在。

摘自弗·恩格斯：《工人阶级同波兰有什么关系？》（1866年1月底—4月6日）（一），《马克思恩格斯全集》（中文第1版）第16卷，人民出版社1964年版，第172页。

### 11. 对他们来说，恢复波兰就意味着使他们自己的国家摆脱对俄国的臣服地位

至于谈到普鲁士，属于它的那一部分波兰领土很小，没有多大意义。它的朋友和盟国俄国居然把它在三次瓜分中所得到的弄走了十分之九。而留在它手上的这一点点东西，却像梦魇一样缠得它透不过气来。这就把它拴在俄国的凯旋车上，使得它的政府竟然在1863年和1864年能够毫无阻

碍地在普属波兰，以后更进而在全国所有其他地方，破坏法律，侵犯人身自由、集会权利和出版自由，这就完全弄坏了资产阶级的自由主义运动，资产阶级由于担心在东方边界上失去若干平方英里的领土，曾允许政府把波兰人置于法律保障之外。不仅是普鲁士的工人，而且整个德国的工人，都比任何其他国家的工人更关心波兰的恢复，而且在每次革命运动中他们都表明自己已经意识到这一点。对他们来说，恢复波兰就意味着使他们自己的国家摆脱对俄国的臣服地位。因此，我们觉得：普鲁士也不是罪魁。当俄国的工人阶级（如果在这个国家里有像西欧所理解的那种意义上的工人阶级的话）提出自己的政治纲领，而这个纲领又包含有解放波兰的要求的时候，——到那个时候，也只有到那个时候，问题才不会涉及俄罗斯这个民族，而要受到谴责的就只是沙皇政府了。

摘自弗·恩格斯：《工人阶级同波兰有什么关系？》（1866年1月底—4月6日）（一），《马克思恩格斯全集》（中文第1版）第16卷，人民出版社1964年版，第172—173页。

### 12. 总之，对欧洲来说只能有一种选择：要么是以俄国佬为首的亚细亚的野蛮势力像雪崩一样压到它的头上；要么它就应当恢复波兰

至于谈到社会革命，它不是阶级斗争又是什么呢？工人与资本家之间的斗争比当时英国和法国的封建领主与资本家之间的斗争，可能不那样残酷，可能血流得少一些。但愿能够如此。可是无论如何，这种社会危机，尽管能加强西欧各国人民的力量，还是会和任何的内部冲突一样，将同时引起外来的侵犯。它将又一次使俄国扮演它在反雅各宾战争期间和自从神圣同盟产生以来所扮演过的角色——天定的秩序救主。俄国将会把欧洲所有的特权阶级召募到它的队伍里。在二月革命的时候就已经不止一个蒙塔朗贝尔伯爵把耳朵贴在地上，聆听哥萨克的马蹄声是否动地而来。[①] 已经有不止一批忠实的普鲁士仆从在德国的代表会议上对沙皇称"父"称"君"。在所有的欧洲交易所里，俄国人的每一次胜利，都使证券的行情上涨，而每一次失败又会使它下跌。

---

[①] 暗指1851年7月17日维·雨果在法国国民议会会议上发言中的话；该发言发表在1851年7月18日"总汇通报"上。——《马克思恩格斯全集》（中文第1版）第16卷，人民出版社1964年版，注释181。

总之，对欧洲来说只能有一种选择：要么是以俄国佬为首的亚细亚的野蛮势力像雪崩一样压到它的头上；要么它就应当恢复波兰，从而以2000万英雄为屏障把自己和亚洲隔开，以便赢得时间来完成本身的社会改造。

摘自卡·马克思：《1867年1月22日在伦敦纪念波兰起义大会上的演说》，《马克思恩格斯全集》（中文第1版）第16卷，人民出版社1964年版，第229页。

### 13. 我们，西欧的工人政党，双倍地关心俄国革命政党的胜利

我们，西欧的工人政党①，双倍地关心俄国革命政党的胜利。

第一，因为沙俄帝国是欧洲反动势力的主要堡垒、后备阵地和后备军；因为单是它的消极存在，对我们来说已经是一种威胁和危险。

第二，——对于这一点，我们这方面一直还强调的不够——因为这个帝国以其对西方事务的不断干涉，阻挠和破坏我们的正常发展，而且其目的是占领一些可以保证它对欧洲的统治并从而使欧洲无产阶级的胜利成为不可能的地理据点。②

摘自弗·恩格斯：《俄国沙皇政府的对外政策》（1889年12月—1890年2月）（一），《马克思恩格斯文集》第4卷，人民出版社2009年版，第353页。

### 14. 卡尔·马克思的一个功劳就在于，他第一个在1848年指出，……西欧的工人政党必须与俄国沙皇政府作殊死的斗争

卡尔·马克思的一个功劳就在于，他第一个在1848年指出，并从那时起不止一次地强调：正是由于这个原因，西欧的工人政党必须与俄国沙皇政府作殊死的斗争。在这里，当我根据这同样的精神发表意见时，我也仅

---

① 在发表于《时代》杂志的英译文中不是"我们，西欧的工人政党"，而是"不仅社会主义者，而且西欧任何国家的每一个进步政党"。——编者注

② 在英译文中不是"使欧洲无产阶级的胜利成为不可能"，而是"使进步的一切可能性都消灭在沙皇的铁蹄之下"。——编者注

仅是作为我的亡友的继承者，完成他未竟的事业。①

摘自弗·恩格斯：《俄国沙皇政府的对外政策》（1889年12月—1890年2月）（一），《马克思恩格斯文集》第4卷，人民出版社2009年版，第353页。

**15. 从各国人民越来越敢于起来发表意见并且得到成功的时候起，俄国外交的处境严重地恶化了**

一般说来，正是在1878年以后可以看出，从各国人民越来越敢于起来发表意见并且得到成功的时候起，俄国外交的处境严重地恶化了。甚至在巴尔干半岛，即俄国专门以各国人民解放者的姿态出现的地区，也不再有任何收获。正是罗马尼亚人使俄国人得以在普列夫纳城下获得胜利的②，但是他们得到的报答是不得不重新让出自己的那块比萨拉比亚，现在他们很难还会相信关于将来合并特兰西瓦尼亚和巴纳特的诺言了。保加利亚人已经从派到他们国家去的沙皇代理人的活动中饱尝了沙皇式解放的滋味；只有塞尔维亚人，也许还有希腊人，暂时还没有被吓坏，而这是因为他们都不直接站在通向君士坦丁堡的道路上。奥地利的斯拉夫人——沙皇认为

---

① 这一段在英译文中是："在英国，论述俄国的对外政策时是不能不提到戴维·乌尔卡尔特的名字的。50年来，他孜孜不倦地致力于向自己同胞介绍他所认真研究过的俄国外交的目的和方式，而对他的全部劳绩的唯一奖赏就是：他成了取笑的对象，并被称为讨厌的饶舌者。的确，平凡的庸人总是这样称呼任何一再谈论不愉快的事情的人，而不管这些事情多么重要。不过，乌尔卡尔特虽然痛恨庸人，但是他既不了解他们的本性，也不了解他们在我们时代存在的历史必然性，所以他的失败是注定了的。在他这位旧派托利党人看来，至今在英国只有托利党人能给俄国以有效的抵制，而英国的和外国的自由党人的活动以及大陆上的各种革命运动通常只对俄国有利，因此他认为：要有效地反击俄国的干涉，就得成为托利党人（或土耳其人）；每个自由党人或革命家都有意无意地充当着俄国的工具。对俄国外交的系统的研究使乌尔卡尔特深信：它是万能的，它确实是现代历史中的唯一积极因素，而所有其他各国政府只是它手中的消极工具；因此，如果不是他那么夸大土耳其的实力，那就不可理解，为什么这个万能的俄国外交不早把君士坦丁堡夺去。因此，为了竭力把从法国革命起的全部现代历史归结为俄国和土耳其之间的外交象棋戏，其他欧洲国家在其中只是充当俄国的小卒，乌尔卡尔特就必须装扮成这样一个东方先知，他不是宣告简单的历史事实，而是用玄秘的夸张的外交语言宣告一个秘密的、神秘的学说，即充满了许多关于很少有人知道、甚至是难以肯定的事实的暗示的学说。他建议恢复那种把俄国的大臣送交法庭审判的做法，并用枢密院代替内阁，认为这是克服俄国外交对英国外交的优势的万应良药。乌尔卡尔特是一个有巨大功劳的人，而且是一个道地的英国旧派人物；但是，俄国外交家完全可以说：'即使不存在乌尔卡尔特先生，也应该创造出这样一个人来'"。——编者注

② 1877—1878年俄土战争期间，俄国和罗马尼亚的联军于1877年12月10日经过与土耳其军队的激战后攻占了保加利亚北部城市普列夫纳（现名普列文）。——《马克思恩格斯文集》第4卷，人民出版社2009年版，注释290。

把他们从德国的压迫下解放出来是自己的使命——从那时起，至少是在帝国的齐斯莱塔尼亚部分，自己行使统治权。① 关于万能的沙皇解放各国人民②的空话已经过时，它至多还能适用于克里特岛或者亚美尼亚，但是在欧洲，甚至对笃信基督教的英国自由党人，它也不能产生任何影响了；自从美国人坎南向全世界揭露了③沙皇政府在自己的帝国中镇压一切反抗企图的全部卑鄙勾当以后④，甚至连格莱斯顿这样的沙皇崇拜者也不会为了克里特岛和亚美尼亚而再冒欧洲战争的危险了。

摘自弗·恩格斯：《俄国沙皇政府的对外政策》（1889年12月—1890年2月）（三），《马克思恩格斯文集》第4卷，人民出版社2009年版，第388页。

---

① 1867年奥地利帝国变成了二元制的奥匈帝国，莱塔河被确定为该国两部分的分界线。一部分称齐斯莱塔尼亚，包括奥地利本土、波希米亚、摩拉维亚、加利西亚、布科维纳和其他地方；另一部分称特兰西瓦尼亚，包括克罗地亚、斯拉沃尼亚以及其他一些地方。——《马克思恩格斯文集》第4卷，人民出版社2009年版，注释291。

② 在英译文中不是"解放各国人民"，而是"解放受压迫的信仰基督教的各国人民"。——编者注

③ 指美国记者乔治·坎南的一组文章《西伯利亚和流放制度》，这些文章是他于1885—1886年在西伯利亚旅行后写的，发表在1888—1890年纽约出版的《现代插图月刊》上。——《马克思恩格斯文集》第4卷，人民出版社2009年版，注释292。

④ 英译文中这句话后面补充有："自从虐杀西吉达女士以及俄国人的其他'暴行'被公开以后"。——编者注

## 二七　英国、法国等列强侵略欧洲、亚洲及波斯

**1. 英国，或者说得确切些，东印度公司对波斯的宣战，是英国借以在亚洲大陆上扩张自己领地而重复使用的狡猾而冒险的外交伎俩之一**

英国，或者说得确切些，东印度公司对波斯的宣战①，是英国借以在亚洲大陆上扩张自己领地而重复使用的狡猾而冒险的外交伎俩之一。只要东印度公司垂涎于任何一个独立君主的领地、任何一个在政治上和商业上具有重要意义或者盛产黄金宝石的地域，被猎取的对象就会被指控破坏了某某臆想的或既有的条约、违背了想象中的诺言或约束、犯下了莫须有的罪行，接着便宣布开战，于是又一件证实邪恶永存、证实狼和小羊这个寓言的永恒寓意的血腥事件被载入了英国的史册。

摘自卡·马克思：《英国—波斯战争》（1856年10月30日），《马克思恩格斯全集》（中文第1版）第12卷，人民出版社1962年版，第77页。

**2. 多少年来，英国一直渴望在波斯湾有一个立脚点，尤其想霸占位于波斯湾北部的哈腊克岛**

多少年来，英国一直渴望在波斯湾有一个立脚点，尤其想霸占位于波斯湾北部的哈腊克岛。几度出使波斯的大名鼎鼎的约翰·马尔科姆爵士曾经历数这个岛对英国的价值，他断言，由于它与布什尔、里格港、巴斯拉、格林巴贝里亚和盖提夫相邻，可以成为英国在亚洲的最繁荣的领地之一。因此很自然的，这个岛和布什尔已经落在英国手中。约翰爵

---

① 指1856—1857年的英国—波斯战争，这场战争是十九世纪中叶英国在亚洲实行侵略性的殖民政策的一个阶段。英国和波斯之间的外交关系在1855年末破裂，表面上的原因是英国驻德黑兰公使与波斯的萨德拉萨姆（首相）由于一个波斯臣民——英国使节的秘书而发生了争执。波斯统治者要想侵占赫拉特公国的企图成为挑起战争的口实。这个公国的主要城市，即作为通商要道的枢纽和重要战略据点的赫拉特，在十九世纪中叶曾经是波斯和阿富汗之间发生纷争的原因，在这个问题上，前者有俄国扶助，后者有英国撑腰。波斯军队在1856年10月攻占了赫拉特，英国殖民者利用这一点进行武装干涉，其目的是奴役阿富汗和波斯。他们在11月1日向波斯宣战以后，就把军队开往赫拉特。但是1857—1859年在印度爆发的民族解放起义，使英国不得不赶紧与波斯缔结和约。按照在巴黎签订的和约，波斯于1857年3月放弃了自己对赫拉特的一切要求。1863年赫拉特被并入阿富汗的艾米尔的领地。

延迟了两个月才发表马克思这篇文章的《纽约每日论坛报》编辑部，在文章中补充了有关战争的事实以及文章写成后所发生的事实。——《马克思恩格斯全集》（中文第1版）第12卷，人民出版社1962年版，注释74。

士认为这个岛是对土耳其、阿拉伯以及波斯通商的枢纽。该岛气候良好，同时还具备了成为一个繁荣场所的一切必要条件。远在三十五年以前，这位大使就向当时的印度总督敏托勋爵谈过自己的看法，他们两人都打算实现这个计划。的确，约翰爵士曾受命统率远征军侵伐该岛，并且已经准备踏上征途，但这时又奉命调返加尔各答，而哈福德·琼斯爵士被委派为驻波斯外交使节。1837—1838 年波斯人第一次围攻赫拉特期间，英国利用同现在一样站不住脚的借口，即以保护它一向视若死敌的阿富汗人为名，夺取了哈腊克岛，可是某些情况，也就是说俄国的干涉，迫使它放弃了自己抢夺到的地盘。最近波斯又进攻并攻克赫拉特，这给了英国一个口实来谴责沙赫对它背信弃义，并占领哈腊克岛作为采取军事行动的第一步。

摘自卡·马克思：《英国—波斯战争》（1856 年 10 月 30 日），《马克思恩格斯全集》（中文第 1 版）第 12 卷，人民出版社 1962 年版，第 77—78 页。

**3. 在波斯的首都德黑兰，英国的影响极小，因为——姑且不谈俄国的阴谋活动——法国在那里占着显著的地位，而在这三个海盗中波斯最须防备的是英国**

由此可见，半个世纪以来英国一直力图建立（尽管很少成功）它对波斯沙赫的政府的压倒优势。然而，波斯沙赫不愧为口蜜腹剑的敌人的对手，他们躲开了假惺惺的拥抱。波斯人除了亲眼看到英国人在印度的所作所为以外，大概还谨记着 1805 年有人对费特赫—阿利—沙赫所进的谏言："不要相信贪得无厌的商人国家的话，这个国家在印度是用人命和王冠来做生意的。"强中更有强中手。在波斯的首都德黑兰，英国的影响极小，因为——姑且不谈俄国的阴谋活动——法国在那里占着显著的地位，而在这三个海盗中波斯最须防备的是英国。目前，波斯使团正在赴巴黎的途中，也许已经到达那里。很可能，波斯不久前局势的复杂化①将是外交谈判的对象。其实，法国对占领波斯湾的岛屿并不是漠不关心的。使问题更趋复杂的是：法国翻出了一些早已被人遗忘的羊皮纸文件，按照文件，波斯沙

---

① 指英国在波斯湾强占领土。——《马克思恩格斯全集》（中文第 1 版）第 12 卷，人民出版社 1962 年版，注释 75。

赫已经两次把哈腊克岛割让给法国——第一次是在1708年，路易十四统治时期，第二次是在1808年，——固然，两次割让都附有条件，但条文上却讲得清清楚楚：必须让出某些权利，或者认可具有强烈反英情绪的国君的现代模仿者对岛屿的要求是合理的。

摘自卡·马克思：《英国—波斯战争》（1856年10月30日），《马克思恩格斯全集》（中文第1版）第12卷，人民出版社1962年版，第78页。

**4. 伦敦"泰晤士报"在最近……，以英国的名义表示愿意把欧洲事务的领导权让给法国，而亚洲和美洲事务的管理权无疑应属于英吉利民族**

伦敦"泰晤士报"在最近给"辩论日报"的答复中，以英国的名义表示愿意把欧洲事务的领导权让给法国，而亚洲和美洲事务的管理权无疑应属于英吉利民族，任何其他的欧洲强国都不得干预。然而，路易·波拿巴是否同意这样瓜分世界，还值得怀疑。总而言之，当不久前英国和波斯发生纠葛的时候，法国在德黑兰的外交没有对英国表示热心的支持；而法国报刊翻出老帐，重新提起高卢人对哈腊克岛的要求，这件事大概预示着英国不能那末轻而易举地进攻和瓜分波斯。

摘自卡·马克思：《英国—波斯战争》（1856年10月30日），《马克思恩格斯全集》（中文第1版）第12卷，人民出版社1962年版，第78—79页。

**5. 英国不久前发动了对波斯的战争，根据最近的报道，这场战争进行得异常激烈，其结果是波斯的沙赫被迫投降**

英国不久前发动了对波斯的战争①，根据最近的报道，这场战争进行得异常激烈，其结果是波斯的沙赫被迫投降。要了解这场战争的政治原因和目的，必须简略地回溯一下波斯历史上的某些事件。由自称是古代波斯皇帝后裔的伊思迈尔于1502年创建的、保持大国的强盛和威望达二百多年之久的波斯王朝，于1720年左右，在波斯东部各省的阿富汗居民起义时遭

---

① 指1856—1857年英国对波斯进行的战争。19世纪中叶，英国企图征服波斯和阿富汗，以便在中东和亚洲实行进一步的侵略扩张。1856年10月，波斯占领了波阿两国有争议的领土赫拉特。英国以此为借口于11月对波斯宣战，先后占领了哈尔克岛、布什尔港、穆罕默腊市和阿瓦士市。由于俄国在外交上对波斯的支持、印度人民起义的爆发以及向中国调兵进行第二次鸦片战争等，英国不得不在1857年3月4日同波斯签订和约，英军撤出波斯，波斯撤出赫拉特，放弃对赫拉特的一切要求。——《马克思恩格斯全集》（中文第2版）第16卷，人民出版社2007年版，注释21。

到了严重的打击。阿富汗人侵入了波斯西部，两个阿富汗王公①还曾数年高踞波斯王位。可是不久，他们便被著名的纳迪尔赶走了。后者起初是一位波斯王位觊觎者②手下的将军。后来，他自己据有王位，不仅制服了起义的阿富汗人，而且以他令人瞩目的对印度的入侵大大促进了日益衰落的莫卧儿帝国③的瓦解，从而为英国在印度势力的上升开辟了道路。

摘自卡·马克思：《对波斯的战争④》（1857年1月27日左右），《马克思恩格斯全集》（中文第2版）第16卷，人民出版社2007年版，第24页。

**6. 著名的阿富汗战争就这样开始了**

到1838年5月底，在围攻已进行了约九个月之后，帕麦斯顿才向波斯宫廷发出一份威胁性的照会，第一次对赫拉特事件表示抗议，第一次痛斥"波斯同俄国的联系"。同时，印度政府下令进行讨伐，派兵从海路开赴波斯湾，夺取不久前英国人占据的恰拉克岛。稍后，英国大使从德黑兰撤往埃尔祖鲁姆，而被派往英国的波斯大使⑤则被拒绝入境。在此期间，赫拉特虽遭长期封锁，但顽强地坚守住了，波斯人的屡次进攻都被打退，1838

---

① 马茂德和阿什拉夫。——编者注

② 塔赫马斯普二世。——编者注

③ 莫卧儿是16世纪初从中亚西亚东部侵入印度的突厥侵略者，1526年他们在印度北部建立大莫卧儿帝国。"莫卧儿"（Mogul）一词为"蒙古"（Mongol）的转音，因该帝国的创始人（巴卑尔，1483—1530年）自称是蒙古人，相传是成吉思汗时代蒙古人的直系后裔，这就是"莫卧儿"一词的由来。大莫卧儿帝国在17世纪中叶征服了印度的大部分和阿富汗的部分地区。但是，由于农民起义和印度各民族对伊斯兰侵略者的反抗加剧，以及他们经常的内讧和封建割据趋势的日益加强，到18世纪的上半叶大莫卧儿帝国便逐渐分裂成许多小邦，这些邦逐渐被英国殖民主义者侵占。

1803年英国人占领德里以后，大莫卧儿王朝的后裔靠东印度公司的赡养费过活，成了该公司的傀儡。1858年英国殖民者宣布印度是不列颠帝国的领地之后，莫卧儿帝国遂亡。

已故的德里莫卧儿的继承人指亚格伯二世的儿子大莫卧儿巴哈杜尔沙赫二世。——《马克思恩格斯全集》（中文第2版）第16卷，人民出版社2007年版，注释22。

④ 马克思在《对波斯的战争》这一标题下面写了四篇草稿，标明一、二的前两篇是有关英国和波斯战争的，第三、四篇，虽然分别加上《实际材料》和《帕麦斯顿在国会上的声明》的小标题，但谈的仍属同一问题。

草稿的写作时间应是1857年1月2日以后，因为草稿中提到的《泰晤士报》上有关中国的文章是1857年1月2日发表的。这些草稿中增删的字句很多，对此本卷没有加注声明。

后来，大约在1月27日前后，马克思在这些草稿的基础上写了两篇关于英国和波斯冲突的文章（誊写的手稿都保存下来了），《纽约媒体论坛报》把它们合为一篇，作为社论发表在该报1857年2月14日第4937号。本卷在发表时，根据马克思的草稿加上了《对波斯的战争》这一标题。——《马克思恩格斯全集》（中文第2版）第16卷，人民出版社2007年版，注释20。

⑤ 侯赛因汗。——编者注

年8月15日沙赫①被迫撤围，匆忙地把军队撤出阿富汗。人民本来以为英国人的军事行动可以就此结束，事态发生了惊人的变化。英国人在制止了波斯据认为是在俄国的怂恿下和为了俄国的利益而侵占一部分阿富汗领土的企图之后，并不以此为满足，决定把整个阿富汗攫为己有。著名的阿富汗战争②就这样开始了。其最终结果是英国人遭到惨败，而谁该对这次战争负责，迄今仍讳莫如深。

目前同波斯开战的理由，和阿富汗战争之前的情况很相似，即波斯人袭击赫拉特，而这次袭击的结果是占领了该城。但是说来令人奇怪，英国人这次以盟友和保护者的姿态支持的恰恰是在阿富汗战争时他们极想推翻而未能推翻的多斯特—穆罕默德。这次战争是否会导致与前次战争同样异乎寻常和出人意料的后果，这一点尚待分晓。

摘自卡·马克思：《对波斯的战争》（1857年1月27日左右），《马克思恩格斯全集》（中文第2版）第16卷，人民出版社2007年版，第26—29页。

### 7. 英军……以东印度公司的名义占领了波斯在波斯湾最重要的港口布什尔

英军借口不久前被波斯人占领的一个阿富汗公国赫拉特的归属问题，以东印度公司③的名义占领了波斯在波斯湾最重要的港口布什

---

① 穆罕默德沙赫。——编者注

② 指第一次英阿战争（1838—1842年）。1837年秋波斯进攻赫拉特；对它的围攻持续到1838年8月15日。由于多斯特—穆罕默德（阿富汗的艾米尔）拒绝同英国结盟反对波斯和俄国，英国未能把阿富汗变成自己的工具，于是决定用军事干涉的办法推翻多斯特—穆罕默德的兄弟舒扎沙赫为王，禽图阿富汗，几乎把阿富汗全国抢劫一空，1839年8月占领喀布尔，俘虏了多斯特—穆罕默德。但是，英国人的统治并没有维持多久，由于1841年11月喀布尔爆发了人民起义，英国军队被迫溃退。1842年英国人再次试图征服阿富汗，结果也完全失败。——《马克思恩格斯全集》（中文第2版）第16卷，人民出版社2007年版，注释29。

③ 东印度公司是存在于1600—1858年的英国贸易公司，它是英国在印度、中国和亚洲其他国家经营垄断贸易、推行殖民主义掠夺政策的工具。从18世纪中叶起，公司拥有军队和舰队，成为巨大的军事力量。在公司的名义下，英国殖民主义者完成了对印度的占领。这个公司长期控制着同印度进行贸易的垄断权和这个国家最主要的行政权。它的贸易和行政特权由英国议会定期续发公司特许状规定。公司管理中的独断专行，经营不善，加之19世纪初日益强大的英国工业资产阶级迫使印度对外"开放"的趋势，都使东印度公司的权力和影响日渐削弱。1853年下院辩论印度法案时中心问题就是英国今后在印度的统治形式问题，因为1854年4月30日是东印度公司特许状的截止日期。1857—1859年印度的民族解放起义迫使英国人改变了他们殖民统治的形式。公司被撤销，印度被宣布为英王的领地。——《马克思恩格斯全集》（中文第2版）第16卷，人民出版社2007年版，注释63。

尔①。赫拉特现在之所以具有重要的政治意义，是因为它是西北面的波斯湾、里海和药杀水同东面的印度河之间这一整个地区的战略中心；因此，一旦英国和俄国为了争夺亚洲的霸权而发生严重冲突（英国侵入波斯可能加速这一冲突），赫拉特就将成为双方争执的主要目标，而且可能成为双方最先采取大规模军事行动的场所。

摘自弗·恩格斯：《英国波斯战争的前景》，《马克思恩格斯全集》（中文第 2 版）第 16 卷，人民出版社 2007 年版，第 45 页。

### 8. 英国向波斯湾的远征，只不过是一种牵制行动

当然，再进一步推断这样一次战争的前景，是完全无益的。不可能猜测双方会派出多少军队。无法预见现在看来正在临近的这种重要事变一旦到来时所要发生的全部情况。只有一点是肯定的：双方到赫拉特都需要通过很远的路程，所以双方在赫拉特这个有决定意义的点上用来决定胜负的军队的人数都不会太多。结局在很大程度上还将决定于围绕赫拉特而分别聚集起来的各国宫廷的外交阴谋和贿赂手段。在这些事情上，俄国人多半会占上风。他们的外交手腕比较高明，而且带有更多的东方特色，他们知道如何在必要时不吝惜金钱，而最主要的是，他们在敌人内部有自己的朋友②。英国向波斯湾的远征，只不过是一种牵制行动，虽能吸引很大一部分波斯军队，但不能取得多少直接战果。即使把现在驻在布什尔的 5000 人增加两倍，他们顶多也只能进到设拉子为止。而这次远征本来也并不指望要做更多的事。如果能让波斯政府看到，这个国家的沿海地区易遭攻击，目的也就算达到了。对这次远征抱更大的期望，是荒谬的。真正决定整个伊朗和图兰命运的，是从阿斯泰拉巴德到白沙瓦这条线，而在这条线上具有决定意义的点就是赫拉特。

摘自弗·恩格斯：《英国波斯战争的前景》，《马克思恩格斯全集》（中文

---

① 指 1856—1857 年英国对波斯进行的战争。19 世纪中叶，英国企图征服波斯和阿富汗，以便在中东和亚洲实行进一步的侵略扩张。1856 年 10 月，波斯占领了波阿两国有争议的领土赫拉特。英国以此为借口于 11 月对波斯宣战，先后占领了哈尔克岛、布什尔港、穆罕默腊市和阿瓦士市。由于俄国在外交上对波斯的支持、印度人民起义的爆发以及向中国调兵进行第二次鸦片战争等，英国不得不在 1857 年 3 月 4 日同波斯签订和约，英军撤出波斯，波斯撤出赫拉特，放弃对赫拉特的一切要求。——《马克思恩格斯全集》（中文第 2 版）第 16 卷，人民出版社 2007 年版，注释 21。

② 暗指亨·帕麦斯顿。——编者注

第2版）第16卷，人民出版社2007年版，第50页。

**9. 英印军队……仅仅一个印度骑兵团的一次冲杀，就把整个波斯军队，无论警卫部还是基干部队，完全扫出了战场**

英军进攻布什尔，遇到了虽然无效但却勇敢的抵抗。但是在布什尔作战的并不是正规军，而是从住在海滨地区的波斯人和阿拉伯人中征召兵员编成的非正规部队。正规军当时还正在大约60英里以外的山区集结。最后，他们向前挺进了。英印军队与他们在中途相遇；虽然波斯人很熟练地运用了自己的大炮，并按照最佳原则排列了方阵，但是仅仅一个印度骑兵团的一次冲杀，就把整个波斯军队，无论警卫部还是基干部队，完全扫出了战场。要想知道这些印度正规骑兵自己作战的本领如何，只要看看诺兰上尉写的一本关于骑兵的书①就够了。英印军官认为他们无用已极，远不如英印非正规骑兵。诺兰上尉找不出一个能说明他们表现良好的战例。可是600名这样的骑兵竟能打跑1万名波斯军队！波斯正规军如此心寒胆裂，以致从那以后，除炮兵外，他们在任何地方都没有进行过一次抵抗。在穆罕默腊，他们远远地避开危险，让炮兵单独防守炮台，炮台一被打哑，他们就立即撤退；当英军为了进行侦察，派300名步兵和50名非正规骑兵登陆时，波斯全军即行退却，把辎重、军需品和枪炮都留给了侵略者——你不能把这些英国人叫做胜利者。

摘自弗·恩格斯：《波斯和中国》（1857年5月20日），《马克思恩格斯文集》第2卷，人民出版社2009年版，第623页。

**10. 巴格达批准的和约……第五条规定，自互换和约批准书之日起三个月内，波斯军队必须撤离赫拉特领土、赫拉特城和阿富汗的一切地区**

不久以前，当帕麦斯顿勋爵在他自己的下院中就波斯战争②问题接受质询时，他以讥讽的口吻回答道："和约一经批准，下院就可以发表关于战

---

① 刘·爱·诺兰《骑兵之历史与战术》。——编者注
② 指1856—1857年英国对波斯进行的战争。19世纪中叶，英国企图征服波斯和阿富汗，以便在中东和亚洲实行进一步的侵略扩张。1856年10月，波斯占领了波阿两国有争议的领土赫拉特。英国以此为借口于11月对波斯宣战，先后占领了哈尔克岛、布什尔港、穆罕默腊市和阿瓦士市。由于俄国在外交上对波斯的支持、印度人民起义的爆发以及向中国调兵进行第二次鸦片战争等，英国不得不在1857年3月4日同波斯签订和约，英军撤出波斯，波斯撤出赫拉特，放弃对赫拉特的一切要求。——《马克思恩格斯全集》（中文第2版）第16卷，人民出版社2007年版，注释21。

争的意见。"这份于1857年3月4日在巴黎签订、1857年5月2日在巴格达批准的和约①，现在已提交下院了。和约共有十五条，其中八条都是和约中常用的具文。第五条规定，自互换和约批准书之日起三个月内，波斯军队必须撤离赫拉特领土、赫拉特城和阿富汗的一切地区。按照第十四条，英国政府方面答应，一俟上述条款生效，"英国军队就立即撤离隶属于波斯的一切港口、地区和岛屿"。

但是应该回忆一下，波斯使节费鲁赫可汗在君士坦丁堡同斯特拉特福·德·雷德克利夫勋爵进行长时间的谈判时，曾主动提出波斯军队撤离赫拉特，当时布什尔尚未被占领。因此，英国从这个条款中所能得到的惟一的新利益，只不过是有幸在一年中最有碍健康的季节把自己的军队困在波斯帝国的最容易感染疾病的地方。夏季的烈日、沼泽和海洋甚至对布什尔和穆罕默腊的当地居民也是可怕的灾难，这些，古代和近代作家都曾有所记述；可是，为什么要提这些，既然几个星期以前，这方面的权威、帕麦斯顿的拥戴者亨利·罗林森爵士已经公开说过，英印军队必然会死于恶劣的气候？伦敦《泰晤士报》得悉在穆罕默腊获胜的消息，立刻就声称，虽然有和约，为了拯救军队，必须向设拉子推进②。受命统帅这次远征的英国海陆军将领③之所以自杀，也正是因为他们非常担忧军队可能遭到的命运，按照政府的指令，他们是不应该率领军队由穆罕默腊向前推进的。因此，完全可能看到克里木惨剧小规模地重演；然而这次惨剧的发生，既不是由于战争的需要，也不是由于政府犯了重大的错误，而是由于一份用胜利者的剑写成的和约。在上述和约的条款中有一句话，只要帕麦斯顿需要，就可以把它变成"一个小小的争端"。

第十四条规定，"英国军队撤离隶属于波斯的一切港口、地区和岛屿"。但正是这句话是有争议的：穆罕默腊城是否隶属于波斯？土耳其人从未放弃对这个位于幼发拉底河三角洲的城市的要求，它是他们在该河惟一可以经常通航的海港，因为巴士拉港口在某年季节水位太低，不能停靠载重量大的船只。因此，如果帕麦斯顿乐意，他就可以借口穆罕默腊不"隶

---

① 《大不列颠及爱尔兰联合国女王陛下与波斯沙赫陛下之间的和约》，载于1857年6月11日《泰晤士报》第22704号。——编者注
② 1857年5月15日《泰晤士报》第22681号。——编者注
③ 埃瑟里奇和斯托克。——编者注

属于"波斯、借口等待土耳其和波斯边境问题的彻底解决,而把穆罕默腊据为己有。

第六条规定,波斯同意

"放弃对赫拉特领土和赫拉特城的主权以及对阿富汗各地区的主权的一切要求";"绝不干涉阿富汗的内政";"承认赫拉特和整个阿富汗的独立,决不试图破坏这些国家的独立",在同赫拉特和阿富汗发生争端时,须请"英国政府从中进行友好的调处,除非这种友好的调处失败,决不诉诸武力"。

英国政府方面答应

"随时影响阿富汗各邦,以便防止可能由它们方面引起的任何不愉快",并"竭尽全力用公正的和无损波斯尊严的方式调解争端"。

如果把这一条的官样文章去掉,它的意思无非是波斯承认赫拉特的独立,也就是费鲁赫可汗自己在君士坦丁堡会议时就准备要做的让步。诚然,按照这一条,英国政府被指定为波斯和阿富汗之间的正式调停人,但是从本世纪一开始,它一直就扮演着这个角色。至于它能否继续扮演下去,这就不是权限问题,而是实力问题了。此外,如果沙赫①在德黑兰宫廷里藏有一位许霍·格劳修斯,此人就会指出,按照国际法,凡独立国家据以授权外国政府干预本国国际关系的任何条款,均属无效;同英国签订的条款更是如此,因为它把阿富汗这个仅仅作为各种各样的部落和邦的标志的带有诗意的名词,变成一个真正的国家了。从外交的意义上来说,阿富汗国家就同泛斯拉夫国一样,是并不存在的。

第七条规定,阿富汗各邦对波斯国境有任何侵犯行为时,

"波斯政府有权……采取军事行动镇压和惩罚进犯者",但是"一旦完成任务,必须退回本国境内"。

---

① 纳赛尔丁。——编者注

这一条实质上是1852年条约①中一项条款的翻版，那项条款曾是远征布什尔的直接起因。

根据第九条，波斯同意英国派驻总领事、领事、副领事和领事代理，这些人享有最惠国的特权；但是根据第十二条，英国政府放弃

"对于今后实际上并不受雇于英国使团或英国总领事、领事、副领事和领事代理的任何波斯臣民的保护权"。

费鲁赫可汗早在战争开始以前就同意英国在波斯设立领事馆，目前这项条约只增加了英国放弃对波斯臣民的保护权，这种权利曾成为战争②的表面原因之一。奥地利、法国和其他国家没有进行任何海盗式的远征，也在波斯设立了领事馆。

摘自卡·马克思：《与波斯签订的条约》，《马克思恩格斯全集》（中文第2版）第16卷，人民出版社2007年版，第159—162页。

**11. 约翰·杨格爵士在密件上建议放弃对该群岛的保护权，将该群岛交给希腊，然而预先要割下它最好的一块地（科尔富岛）并将它并入大不列颠的殖民地**

威廉·赫德逊·格恩赛先生，别名华盛顿·格恩赛，由于从英国殖民部图书馆中盗窃了伊奥尼亚群岛首席专员约翰·杨格爵士致前届帕麦斯顿勋爵政府的两个密件（一个写于1857年6月10日，另一个写于1858年7月18日）而被追究刑事责任；这个案子刚刚由中央刑事法庭在马丁男爵的主持下进行了审理并以宣布被告无罪而结束。这次审判无论从政治观点和法律观点来看都是饶有趣味的。应该注意的是，荷马专家格莱斯顿先生刚

---

① 大不列颠与波斯之间关于赫拉特独立的条约。——编者注
② 指1856—1857年英国对波斯进行的战争。19世纪中叶，英国企图征服波斯和阿富汗，以便在中东和亚洲实行进一步的侵略扩张。1856年10月，波斯占领了波阿两国有争议的领土赫拉特。英国以此为借口于11月对波斯宣战，先后占领了哈尔克岛、布什尔港、穆罕默腊市和阿瓦士市。由于俄国在外交上对波斯的支持、印度人民起义的爆发以及向中国调兵进行第二次鸦片战争等，英国不得不在1857年3月4日同波斯签订和约，英军撤出波斯，波斯撤出赫拉特，放弃对赫拉特的一切要求。——《马克思恩格斯全集》（中文第2版）第16卷，人民出版社2007年版，注释21。

刚离开伦敦去完成他所负的奠定伊奥尼亚群岛和平的特别使命时①，在"每日新闻"上就像被一只无形的手放出的斯基台人的箭一样，出现了约翰·杨格爵士的密件。约翰·杨格爵士在密件上建议放弃对该群岛的保护权，将该群岛交给希腊，然而预先要割下它最好的一块地（科尔富岛）并将它并入大不列颠的殖民地。人们无不大为惊讶。仇视秘密外交的那部分伦敦报刊，对得比勋爵内阁揭露外交阴谋内幕的大胆措施表示祝贺，而天真热情的"晨星报"甚至宣称联合王国开始了国际政治的新纪元。然而，动听的赞扬声立即被尖锐而愤恨的批评声压倒了。反内阁的报刊狠狠地抓住了这一"故意铸成的大错"（这是它们对这一措施的称呼）。它们说，这个措施的目的不是别的，首先是想取消格莱斯顿先生在政治上的独立性并使他从议会舞台上暂时引退；而同时，它们说，这是用完全不择手段的无耻奸诈伎俩，使得格莱斯顿先生自己的手下人不得不以公布一个立刻使他无论对行将举行的外交谈判的对方，还是对英国舆论和欧洲国际法都处于尴尬境地的文件，来阻碍他完成所负的使命。"泰晤士报"、"地球报"、"观察家报"和反内阁的小报写道，得比内阁为了毁害过于轻信的敌手，毅然做出了在当时的情况下无异于背叛的鲁莽事情。当伊奥尼亚人不仅知道了不列颠早已事先做出决定，而且有威望的伊奥尼亚爱国人士已经由于他们同意肢解七个岛屿的计划这一事实被泄露而被弄得声名狼藉时，格莱斯顿先生怎么能进行谈判呢？当欧洲一定会对这种破坏维也纳条约的行为（按照维也纳条约，英国决不是科尔富岛的所有者，而只不过是七个岛屿的保护者，而且该条约已把欧洲地域区划图永远固定下来）提出抗议时，他怎么能进行谈判呢？这些报纸文章出现以后，俄国和法国的确提出了抗议。

摘自卡·马克思：《伊奥尼亚群岛问题》（1858年12月17日），《马克思恩格斯全集》（中文第1版）第12卷，人民出版社1962年版，第705—706页。

---

① 在从1815年起受英国保护的伊奥尼亚群岛，和在希腊本土一样，争取与希腊合并的民族运动在五十年代逐渐高涨。1858年11月，格莱斯顿带着特别使命被派往伊奥尼亚群岛。虽然科尔富岛（伊奥尼亚群岛的主岛）立法议会一致表示赞成与希腊合并，英国政府仍把这个问题的解决拖延了许多年。只是在1864年伊奥尼亚群岛才被移交给希腊。

马克思所以称呼格莱斯顿为"荷马专家"，大概是因为格莱斯顿是当时刚出版的"荷马与荷马时代的研究"（《Studies on Homer and the Homeric Age》,Oxford,1858）一书的作者。——《马克思恩格斯全集》（中文第1版）第12卷，人民出版社1962年版，注释434。

**12. 就在这时，大不列颠对群岛所抱的人道感情，却表现为亨利·华德爵士以真正奥地利式的残酷性镇压了当时群岛上所发生的起义**

就在这时，大不列颠对群岛所抱的人道感情，却表现为亨利·华德爵士以真正奥地利式的残酷性镇压了当时群岛上所发生的起义。20万居民中有8000人被处绞刑，被判受鞭笞、监禁和放逐；妇女和儿童被鞭打得皮开肉绽。为了不使人疑心我夸大其词，我来引证一家英国报纸，即"纪事晨报"于1850年4月25日发表的一段话：

"战地法庭按照首席专员大人的命令所使用的骇人听闻的刑罚，使我们不寒而栗。在许多情况下，倒霉的犯人不经任何审理即被判处死刑、流放和体刑，而在其他情况下，则根据战时法律用速审方法判刑。21个人被判死刑，很多人遭到其他刑罚。"

然而英国人夸口说他们用自由的宪法使伊奥尼亚人得到了幸福，使他们的物质资源发展到使希腊本土的悲惨经济状况相形见绌的水平。说起宪法，那末格雷勋爵当他受托从事整个大不列颠殖民帝国的宪法交易时，曾认为不便于不给伊奥尼亚群岛以宪法；但他只不过把英国许多年以前用欺骗手段从伊奥尼亚群岛夺走的东西还给了他们而已[①]。

依照卡波第斯特里亚伯爵起草的、俄国1815年在巴黎签字的条约，对伊奥尼亚群岛的保护权交给了大不列颠，但明文规定大不列颠应恪守俄国于1803年给予该群岛的宪法。可是第一个英国首席专员托马斯·梅特兰爵士就废除了这一宪法，而代之以另一部使他享有无限权力的宪法。1839年，伊奥尼亚人穆斯托克西迪斯骑士在他的按照下院决定于1840年6月22日出版的《Promemoria》中肯定说：

---

[①] 1799年俄国海军上将费·费·乌沙可夫的舰队从法国人手里解放了伊奥尼亚群岛。乌沙可夫宣布群岛成立共和国并制定了宪法，该宪法给予伊奥尼亚群岛以广泛自治。1807年群岛重新交由法国统治，而拿破仑实际上废除了这部宪法。1815年群岛转交给英国；英国确定了对群岛的保护制度，在那里制定了新宪法，该宪法授予驻该群岛的英国代表——首席专员以无限权力。由于群岛对外国统治不满的日益加深，英国政府（当时格雷在政府中担任陆军和殖民大臣职务）被迫于1849年在那里进行了改革，稍微扩大了地方自治和伊奥尼亚人的选举权。——《马克思恩格斯全集》（中文第1版）第12卷，人民出版社1962年版，注释435。

"伊奥尼亚人没有希腊乡镇甚至在土耳其暴政时期通常享有过的特权，即选举他们自己的官员的特权和实行自治的权利，而是服从警察派给他们的官员。他们被剥夺了每个岛上的地方自治团体所保有的极为有限的自行支配自己收入的权利，为了使他们更加处于从属地位，这些收入被移交给国库管理。"

摘自卡·马克思：《伊奥尼亚群岛问题》（1858年12月17日），《马克思恩格斯全集》（中文第1版）第12卷，人民出版社1962年版，第707—708页。

### 13. 英国，这个主张自由贸易的英国，竟恬不知耻地给伊奥尼亚人加上出口税的负担

至于开发物质资源，那末指出下面一个情况就够了：英国，这个主张自由贸易的英国，竟恬不知耻地给伊奥尼亚人加上出口税的负担，——这是似乎只有在土耳其的财政法典上才可能有的野蛮手段。例如，群岛的主要贸易产品葡萄干就被课以22%的出口税。

一个伊奥尼亚人说道："可以说是各岛之间主要通道的海峡，如今被关卡封锁了，因为在每个港口对各岛彼此间交换的一切种类的货物都要课过境税。"

但还不止于此。在英国统治的头二十三年当中，捐税增加了两倍，而支出则增加了四倍。后来对捐税有所缩减，可是以后于1850年形成了赤字，其数值等于以前全部捐税的一半，这从下表中可以看出：

| 年份 | 每年捐税额（单位：英镑） | 支出 |
| --- | --- | --- |
| 1815 | 68459 | 48500 |
| 1817① | 108997 | 87420 |
| 1850 | 147482 | 170000 |

---

① 英国保护的头一年。

总之，对他们自己的产品课出口税，在各岛之间课过境税，捐税增加和开支多得无力负担——这就是约翰牛赏赐给伊奥尼亚人的经济福利。按照他的在印刷所广场①上的神托的说法，约翰牛侵占殖民地的唯一目的，是用国民自由的原则来教育它们；但是，如果我们看看事实，我们就会看到，伊奥尼亚群岛的例子，就和印度和爱尔兰一样，仅能证明：约翰牛要自己国里自由，就得到国外去奴役别国人民。因此，就在他义愤填膺地痛斥巴黎的波拿巴间谍制度的同时，他自己却在都柏林采用这个制度。

这一诉讼案在法律上令人感兴趣的地方在于这样一点：格恩赛的辩护律师承认了盗窃十份密件副本的事实，但是以格恩赛并没有把它们用于个人目的的意图，证明当事人无罪。如果偷窃罪只能根据非法侵占他人财产的意图来定罪，那末刑事法在这方面就会走入绝路。坐在陪审席上的尊敬的公民们未必打算在财产法中实行这种革命；他们的裁决只是想表明：公众的文件是财产，但不是政府的，而是公众的财产。

摘自卡·马克思：《伊奥尼亚群岛问题》（1858年12月17日），《马克思恩格斯全集》（中文第1版）第12卷，人民出版社1962年版，第708—710页。

**14. 自从勃固省落到英国人手中以后，缅甸就没有冲积平原，也没有出海口**

缅甸（阿瓦王国）——东南亚的一个幅员广大的国家，在恒河以东；过去它的领土要比现在大得多。缅甸以前的疆界在北纬9度和27度之间，长达1000英里以上，宽超过600英里。现在缅甸的领土伸展在北纬19度25分和28度15分之间，东经93度2分和100度40分之间，它的面积从北到南长达540英里，宽为420英里，总面积约20万平方英里。在西面，缅甸同阿拉干省（在1826年根据英缅签订的条约割让给英国）接壤，还同提彼腊、曼尼普尔和阿萨姆等小国交界；缅甸同这些小国之间隔有崇山峻

---

① 印刷所广场是伦敦的一个广场，"泰晤士报"总编辑部所在地。——《马克思恩格斯全集》（中文第1版）第12卷，人民出版社1962年版，注释436。

岭。南面是不久前被英国并吞的勃固省①，北面是上阿萨姆和西藏，东面是中国。根据亨利·尤耳上尉的材料，缅甸人口不超过 300 万。

自从勃固省落到英国人手中以后，缅甸就没有冲积平原，也没有出海口，因为缅甸的南部疆界离伊洛瓦底江江口至少有 200 英里，从这个疆界向北，地势逐渐升高。缓升地带绵延约 300 英里，以后便是陡峭的山地。境内有三条大河流：伊洛瓦底江、它的支流亲敦江、萨尔温江。这些河流发源于北部山脉，流经南部入印度洋。

摘自弗·恩格斯：《缅甸》，《马克思恩格斯全集》（中文第 1 版）第 14 卷，人民出版社 1964 年版，第 287 页。

**15. 福格特透露，路易·波拿巴这一次用这些钓饵使普鲁士上了钩**

我们看到，北方的白天使正从东方推进并为了斯拉夫种族的光荣在消灭各民族，而南方的白天使，作为民族原则的旗手，正从相反的方向推进，但

"必须等待由这位左右未来的人物来解放各民族"（《研究》第 36 页）。

在两位天使——"德国统一的两个最大外敌""结成极其密切的联盟"（《研究》第 2 版的跋第 154 页）采取这些联合行动时，帝国的福格特（这位先生决不是"帝国扩大者"②）分派给德国什么样的角色呢？

福格特说："连目光最短浅的人现在也应当明白，在普鲁士政府同法国皇帝政府之间存在着谅解；普鲁士不会为了捍卫奥地利的非德意志省区〈当然包括波希米亚和摩拉维亚〉而拔剑张弩；它将会同意为

---

① 英国殖民主义者从十九世纪初开始征服缅甸。第一次缅甸战争（1824—1826）的结果，东印度公司的军队占领了与孟加拉交界的阿萨姆省以及沿海的阿拉干和典那沙冷，根据 1826 年 2 月 24 日签订的英国人强加于缅甸人的极端不平等条约，上述地区脱离缅甸。按照这个条约的规定，缅甸还赔款 100 万英镑。第二次缅甸战争（1852）的结果。英军占领了勃固省。——《马克思恩格斯全集》（中文第 1 版）第 14 卷，人民出版社 1964 年版，注释 274。

② 马克思讽刺地把福格特称做"帝国缩小者"（Mindres des Reichs）以与中世纪德国帝王常用的称号"帝国扩大者"（Mehrer des Reichs）相对照。——《马克思恩格斯全集》（中文第 2 版）第 19 卷，人民出版社 2006 年版，注释 193。

捍卫联邦疆土〈'非德意志'省份除外〉所采取的各种措施，但同时，它将阻止联邦或联邦的个别成员以任何方式倾向奥地利，以便以后，即在未来的和平谈判中，取得北德平原作为对它所作的这番努力的一种酬劳。"（《研究》第1版第18、19页）

由于福格特在反对奥地利的战争真正开始以前，就大肆宣扬土伊勒里宫透露给他的秘密，即普鲁士正在采取同"德国的外敌""秘密一致"的行动，并将为此取得"北德平原"作为"酬劳"，所以，他当然就为普鲁士达到它的假目的大大地效劳一番。他使德意志其他各邦政府，无论对普鲁士在战争初期的中立意图或者对它在战争进一步发展过程中的军事准备和对最高指挥权的要求，都抱有了戒心。

福格特说："德国在当前危机中不论选择什么道路，有一点是毋庸置疑的：德国作为一个整体来看，应当毅然决然走一条确定的道路，然而现在有一个倒霉的联邦议会，等等。"（《研究》第1版第96页）

散布普鲁士的道路同"外敌"携手并进，并将导致北部平原的被吞没等等观点，显然是要建立联邦议会所缺少的统一。特别要使萨克森注意：普鲁士已经一度使它"失去了它的某些最好的省份"（《研究》第1版第93页）。"购买亚德湾"（《研究》第1版第15页）一事正在被揭露中。

"当荷尔斯泰因要成为普鲁士〈在土耳其战争中〉合作的代价时，声名狼藉的盗窃紧急报告事件突然使谈判发生了根本转变。"（《研究》第1版第15页）"梅克伦堡、汉诺威、奥尔登堡、荷尔斯泰因以及同它们毗邻的……其他德意志兄弟之邦都成了钓饵"，——而且"一有机会"——"普鲁士就贪婪地向这些钓饵猛扑过去"（《研究》第1版第14、15页）。

福格特透露，路易·波拿巴这一次用这些钓饵使普鲁士上了钩。一方面，普鲁士由于同路易·波拿巴达成了秘密"一致"，"用牺牲它的德意志弟兄的利益将会取得"而且必然"取得北海和波罗的海沿岸"（《研究》第

1版第14页)。另一方面,

"只有当由厄尔士山脉和菲希特尔山脉构成的分水岭沿着白美因河延伸,并进而顺美因河流域一直伸展到美因茨时,普鲁士才会取得自然疆界"(《研究》第1版第93页)。

德国腹地的自然疆界!而且还是以一条河作为分水岭构成的!自然地理领域中的这类发现——外露的渠道也应算做这类发现(见"主要著作"),——使得"圆满的人物"同亚·冯·洪堡齐名。福格特在这样地向德意志联邦宣扬要信任普鲁士的领导权的同时,由于不满足于"普鲁士和奥地利在德意志等等的领土上的旧竞争",又发现了它们之间的一种竞争,这种竞争"由于欧洲以外的领土上经常发生"(《研究》第1版第20页)。这块欧洲以外的领土显然是在月球上。

实际上,福格特不过是把法国政府于1858年刊印的《1860年的欧洲》地图变成语言而已。在这幅地图上,汉诺威、梅克伦堡、不伦瑞克、荷尔斯泰因、黑森选帝侯国以及各式各样的瓦尔代克、安哈尔特、利珀河等等都并入了普鲁士,而"l'Empereur des Francais conserveses(!) limites actuelles"——法国人的皇帝却保持着自己的(!)旧疆界。"普鲁士直到美因河"同时也是俄国外交的口号(可参看上面已提到的1837年备忘录)。由于自然疆界、传统、宗教信仰、方言和种族差别,就会有一个奥地利的南德意志同一个普鲁士的北德意志相对立;德国的分裂为二就会由目前存在于德国内部的矛盾的简化而完成,从而也就会宣布持续不断的三十年战争[①]。

---

① 三十年战争(1618—1648年)是一次全欧洲范围的战争,是由新教徒和天主教徒的斗争而引起的。在捷克发生起义,反对哈布斯堡王朝的压迫和天主教反动势力的进攻,成为这场战争的开端。后来参加战争的欧洲国家组成两个阵营。西班牙和奥地利的哈布斯堡王朝同德意志天主教诸侯打着天主教的旗帜并在罗马教皇的支持下进攻新教国家——捷克、丹麦、瑞典、荷兰共和国和经过宗教改革的德意志各邦。新教国家得到哈布斯堡王朝的对手法国国王的支持。德国是这场战争的主要场所,是战争参加者进行军事掠夺和侵略的对象。

摘自卡·马克思：《福格特先生》（1860年2—11月）（八），《马克思恩格斯全集》（中文第2版）第19卷，人民出版社2006年版，第239—241页。

**16. 总起来说：一方面，路易·波拿巴将允许俄国经过波森染指波希米亚，经过匈牙利染指土耳其，而另一方面，他自己将使用武力在法国边境上建立一个统一独立的意大利**

总之，按《研究》的第一版来看，普鲁士原应得到这种"酬劳"，以报答它在战争时期迫使德意志联邦之剑收入鞘内所作的一番"努力"。因为在福格特的《研究》和法国的《1860年的欧洲》地图上，借助法国对奥地利的战争来寻求并获得领土扩大和自然疆界的，根本不是路易·波拿巴。

然而，只是在奥法战争时期出版的《研究》第二版的跋中，福格特才揭示出普鲁士的真正使命。普鲁士应当发动"内战"（见第2版第152页）来建立"统一的中央政权"（《研究》第2版第153页），来使德国加入普鲁士君主国。当俄国将从东面向前推进，而奥地利将被路易·波拿巴拴在意大利的时候，普鲁士则应当在德国发动一场王朝"内战"。福格特向摄政王①保证说：

"目前"在意大利"进行的鏖战，至少要占用1859年这一年"，"然而德国的统一，如果进展得迅速而坚决的话，只要几个星期就够了，但意大利战役却需要几个月"（《研究》第2版第155页）。

德国的内战只需要几个星期！除了奥地利军队就不管有无意大利战争都会立即行动起来反对普鲁士以外，就照福格特本人所说，普鲁士也会遇

---

三十年战争分为四个时期：捷克时期（1618—1624年），主要的斗争是在捷克新教徒和皇帝天主教阵营之间进行的，结果捷克战败。1625年，英国、荷兰和丹麦在法国的协助下结盟，共同反对西班牙和奥地利的哈布斯堡王朝。丹麦时期（1625—1629年），这个时期一开始，战争就具有全欧洲的性质。但是，丹麦军队被皇帝天主教的军队击溃。1630年，瑞典参战，它在保护新教诸侯的旗帜下，力图在波罗的海南岸站住脚。瑞典时期（1630—1635年）以瑞典军队的一连串胜利开始，但在1634年瑞典军队被皇帝和西班牙的联合部队击溃。1635年法国公开站到瑞典和新教诸侯方面。法国瑞典时期（1635—1648年），战争在第一阶段具有反抗封建专制欧洲的反动势力的性质，最后变成了互相竞争的外国侵略者对德国的一系列入侵。这次战争于1648年以缔结威斯特伐利亚和约而结束。和约加深了德国的政治分裂。——《马克思恩格斯全集》（中文第2版）第19卷，人民出版社2006年版，注释248。

① 普鲁士的威廉。——编者注

到"完全处于奥地利影响之下的……巴伐利亚"(《研究》第1版第90页)的抵抗,会遇到首先受到威胁、已没有任何理由掩饰自己"同情奥地利"(《研究》第1版第93页)的萨克森的抵抗,会遇到"符腾堡、黑森—达姆施塔特和汉诺威"(《研究》第1版第94页)的抵抗,简言之,会遇到"十分之九"(《研究》第1版第16页)的"德意志邦政府"的抵抗。而且,正如福格特进一步证明的,这些邦政府在这样的王朝"内战"中当然不会处于无援的境地,何况普鲁士是在德国受到它的"两个最大外敌"威胁的时候发动这场内战的。

> 福格特说:"〈巴登的〉宫廷会追随普鲁士,但是人民——对此不能有任何怀疑,——当然不会附和统治家族的这类同情。如同上士瓦本一样,布赖斯高甚至由于同情的和宗教的纽带,也由于对前奥地利(布赖斯高曾经属于前奥地利)的往事的回忆,而仍然被拴在皇帝和帝国的身上,而且在经过如此长期的分离之后,拴得比人们所料想的还要紧得多。"(《研究》第1版第93、94页)"除了梅克伦堡","也许"还除了黑森选帝侯国,"北德意志笼罩着一片不信任溶合论的气氛,对普鲁士的让步也作得极为勉强。南德意志对普鲁士抱着本能的厌恶情绪,甚至仇恨情绪……这种情绪也是皇党的一切大叫大嚷所无法压倒或消灭的。这种情绪活生生地蕴藏在人民当中,任何政府,甚至巴登政府,都无法长期与之抗衡。这样一来,不管在哪里,无论在德国人民那里,还是在德意志联邦各邦政府那里,普鲁士都得不到真正的同情"(《研究》第1版第21页)。

福格特就是这么说的。按照同一位福格特的说法,正是因为这样,由普鲁士同"德国的两个最大外敌""秘密一致"地发动的王朝"内战",却只需要"几个星期"。但这还不是全部。

> "旧普鲁士同政府并肩行动,而莱茵区和威斯特伐利亚则同天主教奥地利并肩行动。如果那里的人民运动不能迫使政府转到奥地利一边,那么,直接的后果将是君主国的两部分之间造成新的鸿沟。"(《研究》第1版第20页)

因此，如果按照福格特的意见，即使普鲁士对奥地利仅仅保持不偏不倚的态度也会重新加深莱茵区、威斯特伐利亚同旧普鲁士之间的鸿沟，那么，按照同一位福格特的看法，要是普鲁士为了把奥地利排除出德国而发动"内战"，自然就会使莱茵地区和威斯特伐利亚完全脱离普鲁士。"但是，德国同这些罗马教会信徒有什么关系呢？"（《研究》第1版第119页）或者，就像他本来所想的那样，这些罗马教会信徒同德国有什么关系呢？莱茵地区、威斯特伐利亚，这都是教皇至上主义①的、"罗马—天主教的"土地，而不是"真正德国的"土地。因此，它们都应当像波希米亚和摩拉维亚一样被排除出联邦的地界。福格特向普鲁士建议的王朝"内战"应当加速这一排除过程。的确，法国政府在其1858年出版的《1860年的欧洲》地图（它已成了福格特的《研究》的指南）上，已把埃及并入奥地利，而把莱茵河各省当做"天主教民族"的土地并入比利时，——这是法国并吞比利时以及莱茵河各省的讽刺公式。福格特比法国政府的地图更进了一步，并把天主教的威斯特伐利亚也献上了，这可以从流亡的帝国摄政与威斯特伐利亚前任国王②之子普隆—普隆的"科学态度"中得到解释。

总起来说：一方面，路易·波拿巴将允许俄国经过波森染指波希米亚，经过匈牙利染指土耳其，而另一方面，他自己将使用武力在法国边境上建立一个统一独立的意大利，并且全都——pour le roi de Prusse③，全都只是为了使普鲁士有机可乘，通过内战使德国归顺自己，并"保证莱茵河各省永远不受"法国"侵犯"（《研究》第1版第121页）。

摘自卡·马克思：《福格特先生》（1860年2—11月）（八），《马克思恩格斯全集》（中文第2版）第19卷，人民出版社2006年版，第241—243页。

---

① 教皇至上主义是教皇至上派的理论。教皇至上派是天主教的一个极端反动的派别，它反对各民族教会的独立性，维护罗马教皇干涉一切国家内政的权力。19世纪下半叶教皇至上主义影响的加强，表现在欧洲若干国家建立了天主教堂，表现在梵蒂冈宗教会议于1870年通过了教皇"永无谬误"的信条等等。——《马克思恩格斯全集》（中文第2版）第19卷，人民出版社2006年版，注释249。

② 日罗姆·波拿巴。——编者注

③ 文字游戏："pour le roi de Prusse"是一个成语，直译是："为了普鲁士国王"，转义是："白白地"、"为了装装门面"。——编者注

**17. 保卫联邦领土，是通过把波希米亚和摩拉维亚让给俄国，……使莱茵地区和威斯特伐利亚脱离普鲁士**

"然而有人说，联邦的领土受到了威胁，世仇发出恐吓；世仇的真正目标是攫取莱茵。让人们去保卫莱茵吧，去保卫联邦领土吧。"（《研究》第1版第105页）

保卫联邦领土，是通过把波希米亚和摩拉维亚让给俄国，保卫莱茵，是通过在德国发动"内战"，而内战的目的之一是使莱茵地区和威斯特伐利亚脱离普鲁士。

"然而有人说，路易—拿破仑……想满足拿破仑式的领土渴望，而且不惜采用任何方式！我们不相信这一点，我们眼前有克里木战争的实例！"（《研究》第1版第129页）

除了不相信拿破仑式的领土渴望和相信克里木战争之外，福格特心里还有另一个论据。奥地利人和法国人，将会像基尔肯尼的猫①一样，在意大利将互相咬架，直到双方只剩下尾巴为止。

"这将是一场血流成渠的顽强战争，其结局或许胜负不分。"（《研究》第1版第127、128页）"法国只有竭尽全力才能同皮埃蒙特一起赢得胜利，但是要从这种精疲力竭状态中恢复过来，则需要几十年。"（《研究》第1版，第129页）

意大利战争的旷日持久的前景，对交战双方都是一种打击。但是福格特用来延长奥地利抵抗在意的法军的方法，用来削弱法国侵略力量的方法，

---

① 基尔肯尼的猫这个典故出自一件轶事。在1798年爱尔兰起义中，基尔肯尼城被英国军队中服役的黑森雇佣兵占领。士兵们把猫的尾巴拴在一起，让它们斗架来取乐。有一次，一个士兵在一个军官走进时用剑把猫尾巴割断，猫彼走了。他向军官解释说，猫彼此把对方吃掉了，只剩下尾巴。这件轶事在英国成为典故，用来形容斗争的残酷激烈，死拼至两败俱伤。——《马克思恩格斯全集》（中文第2版）第19卷，人民出版社2006年版，注释250。

的确是别出心裁。一方面，法国人在意大利得到 carte blanche。[行动的全权]①；另一方面，让"好心的沙皇"在加利西亚、匈牙利、摩拉维亚和波希米亚演习，在奥地利内部玩弄革命阴谋和在奥地利边境举行军事示威，来

"把奥地利的大部分兵力困在君主国的那些会受到俄军攻击或者便于俄国人玩弄阴谋的地区"（《研究》第 1 版，第 11 页）。

而最后，由于普鲁士同时在德国发动王朝"内战"，奥地利将被迫从意大利调出自己的主力，来保卫它的德意志领地。在这种情况下，弗兰茨—约瑟夫和路易·波拿巴自然不会签订坎波福米奥和约②，而是——"两个人都将在意大利流血"。

奥地利既不会在东方向"好心的沙皇"作出让步，不会接受早已提出的把塞尔维亚和波斯尼亚作为赔偿，也不会保证法国取得莱茵河各省，不会同俄国和法国结盟进攻普鲁士。决不会！它将执拗地"在意大利流血"。但是，不管怎样，福格特的"左右未来的人物"会义愤填膺地拒绝把莱茵当作这类报酬。福格特知道：

"当前帝国的对外政策只遵循一个原则，即保存自己。"（《研究》第 1 版，第 31 页）

他知道路易·波拿巴

"只遵循惟一的一个观念，即保存自己〈对法国的〉这个统治权"

---

① 直译是："空白纸"。——编者注
② 坎波福米奥和约是 1797 年 10 月 17 日的参加反法同盟的奥地利与法国签订的条约。根据这个条约，奥地利退出第一次反法同盟，放弃原有的尼德兰（今比利时），承认莱茵河为法国边界。法国把威尼斯共和国的一部分领土连同威尼斯城以及伊斯的利亚半岛和达尔马提亚转给奥地利以换取奥地利在莱茵河疆界上的让步。原威尼斯共和国的另一部分并入拿破仑第一于 1797 年夏在意大利北部夺来的土地上建立的山南共和国。归属法国的还有伊奥尼亚群岛和威尼斯共和国在阿尔巴尼亚沿岸地区的领地。该条约的签订标志第一次反法同盟的终结。——《马克思恩格斯全集》（中文第 2 版）第 19 卷，人民出版社 2006 年版，注释 10。

（《研究》第 1 版，第 29 页）。

他知道，"意大利战争不会给他在法国树立威望"，可是取得莱茵河各省既会使他又会使他的王朝赢得"威望"。他说：

"莱茵河各省实际上是法国沙文主义者的最心爱之物，如果追根究底，也许就会发现，这个民族中只有极少数人不抱这种愿望。"（《研究》第 1 版，第 121 页）

摘自卡·马克思：《福格特先生》（1860 年 2—11 月）（八），《马克思恩格斯全集》（中文第 2 版）第 19 卷，人民出版社 2006 年版，第 244—245 页。

# 二八　英国的爱尔兰政策

**1. 英国人应该要求爱尔兰分离，让爱尔兰人自己去解决土地所有制问题**

因此，爱尔兰问题不单纯是个民族问题，它是一个土地问题，生存问题。不革命，即灭亡，这就是当前的口号。所有爱尔兰人都深信，如果应该有所行动的话，那就得立即动手。英国人应该要求爱尔兰分离，让爱尔兰人自己去解决土地所有制问题。别的一切措施都是无益的。如果这不能在最近的将来实行，那末爱尔兰的移民会引起一场对美国的战争。目前对爱尔兰的统治乃是替英国贵族榨取地租。

摘自卡·马克思：《卡·马克思关于爱尔兰问题的报告的记录①》（1867年12月16日在伦敦德意志工人共产主义教育协会所作的报告），《马克思恩格斯全集》（中文第1版）第16卷，人民出版社1964年版，第639页。

**2. 说明过去若干世纪中英国政府企图把爱尔兰居民英国化的一切尝试都毫无结果**

12月16日，卡尔·马克思在伦敦工人教育协会就爱尔兰的情况作了发言，说明过去若干世纪中英国政府企图把爱尔兰居民英国化的一切尝试都毫无结果。在改革以前就移居爱尔兰的英国人，包括贵族在内，由于和爱尔兰妇女结婚，也变成了爱尔兰人，而他们的后代则起来反对英国。伊丽莎白女王时对爱尔兰人进行残酷的战争，毁坏庄稼，为了把土地让给英国移民而迫使居民东移西迁，但这一切并没有改变这种情况。那时，gentlemen〔绅士〕和 merchant adventurers〔冒险的商人〕在英国人进行殖民的条件下，获得了大块大块的土地。在克伦威尔的时候，这些殖民者的后代就曾和爱尔兰人一起反对英国人。克伦威尔把他们许多人卖到西印度去作奴隶。在复辟王朝时期，爱尔兰受到了各种优待。在威廉三世的时候，掌握政权的是只知道赚钱的阶级，而为了迫使爱尔兰人无论如何都将原料

---

① 马克思于1867年12月16日所作关于爱尔兰问题的报告是由埃卡留斯记录下来的（马克思本人所写的报告提纲见16卷第506—522页），这一记录原拟在"先驱"杂志上发表，为此弗·列斯纳把它寄给了在瑞士的约·菲·贝克尔，但后来没有发表。——《马克思恩格斯全集》（中文第1版）第16卷，人民出版社1964年版，注释498。

卖给英国，爱尔兰的工业也被毁灭。女王安在位时，新兴的贵族利用新教的惩治法①获得了行动的自由。爱尔兰议会②是压迫的工具。凡是天主教徒，都不能任公职，不许置地产，不能立遗嘱，不许接受遗产；担任天主教主教的职务被认为和叛国同罪。这一切都是掠夺爱尔兰人土地的手段；但奥尔斯脱的英国人后裔仍然有半数以上是天主教徒。人民被赶入天主教的怀抱，天主教也就因此获得了力量。英国政府所唯一做到的，是在爱尔兰培植了贵族。英国人所建立的城市成了爱尔兰的了。因此，在芬尼亚社社员中可以看到那末多的英国名字。

摘自卡·马克思：《卡·马克思关于爱尔兰问题的报告的记录》（1867年12月16日在伦敦德意志工人共产主义教育协会所作的报告），《马克思恩格斯全集》（中文第1版）第16卷，人民出版社1964年版，第637—638页。

### 3. 英国政府挑起了爱尔兰人的起义，并且通过收买达到了合并

在美国独立战争的时候，对爱尔兰的压迫略有减轻。在法国革命的时候，不得不作进一步的让步。爱尔兰很快就抬起头来，以致英国人感到有被爱尔兰居民所超越的危险。英国政府挑起了爱尔兰人的起义，并且通过

---

① 见注401。

注401：惩治法典（Penal Code 或 Penal Laws）是十七世纪末起特别是十八世纪上半叶时英国殖民者以反对天主教阴谋和英国国教的敌人作借口，为爱尔兰颁布的一系列法律。这些法律实际上剥夺了本地爱尔兰人的一切公民权利和政治权利，因为他们大多数人是天主教徒。这些法律限制爱尔兰天主教徒享有继承、接受和转让财产之权，并且广泛采取因极小的一点过失就没收他们的财产的做法，因而成为剥夺还保有土地的爱尔兰所有者的工具。惩治法典为信奉天主教的农民规定了苛刻的租佃条件，更便于英国的大地主和土地中间人奴役他们。这一法典也企图消灭爱尔兰的民族传统：封闭爱尔兰本民族的学校，对教师、爱尔兰天主教教士规定严厉的惩罚措施，等等。直至十八世纪末叶，由于爱尔兰民族解放运动的高涨，惩治法典的很大一部分才被废除。——《马克思恩格斯全集》（中文第1版）第16卷，人民出版社1964年版，注释499。

② 见注396。（注396）指十三世纪末首次召集的英爱议会，最初由英国在爱尔兰的殖民区（佩耳）的大封建主和上层教士的代表组成。随着英国人的势力扩大到爱尔兰全岛，议会成为英国驻爱尔兰总督属下的英格兰贵族和英格兰爱尔兰贵族的代表机构；议会的权力受到极大限制。根据1495年颁布的法律，只有在皇家枢密院的准许之下，议会才能召开并通过法令。由反动分子组成的、实际上并无主动立法权的英爱议会，在长时期只是英国殖民当局的工具。直到十八世纪八十年代，在民族解放运动高涨的影响下，英国政府才不得不同意扩大爱尔兰议会的权力；不过，自1801年实行英爱合并后，爱尔兰议会就被根本取消了。——《马克思恩格斯全集》（中文第1版）第16卷，人民出版社1964年版，注释500。

收买达到了合并。① 合并给刚刚复苏的爱尔兰工业带来了致命的打击。米格尔有一次曾经说：爱尔兰的所有工业部门都被消灭，我们剩下的只有棺材的生产了，拥有一块土地成为生存的必要条件；大土地所有者把土地租给投机者；在土地到农民手里以前，它先得经过四五层租约；因此，土地的价格大大上涨。农民的食物只有马铃薯和水，小麦和肉类都运往英国去了；地租在伦敦、巴黎和佛罗伦萨被挥霍掉。1836年寄给居住国外的土地所有者的款项共达700万英镑。除了产品和地租，连肥料也输出国外；土地贫瘠了。局部的饥荒常常发生，而1846年的马铃薯病害更引起了全面的饥荒。数以百万计的人饿死。马铃薯病害是地力耗竭的结果，是英国统治的产物。

摘自卡·马克思：《卡·马克思关于爱尔兰问题的报告的记录》（1867年12月16日在伦敦德意志工人共产主义教育协会所作的报告），《马克思恩格斯全集》（中文第1版）第16卷，人民出版社1964年版，第638页。

### 4. 110多万人为960万只羊所排挤

由于谷物法的废除，爱尔兰丧失了在英国市场上的垄断地位，过去那样的地租已经支付不了。高昂的肉价以及残存的小土地所有者的破产，加速把小农逐出土地，把他们的土地变为放羊的牧场。从1860年以来，有50万英亩以上的可耕地停止耕种。每英亩土地的收获量减少了：燕麦减产16%；亚麻减产36%；马铃薯减产50%。目前，给英国市场种植的只有燕麦，而小麦则要输入。

随着地力的耗竭，居民的体质也恶化了。在人口减少的情况下，跛子、盲人、聋哑人、精神病患者的绝对数字却增加了。

110多万人为960万只羊所排挤。这在欧洲是闻所未闻的！俄国人是

---

① 关于1798年的起义，见注393。

（注393：殖民压迫、英国政府破坏爱尔兰爱国组织的挑衅性恐怖政策、殖民当局和英国大地主招募的反动匪帮的胡作非为，引起了第三次起义（1789年5—6月）。这次起义是因受美洲英国殖民地的独立战争和十八世纪末法国资产阶级革命的影响而加强起来的爱尔兰民族解放运动的最高潮。领导这次起义的是总成绩爱国团体爱尔兰人联合会（1791年沃尔夫·汤恩在拜尔法斯特创立）中革命的一派，他们的代表人物力图宣布爱尔兰为独立的共和国。爱尔兰人联合会的领导同起义者的基本群众农民联系极差，在起义前夜，它的组织者大部被捕，加以运动带有分散性和很大程度上带有自发性，这就决定了运动的失败。法国登陆部队企图在爱尔兰登陆帮助起义者，结果也遭到了失败。英国政府在残酷地镇压了起义之后，于1801年实行了殖民主义的英爱合并。）——《马克思恩格斯全集》（中文第1版）第16卷，人民出版社1964年版，注释501。

用俄国人来代替被迁走的波兰人，而不是用羊来代替。只有在蒙古人统治下的中国曾经讨论过毁灭城市以便腾出地方来放羊的问题。

摘自卡·马克思：《卡·马克思关于爱尔兰问题的报告的记录》（1867年12月16日在伦敦德意志工人共产主义教育协会所作的报告），《马克思恩格斯全集》（中文第1版）第16卷，人民出版社1964年版，第638—639页。

### 5. 那末，任何地理上的借口都不能证明征服爱尔兰乃是英国的天职

最后，既然较大的岛屿完全成为一个统一的国家，那末这个国家自然也就力图把爱尔兰完全同化。

这种同化如果真的成功，它的进程就应完全归入历史领域。这一进程应由历史来判决，但是要回到过去却已经不可能了。而既然在七个世纪的斗争以后同化并没有成功；既然在征服者对爱尔兰接连不断地进行冲击的每次新的浪潮之后，反而是他们自己被爱尔兰所同化；既然爱尔兰人直到现在也并没有成为英格兰人或者所谓的"西不列颠人"，就像受了一百年压迫的波兰人并没有成为"西俄罗斯人"那样；既然斗争还没有结束，而且除了消灭被压迫的race〔种族〕，也没有可以用别的方式来结束这一斗争的征兆——那末，任何地理上的借口都不能证明征服爱尔兰乃是英国的天职。

摘自弗·恩格斯：《爱尔兰史①》，《马克思恩格斯全集》（中文第1版）

---

① 本卷所发表的《爱尔兰史》的一些章节是恩格斯准备就这个题目写作的长篇历史著作的一部分，1869年的后几个月和1870年上半年他曾从事这一著作的写作。恩格斯写作的意图，是以爱尔兰历史为例，揭露英国殖民统治的制度和方法，指出它不仅对被压迫民族而且对压迫民族的历史命运造成恶果，批判英国资产阶级史学家、经济学家、地理学家著作中以种族主义沙文主义态度对爱尔兰的历史和现实所作的歪曲。

1869年夏天，恩格斯就想写一部爱尔兰的历史。他于这一年的9月在爱尔兰作了一次旅行，以便进一步熟悉这个国家。为了从事这一著作，恩格斯研究了大量的文献和各种历史资料，其中有古代和中世纪著作家的著作，年表，古代法律汇编，各种法令，民间传说，古代文学作品，游记以及许多历史、考古、经济、地理和地质方面的著作。现在保存下来的、恩格斯所列的关于爱尔兰历史的书目计达150种以上。在他这时期所做的15本笔记中，大部分是为本书准备的材料，此外还有札记、单页片断、剪报等。为了研究爱尔兰的史料，恩格斯还不得不学习古爱尔兰语。爱尔兰年表和古斯堪的那维亚史诗的某些片断就是由恩格斯自己译成德文的。在研究爱尔兰历史时，马克思经常给恩格斯帮助，他认为恩格斯的著作很有意义。马克思和恩格斯在爱尔兰历史的最重要问题上的观点，是在共同讨论的过程中形成的。

1870年5月，恩格斯根据他研究中所积累的材料，正式动笔写作。下面就是现在保存下来的他所拟定的写作提纲：

第16卷，人民出版社1964年版，第526页。

**6. 为什么凯撒当时所说的高卢人的那许多特征，在十二个世纪以后，吉拉德又在爱尔兰人中重新发现**

我们越是深入地追溯历史，同出一源的各个民族之间的差异之点，也就越来越消失。一方面这是由于史料本身的性质，——时代越远，史料也越少，只包括最重要之点；另一方面这是由这些民族本身的发展所决定的。同一个种族的一些分支距他们最初的根源越近，他们相互之间就越接近，共同之处就越多。雅科布·格林在研究德意志民族性格、德意志风俗习惯和法律关系时，一向把从记载基姆布利人进军①的罗马史学家到不来梅的亚当和萨克森·格腊马提克所提供的一切证据，从"贝奥伍耳夫"和"希

---

"1. 自然条件

2. 古代的爱尔兰

3. 英国的征服

（1）最初的入侵

（2）"佩耳"和爱尔兰本区［Irishry］

（3）征服和剥夺。152……1691

4. 英国的统治

（1）惩治法典。1691—1780

（2）起义和合并。1780—1801

（3）爱尔兰并入联合王国

（a）小农时期。1801—1846

（b）灭绝时期。1846—1870"

恩格斯只写完了第一章即"自然条件"。第二章即"古代的爱尔兰"没有写完，后两章恩格斯没有能够动手写作，虽然这一著作每一章节的材料，他基本上都已经搜集齐全（前两章及一部分准备材料最初发表于"马克思恩格斯文库"1948年俄文版第10卷）。1870年7月开始的一些重大政治事件所造成的情况使恩格斯不得不中断他的写作。普法战争、巴黎公社、同巴枯宁派的斗争以及国际的浩繁的实际工作，这一切都妨碍了恩格斯完成他的著作。但是恩格斯在以后的理论活动和政治活动中却运用了他的科学研究的成果。例如1884年著述"家庭、私有制和国家的起源"中有关的部分时，恩格斯就在相当大的程度上依靠了他在研究古代爱尔兰克尔特人社会制度时所作出的一些科学结论。——《马克思恩格斯全集》（中文第1版）第16卷，人民出版社1964年版，注释407。

① 指公元前113—前101年日耳曼族基姆布利人对南高卢和北意大利的入侵。公元前101年，基姆布利人为罗马统帅马利乌斯在韦尔切利（北意大利）战役中击溃。关于罗马人和基姆布利人的战争，普卢塔克（在马利乌斯传记中）、塔西陀（在"日耳曼"中）以及别的古代史学家都有所记述。——《马克思恩格斯全集》（中文第1版）第16卷，人民出版社1964年版，注释449。

尔德布兰德之歌"到"艾达"① 和古史诗的一切古代文学作品，从 Leges barbarorum② 到古丹麦和古瑞典法律以及日耳曼习惯法记录的一切法律汇编，都看作同样珍贵的史料，是完全有理由的。这一种或那一种特点，可能只有地方性的意义，但是它所反映的那种特征却是整个种族所共同具有的，而史料的年代越是久远，这种地方性的差别就越是少见。

七世纪和八世纪时，斯堪的那维亚和德意志的居民相互间的差别比目前来得小，同样，最初在爱尔兰的克尔特人和高卢的克尔特人之间，也一定比现在的爱尔兰人和法国人之间有更多的相同之处。因而我们不必感到惊奇，为什么凯撒当时所说的高卢人的那许多特征，在十二个世纪以后，吉拉德又在爱尔兰人中重新发现，而且直到今天，我们在爱尔兰的民族性格中也仍然可以看到这些特征，尽管他们已经大大地混杂了日耳曼血统……③

摘自弗·恩格斯：《爱尔兰史》，《马克思恩格斯全集》（中文第 1 版）第 16 卷，人民出版社 1964 年版，第 570—571 页。

**7. 在英国本土的任何人民运动都会因为和爱尔兰人（……）的不和而陷入瘫痪状态**

……也许你在《人民国家报》上已经看到我提出的在爱尔兰大赦问题

---

① "贝奥伍耳夫"是叙述传奇英雄贝奥伍耳夫事迹的史诗，是现存古代盎格鲁撒克逊诗歌中最出色的作品。这一史诗大概产生于八世纪；它是以六世纪上半叶日耳曼部落的民间传说为基础的。

"希尔德布兰德之歌"——是一首歌颂英雄事迹的长诗，是八世纪古日耳曼史诗中保留下来的一些片断。

"艾达"是一部斯堪的那维亚各民族的神话和英雄传说与歌曲的集子；保存下来的有两种形式，一种是十三世纪时的手稿，1643 年为冰岛主教斯魏因森所发现（即所谓"老艾达"），另一种是十三世纪初诗人和编年史家斯诺里·斯土鲁森所编的古北欧歌唱诗人诗歌论集（即所谓"小艾达"）。"艾达"中的诗歌反映了氏族制度解体和民族迁徙时期斯堪的那维亚社会的状况。从中可以看到古代日耳曼人的民间创作中的一些形象和情节。——《马克思恩格斯全集》（中文第 1 版）第 16 卷，人民出版社 1964 年版，注释450。

② Leges barbarorum（野蛮人法典）是五世纪至九世纪间编成的各日耳曼部落的习惯法的记录。——《马克思恩格斯全集》（中文第 1 版）第 16 卷，人民出版社 1964 年版，注释451。

③ 恩格斯的手稿到此中断。从现存的他的爱尔兰史第二章的写作计划中可以看出，恩格斯原来准备在这一章（"古代的爱尔兰"）中还要阐述古爱尔兰人的氏族制、土地所有制和法律等问题（见"马克思恩格斯文库"1948 年俄文版第 10 卷第 100 页）。原计划中的这一重要部分未能实现。——《马克思恩格斯全集》（中文第 1 版）第 16 卷，人民出版社 1964 年版，注释452。

上反对格莱斯顿的决议案①。我现在抨击格莱斯顿——这件事在这里已经引起轰动——和以前抨击帕麦斯顿②完全一样。在这里进行煽动的流亡者喜欢从安全的远方攻击大陆上的专制君主。对我来说,只有当着威势逼人的暴君的面做这类事才觉得够刺激。

但是,我的关于爱尔兰大赦问题的发言,以及紧接着我在总委员会里提出的讨论英国工人阶级对爱尔兰的态度并作出有关决议的建议,除了要大声疾呼坚决支持被压迫的爱尔兰人反对他们的压迫者以外,当然还有其他目的。

我越来越确信——问题只在于要使让英国工人阶级也确信——,只要英国工人阶级对爱尔兰的政策还没有和统治阶级的政策一刀两断以前,只要英国工人阶级还没有做到不仅和爱尔兰人一致行动,而且倡议取消1801年所实行的合并③,代之以自由联盟的关系,它在英国本土就永远不会有所作为。这是必须做的,这并不是出于对爱尔兰人的同情,而是基于英国无产阶级利益的要求。如果不这样做,英国人民就还得受统治阶级的摆布,因为他们必然要和统治阶级结成反对爱尔兰的统一战线。在英国本土的任何人民运动都会因为和爱尔兰人(他们占英国本土工人阶级的相当大的一部分)的不和而陷入瘫痪状态。

摘自卡·马克思:《马克思致路德维希·库格曼》(1869年11月29日于伦敦),《马克思恩格斯文集》第10卷,人民出版社2009年版,第313—314页。

---

① 马克思《总委员会关于不列颠政府对被囚禁的爱尔兰人的政策的决议草案》,见《马克思恩格斯全集》中文第1版第16卷。——编者注

② 马克思《帕麦斯顿勋爵》,见《马克思恩格斯全集》中文第2版第12卷。——编者注

③ 英国在美洲殖民地争取独立的战争中的失败引起了爱尔兰民族运动的高涨。1782年,英国议会迫于爱尔兰民族运动的压力,通过了关于废除英国议会替爱尔兰颁布法律的权利和把这项权利移交给爱尔兰议会的法令。1783年英国议会通过了一项新的《放弃权利法令》,再次确认了1782年的法令。这意味着立法方面承认了爱尔兰的自治。但是,在1798年爱尔兰民族解放起义被镇压下去后,英国政府实际上取消了对爱尔兰的这些让步,而把英爱合并强加给了爱尔兰。从1801年1月1日起生效的英爱合并,消除了爱尔兰自治的最后痕迹,并取消了爱尔兰议会。英爱合并更巩固了英国在爱尔兰的殖民统治。因此,英爱合并遭到爱尔兰人的反抗,从19世纪20年代起,取消合并的要求在爱尔兰成为深得人心的口号。——《马克思恩格斯文集》第10卷,人民出版社2009年版,注释239。

## 8. 这在爱尔兰不仅是一个单纯的经济问题，同时还是一个民族问题

英国无产阶级解放的首要条件——推翻英国的土地寡头政权——也就不能实现，因为当英国的土地寡头政权在爱尔兰还保持着自己的非常巩固的前哨时，它在英国本土的阵地就不可能被摧毁。但是，在那里，只要事情掌握在爱尔兰人民自己的手中，只要他们自己成为国家的立法者和执政者，只要他们获得了自治权，那么消灭土地贵族（其中大部分也就是英国的地主）要比在这里容易得多，因为这在爱尔兰不仅是一个单纯的经济问题，同时还是一个民族问题，因为那里的地主不像在英国这样是传统的显贵和代表人物，而是令人深恶痛绝的民族压迫者。英国和爱尔兰目前的关系不仅阻碍了英国内部的社会发展，而且也妨害了它的对外政策，特别是对俄国和美国的政策。

摘自卡·马克思：《马克思致路德维希·库格曼》（1869年11月29日于伦敦），《马克思恩格斯文集》第10卷，人民出版社2009年版，第314—315页。

## 9. 实际上，克伦威尔时代的英吉利共和国就是由于爱尔兰而覆灭的

但是，因为英国工人阶级在社会解放的天平上毫无疑问是举足轻重的，所以杠杆必须安放在这里。实际上，克伦威尔时代的英吉利共和国就是由于爱尔兰而覆灭的。[①] 不要重蹈覆辙！爱尔兰人和英国政府开了个大玩笑，他们把"被判决的重罪犯"奥顿诺凡—罗萨选为议员。政府报纸正以重新废除"人身保护法"[②]、重新恢复恐怖制度来进行威胁！实际上，英国从来都是依靠最残酷的恐怖政策和最卑鄙的收买手段来统治爱尔兰的，而且只要现在的关系继续保持下去，它也决不可能依靠别的手段来统治……

摘自卡·马克思：《马克思致路德维希·库格曼》（1869年11月29日于伦敦），《马克思恩格斯文集》第10卷，人民出版社2009年版，第

---

① 1641年10月，在英国资产阶级革命前夕，爱尔兰爆发了一次民族起义，几乎使该岛的大部分完全脱离英国。这次起义于1649—1652年被奥·克伦威尔镇压下去。对爱尔兰起义的残酷镇压，使英国新土地贵族夺取了大量土地，资产阶级大地主势力的加强为1660年王朝复辟提供了基础。——《马克思恩格斯文集》第10卷，人民出版社2009年版，注释273。

② 人身保护法是1679年英国议会通过的一项法令，根据这一法令，被捕者可以要求公布将其送交法庭的命令，说明逮捕的理由，以便审查逮捕的合法性。同时被捕者必须于短期内（3—20天）送交法庭，法庭根据对逮捕原因的审查，或释放被捕者，或将其押回监狱，或取保释放。人身保护法不适用于叛国罪案件，而且根据议会的决定可以暂时中止其生效。——《马克思恩格斯文集》第10卷，人民出版社2009年版，注释274。

315页。

**10. 不是在英国，而只有在爱尔兰才能给英国统治阶级以决定性的打击**

在我寄给你们的材料中，还有几份你们所知道的总委员会11月30日就爱尔兰大赦通过的决议（由我起草的），以及一本关于被囚禁的芬尼亚社社员所受待遇的爱尔兰文小册子。

我曾打算再提出几个关于必须把现在的这种合并①（即对爱尔兰的奴役）变为同大不列颠的自由平等的联盟的决议案。由于我无法出席总委员会，这件事情就暂时搁置起来，没能作出公开的决议。总委员会里没有一个委员可以在这方面代替我，因为他们对爱尔兰问题没有足够的了解，而且在总委员会的英国委员中也没有足够的威信。

可是时间并没有白白地过去，我请你们特别注意下列各点：

对爱尔兰问题作了多年研究之后，我得出了这样的结论：不是在英国，而是只有在爱尔兰才能给英国统治阶级以决定性的打击（而这对全世界的工人运动来说是有决定意义的）。

1870年1月1日②总委员会发出一个由我用法文草拟的机密通告③（就对英国反作用而言，重要的仅仅是法文报纸，而不是德文报纸），其中阐述了爱尔兰的民族斗争和工人阶级解放的关系，从而也就阐述了国际工人协会对爱尔兰问题应该采取的态度。

摘自卡·马克思：《马克思致齐格弗里特·迈耶尔和奥古斯特·福格特》（1870年4月9日于伦敦），《马克思恩格斯文集》第10卷，人民出版社2009年版，第326—327页。

---

① 英国在美洲殖民地争取独立的战争中的失败引起了爱尔兰民族运动的高涨。1782年，英国议会迫于爱尔兰民族运动的压力，通过了关于废除英国议会替爱尔兰颁布法律的权利和把这项权利移交给爱尔兰议会的法令。1783年英国议会通过了一项新的《放弃权利法令》，再次确认了1782年的法令。这意味着立法方面承认了爱尔兰的自治。但是，在1798年爱尔兰民族解放起义被镇压下去后，英国政府实际上取消了对爱尔兰的这些让步，而把英爱合并强加给了爱尔兰。从1801年1月1日起生效的英爱合并，消除了爱尔兰自治的最后痕迹，并取消了爱尔兰议会。英爱合并巩固了英国在爱尔兰的殖民统治。因此，英爱合并遭到爱尔兰人的反抗，从19世纪20年代起，取消合并的要求在爱尔兰成为深得人心的口号。——《马克思恩格斯文集》第10卷，人民出版社2009年版，注释239。

② 手稿上是："1869年12月1日"。——编者注

③ 马克思《总委员会致瑞士罗曼语区联合会委员会》，见《马克思恩格斯全集》中文第1版第16卷。——编者注

### 11. 爱尔兰是英国土地贵族的堡垒

在这里，我只简略地把要点告诉你们。

爱尔兰是英国土地贵族的堡垒。对这个国家的剥削不仅是他们的物质财富的主要来源，而且也是他们最大的精神力量。英国土地贵族事实上代表着英国对爱尔兰的统治。所以爱尔兰是英国贵族用来保持他们在英国本土的统治的重要工具。另一方面，如果英国军队和警察明天从爱尔兰撤走，那么爱尔兰立刻就会发生土地革命。而英国贵族如果在爱尔兰被推翻，其后果就是他们在英国也必然会被推翻。这就为英国的无产阶级革命创造了前提。因为在爱尔兰，土地问题一向是社会问题的唯一形式，因为这个问题对绝大多数爱尔兰人民来说是一个生存问题，即生或死的问题，同时它又是同民族问题分不开的，所以，在爱尔兰消灭英国的土地贵族比在英国本土要容易得多，何况爱尔兰人比英国人更热情，更富于革命性。

摘自卡·马克思：《马克思致齐格弗里特·迈耶尔和奥古斯特·福格特》（1870年4月9日于伦敦），《马克思恩格斯文集》第10卷，人民出版社2009年版，第327页。

### 12. 至于英国资产阶级，它首先是和英国贵族有着共同的利益，都想把爱尔兰变成一个纯粹的牧场

至于英国资产阶级，它首先是和英国贵族有着共同的利益，都想把爱尔兰变成一个纯粹的牧场，向英国市场提供最廉价的肉类和羊毛。他们也都想用驱逐佃户和强制移民的办法使爱尔兰的人口尽量减少，少到能够让英国资本（租佃资本）"安全地"在这个国家里发挥作用；他们都想清扫爱尔兰领地，就像过去清扫英格兰和苏格兰的农业区一样。此外，现在每年流入伦敦的在外地主①的收入和其他从爱尔兰得到的收入6000—10000英镑，也应当计算在内。

但是，英国资产阶级在爱尔兰当前的经济中还有更重要得多的利益。由于租地日益集中，爱尔兰就不断为英国的劳动市场提供自己的过剩人口，因而压低了英国工人阶级的工资，使他们的物质状况和精神状况恶化。

摘自卡·马克思：《马克思致齐格弗里特·迈耶尔和奥古斯特·福格特》

---

① 在外地主通常指那些在爱尔兰拥有地产却长期居住在英国的地主。他们把地产交给土地代理人管理，或者出租给靠投机获利的经纪人，这些人再以苛刻的条件转租给小佃户。——《马克思恩格斯文集》第10卷，人民出版社2009年版，注释284。

（1870年4月9日于伦敦），《马克思恩格斯文集》第10卷，人民出版社2009年版，第327—328页。

### 13. 他们对待爱尔兰工人的态度和以前美国各蓄奴州的白种贫民对待黑人的态度大致相同

而最重要的是：英国所有的工商业中心的工人阶级现在都分裂为英国无产者和爱尔兰无产者这样两个敌对阵营。普通的英国工人憎恨爱尔兰工人，把他们看作会降低自己的生活水平的竞争者。英国工人在爱尔兰工人面前觉得自己是统治民族的一分子，正因为如此，他们就把自己变成了本民族的贵族和资本家用来反对爱尔兰的工具，从而巩固了贵族和资本家对他们自己的统治。他们对爱尔兰工人怀着宗教、社会和民族的偏见。他们对待爱尔兰工人的态度和以前美国各蓄奴州的白种贫民对待黑人的态度大致相同。而爱尔兰人则以同样的态度加倍地报复英国工人。同时，他们把英国工人看作英国对爱尔兰统治的同谋者和愚笨的工具。

报刊、教堂讲坛、滑稽小报，总之，统治阶级所掌握的一切工具则人为地保持和加深这种对立。这种对立就是英国工人阶级虽有自己的组织但没有力量的秘密所在。这就是资本家阶级能够保持它的权力的秘密所在。这一点资本家阶级自己是非常清楚的。

摘自卡·马克思：《马克思致齐格弗里特·迈耶尔和奥古斯特·福格特》（1870年4月9日于伦敦），《马克思恩格斯文集》第10卷，人民出版社2009年版，第328页。

### 14. 而加速这一革命的唯一办法就是使爱尔兰独立

祸害还不止于此。它还越过了大洋。英国人和爱尔兰人之间的对立是美国和英国之间的冲突的隐秘的基础。它使两国工人阶级之间不可能有任何认真的和真诚的合作。它使两国政府能够在它们认为合适的时候用互相恐吓的手段，必要时用两国之间的战争去缓和社会冲突。

英国作为资本的大本营，作为至今统治着世界市场的强国，在目前对工人革命来说是最重要的国家，同时它还是这种革命所需要的物质条件在某种程度上业已成熟的唯一国家。因此，加速英国的社会革命就是国际工人协会的最重要的目标。而加速这一革命的唯一办法就是使爱尔兰独立。因此，"国际"的任务就是到处把英国和爱尔兰的冲突提到首要地位，到处都公开站在爱尔兰方面。伦敦中央委员会的特殊任务就是唤醒英国工人阶级，使他们意识到：爱尔兰的民族解放对他们来说并不是一个抽象的正义或博爱的问题，而是他们自己的社会解放的首要条件。

摘自卡·马克思：《马克思致齐格弗里特·迈耶尔和奥古斯特·福格特》（1870年4月9日于伦敦），《马克思恩格斯文集》第10卷，人民出版社2009年版，第328—329页。

## 二九　英国对欧洲大陆的"均势外交"及对沙俄政策

**1. 德国要得到什列斯维希，英国则不愿意使它有这种机会；德国要实行保护关税，英国则希望有贸易自由；德国要统一，英国则希望它分散；德国希望成为一个独立的国家，英国则力求在工业上奴役它**

我们跟在"人道的"卢格先生后面，沿着他的道路对波兰的必要性作了历史的考察。直到现在为止，卢格先生所说的只是令人厌恶的过去，只是专制主义的时代；他修改了不合理的事件，现在他转到了当前的时代，转到了光荣的1848年，转到了革命，现在他踏上了故土，现在他修改"事件的理性"①。

> "怎样才能实现波兰的解放呢？波兰的解放可以用缔结条约的方式来实现，欧洲两大文明民族必须参与缔结条约，它们必须同德国，同解放了的德国组成新的三国同盟，因为它们的想法是一样的，它们的要求一般说来是相同的。"

在我们面前的这句大胆的话中包含着对外政策方面的事件的全部意义。"想法一样、要求一般说来相同"的德国、法国和英国之间的同盟，就是现代3个瑞士人——卡芬雅克、莱宁根和约翰·罗素之间的新的留特利同盟②。不过，近来法国和德国依靠上帝的帮助，又后退得这样远，以致它们的政府关于一般政治原则的"想法"几乎"是一样的"，官方的英国这块在大海中屹立不动的反革命的岩石也是这样。

但是这3个国家不仅"想法"是一样的，而且"要求一般说来也是相同的"：德国要得到什列斯维希，英国则不愿意使它有这种机会；德国要实

---

① 在卢格起草的"德国激进改良党的选举宣言"（1848年4月）中提出，国民议会的主要任务是"修改事件的理性"。——《马克思恩格斯全集》（中文第1版）第5卷，人民出版社1958年版，注释213。

② 这里指的是关于瑞士联邦形成的一个传说。瑞士联邦是由3个山地州——什维兹、乌利和温特瓦尔顿在1291年缔结条约而建立的。据传说，3个州的代表于1307年在留特利（又称格留特利）的草原上聚会，宣誓在反对奥地利统治的联合斗争中忠实于联邦。——《马克思恩格斯全集》（中文第1版）第5卷，人民出版社1958年版，注释214。

行保护关税，英国则希望有贸易自由；德国要统一，英国则希望它分散；德国希望成为一个独立的国家，英国则力求在工业上奴役它。这说明了什么呢？说明它们的要求"一般说来"毕竟"是相同的"！至于法国，它颁布反对德国的关税法；它的部长巴斯蒂德嘲弄代表德国驻法国的劳麦老师，这就很明显，它的要求"一般说来"和德国"是相同的"。真的，英国和法国都非常确切地证明，它们的要求也就是德国的要求，同时以战争来威胁德国：英国是为了什列斯维希，法国是为了伦巴第！

卢格先生具有思想家所特有的天真想法，他认为各民族如果在某些政治观念上相同，那末单凭这一点就应该结成同盟。在卢格先生的政治调色板上一共只有两种颜色：黑色和白色，即奴役和自由。在他看来，世界分为两大部分：文明民族和野蛮人，自由人和奴隶。6个月以前穿过莱茵河彼岸的自由的分界线，现在同俄国的国境线一致了，而人们就把这个过程叫做1848年的革命。现代运动在卢格先生头脑中的反映是这样混乱。二月和三月的街垒战斗口号，译成波美拉尼亚文①就是如此。

如果把卢格的议论反过来从波美拉尼亚文译成德文，那末，3个文明民族，3个自由民族，虽然发展的形式和阶段各不相同，原来都是资产阶级统治的民族，而处在宗法封建专制主义统治下的民族，都是"奴隶和仆役"。严格的共和主义者和民主主义者阿尔诺德·卢格所理解的自由，是最平凡的"肤浅的"自由主义，是至多不过具有假民主形式的资产阶级的统治，——问题的全部实质就在这里！

既然法国、英国和德国都是资产阶级在统治，那末这3个国家是天然的同盟者，——卢格先生是这样断言的。可是如果这3个国家的物质利益绝对相反，如果同德国和法国进行自由贸易是英国资产阶级的迫切需要，如果对英国实行保护关税是法国和德国资产阶级的迫切需要，如果德国和法国之间在很多问题上都有类似的情况，如果这个三国同盟实际上变成了在工业上奴役法国和德国的工具，那将怎么说呢？"目光短小的利己主义，贪婪的生意人精神"，——波美拉尼亚的思想家卢格暗自嘟囔说。

摘自弗·恩格斯：《法兰克福关于波兰问题的辩论》（1848年8月7日—9

---

① 这是按照海涅的话改写的；海涅在1843年欢迎卢格时，说他是"善于把黑格尔的话译成波美拉尼亚文"的人。——《马克思恩格斯全集》（中文第1版）第5卷，人民出版社1958年版，注释215。

月6日）（九），《马克思恩格斯全集》（中文第1版）第5卷，人民出版社1958年版，第426—428页。

**2. 最后，当帕麦斯顿在阿伯丁勋爵的再三坚持下，准备违心地同意俄国强行占领两公国的行为的时候，突然从巴黎拍来电报，报告拿破仑决定把这种行为视为开战的理由。于是混乱达到了极点**

我觉得，对《泰晤士报》的这种怯懦而不诚实的行为加以痛斥的最好方法，莫过于从它今天的社论中引证下面一段话。这篇社论简直是集阿伯丁勋爵政策中一切自相矛盾、支吾搪塞和卑鄙怯懦之大成。

"在采取最后的极端措施之前，土耳其政府可以（如果它认为适当的话）对两公国被占领一事提出抗议，并在欧洲列强的支持下继续进行谈判。土耳其政府可以与四强国大使协同一致地在这个重要的问题上作出决定，特别是要确定，敌对状态是否已严重到可以根据1841年公约①的规定把达达尼尔海峡向外国军舰开放。如果对这个问题作出了肯定的决定，并且舰队得到了开进海峡的命令，还应当弄清楚：我们到那里去是作为调解国还是作为交战国。因为，即使假定土耳其和俄国已处于交战状态，外国舰队为'履行公约义务的要求'（！）而被允许进入海峡，它们也不一定具有交战国的性质，而且它们更愿意以调解国的身份出现，因为它们被派往那里不是去进行战争，而是去制止战争。这种措施不应当使我们一定要成为斗争的主角。"②

《泰晤士报》的所有的社论都白费力气。别的报纸没有一家跟着它跑，也没有一家上它的圈套，甚至《纪事晨报》、《晨邮报》、《地球报》、《观察家报》这些支持政府的报纸也完全站在另一种立场上，并且得到海峡对

---

① 1841年公约是1841年7月13日俄国、英国、法国、奥地利、普鲁士为一方，土耳其为另一方，在伦敦签订的关于黑海海峡的公约。公约责成土耳其政府在和平时期不准外国军舰通过黑海海峡，实际上废除了1833年签订的对俄国有利的安吉阿尔—斯凯莱西条约，该条约规定只向俄国军舰开放黑海海峡。在1841年公约上签了字的沙皇政府被迫承认西方列强提出的海峡"中立化"的原则，但1841年公约没有对战时黑海海峡的使用作出规定，这就使土耳其可能在战时自行决定是否允许外国军舰通过。——《马克思恩格斯全集》（中文第2版）第12卷，人民出版社1998年版，注释122。

② 1853年6月21日《泰晤士报》第21460号。——编者注

岸的热烈响应，——在那里，只有一家正统派的《国民议会报》没有把占领多瑙河两公国一事看作开战的理由。

这样一来，联合内阁内部的意见分歧由于各派报刊喧闹的争吵而公诸于众了。帕麦斯顿竭力劝内阁把占领摩尔多瓦和瓦拉几亚看作是宣战，并且得到辉格党①和混合内阁的假激进派阁员的支持。阿伯丁勋爵（他仅仅由于指望俄国不在达达尼尔海峡而只在多瑙河两省采取行动才同意英法两国舰队采取共同行动）现在则陷入十分狼狈的境地。于是政府的存在又变得岌岌可危。最后，当帕麦斯顿在阿伯丁勋爵的再三坚持下，准备违心地同意俄国强行占领两公国的行为的时候，突然从巴黎拍来电报，报告拿破仑决定把这种行为视为开战的理由。于是混乱达到了极点。

摘自卡·马克思：《土耳其和俄国》（1853年6月21日），《马克思恩格斯全集》（中文第2版）第12卷，人民出版社1998年版，第157—158页。

**3. 在此种种事件之后，英国大使就向土耳其政府提交了，或者说是代表俄国及其他强国提交了1827年7月6日伦敦条约的各项决定**

为了拿共同行动之类的东西束缚住沙皇的手脚，其他强国于1827年7月6日在伦敦同他缔结了条约，条约规定彼此承担在必要时用武力来调解苏丹同希腊人之间的争端的义务。在该条约签订前几个月，俄国曾同土耳其缔结一个阿克尔曼条约②，按照这个条约，俄国应放弃它对希腊问题的任何干预。在阿克尔曼条约缔结前，俄国曾唆使波斯皇太子进犯奥斯曼帝

---

① 辉格党是英国的政党，于17世纪70年代末80年代初形成。1679年，就詹姆斯公爵（后来的詹姆斯二世）是否有权继承王位的问题，议会展开了激烈的争论。反对詹姆斯王位继承权的一批议员被敌对的托利党人讥称为辉格。辉格（Whig）为英格兰语，原意为盗马贼。辉格党代表工商业资产阶级以及新兴的资本主义农场主的利益，曾与托利党轮流执政，19世纪中叶，辉格党内土地贵族的代表和保守党的皮尔派以及自由贸易派一起组成自由党。从此自由党人在英国两党制中取代了辉格党人的位置。——《马克思恩格斯全集》（中文第2版）第12卷，人民出版社1998年版，注释61。

② 《阿克尔曼条约》是俄国与土耳其于1826年10月7日签订的协定。根据这个协定，土耳其政府应严格遵守以前同俄国缔结的各项条约，给予俄国商船在土耳其领海航行的自由，给予俄国商人在土耳其领土上经商的权利，并放弃所有1806—1812年俄土战争后划归俄国所有的黑海高加索沿岸地区的权利。条约重申苏丹承认塞尔维亚自治，并规定了摩尔多瓦和瓦拉几亚的国君。《阿克尔曼条约》没有提希腊问题。土耳其统治集团根据这一点，在1828—1829年俄土战争的前夕硬说俄国已根据这个条约放弃了对希腊事务的干预，如果它帮助希腊人就是违背这个规定。但实际上"对希腊事务不感兴趣"这句话沙皇政府并不是在签订《阿克尔曼条约》时说的，而是在这以前几个月说的。——《马克思恩格斯全集》（中文第2版）第12卷，人民出版社1998年版，注释245。

国，并曾对土耳其政府大肆侮辱，以促使它对俄国翻脸。在此种种事件之后，英国大使①就向土耳其政府提交了，或者说是代表俄国及其他强国提交了1827年7月6日伦敦条约的各项决定②。

……

事实就是如此。现在我们来看看帕麦斯顿勋爵③是怎样描绘这些事实的：

"俄土战争是由于土耳其侵犯了俄国的贸易及权利并违反了条约所致，这是千真万确的。"（下院，1830年2月16日）

帕麦斯顿成为辉格党④在外交部的化身之后，又把这一观点完善化了：

"尊贵的、勇敢的议员〈伊文思上校〉指出俄国从1815年到现在的行为一直是侵略别的国家。他特别提到了俄国同波斯及土耳其的战争。但无论是对波斯还是对土耳其，俄国都不是侵略者；虽然俄国的势力由于同波斯战争而增强，这并不是俄国的本意……在同土耳其的战争中，俄国也不是侵略者。——列举土耳其对俄国的挑衅行为会使议院厌倦；但是土耳其把俄国臣民驱逐出境，扣留俄国船只，违反阿克尔曼条约的全部条款，并且在接到抗议之后仍然拒绝赔偿——凡此种种，我认为是无可置疑的。因此，如果一般来说进行战争有它正当

---

① 斯特拉特福·德·雷德克利夫。——编者注
② 1827年7月6日各强国在签署伦敦条约时同时签署了一个附加条约。该附加条约在土耳其对签约国的干预企图反抗时生效。条约和附加条约是分别签署的，并分别达到各国的批准。英国驻土耳其大使斯·坎宁向土耳其政府提交了这份附加条约。——《马克思恩格斯全集》（中文第2版）第12卷，人民出版社1998年版，注释246。
③ 在《纽约每日论坛报》上，在"帕麦斯顿勋爵"之后错误地加上了："1832年8月7日在下院的演说中"。——编者注
④ 辉格党是英国的政党，于17世纪70年代末80年代初形成。1679年，就詹姆斯公爵（后来的詹姆斯二世）是否有权继承王位的问题，议会展开了激烈的争论。反对詹姆斯王位继承权的一批议员被敌对的托利党人讥称为辉格。辉格（Whig）为英格兰语，原意为盗马贼。辉格党代表工商业资产阶级以及新兴的资本主义农场主的利益，曾与托利党轮流执政，19世纪中叶，辉格党内土地贵族的代表和保守党的皮尔派以及自由贸易派一起组成自由党。从此自由党人在英国两党制中取代了辉格党人的位置。——《马克思恩格斯全集》（中文第2版）第12卷，人民出版社1998年版，注释61。

理由的话，那么俄国有这样的理由对土耳其作战。尽管如此，俄国并没有获得任何新的领土，——至少是在欧洲。我知道有几个地点曾在一个长时期被占领〈摩尔多瓦和瓦拉几亚只是地点，而多瑙河口根本不值一提!〉亚洲攸克辛海沿岸也有某些地方被占，但俄国同其他欧洲列强订有协定，根据协定，俄国在这次战争中的胜利不得导致它在欧洲的任何扩张。"（下院，1832年8月7日）

读者现在该明白了，为什么罗伯特·皮尔爵士在议院的公开会议①上要对勋爵阁下说"他不知道帕麦斯顿是代表谁"。②

摘自卡·马克思：《帕麦斯顿勋爵》（第二篇）（1853年10月19日），《马克思恩格斯全集》（中文第2版）第12卷，人民出版社1998年版，第412、413—414页。

**4. 帕麦斯顿……勋爵阁下的沉默使人得出这样的结论：政府"根本不想为波兰人做什么事情，它想把波兰人的命运交给俄国处理"**

远近皆知子爵阁下是仗义保护波兰人的。每年当"亲爱的、枯燥乏味的、死气沉沉的"达德利·斯图亚特③引着代表团前来见他时，他从未放过一次机会向他们倾吐他对波兰命运的哀伤，而斯图亚特是

"一位大人物④，他发表演说，通过决议，表决呼吁书，陪伴代表团，随时都对必要的人物抱着必要数量的信任，必要时还会三呼女王万岁"。

--------

① 1830年2月16日的会议。——编者注
② 在1853年10月19日的《纽约每日论坛报》上，文章以下面一段话结尾，这段话看样子是报纸编辑部加的："这句话使人清楚地看到，帕麦斯顿勋爵决不代表自由、荣誉和英国所固有的一切优点。勋爵阁下在那个时候以及在我们所描写的他的活动的最早期是怎样一个人，那么他今天仍然是怎样一个人；所以凡是知道他的人在今天这样严重的关头除了看到他对正义和人权采取假热心的态度外，别的什么也不用想从他那里得到。我们尚未谈到的他那政治生涯部分留在下一次谈；遗憾的是这一部分并不是最精彩的。"——《马克思恩格斯全集》（中文第2版）第12卷，人民出版社1998年版，注释247。
③ "枯燥乏味的、死气沉沉的"原文为"dully—deadly"，其读音与达德利（Dudley）这个名字的读音相近。——编者注
④ 这句话在《纽约每日论坛报》上为"而斯图亚特被人（对勋爵阁下说来不太友好地或者说不太公正地）说成是'一位大人物……'"。——编者注

帕麦斯顿勋爵阁下于1830年11月开始到外交部视事的时候，波兰人已经进行了将近一个月的武装斗争。不久，到1831年8月8日，汉特先生就代表威斯敏斯特联合会向下院提出为波兰人呼吁的请愿书，要求"撤销帕麦斯顿勋爵在国王陛下内阁中的官职"。休谟先生在同一天也断定，勋爵阁下的沉默使人得出这样的结论：政府"根本不想为波兰人做什么事情，它想把波兰人的命运交给俄国处理"。帕麦斯顿回答说，"现存各项条约加给我们的一切义务，政府永远不会忽略"。那么，在他看来，现存条约加给英国的义务究竟是什么呢？他本人告诉我们：

"俄国占有波兰的权利是以维也纳条约①为凭的。"（下院，1833年7月9日）

该条约规定占有波兰要以沙皇遵守波兰宪法为条件。可是，

"仅英国参加维也纳条约这一事实，并不等于说我们必须保证俄国不违反这个条约"。（下院，1834年3月25日）

保证条约决不意味着保证条约被遵守。米兰人正是这样回答皇帝巴巴

---

① 维也纳会议是欧洲各国从1814年9月18日至1815年6月9日在拿破仑法国被击败后断续续召开的会议。参加会议的是英、普、俄、奥等反拿破仑战争联盟国家的君主和代表，法国因波旁王朝复辟也派代表出席了会议。会议缔结的旨在恢复各国国王统治和满足战胜国领土要求的条约和协议，统称为《维也纳条约》。根据维也纳会议的决定，奥地利获得意大利的伦巴第和威尼斯等地，普鲁士获得莱茵河两岸及北部萨克森的土地；瑞典从丹麦获得挪威；俄国获得芬兰，并把华沙大公国改为波兰王国，由沙皇统治；克拉科夫成为俄、普、奥共同保护的共和国。奥地利的尼德兰（比利时）合并于荷兰称为尼德兰王国。德意志组成松散的德意志联邦；瑞士重新恢复中立；英国得到荷兰的殖民地好望角与锡兰以及法属殖民地马耳他岛。会议的最后决议规定，恢复法国1792年的疆界，恢复波旁王朝在法国的统治，并将法国置于列强的严格监督之下；法国不得再侵占欧洲领土。1815年9月关于成立神圣同盟的决议是对维也纳决议的补充。

恩格斯在1845年10月15日致《北极星报》编辑的信中谈到这次会议时写道："'科西嘉怪物'最后被牢牢地禁闭起来之后，大大小小的帝王们立刻在维也纳开了一次大会，以便分配赃物和奖金，并商讨能把革命前的形势恢复到什么程度。""所有一切战胜国都把拿破仑的垮台看做法国革命的覆灭和正统主义原则的胜利。……"——《马克思恩格斯全集》（中文第2版）第12卷，人民出版社1998年版，注释9。

罗萨的："我们确实向您宣过誓，但请记住，我们可并没有宣誓遵守誓言。"①

不过，维也纳条约有一点是很好的。它使缔约者之一的不列颠政府

"有权对任何违反条约的行为持有自己的意见并表示这种意见……维也纳条约各缔约国有权要求波兰宪法不受侵犯，这个意见我并未向俄国政府隐瞒过。早在华沙被占领和敌对行动的结果明朗化以前，我就预先把这个意见通知了俄国政府。华沙陷落后，我再次作了通知。但是俄国政府对问题抱着另一种看法"。（下院，1833年7月9日）

摘自卡·马克思：《帕麦斯顿勋爵》（第三篇）（1853年10月19日），《马克思恩格斯全集》（中文第2版）第12卷，人民出版社1998年版，第415—417页。

**5. 帕麦斯顿勋爵，……事先就冷静地估计到波兰要被攻陷，并且等待这一个适当时机来表示和持有他对维也纳条约某些条款的意见，因为他已经确信，宽宏大量的沙皇力图以武力压垮波兰人民只不过是为了尊重波兰的宪法**

总之，他事先就冷静地估计到波兰要被攻陷，并且等待这一个适当时机来表示和持有他对维也纳条约某些条款的意见，因为他已经确信，宽宏大量的沙皇力图以武力压垮波兰人民只不过是为了尊重波兰的宪法，尽管这个宪法在波兰人民还拥有许多反抗手段的时候就被他践踏过。与此同时，勋爵阁下还谴责了波兰人，说他们不该"采取不必要的、在他看来无法为之辩解的步骤，即废黜了皇帝"。（下院，1833年7月9日）

"我甚至还可以说，波兰人是侵略者，因为斗争是他们挑起的。"（下院，1832年8月7日）

---

① 由于神圣罗马帝国皇帝弗里德里希一世·巴巴罗萨为达到兼并意大利领土的目的，企图取消意大利北部那些自由市的市政自由，米兰人从1159年起就拒绝服从这个皇帝，在随后的长期斗争中米兰于1162年遭到破坏，但最终还是这些城市取得了胜利。——《马克思恩格斯全集》（中文第2版）第12卷，人民出版社1998年版，注释248。

当人们对波兰会被彻底消灭这件事由耽心变为惊恐时,他声称:

"无论从道义上还是从政治上来说,要消灭波兰都是不可能的,因此我认为对于这种企图的任何耽心都是多余的。"(下院,1832年6月28日)

摘自卡·马克思:《帕麦斯顿勋爵》(第三篇)(1853年10月19日),《马克思恩格斯全集》(中文第2版)第12卷,人民出版社1998年版,第417页。

**6. 当华沙陷落后俄国人的残暴行为被揭露出来的时候,帕麦斯顿却建议议院对俄国皇帝要尽量温和**

当后来有人向他提起他用这种方式发表的这些与众不同的想法时,他却硬说人们误解了他,实际上他说这些话并不是从政治上说的,而是从匹克威克的意义上说的,他的意思是说俄国皇帝

"无论名义上还是实际上都不可能消灭居住在被瓜分的波兰王国里的几百万人"。(下院,1836年4月20日)

当议院在波兰人斗争期间打算进行干预时[①],帕麦斯顿说他应该负起他的大臣职责。当事情终于发生时,他却冷冷告诉他们,

"议院的任何表决丝毫打动不了俄国,使之取消决定"。(下院,1833年7月9日)

当华沙陷落后俄国人的残暴行为被揭露出来的时候,帕麦斯顿却建议议院对俄国皇帝要尽量温和。他说,

"他对辩论时使用的某些词句比任何人都感到遗憾"(下院,1832年6月28日),"当今俄国皇帝是一位思想高尚的人","如果说在某

---

[①] 在《纽约每日论坛报》上为"当议院在援波斗争期间威胁说要进行干预时"。——编者注

些场合，俄国政府对波兰人曾经过于残暴，那我们可以把这看做是俄国皇帝的权力实际上受到限制的证明，所以可以有把握地说，在那种场合，这位皇帝不过是经不起他人的影响，而不是受自己自发情感的支配"。(下院，1833年7月9日)

摘自卡·马克思：《帕麦斯顿勋爵》（第三篇）（1853年10月19日），《马克思恩格斯全集》（中文第2版）第12卷，人民出版社1998年版，第417—418页。

**7. 当一方面波兰命运业已决定，另一方面土耳其帝国由于穆罕默德—阿里的叛乱而势将崩溃的时候，帕麦斯顿却要议院相信，"局势的发展一般是令人非常满意"**

当一方面波兰命运业已决定，另一方面土耳其帝国由于穆罕默德—阿里的叛乱而势将崩溃的时候①，帕麦斯顿却要议院相信，"局势的发展一般是令人非常满意"。(下院，1832年1月26日)

当有人提议接济波兰流亡者时，

"他极为难过地表示反对给这些人任何资助，因为，尽管每个慷慨的人的自然的、自发的情感会使他对此加以默许，但要给这些不幸的人任何资助都是和他的职责不相容的"。(下院，1834年3月25日)

我们很快就会看到，就是这位慈悲为怀的人却让不列颠人民承担了很大一部分镇压波兰的开支。

勋爵阁下竭力要向议会隐瞒有关波兰惨剧的全部官方文件。但下院中的那些发言，无疑表明了他在那个灾难性的时期所起的作用，而他对这些发言从未试图加以反驳。

摘自卡·马克思：《帕麦斯顿勋爵》（第三篇）（1853年10月19日），《马克思恩格斯全集》（中文第2版）第12卷，人民出版社1998年版，第418页。

---

① 在《纽约每日论坛报》上为"当一方面波兰必将遭到彻底毁灭，另一方面土耳其帝国由于易卜拉欣帕沙的进展而势将崩溃的时候"。——编者注

**8. 波兰革命爆发后，……奥地利政府……同法英两国政府就波兰王国的复兴问题进行商谈。……帕麦斯顿勋爵拒绝了这项建议**

波兰革命爆发后，奥地利领事并没有离开华沙，而奥地利政府甚至决定派波兰代理人瓦列夫斯基先生前往巴黎，授命他同法英两国政府就波兰王国的复兴问题进行商谈。土伊勒里宫①宣称，"如果英国同意这个计划，它愿同英国共同行动"。帕麦斯顿勋爵拒绝了这项建议。1831年法国驻圣詹姆斯宫②的大使达来朗先生提出法英共同行动的计划，但遭到勋爵阁下十分明确的拒绝，并接到勋爵阁下的一份照会，照会中说，

"在波兰问题上进行友好调停会遭到俄国拒绝。某几个强国不久以前就拒绝了法国的一项类似的建议。在调停遭到俄国拒绝的情况下，法英两国官廷的干涉只能带有强制性质，但圣詹姆斯当局和圣彼得堡当局之间的良好友善的关系不允许不列颠国王陛下③进行这样的干涉。采取这样的行动来反对一位有不容争辩的权利的君主的意志并指望获得成功，这样的时刻还没有到来"。

不仅如此④。1848年2月23日，安斯蒂先生在下院公布了如下的情况：

"瑞典动员了它的舰队，要想采取于波兰有利的牵制行动，并收回它在最近一次战争中被无理夺去的波罗的海沿岸各省。勋爵阁下指示我驻斯德哥尔摩宫廷的大使反对这一计划，于是瑞典只好停止了它的军事准备。波斯宫廷也为着类似的目的调派了军队，由波斯皇太子率领，已向俄国国境进军了三日。驻德黑兰宫廷的使馆秘书约翰·麦克尼尔爵士马上就去追赶皇太子，在离他大本营三天路程的地方赶上了他；他按照勋爵阁下的指示并以英国名义威胁波斯说，只要皇太子再

---

① 指法国宫廷。——编者注
② 指英国宫廷。——编者注
③ 威廉四世。——编者注
④ 在《纽约每日论坛报》上，从"不仅如此"起，到下面摘引的奈特1840年7月13日在下院的演说为止全部被删去。——编者注

向俄国国境前进一步，英国便要参战。为了阻挠土耳其重新开战，勋爵阁下也使用了类似的手段。"

摘自卡·马克思：《帕麦斯顿勋爵》（第三篇）（1853年10月19日），《马克思恩格斯全集》（中文第2版）第12卷，人民出版社1998年版，第419—420页。

**9.** 后来在另外一个场合，亨·加利·奈特先生曾把勋爵阁下对波兰起义问题上的所作所为作了如下概述："只要问题一涉及俄国，勋爵阁下的行动就表现出令人难以理解的不彻底性……在波兰问题上，勋爵阁下让我们一再地失望……"

伊文思上校曾要求把有关普鲁士抛弃在俄波战争中伪装中立的材料拿出来，勋爵阁下反驳这个要求，他说，

"本国大臣们对这一斗争不能不深感遗憾，这一斗争如能结束，他们将极为满意。"（下院，1831年8月16日）

当然，他希望这一斗争尽快结束，而普鲁士自然和他有同感。

后来在另外一个场合，亨·加利·奈特先生曾把勋爵阁下对波兰起义问题上的所作所为作了如下概述：

"只要问题一涉及俄国，勋爵阁下的行动就表现出令人难以理解的不彻底性……在波兰问题上，勋爵阁下让我们一再地失望。不妨回忆一下：当人们坚决要求他尽量做些对波兰有益的事情时，他满口承认事业的正义性，我们的抱怨的正义性；可是他又说：'诸位现在千万要克制，我们马上就要派一位以自由主义思想闻名的大使去，诸位可以相信我们会妥善安排一切；要是诸位激怒了我国大使将与之办交涉的那个强国，那只会妨碍谈判。所以我请诸位听我劝告，现在要保持镇静；请诸位相信，这样做保证会大有好处的。'我们相信了这些保证；自由主义大使也去了；至于他是否就这个问题进行过谈判，我们就再也不知道了。我们听的只是勋爵阁下的漂亮话，此外别无结果。"（下院，1840年7月13日）

摘自卡·马克思：《帕麦斯顿勋爵》（第三篇）（1853年10月19日），《马克思恩格斯全集》（中文第2版）第12卷，人民出版社1998年版，第420页。

**10. 帕麦斯顿……勋爵阁下为反对俄国侵略波兰所作的努力，还不止于此**

1836年3月18日，当有人就克拉科夫被占领一事向子爵阁下提出质问，他说，这种占领不过是暂时的。他对他的北方三盟国的行动的解释是这样宽容和偏袒，以致连他自己也感到必须马上停止，必须中止自己流畅的演说，来作如下庄重的声明：

"我在这里并不是要袒护那些我应当予以批评和谴责的行动。我只是要说明一些情况，这些情况虽然不能为强占克拉科夫辩护，但也许可以使之得到某种谅解，等等……"①

他承认维也纳条约规定上述三强国事先未经英国同意不得采取任何步骤。但是，

"可以有充分理由说，它们已经不自觉地对我国的公正与坦率表示了应有的尊重，因为它们预计到我们永远不会赞同这种行为"②。

但是，帕特里克·斯图亚特先生③认为，有一个比"不提抗议"更好的办法使克拉科夫保全，于是他在1836年4月20日提出一项建议，要求政府派一个代表到自由城市克拉科夫去做领事，因为那里已经有北方三强国的领事。英法两国领事都到达克拉科夫将是一件大事④。子爵阁下看到下院大多数都赞同这一议案，就郑重担保说，政府"打算派一个

---

① 亨·帕麦斯顿1836年3月18日在下院的演说。——编者注
② 亨·帕麦斯顿1836年3月18日在下院的演说。——编者注
③ 在这里和下文中《纽约每日论坛报》误作"斯特拉特福·坎宁爵士"。——编者注
④ 在《纽约每日论坛报》上，"一件大事"之后还有下面这样一句话："并且至少会使勋爵阁下不致到后来声称他根本没有想到奥地利人、俄国人和普鲁士人将在克拉科夫策划阴谋"。——编者注

领事代理去克拉科夫"，以此使斯图亚特先生收回自己的议案。1837年3月22日，达德利·斯图亚特勋爵向他提起他的这个诺言，勋爵阁下却回答说，他"改变了自己的打算，没有派领事代理到克拉科夫去，现在也没有这样做的打算"。于是达德利·斯图亚特勋爵声称，他要提出一项议案，要求对这种奇怪的声明作一个书面解释；但是子爵阁下干脆就用下面的办法使这项议案无法通过：他不出席议院会议，使会议不得不因法定人数不足而延期①。

1840年，"暂时"占领状态仍然存在，因此克拉科夫的居民向法英两国政府提出请愿书，其中提道：

"自由市克拉科夫及其居民的灾难深重，因此下面署名者和他们的同市居民现在只有指望法英两国政府能给以强有力的、文明的保护。他们现在的处境使他们有权呼吁维也纳条约的每个缔约国进行干涉。"②

1840年7月13日有人就克拉科夫的这一请愿书向子爵阁下提出质问，他声称：

"在奥地利和不列颠政府看来，克拉科夫的撤兵问题只是时间问题。"③

至于维也纳条约遭到破坏的问题，

"即使英国打算动武，也根本不可能强制实行自己的意见，因为事情很明显，克拉科夫是英国无法实现其行动的地方。"④

---

① 《纽约每日论坛报》上，"因法定人数不足而延期"之后还有下面的话："他就这样始终没有作出解释，说明他为什么或根据什么理由不履行他的诺言，并且顶住了一切想从他那里弄到有关这个问题的书面材料的尝试"。下面，"从1840年，'暂时'占领状态仍然存在"开始到帕麦斯顿1846年8月17日的演说的引文为止，在《纽约每日论坛报》上都被删去。——编者注
② 转引自乔·坎宁1840年7月13日在下院的演说。——编者注
③ 亨·帕麦斯顿1840年7月13日在下院的演说。——编者注
④ 亨·帕麦斯顿1840年7月13日在下院的演说。——编者注

值得注意的是，勋爵阁下说了这话两天以后就同俄、奥、普三国签订了使英国军舰不能进入黑海的条约①，——大概是为了使英国在这一地区也无法实现任何行动吧。这恰好是在勋爵阁下恢复了英国同上述列强的反法神圣同盟的时候。谈到英国贸易因克拉科夫被占领而受到的损失时，勋爵阁下解释说"向德国输出的总额并未减少"。这个情况如罗伯特·皮尔爵士公正指出的那样，同克拉科夫毫无关系。关于他在这一问题以及派领事代理去克拉科夫一事上的意图，他说，

"尊贵的反对派绅士们利用了他打算派不列颠领事去克拉科夫这一个不幸的声明〈声明是勋爵阁下为了避免对他抱敌对情绪的议院的斥责而于1836年作的〉，这样的经验使他有权坚决拒绝对这类问题作任何回答，以免再次遭到这类不公正的抨击。"

1846年8月17日他说，

"欧洲列强是否遵守和履行维也纳条约，并不取决于有没有一个领事代理驻在克拉科夫。"②

1847年1月28日人们再次要求他③提出书面材料来说明拒不委派不列颠领事去克拉科夫的原因，他声称，

"这个问题同克拉科夫被吞并问题的辩论没有必然联系，他看不出就这个只有暂时意义的事情重新展开激烈争论有什么好处。"④

---

① 1841年公约是1841年7月13日俄国、英国、法国、奥地利、普鲁士为一方，土耳其为另一方，在伦敦签订的关于黑海海峡的公约。公约责成土耳其政府在和平时期不准外国军舰通过黑海海峡，实际上废除了1833年签订的对俄国有利的安吉阿尔—斯凯莱西条约，该条约规定只向俄国军舰开放黑海海峡。在1841年公约上签了字的沙皇政府被迫承认西方列强提出的海峡"中立化"的原则，但1841年公约没有对战时黑海海峡的使用作出规定，这就使土耳其可能在战时自行决定是否允许外国军舰通过。——《马克思恩格斯全集》（中文第2版）第12卷，人民出版社1998年版，注释122。
② 亨·帕麦斯顿1846年8月17日在下院的演说。——编者注
③ 在《纽约每日论坛报》上，本句的开头部分是："十年以后，当克拉科夫的厄运已经定时，当人们再次要求勋爵阁下……。"——编者注
④ 亨·帕麦斯顿1847年1月28日在下院的演说。——编者注

可见，他是一直坚持他早在1837年3月17日就向议会提出官方文件一事所发表的看法的：

"如果这些文件涉及的是目前尚在研究的问题，那么提供出来是危险的；如果涉及的是过去的问题，那么显然不会有什么用处。"①

克拉科夫不仅在政治上而且在贸易上具有何等重要意义，不列颠政府是非常清楚的。不列颠驻华沙领事杜普拉上校曾向政府报告说②：

"克拉科夫升为独立国之后，一直是英国通过黑海、摩尔多瓦、加利西亚以至的里雅斯特运去的大宗商品的贮藏所，这些商品是运到克拉科夫之后再转运到周围各国去的。铁路线将逐渐把它同波希米亚、普鲁士、奥地利的铁路干线连接起来……它还是亚得利亚海和波罗的海之间重要铁路线的中心点。它还要敷设一条直通华沙的铁路……可以有把握地预期，黎凡特③以至印度和中国的每个重要地点都将同亚得里亚海连接起来，因此决不能否认克拉科夫这个连接大陆东西两部分的大铁路网的中心对于英国贸易具有极为重要的意义。"④

帕麦斯顿勋爵本人也不得不在下院承认1846年的克拉科夫起义⑤是三强国故意挑拨起来的。

---

① 亨·帕麦斯顿1837年3月17日在下院的演说。——编者注
② 这句话在《纽约每日论坛报》上为"驻华沙领事古·杜普拉上校曾就此作了详细报告"。以下引自该报告的引文被删去。——编者注
③ 从前西欧对地中海东岸各地的总称，大致相当于现在的"近东"。——译者注
④ 马克思引用的这段话出自古·杜普拉1846年3月10日给乔·阿伯丁的报告，转引自斯·沃特利1847年3月16日在下院的演说。——编者注
⑤ 1846年2月，波兰爱国者为实现波兰的民族解放举行起义。由于小贵族分子的叛卖行为以及普鲁士警察当局逮捕了起义的领导者，全国性普遍起义未能发生，只在克拉科夫获得了胜利并且建立了民族政府，发表了废除封建徭役的宣言。克拉科夫起义于1846年3月初被镇压了下去。1846年11月，奥地利、普鲁士和俄国在维也纳签订了把克拉科夫并入奥地利帝国的条约。从1846年7月起担任外交大臣的帕麦斯顿拒绝了法国关于联合抗议这项条约的建议，并且在1846年11月23日的信中向维也纳当局暗示，英国不打算保护克拉科夫共和国，同时又伪善地呼吁奥地利、普鲁士和俄国放弃它们对克拉科夫的野心。关于帕麦斯顿对波兰事件的态度，马克思在《帕麦斯顿勋爵》这篇抨击性著作（见本卷第395—478页）中也作了描述。——《马克思恩格斯全集》（中文第2版）第12卷，人民出版社1998年版，注释212。

"我认为,奥地利军队起先是应克拉科夫政府的请求开进克拉科夫领土的。但后来这些奥地利军队撤走了。撤离的原因至今尚未加以解释。克拉科夫政府和权力机关随同他们一齐撤离;撤离所造成的直接的后果,至少是最近的后果,就是克拉科夫临时政府的成立。"(下院,1846年8月17日)

1846年2月22日奥地利军队占领了克拉科夫,俄国和普鲁士的军队也随之侵入。① 同月26日塔尔努夫的地方长官贴出告示,号召农民打杀地主,并答应给他们一笔"相当可观的金钱报酬"②。紧接着这个告示就发生了加利西亚人的大破坏③,杀死了近2000名地主。3月12日出现了奥地利的告示,号召"忠君的加利西亚人起来维持秩序和保护法律,消灭秩序的敌人"。在4月28日官方的《日报》④上,弗里德里希·施瓦尔岑堡公爵声明"所采取的行动曾得到奥地利政府的批准",而奥地利政府无疑是同俄国和沙皇的仆从⑤普鲁士按照共同的计划行动的。在所有这些坏事做完之后,帕麦斯顿勋爵认为该是在议院作如下声明的时候了:

---

① 1846年2月,波兰爱国者为实现波兰的民族解放举行起义。由于小贵族分子的叛卖行为以及普鲁士警察当局逮捕了起义的领导者,全国性普遍起义未能发生,只在克拉科夫获得了胜利并且建立了民族政府,发表了废除封建徭役的宣言。克拉科夫起义于1846年3月初被镇压了下去。1846年11月,奥地利、普鲁士和俄国在维也纳签订了把克拉科夫并入奥地利帝国的条约。从1846年7月起担任外交大臣的帕麦斯顿拒绝了法国关于联合抗议这项条约的建议,并且在1846年11月23日的信中向维也纳当局暗示,英国不打算保护克拉科夫共和国,同时又伪善地呼吁奥地利、普鲁士和俄国放弃它们对克拉科夫的野心。关于帕麦斯顿对波兰事件的态度,马克思在《帕麦斯顿勋爵》这篇抨击性著作(见本卷第395—478页)中也作了描述。——《马克思恩格斯全集》(中文第2版)第12卷,人民出版社1998年版,注释212。

② 这里所引用的这个文件以及下面的文件均转引自理·米尔恩斯1846年8月17日在下院的演说。——编者注

③ 卢西族是19世纪人们对居住在加利西亚、喀尔巴阡山区和布科维纳的乌克兰人的称呼。加利西亚的乌克兰农民在1846年2—3月举行起义,与此同时在奥地利管辖的波兰地区,以克拉科夫为中心爆发了波兰贵族的民族解放起义。奥地利当局利用乌克兰农民与反对奥地利的波兰贵族之间的阶级矛盾和民族矛盾,多次唆使起义农民将矛头指向波兰起义部队。起义农民击败了波兰起义部队,随后又大规模摧毁地主庄园。奥地利政府在平息了波兰贵族的起义运动之后,又镇压了加利西亚的农民起义。——《马克思恩格斯全集》(中文第2版)第12卷,人民出版社1998年版,注释14。

④ 《奥地利帝国维也纳日报》。——编者注

⑤ "沙皇的仆从"一语在《纽约每日论坛报》上被删去。——编者注

"我过于相信奥、俄、普三国政府会抱有正义感和尊重权利，实在没有料到它们会以这种做法或想法对待克拉科夫，而不按条约载明的规定行事。"（下院，1846年8月17日）

勋爵阁下当时心中记挂的只是怎样才能把即将结束会议的议会敷衍过去。他硬要下院相信"不列颠政府方面将尽一切努力保证维也纳条约各项条款得到应有的尊重"。但是当休谟先生对于"帕麦斯顿勋爵是否打算叫奥、俄军队撤离克拉科夫"这点表示怀疑时，勋爵阁下要求议院不要相信休谟先生的意见，因为最可靠的情报掌握在他手里，他相信克拉科夫被占领是"暂时的"。1846年的议会就和后来1853年的议会一样被他敷衍过去了，奥地利1846年11月11日关于把克拉科夫并入奥地利版图的宣言很快也发表了。当1847年1月19日议会重新开会时，它从女王①敕语中得知，克拉科夫已经不复存在，只剩下了英勇的帕麦斯顿的抗议书。为了使这一抗议不再有丝毫意义，勋爵阁下这时想出一条妙计，使英国在西班牙的婚姻问题②上卷入同法国的争执，并且几乎使两国兵戎相见；为此他遭到斯密斯·奥勃莱恩先生的严厉批评。法国政府曾要求帕麦斯顿共同抗议克拉科夫的被吞并。对此，诺曼比勋爵按照子爵阁下的指示回答说，奥地利干的非法行为，即吞并克拉科夫，并不比法国蒙庞西埃公爵与西班牙公主联

---

① 维多利亚。——编者注
② 西班牙婚姻问题指西班牙女王伊萨伯拉二世及其妹玛丽—路易莎—费南达公主的婚姻问题。英国最初打算让伊萨伯拉嫁给同英国宫廷关系密切的科堡亲王莱奥波德，让她妹妹嫁给法国国王路易—菲力浦的幼子蒙庞西埃公爵，这一计划将加强英国在比利牛斯半岛的地位。可是过了一些时候，英国又坚持让玛丽—路易莎—费南达嫁给莱奥波德亲王，让伊萨伯拉嫁给西班牙波旁家族的代表人物唐·恩里克。由于后者同进步党有联系，伊萨伯拉的母亲与路易—菲力浦联合了起来。基佐政府于1846年10月不顾英国的外交要求为法王路易—菲力浦的小儿子蒙庞西埃公爵订下了同西班牙公主玛丽—路易莎—费南达的婚约，破坏了英国所策划的科堡亲王莱奥波德同西班牙女王伊萨伯拉二世的婚盟。英法两国政府之间围绕"西班牙婚约"而进行的外交斗争在1846—1847年引起英法关系的尖锐化，法国外交在这个问题上获胜以后，帕麦斯顿竭力寻找机会进行报复，他拒绝同法国一起共同抗议克拉科夫被吞并便是一例。——《马克思恩格斯全集》（中文第2版）第12卷，人民出版社1998年版，注释250。

姻一事更为严重，前者违反了维也纳条约，后者违反了乌得勒支条约①。可是，乌得勒支条约虽于1782年一度恢复，但在反雅各宾战争②中被彻底废除，从1792年起已完全失效。这一点在议院里谁也不比勋爵阁下知道得更清楚，因为在辩论封锁墨西哥和布宜诺斯艾利斯的问题③时，他本人就

---

① 1713年乌得勒支条约是法国和西班牙为一方同参加反法联盟的国家（英国、荷兰、葡萄牙、普鲁士及奥地利哈布斯堡王朝）为另一方签订的条约，它结束了争夺西班牙继承权的长期战争（1701年开始）。根据条约的第6款，西班牙王位仍留给法国王位追求者——路易十四的孙子波旁王族的菲力浦·安茹公爵，但法王必须放弃他合并法国和西班牙两个王国的计划，并放弃他自己以及波旁王朝法国支系的继承者对西班牙王位的继承权。条约批准把法国和西班牙在西印度和北美的许多殖民地以及直布罗陀割给英国。

帕麦斯顿于1846年谴责法国破坏乌得勒支条约指的是路易—菲力浦又想通过他的小儿子同西班牙公主的婚姻而合并两个王国。——《马克思恩格斯全集》（中文第2版）第12卷，人民出版社1998年版，注释251。

② 反雅各宾战争即二十三年战争，指1792—1815年欧洲国家同盟（英、普、奥、俄）反对资产阶级革命时期的法兰西共和国和拿破仑法国的历次战争。1792年2月欧洲各封建专制国家联军对革命的法国发动战争。资产阶级贵族的英国支持联军，1792年8月10日法国宣布成立共和国以及1793年1月处死国王路易十六以后，英国于1793年初加入反法同盟的联军，公开参战。1793年春，反法同盟从四面向法国本土进攻，并支持法国王党叛乱。在1794年6月的弗勒吕斯战役中反法联军被击败。1797年10月签订坎波福米奥和约，同盟瓦解。

1798年12月英、俄、奥等国组成第二次反法同盟，1800年6月，拿破仑在意大利马伦戈战役中击败奥军主力，迫使奥地利签订吕内维尔和约，后又迫使英国签订亚眠和约，同盟解散。

1805年夏，英、俄、奥、瑞典等国第三次组成反法同盟，12月2日，拿破仑在奥斯特利茨战役中大败俄、奥联军，签订普拉茨堡和约。

1806年10月14日拿破仑在耶拿战役和奥尔施泰特战役中击败普军主力，1807年2月8日在埃劳，6月14日在弗里德兰战役中打败俄军，迫使俄、普签订蒂尔西特和约，第四次反法同盟联军失败。

1809年春，英、奥等国组成第五次反法同盟，同年7月拿破仑在瓦格拉姆战役中战胜奥军，迫使奥地利签订维也纳和约。至此，拿破仑统治了整个西欧和中欧。

1813年10月在莱比锡战役中，拿破仑被击败，1814年3月反法联军进入巴黎。4月6日拿破仑退位，流放厄尔巴岛，波旁王朝复辟。

1815年3月拿破仑回到巴黎复位，英、俄、普、奥等国组成第七次反法同盟，6月18日在滑铁卢战役中拿破仑被击败。6月22日第二次退位，波旁王朝第二次复辟。长达二十三年的反雅各宾战争最后结束。——《马克思恩格斯全集》（中文第2版）第12卷，人民出版社1998年版，注释128。

③ 1838年4月16日法国的一支海军中队以保护在墨西哥的法国臣民为借口封锁了墨西哥的港口。11月27—28日韦拉克鲁斯港被占领。1839年3月9日墨西哥被迫同法国签订了一个条约和一个协定。

英法舰队于1845年开始对布宜诺斯艾利斯实行封锁，目的是想迫使阿根廷政府向外国船只开放巴拉那河和乌拉圭河（这两条河由于阿根廷与乌拉圭之间的战争，从1841年起就被封锁了），并以此迫使阿根廷承认乌拉圭的独立。1852年阿根廷接受了上述要求。——《马克思恩格斯全集》（中文第2版）第12卷，人民出版社1998年版，注释252。

曾向议院宣称：

"乌得勒支条约的条款早就由于战争的动荡而失效，只是有关巴西和法属圭亚那的边界的一款例外，因为该款已明确列入维也纳条约。"①

勋爵阁下为反对俄国侵略波兰所作的努力，还不止于此。

摘自卡·马克思：《帕麦斯顿勋爵》（第三篇）（1853年10月19日），《马克思恩格斯全集》（中文第2版）第12卷，人民出版社1998年版，第422—427页。

**11.** 当俄荷贷款协定列入维也纳条约时，威灵顿公爵曾惊呼："这是卡斯尔雷勋爵在外交上的杰作，因为债务迫使俄国遵守维也纳条约。"当俄国拒绝遵守维也纳条约，占领了克拉科夫的时候，休谟先生提议不再从不列颠国库中拨款给俄国。但是子爵阁下认为，尽管俄国在波兰问题上有权违反维也纳条约，英国在俄国问题上仍旧有义务遵守条约

英、荷、俄三国曾经订有一个奇妙的协定，即所谓俄荷贷款协定。反雅各宾战争期间，沙皇亚历山大曾向阿姆斯特丹的霍普公司借过款。波拿巴失败以后，尼德兰国王②"想给同盟国以适当报酬，答谢它们使他的国土获得解放"并使他兼并了他对之没有任何权利的比利时，于是建议同俄国——其他列强都照顾俄国而放弃了他们的共同要求，因为俄国当时在财政上遭到严重困难——签订一项协定；协定规定他分期向俄国支付它欠霍普公司的2500万弗洛林债款。英国为了补偿对荷兰的掠夺——侵占了荷兰在好望角附近的殖民地、以及德梅拉拉、埃塞奎博及伯比斯等地，也加入这一协定，并承担一部分对俄国的补助。这项协定列入了维也纳条约，但附有一个特定条件："在债务未偿清以前，如果荷兰和比利时的联合遭到破坏，则贷款停止支付。"当比利时由于革命③而脱离荷兰的时候，荷兰当然也就拒绝向俄国

---

① 亨·帕麦斯顿1839年3月19日在下院的演说。——编者注
② 威廉一世。——编者注
③ 指1830年比利时的资产阶级革命。这次革命使比利时脱离了荷兰王国，推翻了拿骚国王威廉，在比利时建立了以科布尔克王朝为首的资产阶级君主立宪制度。——《马克思恩格斯全集》（中文第2版）第12卷，人民出版社1998年版，注释253。

支付自己那一份①。另一方面，正如赫里斯先生所说，"俄国也已不再有丝毫理由要英国继续代为偿还债务。"（下院，1832年1月26日）

然而，帕麦斯顿勋爵却认为下述情况是很自然的：

"俄国那时由于支持比利时同荷兰的联合得到酬报，这时则由于支持这两个国家分裂而得到酬报。"（下院，1832年7月16日）

他十分悲伤地呼叫要忠实地履行条约，首先是维也纳条约。他极力设法同俄国签订了1831年11月16日的新协定，在协定的序言中直截了当地说，该协定是"根据维也纳会议通过的现在仍然完全有效的一般性决议"签订的。

当俄荷贷款协定列入维也纳条约时，威灵顿公爵曾惊呼：

"这是卡斯尔雷勋爵在外交上的杰作，因为债务迫使俄国遵守维也纳条约"。②

因此，当俄国拒绝遵守维也纳条约，占领了克拉科夫的时候，休谟先生提议不再从不列颠国库中拨款给俄国。但是子爵阁下认为，尽管俄国在波兰问题上有权违反维也纳条约，英国在俄国问题上仍旧有义务遵守条约。

但这还不是勋爵阁下行为中最令人惊奇的事实。比利时革命爆发以后和议会批准给俄国新的贷款以前，勋爵阁下就已经以偿还英国在1815年所欠的旧债为名，承担了俄在对波战争中的开支。尽管从英国最著名的法学家、现在的圣伦纳兹勋爵爱·萨格登爵士的权威声明看来，

"在这个问题上没有丝毫疑问：政府没有任何权利支付哪怕一个先令"。（下院，1832年1月26日）

---

① 在《纽约每日论坛报》上，"自己那一份"这几个字之后还有下面的话："因为贷款协定规定比利时各省继续是荷兰不可分割的领土，但现在荷兰已经不再享有这些地区的主权了"。——编者注

② 转引自比·埃斯科特1847年3月16日在下院的演说。——编者注

我们还可以援引权威人士罗伯特·皮尔爵士如下的话："法律没有授权勋爵阁下支付这笔款项。"（下院，1832年7月12日）

总之，我们现在明白了勋爵阁下为什么不论在什么场合总要重复说：

"再也没有什么能比波兰问题的辩论更使有正常思维能力的人头疼了"①。

摘自卡·马克思：《帕麦斯顿勋爵》（第三篇）（1853年10月19日），《马克思恩格斯全集》（中文第2版）第12卷，人民出版社1998年版，第427—429页。

**12. 波斯人和阿富汗人这两个民族都把俄国视为天然的敌人，因而也都把英国视为天然的盟友。……然而，不能说这种优越已成功地得到利用**

至于阿富汗人，虽然他们同俄国从来没有发生过实际的冲突，可是他们一向认为俄国是他们宗教的凤敌，是一头要把亚洲一口吞下的巨兽。波斯人和阿富汗人这两个民族都把俄国视为天然的敌人，因而也都把英国视为天然的盟友。因此，英国要保持自己的优势，只需扮成波斯和阿富汗之间的善意的调停人，同时表明坚决反对俄国人的入侵。虚伪的友好，加上真正的对抗——别的什么也不需要了。

然而，不能说这种优越已成功地得到利用。1834年挑选波斯沙赫继承人的时候，英国人不由自主地与俄国合作，支持俄国推举的一位王子②，次年，当这位王子为维护其继位的要求同他的竞争者进行武装斗争时，又进而给以资助并派英国军官去积极援助③。被派到波斯的英国使节都受命

---

① 亨·帕麦斯顿1846年8月17日在下院的演说。在《纽约每日论坛报》上，本段是以下面这样的话结尾的："对于他始终不渝地为之效劳的那个强国的侵略行为，他目前要作出反对的姿态，而这当中究竟有几分诚意，读者现在也可以作出评价了"。——编者注

② 穆罕默德·米尔扎。——编者注

③ 在波斯王位的继承人阿拔斯·米尔扎于1833年10月去世后，他的儿子、已被任命为阿塞拜疆统治者的穆罕默德·米尔扎的祖父法特赫·阿里·沙赫于1834年10月去世以后，法特赫的三个儿子出来争夺王位。穆罕默德·米尔扎在俄国与英国的支持下于1835年初成为波斯国王。英国人为了巩固自己在波斯的地位而派遣了一个大的军团携带大量武器来到波斯，在那里一直待到1838年。英国军官杜赛曾一度指挥过国王的军队。——《马克思恩格斯全集》（中文第2版）第16卷，人民出版社2007年版，注释27。

警告波斯政府不要受人挑唆，不要发动对阿富汗人的战争，因为这种战争到头来只能是浪费资财；可是当这些使节坚决要求上级授权来阻止对阿富汗人一触即发的战争时，英国政府却提醒他们注意1814年的旧条约中的一项条款①，根据这项条款的规定，波斯与阿富汗一旦发生战事，英国人除非得到进行调解的邀请，否则不得加以干预。英国使节和印度英国当局认为俄国在策划这场战争，因为这个大国想借波斯势力的向东扩张，为俄军迟早侵入印度开辟道路。但是这些理由对当时的外交大臣帕麦斯顿勋爵似乎没有或根本没有起任何作用，于是，1837年9月一支波斯军队侵入了阿富汗。波斯军队在取得一些小胜利之后直抵赫拉特，在城下安营扎寨，并在俄国驻波斯宫廷大使西莫尼奇伯爵的亲自指挥下展开了围攻战。在这些军事行动进行期间，英国大使麦克尼尔被相互矛盾的指令弄得无所适从。一方面，帕麦斯顿勋爵命令他"避免讨论波斯（与赫拉特）的关系问题"，因为英国在波斯和赫拉特的关系方面无可奉告。另一方面，印度总督奥克兰勋爵又要他劝沙赫不要继续行动。这次征讨一开始，埃利斯先生就召回了在波斯军队中的英国军官，但帕麦斯顿又把他们派了回去。当印度总督再次命令麦克尼尔召回英国军官时，帕麦斯顿又撤销了这项决定。1838年3月8日，麦克尼尔前往波斯军营，自荐居间调停，但不是以英国的名义，而是以印度的名义。

摘自卡·马克思：《对波斯的战争》（1857年1月27日左右），《马克思恩格斯全集》（中文第2版）第16卷，人民出版社2007年版，第25—26页。

**13. 英国和奥地利反对路易十四的共同斗争，……几乎持续了四分之一世纪。在奥地利王位继承战争中，英国同奥地利一起，对普鲁士和法国斗争了近6年**

福格特关于英国的一套酒馆里的政治闲话只有一种意义，就是使他的《研究》的手法昭然若揭。他按照他的法文原著，把英国海军上将查理·

---

① 指1814年12月25日签订的《英国波斯友好同盟条约》中第9项条款。——《马克思恩格斯全集》（中文第2版）第16卷，人民出版社2007年版，注释28。

纳皮尔爵士变为纳皮尔"勋爵"（《研究》第4页）。尾随十二月帮①的一伙耍笔杆子的朱阿夫兵，从圣马丁门剧场的演出②中得知：每一位气度不凡的英国人至少是个勋爵。

福格特写道："英国从来就未能同奥地利和睦相处得长久一些。即使暂时的利益一致使它们结合一段时间，政治上的必要性也总是紧接着又使它们分离。相反地，英国同普鲁士倒经常保持密切的联系"等等（《研究》第2页）。

果真如此！英国和奥地利反对路易十四的共同斗争，除了少有几次间断外，从1689年起到1713年，也就是说，几乎持续了四分之一世纪。在

---

① 马克思把参加1851年12月2—4日波拿巴派政变（见注197）的人称为十二月帮，这次政变的结果是在法国建立了以拿破仑第三为首的第二帝国（1852—1870年）的反革命制度。在策划这次政变中，1849年创立的波拿巴派的秘密的十二月十日会（见注101）起了巨大的作用。马克思在本文中对该会作了评述。——《马克思恩格斯全集》（中文第2版）第19卷，人民出版社2006年版，注释100。

注197：十二月政变即十二月二日政变。1848年12月10日担任法兰西共和国总统职务的路易·波拿巴于1851年12月2日在法国实行政变：立法议会和国务会议被解散，许多议员被逮捕，在32个省内宣布处于战时状态，社会党和共和党的领导人被驱逐出法国。1852年1月14日通过了新宪法，根据新宪法规定，一切权力都集中在总统手中，而在1852年12月2日在法国建立了第二帝国（1852—1870年，又称十二月政变帝国）的波拿巴政体，宣布路易·波拿巴为法国皇帝，帝号拿破仑第三。马克思在《路易·波拿巴的雾月十八日》一文中对政变作了分析（见《马克思恩格斯全集》中文第2版第11卷第127—240页）。

注101：马克思在摘录《路易·波拿巴的雾月十八日》时，把"会"均改为"帮"。这里指的是"十二月十日会"。该会是为纪念它的庇护人路易·波拿巴1848年12月10日经普选成为法兰西共和国总统而得名。这一组织是波拿巴派的秘密团体，成立于1849年，主要由堕落分子、政治冒险家、军人等组成。虽然1850年11月该组织表面上被解散，实际上它的党羽还继续进行波拿巴主义的宣传，并积极参加了1851年12月2日政变。

② 圣马丁门剧场（Théater de la Porte Saint Martin）坐落在巴黎圣马丁林阴道，1851年十二月政变时，在该剧院附近曾发生波拿巴兵痞殴打共和党人的事件。——《马克思恩格斯全集》（中文第2版）第19卷，人民出版社2006年版，注释198。

奥地利王位继承战争①中，英国同奥地利一起，对普鲁士和法国斗争了近6年。只是在七年战争中，英国才同普鲁士结盟去反对奥地利和法国，但在1762年，布特勋爵就已背叛弗里德里希大帝，时而向俄国公使哥利岑提议"瓜分普鲁士"，时而又向奥地利大臣考尼茨提议"瓜分普鲁士"。1790年，英国同普鲁士缔约②去反对俄国和奥地利，但这项条约同年即化为乌有。在反雅各宾战争③时期，普鲁士尽管接受皮特的资助，仍

---

① 奥地利王位继承战争（1740—1748年）是因奥地利王位继承权引起的普鲁士、巴伐利亚、萨克森、法国与英国、荷兰、俄国之间的战争。1740年10月，奥地利哈布斯堡王朝皇帝查理六世死后，其女玛丽—泰莉莎依据《国事诏书》继承王位，普鲁士等国企图瓜分哈布斯堡王朝的领地，反对《国事诏书》。1740年12月，普鲁士国王弗里德里希二世进攻属于奥地利的西里西亚。1741年，普鲁士、巴伐利亚、萨克森、法国等结成反奥联盟，英国、荷兰与俄国支持奥地利，因而形成欧洲范围内的战争。1742年，弗里德里希二世单独与奥地利签约，获得下西里西亚。1745年，普鲁士为夺取上西里西亚，再次出兵，获胜并单独同奥地利媾和，获得上西里西亚和下西里西亚，同时承认玛丽—泰莉莎继承王位。1748年10月18日战争结束签订亚琛和约，和约确认《国事诏书》，承认玛丽—泰莉莎继承王位的权利。普鲁士得到整个西里西亚。这一条约加剧了普奥之间的矛盾。——《马克思恩格斯全集》（中文第2版）第19卷，人民出版社2006年版，注释199。

② 这里显然指在英国的倡议下，普鲁士于1790年1月10日同土耳其和波斯缔结的同盟条约。由于普鲁士和奥地利在同年7月27日签订了赖兴巴赫条约，上述盟约事实上又被废止。——《马克思恩格斯全集》（中文第2版）第19卷，人民出版社2006年版，注释201。

③ 反雅各宾战争即二十三年战争，指1792—1815年欧洲国家同盟（英、普、奥、俄）反对资产阶级革命时期的法兰西共和国和拿破仑法国的历次战争。1792年2月欧洲各封建专制国家联军对革命的法国发动战争。资产阶级贵族的英国支持联军，1792年8月10日法国宣布成立共和国以及1793年1月处死国王路易十六以后，英国于1793年初加入反法同盟的联军，公开参战。1793年春，反法同盟从四面向法国本土进攻，并支持法国王党叛乱。在1794年6月的弗勒吕斯战役中反法联军被击败。1797年10月签订坎波福米奥和约，同盟瓦解。
1798年12月，英、俄、奥等国组成第二次反法同盟，1800年6月，拿破仑在意大利马伦戈战役中击败奥军主力，迫使奥地利签订吕内维尔和约，后又迫使英国签订亚眠和约，同盟解散。
1805年夏，英、俄、奥、瑞典等国第三次组成反法同盟，12月2日，拿破仑在奥斯特利茨战役中大败俄、奥联军，签订普拉茨堡和约。
1806年10月14日，拿破仑在耶拿战役和奥尔施泰特战役中击败普军主力，1807年2月8日在埃劳，6月14日在弗里德兰战役中打败俄军，迫使俄、普签订蒂尔西特和约，第四次反法同盟联军失败。1809年春，英、奥等国组成第五次反法同盟，同年7月拿破仑在瓦格拉姆战役中战胜奥军，迫使奥地利签订维也纳和约。至此，拿破仑统治了整个西欧和中欧。
1813年10月，在莱比锡战役中，拿破仑被击败，1814年3月，第六次反法同盟俄、普、奥、瑞典的反法联军进入巴黎。4月6日拿破仑退位，流放厄尔巴岛，波旁王朝复辟。
1815年3月，拿破仑回到巴黎复位，英、俄、普、奥等国组成第七次反法同盟，6月18日在滑铁卢战役中拿破仑被击败。6月22日第二次退位，波旁王朝第二次复辟。长达23年的反雅各宾战争最后结束。——《马克思恩格斯全集》（中文第2版）第19卷，人民出版社2006年版，注释38。

然签订了巴塞尔条约①而退出欧洲同盟。相反地，奥地利由于受到英国的唆使，却把这一斗争从1793年继续到1809年，其间只有几次短时期中断。拿破仑刚被废黜，英国还在维也纳会议②期间就马上同奥地利和法国签订了一项反对俄国和普鲁士的秘密条约③（1815年1月3日）。1821年，梅特涅同卡斯尔雷在汉诺威缔结了一项反对俄国的新协定④。因此，当不列颠人自己——历史编纂学家和议会演说家——多半把奥地利当做"ancient ally"（老盟友）来谈论时，而福格特却在他的原著——丹屠出版的法文小册子里发现，奥地利和英国，如果撇开它们的"暂时一致"不谈，总是分道扬镳，相反地，英国和普鲁士却一贯亲密无间，大概因为如此，林德赫斯特勋爵在对俄国作战期间当谈到普鲁士时对上院高喊："提防它，啊，罗马人！"⑤新教的英国厌恶天主教的奥地利，自由主义的英国厌恶保守的奥地利，主张自由贸易的英国厌恶实行保护关税政策

---

① 巴塞尔条约即巴塞尔和约（1795年4月5日），是参加了第一次反法同盟的普鲁士同法国单独缔结的，和约规定普鲁士把西部领土转让法国，但继续占有东部的波兰领土，为此必须退出反法同盟。这个和约的签订是法军胜利的结果，也是法国在外交上善于利用第一次反法同盟参加国之间的矛盾，首先是普鲁士与奥地利之间的矛盾的结果。这个和约的签订导致了欧洲各国第一次反法同盟的瓦解。——《马克思恩格斯全集》（中文第2版）第19卷，人民出版社2006年版，注释202。

② 《维也纳条约》即1815年条约。英、普、俄、奥等反拿破仑战争联盟国家的君主、代表和复辟的波旁王朝代表于1815年5—6月在维也纳会议上签订了旨在恢复各国王朝统治和满足战胜国领土要求的条约和协议。根据1815年条约的决定，奥地利获得意大利的伦巴第和威尼斯等地；普鲁士获得莱茵河两岸及北部萨克森的土地；瑞典从丹麦获得挪威；俄国获得芬兰，并把华沙大公国改为波兰王国，由沙皇统治；克拉科夫成为俄、普、奥共同保护的共和国。奥地利的尼德兰（比利时）合并于荷兰称为尼德兰王国。德意志组成松散的德意志联邦；瑞士重新恢复中立；英国得到荷兰的好望角与锡兰殖民地以及法属殖民地马耳他岛。维也纳会议决定恢复法国1792年的疆界，恢复波旁王朝在法国的统治，并将法国置于列强的严格监督之下；法国不得再侵占欧洲领土。——《马克思恩格斯全集》（中文第2版）第19卷，人民出版社2006年版，注释19。

③ 指法、奥和英的秘密条约。1815年1月3日法国、奥地利和英国之间在维也纳会议期间签订了关于反对俄国和普鲁士的秘密条约，其目的是不让普鲁士占领萨克森国王的领地，不让俄国占有前华沙大公国的土地。这一秘密条约的签订，反映了以往参加反拿破仑同盟各国之间的矛盾急剧尖锐化，几乎酿成公开冲突。——《马克思恩格斯全集》（中文第2版）第19卷，人民出版社2006年版，注释203。

④ 指奥英反俄协定。1821年10月英国国王乔治四世访问汉诺威时，梅特涅和卡斯尔雷签订了奥地利和英国之间的一项协定。该协定旨在反对俄国在希腊问题上所采取的政策。——《马克思恩格斯全集》（中文第2版）第19卷，人民出版社2006年版，注释204。

⑤ 这里套用了贺拉斯《讽刺诗集》第1卷第4首中的一行诗。——编者注

的奥地利，有支付能力的英国厌恶破了产的奥地利。但是，感情的因素在英国的历史中却总是陌生的。帕麦斯顿勋爵在他统治英国的30年当中，的确一有机会就表现出对奥地利的厌恶，借以粉饰自己对俄国的奴颜婢膝。例如，由于"厌恶"奥地利，他竟然拒绝了奥地利在1848年提出并得到皮埃蒙特和法国赞同的由英国出面调解意大利事件；条件是：奥地利退至埃奇河一线和维罗纳，如果伦巴第愿意的话，可以并入皮埃蒙特，帕尔马和摩德纳划归伦巴第，而威尼斯则在一位奥地利大公的管辖下组成一个独立的意大利国家并自行制定宪法（见《关于意大利事件的蓝皮书》，第2部分，1849年7月，第377、478号）。无论如何，这些条件要比维拉弗兰卡和约①的条件有利。在拉德茨基把意大利全线击溃之后，帕麦斯顿提出了他本人早先拒绝过的那些条件。但是，在匈牙利争取独立战争②时期，当俄国的利益要求相反的做法时，帕麦斯顿就不顾自己对奥地利的"厌恶"，拒绝了匈牙利人根据1711年条约③向他提出

---

① 1859年8月8日—10月20日在苏黎世召开了有奥地利、法国和撒丁参加的会议，以拟定最后和约的条款；同年11月10日各方在和约上签了字。略加修改的维拉弗兰卡初步和约的条款成了苏黎世和约的基础。苏黎世条约由三个单独的外交文件组成，即奥法条约，法撒关于把伦巴第转让给撒丁的条约以及奥法撒共同条约。

维拉弗兰卡条约是1859年7月11日法奥之间签署的维拉弗兰卡初步和约。1859年7月8日法奥两国皇帝在维拉弗兰卡城举行单独会晤，皮埃蒙特国王没有获准参加。这次会晤是根据拿破仑第三的建议举行的，因为他害怕战争拖下去会加强意大利和其他欧洲国家中的革命运动和民族解放运动。在这次会晤中签订了停战协定。7月11日法奥双方签署了初步和约，根据和约，伦巴第（曼都亚河培斯克拉两要塞除外）转归法国（但是拿破仑第三后来为了换取萨瓦和尼斯，把伦巴第让给了撒丁），威尼斯仍然受奥地利统治，同意在战时由于人民起义而被赶走的托斯卡纳公爵和摩地那公爵复位。和约规定建立以教皇为首脑的意大利联邦。这个和约完全符合拿破仑第三的计划，它并没有解决意大利民族统一这个课题，相反地却加深了国家的政治分裂，在它的某些地区保存了外国统治。尽管初步和约中的某些条文没有实行（例如，建立意大利联邦、两位公爵——他们的领土于1860年并入皮埃蒙特——在托斯卡纳和摩地那复位等条）或者有了改变，但整个说来，和约中提出的条件为1859年11月10日签订的苏黎世和约打下了基础。——《马克思恩格斯全集》（中文第2版）第19卷，人民出版社2006年版，注释4。

② 匈牙利独立战争指1848—1849年期间匈牙利为反抗奥地利而进行的民族解放战争。——《马克思恩格斯全集》（中文第2版）第19卷，人民出版社2006年版，注释205。

③ 1711年条约指萨特马尔和约，这是在匈牙利民族解放运动失败以后，哈布斯堡王朝和匈牙利贵族于1711年5月1日在萨特马尔城（匈牙利）订立的一项协定。萨特马尔和约巩固了哈布斯堡王朝在匈牙利的统治，而且也加强了匈牙利贵族统治农民的权力。同时，按照萨特马尔和约的规定，贵族还从哈布斯堡王朝手中得到了一系列政治上的让步。——《马克思恩格斯全集》（中文第2版）第19卷，人民出版社2006年版，注释206。

的求援；他甚至拒绝对俄国的干涉提出任何抗议，因为：

"欧洲的政治独立和自由，是同作为欧洲大国的奥地利的存在和完整息息相关的"（在1849年7月21日举行的下院会议上）。

福格特往下说：

"联合王国的利益……处处都同它（奥地利的利益）敌对。"（《研究》第2页）

这个"处处"立即变成了地中海。

"英国不惜一切代价想在地中海及其沿岸各国确立自己的影响。那不勒斯和西西里岛，马耳他和伊奥尼亚群岛，叙利亚和埃及，都是英国针对东印度的政策的据点；奥地利用这些据点上处处给英国设下强有力的障碍。"（《研究》第2页）

摘自卡·马克思：《福格特先生》（1860年2—11月）（八），《马克思恩格斯全集》（中文第2版）第19卷，人民出版社2006年版，第201—203页。

## 14. 英国人迄今一直是这样设想的：他们时而同俄国人、时而又同法国人争夺马耳他和伊奥尼亚群岛

巴黎丹屠出版的十二月帮的原著小册子中的东西，有什么是福格特不相信的呢！英国人迄今一直是这样设想的：他们时而同俄国人、时而又同法国人争夺马耳他和伊奥尼亚群岛，但决不同奥地利人争夺这些岛屿。是法国，而不是奥地利，以前曾派遣远征军前往埃及，目前又在苏伊士地峡加强自己的地位；是法国，而不是奥地利，征服了非洲北部海岸，并同西班牙结盟，企图从英国人手里夺取直布罗陀；英国订立有关

埃及和叙利亚的1840年七月条约①,这是反对法国的,却是同奥地利一起签订的;英国在执行"针对东印度的政策"时,处处遇到来自俄国方面的,而不是来自奥地利方面的"强有力的阻碍";在英国同那不勒斯之间发生的惟一一次严重争端中,即在1840年的硫磺争端中,是法国公司,而不是奥地利公司对西西里岛硫磺贸易的垄断成了引起摩擦的导火线②;最后,在拉芒什海峡彼岸,的确一有机会就说要把地中海变为"法国的内海",但是从来不说要把地中海变为"奥地利的内海"。不过,在这里必须注意到一种重要情况。

这就是:1858年,在伦敦出现了一种欧洲地图,名为"L'Europe en 1860"(《1860年的欧洲》)。这张地图是由法国大使馆出版的,它包含某些对1858年而言带有预言性的暗示,例如,伦巴第和威尼斯被并入皮埃蒙特,而摩洛哥则被并入西班牙;这一地图改画了全欧洲的政治地理,只有法国例外,它好像仍然保留自己的原有版图。该地图用一种不引人注目的嘲弄把预定给法国的领土分送给一些不可思议的主人。比如说,埃及被划归奥地利,并在地图上加印的边注中指明:"Francois Joseph I., l'Empereur d'Autriche et d'Egypte."(弗兰茨—约瑟夫一世,奥地利和埃及的皇帝。)

福格特面前摆着《1860年的欧洲》地图,这是十二月帮的指南针。他的所谓英国和奥地利之间因埃及和叙利亚而发生冲突,就是由此而来。福格特预言:这一冲突"将以消灭敌对国之一而告终",如果,——多亏他还及时

---

① 1840年七月条约指伦敦公约(1840年7月15日)。1839—1841年土埃战争和由此引起的各大国间的矛盾加剧,是40年代初东方问题尖锐化的原因。土耳其苏丹的军队于1839年开进了埃及统治者穆罕默德—阿里在1831—1833年占领的叙利亚,但被击溃。西方各强国深恐俄国单独干涉土埃冲突,于1839年7月27日向苏丹提出一个联合照会,声称所有大国都将帮助土耳其政府。但是,英法之间在近东、特别是在埃及的势力范围问题上有争执,结果只有英、俄、奥、普四国于1840年7月15日签署了关于各强国对苏丹军事援助办法的伦敦公约。法国原有意帮助穆罕默德—阿里,但又惧怕因此面临形成新的反法同盟的危险,不得不放弃对穆罕默德—阿里的支持。由于英国和奥地利的军事干涉,穆罕默德—阿里被迫放弃埃及本土以外的全部领地并服从土耳其苏丹的最高权力。——《马克思恩格斯全集》(中文第2版)第19卷,人民出版社2006年版,注释207。

② 根据英国政府和双西西里王国(那不勒斯王国)政府在1816年签订的条约,双西西里王国不得给予其他国家以有损英国利益的贸易特权。1838年那不勒斯国王授予法国公司在西西里岛开采硫磺的专利权,结果引起了英国的强烈抗议。为了迫使那不勒斯国王撤销决定,英国政府于1840年命令它的地中海舰队开始军事行动。那不勒斯被迫满足了英国的要求。——《马克思恩格斯全集》(中文第2版)第19卷,人民出版社2006年版,注释208。

想起了一个"如果"——"如果奥地利拥有一支海军的话"(《研究》第2页)。《研究》的独到的历史知识,在下列一处登峰造极了:

>"拿破仑第一曾经企图使英格兰的银行,后者对货币采取点数的办法,而不是采取以往常用的过秤的办法,在一日之内就摆脱了困境①;奥地利的国库一年365天都处在类似的、甚至坏得多的境况中。"(《研究》第43页)

大家知道,英格兰银行("英格兰的银行"也是福格特式的幻影)从1797年2月到1821年曾停止银行券兑换黄金;在这24年中间,英国的银行券根本不能兑换金属货币,不论按重量或者按点数都一样。当停止兑换黄金的时候,在法国还没有什么拿破仑第一(虽然当时有个波拿巴将军正在进行他的第一次意大利战役);而当针线街②恢复银行券兑换的时候,拿破仑第一在欧洲已经不复存在了。这一类"研究",甚至使拉盖罗尼埃所描绘的奥地利"皇帝"对蒂罗耳的征服③也为之逊色。

摘自卡·马克思:《福格特先生》(1860年2—11月)(八),《马克思恩格斯全集》(中文第2版)第19卷,人民出版社2006年版,第203—205页。

**15. 现在西西里又在流血,而英国则安闲地观望着卑劣的波旁及其同样卑劣的宗教扈从和世俗扈从——耶稣会教徒和近卫军的新的放纵行为**

目前,人民中的一切阶级都被政治的、行政的和财政的压迫压得喘不过气来;因此,这些委屈就突出到首要地位上来了。但是,几乎所有的土地至今仍属为数不多的大地主或贵族所有。中世纪的土地制度至今还在西西里保存着,只不过耕者不是农奴罢了;他们是在十一世纪左右变成自由佃农时摆脱农奴依附的,但租佃条件大都极为苛刻,以至绝大多数耕者仅仅为税吏和贵族干活,产品除缴纳捐税和地租外几乎剩不下什么。他们自己则生活在赤贫中,至少是非常贫困。虽然他们种植驰名的西西里小麦,

---

① 这里指1797年的银行限制法(Bank Restriction Act)。为使英格兰银行不致破产,1797年5月英国政府颁布了银行限制法,该法规定英格兰银行券的强制性牌价并且停止用银行券兑换黄金。1819年法令虽然恢复了银行券兑换黄金的做法,实际上这种兑换到1821年才完全恢复。——《马克思恩格斯全集》(中文第2版)第19卷,人民出版社2006年版,注释209。
② 针线街是伦敦的一条街,英格兰银行的所在地。——编者注
③ 拉盖罗尼埃《拿破仑第三皇帝和意大利》1859年巴黎版。——编者注

培育出色的水果，但是一年到头都仅以豆类充饥。

现在西西里又在流血，而英国则安闲地观望着卑劣的波旁及其同样卑劣的宗教扈从和世俗扈从——耶稣会教徒和近卫军的新的放纵行为①。忙碌的演说家们在不列颠的议会中用空洞的废话震动着空气，侈谈萨瓦和对瑞士的威胁，而对西西里各城市中的屠杀则一字不提。在整个欧洲听不到一点愤慨的呼声。没有一个君主，没有一个议会宣布嗜血成性的那不勒斯白痴不受法律保护。只有路易—拿破仑为了某种目的，或许会去制止这个人肉商所进行的屠杀，当然，这不是出于对自由的热爱，而是为了抬高他的王朝的地位，或是为了加强法国的影响。英国将大骂失信，大发雷霆抗议拿破仑背信弃义和追求虚荣，但是，那不勒斯人和西西里人不管是得到缪拉特或是得到别的哪一个新君主，他们终究是要赢得好处的。无论怎样变都会好起来。

摘自卡·马克思：《西西里和西西里人》，《马克思恩格斯全集》（中文第1版）第15卷，人民出版社1963年版，第51—52页。

### 16. 克里木战争是一出无与伦比的大型误会喜剧

克里木战争是一出无与伦比的大型误会喜剧，在看这出戏的时候，你时刻都会问自己：这儿被骗的究竟是谁？但是这出喜剧花了无数的钱财和100多万人的生命。联军的头批队伍刚在保加利亚登陆，奥地利人就进入多瑙河两公国，而俄国人则退到普鲁特河以东。这样，奥地利便在多瑙河地区插入交战双方之间；在这个地区继续进行军事行动，只有得到它的同意才行。而在俄国西部边境进行战争是需要奥地利的。奥地利知道，俄国永远不会原谅它这无情的忘恩负义的行为；所以奥地利决心加入联军方面，只是为了进行一场旨在恢复波兰并大大推回俄国西部边界的认真的战争。这样一场战争必然会把普鲁士也卷入同盟②，因为俄国是通过普鲁士的领土获得自己的全部给养的；欧洲同盟会从陆上和海上封锁俄国，并以肯定能够取得胜利的强大的优势兵力向它进攻。

摘自弗·恩格斯：《俄国沙皇政府的对外政策》（1889年12月—1890年2

---

① 那不勒斯国王弗兰契斯科二世及其走卒看到人民痛恨波旁王朝压迫的情绪日益增长，于1860年春在西西里各地挑起了流血冲突。为了回应这种行为，1860年4月西西里爆发了人民起义，起义是在统一意大利的口号下进行的。在巴勒摩和墨西拿，起义被残酷镇压。但是大部分起义者没有放下武器，他们很快就加入了加里波第的军队。——《马克思恩格斯全集》（中文第1版）第15卷，人民出版社1963年版，注释31。

② 这句话在英译文中是："这个战争将使普鲁士不可能中立。"——编者注

月）（三），《马克思恩格斯文集》第 4 卷，人民出版社 2009 年版，第 379—380 页。

**17. 本来应该成为侵略者的坟墓的南俄草原，成了……俄国军队的坟墓**

但是英法两国根本没有这种打算。相反，它们两国都很高兴，因为奥地利的行动方式使它们免除了进行一场认真的战争的危险。俄国所希望的事情——联军开往克里木，牢牢地陷在那里——，恰好由帕麦斯顿提了出来，而受到路易—拿破仑的热烈赞同。要从克里木向俄国腹地进军，这在战略上是丧失理智的行动。这样，战争就被顺利地变成了虚假的战争，而使所有主要参战国都感到满意。但是沙皇尼古拉不能长期容忍敌军在他帝国边陲的俄国土地上安营扎寨；虚假的战争对他来说很快又成了认真的战争。但是这个地方对虚假的战争最有利，对认真的战争却最危险。当尼古拉把自己的全部兵力集中于塞瓦斯托波尔这个边疆的据点的时候，使俄国在防御方面强有力的因素——幅员辽阔、人口稀少、交通不便，补给资源匮乏，便反转来不利于俄国本身了。本来应该成为侵略者的坟墓的南俄草原，成了那些直到严冬时节还被尼古拉以其特有的凶残和愚蠢一批又一批地驱赶到克里木去的俄国军队的坟墓。当最后一支匆忙拼凑起来、武器装备不足、粮草给养很差的队伍在行军途中丧失了大约三分之二的人员（整营整营地死于暴风雪），而剩下的人也不能对敌人进行任何真正的进攻的时候，妄自尊大、头脑空虚的尼古拉完全陷于绝望，他服毒自杀，以逃避他那凯撒式的狂妄行为的后果。

摘自弗·恩格斯：《俄国沙皇政府的对外政策》（1889 年 12 月—1890 年 2 月）（三），《马克思恩格斯文集》第 4 卷，人民出版社 2009 年版，第 380—381 页。

**18. 这时在博斯普鲁斯海峡忽然出现了四艘英国装甲舰，迫使已经能够看见索菲娅教堂圆顶的俄国人停下来**

新德意志帝国为俄国效了劳，它从法国夺去阿尔萨斯—洛林①，从而真的把法国推入俄国的怀抱。沙皇外交现在处于令人羡慕的地位；它得以

---

① 由于法国在 1870—1871 年的普法战争中失败，根据 1871 年 2 月 26 日在凡尔赛缔结的初步和约，法国将阿尔萨斯—洛林东部割让给 1871 年 1 月 18 日宣布成立的德意志帝国。1871 年 5 月 10 日在美因河畔法兰克福签订的和约最后确认了这个条约的条款。——《马克思恩格斯文集》第 4 卷，人民出版社 2009 年版，注释 284。

把由于这一兼并而彼此成为死敌的法德两国都控制在它手中。它又利用了这个有利的形势发起对沙皇格勒的进攻,在1877年向土耳其宣战。在经过长久的战斗之后,俄国军队于1878年1月来到了土耳其首都的大门口,这时在博斯普鲁斯海峡忽然出现了四艘英国装甲舰,迫使已经能够看见索菲娅教堂圆顶的俄国人停下来,把自己拟定的圣斯特凡诺条约提交欧洲会议审查。①

摘自弗·恩格斯:《俄国沙皇政府的对外政策》(1889年12月—1890年2月)(三),《马克思恩格斯文集》第4卷,人民出版社2009年版,第384—385页。

### 19. 这正是俄国外交150年来力图避免的事情

然而,实际上情况完全不是这样。如果说并吞阿尔萨斯—洛林使法国投入了俄国的怀抱,那么向君士坦丁堡进军和柏林和约则使奥地利投入俾斯麦的怀抱。这样,整个情况又改变了。大陆上的大的军事强国分为相互威胁的两大军事阵营:一方是俄国和法国,另一方是德国和奥地利。较小的国家不得不集结在其中一个阵营周围。但是这意味着,俄国沙皇政府要采取最后的重大步骤,要真正占领君士坦丁堡,就不能不进行胜负机会大致相等的世界战争,而这次战争的结局大概并不取决于交战的双方,而取决于英国。因为奥地利和德国对俄国和法国的战争会使俄国的粮食不能再由陆路运往整个西欧。而所有西欧国家都是靠从外国进口粮食来维持生活的。那时只能由海路输入粮食;而英国在海上的优势使它有可能断绝法国或德国的这条运输线,从而用断粮来围困前者或后者(这要看当时它站在

---

① 圣斯特凡诺初步和约是1877—1878年俄土战争结束以后,俄国和土耳其于1878年3月3日在圣斯特凡诺(君士坦丁堡附近)签订的。和约的签订意味着俄国对巴尔干影响的加强,引起了德国暗中支持的英国和奥匈帝国的激烈反对。在外交和军事威胁的压力下,俄国政府被迫把和约提交给1878年6月13日—7月13日在柏林举行的国际会议审查。出席这次国际会议的有俄国、德国、奥匈帝国、法国、英国、意大利和土耳其的代表,会议的结果是签订了柏林条约。根据柏林条约,对圣斯特凡诺和约的条款作了修改,从根本上变得不利于俄国和巴尔干半岛的斯拉夫民族。圣斯特凡诺和约规定的自治的保加利亚领土被割掉二分之一以上,巴尔干山脉以南的保加利亚各地区成立了"东鲁米利亚"自治省,仍受苏丹管辖;黑山的土地也被割去很大一部分。柏林条约承认圣斯特凡诺和约的规定,把1856年从俄国夺去的比萨拉比亚的一部分归还俄国,同时也认可了奥匈帝国对波斯尼亚和黑塞哥维那的兼并。在会议的前夕,英国侵占了塞浦路斯。柏林会议的决定造成了巴尔干半岛新的国际紧张局势,同时也加剧了战争的危险性。——《马克思恩格斯文集》第4卷,人民出版社2009年版,注释285。

哪一方面)①。但是，要知道，通过一场将由英国决定其结局的世界战争来夺取君士坦丁堡，这正是俄国外交150年来力图避免的事情。这已经是俄国外交的失败。②

摘自弗·恩格斯：《俄国沙皇政府的对外政策》（1889年12月—1890年2月）（三），《马克思恩格斯文集》第4卷，人民出版社2009年版，第385—386页。

---

① 在英译文中，这里加了如下的脚注："英国即使没有那种长期以来它自认为应当享有的、而按照1856年的巴黎宣言最后放弃了的海上权利，它在对一两个大陆强国的普通战争中也是一样能够应付的。这些大陆强国甚至在海上被封锁的情况下，在我们的铁路畅通的时代也总是可以通过陆路从与它们毗邻的中立国输入它们所需的任何数量的货物；正是在这方面普鲁士在克里木战争时给予俄国以最大的帮助。但是在目前威胁着我们的欧洲战争中，整个欧洲大陆会分裂为两个敌对集团，保持中立归根到底将是不可能的，各国之间的陆上贸易如果不是完全中断，也会近于中断。在这种情况下，英国会因为放弃自己的海上权利而感到遗憾。但是，从另一方面来看，英国的海上优势将在这场战争中充分表现出来，而除此之外，其实也不需要任何别的东西了。"——编者注

② 在英译文中，下面加了这样一段话："圣彼得堡的外交家们清楚地了解，使英国不能反抗俄国对博斯普鲁斯海峡的彻底控制是多么重要。克里木战争以后，特别是1857年的印度起义［1857—1859年印度发生了反抗英国统治的大规模的人民起义。起义在1857年春天在所谓孟加拉军西帕依部队（从当地居民中招募组成）中爆发，并席卷了印度北部和中部的几个最大的区。起义的基本动力是农民和城市中从事手工业的贫民。由当地封建主领导的这次起义由于印度的封建割据状态，宗教和种姓的差别，以及殖民者在军事技术上占优势而遭到了失败。——《马克思恩格斯全集》（中文第1版）第22卷，人民出版社1965年版，注释］以后，早在1840年就已开始的对突厥斯坦的征服［奥连堡军事总督瓦·阿·彼罗夫斯基将军曾率领远征军，于1839年11月开始侵略希瓦汗国的进军。这支配有若干大炮和粮秣辎重的5000人的军队对于冬季通过荒原的困难条件没有准备。由于士兵大量患病，人员折损一半，彼罗夫斯基未能到达希瓦，被迫于1840年返回奥连堡。——《马克思恩格斯全集》（中文第1版）第22卷，人民出版社1965年版，注释］就成为刻不容缓的任务。1865年俄国人占领了塔什干，从而在药杀水上建立了据点，1868年合并了撒马尔汗，1875年合并了浩罕，把布哈拉汗国和希瓦汗国变成俄国的附庸。然后，开始了从里海东南角对梅尔夫的缓慢的进军；1881年占领了沙漠上的第一个重要的前哨格奥克泰佩；1884年梅尔夫投降，于是里海东岸的铁路就填补了里海的米哈伊洛夫斯科耶和奥克苏斯河的查尔朱伊之间的俄国交通线上的空白。目前俄国人在突厥斯坦的地位还远不能为他们进攻印度提供可靠的和充分的基地。但是，它至少造成将来入侵的严重威胁，并且在当地居民中间不断引起骚动。当英国在印度的统治还没出现可能的竞争者的时候，甚至1857年的起义以及对它的残酷镇压都可以看做是归根到底加强了英国人的统治的事件。但是当在突厥斯坦出现一个头等的欧洲军事强国的时候，当它正在用暴力或劝诱的方法把波斯和阿富汗变为自己的附庸，并且缓慢地但是坚定不移地向兴都库什山脉和苏莱曼山脉推进的时候，情况就完全不同了。英国的统治对印度来说已不再是什么不可更改的命运；在当地居民面前展现了另一个前途；用暴力建立起来的，也可以用暴力推翻；现在如果英国企图阻挡俄国通向黑海的道路，俄国就会设法在印度给英国制造许多麻烦。但是尽管如此，英国的海上威力还是如此强大，以至于在看来正在逼近的大战中，英国能给俄国造成的危害，会比俄国能给英国造成的危害大得多。"——编者注

## 三十　英国侵略南亚次大陆

**1. 英国在奥德的统治权是这样建立起来的**

其实，英国在奥德的统治权是这样建立起来的。1856年达尔豪西勋爵断定行动的时机已到，他就在康波尔集中了军队，而告诉奥德国王①说这支军队是用来监视尼泊尔的。突然间，这支军队侵入了奥德，占领了勒克瑙，俘虏了国王。他们要国王把自己的国家让给英国人统治，但是枉费心机。于是国王被送往加尔各答，奥德这块地方就被并入东印度公司的领地。这种背信弃义的入侵行为的依据，是威尔斯里勋爵经手签订的1801年条约第六条②。这个条约是另一个条约即约翰·肖尔爵士在1798年经手签订的条约的自然产物。按照英印政府在同土著王公交往时所遵循的一般政策，这个第一次签订的1798年的条约是缔约双方的攻守同盟条约。它保证东印度公司每年得到76拉克③（380万美元）的津贴；但是按照第十二、十三条的规定，国王必须减少国家的捐税。不言而喻，国王无法同时履行这两个显然互相矛盾的条件。结果，正如东印度公司所指望的，出现了新的复杂的情况，最后终于签订了1801年的条约。按照这个条约，国王必须割让领土来补偿似乎已经出现的对原有条约的破坏行为。顺便提一下，当时在议会里曾对这次领土割让严加指责，认为是一种公开的掠夺，而且威尔斯里勋爵那时要不是倚仗着自己家族的政治势力，就会因此而被提交调查委员会查办。

摘自卡·马克思：《奥德的兼并》（1858年5月14日），《马克思恩格斯全集》（中文第1版）第12卷，人民出版社1962年版，第503—504页。

**2. 东印度公司……不宣战就侵入他的领土，出其不意地将他俘虏，夺去他的王位和兼并他的国家**

作为这次领土割让的交换条件，东印度公司根据第三条，负责保护留给国王的领土不受任何内外敌人的侵犯，而根据第六条，还保证国王及其后裔和继位者永久占有这些领土。但是这第六条本身就包含着一个对国王

---

① 瓦吉德·阿利·沙赫。——编者注
② 根据1801年东印度公司同奥德的纳瓦布所签订的条约，印度总督威尔斯里借口纳瓦布未偿债务，兼并了他的一半领地，其中包括果腊克普尔、罗希尔汗和恒河、朱木拿河两河之间的某些地区。——《马克思恩格斯全集》（中文第1版）第12卷，人民出版社1962年版，注释357。
③ 每一拉克等于10万卢比。——编者注

设下的圈套，那就是：国王必须建立一套通过他的官吏来执行的行政制度，这套制度要能促进他的臣民的福利，并且要能保障居民的生命和财产。现在我们假定，奥德国王破坏了这个条约，他没有用他的行政制度来保障居民的生命和财产（譬如说，把他们绑在炮口上轰死，没收他们的全部土地）；那末东印度公司能做些什么呢？条约上承认国王是独立的国君，是行动自主的人，是缔约的一方，东印度公司在宣布条约遭到破坏从而宣告无效时，只能采取两种行动：或者通过谈判施加一定压力来达成新的协议，或者向国王宣战。但是，不宣战就侵入他的领土，出其不意地将他俘虏，夺去他的王位和兼并他的国家，——所有这一切不仅仅是破坏条约，而且也是破坏国际法的一切原则。

摘自卡·马克思：《奥德的兼并》（1858年5月14日），《马克思恩格斯全集》（中文第1版）第12卷，人民出版社1962年版，第504—505页。

### 3. 有一件奇怪的事实证明，兼并奥德不是英国政府突然决定的

有一件奇怪的事实证明，兼并奥德不是英国政府突然决定的。帕麦斯顿勋爵刚刚就任外交大臣，就马上在1831年命令当时的总督兼并奥德。他的这位僚属当时拒不执行这项命令。但是这个消息传到了奥德国王①那里，他就找了一个借口派一个使团到伦敦去。使团不顾一切阻挠，终于向当时还被完全蒙在鼓里的威廉四世陈述了奥德面临着什么样的危险。于是，威廉四世和帕麦斯顿大闹了一场，结果帕麦斯顿奉到极严厉的上谕：今后不得再发生这类 coup d'état②，否则立予免职。这里很有必要提醒一下，这次兼并奥德和没收其全部地产正是在帕麦斯顿重新当政的时候发生的。几个星期以前，下院曾要求调阅有关1831年第一次企图兼并奥德的文件，但是督察委员会秘书贝利先生宣称这些文件已经遗失。

摘自卡·马克思：《奥德的兼并》（1858年5月14日），《马克思恩格斯全集》（中文第1版）第12卷，人民出版社1962年版，第505页。

### 4. 1837年，当帕麦斯顿再度出任外交大臣，奥克兰勋爵出任印度总督时，奥德国王又一次被迫同东印度公司签订新的条约

1837年，当帕麦斯顿再度出任外交大臣，奥克兰勋爵出任印度总督时，奥德国王③又一次被迫同东印度公司签订新的条约。这个条约使1801

---

① 纳集尔—埃德—丁。——编者注
② 直译是：政变；这里是：变故。——编者注
③ 穆罕默德·阿利—沙赫。——编者注

年条约的第六条有所改变，因为"其中没有规定，如果不履行本条所包括的义务"（擅自治理国家），"当如何惩处"；因此第七条特别规定：

> "奥德国王应会同英国驻剳官立即拟制最有效的办法来消除自己统治地域内警务、司法、财政方面的弊端；如果国王陛下无视英国政府的建议和指示，如果在奥德境内普遍存在着粗暴而一贯的压榨、无政府和混乱状态，以致严重危害社会安宁，英国政府则保留权利委派自己的官员在英国政府认为必要的期限内治理奥德任何一部分发现有这类施政恶劣情事的领土，不论其地域大小如何；在这种情况下，收入中扣除一切开支以后的余额当交入王国国库，并将收支情况如实呈报国王陛下。"

其次，条约的第八条还规定：

> "印度总督及其参事会不得已而行使第七条所赋予他的权力时，将在可能范围内力求保持并尽量改善该地区的本地行政机关和政府形式，以便在时机成熟时将该地区交还奥德的国君。"

在形式上，这个条约是由英印总督及其参事会[①]同奥德国王签订的。

---

[①] 英印总督及其参事会——见注210。——《马克思恩格斯全集》（中文第1版）第12卷，人民出版社1962年版，注释358

注210：1773年以前，东印度公司在其印度的领地内有三个省督，分别驻在加尔各答（孟加拉）、马德拉斯和孟买；每一省督下面设一由公司职位较高的职员组成的参事会。按照1773年"改进东印度公司行政管理法令"，加尔各答省督（已称为孟加拉总督）下面设立由四人组成的参事会。总督和参事会的参事已经不是由公司任命，而通常是由英国政府指名委任，任期五年；任期届满以前只能按公司参事会提名由国王免职。参事会内实行少数服从多数；如果其参事的票数各半，则总督的一票具有决定意义。总督应该对孟加拉、比哈尔和奥里萨实行民政和军事管理，同时对现在归他管的马德拉斯省和孟买省，在有关进行战争和签订和约问题上享有最高监督权。只是在特殊情况下，后几省才能独立行事。按照1784年法案，孟加拉参事会的参事减至三人，其中包括总司令。根据1786年的补充法案，总督获得在特殊情况下行动不受参事会限制的权利以及担任总司令职务的权利。按照1833年的法案，孟加拉总督成为印度总督，同时仍然是孟加拉省督；其下所设参事会的成员重新增至四人，同时可把总司令加进去作为参事会的第五个成员。总督及其参事会获得对这个不列颠治下的印度颁布法律的权利。孟买和马德拉斯政府则失去这一权利；其省督下面的参事会应由两人组成。按1853年法案，除了组成具有立法职能的扩大参事会，其中应包括总督、总司令、孟加拉主审法官和最高法院中的一名法官。印度总督下设参事会的这一情况一直保持到1858年。

它作为这样一个条约，由双方遵照一切正式手续予以批准，并按应有的方式交换了批准书。可是，当它被提交东印度公司董事会核准时，后者认为它破坏公司和奥德国王之间的友好关系，是总督对这位君主的权利的侵犯，而把它宣告作废了（1838年4月10日）。帕麦斯顿并没有请求公司许可签订这个条约，因此他也就根本没有理睬公司关于宣告条约作废的决定。同样，奥德国王也从来没有得到宣告条约作废的通知。达尔豪西勋爵本人证明了这一点（1856年1月5日会议记录）：

"很可能，国王在即将同驻劄官进行的谈判中会提起他同前任驻劄官在1837年签订的条约。驻劄官知道，条约已经无效，因为英国刚刚接到它之后，它立刻就被董事会宣告作废了。其次，驻劄官知道，虽然奥德国王那时曾得到通知，说1837年条约中某些有关增加军事力量的沉重条款将不能实现，但是关于完全废除条约这件事却从来没有通知国王陛下。由于这样隐讳和吞吞吐吐，现在已使人感到棘手。而且由于这个已经宣告无效的条约仍然被收进1845年奉政府命令出版的条约汇编，更使人感到棘手。"

摘自卡·马克思：《奥德的兼并》（1858年5月14日），《马克思恩格斯全集》（中文第1版）第12卷，人民出版社1962年版，第505—506页。

**5. 但是英国人所希望的恰恰相反。只有兼并才能使他们心满意足**

就在同一份议会记录的第十七节中还有这样的话：

"如果国王援引1837年的条约，并提出询问：为什么——假使目前需要采取进一步措施来管理奥德——英国政府不行使前述条约赋予它的广泛权力，则应该通知国王陛下：这项条约自从提交董事会那一天起已经不复存在，因为董事会已宣告它完全作废。应该提醒国王陛下，勒克瑙宫廷那时曾得到通知：1837年条约中关于由国王负担新添武装力量的军饷的若干条款应宣告作废。必须承认，当时认为没有必要把条约中那些不立即生效的条款通知国王陛下，由于疏忽，以后也没有通知国王陛下。"

但是，这个条约不仅被收进 1845 年出版的官方编纂的条约汇编，而且在 1839 年 7 月 8 日奥克兰勋爵给奥德国王的通知里、1847 年 11 月 23 日哈丁勋爵（当时的总督）向同一位国王所上的条陈以及 1851 年 12 月 10 日斯利曼上校（在勒克瑙的驻劄官）致达尔豪西勋爵本人的信件里，都把它当做现行条约而正式引用。达尔豪西勋爵的所有前任、连同他自己的僚属在和奥德国王的来往信件里，都把这个条约视为有效条约，为什么达尔豪西勋爵本人偏偏这样顽固地否认条约的合法性呢？唯一的原因是，按照这个条约，不论国王为干涉自己的事务提供了什么样的口实，这种干涉总是受到限制：英国的官员们只能在奥德国王的名义下掌握这个国家的行政权，而且他们必须将剩余的收入交给国王。但是英国人所希望的恰恰相反。只有兼并才能使他们心满意足。

摘自卡·马克思：《奥德的兼并》（1858 年 5 月 14 日），《马克思恩格斯全集》（中文第 1 版）第 12 卷，人民出版社 1962 年版，第 506—507 页。

### 6.（英国）军官和士兵进城的时候是穷光蛋或者负债累累，而出城的时候都突然变成了富豪

我们的不够谨慎的朋友，伦敦"泰晤士报"的威廉·罗素先生，由于喜作生动的描述，在不久以前又一次绘声绘色地描写了抢劫勒克瑙的情景，使得外国人对英国人的性格产生一种并不特别令人称羡的印象。现在看来，德里也受到相当大规模的"掠夺"，并且除了恺撒巴格以外，勒克瑙全城也被用来犒劳①曾经备尝艰辛和英勇奋战的英国兵。现在引用罗素先生的一段话：

"有些连真可以夸耀它们的一些拥有几千英镑财物的士兵。我听说，有一个兵洋洋自得地要借钱给一个军官，'如果他想购买上尉官衔的话，要多少就借多少'。另外一些士兵汇大笔款子给他们的朋友。在这封信还未寄到英国以前，许许多多的钻石、翡翠和珍珠一定已经非常安详而愉快地告诉你们关于攻击和抢劫恺撒巴格的故事。好在佩带这些珠宝的漂亮妇女们……没有看见这些光彩夺目的东西是怎样得来的，也想像不出这些宝物被强夺时的那种情景……有些军官真正发了

---

① 疑似"犒劳"之误。——摘编者注

大财……在放军装的破箱子里，藏着一些小匣子，里面装着苏格兰和爱尔兰的整个庄园，装着世界上盛产飞禽走兽和鱼类的各个地方的舒适的渔猎别墅。"

这就说明为什么英军在攻占勒克瑙后无所作为。用来从事大肆抢劫的两个星期没有白白浪费。军官和士兵进城的时候是穷光蛋或者负债累累，而出城的时候都突然变成了富豪。他们已经不再是原来那样的人了，可是有人还期待他们重新执行原来的军事职务，俯首听命，默然服从，甘心忍受疲劳、艰难和征战之苦。但这是不可能的了。军队一旦任其抢劫，就永远变样了；将军的任何命令和威信都无法使它恢复原状。请再听听罗素先生的话吧：

"看看钱财怎样引起疾病的发展，抢劫怎样使人变得凶狠无情，在家庭里，在最亲近的、最可爱的人们中间一些光泽的石炭结晶会造成怎样巨大的灾害，这是很有意思的……列兵腰间所系的装满卢比和金币的沉甸甸的皮带，使他们确信自己的梦想〈在祖国逍遥自在〉可以变成现实，无怪乎'集合、集合！'的口令会使他们发怒……两次会战、双份奖金、两个城市的洗劫和很多顺手发财的机会，使得我们有些士兵过于富足，以致不安心当兵了。"

于是我们听说有150名以上的军官向科林·坎伯尔爵士提出退职的请求，——这在与敌人对峙的军队中确实是极少有的行为。在任何其他的军队中，由于这种行为将会在24小时内受到撤职以及其他最严厉的惩罚，但是在英国军队中显然把这种行为看做是突然发财致富的"军官兼绅士"的十分自然的举动。至于士兵，做法就两样了。抢劫产生再抢劫的欲望；并且如果附近再没有印度人的财宝可供抢劫，那末为什么不能抢劫英国政府的财宝呢？无怪乎罗素先生这样写道：

"欧洲兵护送的两辆钱柜车可疑地翻了车，丢失了一些卢比，因此军需官表示宁愿要土著士兵来执行护送公款的微妙的任务！"

摘自弗·恩格斯:《英国军队在印度》(1858年6月4日左右),《马克思恩格斯全集》(中文第1版)第12卷,人民出版社1962年版,第526—527页。

**7. 真是妙事！印度兵或者锡克兵更有纪律，他们中间做贼做盗的、贪财好利的竟少于那些无可比拟的军人模范英国兵！**

真是妙事！印度兵或者锡克兵更有纪律，他们中间做贼做盗的、贪财好利的竟少于那些无可比拟的军人模范英国兵！但是前面我们所看到的只是个别英国人的行动。现在来看看集体"行劫"的英国军队吧：

"战利品日益增多，据估计，这些财产出售后，可得60万英镑。据说，康波尔城堆满了在勒克瑙抢来的东西；如果能估算出公共建筑所受的损失、私人财产的毁坏、房屋地产的跌价以及人口减少的影响，那末就会发现，奥德首府的损失总数约为500万或600万英镑。"

成吉思汗和帖木儿的卡尔梅克寇群，像蝗群一样袭击了许多城市，沿途所遇，无不吞噬一光，但是要与这些信奉基督教的、文明的、有骑士风度的、文雅的英国士兵的侵略比较起来，对于受害的国家来说，却未必不是一种善行。至少前者按照他们的游荡不定的路线很快就过去了；而这些有条不紊的英国人却到处带着自己的搜括人员，把抢劫变成制度，把抢来的东西登记下来，公开拍卖，并特别注意使英国兵的英勇受赏的权利不受欺骗。看看这支因大规模行劫而纪律松弛了的军队，当炎暑季节作战的困难要求最严格的纪律时，还能有多大作为，将是很有意思的。

摘自弗·恩格斯:《英国军队在印度》(1858年6月4日左右),《马克思恩格斯全集》(中文第1版)第12卷,人民出版社1962年版,第527—528页。

**8. 尽管如此，目前英国人毕竟又重新征服了印度**

尽管如此，目前英国人毕竟又重新征服了印度。由孟加拉军哗变掀起的伟大起义，看来是真的平息下去了。但是，这再次的征服并没有加强英国对印度民心的控制。英军在所谓土著居民暴虐残杀这种夸大和捏造的传说驱使下所进行的残酷报复，以及整批和零星地没收奥德王国的企图，并没有使胜利者博得任何特殊的好感。相反地，他们自己都承认，无论在印度教徒或伊斯兰教徒中间,对基督徒入侵者的宿仇旧怨现在比任何时候都更深了。也许这种仇恨目前还没有力量,但是可怕的乌云既已笼罩着锡克人的旁遮普,它并不是没有重要意义的。而问题还不止于此。英国和俄国这两个亚洲大国现在都在争夺西伯利亚和印度之间的一个地点,在这里俄国和英国的利益必然要发生直接冲突。这个地点就是北京。不久,从这里向西横过整个亚洲大陆,将形成这些互相敌对的利益不断发生冲突的一条线。这样,"西帕依和哥萨克相遇于奥克苏斯平原"的日子可能确实不会很远了,如果这件事真正发生的话,那末15万印度土著士兵的反英情绪将是一个值得严肃考虑的问题。

摘自弗·恩格斯:《印度起义》(1858年9月17日左右),《马克思恩格斯全集》(中文第1版)第12卷,人民出版社1962年版,第614—615页。

## 三一　英国侵华与中国门户洞开

**1. 在全部事件过程中，错误是在英国人方面**

昨天早晨由亚美利加号轮船带到的邮件，有许多是关于英国人在广州同中国当局的争端和海军上将西马縻各厘的军事行动①的文件。我们认为，每一个公正无私的人在仔细地研究了香港英国当局同广州中国当局之间往来的公函以后，一定会得出这样的结论：在全部事件过程中，错误是在英国人方面。英国人硬说，造成争端的原因似乎是某些中国官员没有诉诸英国领事而强行从停泊在珠江江面的一艘划艇②带走了几名中国罪犯，并且扯下了飘挂在划艇桅杆上的英国国旗。但是，正如伦敦《泰晤士报》所说，

"这里的确有许多引起争论的问题，如划艇是否悬挂着英国国旗，领事采取的措施是否完全正确等"③。

提出这样的怀疑是有根据的，如果我们记得，领事坚持援用于这艘划艇的条约④上的规定只适用于英国船只；而很多迹象表明，这艘划艇从任何正确意义上来看都不是英国的。但是为了使我们的读者能够看到事件的

---

① 1856年10月8日中国水师在走私船亚罗号划艇上拘捕了12名水手。该船船主和水手均为中国人，只是雇用一名英国人作船长，并持有一张已过期失效的香港执照。英国驻广州领事巴夏礼硬说亚罗号是英国船只，并指控中国水师扯下了该船事实上并未悬挂的英国国旗。香港总督兼英国驻华公使包令以亚罗号事件为借口，命令英国海军将军西马縻各厘于23日率部进犯广州。第二次英中冲突即第二次鸦片战争自此开始。——《马克思恩格斯全集》（中文第2版）第16卷，人民出版社2007年版，注释15。

② 所谓"划艇"，实际上是一种近海帆船，欧式船身，中式帆具，最早为澳门的葡萄牙人所造。——编者注

③ 1857年1月2日《泰晤士报》第22567号社论。——编者注

④ 指1843年10月8日签订的中英《五口通商附粘善后条款》，即通常所说的虎门条约。这个条约是1842年南京条约的附约。这里涉及的其中第九款规定："倘有不法华民，因反法逃在香港，或潜住英国官船、货船避匿者，一经英官查出，即应交与华官按法处治；倘华官或探闻在先，或查出形迹可疑，而英官尚未察出，则华官当为照会英官，以便访查严拿，若已经罪人供人，或查有证据知其人实系罪犯逃匿者，英官必即交出，断无异言。"——《马克思恩格斯全集》（中文第2版）第16卷，人民出版社2007年版，注释16。

全貌，我们且把双方公函中最重要的部分披露出来。首先是10月21日英国驻广州领事巴夏礼先生给叶总督①的照会：

"本月8日早晨，一大队身穿军服的中国官兵，事前根本没有照会英国领事，就擅自登上同其他船只一起停泊城外的英国划艇亚罗号；他们不顾英籍船长的抗议，竟将划艇14名水手中的逮捕12名中国人捆绑而去，并将船上的旗帜扯下。当天，本领事即将这一公开侮辱英国国旗和严重破坏善后补充条约第九款的全部详情通知贵大臣，要求贵大臣对这一侮辱事件提供赔偿，并在本案上严格遵守条约规定。然而贵大臣令人莫解地不顾正义和条约规定，既不对这一侮辱事件进行赔偿，也不表示道歉，而且贵大臣把捕去的水手仍然关押在狱中，说明贵大臣赞同这次破坏条约的行动，使女王陛下政府无法相信不再发生类似的侵犯行为。"②

摘自卡·马克思：《英中冲突③》，《马克思恩格斯全集》（中文第2版）第16卷，人民出版社2007年版，第17—18页。

**2. 根据这些前提，中国总督得出结论说，没有任何违背条约的行为。然而英国全权公使在10月12日不但要求交出全体被捕水手，而且要求道歉**

事情好像是这样：划艇上的中国水手被中国军官逮捕，因为后者获悉这批水手中有些人曾参与抢劫一艘中国商船。英国领事指控中国总督逮捕水手、扯下英国国旗、拒绝道歉、关押被捕者。中国总督在给西马縻各厘将军的信中肯定说，他在查明被捕者当中有9人无罪后，已于10月10日

---

① 叶名琛。——编者注
② 巴夏礼《致两广总督叶名琛。1856年10月21日》，载于1857年1月7日《泰晤士报》第22571号。——编者注
③ 19世纪50—60年代，马克思和恩格斯十分关注和同情中国人民当时对外反抗列强侵略、对内反对腐败清政府的英勇斗争，在《纽约每日论坛报》上发表了许多有关中国的文章：《英中冲突》、《议会关于对华军事行动的辩论》、《英人在华的残暴行动》和《英人对华的新远征》等。马克思和恩格斯指出第二次鸦片战争是"极端不义的战争"［《马克思恩格斯全集》（中文第2版）第16卷，人民出版社2007年版，第92页］，揭露了英国政府发动这场战争的荒唐借口，谴责了英国殖民主义者的奸淫烧杀、无恶不作的罪行。——《马克思恩格斯全集》（中文第2版）第16卷，人民出版社2007年版，注释14。

指派一名军官把他们送回船去，但巴夏礼领事拒绝接受他们。关于划艇本身，总督声称，在船上逮捕中国人时就认为它是一艘中国船，这一点正确无误，因为这艘划艇是由中国人建造的，属于中国人所有，船主把这艘船在英国殖民地船籍登记簿上注了册，骗取到了一面英国国旗——这大概是中国走私者惯用的办法。关于侮辱英国国旗的问题，总督指出：

"贵国划艇湾泊下碇，向将旗号收下，俟开行时再行扯上，此贵国一定之章程也。到艇拿人之际，其无旗号，已属明证，从何扯落？巴领事官屡次来申，总以扯旗欲雪此辱为名。"①

根据这些前提，中国总督得出结论说，没有任何违背条约的行为。然而英国全权公使②在10月12日不但要求交出全体被捕水手，而且要求道歉。总督对此答复如下：

"二十四日卯刻，发去巴领事官札文，并审明犯案之梁明太、梁建富，并见证之吴亚认，共三名，连前九名，共计十二名，一并交还，而巴领事官将解还之人犯十二名并札文不收。"③

可见，巴夏礼当时完全能够领回他的所有12名水手，而那封他没有拆阅的信很可能是含有道歉的意思的。就在同一天晚上，叶总督曾再一次询问，为什么不接受他送去的人犯，为什么他的信得不到任何答复。这一点没有被理睬，而到了24日，攻击炮台的炮火却响起来了，有几处炮台被占领。直到11月1日，西马縻各厘将军才在他给总督的信中解释了巴夏礼领事这种看来不可理解的行为。他写道，水手是送回给领事了，可是"并非公开地送回到他们的船上，并且没有按照要求为破坏领事裁判权道歉"④。

---

① 华廷杰《触藩始末》卷上第十五页：十月初三日致英酋照会。——编者注
② 包令。——编者注
③ 华廷杰《触藩始末》卷上第十五页：十月初三日致英酋照会。引文中"二十四日"是指咸丰六年九月二十四日，即1856年10月22日。——编者注
④ 西马縻各厘《致两广总督叶名琛。1856年11月2日》，载于1857年1月2日《泰晤士报》第22567号。——编者注

这样，全部事情归结起来就是找了这么一个岔子：没有把包括3名审明的罪犯在内的一群水手以隆重的仪式遣送回船。对这一点，两广总督首先答复说，12名水手已经实际移交给领事，并无"任何拒绝遣送他们回船"的情况。直到城市被轰击了6天之后，中国总督才知道这位英国领事因何不满。至于道歉，叶总督坚持无歉可道，因为没有任何错误。我们且引用他的话：

"本大臣之办事人员进行辑捕时，并未见有外国旗帜，尤有进者，受命办理此案之官员审讯犯人时证实该划艇绝非外国船只，是以本大臣仍认为并未犯任何错误。"①

摘自卡·马克思：《英中冲突》，《马克思恩格斯全集》（中文第2版）第16卷，人民出版社2007年版，第18—20页。

**3.** 这样，这出外交兼军事的话剧就截然分成两幕：第一幕，借口中国总督破坏1842年的条约而炮轰广州；第二幕，借口总督顽强坚持1849年协定而更猛烈地继续炮轰

这个中国人的雄辩把全部问题解决得实在彻底——显然无懈可击——以致西马縻各厘将军终于没有办法，只好宣称：

"对于亚罗号划艇事件的是非曲直，本统帅断然拒绝再作任何辩论。本统帅对于巴夏礼领事向贵大臣陈述之事实确信无疑。"②

但是这位海军上将在占领了炮台、打开了城墙、连续轰击广州6天以后，突然发现一个全新的行动目标。我们发现他在10月30日写信给中国总督说：

"贵大臣目前应立即同本统帅举行会商以结束目前的状况，这种状

---

① 叶总督《致海军将军西马縻各厘。1856年11月3日》，载于1857年1月7日《泰晤士报》第22571号。——编者注
② 西马縻各厘《致两广总督叶名琛。1856年11月2日》，载于1857年1月2日《泰晤士报》第22567号。——编者注

况已为害非轻，如不予补救，势必招致极严重之灾难。①

中国总督答复说，按照1849年的协定②，他没有权利要求举行这种会商。总督接着说：

"惟所称进城一节，查道光二十九年三月间，贵国公使出示在公司行，内称本总督出示，不准番人入城等语，载在新闻纸，谅贵提督早已知悉，况不能进城，出自广东百姓，众口一词。此番攻破炮台，焚毁民房，其心不甘，已可概见。本大臣有恐贵国官民因此受害，莫若仍照文公使所议办理为是。至所称熟商一事，本大臣前已有委员雷州府蒋守矣。"③

于是西马縻各厘将军干脆宣称，他根本不理会文翰先生的协定：

"贵大臣复文述及1849年英国公使公布的关于禁止外国人进入广州的告示。今本统帅必须提醒贵大臣，虽然我们对于中国政府违背在1847年允许外国人于两年后进入广州的诺言确实极为不满，但是本统帅目前要求与以前有关这一问题的交涉毫无关系，本统帅并不要求准许其他人员入城，而只要求准许外国官员入城，这样做只是出于前面所说的简单而充足的理由。对于本统帅提出的亲自同贵大臣谈判的建议，承贵大臣相告，数日前已经派一知府前来。因此本统帅不得不认为贵大臣的全部来信极端不能令人满意，只能谨此附告，如本统帅的

---

① 西马縻各厘《致两广总督叶名琛。1856年10月30日》，载于1857年1月2日《泰晤士报》第22567号。——编者注

② 1840—1842年鸦片战争后，英国人一直要求准许他们进入广州城内。1846年两广总督耆英答应将广州对外国人开放，但由于当地人民的强烈反对，此事未付诸实行。1847年耆英又对英国人许诺两年以后开放广州。1849年4月香港总督兼驻华公使文翰向中国当局要求实现开放广州的诺言。继耆英之后任两广总督的徐广缙和当时的广东巡抚叶名琛以"民情未泯，众怒难犯"的理由加以拒绝。文翰在广州人力量的威慑下，放弃了入城的要求，并自出告示，严禁英国人进入广州城。——《马克思恩格斯全集》（中文第2版）第16卷，人民出版社2007年版，注释17。

③ 华廷杰《触藩始末》卷上第十五页：十月初三日致英酋照会。引文中"查道光二十九年三月间，贵国公使出示在公司行，内称本总督出示，不准番人入城等语"一句，按英文译回中文是："1849年4月，全权公使文翰阁下发布于此间各商馆，内称他禁止外国人入城。"——编者注

建议不能立即得到贵大臣明确同意,则本统帅即将立即重新采取攻击行动。"①

叶总督提出反驳,再次提到了1849年协定的细节:

"1848年,前大臣徐②与英国公使文翰先生曾就这一问题往复辩论很久,文翰先生确信在城内会晤已无可能,乃于1849年4月致函徐大臣称:'今不再与贵大臣争议这个问题。'随后文公使在各商馆出告示,不准一个外国人入城;这一告示曾在报上登载,公使并将这件事呈报英国政府。所有中国人或任何国籍之外国人无不知此问题不再进行争论。"③

于是,不耐烦辩驳的英国海军就使用武力冲向广州城,直捣总督府,同时摧毁停在江面的帝国舰队。这样,这出外交兼军事的话剧就截然分成两幕:第一幕,借口中国总督破坏1842年的条约④而炮轰广州;第二幕,借口总督顽强坚持1849年协定而更猛烈地继续炮轰。广州先是因破坏条约遭轰击,后是因遵守条约而遭到轰击。而且,在前一场合下,甚至不是以没有给予赔偿为借口,而只是以没有用隆重的方式给予赔偿为借口。

摘自卡·马克思:《英中冲突》,《马克思恩格斯全集》(中文第2版)第16卷,人民出版社2007年版,第20—22页。

**4. 世界上的文明国家,对于这种以违背了无中生有的外交礼节为借口,不先行宣战就侵入一个和平国家的做法是否赞同,恐怕是个问题**

伦敦《泰晤士报》在这个问题上所提出的观点,就是和尼加拉瓜的威

---

① 西马糜各厘《致两广总督叶名琛。1856年11月2日》,载于1857年1月2日《泰晤士报》第22567号。——编者注

② 徐广缙。——编者注

③ 叶总督《致海军将军西马糜各厘。1856年11月3日》,载于1857年1月7日《泰晤士报》第22571号。——编者注

④ 指中英双方1842年8月29日签订的南京条约,这个条约又称江宁条约。它是西方列强加给中国的一系列不平等条约中的第一个不平等条约。条约的主要内容有:①中国割让香港;②向英国赔款两千一百万银元;③开放广州、福州、厦门、宁波、上海等五口对外通商,英国可派驻领事;④废除"公行"制度,英商可以同中国商人自由进行贸易;⑤中国抽收进出口货的税率由中英共同协定。南京条约签订后,中国逐渐沦为一个半殖民地国家。——《马克思恩格斯全集》(中文第2版)第16卷,人民出版社2007年版,注释18。

廉·沃克将军①相比也毫无逊色。

这家报纸写道："由于这次爆发了军事行动，现有的各种条约就此作废，我们尽可以按照自己的意愿来安排我们同中华帝国的关系了。广州最近发生的事变警告我们，应当坚持要求取得1842年条约规定的自由进入这个国家和进入向我们开放的那几个口岸的权利。我们决不能允许别人再对我们说，因为我们已经放弃要求执行那条许可外国人进入自己商馆以外地区的条款，我们的代表就不能去见中国总督。"②

换句话说，"我们"开始采取军事行动是为了撕毁一个现存的条约和强行要求实现一项"我们"业已根据明确的协定放弃了的要求！不过，我们也高兴地告诉读者，英国舆论界另一家著名的报刊却用比较合乎人情和恰当的语气表示了意见。

《每日新闻》说："真是骇人听闻，为了替一位英国官员的被激怒了的骄横气焰复仇，为了惩罚一个亚洲总督的愚蠢，我们竟滥用自己的武力去干罪恶的勾当，到安分守己的和平住户去杀人放火，使他们家破人亡，而我们自己本来就是闯入他们海岸的不速之客。且不说这次轰击广州的后果如何，无所顾忌地任意地把人命送上虚伪礼节和错误政策的祭坛，这一行为本身就是丑恶和卑鄙的。"

世界上的文明国家，对于这种以违背了无中生有的外交礼节为借口，不先行宣战就侵入一个和平国家的做法是否赞同，恐怕是个问题。如果说第一次对华战争③尽管借口并不体面，但由于它展示了打开对华贸易的前

---

① 威·沃克是美国的冒险家，他在19世纪50年代对中美洲各国进行了一系列冒险远征活动。1855年，在尼加拉瓜共和国发生内乱，沃克在混战一方支持下占领了共和国的首都格拉纳达，不久即自封为尼加拉瓜总统，在那里进行独裁统治，并企图恢复奴隶制。沃克在对洪都拉斯进行冒险远征时被俘，于1860年被枪决。沃克实际上是美国大财阀万德比尔特和摩尔根夺取尼加拉瓜政权的工具。他们打算通过这个国家的领土开凿一条把大西洋和太平洋联结起来的运河。——《马克思恩格斯全集》（中文第2版）第16卷，人民出版社2007年版，注释19。
② 1857年1月2日《泰晤士报》第22567号社论。——编者注
③ 指1840—1842年的鸦片战争。——编者注

景，其他列强也就耐心地观望着，那么，这第二次战争岂不是很可能要无限期地阻碍这种贸易吗？这次战争的第一个后果，必定是把广州同产茶区——绝大部分依然在帝国掌握之中①——隔断开来，而这种情况只能对俄国的陆路茶商有利。

摘自卡·马克思：《英中冲突》，《马克思恩格斯全集》（中文第2版）第16卷，人民出版社2007年版，第22—23页。

**5. 德比和林德赫斯特无疑地都证明了英国在那艘划艇事件上没有任何理由**

德比伯爵和科布顿先生谴责对华军事行动的两个议案，都按照预先所作的声明提出了。一个是2月24日在上院提出的，② 另一个是2月27日在下院提出的③。上院的辩论是在下院开始辩论的那一天结束的。上院的辩论给帕麦斯顿内阁以沉重的打击，使它只得到36票比较微弱的多数。下院的辩论则可能会导致内阁的失败。但是不管下院的讨论将引起多么大的兴趣，上院的争论已经把论战双方的理由讲尽了，而德比和林德赫斯特两位勋爵的精辟演说已经抢在能言善辩的科布顿先生、爱·布尔沃爵士、约翰·罗素勋爵以及诸如此类的人之前。

政府方面惟一的法律权威——大法官④说：

"除非英国在亚罗号事件⑤上有充分的理由，否则英国的一切行动自始至终都是错误的。"

---

① 意指这些地区绝大部分尚未被太平军占领。——编者注
② 爱·德比《1857年2月21日在上院的演说》载于1857年2月25日《泰晤士报》第22613号。——编者注
③ 理·科布顿《1857年2月26日在下院的演说》载于1857年2月27日《泰晤士报》第22615号。——编者注
④ 罗·克兰沃思。——编者注
⑤ 1856年10月8日中国水师在走私船亚罗号划艇上拘捕了12名水手。该船船主和水手均为中国人，只是雇用了一名英国人作船长，并持有一张已过期失效的香港执照。英国驻广州代理领事巴夏礼硬说亚罗号是英国船只，并指控中国水师扯下了该船事实上并未悬挂的英国国旗。香港总督兼英国驻华全权公使包令以亚罗号事件为借口，命令英国海军舰队司令西马縻各厘于23日率部进犯广州。第二次英中冲突即第二次鸦片战争即此始。——《马克思恩格斯全集》（中文第2版）第16卷，人民出版社2007年版，注释15。

德比和林德赫斯特无疑地都证明了英国在那艘划艇事件上没有任何理由。他们采取的论据同英国发表最初报道后《论坛报》专栏文章①采取的论据十分符合,所以我在这里只须把他们的论据很简略地概括一下就行了。

英方为推卸广州大屠杀②的罪责而硬加于中国政府的罪名是什么呢?那就是:违背了1843年的善后补充条约第九款③。该款规定,凡逃抵香港殖民地或潜藏于英国军舰或商船上的中国罪犯,中国当局不得自行逮捕,而应要求英国领事引渡,由英国领事将罪犯交给地方当局。现在中国官员通过英国领事,逮捕了停泊在珠江江面的划艇亚罗号上的中国海盗。这就发生了一个问题:亚罗号是不是英国船?德比勋爵指出:

"该船是由中国人建造、中国人俘获、中国人出售、中国人购买的,船员是中国人,船归中国人所有。"

那么,这只中国船是怎样变成英国商船的呢?是靠在香港买到了英国船籍登记证或航行执照。这种登记证的法律根据是1855年3月香港地方立法机关所通过的一项法令。这项法令不仅违背了中英之间的现有条约④,并且还取消了英国自己的法律。因此,它是无效的。这项法令只有依据商

---

① 指《英中冲突》一文,见本卷(指《马克思恩格斯全集》中文第2版第16卷——专题摘编者注)第17—23页。——编者注

② 英国侵略者在1856年利用亚罗号划艇事件作为发动第二次鸦片战争的口实,从1856年10月27日起,向广州城内开炮轰击。29日,英军攻破外城,一度冲入城内,纵火将靖海门、五仙门附近民房尽行烧毁。后因兵力不足,只得退出。但是炮轰城市、奸淫烧杀的暴行依然继续。——《马克思恩格斯全集》(中文第2版)第16卷,人民出版社2007年版,注释73。

③ 指1843年10月8日签订的中英《五口通商附粘善后条款》,即通常所说的虎门条约。这个条约是1842年南京条约的附约。这里涉及的其中第九款规定:"倘有不法华民,因发法逃在香港,或潜住英国官船、货船避匿者,一经英官查出,即应交与华官按法处治;倘华官或探闻在先,或查出行迹可疑,而英官尚未察出,则华官当为照会英官,以便访查严拿,若已经罪人供人,或查有证据知其人实系罪犯逃匿者,英官必即交出,断无异言。"——《马克思恩格斯全集》(中文第2版)第16卷,人民出版社2007年版,注释16。

④ 指中英双方1842年8月29日签订的南京条约,这个条约又称江宁条约。它是西方列强强加给中国的一系列不平等条约中的第一个不平等条约。条约的主要内容有:①中国割让香港;②向英国赔款两千一百万银元;③开放广州、福州、厦门、宁波、上海等五口对外通商,英国可派驻领事;④废除"公行"制度,英商可以同中国商人自由进行贸易;⑤中国抽收进出口货的税率由中英共同协定。南京条约签订后,中国逐渐沦为一个半殖民地国家。——《马克思恩格斯全集》(中文第2版)第16卷,人民出版社2007年版,注释18。

务航运条例才能得一点符合英国法律的外貌。但商务航运条例是在这项法令颁布了两个月之后才通过的。况且这项法令从未同商务航运条例的法律规定取得一致。因此,划艇亚罗号据以取得船籍登记证的那项法令,完全是一张废纸。然而即使依照这张不值一文的废纸,亚罗号也得不到它的保护,因为这只船已违背它所规定的条件,而且船的执照已经满期。这一点,连约·包令爵士①自己也承认。可是,有人说,不管亚罗号是不是英国船,反正船上挂的是英国国旗,而这面旗子受到了侮辱。首先,如果挂了旗子,那么这面旗子是挂得不合法的。② 然而究竟是不是挂了旗子呢?关于这一点,在英国和中国的声明中是有分歧的。但是,中国的声明已经为领事们所转交的葡萄牙第83号划艇的船长和船员的证词证实了。11月13日的一期《中华之友》援用这些证词说道:

"现在广州尽人皆知,该艇被捕获前,已有六天没有挂英国国旗。"③

可见,挑起冲突的法律根据不能成立,保护荣誉的形式问题也不能成立。

摘自卡·马克思:《议会关于对华军事行动的辩论④》(1857年2月27日),《马克思恩格斯全集》(中文第2版)第16卷,人民出版社2007年版,第61—63页。

**6. 如果包令博士真的害有想进入广州城的"偏执狂",这是由于在他背后这位头脑冷静的白厅首脑鼓动着他的偏执狂**

德比勋爵在这次演说中很得体地完全克制了爱讲俏皮话的习惯,从而

---

① 手稿中这句话是:"曾写信给巴夏礼领事说亚罗号无权得到英国庇护的约翰·包令爵士"。——编者注
② 手稿中这句话是:"但是,首先,亚罗号没有权利挂英国国旗,约翰·包令爵士本人在10月11日自香港寄给巴夏礼领事的信中也承认了这一点。因此"。——编者注
③ 爱·德比《1857年2月24日在上院的演说》,载于1857年2月25日《泰晤士报》第22613号。——编者注
④ 马克思1857年2月27日写的这篇文章,在他1857年的笔记本中,标题是《关于中国的辩论》,1857年3月16日《纽约每日论坛报》第4962号发表时用了《议会关于对华军事行动的辩论》这一标题。收入本卷的文章开头部分与手稿中有所不同的地方在脚注中给以说明。——《马克思恩格斯全集》(中文第2版)第16卷,人民出版社2007年版,注释76。

使自己的论据具有严格的法律性质。可是，他不费什么力气就使自己的演说充满了极深刻的讽刺。身为英国世袭贵族首领的德比伯爵是在反驳边沁的得意门生、以前的博士、现在的爵士约翰·包令；他是在维护人道，驳斥那位职业人道主义者；他是在捍卫各国的真正利益，反对那位坚持外交礼仪的彻头彻尾的功利主义者；他赞同"民意即天意"，反对"最大多数人的最大利益"①。征服者的后裔宣扬和平，而和平协会②的会员却鼓吹开炮；德比痛斥英国海军的行动，说那是"卑劣的行径"和"可耻的军事行动"，而包令却为这种没有遇到任何抵抗的怯懦的暴行，为它的"辉煌成就，无比勇敢，以及军事技巧和英勇气概的卓越结合"而额手称庆。德比伯爵越是显得不大意识到这些对比，这些对比的讽刺性就越是突出。他在这个并非出自个别人物的聪敏才思而是由时势的滑稽可笑所造成的历史大讽刺中占了上风。在全部英国议会史上，大概还从未出现过一次贵族在理智上战胜暴发户这样的事例。

德比勋爵一开始就声明：

他"只能依据他要指责其行为的那些人所提供的声明和文件"；他感到"这些文件"足以"论证他的论点"。

可是有一点已经被公正地指出过，即政府公之于众的这些文件使政府有可能将全部责任推卸给自己的部属。议会中反政府派的攻击完全指向包令及其同伙，而国内的政府却可以同意这种攻击而丝毫不损害本身的地位，原因就在于此。我现在引用勋爵本人的话③：

---

① "民意即天意"这句拉丁文谚语出自赫西俄德长诗《劳动和时间》。

"最大多数人的最大利益"或"最大多数人的最大幸福"，是英国资产阶级社会学家、功利主义理论家边沁提出的口号。——《马克思恩格斯全集》（中文第2版）第16卷，人民出版社2007年版，注释77。

② 和平协会是贵格会教徒于1816年在伦敦建立的资产阶级和平主义组织。协会得到自由贸易派的支持，并因此取得经济上政治上的统治。

这里指曼彻斯特和平协会，该协会会长是包令。——《马克思恩格斯全集》（中文第2版）第16卷，人民出版社2007年版，注释78。

③ 爱·德比《1857年2月24日在上院的演说》，载于1857年2月25日《泰晤士报》第22613号。——编者注

"我不愿意说任何不尊敬包令博士的话。他也许是一个博学多才的人；但据我看来，在他要求准许进入广州的问题上，他简直是害了偏执狂。（会场喊声："听啊！听啊！"还有笑声）我相信，他做梦也要进入广州。我相信，他清早一醒来想的就是这件事，夜晚临睡时想的也是这件事，而半夜里他要是醒着，想的还是这件事。（笑声）我相信他一定认为，从他约翰·包令爵士能在广州衙门受到正式接待所带来的巨大好处来衡量，任何牺牲都不为大，任何通商中断都不足惜，任何流血都不足悔。（笑声）"

**接着是林德赫斯特勋爵发言①：**

"约翰·包令爵士不仅是全权公使，而且是杰出的人道主义者（笑声）。他自己承认船籍登记证是无效的，那艘划艇没有权利挂英国国旗。现在请注意他是怎么说的：'该船是不受保护的，不过中国人并不知道这一点。看在上帝的面上，千万不要透露给他们。'而且他的这个想法还很顽强，因为他实际上说了这样的话：我们知道中国人并没有犯下任何违背条约的罪过，但是我们不对他们这样说；我们坚持要求赔偿并且要求以特定的形式送回被捕者。要是没有按照这种形式送回水手，那么采取什么补救办法呢？很简单，抓起一只中国帆船——中国兵船。如果这还不够，那就再抓，直到我们强迫中国人屈服为止，虽然我们知道他们有理而我们没有理。（'听啊！'）以往有过比这更恶劣更可耻的行为吗？有过一位在英国政府官员提出更——我不愿说'更欺诈的'，只使用在我国与'欺诈'相等的字眼——更虚伪的口实吗？（'听啊！'）不寻常的是，这位约·包令爵士竟认为他有宣战的权利。一个处在这种岗位的人一定要有权采取防卫行动，对于这一点，我是能够理解的；可是以那样一种理由，那样一种口实来采取进攻行动，这却是世界史上难以找到的最不寻常的做法。从提交议院的文件中可以十分明显地看出，自从约·包令爵士一开始就任现职以来，他

---

① 约·林德赫斯特《1857年2月24日在上院的演说》，载于1857年2月25日《泰晤士报》第22613号。——编者注

的野心就是要达到他的许多前任根本没有达到的目的,那就是进入广州城。他由于一心一意地要实现进入广州城这一目的而毫无必要地使国家卷入了战争。结果又怎样呢?属于英国臣民的价值150万英镑的巨额财产,现在在广州被没收了;此外,我们的商馆被烧光了;而所有这一切只不过是由于一个最有害的人的有害政策造成的。

骄傲的世人
掌握到暂时的权力,
却会忘记了自己琉璃易碎的本来面目,
像一头盛怒的猴子一样,
装扮出种种丑恶的怪相,
使天上的神明们因为怜悯他们的痴愚而流泪。'①"

最后,格雷勋爵发言②:

"如果诸位看一看文件,便会发现,当约·包令爵士请求会见叶总督时,总督是准备会见他的,不过指定商人伍浩官的座落城外的房子作为会见地点。约·包令爵士却觉得,除了总督官邸以外,到任何地方去都有失尊严。在通过议案时,如果期待不到什么别的结果,我希望至少得出这样一个有益的结果,即立刻召回约·包令爵士。"

下院对待约·包令爵士的态度也是一样,而且科布顿先生甚至在一开始演说时就郑重宣布同这位"有着二十年交情的朋友"③绝交。

从德比、林德赫斯特和格雷三位勋爵的演说中摘引的原话证明,帕麦斯顿勋爵的政府只要撇开约·包令爵士,不让自己同这位"杰出的人道主义者"相混同,就可以挡开攻击。政府所以有可能这样轻易地摆脱窘境,并不是由于帕麦斯顿勋爵的反对者的纵容或他们的策略,而完全是由于提

---

① 莎士比亚《一报还一报》(亦译《量罪记》、《请君入瓮》)第2幕第2场。——编者注
② 乔·格雷《1857年2月24日在上院的演说》,载于1857年2月25日《泰晤士报》第22613号。——编者注
③ 理·科布顿《1857年2月26日在下院的演说》,载于1857年2月27日《泰晤士报》第22615号。——编者注

交议会的那些文件；这一点，我们在了解了根据这些文件所进行的辩论之后，再稍微看一看这些文件本身，就很清楚了。

约·包令爵士害了想进入广州城的"偏执狂"，这还有什么可以怀疑的呢？伦敦《泰晤士报》说，这个人"完全自行其是，既不和国内的上司商量，也不考虑国内上司的政策"①，这难道还没有证实吗？

既然如此，为什么帕麦斯顿勋爵要在他的政府摇摇欲坠的时候，在他困难重重，遇到了财政、波斯战争②、秘密条约、选举改革③、联合内阁④等等问题的时候，在他感觉到下院注视他的目光"比过去任何时候都更加严肃而较少钦敬"的时候，——为什么他恰好要选定这个时候，冒着使他自己的地位更加恶化甚至彻底垮台的危险，在他的整个政治生涯中第一次向另外一个人，而且是向他的下属——表现出始终不渝的忠忱呢？为什么他要使自己喜新好奇的热情高涨到这步田地，乃至去给一位包令博士当替罪羊呢？当然，没有一个头脑健全的人会认为这位高贵的子爵会陷入这种罗曼蒂克的精神失常。他在这次同中国发生的纠葛中所奉行的政策，明白无误地证明了他提交议会的文件是不完整的。除了已经公布的文件，必定还有秘密文件和秘密训令，这些文件和训令会证明：如果包令博士真的害有想进入广州城的"偏

---

① 1857年2月27日《泰晤士报》第22615号社论。——编者注

② 指1856—1857年英国对波斯进行的战争。19世纪中叶，英国企图征服波斯和阿富汗，以便在中东和亚洲实行进一步的侵略扩张。1856年10月，波斯占领了阿富两国有争议的领土赫拉特。英国以此为借口于11月对波斯宣战，先后占领了哈尔克岛、布什尔港、穆罕默腊市和阿瓦士市。由于俄国在外交上对波斯的支持、印度人民起义的爆发以及向中国调兵进行第二次鸦片战争等，英国不得不在1857年3月4日同波斯签订和约，英军撤出波斯，波斯撤出赫拉特，放弃对赫拉特的一切要求。——《马克思恩格斯全集》（中文第2版）第16卷，人民出版社2007年版，注释21。

③ 指英国19世纪50年代出现的第二次选举改革运动。它的目的就是扩大选举权，最终消灭"腐败的城镇选区"。帕麦斯顿反对这一改革——《马克思恩格斯全集》（中文第2版）第16卷，人民出版社2007年版，注释79。

④ 联合内阁（1852—1855年）即阿伯丁联合内阁，是由一部分辉格党的寡头政治家、皮尔派、激进派和爱尔兰议员团的某些代表组成。这个内阁之所以能够在执政党和托利党反对派的下院席位相等的条件下存在，是因为得到了爱尔兰旅，即在英国议会中拥有60多人的爱尔兰议员团的支持。有人讽刺地称它为"群贤内阁"。——《马克思恩格斯全集》（中文第2版）第16卷，人民出版社2007年版，注释71。

执狂",这是由于在他背后这位头脑冷静的白厅①首脑鼓动着他的偏执狂,并为了自己的目的把他从潜热状态煽成吞噬一切的火焰。

摘自卡·马克思:《议会关于对华军事行动的辩论》(1857年2月27日),《马克思恩格斯全集》(中文第2版)第16卷,人民出版社2007年版,第63—67页。

**7. 广州城的无辜居民和安居乐业的商人惨遭屠杀,他们的住宅被炮火夷为平地,人权横遭侵犯**

几年以前,当在印度施行的可怕的刑讯制度在议会中被揭露的时候,极可尊敬的东印度公司②的董事之一詹姆斯·霍格爵士曾厚颜无耻地硬说这种说法是没有根据的。可是后来的调查证明,这种说法有事实作根据,而且这些事实对东印度公司的董事们来说应当是十分清楚的。因此,詹姆斯爵士对于东印度公司被指控的那些可怕事情,只有或者承认是"有意不闻",或者承认是"明知故纵"。看来,英国现任首相帕麦斯顿勋爵和外交大臣克拉伦登伯爵现在也处于同样的窘境。首相在市长③不久前举行的宴会上的演说④中,企图为施于中国人的残暴行为进行辩护,他说:

"如果政府在这件事情上赞同采取无理的行动,毫无疑问,它走的

---

① 白厅是伦敦的一条大街,英国政府的许多重要部门设在这条街上及其附近。因此,白厅也是英国政府的代称。这里的白厅首脑即指帕麦斯顿。——《马克思恩格斯全集》(中文第2版)第16卷,人民出版社2007年版,注释80。

② 东印度公司是存在于1600—1858年的英国贸易公司,是英国在印度和中国以及亚洲其他国家经营垄断贸易、推行殖民主义掠夺政策的工具。从18世纪中叶起,公司拥有军队和舰队,成为巨大的军事力量。在公司的名义下,英国殖民主义者完成了对印度的占领。该公司长期控制着同印度进行贸易的垄断权和印度最主要的行政权。它的贸易和行政特权由英国议会定期续发的公司特许状规定。由于公司管理中的独断专行、经营不善,加之19世纪初日益强大的英国工业资产阶级迫使印度对外"开放",致使东印度公司的权力和影响日渐削弱。1853年下院辩论印度法案时的焦点就是英国今后在印度的统治形式问题,因为1854年4月30日是东印度公司特许状的截止日期。1857—1859年印度的民族解放起义迫使英国改变殖民统治的形式,于是公司被撤销,印度被宣布为英王的领地。英国资产阶级要求扩大对华贸易,提倡自由贸易,印度被宣布为英王的领地。英国资产阶级要求扩大对华贸易,提倡自由贸易。1833年8月23日,英国议会通过了取消东印度公司对华贸易特权的法案,该法案自1834年4月22日开始实施。——《马克思恩格斯文集》第2卷,人民出版社2009年版,注释365。

③ 托·奎·芬尼斯。——编者注

④ 亨·帕麦斯顿《1857年3月20日在市长官邸举行的宴会上的演说》,载于1857年3月21日《泰晤士报》第22634号。——编者注

就是一条应受议会和全国谴责的道路。但是相反，我们深信这些行动是必需的和至关重要的。我们认为，我国受到了严重的欺凌。我们认为，我国同胞在地球的遥远地方遭到了种种侮辱、迫害和暴虐，对此我们不能默不作声。（喝彩声）我们认为，我国根据条约应享有的权利已遭到破坏，而在当地负责保护我国在世界上那个地区利益的人员，不仅有理由而且有义务尽量利用他们所能采取的手段来表示对这些暴行的义愤。我们认为，如果我们不赞同采取那些在我们看来是正确的，而且我们设身处地也会认为自己有责任采取的行动，那我们就是辜负了我国同胞对我们所寄予的信任。（喝彩声）"

但是，无论英国人民和全世界怎样为这些讲得头头是道的解释所欺骗，勋爵大人自己肯定不会相信这些解释的真实性，要是他认为这些都是真的，那就暴露出他是有意不去了解真实情况，同"明知故纵"几乎同样是不可原谅的。自从英国人在中国采取军事行动的第一个消息传来以后，英国政府报纸和一部分美国报刊就连篇累牍地对中国人进行了大量的斥责，大肆攻击中国人违背条约的义务、侮辱英国的国旗、羞辱旅居中国的外国人，如此等等。可是，除了亚罗号划艇事件①以外，它们举不出一个明确的罪名，举不出一件事实来证实这些指责。而且就连这个事件的实情也被议会中的花言巧语歪曲得面目全非，以至使那些真正想弄清这个问题真相的人深受其误。

亚罗号划艇是一只中国小船，船员都是中国人，但是为几个英国人所雇用。这只船曾经取得暂时悬挂英国国旗航行的执照，可是在所谓的"侮辱事件"发生以前，这张执照就已经满期了。据说，这只船曾被用来偷运私盐，船上有几名歹徒——中国的海盗和走私贩，当局早就因为他们是惯犯而在设法缉捕。当这只船不挂任何旗帜下帆停泊在广州城外时，缉私水师得知这些罪犯就在船上，便逮捕了他们。要是我们的港口警察知道附近

---

① 1856年10月8日，中国水师在走私船亚罗号划艇上拘捕了12名水手。该船船主和水手均为中国人，只雇用了1名英国人做船长，该船的香港执照已经过期失效。英国驻广州代理领事巴夏礼硬说亚罗号是英国船只，并指控中国水师扯下了该船事实上并未悬挂的英国国旗。香港总督兼英国驻华全权公使包令以亚罗号事件为借口，命令英国海军舰队司令西马縻各厘于23日率部进犯广州。第二次鸦片战争即自此始。

文中所说的划艇实际上是一种船身为欧式、帆具为中式的近海帆船。这种船只最早为澳门的葡萄牙人所造。——《马克思恩格斯文集》第2卷，人民出版社2009年版，注释372。

某一只本国船或外国船上隐匿水贼和走私贩，也一定会这样做的。可是因为这次逮捕妨碍了货主的商务，船长就向英国领事①控告。这位领事是个就职不久的年轻人，据我们了解是一个性情暴躁的人。他亲自跑到船上，同只是履行自己职责的缉私水师大吵大闹，结果一无所得。随后他急忙返回领事馆，用命令式的口吻向两广总督提出书面要求：放回被捕者并道歉，同时致书香港的约翰·包令爵士和海军将军西马糜各厘，说什么他和英国国旗遭到了不可容忍的侮辱，并且相当明显地暗示说，期待已久的向广州来一次示威的良机到来了。

叶总督有礼貌地、心平气和地答复了激动的年轻英国领事的蛮横要求。他说明捕人的理由，并对因此而引起的误会表示遗憾。同时他断然否认有丝毫侮辱英国国旗的意图，而且送回了水手，因为尽管这些人是依法的逮捕的，但他不愿为逮捕他们而招致这样严重的误会。然而这一切并没有使巴夏礼领事先生感到满意，他坚持要求正式道歉和以隆重礼节送回被捕者，否则叶总督必须承担一切后果。接着西马糜各厘将军率领英国舰队抵达，旋即开始了另一轮公函往来：海军将军态度专横，大肆恫吓，中国总督则心平气和、冷静沉着、彬彬有礼。西马糜各厘将军要求在广州城内当面会商。叶总督说，这违反先例，而且乔治·文翰爵士曾答应不再提出这种要求。如果有必要这样做，他愿意按照常例在城外会晤，或者采取其他不违反中国习惯与相沿已久的礼节的方式来满足将军的愿望。但是这一切都未能使这位英国强权在东方的好战的代表称心如意。

这场极端不义的战争就是根据上面简单叙述的理由而进行的——现在向英国人民提出的官方报告完全证实了这种叙述。广州城的无辜居民和安居乐业的商人惨遭屠杀，他们的住宅被炮火夷为平地，人权横遭侵犯，这一切都是在"中国人的挑衅行为危及英国人的生命和财产"这种站不住脚的借口下发生的！英国政府和英国人民——至少那些愿意弄清这个问题的人们——都知道这些非难是多么虚伪和空洞。有人企图转移对主要问题的追究，给公众造成一个印象：似乎在亚罗号划艇事件以前就有大量的伤害行为足以构成开战的理由。可是这些不分青红皂白的说法是毫无根据的。英国人控告中国人一桩，中国人至少可以控告英国人九十九桩。

---

① 斯·巴夏礼。——编者注

摘自卡·马克思：《英人在华的残暴行动》（1857年3月22日），《马克思恩格斯文集》第2卷，人民出版社2009年版，第618—621页。

## 8. 英国报纸对于旅居中国的外国人在英国庇护下每天所干的破坏条约的可恶行为真是讳莫如深！

英国报纸对于旅居中国的外国人在英国庇护下每天所干的破坏条约的可恶行为真是讳莫如深！非法的鸦片贸易年年靠摧残人命和败坏道德来填满英国国库的事情，我们一点也听不到。外国人经常贿赂下级官吏而使中国政府失去在商品进出口方面的合法收入的事情，我们一点也听不到。对那些被卖到秘鲁沿岸去当不如牛马的奴隶、被卖到古巴当契约奴隶的受骗契约华工横施暴行"以至杀害"的情形①，我们一点也听不到。外国人常常欺凌性情柔弱的中国人的情形以及这些外国人带到各通商口岸去的伤风败俗的弊病，我们一点也听不到。我们所以听不到这一切及其更多得多的情况，首先是因为在中国以外的大多数人很少关心这个国家的社会和道德状况；其次是因为按照精明和谨慎的原则不宜讨论那些不能带来钱财的问题。因此，坐在家里而眼光不超出自己买茶叶的杂货店的英国人，完全可以把政府和报纸塞给公众的一切胡说吞咽下去。

与此同时，在中国，压抑着的、鸦片战争时燃起的仇英火种，爆发成了任何和平和友好的表示都未必能扑灭的愤怒烈火②。

摘自卡·马克思：《英人在华的残暴行动》（1857年3月22日），《马克思恩格斯文集》第2卷，人民出版社2009年版，第621页。

## 9. 如果英国人向中国人挑起的这场争端达到顶点，那就可以预料，其结果将是一次新的陆海军远征

如果英国人向中国人挑起的这场争端达到顶点，那就可以预料，其结果将是一次新的陆海军远征，与1841—1842年因鸦片争端而引起的远征一

---

① 从19世纪中叶起，外国侵略者曾在中国东南沿海一带拐骗一批又一批劳动者，强迫他们接受定期的卖身契约，然后运往古巴、秘鲁和英属西印度等地，从事牛马般的强迫劳动。这实际上是一种变相的奴隶贸易；当时，主要的资本主义国家全部参与了这一拐卖华工的罪恶勾当。1845—1875年间，被卖往海外的"契约华工"总数不下50万人。——《马克思恩格斯文集》第2卷，人民出版社2009年版，注释373。

② 《纽约每日论坛报》编辑部在此处加了这样一段话："为了同中国保持基督教的和贸易的联系，最好是我们避免参与这一冲突，使中国人不致觉得所有西方国家都暗中串通起来侵害他们。"——《马克思恩格斯文集》第2卷，人民出版社2009年版，注释374。

样。那一次英国人轻而易举地向中国人勒索到大宗银两，这很可能引诱他们再进行一次同样的尝试；他们是这样一个民族，虽然非常厌恶我们①的掠夺本性，但是自己却保留了大量的——并不比我们少一些——为我们16世纪和17世纪的共同祖先所特有的那种古老的海盗式掠夺精神。然而自从英国人为贩卖鸦片而进行了那头一次顺利的掠夺性入侵以来，中国的局势已有重大的变化，因此令人十分怀疑的是：在当前进行同样的远征能否得到大略相同的结果。新的远征无疑将从香港出发，同1841—1842年那次一样。那次远征的舰队包括有：2艘装有74门炮的炮舰，8艘三桅快速战舰，多艘海岸炮舰和双桅横帆舰，12艘蒸汽舰和40艘运输船；舰船上全部兵力，包括海军陆战队在内，共计15000人。新的远征使用的兵力大概不会比这少；实际上，我们下面叙述的许多理由将说明，他们会使用比这多得多的兵力。

摘自弗·恩格斯：《英人对华的新远征②》，《马克思恩格斯全集》（中文第2版）第16卷，人民出版社2007年版，第102页。

**10. 长江岸边安分怕事的居民，度过了将近二百年的长期和平生活，现在才第一次经历战争**

1841—1842年的远征军在1841年8月21日由香港出发，首先占领厦门，随后在10月1日占领了舟山岛，把这个岛作为他们以后的军事行动的基地。这种军事行动的目的，在于侵入中部的大河长江，并溯江而上，直达离江口约200英里的南京城。长江把中国分为截然不同的南北两部分。自南京下游约40英里处，皇家运河流入并穿过长江，这条运河是南北各省之间的通商要道。采取这种进攻步骤的用意是，夺取这条重要通道就会置北京于死地，逼迫皇帝③立即媾和。1842年6月13日，英军在亨利·璞鼎

---

① 在马克思和恩格斯以《纽约每日论坛报》驻伦敦通讯员的署名为该报撰写滑铁卢会战的叫法，把这一事件叫做彼得卢大惨案。——《马克思恩格斯全集》（中文第2版）第16卷，人民出版社2007年版，注释96。

② 19世纪50—60年代，马克思和恩格斯十分关注和同情中国人民当时对外反抗列强侵略、对内反对腐败清政府的英勇斗争，在《纽约每日论坛报》上发表了许多有关中国的文章：《英中冲突》、《议会关于对华军事行动的辩论》、《英人在华的残暴行动》和《英人对华的新远征》等。马克思和恩格斯指出第二次鸦片战争是"极端不义的战争"（见本卷第92页），揭露了英国政府发动这场战争的荒唐借口，谴责了英国殖民主义者的奸淫烧杀、无恶不作的罪行。——《马克思恩格斯全集》（中文第2版）第16卷，人民出版社2007年版，注释14。

③ 道光帝。——编者注

查爵士率领下逼近了吴淞，到达与此地同名小河的河口。这条河①由南流来，在紧靠长江注入黄海的地方流入长江口。吴淞口是位于它南面不远的上海的港口。吴淞口两岸建有炮台，可是它们全被毫不费力地攻下了。接着一支入侵的军队向上海进发，上海未经任何抵抗就投降了。长江岸边安分怕事的居民，度过了将近二百年的长期和平生活，现在才第一次经历战争。虽然英军当时没有遇到居民的什么抵抗，可是江口本身和从海上接近江口的地方却极难通过。长江江口广阔，它的两岸在入海处半为泥滩，几乎很难辨认，因为海面在离岸许多里格②内是一片黄浊，黄海即由此得名。打算驶入长江的船只不得不谨慎地沿南岸前进，不断地用水砣测量深度，以免碰上由流沙形成的堵塞江道的浅滩。沿江口直到巨大的崇明岛末端，到处都有这种浅滩；崇明岛位于江口中心，把江口分为两条水道。过了这个长约30英里的崇明岛以后，长江两岸即开始高出水面，可是水道却十分曲折。海潮可涨到镇江府③，镇江府约在长江口与南京距离之半的地方。实际上，对溯江上驶的船只来说，从这里开始所看到的才算是一条江河，在此之前的那一段只是海上的一个河口或臂形海湾。英国舰队在到达这个地点以前，遇到了一些严重的困难。从舟山停泊处出发，用了15天才走了80英里。在崇明岛附近，曾有几艘较大的船只搁浅，但涨潮后就驶开了。英国人在克服了这些困难和逼近镇江城的时候，才充分认识到：这些中国的鞑靼④士兵无论军事技术怎样差，却决不缺乏勇敢和锐气。这些鞑靼士兵总共只有1500人，但殊死奋战，直到最后一人。他们在应战以前好像就已料到战斗的结局，他们将自己的妻子儿女绞死或者淹死。后来从井中曾打捞出许多尸体。主将看到大势已去，就焚烧了自己的房屋，投火自尽。在这次攻击中，英军损失了185人，他们为了报复，在劫城的时候进行了无比残忍的蹂躏屠杀。英军此次作战自始至终大发兽性，这种兽性和引起

---

① 事实上这条河应是黄浦江。——编者注
② 旧时长度单位，1里格约等于5公里或3海里。——编者注
③ 这里原文是 Ching—Kiang—Foo，按拼音应译为靖江府。当时靖江的建制是县，镇江的建制是府。按这里所描述的地理位置和特点此地应该是靖江，按下文所记载的事件则应该是镇江。本篇译作镇江处理。——《马克思恩格斯全集》（中文第2版）第16卷，人民出版社2007年版，注释117。
④ 西方通常将中国北方诸民族泛称为"鞑靼"。此处"鞑靼"士兵意即满清士兵。——编者注

这次战争的贩私贪欲完全相符。如果这些侵略者到处都遭到同样的抵抗，他们绝对到不了南京。可是事实上不是这样。对岸的瓜州城投降了，并交出了300万元的赎金，英国海盗自然是分外高兴地将这笔钱放进了腰包里。

摘自弗·恩格斯：《英人对华的新远征》，《马克思恩格斯全集》（中文第2版）第16卷，人民出版社2007年版，第102—106页。

**11. 对京城的军事示威行动如果成功，就会从根本上动摇中华帝国本身的存在，就会加速清王朝的倾覆**

这一次，英国人陷入了窘境。直到现在，中国的民族狂热似乎还只限于南方未参加大起义①的几个省份。战争是否将以这几个省为限呢？这样，它就不会得到任何结果，因为中国的一切要害地方都不会受到威胁。而如果这种狂热延及内地的人民，那么这场战争对于英国人就将非常危险。广州城可以被整个毁掉，沿海能攻占的一切据点都可以被攻占，可是英国人所能调集的全部兵力都不足以攻取并守住广东和广西两省。在这种情况下，他们还能再干些什么呢？广州以北到上海、南京一带的地区都掌握在中国起义者手里，触犯他们，那将是下策；而南京以北唯一可能在袭击后收到决定性效果的地点是北京。这样就得在海岸上建立有防御工事和守备部队的作战基地，进军途中要克服一个一个的障碍，要留下分遣队以保证同海岸的交通，而且要以大军压境之势抵达这座与伦敦一样大、离登陆地点100英里远的城池之下。可是所需要的军队在哪里呢？另一方面，对京城的示威行动如果成功，就会从根本上动摇中华帝国本身的存在，就会加速清王朝的倾覆，就会给俄国而不是给英国铺平前进的道路。

新的英中战争的形势极为复杂，使人根本无法预料它将如何发展。在几个月内兵力不足以及在更长时间内缺乏决心，将使英军不会有什么行动，只有在某个不重要的地方或许出现例外，在目前情况下广州也可以算是这样的地方。

摘自弗·恩格斯：《波斯和中国》（1857年5月20日），《马克思恩格斯文集》第2卷，人民出版社2009年版，第626—627页。

---

① 指太平天国革命。——编者注

**12. 第二次鸦片战争以解除第一次鸦片战争还在表面上加于鸦片贸易的束缚而告终**

英国政府终于公布的关于英中条约①的正式摘要，同由其他各种途径已经传开的消息比较，大体上所差无几。第一款和最后一款实际上包括了条约中纯粹有关英国的各点。根据第一款，南京条约缔结以后所规定的"善后旧约并通商章程""作为废纸"②。这一补充条约曾规定：驻香港和驻五个为英国贸易开放的中国口岸的英国领事，如遇装载鸦片的英国船只驶入其领事裁判权所辖地区，应与中国当局协同处理。③ 这样，英国商人在形式上被禁止输入这种违禁的毒品，而且英国政府在某种程度上充当了天朝帝国的一个海关官吏角色。第二次鸦片战争以解除第一次鸦片战争还在表面上加于鸦片贸易的束缚而告终，看来是十分合乎逻辑的结果，是那些特别热烈鼓掌欢迎帕麦斯顿施放的广州焰火④的英国商界殷切期望得到的成就。可是，如果我们以为英国正式放弃它对鸦片贸易的假惺惺的反对，不会导致与预期完全相反的结果，那就大错特错了。中国政府请英国政府协同取缔鸦片贸易，也就是承认了自己依靠本身的力量不能做到这一点。南京条约的补充条约是为了借助外国人的帮助来取缔鸦片贸易而作的最大的、也可以说是绝望的努力。既然这种企图遭到了失败——而且现在是公开宣布失败，既然鸦片贸易就英国来说现在已经合法化了，那么毫无疑问，中国政府无论从政治上或财政上着想，都将会试行一种办法，即从法律上准许在中国栽种罂粟并对进口的外国鸦片征税⑤。不论当前的中国政府意向如何，天津条约给它造成的处境本身就给它指出了这条路。

---

① 1858年天津条约。——编者注
② "善后旧约并通商章程""作为废纸"依据的是天津条约中文本原文。——编者注
③ "这一补充条约"即上面的"善后旧约并通商章程"，亦即虎门条约。该条约并无此项规定。——编者注
④ 英国侵略者在1856年利用亚罗号划艇事件作为发动第二次鸦片战争的口实，从1856年10月27日起，开炮轰击广州城。29日，英军攻破外城，一度冲入城内，纵火将靖海门、五仙门附近民房烧毁殆尽，后因兵力不足，只得退出，但是炮轰城市、掠杀居民的暴行依然继续。——《马克思恩格斯文集》第2卷，人民出版社2009年版，注释380。
⑤ 继天津条约之后，中国和英国于1858年11月8日在上海签订了通商章程善后条约。该条约第五款规定："向来洋药、铜钱、米谷、硝磺、白铅等物，例皆不准通商，现定稍宽其禁，听商遵行纳税贸易。"洋药即鸦片。——《马克思恩格斯文集》第2卷，人民出版社2009年版，注释385。

这种改变一经实行，印度的鸦片垄断连同印度的国库一定会一起受到致命的打击，而英国的鸦片贸易会缩小到寻常贸易的规模，并且很快就会成为亏本生意。到目前为止，鸦片贸易一直是约翰牛用铅心骰子进行的一场赌博。因此，第二次鸦片战争的最明显的结果，看来就是它本身的目的落了空。

摘自卡·马克思：《中国和英国的条约》（1858年9月28日），《马克思恩格斯文集》第2卷，人民出版社2009年版，第643—644页。

**13. 英国虽然一直声称同中国处于和平状态，却因此而不能不迫使中国偿付连英国现任大臣们都认为是由英国自己的海盗行为所造成的耗费**

对俄国宣布了"正义战争"的慷慨的英国，在订立和约时没有要求任何军事赔款。另一方面，英国虽然一直声称同中国处于和平状态，却因此而不能不迫使中国偿付连英国现任大臣们都认为是由英国自己的海盗行为所造成的耗费。不管怎么样，天朝人将偿付1500万或2000万英镑的消息一传来，对于最清高的英国人的良心起了安定作用。《经济学家》杂志以及一般撰写金融论文的作者们，都兴致勃勃地计算着中国的纹银对贸易差额和英格兰银行金银储备的状况将发生多么有利的作用。但是遗憾的很！帕麦斯顿派的报刊煞费苦心地制造和宣扬的那些最初印象太脆弱了，经不起真实消息的冲击。

有一专条规定："以200万两白银"偿付"因广州中国当局处理不当而使英国臣民所遭受的损失，另以200万两偿付"军费。[①]

这两笔款项总共才1334000英镑，而在1842年，中国皇帝[②]偿付的是420万英镑，其中120万英镑赔偿被没收的走私鸦片，300万英镑赔偿军费。由420万英镑外加香港，减少到只有1334000英镑，这毕竟不像是一

---

[①] 此专条在中英天津条约中文本为："前因粤城大宪办理不善，致英民受损，大英君主只得动兵权取偿，保其将来守约勿失。商亏银二百万两，军需经费二百万两二项，大清皇帝皆允由粤省督抚设措，至应如何分期办法，大英秉权大员酌定行办。以上款项付清，方将粤城仍交回大清国管属。"——《马克思恩格斯文集》第2卷，人民出版社2009年版，注释386。

[②] 道光帝。——编者注

桩漂亮的买卖；可是，最糟糕的我们还没有讲呢。中国皇帝①说，既然你们不是同中国作战，而只是同广州进行"地方性战争"，那就请你们自己设法去从广东省挤出那笔由你们亲善的军舰逼迫我批给你们的损失费吧。同时，你们那位赫赫有名的斯特劳本齐将军不妨把广州作为物质保证，并继续使英国武器成为连中国兵勇都会耻笑的笑柄。乐观的约翰牛因为1334000英镑的小战利品所附带的这些条件而产生的苦恼，已经表现为可以听到的呻吟。伦敦有一家报纸写道：

"不仅不能调回我们的53艘军舰从并看到它们载着几百万两中国纹银凯旋归来，我们可以指望的好运气反倒是必须派遣5000名士兵去重新占领和守住广州，并帮助海军去进行我们的代理领事②所宣布的地方性战争。可是这场地方性战争，除了把我们的贸易从广州赶到中国其他口岸以外，会不会造成其他结果呢？……继续进行战争〈地方性战争〉会不会使一大部分茶叶贸易落到俄国手里？欧洲大陆和英国本身会不会变得必须依靠俄国和美国供给茶叶？"

约翰牛担心"地方性战争"会影响茶叶贸易，并不是完全没有根据的。从麦格雷戈的《商业税则》③中可以看出：在第一次对华战争的最后一年内，俄国经由恰克图得到12万箱茶叶。在英国同中国媾和后的一年内，俄国对茶叶的需求减少了75%，总共只有3万箱。不管怎样，英国人为占据广东而将继续耗费的钱财，一定会大大增加收支的逆差，以致第二次对华战争将是所得难偿所失。埃默森先生说得对，在英国人看来这真是莫此为甚的大错。

摘自卡·马克思：《中国和英国的条约》（1858年9月28日），《马克思恩格斯文集》第2卷，人民出版社2009年版，第644—646页。

---

① 咸丰帝。——编者注
② 斯·巴夏礼。——编者注
③ 即《欧美若干国家的商业税则、条例、资源和贸易》1847年伦敦版。——编者注

**14. 在第五十一款上载有英国侵略所取得的另一个大胜利。按照这一条款,"嗣后各式公文,无论京外,内叙大英国官民,自不得提书夷字"**

在第五十一款上载有英国侵略所取得的另一个大胜利。按照这一条款,"嗣后各式公文,无论京外,内叙大英国官民,自不得提书夷字"①。约翰牛不坚持要称自己为神国或圣朝,只要正式文件中除去表示"蛮夷"意思的字样就满意了。在自称"天朝"的中国当局的眼里,约翰牛该是多么恭顺啊!

条约中的商务条款,并未向英国提供它的竞争者享受不到的任何利益,而且这些条款在目前条件下只是空洞的诺言,其中大部分价值还不如书写条约用的羊皮纸。第十款规定:

"长江一带各口,英商船只俱可通商,唯现在江上下游,均有贼匪,除镇江一年后立口通商外,其余俟地方平靖,大英钦差大臣与大清特派之大学士尚书会议,准将自汉口溯流至海各地,选择不逾三口,准为英船出进货物通商之区。"②

按照这一条款,英国人实际上是被禁止进入全帝国的通商大动脉,这条大动脉,正如《晨星报》所正确指出的,是"英国人能将自己的工业品销往内地的唯一通路"。如果他们肯当乖孩子,帮助帝国政府将起义者③逐出其目前所占领的区域,那时他们才或许可以在长江航行,但也只限于特定的口岸。至于新开放的海港,最初听说的是开放"一切"口岸,现在已缩减为除南京条约所规定的五个口岸外,再开放五个口岸④了,而且如一家伦敦报纸所说,这些口岸"一般都是偏僻的或者位于海岛上"。此外,那种以为贸易的发展会与所开放的通商口岸数目成正比的错觉,时至今日已该破除了。请看英国、法国和美国海岸上的港口,有几个发展成了真正

---

① 引自中英天津条约中文本原文。——编者注
② 同上。
③ 指太平军。——编者注
④ 指中英天津条约第十一款规定的,开放牛庄、登州、台湾(台南)、潮州、琼州五个口岸。——《马克思恩格斯文集》第2卷,人民出版社2009年版,注释387。

的商业中心？在第一次对华战争以前，英国人只限于在广州进行贸易。让出五个新口岸，并没有造成五个新的商业中心，而是使贸易渐渐由广州移到上海，这一点可以从引自 1856—1857 年关于各地贸易状况的议会蓝皮书①的下列数字看出来。同时还应该记住，广州的商品进口额中也包括由广州转运到厦门和福州的进口商品。

摘自卡·马克思：《中国和英国的条约》（1858 年 9 月 28 日），《马克思恩格斯文集》第 2 卷，人民出版社 2009 年版，第 646—647 页。

**15. 就英国的贸易来说，和约……是中国人无法履行的，因而随时可能成为挑起新战争的借口**

各参战国得到的好处——其中也有俄国和美国的份——纯属商业性质，而且正如我们前次所指出的，这些好处大部分都是虚幻的②。在目前情况下，对华贸易，除鸦片和若干数量的东印度棉花外，只能仍以中国商品即茶叶和丝的出口为主；而这种出口贸易取决于外国的需求而不是中国政府提供方便的多少。在南京条约订立以前，世界各国已经能够买到茶叶和丝；在这个条约订立以后，开放五口岸的作用是使广州的一部分贸易转移到了上海。其他的口岸几乎根本没有什么贸易，而汕头这个唯一有一点重要作用的，却并不属于那五个开放的口岸。至于深入长江通商，这一要求被机智地推迟了，要等到皇帝陛下③在那个动乱地区完全恢复了自己的统治时再说，也就是遥遥无期。此外，关于这个新条约的价值还产生了另一些怀疑。有人断言，英中条约第二十八款所提到的子扣税是臆造的。过去人们之所以认为有这种税存在，纯粹是由于：中国人不大需要英国商品因而英国货根本没有打入内地。与此同时有一种适合中国人需要的、经由恰克图或西藏运去的俄国布匹，就千真万确地一直运销到沿海。人们忘记了，如果真有这种税存在的话，不管是英国货还是俄国货都一样要受到影响。有一点是肯定的，曾被专门派往内地的温格罗夫·库克先生，找不出什么地

---

① 蓝皮书是英国议会或政府的（包括政府向议会提交的）文件或报告书的通称，因封皮为蓝色而得名。英国从 17 世纪开始发表蓝皮书，它是英国经济史和外交史方面主要的官方资料。——《马克思恩格斯文集》第 2 卷，人民出版社 2009 年版，注释 388。

② 见卡·马克思：《中国和英国的条约》，《马克思恩格斯文集》第 2 卷，人民出版社 2009 年版，第 643—648 页。——编者注

③ 咸丰帝。——编者注

方有这种所谓的"子口税",而且他在公开的场合被问及这方面的问题时承认,他已"惭愧地认识到,我们对中国的无知是十分明显的"①。另一方面,英国商业大臣约·沃·亨利在一封已经发表的信件中回答"是否有证据证明确实存在着这种内地税"的问题时,十分清楚地说道:"对于你们问到的关于中国内地税的证据问题,我无可奉告。"约翰牛本来就颇不愉快地想着:额尔金勋爵规定了赔款,竟未定出交款期限,把战事从广州转移到京都,竟只是订了一个让英军从京都再回到广州去打仗的条约。现在这样一来,约翰牛的心里又突然产生一个不妙的疑虑:恐怕得自掏腰包交付所规定的赔款了,因为第二十八款非常可能促使中国当局对英国工业品规定7.5%的子扣税,将来经过要求会改为2.5%的进口税。伦敦《泰晤士报》为了不让约翰牛仔细考察自己的条约,觉得有必要装出对美国公使大为愤恨的样子,气势汹汹地骂他把事情弄糟了,虽然事实上他同第二次英中战争的失败就像月中人一样毫不相干。

因此,就英国的贸易来说,和约所带来的只是一项新的进口税和一系列条款,这些条款或者没有任何实际意义,或者是中国人无法履行的,因而随时可能成为挑起新战争的借口。

摘自弗·恩格斯:《俄国在远东的成功》(1858年10月25日前后),《马克思恩格斯文集》第2卷,人民出版社2009年版,第650—652页。

**16. 第一次鸦片战争还刺激了鸦片贸易的增长而损害了合法贸易;只要整个文明世界的压力还没有迫使英国放弃在印度强制种植鸦片和以武力在中国推销鸦片的做法**

联军全权代表强迫中国订立新条约②的消息,看来引起了以为贸易将有大规模扩展的狂想,同第一次对华战争结束后1845年时商人们头脑中产生的狂想完全一样的。即使彼得堡的电讯所传属实,是否能完全肯定,通商口岸一增多,对华贸易就必然扩大呢?是否能够指望1857—1858年的战争会比1841—1842年的战争导致更好的结果呢?有一件事是肯定无疑的:1843年的条约并没有使美国和英国对中国的出口增加,倒是起了加速和加

---

① 乔·库克《中国:1857—1858年〈泰晤士报〉特约中国通讯》1858年伦敦版第273页。——编者注

② 1858年天津条约。——编者注

深1847年商业危机的作用。现时的这个条约也是这样，它使人们梦想得到一个无穷尽的市场，使人们产生不切实际的希望，可能就在世界市场刚刚从不久以前的普遍恐慌中逐渐复原的时候，又促进新危机的形成。除了这个消极后果以外，第一次鸦片战争还刺激了鸦片贸易的增长而损害了合法贸易；只要整个文明世界的压力还没有迫使英国放弃在印度强制种植鸦片和以武力在中国推销鸦片的做法，那么这第二次鸦片战争就会产生同样的后果。我们不想详述这种贸易的道德方面，关于这种贸易，连英国人蒙哥马利·马丁都这样写道：

"不是吗，'奴隶贸易'比起'鸦片贸易'来，都要算是仁慈的。我们没有毁灭非洲人的肉体，因为我们的直接利益要求保持他们的生命；我们没有败坏他们的品格、腐蚀他们的思想，也没有扼杀他们的灵魂。可是鸦片贩子在腐蚀、败坏和毁灭了不幸的罪人的精神存在以后，还杀害他们的肉体；每时每刻搜有新的牺牲者被献于永不知饱的摩洛赫①之前，英国杀人者和中国自杀者竞相向摩洛赫的祭坛上供奉牺牲品。"②

中国人不能既购买商品又购买毒品；在目前条件下，扩大对华贸易也就是扩大鸦片贸易；增加鸦片贸易是和发展合法贸易不相容的。这些论点早在两年以前已经得到相当普遍的承认了。1847年为调查英中贸易状况而委派的一个下院委员会曾提出报告说：

"我们感到遗憾的是：一段时间以来，同这个国家的贸易处于很不能令人满意的状态，扩大我们交往的结果竟一点也没有实行我们的合理期望，而这种期望本来是在能够更自由地进入这样一个了不起的大市场的基础上而自然而然地产生出来的……我们发现，贸易受到阻碍并不是因为中国不需要英国商品或别国竞争加强……花钱买鸦片……消耗了白银从而大大妨碍了中国人一般贸易；实际上就必须用茶叶和

---

① 古腓尼基人所奉祀的火神，以人做祭品。——编者注
② 蒙·马丁《论中国的政治、商业和社会》1847年伦敦版第2卷。——编者注

丝来支付其他商品。"

1849年7月28日的《中华之友》在概括同一种观点时，十分肯定地说：

"鸦片贸易在不断地增长。英国和美国对于茶叶和丝的需求增大，只会使鸦片贸易继续增长；制造商的情况是毫无希望的。"

一位在中国的美国大商人，在1850年1月份汉特的《商人杂志》上刊登的一篇文章里，把对华贸易的全部问题归结为如下一点：

"停止哪一种贸易——鸦片贸易还是美英商品的出口贸易？"

中国人自己对这个问题的看法也正是这样。蒙哥马利·马丁说：

"我曾问过上海道台，促进我们对华贸易的最好办法是什么。他当着女王陛下的领事巴富尔上尉的面立刻回答我说：'别再向我们运送那么多鸦片，我们就能够购买你们的产品。'"

最近八年来的全部贸易的历史给这个论点提供了新的、十分明显的说明；但是在分析鸦片贸易对合法贸易的有害影响以前，我们先来简单地回顾一下这种触目惊心的贸易产生和发展。这种贸易，无论就可以说是构成其轴心的那些悲惨冲突而言，还是就其对东西方之间一切关系所发生的影响而言，在人类历史记录上都是绝无仅有的。

摘自卡·马克思：《鸦片贸易史》（1858年8月31日—9月3日）（一），《马克思恩格斯文集》第2卷，人民出版社2009年版，第629—631页。

**17. 中国皇帝为了制止自己臣民的自杀行为，……而东印度公司却迅速地把在印度种植鸦片和向中国私卖鸦片变成自己财政系统的不可分割的部分**

在1767年以前，由印度输出的鸦片数量不超过200箱，每箱重约133

磅。中国法律许可鸦片作为药品输入,每箱鸦片抽税3美元左右;当时从土耳其贩运鸦片的葡萄牙人几乎是唯一给天朝帝国输入鸦片的商人。

1773年,堪与埃芒蒂耶之流、帕尔默之流以及其他世界闻名的毒品贩子并驾齐驱的沃森上校和惠勒副董事长,建议东印度公司①同中国进行鸦片贸易。于是在澳门西南的一个海湾里下碇的船只上,建立起了鸦片堆栈。但是这种投机买卖最后失败了。1781年,孟加拉省政府派了一艘满载鸦片的武装商船驶往中国;1794年,东印度公司就派了一艘运载鸦片的大船停在黄埔——广州港的停泊处。看来,黄埔做堆栈比澳门更便利,因为黄埔被选定做堆栈以后才过两年,中国政府就觉得有必要颁布法令,用杖责和枷号示众来震慑中国的鸦片走私者了。大约在1798年,东印度公司不再是鸦片的直接出口商,而成了鸦片的生产者。在印度,实行了鸦片垄断,同时东印度公司伪善地禁止自己的船只经营这种毒品的买卖,而该公司发给同中国做买卖的私人船只的执照中却附有条件,规定这些船只如载运非东印度公司生产的鸦片要受处罚。

1800年,输入中国的鸦片已经达到2000箱。在18世纪时期,东印度公司与天朝帝国之间的斗争,具有外国商人与一国海关之间的一切争执都具有的共同点,而从19世纪初叶起,这个斗争就具有了非常突出的独有的特征。中国皇帝②为了制止自己臣民的自杀行为,下令同时禁止外国人输入和本国人吸食这种毒品,而东印度公司却迅速地把在印度种植鸦片和向中国私卖鸦片变成自己财政系统的不可分割的部分。半野蛮人坚持道德原则,而文明人却以自私自利的原则与之对抗。一个人口几乎占人类三分之

---

① 东印度公司是存在于1600—1858年的英国贸易公司,是英国在印度和中国及亚洲其他国家经营垄断贸易、推行殖民主义掠夺政策的工具。从18世纪中叶起,公司拥有军队和舰队,成为巨大的军事力量。在公司的名义下,英国殖民主义者完成了对印度的占领。该公司长期控制着同印度进行贸易的垄断权和印度最主要的行政权。它的贸易和行政特权由英国议会定期续发的公司特许状规定。由于公司管理中的独断专行、经营不善,加之19世纪初日益强大的英国工业资产阶级迫使印度对外"开放",致使东印度公司的权力和影响日渐削弱。1853年下院辩论印度法案时的焦点就是英国今后在印度的统治形式问题,因为1854年4月30日是东印度公司特许状的截止日期。1857—1859年印度的民族解放起义迫使英国改变殖民统治的形式,于是公司撤销,印度被宣布为英王的领地。英国资产阶级要求扩大对华贸易,提倡自由贸易。1833年8月23日,英国议会通过了取消印度公司对华贸易特权的法案,该法案自1834年4月22日开始实施。——《马克思恩格斯文集》第2卷,人民出版社2009年版,注释365。

② 嘉庆帝。——编者注

一的大帝国，不顾时势，安于现状，人为地隔绝于世并因此竭力以天朝尽善尽美的幻想自欺。这样一个帝国注定最后要在一场殊死的决斗中被打垮：在这场决斗中，陈腐世界的代表是激于道义，而最现代的社会的代表却是为了获得贱买贵卖的特权——这真是任何诗人想也不敢想的一种奇异的对联式悲歌。

摘自卡·马克思：《鸦片贸易史》（1858年8月31日—9月3日）（一），《马克思恩格斯文集》第2卷，人民出版社2009年版，第631—632页。

## 18. 正因为英国政府在印度实行了鸦片垄断，中国才采取了禁止鸦片贸易的措施

正因为英国政府在印度实行了鸦片垄断，中国才采取了禁止鸦片贸易的措施。天朝的立法者对违禁的臣民所施行的严厉惩罚以及中国海关所颁布的严格禁令，结果都毫不起作用。中国人的道义抵制的直接后果就是，帝国当局、海关人员和所有的官吏都被英国人弄得道德堕落。侵蚀到天朝的整个官僚体系之心脏、摧毁了宗法制度之堡垒的腐败作风，就是同鸦片烟箱一起从停泊在黄埔的英国趸船上被偷偷带进这个帝国的。

东印度公司一手扶植的、北京中央政府抵制无效的鸦片贸易规模日益增大，到1816年，鸦片贸易额已将近250万美元。就在这一年印度的贸易开放了，只有茶叶贸易一项例外，仍由东印度公司继续垄断。印度贸易的开放又大大推动了英国鸦片走私商的活动。1820年，偷运入中国的鸦片增加到5147箱，1821年达7000箱，1824年达12639箱。在这个时候，中国政府向外国商人提出严重警告，同时惩办了被认为是与外国商人同谋共犯的行商①，大力查办了本国的鸦片吸食者，并且在自己的海关内采取了更严厉的措施。最终的结果，一如1794年所做的同样努力，只是把鸦片堆栈由一个不牢靠的地点驱赶到一个更便于经营的基地。鸦片堆栈从澳门和黄埔转到了珠江口附近的伶仃岛；在那里，全副武装、人员众多的船只上建起了固定的鸦片栈。同样地，当中国政府暂时制止住了广州旧有的窑口②营业时，鸦片贸易只是转了一道手，转到比较小的

---

① 鸦片战争以前，中国的对外贸易是由官方特许的垄断组织"公行"在广州进行的。公行的商人叫做"行商"。行商制度在南京条约第五款中被取消。——《马克思恩格斯文集》第2卷，人民出版社2009年版，注释368。

② 私卖鸦片烟的店铺。——编者注

商人手里,他们不惜冒一切危险采用任何手段来进行这种贸易。在由此产生的更有利的条件下,鸦片贸易在 1824 年到 1834 年的 10 年当中,就由 12639 箱增加到 21785 箱。

摘自卡·马克思:《鸦片贸易史》(1858 年 8 月 31 日—9 月 3 日)(二),<br>《马克思恩格斯文集》第 2 卷,人民出版社 2009 年版,第 633—634 页。

**19. 1834 年,……由于……对华贸易就向英国私人企业敞开了大门,……在 1837 年还是把价值 2500 万美元的 39000 箱鸦片顺利地偷运进了中国**

1834 年,也像 1800 年、1816 年、1824 年一样,在鸦片贸易史上标志着一个时代。东印度公司不仅在那一年失去了经营中国茶叶的特权,而且必须完全停止一切商务。由于东印度公司从商务机构改组为纯粹的政府机构,对华贸易就向英国私人企业敞开了大门,这些企业干得非常起劲,尽管天朝政府拼命抵制,在 1837 年还是把价值 2500 万美元的 39000 箱鸦片顺利地偷运进了中国。这里有两件事实要注意:第一,从 1816 年起,在对华出口贸易的每一个发展阶段上,鸦片走私贸易总是占着大得极不相称的比例。第二,就在英印政府在鸦片贸易上明显的商业利益逐渐消失的同时,它在这种非法贸易上的财政利益却越来越重要了。1837 年,中国政府终于到了非立即采取果断行动不可的地步。因输入鸦片而造成的白银不断外流,开始扰乱天朝帝国的国库收支和货币流通。中国最有名的政治家之一许乃济,曾提议使鸦片贸易合法化而从中取利;但是经过帝国全体高级官吏一年多的全面审议,中国政府决定:"此种万恶贸易毒害人民,不得开禁。"① 早在 1830 年,如果征收 25% 的关税,就会带来 385 万美元的收入,到 1837 年,就会双倍于此。可是,天朝的野蛮人当时拒绝征收一项随着人民堕落的程度而必定会增大的税收。1853 年,当今的咸丰帝虽然处境更加困难,并且明知为制止日益增多的鸦片输入而作的一切努力不会有任何结果,但仍然恪守自己先人的坚定政策。顺便要指出的是:这位皇帝把吸食鸦片当做邪教一样来取缔,从而使鸦片贸易得到了宗教宣传的一切好处。中国政府在 1837 年、1838 年和 1839 年采取的非常措施——这些措施的最高潮

---

① 1838 年 10 月 28 日道光帝所下的上谕中有"鸦片烟流毒内地,官民煽惑,传染日深……必欲净绝根株,毋贻远患"等语。马克思所引可能源出于此。——《马克思恩格斯文集》第 2 卷,人民出版社 2009 年版,注释 382。

是钦差大臣林则徐到达广州和按照他的命令没收、销毁走私的鸦片——提供了第一次英中战争的借口,这次战争带来的后果就是:中国发生了起义[1];帝国国库完全空虚;俄国顺利地由北方进犯;鸦片贸易在南方达到巨大的规模。尽管英国在结束这场为保护鸦片贸易而发动和进行的战争时所签订的条约禁止鸦片贸易[2],可是从1843年起,鸦片贸易实际上却完全不受法律制裁。1856年输入中国的鸦片,总值约3500万美元,同年英印政府靠鸦片垄断获取了2500万美元的收入,正好是它财政总收入的六分之一。作为第二次鸦片战争借口的那些事件,是不久以前才发生的,无需赘述。

摘自卡·马克思:《鸦片贸易史》(1858年8月31日—9月3日)(二),<br>《马克思恩格斯文集》第2卷,人民出版社2009年版,第634—635页。

## 20. 作为帝国政府,它假装同违禁的鸦片贸易毫无关系,甚至还订立禁止这种贸易的条约

这个题目讲到最后,不能不特别指出摆出一副基督教伪善面孔、标榜文明的英国政府本身的一个明显的矛盾。作为帝国政府,它假装同违禁的鸦片贸易毫无关系,甚至还订立禁止这种贸易的条约。[3] 可是作为印度政府,它却强迫孟加拉省种植鸦片,使该省的生产力受到极大的损害;它强迫一部分印度的莱特[4]种植罂粟,用贷款的办法引诱另一部分莱特也去种植罂粟。它严密地垄断了这种毒品的全部生产,借助大批官方侦探来监视一切:种植罂粟,把罂粟交到指定地点,按照中国吸食者的口味提炼或调制鸦片,把鸦片打成便于偷运的货包,最后运往加尔各答,由政府拍卖,

---

[1] 指太平天国革命。——编者注
[2] 1842年订立的中英南京条约并无禁止鸦片贸易的条款。——编者注
[3] 1842年订立的中英南京条约并无禁止鸦片贸易的条款。——编者注
[4] 莱特即印度农民,在18世纪末19世纪初英国殖民者实行新的土地税收法以前,在英国殖民者没有破坏印度村社以前,是享有充分权利的村社农民。在从1793年起实行所谓柴明达尔制的地区(最初在孟加拉、比哈尔、奥里萨实行,后来稍有改变了形式,在联合省和中央省以及马德拉斯省部分地区实行)莱特成了柴明达尔(地主)的佃农。在19世纪初孟买和马德拉斯两管区实行"莱特瓦尔"土地税收制后,莱特成为国有土地的持有者,而按印度英政府随意规定的数额缴纳地租税。根据"莱特瓦尔"制度,莱特同时被宣布为他们所租佃的土地的所有者。由于实行这种在法律上自相矛盾的土地税收制,为农民规定了高得无力缴纳的地租,致使欠税日增,其土地逐渐转到包买商和高利贷者手里。——《马克思恩格斯文集》第2卷,人民出版社2009年版,注释383。

国家官吏把鸦片移交给投机商人,然后又转到走私商人手里,由他们运往中国。英国政府在每箱鸦片上所花的费用约250卢比,而在加尔各答拍卖场上的卖价是每箱1210—1600卢比。可是,这个政府并不满足于这种实际上的共谋行为,它直到现在还公然同那些干着毒害一个帝国的冒险营生的商人和船主们合伙经营,赔赚与共。

英国政府在印度的财政,实际上不仅要依靠对中国的鸦片贸易,而且还要依靠这种贸易的不合法性。如果中国政府使鸦片贸易合法化,同时允许在中国种植罂粟,英印政府的国库会遭到严重灾难。英国政府公开宣传毒品的自由贸易,暗中却保持自己对毒品生产的垄断。任何时候只要我们仔细地研究一下英国的自由贸易的性质,我们大多会发现:它的"自由"说到底就是垄断。

摘自卡·马克思:《鸦片贸易史》(1858年8月31日—9月3日)(二),<br>《马克思恩格斯文集》第2卷,人民出版社2009年版,第635—636页。

**21. 1842年8月29日由亨利·璞鼎查爵士签订的、并且像新近与中国订立的条约一样也是在炮口下强加给对方的对华条约,从商务观点来看,其结果是不成功的**

1842年8月29日由亨利·璞鼎查爵士签订的、并且像新近与中国订立的条约①一样也是在炮口下强加给对方的对华条约②,从商务观点来看,其结果是不成功的。这是一个连那家著名的英国自由贸易派机关刊物伦敦《经济学家》也正在重温的事实。这家杂志曾是不久前入侵中国一事的最忠实的辩护者之一,现在它觉得自己应该"抑制"一下在其他各界所造成的乐观期望了。《经济学家》杂志把1842年的条约对英国出口贸易的影响,看做是"我们借以防止错误行动的后果的一个前车之鉴"。这当然是正确的忠告。但是,威尔逊先生为了解释首次企图用武力为西方产品扩大中国市场遭到失败而举出的理由,却远不能作为定论。

他举出的造成这次大失败的第一个重要原因是:在璞鼎查签订条约以后的最初三年中,中国市场被盲目过量涌进的商品所充斥,英国商人不注意中国人需求什么。英国对中国的出口额在1836年是1326388英镑,在

---

① 1858年天津条约。——编者注
② 1842年南京条约。——编者注

1842年下降到969000英镑。此后四年中又连续迅速增长，从下列数字可以看出：

```
1842年·····················969000英镑
1843年·····················1456000英镑
1844年·····················2305000英镑
1845年·····················2395000英镑
```

可是，到1846年，不仅出口额降低到1836年的水平以下，而且伦敦从事对华贸易的商行在1847年危机时期所遭到的灾难还证明：官方报告统计表中所列的1843—1846年出口的计算价值同真正实现的价值完全不符。如果说由此可以看出，英国出口商在向中国消费者出售商品的数量方面犯了错误，那么他们在商品的品种方面也同样犯了错误。为了证明后一个论断，《经济学家》杂志援引了前伦敦《泰晤士报》驻上海和广州通讯员温·库克先生的一段话：

"1843年、1844年和1845年，当北方各通商口岸刚刚开放的时候，我们国内的人兴奋若狂。设菲尔德一家有名的商行向中国运去了大批餐刀和餐叉，并表示它准备给全中国供应此类餐具……这些商品的卖价几乎抵不上运费。一家著名的伦敦商行向中国运去了大批钢琴，也遭到了同样的命运。刀叉和钢琴的遭遇，毛织品和棉织品也遇到了，不过形式没有那么显著……曼彻斯特在各通商口岸开放的时候盲目地做了一番巨大的努力，这种努力归于失败。从此以后，它就冷漠消沉，听天由命了。"

最后，《经济学家》为了证明贸易的缩减、稳定和增长取决于对消费者需求的考察，还从上述那位作者那里引用了1856年的材料：

|  | 1845年 | 1846年 | 1856年 |
| --- | --- | --- | --- |
| 精梳毛织物（匹）……13569 | 8415 | 7428 |
| 驼毛呢……………13374 | 8034 | 4470 |

| | | | |
|---|---|---|---|
| 粗哔叽…………………… | 91530 | 75784 | 36642 |
| 精梳毛织品…………… | 62731 | 56996 | 38553 |
| 印花棉布……………… | 100615 | 81150 | 281784 |
| 素色棉布……………… | 2998126 | 1859740 | 2817624 |
| 棉纱（磅）…………… | 2640098 | 5324050 | 5579600 |

但是，所有这一切论据和例证，除了说明继1843—1845年贸易过热所引起的反应以外，不能说明任何问题。贸易骤增之后又出现剧烈的缩减，一个新的市场从一开始就为过剩的英国商品所窒息，人民把商品投入这个市场而没有很好地估计消费者的实际需要和支付能力，这种现象决不是对华贸易所特有的。实际上，这是世界市场历史上经常有的现象。拿破仑垮台以后，欧洲大陆开放通商，那时英国的出口同大陆的购买能力很不相称，以致"由战争转向和平"倒比大陆封锁①更具有灾难性。坎宁对美洲的西班牙殖民地的独立的承认，也促进了1825年商业危机的发生。为适应莫斯科的气候而制造的商品，当时被运往墨西哥和哥伦比亚。再说，今天甚至连澳大利亚，尽管它具有很大的伸缩性，也没有摆脱一切新市场所共有的命运——市场上的商品既超过了它的支付能力也超过了它的消费能力。中国市场所特有的现象是：自从1842年的条约使它开放以来，中国出产的茶叶和丝向英国的出口一直不断增长，而英国工业品输入中国的数额，整个说来却停滞不变。中国方面这种继续增长的贸易顺差，可以说同俄国和英国之间的贸易差额的状况相似；不过在后一种情况下，一切都可以用俄国的保护关税的政策来解释，可是中国的进口税却比任何一个同英国通商的国家都低。1842年以前，中国对英国的出口总值约为700万英镑，1856年约达到950万英镑。输入英国的茶叶数量，在1842年以前从未超过5000万磅，而在1856年就增加到约9000万磅。另一方面，英国进口的中国丝，

---

① 大陆体系或大陆封锁是法国皇帝拿破仑第一在拿破仑战争期间为反对英国而采取的一项重要的经济政治措施。1805年法国舰队被英国舰队消灭后，拿破仑于1806年11月21日颁布了《柏林敕令》，禁止欧洲大陆各国同英国进行贸易。参加大陆体系的有西班牙、那不勒斯、荷兰、普鲁士、丹麦和奥地利。根据1807年的蒂尔希特条约的秘密条款，俄国加入了大陆体系。1812年拿破仑在俄国遭到失败后，所谓的大陆体系便瓦解了。——《马克思恩格斯文集》第2卷，人民出版社2009年版，注释228。

只是从1852年起才占有重要地位。其增长情况，可以从下列数字中看出：

| | 1852年 | 1853年 | 1854年 | 1855年 | 1856年 |
|---|---|---|---|---|---|
| 丝的进口额（磅） | 2418343 | 2838047 | 4576706 | 4436862 | 3723693 |
| 价值（英磅） | — | — | 3318112 | 3013396 | 3676116 |

摘自卡·马克思：《英中条约》（1858年9月10日），《马克思恩格斯文集》第2卷，人民出版社2009年版，第637—639页。

**22. 由于最近这次海盗式的战争和统治王朝遭到的许多新的屈辱，外国进口所遇到的产生于帝国内部动乱状态的一切障碍，只会增加不会减少**

另一方面，我们再看一看英国对中国的出口额的变动：

1834年……842852英镑　　　1836年……1326388英镑
1835年……1074708英镑　　1838年……1204356英镑

关于1842年市场开放和英国取得香港以后的时期；我们有下列材料：

1845年……2359000英镑　　1853年……1749597英镑
1846年……1200000英镑　　1854年……1000716英镑
1848年……1445950英镑　　1855年……1122241英镑
1852年……2508599英镑　　1856年……2000000英镑以上

《经济学家》杂志企图以外国的竞争来解释为什么英国工业品对中国市场的输入会停滞和相对地减少，并且再一次援引库克先生的话来加以论证。据这位权威人士看来，在中国市场上许多贸易门类中英国人都被公平的竞争所击败。他说，美国人在粗斜纹布和被单布方面压倒了英国人。1856年，输入上海的美国粗斜纹布是221716匹，而英国是8745匹；美国被单布是14420匹，而英国是1240匹。另外，在毛织品贸易方面，据说德国和俄国对他们的英国竞争者排挤得很厉害。我们不需要其他的证明，单凭这一例证就可以确信：库克先生和《经济学家》杂志对中国市场的估计都是错误的。他们认为只限于英中贸易的那些特点，其实也恰恰是美国和天朝帝国之间的贸易的特点。1837年，中国对美国的出口额超过美国对中国的出口额约86万英镑。在1842年条约订立以来的时期中，美国每年平均得到200万英镑的中国产品，而我们①付出的是90万英镑的美国商品。1855年上海的进口，不包括硬币和鸦片，总额达1602849英镑，其中英国所占份额是1122241英镑，美国所占份额是272708英镑，其他国家所占份额是207900英镑；而上海的出口总额达12603540英镑，其中对英国出口是6405040英镑，美国所占份额是5396406英镑，对其他国家所占份额是102088英镑。把美国对上海的272708英镑出口额同美国从上海进口的500多万英镑的数额对比一下吧。如果连美国的竞争也使英国的贸易蒙受到了明显的损害，那么可见，中国市场为全部外国贸易的活动场所是多么有限。

中国的进口市场自1842年开放以来，其意义之所以不大的最后一个原因据说就是中国革命②；可是，尽管发生了这次革命，1850—1852年对中国的出口，还是随着全面的贸易增长而相对地增长了，而且鸦片贸易在整个革命时期不但没有缩减，反而迅速达到了巨大的规模。然而无论如何，应该承认的是：由于最近这次海盗式的战争和统治王朝遭到的许多新的屈辱，外国进口所遇到的产生于帝国内部动乱状态的一切障碍，只会增加不会减少。

摘自卡·马克思：《英中条约》（1858年9月10日），《马克思恩格斯文集》第2卷，人民出版社2009年版，第640—641页。

## 23. 然而，惯于吹嘘自己道德高尚的约翰牛，却宁愿用海盗式的借口经常向中国勒索军事赔款，来弥补自己的贸易逆差

然而，惯于吹嘘自己道德高尚的约翰牛，却宁愿隔一定的时候就用海盗式的借口向中国勒索军事赔款，来弥补自己的贸易逆差。他只是忘记了：如果兼施并用迦太基式的和罗马式的方法③去榨取外国人民的金钱，那么这两种方法必然会相互冲突、相互消灭。

摘自卡·马克思：《英中条约》（1858年9月10日），《马克思恩格斯文

---

① 在马克思和恩格斯以《纽约每日论坛报》驻伦敦通讯员的身份为该报撰写的文章中，"我国"常指美国，"我们"常指美国人。——《马克思恩格斯文集》第2卷，人民出版社2009年版，注释366。

② 指太平军革命。——编者注

③ 古代北非奴隶制国家迦太基的居民除从事农业外还经营海外贸易，而罗马帝国则通过征服别国来掠夺和积累财富。这里所说的"迦太基式的和罗马式的方法"，是指贸易的和征服的方法。——《马克思恩格斯文集》第2卷，人民出版社2009年版，注释384。

集》第2卷，人民出版社2009年版，第641—642页。

**24. 尊敬的普鲁斯先生在法国的全权公使布尔布隆先生偕同下，带着一支英国远征舰队出发。这支远征队的任务是沿白河上驶护送两国公使进京**

首先让我来叙述最近欧洲大陆邮班传来的一些事实。

尊敬的普鲁斯先生在法国的全权公使布尔布隆先生偕同下，带着一支英国远征舰队出发。这支远征队的任务是沿白河上驶护送两国公使进京。远征舰队由海军将军贺布统率，包括有7艘轮船、10艘炮艇、2艘载运部队和军需品的运输船，以及几百名海军陆战队和皇家陆军工兵队士兵。中国人方面反对公使取这条路进京。因此，贺布将军发现白河口已被防栅所阻塞；他在河口从6月17日至25日停留了9天以后企图用武力开路前进，因为两国公使已于6月20日来到舰队。贺布将军在到达白河口时，曾查明在上次战争中拆毁的大沽炮台确已修复，这里要顺便指出，此事他是应该早就知道的，因为"京报"① 正式报道过。

6月25日，英国人企图强行进入白河时，约有2万蒙古军队②做后盾的大沽炮台除去伪装，向英国船只进行毁灭性的轰击。陆战水战同时并举，打得侵略者狼狈不堪。远征队遭重创后只得退却。它损失了3艘英国船：鸬鹚号、避风号和小鸽号，英军方面死伤464人，参加作战的60名法国人当中死伤14人。英国军官死5人，伤23人，连贺布将军自己也是带伤逃命的。这次失败以后，普鲁斯先生和布尔布隆先生就回到了上海，英国舰队则奉命停泊在宁波府镇海县外的海面。

当这些不愉快的消息传到英国时，帕麦斯顿派的报纸就立刻跨上不列颠狮子③，一致怒吼着要求实行大规模的报复。当然，伦敦的《泰晤士报》在激发自己同胞们的嗜血本能时还多少故作庄重，但帕麦斯顿派的次等报纸却荒谬绝伦地扮演了疯狂的罗兰的角色。

例如，我们来听听伦敦《每日电讯》怎样说：

---

① 中国古代政府机关用来通报朝政的官方文书抄本，原称"邸抄"，清代称"京报"。——《马克思恩格斯文集》第2卷，人民出版社2009年版，注释393。

② 指蒙古亲王曾格林沁的军队。——编者注

③ 英国的国徽是狮子。"跨上不列颠狮子"是指打着国家利益和民族利益的幌子为武装侵华张目。——《马克思恩格斯文集》第2卷，人民出版社2009年版，注释394。

"大不列颠应该对中国海岸线全面进攻,打进京城,将皇帝逐出皇宫,取得物质上的保证,以免将来再受侵犯……我们应该用九尾鞭抽打每一个敢于侮辱我国民族象征的蟒衣官吏……应该把他们〈中国将军们〉个个都当做海盗和凶手,吊在英国军舰的桅杆上。把这些浑身纽扣、满面杀气、穿着丑角服装的坏蛋,在桅杆上吊上十来个示众,让他们随风飘动,倒是令人开心和大有神益的场面,无论如何总得采取恐怖手段,我们已经过分宽大了!……应该教训中国人尊重英国人,英国人高中国人一等,应成他们的主人……起码可以一试的是攻占北京,如果采取更大胆的政策,则接着就把广州永远收归我国所有。我们会像占有加尔各答那样把广州保持在自己手里,把它变为我们在东方最东端的商业中心,使我们针对俄国在帝国的满洲边疆所取得的势力,为自己找到补偿,奠定一个新领地的基础。"

我想现在还是丢开帕麦斯顿的笔杆子们的这些胡言乱语来谈谈事实,并根据现有的不多的一点材料尽可能地说明这个不快事件的真实意义。

摘自卡·马克思:《新的对华战争》(一),《马克思恩格斯文集》第2卷,人民出版社2009年版,第654—656页。

## 25. 中国人这样做,并不是违背条约,而是挫败入侵

这里首先要回答的问题是:即使天津条约规定允许英国公使可以直接前往北京,中国政府反抗英国舰队强行驶入白河,是否就违反了这个用海盗式战争强加于它的条约呢?据大陆邮班传来的消息中可知,中国当局不是反对英国使节前往北京,而是反对英国武装船只上驶白河。中国曾经表示普鲁斯先生应由陆路入京,不得用武装护送。天朝人对炮轰广州事件[①]记忆犹新,所以不能不认为这种武装是实行入侵的工具。难道法国公使留驻伦敦的权利就能赋予他率领一支法国远征队强行侵入泰晤士河的权利吗?肯定可以这样说:英国人对英国公使前往北京的权利的这种解释,至少和英国人在上次对华战争中所发明的那种说法同样奇怪,当时他们说炮轰一

---

[①] 英国侵略者在1856年利用亚罗号划艇事件作为发动第二次鸦片战争的口实,从1856年10月27日起,开炮轰击广州城。29日,英军攻破外城,一度冲入城内,纵火将靖海门、五仙门附近民房烧毁殆尽,后因兵力不足,只得退出,但是炮轰城市、掠杀居民的暴行依然继续。——《马克思恩格斯文集》第2卷,人民出版社2009年版,注释380。

个帝国的城市,并不是对该帝国本身作战,而只是与它的一个属地发生了局部的相互敌对行动。对于天朝人所提出的交还的要求①,英国人的回答是——按照他们自己说的——"采取一切周密措施,务求获准进入北京,必要时使用武力",——他们抵抗英国人的武装远征队也是完全有理的。中国人这样做,并不是违背条约,而是挫败入侵。

摘自卡·马克思:《新的对华战争》(一),《马克思恩格斯文集》第 2 卷,人民出版社 2009 年版,第 656 页。

**26. 中国人根据条约的中文本行动,而不是根据额尔金勋爵都承认与"该项规定的正确含义"有些偏离的英文本行动**

其次,人们可能提出这样的问题:尽管天津条约已经赋予英国派驻使节的抽象权利,可是额尔金勋爵不是决定至少在目前暂不实际行使此项权利吗?如果翻阅一下《女王陛下特谕刊行的额尔金伯爵赴华特别使命的函件》,每个不存偏见的人都会深信:第一,准许英国公使进入北京一事不是在现在,而是在较晚的时候付诸实行;第二,英国公使留驻北京的权利附有各种条件;最后第三,英文条约文本中关于准许公使进入北京的那个专横的第三款,根据中国钦差们的要求在条约中文本中作了修改。额尔金勋爵自己也承认条约两个文本之间的这个不同之处,但是额尔金勋爵,据他本人说,

> "根据他所得到的训令,只好要求中国人接受他们一字不识的条约文本作为国际协定的正式文本。"

中国人根据条约的中文本行动,而不是根据额尔金勋爵都承认与"该项规定的正确含义"有些偏离的英文本行动——难道可以凭这一点对他们加以非难吗?

摘自卡·马克思:《新的对华战争》(一),《马克思恩格斯文集》第 2 卷,人民出版社 2009 年版,第 656—657 页。

**27. 第二个结果必然是现政府的崩溃,因为该政府是以上次对华战争的制造者为首的**

最后,我要指出,前任英国驻香港首席检察官托·奇泽姆·安斯蒂先

---

① 当时广州为英法联军所占领,这里指中国向英法提出的交还广州的要求。——《马克思恩格斯文集》第 2 卷,人民出版社 2009 年版,注释 395。

生在他在致伦敦《晨星报》编辑的信中郑重宣称：

"这个条约不论其本身如何，早已因英国政府及其官吏采取暴力行动而失效到这样的程度，即至少大不列颠王室得自这个条约的一切利益和特权均被剥夺。"

英国一方面受着印度的重重困难的拖累①，另一方面又为防备欧洲战争一旦爆发而进行着武装，所以中国的这场新的、大约是帕麦斯顿一手造成的灾难，很可能给英国带来巨大的危险。第二个结果必然是现政府的崩溃，因为该政府是以上次对华战争的制造者为首的，而它的主要成员又曾经对他们现在的首长因他进行那场战争而投过不信任票。不管怎样，米尔纳·吉布森先生和曼彻斯特学派②必须要么退出现在的自由党人联盟，要么——这个可能性不很大——同约翰·罗素勋爵、格莱斯顿先生及其皮尔派③同僚们一致行动，迫使他们的首长服从他们自己的政策。

摘自卡·马克思：《新的对华战争》（一），《马克思恩格斯文集》第 2 卷，<br>人民出版社 2009 年版，第 657 页。

## 28. 他们想要再发动一场对华战争

内阁会议宣布在明天召开，会议的目的是要决定对于在中国的惨败采取什么对策。法国《通报》和伦敦《泰晤士报》煞费苦心写出的文章，使

---

① 英国在镇压了 1857—1859 年印度起义以后，面临着如何在印度巩固和加强被大大动摇了的殖民统治的难题。——《马克思恩格斯文集》第 2 卷，人民出版社 2009 年版，注释 396。

② 自由贸易派也称曼彻斯特学派，是 19 世纪上半叶英国出现的资产阶级政治经济学的一个派别，其主要代表人物是曼彻斯特的两个纺织厂主理·科布顿和约·布莱特。19 世纪 20—50 年代，曼彻斯特是自由贸易派的宣传中心。该学派提倡自由贸易，要求国家不干涉经济生活，反对贸易保护主义原则，要求减免关税并奖励出口，废除有利于土地贵族的、规定高额谷物进口关税的谷物法。1838 年，曼彻斯特的自由贸易派建立了反谷物法同盟。19 世纪 40—50 年代，该派组成了一个单独的政治集团，后来成为自由党的左翼。——《马克思恩格斯文集》第 2 卷，人民出版社 2009 年版，注释 109。

③ 皮尔派是英国一批拥护罗·皮尔爵士的温和的托利党人。他们支持皮尔在保持土地贵族和金融贵族政治统治的条件下，在经济政策方面对工商业资产阶级采取让步的政策。1846 年，皮尔为了工业资产阶级的利益废除了谷物法，引起了托利党保护关税派的强烈不满，导致了托利党的分裂和皮尔派的孤立。19 世纪 50 年，皮尔派在议会中是一个没有明确纲领的小政治集团。50 年代末 60 年代初，皮尔派并入自由党。——《马克思恩格斯文集》第 2 卷，人民出版社 2009 年版，注释 397。

人确信帕麦斯顿和波拿巴已作出决定。他们想要再发动一场对华战争。我从可靠方面得来的消息说：在即将举行的内阁会议上，米尔纳·吉布森先生首先将就主张战争的理由是否正当提出质问；其次他将反对任何事先未经议会两院批准的宣战；如果他的意见为多数票否决，他将退出内阁，从而再次发出这样的信号，即帕麦斯顿的统治将要遭到新的冲击，曾使德比内阁倒台的这个自由党人联盟将要崩溃。据说帕麦斯顿对于米尔纳·吉布森先生企图采取的行动感到有些惊惶不安。吉布森是他的同僚中唯一使他害怕的人，而且他曾不止一次地说过吉布森是一个特别善于"吹毛求疵"的人。可能和本篇通讯同时，你们会从利物浦收到关于内阁会议结果的消息。现在要对这里所谈的事件的真实情况作出最准确的判断，不能根据帕麦斯顿派报刊上登出来的东西，而要根据这些报刊在最初刊登上次大陆邮班带来的消息时故意不登的东西。

摘自卡·马克思：《新的对华战争》（二），《马克思恩格斯文集》第2卷，人民出版社2009年版，第658页。

**29. 既然天津条约中并无条文赋予英国人和法国人以派遣舰队上驶白河的权利，那么非常明显，破坏条约的不是中国人而是英国人**

首先，他们隐瞒了中俄条约已经完成批准手续和中国皇帝①已经谕令他的官员接待并护送美国公使进京交换中美条约批准书的消息。隐瞒这些事实的目的，是为了制止一种自然会产生的猜疑，这就是：对英法公使执行职务时遇到阻碍这件事，应负责任的恐怕不是北京朝廷，而是他们自己，因为他们的俄国或美国同僚并未遭遇到这些阻碍。另外还有一个更重要的事实最初也为《泰晤士报》和其他帕麦斯顿派报刊所隐瞒，但现在它们已公开承认，这个事实就是：中国当局曾经声明愿意护送英法公使进京；而且中国官员们的确在白河的一个河口等候接待他们，并且表示，只要他们同意离开他们的兵舰和军队，就给他们派一支卫队。既然天津条约中并无条文赋予英国人和法国人以派遣舰队上驶白河的权利，那么非常明显，破坏条约的不是中国人而是英国人，而且，英国人是蓄意要刚好在规定的交换批准书日期之前向中国寻衅。谁都不会相信，尊敬的普鲁斯先生对上一次对华战争表面上要达到的目的进行的这种干扰，是他本人自作主张的行

---

① 咸丰皇帝。——编者注

动，相反，谁都会看出他只不过执行了从伦敦接到的秘密训令而已。诚然，普鲁斯先生并不是由帕麦斯顿派遣而是由德比派遣去的。然而，我只需提醒这样一件事：在罗伯特·皮尔爵士首届内阁任内，阿伯丁勋爵长外交部期间，英国驻马德里公使亨利·布尔沃爵士向西班牙宫廷寻衅，结果被西班牙驱逐出境；上院在辩论这个"不快事件"时证明，布尔沃不执行阿伯丁的正式训令，而是按照当时坐在反对派席位上的帕麦斯顿的秘密训令行事。

摘自卡·马克思：《新的对华战争》（二），《马克思恩格斯文集》第2卷，人民出版社2009年版，第658—659页。

**30. 这只不过是帕麦斯顿勋爵的一套老把戏。当俄国要跟中国缔结通商条约时，他用鸦片战争把中国推入它北方邻邦的怀抱；当俄国要求割让黑龙江时，他又用第二次对华战争促其实现；而现在俄国想要巩固它在北京的势力**

最近几天，帕麦斯顿派的报刊又在玩弄花招，这至少使熟悉近30年英国外交内幕的人们可以毫无疑问地断定：究竟谁是白河惨案和迫在眉睫的第三次英中战争的真正罪魁。《泰晤士报》暗示说，安装在大沽炮台上把英国舰队打得落花流水的大炮，是来自俄国而且是由俄国军官指挥操作的。另一家帕麦斯顿派的报刊说得更明白，现引述于下：

> "现在我们看出俄国的政策与北京的政策如何紧密地交织在一起；我们发觉在黑龙江一带有大规模的军队调动；我们了解到，大批哥萨克军队在贝加尔湖以东极遥远的地方、在迷迷茫茫的旧大陆边缘上的严寒奇境里进行演习；我们注意到无数辎重队的行踪；我们侦察到一位俄国特使（东西伯利亚总督穆拉维约夫将军）正带着秘密计划，从遥远的东西伯利亚向与世隔绝的中国京城进发；一想到外国势力曾参与使我们蒙受耻辱并屠杀我们的陆海军士兵这件事，我国的公众舆论当然会怒火冲天。"

这只不过是帕麦斯顿勋爵的一套老把戏。当俄国要跟中国缔结通商条约时，他用鸦片战争把中国推入它北方邻邦的怀抱；当俄国要求割让黑龙江时，他又用第二次对华战争促其实现；而现在俄国想要巩固它在北京的势力，他就弄出个第三次对华战争来。他在和亚洲弱国——中国、波斯、中亚细亚、土耳其等国的一切交往关系上，总是抱着这样一个始终不变的定则：在表面上反对俄国的阴谋，但不去向俄国寻衅，却向亚洲国家寻衅，采取海盗式的敌对行动使亚洲国家和英国疏远，用这种方法绕着圈子来迫使它们对俄国作出本来不愿做的让步。你们可以相信，帕麦斯顿过去全部的亚洲政策这次将要重新受到审查，因此，我请你们注意1859年6月8日下院命令刊印的阿富汗文件[①]。这些文件比以前发表过的任何文件都更能说明帕麦斯顿的险恶政策以及近30年来的外交史。简短地说，事情是这样的：1838年帕麦斯顿对喀布尔统治者多斯特—穆罕默德发动了战争[②]，结果使一支英军遭到覆没。发动这次战争的借口是：多斯特—穆罕默德同波斯和俄国缔结了一个反英秘密同盟。为了证明这种说法，帕麦斯顿于1839年向议会提出了蓝皮书[③]，其内容主要是英国驻喀布尔的使节亚·伯恩斯同加尔各答政府之间的来往信件。伯恩斯在喀布尔发生反抗英国侵略者的暴动时被刺杀，但是他生前由于对英国外交大臣不信任，曾把他的某些公务信札的副本寄给住在伦敦的哥哥伯恩斯医生。关于1839年发表帕麦斯顿所编纂的《阿富汗文件》一事，伯恩斯医生曾指责他"篡改和伪造了已故的亚·伯恩斯爵士的信件"，并且为了证实他的声明，印发了一些信件的原文。[④] 可是直到今年夏天真相才大白于天下。在德比内阁的时候，下院根据哈德菲尔德先生的提议，命令把所有关于阿富汗的文件一律全文发表。这个命令的执行使最愚钝的人也都懂得了：所提出的为了俄国的利益而篡改和伪造文件这一指控属实无误。在蓝皮书的扉页上印有下述字句：

---

[①]《东印度文件。喀布尔和阿富汗》，根据下院1859年6月8日的决议刊印。——编者注

[②] 指1838—1842年英国为了对阿富汗进行殖民奴役而发动的第一次英阿战争。1839年8月英军占领了喀布尔，由于1841年11月喀布尔爆发起义，英军被迫于1842年1月开始退却，最后英军完全被击溃。——《马克思恩格斯文集》第2卷，人民出版社2009年版，注释398。

[③] 蓝皮书是英国议会或政府的（包括政府向议会提交的）文件或报告书的通称，因封皮为蓝色而得名。英国从17世纪开始发表蓝皮书，它是英国经济史和外交史方面主要的官方资料。——《马克思恩格斯文集》第2卷，人民出版社2009年版，注释388。

[④] 亚·伯恩斯于1836—1841年在喀布尔供职；喀布尔暴动发生于1841年11月；帕麦斯顿1835—1841年任英国外交大臣。詹·伯恩斯就亚·伯恩斯爵士公务信札被篡改一事所作的声明载于1858年2月3日《自由新闻》第5期。——《马克思恩格斯文集》第2卷，人民出版社2009年版，注释399。

"注：这些信札在以前的报告书中仅部分刊出，今将其全部发表，以前删节之处以括号（　）标出。"

保证这份报告书真实性的官员姓名是"约·威·凯，政务机要司秘书"；凯先生是"研究阿富汗战争的公正历史编纂学家"。

摘自卡·马克思：《新的对华战争》（二），《马克思恩格斯文集》第 2 卷，人民出版社 2009 年版，第 659—661 页。

### 31. 就是这样一个人，现在正准备用挫败俄国在中国的阴谋这一虚假借口发动第三次对华战争

帕麦斯顿是借口反对俄国而发动阿富汗战争的，可是目前只需举出一个实例就足以说明他与俄国的真正关系了。1837 年喀布尔的俄国代表维特凯维奇携有一封沙皇给多斯特—穆罕默德的信。亚历山大·伯恩斯爵士弄到了这封信的抄件，并把它寄给印度总督奥克兰勋爵。伯恩斯本人的信件以及他所附上的各种文件，都一再提到这件事。但沙皇书信抄件在 1839 年帕麦斯顿所提供的文件中被整个抹掉了，而且凡是提及此事的每一信件，处于隐瞒"俄国皇帝"同派人去喀布尔一事有关的需要，都做了删改。这样作假，其目的在于隐瞒那位独裁暴君与维特凯维奇之间有联系的证据。这个维特凯维奇回到圣彼得堡后，尼古拉出于自己的需要正式声明自己与此人无涉。在蓝皮书第 82 页上有一个删改的例子，那里有一封给多斯特—穆罕默德书信的译文，译文列后，括号内的字句是当初被帕麦斯顿删去的。

"由俄国（或皇帝）方面派遣的使节（从莫斯科）前来德黑兰，他奉命拜访坎大哈酋长，然后从该地去晋见埃米尔……他携有（皇帝的密函和）俄国驻德黑兰公使的书信。俄国公使推荐此人极其可靠，并有全权（代表皇帝和他本人）进行任何谈判云云。"

帕麦斯顿为保全沙皇的脸面而干的诸如此类的作假行为并不是《阿富汗文件》所显示出的唯一怪事。帕麦斯顿为入侵阿富汗辩护的理由是：亚历山大·伯恩斯爵士曾建议采取这种行动，认为这是挫败俄国在中亚细亚的阴谋的适当手段。但是亚·伯恩斯爵士所做的恰好相反，因此他为多斯特—穆罕默德作的一切呼吁，在帕麦斯顿版的"蓝皮书"中就全被删除

了；信件经过篡改和伪造被弄得与原意完全相反。

就是这样一个人，现在正准备用挫败俄国在中国的阴谋这一虚假借口发动第三次对华战争。

摘自卡·马克思：《新的对华战争》（二），《马克思恩格斯文集》第 2 卷，人民出版社 2009 年版，第 661—662 页。

**32. 即将对天朝人进行另一次文明战争，看来现在被英国报刊相当普遍地认为是已成定论的事了**

即将对天朝人进行另一次文明战争，看来现在被英国报刊相当普遍地认为是已成定论的事了。然而，自从上星期六举行了内阁会议以来，正是那些头目叫嚷要流血的报纸，发生了显著的变化。起初，伦敦《泰晤士报》就像着了爱国怒火的魔一样，雷霆般地斥责双重的背信弃义行为，这就是：卑怯的蒙古人用精心伪装和隐蔽炮队的办法来诱骗英国海军将军①这样的老实人，而北京朝廷更是不择手段，竟让这些蒙古吃人恶魔干这种该诅咒的恶作剧。说来奇怪，《泰晤士报》虽然是在狂热的浪涛中上下翻滚着，但在转载报道时却费尽心机把其中对该诅咒的中国人有利的各节，都小心翼翼地从原文中抹掉了。混淆事实也许是狂热时干的事，但篡改事实似乎只有冷静的头脑才能做到。不管怎么说，9 月 16 日，恰好在举行内阁会议的前一天，《泰晤士报》来了一个大转弯，若无其事地把它那像雅努斯的两个面孔一样的双重指责砍掉了一个。该报说：

> "我们恐怕不能对那些抵抗我们攻打白河炮台的蒙古人控以背信弃义的罪名"。

但为了弥补后退的这尴尬的一步，该报益发死皮赖脸地硬说"北京朝廷存心背信弃义地破坏庄严的条约"。

摘自卡·马克思：《新的对华战争》（三），《马克思恩格斯文集》第 2 卷，人民出版社 2009 年版，第 663 页。

---

① 詹·贺布。——编者注

**33. 不过，它以自己独有的逻辑，否定了进行战争的理由并不否定战争本身**

内阁会议举行后过了三天，《泰晤士报》经过进一步考虑，甚至认为

"毫无疑问，如果普鲁斯先生和布尔布隆先生请求清朝官员护送他们进京，他们本来是会获得批准前去履行条约批准手续的。"

既然如此，北京朝廷还有什么背信弃义的地方呢？连一点影子也没有了，《泰晤士报》倒留下两点疑虑。该报说：

"企图用这一支舰队去打开我们通往北京的道路，作为一种军事措施来说是否明智，可能值得怀疑。而哪怕是动用武力，作为外交手段来说是否可取，就更值得怀疑了。"

这"首家大报"那样义愤填膺地大发雷霆之后，得出的却是这样一个自打嘴巴的结论，不过，它以自己独有的逻辑，否定了进行战争的理由并不否定战争本身。另一家半官方报纸，即曾以热心炮轰广州辩护著称的《经济学家》，现在似乎更多地采取经济观点而较少空谈了，因为詹·威尔逊先生当上了印度财政大臣。《经济学家》就这个题目发表了两篇文章①，一篇是政治性的，另一篇是经济性的；前一篇文章的结尾说：

"考虑到所有这些情况，显然，赋予我国公使以去北京或驻留北京之权的条文，确确实实是强加中国政府的；如果认为使这个条款得到遵守对我们的利益来说是绝对必要的话，我们觉得在要求履行条款时，大有表现体谅与耐心的余地。毫无疑问，人们可以说：对中国这样的政府采取延缓和容忍的态度，会被认为是极端虚弱的表现，因而会是我们最大的失策。但是我们在多大程度上有权利根据这样的理由，在对待这些东方国家政府方面，改变我们对任何文明国家毫无疑义应该

---

① 《中国的灾难》和《中国的贸易及其直接的与间接的重要意义》，载于1859年9月17日《经济学家》第838期。——编者注

遵循的原则？我们已经利用他们的畏惧心理强迫他们作了一次不愉快的让步，那么再利用他们的畏惧心理，以对我们自己最便利的方式强迫他们立刻执行条约的规定，这也许是但最首尾一贯的政策。但是，如果我们没有能够做到这一点，如果这时中国人克服了他们的畏惧心理，适当地显示一下武力，坚持要我们同他们协商以何种方式使条约生效——那么，我们能够理直气壮地责备他们背信弃义吗？他们不正是对我们采用了我们自己所用的说服方法吗？中国政府也许——很可能就是这样——是有意要引诱我们落入这个凶险的陷阱，而从未打算履行这个条约。如果事实确是如此，我们就必须而且应该要求赔偿。但是结果也可能证实是这样的：守卫白河口，以防止像额尔金勋爵去年使用暴力进入河口那种事再度重演，并不含有任何背弃条约所有条文的意图。既然敌对行动完全出自我方，而且我们的司令官当然随时都能从中国方面只是为了保卫炮台才发射的凶猛炮火中退却，那么，我们就不能确证中国方面有任何背信弃义的企图。在还没有得到存心破坏条约的证明的时候，我们认为有理由暂时不作判断，而是仔细想一想，我们在对待野蛮人方面，是否没有采用一套同野蛮人用到我们身上的相差无几的原则。"

摘自卡·马克思：《新的对华战争》（三），《马克思恩格斯文集》第2卷，人民出版社2009年版，第664—665页。

## 34. 在同一论题的第二篇文章中，《经济学家》详细论述了英国对华贸易的直接的和间接的重要意义

在同一论题的第二篇文章中，《经济学家》详细论述了英国对华贸易的直接的和间接的重要意义。在1858年，英国对中国的出口额上升到287600英镑，而最近三年来英国从中国进口的商品价值平均每年在900万英镑以上，因此英国同中国的直接贸易总额估计1200万英镑左右。但是除了这种直接交易之外，还有其他三种重要的贸易，英国或多或少地同它们在圆圈式的交易中发生密切联系，这就是印度与中国、中国与澳大利亚、中国与美国之间的贸易。《经济学家》说：

"澳大利亚每年从中国得到大量茶叶，却没有什么可以在中国找到

销路的货物作为交换。美国也得到大量茶叶和若干生丝，其价值远超过它直接对中国的出口额。"

这两个国家对中国的逆差，都必须由英国来弥补，英国因弥补这一交换上的不平衡而得到的报偿是澳大利亚的黄金和美国的棉花。因此，英国除了它本身对中国的逆差外，又由于从澳大利亚进口黄金和从美国进口棉花而必须支付给中国大宗款项。目前英国、澳大利亚和美国对中国的这个逆差，在很大程度上已由中国转移到印度，与中国在鸦片和棉花上面产生的对印度的逆差相抵消。我们这里要顺便指出，中国向印度输出的总额从未达到过100万英镑，而印度向中国输出的总额竟将近1000万英镑。《经济学家》根据这些经济上的观察推论说：英国对华贸易的任何严重停顿，将"是一场很大的灾难，它比仅凭乍一看进出口数字所能想像的灾难还要大"；这一波动所引起的困窘，不仅在英国的直接茶丝贸易方面会反映出来，而且必然也会"影响"到英国对澳大利亚和美国的贸易。当然，《经济学家》也注意到，在前次对华战争中，贸易并未像所担心的那样因战争而遭到很大的阻碍；而且在上海这个口岸，甚至丝毫没有受到影响。然而，《经济学家》要人们注意"当前争端中的两个新特点"，这两个新特点可能会根本改变新的对华战争给予贸易的影响；这两个新的特点是：目前的冲突具有"全帝国的"而非"地方的"性质；中国人反抗欧洲军队第一次获得了"大胜"。

《经济学家》的这种同它在划艇事件时的声嘶力竭的战争叫嚣相比，是多么不同啊。

摘自卡·马克思：《新的对华战争》（三），《马克思恩格斯文集》第2卷，人民出版社2009年版，第665—666页。

## 35. 帕麦斯顿暂时用这样一种声明防止了内阁的分裂和自由党人联盟的分裂，他说，保护英国贸易所必需的武力必须集结在中国海面

正如我在前一篇通讯中所预示的[①]，米尔纳·吉布森先生果然在内阁会议上反对战争并威胁说，如果帕麦斯顿按照法国《通报》上所泄露的早

---

[①] 见卡·马克思《新的对华战争》（一），《马克思恩格斯文集》第2卷，人民出版社2009年版，第657页。——编者注

已安排好的决定行动的话，他就退出内阁。帕麦斯顿暂时用这样一种声明防止了内阁的分裂和自由党人联盟的分裂，他说，保护英国贸易所必需的武力必须集结在中国海面，但在英国公使的更详尽的报告到达以前，关于战争问题暂不作决定。这样一来，迫在眉睫的问题就得以延缓。然而帕麦斯顿的真正意图，却通过他的痞棍报刊《每日电讯》透露出来，该报在最近有一期上说：

"如果明年有任何事件导致不利于政府的表决，肯定必须诉诸选民……下院将用一项关于中国问题的决定来检验一下那些人活动的结果，因为必须看到，在以迪斯累里先生为首的职业恶棍之外，还有一批宣称道理完全在蒙古人一边的世界主义者呢。"

托利党人①由于自己上当而陷入替帕麦斯顿所策划、由他的两个代理人额尔金勋爵和普鲁斯先生（额尔金勋爵之弟）干出的事负责的窘境，这一情况我可能将另找机会加以评论。②

摘自卡·马克思：《新的对华战争》（三），《马克思恩格斯文集》第 2 卷，人民出版社 2009 年版，第 666—667 页。

### 36. 纽卡斯尔公爵竭力要证明远征白河的合法性，他采取的方式也同样别出心裁的

纽卡斯尔公爵竭力要证明远征白河的合法性，他采取的方式也同样别

---

① 托利党是英国的政党，于 17 世纪 70 年代末 80 年代初形成。1679 年，就詹姆斯公爵（后来的詹姆斯二世）是否有权继承王位的问题，议会展开了激烈的争论。拥护詹姆斯继承王位的议员，被敌对的辉格党人讥称为托利。托利（Tory）为爱尔兰语，原意为天主教歹徒。托利党一贯捍卫反动的对内政策，维护国家制度中保守和腐朽的体制，反对国内的民族改革，曾与辉格党轮流执政。随着英国资本主义的发展，托利党逐渐失去了先前的政治影响和在议会中的垄断权。1832 年议会改革使资产阶级代表人物进入议会。1846 年废除谷物法削弱了英国旧土地贵族的经济基础并造成了托利党的分裂。19 世纪 50 年代末 60 年代初，在老托利党的基础上成立了英国保守党。——《马克思恩格斯文集》第 2 卷，人民出版社 2009 年版，注释 55。

② 在对华侵略的做法上，以德比为首的托利党内阁（1858 年 2 月—1859 年 6 月）与在它之前以及之后的两届帕麦斯顿内阁有所不同。1858 年詹·额尔金攻陷大沽口，1859 年 6 月弗·普鲁斯以驻华全权公使身份来华，都是以德比为首的托利党内阁执政期间发生的事，而且惨败于大沽口的普鲁斯来华系由德比内阁所派。据马克思判断，额尔金和普鲁斯在华的所作所为乃是根据帕麦斯顿的指示，但是责任却要落到德比内阁头上。本文第四部分（见本卷第 668—671 页）主要讲的就是这件事。——《马克思恩格斯文集》第 2 卷，人民出版社 2009 年版，注释 400。

出心裁的。根据 1843 年的中英条约①，英国享有天朝给予最惠国的一切权利。而俄国在最近与中国签订的条约中规定了白河的航行权。② 因此，按照 1843 年的条约，英国也享有这样的航行权。纽卡斯尔公爵说，这一点他是能够坚持的，"不需要什么有力的专门论证"③。可是他未必能够！一方面，这里有一个颇为尴尬的情况，即俄国的条约只是在白河惨败以后才批准，从而才开始实际存在的。这自然不过是一种不值一提的倒逆论法。另一方面，大家都知道，在战争状态中，一切现行条约都暂停生效。如果英国人在远征白河时同中国人是处于战争状态，那么不言而喻，他们既不能援用 1843 年的条约，也不能援用其他任何条约。如果他们不是处于战争状态，那就是帕麦斯顿内阁不经议会批准而发动了新的战争。为了回避这种两难局面的后一难题，可怜的纽卡斯尔断定，自从炮击广州④以来，最近两年当中，"英国从来没有同中国处于和平状态"。因此，政府只是继续进行敌对行动，而不是重新开始敌对行动，因此，纽卡斯尔也就可以不用专门的论证而援用只是在和平时期才有效的条约。而内阁首相帕麦斯顿勋爵为了使这种奇怪的辩术更加精彩，与此同时在下院断言，整个这一时期，英国"从来没有同中国处于战争状态"⑤。两国现在也是这样。自然，发生

---

① 1843 年的附约指南京条约（见注35）的附约，即 1843 年 10 月 8 日签订的中英《五口通商附粘善后条款》，通称虎门条约。

注35：1842 年 8 月 29 日中英双方签订的南京条约，又称江宁条约。它是西方列强强加给中国的一系列不平等条约中的第一个不平等条约。条约的主要内容有：①中国割让香港；②向英国赔款 2100 百万银元；③开放广州、福州、厦门、宁波、上海等五口对外通商，英国可派驻领事；④废除"公行"制度，英商可以同中国商人自由进行贸易；⑤中国抽收进出口货的税率由中英共同议定。南京条约签订后，中国逐渐沦为一个半殖民地国家。——《马克思恩格斯全集》（中文第 2 版）第 19 卷，人民出版社 2006 年版，注释 34。

② 指 1858 年 6 月 13 日签订的中俄天津条约。该条约并未明确提及白河，条约第二条规定："遇有要事，俄国使臣或由恰克图进京故道，或由就近海口，预日行文，以便进京商办。"——《马克思恩格斯全集》（中文第 2 版）第 19 卷，人民出版社 2006 年版，注释 76。

③ 亨·纽卡斯尔《1860 年 1 月 24 日在上院的演说》，载于 1860 年 1 月 25 日《泰晤士报》第 23525 号。——编者注

④ 炮击广州是第二次鸦片战争的序幕。1856 年英国侵略者借口亚罗号划艇事件发动第二次鸦片战争，从 1856 年 10 月 27 日起，向广州城内开炮轰击。29 日，英军攻破外城，一度冲入城内，纵火将靖海门、五仙门附近民房尽行烧毁。后因兵力不足，只得退出。但是炮轰城市、奸淫烧杀的暴行依然继续。——《马克思恩格斯全集》（中文第 2 版）第 19 卷，人民出版社 2006 年版，注释 77。

⑤ 亨·纽卡斯尔《1860 年 1 月 24 日在上院的演说》，载于 1860 年 1 月 25 日《泰晤士报》第 23526 号。——编者注

过炮击广州、白河惨败以及英法远征等事件，但是没有发生过战争，因为从来没有宣战，因为直到现在中国皇帝①还允许在上海照常做生意。帕麦斯顿在对中国人关系上把战争的所有国际法准则破坏无遗。正是这个事实，却被他用做理由，为自己在对英国议会的关系上不遵守宪法准则的行为辩护，而他在上院的代表格兰维尔伯爵则轻蔑地宣称："关于中国问题"，"政府征求议会的意见"是"一个纯粹形式上的问题"。政府征求议会的意见竟然是一个纯粹形式上的问题！那么，英国议会和法国的立法团还有什么区别呢？在法国，至少是一个被当作民族英雄继承者的人明目张胆地取国家而代之，同时公开承担这一僭越行动的全部风险。而在英国，则是所谓的内阁中的一个二等发言人，一个腐朽衰颓的官迷，一个无名的废物，这些人利用议会的低能，靠着一家平庸报刊蛊惑人心的胡言乱语，一声不响地，毫无风险地，悄悄地窃取了不对任何人负责的权力。如果一方面拿一位苏拉掀起的骚动②，另一方面拿股份银行经理、慈善会秘书或教区委员会执事的招摇撞骗惟利是图手段来比较一下，你就会了解法国皇帝的僭越行动和英国内阁的僭越行动有什么区别了！

德比勋爵充分认识到保持内阁的无能与不负责任对两派都同样有利，他自然"不能同意高贵的伯爵（格雷）对政府的失职所作的严厉指责"。他不能完全同意格雷勋爵所表示的不满，即"政府本该召开议会，征询它对中国问题的意见"，而"如果格雷勋爵坚持要求把修正案提付表决"，那他"决不投赞成票"。③

结果，修正案没有提付表决，而两院关于对华战争的全部辩论，也就消失在两派对光荣地使英军葬身污泥的舰队司令贺布的一片奇怪的颂扬声中了。

---

① 咸丰帝。——编者注
② 指代表大奴隶主贵族利益的罗马统帅鲁·科·苏拉争夺古罗马政权反对平民派（奴隶主民主派集团）的斗争。斗争的结果是于公元前82年建立了苏拉的独裁。这里讽喻拿破仑第三。——《马克思恩格斯全集》（中文第2版）第19卷，人民出版社2006年版，注释78。
③ 爱·德比《1860年1月24日在上院的演说》，载于1860年1月25日《泰晤士报》第23525号。——编者注

摘自卡·马克思:《英国的政治①》,《马克思恩格斯全集》(中文第2版)第19卷,人民出版社2006年版,第50—52页。

---

① 马克思1860年1月25日写信给恩格斯,请他帮忙给《纽约每日论坛报》写篇文章。次日恩格斯回信说,他没有什么材料可写,"不过,你在议会辩论中一定能为自己找到足够的材料"。

恩格斯在这里指的是1860年1月24日英国议会关于回奏书的辩论。按照恩格斯的建议,马克思于1月27日撰写了本文。他在文章的一开头就强调指出,"在议会关于回奏书的辩论中,最引人注意的问题是:第三次对华战争、对法商约和意大利形势的复杂化"。从这句话中可以得出结论,马克思开始时打算就回奏书的辩论写若干篇文章。因此,马克思接着在《法英之间的新条约》(见本卷第53—57页)一文中,也顺理成章地分析了英法之间的贸易和政治关系。

在写作过程中,马克思不仅依据了《泰晤士报》有关议会辩论的报道,而且还参考了1月28日《经济学家》杂志发表的统计资料。

同时,由于本文和《法英之间的新条约》涉及同一主题,并且是在《纽约每日论坛报》同一号上紧挨着发表的,所以,并不排除两篇文章原本是完整的一篇,它被报纸编辑部分割为两篇通讯,注明不同的通讯日期。这两篇文章作为邮件可能随加拿大号轮船于1860年1月28日寄出,于2月10日抵达哈利法克斯,首次发表在1860年2月14日《纽约每日论坛报》第5868号上。——《马克思恩格斯全集》(中文第2版)第19卷,人民出版社2006年版,注释64。

中国社会科学院创新工程学术出版资助项目

中国社会科学院马克思主义理论学科建设与理论研究工程系列丛书

# 马克思 恩格斯 列宁 斯大林 论国家统一与领土主权

LUNGUOJIA TONGYI YU LINGTU ZHUQUAN

（中、下卷）

本卷主编：于逢春　冯建勇　吕文利

中国社会科学出版社

# 目 录
## （中、下卷）

## 中卷　列宁论国家统一与领土主权

**一　论边疆地区经济** ……………………………………………（663）
1. 地处边疆的塔夫利达省的俄罗斯人比较富裕 …………………（663）
2. 俄国资产阶级要到欧俄东部和北部边疆地区去，那里还可能进行"原始积累"，提供百分之数百的利润 ……………（663）
3. 到边疆地区去的主要是中部黑土地带省份的农业工人和一部分工业省份的非农业工人 ………………………………（663）
4. 资本主义就在各个边疆地区创造了"农业和手工业结合"的新形式 …………………………………………………………（664）
5. 改革后时代草原边疆地区曾经是久有人满之患的欧俄中部的移民区 ……………………………………………………（664）
6. 边疆地区的资本主义农场吸引了几十万或几百万的雇佣工人，发展大农场 …………………………………………………（665）
7. 在草原边疆地区，地主田庄规模巨大 …………………………（665）
8. 改革后的俄国，小手工业者和手艺人从人口一向稠密、经济十分发达的中部省份迁到边疆地区 ………………………（665）
9. 俄国农业工人主要从发达地区流向边疆地区 …………………（666）
10. 改革后时代初期的纺织工业开始转移到边疆地区 ……………（666）
11. 政治经济学意义上的移民区可适用于边疆地区 ………………（666）
12. 由于俄国边疆地区有大量空闲的可供开垦的土地，俄国比其他资本主义国家处于特别有利的情况 ……………………（667）
13. 在我国边疆地区，农奴制根本不存在或者最薄弱 …………（668）
14. 边疆地区保证了俄国资本主义不仅在纵的方面，而且在横的方面都得到巨大的发展 ……………………………………（668）

15. 在美国，凡是愿意从事农业的人，在法律上都有权利占用本国边疆地区的空地 ………………………………………… (668)
16. 资产阶级对边疆地区空闲土地的政策就是将它们卖给农场主和农民 ……………………………………………………… (669)
17. 边疆地区的小农支持争取土地国有化的斗争 …………………… (669)
18. 各边疆地区就土地问题发表过意见 ……………………………… (670)
19. 顽固的官吏把俄国中部农奴制官僚主义的毒素散布到俄国的边疆地区 ……………………………………………………… (676)
20. 边疆地区对于垦殖的意义 ………………………………………… (676)
21. 欧俄南部和东部各边疆地区是使用机器最广泛的区域 ………… (678)
22. 俄国南部边疆出现了美国式的资本主义农业 …………………… (678)
23. 从俄罗斯向外移民则完全为了贯彻"边疆地区俄罗斯化"这一民族主义原则 ……………………………………………… (678)
24. 边疆地区物产丰富 ………………………………………………… (686)
25. 为解决中部地区征粮过重的问题，可从产粮比较多的边疆地区取得粮食 ……………………………………………………… (687)
26. 我们要租让的地方大部分是在边疆地区，如果我们把一个矿租让给外国资本家，在他们的帮助下，我们就有可能开发自己的矿 ……………………………………………………… (687)
27. 共和国的各个边疆地区余粮要多得多，然而这些地方的苏维埃机关极不完善，苏维埃政权不太巩固，运输也非常困难 ……………………………………………………………… (687)
28. 边疆地区可以利用同先进资本主义国家的商品交换，来尽力发展物产丰富的边疆的生产力，以实现向社会主义的过渡 ………………………………………………………………… (688)

二 论"边疆"与"边界" …………………………………………………… (690)
1. 边疆一词既有地理上的含义，也有政治经济学上的含义 …… (690)
2. 沙皇批准的关于义务兵役制的敕令、诏书和法律，彻底破坏了大公国的根本法和根本法所赋予芬兰人民和边疆全体公民的各项最珍贵的权利 ……………………………………… (690)
3. 边疆地区是指的无人居住或者人烟稀少、尚未充分用来发

展农业的土地 ……………………………………………… （691）
 4. 沙俄政府对边疆地区的掠夺 ……………………………… （695）
 5. 不管国家疆界可能发生什么样的变动，我们都把工人的阶
　　级斗争的利益放在第一位 ………………………………… （696）
 6. 现在，反动的帝国主义资本主义愈来愈经常地打破这些以
　　民主方式确定的疆界 ……………………………………… （696）
 7. 应当把德国社会沙文主义者所谓和平修改阿尔萨斯—洛林
　　疆界读作：法国帝国主义者和德国帝国主义者实行和平分
　　赃 ……………………………………………………………… （697）
 8. 国界是根据居民的意志确定的 …………………………… （697）
 9. 俄罗斯人民不愿意也不会把任何一个非俄罗斯（非大俄罗
　　斯）民族强迫留在俄国疆界内 …………………………… （698）
10. 边界问题对我们是次要的问题，而和平关系问题，善于
　　 对待每个民族内部生活条件发展的问题，则是具有极其
　　 重要意义的问题 …………………………………………… （698）
11. 我们曾向爱沙尼亚建议媾和，根本没有考虑什么边界，
　　 只考虑我们不想为任何边界而使工农流血 …………… （699）
12. 我们曾向波兰提议在保证它的边界不受侵犯的条件下缔
　　 结和约，尽管这条边界已经远远越出了纯粹是波兰人居
　　 住的地区 …………………………………………………… （699）
13. 我们决不会为边界而战，为了边界已经流了那么多的鲜
　　 血，边界对我们来说是极其次要的事情 ……………… （699）
14. 战争期间领土边界发生争议的所有地区一律实行自决原
　　 则，有了这个基础就有可能在最短期间内达成一项双方
　　 满意的协议 ………………………………………………… （700）
15. 尽管会得到一条对我们不利的边界线，就是说只能得到
　　 白俄罗斯的小部分领土，这也总比让全俄国的农民再受
　　 一次苦难，再经历一次冬季战局要好些 ……………… （702）
16. 俄国政府声明，它愿意向其他国家及其国民承认对沙皇
　　 政府1914年以前所借外债负有义务，但各大国同时必须
　　 无条件地结束一切危及苏维埃共和国的安全及其疆界的

　　　　不可侵犯性的活动 …………………………………………（702）
　17. 苏维埃政府认为，沙皇政府或得到孟什维克和社会革命
　　　党人支持的临时政府对前俄罗斯帝国边疆地区所实行的
　　　帝国主义政策是罪恶 ………………………………………（703）
　18. 历史上的俄波边界有相当一部分是最高会议在俄国反革
　　　命分子即资产阶级和地主的（业已垮台的旧制度的）拥
　　　护者的压力下确定的 ………………………………………（703）
　19. 苏维埃对于俄国和波兰边界的极限 ……………………（704）
　20. 应当在人民委员会办公厅挂上地图，标上地图上现在的
　　　分界线 ………………………………………………………（704）
三　论边疆民族问题 ……………………………………………（706）
　1. 我们纲领中的民族问题 ……………………………………（706）
　2. 如果具体情况迫使我们赞同某一民族的自决，赞同它完全
　　　独立，那么这不是修改纲领，而是运用纲领 ……………（709）
　3. 各边疆地区的民族压迫使本来就难以忍受的政治压迫更加
　　　严重 …………………………………………………………（710）
　4. 劳动者的统治将消灭任何民族、宗教或性别之间的任何压
　　　迫 ……………………………………………………………（710）
　5. 高加索、波兰和波罗的海沿岸边疆区运动对旧的恐怖手段
　　　摆脱得最彻底，起义准备得最充分，无产阶级斗争的群众
　　　性表现得最明显和最突出 …………………………………（710）
　6. 民族主义的偏见助长了战争 ………………………………（711）
　7. 欧洲专制政府企图对文化比较发达的地区（芬兰、波兰、
　　　西北边疆区）实行粗暴的"民族主义"政策 ……………（711）
　8. 俄罗斯人民同盟强调要求保证俄罗斯民族不仅在内地省份
　　　而且在边疆地区占统治地位 ………………………………（712）
　9. 生活在民族成分非常复杂的边疆地区的拉脱维亚社会民主
　　　党人，特别清楚"民族文化自治"这个口号的资产阶级虚
　　　伪性 …………………………………………………………（713）
　10.《民族问题提纲》……………………………………………（714）
　11. 犹太学校的民族化表明，当局竭力使"统治"民族，即

　　　　大俄罗斯民族享有种种特权 …………………………………（721）
12. 谁不承认和不维护民族平等和语言平等，不同一切民族压迫或不平等现象作斗争，谁就不是马克思主义者，甚至也不是民主主义者 ……………………………………（722）
13. 反对一切民族压迫的斗争是绝对正确的。为一切民族发展，为笼统的"民族文化"而斗争是绝对不正确的 ………（723）
14. 保障边疆少数民族权利的问题，只有在不背离平等原则的彻底的民主国家中，通过颁布全国性的法律才有可能得到解决 ………………………………………………（724）
15. 从历史—经济的观点看来，马克思主义者的纲领中所谈的"民族自决"，除政治自决，即国家独立、建立民族国家以外，不可能有什么别的意义 ………………………（724）
16. 民族自决权的实行要放在一定的社会历史范围之内 ……（725）
17. 民族运动和民族自决权问题有一定的时代性和阶段性 …（726）
18. 由于俄国民族问题的这些具体的历史特点，我们在当前所处的时代承认民族自决权，具有特别迫切的意义 ……（726）
19. 俄国的边疆地区，被压迫民族在邻国享有更多的自由 …（728）
20. 指责拥护自决自由即分离自由的人是在鼓励分立主义，正象指责拥护离婚自由的人是在鼓励破坏家庭关系一样愚蠢，一样虚伪 ………………………………………（728）
21. 要求各压迫国家（特别是所谓"大"国）的社会民主党承认和维护各被压迫民族的自决权，而且是政治上的自决权，即政治分离权 …………………………………………（729）
22. 在社会民主党的纲领中居中心地位的，应当是把民族区分为压迫民族和被压迫民族 ……………………………（730）
23. 只有被压迫民族的真正的解放，民族压迫的真正根除，才能导致各民族的融合 …………………………………（730）
24. 自治使一个被强制留在某一国家疆界以内的民族能够最终被确认为一个民族，能够聚集、认识和组织自己的力量 ………………………………………………………（731）
25. 在这个国家里，大部分居民对于俄国边疆上居住的是些

什么民族，俄国发生了什么事情，都是毫不关心的 ……… (731)
26. 一个民族征服另一个民族，如果出征民族的文化高于被征服民族，出征民族就迫使被征服民族接受自己的文化，反之，被征服者就会迫使征服者接受自己的文化 ……… (731)
27. 对待民族利益的唯一正确的态度就是予以最大限度的满足，创造条件来排除由此引起冲突的一切可能 ……… (732)
28. 我们原则上承认民族自决权，但是它不能超出无产阶级阶级斗争的统一所决定的合理界限 ……… (732)
29. 在资产阶级发展道路还有待最后确定的俄国的情况下，民族问题现在正是土地问题 ……… (732)
30. 我们原则上反对联邦制，赞成争取自下而上统一的运动 … (733)
31. 格鲁吉亚人＋亚美尼亚人＋鞑靼人＋俄罗斯人，在统一的社会民主党组织中共同工作，这是无产阶级解决民族问题的办法 ……… (733)
32. 我们反对分离，但我们赞成有要求分离的权利 ……… (734)
33. 不赞成挪威有分离自由的瑞典社会民主党人是恶棍 ……… (734)
34. 人民委员支持土耳其斯坦边疆区根据苏维埃原则实行自治 ……… (734)
35. 根据每个民族享有自决权的原则，苏维埃俄国赋予其境内各民族以自治权，并支持它们建立地方共和国 ……… (734)
36. 压迫民族或所谓"伟大"民族的国际主义，应当不仅表现在遵守形式上的民族平等，而且表现在压迫民族即大民族要处于不平等地位，以抵偿在生活中事实上形成的不平等 ……… (735)

四 论国家、领土与主权 ……… (737)
1. 社会民主党的国家、民族立场 ……… (737)
2. 俄、奥、德、意、法、英六国在巴尔干、波斯、小亚细亚、埃及等地侵占领土的密谋 ……… (737)
3. 民族国家对于整个西欧，甚至对于整个文明世界，都是资本主义时期典型的正常的国家形式 ……… (737)
4. 建立独立自主的民族国家，在俄国暂时还只是大俄罗斯民

族的特权 …………………………………………………………… (738)
5. 论大俄罗斯人的民族自豪感 ………………………………… (739)
6. 这场战争（第一次世界大战）不是民族战争，不是"保卫祖国"的战争 ……………………………………………………… (742)
7. "保卫祖国"或"防御性"战争才是合理的、进步的和正义的 ……………………………………………………………… (743)
8. 现阶段，旧的民族国家已经束缚资本主义的发展了 ………… (743)
9. 各国社会民主党人不应当把联邦制原则，把建立小国奉为理想，而应当坚决主张各民族尽可能的接近，说明任何民族分离的害处，民族文化自治的害处，民主集中制的好处，大的国家和国家联盟的好处 ………………………… (744)
10. 各民族的联合（在一国内）是不可避免的和进步的 ……… (744)
11. 帝国主义意味着资本的发展超出了民族国家的范围，意味着民族压迫在新的历史基础上的扩大和加剧 …………… (745)
12. 我们要求民族有自决的自由，即独立的自由，即被压迫民族有分离的自由，并不是因为我们想实行经济上的分裂，或者想实现建立小国的理想，相反，是因为我们想建立大国，想使各民族接近乃至融合 …………………… (745)
13. 因为无论从经济发展或群众利益来看，大国的好处是不容置疑的，而且这些好处会随着资本主义的发展而日益增多 …………………………………………………………… (746)
14. 应当把国家分为三类：先进资本主义国家、欧洲东部国家、半殖民地国家和殖民地国家 ……………………………… (747)
15. 只有违背某块领土上的居民的意志而归并这块领土，才应当算是兼并；换句话说，兼并的概念是和民族自决的概念不可分割地联系着的 ………………………………………… (748)
16. 民族战争可能转化为帝国主义战争，反之亦然 …………… (749)
17. 兼并是违反民族自决，是违背居民意志来确定国界 ……… (749)
18. 马克思主义对战争和"保卫祖国"的态度 ………………… (750)
19. 民族国家的形式是否已经成为桎梏，应当具体问题具体

分析 ………………………………………………………（751）
20. 丹麦资产阶级谈论什么建立"独立的民族国家"是当前
　　任务，这是拙劣的资产阶级欺人之谈 ………………（752）
21. 不容许用"多民族的国家"这个流行术语掩盖真正的民
　　族平等同民族压迫的根本区别 ………………………（752）
22. "民族国家"的类型在人类整个资本主义发展过程中的历
　　史相对性和暂时性 ……………………………………（753）
23. 无产阶级政党首先应当坚持留在俄国疆界内的各大小民
　　族，即被兼并的民族，都享有同俄国分离的充分自由。
　　但同时主张建立尽可能大的国家 ……………………（753）
24. 现政府答应放弃兼并，即不再侵占别国或强迫任何民族
　　留在俄国疆界以内，这也是完全不可信的 …………（753）
25. 德国应当和俄国同时，立刻从自己所占领的一切地区和
　　上述各个地区撤军，让每个民族自由地通过全民投票来
　　决定：他们是生活在一个单独的国家内，还是愿意和哪
　　个民族就和哪个民族共同生活在一个联盟国家内 …（754）
26. 兼并（侵占）就是一个国家把别的民族强迫留在该国疆
　　界内 ……………………………………………………（755）
27. 国家是阶级矛盾不可调和的产物 ……………………（755）
28. 国家是剥削被压迫阶级的工具 ………………………（756）
29. 无产阶级国家代替资产阶级国家，非通过暴力革命不可。
　　无产阶级国家的消灭，即任何国家的消灭，只能通过
　　"自行消亡" ……………………………………………（758）
30. 国家即组织成为统治阶级的无产阶级 ………………（760）
31. 既然是人民这个大多数自己镇压他们的压迫者，实行镇
　　压的"特殊力量"也就不需要了！国家就在这个意义上
　　开始消亡 ………………………………………………（761）
32. 公社就是无产阶级革命"终于发现的"、可以使劳动在经
　　济上获得解放的形式 …………………………………（761）
33. 国家会随着阶级的废除而废除，马克思主义向来就是这

样教导我们的 …………………………………………………………（762）
34. 马克思故意着重指出无产阶级所必需的国家具有"革命的暂时的形式"，以免人们歪曲他同无政府主义斗争的真正意思 ……………………………………………………………（763）
35. "巴黎公社已经不是原来意义上的国家"，——这是恩格斯在理论上最重要的论断 ………………………………（764）
36. 关于国家问题，恩格斯作了三方面的特别宝贵的指示：第一是关于共和国问题；第二是关于民族问题同国家结构的联系；第三是关于地方自治 ……………………（764）
37. 只有工人政府才能立即提出公正的媾和条件，这些条件就是缔结没有兼并的和约，即不掠夺别国土地的和约 ……（766）
38. 我们希望联合，我们希望俄罗斯人民的共和国能把其他民族吸引到自己方面来 ………………………………（766）
39. 推翻沙皇君主制以后俄国工农最明确最坚决地要求的和约，就是立即缔结的没有兼并（即不侵占别国领土，不强制归并别的民族）没有赔款的和约 ……………（767）
40. 关于兼并的概念 …………………………………………（768）
41. 为了革命战争的利益，应该在实际上退却，让出领土，以便赢得时间 ……………………………………………（769）
42. 我们是社会主义祖国的护国派 …………………………（769）
43. 我们承认芬兰有充分的权利享有全部领土，但"为了保卫两个社会主义共和国的共同利益"，经两国政府一致同意，伊诺炮台仍留给俄国 ………………………………（770）
44. 现在没有任何别的选择：要么是苏维埃政权在世界上一切先进国家获得胜利，要么是对民主共和国这种形式已经运用自如的英美帝国主义实行反动，疯狂肆虐，摧残一切弱小民族，在全世界复活反动势力 ………………（770）
45. 国家无非是一个阶级镇压另一个阶级的机器 …………（771）
46. 我的国家受欺凌了，其他我一概不管——这就是这种推论的结论，这就是它的市侩民族主义的狭隘性 …………（772）

47. 巴黎公社类型的国家，苏维埃国家通过苏维埃吸引人民参与政治、民主和国家管理 ……………………………………（772）

48. 最富裕的国家已把全世界的领土瓜分完毕，国际托拉斯已开始从经济上瓜分世界 ……………………………………（773）

49. 能够用说服办法影响逃兵，取得成效，这表明工人国家同农民有一种特殊的关系，与地主国家和资本家国家完全不同 …………………………………………………………（773）

50. 在社会主义国家和资本主义国家共存的时期，我们也愿意在合理的条件下给予承租权，作为俄国从技术比较先进的国家取得技术帮助的一种手段 ……………………（773）

51. 国家政权不过是一个工具，各个阶级可以而且应该利用（并应该善于利用）它来为自己的阶级目的服务 …………（774）

52. 无产阶级应该首先推翻资产阶级并为自己争得国家政权，然后用这一国家政权即无产阶级专政作为本阶级的工具来取得大多数劳动者的同情 ………………………………（774）

53. 对国际主义者说来，国界问题是次要的，甚至是极其次要的 ……………………………………………………………（774）

54. 至于乌克兰是否要成为一个单独的国家，那是一个极其次要的问题 ………………………………………………………（775）

55. 乌克兰要成为一个单独的、独立的乌克兰苏维埃社会主义共和国而同俄罗斯社会主义联邦苏维埃共和国结成联盟（联邦）呢，还是同俄罗斯合并成为一个统一的苏维埃共和国? …………………………………………………………（775）

56. 我们不愿为了一块土地而让工人和红军战士流血，况且这个让步不会是永远的 ………………………………………（778）

57. 在帝国主义时代，小国极其软弱，同富裕的大国相比是微不足道的，大国则完全可以支配许多弱小的国家 ………（779）

58. 波兰的地主和资本家太贪得无厌了，他们现在签订和约所得到的领土，比当初我们提议给他们的要小 …………（779）

59. 对我们来说，保住几万工人和农民的生命，保证能进行

和平建设，要比保全一小块领土更重要 ……………………（780）
60. 我们起草了一个合同草案，规定把堪察加这块位于西伯
　　　利亚最东头和东北角的大片领土租给美国人60年，他们
　　　有权在那个有石油和煤炭的不冻港建造军港 ……………（780）
61. 我们出租堪察加，是让美帝国主义去反对日本帝国主义，
　　　去反对离我们最近、至今还控制着远东共和国的日本资
　　　产阶级 ………………………………………………………（781）
62. 我们同许多从前都属于前俄罗斯帝国的国家正式签订了
　　　和约，并无条件地承认了它们的独立和主权 ……………（781）
63. 在热那亚会议上，全俄中央执行委员会代表团正确地完
　　　成了自己的任务，维护了俄罗斯联邦主权的完整 ………（781）
64. 在民族国家形成的时期，无产阶级的作用有些不同 ………（782）
65. 在巴黎和会上，苏维埃要求独立和主权 ……………………（782）
66. 为在短期内实现停战，可以在领土问题上作最大限度的
　　　让步 …………………………………………………………（783）
67. 租让给克虏伯5万俄亩土地一事不仅在经济上，而且在
　　　政治上都具有很大的意义 …………………………………（783）

## 五　论边疆民族语言问题 ……………………………………………（784）

1. 崩得分子要求在党纲中规定每个民族都有使用本民族语言
　　进行学习以及在各种社会团体和国家机关内使用本民族语
　　言的权利 ………………………………………………………（784）
2. 党纲中规定关于语言的条文，李沃夫完全没有自己的论
　　据，只是借口边疆地区会怎么说这一点来敷衍搪塞 ………（784）
3. 经济流转的需要本身自然会确定一个国家的哪种语言使用
　　起来对多数人的贸易往来有好处 ……………………………（785）
4. 谁不承认和不维护民族平等和语言平等，不同一切民族压
　　迫或不平等现象作斗争，谁就不是马克思主义者，甚至也
　　不是民主主义者 ………………………………………………（787）
5. 每个住在俄国任何边疆地区的人不需要强制性国语 ………（787）
6. 边疆地区使用何种语言处理事务，由当地的地方自治机关

或自治议会确定，同时，各个少数民族根据平等的原则，
　　　有权要求无条件地保护本民族语言的权利 …………………（788）
　7. 俄国已经有了资本主义经济，它正在使俄罗斯语言成为必
　　　不可少的东西 ………………………………………………（788）
　8. 在加入我们联盟的其他各民族共和国中使用民族语言这个
　　　方面应制定极严格的规章，并对这些规章进行非常认真的
　　　检查 …………………………………………………………（789）

# 下卷　斯大林论国家统一与领土主权

## 一　论边疆民族问题 …………………………………………（793）
　1. "民族问题"在变化 …………………………………………（793）
　2. 现代社会生活又在我们这里提出了资产阶级的民族问题……（793）
　3. 社会民主党怎样理解"民族问题" ……………………………（794）
　4. 社会民主联邦主义者先生们要求些什么呢？ ………………（796）
　5. 我们党是把民族问题分成了各个部分，吸取了这个问题中
　　　的精华 ………………………………………………………（799）
　6. 各民族友爱万岁 ……………………………………………（799）
　7. 有谁能摧毁资本主义制度，有谁能使地球上的各民族团结
　　　一致呢？只有社会民主党所领导的无产阶级 ………………（800）
　8. 伦敦代表大会使全俄国先进工人进一步统一为一个不可分
　　　割的党 ………………………………………………………（801）
　9. 关于"民族文化自治"的决议 ………………………………（801）
　10. 马克思主义和民族问题 ……………………………………（804）
　11. 如何摆脱民族压迫 …………………………………………（848）
　12. 民族压迫是什么 ……………………………………………（851）
　13. 不同的国家对民族有不同的态度 …………………………（851）
　14. 怎样安排被压迫民族的政治生活 …………………………（852）
　15. 对于愿意留在俄罗斯国家范围内民族如何办理 …………（853）
　16. 反革命和俄国各民族 ………………………………………（854）
　17. 关于民族问题的报告 ………………………………………（856）

18. 关于民族问题报告的结论 ·················································(857)
19. 在现有一切压迫形式中，民族压迫是最精巧最危险的一
    种形式 ···········································································(859)
20. 十月革命和民族问题 ·······················································(859)
21. 政府对民族问题的政策 ···················································(865)
22. 苏维埃政权对俄国民族问题的政策 ···································(868)
23. 资本主义制度和民族压迫 ················································(874)
24. 苏维埃制度和民族自由 ···················································(876)
25. 俄国共产党的当前任务 ···················································(878)
26. 解决民族问题必须确定的几个前提 ···································(881)
27. 党在民族问题方面的当前任务 ·········································(884)
28. 谈谈使我们共产党在边疆地区的政策适合于那些主要存
    在于东部的经济生活的特殊条件的任务 ····························(885)
29. 《俄共（布）第十次代表大会》结论 ···································(887)
30. 对于民族问题新提法的最显著特征的四个要点 ··················(889)
31. 十月革命和俄国共产党人的民族政策 ·······························(893)
32. 党和国家建设中的民族问题 ············································(895)
33. 民族主义倾向和大俄罗斯沙文主义倾向的危害 ··················(900)
34. 民族问题的国际意义 ······················································(901)
35. 从内部状况方面来说，民族问题对我们也是很重要的 ········(903)
36. 民族问题的阶级实质 ······················································(904)
37. 一九二三年，解决民族问题的特征和采取的形式 ···············(905)
38. 促进各民族联合成一个国家的因素和阻碍这种联合的
    因素 ··············································································(906)
39. 分析克服阻碍联合的三个因素——大俄罗斯沙文主义、
    各民族事实上的不平等、地方民族主义的手段或方法 ········(913)
40. 关于党和国家建设中的民族问题的报告的总结 ··················(915)
41. 《关于党和国家建设中的民族问题的报告》的几个问题的
    商榷意见 ·······································································(916)
42. 民族问题组的工作 ·························································(919)
43. 关于民族问题组的工作的补充 ·········································(922)

44. 党在民族问题方面工作的总路线 …………………………（923）
45. 列宁主义的基础——民族问题 …………………………（923）
46. 论南斯拉夫的民族问题 …………………………………（930）
47. 关于谢米奇文章中的民族问题 …………………………（934）
48. 和第一个美国工人代表团的谈话——在对少数民族的政策上俄国和资本主义国家的基本差别是什么？ ……（939）
49. 致玛·依·乌里杨诺娃同志、答勒·米赫里逊同志的关于民族问题的来信的回复 ………………………………（941）
50. 关于"民族"概念 ………………………………………（943）
51. 民族的产生和发展 ………………………………………（944）
52. 党在民族问题上的政策 …………………………………（948）
53. 关于民族问题的回答 ……………………………………（951）
54. 论反犹太主义（答美国犹太电讯社问）…………………（953）
55. 关于民族问题，有一部分党员持有一种危险的糊涂观点 …（954）
56. 民族权利是否会受损害 …………………………………（955）
57. 关于宪法草案的修改 ……………………………………（955）

二 论国家、领土与主权 …………………………………………（957）
1. 敌人就是整个资产阶级有组织的力量，即拥有军队、法庭、警察、监狱和宪兵的现代资本主义国家 ……………（957）
2. "统一而不可分的"俄国并不存在 ………………………（957）
3. 俄罗斯联邦共和国的组织 ………………………………（958）
4. 关于自治 …………………………………………………（961）
5. 《真理报》记者：各独立共和国联合的运动是由谁发起的？
   ……………………………………………………………（963）
6. 《真理报》记者：各独立共和国联合运动是怎样引起的，它的主要原因是什么？ …………………………………（964）
7. 《真理报》记者：各独立共和国联合趋向是一种崭新的现象，还是有它的历史？ …………………………………（965）
8. 《真理报》记者：是否应当由此得出结论说，各共和国联合的结果，和远东共和国一样，必定是同俄罗斯合并，同俄罗斯融合？ ……………………………………………（965）

9. 《真理报》记者：在你看来，各共和国联合成统一的联盟的性质和形式是怎样的？ …………………………………………（966）

10. 《真理报》记者：在你看来，共和国联盟是否很快就能实现，它的国际意义如何？ ………………………………（968）

11. 苏维埃政权建立五年以来发展的总结 ……………………（968）

12. 论工农政府问题（答德米特利也夫）之"不能像某些同志那样地提问题" ………………………………………（969）

13. 论工农政府问题（答德米特利也夫）之"基本错误" ……（970）

14. 如何"摆脱"对列宁著作"误解"的出路 …………………（974）

15. 关于国家的几个理论问题 …………………………………（975）

16. 关于社会主义国家命运的问题 ……………………………（981）

### 三 关于中国的问题 …………………………………………（982）

1. 关于中国革命的性质 ………………………………………（982）
2. 帝国主义和帝国主义对中国的干涉 ………………………（983）
3. 中国的革命军队 ……………………………………………（984）
4. 中国未来政权的性质 ………………………………………（985）
5. 中国的农民问题 ……………………………………………（987）
6. 中国的无产阶级和无产阶级领导权 ………………………（989）
7. 中国的青年问题 ……………………………………………（989）
8. 关于中国问题的几个结论 …………………………………（990）
9. 中国革命的前途 ……………………………………………（990）
10. 中国革命的第一阶段 ……………………………………（991）
11. 中国革命的第二阶段 ……………………………………（993）
12. 反对派的错误 ……………………………………………（994）
13. 论中国革命的几个问题——答马尔秋林同志 …………（995）
14. 关于中国革命的几个小问题 ……………………………（999）
15. 农民土地革命是资产阶级民主革命的基础 ……………（1000）
16. 屠杀共产党人的南京右派国民党及与共产党人保持联盟的武汉左派国民党 ………………………………………（1005）
17. 论中国工农代表苏维埃 …………………………………（1007）
18. 两条路线 …………………………………………………（1013）

四　论边疆民族语言问题 …………………………………（1016）
　　民族和民族语言的未来 …………………………………（1016）
**摘编后记** ………………………………………………………（1021）

# 中 卷

# 列宁论国家统一与领土主权

# 一　论边疆地区经济

**1. 地处边疆的塔夫利达省的俄罗斯人比较富裕**

塔夫利达省的俄罗斯人是近30年迁居到这一边疆区的,他们和其他俄罗斯省份农民不同的只是比较富裕而已。

> 列宁:《农民生活中新的经济变动——评弗·叶·波斯特尼柯夫〈南俄农民经济〉一书》(1893年春),摘自《列宁全集》第1卷,人民出版社1984年第2版,第5页。

**2. 俄国资产阶级要到欧俄东部和北部边疆地区去,那里还可能进行"原始积累",提供百分之数百的利润**

"我们"①的情况不妙,因为"我们"在老地方已把人民抢得精光,只好转向不能象商业资本那样发财致富的产业资本:"我们"要到欧俄东部和北部边疆地区去,那里还可能进行"原始积累",提供百分之数百的利润,那里农民的资本主义分化还远未完成。知识分子看到这一切,于是不断地威胁说,"我们"又会遭到破产。新的破产果然来了。大量小资本家被大资本家打垮,大量农民从日益为资产阶级所掌握的农业中被排挤出去;贫困、失业、饥饿的苦海扩大到无边无际,——于是"知识分子"心安理得地援引自己的预言,又来埋怨道路不正确,证明我国资本主义由于缺乏国外市场而不稳固。

> 列宁:《什么是"人民之友"以及他们如何攻击社会民主党人?(答〈俄国财富杂志〉反对马克思主义者的几篇文章)》(1894年春夏),摘自《列宁全集》第1卷,人民出版社1984年第2版,第275—276页。

**3. 到边疆地区去的主要是中部黑土地带省份的农业工人和一部分工业省份的非农业工人**

这一过程②的形式对于欧俄中央地带和对于边疆地区也有所不同。到边疆地区去的主要是中部黑土地带省份的农业工人和一部分工业省份的非农业工人,他们在纯农业人口中传布自己的"手工业"知识并"培植"工

---

① 俄国资产阶级。——编者注
② 系指改革后的俄国发生的居民群众生活条件的深刻改造过程。——编者注

业。从工业地区出来的非农业工人，一部分奔向俄国各地，大部分则去两个首都和大工业中心，而且这一工业潮流（如果能这样说的话）是如此强大，以至从中部黑土地带省份到工业省份（莫斯科省，雅罗斯拉夫尔省等）去的农业工人都不够了。

列宁：《评经济浪漫主义》（1896年8月—1897年3月），摘自《列宁全集》第2卷，人民出版社1984年第2版，第199页。

### 4. 资本主义就在各个边疆地区创造了"农业和手工业结合"的新形式

资本主义就在各个边疆地区创造了"农业和手工业结合"的新形式，即农业雇佣劳动和非农业雇佣劳动的结合。这种结合，只有在资本主义最后阶段即大机器工业时代，才有可能达到广泛的规模，因为大机器工业破坏了技巧、"手艺"的作用，由一种职业转到另一种职业变得容易了，雇佣形式一律化了。①

列宁：《俄国资本主义的发展》（1895年底—1899年1月），摘自《列宁全集》第3卷，人民出版社1984年第2版，第213页。

### 5. 改革后时代草原边疆地区曾经是久有人满之患的欧俄中部的移民区

上述地区②农业生产的巨大增长这个有趣的事实之所以产生，是因为在改革后时代草原边疆地区曾经是久有人满之患的欧俄中部的移民区。大片的闲地吸引移民大量流入这里，他们很快就扩大了播种面积。商业性的播种面积所以能够广泛发展，只是由于这些移民区一方面同俄罗斯中部，另一方面又同输入谷物的欧洲国家有密切的经济联系。俄罗斯中部工业的发展和边疆地区商业性农业的发展有着不可分割的联系，二者互相为对方建立市场。工业省份从南方得到粮食，同时把自己工厂的产品送到那里去销售，给移民区供应劳动力、手艺人（见第5章第3节，关于小手工业者向边疆地区的迁移）和生产资料（木材、建筑材料、工具及其他）。

列宁：《俄国资本主义的发展》（1895年底—1899年1月），摘自《列宁全集》第3卷，人民出版社1984年第2版，第225—227页。

---

① 沙霍夫斯科伊先生还指出农业劳动和非农业劳动结合的另一种形式。成千上万的木筏沿着第聂伯河驶往下游各城市。每个木筏上有15—20个工人（木筏工人），他们大部分是奥廖尔省的白俄罗斯人和大俄罗斯人。"他们在整个航行期间只能得到几个戈比"，主要指望能被人雇用去收割和脱粒。这种指望只有在"丰收"年景才能实现。

② 即草原省份和下伏尔加省份。——本书编者注

**6. 边疆地区的资本主义农场吸引了几十万或几百万的雇佣工人，发展大农场**

机器的使用在这个地区发展得特别迅速，边疆地区的资本主义农场吸引了几十万或几百万的雇佣工人，发展了农业中从未见过的、由雇佣工人进行巨大协作的大农场等等。

> 列宁：《俄国资本主义的发展》（1895年底—1899年1月），摘自《列宁全集》第3卷，人民出版社1984年第2版，第228页。

**7. 在草原边疆地区，地主田庄规模巨大**

在草原边疆地区，地主田庄不仅有时具有规模巨大的特点，而且还进行大规模的经营。

> 列宁：《俄国资本主义的发展》（1895年底—1899年1月），摘自《列宁全集》第3卷，人民出版社1984年第2版，第228页。

**8. 改革后的俄国，小手工业者和手艺人从人口一向稠密、经济十分发达的中部省份迁到边疆地区**

在改革后的俄国，反映了资本主义发展最初步骤的小手工业的增长，过去和现在都表现为两种过程：第一，小手工业者和手艺人从人口一向稠密、经济十分发达的中部省份迁到边疆地区；第二，在当地居民中形成新的小手工业并扩展原有的手工业。

……

下诺夫哥罗德、弗拉基米尔、特维尔、卡卢加等等省份的农民手工业者感到竞争随着人口的增加而加剧，感到资本主义手工工场和工厂的发展威胁着小生产，于是迁往南方，因为那里"手艺"人还不多，工资高，而生活费用低。在新的地方建立起小作坊，这种小作坊为日后在该村及其附近推广新型的农民手工业打下了基础。拥有悠久工业文化的我国中部地区，就是这样帮助国内那些开始住满人的新地区发展这种文化的。资本主义关系（我们将在下面看到，这种关系也是农民小手工业所固有的）就这样传布全国。

> 列宁：《俄国资本主义的发展》（1895年底—1899年1月），摘自《列宁全集》第3卷，人民出版社1984年第2版，第304页。

### 9. 俄国农业工人主要从发达地区流向边疆地区

农业工人①最主要的流动情况如下：（1）从中部农业省份移到南部和东部边疆地区。（2）从北部黑土地带省份移到南部黑土地带省份，同时从南部黑土地带省份有工人移到边疆地区（参看第 3 章第 9 节和第 10 节）。（3）从中部农业省份移到工业省份（参看第 4 章第 4 节）。（4）从中部与西南部农业省份移到甜菜种植区域（甚至有一部分加里西亚工人也移到这里）。

> 列宁：《俄国资本主义的发展》（1895 年底—1899 年 1 月），摘自《列宁全集》第 3 卷，人民出版社 1984 年第 2 版，第 539—540 页。

### 10. 改革后时代初期的纺织工业开始转移到边疆地区

在资本主义所固有的发展不平衡的情况下，一个生产部门超过其他生产部门，力求越出旧的经济关系区域的界限。例如，我们拿改革后时代初期的纺织工业来看，这种工业在资本主义关系上有相当高度的发展（工场手工业开始过渡到工厂），完全占领了俄国中部的市场。但是如此迅速增长的大工厂已经不能满足于以前的市场范围；它们开始到更远的地方，到移居新罗西亚、伏尔加左岸东南地区、北高加索以及西伯利亚等地的新的人口中间给自己寻找市场。大工厂力求超出旧市场的界限，这是毫无疑问的。

> 列宁：《俄国资本主义的发展》（1895 年底—1899 年 1 月），摘自《列宁全集》第 3 卷，人民出版社 1984 年第 2 版，第 544—545 页。

### 11. 政治经济学意义上的移民区可适用于边疆地区

但什么是政治经济学意义上的移民区呢？上面已经指出，根据马克思的意见，这一概念的基本特征如下：（1）移民容易获得的未被占据的闲地的存在；（2）业已形成的世界分工即世界市场的存在，因而移民区可以专门从事农产品的大宗生产，用以交换现成的工业品，即"在另外的情况下必须由他们自己制造的那些产品"（见上面第 4 章第 2 节第 189 页脚注②）。在改革后时代住满了人的欧俄南部与东部边疆地区，正是具有这两个特点，从经济学的意义上说来，它们是欧俄中部的移民区，——这一点已经在别

---

① 系指这一时期俄国的农业工人。——本书编者注
② 见本卷第 227 页。——编者注

的地方讲过了①。移民区这个概念更可以应用于其他边疆地区，例如高加索。俄罗斯在经济上"征服"这个地方，比政治上要迟得多，直到现在这种经济上的征服还没有完全结束。

列宁：《俄国资本主义的发展》（1895年底—1899年1月），摘自《列宁全集》第3卷，人民出版社1984年第2版，第545—546页。

**12. 由于俄国边疆地区有大量空闲的可供开垦的土地，俄国比其他资本主义国家处于特别有利的情况**

从资本主义发展的观点对开发边疆地区与扩大俄国领土的过程进行稍微充分的研究，就需要有专门的著作。我们在这里只须指出，由于俄国边疆地区有大量空闲的可供开垦的土地，俄国比其他资本主义国家处于特别有利的情况。②不必说亚俄，就是在欧俄也有这样的边疆地区，它们由于距离遥远，交通不便，在经济方面同俄罗斯中部的联系还极端薄弱。例如，拿"遥远的北方"——阿尔汉格尔斯克省来看，该省辽阔的土地和自然资源还没有怎样开发。当地主要产品之一木材，直到最近主要是输往英国。因此，从这方面说来，欧俄的这一区域就成为英国的国外市场，而不是俄国的国内市场。过去俄国企业家当然嫉妒英国人，现在铁路敷设到阿尔汉格尔斯克，他们兴高采烈起来，预见到"边疆地区各种工业部门中的精神振奋与企业家的活动了"③。

列宁：《俄国资本主义的发展》（1895年底—1899年1月），摘自《列宁全集》第3卷，人民出版社1984年第2版，第547—548页。

---

① "……完全由于它们，由于这些人民生产形式，而且以它们为基础，全部南俄才开发出来并且住上了人。"（尼·—逊先生《论文集》第284页）"人民生产形式"这一概念是多么广泛与丰富呵！它包括了一切应有尽有的东西：宗法式的农业，工役制，原始的手艺，小商品生产，我们在上面关于塔夫利达省和萨马拉省的资料中看见过的（第2章）农民村社内部的典型资本主义关系，以及其他等等。

② 正文中指出的情况也有另外的一方面。资本主义在为人久居的旧领土内向深度的发展，由于边疆地区的开发而受到阻碍。资本主义所固有的以及资本主义所产生的各种矛盾的解决，由于资本主义能容易地向广度发展而暂时延缓。例如，最先进的工业形式与半中世纪的农业形式同时存在，无疑是一种矛盾。如果俄国资本主义在改革后初期所占领的领土界限以外没有地方可以扩张，那么资本主义大工业与农村生活古老制度（农民被束缚在土地上等等）之间的这个矛盾，就一定会迅速导致这些制度的完全废除，导致俄国农业资本主义道路的完全扫清。但是，在被开发的边疆地区寻求并找到市场的可能（对于厂主），出外到新土地上去的可能（对于农民），削弱了这个矛盾的尖锐性并延缓了它的解决。不用说，资本主义增长的这种延缓，等于是为它在最近的将来有更大和更广泛的增长作准备。

③ 《俄国的生产力》第20编，第12页。

### 13. 在我国边疆地区，农奴制根本不存在或者最薄弱

在我国边疆地区，农奴制根本不存在或者最薄弱，农民受地少、服工役和税重的痛苦最少，那里的农业资本主义也最发达。

列宁：《俄国资本主义的发展》（1895年底—1899年1月），摘自《列宁全集》第3卷，人民出版社1984年第2版，第578页。

### 14. 边疆地区保证了俄国资本主义不仅在纵的方面，而且在横的方面都得到巨大的发展

在分析关于资本主义的问题时，不要停留在国内市场和国外市场的传统划分上。这种划分在理论上严格地讲是不能成立的，而对于象俄国这样的国家则更不适用。可以用别种划分来代替它，譬如，把资本主义的发展过程分为以下两方面：（1）资本主义关系在人烟稠密和已经占用的地区的形成和发展；（2）资本主义向其他地区（有些地区完全没有旧国家的移民移居和被他们占用，有些地区被世界市场和世界资本主义以外的部落所占用）的扩张。过程的第一方面可以称为资本主义的纵的发展，第二方面可以称为资本主义的横的发展。① 这种划分必然包括资本主义历史发展的全部过程：一方面，是资本主义在旧国家的发展，这些国家经过若干世纪，创立了资本主义关系的各种形式，直到大机器工业；另一方面，是发达的资本主义力图向其他地区扩张，移民开垦世界上新的地区，建立殖民地，把未开化的部落拉入世界资本主义的漩涡。**在俄国，资本主义的这种意图在边疆地区一直表现得特别突出。**这些地区的殖民地化，在俄国历史上改革后的资本主义时期得到了巨大的发展。欧俄南部和东南部、高加索、中亚细亚、西伯利亚都好象是俄国资本主义的殖民地，保证了俄国资本主义不仅在纵的方面，而且在横的方面都得到巨大的发展。

列宁：《再论实现论问题》（1899年3月上半月），摘自《列宁全集》第4卷，人民出版社1984年第2版，第77—78页。

### 15. 在美国，凡是愿意从事农业的人，在法律上都有权利占用本国边疆地区的空地

亚洲式的政府需要有亚洲式的大土地占有制作为支柱，需要有农奴制

---

① 不言而喻，过程的两个方面实际上是紧密地结合着的，这只是一种抽象的划分，是研究复杂的过程的一种方法。我在上面提到的那本书中所谈的仅仅是过程的第一方面；参看该书第8章第5节。

的"分配领地"制度作为支柱。既然目前不能分配"有居民的领地",那可以分配同贫苦农民的土地交错在一起的领地;既然不便直接把几千俄亩土地分送给宫廷的走狗,那可以用附有无数优惠条件的出售和"出租"(为期99年)来掩盖这种分配。这种土地政策同现代的先进国家如美国的土地政策相比,怎能说不是农奴制政策呢?在美国,谁也不敢议论允许不允许移民的问题,因为每一个公民都有随意迁移的权利。那里,凡是愿意从事农业的人,在法律上都有权利占用本国边疆地区的空地。那里形成起来的不是亚洲式的暴吏阶级,而是发展本国的一切生产力的积极肯干的农场主阶级。那里由于空地很多,工人阶级的生活水平居于首位。

列宁:《农奴主在活动》(1901年8月),摘自《列宁全集》第5卷,人民出版社1986年第2版,第81页。

### 16. 资产阶级对边疆地区空闲土地的政策就是将它们卖给农场主和农民

资产阶级(**现代的**)对边疆地区空闲土地的政策就是将它们卖给农场主和农民,这些人形成大量的富足的居民(象在美国那样),对资产阶级的产品提出巨大的需求,引起整个工业生活的空前活跃。

列宁:《〈农奴主在活动〉一文材料》(1901年8月),摘自《列宁全集》第5卷,人民出版社1986年第2版,第364页。

### 17. 边疆地区的小农支持争取土地国有化的斗争

在第一、第二两届杜马中提出104人国有化法案的有全俄各地的代表,其中不仅有中部农业区和非黑土地带工业省的代表,不仅有北部边疆地区(在第二届杜马中有阿尔汉格尔斯克和沃洛格达两省的代表)、东部边疆地区和南部边疆地区(阿斯特拉罕、比萨拉比亚、顿河、叶卡捷琳诺斯拉夫、库班、塔夫利达、斯塔夫罗波尔等省和州)的代表,而且有小俄罗斯各省、西南各省、西北各省、波兰(苏瓦乌基省)和西伯利亚(托博尔斯克省)的代表。显然,在俄国中部农业区表现得最厉害最直接的农奴制地主土地占有制对小农的压迫,在全俄各地都有表现,致使各地的小农都支持争取土地国有化的斗争。

列宁:《社会民主党在俄国第一次革命中的土地纲领》(1907年11—12月),摘自《列宁全集》第16卷,人民出版社1988年第2版,第230页。

### 18. 各边疆地区就土地问题发表过意见

非俄罗斯民族代表在杜马中就土地问题发表过意见的有波兰人、白俄罗斯人、拉脱维亚人、爱沙尼亚人、立陶宛人、鞑靼人、亚美尼亚人、巴什基尔人、吉尔吉斯人、乌克兰人。请看他们是怎样叙述自己的观点的。

民族民主党人①德莫夫斯基在第二届杜马中"代表波兰王国及与其毗邻的我国西部地区的波兰人"（第742页）说道："虽然我们那里土地关系已在向西欧式的土地关系转变，然而我们那里还是存在土地问题，并且缺地还是我们实际生活中的症结。我们纲领中关于社会问题的首要条文之一就是增加农民占有的土地面积。"（第743页）

"在我们波兰王国曾经有过夺取地主土地的大规模的农民骚动，这只是在东部地区，即弗沃达瓦县发生的，那里有人对农民们说，他们既然是正教徒，就应该分得地主的土地。这种骚动只是发生在正教徒居民中间。"（第745页）

"……这里（在波兰王国）的土地事宜，也同其他一切社会改革一样……只有通过边疆区代表会议，即只有通过自治议会，根据实际情况的要求来办理。"（第747页）

波兰民族民主党人的这篇发言，引起了白俄罗斯右派农民（来自明斯克省的加甫里尔契克，还有希曼斯基、格鲁金斯基）对波兰地主的猛烈抨击，叶夫洛吉主教自然抓住这个机会，并以1863年俄国政策的精神作了一次狡狯的警察式的发言，说波兰地主压迫俄罗斯农民（4月12日第二十六次会议）。

民族民主党人格拉布斯基回答说："你看他想得多么简单！"（5月3日第三十二次会议）"农民将得到土地；俄国地主将仍然保留自己的土地；

---

① 民族民主党人是波兰地主和资产阶级的民族主义政党民族民主党的成员。该党成立于1897年，首领是罗·德莫夫斯基、济·巴利茨基、弗·格拉布斯基等。该党提出"阶级和谐"、"民族利益"的口号，力图使人民群众屈服于它的影响，并把人民群众拖进其反动政策的轨道。在1905—1907年俄国第一次革命期间，该党争取波兰王国自治，支持沙皇政府，反对革命。该党在波兰不择手段地打击革命无产阶级，直到告密、实行同盟歇业和进行暗杀。俄国社会民主工党第五次代表大会曾通过一个专门决议，强调必须揭露民族民主党人的反革命黑帮面目。在第一次世界大战时期，该党无条件支持协约国，期望波兰王国同德、奥两国占领的波兰领土合并，在俄罗斯帝国的范围内实现自治。1919年该党参加了波兰联合政府，主张波兰同西方列强结盟，反对苏维埃俄国。

农民将象从前那样拥护旧制度，而波兰人却因为提出波兰议会问题将要受到应有的惩罚。"（第62页）发言人激烈地揭穿了俄国政府的无耻的蛊惑人心的宣传，要求"把我们那里的土地改革问题交给波兰议会去解决"（第75页）。

这里要补充说一点，上述那些农民要求补分份地**作为私产**（例如第1811页）。在第一届杜马中，波兰和西部的农民要求土地时也曾表示拥护私有制。纳科涅奇内于1906年6月1日说过："我是卢布林省的一个少地农民。在波兰也必须实行强制转让的办法。与其不定期占有5俄亩土地，倒不如永久占有1俄亩土地。"（第881—882页）波尼亚托夫斯基（沃伦省代表）代表西部边疆区（5月19日，第501页）以及维切布斯克省代表特拉孙（1906年5月16日，第418页）也这样说过。吉尔纽斯（苏瓦乌基省代表）还表示反对只建立全俄的土地资产，主张也建立地方的土地资产（1906年6月1日，第879页）。梯什克维奇伯爵当时就指出，他认为建立全民的土地资产的主张是"不切实际和不无危险的"（第874页）。斯捷茨基也发表过同样的意见（他主张个人所有制而反对租佃制。1906年5月24日，第613—614页）。

波罗的海沿岸边疆区代表在第二届杜马中发言的有尤拉舍夫斯基（库尔兰省代表），他要求取消大地主的封建特权（1907年5月16日，第670页），主张要地主转让超过一定标准的土地。他说："我们承认在波罗的海沿岸边疆区，现在的农业在该地区原来实行的私有制或世袭租佃制基础上有所发展，但是，我们却不能不作出结论，要进一步调节农业关系，就必须立即在波罗的海沿岸边疆区实行建立在广泛的民主原则基础上的自治制。只有自治制才能够正确地解决这个问题。"（第672页）爱斯兰省代表进步人士尤里涅，为爱斯兰省提出一个单独的法案（1907年5月26日第四十七次会议，第1210页）。他主张"妥协"（第1213页），即主张"世袭的或永久的租佃制"（第1214页）。

"谁使用土地，谁能更好地使用土地，谁就应该拥有土地。"（同上）尤里涅要求实行这个意义上的强制转让，反对没收土地（第1215页）。查克斯捷（库尔兰省代表）在第一届杜马中要求除地主的土地外还要把教会（教区）的土地转归农民（1906年5月4日第四次会议，第195页）。捷尼松（里夫兰省代表）同意投票赞成强制转让的办法，认为"一切主张土地私有的人"（同上，第209页）都会这么做。克雷茨贝格（库尔兰省代表）代表该省农民要求"剥夺大地产"，并且一定要把土地"作为私产"分给无地和少地农民（1906年5月19日第十二次会议，第500页）。留特利（里夫兰省代表）要求实行强制转让等等。他说道："至于把土地变为国家土地资产，我们农民很清楚，这是又一种奴役农民的办法。所以，我们应该保护小农经济和劳动生产率，并使之不受资本主义的侵犯。可见，我们把土地变成国家土地资产，就会造成最大的资本主义。"（同上，第497页）奥佐林（里夫兰省代表）代表拉脱维亚农民发言，主张强制转让并主张私有制；他坚决反对建立全国土地资产，只同意建立各区域的土地资产（1906年5月23日第十三次会议，第564页）。

列昂纳斯，"苏瓦乌基省代表，即立陶宛族代表"（1907年5月16日第三十九次会议，第654页），发言拥护他所在的立宪民主党的计划。该省的另一个代表、立陶宛的自治派分子布拉特对劳动派的意见表示赞成，但关于赎买等等问题，他主张留待各地方土地委员会讨论决定（同上，第651页）。波维柳斯（科夫诺省代表）代表"杜马中的立陶宛社会民主党集团"（同上，第681页，附录）提出了该集团拟订的措辞确切的土地纲领，这个纲领同我们俄国社会民主工党的纲领大致一样，**不同的**是他们主张把**"立陶宛境内的**地方土地资产**"**交给"立陶宛独立的自治机关"支配（同上，第2页）。

可汗霍伊斯基（伊丽莎白波尔省代表）代表穆斯林集团在第二届杜马中说："在俄国总人口中，我们穆斯林有2000万以上，我们都敏感地注意着土地问题上的一切变动，迫不及待地期望这个问题得到圆满解决。"（1907年4月2日第二十次会议，第1499页）他代表穆斯林集团表示赞成库特列尔的意见，赞成按照公道的价格强制转让（第1502页）。"但是这些已转让的土地应该归谁呢？穆斯林集团认为这些已转让的土地不应该作为全国土地资产，而应该作为各该区域的土地资产。"（第1503页）"克里木鞑靼人代表"梅季耶夫（塔夫利达省代表）作了热情洋溢、充满革命精神的发言，要求"土地和自由"。他说："讨论愈深入，人民提出的耕者有其田的要求就愈突出。"（1907年4月9日第二十四次会议，第1789页）发言人指出了"在我们边疆区神圣的土地私有制形成的情形"（第1792页），指出了巴什基尔人的土地被侵占的情形，说大臣、四等文官、宪兵署长官每人得到了2000至6000俄亩的土地。他举出了"鞑靼兄弟们"的一份委托书,他们对侵占卧各夫①土地一事提出控诉。他摘引了土耳其斯坦总督于1906年12月15日给一个鞑靼人的复函,说只有基督教徒才有权移居到官地上去。"难道这些文件不是带有上个世纪阿拉克切耶夫政策的霉臭味么?"(第1794页)

代表高加索农民发言的,除了下面就要说到的我们社会民主党人,还有上面已经提过的那位拥护社会革命党人立场的萨加捷良(埃里温省代表)。"达什纳克楚纯"的另一个代表捷尔—阿韦季克扬茨(伊丽莎白波尔省代表)也表示了同样的意思,他说:"土地应按村社所有制原则属于劳动者,即属于劳动人民,而不属于任何其他的人。"(1907年5月16日第三十九次会议,第644页)"我代表高加索全体农民声明……在紧急关头,全体高加索农民将和自己的兄长俄国农民并肩携手,为自己争得土地和自由。"(第646页)埃尔达尔哈诺夫"代表他那些选民——捷列克省土著居民——请求在土地问题没有解决前制止一切侵吞天然资源的行为"(1907年5月3日第三十二次会议,第78页),可是侵吞土地的就是政府,它夺取山区最肥沃的土地,掠夺库梅克人民的土地,宣布占有地下矿藏(这事大概发生在斯德哥尔摩代表大会以前吧,可是普列汉诺夫和约翰在代表大会上长篇大论地说非民主制国家政权无法侵犯地方公有土地)。

哈萨诺夫(乌法省代表)代表巴什基尔人发言,他指出政府掠夺了他们200万俄亩土地,要求把这些土地"收回"(1907年5月16日第三十九次会议,第641页)。出席第一届杜马的乌法省代表瑟尔特拉诺夫也提出过这种要求(1906年6月2日第二十次会议,第923页)。卡拉塔耶夫(乌拉尔州代表)代表吉尔吉斯—哈萨克人民在第二届杜马中说:"我们吉尔吉斯—哈萨克人……深深懂得和感觉到我们农民兄弟缺少土地的痛苦,我们很愿意自己挤一挤"(第三十九次会议,第673页),但是"多余的土地很少",而"现在移民,随之而来的就是要把吉尔吉斯—哈萨克人民迁走"……"不是把吉尔吉斯人从土地上迁走,而是把他们从他们的住房里迁走"(第675页)。"吉尔吉斯—哈萨克人对一切反对派党团始终表示同

---

① 卧各夫是阿拉伯语的译音,意为"宗教基金",指所有捐赠给伊斯兰教组织专供宗教事业使用的财产(包括土地)及其收益。

情。"(第675页)

1907年3月29日在第二届杜马中代表乌克兰党团发言的有波尔塔瓦省哥萨克赛科。他举出了哥萨克所唱的一支歌："嗨，卡捷琳娜女皇！你干些什么呀？辽阔的草原、欢乐的地方，全都赏给了地主公王。嗨，卡捷琳娜女皇！怜恤怜恤我们吧，发还给我们土地、森林、欢乐的地方。"他赞同劳动派的意见，只是要求把104人法案第2条中的"全民土地资产"几个字改为"应成为社会主义制度的起点的边疆区民族的（原文如此！）土地资产"。"乌克兰党团认为土地私有制是世界上最不公平的事情。"（第1318页）

波尔塔瓦代表契热夫斯基在第一届杜马中说："我热烈拥护自治思想，尤其热烈拥护乌克兰自治，所以我很希望土地问题能由我们的人民来解决，很希望土地问题在我理想中的我国自治制度的基础上由各个自治单位来解决。"（1906年5月24日第十四次会议，第618页）同时，这个乌克兰自治派分子又承认国家土地资产是绝对必要的，并解释了被我国"地方公有派"搞得混乱不堪的问题。契热夫斯基说："我们应当坚决地肯定地规定一个原则，就是国家土地资产的管理事宜应该完全由将来产生的地方自治机关或自治单位处理。诚然，如果'国家土地资产'在所有具体的场合都由地方自治机关来管理，那么'国家土地资产'这个名称又有什么意义呢？我以为意义是很大的。首先……国家土地资产中的一部分应该由中央政府来支配……即我们全国的待垦土地……其次，建立国家土地资产的意义以及这一名称的意义就是：地方机关虽然可以自由地支配本地的这种土地，却毕竟是在一定的范围内。"（第620页）在由于经济的发展而日益集中的社会中国家政权究竟有什么意义，对此，这位小资产阶级自治派分子比我们那些孟什维克社会民主党人要明白得多。

顺便说说。提到契热夫斯基的发言，不能不谈谈他对"土地份额"的批评。他直截了当地说，"劳动土地份额是一句空话"。他举出了农业条件千差万别这一理由，还据此反对"消费"土地份额。

"我觉得分地给农民不应该按什么份额，而应该是有多少分多少……凡是当地可以交出的土地，都应该交给农民"，例如，在波尔塔瓦省，"要所有地主都转让土地，他们每户平均最多留下50俄亩"（第621页）。立宪民主党人空谈土地份额问题，是为了掩饰自己究竟打算转让多少土地，这有什么奇怪呢？契热夫斯基在批评立宪民主党人时还没有意识到这一点①。

上面我们扼要地叙述了"民族代表"在杜马中就土地问题所作的发言，从中可以得出的结论是显而易见的。这些发言充分证明，我在小册子《修改工人政党的土地纲领》第18页（第1版）上谈到地方公有化同各民族的权利的相互关系时，对马斯洛夫的反驳意见是正确的，我当时说这个问题是个**政治**问题，我党纲领的政治部分已经**包括了**这个问题，只是由于庸俗的地方主义作祟才硬把它加到土地纲领中去的。②

在斯德哥尔摩代表大会上，孟什维克费尽心机想"清除地方公有化纲领中的国有化"（这是斯德哥尔摩代表大会《记录》中孟什维克诺沃谢茨基的话，第146页）。诺沃谢茨基说："某些历史上形成的区域，例如波兰、立陶宛，正好是一些民族聚居的地域，所以把土地交给这些区域，就可能促使民族主义联邦主义趋向大发展，这样实质上又会把地方公有化变成一部分一部分实行的国有化。"于是诺沃谢茨基同唐恩一起提出了一项修正案，并且使大会通过了这一修正案：即把马斯洛夫法案中的"**区域**大自治组织"改成了"包括若干城乡的地方大自治机关"。"清除地方公有化纲领中的国有化"，说得真是太巧妙了！把一个字眼换成另一个字眼，结果自然就会把"历史上形成的区域"打乱再重新划分，这难道还不清楚吗？

不，先生们，无论你们怎样改换字句，都不能清除地方公有化纲领所固有的"民族主义联邦主义的"糊涂思想。第二届杜马表明，"**地方公有派的**"主张**事实上只是助长了**各种资产阶级集团的民族主义趋向。**只有这些集团**（如果不算右派哥萨克卡拉乌洛夫的话）才"出面"保护过各种"边疆区的"和"区域的"土地资产。同时，民族代表还把归省区所有的（因为马斯洛夫实际上是主张把土地"交给"省，而不是交给"地方自治机关"，所以省区所有一语要确切一些）**土地问题**内容都**一笔勾销了**：预先什么也不决定，**一切事情**，无论赎买问题、所有权问题或其他问题都交

---

① 契热夫斯基还非常明白地说出了不自觉的资产阶级劳动派提出的、我们已经很熟悉的论点：完成了彻底的农民革命，工业就会发展起来，流入土地方面的资本就会减少。"我们那里的农民，那些派我们到这里来的选民，曾经这样盘算过：'如果我们稍微富足一点，如果我们每家每年能花五六个卢布买糖吃，那么在每个产甜菜的县里，除了现有的糖厂外，就会再开办几个糖厂。'很自然的，要是开办了这些工厂，集约化的经营该需要多少劳动力啊！那时糖厂的产量就会增加"等等（第622页）。这正是在俄国造成"美国式"农场并使资本主义"按美国方式"发展的纲领。

② 见《列宁全集》第2版第12卷第228—229页。——编者注

给自治议会或区域等自治机关去处理。结果完完全全证实了我所说的话："对外高加索的土地实行地方自治机关所有的法令，反正须要彼得堡的立宪会议来颁布，因为马斯洛夫并不想使任何一个边区有权自由保存地主土地所有制。"（《修改工人政党的土地纲领》第18页）①

总之，事态已经证明，以各民族是否同意为理由来维护地方公有化，是一种庸俗的论据。我党纲领中的地方公有化主张是同情况极不相同的各个民族明确表示的意见相抵触的。

> 列宁：《社会民主党在俄国第一次革命中的土地纲领》（1907年11—12月），摘自《列宁全集》第16卷，人民出版社1988年第2版，第370—378页。

### 19. 顽固的官吏把俄国中部农奴制官僚主义的毒素散布到俄国的边疆地区

农奴主—地主的统治数百年来在国内**整个**土地占有制上都留下了自己的烙印，不仅在农民的份地上，而且在比较自由的边疆地区的移民的地产上也留下了这种烙印：贯穿专制政府的移民政策的是顽固的官吏进行的亚洲式的干涉，他们妨碍移民自由定居，把新的土地关系弄得非常混乱，把俄国中部农奴制官僚主义的毒素散布到俄国的边疆地区②。

> 列宁：《社会民主党在俄国第一次革命中的土地纲领》（1907年11—12月），摘自《列宁全集》第16卷，人民出版社1988年第2版，第390页。

### 20. 边疆地区对于垦殖的意义

从这些数字（1897年人口调查数字，编者按）中可以清楚地看出，我们对俄国的边疆地区了解得还很少。当然，认为向边疆地区移民就可以"解决"俄国内地的土地问题的想法是极端荒谬的。毫无疑问，只有那些招摇撞骗的人才能提出这样的"解决"办法。我们在上面指出的那种欧俄旧的大地产同欧俄新的生活条件和经济条件之间的矛盾，应当通过**欧俄内部**而不是在欧俄以外进行某种变革来"解决"。问题不在于用移民的办法使农民摆脱农奴制，而在于除了中部地区的土地问题，还存在着垦殖地区的土地问题。问题不在于用垦殖问题来掩盖欧俄的危机，而在于指出农

---

① 见《列宁全集》第2版第12卷，第228—229页。——编者注
② 亚·考夫曼先生在《移民与垦殖》（1905年圣彼得堡版）一书中提供了移民政策史的概况。作者是个十足的"自由主义者"，他对农奴主的官僚制度是极为尊重的。

奴制大地产对中部地区**和**边疆地区**都**发生极有害的影响。俄国垦殖事业的**障碍**是俄国中部地区的农奴制残余。不在欧俄进行土地变革，不使农民摆脱农奴制大地产的压迫，就**不能**开发并管理好俄国的垦殖事业。这种管理不应当是官僚化的"关心"移民工作，也不应当是自由主义民粹派营垒中那些著作家爱讲的"组织移民工作"，而应当是要铲除使俄国农民世世代代受大地产占有者盘剥而变得愚昧、闭塞和野蛮的那些条件。

梅尔特瓦戈先生在他同普罗柯波维奇先生合写的《俄国有多少土地，我们怎样使用？》（1907年莫斯科版）这本小册子中正确地指出，经营水平的提高会使不宜耕作的土地变成可耕地。贝尔院士和格尔梅尔先院士这两位专家在1845年曾经写道，塔夫利达草原"由于气候的原因和水源不足，将**永远**是最贫瘠最不宜耕作的土地！！"① 当时塔夫利达省的居民生产了180万俄石谷物。60年以后，人口增加了1倍，而谷物的产量是1760万俄石，差不多增加了9倍。

梅尔特瓦戈先生的这一论断非常正确，非常重要，只是他忘记了一点：新罗西亚的垦殖事业得以迅速发展的主要条件是俄国中部地区**农奴制的崩溃**。只是由于中部地区实行了变革，才得以向南部迅速地、广泛地、美国式地移民，使南部工业化（关于1861年以后俄国南部的**美国式**的发展，人们已经谈得非常多了）。因此现在只有在欧俄实行变革，只有彻底铲除那里的农奴制残余，把农民从中世纪大地产中解放出来，才能够**真正**开辟垦殖的新时代。

同中部地区的土地问题相比，俄国的垦殖问题是一个从属性的问题。19世纪末，我们面临着这样一种抉择：要么坚决地消灭俄国"自古已有的"省份中的农奴制，这样，我国边疆地区的垦殖事业就保证可以获得迅速的、广泛的、美国式的发展；要么把中部地区的土地问题拖下去，这样，生产力的发展就必然长期停滞不前，农奴制传统在垦殖事业方面也必然会保存下来。在前一种情况下，经营农业的将是自由的农场主；在后一种情况下，经营农业的将是受盘剥的农民和靠割地"经营的"地主。

列宁：《19世纪末俄国的土地问题》（1908年6月18日【7月1日】），摘

---

① 引自1845年在圣彼得堡用德文出版的《俄国及与其毗邻的亚洲诸国研究概论》一书第11卷。该书由卡·马·贝尔和格·彼·格尔梅尔先主编，全书共26卷，由帝国科学院出资于1839—1868年出版。

自《列宁全集》第 17 卷，人民出版社 1988 年第 2 版，第 56—59 页。

### 21. 欧俄南部和东部各边疆地区是使用机器最广泛的区域

在改革后的欧俄，使用机器最广泛的区域，使用外来工人雇佣劳动力也最广泛。这个区域就是欧俄南部和东部各边疆地区。农业工人迁入这个区域，造成了非常典型和鲜明的资本主义关系。

列宁：《19 世纪末俄国的土地问题》(1908 年 6 月 18 日【7 月 1 日】)，摘自《列宁全集》第 17 卷，人民出版社 1988 年第 2 版，第 97 页。

### 22. 俄国南部边疆出现了美国式的资本主义农业

在 1861—1905 年这段时间，俄国已经出现了资本主义的农业演进的两种方式，即普鲁士式（地主经济**逐步地**向资本主义发展）和美国式（在土地辽阔的、最自由的南部，农民发生分化，生产力迅速发展）。最后，我在这一章中还研究了垦殖问题，但是在这里不能详谈了。我只是提出一点，就是使俄国几亿俄亩土地无法加以利用的**主要**障碍是中部地区土地占有中的农奴制大地产。打倒这些地主将有力地推动技术和经营水平的发展，使扩大耕地面积的速度比 1861 年以后快 10 倍。请看几个数字：俄国的全部土地为 196500 万俄亩，其中 81900 万俄亩土地没有**任何**材料可查。这样一来，可以研究的土地只剩下 114600 万俄亩，这中间已经在利用的有 46900 万俄亩，其中 30000 万俄亩是森林。**如果**俄国能**摆脱**地主的大地产，那现在没有任何用处的大量土地不久都会成为有用的土地。①

列宁：《社会民主党在俄国革命中的土地纲领》(1908 年 7 月 5 日【7 月 8 日】)，摘自《列宁全集》第 17 卷，人民出版社 1988 年第 2 版，第 134 页。

### 23. 从俄罗斯向外移民则完全为了贯彻"边疆地区俄罗斯化"这一民族主义原则

大家知道，政府和各反革命政党对于迁移农民曾经寄予很大希望。按一切反革命分子的想法，迁移农民即使不能彻底解决土地问题，至少也能使土地问题大大缓和一下，而不致造成危害。这就是为什么正是在欧俄农

---

① 自由主义民粹派的经济学家认为，由于中部地区土地不够，由于西伯利亚、中亚细亚等地不宜于垦殖，补分土地是必要的。这就是说，如果不是土地不够用，那地主的大地产暂时还可以容许存在。马克思主义者的看法应当完全不同：只要地主的大地产不消灭，无论是中部地区的或移民区（俄国边疆地区）的生产力都无法迅速发展。

民运动即将开始和发展的情况下移民事业受到大肆鼓吹和百般鼓励的原因。

库尔斯克的死硬派马尔柯夫第二这样一些露骨的反动派嘴上所说的，正是政府的代表和象十月党人这样比较有远见的政治家脑子里所想的。这位代表在杜马讨论移民问题时，公开地、非常直率地说："是的，政府应该用移民办法来解决土地问题。"（第一次常会）

毫无疑问，如果正确地组织移民工作，那是会对俄国的经济发展起一定的作用的。当然，不应该过高估计这个作用，即使现在，当农民处境不堪忍受，以致俄国庄稼汉不仅下决心逃往西伯利亚，而且逃到天涯海角的时候，即使现在，当正在竭力鼓励少地和无地农民移居和迁出，免得他们对地主的大地产眼红的时候，当11月9日法令特别有助于移民处理他们在故乡的剩余财物的时候，也不应该过高估计这个作用；对于这一点，甚至现在那些以人口自然增长作辩护的辩护士也不得不承认；因为只有在迁出者的百分比最高的几个省份（俄国的南部、西部和中部黑土地带），移民人数才等于人口自然增长数，或者稍微超过一些。

但是，在西伯利亚还有大量可供移民用的空地。不过，由于调查工作做得太少，即使大致准确地确定这种空地有多少也是不可能的。早在1896年，库洛姆津曾把待垦土地的数量确定为13万人的份额。从那时起，已经分配出去10倍于这个数额的土地，但是这些土地还没有分配完。相反，根据移民管理署的统计，到1900年，可供移民用的土地数量就有300万人的份额，可供600万移民使用。我们看到，这些数字大小悬殊，上下的幅度也很大。

无论怎样，即使考虑到官僚主义总要好心夸大而把以上数字打一定的折扣，西伯利亚无疑还是有可以开垦的土地的，因此，只要把移民工作合理地加以组织，向那里移民，无论对西伯利亚还是对全俄国来说，都会有一定的意义。就连这个必要的条件现政府也不能实现。现在的移民事务办理情况再一次表明和证明，我国的"旧制度"绝对不能满足居民最起码的经济要求；移民工作的安排不当再一次证明，现在当权的老爷们没有能力为国家的经济发展做一点好事。

社会民主党代表每年在讨论移民管理署预算时所作的发言，也都是为了使人弄清移民政策的方针、性质和执行情况。政府在迁移农民这件事情上所追求的目的是什么呢？这是决定其他一切问题的基本问题，因为政府的移民政策的整个性质是由这一政策的目的决定的。

代表社会民主党党团在杜马第二次常会上发言的沃伊洛什尼科夫代表,是这样说明政府在迁移农民这件事情上给自己提出的任务的。沃伊洛什尼科夫代表说:"移民政策是政府整个土地政策的一个环节。过去地主需要贫弱的农民作为廉价的劳动力,所以政府曾经极力阻止移民,把多余的人口留在当地。但这还不算;政府还加紧反对擅自迁移,竭力关紧这一安全阀;但是当时人口的自然增长在继续进行,时代已经改变了!无产阶级和饥饿农民以及由于饥饿而产生的一切后果的威胁象乌云般地涌来。政府和地主赶忙抓住移民问题,把它和11月9日法令共同作为自己土地政策的基础,但是在执行11月9日法令时所注意的是殷实的农民,是要剥夺贫弱农民的土地并把它交给殷实的农民,而抓移民问题时则是尽量把贫弱农民排挤到西伯利亚去;尽管最近移民的平均富裕程度有提高的趋势,但是,主要群众——用斯托雷平的术语来说——仍旧是贫弱农民。土地规划委员会也参与了或者说是被吸引来参加了这种加紧排挤的活动。

土地规划委员会负责分给移民土地,并进行登记,从而结束从前的土地混乱现象。可见,先生们,11月9日的法令、加紧鼓吹移民、加紧把贫弱农民排挤到西伯利亚去以及成立土地规划委员会,是同一个问题、同一个政策的两个紧密相联的方面。不难看出,11月9日法令的实施,可以使殷实的农民靠牺牲贫弱农民而定居在份地上,从而可以把这些贫弱的,这些在垦殖开发方面不太适宜的人赶到人生地疏的边疆地区。无论在村社方面还是在移民方面,政府的移民政策都只是根据一小撮农奴主—地主的利益以至一切压迫工人群众和劳动农民的统治阶级的利益制定的。政府根本不了解国家的基本要求和国民经济的需要。"(第二次常会,第七十七次会议)

齐赫泽代表在国家杜马第二次常会上的发言中最充分地揭露了事情的这个方面,他详细地描述了移民政策在高加索执行的情况。

这位社会民主党发言人首先用事实和数字证明,官方关于高加索的空闲土地的所有报道,都与实际情况极不相符。我们要特别着重指出,齐赫泽代表为了避免被别人指责他偏袒和歪曲,在发言中总是利用官方材料和政府官员的报告。根据前国家产业部大臣早在80年代搜集的材料,"仅仅在高加索官地上定居的国家农民中间,在外高加索4个省里,完全没有土地的计22000人，每人有份地不足1俄亩的计66000人，有份地1—2俄亩的计254000人，有份地2—4俄亩的计5013人，——份地少于在高加索定居的移民的份地最低定额的共约100万人。在库塔伊西省29977户中，无地和份地不足1俄亩的计2541户，有份地1—2俄亩的计4227户，有2—3俄亩的计4016户，有3—5俄亩的计5321户。根据最近的材料，外高加索4个省完全没有官地或官地很少的村落约占46%，而库塔伊西省无地农户约占33%。从巴库农业生产需要委员会的报告中我们知道，这些官地很少的村落中还有一些无地的农民，他们迁移到拥有大量份地的农民近旁去住，因而多年来一直处于这种依附地位。而参议员库兹明斯基在其奏章中说：'可以看出，有时移民完全是由那些放弃农业和把以垦殖开发的名义获得的土地租给同村人或邻村土著农民的人组成的。'可见，早在25年以前，外高加索就有数十万本应比其他各类农民得到更多保证的国家农民可以毫不夸大地称作雇农了。早在25年以前，当地农民就不得不租佃交给移民的土地。"根据这些材料就可以判断对高加索国家农民的土地保证情况。

这位发言人继续说："至于所谓暂时义务农，根据开列出的文件可以看出，梯弗利斯省完全没有土地的就有1444户，甚至连宅旁地都没有的就有386户。这占梯弗利斯省地主农民总数的13%。库塔伊西省在改革时无地农民还更多。即使按梯弗利斯省农奴总数的比例来计算，在库塔伊西省也有5590户农奴或25000个农奴在高加索农民解放时连一小块土地也没有得到。"报告的作者继而谈到义务关系的解除时说："改革后经过了20年，到1895年，伊丽莎白波尔省的无地农民有5308户或25000个男女。巴库省的无地农民有3906户或11709个男女。以下材料是关于那些没有赎买自己的份地但也多少有点田地的暂时义务农拥有土地的情况。梯弗利斯省每人平均为0.9俄亩，库塔伊西省为0.6俄亩。梯弗利斯省赎回份地的农民每人平均为1.7俄亩，库塔伊西省为0.7俄亩。这就是那些多少有点田地的农民在土地方面所得到的保障。库塔伊西省农业生产需要委员会的报告对高加索农民经济状况作了总的描绘。根据从各种官方调查中得来的材料，库塔伊西省极端贫困的农民人数达70%。此外，这里也提到，库塔伊西省有25%的贵族也很穷。"

报告中继续谈道："这些土地占有者只有在找到外水的情况下才能保持自己的经济独立，他们完全没有可能把钱用在改善经营上，用在购买农具和肥料上。大量的需求不能不影响到租佃份地的代价,在实行对分制的情况下地租往往达到总收入的60%,而在必须交纳土地的一定数量产品的情况下,歉收年份地租往往超过总收入。采用货币地租的很少,租金每俄亩每年达30卢布。这是库塔伊西省的情况。下面是关于伊丽莎白波尔省4个县的农民拥有土地情况的一些材料。根据有关一切靠地主土地为生的农民的资料,我们看到,在伊丽莎白波尔省的4个县,即吉布拉伊尔县、赞格祖尔县、舒申斯克县和杰万希尔县,平均每人有地0.6俄亩。根据参议员库兹明斯基的统计,巴库省连科兰县在地主土地上落户的移民每个男人平均有份地0.5俄亩。在库巴县为0.9俄亩。"这位发言人最后说:"先生们,这就是外高加索农民拥有土地的情况。"

既然在缺少土地方面高加索农民的状况与俄罗斯农民的状况没有多大区别,那么试问,高加索还能有什么待垦土地呢,为什么不是适当分散当地的农民反而还要向那里迁入移民呢?移民用的土地是靠疯狂地侵犯土著居民的土地权而得来的,从俄罗斯向外移民则完全为了贯彻"边疆地区俄罗斯化"这一民族主义原则。

齐赫泽代表引用了许多仍然是来自官方的材料,说明为了准备待垦土地,怎样把整村整村的土著居民从他们的故土上赶走,为了证明剥夺山民土地是正确的,怎样策划了一系列的诉讼(见贵族代表策列铁里公爵向内务大臣作的关于库塔伊西县基克纳韦列季山村情况的报告),等等。所有这一切并不是个别的、例外的事实,而是正如参议员库兹明斯基所确认的那样,是"典型的事件"。

结果在移民和土著居民之间简直形成了敌对的关系。例如,当阿拉尔人从他们的土地上被赶走,象参议员库兹明斯基所说的那样,"被迁出去而得不到土地保证,只好听天由命"的时候,掠夺他们土地的移民却靠国库的开支武装起来:这些县的地方官奉命"要设法给在穆甘新建村庄的农民(其中包括波克罗夫人)以武器——每100户10支别旦式步枪"。这是说明现行政策的"民族主义方针"的很有意思的例证。

虽然如此,国家杜马中的右派代表们还是洋洋得意地指出,据高加索总督的报告,可以移民的土地有170万俄亩。但是,也正如这个总督所证明的那样,几乎有一半这样的土地已经被移民占去,而相当大的一部分土地,仍如这个总督所确证的那样,是那些人生地疏的农村业主在体力上无法经营的地带。

齐赫泽代表还讲了政府如何安置各地新移民的情况。"根据总督的报告，主要在外高加索东部地区，移民土地上水源不足和难以灌溉，这是使已定居在那里的移民重又迁走的主要原因之一。新移民从黑海沿岸地区纷纷逃走，因为不但在各个居民点之间，而且在每一块移民土地上，都没有适于车辆通行的道路。关于这点，应该再补充一下：移民所不习惯的恶劣的气候条件，加上高加索许多地区发生危害人畜的疟疾，至少也象没有道路一样，迫使立脚未稳的新移民纷纷逃出边疆地区。在上述原因的影响下，不断发生移民从伊丽莎白波尔省、巴库省和达吉斯坦州以及从梯弗利斯省和黑海省迁出的现象。"

因此，总督本人是这样评价向高加索移民的结果的。总督说："至今对高加索居民的土地问题所采取的态度已经不能再容忍下去了，因为这种态度对于农村居民中出现革命情绪无疑起了相当重要的作用。"

政府和统治阶级在迁移农民到西伯利亚去这件事情上抱着完全相同的目的；由于追求政治目的，他们在这样做的时候既不考虑移民的利益，也不考虑当地居民的权利。

在迁出地，即在俄罗斯，移民事宜现在由土地规划委员会、地方官和省长掌管。疏散当地少地和无地的农民，根据大土地占有制的需要把一部分这样的农民留在当地（作为提供雇佣劳动力的来源），对于土地规划委员会极为重要，同时它们却用大力把贫苦农民"迁出"，以至引起了移民管理署的怨言。有一个移民官抗议说："土地规划委员会弄来了一批批一贫如洗的人，他们急需路费补助，急需贷款，但不是为了安家，而是为了糊口；即令有个别的移民有一些钱，那也只够路上吃用。"

这些被标榜"寄希望于强者"的土地政策遗弃的"弱者"，挤在毫无设施的运牲畜的车厢里，老人、孩子和孕妇满为患，一群一群地被运到西伯利亚去。移民们就在这些运牲畜的车厢（上面标上"40个人、8匹马"）里做饭，洗衣服；在这里往往还躺着患传染病的人，移民们总是把他们藏起来，因为害怕他们被撵下车去而掉队。在各车站和终点站，移民下车了，碰得巧，可以在专门设置的帐篷下呆一呆，碰得不巧，就得在露天下受日晒雨淋。沃伊洛什尼科夫代表在杜马中说，他本人在斯列坚斯克居民点就看到过一些患伤寒病的人露天躺在雨地上，没有遮盖。就是上面所引的这样一些移民旅行条件，两位大臣（斯托雷平和克里沃舍因）还认为"并不算坏"。他们禀报说："移民在旅途上的卫生条件并不算坏，许多人在旅途上甚至非常舒服。"官僚们真是功德无量！贫困不堪的移民虽然在"到乐土去"的道路上受尽了千辛万苦，但他们在西伯利亚并没有找到幸福。例如，沃伊洛什尼科夫代表就曾经引用官方报告来描述他们在新地方的生活状况。

有一位官员（移民管理署的特派员）写道："大多数移民区分散在针叶林地带，缺水，缺少耕地，缺少牧场。"另一位官员补充说："贷款完全失掉了作为安家费用的性质；贷款数目对于真正帮助安家来说本来就太少。现行的贷款发放制度把贷款这件事变成了纯粹的慈善事业，因为两年左右靠150个卢车①的贷款安家糊口是不可能的。"

请看，下面就是这些官方报告中对新移民的卫生状况的描写。

一位官员写道②："在伤寒病之后，这里又有坏血病流行；几乎在所有村落和农舍里都有患这种病的或者将要患这种病的人。往往在一间农舍里躺着患这两种病的人。在奥库尔—沙斯克移民区，我曾看到这样的情景：一家的男主人患伤寒病，正处在脱皮期，他那怀孕的妻子因营养不良而极端虚弱，儿子是个12岁左右的孩子，淋巴腺肿大，并且患着坏血病；他的妻妹也患坏血病，不能行走，还要带一个吃奶的孩子；她的10岁的男孩也患坏血病，鼻子流血，双腿发软，只有她丈夫是全家唯一健康的人。"

随着坏血病和伤寒而来的是夜盲症。有的村落简直可以说所有移民无一例外地都是瞎子。叶姆纳河沿岸有许多地区完全是稠密的针叶林，这里既没有耕地，也没有割草场，两三年来新移民勉勉强强地耕种自己宅旁的土地，盖起简陋的小茅舍。根本谈不到粮食自给，完全靠借贷度日。借来的钱用完了，粮食奇缺；许多人确实是在挨饿。不仅粮食缺乏，而且饮水也缺乏。"这样的报告屡见不鲜。不管这些官方报告怎样耸人听闻，显然，还是没有完全说出真相，这样也就粉饰了现实。例如，曾访问过远东的地方自治机关全国性组织的全权代表李沃夫公爵——大家知道，这是一个见解温和的人——就对阿穆尔河沿岸边疆区的移民情况作了如下的描写：

---

① 原文如此，似应为"卢布"。——本书编者注
② 《报告》第8页。

"与世隔绝,如在荒岛,周围是原始森林中的沼地草丘、布满沼泽的河谷和山丘,这种野人般的生活、劳动和谋生条件,自然会对那些意志薄弱的贫困移民有很大压力。他们为了安置简陋的住所,刚一开始同严酷的自然环境作斗争就耗尽了自己原有的一点点精力,因而变得对一切都无动于衷。坏血病和伤寒侵袭着疲惫不堪的机体并将它送进坟墓。1907年,许多村落的死亡率简直令人难以置信,竟达25—30%。这些村落里有多少户人家就有多少个十字架,不少村落的居民注定要全体迁往新的地区,不然就得进坟墓。在那些不幸的家庭里不知流了多少悲痛的眼泪,在这遥远的边疆,国家的钱用来举行如此耗费钱财的葬礼,而不是用来垦殖开发!被去年的巨大移民浪潮卷来、在原始森林中弄得筋疲力尽的残存者并不是很快就能站稳脚跟的。许多人还会死去,许多人还会逃走,回到俄罗斯,诉说自己的灾难,诅咒这个地区,使人不敢再来,为今后的移民工作造成障碍。难怪今年在滨海州发生了空前规模的移民倒流,而流入这个州的移民减少了4/5。"

在一望无际的西伯利亚原始森林里,特别是在西伯利亚这种交通闭塞的地方,移民被隔绝和被遗弃的情况使得李沃夫公爵也大吃一惊,这不是没有道理的。可以想象,现在那里正在怎样有成效地推行独立农庄经济并划分独立田庄的地块,因为那些土地政策的指导者已经宣布:"必须坚决改变(!)西伯利亚的土地政策","建立和巩固私有制","根据1906年11月9日法令确保个体农民土地","拨给移民土地,尽可能把土地划分成独立田庄"①,等等。

很自然,在这种移民条件下,根据移民管理署的材料,在1903—1905年已安置好的移民中,一头役畜也没有的占10%,只有一头役畜的占12%,没有奶牛的占15%,没有犁的占25%(引自盖达罗夫代表在第一次常会上代表社会民主党党团所作的发言)。因此沃伊洛什尼科夫代表依据这些官方报告,完全有理由对1906—1908年的移民政策作出如下的结论:

"在1906年、1907年和1908年这3年期间,就有1552个男女被迁往乌拉尔以东地区,其中有一半是穷人,他们听信了政府的宣传,来到这人迹罕至的边远地区,听凭命运的摆布。按照移民管理署提供的材料,其中

---

① 《报告》第60、61、62页。

已安居下来的有564041人，已返回的男女有284984人。这就是说，根据移民管理署的材料，有下落的为849025人，那么其余的人到哪儿去了呢？那703414人究竟在哪儿呢？先生们，政府分明知道他们的悲惨命运，但它就是不说；其中一部分人已加入当地居民村，另一部分加入到西伯利亚无产阶级的行列，到处行乞。但是有一大部分人政府给举行了代价很高的葬礼，这就是政府闭口不提这些人的原因。"

马尔柯夫第二用移民办法"解决土地问题"的愿望就是这样实现的。在这些事实面前，就连大资本的代表十月党人也不得不承认"移民工作的缺陷"。早在举行第一次常会时，十月党人就表示了自己的愿望（而且杜马也接受了这种愿望），即"改变和改善移民旅途条件"，"在定居地区创造发展这些地区的文化经济所必需的条件"，"在给移民划分土地和安置他们时要尊重当地农民和异族居民的利益和权利"。自然，这些小心翼翼表达出来的和故意闪烁其词的愿望迄今仍是"旷野里的呼声"①。十月党的啄木鸟年复一年不厌其烦地重复着这种老调……

列宁：《移民问题》（1912年6月3日【16日】），摘自《列宁全集》第21卷，人民出版社1990年第2版，第331—341页。

**24. 边疆地区物产丰富**

我们从来自远方的同志那里了解到边疆的一些情况。我见到了一些从西伯利亚来的同志，以及从乌克兰和北高加索来的卢那察尔斯基同志和李可夫同志。他们以十分惊讶的口吻谈起这些地方物产丰富的情况。在乌克兰人们用小麦喂猪，在北高加索卖牛奶的农妇就用牛奶涮碗盏。从西伯利亚经常开出满载皮毛和其他物资的列车。在西伯利亚堆着成千上万普特的食盐，可是我们这里的农民生活却很苦，他们不肯拿粮食去换纸币，因为他们认为靠纸币恢复不了经济，而在这里，在莫斯科你们可以看到工人饿倒在机床旁边。我们所以不能让工人吃得饱些，使他恢复损坏了的健康，主要原因就是还在打仗。由于我们在克里木出了差错，几万人将要多挨半年饿。问题就在于我们缺乏组织和纪律。这里在死人，可是在乌克兰、北高加索和西伯利亚，我们的物产却异常丰富，足以使饥饿的工人吃饱，使

---

① "旷野里的呼声"一词来源于基督教圣经（见《旧约全书·以塞亚书》），意思是得不到人们响应，因而是徒劳的号召或呼吁。

工业得到恢复。

列宁：《在全俄农村工作干部第二次会议上的讲话》（1920年6月12日），摘自《列宁全集》第39卷，人民出版社1986年第2版，第138页。

### 25. 为解决中部地区征粮过重的问题，可从产粮比较多的边疆地区取得粮食

两三个星期以前，人民委员会开了一次会，研究中部地区征粮过重的问题，并且决定减少征粮数。但是靠什么来减少呢？对这个问题只能有一个答案，就是靠产粮比较多的边疆地区，即西伯利亚和库班，并且准备条件从乌克兰取得粮食。

列宁：《在莫斯科省的县、乡、村执行委员会主席会议上的讲话》（1920年10月15日），摘自《列宁全集》第39卷，人民出版社1986年第2版，第362页。

### 26. 我们要租让的地方大部分是在边疆地区，如果我们把一个矿租让给外国资本家，在他们的帮助下，我们就有可能开发自己的矿

我相信苏维埃政权一定会赶上和超过资本家，我们将不仅赢得纯粹经济方面的好处。我们将得到这微不足道的2%，这确实很少，但毕竟有了一点东西。此外，我们一定会获得科学知识和技能。如果没有实际本领，任何学校、任何大学都是一钱不值的。你们会从米柳亭同志要拿给你们的小册子所附的地图上看到，我们要租让的地方大部分是在边疆地区。在俄国欧洲部分的北部有7000万俄亩森林。要租让的有1700万俄亩。我们的林场已经按棋盘格式划好，这些森林都在西西伯利亚和北部边远地区。我们任何东西都不会丧失。主要的企业在物产无限丰富的西西伯利亚。我们在10年内连这些宝藏的1%也无法开发。如果我们把一个矿租让给外国资本家，在他们的帮助下，我们就有可能开发自己的矿。至于租让哪些地区，我们是有选择的。

列宁：《在俄共（布）莫斯科组织积极分子大会上关于租让的报告》（1920年12月6日），摘自《列宁全集》第40卷，人民出版社1986年第2版，第78—79页。

### 27. 共和国的各个边疆地区余粮要多得多，然而这些地方的苏维埃机关极不完善，苏维埃政权不太巩固，运输也非常困难

由于歉收，饲料极为缺乏，牲畜死亡，农民经济破产，因此，征粮便集中在余粮不多的地区。共和国的各个边疆地区，如西伯利亚、北高加索

等地，余粮要多得多，然而这些地方的苏维埃机关极不完善，苏维埃政权不太巩固，运输也非常困难。因此，我们只得在收成最差的省份多收集一些粮食，结果就使农民经济的危机特别严重起来。

列宁：《俄共（布）第十次代表大会文献》，《俄共（布）中央政治工作报告》（1921年3月8日），摘自《列宁全集》第41卷，人民出版社1986年第2版，第10页。

### 28. 边疆地区可以利用同先进资本主义国家的商品交换，来尽力发展物产丰富的边疆的生产力，以实现向社会主义的过渡

尽管高加索各族工人和农民之间的民族和睦非常重要，但更加重要得多的是保持和发展苏维埃政权，因为这是向社会主义过渡的通道。任务是困难的，但是完全可以完成。为了顺利地完成这个任务，最重要的是要使外高加索的共产党员懂得他们的情况的**特殊性**，即他们共和国的情况和俄罗斯联邦的情况和条件不同的地方，懂得决不可以照搬我们的策略，而必须经过周密思考改变策略，使它适合于不同的具体条件。

……

第四，俄罗斯在经济上过去是同先进的资本主义国家隔绝的，现在在很大程度上也还是这样；高加索却可以较快、较容易地同资本主义的西方搞好"共居关系"和进行商品交换。

……

通过实行租让和商品交换政策，对资本主义的西方在经济上要千方百计地加以利用，加强和加紧利用。石油、锰、煤（特克瓦尔切利煤矿）、铜——丰富的矿产资源还远远不止这一些。有充分的可能来广泛实行租让政策和开展同外国的商品交换。

应当广泛地、坚定地、巧妙地、谨慎地做好这方面的工作，千方百计地利用这方面的工作来改善工农的生活状况和吸引知识分子参加经济建设。要利用同意大利、美国等国家的商品交换，来尽力发展物产丰富的边疆的生产力，发展水力和灌溉。为了尽力发展农业和畜牧业，灌溉是特别重要的。

……

应当立刻努力改善农民的生活，开始兴建电气化和灌溉方面的巨大工程。灌溉是最需要的，它将最有效地改造边疆，复兴边疆，它将埋葬过去，

可靠地保证向社会主义的过渡。

列宁:《致阿塞拜疆、格鲁吉亚等共和国的共产党员同志们》(1921年4月14日),摘自《列宁全集》第41卷,人民出版社1986年第2版,第184—185页。

## 二 论"边疆"与"边界"

**1. 边疆一词既有地理上的含义，也有政治经济学上的含义**

马克思关于贫困增长的言论也完全适用于资本主义的"边疆"，边疆一词既有地理上的含义（资本主义刚刚开始渗入的国家，往往不仅产生物质上的贫困，还有居民群众挨饿的现象），也有政治经济学上的含义（手工业以及还保存着落后生产方式的国民经济部门）。

列宁：《书评：卡尔·考茨基〈伯恩施坦与社会民主党的纲领。反批评〉》（1899年11月下半月），摘自《列宁全集》第4卷，人民出版社1984年第2版，第183页。

**2. 沙皇批准的关于义务兵役制的敕令、诏书和法律，彻底破坏了大公国的根本法和根本法所赋予芬兰人民和边疆全体公民的各项最珍贵的权利**

在这里我们全文引录一篇新的群众的呈文，在这篇呈文中，芬兰人民对政府违背亚历山大一世至尼古拉二世各代沙皇的庄重誓言，一贯践踏芬兰宪法的政策表示强烈的抗议。

……

全文如下：

**最威严最仁慈的皇帝和大公陛下！** 陛下对芬兰义务兵役法的修改在整个边疆引起了普遍的不安和极大的悲痛。

陛下于今年7月12日（6月29日）批准的关于义务兵役制的敕令、诏书和法律，彻底破坏了大公国的根本法和根本法所赋予芬兰人民和边疆全体公民的各项最珍贵的权利。

……

现在成千上万的芬兰公民却被剥夺了这个权利，因为新的义务兵役法要求他们在俄国军队中服役。边疆的子弟将被强行编入同自己语言不同、宗教信仰不同、风俗习惯不同的军队，对于他们来说，服兵役就变成了痛苦的事情。

……

在关于义务兵役制的新法令中，还写有否认芬兰人民有自己的祖国，否认边疆居民享有芬兰公民权利的词句。芬兰人民在并入俄国以后的政治地位早在1809年就已经不可动摇地确定了，这些词句所反映出来的目的显然是同芬兰人民保持这种政治地位的必要权利不相容的。

近几年来，我们边疆遭受了许多不堪忍受的痛苦。人们一次又一次地感到，边疆根本法的各项规定屡遭忽视，这一方面表现在各种立法措施上，一方面表现在俄罗斯人接替了许多重要职务上。边疆行政当局的任务好象就是要扰乱安宁和秩序，阻挠共同有益的愿望的实现，挑起俄罗斯人和芬兰人之间的不和。

然而，对于边疆来说，实施关于义务兵役制的新法令才是最大的不幸。……

关于义务兵役制的新法令，以及其他旨在破坏芬兰人民自己的政治生存权和民族生存权的措施，必然要破坏君民的相互信任，同时会引起愈来愈强烈的不满和普遍受压抑的感觉，使社会和它的成员对为边疆造福的工作感到没有信心和困难重重。要防止这些，只有用在地方议会议员参加下颁布的义务兵役法来代替上述敕令，而边疆政府当局应该切实遵守根本法的规定。芬兰人民仍然是一个独立的民族。我们的民族由于共同的历史命运，由于法律概念和文化活动而结合在一起，始终真挚地热爱芬兰祖国和自己的合法的自由。我们的民族将始终不渝地力求问心无愧地在各民族中占有命运所安排给它的那一席之地。

我们坚信我们的权利，尊重作为我们社会生活支柱的法律，我们也同样坚信，只要今后仍能依照1809年所规定的根本原则来治理芬兰，使芬兰感到并入俄国是幸福和安宁的，那么，强大的俄国的统一就不会受到损害。

列宁：《芬兰人民的抗议》（1901年11月），摘自《列宁全集》第5卷，人民出版社1986年第2版，第317—319页。

### 3. 边疆地区是指的无人居住或者人烟稀少、尚未充分用来发展农业的土地

经济分析要求我们在谈论俄国资本主义问题时必须把中部农业区和边疆地区区分开来，前者保存着大量农奴制残余，后者没有或者很少有这种残余，带有自由农民资本主义演进的特点。

边疆地区指的什么呢？显然是指的无人居住或者人烟稀少、尚未充分用来发展农业的土地。现在我们应该从欧俄转而来谈整个俄罗斯帝国，以便对这些"边疆地区"的情况及其经济意义有一个确切的概念。

在普罗柯波维奇和梅尔特瓦戈两位先生合写的《俄国有多少土地和我们怎样使用这些土地》（1907年莫斯科版）这本小册子中，后一位作者试图把书刊上所有关于全俄土地面积和已知的耕地面积的统计材料归纳到一起。为了清楚起见，我们把梅尔特瓦戈先生所作的比较列成一张表，并且加进1897年人口调查材料。

这些数字清楚地说明俄国有多么辽阔的土地，说明我们对边疆地区土地及其经济意义还知之甚少。当然，如果认为这些处于目前状况下的土地现在就能满足俄国农民的土地需要，那就大错特错了。反动著作家[①]经常所作的这种计算，都没有什么科学价值。亚·阿·考夫曼先生在这一点上是完全正确的，他嘲笑了那种根据平方俄里的材料为移民寻找闲置土地的做法。他还十分正确地指出，目前俄国边疆地区适宜于移民的土地很少，那种认为移民可以解决俄国农民少地问题的意见是完全错误的[②]。

但是，自由派考夫曼先生的这些正确论断也有一个极其重大的错误。考夫曼先生说，"就目前这批移民来看，就他们目前的生活水平和文化水平来看"（上述著作第129页），要靠移民来满足俄国农民的需要，土地绝对不够。他为立宪民主党土地纲领辩解说，因此必须在欧俄强制转让私有土地。

这是我国经济学家的常见的自由派的和自由主义民粹派的论断。从这一论断所得出的结论是：只要有足够数量的适宜于移民的土地，就可以不去触动农奴制大地产了！立宪民主党先生们以及诸如此类的政治家们满脑子都是好心肠的官吏的观点，总自以为是超阶级的，是超越阶级斗争之上的。照他们这样说来，要消灭农奴制大地产并不是因为这种大地产意味着千百万当地居民受到农奴制剥削和盘剥、生产力的发展受到阻碍，而是因为现在无法把数百万农户打发到西伯利亚或土耳其斯坦去！重点不是放在俄国大地产的农奴制的阶级性质上，而是放在阶级调和即不触犯地主而满

---

① 还有反动的代表们。在第二届杜马中，十月党人捷捷列文科夫引用了舍尔比纳的调查数字（草原边疆区有6500万俄亩土地，阿尔泰有3900万俄亩土地），以此证明在欧俄不必实行强制转让。这是同农奴主—地主联合、按斯托雷平精神共同"进步"的资产者典型（见第二届杜马速记记录，1907年5月16日第三十九次会议，第658—661页）。

② 见《土地问题》，多尔戈鲁科夫和彼特龙凯维奇印行，第1卷，考夫曼先生的文章《移民及其在土地纲领中的作用》。并见该作者的另一著作：《移民与垦殖》（1905年圣彼得堡版）。

足农民要求的可能性上，总之，是放在所谓"社会和平"的可能性上。

考夫曼先生及其在俄国知识分子中的无数志同道合者的论断，必须倒过来说才是正确的。**正因为**俄国农民受着农奴制大地产的压迫，**所以**，无论是居民在俄国境内自由迁徙，还是经济上合理利用俄国边疆地区的大量土地，都受到极大的阻碍。**正因为**农奴制大地产使俄国农民处于备受压制的状态，**正因为**农奴制大地产通过工役制和盘剥制使最落后的土地经营方法一成不变，**所以**，农民群众的技术进步也好，他们的智力发展，主动性、教育程度和创造性的提高也好，都遇到了困难，而这一切的发展和提高对于经济上利用比目前已利用的要多得多的俄国土地储备是必要的。这是因为农奴制大地产的存在以及盘剥制在农业中占统治地位这一事实，意味着存在相应的政治上层建筑，意味着黑帮地主在国家中占统治地位，居民处于无权地位，行政机关盛行古尔柯—利德瓦尔之道①，如此等等。

俄国中部农业区的农奴制大地产，对整个社会制度、整个社会发展、整个农业状况，对农民群众的整个生活水平都具有极其有害的影响，这是众所周知的。这里我只提一下，俄国有大量的经济著作都证明在俄国中部地区占统治地位的仍然是工役制、盘剥制、盘剥性租佃制、"冬季雇佣制"以及诸如此类美妙的中世纪制度。②

农奴制的崩溃，为居民离开农奴主余孽长期盘踞的巢穴逃往各处创造了条件（这点我在《资本主义的发展》一书中已作了详细说明）。中部农业地带的居民有的逃到各工业省份，有的逃到两个首都，有的逃到欧俄南部和东部的边疆地区，在一向荒无人烟的土地上定居下来。梅尔特瓦戈先生在上述小册子中说得很对，他说不宜耕作的土地这一概念是会很快改变的。

---

① 古尔柯—利德瓦尔之道是指俄国高级官吏和商人中盛行的贪污盗窃之风。1906年，沙皇政府副内务大臣弗·约·古尔柯同瑞典奸商埃·莱·利德瓦尔签订了一项由后者在1906年10—12月供应俄国南方饥荒省份1000万普特黑麦的合同，并预支给利德瓦尔80万卢布。这位瑞典商人把大约60万卢布装入自己的腰包和用于贿赂包括古尔柯在内的各方面的官员。而到1906年12月中旬运到火车站的黑麦还不到100万普特。古尔柯和利德瓦尔的舞弊行为使饥荒地区的粮食供应状况严重恶化，激起了社会舆论的极大不满。沙皇政府被迫在1907年10月演出了一场审讯古尔柯的闹剧。古尔柯除被撤职外，未受其他处分。

② 参看《资本主义的发展》一书第3章，关于徭役经济向资本主义经济的过渡以及工役制度的盛行。（见《列宁全集》第2版第3卷第160—220页。——编者注）

他写道:"塔夫利达草原,'就其气候和水源不足的情形来说,**将永远是最贫瘠最不宜耕作的土地。**'贝尔院士和格尔梅尔先院士这两位权威的自然观察家在1845年曾经这样说过。当时塔夫利达省的人口比现在少一半,生产谷物180万俄石……60年过去了,人口只增加了1倍,而1903年谷物的产量是1760万俄石,差不多增加了9倍。"(第24页)

不仅塔夫利达省的情形如此,欧俄南部和东部边疆地区的许多省份也都是如此。南方草原区和伏尔加左岸各省的谷物产量,在60年代和70年代比中部黑土地带省份低,到80年代却超过了这些省份(见《资本主义的发展》第186页)①。1863年至1897年,整个欧俄人口增加了53%,其中乡村人口增加了48%,城市人口增加了97%。同一时期,新罗西亚、下伏尔加和东部各省的人口却增加了92%,其中乡村人口增加87%,城市人口增加134%(同上,第446页)②。

梅尔特瓦戈先生接着写道:"我们毫不怀疑,目前官方对我国土地储备的经济意义的估计,也同1845年贝尔和格尔梅尔先对塔夫利达省的估计一样错误。"(同上)

这话说得很对。但是梅尔特瓦戈先生没有看到贝尔的错误和一切官方估计的错误的**根源**。这些错误的根源在于他们只注意当时的技术和经营水平,而没有估计到这一水平的提高。贝尔和格尔梅尔先没有预见到**在农奴制崩溃以后可能发生的技术上的变化**。现在丝毫不容怀疑,**在欧俄农奴制大地产崩溃之后**,生产力必将蓬勃发展,技术和经营水平必将大大提高。

许多评论俄国土地问题的人,往往错误地忽视了问题的这一方面。欧俄农民真正获得自由和完全摆脱农奴制的压迫,这是广泛利用俄国大量待垦土地的条件。目前这些土地有相当一部分还不适用,这与其说是由于这些或那些边疆地区土地的**自然**特点,还不如说是由于俄罗斯内地经济的**社会**特点,正是这些社会特点使技术停滞不前,使居民陷于无权、受压、愚昧、无援的境地。

考夫曼先生正是忽略了问题的这个极其重要的方面,他说:"我预先声明,我不知道移民能移多少,是100万,300万还是1000万。"(同上,第

---

① 见《列宁全集》第2版第3卷第225—227页。——编者注
② 同上,第519页。——编者注

128页）他指出，所谓土地不宜耕作是个相对的概念。他说："盐沼地不仅不是毫无指望的土地，而且在采用一定的技术措施以后，可以变成很肥沃的土地。"（第129页）在平均每平方俄里只居住3.6人的土耳其斯坦，"辽阔的土地仍然无人居住"（第137页）。"土耳其斯坦的'不毛之地'，许多地方是有名的中亚细亚黄土地，只要得到充分的灌溉，土地是非常肥沃的……至于有没有可灌溉的土地，这个问题根本不必提出：无论你往哪一方向横穿这个地区，都可看到许多几百年前的村落和城镇的废墟，其周围几十平方俄里的土地上曾经用来灌溉的大小渠道往往交织成网，而有待人工灌溉的黄土荒地，其总面积无疑有数百万俄亩。"（同上，第137页）

土耳其斯坦以及俄国其他许多地方的数以千百万俄亩计的土地，不仅"期待着"灌溉和各种土壤改良设施，而且"期待着"俄国农业人口摆脱农奴制残余，摆脱贵族大地产的压迫，摆脱国家的黑帮专政。

猜测俄国究竟有多少"不宜耕作的"土地能够变成可耕地，这是毫无益处的。但是，必须清楚地意识到为俄国的全部经济史所证实的、构成俄国资产阶级革命一大特点的事实。这一事实就是俄国拥有大量的待垦土地，整个农业技术的每一进步，俄国农民摆脱农奴制压迫方面的每一进步，都将使这些土地日益适于居住，适于耕作。

这一情况是俄国农业按美国模式实行资产阶级演进的经济基础。我国有些马克思主义者往往不加思考就死板地拿西欧各国同俄国作比较，殊不知那里的全部土地，在资产阶级民主革命时代早就有人耕种了。那里，农业技术的每一进步所创造的新东西，仅仅是出现了将更多的劳动和资本投入土地的可能性。而俄国的资产阶级民主革命则是在下面这样的情况下发生的，这里农业技术的每一进步和扩大居民的真正自由方面的每一进步，不仅创造了在原有土地上追加投入劳动和资本的可能性，而且创造了利用邻近的"一望无际的"新土地的可能性。

> 列宁：《社会民主党在俄国第一次革命中的土地纲领》（1907年11—12月），摘自《列宁全集》第16卷，人民出版社1988年第2版，第213—219页。

### 4. 沙俄政府对边疆地区的掠夺

这个政府不可能给人民和平，因为它是主战的政府，是继续进行帝国主义大厮杀的政府，是从事**掠夺**的政府，它想掠夺亚美尼亚、加里西亚和土耳其，夺取君士坦丁堡，重新侵占波兰、库尔兰和立陶宛边疆区等等。

> 列宁：《远方的来信》（1917年3月7日【20日】），摘自《列宁全集》第29卷，人民出版社1985年第2版，第19页。

**5. 不管国家疆界可能发生什么样的变动，我们都把工人的阶级斗争的利益放在第一位**

（10）我们并不坚持各国**目前**的疆界。

（11）我们不赞成建立小国的空想，我们不是在任何地方、任何时候都要求"民族国家的独立"……

（12）不管国家疆界可能发生什么样的**变动**，我们都把工人的阶级斗争的利益放在第一位。

（13）俄国的（英国的、奥地利的？）"瓦解"＝联邦。

> 列宁：《帝国主义和民族自决权》（1915年10月28日），摘自《列宁全集》第27卷，人民出版社1990年第2版，第71页。

**6. 现在，反动的帝国主义资本主义愈来愈经常地打破这些以民主方式确定的疆界**

我们在提纲第5条（注释）① 中曾提到德国沙文主义者伦施的文章，他在自己的文章里，引证了恩格斯的《波河与莱茵河》一文中一段有趣的话。恩格斯在那篇文章中顺便提到："那些大的、有生命力的欧洲民族"在吞并许多小的、没有生命力的民族的历史发展过程中，其疆界愈来愈靠居民的"语言和共同感情"来确定。恩格斯把这种疆界叫作"自然疆界"② 大约在1848—1871年间，在进步的资本主义时代，欧洲的情况就是这样的。现在，反动的帝国主义资本主义愈来愈经常地**打破**这些以民主方式确定的疆界。现在有种种迹象说明，帝国主义会把欧洲和世界其他各洲的一些**不够**民主的疆界，许多兼并的地方，遗留给将取代它的社会主义。胜利了的社会主义在一切方面恢复和彻底实行充分的民主时，难道会拒绝以**民主方式**确定国界吗？难道会不愿意考虑居民的"共同感情"吗？只要提出这些问题，就能清楚地看到，我们的波兰同事是怎样从马克思主义滚向"帝国主义经济主义"的。

---

① 见《列宁全集》第2版第27卷第260—261页。——编者注
② 见《马克思恩格斯全集》第13卷第298页。——编者注

老的"经济主义者"把马克思主义弄得面目全非,他们教导工人说,在马克思主义者看来,"只有""经济"因素才重要。新的"经济主义者"或者认为取得了社会主义胜利的民主国家将没有疆界(类似没有物质的"感觉的复合"),或者认为疆界将来"只"根据生产需要来确定。实际上,这些疆界将以民主方式,即依照居民的意志和"共同感情"来确定。资本主义强奸这种共同感情,从而给各民族的接近增加了新的困难。社会主义组织**没有**阶级压迫的生产,保证国家**全体**成员的福利,从而为发扬居民的"**共同感情**"提供**充分的余地**,正因为这样才能促进和大大加速各民族的接近和融合。

列宁:《关于自决问题的争论总结》(1916年7月),摘自《列宁全集》第28卷,人民出版社1991年第2版,第19—20页。

### 7. 应当把德国社会沙文主义者所谓和平修改阿尔萨斯—洛林疆界读作:法国帝国主义者和德国帝国主义者实行和平分赃

假如有人老是向我们叫喊解放阿尔萨斯—洛林,那就应当提醒这些先生们,这不过是一个钱袋问题,因为阿尔萨斯—洛林有极丰富的资源,德国资本家和法国资本家打仗就是为了都要夺取更多的东西。当普列汉诺夫之流说解放阿尔萨斯—洛林是神圣的事业时,这对德国和法国资本家是有利的。因此,应当把德国社会沙文主义者所谓和平修改阿尔萨斯—洛林疆界读作:法国帝国主义者和德国帝国主义者实行和平分赃。

列宁:《俄国社会民主工党(布)彼得格勒市代表会议文献》(1917年4月25日【5月8日】),摘自《列宁全集》第29卷,人民出版社1985年第2版,第364页。

### 8. 国界是根据居民的意志确定的

我们说,国界是根据居民的意志确定的。俄国,不许为争夺库尔兰而打仗!德国,把军队撤出库尔兰!我们就是这样来解决分离问题的。无产阶级不能采取暴力,因为它不应当妨碍各民族的自由。当社会主义革命已经成为现实而不只是一种方法的时候,"取消国界"的口号才是正确的,那时我们就会说:同志们,到我们这里来吧……

列宁:《俄国社会民主工党(布)彼得格勒市代表会议文献》(1917年4月29日【5月12日】),摘自《列宁全集》第29卷,人民出版社1985年第2版,第428页。

### 9. 俄罗斯人民不愿意也不会把任何一个非俄罗斯（非大俄罗斯）民族强迫留在俄国疆界内

我们的代表应主张立即废除所有这些条约。俄罗斯人民，工人和农民，不愿意也不会压迫任何一个民族，不愿意也不会把任何一个非俄罗斯（非大俄罗斯）民族强迫留在俄国疆界内。给一切民族以自由，各族工人和农民结成兄弟联盟！

列宁：《给工厂和团队选出的工兵代表苏维埃代表的委托书》（1917年5月7日【20日】以前），摘自《列宁全集》第30卷，人民出版社1985年第2版，第38页。

### 10. 边界问题对我们是次要的问题，而和平关系问题，善于对待每个民族内部生活条件发展的问题，则是具有极其重要意义的问题

一切强国都在准备新的帝国主义战争。全世界的工人每天都可以看到这一点。美国和日本眼看就要厮杀起来；英国在战胜德国后侵占了很多殖民地，对此其他帝国主义强国是永远不会甘心的。一场新的疯狂的战争正在酝酿中，群众也意识到了这一点。就在这样的情况下，出现了爱沙尼亚同兵力雄厚的俄国缔结的民主的和约，可是有人曾诬蔑俄国，说它在消灭尤登尼奇、高尔察克和邓尼金后，会用全部兵力进攻这个小国。从缔结和约的条件中可以看到，我们在领土问题上作了许多让步，作了许多不完全符合严格遵守民族自决原则的让步。这样，我们用行动证明了，边界问题对我们是次要的问题，而和平关系问题，善于对待每个民族内部生活条件发展的问题，则是具有极其重要意义的问题，而且我们已经在这个问题上赢得了敌视我们的民族的信任。我们能够这样对待爱斯兰决不是偶然的，这表明单独存在的、似乎是软弱无力的无产阶级共和国，已开始把依附于帝国主义国家的那些国家争取过来，而这样的国家是占大多数的。正因为如此，我们同爱沙尼亚缔结的和约就有了世界历史意义。不管协约国怎样竭力发动战争，即使能够再一次挑起战争来破坏这个和约，有一个历史事实总是确定不移的：世界资本尽管施加许多压力，我们却比似乎是民主的而实际上是掠夺成性的帝国主义资产阶级更能取得一个由资产阶级统治的小国的信任。

列宁：《在第七届全俄中央执行委员会第一次会议上的报告》（1920年2月2日），摘自《列宁全集》第38卷，人民出版社1986年第2版，第

102—103 页。

**11. 我们曾向爱沙尼亚建议媾和，根本没有考虑什么边界，只考虑我们不想为任何边界而使工农流血**

  列宁：《在布拉古舍—列福尔托沃区非党代表会议上的讲话》（1920 年 2 月 9 日），摘自《列宁全集》第 38 卷，人民出版社 1986 年第 2 版，第 138—139 页。

**12. 我们曾向波兰提议在保证它的边界不受侵犯的条件下缔结和约，尽管这条边界已经远远越出了纯粹是波兰人居住的地区**

  同志们！你们知道，波兰的地主和资本家在协约国的唆使下，把一场新的战争强加给我们了。同志们要记住，我们同波兰的农民和工人并没有什么争执，我们过去承认现在还继续承认波兰的独立，承认波兰人民共和国。我们曾向波兰提议在保证它的边界不受侵犯的条件下缔结和约，尽管这条边界已经远远越出了纯粹是波兰人居住的地区。我们作了一切让步，你们每一个人在前线都要记住这一点。

  列宁：《对开往波兰战线的红军战士的讲话》（1920 年 5 月 5 日），摘自《列宁全集》第 39 卷，人民出版社 1986 年第 2 版，第 102 页。

**13. 我们决不会为边界而战，为了边界已经流了那么多的鲜血，边界对我们来说是极其次要的事情**

  尽管我们在媾和建议中作了极大的让步，尽管某些很急躁的、口头上比谁都革命的革命家甚至把我们的建议称作托尔斯泰主义的建议（虽然事实上，布尔什维克已经以自己的行动充分证明，在我们身上找不出一丝一毫的托尔斯泰主义），但是，我们仍然认为，遇到战争这样的事情，我们有责任证明，我们准备在可能的范围内作出最大的让步，特别要证明，我们决不会为边界而战，为了边界已经流了那么多的鲜血，边界对我们来说是极其次要的事情。

  我们作了任何一国政府都不可能作的让步。我们答应给波兰大片领土；好象就在昨天，英法和其他帝国主义协约国的最高当局公布了一个文件，其中标出了波兰的东部边界线①——把这两者比较一下是有好处的。

  这些英国和法国的资本家先生以为是他们在决定边界线，但是谢天谢

---

  ① 指协约国最高会议于 1919 年 12 月 8 日发表的《关于波兰东部临时边界线的声明》。该声明载于 1920 年 6 月 11 日《全俄中央执行委员会消息报》第 125 号。

地，除了他们之外，还有别人在决定边界线，那就是工人和农民已经学会自己确定边界线了。

这些先生确定了波兰的边界线。他们划的边界线比我们提出的要偏西得多。

……

但是，这些先生，这些资本家商人先生是本性难改的。这也是不难理解的。他们只会用商人的眼光看问题，所以，当我们的外交不用商人的方式进行，当我们说我们红军战士的生命比边界线的重大变动更宝贵的时候，他们由于用纯商人的眼光看问题，当然对此无法理解。

列宁：《在全俄农村工作干部第二次会议上的讲话》（1920年6月12日），<br>摘自《列宁全集》第39卷，人民出版社1986年第2版，第131页。

### 14. 战争期间领土边界发生争议的所有地区一律实行自决原则，有了这个基础就有可能在最短期间内达成一项双方满意的协议

由于进犯俄国和乌克兰而引起的并［由维护其自身利益的协约国所支持的］[①]**由维护其帝国主义利益的协约国所支持的**波兰对俄国的战争，仍在继续进行。全俄中央执行委员会殷切希望拯救这些国家的千百万劳动者，使他们不再遭受战争苦难，因此认为有责任采取最坚决的措施，尽快制止军事行动和签订媾和的初步协议。

全俄中央执行委员会认为，战争期间领土边界发生争议的所有地区一律实行自决原则，有了这个基础就有可能在最短期间内达成一项双方满意的协议。

俄罗斯联邦从充分承认自决原则的立场出发，早在1917年就承认了并且一直无条件地、不加任何限制地承认波兰共和国的独立和主权，早在1918年就承认了并且一直无条件地、不加任何限制地承认乌克兰和白俄罗斯的独立和主权，而在1920年则与独立的和享有主权的立陶宛共和国签订了和约。

全俄中央执行委员会继续奉行这一政策，认为应该把以下两点作为媾和的基础：**第一**，波兰和俄国双方**立即**庄严确认乌克兰、立陶宛和白

---

[①] 列宁所作的修改和补充用黑体字排印，他所删去的文字加方括号用小号字排印，下同。——编者注

俄罗斯的独立，承认加里西亚东部的独立；[同时] **第二**，波兰和俄国双方应当**立即正式**承认，**这些国家**[每一国]中现存的国家**代表**机关（国会、议会或苏维埃代表大会）是表达各有关民族意志的形式。鉴于加里西亚东部尚未建立苏维埃制度，俄罗斯联邦方面准备同意在该地区不按苏维埃原则，即劳动者投票表决的原则，而按通常的资产阶级民主原则实行全民投票。

然而，全俄中央执行委员会不能**不**注意到，在这些问题上波兰代表团的观点与俄罗斯联邦的观点是有根本分歧的。例如，在明斯克的波兰代表团首席代表，不顾有目共睹的事实以及乌克兰和白俄罗斯农民的明确意愿，竟然拒不承认早在1918年就已实现了的乌克兰和白俄罗斯的自决。[因此，全俄中央执行委员会表示担心，由于俄国和乌克兰一方同波兰一方，在民族自决原则的运用乃至在该原则本身的内容方面存在着深刻的分歧，和平谈判可能因双方对这一原则的不同理解而无限期地拖延下去，这样东欧战争状态就会长期不能结束。冬季战局也就非打不可了。因此，如果波兰方面认为不能接受上述自决条件，那么全俄中央执行委员会就建议波兰共和国政府立即达成协议。]

**不言而喻，如果持这样的观点，那么关于自决的任何议论都是徒劳的**。不言而喻，如果我们不能就上述两项实际承认自决的最基本和最可行的条件立即达成协议，那么关于自决的任何议论都将是徒劳的，而且甚至是有害的，都不过是替并非认真希望媾和的政策打掩护而已。

全俄中央执行委员会在对劳动群众极其重要和生死攸关的问题，即关于冬季战局的问题上，决不采取模棱两可、久拖不决的态度，因此建议波兰政府：如果不能立即达成关于自决的协议，就立即签订以下关于媾和基本原则的**协议**，至于在解释一般原则方面所产生的那些争执和分歧则可以搁置起来，因为有争执和分歧就不可能迅速实现和平。

为此，全俄中央执行委员会声明：

1. 俄罗斯联邦考虑到，波兰代表团声明不能接受俄罗斯—乌克兰代表团提出的初步条件：裁减波兰军队的人数，恢复波兰军事工业的平时状态，交出武器，将沃尔科维斯克—格赖沃铁路完全归俄罗斯联邦所有。俄罗斯联邦政府方面现在放弃这些条件，并愿意建议盟邦乌克兰共和国作出同样的决定。

2. 俄罗斯联邦承认比协约国最高会议1919年12月3日确定的边界线还要偏东得多的那条线（加里西亚东部被划在这条边界线西侧）作为

波俄边界线，准备以这条线为基础立即签订休战协定和媾和的初步协议。

俄罗斯联邦认为，它通过提出这一建议，为尽快实现和平以及使俄国、波兰、白俄罗斯和乌克兰的劳动群众不再遭受新的冬季战局的深重灾难做了可能做和必须做的一切。波兰如果拒绝这项建议，〔那就表明，波兰不顾一切，决心打冬季战局，从而使俄罗斯联邦有权改变这一建议。本建议的有效期为10天。在此期限内波兰代表团和波兰政府完全有足够时间来考虑：接受这项建议，从而清楚地表明自己希望结束俄国、乌克兰和波兰之间的战争状态；或者拒绝这项建议，从而继续进行战争，打冬季战局。〕**我们就会认为，那表明波兰大概是屈服于法国和协约国其他国家的帝国主义分子的压力，决计要打冬季战局。因此，全俄中央执行委员会不得不声明：我方此项建议有效期为 10 天，超过这一期限，我方在里加的代表团就有权改变提出的条件。全俄中央执行委员会认为，错过这个期限，打冬季战局的问题事实上就已成定局。**

列宁：《对〈关于向波兰提出媾和建议问题的声明草案初稿〉的修改和补充》（不晚于 1920 年 9 月 22 日），摘自《列宁全集》第 39 卷，人民出版社 1986 年第 2 版，第 272—275 页。

### 15. 尽管会得到一条对我们不利的边界线，就是说只能得到白俄罗斯的小部分领土，这也总比让全俄国的农民再受一次苦难，再经历一次冬季战局要好些

苏维埃共和国的情况非常严重，这就迫使我们急于在冬季战局之前求和。我们急于求和，是想避免冬季战局，是因为我们意识到，尽管会得到一条对我们不利的边界线，就是说只能得到白俄罗斯的小部分领土，只能把较少的白俄罗斯农民从资产阶级的压迫下拯救出来，这也总比让全俄国的农民再受一次苦难，再经历一次冬季战局要好些。这就是原因所在。

列宁：《在莫斯科省的县、乡、村执行委员会主席会议上的讲话》（1920 年 10 月 15 日），摘自《列宁全集》第 39 卷，人民出版社 1986 年第 2 版，第 362 页。

### 16. 俄国政府声明，它愿意向其他国家及其国民承认对沙皇政府 1914 年以前所借外债负有义务，但各大国同时必须无条件地结束一切危及苏维埃共和国的安全及其疆界的不可侵犯性的活动

苏维埃政府声明，按照它的坚定的信念，任何民族都没有责任为自己戴了几世纪的枷锁付钱。但是俄国政府出于同其他大国完满达成协议的坚定决心，愿意在这一最重要的问题上作出让步。它这样做也是照顾

别国特别是法国为数众多的持有少量俄国公债的人士的愿望,对他们来说,俄国政府承认沙皇政府的债务是至关紧要的。基于上述考虑,俄国政府声明,它愿意向其他国家及其国民承认对沙皇政府1914年以前所借外债负有义务,但是必须给予它优惠条件,以保证它有履行上述义务的实际可能。

不言而喻,作出此项承诺的必要条件是,各大国同时必须无条件地结束一切危及苏维埃共和国的安全及其疆界的不可侵犯性的活动。换句话说,只有各大国与苏维埃共和国签订正式的普遍的和约,只有苏维埃共和国的政府得到其他大国承认,苏维埃共和国才能承担上述义务。

列宁:《给契切林的便条和在苏维埃政府声明草案上的批注》(1921年10月24日),摘自《列宁全集》第42卷,人民出版社1987年第2版,第212—213页。

### 17. 苏维埃政府认为,沙皇政府或得到孟什维克和社会革命党人支持的临时政府对前俄罗斯帝国边疆地区所实行的帝国主义政策是罪恶

请讨论一下,苏维埃代表大会是否应该通过一项反对波兰、芬兰和罗马尼亚冒险政策的专门决议(至于日本,由于种种原因,最好不提),决议要详细说明,除苏维埃政府外,任何一个俄国政府都没有承认也不可能承认,沙皇政府或得到孟什维克和社会革命党人支持的临时政府对前俄罗斯帝国边疆地区所实行的帝国主义政策是罪恶的。

列宁:《就关于国际形势的决议问题给政治局的信》(1921年12月22日),摘自《列宁全集》第42卷,人民出版社1987年第2版,第318页。

### 18. 历史上的俄波边界有相当一部分是最高会议在俄国反革命分子即资产阶级和地主的(业已垮台的旧制度的)拥护者的压力下确定的

苏维埃政府不能不注意到如下情况:这条边界有相当一部分是最高会议在俄国反革命分子即**资产阶级和地主的**(业已垮台的旧制度的)拥护者的压力下确定的,例如在海乌姆地区,最高会议对这一问题的决定就明显地反映出这些反革命分子的影响,并且在这一问题上是步了沙皇政府和**帝国主义大俄罗斯资产阶级的反波**政策的后尘。苏维埃俄国在和约条件方面准备照顾波兰国的利益和愿望,但其程度要看波兰人民在其国内生活中在为波兰、俄罗斯、乌克兰、白俄罗斯和立陶宛各族劳动人民的真正兄弟关系奠定巩固基础**并保证波兰不再充当对苏维埃俄国和其他各民族的工农发**

动进攻和进行阴谋活动的工具这条道路上走多远。①

> 列宁：《致费·阿·罗特施坦》（1920年7月15日），摘自《列宁全集》第49卷，人民出版社1988年第2版，第464页。

### 19. 苏维埃对于俄国和波兰边界的极限

（2）以沙拉河、奥金斯基运河、亚谢利达河、斯特里河以及俄国和加里西亚东部之间的国界为界，可作为我方最大限度的领土让步。如果我们的边界再往东移，就会给我们造成非常困难的战略条件，使我们丧失象巴拉诺维奇、卢尼涅茨、萨尔内和罗夫诺这样重要的铁路枢纽。况且，我各集团军的状况以及总的战略态势也并不要求作出如此重大的牺牲……

契切林同志：这就是边界的极限。中央已通过。必须明确重申这一点。②

> 列宁：《在谢·谢·加米涅夫报告上的标记和批示》（1920年9月23日），摘自《列宁全集》第49卷，人民出版社1988年第2版，第555—556页。

### 20. 应当在人民委员会办公厅挂上地图，标上地图上现在的分界线

请在这里（系指人民委员会办公厅——编者注）和小委员会的室内都挂上这张地图，并将这张地图（其余的）分发给**莫斯科的各工人俱乐部**③，事先问一问尼·彼·哥尔布诺夫，能不能**在**这张地图上把现在的分界线**完全画出来**，哪怕用**绿色**线条和**绿色晕线**表示也行：

(1) 西部"战线"（芬兰、爱斯兰、拉脱维亚、波兰、罗马尼亚）

(2) 克里木

(3) 格鲁吉亚、阿塞拜疆、亚美尼亚

(4) 中亚细亚、布哈拉

(5) 远东共和国

---

① 这份由格·瓦·契切林起草、经列宁修改过的对乔·纳·寇松1920年7月11日照会的复照，在俄共（布）中央1920年7月16日的全会上讨论过，7月17日用无线电报发出，7月18日发表于《全俄中央执行委员会消息报》第157号（见《苏联对外政策文件汇编》1959年俄文版第3卷第47—53页）。

② 这个批示写在总司令谢·谢·加米涅夫关于苏维埃俄国同波兰之间新边界的战略意义的报告上。当时两国代表正在里加会上进行关于确定新边界的谈判。

③ 指《俄罗斯联邦行政区划略图》。列宁的指示于1921年2月7日得到执行。1921年这份地图出版了两种：第一种是单色的，第二种补充了新的资料，是彩色的。

（6）远东边界

都按现在的画。

> 列宁：《致人民委员会办公厅》（1920年12月21日），摘自《列宁全集》第50卷，人民出版社1988年第2版，第55—56页。

## 三 论边疆民族问题

**1. 我们纲领中的民族问题**

在党纲草案中，我们提出了建立具有民主宪法的共和国的要求，民主宪法应保证"承认国内各民族有自决权"。许多人觉得我们纲领中的这一要求不够明确，所以在本报第33号上谈到亚美尼亚社会民主党人宣言时，我们对这一条的意义作了如下的说明。社会民主党将永远反对任何用暴力或任何非正义手段从外部影响民族自决的企图。但是，无条件地承认争取民族自决的自由的斗争，这丝毫也不意味着我们必须支持任何民族自决的要求。社会民主党作为无产阶级的政党，其真正的主要的任务不是促进各民族的自决，而是促进每个民族中的无产阶级的自决。我们应当永远无条件地努力使各民族的无产阶级**最紧密地**联合起来。只有在个别的特殊情况下，我们才能提出并积极支持建立新的阶级国家或者用比较松散的联邦制的统一代替一个国家政治上的完全统一等等要求。①

我们纲领中对于民族问题的这个解释，招来了波兰社会党②的强烈抗议。在《俄国社会民主党对民族问题的态度》一文（1903年3月《黎明》）中，波兰社会党对于这种"令人惊异的"解释，对于我们"神秘的"自决之"模糊不清"表示愤慨，指责我们是学理主义，是"无政府主义"

---

① 见本卷第87—90页。——编者注
② 波兰社会党是以在波兰社会党人巴黎代表大会（1892年11月）确定的纲领方针为基础于1893年成立的。这次代表大会提出了建立独立民主共和国、为争取人民群众的民主权利而斗争的口号，但是没有把这一斗争同俄国、德国和奥匈帝国的革命力量的斗争结合起来。该党右翼领导人约·皮尔苏茨基等认为恢复波兰国家的唯一道路是民族起义，而不是以无产阶级为领导的全俄反对沙皇的革命。从1905年2月起，以马·亨·瓦列茨基、费·雅·柯恩等为首的左派逐步在党内占了优势。1906年11月召开的波兰社会党第九次代表大会把皮尔苏茨基及其拥护者开除出党，该党遂分裂为两个党：波兰社会党—"左派"和所谓的波兰社会党—"革命派"。波兰社会党—"左派"逐步转到了革命的和国际主义的立场，于1918年12月同波兰王国和立陶宛社会民主党一起建立了波兰共产党。波兰社会党—"革命派"于1909年重新使用波兰社会党的名称，强调通过武装斗争争取波兰独立，但把这一斗争同无产阶级的阶级斗争割裂开来。从第一次世界大战开始起，该党的骨干分子参加了皮尔苏茨基站在奥德帝国主义一边搞的军事政治活动（成立波兰军团）。1918年波兰社会党参加创建独立的资产阶级波兰国家。该党不反对地主资产阶级波兰对苏维埃俄国的武装干涉，并于1920年7月参加了所谓国防联合政府。1926年该党支持皮尔苏茨基发动的政变，同年11月，由于拒绝同推行"健全化"的当局合作而成为反对党。

观点，似乎我们认为"除了彻底消灭资本主义之外，其余什么都与工人无关，因为语言、民族、文化等等都只是资产阶级的虚构"，如此等等。这个论据值得详细地谈一谈，因为它把社会党人中在民族问题上很经常、很普遍的误解几乎暴露无遗了。

我们的解释为什么会这样"令人惊异"呢？为什么会认为它违背了"本"义呢？难道承认民族自决**权**就得**支持**任何民族自决的任何要求吗？我们社会民主党人承认一切公民有自由结社的权利，这丝毫不意味着我们必须**支持**组织任何新的社团，丝毫也不妨碍我们发表意见、进行鼓动，反对不适宜的和不明智的组织某种新的社团的想法。我们甚至承认耶稣会教徒有自由传道的**权利**，可是我们反对（当然不是用警察手段来反对）耶稣会教徒同无产者结社。《黎明》说："如果自由自决这个要求能按它的本义来理解（我们至今是这样来理解的），那我们就满意了。"这就十分明显，违背纲领本义的正是波兰社会党。从形式上看来，它的结论之不合逻辑是肯定无疑的。

但是我们不愿只从形式上来检验我们的解释。我们要直截了当地从实质上提出问题：社会民主党应当永远无条件地要求民族独立呢，还是只在某种条件下提出这个要求？这种条件究竟是什么？波兰社会党在解答这个问题时总是赞成无条件地承认民族独立。因此，它对要求建立联邦制的国家制度、主张"完全地无条件地承认民族自决权"（《革命俄国报》第18号《民族的奴役和革命的社会主义》一文）的俄国社会革命党人脉脉含情，我们就一点也不觉得奇怪了。可惜这只不过是一种资产阶级民主主义的空话，它第一百次、第一千次地表明了所谓社会革命党人的所谓党的本性。波兰社会党经不起这种空话的引诱，受到这种叫嚣的迷惑，这证明它在理论认识和政治活动方面同无产阶级的阶级斗争的联系是多么薄弱。我们应当**使**民族自决的要求服从的正是无产阶级阶级斗争的利益。这个条件正是我们对民族问题的提法同资产阶级民主派的提法的区别之所在。资产阶级民主派（以及跟在他们后面亦步亦趋的现代社会党内的机会主义者）以为民主制可以消灭阶级斗争，所以他们抽象地、笼统地、"无条件地"、从"全民"利益的观点、甚至从永恒的绝对的道德原则的观点来提出自己的一切政治要求。社会民主党人无论何时何地都无情地揭露这种资产阶级的幻想，不管它表现为抽象的唯心主义哲学，还是表现为无条件地要求民族独立。

马克思主义者只能有条件地而且只能在上述条件下承认民族独立的要求，这一点如果还需要证明，我们可以援引一位著作家的话，他曾经从马克思主义观点出发**卫护过**波兰无产者提出的波兰独立要求。1896年，卡尔·考茨基在《波兰完了吗?》一文中写道："只要波兰无产阶级着手解决波兰问题，他们就不能不主张波兰独立，也不能不欢迎目前在这方面可能采取的每一步骤，因为这种步骤总的说来同正在进行斗争的国际无产阶级的阶级利益是相符的。"

……

**和**我们推翻专制制度的目的不同，波兰社会党所追求的是俄国的四分五裂，而只要经济的发展使一个政治整体的各个部分更加紧密地结合在一起，只要世界各国资产阶级愈来愈齐心地联合起来反对共同的敌人——无产阶级，支持共同的盟友——沙皇，那么俄国的四分五裂在目前和将来都只能是一句空话。然而，目前在这种专制制度压迫下受苦受难的无产**阶级力量**的**四分五裂**，这倒是可悲的现实，这是波兰社会党犯错误的直接后果，是波兰社会党崇拜资产阶级民主公式的直接后果。为了假装看不到无产阶级力量的四分五裂，波兰社会党只得**堕落**到沙文主义的地步，例如，他们对俄国社会民主党人的观点作了这样的歪曲："我们（波兰人）应当等待社会革命，在这以前应该耐心忍受民族压迫。"这简直是胡说八道。俄国社会民主党人不但从来没有提出过这样的劝告，相反，他们自己在为反对俄国境内的任何民族压迫而斗争，并且号召俄国整个无产阶级来进行这一斗争，他们在**自己**的纲领中不仅提出语言、民族等等完全平等，而且承认每个民族有自己决定自己命运的权利。在承认这种权利的时候，我们对民族独立要求的支持，是**服从**于无产阶级斗争的利益的，只有沙文主义者才会把我们的立场解释成俄罗斯人对异族人的不信任，因为实际上，这种立场是由于觉悟的无产者对资产阶级不信任而必然产生的。在波兰社会党看来，民族问题只是"我们"（波兰人）同"他们"（德国人、俄国人等等）的对立。而社会民主党人则把"我们"无产者同"他们"资产阶级的对立放在首位。"我们"无产者多次看到，当革命的无产阶级在资产阶级面前站起来的时候，资产阶级是怎样**出卖**自由、祖国、语言和民族的利益的。我们看到，在法兰西民族受压迫、受屈辱最厉害的时候，法国的资产阶级如何卖身投靠普鲁士人，民族抵抗政府如何变成了背叛人民的政府，被压迫民族的资产阶级如何召唤压迫民族的兵士来帮助镇压敢于伸手夺取政权的无产者同胞。正因为如此，我们根本不在乎沙文主义和机会主义的攻击，我们要经常地告诉波兰工人：只有同俄国无产阶级结成最亲密无间的联盟，才能满足目前反对专制制度的政治斗争的要求，只有这样的联盟，才能保证政治上和经济上的彻底解放。

我们在波兰问题上所说的话，也完全适用于任何其他民族问题。万恶的专制制度的历史，给我们遗留下了专制制度压迫下各族工人阶级之间的严重**隔阂**，这种隔阂是反专制制度斗争中极大的弊端、极大的障碍。我们不应当用什么党的独特性或党的"联邦制""原则"使这种弊端合法化，把这种怪事神圣化。比较简单省事的办法当然是走阻力最小的道路，各顾各，"各人自扫门前雪"，崩得现在就想这样做。我们愈是意识到统一的必要性，愈是坚信没有完全的统一就不能对专制制度发起总攻，集中的斗争组织在我国政治制度下愈是显得必要，我们就愈不能满足于用表面"简单"实际十分虚假的办法来解决问题。既然认识不到隔阂的危害，既然不愿意不惜任何代价彻底消除无产阶级政党阵营内的这种隔阂，那——就用不着"联邦制"这种遮羞布了，就不必去解决问题了，因为有"一方"实际上并不想解决问题，既然如此，最好还是让生活经验和实际运动的教训去说服人们：受专制制度压迫的各族无产者反对专制制度、反对日益紧密团结的国际资产阶级的斗争要取得胜利，集中制是必不可少的。

列宁：《我们纲领中的民族问题》（1902 年 7 月 15 日【28 日】），摘自《列宁全集》第 7 卷，人民出版社 1986 年第 2 版，第 218—226 页。

**2. 如果具体情况迫使我们赞同某一民族的自决，赞同它完全独立，那么这不是修改纲领，而是运用纲领**

例如，我们的纲领说，我们承认民族自决：如果具体情况迫使我们赞同某一民族的自决，赞同它完全独立，那么这不是修改纲领，而是运用纲领。

列宁：《关于支持农民运动的决议案的报告》（1905 年 4 月 19 日【5 月 2 日】），摘自《列宁全集》第 8 卷，人民出版社 1987 年第 2 版，第 148 页。

### 3. 各边疆地区的民族压迫使本来就难以忍受的政治压迫更加严重

工人起义又爆发了——在莫斯科发生了群众性的罢工和街头斗争。1月9日,首都响起了无产阶级革命发动的第一声霹雷。这隆隆的雷声响彻了俄国全境,以空前未有的速度唤起百万以上的无产者去进行巨大的斗争。继彼得堡而起的是各边疆地区,那里的民族压迫使本来就难以忍受的政治压迫更加严重。里加、波兰、敖德萨和高加索先后成了逐月、逐周都在向深广发展的起义的策源地。

列宁:《莫斯科流血的日子》(1905年9月27日【10月10日】),摘自《列宁全集》第11卷,人民出版社1987年第2版,第314页。

### 4. 劳动者的统治将消灭任何民族、宗教或性别之间的任何压迫

工人阶级争取自由,为的是使自由为全体人民服务,而不是仅仅为达官显贵效劳。工人需要自由,为的是展开广泛的斗争,使劳动彻底摆脱资本的压迫,消灭一切人剥削人的现象,建立社会主义的社会制度。只要存在着资本的统治,任何平等,即使是小业主即农民使用全民土地的平等,都不会使人民摆脱贫困、失业和压迫。只有全体工人团结起来,在劳动者群众的支持下,才能打碎压迫各国工人的资本的枷锁。在社会主义社会,自由和平等不会是骗人的了;劳动者不会因小规模的单独经营而分散;共同劳动积累起来的财富将造福人民群众,而不是压迫人民群众;劳动者的统治将消灭任何民族、宗教或性别之间的任何压迫。

……

俄国的工人同志和全体公民们!请投俄国社会民主工党候选人的票吧!俄国社会民主工党为充分的自由、为建立共和国、为建立人民选举官吏的制度而斗争。它为反对种种民族压迫而斗争。它为农民**不经任何赎买**取得**全部**土地而斗争。

列宁:《告选民书草案》(1906年11月23日【12月6日】),摘自《列宁全集》第14卷,人民出版社1987年第2版,第104—106页。

### 5. 高加索、波兰和波罗的海沿岸边疆区运动对旧的恐怖手段摆脱得最彻底,起义准备得最充分,无产阶级斗争的群众性表现得最明显和最突出

但是事实上我们至今在俄国本土上的大多数运动中心的缺点是走上了另一个极端,是我们战斗队的主动性不够,战斗经验不足,它们的发动不够果断。在这一方面高加索、波兰和波罗的海沿岸边疆区已

经走在我们前面了，也就是说这些运动中心的运动对旧的恐怖手段摆脱得最彻底，起义准备得最充分，无产阶级斗争的群众性表现得最明显和最突出。

列宁：《俄国的目前形势和工人政党的策略》（1906年2月7日【20日】），摘自《列宁全集》第12卷，人民出版社1987年第2版，第163—164页。

**6. 民族主义的偏见助长了战争**

民族主义的偏见也助长了战争。在文明国家里，为了统治阶级的利益，经常在培养这种偏见，其目的是诱使无产阶级群众放弃他们本身的阶级任务，使他们忘记国际的阶级团结的责任。

列宁：《好战的军国主义和社会民主党反军国主义的策略》（1908年7月23日【8月5日】），摘自《列宁全集》第17卷，人民出版社1988年第2版，第168页。

**7. 欧洲专制政府企图对文化比较发达的地区（芬兰、波兰、西北边疆区）实行粗暴的"民族主义"政策**

代表会议首先确认1908年12月党代表会议通过的《关于目前形势和党的任务》的决议。代表会议指出这个决议具有特别重要的意义，其中有关整个六三制度的历史意义和阶级实质、有关革命危机增长的论点，已为三年来的事件所完全证实。代表会议从这些事件中特别指出下列几点：

……

（二）在现代资本主义各国的世界竞争中仍旧软弱无力，而且在欧洲愈来愈被排挤到次要地位的专制政府，现在与黑帮贵族和日益强大的工业资产阶级结成联盟，企图对文化比较发达的地区（芬兰、波兰、西北边疆区）实行粗暴的"民族主义"政策，对为争取自由进行革命斗争的亚洲各国人民（波斯、蒙古）进行殖民占领，来满足自己的强盗利益。

列宁：《俄国社会民主工党第六次（布拉格）全国代表会议文献》（不晚于1912年1月12日【25日】），摘自《列宁全集》第21卷，人民出版社1990年第2版，第128页。

## 8. 俄罗斯人民同盟强调要求保证俄罗斯民族不仅在内地省份而且在边疆地区占统治地位

在极右翼方面我们看到的是"俄罗斯人民同盟"①。这个党的纲领在亚·伊·杜勃洛文所出版的"俄罗斯人民同盟"通报《俄国旗帜报》② 上是这样说明的：

"俄罗斯人民同盟遵奉沙皇1907年6月3日圣谕，应成为皇朝忠实的支柱，在遵守法制和秩序方面应处处成为人人效法的榜样，兹特宣布，为了实现沙皇的意旨，必须：（1）充分发挥与按教规建立的俄国正教会血肉相连的沙皇专制制度的权力；（2）保证俄罗斯民族不仅在内地省份而且在边疆地区占统治地位；（3）保证纯粹由俄罗斯人组成的国家杜马的存在并使之成为专制君主在从事国家建设方面的主要助手；（4）完全遵循俄罗斯人民同盟对待犹太人的基本原则；（5）革除一切反对沙皇专制政权的官吏的公职。"我们把**右派**这篇庄严的宣言原封不动地照抄下来，一方面是为了使读者能直接看到原文，另一方面是因为这里所阐述的基本主张，对于在第三届杜马中占多数的各个政党即"民族党人"和十月党人也是适用的。这从以下的说明中可以看出来。

俄罗斯人民同盟的纲领，实际上是在重提农奴制时代的老口号——正教、专制和民族性。在谈到通常用来区别俄罗斯人民同盟与跟着它走的各个政党的那个问题，即承认还是否认俄国国家制度的"立宪"原则

---

① 俄罗斯人民同盟是俄国群众性的黑帮组织，于1905年10月在彼得堡成立。该组织联合城市小资产阶级的反动代表、地主、部分知识界和宗教界人士、城市无业游民、一部分富农以及某些不觉悟的工人和农民，创始人为亚·伊·杜勃洛文、弗·安·格林格穆特、弗·米·普利什凯维奇等。1905年12月23日（1906年1月5日），沙皇尼古拉二世接见了同盟的代表团，接受了同盟成员的称号和徽章。同盟纲领以维护俄国的统一和不可分、保持专制制度、沙皇和人民通过咨议性的国民代表会议取得一致、大国沙文主义、反犹太主义等为基本内容，同时也包含一些蛊惑性的条文，如批评官僚制、保持村社土地所有制、各等级权利平等、国家对工人实行保险等。同盟的中央机构是由12人组成的总委员会，设在彼得堡。全国各城市、村镇所设的同盟分部在1905—1907年间达900个。同盟通过宣传鼓动几次掀起俄国反犹太人大暴行的浪潮，同时也进行个人恐怖活动。它刺杀了第一届国家杜马代表米·雅·赫尔岑施坦、格·波·约洛斯，并两次对谢·尤·维特行刺。第二国家杜马解散后，同盟于1908—1910年分裂为米迦勒天使长同盟、俄罗斯人民同盟、彼得堡全俄杜勃洛文俄罗斯人民同盟等几个互相敌对的组织。1917年二月革命后同其他黑帮组织一起被取缔。

② 《俄国旗帜报》（《Pусское Энамя》）是黑帮组织俄罗斯人民同盟的机关报，1905—1917年在彼得堡出版。

时，必须特别指出，俄罗斯人民同盟**丝毫**不笼统反对代表机构。从上面所引的纲领中可以看出，俄罗斯人民同盟是主张国家杜马作为"助手"而存在的。

列宁：《论俄国各政党》（1912年5月10日【23日】），摘自《列宁全集》第21卷，人民出版社1990年第2版，第283—284页。

### 9. 生活在民族成分非常复杂的边疆地区的拉脱维亚社会民主党人，特别清楚"民族文化自治"这个口号的资产阶级虚伪性

生活在民族成分非常复杂的边疆地区的拉脱维亚社会民主党人，处在拉脱维亚、俄罗斯、爱沙尼亚、德意志等的资产阶级民族主义的代表包围之中，特别清楚"民族文化自治"这个口号的资产阶级虚伪性。在各民族享有最完全的平等和国家实行最彻底的民主制的条件下使所有民族的工人统一起来——这就是我们的口号，也是各国革命的社会民主党的口号。这个真正的无产阶级口号决不会造成无产阶级和资产阶级实行"民族"统一的虚假幻觉和幻想，而"民族文化自治"这个口号就必定会造成这种幻觉，并且在劳动群众中间散布这种幻想。

我们这些生活在民族成分非常复杂的边疆地区的拉脱维亚社会民主党人，我们这些处在拉脱维亚、俄罗斯、爱沙尼亚、德意志等的资产阶级民族主义的代表包围之中的人，特别清楚"民族文化自治"这个口号的资产阶级虚伪性。因此，已经在我们社会民主党组织内受过实际检验的一个口号，即**所有**民族的所有一切工人组织**统一起来**的口号，对于我们来说就特别宝贵。

有些人往往引证奥地利的例子来为"民族文化自治"这个口号辩护。关于这一引证，我们必须注意到：第一，甚至象卡·考茨基这样谨慎的著作家也承认奥地利主要的民族问题理论家奥托·鲍威尔的观点（他的《民族问题和社会民主党》一书）**夸大了**民族因素而**极端低估了**国际主义因素（见卡·考茨基《民族性和国际性》。有俄译本）；第二，我国现在**只有**崩得分子以及一切犹太资产阶级政党还坚持"民族文化自治"，其实**无论**鲍威尔**还是**考茨基都**没有承认**犹太人可以实行民族自治，而考茨基（同上）更直截了当地宣称，东欧（加里西亚和俄国）的犹太人是**帮会**，而不是民

族,第三,甚至奥地利社会民主党的布隆(1899年)民族纲领①也**没有**完全承认超地域的(按人的民族属性的)民族自治,而只要求在整个国家范围内同一民族的各个民族地区组成联盟(布隆纲领第3条);第四,就是这个显然带有妥协性的(从国际主义的观点看来是不能令人满意的)纲领,在奥地利国内也**完全失败了**,因为妥协没有带来和平,反而导致了捷克分离主义者的分离;第五,这些在哥本哈根代表大会上受到整个国际一致谴责的捷克分离主义者宣称,崩得的分离主义是同他们接近的(见分离主义者的机关刊物《捷克斯拉夫社会民主党人》杂志**第3期**,该刊物可以从**布拉格**免费得到。布拉格希贝恩斯卡街7号);第六,鲍威尔本人要求**各地**不同民族的社会民主主义政治组织统一起来。鲍威尔本人认为奥地利党的那个"民族制度"是矛盾的和不稳定的,这种"民族制度"现在使奥地利党**完全**分裂了。

列宁:《民族问题》(1913年5月25日【6月7日】),摘自《列宁全集》第23卷,人民出版社1990年第2版,第216—217页。

**10.《民族问题提纲》**②

1. 对我们纲领中关于民族自决的那一条,除了从**政治**自决,即从分离和成立独立国家的权利这个意义上来解释以外,我们决不能作别的解释。

2. 社会民主党纲领中的这一条,对俄国社会民主党是**绝对必要**的:

(1)是为了执行一般民主的基本原则;

(2)是由于在俄国境内,**尤其是在它的边疆地区**有许多民族,这些民族在经济、生活习惯等方面的条件差别很大,而且这些民族(也同大俄罗斯人以外的俄国所有民族一样)都受着沙皇君主制的难以置信的压迫;

---

① 指1899年9月24—29日在布隆(布尔诺)召开的奥地利社会民主党代表大会所通过的民族问题纲领。布隆代表大会的中心议题是民族问题。会上提出了代表不同观点的两个决议案,一个是总的说坚持民族区域自治的党中央委员会决议案,另一个是坚持超区域的民族文化自治的南方斯拉夫社会民主党委员会决议案。代表大会通过的决议即所谓《布隆民族纲领》,是妥协性的。列宁对这一纲领的分析,还见《关于民族问题的批评意见》一文(《列宁全集》第2版第24卷)。斯大林《马克思主义和民族问题》一文摘引了这个纲领(见《斯大林全集》第2卷第316—317页)。

② 《民族问题提纲》是列宁为作民族问题的专题报告而写的。专题报告会于1913年7月9、10、11和13日在瑞士苏黎世、日内瓦、洛桑和伯尔尼等城市举行,前去听报告的不仅有布尔什维克,也有其他社会党侨民小组的代表。在本卷《附录》里载有这个专题报告的提纲(见本卷第469—473页)。在《列宁文集》俄文版第17卷载有讨论这一专题报告的详细纪录。

（3）最后，是由于在整个东欧（奥地利和巴尔干国家）和亚洲，也就是说在与俄国接壤的国家中，对国家进行的资产阶级民主改造不是还没有完成就是刚刚开始，而这一改造在世界各地或多或少地都导致建立独立的民族国家或有着血缘极其相近的和同源的民族成分的国家；

（4）俄国在目前同它周围的所有国家——从西方的奥地利（该国从1867年起就已巩固地建立起政治自由和立宪制度的基础，而现在又在实行普选权），到东方的中华民国——比较起来，是一个在国家制度方面最落后最反动的国家。所以，俄国社会民主党人应当在自己的整个宣传工作中，坚持一切民族都有成立单独国家或自由选择他们愿意参加的国家的权利。

3. 社会民主党承认一切民族都有自决权，这就要求社会民主党人做到：

（1）无条件地反对统治民族（或占人口多数的民族）对于在国家问题上愿意分离出去的民族使用任何形式的任何暴力；

（2）要求只能根据当地居民的普遍、直接、平等、无记名投票来解决这种分离问题；

（3）既同黑帮—十月党人也同自由派资产阶级的各个政党（"进步党人"、立宪民主党人等）进行不懈的斗争，反对他们袒护和纵容民族压迫，尤其是否认民族自决权的任何行径。

4. 社会民主党承认一切民族都有自决权，决不是说社会民主党人在每一个具体情况下对某一民族的国家分离是否适宜的问题不作出独立的估计。相反，社会民主党人正应该作出这种独立的估计，既要考虑到资本主义发展的情况和联合起来的各民族的资产阶级对各民族的无产者压迫的情况，又要考虑到总的民主任务，首先是而且主要是无产阶级争取社会主义的阶级斗争的利益。

从这个角度来看，应当特别注意如下的情况：在俄国有两个民族，由于许多历史条件和生活条件，它们最有文化，最与其他民族隔绝，能够最容易最"自然地"实现自己的分离权。这两个民族就是芬兰和波兰。1905年革命的经验表明，甚至这两个民族中的统治阶级即地主和资产阶级也**因为害怕**芬兰和波兰的革命无产阶级而放弃了争取自由的革命斗争，谋求同俄国统治阶级及沙皇君主政府接近。

所以，社会民主党应当竭力提醒各民族的无产阶级和劳动阶级，使他们不要被"自己的"资产阶级的民族主义口号直接蒙蔽,因为资产阶级正在想方设法用关于"祖国"的花言巧语来**分裂**无产阶级,**使他们不去注意**资产阶级在经济上和政治上同别的民族的资产阶级以及同沙皇君主政府结成联盟的把戏。

所有民族的工人要是不在一切工人组织中实行最紧密最彻底的联合,无产阶级就无法进行争取社会主义的斗争和捍卫自己日常的经济利益。

除了用革命斗争的方法来推翻沙皇君主制而代之以民主共和国,无产阶级就不能争得自由。沙皇君主制**排斥**各民族的自由和平等,而且它还是欧洲和亚洲的野蛮、残暴、反动的主要堡垒。而要推翻这个君主制,只有俄国各民族的无产阶级联合起来才能做到,因为只有联合起来的无产阶级才能领导各民族劳动群众中一切彻底民主主义的、能够进行革命斗争的人前进。

所以,工人如果把同"本"民族资产阶级在政治上的统一看得高于同各民族无产者的完全统一,那就违背了自己的利益,违背了社会主义的利益和民主的利益。

5. 社会民主党主张建立彻底民主的国家制度,它要求各民族一律平等,反对某个民族或某些民族享有任何特权。

特别是,社会民主党反对所谓"国"语。在俄国,这样的"国"语尤其是多余的,因为俄国 7/10 以上的人口属于同源的斯拉夫民族,在自由国家的自由教育的条件下,由于经济流转的要求,即使不给某一语言以任何"国家的"特权,他们也会很容易地进行交际。

社会民主党要求取消农奴主专制国家的农奴主—地主和官吏所规定的俄国原有的行政区划,而代之以根据现代经济生活要求和尽可能同居民民族成分相适应的区划。

凡是居民生活习惯特点或民族成分不同的国内的各个区域,都应当享有广泛的自我管理和自治,其机构应在普遍、平等、无记名的投票的基础上建立起来。

6. 社会民主党要求颁布一项全国性的法律,以保护国内任何地方的任何少数民族的权利。根据这项法律,凡人口占多数的民族企图用来为自己建立民族特权或缩小少数民族的权利(在教育事业、使用某种语言、预算等方面)的任何措施,应当一律宣布无效,谁采取这种措施,谁就应当受到惩罚。

7. 社会民主党对"民族文化"（或者只是"民族"）"自治"这个口号，对实现这个口号的种种方案均持否定态度，因为这个口号第一，根本违反无产阶级阶级斗争的国际主义；第二，容易使无产阶级和劳动群众受资产阶级民族主义思想的影响；第三，会置整个国家的彻底民主改造的任务于不顾，然而只有这样的改造才能保证（一般来说是在资本主义制度下可能的限度内）民族和平。

由于民族文化自治问题在社会民主党人之间闹得特别凶，我们应当对这种情况作一些说明。

（1）从社会民主党的观点来看，无论直接或间接地提出**民族**文化的口号，都是不能允许的。这个口号是不正确的，因为人类的整个经济、政治和精神生活在资本主义制度下就已经愈来愈国际化了。社会主义会把这三方面的生活完全国际化。现在就已经由各国无产阶级系统地建立起来的国际文化，并不是把"民族文化"（不论是哪一个民族集体的）全盘接受下来，而是**只吸取每个**民族文化中彻底民主主义的和社会主义的因素。

（2）在各社会民主党的纲领中接近于民族文化口号的唯一例子，大概就是奥地利社会民主党布隆纲领的第3条了，虽然这种接近还不够大胆。这一条写道："属于同一民族的各自治区域共同组成单一的民族联盟，该联盟完全按自治原则来处理本民族的事务。"

这是一个妥协性的口号，因为这里丝毫没有提出超地域的（按人的民族属性的）民族自治。但这个口号也是错误的、有害的，因为把罗兹、里加、彼得堡、萨拉托夫的德意志人结成一个民族根本不是俄国社会民主党人的任务。我们的任务是争取实行充分的民主制，取消**一切**民族特权，使在俄国的德意志工人同所有其他民族的工人在保卫和发展社会主义的国际文化的事业中联合起来。

超地域的（按人的民族属性的）民族自治并要设立（根据彻底拥护这个口号的人的计划）民族议会和民族事务大臣的口号（奥·鲍威尔和卡·伦纳），是更加错误的。这种违背资本主义国家的一切经济条件并且在世界任何一个民主国家中都没有试行过的制度，是某些人的机会主义幻想，他们对于建立彻底民主的制度感到绝望，而想在某些问题（"文化"问题）上把每个民族的无产阶级和资产阶级都人为地加以隔绝，以求摆脱资产阶级的民族纷争。

情况有时迫使社会民主党人暂时服从某种妥协性的解决办法，但是我们应当向别国效法的不是妥协性的而是彻底社会民主主义的解决办法。所以，今天，当奥地利的妥协尝试甚至在奥地利本国也已经完全破产并且导致捷克社会民主党人的分离主义和分裂行动的时候，效法奥地利的这种不成功的尝试就更是不明智的。

（3）俄国的"民族文化自治"这个口号的历史表明：采用这个口号的，是**所有**（无一例外）犹太的资产阶级政党，而且**只是**犹太资产阶级政党，不加批判地跟着这些政党跑的是崩得，尽管它不彻底地反对设立犹太民族议会和犹太民族事务大臣。其实，连那些认可或者拥护民族文化自治这个妥协性口号的欧洲社会民主党人，也承认（如奥·鲍威尔和卡·考茨基等）这个口号对于犹太人是完全不能实现的。"在加里西亚和俄国的犹太人与其说是民族，不如说是帮会，而把犹太人组成一个民族的尝试，就是保存帮会的尝试。"（卡·考茨基）

（4）在一些文明国家里，我们看到在资本主义制度下，**只是**在整个国家制度和国家管理机构方面**最大限度地**实行民主制（瑞士）的条件下才有可能出现那种十分（相对地说）近似民族和平的局面。彻底民主主义的口号（如共和国、民兵制，人民选举官吏等等），正在把无产阶级和劳动群众以及每个民族中的一切先进分子联合起来，为创造彻底消除民族特权的条件而斗争，而"民族文化自治"这个口号则鼓吹各民族在教育事业（以至整个"文化"事业）上互相隔绝，而隔绝是完全符合保持一切特权（其中包括民族特权）的基础的需要的。

彻底民主主义的口号会**把**所有民族的无产阶级和先进的民主派（即那些不是要求隔绝，而是要求在一切事业上，其中包括在教育事业上把各民族的民主分子联合起来的人）**融为**一体，而民族文化自治的口号则**分裂**各民族的无产阶级，使他们同各民族的反动分子和资产阶级分子联在一起。

彻底民主主义的口号是同各民族的反动派和反革命资产阶级势不两立的，而民族文化自治的口号则完全为某些民族的反动派和反革命资产阶级所接受。

8. 俄国的整个经济和政治状况就是这样无条件地要求社会民主党毫无例外地**把一切**无产阶级组织（政治组织、工会组织、合作社组织和教育组织等等）中的各民族工人**打成一片**。在党的体制上不是实行联邦制，也不是成立各民族的社会民主主义团体，而是实现当地各民族的无产者的统一，并用当地无产阶级使用的**各种**语言进行宣传和鼓动，进行各民族工人反对任何民族特权的共同斗争，实行地方和区域的党组织的自治。

9. 俄国社会民主工党10多年来的历史经验证实了上述的论点。党在1898年诞生时就是"俄国的"党，即俄国各民族无产阶级的党。在党代表大会没有接受把崩得看作是犹太无产阶级的**唯一**代表的要求以后，崩得便在1903年退出了党，那时党仍然是"俄国的"党。1906—1907年的实际生活充分表明这个要求是没有根据的，许多犹太无产者在许多地方组织中继续同心协力地进行共同的社会民主主义的工作，于是崩得又回到党内来了。斯德哥尔摩代表大会（1906年）把主张**地域**自治的波兰社会民主党人和拉脱维亚社会民主党人联合了起来，而且大会**没有**接受联邦制的原则，并要求各民族的社会民主党人在当地联合起来。这个原则在高加索实行了好多年，在华沙（波兰工人和俄国士兵）、维尔纳（波兰、拉脱维亚、犹太和立陶宛的工人）和里加也在实行，这后三个中心城市实行这个原则是**针对**按照分离主义分离出去的崩得的。1908年12月，俄国社会民主工党以代表会议的名义通过了一项特别决议，确认各民族工人**不是在**联邦制的**原则上统一**的要求。

崩得分离主义者主张分裂，不执行党的决定，因而使这种"最坏类型的联邦制"① 完全破产，使崩得分离主义者和捷克人日益接近，或者说使后者与前者日益接近（见《我们的曙光》杂志上科索夫斯基的文章，以及捷克分离主义者的机关刊物《捷克斯拉夫社会民主党人》杂志1913年第3期上关于科索夫斯基的文章）；最后，在取消派的八月（1912年）代表会议上，使崩得分离主义者和取消派以及一部分高加索取消派分子对"民族文化自治"**没有作实质性的说明**就妄图把它**偷偷地**塞到党纲里去！

无论是波兰或拉脱维亚边疆区的革命的社会民主主义工人，还是高加索的革命的社会民主主义工人，都仍然坚持地域自治和**所有**民族的社会民主主义工人**统一**的观点。崩得取消派的分裂以及崩得同华沙**非**社会民主党

---

① "最坏类型的联邦制"一语见于1912年布拉格代表会议的决议，是决议对俄国社会民主工党自第四次（统一）代表大会以来同各民族社会民主党组织的相互关系的评定。关于这个问题，可参看《列宁全集》第2版第21卷第143—144页和第22卷第247—249页。

人的联盟，向所有社会民主党人提出了**整个**民族问题，把这个问题（无论从它的理论意义的角度还是从党的建设事业的角度）**提上了日程**。

妥协性的解决办法正是被那些违反党的意志硬来推行这些办法的人所破坏，要求各民族的社会民主主义工人统一的呼声现在比任何时候都更加响亮。

10. 沙皇君主政府的那种粗暴好战的黑帮民族主义的存在，以及**资产阶级**民族主义的抬头——不管这种民族主义是大俄罗斯的（司徒卢威先生、《俄国评论报》、"进步党人"等等）、乌克兰的、波兰的（民族"民主党"[①]的反犹太主义），还是格鲁吉亚的、亚美尼亚的，等等——这一切都特别迫切要求俄国各地的社会民主党组织比以往更加重视民族问题，并以坚定的国际主义和各民族的无产阶级统一的精神对这个问题制定彻底的马克思主义的解决办法。

（一）民族文化的口号是不正确的，它表现出来的只是对民族问题理解上的资产阶级局限性。国际文化。

（二）民族区分的永久化，精致的民族主义的推行——各民族的联合、接近、混杂和**另一种**文化即国际文化的原则的表现。

（三）小资产者的绝望（反对民族纷争的毫无希望的斗争）以及对根本性的民主改造和社会主义运动的恐惧——只有根本性的民主改造才能在资本主义国家缔造民族和平，只有社会主义才能结束民族纷争。

（四）在教育事业上的民族组合。[②]

（五）犹太人。

列宁：《民族问题提纲》（1913 年 6 月 26 日【7 月 9 日】以前），摘自《列宁全集》第 23 卷，人民出版社 1990 年第 2 版，第 329—337 页。

---

[①] 民族民主党是波兰地主和资产阶级的民族主义政党，成立于 1897 年，首领是罗·德莫夫斯基、济·巴利茨基、弗·格拉布斯基等。该党提出"阶级和谐"、"民族利益"的口号，力图使人民群众屈服于它的影响，并把人民群众拖进其反动政策的轨道。在 1905—1907 年俄国第一次革命期间，该党争取波兰王国自治，支持沙皇政府，反对革命。该党在波兰不择手段地打击革命无产阶级，直到告密、实行同盟歇业和进行暗杀。俄国社会民主工党第五次代表大会曾通过一个专门决议，强调必须揭露民族民主党人的反革命黑帮面目。在第一次世界大战时期，该党无条件支持协约国，期望波兰王国同德、奥两国占领的波兰领土合并，在俄罗斯帝国的范围内实现自治。1919 年该党参加了波兰联合政府，主张波兰同西方列强结盟，反对苏维埃俄国。

[②] 这里说的是按民族分设学校，这是"民族文化自治"这一资产阶级民族主义纲领的基本要求。

**11. 犹太学校的民族化表明，当局竭力使"统治"民族，即大俄罗斯民族享有种种特权**

政府的政策彻头彻尾地表现出民族主义精神。当局竭力使"统治"民族，即大俄罗斯民族享有种种特权，虽然大俄罗斯人在俄国人口中占**少数**，即只占43%。

它竭力把住在俄国的一切其他民族的权利削减得愈来愈少，使它们彼此隔绝并煽起它们之间的仇恨。现代民族主义的极端表现，就是犹太学校民族化的方案。这个方案出自敖德萨学区的督学之手，并且得到国民"教育"部的赞许。这种民族化究竟是怎么回事呢？

这就是想把犹太人分出来去上**专门的**犹太学校（中等的），想叫其他一切学校，不管是私立的还是公立的，都紧紧地对犹太人关上大门。为了使这个"天才的"计划更加完美，居然有人打算用著名的"百分数的标准"来限制犹太中学的学生人数！在所有欧洲国家中，这类反犹太人的措施和法律，只是在中世纪的黑暗年代，即在有宗教裁判所，有焚烧异教徒以及其他奇妙行为的那个时代存在过。犹太人在欧洲早就取得了完全的平等权利，并且同他们与之相处的民族日益融合起来。

在我国的整个政治生活中，特别是在上述方案中，除了对犹太人的虐待和压迫以外，最有害的就是力图煽起民族主义情绪，使国内各民族彼此隔绝，使它们进一步疏远，把它们的学校分开。工人阶级的利益——以及一般政治自由的利益——则要求这个国家的各个民族一律享有最完全的平等权利，消除各民族之间的种种隔膜，使各民族的儿童在统一的学校里打成一片，等等。只有抛弃一切荒谬的和愚蠢的民族偏见，只有使各民族的工人结成一个联盟，工人阶级才能成为一种力量，给资本以反击并争得生活的真正改善。

请看看资本家吧，他们竭力想在"普通人民"中间煽起民族仇恨，而他们自己却巧妙地干着自己的勾当：在同一个股份公司里既有俄罗斯人、乌克兰人，也有波兰人、犹太人和德意志人。为了对付工人，各个民族具有不同宗教信仰的资本家已经联合起来了，可是他们却力图用民族仇恨来分裂工人，削弱工人！

犹太学校民族化这个极其有害的方案还表明，所谓"民族文化自治"的计划，即把教育事业从国家手里分出来，分别交给每一个民族的计划是何等的错误。我们应当追求的决不是这种计划，而是要使各个民族的工人在反对**各种各样的**民族主义的斗争中，在争取真正民主的**共同的**学校和一般政治自由的斗争中联合起来。全世界各先进国家的榜样，即使是西欧的瑞士或东欧的芬兰也向我们表明，只有建立全国性的彻底民主的设施，才可以保证各民族最和平最合乎人道地（不是野蛮地）共同生活，而**不是**人为地、有害地按民族来割裂教育事业。

列宁：《犹太学校的民族化》（1913 年 8 月 18 日【31 日】以前），摘自《列宁全集》第 23 卷，人民出版社 1990 年第 2 版，第 395—396 页。

**12. 谁不承认和不维护民族平等和语言平等，不同一切民族压迫或不平等现象作斗争，谁就不是马克思主义者，甚至也不是民主主义者**

发展中的资本主义在民族问题上有两种历史趋势。民族生活和民族运动的觉醒，反对一切民族压迫的斗争，民族国家的建立，这是其一。各民族彼此间各种交往的发展和日益频繁，民族隔阂的消除，资本、一般经济生活、政治、科学等等的国际统一的形成，这是其二。

这两种趋势都是资本主义的世界性规律。第一种趋势在资本主义发展初期是占主导地位的，第二种趋势标志着资本主义已经成熟，正在向社会主义社会转化。马克思主义者的民族纲领考虑到这两种趋势，因而首先要维护民族平等和语言平等，不允许在这方面存在任何**特权**（同时维护民族自决权，关于这一点下面还要专门谈），其次要维护国际主义原则，毫不妥协地反对资产阶级民族主义（哪怕是最精致的）毒害无产阶级。

……

谁不承认和不维护民族平等和语言平等，不同一切民族压迫或不平等现象作斗争，谁就不是马克思主义者，甚至也不是民主主义者。这是毫无疑问的。但是，大骂其他民族的马克思主义者主张"同化"，这样的假马克思主义者实际上不过是**民族主义的市侩**而已，这也是毫无疑问的。所有的崩得分子以及（我们就要看到的）列·尤尔凯维奇和顿佐夫先生之流的乌克兰民族社会党人，都属于这类不值得尊敬的人物之列。

……

谁没有陷进民族主义偏见，谁就不会不把资本主义的民族同化过程看作是极其伟大的历史进步，看作是对各个偏僻角落的民族保守状态的破坏，对俄国这样的落后国家来说尤其如此。

就拿俄国和大俄罗斯人对乌克兰人的态度来说吧。自然，任何一个民主主义者，马克思主义者就更不用说了，都会坚决反对骇人听闻的对乌克兰人的侮辱，都会要求保证他们享有完全平等的权利。但是，如果**削弱**目前存在的乌克兰无产阶级同大俄罗斯无产阶级在一国范围内的联系和联盟，那就是直接背叛社会主义，**甚至**从乌克兰人的资产阶级的"民族任务"来看，这也是愚蠢的政策。

> 列宁：《关于民族问题的批评意见》（1913年10—12月），摘自《列宁全集》第24卷，人民出版社1990年第2版，第129—132页。

### 13. 反对一切民族压迫的斗争是绝对正确的。为一切民族发展，为笼统的"民族文化"而斗争是绝对不正确的

冲破一切封建桎梏，打倒一切民族压迫，取消一个民族或一种语言的一切特权，这是无产阶级这个民主力量的义不容辞的责任，是正在为民族纠纷所掩盖和妨碍的无产阶级阶级斗争的绝对利益。然而，**超出**这些受一定历史范围的严格限制的界限去协助资产阶级的民族主义，就是背叛无产阶级而站到资产阶级方面去了。这里有一条界线，这条界线往往是很细微的，而崩得分子和乌克兰民族社会党人却把它全忘光了。

反对一切民族压迫的斗争是绝对正确的。**为**一切民族发展，**为**笼统的"民族文化"而斗争是绝对不正确的。全世界资本主义社会的经济发展给我们提供了一些没有充分发展的民族运动的实例，提供了一些由若干小民族组成大民族或损害某些小民族而组成大民族的实例，也提供了一些民族同化的实例。资产阶级民族主义的原则是笼统的民族发展，由此而产生了资产阶级民族主义的局限性，由此而产生了难解难分的民族纠纷。无产阶级不仅不维护每个民族的民族发展，相反，还提醒群众不要抱这种幻想，无产阶级维护资本主义周转的最充分的自由，欢迎民族的一切同化，只要同化不是强制性的或者依靠特权进行的。

在某种"公正"划定的范围内巩固民族主义，"确立"民族主义，借助于专门的国家机关牢固而长期地隔离一切民族，——这就是民族文化自治的思想基础和内容。这种思想是彻头彻尾资产阶级的，是彻头彻尾虚伪的。无产阶级不能支持任何巩固民族主义的做法，相反，它支持一切有助于消灭民族差别、消除民族隔阂的措施，支持一切促进各民族间日益紧密的联系和促进各民族打成一片的措施。不这样做就站到反动的民族主义市

侩一边去了。

> 列宁：《关于民族问题的批评意见》（1913年10—12月），摘自《列宁全集》第24卷，人民出版社1990年第2版，第137—138页。

## 14. 保障边疆少数民族权利的问题，只有在不背离平等原则的彻底的民主国家中，通过颁布全国性的法律才有可能得到解决

李普曼先生在自己的反驳意见中写道：

"以我国的立陶宛、波罗的海边疆区、波兰、沃伦、俄国南部等地为例，——你们到处都可以发现**杂居的**居民；没有一个城市没有一个大的少数民族。不管分权制实行得怎样广泛，到处（主要在城市公社中）都可以发现各 n 种不同的民族居住在一起，正是民主主义把少数民族完全交给多数民族支配。然而，大家知道，弗·伊·是反对瑞士联邦实行的那种国家联邦制和无限分权制的。试问，他为什么要举瑞士作例子呢？"

我为什么举瑞士作例子，上面已经说明了。同时也说明了，保障少数民族权利的问题，**只有**在不背离平等原则的彻底的民主国家中，通过颁布全国性的法律才有可能得到解决。可是在上面的一段引文中，李普曼先生还重复了一条最流行的（也是最不正确的）反对意见（或者怀疑意见），这种意见通常是用来反对马克思主义的民族纲领的，因此值得加以分析。

> 列宁：《关于民族问题的批评意见》（1913年10—12月），摘自《列宁全集》第24卷，人民出版社1990年第2版，第147—148页。

## 15. 从历史—经济的观点看来，马克思主义者的纲领中所谈的"民族自决"，除政治自决，即国家独立、建立民族国家以外，不可能有什么别的意义

无论是全体先进文明人类的实例也好，巴尔干的实例也好，亚洲的实例也好，都同罗莎·卢森堡所说的相反，而证明考茨基的论点绝对正确：民族国家是资本主义的通例和"常规"，而民族复杂的国家是一种落后状态或者是一种例外。从民族关系方面来看，民族国家无疑是保证资本主义发展的最好的条件。这当然不是说，这种国家在资产阶级关系基础上能够排除民族剥削和民族压迫。这只是说，马克思主义者不能忽视那些产生建立民族国家趋向的强大的**经济**因素。这就是说，从历史—经济的观点看来，马克思主义者的纲领中所谈的"民族自决"，除政治自决，即国家独立、建立民族国家以外，不可能有什么别的意义。

列宁：《论民族自决权》（1914年2—5月），摘自《列宁全集》第25卷，人民出版社1990年第2版，第228页。

**16. 民族自决权的实行要放在一定的社会历史范围之内**

在分析任何一个社会问题时，马克思主义理论的绝对要求，就是要把问题提到**一定的**历史范围之内；此外，如果谈到某一国家（例如，谈到这个国家的民族纲领），那就要估计到在同一历史时代这个国家不同于其他各国的具体特点。

如果把马克思主义的这个绝对要求应用到我们现在这个问题上来，那应该怎么办呢？

首先必须把从民族运动的角度来看根本不同的两个资本主义时代严格区别开来。一个时代是封建制度和专制制度崩溃的时代，是资产阶级民主制的社会和国家形成的时代，当时民族运动第一次成为群众性的运动，它通过报刊和参加代表机关等等途径，以不同方式把**一切**阶级的居民卷入了政治。另一个时代，就是我们所处的各资本主义国家已经完全形成、宪制早已确立、无产阶级同资产阶级的对抗大大发展的时代，这个时代可以叫作资本主义崩溃的前夜。

当然，这两个时代没有被一堵墙隔开，而是由许多过渡环节联系在一起；同时各个国家在民族的发展速度、居民的民族成分、居民的分布等等方面仍各不相同。如果不估计到所有这些一般历史条件和具体国家条件，就根本无法着手考察某个国家的马克思主义者的民族纲领。

正是在这里，我们发现了罗莎·卢森堡的议论中最大的弱点。她拼命用一套反对我们纲领第9条的"厉害"字眼来点缀自己的文章，喋喋不休地说它"笼统"、"死板"，是"形而上学的空谈"等等。这位著作家既然如此高明地斥责形而上学的观点（按照马克思的理解，就是反辩证法的观点）和空洞抽象的观点，我们自然也就应该期待她给我们作出一个用具体的历史的方法研究问题的榜样。这里所说的是在一个特定的时代——20世纪初和一个特定的国家——俄国的马克思主义者的民族纲领。罗莎·卢森堡想必应当这样提出问题：俄国究竟处在**什么历史**时代？**这个**国家在**这个**时代的民族问题和民族运动究竟有**哪些具体**特点？

**可是罗莎·卢森堡丝毫没有谈到这一点！**民族问题在这个历史时代的**俄国**究竟是什么问题，**俄国**在这方面究竟具有哪些特点，——在她的文章里根本找不到对这个问题的分析!

列宁:《论民族自决权》(1914年2—5月),摘自《列宁全集》第25卷,<br>
人民出版社1990年第2版,第229—230页。

**17. 民族运动和民族自决权问题有一定的时代性和阶段性**

民族问题也是这样。这个问题在西欧大多数国家里早已解决了。在西欧各国的纲领里寻找并不存在的问题的答案,这是可笑的。这里罗莎·卢森堡恰恰忽视了最主要的一点:资产阶级民主改革早已完成的国家和没有完成的国家之间的区别。

这种区别正是全部关键的所在。由于罗莎·卢森堡完全忽视了这种区别,她那篇宏论也就成了一套空洞无物的老生常谈了。在西欧大陆上,资产阶级民主革命时代所包括的是一段相当确定的时期,大致是从1789年到1871年。这个时代恰恰是民族运动以及建立民族国家的时代。这个时代结束后,西欧便形成了资产阶级国家的体系,这些国家通常都是单一民族国家。因此,现在到西欧社会党人纲领里去寻找民族自决权,就是不懂得马克思主义的起码常识。

在东欧和亚洲,资产阶级民主革命时代是在1905年才开始的。俄国、波斯、土耳其和中国的革命,巴尔干的战争,就是**我们这个时代我们**"东方"所发生的一连串有世界意义的事变。只有瞎子才不能从这一串事变中看出**一**系列资产阶级民主民族运动的兴起,看出建立民族独立的和单一民族的国家的趋向。正是因为而且仅仅是因为俄国及其邻邦处在这个时代,所以我们需要在我们的纲领上提出民族自决权这一条。

列宁:《论民族自决权》(1914年2—5月),摘自《列宁全集》第25卷,<br>
人民出版社1990年第2版,第234页。

**18. 由于俄国民族问题的这些具体的历史特点,我们在当前所处的时代承认民族自决权,具有特别迫切的意义**

把各个国家的政治经济的发展情况加以比较,把各个国家的马克思主义纲领也加以比较,从马克思主义观点看来,具有极大的意义,因为各现代国家无疑具有共同的资本主义本性和共同的发展规律。可是,这样的比较必须作得适当。这里有一个起码的条件,就是要弄清所比较的各个国家的历史发展时期是否**可比**。例如,只有十分无知的人,才会把俄国马克思主义者的土地纲领拿去同西欧的土地纲领"作比较"(如叶·特鲁别茨科伊公爵在《俄国思想》杂志上所作的那样），因为我们的纲领所回答的是**资产阶级民主的**土地改革问题，而西欧各国根本谈不到这样的改革。

民族问题也是这样。这个问题在西欧大多数国家里早已解决了。在西欧各国的纲领里寻找并不存在的问题的答案，这是可笑的。这里罗莎·卢森堡恰恰忽视了最主要的一点：资产阶级民主改革早已完成的国家和没有完成的国家之间的区别。

……

第二，奥地利各民族的相互关系和俄国各民族的相互关系完全不同，这对于我们所讨论的问题具有特别重大的意义。奥地利不仅是一个长期以来德意志人占优势的国家，而且奥地利的德意志人还曾经怀有想做整个德意志民族霸主的野心。对老生常谈、死板公式、抽象概念等等如此讨厌的……罗莎·卢森堡，也许肯赏脸回想一下，这种"野心"已经被1866年的战争粉碎了。在奥地利占统治地位的民族——德意志人竟留在1871年最终建成的独立的德意志国家外面了。另一方面，匈牙利人建立独立的民族国家的尝试，早在1849年就被俄国农奴制的军队粉碎了。

于是就造成了一种非常特殊的局面：匈牙利人和捷克人恰恰不倾向于脱离奥地利，而是倾向于保持奥地利的完整，其目的正是为了保持民族独立，以免完全被那些更残暴更强悍的邻国破坏掉！由于这种特殊情况，奥地利便形成两个中心的（二元的）国家，而现在又变成三个中心的（三元的：德意志人、匈牙利人、斯拉夫人）国家。

俄国同这种情形有哪点相似的地方呢？我们这里的"异族人"是否因为怕受到**更坏的**民族压迫而情愿同大俄罗斯人联合呢？只要提出这个问题，就足以看出在民族自决问题上拿俄国同奥地利来比较，是多么荒谬、多么死板、多么愚昧了。

在民族问题上，俄国所具有的特殊条件恰恰同我们在奥地利看到的相反。俄国是以一个民族即以大俄罗斯民族为中心的国家。大俄罗斯人占据着广袤的连片地区，人口约有7000万。这个民族国家的特点是：第一，"异族人"（总计占全国人口多数，即57%）恰恰是住在边疆地区；第二，这些异族人所受的压迫比在邻国（并且不仅是在欧洲的邻国）要厉害得多；第三，这些居住在边疆地区的被压迫民族往往有一些同族人住在国界的另一边，他们享有较多的民族独立（只要提一下住在俄国西部和南部边界以外的芬兰人、瑞典人、波兰人、乌克兰人、罗马尼亚人就够了)！第四，"异族"边疆地区的资本主义发展程度和一般文化水平，往往高于国家的中部地区。最后，我们看到，正是在毗邻的亚洲国家资产阶级革命和民族运动的阶段已经开始，这种革命和运动部分地蔓延到了俄国境内的那些同血统的民族。

可见，正是由于俄国民族问题的这些具体的历史特点，我们在当前所处的时代承认民族自决权，具有特别迫切的意义。

>列宁：《论民族自决权》（1914年2—5月），摘自《列宁全集》第25卷，人民出版社1990年第2版，第235—236页。

### 19. 俄国的边疆地区，被压迫民族在邻国享有更多的自由

在俄国，正是在许多边疆地区，我们看到一些被压迫的民族在邻国却享有更多的自由。沙皇制度比邻国都反动，它是经济自由发展的**最大障碍**，并且拼命激起大俄罗斯人的民族主义。当然，在马克思主义者看来，**在其他条件相同的情况下**，大国总是要比小国好一些。然而，如果认为沙皇君主制下的条件和所有欧洲国家和大部分亚洲国家的条件相同，那就是可笑而反动的。

>列宁：《论俄国社会民主工党的民族纲领》（1913年12月15日【28日】），摘自《列宁全集》第24卷，人民出版社1990年第2版，第240页。

### 20. 指责拥护自决自由即分离自由的人是在鼓励分立主义，正象指责拥护离婚自由的人是在鼓励破坏家庭关系一样愚蠢，一样虚伪

就拿离婚问题来说吧。罗莎·卢森堡在她的论文中写道，中央集权的民主国家虽然完全可以容许个别部分实行自治，但是它应当把一切最重要的立法工作，其中包括有关离婚的立法工作，留归中央议会处理。这样关心用民主国家的中央政权来保障离婚自由，是完全可以理解的。反动派反对离婚自由，号召大家要"谨慎对待"，而且大喊大叫，说离婚自由就意味着"家庭瓦解"。而民主派认为，反动派是虚伪的，实际上他们在维护警察和官僚的无限权力，维护男性的特权以及对女性最沉重的压迫；实际上离婚自由并不意味着家庭关系"瓦解"，反而会使这种关系在文明社会中唯一可能的和稳固的民主基础上巩固起来。

指责拥护自决自由即分离自由的人是在鼓励分立主义，正象指责拥护

离婚自由的人是在鼓励破坏家庭关系一样愚蠢，一样虚伪。在资产阶级社会里，只有拥护资产阶级婚姻所赖以维持的特权和买卖性的人，才会反对离婚自由，同样地，在资本主义国家中，否认民族自决即民族分离自由，只能意味着拥护统治民族的特权和警察的治国方式，而损害民主的治国方式。

列宁：《论民族自决权》（1914年2—5月），摘自《列宁全集》第25卷，人民出版社1990年第2版，第250—251页。

**21. 要求各压迫国家（特别是所谓"大"国）的社会民主党承认和维护各被压迫民族的自决权，而且是政治上的自决权，即政治分离权**

资产阶级在这场战争中用来欺骗人民的一个最常见的手段，就是用"民族解放"的观念来掩盖战争的掠夺目的。英国人答应给比利时自由，德国人答应给波兰自由，等等。实际上，正如我们所看到的，这是一场世界大多数民族的压迫者为巩固和扩大这种压迫而进行的战争。

社会党人不同一切民族压迫作斗争，就不能达到自己的伟大目的。因此，他们必须要求各**压迫**国家（特别是所谓"大"国）的社会民主党承认和维护各**被压迫**民族的自决权，而且是政治上的自决权，即政治分离权。大国的或拥有殖民地的民族的社会党人如果不维护这种权利，那就是沙文主义者。

维护这种权利不但不会鼓励形成小国家，相反，这会促使更自由更大胆因而更广泛更普遍地形成更有利于群众和更适合经济发展的大国家和国家联盟。

另一方面，**被压迫**民族的社会党人则应当无条件地为被压迫民族和压迫民族的**工人的**完全的（包括组织上的）统一而斗争。主张一个民族同另一民族在法律上分离的思想（鲍威尔和伦纳的所谓"民族文化自治"）是一种反动的思想。

帝国主义是少数"大"国不断加紧压迫全世界各民族的时代，因此，不承认民族自决权，就不可能为反帝的国际社会主义革命而斗争。"压迫其他民族的民族是不能获得解放的。"（马克思和恩格斯语）无产阶级如果容许"本"民族对其他民族采取一点点暴力行为，它就不成其为社会主义的无产阶级。

列宁：《社会主义与战争（俄国社会民主工党对战争的态度）》（1915年

7—8月），摘自《列宁全集》第26卷，人民出版社1990年第2版，第340—341页。

**22. 在社会民主党的纲领中居中心地位的，应当是把民族区分为压迫民族和被压迫民族**

在社会民主党的纲领中居中心地位的，应当是把民族区分为压迫民族和被压迫民族。这正是帝国主义的**本质**所在，正是社会沙文主义者和考茨基**用谎言**加以回避的东西。从资产阶级的和平主义或小市民的空想的观点，即认为各独立民族在资本主义制度下可以和平竞争的观点看来，这种区分是无关紧要的，但是从反对帝国主义的革命斗争的观点看来，它恰恰是至关重要的。根据这个区分应当得出**我们**对"民族自决权"的彻底民主主义的、革命的、同为社会主义而立即斗争的总任务**相适应**的定义。为了这种权利，为了真正承认这种权利，压迫民族的社会民主党人应当提出被压迫民族有分离的自由这一要求，否则，所谓承认民族平等和工人的国际团结，实际上就只能是一句空话，只能是一种欺人之谈。被压迫民族的社会民主党人则应当把被压迫民族的工人同压迫民族的工人的团结一致和打成一片摆到首位，否则，这些社会民主党人就会不由自主地成为**一贯**出卖人民和民主的利益、**一贯**准备兼并和压迫其他民族的这个或那个民族的**资产阶级**的同盟者。

列宁：《革命的无产阶级和民族自决权》（1915年10月16日【29日】以后），摘自《列宁全集》第27卷，人民出版社1990年第2版，第81页。

**23. 只有被压迫民族的真正的解放，民族压迫的真正根除，才能导致各民族的融合**

人类将如何达到阶级的消灭，以及如何达到以后的各民族的融合，二者之间有着某种共同点。这就是：只有被压迫阶级专政的过渡阶段才能导致阶级的消灭。只有被压迫民族的真正的解放，民族压迫的真正根除，才能导致各民族的融合，而检验这种真实性的政治上的标准，恰恰就在于有无分离自由。分离自由是反对愚蠢的小国制和民族隔绝状态的最好的和唯一的**政治手段**，而值得人类庆幸的是，这种隔绝状态正不可抗拒地为资本主义的整个发展所打破。

列宁：《〈社会主义革命和民族自决权〉提纲的短记》（1916年1—2月），摘自《列宁全集》第27卷，人民出版社1990年第2版，第269页。

**24. 自治使一个被强制留在某一国家疆界以内的民族能够最终被确认为一个民族，能够聚集、认识和组织自己的力量**

顺便说一说，自治是一种改良，它和作为革命措施的分离自由根本不同，这是毫无疑问的。可是，大家都知道，改良实际上往往只是走向革命的一个步骤。正是自治使一个被强制留在某一国家疆界以内的民族能够最终被确认为一个民族，能够聚集、认识和组织自己的力量，选择完全适当的时机，以便……用"挪威的"方式声明：我们是某某民族或某某边疆区的自治议会，宣布全俄皇帝已经不再是波兰的国王，等等。对此常有这样一种"反驳意见"，说这样的问题不是用声明，而是用战争来解决的。

列宁：《关于自决问题的争论总结》（1916 年 7 月），摘自《列宁全集》第 28 卷，人民出版社 1991 年第 2 版，第 41 页。

**25. 在这个国家里，大部分居民对于俄国边疆上居住的是些什么民族，俄国发生了什么事情，都是毫不关心的**

革命的到来，并不象我们所希望的那样快。历史已经证实了这一点，应当承认这是事实，要估计到，世界社会主义革命在各先进国家，不可能象革命在俄国这个尼古拉和拉斯普廷统治的国家那么容易开始，在这个国家（俄国——本书编者注）里，大部分居民对于俄国边疆上居住的是些什么民族，俄国发生了什么事情，都是毫不关心的。在这样一个国家里，开始革命是很容易的，是轻而易举的事情。

列宁：《俄共（布）第七次（紧急）代表大会文献》（1918 年 3 月），摘自《列宁全集》第 34 卷，人民出版社 1985 年第 2 版，第 12—13 页。

**26. 一个民族征服另一个民族，如果出征民族的文化高于被征服民族，出征民族就迫使被征服民族接受自己的文化，反之，被征服者就会迫使征服者接受自己的文化**

我们听老师说过，一个民族征服另一个民族，于是征服人家的民族成了征服者，而被征服的民族则成了战败者。这很简单，人人都懂。至于这两个民族的文化怎样呢？那就不那么简单了。如果出征民族的文化高于被征服民族，出征民族就迫使被征服民族接受自己的文化，反之，被征服者就会迫使征服者接受自己的文化。

列宁：《俄共（布）第十一次代表大会文献》，《俄共（布）中央委员会政治报告》（1922 年 3 月 27 日），摘自《列宁全集》第 43 卷，人民出版社 1987 年第 2 版，第 94 页。

**27. 对待民族利益的唯一正确的态度就是予以最大限度的满足，创造条件来排除由此引起冲突的一切可能**

问：俄国解决海峡问题的计划是什么？

答：我们关于海峡问题的计划（目前当然还只是大致的）主要有下列几点：

第一，满足土耳其的民族愿望。我们认为，不只是民族独立的利益要求这样做。五年来我们在一个举世罕见的多民族国家里解决民族问题的经验使我们完全相信，在这类场合，对待民族利益的唯一正确的态度就是予以最大限度的满足，创造条件来排除由此引起冲突的一切可能。我们的经验使我们坚信，只有对各个民族的利益极其关心，才能消除冲突的根源，才能消除互不信任，才能消除对某种阴谋的担心，才能建立语言不同的人们，特别是工人农民的互相信任，没有这种信任，无论各族人民之间的和平关系，或者现代文明中一切珍贵事物的比较顺利的发展，都是绝对不可能的。

列宁：《答〈观察家报〉和〈曼彻斯特卫报〉记者 M. 法尔布曼问》（1922 年 10 月 27 日），摘自《列宁全集》第 43 卷，人民出版社 1987 年第 2 版，第 239 页。

**28. 我们原则上承认民族自决权，但是它不能超出无产阶级阶级斗争的统一所决定的合理界限**

我们对付波兰社会党的主要王牌是我们原则上承认民族自决权，但是它不能超出无产阶级阶级斗争的统一所决定的合理界限。

列宁：《致叶·米·亚历山德罗娃》（1903 年 5 月 24 日），摘自《列宁全集》第 44 卷，人民出版社 1990 年第 2 版，第 346—347 页。

**29. 在资产阶级发展道路还有待最后确定的俄国的情况下，民族问题现在正是土地问题**

所以**这个**土地问题**现在**在俄国就是以资产阶级发展道路为内容的民族问题。所以为了不致把相当正确的和在各方面都极有价值的德国范例错误地（机械地）搬到我们俄国来，就必须明了：在资产阶级发展道路已**完全**确定的德国的情况下，民族问题曾是统一等等问题，而不是土地问题；而在资产阶级发展道路还有待最后确定的俄国的情况下，民族问题**现在**正是土地问题（甚至更狭窄些，是农民问题）。

列宁：《致伊·伊·斯克沃尔佐夫—斯捷潘诺夫》（1909 年 12 月 16 日），<br>摘自《列宁全集》第 45 卷，人民出版社 1990 年第 2 版，第 297 页。

### 30. 我们原则上反对联邦制，赞成争取自下而上统一的运动

我们要达到**完全的**统一，在民族问题上也要达到**自下而上的**、完全的统一。完全的统一是可能的。在高加索（4 个民族）有过完全的统一，而且现在还存在。1907 年，在里加（拉脱维亚人、立陶宛人、俄罗斯人），在维尔纳（立陶宛人、拉脱维亚人、波兰人、[俄罗斯人]①、犹太人）也曾有过完全的统一。**这两个城市都反对崩得分离主义。**

……

"民族"问题在俄国社会民主工党内**已提上了议事日程**。[这是无法回避的。]"民族组织"的瓦解**并非偶然**。因此，我们应当**全力**去阐明事情的真相，恢复旧《火星报》②曾经进行的斗争。

我们原则上反对联邦制。我们主张吸取半联邦制（1907—1911 年）的沉痛教训。我们赞成争取**自下而上**统一的运动。

列宁：《致约·阿·皮亚特尼茨基》（1913 年 1 月 14 日以后），摘自《列<br>宁全集》第 46 卷，人民出版社 1990 年第 2 版，第 223—225 页。

### 31. 格鲁吉亚人＋亚美尼亚人＋鞑靼人＋俄罗斯人，在统一的社会民主党组织中共同工作，这是无产阶级解决民族问题的办法

在我们这里和在高加索，参加社会民主党的格鲁吉亚人＋亚美尼亚人＋鞑靼人＋俄罗斯人，**在统一的社会民主党组织中共同工作**已经 **10** 多年了。这不是一句空话，这是无产阶级解决民族问题的办法。唯一的解决办法。在里加也是如此：俄罗斯人＋拉脱维亚人＋立陶宛人；分离出去的**只有分离主义者**——崩得。在维尔纳也是如此。

列宁：《致阿·马·高尔基》（1913 年 2 月 14 日和 25 日之间），摘自《列<br>宁全集》第 46 卷，人民出版社 1990 年第 2 版，第 244 页。

---

① 信的手稿已部分损坏，方括号内的文字是根据意思复原的。——俄文版编者注

② 旧《火星报》是指第 52 号以前的《火星报》。它是列宁创办的第一个全俄马克思主义的秘密报纸，1900—1903 年先后在莱比锡、慕尼黑、伦敦和日内瓦出版。旧《火星报》在建立革命的马克思主义的政党方面起了决定性的作用，它成了团结党的力量、集聚和培养党的干部的中心。在列宁的倡议和直接参与下，《火星报》编辑部制定了党纲草案，准备了俄国社会民主工党第二次代表大会。

## 32. 我们反对分离，但我们赞成有要求分离的权利

我们**赞成所有**地区都能**自治**，我们赞成有分离的**权利**（但不**赞成**所有民族的**分离**！）。自治制是**我们**建立民主国家的计划。分离绝对不是我们的计划。我们绝对不宣传分离。总的说来，我们反对分离。但我们赞成有要求分离的**权利**，因为黑帮的大俄罗斯民族主义大大损害了民族共居的事业，有时**在自由分离**以后，反而可以获得**更多的联系**！！

列宁：《致斯·格·邵武勉》（1913年12月6日），摘自《列宁全集》第46卷，人民出版社1990年第2版，第380页。

## 33. 不赞成挪威有分离自由的瑞典社会民主党人是恶棍

不赞成挪威有分离**自由**的瑞典社会民主党人是恶棍。这一点您并不反对。挪威的社会民主党人可能**赞成**分离，也可能**反对**分离。对各国的一切社会民主党人来说，在这个问题上是否必须一致呢？不，这是死公式，可笑的死公式，可笑的奢望。

列宁：《致尼·达·基克纳泽》（1916年12月14日以后），摘自《列宁全集》第47卷，人民出版社1990年第2版，第478页。

## 34. 人民委员支持土耳其斯坦边疆区根据苏维埃原则实行自治

同志们，你们可以相信，人民委员会将支持你们边疆区根据苏维埃原则实行自治。我们欢迎你们的倡议，深信你们将在边疆区各地建立苏维埃，并将同已经建立的苏维埃采取完全一致的行动。

列宁：《致土耳其斯坦边疆区苏维埃代表大会等》（1918年4月22日），摘自《列宁全集》第48卷，人民出版社1987年第2版，第120页。

## 35. 根据每个民族享有自决权的原则，苏维埃俄国赋予其境内各民族以自治权，并支持它们建立地方共和国

我们高兴地收到了您[①]对宣布山民自治一事的来电。苏维埃政府根据您的来电确信，苏维埃俄国对加入俄罗斯联邦的各民族的政策得到了您的同情。根据每个民族享有自决权的原则，苏维埃俄国赋予其境内各民族以自治权，并支持它们建立地方共和国。只有实行这一原则才能建立起存在于苏维埃俄国各民族之间的以相互谅解和相互信任为基础的兄弟关系。只有这样的政策才能使俄国的各民族强盛起来并联合成一个强大的、能同包

---

[①] 系指土耳其大国民议会主席穆斯塔法·基马尔。——本书编者注

围我们的无数敌人抗争的大家庭。由于我们组成一个伟大的整体，我们不仅能击退我们敌人的直接进攻，而且除此之外，还能使我们的共同敌人施展的各种阴谋无法得逞。我高兴地指出，我们在少数民族问题上采取的措施得到了您的正确理解和赞同，这必将有利于建立良好的相互谅解和相互信任。

列宁：《给穆斯塔法·基马尔的电报》（1921年1月7日），摘自《列宁全集》第50卷，人民出版社1988年第2版，第500页。

**36. 压迫民族或所谓"伟大"民族的国际主义，应当不仅表现在遵守形式上的民族平等，而且表现在压迫民族即大民族要处于不平等地位，以抵偿在生活中事实上形成的不平等**

我在关于民族问题的一些著作中已经指出过，抽象地提民族主义问题是极不恰当的。必须把压迫民族的民族主义和被压迫民族的民族主义，大民族的民族主义和小民族的民族主义区别开来。对于第二种民族主义，我们大民族的人，在历史的实践中几乎从来都是有过错的，我们施行了无数暴力，甚至施行了无数暴力和侮辱，自己还没有察觉。只要回忆一下我在伏尔加河流域时的情况，就可以知道我们的人是怎样蔑视异族人的；把波兰人都叫作"波兰佬"，嘲笑鞑靼人为"王爷"，乌克兰人为"一撮毛"，格鲁吉亚人和其他高加索异族人为"蛮子"。

因此，压迫民族或所谓"伟大"民族（虽然只不过是因为施行暴力而伟大，只不过是象杰尔席莫尔达那样的伟大）的国际主义，应当不仅表现在遵守形式上的民族平等，而且表现在压迫民族即大民族要处于不平等地位，以抵偿在生活中事实上形成的不平等。谁不懂得这一点，谁就不懂得对待民族问题的真正无产阶级态度，谁就实质上仍持小资产阶级观点，因而就不能不随时滚到资产阶级的观点上去。

对无产者来说重要的是什么呢？对无产者来说，不仅重要而且极其必要的是保证在无产阶级的阶级斗争中取得异族人的最大信任。为此需要什么呢？为此不仅需要形式上的平等。为此无论如何需要用自己对待异族人的态度或让步来抵偿"大国"民族的政府在以往历史上给他们带来的那种不信任、那种猜疑、那种侮辱。我想，对于布尔什维克，对于共产党人，这是用不着再作详细解释的。我想，这一次在对待格鲁吉亚民族方面，我们有了一个典型的例子，说明我们要是以真正无产阶级的态度处理问题，就必须采取非常谨慎、非常客气和让步的态度。一个格鲁吉亚人对事情的这一方面掉以轻心,满不在乎地随便给人加上"社会民族主义"的罪名(其实他自己不仅是真正道地的"社会民族主义分子",而且是粗暴的大俄罗斯的杰尔席莫尔达),那么这个格鲁吉亚人实质上就破坏了无产阶级阶级团结的利益,因为没有什么比民族问题上的不公正态度更能阻碍无产阶级阶级团结的发展和巩固的了,因为"受欺侮"民族的人没有比对平等感、对破坏这种平等更敏感的了,哪怕是自己的无产者同志出于无心或由于开玩笑而破坏这种平等。因此,在这种情况下,在对少数民族让步和宽容这方面做得过些比做得不够要好。因此,在这种情况下,无产阶级团结以及无产阶级阶级斗争的根本利益,要求我们对待民族问题无论何时都不能拘泥形式,而要时刻考虑到被压迫民族(或小民族)的无产者在对待压迫民族(或大民族)的态度上必然有的差别。

列宁:《关于民族或"自治化"问题(续)》(1922年12月31日),摘自《列宁全集》第43卷,人民出版社1987年第2版,第352—353页。

# 四  论国家、领土与主权

**1. 社会民主党的国家、民族立场**

有哪三个主要政党？**社会民主党**。俄国社会民主工党。这是俄国各民族即俄罗斯人、拉脱维亚人、波兰人、犹太人、小俄罗斯人、亚美尼亚人、格鲁吉亚人、鞑靼人等等中的觉悟工人的政党。

……

三个主要政党力求得到什么？社会民主党力求把全部政权转到人民手中，即建立民主共和国。社会民主党人需要充分自由，以便为争取社会主义，争取把劳动从资本压迫下解放出来而斗争。

列宁：《把谁选入国家杜马？》（1906年11月23日【12月6日】），摘自《列宁全集》第14卷，人民出版社1987年第2版，第129—130页。

**2. 俄、奥、德、意、法、英六国在巴尔干、波斯、小亚细亚、埃及等地侵占领土的密谋**

毫无疑问，俄、奥、德、意、法、英六国的**九月反动密谋**，包括了俄国有反对波斯革命的"行动自由"。至于这一点是不是写在什么秘密文件上，经过许多年以后将收入历史资料汇编出版；或者只是伊兹沃尔斯基向他的最亲密的会谈者谈过这一点；或者是这些会谈者自己"暗示过"：我们从"占领"转为"兼并"，而你们也许可以从利亚霍夫的干涉转为"占领"；或者是采用了其他某种方式；所有这些都是无关紧要的。重要的是，不管大国之间的九月反革命密谋的形式多么不完备，这个**密谋却是事实**，它的作用一天比一天明显。这是反对无产阶级和反对民主派的密谋。这是为了直接镇压亚洲革命或间接打击这场革命的密谋。这是为了今天在巴尔干、明天在波斯、后天或许在小亚细亚、在埃及等地继续进行殖民掠夺和侵占领土的密谋。

列宁：《巴尔干和波斯的事变》（1908年10月16日【29日】），摘自《列宁全集》第17卷，人民出版社1988年第2版，第206页。

**3. 民族国家对于整个西欧，甚至对于整个文明世界，都是资本主义时期典型的正常的国家形式**

民族运动并不是首先在俄国发生，也不是俄国一国特有的现象。在全世界，资本主义彻底战胜封建主义的时代是同民族运动联系在一起的。这种运动的经济基础就是：为了使商品生产获得完全胜利，资产阶级必须夺得国内市场，必须使操同一种语言的人所居住的地域用国家形式统一起来，同时清除阻碍这种语言发展和阻碍把这种语言用文字固定下来的一切障碍。语言是人类最重要的交际手段；语言的统一和无阻碍的发展，是实现真正自由广泛的、适应现代资本主义的商业周转的最重要条件之一，是使居民自由广泛地按各个阶级组合的最重要条件之一，最后，是使市场同一切大大小小的业主、卖主和买主密切联系起来的条件。

因此，建立最能满足现代资本主义这些要求的**民族国家**，是一切民族运动的趋势（趋向）。最深刻的经济因素推动人们来实现这一点，因此民族国家对于整个西欧，甚至对于整个文明世界，都是资本主义时期**典型的正常的**国家形式。

列宁：《论民族自决权》（1914年2—5月），摘自《列宁全集》第25卷，人民出版社1990年第2版，第224—225页。

### 4. 建立独立自主的民族国家，在俄国暂时还只是大俄罗斯民族的特权

建立独立自主的民族国家，在俄国暂时还只是大俄罗斯民族的特权。我们，大俄罗斯无产者，不维护任何特权，当然也就不维护这种特权。我们在这个国家的土地上进行斗争，要把这个国家的各民族工人联合起来，我们不能保证民族的发展一定要经过某条道路，我们要经过**一切**可能的道路走向我们的阶级目标。

可是，不同一切民族主义进行斗争，不捍卫各民族的平等，就不可能走向这一目标。例如，乌克兰能不能组成独立国家，这要以千百种预先不得而知的因素为转移。我们不想凭空"**猜测**"，但坚决拥护这一毫无疑问的原则：乌克兰有成立这种国家的权利。我们尊重这种权利，我们不赞成大俄罗斯人有统治乌克兰人的特权，我们**教育**群众承认这种权利，否认任何一个民族享有**国家**特权。

在资产阶级革命时代一切国家都经历过的那种飞跃中，为了建立民族国家的权利而发生冲突和斗争是可能的，而且是很有可能的。我们无产者预先就宣布我们**反对**大俄罗斯人的特权，并且依照这个方针来进行自己的全部宣传鼓动工作。

列宁：《论民族自决权》（1914年2—5月），摘自《列宁全集》第25卷，

人民出版社1990年第2版，第241—242页。

## 5. 论大俄罗斯人的民族自豪感

现在，关于民族，关于祖国，说的、议论的、叫喊的实在太多了！英国自由派和激进派的大臣，法国无数"先进的"政论家（他们实际上和反动的政论家毫无二致），俄国许许多多官方的、立宪民主党的和进步党[①]的（直到某些民粹派的和"马克思主义的"）文痞，都异口同声地赞美"祖国"的自由和独立，赞美民族独立原则的伟大。

他们当中谁是卖身求荣、歌颂刽子手尼古拉·罗曼诺夫或者歌颂黑人和印度居民的蹂躏者的无耻之徒，谁是因为愚蠢无知或没有气节而"随波逐流"的庸俗市侩，真叫人无法分辨。不过，分辨这一点也没有多大意义。我们现在所看到的，是一个很广很深的思潮，这个思潮的根源同大国民族的地主资本家老爷们的利益有着极其密切的联系。为了宣传有利于这些阶级的思想，每年要花费成千上万的金钱。这副磨盘真不小，推动磨盘的水流来自四面八方：从顽固的沙文主义者缅施科夫起，直到由于机会主义思想或者由于没有气节而成了沙文主义者的普列汉诺夫和马斯洛夫、鲁巴诺维奇和斯米尔诺夫、克鲁泡特金和布尔采夫为止。

让我们，大俄罗斯社会民主党人，也来明确一下自己对这一思潮的态度。我们作为位于欧洲最东部和亚洲很大一部分地区的一个大国民族的成员，是绝不应当忘记民族问题的巨大意义的，——特别是在这个被公正地称之为"各族人民的牢狱"[②]的国家里，特别是当资本主义在欧洲最东部和亚洲正在唤醒许许多多"新的"大小民族的时候，特别是在沙皇君主政

---

[①] 进步党是俄国大资产阶级和按资本主义方式经营的地主的民族主义自由派政党，成立于1912年11月。它的核心是由和平革新党人和民主改革党人组成的第三届国家杜马中的"进步派"，创建人有纺织工厂主亚·伊·柯诺瓦洛夫、地方自治人士伊·尼·叶弗列莫夫、格·叶·李沃夫等。该党纲领要点是：制订温和的宪法，实行细微的改革，建立责任内阁即对杜马负责的政府，镇压革命运动。列宁指出，进步党人按成分和思想体系来说是十月党人同立宪民主党人的混合物，这个党将成为"真正的"资本主义资产阶级的政党。

第一次世界大战期间，进步党人支持沙皇政府，倡议成立军事工业委员会。1915年夏，进步党同其他地主资产阶级政党联合组成"进步同盟"，后于1916年退出。1917年二月革命后进步党的一些首领加入了国家杜马临时委员会，后又加入了资产阶级临时政府。但这时进步党本身实际上已经瓦解。进步党前首领在资产阶级反革命阵营中起了积极作用。

[②] "各族人民的牢狱"这句话源出于法国作家和旅行家阿道夫·德·居斯蒂纳所著《1839年的俄国》一书。书中说："这个帝国虽然幅员辽阔，其实却是一座牢狱，牢门的钥匙握在皇帝手中。"

府驱使千百万大俄罗斯人和"异族人"拿起武器，按照贵族联合会①的利益和古契柯夫们以及克列斯托夫尼科夫、多尔戈鲁科夫、库特列尔、罗季切夫们的利益去"解决"一系列民族问题的时刻。

我们，大俄罗斯的觉悟的无产者，是不是根本没有民族自豪感呢？当然不是！我们爱自己的语言和自己的祖国，我们正竭尽全力把祖国的劳动群众（即祖国十分之九的居民）的觉悟提高到民主主义者和社会主义者的程度。我们看到沙皇刽子手、贵族和资本家蹂躏、压迫和侮辱我们美好的祖国感到无比痛心。而使我们感到自豪的是，这些暴行在我们中间，在大俄罗斯人中间引起了反抗；在这些人中间产生了拉吉舍夫、十二月党人、70年代的平民知识分子革命家；大俄罗斯工人阶级在1905年创立了一个强大的群众性的革命政党；同时，大俄罗斯农夫开始成为民主主义者，开始打倒神父和地主。

我们记得，献身于革命事业的大俄罗斯民主主义者车尔尼雪夫斯基在半个世纪以前说过："可怜的民族，奴隶的民族，上上下下都是奴隶。"大俄罗斯人中的公开的和不公开的奴隶（沙皇君主制度的奴隶）是不喜欢想起这些话的。然而我们认为，这些话表达了他对祖国的真正的爱，这种爱使他因大俄罗斯民众缺乏革命精神而忧心忡忡。当时，这种革命精神确实还没有。现在，这种革命精神也还不多，但毕竟是有了。我们满怀民族自豪感，因为大俄罗斯民族也造就了革命阶级，也证明了它能给人类提供为自由和为社会主义而斗争的伟大榜样，而不只是大暴行，大批的绞架和刑讯室，普遍的饥荒，以及对神父、沙皇、地主和资本家十足的奴颜婢膝。

我们满怀民族自豪感，正因为这样，我们特别痛恨自己奴隶般的过去（过去地主贵族为了扼杀匈牙利、波兰、波斯和中国的自由，经常驱使农夫去打仗）和自己奴隶般的现在，因为现在这些地主在资本家协助下又驱使我们去打仗，去扼杀波兰和乌克兰，镇压波斯和中国的民主运动，加强那玷污我们大俄罗斯民族声誉的罗曼诺夫、鲍勃凌斯基和普利什凯维奇们这

---

① 贵族联合会是农奴主—地主的反革命组织，于1906年5月在各省贵族协会第一次代表大会上成立，存在到1917年10月。成立该组织的主要目的是维护君主专制制度，维护大地主土地占有制和贵族特权。贵族联合会的领导人是阿·亚·鲍勃凌斯基伯爵、Н. Ф. 卡萨特金—罗斯托夫斯基公爵、Д. А. 奥尔苏菲耶夫伯爵、弗·米·普利什凯维奇等人。列宁称贵族联合会为"农奴主联合会"。贵族联合会的许多成员参加了国务会议和黑帮组织的领导中心。

帮恶棍的势力。谁都不会因为生下来是奴隶而有罪；但是，如果一个奴隶不但不去追求自己的自由，反而为自己的奴隶地位进行辩护和粉饰（例如，把扼杀波兰和乌克兰等等叫作大俄罗斯人的"保卫祖国"），那他就是理应受到憎恨、鄙视和唾弃的下贱奴才了。

19世纪彻底的民主派的最伟大的代表、革命无产阶级的导师马克思和恩格斯说过："压迫其他民族的民族是不能获得解放的。"① 所以我们满怀民族自豪感的大俄罗斯工人，希望大俄罗斯无论如何要成为一个自由的和独立自主的、民主的、共和的、足以自豪的国家，按照平等这一人道的原则，而不是按照败坏伟大民族声誉的农奴制特权的原则对待邻国。正因为我们抱有这样的希望，所以我们说：20世纪在欧洲（即使是在欧洲的最东部）"保卫祖国"的唯一办法，就是用一切革命手段反对自己祖国的君主制度、地主和资本家，反对我们祖国的这些最可恶的敌人；大俄罗斯人"保卫祖国"，只能是希望沙皇政府在一切战争中遭到失败，这对十分之九的大俄罗斯居民为害最小，因为沙皇政府不仅在经济上和政治上压迫这十分之九的居民，而且还使他们腐化堕落，寡廉鲜耻，让他们习惯于压迫异族人民，习惯于用一些貌似爱国的虚伪言词来掩饰自己可耻的行为。

也许有人会反驳我们说，除沙皇制度以外，已经有另一种历史力量在它的卵翼下诞生和壮大起来，这就是大俄罗斯的资本主义，它起着进步的作用，把一些广大的地区在经济上集中化，连为一体。但是，这种反驳并不能为我们的社会沙文主义者辩解，反而会更有力地证明他们的过错，——这些人只配称作沙皇和普利什凯维奇的社会主义者（就象马克思称拉萨尔派为普鲁士王国政府的社会主义者那样②）。姑且假定，历史解决问题的办法将有利于大俄罗斯的大国资本主义而不利于许许多多小民族。这不是不可能的，因为资本的全部历史就是暴力和掠夺、血腥和污秽的历史。我们也绝不是无条件地主张小民族独立；如果其他条件相同，我们当然拥护集中制，反对小市民的联邦制理想。但是，即使在这种情况下，第一，我们，民主主义者（更不要说社会主义者了），也不能帮助罗曼诺夫—鲍勃凌斯基—普利什凯维奇去扼杀乌克兰等等。俾斯麦依照自己的方

---

① 见《马克思恩格斯全集》第18卷第577页。——编者注
② 参看《马克思恩格斯全集》第16卷第88页。——编者注

式,依照容克的方式完成了一项历史上进步的事业,但是,如果哪个"马克思主义者"打算根据这一点来证明社会党人应当帮助俾斯麦,那这个"马克思主义者"就未免太出色了!何况俾斯麦是通过把分散的、受其他民族压迫的德意志人联合在一起,促进了经济的发展。而大俄罗斯的经济繁荣和迅速发展,却要求在我们国内消除大俄罗斯人对其他民族的压迫,——这个差别往往被我们那些崇拜俄国的准俾斯麦的人所忘怀。

第二,如果历史解决问题的办法将有利于大俄罗斯的大国资本主义,那么,由此得出的结论应当是:大俄罗斯无产阶级这一由资本主义造就的共产主义革命的主要动力的社会主义作用将更加巨大。而为了进行无产阶级革命,必须长期地用最充分的民族平等和友爱的精神教育工人。因此,正是从大俄罗斯无产阶级的利益出发,必须长期教育群众,使他们以最坚决、最彻底、最勇敢、最革命的态度去捍卫一切受大俄罗斯人压迫的民族的完全平等和自决的权利。大俄罗斯人的民族自豪感(不是奴才心目中的那种自豪感)的利益是同大俄罗斯(以及其他一切民族)无产者的社会主义利益一致的。马克思永远是我们学习的榜样,他在英国住了几十年,已经成了半个英国人,但是,为了英国工人社会主义运动的利益,他仍然要求保障爱尔兰的自由和民族独立。

我们俄国土生土长的社会沙文主义者普列汉诺夫等人,在我们所谈的后一种设想的情况下,不仅会成为自己的祖国——自由民主的大俄罗斯的叛徒,而且会成为俄国各民族无产阶级的兄弟团结即社会主义事业的叛徒。

列宁:《论大俄罗斯人的民族自豪感》(1914年11月29日【12月12日】),摘自《列宁全集》第26卷,人民出版社1990年第2版,第108—112页。

## 6. 这场战争(第一次世界大战)不是民族战争,不是"保卫祖国"的战争

当前这场战争的真正实质,就是英国、法国和德国之间为瓜分殖民地和掠夺竞争国而进行斗争,就是俄国沙皇政府和统治阶级图谋夺取波斯、蒙古、亚细亚土耳其、君士坦丁堡、加里西亚等等。奥地利与塞尔维亚的战争中的民族因素,只有从属的意义,不能改变战争的总的帝国主义性质。

近几十年来的整个经济史和外交史表明,两个参战国集团不断准备的就是这种战争。至于哪一个集团首先开始军事攻击,或者首先宣战,这个

问题对于确定社会党人的策略,没有任何意义。双方叫喊保卫祖国、抵御外敌入侵、进行防御性战争等等,这完全是欺骗人民的谎言。

真正的民族战争,特别是1789—1871年间发生的民族战争,其基础是长期进行的大规模民族运动,反对专制制度和封建制度的斗争,推翻民族压迫和建立民族国家,即创造发展资本主义的前提。

那个时代所产生的民族思想,在广大小资产阶级和一部分无产阶级中间留下了深刻的痕迹。现在,在完全不同的帝国主义时代里,这一情况正在被资产阶级诡辩家和跟着他们跑的社会主义的叛徒利用来分裂工人,使他们背离自己的阶级任务,背离对资产阶级的革命斗争。

《共产党宣言》上说"工人没有祖国",这句话在今天比在过去任何时候都显得更为正确。只有无产阶级进行反资产阶级的国际斗争,才能保卫无产阶级的胜利果实,才能给被压迫群众开辟一条通向美好未来的大道。

列宁:《俄国社会民主工党国外支部代表会议》(1915年3月16日【29日】),摘自《列宁全集》第26卷,人民出版社1990年第2版,第164—165页。

### 7. "保卫祖国"或"防御性"战争才是合理的、进步的和正义的

社会党人过去和现在都只是在这个意义上承认"保卫祖国"或"防御性"战争是合理的、进步的和正义的。譬如说,假如明天摩洛哥向法国宣战,印度向英国宣战,波斯或中国向俄国宣战等等,这些战争就都是"正义的"、"防御性的"战争,而不管是谁首先发动进攻。任何一个社会党人都会希望被压迫的、附属的、主权不完整的国家战胜压迫者、奴隶主和掠夺者的"大"国。

列宁:《社会主义与战争(俄国社会民主工党对战争的态度)》(1915年7—8月),摘自《列宁全集》第26卷,人民出版社1990年第2版,第324页。

### 8. 现阶段,旧的民族国家已经束缚资本主义的发展了

帝国主义是资本主义发展的最高阶段,这个阶段只是在20世纪才达到的。过去,不建立民族国家,资本主义就不能推翻封建主义,然而现在,旧的民族国家已经束缚资本主义的发展了。

列宁:《社会主义与战争(俄国社会民主工党对战争的态度)》(1915年7—8月),摘自《列宁全集》第26卷,人民出版社1990年第2版,第324页。

**9. 各国社会民主党人不应当把联邦制原则，把建立小国奉为理想，而应当坚决主张各民族尽可能的接近，说明任何民族分离的害处，民族文化自治的害处，民主集中制的好处，大的国家和国家联盟的好处**

（1）压迫民族的，特别是所谓大国的社会民主党人，应当要求自决权＝被压迫民族分离的权利，不但要在合法的刊物上，而且特别要在秘密刊物上，特别要在战时坚持这种权利。——（2）被压迫民族的社会民主党人应当要求被压迫民族的<u>工人</u>同压迫民族的<u>工人</u>最充分地——包括在组织上——打成一片，而不仅仅是接近。——（3）根据这些原则，20世纪所有先进国家的，特别是大国的社会民主党人，应当把"工人没有祖国"这个原则放在自己民族政策的首要地位，而同时绝不否定东欧和亚非殖民地的落后民族的民族解放运动重大的世界历史意义。——（4）各国社会民主党人<u>不</u>应当把联邦制原则，把建立小国奉为理想，而应当坚决主张各民族尽可能的接近，说明任何民族分离的害处，民族文化自治的害处，**民主集中制的好处，大的国家和国家联盟的好处**。

列宁：《关于〈帝国主义和民族自决权〉演讲的材料》（1915年10月15日【28日】以前），摘自《列宁全集》第27卷，人民出版社1990年第2版，第69页。

**10. 各民族的联合（在一国内）是不可避免的和进步的**

（3）"资本**已超出了**民族的范围。各民族的联合（在一国内）是不可避免的和进步的。"说得对！但马克思主义并不＝司徒卢威主义①，不是去替对各民族使用暴力进行辩解和辩护，而是为了社会主义、为了各民族工人的**联合**、为了他们的**兄弟团结**而进行革命斗争。

（4）反对暴力，**赞成**各民族的民主联合。"分离的自由"是**民主制的最高表现**。

列宁：《帝国主义和民族自决权》（1915年10月28日），摘自《列宁全

---

① 司徒卢威主义即合法马克思主义，是19世纪90年代出现在俄国自由派知识分子中的一种思想政治流派，其主要代表人物是彼·伯·司徒卢威。司徒卢威主义利用马克思经济学说中能为资产阶级所接受的个别论点为俄国资本主义的发展作论证。在批判小生产的维护者民粹派的同时，司徒卢威赞美资本主义，号召人们"承认自己的不文明并向资本主义学习"，而抹杀资本主义的阶级矛盾。列宁敏锐地看出司徒卢威主义是国际修正主义的萌芽，它必然要发展成为资产阶级的民族自由主义。在第一次世界大战期间，司徒卢威是俄罗斯帝国主义的思想家。他在马克思主义词句的掩护下坚持社会沙文主义，为掠夺战争、兼并和民族压迫辩护。

集》第27卷，人民出版社1990年第2版，第71页。

**11. 帝国主义意味着资本的发展超出了民族国家的范围，意味着民族压迫在新的历史基础上的扩大和加剧**

齐美尔瓦尔德宣言也同社会民主党大多数纲领或策略决议一样，宣布了"民族自决权"。巴拉贝伦在《伯尔尼哨兵报》第252—253号合刊上却把"争取并不存在的自决权的斗争"说成是"虚幻的"斗争，并把"无产阶级反对资本主义的群众革命斗争"同这种斗争**对立起来**，同时他**担保说**，"我们反对兼并"（巴拉贝伦的这个担保在他的文章中重复达**五次**之多），反对对各民族施加任何暴力。

巴拉贝伦持这种立场的理由是：现时的所有民族问题，如阿尔萨斯—洛林问题、亚美尼亚问题等，都是帝国主义问题；资本的发展已超出了民族国家的范围；不能把"历史的车轮倒转过来"，退向民族国家这种过了时的理想等等。让我们来看看巴拉贝伦的论断对不对。

首先，向后看而不向前看的正是巴拉贝伦自己。因为他反对工人阶级接受"民族国家的理想"时，目光只是停留在英国、法国、意大利、德国，即民族解放运动已成为过去的国家，而没有投向东方，投向亚洲、非洲，没有投向民族解放运动方兴未艾或终将兴起的殖民地。这方面只要举印度、中国、波斯、埃及为例就够了。

其次，帝国主义意味着资本的发展超出了民族国家的范围，意味着民族压迫在新的历史基础上的扩大和加剧。由此得出的结论与巴拉贝伦的正好相反：我们应当**把**争取社会主义的革命斗争同民族问题的革命纲领**联系起来**。

列宁：《革命的无产阶级和民族自决权》（1915年10月16日【29日】），<br>摘自《列宁全集》第27卷，人民出版社1990年第2版，第77—78页。

**12. 我们要求民族有自决的自由，即独立的自由，即被压迫民族有分离的自由，并不是因为我们想实行经济上的分裂，或者想实现建立小国的理想，相反，是因为我们想建立大国，想使各民族接近乃至融合**

我们要求民族有自决的自由，**即**独立的自由，**即**被压迫民族有分离的自由，并不是因为我们想实行经济上的分裂，或者想实现建立小国的理想，相反，是因为我们想建立大国，想使各民族接近乃至融合，但是这要在真正民主和真正国际主义的基础上实现；没有分离的自由，这是**不可想象的**。

马克思在1869年要求爱尔兰分离,并不是为了制造分裂,而是为了将来爱尔兰能同英国自由结盟,不是"替爱尔兰主持公道",而是为了英国无产阶级革命斗争的利益;同样,我们认为,俄国社会党人拒绝要求上述意义上的民族自决的自由,那就是对民主主义、国际主义和社会主义的直接背叛。

> 列宁:《革命的无产阶级和民族自决权》(1915年10月16日【29日】以后),摘自《列宁全集》第27卷,人民出版社1990年第2版,第85页。

## 13. 因为无论从经济发展或群众利益来看,大国的好处是不容置疑的,而且这些好处会随着资本主义的发展而日益增多

民族自决权只是一种政治意义上的独立权,即在政治上从压迫民族自由分离的权利。具体说来,这种政治民主要求,就是有鼓动分离的充分自由,以及由要求分离的民族通过全民投票来决定分离问题。因此,这种政治民主要求并不就等于要求分离、分裂、建立小国,它只是反对任何民族压迫的斗争的彻底表现。一个国家的民主制度愈接近充分的分离自由,在实际上要求分离的愿望也就愈少愈弱,因为无论从经济发展或群众利益来看,大国的好处是不容置疑的,而且这些好处会随着资本主义的发展而日益增多。承认自决并不等于承认联邦制这个原则。可以坚决反对这个原则而拥护民主集中制,但是,与其存在民族不平等,不如建立联邦制,作为实行充分的民主集中制的唯一道路。主张集中制的马克思正是从这种观点出发,宁愿爱尔兰和英国结成联邦,而不愿爱尔兰受英国人的暴力支配。①

社会主义的目的不只是要消灭人类分为许多小国的现象,消灭一切民族隔绝状态,不只是要使各民族接近,而且要使各民族融合。正因为要达到这个目的,我们一方面应当向群众说明伦纳和奥·鲍威尔的所谓"民族文化自治"② 这个主张的反动性,另一方面应当要求解放被压迫民族,不是说一些泛泛的、模棱两可的言词,不是唱一些内容空洞的高调,不是把这个问题"搁置起来",到实现社会主义的时候再解决,而是明白确切地

---

① 参看《马克思恩格斯全集》第31卷第381、405页。——编者注
② 民族文化自治是奥地利社会民主党人奥·鲍威尔和卡·伦纳制定的资产阶级民族主义的解决民族问题的纲领。俄国孟什维克取消派和崩得分子都提出过民族文化自治的要求。列宁对民族文化自治的批判,见《关于民族问题的批评意见》、《论"民族文化"自治》(《列宁全集》第2版第24卷)、《论民族自决权》(同上,第25卷223—285页)等著作。斯大林的《马克思主义和民族问题》一文(见《斯大林全集》第2卷第289—358页)也批判了民族文化自治。

规定政治纲领,并且在政治纲领中要特别考虑到压迫民族的社会党人的伪善和胆怯。正如人类只有经过被压迫阶级专政的过渡时期才能导致阶级的消灭一样,人类只有经过所有被压迫民族完全解放的过渡时期,即他们有分离自由的过渡时期,才能导致各民族的必然融合。

> 列宁:《社会主义革命和民族自决权》(1916年1—2月),摘自《列宁全集》第27卷,人民出版社1990年第2版,第257—258页。

### 14. 应当把国家分为三类:先进资本主义国家、欧洲东部国家、半殖民地国家和殖民地国家

在这方面,应当把国家分为三大类:

第一,西欧的先进资本主义国家和美国。资产阶级进步的民族运动在这里早已结束。这些"大"民族每一个都在压迫殖民地的和本国的其他民族。这些统治民族的无产阶级的任务,和19世纪英国无产阶级对爱尔兰的任务是一样的。[①]

第二,欧洲东部:奥地利、巴尔干、特别是俄国。在这里,20世纪使资产阶级民主民族运动特别发展起来,使民族斗争特别尖锐起来。这些国家的无产阶级如果不坚持民族自决权,它无论在完成本国资产阶级民主改革方面或帮助其他国家的社会主义革命方面的任务都是不能完成的。在这里,特别困难而又特别重要的任务,就是把压迫民族的工人和被压迫民族的工人的阶级斗争汇合起来。

第三,中国、波斯、土耳其等半殖民地国家和所有殖民地。这些地方的人口共达10亿。在这里,资产阶级民主运动有的刚刚开始,有的远未完成。社会党人不但应当要求无条件地、无代价地立即解放殖民地,——而这个要求在政治上的表现正是承认自决权;社会党人还应当最坚决地支持这些国家的资产阶级民主的民族解放运动中最革命的分子,帮助他们的起

---

① 在某些没有参加1914—1916年战争的小国,如荷兰和瑞士,资产阶级竭力利用"民族自决"的口号为参加帝国主义战争辩护。这是促使这些国家的社会民主党人否定自决的原因之一。人们维护无产阶级的正确政策,即否定在帝国主义战争中"保卫祖国",但用的论据不正确。结果,在理论上歪曲了马克思主义,而在实践上则表现出某种小民族的狭隘性,忘记了被"大国"民族奴役的各民族的亿万居民。哥尔特同志在他的《帝国主义、大战和社会民主党》这本出色的小册子中,不正确地否定了民族自决的原则,但是他正确地运用了这个原则,因为他要求荷属印度立即实行"政治的和民族的独立",并且揭露了拒绝提出这个要求并为这个要求而斗争的荷兰机会主义者。

义——如有机会，还要帮助他们的革命战争——，反对压迫他们的帝国主义列强。

<blockquote>列宁：《社会主义革命和民族自决权》（1916年1—2月），摘自《列宁全集》第27卷，人民出版社1990年第2版，第262—263页。</blockquote>

### 15. 只有违背某块领土上的居民的意志而归并这块领土，才应当算是兼并；换句话说，兼并的概念是和民族自决的概念不可分割地联系着的

现在"和平问题"中的主要问题就是兼并问题。正是在这个问题上最清楚不过地看出目前盛行的社会党人的伪善言论以及真正社会主义的宣传鼓动任务。

必须说明什么是兼并，社会党人为什么和应当怎样反对兼并。不能认为**凡是**把"他人的"领土归并起来就是兼并，因为一般来说，社会党人是赞成铲除民族之间的疆界和建立较大的国家的；不能认为凡是破坏现状就是兼并，因为这样看是极其反动的，是对历史科学的基本概念的嘲弄；也不能认为凡是用武力归并的就是兼并，因为社会党人不能否定对大多数人民有利的暴力和战争。只有**违背**某块领土上的居民的**意志**而归并这块领土，才应当算是兼并；换句话说，兼并的概念是和民族自决的概念不可分割地联系着的。

……

但是，正因为这场战争从参战的大国集团**双方**来说都是帝国主义性质的，所以在这个战争的基础上就会产生而且已经产生这样一种现象：如果正在实行兼并或者已经实行兼并的是敌国的话，资产阶级和社会沙文主义者就竭力"反对"兼并。显然，这种"反对兼并"和这种在兼并问题上的"意向一致"，完全是伪善的。显然，那些拥护为阿尔萨斯—洛林而战的法国社会党人，那些不要求阿尔萨斯—洛林、德属波兰等地有从德国分离的自由的德国社会党人，那些把沙皇政府重新奴役波兰的战争叫作"拯救国家"、在"没有兼并的和约"的名义下要求将波兰归并俄国的俄国社会党人，等等，等等，**实际上都是兼并主义者**。

为了使反对兼并的斗争不是伪善的或流于空谈，为了使这一斗争能真正用国际主义精神教育群众，就必须使这个问题的提法能够让群众看清目前在兼并问题上流行的骗局，而不是掩盖这种骗局。各国社会党人光在口头上承认民族平等，或者唱高调，赌咒发誓，说他们反对兼并，这是不够

的。他们还必须立即无条件地要求给**他们自己的**"祖国"压迫的殖民地和民族以**分离的自由**。

缺少这个条件，就连齐美尔瓦尔德宣言所承认的民族自决和国际主义原则，顶多也不过是僵死的文字。

> 列宁：《俄国社会民主工党中央委员会向社会党第二次代表会议提出的提案》（1916年2—3月），摘自《列宁全集》第27卷，人民出版社1990年第2版，第299—300页。

### 16. 民族战争可能转化为帝国主义战争，反之亦然

不言而喻，马克思主义辩证法的基本原理是：自然界和社会中的一切界限都是有条件的和可变动的，没有**任何一**种现象不能在一定条件下转化为自己的对立面。民族战争**可能**转化为帝国主义战争，**反之亦然**。例如，法国大革命的几次战争起初是民族战争，而且确实是这样的战争。这些战争是革命的：保卫伟大的革命，反对反革命君主国联盟。但是，当拿破仑建立了法兰西帝国，奴役欧洲许多早已形成的、大的、有生命力的民族国家的时候，法国的民族战争便成了帝国主义战争，而这种帝国主义战争**又反过来引起了反对拿破仑帝国主义的民族解放战争**。

> 列宁：《论尤尼乌斯的小册子》（1916年7月），摘自《列宁全集》第28卷，人民出版社1991年第2版，第5页。

### 17. 兼并是违反民族自决，是违背居民意志来确定国界

兼并的概念通常含有：（1）暴力的概念（强制归并）；（2）异族压迫的概念（归并"**异族**"地区等等）；有时含有（3）破坏现状的概念。这几点我们在提纲中已经指出，我们的这些意见并没有受到批评。

试问：社会民主党人能不能笼统地反对暴力呢？显然不能。这就是说，我们反对兼并并不是因为兼并是一种暴力，而是由于其他原因。同样地，社会民主党人也不能主张维持现状。你们不管怎样兜圈子，总避不开这个结论：兼并是**违反民族自决**，是**违背居民意志来确定国界**。

反对兼并**意味着**赞成自决权。"反对把任何民族强制地留在一个国家的疆界以内"（我们在提纲第4条里①**也**特地用了这种意思相同而措辞略有改变的提法，而波兰同志在这里对我们的**答复**是**十分清楚的**，他们在自己提

---

① 见《列宁全集》第2版第27卷第259页。——编者注

纲第 1 节第 4 条开头就声明他们"反对把被压迫民族强制地留在兼并国的疆界以内"），**这也就是**赞成民族自决。

列宁：《关于自决问题的争论总结》（1916 年 7 月），摘自《列宁全集》第 28 卷，人民出版社 1991 年第 2 版，第 24—25 页。

**18. 马克思主义对战争和"保卫祖国"的态度**

1915 年 3 月，我们党在伯尔尼代表会议上通过了一项以《关于保卫祖国的口号》为题的决议。这项决议一开始就说："**当前战争的真正实质就在于**"什么什么。

这里讲的是**当前**战争。用俄语不能说得比这更清楚的了。"真正实质"这几个字表明，必须把假象和真实、外表和本质、言论和行动区别开来。关于在这场战争中保卫祖国的说法，把 1914—1916 年间的帝国主义战争，为瓜分殖民地和掠夺他国领土等等而进行的战争伪装成民族战争。为了不致留下歪曲我们观点的一丝一毫的可能性，决议还专门补充了一段话，论述"**真正的**民族战争"，"**特别**（请注意，特别不是仅仅的意思！）是 1789—1871 年间发生的"民族战争。

决议说明，这些"真正"的民族战争，"其基础""是长期进行的大规模民族运动，反对专制制度和封建制度的斗争，推翻民族压迫……"①

看来，不是很清楚了吗？目前的帝国主义战争是由帝国主义时代的种种条件造成的，这就是说，它不是偶然的现象，不是例外的现象，不是违背一般常规的现象。在这场战争中讲保卫祖国就是欺骗人民，因为**这不是**民族战争。在**真正的**民族战争中，"保卫祖国"一语则**完全不是**欺骗，**我们决不反对**。这种（真正的民族）战争"特别是"在 1789—1871 年间发生过。决议丝毫不否认现在也有发生这种战争的可能性，它说明应当怎样把真正的民族战争同用骗人的民族口号掩饰起来的帝国主义战争区别开来。也就是说，为了加以区别，必须研究战争的"基础"是不是"长期进行的大规模民族运动"，"推翻民族压迫"。

……

马克思主义作了这样的分析，它指出：**如果**战争的"真正实质"，**譬如说**在于推翻异族压迫（这对 1789—1871 年间的欧洲来说是特别典型的），

---

① 见《列宁全集》第 2 版第 26 卷第 164—165 页。——编者注

那么，从被压迫国家或民族方面说来，这场战争就是进步的。**如果**战争的"真正实质"是重新瓜分殖民地、分配赃物、掠夺别国领土（1914—1916年间的战争就是这样的），那么保卫祖国的说法就是"欺骗人民的弥天大谎"。

    列宁：《论面目全非的马克思主义和"帝国主义经济主义"》（1916 年 8—9 月），摘自《列宁全集》第 28 卷，人民出版社 1991 年第 2 版，第 120—122 页。

### 19. 民族国家的形式是否已经成为桎梏，应当具体问题具体分析

  有人说民族国家的形式已经成为桎梏等等，这是指什么呢？是指各先进资本主义国家，首先是指德国、法国和英国，由于这些国家参加了这场战争，这场战争才首先成为帝国主义战争。在**这些**过去特别是在 1789—1871 年间曾经引导人类前进的国家里，民族国家形成的过程已经结束了，在这些国家里民族运动已经一去不复返了，要想恢复这种运动只能是荒谬绝伦的反动空想。法兰西人、英吉利人和德意志人的民族运动早已结束，在**那里**提到历史日程上来的是另一个问题：已获得解放的民族变成了压迫者民族，变成了处在"资本主义灭亡前夜"、实行帝国主义掠夺的民族。

  而其他民族呢？

  彼·基辅斯基象背诵记得烂熟的规则那样，重复说马克思主义者应该"具体地"谈问题，但他自己并不**运用**这条规则。我们在自己的提纲中特意提供了具体回答的范例，可是彼·基辅斯基却不愿意把错误给我们指出来，如果他这里发现了错误的话。

  我们的提纲（第 6 条）指出，为了具体起见，在自决问题上至少应当区分三类不同的国家。（显然，在一个总的提纲里不能谈到每一个别的国家。）第一类是西欧（以及美洲）的各先进国家，在那里，民族运动是**过去的事情**。第二类是东欧，在那里，民族运动是**现在的事情**。第三类是半殖民地和殖民地，在那里，民族运动在很大程度上是将来的**事情**。[①]

    列宁：《论面目全非的马克思主义和"帝国主义经济主义"》（1916 年 8—9 月），摘自《列宁全集》第 28 卷，人民出版社 1991 年第 2 版，第 128—129 页。

---

[①] 见《列宁全集》第 2 版第 27 卷第 262—263 页。——编者注

## 20. 丹麦资产阶级谈论什么建立"独立的民族国家"是当前任务,这是拙劣的资产阶级欺人之谈

丹麦形成为民族国家是在 16 世纪,丹麦的人民群众早已完成了资产阶级解放运动。丹麦 96100 以上的人口是在本国出生的丹麦人。德国的丹麦人不到 20 万(丹麦的人口共 290 万)。因此可以断定,丹麦资产阶级谈论什么建立"独立的民族国家"是当前任务,这是多么拙劣的资产阶级欺人之谈!丹麦的资产者和君主派在 20 世纪说这样的话,他们现在**占领的殖民地**的人口几乎等于德国的丹麦人的数目,而且丹麦政府正在拿这些殖民地的人民**作交易**。

列宁:《整整十个"社会党人"部长》(1916 年 10 月 24 日【11 月 6 日】),摘自《列宁全集》第 28 卷,人民出版社 1991 年第 2 版,第 202 页。

## 21. 不容许用"多民族的国家"这个流行术语掩盖真正的民族平等同民族压迫的根本区别

西欧只有两个小国——瑞士和比利时——具有混杂的民族成分。瑞士的居民约有 400 万,其中德意志人占 69%,法兰西人占 21%,意大利人占 8%。比利时的居民不到 800 万,其中佛来米人约占 53%,法兰西人约占 47%。但是必须指出,虽然这两个国家的民族成分如此繁杂,那里却没有民族压迫。这两个国家的宪法规定,一切民族都是平等的。在瑞士,这种平等的确被充分付诸实行;而在比利时,对于佛来米人则不是平等看待,虽然佛来米人占居民的一大半,不过这种不平等,不用说同我们所研究的这一类国家以外的各国的情形相比,就是同德国的波兰人或英国的爱尔兰人的遭遇相比,也是微不足道的。因此,顺便说一下,民族问题上的机会主义者奥地利著作家卡·伦纳和奥·鲍威尔所首先提出的"多民族的国家"这个流行术语,仅仅在十分有限的意义上,即假使一方面不忘记这个类型的多数国家的特殊历史地位(这个问题下面我们还要谈到),另一方面不容许用这个术语掩盖真正的民族平等同民族压迫的根本区别,才是正确的。

列宁:《统计学和社会学》(1917 年 1 月),摘自《列宁全集》第 28 卷,人民出版社 1991 年第 2 版,第 366—367 页。

## 22. "民族国家"的类型在人类整个资本主义发展过程中的历史相对性和暂时性

总的来看,这组国家①的特征是:它们是最先进的资本主义国家,是经济上和政治上最发达的国家。它们的文化水平也是最高的。在民族方面,这些国家中的多数国家的民族成分是完全单纯的,或者几乎是完全单纯的。民族不平等这种特殊的政治现象,在这里所起的作用是很小的。这就是人们经常谈论的那种"民族国家"的类型,不过人们往往忘记了这种类型在人类整个资本主义发展过程中的历史相对性和暂时性。

列宁:《统计学和社会学》(1917年1月),摘自《列宁全集》第28卷,人民出版社1991年第2版,第367页。

## 23. 无产阶级政党首先应当坚持留在俄国疆界内的各大小民族,即被兼并的民族,都享有同俄国分离的充分自由。但同时主张建立尽可能大的国家

在民族问题上,无产阶级政党首先应当坚持宣布并坚持立刻实行的,就是一切受沙皇制度压迫、被强迫并入或被强迫留在俄国疆界内的各大小民族,即被兼并的民族,都享有同俄国分离的充分自由。

没有真正实现分离的自由,任何放弃兼并的声明和宣言都不过是资产阶级对人民的欺骗,或是小资产阶级的天真愿望。无产阶级政党力求建立尽可能大的国家,因为这对劳动者是有利的;它力求各民族彼此**接近以至进一步融合**,但是它不想通过暴力,而只想通过各民族工人和劳动群众的兄弟般的自由联合来达到这个目的。

俄罗斯共和国愈民主,它组建成为工农代表苏维埃共和国愈顺利,**各民族劳动群众自愿趋向这种共和国的力量就愈大**。

列宁:《无产阶级在我国革命中的任务》(1917年4月10日【23日】),摘自《列宁全集》第29卷,人民出版社1985年第2版,第165—166页。

## 24. 现政府答应放弃兼并,即不再侵占别国或强迫任何民族留在俄国疆界以内,这也是完全不可信的

现政府答应放弃兼并,即不再侵占别国或强迫任何民族留在俄国疆界以内,这也是完全不可信的。因为第一,同俄、英、法银行资本有千丝万

---

① 系指西欧12个国家。——本书编者按

缕联系并维护其利益的资本家，只要他们还是资本家，还没有放弃投入公债、租让企业和军工企业等等的数十亿资本的利润，他们就不会在这次战争中放弃兼并。第二，新政府为了欺骗人民而表示放弃兼并之后，却又于1917年4月9日通过米留可夫之口在莫斯科声明，它不会放弃兼并。第三，有克伦斯基部长参加的《人民事业报》揭露说，米留可夫甚至没有把他的放弃兼并的声明发往国外。

> 列宁：《俄国社会民主工党（布）彼得格勒市代表会议文献》（不晚于1917年4月14日【27日】），摘自《列宁全集》第29卷，人民出版社1985年第2版，第259页。

**25. 德国应当和俄国同时，立刻从自己所占领的一切地区和上述各个地区撤军，让每个民族自由地通过全民投票来决定：他们是生活在一个单独的国家内，还是愿意和哪个民族就和哪个民族共同生活在一个联盟国家内**

我们的代表应主张俄国政府立即无保留地、不找任何借口、毫不拖延地公开向**一切**交战国建议缔结和约，条件是**毫无例外地**解放**一切**被压迫民族或没有充分权利的民族。

这就是说，大俄罗斯人不再强制留住波兰、库尔兰、乌克兰、芬兰、亚美尼亚以及其他任何一个民族。大俄罗斯人建议一切民族结成兄弟联盟，并根据每个民族的自愿而决不是通过直接或间接的暴力来组成共同的国家。根据这种媾和条件，大俄罗斯人应当立即从加里西亚、亚美尼亚和波斯撤军，让这些民族和其他**一切**民族都有充分的自由来决定：他们是生活在一个单独的国家内，还是愿意和哪个民族就和哪个民族共同生活在一个联盟国家内。

根据这种媾和条件，德国不仅应当毫无例外地放弃战争开始后所侵占的**全部**土地，而且应当放弃它强制留在德国疆界内的民族：丹麦族（石勒苏益格北部各省）、法兰西族（阿尔萨斯和洛林的一部分）、波兰族（波兹南）等。德国应当和俄国同时，立刻从自己所占领的一切地区和上述各个地区撤军，让每个民族自由地通过全民投票来决定：他们是生活在一个单独的国家内，还是愿意和哪个民族就和哪个民族共同生活在一个联盟国家内。德国必须绝对无条件地放弃**它的全部殖民地**，因为殖民地就是被压迫民族。

列宁：《给工厂和团队选出的工兵代表苏维埃代表的委托书》（1917年5月7日【20日】以前），摘自《列宁全集》第30卷，人民出版社1985年第2版，第38—39页。

### 26. 兼并（侵占）就是一个国家把别的民族强迫留在该国疆界内

对不起，部长公民们和满可以当部长的编辑们，事实终究是事实：只有我们党才在明确的正式决议中给兼并下了定义。兼并（侵占）就是一个国家把别的民族强迫留在该国疆界内。

列宁：《头脑糊涂（再论兼并）》（1917年5月18日【31日】），摘自《列宁全集》第30卷，人民出版社1985年第2版，第113页。

### 27. 国家是阶级矛盾不可调和的产物

我们先从传播最广的弗·恩格斯的《家庭、私有制和国家的起源》一书讲起，这本书已于1894年在斯图加特出了第6版。我们必须根据德文原著来译出引文，因为俄文译本虽然很多，但多半不是译得不全，就是译得很糟。

恩格斯在总结他所作的历史的分析时说："国家决不是从外部强加于社会的一种力量。国家也不象黑格尔所断言的是'伦理观念的现实'，'理性的形象和现实'。勿宁说，国家是社会在一定发展阶段上的产物；国家是表示：这个社会陷入了不可解决的自我矛盾，分裂为不可调和的对立面而又无力摆脱这些对立面。而为了使这些对立面，这些经济利益互相冲突的阶级，不致在无谓的斗争中把自己和社会消灭，就需要有一种表面上站在社会之上的力量来抑制冲突，把冲突保持在'秩序'的范围以内；这种从社会中产生但又居于社会之上并且日益同社会相异化的力量，就是国家。"（德文第6版第177—178页）①

这一段话十分清楚地表达了马克思主义关于国家的历史作用和意义这一问题的基本思想。国家是阶级矛盾**不可调和**的产物和表现。在阶级矛盾客观上**不能**调和的地方、时候和条件下，便产生国家。反过来说，国家的存在证明阶级矛盾不可调和。

对马克思主义的歪曲正是从这最重要的和根本的一点上开始的，这种歪曲来自两个主要方面。

---

① 见《马克思恩格斯全集》第21卷第194页。——编者注

一方面，资产阶级的思想家，特别是小资产阶级的思想家——他们迫于无可辩驳的历史事实不得不承认，只有存在阶级矛盾和阶级斗争的地方才有国家——这样来"稍稍纠正"马克思，把国家说成是阶级**调和**的机关。在马克思看来，如果阶级调和是可能的话，国家既不会产生，也不会保持下去。而照市侩和庸人般的教授和政论家们说来（往往还善意地引用马克思的话作根据!），国家正是调和阶级的。在马克思看来，国家是阶级**统治**的机关，是一个阶级**压迫**另一个阶级的机关，是建立一种"秩序"来抑制阶级冲突，使这种压迫合法化、固定化。在小资产阶级政治家看来，秩序正是阶级调和，而不是一个阶级对另一个阶级的压迫；抑制冲突就是调和，而不是剥夺被压迫阶级用来推翻压迫者的一定的斗争手段和斗争方式。

……

另一方面，"考茨基主义"对马克思主义的歪曲要巧妙得多。"在理论上"，它既不否认国家是阶级统治的机关，也不否认阶级矛盾不可调和。但是，它忽视或抹杀了以下一点：既然国家是阶级矛盾不可调和的产物，既然它是站**在社会之上**并且"**日益同社会相异化**"的力量，那么很明显，被压迫阶级要求得解放，不仅非进行暴力革命不可，**而且非消灭**统治阶级所建立的、体现这种"异化"的国家政权机构**不可**。这个在理论上不言而喻的结论，下面我们会看到，是马克思对革命的任务作了具体的历史的分析后十分明确地得出来的。正是这个结论被考茨基……"忘记"和歪曲了，这一点我们在下面的叙述中还要详细地证明。

列宁：《国家与革命》（1917年8—9月），摘自《列宁全集》第31卷，人民出版社1985年第2版，第5—7页。

### 28. 国家是剥削被压迫阶级的工具

恩格斯说："……官吏既然掌握着公共权力和征税权，他们就作为社会机关而站**在社会之上**。从前人们对于氏族（克兰）社会的机关的那种自由的、自愿的尊敬，即使他们能够获得，也不能使他们满足了……"于是制定了官吏神圣不可侵犯的特别法律。"一个最微不足道的警察"却有比克兰代表更大的"权威"，然而，即使是文明国家掌握军权的首脑，也会对"不是用强迫手段获得"社会"尊敬"的克兰首领表示羡慕[①]。

---

① 见《马克思恩格斯全集》第21卷第195页。——编者注

这里提出了作为国家政权机关的官吏的特权地位问题。指出了这样一个基本问题：究竟什么东西使他们居于社会之上？我们在下面就会看到，这个理论问题在1871年如何被巴黎公社实际地解决了，而在1912年又如何被考茨基反动地抹杀了。

……

恩格斯继续说，在民主共和国内，"财富是间接地但也是更可靠地运用它的权力的"，它所采用的第一个方法是"直接收买官吏"（美国），第二个方法是"政府和交易所结成联盟"（法国和美国）①。

目前，在任何民主共和国中，帝国主义和银行统治都把这两种维护和实现财富的无限权力的方法"发展"到了非常巧妙的地步。例如，在俄国实行民主共和制的头几个月里，也可以说是在社会革命党人和孟什维克这些"社会党人"同资产阶级在联合政府中联姻的蜜月期间，帕尔钦斯基先生暗中破坏，不愿意实施遏止资本家、制止他们进行掠夺和借军事订货盗窃国库的种种措施，而在帕尔钦斯基先生退出内阁以后（接替他的自然是同他一模一样的人），资本家"奖赏"给他年薪12万卢布的肥缺，这究竟是怎么一回事呢？是直接的收买，还是间接的收买？是政府同辛迪加结成联盟，还是"仅仅"是一种友谊关系？切尔诺夫、策列铁里、阿夫克森齐耶夫、斯柯别列夫之流究竟起着什么作用？他们是盗窃国库的百万富翁的"直接"同盟者，还是仅仅是间接的同盟者？

"财富"的无限权力在民主共和制下**更可靠**，是因为它不依赖政治机构的某些缺陷，不依赖资本主义的不好的政治外壳。民主共和制是资本主义所能采用的最好的政治外壳，所以资本一掌握（通过帕尔钦斯基、切尔诺夫、策列铁里之流）这个最好的外壳，就能十分巩固十分可靠地确立自己的权力，以致在资产阶级民主共和国中，无论人员、无论机构、无论政党的**任何**更换，都不会使这个权力动摇。

……

恩格斯在他那部流传最广的著作中，把自己的看法总结如下："所以，国家并不是从来就有的。曾经有过不需要国家、而且根本不知国家和国家权力为何物的社会。在经济发展到一定阶段而必然使社会分裂为阶级时，

---

① 见《马克思恩格斯全集》第21卷第197页。——编者注

国家就由于这种分裂而成为必要了。现在我们正在以迅速的步伐接近这样的生产发展阶段，在这个阶段上，这些阶级的存在不仅不再必要，而且成了生产的直接障碍。阶级不可避免地要消失，正如它们从前不可避免地产生一样。随着阶级的消失，国家也不可避免地要消失。在自由平等的生产者联合体的基础上按新方式组织生产的社会，将把全部国家机器放到那时它应该去的地方，即放到古物陈列馆去，同纺车和青铜斧陈列在一起。"①

这一段引文在现代社会民主党的宣传鼓动书刊中很少遇到，即使遇到，这种引用也多半好象是对神像鞠一下躬，也就是为了例行公事式地对恩格斯表示一下尊敬，而丝毫不去考虑，先要经过多么广泛而深刻的革命，才能"把全部国家机器放到古物陈列馆去"。他们甚至往往不懂恩格斯说的国家机器究竟是什么。

列宁：《国家与革命》（1917年8—9月），摘自《列宁全集》第31卷，人民出版社1985年第2版，第10—14页。

## 29. 无产阶级国家代替资产阶级国家，非通过暴力革命不可。无产阶级国家的消灭，即任何国家的消灭，只能通过"自行消亡"

我们可以确有把握地说，在恩格斯这一段思想极其丰富的论述中，被现代社会党的社会主义思想实际接受的只有这样一点：和无政府主义的国家"废除"说不同，按马克思的观点，国家是"自行消亡"的。这样来削剪马克思主义，无异是把马克思主义变成机会主义，因为这样来"解释"，就只会留下一个模糊的观念，似乎变化就是缓慢的、平稳的、逐渐的，似乎没有飞跃和风暴，没有革命。对国家"自行消亡"的普遍的、流行的、大众化的（如果能这样说的话）理解，无疑意味着回避革命，甚至是否定革命。

实际上，这样的"解释"是对马克思主义最粗暴的、仅仅有利于资产阶级的歪曲，所以产生这种歪曲，从理论上说，是由于忘记了我们上面完整地摘引的恩格斯的"总结性"论述中就已指出的那些极重要的情况和想法。

第一，恩格斯在这段论述中一开始就说，无产阶级将取得国家政权，"这样一来也消灭了作为国家的国家"。这是什么意思，人们是"照例不"思索的。通常不是完全忽略这一点，就是认为这是恩格斯的一种"黑格尔主义的毛病"。其实这句话扼要地表明了最伟大的一次无产阶级革命的经

---

① 见《马克思恩格斯全集》第21卷第197—198页。——编者注

验,即1871年巴黎公社的经验,关于这一点,我们在下面还要详细地加以论述。实际上恩格斯在这里所讲的是以无产阶级革命来"消灭"**资产阶级的国家**,而他讲的自行消亡是指社会主义革命**以后无产阶级**国家制度残余。按恩格斯的看法,资产阶级国家不是"自行消亡"的,而是由无产阶级在革命中来"消灭"的。在这个革命以后,自行消亡的是无产阶级的国家或半国家。

第二,国家是"实行镇压的特殊力量"。恩格斯这个出色的极其深刻的定义在这里说得十分清楚。从这个定义可以得出这样的结论:资产阶级对无产阶级,即一小撮富人对千百万劳动者"实行镇压的特殊力量",应该由无产阶级对资产阶级"实行镇压的特殊力量"(无产阶级专政)来代替。这就是"消灭作为国家的国家"。这就是以社会的名义占有生产资料的"行动"。显然,以一种(无产阶级的)"特殊力量"来代替另一种(资产阶级的)"特殊力量",**这样一种**更替是决不能通过"自行消亡"来实现的。

第三,恩格斯所说的"自行消亡",甚至更突出更鲜明地说的"自行停止",是十分明确而肯定地指"国家以整个社会的名义占有生产资料"**以后**即社会主义革命**以后**的时期。我们大家都知道,这时"国家"的政治形式是最完全的民主。但是那些无耻地歪曲马克思主义的机会主义者,却没有一个人想到恩格斯在这里所说的就是**民主**的"自行停止"和"自行消亡"。乍看起来,这似乎是很奇怪的。但是,只有那些没有想到民主**也**是国家、因而在国家消失时民主也会消失的人,才会觉得这是"不可理解"的。资产阶级的国家只有革命才能"消灭"。国家本身,就是说最完全的民主,只能"自行消亡"。

第四,恩格斯在提出"国家自行消亡"这个著名的原理以后,立刻就具体地说明这个原理是既反对机会主义者又反对无政府主义者的。而且恩格斯放在首位的,是从"国家自行消亡"这个原理中得出的反对机会主义者的结论。

……

第五,在恩格斯这同一本著作中,除了大家记得的关于国家自行消亡的论述,还有关于暴力革命意义的论述。恩格斯从历史上对于暴力革命的作用所作的评述变成了对暴力革命的真正的颂扬。但是,"谁都不记得"这一点,这个思想的意义在现代社会党内是照例不谈、甚至照例不想的,这些思想在对群众进行的日常宣传鼓动中也不占任何地位。其实，这些思想同国家"自行消亡"论是紧紧联在一起的，是联成一个严密的整体的。

……

无产阶级国家代替资产阶级国家，非通过暴力革命不可。无产阶级国家的消灭，即任何国家的消灭，只能通过"自行消亡"。

列宁：《国家与革命》（1917年8—9月），摘自《列宁全集》第31卷，<br>人民出版社1985年第2版，第14—20页。

### 30. 国家即组织成为统治阶级的无产阶级

拿马克思和恩格斯在几个月以后（1847年11月）写的《共产党宣言》中的下面的论述，同这一段关于国家在阶级消灭之后消失的思想的一般论述对照一下，是颇有教益的：

"……在叙述无产阶级发展的最一般的阶段的时候，我们循序探讨了现存社会内部或多或少隐蔽着的国内战争，直到这个战争爆发为公开的革命，无产阶级用暴力推翻资产阶级而建立自己的统治……

……前面我们已经看到，工人革命的第一步就是使无产阶级转化成（直译是上升为）统治阶级，争得民主。

无产阶级将利用自己的政治统治，一步一步地夺取资产阶级的全部资本，把一切生产工具集中在国家即组织成为统治阶级的无产阶级手里，并且尽可能快地增加生产力的总量。"（1906年德文第7版第31页和第37页）①

在这里我们看到马克思主义在国家问题上一个最卓越最重要的思想即"无产阶级专政"（马克思和恩格斯在巴黎公社以后开始这样说）② 这个思想的表述，其次我们还看到给国家下的一个非常引人注意的定义，这个定义也属于马克思主义中"被忘记的言论"："**国家即组织成为统治阶级的无**

---

① 见《马克思恩格斯全集》第4卷第478页和第489页。——编者注

② 列宁在写《国家与革命》时还不知道马克思在1871年以前已经有了"无产阶级专政"的提法。他在《马克思主义论国家》这本笔记中曾写道，"查对一下，马克思和恩格斯在1871年以前是否说过'无产阶级专政'？似乎没有！"（见本卷第149页）在《国家与革命》出版以后，列宁才看到马克思1852年3月5日给约·魏德迈的信。他在自己的一本《国家与革命》（第1版）的最后一页上，用德文作了一段笔记："《新时代》（第25卷第2册第164页），1906—1907年第31期（1907年5月2日）：弗·梅林：《卡·马克思和弗·恩格斯传记的新材料》，引自马克思1852年3月5日给魏德迈的信。"接下去便是从信中摘录的谈无产阶级专政的那一段话。《国家与革命》再版时，列宁作了相应的补充。

产阶级。"

……

"国家即组织成为统治阶级的无产阶级",——马克思的这个理论同他关于无产阶级在历史上的革命作用的全部学说,有不可分割的联系。这种作用的最高表现就是无产阶级实行专政,无产阶级实行政治统治。

既然无产阶级需要国家这样一个**反对**资产阶级的**特殊**暴力组织,那么自然就会得出一个结论:不预先消灭和破坏资产阶级为**自己**建立的国家机器,根本就不可能建立这样一个组织!在《共产党宣言》中已接近于得出这个结论,马克思在总结 1848—1851 年革命的经验时也就谈到了这个结论。

列宁:《国家与革命》(1917 年 8—9 月),摘自《列宁全集》第 31 卷,人民出版社 1985 年第 2 版,第 21—25 页。

### 31. 既然是人民这个大多数自己镇压他们的压迫者,实行镇压的"特殊力量"也就不需要了!国家就在这个意义上开始消亡

镇压资产阶级及其反抗,仍然是必要的。这对公社尤其必要,公社失败的原因之一就是在这方面做得不够坚决。但是实行镇压的机关在这里已经是居民的多数,而不象过去奴隶制、农奴制、雇佣奴隶制时代那样总是居民的少数。既然是人民这个大多数自己镇压他们的压迫者,实行镇压的"**特殊力量**"**也就不需要了**!国家就在这个意义上**开始消亡**。大多数人可以代替享有特权的少数人(享有特权的官吏、常备军长官)的特殊机构,自己来直接行使这些职能,而国家政权职能的行使愈是全民化,这个国家政权就愈不需要了。

列宁:《国家与革命》(1917 年 8—9 月),摘自《列宁全集》第 31 卷,人民出版社 1985 年第 2 版,第 40 页。

### 32. 公社就是无产阶级革命"终于发现的"、可以使劳动在经济上获得解放的形式

马克思从社会主义和政治斗争的全部历史中得出结论:国家一定会消失;国家消失的过渡形式(从国家到非国家的过渡),将是"组织成为统治阶级的无产阶级"。但是,马克思并没有去**发现**这个未来的政治**形式**。他只是对法国历史作了精确的观察,对它进行了分析,得出了 1851 年所导致的结论:事情已到了**破坏**资产阶级的国家机器的地步。

当无产阶级的群众革命运动已经爆发的时候，马克思就来研究这个运动究竟**发现**了什么样的形式，虽然这个运动遭到了挫折，虽然这个运动为期很短而且有显著的弱点。

公社就是无产阶级革命"终于发现的"、可以使劳动在经济上获得解放的形式。

公社就是无产阶级革命**打碎**资产阶级国家机器的第一次尝试和"终于发现的"、可以而且应该用来**代替**已被打碎的国家机器的政治形式。

列宁：《国家与革命》（1917年8—9月），摘自《列宁全集》第31卷，人民出版社1985年第2版，第52—53页。

## 33. 国家会随着阶级的废除而废除，马克思主义向来就是这样教导我们的

恩格斯在他论住宅问题的著作（1872年）① 中，已经考虑到了公社的经验，几次谈到了革命在对待国家方面的任务。很有意思的是，他在谈到这个具体问题时，一方面明显地说明了无产阶级国家同现今的国家相似的地方，根据这些相似的地方我们可以把两者都称为国家；另一方面又明显地说明了两者不同的地方，或者说，说明了向消灭国家的过渡。

……

这里没有考察国家政权形式的改变，只谈到国家政权活动的内容。剥夺和占据住宅是根据现今国家的命令进行的。无产阶级的国家，从形式上来讲，也会"下令"占据住宅和剥夺房屋。但是很明显，旧的执行机构，即同资产阶级相联系的官吏机构，是根本不能用来执行无产阶级国家的命令的。

……

恩格斯谈到布朗基主义者②在公社以后因受到公社经验的影响而转到马克思主义的原则立场上的时候，曾顺便把这个立场表述如下：

"……无产阶级必须采取政治行动，必须实行专政，作为向废除阶级并

---

① 见《马克思恩格斯全集》第18卷第233—321页。——编者注
② 布朗基主义者是19世纪法国工人运动中由杰出的革命家路·奥·布朗基领导的一个派别。布朗基主义者不了解无产阶级的历史使命，忽视同群众的联系，而主张用密谋手段推翻资产阶级政府，建立革命政权，实行少数人的专政。列宁指出，布朗基主义者期待不通过无产阶级的阶级斗争，而通过少数知识分子的密谋使人类摆脱雇佣奴隶制。巴黎公社失败以后，1872年秋天，在伦敦的布朗基派公社流亡者发表了题为《国际和革命》的小册子，宣布拥护《共产党宣言》这个科学共产主义的纲领。对此，恩格斯曾不止一次地予以肯定（参看《马克思恩格斯全集》第18卷第579—587页）。

和阶级一起废除国家的过渡……"（第55页）①

一些喜欢咬文嚼字的批评家或者"从事剿灭马克思主义"的资产阶级分子大概以为，在这里**承认**"废除国家"，在上述《反杜林论》的一段论述中又把这个公式当作无政府主义的公式加以否定，是矛盾的。如果机会主义者把恩格斯也算作"无政府主义者"，那并没有什么奇怪，因为社会沙文主义者给国际主义者加上无政府主义的罪名现在是愈来愈时行了。

国家会随着阶级的废除而废除，马克思主义向来就是这样教导我们的。《反杜林论》的那段人所共知的关于"国家消亡"的论述，并不是简单地斥责无政府主义者主张废除国家，而是斥责他们鼓吹可以"在一天之内"废除国家。

现在占统治地位的"社会民主主义"学说把马克思主义在消灭国家问题上对无政府主义的态度完全歪曲了，因此我们来回忆一下马克思和恩格斯同无政府主义者的一次论战，是特别有益的。

列宁：《国家与革命》（1917年8—9月），摘自《列宁全集》第31卷，人民出版社1985年第2版，第54—56页。

**34. 马克思故意着重指出无产阶级所必需的国家具有"革命的暂时的形式"，以免人们歪曲他同无政府主义斗争的真正意思**

马克思故意着重指出无产阶级所必需的国家具有"革命的**暂时的**形式"，以免人们歪曲他同无政府主义斗争的真正意思。无产阶级需要国家只是暂时的。在废除国家是**目的**这个问题上，我们和无政府主义者完全没有分歧。我们所断言的是，为了达到这个目的，就必须暂时利用国家权力的工具、手段、方法去**反对**剥削者，正如为了消灭阶级，就必须实行被压迫阶级的暂时专政一样。马克思在驳斥无政府主义者时，把问题提得非常尖锐，非常明确：工人在推翻资本家的压迫时，应当"放下武器"呢，还是应当利用它来反对资本家以粉碎他们的反抗？一个阶级有系统地利用武器反对另一个阶级，这不是国家的"暂时的形式"又是什么呢？

列宁：《国家与革命》（1917年8—9月），摘自《列宁全集》第31卷，人民出版社1985年第2版，第57—58页。

---

① 见《马克思恩格斯全集》第18卷第297页。——编者注

## 35. "巴黎公社已经不是原来意义上的国家",——这是恩格斯在理论上最重要的论断

"巴黎公社已经不是原来意义上的国家",——这是恩格斯在理论上最重要的论断。看了上文以后,这个论断是完全可以理解的。公社已经**不再是**国家了,因为公社所要镇压的不是大多数居民,而是少数居民(剥削者);它已经打碎了资产阶级的国家机器;居民已经自己上台来代替实行镇压的**特殊**力量。所有这一切都已经不是原来意义上的国家了。如果公社得到巩固,那么公社的国家痕迹就会自行"消亡",它就用不着"废除"国家机构,因为国家机构将无事可做而逐渐失去其作用。

"无政府主义者用'人民国家'这一个名词挖苦我们",——恩格斯的这句话首先是指巴枯宁和他对德国社会民主党人的攻击说的。恩格斯认为这种攻击有正确之处,**因为**"人民国家"象"自由的人民国家"一样,都是无稽之谈,都是背离社会主义的。恩格斯竭力纠正德国社会民主党人反对无政府主义者的斗争,使这个斗争在原则上正确,使它摆脱在"国家"问题上的种种机会主义偏见。真可惜!恩格斯的这封信竟被搁置了36年。

列宁:《国家与革命》(1917年8—9月),摘自《列宁全集》第31卷,人民出版社1985年第2版,第62—63页。

## 36. 关于国家问题,恩格斯作了三方面的特别宝贵的指示:第一是关于共和国问题;第二是关于民族问题同国家结构的联系;第三是关于地方自治

在分析马克思主义的国家学说时,不能不提到恩格斯在1891年6月29日寄给考茨基而过了10年以后才在《新时代》上发表的对爱尔福特纲领[①]草案的批判,因为这篇文章主要就是批判社会民主党在**国家**结构问题上的**机会主义**观点的。

……

---

① 爱尔福特纲领指1891年10月举行的德国社会民主党爱尔福特代表大会通过的党纲。它取代了1875年的哥达纲领。爱尔福特纲领以马克思主义关于资本主义生产方式必然灭亡和被社会主义生产方式所代替的学说为基础,强调工人阶级必须进行政治斗争,指出了党作为这一斗争的领导者的作用。它是德国社会民主党历史上第一个也是唯一的马克思主义的纲领。它通过标志着马克思主义对拉萨尔主义等小资产阶级思潮的胜利。但是爱尔福特纲领也有一些重大缺点,主要是没有提出为民主共和国而斗争的任务,避而不谈无产阶级专政的问题。恩格斯曾对爱尔损特纲领的草案提出过批评,可是他的一些重要意见在纲领定稿时没有被采纳。

现在我们回过来讲国家问题。恩格斯在这里作了三方面的特别宝贵的指示：第一是关于共和国问题；第二是关于民族问题同国家结构的联系；第三是关于地方自治。

关于共和国，恩格斯把这点作为批判爱尔福特纲领草案的重点。如果我们还记得当时爱尔福特纲领在整个国际社会民主党中具有怎样的意义，它怎样成了整个第二国际的典范，那么可以毫不夸大地说，恩格斯在这里是批判了整个第二国际的机会主义。

……

恩格斯在这里特别明确地重申了贯穿在马克思的一切著作中的基本思想，这就是：民主共和国是走向无产阶级专政的捷径。因为这样的共和国虽然丝毫没有消除资本的统治，因而也丝毫没有消除对群众的压迫和阶级斗争，但是，它必然会使这个斗争扩大、展开、明朗化和尖锐化，以致一旦出现满足被压迫群众的根本利益的可能性，这种可能性就必然通过而且只有通过无产阶级专政即无产阶级对这些群众的领导得到实现。对于整个第二国际来说，这也是马克思主义中"被忘记的言论"，而孟什维克党在俄国1917年革命头半年的历史则把这种忘却揭示得再清楚不过了。

……

恩格斯对国家形式问题不但不抱冷淡态度，相反，他非常细致地努力去分析的正是过渡形式，以便根据每一个别场合的具体历史特点来弄清各该场合的过渡形式是**从什么到什么**的过渡。

恩格斯同马克思一样，从无产阶级和无产阶级革命的观点出发坚持民主集中制，坚持单一而不可分的共和国。他认为联邦制共和国或者是一种例外，是发展的障碍，或者是由君主国向集中制共和国的过渡，是在一定的特殊条件下的"前进一步"。而在这些特殊条件中，民族问题占有突出的地位。

恩格斯同马克思一样，虽然无情地批判了小邦制的反动性和在一定的具体情况下用民族问题来掩盖这种反动性的行为，但是他们在任何地方都丝毫没有忽视民族问题的倾向，而荷兰和波兰两国的马克思主义者在反对"自己"小国的狭隘市侩民族主义的极正当的斗争中，却常常表现出这种倾向。

列宁：《国家与革命》（1917年8—9月），摘自《列宁全集》第31卷，人民出版社1985年第2版,第64—69页。

**37. 只有工人政府才能立即提出公正的媾和条件,这些条件就是缔结没有兼并的和约,即不掠夺别国土地的和约**

只有工人政府能拯救国家。只有工人政府不会欺骗人民,而会立即向所有的国家提出明确的、公正的媾和条件。

资产阶级吓唬人民,力图制造惊慌,使愚昧无知的人们确信,现在不能马上提出媾和,否则就等于"失去里加"等等。这是欺骗人民。即使进行和谈的那些政府维护资本家对其抢来的财富和别国土地(兼并的土地)的神圣权利,提出媾和也不意味着放弃里加。里加是德国资本家强盗抢得的赃物。亚美尼亚是俄国资本家强盗抢得的赃物。当强盗们进行和谈的时候,他们或是保留各自的赃物,或是互换部分赃物。只要政权在资本家手里,所有的战争都会这样结束,过去如此,将来也会如此。

但是,我们所说的是**工人**政府,只有这个政府才能立即提出公正的媾和条件,关于这一点,全俄的工人和农民在无数的委托书和决议中讲了几百次。

这些条件就是缔结没有兼并的和约,即不掠夺别国土地的和约。这就是说:无论是德国人还是俄国人,不得到波兰人自愿同意,都不能强行并吞波兰或拉脱维亚边疆区;无论是土耳其人还是俄国人,都不能夺取亚美尼亚,如此等等。

列宁:《就印发〈关于里加沦陷的传单〉所写的一封信》(1917年8月下旬),摘自《列宁全集》第32卷,人民出版社1985年第2版,第84页。

**38. 我们希望联合,我们希望俄罗斯人民的共和国能把其他民族吸引到自己方面来**

最后,我应当在这里答复某些同志对草案中的一条所产生的问题,据我所知,这个问题没有在出版物上提出过。这就是关于政治纲领第9条,即关于民族自决权的问题。这一条包括两部分:第一部分对自决权作了新的表述;第二部分的内容不是要求,而是宣言。向我提出的问题是:把宣言摆在这里是否妥当。一般说来,党纲内不应有宣言,但我认为这里的例外是必要的。"自决"一词曾多次引起了曲解,因此我改用了一个十分确切的概念:"自由分离的权利"。俄国革命无产阶级的政党,用大俄罗斯语言进行工作的政党,必须承认分离权,这一点在有了1917年这半年来的革命经验以后,未必再会引起争论了。我们夺得政权之后,会无条件地立刻承认芬兰、乌克兰、亚美尼亚以及任何一个受沙皇制度（和大俄罗斯资产阶级）压迫的民族都享有这种权利。但是从我们方面来说，我们决不希望分离。我们希望有一个尽可能大的国家，尽可能紧密的联盟，希望有尽可能多的民族同大俄罗斯人毗邻而居；我们这样希望是为了民主和社会主义的利益，是为了尽可能多地吸引不同民族的劳动者来参加无产阶级的斗争。我们希望的是**革命无产阶级**的团结和**联合**，而不是分离。我们希望的是**革命的**联合，因此我们不提所有一切国家联合起来的口号，这是因为社会革命**只**把已经过渡到或正在过渡到社会主义的国家、正在获得解放的殖民地等等联合起来的问题提上日程。我们希望的是**自由的**联合，因此我们必须承认分离的自由（没有分离的自由就无所谓自由的联合）。

我们尤其必须承认分离的自由，因为沙皇制度和大俄罗斯资产阶级的压迫在邻近的民族里留下了对所有大俄罗斯人极深的仇恨和不信任；必须用**行动**而不是用言论来消除这种不信任。

但我们是希望联合的，这一点应当说清楚，在一个多民族国家的党的纲领里讲明这一点极为重要，为此，就必须打破惯例，容许提出宣言。我们希望俄罗斯（我甚至想说大俄罗斯，因为这样更正确）人民的共和国能把其他民族**吸引**到自己方面来，但用什么方法呢？不是用暴力，而是完全靠自愿的协议。否则就要破坏各国**工人**的团结和兄弟般的联盟。我们同资产阶级民主派不同，我们提出的口号不是各民族兄弟般的团结，而是各族**工人**兄弟般的团结；因为我们不信任各国资产阶级，认为他们是敌人。

列宁：《论修改党纲》（1917年10月6—8日【19—21日】），摘自《列宁全集》第32卷，人民出版社1985年第2版，第369—370页。

**39. 推翻沙皇君主制以后俄国工农最明确最坚决地要求的和约，就是立即缔结的没有兼并（即不侵占别国领土，不强制归并别的民族）没有赔款的和约**

本政府[①]认为，一切交战国中因战争而精疲力竭、困顿不堪、痛苦万状的工人和劳动阶级的绝大多数所渴望的公正的或民主的和约，推翻沙皇君主制以后俄国工农最明确最坚决地要求的和约，就是立即缔结的没有兼并（即不侵占别国领土，不强制归并别的民族）没有赔款的和约。

---

① 即全俄工兵代表苏维埃政府。——本书编者注

俄国政府向一切交战国人民建议立即缔结这种和约，并且决心不等到各国和各民族的享有全权的人民代表会议最后批准这种和约的全部条件，就立即毫不迟延地采取一切果断步骤。

本政府根据一般民主派的法的观念，特别是劳动阶级的法的观念，认为凡是把一个没有明确而自愿地表示同意和希望归并的弱民族或小民族并入一个大国或强国，就是兼并或侵占别国领土，不管这种强制归并发生在什么时候，不管这个被强制归并或强制留在该国疆界内的民族的发达或落后程度如何，也不管这个民族是居住在欧洲还是居住在远隔重洋的国家，都是一样。

不管哪个民族被强制留在该国的疆界内，也就是违反这个民族的愿望（不管这种愿望是在报刊上、人民会议上、政党的决议上表示的，或是以反对民族压迫的骚动和起义表示的，都完全一样），不让它有权在归并它的民族或较强的民族完全撤军的条件下，不受丝毫强制地用自由投票的方式决定本民族的国家生存形式问题，这种归并就是兼并，即侵占和暴力行为。

本政府认为，各富强民族为了如何瓜分它们所侵占的弱小民族而继续进行战争，是反人类的滔天罪行，并郑重声明，决心根据上述的、对所有民族都无一例外是公正的条件，立即签订和约，终止这场战争。

列宁：《全俄工兵代表苏维埃第二次代表大会文献》（1917年10月26日【11月8日】），摘自《列宁全集》第33卷，人民出版社1985年第2版，第9—10页。

### 40. 关于兼并的概念

兼并的概念：

（a）规定兼并的领土即目前这场战争宣战后归并的土地，是不合适的。[①]

（b）任何领土上的居民，只要最近数十年来（从19世纪后半叶起）对于把他们的领土归并入其他国家或者对于他们在该国的地位表示了不满，这些领土都应宣布为兼并领土，——不管这种不满是表现在书籍报刊上，表现在议会、地方自治机关、会议和类似机关的决议中，或是表现在由被归并领土上的民族运动而引起的国家活动和外交活动中，还是表现在民

---

① 拒绝承认把宣战后归并的土地视为兼并领土的定义。

的纠纷、冲突和骚动中等等。①

（1）正式承认有关参战国的每个（非统治的）民族都享有自由自决直至分离和成立独立国家的权利；（2）自决权由自决地区全体居民进行全民投票实现；（3）自决地区的地理界线由本区和邻区以民主方式选出的代表确定；（4）保证实现民族自由自决权的先决条件是：

(a) 从自决地区撤出军队；

(b) 在上述地区安置难民以及战争开始以后由当局迁出的当地居民；

(c) 在该区建立由自决民族以民主方式选举的代表组成的临时管理机构，它有实现 b 款的权利（除其他权利外）；

(d) 在临时管理机构下，成立有权互相监督的谈判双方的委员会；

(e) 实现 b、c 二款所需费用，在占领当局提供的特别基金中开支。

列宁：《和平谈判纲要》（1917 年 11 月 27 日【12 月 10 日】），摘自《列宁全集》第 33 卷，人民出版社 1985 年第 2 版，第 117—118 页。

### 41. 为了革命战争的利益，应该在实际上退却，让出领土，以便赢得时间

现在对德国宣战，就等于接受俄国资产阶级的挑拨。这并不是什么新东西，因为这是目前推翻我们的一个最可靠的办法，——我不说这是绝对可靠的办法，因为不存在任何绝对可靠的东西。布哈林同志说：生活是支持他们的，我们最终还得承认革命战争，——他这样庆祝胜利未免太容易了，因为我们早在 1915 年就预言过革命战争是不可避免的。我们的分歧在于：德国人会怎样，会不会进攻；我们是否本来应该宣布战争状态已经结束；为了革命战争的利益，是否应该在实际上退却，让出领土，以便赢得时间。战略和政治要求我们签订最屈辱的和约。如果我们承认这个策略，我们的分歧就会完全消失。

列宁：《俄共（布）第七次（紧急）代表大会文献》（1918 年 3 月），摘自《列宁全集》第 34 卷，人民出版社 1985 年第 2 版，第 31 页。

### 42. 我们是社会主义祖国的护国派

我们从 1917 年 10 月 25 日起就是护国派了，我们赢得了保卫祖国的权利。我们不维护秘密条约，我们废除了它们，并且向全世界公布了这些秘

---

① 以下是约·维·斯大林写的。——俄文版编者注

密条约，我们保卫祖国使它不受帝国主义者的侵犯。我们在保卫祖国，我们一定胜利。我们维护的不是大国地位（俄国遗留下来的除了大俄罗斯以外，没有任何其他东西），不是民族利益，我们肯定地说，社会主义的利益，世界社会主义的利益高于民族的利益，高于国家的利益。我们是社会主义祖国的护国派。

列宁：《在全俄中央执行委员会和莫斯科苏维埃联席会议上关于对外政策的报告》（1918 年 5 月 14 日），摘自《列宁全集》第 34 卷，人民出版社 1985 年第 2 版，第 319 页。

### 43. 我们承认芬兰有充分的权利享有全部领土，但"为了保卫两个社会主义共和国的共同利益"，经两国政府一致同意，伊诺炮台仍留给俄国

伊诺炮台是彼得格勒的屏碍，按其地理位置来说属于芬兰的版图。我们社会主义俄国的代表同芬兰的工人政府缔结和约时，承认芬兰有充分的权利享有全部领土，但经两国政府一致同意，伊诺炮台仍留给俄国，正如已经缔结的条约 141 中所说，这是"为了保卫两个社会主义共和国的共同利益"。所以，我们的军队在芬兰签订了这个和约，签署了这些条件。所以，资产阶级的反革命的芬兰不能不掀起一场骚乱。所以，芬兰反动的反革命的资产阶级要求收回这个要塞。所以，问题一再闹得很尖锐，现在也还是很尖锐。情况真是千钧一发。

列宁：《在全俄中央执行委员会和莫斯科苏维埃联席会议上关于对外政策的报告》（1918 年 5 月 14 日），摘自《列宁全集》第 34 卷，人民出版社 1985 年第 2 版，第 320 页。

### 44. 现在没有任何别的选择：要么是苏维埃政权在世界上一切先进国家获得胜利，要么是对民主共和国这种形式已经运用自如的英美帝国主义实行反动，疯狂肆虐，摧残一切弱小民族，在全世界复活反动势力

现在，世界事变的进程和俄国一切君主派同英、法、美帝国主义结成联盟的最严酷的教训都**实际**表明：民主共和国是资产阶级的民主共和国，从帝国主义提到历史日程上的问题来看，这种共和国已经过时；现在没有任何**别**的选择：**要么是**苏维埃政权在世界上一切先进国家获得胜利，**要么是**对民主共和国这种形式已经运用自如的英美帝国主义实行反动，疯狂肆虐，摧残一切弱小民族，在全世界复活反动势力。

二者必居其一。

中间道路是没有的。曾几何时，这种看法还被认为是布尔什维克的无知狂想。

**但结果正是如此。**

列宁：《皮季里姆·索罗金的宝贵自供》（1918年11月20日），摘自《列宁全集》第35卷，人民出版社1985年第2版，第189页。

### 45. 国家无非是一个阶级镇压另一个阶级的机器

国家是什么呢？

国家无非是一个阶级镇压另一个阶级的机器。

总之，一个被压迫阶级，现代社会中一切被剥削劳动者的先锋队，应该努力去进行"资本同劳动的决战"，**但不应该触动**资本用来镇压劳动的机器！**不应该摧毁**这个机器！**不应该用**自己的包罗一切的组织**来镇压剥削者**！

……

马克思早在《共产党宣言》中谈到胜利了的工人阶级需要什么样的国家时就说过："国家即组织成统治阶级的无产阶级"①。现在，一个自以为仍然是马克思主义者的人竟出来说，已经全部组织起来并同资本进行"决战"的无产阶级，**不应该把自己的阶级组织变成国家组织**。恩格斯在1891年所说的"在德国已经转到资产阶级甚至很多工人的一般意识中去"的"对国家的迷信"②，就是考茨基在这里所暴露出来的东西。我们的这位庸人"同意"说：工人们，斗争吧（对这点资产者也"同意"，因为工人反正都在斗争，需要考虑的只是怎样把他们利剑的锋芒磨去），——斗争吧，但是**不得胜利**！不要破坏资产阶级的国家机器，不要用无产阶级的"国家组织"去代替资产阶级的"国家组织"！

谁真正同意马克思主义的观点，承认国家无非是一个阶级镇压另一个阶级的机器，谁多少琢磨过这个真理，他就决不会说出这种荒谬绝伦的话来，说什么能够战胜金融资本的无产阶级组织不应当变成国家组织。正是在这一点上现出了小资产者的原形，小资产者正是认为国家"终究"是一种非阶级的或超阶级的东西。究竟为什么可以允许无产阶级"**一个阶级**"去同那不仅统治着无产阶级而且统治着全体人民、全体小资产阶级、全体

---

① 见《马克思恩格斯全集》第4卷第489页。——编者注
② 同上，第22卷第228页。——编者注

农民的**资本**进行决战，却不允许无产阶级"一个阶级"把自己的组织变成国家组织呢？因为小资产者**害怕**阶级斗争，不能把它进行到底，**直到实现最主要的东西**。

列宁：《无产阶级革命和叛徒考茨基》（1918 年 10—11 月），摘自《列宁全集》第 35 卷，人民出版社 1985 年第 2 版，第 260—262 页。

### 46. 我的国家受欺凌了，其他我一概不管——这就是这种推论的结论，这就是它的市侩民族主义的狭隘性

如果威廉统治下的德国人或克列孟梭统治下的法国人说，既然敌人侵入我的国家，我作为一个社会主义者，就有权利和义务保卫祖国，——如果这样说，这就不是社会主义者的推论，不是国际主义者的推论，不是革命无产者的推论，而是**市侩民族主义者**的推论。因为在这种推论中，工人反对资本的革命的阶级斗争不见了，从世界资产阶级和世界无产阶级的角度对**整个战争**的估价不见了，就是说，国际主义不见了，剩下的只是偏狭的顽固的民族主义。我的国家受欺凌了，其他我一概不管——这就是这种推论的结论，这就是它的市侩民族主义的狭隘性。

列宁：《无产阶级革命和叛徒考茨基》（1918 年 10—11 月），摘自《列宁全集》第 35 卷，人民出版社 1985 年第 2 版，第 287—288 页。

### 47. 巴黎公社类型的国家，苏维埃国家通过苏维埃吸引人民参与政治、民主和国家管理

全部问题在于，通过民主共和制实行资产阶级专政的资产阶级国家，不能在人民面前承认这个国家是为资产阶级服务的，不能说**真话**，不得不戴上假面具。

巴黎公社类型的国家，苏维埃国家，则公开地直截了当地对人民说真话，声明它是无产阶级和贫苦农民的专政，并且正是用这样的真话把在任何民主共和制下都是受压抑的千百万新公民吸引到自己方面来，通过苏维埃吸引他们参与政治、**民主**和国家管理。苏维埃共和国从两个首都把一队队武装工人，首先是比较先进的武装工人，派到农村去。这些工人把社会主义带到农村，把贫苦农民吸引到自己方面来，组织他们，教育他们，帮助他们**镇压资产阶级的反抗**。

列宁：《无产阶级革命和叛徒考茨基》（1918 年 10—11 月），摘自《列宁全集》第 35 卷，人民出版社 1985 年第 2 版，第 304—305 页。

## 48. 最富裕的国家已把全世界的领土瓜分完毕，国际托拉斯已开始从经济上瓜分世界

世界资本主义现在（约从20世纪初开始）已发展到帝国主义阶段。帝国主义，或金融资本时代，是高度发达的资本主义经济。这时资本家的垄断同盟——辛迪加、卡特尔、托拉斯已具有决定的意义，大量集中的银行资本已和工业资本溶合起来，资本向外国的输出已发展到极大的规模，最富裕的国家已把全世界的领土瓜分完毕，国际托拉斯已开始从经济上瓜分世界。

列宁：《俄共（布）纲领草案》（1919年2月），摘自《列宁全集》第36卷，人民出版社1985年第2版，第79—80页。

## 49. 能够用说服办法影响逃兵，取得成效，这表明工人国家同农民有一种特殊的关系，与地主国家和资本家国家完全不同

顺便指出，能够用说服办法影响逃兵，取得成效，这表明工人国家同农民有一种特殊的关系，与地主国家和资本家国家完全不同。用棍棒或饥饿来进行压迫，这是后两种国家的纪律赖以维持的唯一手段。工人国家或无产阶级专政国家则用另外的手段来维持纪律，这就是工人说服农民，工农结成同志联盟。如果目睹者告诉你，某某省（例如梁赞省）有成千上万的逃兵自愿回来，群众大会上向"逃兵同志"发出号召，收到的效果有时简直难以形容，你才会了解，工农的这种同志联盟蕴藏着多少未被我们利用的力量。农民有一种偏见，使他们赞成资本家，赞成社会革命党人，赞成"贸易自由"；但农民也有一种明智，使他们日益同工人结成联盟。

列宁：《大家都去同邓尼金作斗争！（俄共（布尔什维克）中央给各级党组织的信）》（1919年7月4日和7日之间），摘自《列宁全集》第37卷，人民出版社1986年第2版，第44—45页。

## 50. 在社会主义国家和资本主义国家共存的时期，我们也愿意在合理的条件下给予承租权，作为俄国从技术比较先进的国家取得技术帮助的一种手段

常常有人问我：有些美国人（不仅是工人，而且主要是资产者）不赞成同俄国打仗，他们希望在缔结和约后不仅同我们恢复贸易关系，而且能够从俄国获得一定的承租权，他们这样想对不对呢？我再说一遍，他们这样想是对的。持久和平会大大改善俄国劳动群众的处境。毫无疑问，俄国劳动群众是会同意给予一定的承租权的。在社会主义国家和资本主义国家

共存的时期，我们也愿意在合理的条件下给予承租权，作为俄国从技术比较先进的国家取得技术帮助的一种手段。

列宁：《致美国工人》（1919年9月23日），摘自《列宁全集》第37卷，人民出版社1986年第2版，第188页。

**51. 国家政权不过是一个工具，各个阶级可以而且应该利用（并应该善于利用）它来为自己的阶级目的服务**

第二国际的"社会党人"（应读作小资产阶级民主派）之所以不理解无产阶级专政，其主要根源就在于他们不理解：

**掌握在一个阶级即无产阶级手里的国家政权，可能并且应该成为把非无产阶级劳动群众吸引到无产阶级方面来的工具，成为把这些群众从资产阶级和各小资产阶级党派那里争取过来的工具。**

满脑子小资产阶级偏见的、忘掉了马克思的国家学说精髓的第二国际"社会党人"先生们，把**国家政权**当作一种圣物，当作一种偶像或者是正式投票产生的合力，当作"彻底民主"的绝对物（以及诸如此类的胡说）。他们没有看到国家政权不过是**一个工具，各个阶级可以而且应该利用（并应该善于利用）它来为自己的阶级目的服务**。

列宁：《立宪会议选举和无产阶级专政》（1919年12月16日），摘自《列宁全集》第38卷，人民出版社1986年第2版，第11—12页。

**52. 无产阶级应该首先推翻资产阶级并为自己争得国家政权，然后用这一国家政权即无产阶级专政作为本阶级的工具来取得大多数劳动者的同情**

机会主义者先生们，包括考茨基分子在内，嘲弄马克思的学说，他们"教导"人民说：无产阶级应当首先利用普选权争得多数，然后根据这种多数人的投票表决来取得国家政权，最后在这个"彻底"（有些人说："纯粹"）民主的基础上组织社会主义。

而我们却根据马克思学说和俄国革命经验说：无产阶级应该首先推翻资产阶级并为自己争得国家政权，然后用这一国家政权即无产阶级专政作为本阶级的工具来取得大多数劳动者的同情。

列宁：《立宪会议选举和无产阶级专政》（1919年12月16日），摘自《列宁全集》第38卷，人民出版社1986年第2版，第12—13页。

**53. 对国际主义者说来，国界问题是次要的，甚至是极其次要的**

对国际主义者说来，国界问题是次要的，甚至是极其次要的。

列宁：《立宪会议选举和无产阶级专政》（1919年12月16日），摘自《列宁全集》第38卷，人民出版社1986年第2版，第20页。

### 54. 至于乌克兰是否要成为一个单独的国家，那是一个极其次要的问题

至于乌克兰是否要成为一个单独的国家，那是一个极其次要的问题。如果乌克兰的工人和农民要尝试一下各种制度，比方说他们在若干年内既实际试一下同俄罗斯联邦合并，又实际试一下与它分离而成为一个独立的乌克兰苏维埃社会主义共和国，又试一下同它结成各种形式的亲密联盟，如此等等，即使出现这样的前景也丝毫不会使我们感到惊奇，也不应该使我们感到恐慌。

列宁：《立宪会议选举和无产阶级专政》（1919年12月16日），摘自《列宁全集》第38卷，人民出版社1986年第2版，第21页。

### 55. 乌克兰要成为一个单独的、独立的乌克兰苏维埃社会主义共和国而同俄罗斯社会主义联邦苏维埃共和国结成联盟（联邦）呢，还是同俄罗斯合并成为一个统一的苏维埃共和国？

在这些特殊任务中，有一个是目前值得特别注意的。这就是民族问题，或者说是这样的问题：乌克兰要成为一个单独的、独立的乌克兰苏维埃社会主义共和国而同俄罗斯社会主义联邦苏维埃共和国结成联盟（联邦）呢，还是同俄罗斯合并成为一个统一的苏维埃共和国？这个问题，所有的布尔什维克、所有觉悟的工人和农民都应当仔细加以考虑。

俄罗斯社会主义联邦苏维埃共和国全俄中央执行委员会和俄国共产党（布尔什维克）都已经承认了乌克兰的独立。所以不言而喻和理所当然的是，只有乌克兰工人和农民自己在全乌克兰苏维埃代表大会上，才能够作出决定并且一定会作出决定：究竟是把乌克兰同俄罗斯合并起来，还是让它成为一个独立自主的共和国；如果取后者，那么在这个共和国和俄罗斯之间应该建立什么样的联邦关系。

……

我们主张建立**自愿的**民族联盟，这种联盟不允许一个民族对另一个民族施行任何暴力，它的基础是充分的信任，对兄弟般团结一致的明确认识，完全的自觉自愿。这样的联盟是不能一下子实现的。应当十分耐心和十分谨慎地去实现这种联盟，不要把事情弄坏，不要引起不信任，要设法消除许多世纪以来由地主和资本家的压迫、私有制以及因瓜分和重新瓜分私有

财产而结下的仇恨所造成的不信任心理。

所以，在力求实现各民族统一和无情地打击一切分裂各民族的行为时，我们对民族的不信任心理的残余应当采取非常谨慎、非常耐心、肯于让步的态度。但在争取劳动摆脱资本压迫的斗争中涉及劳动基本利益的一切问题上，我们决不让步，决不调和。至于现在暂时怎样确定国界（因为我们是力求完全消灭国界的），这不是基本的、重要的问题，而是次要的问题。这个问题可以而且应当从缓解决，因为在广大农民和小业主中，民族的不信任心理往往是根深蒂固的，操之过急反而会加强这种心理，对实现完全彻底的统一这个事业造成危害。

俄国工农革命即1917年10月至11月革命的经验，这个革命在两年内胜利地抵御国内外资本家的侵犯的经验，非常清楚地表明，资本家能够暂时利用波兰、拉脱维亚、爱斯兰和芬兰的农民和小业主对大俄罗斯人的民族不信任心理，能够暂时利用这种不信任心理在他们和我们之间制造纠纷。经验表明：这种不信任心理的消除和消失非常缓慢；长期以来一直是压迫民族的大俄罗斯人表现得愈谨慎、愈耐心，这种不信任心理的消失就愈有保证。我们承认了波兰、拉脱维亚、立陶宛、爱斯兰和芬兰各国的独立，这样就能慢慢地但是不断地取得这些小邻国中深受资本家欺骗压抑的最落后的劳动群众的信任。我们采用了这种方法，现在就能满有把握地使他们摆脱"他们自己"民族的资本家的影响，完全信任我们，向未来的统一的国际苏维埃共和国迈进。

在乌克兰还没有完全从邓尼金手中收复以前，在全乌克兰苏维埃代表大会召开以前，全乌克兰革命委员会①是乌克兰政府。参加这个革命委员会的，即担任政府委员的，除乌克兰布尔什维克共产党人外，还有乌克兰

---

① 全乌克兰革命委员会即全乌克兰军事革命委员会，是乌克兰临时革命政权机关，根据乌克兰中央执行委员会和人民委员会1919年12月11日的决定建立。委员会主席是格·伊·彼得罗夫斯基，成员有弗·彼·扎东斯基、德·扎·曼努伊尔斯基以及斗争派代表和乌克兰左派社会革命党少数派代表各一名。委员会行使乌克兰中央执行委员会和人民委员会的职权，其任务是：大力协助红军彻底歼灭白卫军；消灭地主，废除地主土地占有制；在苏维埃乌克兰建立巩固的工农政权；在乌克兰的大部分领土解放后立即召开全乌克兰苏维埃第四次代表大会。

斗争派共产党人①。斗争派同布尔什维克的区别之一，就在于前者坚持乌克兰无条件独立。布尔什维克不认为**这一点**是引起分歧和分裂的问题，不认为**这一点**会妨碍同心协力地进行无产阶级工作。共产党人只要在反对资本压迫和争取无产阶级专政的斗争中能够团结一致，就不应当为国界问题，为两国的关系是采取联邦形式还是其他形式的问题而发生分歧。在布尔什维克中间，有人主张乌克兰完全独立，有人主张建立较为密切的联邦关系，也有人主张乌克兰同俄罗斯完全合并。为这些问题而发生分歧是不能容许的。这些问题将由全乌克兰苏维埃代表大会来解决。

如果大俄罗斯共产党人坚持要乌克兰同俄罗斯合并，乌克兰人就很容易怀疑，大俄罗斯共产党人坚持这样的政策，并不是出于对无产者在反资本斗争中的团结一致的考虑，而是出于旧时大俄罗斯民族主义即帝国主义的偏见。产生这种不信任是很自然的，在相当程度上是难免的和合乎情理的，因为许多世纪以来大俄罗斯人在地主和资本家的压迫下，养成了一种可耻可憎的大俄罗斯沙文主义偏见。

如果乌克兰共产党人坚持乌克兰无条件的国家独立，也会使人怀疑，他们坚持这样的政策，并不是为了乌克兰工农在反对资本压迫的斗争中的暂时利益，而是出于小资产阶级的、小业主的民族偏见。这是因为我们千百次地从过去的经验中看到，各国小资产阶级"社会党人"，如波兰、拉脱维亚、立陶宛、格鲁吉亚等国的孟什维克、社会革命党人等形形色色的所谓社会党人，都装扮成拥护无产阶级的人，唯一的目的就是用这种欺骗手段来偷运他们同"自己"民族的资产阶级妥协而反对革命工人的政策。

---

① 乌克兰斗争派共产党人即斗争派。

斗争派是乌克兰社会革命党的左派于1918年5月建立的小资产阶级民族主义政党，因该党中央机关报《斗争报》而得名。1919年3月，该党采用了乌克兰社会革命共产党（斗争派）这一名称，8月改称为乌克兰共产党（斗争派）。

斗争派依靠民族主义知识分子，并寻求中农的支持。该党领导人有格·费·格林科、瓦·米·布拉基特内、亚·雅·舒姆斯基等。

列宁和共产党对斗争派采取灵活的策略，力求把追随斗争派的一部分劳动农民和斗争派中的优秀分子争取过来，为取消斗争派这一政党创造条件。

斗争派曾申请加入共产国际，并要求承认他们是乌克兰主要的共产党。1920年2月26日，共产国际执行委员会通过一项专门决定，建议斗争派解散自己的党，加入乌克兰共产党（布）。经过斗争派中央内部的激烈斗争，1920年3月20日全乌克兰斗争派代表会议通过了斗争派自行解散并与乌克兰共产党（布）合并的决议。斗争派成员以个别履行手续的方式被吸收进乌克兰共产党（布）。

我们在俄国1917年2月至10月克伦斯基执政的例子中看到过这种情况，我们在一切国家中从前和现在都看到过这种情况。

由此可见，大俄罗斯共产党人和乌克兰共产党人的互不信任是很容易产生的。怎样消除这种不信任呢？怎样克服这种不信任而求得相互信任呢？

要达到这一点，最好的方法是共同斗争，反对各国的地主和资本家，反对他们恢复自己无限权力的尝试，捍卫无产阶级专政和苏维埃政权。这种共同的斗争会在实践中清楚地表明，不管怎样解决国家独立问题或国界问题，大俄罗斯工人和乌克兰工人一定要结成紧密的军事联盟和经济联盟，不然，"协约国"的资本家，即英、法、美、日、意这些最富裕的资本主义国家联盟的资本家就会把我们一一摧毁和扼杀。我们同得到这些资本家金钱和武器援助的高尔察克和邓尼金作斗争的例子，清楚地说明这种危险是存在的。谁破坏大俄罗斯工农同乌克兰工农的团结一致和最紧密的联盟，谁就是在帮助高尔察克之流、邓尼金之流和各国资本家强盗们。

所以，我们大俄罗斯共产党人，对我们当中产生的一点点大俄罗斯民族主义的表现，都应当极其严格地加以追究，因为这种表现根本背离共产主义，会带来极大的害处，使我们和乌克兰同志之间发生分裂，从而有利于邓尼金和邓尼金匪帮。

所以，我们大俄罗斯共产党人在同乌克兰布尔什维克共产党人及斗争派发生意见分歧时，如果这些意见分歧涉及乌克兰的国家独立问题、乌克兰同俄罗斯联盟的形式问题，总之是涉及民族问题，我们就应该采取让步的态度。但是在无产阶级斗争、无产阶级专政、不允许同资产阶级妥协、不允许分散我们抵抗邓尼金的力量这样一些对各民族来说是共同的根本问题上，我们大家，无论大俄罗斯共产党人、乌克兰共产党人或任何其他民族的共产党人，都是不能让步、不能调和的。

列宁：《为战胜邓尼金告乌克兰工农书》（1919年12月28日），摘自《列宁全集》第38卷，人民出版社1986年第2版，第45—49页。

## 56. 我们不愿为了一块土地而让工人和红军战士流血，况且这个让步不会是永远的

关于同爱沙尼亚媾和的条件问题，列宁同志回答说，我们作了很多让步，主要的是在俄罗斯人和爱沙尼亚人杂居的有争议的领土问题上作了让

步。我们不愿为了一块土地而让工人和红军战士流血，况且这个让步不会是永远的，因为爱沙尼亚正处在克伦斯基执政时期，工人开始认识到他们的立宪会议领袖们洗劫工会和杀死 20 个共产党员的卑鄙行为，他们很快就会推翻这个政权，建立苏维埃爱沙尼亚，同我们缔结新的和约。

列宁：《在普列斯尼亚区非党工人和红军战士代表会议上的讲话》（1920年 1 月 24 日），摘自《列宁全集》第 38 卷，人民出版社 1986 年第 2 版，第 79 页。

### 57. 在帝国主义时代，小国极其软弱，同富裕的大国相比是微不足道的，大国则完全可以支配许多弱小的国家

在帝国主义时代，整个世界分成许许多多大国和小国，小国极其软弱，同富裕的大国相比是微不足道的，大国则完全可以支配许多弱小的国家。帝国主义造成了一个时代，使整个世界，使地球上全体居民分成两类国家，一类是剥削别人、压迫别人的国家，是占少数的国家，另一类是给它们当殖民地的弱小民众的国家，是占多数的国家。

列宁：《在第七届全俄中央执行委员会第一次会议上的报告》（1920 年 2 月 2 日），摘自《列宁全集》第 38 卷，人民出版社 1986 年第 2 版，第 101 页。

### 58. 波兰的地主和资本家太贪得无厌了，他们现在签订和约所得到的领土，比当初我们提议给他们的要小

一个多月以来以至最近一段期间里，我们的部队受挫，一直在退却，因为他们进行了一次空前的远征，从波洛茨克打到华沙，弄得筋疲力尽。但是，我再说一遍，尽管情况这样严重，和约还是签订了，而条件并不象过去那样对波兰有利。那时边界线要偏东 50 俄里，现在则是偏西 50 俄里。可见，虽然我们的部队在退却而弗兰格尔又加紧了进攻，时机只对敌人有利，可是我们签订的和约，条件却比较有利。这又一次向大家证明，苏维埃政权建议缔结和约时所说的话和所作的声明，必须认真对待，否则就会出现这样的情况：我们提出了对我们比较不利的和约，而结果却签订了对我们比较有利的和约。波兰的地主和资本家当然是不会忘记这个教训的，他们明白自己太贪得无厌了，他们现在签订和约所得到的领土，比当初我们提议给他们的要小。

列宁：《在莫斯科省的县、乡、村执行委员会主席会议上的讲话》（1920年 10 月 15 日），摘自《列宁全集》第 39 卷，人民出版社 1986 年第 2 版，第 345—346 页。

**59. 对我们来说，保住几万工人和农民的生命，保证能进行和平建设，要比保全一小块领土更重要**

今年①4月，我们曾建议以对我们不利的条件缔结和约，只是为了使成千上万的工人和农民避免一场新的战争屠杀。边界问题对我们来说并不是那样重要的，我们可以在边界问题上吃点亏，少要一点领土，对我们来说，保住几万工人和农民的生命，保证能进行和平建设，要比保全一小块领土更重要。

列宁：《在莫斯科省的县、乡、村执行委员会主席会议上的讲话》（1920年10月15日），摘自《列宁全集》第39卷，人民出版社1986年第2版，第357—358页。

**60. 我们起草了一个合同草案，规定把堪察加这块位于西伯利亚最东头和东北角的大片领土租给美国人60年，他们有权在那个有石油和煤炭的不冻港建造军港**

堪察加属于前俄罗斯帝国。这是对的。现在它究竟属于谁，还不知道。它好象属于那个叫作远东共和国②的国家所有，但是这个国家的疆界还没有确定。诚然，有关这方面的某些文件正在起草，但是，第一，这些文件还没有拟好，第二，这些文件还没有得到批准。日本统治着远东，它在那里可以为所欲为。如果我们把法律上属于我们而事实上却被日本占领的堪察加让给美国，我们显然会得到好处。这就是我的政治论断的基础，根据这个论断，我们立即决定必须同美国订立合同。当然，这要讲讲价钱，如果我们不讲价钱，任何商人都不会尊重我们。……事情的结果就是这样：我们起草了一个合同草案，还没有签字，草案规定把堪察加这块位于西伯

---

① 1920年。——本书编者注
② 远东共和国是1920年4月在东西伯利亚和远东地区成立的民主共和国，首都在上乌金斯克（现称乌兰乌德），后迁到赤塔。政府领导人是布尔什维克亚·米·克拉斯诺晓科夫、彼·米·尼基福罗夫等。苏维埃俄国政府于1920年5月14日正式承认远东共和国，并提供财政、外交、经济和军事援助。远东共和国是适当当时极为复杂的政治形势而成立的，目的是防止苏维埃俄国同日本发生军事冲突，并为在远东地区消除外国武装干涉和白卫叛乱创造条件。为了领导远东地区党的工作，成立了俄共（布）远东局［后改为俄共（布）中央远东局］。这个特别党组织的任务之一就是保证俄共（布）中央和俄罗斯联邦人民委员会对远东共和国的对内对外政策起决定性作用。在远东大部分地区肃清了武装干涉者和白卫军后，远东共和国国民议会于1922年11月14日作出加入俄罗斯联邦的决定。1922年11月15日，全俄中央执行委员会宣布远东共和国为俄罗斯联邦的一部分。

利亚最东头和东北角的大片领土租给美国人60年，他们有权在那个有石油和煤炭的不冻港建造军港。

> 列宁：《在俄共（布）莫斯科组织积极分子大会上关于租让的报告》（1920年12月6日），摘自《列宁全集》第40卷，人民出版社1986年第2版，第65—66页。

### 61. 我们出租堪察加，是让美帝国主义去反对日本帝国主义，去反对离我们最近、至今还控制着远东共和国的日本资产阶级

我们现在把堪察加租给美国，反正堪察加现在实际上不在我们手中，因为日本军队盘踞在那里。我们现在还不能同日本打仗。我们租给美国这块领土，是为了从经济上加以利用，在那里我们根本没有陆军和海军，也不能把陆海军调到那里去。我们出租这块地方，是让美帝国主义去反对日本帝国主义，去反对离我们最近、至今还控制着远东共和国的日本资产阶级。

由此可见，在租让谈判上，我们的主要利益是政治上的利益。

> 列宁：《在俄共（布）莫斯科组织积极分子大会上关于租让的报告》（1920年12月6日），摘自《列宁全集》第40卷，人民出版社1986年第2版，第99页。

### 62. 我们同许多从前都属于前俄罗斯帝国的国家正式签订了和约，并无条件地承认了它们的独立和主权

我们同许多和俄国西部边疆毗连的国家正式签订了和约，这些国家从前都属于前俄罗斯帝国，现在苏维埃政权根据我国政策的基本原则已经无条件地承认了它们的独立和主权。建立在这个基础上的和平完全可能比资本家和西欧某些国家想要得到的更巩固。

> 列宁：《全俄苏维埃第八次代表大会文献》（1920年12月），摘自《列宁全集》第40卷，人民出版社1986年第2版，第132页。

### 63. 在热那亚会议上，全俄中央执行委员会代表团正确地完成了自己的任务，维护了俄罗斯联邦主权的完整

根据越飞的报告拟订的全俄中央执行委员会决议草案大致如下：

1. 全俄中央执行委员会代表团正确地完成了自己的任务，维护了俄罗斯联邦主权的完整——同试图实行奴役和恢复私有制的行径进行了斗争，和德国缔结了条约。

……

6. 这两种所有制的实际平等——尽管它是暂时的状态，因为目前全世

**界还没有摆脱**私有制及其产生的**经济紊乱**和战争而走向更高级的所有制——仅在拉帕洛条约中得到了体现。因此，全俄中央执行委员会欢迎拉帕洛条约，认为它是摆脱困境、混乱和战争危险的唯一正确的出路（只要还存在着两种所有制，其中包括象资本主义所有制这样过时的所有制）；

认为在俄罗斯联邦同资本主义国家的关系上，**只有**这种类型的条约才是正常的；

——责成人民委员会和外交人民委员部按这种精神执行政策；

——责成全俄中央执行委员会主席团在取得加入俄罗斯联邦的所有共和国的同意后确认这一点；

——命令外交人民委员部和人民委员会，只有在能给俄罗斯联邦的劳动群众带来特殊利益等等特殊情况下，才容许不实行这一点，即准许放弃拉帕洛型的条约。①

> 列宁：《全俄中央执行委员会关于出席热那亚会议代表团的工作报告的决定草案》（1922年5月15日或16日），摘自《列宁全集》第43卷，人民出版社1987年第2版，第189—190页。

### 64. 在民族国家形成的时期，无产阶级的作用有些不同

《**共产党宣言**》指出，工人没有祖国。

这是对的。但是，那里**不仅仅**指出这一点。那里还指出，在民族国家形成的时期，无产阶级的作用有些不同。如果只抓住第一个原理（工人没有祖国），而**忘记了**它同第二个原理（工人组织成为民族的阶级，不过这不是资产阶级所理解的那个意思）②的**联系**，这将是天大的错误。

这种联系是什么呢？我认为，这种联系就是，在**民主**运动中（在这样的时期，在这样的具体情况下）无产阶级不能拒绝支持这个运动（因而，也不能拒绝在民族战争中保卫祖国）。

> 列宁：《致伊·费·阿尔曼德》（1916年11月30日），摘自《列宁全集》第47卷，人民出版社1990年第2版，第465页。

### 65. 在巴黎和会上，苏维埃要求独立和主权

要通知达尼舍夫斯基，让他一开始就郑重声明：

---

① 1922年5月17日第九届全俄中央执行委员会第三次常会讨论了热那亚会议问题并通过一项以列宁的草案为基础的决定。

② 见《马克思恩格斯全集》第4卷第487页。——编者注

(1) 独立和主权，

(2) 边界让步**超过**寇松的要求①，

(3) 不要任何赔款。是否这样？

列宁：《致格·瓦·契切林》（1920年8月14日），摘自《列宁全集》第49卷，人民出版社1988年第2版，第502页。

### 66. 为在短期内实现停战，可以在领土问题上作最大限度的让步

对我们来说，全部实质在于：第一，要在短期内实现停战；第二，也是主要的，就是要有在10天的期限内实现真正媾和的切实保障。您的任务就是保证这一点，并检查为实际执行提供的保障是否切实。如果您能保证这一点，那就可以作出最大限度的让步，直至退让到沙拉河、奥金斯基运河、亚谢利达河、斯特里河以及俄国和加里西亚东部之间的国界一线。如果我们作出一切努力和让步，但仍然无法保证这一点，那么您唯一的任务就是揭露波兰人拖延时间并确凿地向我们证明冬季战局不可避免。

列宁：《给阿·阿·越飞的电报》（1920年9月23日），摘自《列宁全集》第49卷，人民出版社1988年第2版，第556—557页。

### 67. 租让给克虏伯5万俄亩土地一事不仅在经济上，而且在政治上都具有很大的意义

为租让给克虏伯5万俄亩土地一事，农业人民委员部代表阿达莫维奇和另一位同志以及克虏伯的代表克莱特、富尔特和策格豪已动身**去你们那里**，此事不仅在经济上，而且在政治上都具有很大的意义。你们应竭尽全力促使租让合同能签订，这方面的任何懈怠我都将认为是犯罪。请简略电告执行情况。一切详情请函告。②

列宁：《给东南边疆区经济会议的电报》（1922年3月19日），摘自《列宁全集》第52卷，人民出版社1988年第2版，第354—355页。

---

① 指波兰东部边界线（参看本卷第506号文献和注351、353）。这条边界线是1914—1918年帝国主义战争结束后，由协约国最高会议于1919年12月8日断然地确定的。这一边界线在英国外交大臣乔·纳·寇松1920年7月11日致苏维埃俄国政府的照会中提出过，所以后来常被称为"寇松线"。苏维埃政府向波兰提出和谈建议时，准备承认一条比"寇松线"偏东一些的波苏边界线。

② 1922年3月23日，俄罗斯联邦政府同埃森弗里德里希·克虏伯公司签订了一项为期24年的租让合同，把顿河州萨利斯克专区的5万俄亩土地交给该公司"进行合理的农业生产"。根据这个合同，承租人应向农场提供农具、材料、必要的建筑物，每年将总收成的20%交给苏维埃政府作为租金。该合同虽经公司代表签字，但公司经理没有加以批准。（参看本卷第254号和第454号文献）。

# 五　论边疆民族语言问题

**1. 崩得分子要求在党纲中规定每个民族都有使用本民族语言进行学习以及在各种社会团体和国家机关内使用本民族语言的权利**

继组委会事件之后，在大会上发生的第二个重大事件就是关于语言平等的事件，或者象人们在大会上用讽刺的口吻所说的"关于舌头自由"的事件。（马尔托夫："或者叫作'关于驴子'的事件。"笑声）不错，也可以叫作"关于驴子"的事件。事情是这样的。党纲草案中规定，全体公民，不分性别、民族、宗教信仰等等，都享有平等权利。但是崩得分子感到不满足，他们要求在党纲中规定每个民族都有使用本民族语言进行学习以及在各种社会团体和国家机关内使用本民族语言的权利。一个能说会道的崩得分子在发言中拿国家种马场做例子，普列汉诺夫针对他的意见指出，谈论种马场没有必要，因为马不会讲话，"只有驴子才会讲话"。崩得分子为此感到不快，显然认为这是拿他们开玩笑。

列宁：《关于俄国社会民主工党第二次代表大会的报告》（1903年10月14日【27日】），摘自《列宁全集》第8卷，人民出版社1986年第2版，第44页。

**2. 党纲中规定关于语言的条文，李沃夫完全没有自己的论据，只是借口边疆地区会怎么说这一点来敷衍搪塞**

战争是由马尔托夫同志和崩得首领李伯尔同志的争论开始的（第171—172页）。马尔托夫证明只要提出"公民平等"的要求就够了。"舌头自由"被否决了，但是接着提出了"语言平等"，而且有叶戈罗夫同志同李伯尔一起进行战斗。马尔托夫说这是**拜物教**，"因为发言人坚决主张民族平等，而把不平等现象转移到语言问题方面。其实，问题正应该从另一方面来考察：民族不平等现象是存在的，其表现之一就是属于某一民族的人失去了使用本族语言的权利"（第172页）。马尔托夫当时说得完全对。李伯尔和叶戈罗夫毫无理由地企图为他们自己的说法辩护，并且企图证明我们不愿意或者不善于实行民族平等原则，这的确是一种拜物教。确实，他们象"拜物教徒"一样只坚持词句而不坚持原则，他们做事不是怕犯什么原则错误，而是怕别人议论。正是这种动摇心理（如果"别人"因这一点而责备我们，那怎么办呢？）——在发生组织委员会事件时我们已经指出的心理，——我们的整个"中派"在这里表现得十分明显。另一个中派分子，即与"南方工人"社密切接近的矿区代表李沃夫"认为边疆地区提出的关于压制语言平等的问题是个很严重的问题。所以我们必须在党纲中规定关于语言的条文，消除别人可能猜疑社会民主党人搞俄罗斯化的任何推测"。这种对于问题的"严重性"的论证真是太妙了。问题所以很严重，是**因为**必须消除边疆地区的可能的猜疑！这个发言人根本没有谈什么涉及到问题本质的话，根本没有回答关于拜物教的指责，反而完全证实了这个指责，因为他完全没有自己的论据，只是借口边疆地区会怎么说这一点来敷衍搪塞。当时有人对他说：他们**可能**说的话都是**不对**的。而他并不去分析究竟说得对不对，却回答说："**别人可能猜疑**。"

列宁：《进一步，退两步（我们党内的危机）》（1904 年 2—5 月），摘自《列宁全集》第 8 卷，人民出版社 1986 年第 2 版，第 224—225 页。

### 3. 经济流转的需要本身自然会确定一个国家的哪种语言使用起来对多数人的贸易往来有好处

许多报纸都不止一次地提到高加索总督的报告。这个报告的特点并不在于它的黑帮反动主张，而在于它的羞羞答答的"自由主义"。顺便提一下，总督表示反对人为的俄罗斯化，即反对非俄罗斯民族俄罗斯化。高加索非俄罗斯民族的代表**自己**就在竭力教儿童讲俄语，例如，在不一定要教俄语的亚美尼亚教会学校里就有这种情形。

俄国发行最广的自由派报纸之一《俄罗斯言论报》（第 198 号）指出了这一点，并且作了一个公正的结论：在俄国，俄语之所以遭到敌视，"完全是"由于"人为地"（应当说：强制地）推广俄语"引起的"。

该报写道："用不着为俄语的命运担心，它自己会得到全俄国的承认。"这说得很对，因为经济流转的需要总是要使居住在一个国家内的各民族（只要他们愿意居住在一起）学习多数人使用的语言。俄国的制度愈民主，资本主义的发展就会愈有力、愈迅速、愈广泛，经济流转的需要就会愈迫切地推动各个民族去学习最便于共同的贸易往来的语言。但是自由派报纸很快就自己打自己的嘴巴，证明它的自由主义不彻底。

该报写道："就是反对俄罗斯化的人里面也未必会有人反对象俄国这样大的国家应当有一种全国通用的语言，而这种语言……只能是俄语。"

逻辑正好相反！瑞士没有一种全国通用的语言，而是有三种语言——德语、法语和意大利语，但是小小的瑞士并没有因此吃亏，反而得到了好处。在瑞士居民中，德意志人占70%（在俄国，大俄罗斯人占43%），法兰西人占22%（在俄国，乌克兰人占17%），意大利人占7%（在俄国，波兰人占6%，白俄罗斯人占4.5%）。在瑞士，意大利人在联邦议会经常讲法语，这并不是由于某种野蛮的警察法（在瑞士没有这种法律）强迫他们这样做，而纯粹是由于民主国家的文明公民自己愿意使用多数人都懂得的语言。法语之所以没有引起意大利人的仇视，是因为它是一个自由的、文明的民族的语言，而不是靠令人厌恶的警察措施强迫别人接受的语言。

为什么民族成分复杂得多而又极端落后的"庞大的"俄国却一定要保留一种语言的特权，从而**妨碍**自己的发展呢？自由派先生们，情况不是正好相反吗？如果俄国想赶上欧洲，它不是应当尽量迅速、彻底、坚决地取消一切特权吗？

如果取消一切特权，如果不再强迫使用一种语言，那么所有的斯拉夫人就会很快而且很容易地学会相互了解，就不用担心在联邦议会里使用不同的语言发言这一"可怕的"主张。经济流转的需要本身自然会**确定**一个国家的哪种语言使用起来对多数人的贸易往来**有好处**。由于这种确定是各民族的居民自愿接受的，因而它会更加巩固，而且民主制实行得愈彻底，资本主义因此发展得愈迅速，这种确定也就会愈加迅速、愈加广泛。

……

**工人民主派的民族纲领**是：绝不允许任何一个民族，任何一种语言享有任何特权；采取完全自由和民主的办法解决各民族的政治自决问题，即各民族的国家分离权问题；颁布一种全国性的法律，规定凡是赋予某一民族任何特权、破坏民族平等或侵犯少数民族权利的措施（地方自治机关的、市的、村社的等等），都是非法的和无效的，同时国家的每一个公民都有权要求取消这种违反宪法的措施，都有权要求给予采取这种措施的人以刑事处分。

列宁：《自由派和民主派对语言问题的态度》（1913年9月5日【18日】），摘自《列宁全集》第23卷，人民出版社1990年第2版，第447—450页。

### 4. 谁不承认和不维护民族平等和语言平等，不同一切民族压迫或不平等现象作斗争，谁就不是马克思主义者，甚至也不是民主主义者

谁不承认和不维护民族平等和语言平等，不同一切民族压迫或不平等现象作斗争，谁就不是马克思主义者，甚至也不是民主主义者。这是毫无疑问的。但是，大骂其他民族的马克思主义者主张"同化"，这样的假马克思主义者实际上不过是**民族主义的市侩**而已，这也是毫无疑问的。所有的崩得分子以及（我们就要看到的）列·尤尔凯维奇和顿佐夫先生之流的乌克兰民族社会党人，都属于这类不值得尊敬的人物之列。

列宁：《关于民族问题的批评意见》（1913年10—12月），摘自《列宁全集》第24卷，人民出版社1990年第2版，第129—132页。

### 5. 每个住在俄国任何边疆地区的人不需要强制性国语

强制性国语是什么意思呢？实际上，这就是强迫俄国其他各族居民使用仅占俄国居民**少数**的大俄罗斯人的语言。每个学校都**必须**教国语课。一切正式公文都必须使用国语，而不是使用当地居民的语言。

……

自由派对我们说，俄罗斯语言是伟大而有力的。难道你们不愿意让每个住在俄国任何边疆地区的人都懂这种伟大而有力的语言吗？俄罗斯语言必将丰富异族人的文化，使他们享有伟大的文化宝藏，这一点你们就没有看到吗？如此等等。

我们回答他们说：自由派先生们，这一切都说得对。屠格涅夫、托尔斯泰、杜勃罗留波夫、车尔尼雪夫斯基的语言是伟大而有力的，这一点我们比你们更清楚。所有居住在俄国的被压迫阶级，不分民族，都应当尽可能地建立更密切的联系，达到兄弟般的统一，我们对这一点的希望比你们更迫切。我们当然赞成每个俄国居民都有机会学习伟大的俄罗斯语言。

我们不赞成的只有一点，那就是**强制**的成分。我们不赞成用棍棒把人赶进天堂，因为无论你们说了多少关于"文化"的漂亮话，**强制性**国语总还是少不了强制和灌输。我们认为，伟大而有力的俄罗斯语言不需要**用棍棒强迫**任何人学习。我们相信，俄国资本主义的发展，社会生活的整个进程，正在使各民族相互接近。数以万计的人从俄国的这个角落跑到那个角落，居民的民族成分正在混杂糅合起来，隔绝和民族保守状态一定会消失。由于自己的生活条件和工作条件而需要掌握俄罗斯语言的人，不用棍棒强

迫也会学会俄罗斯语言的。而强迫（棍棒）只会引起一种后果：使伟大而有力的俄罗斯语言难以为其他民族集团所接受，主要是会加深敌对情绪，造成无数新的摩擦，增加不和和隔膜等等。

谁需要这些呢？俄国人民、俄国民主派是不需要这些的。俄国人民不赞成**任何**民族压迫，哪怕它"有利于俄国文化和国家本身"。

因此，俄国的马克思主义者说：必须**取消**强制性国语，保证为居民设立用本地语言授课的学校，宪法中还要加一条基本法律条款，宣布任何一个民族不得享有特权，不得侵犯少数民族的权利。

> 列宁：《需要强制性国语吗?》（1914 年 1 月 18 日【31 日】），摘自《列宁全集》第 24 卷，人民出版社 1990 年第 2 版，第 309—311 页。

**6. 边疆地区使用何种语言处理事务，由当地的地方自治机关或自治议会确定，同时，各个少数民族根据平等的原则，有权要求无条件地保护本民族语言的权利**

某一地区或边疆区的一切国家机关和社会团体用何种语言处理事务，由当地的地方自治机关或自治议会确定，同时，各个少数民族根据平等的原则，有权要求无条件地保护本民族语言的权利，例如，要求国家机关和社会团体用来访来函的语言作答复的权利，等等。地方自治机关、市政当局等等不论在财政或行政、司法以及任何其他方面破坏少数民族语言平等的措施应被认为无效，必须根据国家公民提出的抗议予以废除，国家的任何公民不论居住何处都可以提出抗议。

> 列宁：《关于民族平等和保护少数民族权利的法律草案》（1914 年 5 月 6 日【19 日】），摘自《列宁全集》第 25 卷，人民出版社 1990 年第 2 版，第 143—144 页。

**7. 俄国已经有了资本主义经济，它正在使俄罗斯语言成为必不可少的东西**

您**赞成**在俄国推行国语。认为它是"必要的；它起过并且还将起巨大的进步作用"。这我绝对不能同意。我早就在《真理报》上谈过这个问题①，到目前为止还没有发现反驳意见。您的论据完全不能说服我，而是恰恰相反。**俄罗斯**语言对许多弱小民族和落后民族起过进步作用，这是不

---

① 见《列宁全集》第 2 版第 23 卷第 477—450 页。——编者注（该注释"第 477—450 页"，应为"第 447—450 页"——本书编者注）

容争辩的。但是，难道您看不见，假如不搞强迫的话，它本来**可以**在更大的范围内起进步作用？难道"国语"不正是**驱使**大家离开俄罗斯语言的一根棍子吗？？您怎么就不想弄明白在民族问题上特别重要的那种**心理因素**呢？？只要搞一点强迫，这种心理因素就会破坏和损害中央集权、大国家和统一语言的无可争辩的进步作用，使之化为乌有。但是，经济比心理因素**更重要**：俄国**已经**有了**资本主义**经济，它正在使**俄罗斯**语言成为必不可少的东西。您难道不相信经济的力量而想用警察坏蛋们的棍棒来"加强"经济吗？？难道您看不见，您这样做是在**破坏**经济、阻碍经济的发展吗？？难道可恶的警察制度的垮台，不能使保卫和推广俄罗斯语言的自由团体增多十倍（以至千倍）吗？？不，我决不能同意您的意见。并且要责备您，因为您搞的是君主制普鲁士式的社会主义！！

列宁：《致斯·格·邵武勉》（1913年12月6日），摘自《列宁全集》第46卷，人民出版社1990年第2版，第378页。

**8. 在加入我们联盟的其他各民族共和国中使用民族语言这个方面应制定极严格的规章，并对这些规章进行非常认真的检查**

在加入我们联盟的其他各民族共和国中使用民族语言这个方面应制定极严格的规章，并对这些规章进行非常认真的检查。毫无疑问，在我们的现有机关的情况下，我们这里将有人借口铁路业务统一、国库统一等等而干出大量真正俄罗斯式的胡作非为的事情。同这些胡作非为现象作斗争，必须特别机智，不消说参加这一斗争的人要特别真诚。这里要有一个详细的法典，这个法典只有居住在该共和国内的本民族的人才能够比较成功地拟定出来。而且决不应事先保证，由于做了这些工作，在下次苏维埃代表大会上就不会退回去，也就是说，只在军事和外交方面保留苏维埃社会主义共和国联盟，而在其他方面恢复各个人民委员部的完全独立。

列宁：《关于民族或"自治化"问题（续）》（1922年12月31日），摘自《列宁全集》第43卷，人民出版社1987年第2版，第354—355页。

# 下 卷

斯大林论国家统一与领土主权

# 一 论边疆民族问题

**1. "民族问题"在变化**

一切都在变化……社会生活在变化,"民族问题"也跟着在变化。在各个不同的时期,有各个不同的阶级出现在斗争舞台上,而且每一个阶级都是按照自己的观点来理解"民族问题"的。因此,"民族问题"在各个不同时期服务于各种不同的利益,并具有各种不同的色彩,这要看它是由哪一个阶级提出和在什么时候提出而定。

例如,我们这里存在过所谓贵族的"民族问题",当时(在"格鲁吉亚归并于俄国"之后)格鲁吉亚贵族感到丧失他们原先在格鲁吉亚国王统治时代所享有的特权和势力,对于自己是多么不利,他们认为充当"庶民"有伤自己的尊严,所以想要"解放格鲁吉亚"。他们想藉此使格鲁吉亚国王和贵族担当"格鲁吉亚"的领导者,从而把格鲁吉亚人民的命运交给他们!这是封建君主制的"民族主义"。如果不把格鲁吉亚贵族反对在高加索的俄罗斯统治者的个别阴谋计算在内,那么这个"运动"就没有做出任何一件能够博得荣誉的事情,没有在格鲁吉亚人的生活中留下任何显著的痕迹。只要社会生活事变稍微触到这个本来就很软弱的"运动",就足以把它根本破坏。

——《社会主义怎样理解民族问题?一》,摘自《斯大林全集》第1卷,人民出版社1953年第1版,第27—28页。

**2. 现代社会生活又在我们这里提出了资产阶级的民族问题**

同时,现代社会生活又在我们这里提出了资产阶级的民族问题。当年轻的格鲁吉亚资产阶级感到自己很难和"外国"资本家进行自由竞争时,它就通过格鲁吉亚民族民主主义者开始嘟囔起什么独立的格鲁吉亚来了。格鲁吉亚资产阶级想用关税壁垒保护格鲁吉亚市场,用强力把"外国"资产阶级从格鲁吉亚市场赶出去,用人为的方法提高物价,并用这种"爱国的"手腕在发财的角逐场上求得成功。

——《社会主义怎样理解民族问题?一》,摘自《斯大林全集》第1卷,人民出版社1953年第1版,第28页。

### 3. 社会民主党怎样理解"民族问题"

社会民主党怎样理解"民族问题"呢？

俄国无产阶级早就谈到斗争了。大家知道，任何斗争的目的都是要取得胜利。但是，为了无产阶级的胜利，必须不分民族地把一切工人联合起来。很明显，打破民族间的壁垒而把俄罗斯、格鲁吉亚、阿尔明尼亚、波兰、犹太和其他民族的无产者紧密团结起来，乃是俄国无产阶级胜利的必要条件。

俄国无产阶级的利益就是如此。

然而，俄国专制制度是俄国无产阶级最凶恶的敌人，它经常阻挠无产者的团结事业。它用强盗手段摧残俄国各"异"族的民族文化、语言、风俗和机关。专制制度剥夺了他们应有的公民权利，从各方面压制他们，口蜜腹剑地在他们中间散播猜忌和仇视，挑起他们的流血冲突。这表明俄国专制制度的唯一目的是要离间俄国境内的各个民族，加强他们之间的民族纠纷，巩固民族壁垒，从而更加顺利地分裂无产者队伍，更加顺利地把整个俄国无产阶级分散为小的民族集团，以便扼杀工人的阶级觉悟，破坏工人的阶级团结。

俄国反动势力的利益就是如此，俄国专制制度的政策就是如此。

很明显，俄国无产阶级的利益迟早一定要和沙皇专制制度的反动政策发生冲突。事实果然这样，社会民主党的"民族问题"正是在这个基础上产生的。

应该怎样打破耸立在各民族间的民族壁垒，应该怎样消灭民族的闭关自守状态，以便使俄国各民族无产者更好地互相接近起来、更紧密地团结起来呢？

社会民主党的"民族问题"的内容就是如此。

社会民主联邦主义者回答说：应该分成各个民族政党并把它们组成一个"自由联盟"。

"阿尔明尼亚社会民主工人组织"也再三重复这样的话。

由此可见，他们劝我们不要团结成一个由统一的中央来领导的全俄政党，而要分成由几个中央来领导的几个政党，并且还说这都是为了加强阶级团结！我们想使各民族的无产者互相接近起来。我们究竟应当采取什么办法呢？社会民主联邦主义者回答说：只要使各民族的无产者互相疏远就可以达到目的！我们想把无产者联合成一个政党。我们究竟应当采取什么办法呢？社会民主联邦主义者回答说：只要把俄国无产阶级分散为各个政党就可以达到目的！我们想要消灭民族壁垒。我们究竟应当采取什么办法呢？他们回答说：只要用组织上的壁垒来加强民族间的壁垒就可以达到目的！这一切就是他们给我们这些有着一个共同敌人并在相同的政治条件下进行斗争的俄国无产者出的主意！总之，他们对我们说，你们要干得使敌人拍手称快，并且亲手葬送你们的共同目的！

好吧，我们就暂且同意社会民主联邦主义者的意见，跟着他们走，看他们要把我们引到哪里去！俗语说得好：追问撒谎人，就要追到撒谎的大门。

假定我们听从了我们那些联邦主义者的意见并建立了各个民族的政党，那末由此会得到什么结果呢？

这是不难了解的。在以前，当我们还是集中主义者的时候，我们是把主要注意力放在无产者的共同生活条件上、放在他们的一致利益上的，而关于他们的"民族差别"，我们只是在和他们的共同利益不相抵触的范围内来谈的；在以前，我们认为最首要的问题是要弄清楚俄国各民族无产者之间一致的地方在哪里，他们之间的共同点是什么，以便在这些共同利益的基础上建立一个全俄工人的集中的政党。而现在，当"我们"已成为联邦主义者的时候，引起我们注意的却是一个新的最主要的问题：要弄清楚俄国各民族的无产者之间有什么不同，他们之间有什么差别，以便在"民族差别"的基础上建立各个民族的政党。这样：在集中主义者是次要东西的"民族差别"，在联邦主义者却成为建立各民族政党的基础了。

如果我们沿着这条路再走下去，那末我们迟早就要得出一个结论：例如，阿尔明尼亚无产者的"民族的"和某些其他的"差别"是和阿尔明尼亚资产阶级的这些"差别"一样的；阿尔明尼亚无产者和阿尔明尼亚资产者具有同样的习俗和性格；他们组成一个民族，组成一个不可分割的"民族"。这就离"共同行动的统一基础"不远了，不论资产者或无产者，作为同一"民族"的成员都应当站在这个基础上，互相亲密地携起手来。这时，专制沙皇的伪善政策可能被认为是这种友谊的"新的"明证，而关于阶级对抗的言论将被认为是一种"不切实际的教条"。何况还有人会用他那富存诗意的手"更大胆地"拨动暂时还存在于俄国各民族无产者中间的狭隘的民族琴弦，弹出他所需要的调子来。沙文主义的骗术将会博得信用（信任），朋友会被认作敌人，而敌人会被认作朋友，于是就要发生混乱，而俄国无产阶级的阶级觉悟也就要降低了。

这样，我们不是打破民族壁垒，而是依照联邦主义者的美意，用组织上的壁垒把它更加巩固起来；我们不是把无产阶级的阶级觉悟向前推进，而是把它扔到后面，使它受到危险的考验。于是，专制沙皇"就要兴高采烈"了，因为他永远也得不到像我们这样不取报酬的助手。

难道我们是要达到这样的结果吗？

最后，我们本来需要一个统一的灵活的集中的党，这个党的中央委员会能在瞬息间发动全俄工人，并领导他们向专制制度和资产阶级作坚决的冲击，可是有人却硬塞给我们一个畸形的、分散成各个政党的"联邦式的联盟"！他们给我们的不是锋利的武器，而是生锈的武器，并保证说：你们用这个武器可以更快地消灭你们的势不两立的敌人！

你们看，社会民主联邦主义者要把我们引导到哪里去！

可是，因为我们不是要"巩固民族壁垒"，而是要打破这种壁垒，因为我们需要的不是生锈的武器，而是锋利的武器，以便根除现时的不公平制度，因为我们不是想叫敌人拍手称快，而是想叫敌人大吃苦头，并把他们消灭干净，所以很明显，我们应该撇开联邦主义者，而找出解决"民族问题"的更好的答案。

——《社会主义怎样理解民族问题？一》，摘自《斯大林全集》第1卷，人民出版社1953年第1版，第30—35页。

### 4. 社会民主联邦主义者先生们要求些什么呢？

社会民主联邦主义者先生们要求些什么呢？

（一）要求"俄国各民族的公民权利平等"吗？

……

我们非常了解公民权利对于无产者有多么大的意义。公民权利是一种斗争武器，剥夺这些权利就等于剥夺武器；谁不知道没有武器的无产者就不能很好地进行斗争呢？俄国无产阶级正需要俄国各民族的无产者都能很好地进行斗争，因为这些无产者斗争得愈好，他们的阶级觉悟就愈高，而他们的阶级觉悟愈高，俄国无产阶级的阶级团结也就愈紧密。是的，这一切我们都知道，因此我们无论现在和将来都要用全力为俄国各民族的公民权利平等而斗争！你们只要读一读我们党纲第七条上党所规定的"全体公民不分性别、宗教信仰、种族和民族，一律享有完全平等权利"，就会知道俄国社会民主工党负有实现这些要求的责任。

社会民主联邦主义者还要求些什么呢？

（二）要求"俄国各民族的语言自由"吗？

……

语言是发展和斗争的工具。不同的民族有不同的语言。俄国无产阶级的利益，要求俄国各民族的无产者有充分权利使用那种能够保证他们更容易受到教育，更好地在各种会议上，在各种公共机关、国家机关和其他机关中和敌人作斗争的语言。本族语言就被公认为这样的语言。他们说：各"异"族的无产者使用本族语言的权利被剥夺了，难道我们能够默不作声吗？究竟我们的党纲是怎样回答俄国无产阶级这个问题的呢？你们只要读一读我们党纲第八条上我党所要求的"居民有权利用本族语言受教育，由国家和地方自治机关出资设立为保证实现这一权利所必需的学校；每个公民都有权在会议上用本族语言发表意见；在一切地方的公共机关和国家机关中，本族语言应当与国定语言同样使用"，——"你们只要读了这一条，就会相信俄国社会民主工党也负有实现这一要求的责任。"

社会民主联邦主义者还要求什么呢？

（三）要求"俄国各民族的自治"吗？

你们想藉此说明同一法律不能同样适用于俄国境内因独特的生活条件和居民成分而互不相同的各个地方吗？你们想让这些地方都有权使一般的国家法律适合于它们的独特条件吗？如果是这样，如果你们要求的内容是这样，那就必须用适当的形式表达出这个要求，必须消除民族主义的烟雾即糊涂观念而直截了当地述说出来。如果你们听从这个劝告，那末你们就会相信我们丝毫也不反对这个要求。我们毫不怀疑，俄国境内因独特的生活条件和居民成分而互不相同的各个地方不能同样应用国家宪法，这样的地方应该有权用适当的形式来实施一般的国家宪法，以便得到更大的好处，以便更充分地发挥人民中间的政治力量。这是俄国无产阶级的阶级利益所要求的。如果你们再读我们党纲第三条上我党所要求的"施行广泛的地方自治，保证各个具有独特的生活条件和居民成分的地方有权实行区域自治"，那末你们就会看到俄国社会民主工党先要把这个要求的民族主义烟雾廓清，然后把实现这个要求的责任担负起来。

（四）你们是向我们指出沙皇专制制度野蛮地摧残俄国各"异"族的"民族文化"，横暴地干涉他们的内部生活并从各方面压制他们，野蛮地破坏了（并继续破坏着）芬兰人的文化机关，残暴地掠夺了阿尔明尼亚的民族财产等等吗？你们要求保证不受专制制度残暴的蹂躏吗？难道我们没有看见沙皇专制制度的暴行吗？难道我们不是一直在反对这种暴行吗？！目前谁都看得很清楚，现在的俄国政府是如何在压制和绞杀俄国各"异"族的人民。同样毫无疑义，政府的这种政策每天都在腐蚀俄国无产阶级的阶级觉悟，使它受到危险的考验。因此，我们随时随地都要反对沙皇政府这种含有腐蚀作用的政策。因此，我们随时随地都要保卫这些民族的各种机关，使之免受专制制度宪警暴力的摧残，我们不仅要保卫它们的有益的机关，并且要保卫它们的无益的机关，因为俄国无产阶级的利益向我们提示：只有各民族自己才有权消灭或发展本民族文化的某一方面。但是，请读一读我们的党纲第九条吧。难道我们的党纲第九条不就是讲的这一点吗？要附带说一句，这一条无论在我们的敌人或友人中间都引起了纷纷的议论。

……

依据第九条的规定，各"异"族人民有按照自己愿望来处理本民族事务的权利。而我们，依据同一条规定，则应该设法使这些民族的愿望成为真正社会民主主义的愿望，使这些愿望是从无产阶级的阶级利益出发的，为此就必须以社会民主主义精神去教育这些民族的无产者，而对某些反动的"民族的"习惯、风俗和机关则进行严厉的社会民主主义的批判，但这并不妨碍我们保护这些习惯、风俗和机关，使之不受宪警暴力的迫害。

关于"民族问题"还有什么没有谈到呢？

（五）是"捍卫民族精神及其特性"吗？

但是，这种"民族精神及其特性"是什么呢？科学老早通过辩证唯物主义证明了任何"民族精神"都不存在，而且也不能存在。有谁驳倒过辩证唯物主义的这个观点吗？历史告诉我们，谁也没有驳倒过。因此，我们应该赞同上述的科学观点，应该同科学一起重复说：任何"民族精神"都不存在，而且也不能存在，那么不言而喻，对于根本不存在的东西要加以任何捍卫，在逻辑上是愚蠢的，这种愚蠢必然会引起相应的、历史上的（不良）后果。也许只有"格鲁吉亚报"，即"革命的格鲁吉亚社会联邦主义党的机关报"（见"格鲁吉亚报"第九期），才适于谈论这种"哲学的"蠢话。

——《社会主义怎样理解民族问题？二》，摘自《斯大林全集》第1卷，人民出版社1953年第1版，第36—45页。

### 5. 我们党是把民族问题分成了各个部分，吸取了这个问题中的精华

……我们党是把民族问题分成了各个部分，吸取了这个问题中的精华，把它注入自己纲领的血管中，并借此表明了在社会民主党内应如何解决"民族问题"，以便根本打破民族壁垒而片刻也不离开我们的原则。

——《社会主义怎样理解民族问题？二》，摘自《斯大林全集》第1卷，人民出版社1953年第1版，第46页。

### 6. 各民族友爱万岁

公民们！革命无产阶级的运动正在发展，民族间的壁垒正在崩溃！俄国各民族的无产者正在团结成一支各民族的大军，无产阶级运动的许多细流正在汇合成一条总的革命洪流。这条洪流的浪潮日益高涨，日益猛烈地冲击着沙皇的宝座。腐朽的沙皇政府摇摇欲坠了。无论监狱、苦役或绞架，都阻止不住无产阶级的运动。这个运动日益发展起来了！

沙皇政府为了巩固自己的宝座，想出了一个"新"办法。它煽动俄国各民族互相敌视，它唆使俄国各民族互相残杀，它力求把无产阶级总的运动分裂成一些零星的运动并使其互相对抗，它组织蹂躏犹太人、阿尔明尼亚人的暴行，如此等等。而这一切都是为了用兄弟自相残杀的战争来离间俄国各民族，削弱它们，然后毫不费力地把它们一一征服！

分而治之，——这就是沙皇政府的政策。沙皇政府在俄国各个城市是这样干的（请回顾一下哥美里、基什涅夫及其他城市的蹂躏行为），在高加索也是这样干的。下贱的东西！它力求用公民的鲜血和尸体去巩固它那可恶的宝座！巴库城内濒于死亡的阿尔明尼亚人和鞑靼人的呻吟，妻子、母亲和孩儿的眼泪，诚实而尚未觉悟的公民的无辜鲜血，手无寸铁、死里逃生的人们的惊惶神色，被毁坏的家园，被劫掠一空的商店和不绝于耳的可怕的枪声，——这就是屠杀诚实公民的刽子手沙皇用以巩固他那宝座的东西。

是的，公民们！是他们这帮沙皇政府的走卒唆使一部分还没有觉悟的鞑靼人去残杀和平的阿尔明尼亚人！是他们这帮沙皇政府的走狗把枪枝和

子弹发给鞑靼人,叫警察和哥萨克穿上鞑靼服去残杀阿尔明尼亚人!这帮沙皇的奴才花了两个月的时间制造这次兄弟自相残杀的战争,他们的野蛮目的毕竟达到了。罪该万死的沙皇政府!

现在,可鄙的沙皇手下这帮可鄙的奴仆又竭力要在我们梯弗里斯挑起兄弟自相残杀的战争!他们要你们流血,他们想分制你们,统治你们!你们可要警惕呀!阿尔明尼亚人、鞑靼人、格鲁吉亚人和俄罗斯人,你们要携起手来,更紧密地团结在一起,政府企图分裂你们,你们就一致回答它:打倒沙皇政府!各族人民友爱万岁!

大家携起手来,联合起来,团结在无产阶级的周围,团结在这个真正能把巴库惨案的唯一祸首沙皇政府葬入坟墓的力量的周围。

——《各民族友爱万岁!》,摘自《斯大林全集》第1卷,人民出版社1953年第1版,第71—73页。

## 7. 有谁能摧毁资本主义制度,有谁能使地球上的各民族团结一致呢?只有社会民主党所领导的无产阶级

公民们,你们想消灭任何民族歧视吗?你们想求得各族人民的完全团结一致吗?如果这样,那你们就要知道,只有消灭不平等现象,只有铲除资本主义制度才能消灭一切民族纠纷!

社会主义的胜利,——这就是你们最后应该达到的目的!

可是,有谁能把卑鄙龌龊的沙皇制度连根铲除,有谁能使你们永不遭受蹂躏呢?只有社会民主党所领导的无产阶级。

有谁能摧毁资本主义制度,有谁能使地球上的各民族团结一致呢?也只有社会民主党所领导的无产阶级。无产阶级,也只有无产阶级,才能为你们争得自由与和平。

那么,你们就团结在无产阶级的周围,站到社会民主党旗帜下面来吧!

公民们,站到红旗下面来吧!

打倒沙皇专制制度!

民主共和国万岁!

打倒资本主义!

社会主义万岁!

红旗万岁!

——《告公民书。红旗万岁》,摘自《斯大林全集》第1卷,人民出版社

1953 年第 1 版，第 77—78 页。

### 8. 伦敦代表大会使全俄国先进工人进一步统一为一个不可分割的党

伦敦代表大会结束了。和那些自由派的无聊文人、形形色色的维尔格什斯基之流及库斯柯娃之流的希望相反，代表大会所给予我们的不是党的分裂，而是进一步的团结，使全俄国先进工人的进一步统一为一个不可分割的党。这是真正的全俄国的统一代表大会，因为我们的波兰同志、崩得同志和拉脱维亚同志第一次最广泛最全面地派出代表参加了这次代表大会，他们第一次积极地参加了党代表大会的工作，从而他们也就第一次把自己组织的命运和全党的命运最直接地联系起来了。在这个意义上说，伦敦代表大会大大地向前推进了俄国社会民主工党的团结和巩固的事业。

……

从民族观点来看，代表大会的成分也是很值得注意的。统计数字表明孟什维克派大多数是犹太人（当然不算崩得代表），其次是格鲁吉亚人，再次是俄罗斯人。布尔什维克派绝大多数却是俄罗斯人，其次是犹太人（当然不算波兰代表和拉脱维亚代表），再次是格鲁吉亚人等等。关于这一点，布尔什维克中曾有人（好像是阿列克辛斯基同志）开玩笑说，孟什维克是犹太人的派别，布尔什维克是真正俄罗斯人的派别，所以我们布尔什维克不妨在党内来一次蹂躏犹太人的暴行。

两个派别的成分如此，是不难解释的，因为布尔什维主义的策源地主要是大工业区，除波兰外，都是纯粹俄罗斯人的区域；孟什维克的区域却是小生产的区域；同时是犹太人、格鲁吉亚人等等的区域。

——《俄国社会民主工党伦敦代表大会》，摘自《斯大林全集》第 2 卷，人民出版社 1953 年第 1 版，第 49—53 页。

### 9. 关于"民族文化自治"的决议

在使取消派代表会议流芳百世的一系列决议中，关于"民族文化自治"的决议也占着相当重要的位置。

请看这项决议：

"据高加索代表团报告，俄国社会民主工党高加索各地组织的最近一次代表会议和这些组织的机关刊物都表达了高加索同志们的一个意见，即必须提出民族文化自治的要求。代表会议在听取了这个报告以后，对这一要求的实质不表示意见，认定对党纲中承认每一民族均有自决权的条文这样解释和党纲原意并不抵触,并希望把民族问题列入即将召开的俄国社会民主工党代表大会的议程。"

这个决议之所以重要,不仅在于它表现了取消派对已经掀起的民族主义浪潮显出机会主义模棱态度,它之所以重要,还在于这个决议简直是字字珠玉。

例如,决议中声明说,代表会议"对这一要求的实质不表示意见",但加以"认定"并作出决定,这是多么珍贵?要知道只有在轻歌剧里才能这样做出"决定"!

又如这样的话,"对党纲中承认每一个民族均有自决权的条文这样解释和党纲原意并不抵触"。真是耐人寻味!党纲的这一条(第九条)说到各民族的自由、各民族自由发展的权利和党反对任何民族压迫的责任。一般说来,按照这一条的原意,民族权利是不应当受到限制的,是可以一直扩大到实行自治制和联邦制,甚至实行分离制的。这是不是说,某一民族,不管它怎样决定自己的命运,决定拥护中央集权制或决定实行分离制,对党来说都是无所谓的,都是同样好的呢?这是不是说,仅仅根据一项抽象的民族权利,"对这一要求的实质不表示意见",就可以建议(哪怕是间接地),一些民族实行自治制,另一些民族实行联邦制,再一些民族实行分离制呢?各民族有权决定自己的命运,但这是不是说,党就不应当影响民族的意志去作最符合于无产阶级利益的决定呢?党赞成宗教信仰自由,赞成人们有信奉任何宗教的权利。是不是由此就可以得出结论说,党将拥护波兰的天主教、格鲁吉亚的正教、阿尔明尼亚的格列高里教而不和这一类的世界观作斗争呢?……而且党纲第九条和民族文化自治是两个完全不同的东西,它们可能互相"抵触",就像海奥勃斯的金字塔和臭名远扬的取消派代表会议可能互相"抵触"一样,这难道不是不言而喻的吗?

可是要知道代表会议正是用这种圆滑的手腕去"解决"问题的。

在取消派上述决议中最重要的一点是高加索取消派在思想上的混乱,他们背弃了高加索旧日的国际主义旗帜而使代表会议通过了这项决议。

高加索取消派转到民族主义方面去并不是偶然的。取消党的传统,这是他们早已开始了的,废除最低纲领的"社会部分",取消"无产阶级的领导权"(见《辩论专页》第二号),宣布秘密的党是附属合法组织的辅助组织(见《日志》第九期),这一切都是尽人皆知的事情。现在又轮到民族问题上来了。

高加索组织从刚产生时（九十年代初）起就具有严格的国际主义性质。格鲁吉亚的、俄罗斯的、阿尔明尼亚的和回民的工人结成统一的组织，同心协力对敌斗争，——这就是当时党的生活情形……

一九〇三年，给高加索联盟奠定了基础的高加索（实际上是南高加索）社会民主党组织的第一次代表大会（成立大会），再次宣布按国际主义精神建立组织的原则是唯一正确的原则。从那时起，高加索社会民主党就在反对民族主义的斗争中成长起来了。格鲁吉亚的社会民主党人同"本族的"民族主义者，同民族民主主义者和联邦主义者进行了斗争；阿尔明尼亚的社会民主党人同"本族的"达什纳克党人进行了斗争；回民社会民主党人同大伊斯兰主义者进行了斗争。而且高加索社会民主党在反对这些分子的斗争中不分党内派别，扩大并巩固了自己的组织……一九〇六年，在高加索区域代表会议上第一次冒出个民族文化自治的问题来。一小撮库泰依斯人把它提出来并要求作正面的决定。照当时的说法，问题"被断然否决了"，其所以如此的原因之一，就是以柯斯特罗夫和本文作者为代表的两派都同样激烈地反对它。当时做了决定：所谓"高加索区域自治"是解决民族问题的最好办法，是最符合在斗争中联合起来的高加索无产阶级的利益的。是的，一九〇六年的情况就是这样。在以后的几次代表会议上都会一再申述此项决议，无论是孟什维克的或布尔什维克的、公开的或秘密的高加索报刊都维护它并广泛地传播它……

可是，到了一九一二年，"原来""我们"也需要民族文化自治了，当然（当然！）是为了无产阶级的利益！究竟是怎么回事呢？发生什么变化了吗？也许是高加索无产阶级的社会主义觉悟降低了吧？如果是那样的话，那末在工人之间树立民族组织的和"文化的"壁垒是最不明智的了！也许是高加索无产阶级的社会主义觉悟提高了吧？如果是那样的话，那末又该怎样称呼那些人为地竖起并巩固正在瓦解着的谁也不需要的壁垒的所谓"社会主义者"呢？……那末，究竟是怎么回事呢？原来是农民的库泰依斯拖走了梯弗里斯的"社会民主党的十月党人"。高加索取消派的活动今后将由被黩武的民族主义所吓倒的库泰依斯农民来支配。高加索的取消派挡不住民族主义的浪潮，他们已经失掉久经考验的国际主义的旗帜，而且……去"随着"民族主义的"浪潮"起伏，并把最后的财富扔到海里：

"去它的吧，多么无用的东西。"……

但是，说了第一的人，必然要说第二，因为一切东西都有自己的逻辑！格鲁吉亚、阿尔明尼亚、回民和其他取消派的政党都将附和高加索取消派所提出的格鲁吉亚的、阿尔明尼亚的、回民的（和亲俄罗斯的？）民族文化自治了。结果就不是共同的组织，而是按民族划分的单独组织，可以说就是格鲁吉亚的、阿尔明尼亚的和其他的"崩得"。

高加索取消派先生们不正是把民族问题的"解决"引到这个方向去吗？

好，我们但愿他们拿出勇气，爱怎么干就怎么干吧！

无论如何我们可以使他们相信，高加索组织中的另一部分人，即格鲁吉亚、俄罗斯、阿尔明尼亚和回民组织中有党性的社会民主党人，将坚决地和民族主义取消派的先生们，和这些背叛了光荣的国际主义旗帜的高加索叛徒们一刀两断。

——《在走向民族主义的道路上——高加索来信》，摘自《斯大林全集》第2卷，人民出版社1953年第1版，第283—287页。

### 10. 马克思主义和民族问题

俄国的反革命时期不仅带来了"雷鸣电闪"，而且带来了对运动的悲观失望、对共同力量的怀疑顾虑。从前人们相信"光明的未来"，所以大家不分民族地共同进行斗争：共同的问题高于一切！后来人们心中发生了疑问，于是大家开始分手四散，回到民族的院落里去：让个人只靠自己吧！"民族问题"高于一切！

同时国内经济生活发生了重大的变化。一九〇五年不是白白过去的：农村中的农奴制残余又受到了一次打击。连年饥荒之后的几次丰收和接着到来的工业高涨促进了资本主义的发展。农村中的分化和城市的增长，商业和交通的发展，都向前迈进了一大步。这种情形在边疆地区尤其显著。可是这种情形不能不加速俄国各民族内部经济团结的过程。于是这些民族必然要行动起来……

这一时期所确立的"宪制"也起了唤醒各民族的作用。报纸和一般书刊的增多，出版事业和文化机关的某些自由，人民剧院的发展等等，无疑地都加强了"民族意识"。杜马及其选举运动和政治集团给各个民族的活跃造成了新的机会，给各个民族的动员造成了新的广阔场所。

可是从上层掀起的黩武的民族主义浪潮，"当权人物"用来报复"爱好自由"的边疆地区的种种高压手段，在下层激起了民族主义的逆流，这种民族主义有时变成粗暴的沙文主义。犹太人中锡安主义的加强，波兰的沙文主义的增长，鞑靼人中大伊斯兰主义的盛行，阿尔明尼亚人、格鲁吉亚人、乌克兰人中民族主义的加强，一般庸人的反犹太主义的共同倾向，——这一切都是人所共知的事实。

民族主义的浪潮日益汹涌地逼来，大有席卷工人群众之势。解放运动愈趋低落，民族主义的花朵就愈加怒放。

在这困难的关头，社会民主党负有崇高的使命：给民族主义一个反击，使群众不受一般"时疫"的传染。因为社会民主党，而且只有社会民主党，才能负起这个使命，用久经考验的国际主义武器，用统一而不可分的阶级斗争去对抗民族主义。民族主义的浪潮来势愈汹涌，社会民主党争取俄国各民族无产者友爱团结的呼声就应当愈响亮。各边疆地区直接接触到民族主义运动的社会民主党人，在这一点上需要有特别的坚定性。

然而并非所有的社会民主党人，首先是各边疆地区的社会民主党人，都能很好地完成自己的任务。崩得从前强调共同的任务，现在却把它自己特殊的纯粹民族主义的目的放在首位，甚至把"过安息日"和"承认行话"当做自己竞选纲领中的战斗性条文①。高加索也步崩得的后尘：一部分高加索社会民主党人从前曾和其余的高加索社会民主党人一起否定过"民族文化自治"，现在他们却把它当做迫切的要求提了出来②。至于取消派代表会议用外交手腕批准民族主义的动摇思想③就更不用说了。

由此可见，俄国社会民主党在民族问题上的观点并不是所有的社会民主党人都已经明白的。

显然，对于民族问题还必须进行一番认真的和全面的讨论。彻底的社会民主党人应当一致努力消除民族主义的迷雾，不管这种迷雾来自何方。

一、民族

民族是什么呢？

---

① 见《崩得第九次代表会议文件汇编》。
② 见《八月代表会议的通报》。
③ 同上。

民族首先是一个共同体，是由人们组成的确定的共同体。

这个共同体不是种族的，也不是部落的。至今的意大利民族是由罗马人、日耳曼人、伊特剌斯坎人、希腊人、阿拉伯人等等组成的。法兰西民族是由高卢人、罗马人、不列颠人、日耳曼人等等组成的。英吉利民族、德意志民族等也是如此，都是由不同的种族和部落的人们组成的。

总之，民族不是种族的共同体，也不是部落的共同体，而是历史上形成的人们的共同体。

另一方面，居鲁士帝国或亚历山大帝国虽然是历史上形成的，是由不同的部落和种族组成的，但无疑地不能称为民族。这不是民族，而是偶然凑合起来的、内部缺少联系的集团的混合物，其分合是依某一征服者的胜败为转移的。

总之，民族不是偶然的、昙花一现的混合物，而是由人们组成的稳定的共同体。

然而并非任何一个稳定的共同体都是民族。奥国和俄国也是稳定的共同体，但是谁也不称它们为民族。民族的共同体和国家的共同体有什么区别呢？其中一个区别是民族的共同体非有共同的语言不可，国家却不一定要有共同的语言。奥国境内的捷克民族和俄国境内的波兰民族不能没有各该民族的共同的语言，而奥国和俄国内部有许多种语言的事实并不妨碍这两个国家的完整。当然，这里所指的是民众的口头语言，而不是官场的文牍语言。

总之，共同的语言是民族的特征之一。

当然不是说不同的民族无论在何时何地都操着不同的语言，也不是说凡操着同一语言的人们一定是一个民族。每个民族都有共同的语言，但不同的民族不一定要有不同的语言！没有一个民族会同时操着几种不同的语言，但并不是说不能有两个民族操着同一语言！英吉利人和北美利坚人操着同一语言，但他们毕竟不是一个民族。挪威人和丹麦人，英吉利人和爱尔兰人也是如此！

但是，像英吉利人和北美利坚人虽然有共同的语言，却不是一个民族，这是什么道理呢？

首先因为它们不是生活在一起，而是生活在不同的地域上。只有经过长期不断的交往，经过人们世世代代的共同生活，民族才能形成起来。而长期的共同生活又非有共同的地域不可。从前英吉利人和美利坚人居住在一个地域上，即居住在英国，所以当时是一个民族。后来一部分英吉利人从英国迁移到新的地域，迁移到美洲，于是在这个新的地域上逐渐形成了新的民族，即北美利坚民族。由于有不同的地域，结果就形成了不同的民族。

总之，共同的地域是民族的特征之一。

但这还不够。单有共同的地域还不能形成民族。要形成民族，除此之外，还需要有内部的经济联系来把本民族中各部分结合为一个整体。英国和北美之间没有这种联系，所以它们是两个不同的民族。但是，假如北美各地未因彼此分工、交通发达等等而联成一个经济上的整体，那末北美利坚人本身也就不配叫做民族。

就拿格鲁吉亚人来说吧。改革时期以前的格鲁吉亚人虽然生活在共同的地域上，操着同一语言，可是严格说来，他们当时还不是一个民族，因为它们被分割成许多彼此隔离的公国，未能过共同的经济生活，长期互相混战，彼此破坏，往往假借波斯人和土耳其人的手来自相残杀。虽然有时某个侥幸成功的皇帝也曾勉强把各个公国统一起来，然而这种昙花一现的偶然的统一，至多也只是表面的行政上的统一，很快就因王侯跋扈和农民漠视而分崩离析了。而且在格鲁吉亚经济分散的情况下，也不能不这样……直到十九世纪后半期格鲁吉亚才成为民族，因为当时农奴制度的崩溃和国内经济生活的发展，交通的发达和资本主义的产生，使格鲁吉亚各个区域之间实行了分工，彻底打破了各个公国在经济上的闭关自守状态，而把这些公国联成一个整体。

其他一切度过了封建制度阶段并发展了资本主义的民族也是如此。

总之，共同的经济生活、经济上的联系是民族的特征之一。

但这还不够。除了上面所说的一切，还必须注意到结合成一个民族的人们在精神形态上的特点。各个民族之所以不同，不仅在于它们的生活条件不同，而且在于表现在民族文化特点上的精神形态不同。英吉利人、北美利坚人和爱尔兰人虽然操着同一语言，但终究是三个不同的民族，他们历代因生存条件不同而形成的特殊的心理素质，在这一点上是起了不小的作用的。

当然，心理素质本身，或者像人们所说的"民族性格"本身，在旁观者看来是一种不可捉摸的东西,但它既然表现在一个民族的共同文化的特点上,它就是可以捉摸而不应忽视的东西了。

不用说,"民族性格"不是一成不变的,而是随着生活条件变化的,但它既然存在于每个一定的时期内,它就要在民族面貌上打上自己的烙印。

总之,表现在共同文化上的共同心理素质是民族的特征之一。

这样,我们就说完了民族的一切特征。

民族是人们在历史上形成的一个有共同语言、共同地域、共同经济生活以及表现于共同文化上的共同心理素质的稳定的共同体。

同时,不言而喻,民族也和任何历史现象一样,是受变化法则支配的,它有自己的历史,有自己的始末。

必须着重指出,把上述任何一个特征单独拿来作为民族的定义都是不够的。不仅如此,这些特征只要缺少一个,民族就不成其为民族。

假定有一些人具有共同的"民族性格",但是他们在经济上彼此隔离,生活在不同的地域,操着不同的语言等等,那末还是不能说他们是一个民族。例如俄国的、加里西亚的、美国的、格鲁吉亚的和高加索山区的犹太人就是如此,在我们看来,他们并不是统一的民族。

假定有一些人具有共同的地域和共同的经济生活,但是他们没有共同的语言和共同的"民族性格",那末他们仍然不是一个民族。例如波罗的海沿岸边区的日耳曼人和拉脱维亚人就是如此。

最后,挪威人和丹麦人虽然操着同一种语言,可是由于缺少其他特征,他们也就不是一个民族。

只有一切特征都具备时才算是一个民族。

也许有人会觉得"民族性格"不是民族的特征之一,而是民族的唯一本质的特征,其他一切特征其实都是民族发展的条件,而不是民族的特征。例如有名的奥国社会民主党的民族问题理论家石普林格尔,特别是鲍威尔,就持有这样的观点。

现在我们就来考察一下他们的民族理论吧。

在石普林格尔看来,"民族是思想相同和语言相同的人们的联盟"。民族是"由一群现代人组成的、和'地域'无关的文化共同体"[①]。

---

① 见石普林格尔《民族问题》,一九〇九年《公益》出版社版,第四十三页。

总之，就是思想相同和语言相同人们的"联盟"，不管他们彼此怎样隔离，不管他们住在什么地方。

鲍威尔却扯得更远了。

他问道："什么是民族呢？它是不是那种把人们联合为民族的语言共同体呢？英吉利人和爱尔兰人……操着同一语言，却不是统一的民族；犹太人并没有共同的语言，却是一个民族。"① 那末，民族究竟是什么呢？"民族就是相对的性格共同体。"②

然而性格（这里讲的是民族性格）又是什么呢？民族性格是"一族人区别于另一族人的种种特征的总和，是一个民族区别于另一各民族的生理特质和精神特质的总和"③。

鲍威尔当然知道民族性格不是从天上掉下来的，因此他补充说："人们的性格无非是由他们的命运决定的"，……"民族无非是命运的共同体"，而共同的命运又是"由人们生产自己的生活资料或分配自己的劳动产品时所处的情况决定的"④。

于是，我们就得出如鲍威尔所说的最"完备的"民族的定义了。"民族就是那些在共同命运的基础上形成了共同性格的人们的全部总和。"⑤

总之，就是在共同命运的基础上形成的共同的民族性格，却并不一定和共同的地域、语言以及经济生活相联系。

这样一来，试问民族还剩下什么东西呢？经济上彼此隔离、生活在不同的地域、世世代代都操着不同语言的人们，还谈得上什么民族共同体呢？

鲍威尔说犹太人是个民族，虽然"他们并没有共同的语言"⑥，可是，例如格鲁吉亚的、达格斯坦的、俄国的和美国的犹太人，既然彼此完全隔绝，生活在不同的地域，并且操着不同的语言，他们还谈得上什么"共同命运"和民族联系呢？

这些犹太人无疑地和格鲁吉亚人、达格斯坦人、俄罗斯人以及美利坚

---

① 见鲍威尔《民族问题和社会民主党》，一九〇九年《镰刀》出版社版，第一页至第二页。
② 同上第六页。
③ 同上第二页。
④ 同上第二十四页至第二十五页。
⑤ 同上书，第一三九页。
⑥ 同上，第二页。

人过着共同的经济生活和政治生活，受着共同文化的熏陶，这就不能不给他们的民族性格打上烙印；如果他们中间还有什么相同之处，那就是宗教、共同的起源和民族性格的某些残余。这一切是用不着怀疑的。可是，怎能认真地说，僵化的宗教仪式和日渐磨灭的心理残余会比这些犹太人所处的活的社会经济和文化的环境更强烈地影响到他们的"命运"呢？要知道，只有在这样的假定下，才可以说犹太人一般地是个统一的民族。

那末，鲍威尔的所谓民族和唯灵论者的所谓神秘的独立自主的"民族精神"又有什么区别呢？

鲍威尔在民族"特点"（民族性格）和民族生活"条件"之间划了一条不可逾越的界限，把它们彼此隔离开来。然而民族性格如果不是生活条件的反映，不是从周围环境得来的印象的结晶，那又是什么呢？怎能仅限于民族性格而把它和它所由产生的根源割断分开呢？

其次，在十八世纪末和十九世纪初，当北美还被叫做"新英吉利"的时候，英吉利民族和北美利坚民族究竟有什么区别呢？当然不是民族性格上的区别，因为北美利坚人是从英国迁移过去的，他们带到美洲去的除英吉利语言以外，还有英吉利的民族性格，虽然他们在新环境的影响下大概已开始形成自己特有的性格，但他们当然不会很快就丧失其英吉利的民族性格。当时他们和英吉利人在性格上虽然还有或多或少的共同点，但他们究竟已经是和英吉利民族不同的一个民族了！显然，当时"新英吉利"民族不同于英吉利民族的地方并不是特别的民族性格，或者与其说是特别的民族性格，倒不如说是和英吉利民族不同的特别环境和生活条件。

由此可见，实际上并没有什么唯一的民族特征，而只有各种特征的总和。在把各个民族拿来做比较的时候，显得比较突出的有时是这个特征（民族性格），有时是那个特征（语言），有时又是另一个特征（地域、经济条件）。民族是由所有这些特征结合而成的。

鲍威尔把民族和民族性格看成一个东西，这样就使民族脱离了它的根基，把它变成了不见形迹的独立自在的力量。结果就不是有生命的活动着的民族，而是一种神秘的、不可捉摸的、非人世的东西。试问，——我重说一遍，——像格鲁吉亚的、达格斯坦的、俄国的、美国的和其他地方的犹太人，彼此语言不通（他们操着不同的语言），生活在地球上不同的地方，从来不能见面，无论和平时期或战争时期都不会共同行动，这算什么犹太民族呢?!

不，社会民主党不是为这种纸上的"民族"制定自己的民族纲领的。它只能承认那些活动着的、运动着的、因而使人们不能不承认的真正的民族。

鲍威尔显然把民族这一历史范畴和部落这一人种志范畴混淆起来了。

不过，鲍威尔本人大概也觉得自己的立论是有弱点的。他在自己那本书的开头虽然坚决地说犹太人是一个民族①，但他在该书末尾就自行修正，肯定说"资本主义社会根本就不让他们（犹太人）保全为一个民族"②而使他们受其他民族的同化。其所以如此，原来是"犹太人没有单独的居住地区"③，例如捷克人却有这样的地区，因此，鲍威尔认为捷克人一定能保全为一个民族。简言之，原因就在于没有地域。

鲍威尔如此推论，原想证明民族自治不能成为犹太工人的要求④，他这样一来却无意中驳倒了他自己那种否认共同地域是民族特征之一的理论。

可是鲍威尔扯得很远。他在自己那本书的开头坚决地说："犹太人并没有共同的语言，却是一个民族。"⑤可是他刚刚写到第一百三十页就改变了阵线而同样坚决地说："无疑地，没有共同的语言，就不可能有什么民族。"⑥

鲍威尔在这里原想证明"语言是人类交际最重要的工具"⑦，但他同时无意中证明了他不想证明的东西，证明了自己那种否认共同语言的意义的民族理论是站不住脚的。

用唯心论的针线缝成的理论就这样不攻自破了。

二、民族运动

民族不是普通的历史范畴，而是一定时代即资本主义上升时代的历史范畴。封建制度消灭和资本主义发展的过程同时就是人们形成为民族的过程。例如西欧的情形就是如此。英吉利人、法兰西人、德意志人、意大利

---

① 见鲍威尔《民族问题和社会民主党》，一九〇九年《镰刀》出版社版，第二页。
② 同上，第三八九页。
③ 同上，第三八八页。
④ 同上，第三九六页。
⑤ 同上，第二页。
⑥ 同上，第一三〇页。
⑦ 同上。

人等都是在资本主义打破封建割据局面而胜利前进时形成为民族的。

但是，西欧各民族形成的过程同时就是它们变为独立的民族国家的过程。英吉利、法兰西等民族同时就是英吉利等国家。处于这一过程以外的爱尔兰并不能改变一般的情况。

东欧的情形却有些不同。当西欧各民族发展成国家的时候，东欧却形成了多民族的国家，即由几个民族组成的国家。奥匈帝国和俄国就是这样的国家。在奥国，当时政治上最为发展的是日耳曼人，于是他们就负起了把奥国各民族统一成一个国家的任务。在匈牙利，最能适应国家组织性的是匈牙利各民族的中坚——马扎尔人，于是他们成了匈牙利的统一者。在俄国，是以历史上形成的强大而有组织的贵族军事官僚为首的大俄罗斯人担负了统一民族的使命。

东欧的情形就是如此。

只有在封建制度还没有消灭、资本主义还不大发展、被排挤到次要地位的民族在经济上还没有结合为一个整体的条件下，才能有这种特殊的国家形成方式。

可是资本主义在东欧各国也开始发展起来了。商业和交通日益发达，大城市相继出现，各民族在经济上逐渐团结起来。资本主义闯进了被排挤的民族的平静生活中，惊醒了它们，使它们动作起来。报刊和剧院的发展，莱哈斯拉特（奥国国会）和杜马（俄国国会）的活动，都加强了"民族意识"。新兴的知识分子充满了"民族思想"，并在这方面进行活动……

但是那些觉醒起来要求独立生活的被排挤的民族已不能形成独立的民族国家了，因为它们在自己的道路上碰到了早已居于国家领导地位的统治民族中的领导阶层极其强烈的反对。它们来迟了！……

奥国的捷克人和波兰人等等，匈牙利的克罗地亚人等等，俄国的拉脱维亚人、立陶宛人、乌克兰人、格鲁吉亚人和阿尔明尼亚人等等就是这样形成民族的。在西欧（爱尔兰）是例外的，在东欧却成了通例。

西欧的爱尔兰用民族运动回答了这种例外的情形，东欧已觉醒的各民族也不免要这样回答。

推动东欧各个年轻民族去进行斗争的情况就是这样形成的。

其实，斗争并不是在整个民族和整个民族之间，而是在统治民族的和被排斥民族的统治阶级之间开始并激烈起来的。通常是被压迫民族中的城市小资产阶级起来反对统治民族中的大资产阶级（捷克人和日耳曼人），或是被压迫民族中的农村资产阶级起来反对统治民族中的地主（波兰的乌克兰人），或是被压迫民族中的整个"民族"资产阶级起来反对统治民族中的执政贵族（俄国的波兰、立陶宛、乌克兰）。

资产阶级是主角。

在年轻的资产阶级看来，市场是基本问题。它的目的是销售自己的商品，战胜和自己竞争的异族资产阶级。因此，它力求保证自己有"自己的""本族的"市场。市场是资产阶级学习民族主义的第一个学校。

但问题通常不仅限于市场。统治民族中的半封建半资产阶级的官僚常用他们"只捉不放"的方法干预斗争。于是统治民族中的资产阶级，不论小资产阶级还是大资产阶级，就有可能"更迅速地""更坚决地"制服自己的竞争者。"力量"既日趋统一，限制"异族"资产阶级的一连串办法以至高压手段也就开始实行起来了。斗争由经济范围转入政治范围。限制迁徙自由，限制语言使用，限制选举权，减少学校，限制宗教活动等等办法纷纷加到"竞争者"的头上。当然，采取这种办法不仅为了追求统治民族中的资产阶级的利益，而且可以说是为了追求执政官僚们特殊集团的目的。但结果都是一样：资产阶级和官僚在这种场合总是联合一致的，不论奥匈帝国或俄国，情形都是如此。

被压迫民族中受各方面排挤的资产阶级自然要行动起来。它向"下层同胞"呼吁，开始高呼"祖国"，把自己的私事冒充全民的事情。它为着……"祖国"的利益而在"同胞"中间给自己招募军队。"下层"对这种号召并非始终不理，有时也在资产阶级旗帜的周围集合起来，因为上层的高压手段也触犯了他们，引起他们的不满。

民族运动就是这样开始的。

民族运动的力量决定于该民族广大阶层即无产阶级和农民参加运动的程度。

无产阶级是否站到资产阶级民族主义的旗帜下面，这要看阶级矛盾的发展程度，要看无产阶级的觉悟性和组织性。觉悟的无产阶级有自己的久经考验的旗帜，他们用不着站到资产阶级的旗帜下面去。

至于农民是否参加民族运动，这首先要看高压手段的性质。如果高压手段触犯到"土地"利益，像在爱尔兰发生过的情形那样，那末广大农民群众就会立刻站到民族运动的旗帜下面去。

另一方面，在格鲁吉亚没有较为严重的反俄罗斯的民族主义，这首先是因为那里没有使群众产生这种民族主义的俄罗斯地主或俄罗斯大资产阶级。在格鲁吉亚有反阿尔明尼亚的民族主义，但这是因为那里还有阿尔明尼亚的大资产阶级在打击着尚未巩固的格鲁吉亚小资产阶级，推动它走向反阿尔明尼亚的民族主义。

以这些因素为转移，民族运动可能具有群众性而愈益扩展起来（爱尔兰、加里西亚），也可能变成一连串的小冲突，流为无谓的争吵和争取用本族文字写招牌的"斗争"（波西米亚的某些小城市）。

当然，民族运动的内容决不会到处一样，它完全决定于运动所提出的各种不同的要求。爱尔兰的运动具有土地问题的性质，波西米亚的运动带着"语言问题的"性质，这里要求公民权利平等和信教自由，那里要求任用"自己的"官吏或组织自己的议会。在各种不同的要求中往往透露出民族所具有的各种不同的特征（语言、地域等等）。值得注意的是在任何地方都找不到鲍威尔所说的包罗万象的"民族性格"这一要求。这也是可以理解的，因为"民族性格"就其本身来说是不可捉摸的，石特拉塞尔说得对，"政治家对它是奈何不得的"①。

民族运动的形式和性质大致如此。

由此可见，在资本主义上升时期，民族斗争是资产阶级之间的斗争。有时资产阶级也能把无产阶级吸引到民族运动中去，那时民族斗争表面上就会带着"全民的"性质，然而这只是表面上如此。实质上这个斗争始终是资产阶级的，主要是有利和适合于资产阶级的。

但决不能因此说无产阶级不应当反对民族压迫政策。

限制迁徙自由，剥夺选举权，限制语言使用，减少学校以及其他种种高压政策使工人受到的损害并不比资产阶级所受到的少，甚至还要多。这种情形只能阻碍被压迫民族内无产阶级精神力量的自由发展。当鞑靼工人或犹太工人还被禁止用本族语言开会和演讲，还被禁止入学读书的时候，自然根本谈不到他们的精神才智的充分发展。

---

① 见石特拉塞尔《Der Arbeiter und die Nation》（《工人和民族》）一九一二年版，第三十三页。

然而民族主义的高压政策对于无产阶级的事业还有另一方面的危险。它能转移广大阶层的视线，使之漠视社会问题，漠视阶级斗争问题而只注重民族问题，注意无产阶级和资产阶级的"共同"问题。这就会为进行所谓"利益协调"的欺骗宣传、抹杀无产阶级的阶级利益、在精神上束缚工人打下有利的基础，因而严重地阻碍各族工人的团结事业。如果说很大一部分波兰工人至今还受着资产阶级民族主义者的精神束缚，如果说他们至今还站在国际工人运动之外，那末这主要是因为"当权人物"历来的反波兰政策为这种束缚打下了基础，加重了工人们挣脱这种束缚的困难。

但是高压政策并不以此为限。它往往由压迫的"制度"转到挑拨各民族互相残杀的"制度"，转到屠杀和蹂躏的"制度"。当然，后者并不是任何时候，任何地方都可能实现的，但是在可能实现的地方，即在缺乏起码自由的条件下，它往往达到骇人听闻的程度，使工人的团结事业有淹没在血泊中的危险。高加索和南俄有过不少例子。"分而治之"，——这就是挑拨政策的目的。这样的政策如果得逞，就会给无产阶级带来莫大的灾害，使国内各族工人的团结事业受到最大的阻碍。

但工人所关心的是使自己所有的同志完全汇合成一支统一的国际主义大军，使他们迅速地彻底地摆脱资产阶级的精神束缚，使任何一个民族的兄弟们的精神力量都能得到充分的和自由的发展。

因此，工人现在反对、将来还要反对从最巧妙的到最粗暴的各种各样的民族压迫政策，同样要反对各种各样的挑拨政策。

因此，各国社会民主党主张民族自决权。

自决权就是：只有民族自己有权利决定自己的命运，谁也没有权利用暴力干涉这个民族的生活，毁坏它的学校和其他机关，破坏它的风俗和习惯，限制它的语言，削减它的权利。

这当然不是说社会民主党要支持一个民族的一切风俗和机关。它反对用暴力压迫民族，仅仅维护由民族自己决定自己命运的权利，同样要进行鼓动，反对该民族的一切有害的风俗和机关，使该民族的劳动阶层能够摆脱这些有害的东西。

自决权就是民族能按照自己的愿望去处理自己的事情。它有权按自治原则安排自己的生活。它有权和其他民族建立联邦关系。它有权完全分离出去。每个民族都是自主的，一切民族都是平等的。

这当然不是说社会民主党将维护民族的任何要求。一个民族甚至有恢复旧制度的权利，但这还不是说社会民主党将赞同该民族某个机关的这种决定。社会民主党是保护无产阶级的利益的，而民族则是由不同的阶级组成的，因此，社会民主党的义务和民族的权利是两种不同的东西。

社会民主党为民族自决权而斗争，目的在消灭民族压迫政策，使这种政策没有立足的余地，以便消除民族间的斗争，使它缓和下去，使它减到最小限度。

这就是觉悟的无产阶级的政策和资产阶级力求加剧并扩大民族斗争、继续并加紧民族运动的政策在本质上的区别。

正因为如此，觉悟的无产阶级就不能站到资产阶级的"民族"旗帜下面去。

正因为如此，鲍威尔提出的所谓"进化的民族的"政策就不能成为无产阶级的政策。鲍威尔企图把自己的"进化的民族的"政策和"现代工人阶级的"政策等量齐观①，就是企图使工人的阶级斗争适应民族斗争。

民族运动实质上既是资产阶级的运动，它的命运自然就和资产阶级的命运联系在一起。只有资产阶级灭亡，民族运动才会彻底灭亡。只有在社会主义世界里，完全的和平才能建立起来。可是把民族斗争减到最小限度，从根本上消除它，尽量使它无害于无产阶级，这在资本主义范围内也是可以做到的。瑞士和美国的例子就可以证明这一点。为此就必须使国家民主化，使各个民族有自由发展的可能。

三、问题的提法

民族有权自由决定自己的命运。它有权随意处理自己的事情，当然，也不能侵犯其他民族的权利。这是无可争辩的。

但是，如果注意到民族中多数人的利益，首先是无产阶级的利益，那末民族究竟应当怎样处理自己的事情，民族未来的宪法究竟应当采取怎样的形式呢？

民族有权按自治原则处理自己的事情。它甚至有权分离。但这并不是说它在任何条件下都应当这样做，也不是说自治制或分离制无论何时何地都有利于该民族，即有利于该民族的多数，有利于劳动阶层。例如，南高

---

① 见鲍威尔那本书第一六六页。

加索的鞑靼民族尽可召开本族的议会，并在本族地主和毛拉的摆布之下恢复他们的旧制度，尽可决定从俄国分离出去。根据民族自决的条文，他们是完全有权这样做的。但这对鞑靼民族的劳动阶层是否有利呢？社会民主党能否漠不关心，听任地主和毛拉领着群众去解决民族问题呢？难道社会民主党不应当干预这种事情。不应当给民族意志以一定的影响吗？难道它不应当提出最有利于鞑靼群众的解决问题的具体方案吗？

但是如何解决才最符合于劳动群众的利益呢？自治制，联邦制，还是分离制呢？

所有这些问题都是要根据该民族所处的具体历史条件来解决的。

不仅如此，条件也和其他一切事物一样是变化着的，因而在某个时期是正确的解决方法，在另一个时期也许是完全不可以采纳的。

十九世纪中叶，马克思曾主张俄属波兰分离，他是正确的，因为当时的问题是要把较高的文化从破坏它的那种较低的文化中解放出来。当时这个问题不是单纯理论上的问题，不是学院式的问题，而是实践中、实际生活中的问题……

十九世纪末叶，波兰马克思主义者却反对波兰分离，他们也是正确的，因为近五十年来俄国和波兰的关系发生了重大变化，它们在经济和文化方面接近起来了。此外，在这个时期，分离问题已由实践的问题变成了至多只能引起国外知识分子注意的学院式的争论问题了。

当然，这并不是说从此就不会出现某种内部和外部的情况，使波兰分离问题又成为迫切的问题。

由此可见，民族问题只有和发展着的历史条件联系起来看才能得到解决。

某个民族所处的经济、政治和文化的条件便是解决该民族究竟应当怎样处理自己的事情和它的未来宪法究竟应当采取什么形式这一问题的唯一关键。

同时，很可能每个民族解决问题都需要用特殊的方法。如果在什么地方必须辩证地提出问题，那正是在这个地方，正是在民族问题上。

因此，我们应当坚决反对崩得所创始的那种很流行而又很笼统的"解决"民族问题的方法。我们所指的是有人轻率地拿奥国社会民主党和南方斯拉夫社会民主党①做榜样,说它们已经解决了民族问题,俄国社会民主党人只要抄袭它们的解决方法就行了。同时,他们竟以为凡在奥国是正确的东西,在俄国也是正确的。他们忽略了这方面最重要和最有决定意义的东西,即整个俄国的和俄国境内每个民族生活中的具体历史条件。

例如,请听听有名的崩得分子柯索夫斯基的话吧:"当崩得第四次代表大会讨论到这一问题(指民族问题而言。——斯大林注)的原则方面时,代表大会中的一位代表根据南方斯拉夫社会民主党的决议的精神所提出的解决问题的方法博得了全体的赞同。"②

结果,"代表大会一致通过了"……民族自治。

如此而已!既没有分析俄国的实际情况,也没有弄清俄国境内犹太人的生活条件,首先抄袭了南方斯拉夫社会民主党的解决办法,接着"赞同了",然后"一致通过了"!崩得分子就是这样提出并"解决"俄国的民族问题的……

然而奥国和俄国的条件完全不同。因此,奥国社会民主党一八九九年在布隆代表大会上根据南方斯拉夫社会民主党的决议的精神通过民族纲领(固然有一些小小的修正)时,根本就不是俄国式地考虑问题,当然也就不会俄国式地解决这个问题。

首先是问题的提法。主张民族文化自治的奥国理论家、布隆民族纲领和南方斯拉夫社会民主党的决议的解释者石普林格尔和鲍威尔是怎样提出问题的呢?

石普林格尔说:"对于多民族的国家一般能否组成,或具体地说,奥国各民族是否不得不组成一个政治整体这一问题,我们现在不来回答,我们应认为这些问题已经解决了。在不同意上述可能性和必要性的人们看来,我们的研究当然是没有根据的。我们的主题是:这些民族不得不共同生活;什么样的法权形式才能使他们生活得最好呢?"③

总之,出发点就是奥地利国家的完整。

鲍威尔所说的也是如此:"我们的出发点是假定奥国各民族将仍然留在他们现时居住的国家联盟以内,于是我们就要问,在这个联盟范围内,各

---

① 南方斯拉夫社会民主党是在奥国南部进行工作的。
② 见柯索夫斯基《民族问题》,一九〇七年版,第十六页至第十七页。
③ 见石普林格尔《民族问题》,第十四页。

民族相互间的关系和他们全体对于国家的关系将是怎样的呢？"①

又是把奥国的完整列在第一位。

俄国社会民主党能不能这样提出问题呢？不，不能。其所以不能，在于它一开始就主张民族自决，根据这种主张，民族有分离权。

甚至崩得分子哥里德勃拉特也在俄国社会民主党第二次代表大会上承认俄国社会民主党不能放弃民族自决的主张。当时哥里德勃拉特说："自决权是丝毫不容反对的。如果某一民族为独立而斗争，那就不要阻拦它；如果波兰不愿和俄国结成'正式婚姻'，那我们就不应该去妨碍它。"

这都是事实。可是由此就应得出结论：奥国社会民主党人和俄国社会民主党人的出发点不仅不同，而且根本相反。既然如此，还说得上抄袭奥国人的民族纲领吗？

其次，奥国人是想用微小的改良、缓慢的步骤来实现"民族自由"的。他们提出民族文化自治作为实际办法时，完全没有指望根本的改变，没有指望他们远景中所没有的民族解放运动。然而，俄国的马克思主义者把"民族自由"的问题和可能的根本改变联系在一起，和民主解放运动联系在一起，他们没有理由指望改良。这就使俄国各民族可能的命运问题发生根本的变化。

鲍威尔说："当然很难设想民族自治是靠一个重大的决定，靠大胆的坚决行动就可以实现的。奥地利将逐步走向民族自治，这是一个缓慢而痛苦的过程，是艰苦的斗争，由于这种斗争，立法和行政事宜将陷于慢性的麻木状态。不，新的国家法权制度决不是通过一次伟大的立法行动就建立起来的，而是要通过为各别区域、各别村社而颁布的许多个别的法律才能实现的。"②

石普林格尔所说的也是如此。

他写道："我清楚地知道这种机关（民族自治机关。——斯大林注）不是一年也不是十年可以建立起来的，单是为了改组普鲁士的行政管理机构就用了很长的时间……普鲁士用了二十年才完全建立了自己的主要行政机关。因此，请不要以为我不知道奥地利要用多少时间，要克服多少困

---

① 见鲍威尔《民族问题和社会民主党》，第三九九页。
② 同上书，第四二二页。

难吧。"①

这一切都是很明确的。但是俄国的马克思主义者能否不把民族问题和"大胆的坚决行动"联系起来呢？他们能否指望局部的改良，指望"许多个别的法律"作为争取"民族自由"的手段呢？既然他们不能而且不应这样做，那末从这里不是可以清楚地看出奥国人的斗争方法和前途与俄国人完全不同吗？在这种情况下，怎能局限于奥国人那种片面的不彻底的民族文化自治呢？二者必居其一：或者是主张抄袭的人不指望俄国有"大胆的坚决行动"，或者是他们虽指望有这种行动，但"他们不知道他们在做什么"。

最后，俄国和奥国当前的任务完全不同，因此解决民族问题的方法也应当不同。奥国生存在国会制度的条件下，目前那里没有国会就不能有什么发展。可是奥国的国会生活和立法工作往往因各民族政党间的剧烈冲突而完全陷于停顿。这就是奥国早已患慢性政治危机病的原因。因此，民族问题在那里是政治生活的轴心，是生死存亡的问题。无怪乎奥国社会民主党的政治家首先竭力设法解决民族冲突问题，当然是以现存的国会制度为基础用国会方法去解决的……

俄国的情形却不是这样。第一、在俄国，"谢天谢地，没有国会"。第二、这是主要的，俄国政治生活的轴心不是民族问题而是土地问题。因此，俄国问题的命运即各民族"解放"的命运在俄国是和解决土地问题，即和消灭农奴制残余亦即和国家民主化联系在一起的。这就说明为什么俄国的民族问题并不是独立的和有决定意义的问题，而是总的和更加重要的全国解放问题中的一部分。

石普林格尔说："奥国国会之所以没有成果，只是在于每一种改良都在各个民族政党内部引起矛盾而使这些政党的团结受到破坏，于是各政党的领袖对于一切带有改良气味的东西都竭力回避。奥国的进步只有在各民族都获得不可剥削的法权地位时才谈得上；这样就使各民族不必在国会里保持常备的战斗队伍，使各民族有可能去解决各种经济的和社会的任务。"②

鲍威尔所说的也是如此："民族和平首先是国家所需要的。一个国家决

---

① 见石普林格尔《民族问题》，第二八一页至第二八二页。
② 同上书，第三十六页。

不能容忍立法工作因极无聊的语言问题，因民族境界上某个地方某些气愤的人彼此发生一些极小的争执，因每设立一所新的学校而陷于停顿。"①

这都是很明白的。但是民族问题在俄国处于完全不同的地位，这也是很明白的。决定俄国进步的命运的不是民族问题，而是土地问题。民族问题是从属问题。

总之，有不同的问题提法，有不同的前途和斗争方法，有不同的当前任务。在这种情况下，只有不顾空间时间而"解决"民族问题的书蠹才会拿奥国做榜样，才会抄袭他们的纲领，这难道不明显吗？

再说一遍：以具体历史条件为出发点，把辩证地提问题当作唯一正确的提问方法——这就是解决民族问题的关键。

四、民族文化自治

上面我们已经谈过奥国民族纲领的形式方面，谈过俄国马克思主义者不能简单地模仿奥国社会民主党和简单地采用它的纲领的那种方法论上的根据。

现在我们谈谈这个纲领的实质。

那末，奥国社会民主党的民族纲领是怎样的呢？

一句话，这个纲领就是民族文化自治。

第一、这就是说，自治权不是给予主要是住着捷克人或波兰人的捷克或波兰，而是给予一般的捷克人和波兰人，不分地域，不管他们居住在奥国什么地方，都一律给予。

因此，这种自治就叫做民族自治，而不叫做地域自治。

第二、这就是说，分散在奥国各地的捷克人、波兰人、日耳曼人等等都以个人资格分别组成完整的民族，并以这样的民族的资格加入奥地利国家。这样，奥地利将不是由各自治区域组成的联盟，而是由不分地域建立起来的各自治民族组成的联盟。

第三、这就是说，为着这种目的而应当替波兰人、捷克人等等建立起来的全民族机关将只管"文化"问题，不管"政治"问题。专门政治性的问题都集中在全奥国会（莱哈斯拉特）手中。

因此，这种自治还叫做文化自治，民族文化自治。

---

① 见鲍威尔《民族问题和社会民主党》，第四〇一页。

下面就是一八九九年奥国社会民主党在布隆代表大会上通过的纲领原文①。

纲领上先提到"奥国民族纠纷阻碍着政治进步","彻底解决民族问题……首先是文化上所必需的","这个问题只有在根据普遍、直接和平等的选举制建立起来的真正民主的社会里才能得到解决"。然后说：

只有在完全平等和没有任何压迫的条件下，奥国各民族的民族特点②的保存和发展才有可能。因此，首先必须摈弃官僚政治的国家集权制和各个领地上的封建特权。在这种条件下，而且只有在这种条件下，才能消除奥国的民族纠纷而建立民族秩序，其原则如下：

一、奥国应改组为各民族民主联盟的国家。

二、应组成以民族为界限的自治团体来代替历代的皇朝封地，每个团体的立法权和行政权均由根据普遍、直接和平等的选举手续选举出来的民族议院掌管。

三、属于同一民族的各自治区域共同组成单一的民族联盟，该联盟完全按自治原则来处理本民族的事务。

四、少数民族的权利由帝国国会颁布特别法律加以保障。

纲领的结语号召奥国各民族团结起来③。

不难看出这个纲领中还留下一些"地域主义"的痕迹，但它大体上是民族自治的纲领。无怪乎第一个鼓吹民族文化自治的石普林格尔热烈地欢迎这个纲领④。鲍威尔也赞同这个纲领，称它为民族自治的"理论上的胜利"⑤；不过为了更明确起见，他才提议用更确定的条文代替第四条，其内容是说必须"把每个自治区域内的少数民族组成公法团体"来掌管学校及其他文化事宜⑥。

---

① 南方斯拉夫社会民主党代表也曾投票拥护这个纲领。见《党的布隆代表大会关于民族问题的讨论》，一九〇六年版第七十二页。

② 在帕宁的俄译本中，"民族特点"译成了"民族个性"（见鲍威尔此书帕宁译本）。帕宁把这个地方译错了，因为在德文原本上并无"个性"一词，那里所说的是《nationalen eigenart》，即民族特点，而这和"民族个性"是完全不同的。

③ 见布隆一八九九年《Verhandlungen des Gesammtparteitages》（《党代表大会的讨论》）。

④ 见石普林格尔《民族问题》，第二八六页。

⑤ 见鲍威尔《民族问题和社会民主党》，第五四九页。

⑥ 同上书，第五五五页。

奥国社会民主党的民族纲领就是如此。

我们来考察一下它的科学根据。

我们来看看奥国社会民主党是怎样论证它所鼓吹的民族文化自治的。

我们来看看民族文化自治的理论家石普林格尔和鲍威尔的意见吧。

民族自治的出发点就是认为民族是和固定的地域无关的人们的联盟。

石普林格尔说："民族和地域没有任何本质上的联系，民族是自治的个人联盟。"①

鲍威尔也说民族是"不在某个固定区域内独占统治的""个人的共同体"②。

但组成一个民族的那些人并不总是密集在一个区域里的，他们往往分成许多集团而掺杂在别的民族机体中。这是资本主义驱使他们到各个区域和城市去谋生的缘故。可是这些集团既然掺杂在别的民族区域，并在那里占少数，于是在语言、学校等方面就会受到人数众多的当地民族的限制。由此就产生了民族冲突。由此就证明地域自治是"毫无用处的"。照石普林格尔和鲍威尔的意见，摆脱这种状况的唯一出路是把这个散处全国各地的少数民族组成一个共同的包括各阶级的民族联盟。他们认为只有这样的联盟才能保护少数民族的文化利益，才能消除民族纠纷。

石普林格尔说："必须使各民族有正确的组织，必须给它们以权利和义务"③……当然，"法律是容易制定的，但它是否能发生人们所预期的作用呢？"……"要想给民族制定法律，首先就要把这些民族建立起来"④……"不组成民族便不能建立民族法制和消除民族纠纷"⑤。

鲍威尔也是这样说的，他藉口"工人阶级的要求"，提议"根据个人原则把各个少数民族组成一些公法团体"⑥。

但是，怎样组成民族呢？怎样确定某人属于某个民族呢？

石普林格尔说："用民族名册来确定某人属于某个民族，居住在一个区

---

① 见石普林格尔《民族问题》，第十九页。
② 见鲍威尔《民族问题和社会民主党》，第二八六页。
③ 见石普林格尔《民族问题》，第七十四页。
④ 同上，第八十八页至第八十九页。
⑤ 同上，第八十九页。
⑥ 见鲍威尔《民族问题和社会民主党》，第五五二页。

域的每个人都应当声明自己属于某一民族。"①

鲍威尔说："个人原则的前提是根据成年公民的自由声明按民族划分居民……"为此就"应当编制民族名册"②。

其次。鲍威尔说："居住在单一民族区内的一切日耳曼人以及登记在杂居区的民族名册上的日耳曼人共同组成一个日耳曼民族，并选出民族委员会。"③

应该说，捷克人、波兰人等也是如此。

石普林格尔说："民族委员会就是民族文化议会，它有权规定原则并批准经费，藉以照管民族学校事宜，照管民族文学、艺术和科学，藉以建立学院、博物馆、美术陈列馆、剧院"等等④。

民族组织及其中央机关就是如此。

照鲍威尔的意见，奥国社会民主党主张建立这种包括各阶级的机关是想"使民族化……成为全体人民的财富，并且用这种唯一可能的办法把民族的全体成员团结成一个民族文化共同体"⑤。

也许有人认为这一切只和奥国有关。但是鲍威尔不以为然。他坚决认定在其他和奥国一样是由几个民族组成的国家里，也必须实行民族自治。

鲍威尔认为："在多民族的国家里，各民族中的无产阶级都应当提出自己的民族自治的要求去对抗有产阶级的民族政策，即夺取政权的政策"⑥。

然后，鲍威尔悄悄地用民族自治替换了民族自决而继续说："这样，民族自治，民族自决，就必然成为多民族国家中各族无产阶级的立宪纲领。"⑦

但他还不以此为限。他深信他和石普林格尔所"成立"的包括各个阶级的"民族联盟"会成为未来的社会主义社会的一种雏形。因为他知道"社会主义的社会制度……将把人类分成一些以民族为界限的团体"⑧；在

---

① 见石普林格尔《民族问题》，第二二六页。
② 见鲍威尔《民族问题和社会民主党》，第三六八页。
③ 同上书，第三七五页。
④ 见石普林格尔《民族问题》，第二三四页。
⑤ 见鲍威尔《民族问题和社会民主党》，第五五三页。
⑥ 同上书，第三三七页。
⑦ 同上，第三三三页。
⑧ 同上，第五五五页。

社会主义时代，"人类将分成一些民族自治团体"①；"这样一来，社会主义社会无疑地是一幅由许多个人的民族联盟和地域团体构成的五光十色的图画"②；因此"社会主义的民族原则是民族原则和民族自治的最高综合"③。

大概够了……

在鲍威尔和石普林格尔的著作中就是这样论证民族文化自治的。

最惹人注意的首先是他们用民族自治来替换民族自决的那种莫名其妙的毫无理由的做法。二者必居其一：或者是鲍威尔不懂得自决是什么，或者是他懂得，但不知他为什么竟故意把它缩小了。因为毫无疑义：（甲）民族文化自治是以多民族国家的完整为前提的，自决却超出了这个完整的范围；（乙）自决是赋予民族以全部权利的，民族自治却只限于"文化"权利。这是第一。

第二、将来内外情况完全可能配合成这样，那时某一民族会决定退出多民族的国家，例如退出奥国，——小俄罗斯社会民主党人在党的布隆代表大会上就曾这样声明他们要把本族人民的"两部分"合并成一个整体④。那时，对"各族无产阶级必然要采取的"民族自治怎么办呢？用削足适履的办法把各民族机械地塞进国家完整性的框子里去，这算是什么"解决"问题的方法呢？

再次，民族自治是和民族的整个发展进程抵触的。民族自治提出组织民族的口号，可是，既然实际生活、既然经济发展使得整批的人脱离本民族，并使他们散居各地，试问，怎能人为地把这种民族结合起来呢？无疑地，在资本主义的最初阶段民族逐渐团结起来。可是同样无疑地，在资本主义的最高阶段开始了民族分散的过程，成批的人开始离开本民族出外谋生，以至于完全迁移到国内其他区域去；同时，这些移民就渐渐失去了旧有的联系，而在新的地方取得新的联系，一代一代地养成新的风俗习惯，也许还会通晓新的语言。试问，能否把这些彼此隔离的集团合并成统一的民族联盟呢？什么地方竟有这样一种魔箍能把无法统一的东西统一起来呢？例如，难道可以把波罗的海沿岸和南高加索一带的日耳曼人"团结成一个

---

① 见鲍威尔《民族问题和社会民主党》，第五五六页。
② 同上，第五四三页。
③ 同上，第五四二页。
④ 见《党的布隆代表大会关于民族问题的讨论》，第四十八页。

民族"吗？既然这一切都是不可想象的，不可能做到的，那末民族自治和那些力图使历史开倒车的老民族主义者的空想又有什么区别呢？

但民族的统一不仅因人口分散而逐渐消失，并且由于内部原因，即由于阶级斗争的尖锐化而消失下去。在资本主义的最初阶段，还可以谈无产阶级和资产阶级的"文化共同性"。然而随着大工业的发展和阶级斗争的尖锐化，这种"共同性"开始消失了。在同一民族的雇主和工人再不能互相谅解的时候，根本就谈不到民族的"文化共同性"。在资产阶级渴望战争，无产阶级却宣布"以战争对付战争"的时候，还谈得上什么"共同命运"呢？能不能把这些彼此对立的分子组成一个统一的包括各阶级的民族联盟呢？既然如此，还谈得上"民族的全体成员团结成一个民族文化共同体"①吗？因此，民族自治是和阶级斗争的整个进程抵触的，这不是很明显吗？

我们暂且假定"组织民族"这个口号是可能实现的口号。资产阶级民族主义的国会议员为了取得更多的选票而力图"组织"民族，那还可以理解。可是，社会民主党人什么时候竟也开始干起"组织"民族、"成立"民族、"建立"民族的事情来了呢？

在阶级斗争极端尖锐的时代去组织包括各个阶级的民族联盟，这算做什么社会民主党人呢？到现在为止，奥国社会民主党和其他各国的社会民主党一样，只有一个任务，就是组织无产阶级。可是这个任务看来"已经陈旧了"。于是石普林格尔和鲍威尔现在提出一个"新的"更引人入胜的任务，就是"建立"民族，"组织"民族。

不过，逻辑上必然如此：既然采取了民族自治，当然就要接受这个"新的"任务，而接受这个"新的"任务就是离开阶级立场，走上民族主义的道路。

石普林格尔和鲍威尔的民族文化自治是一种精致的民族主义。

奥国社会民主党人的民族纲领责成大家关心"各民族的民族特点的保存和发展"，这也绝不是偶然的。真是异想天开："保存"南高加索的鞑靼人在"沙黑西—瓦黑西"节日自己打自己这一类的"民族特点"！"发展"格鲁吉亚人的"复仇权"这一类的"民族特点"！……

---

① 见鲍威尔《民族问题和社会民主党》，第五五三页。

这种条文只配列在十足的资产阶级民族主义的纲领上，它既然出现在奥国社会民主党人的纲领上，那就因为民族自治和这类条文是相容的，而不是相抵触的。

然而对现在的社会不适用的民族自治，对将来的社会主义社会是更不适用的。

鲍威尔的"人类将分成一些以民族为界限的团体"① 这一预言已被现代人类的整个发展进程驳倒了。民族壁垒并不是在巩固下去，而是在毁坏下去，泯灭下去。马克思早在四十年代就说过："各族人民间的民族隔离性和对立性已日益消失下去"，"无产阶级的统治更将加速它们的消失"。人类后来的发展及其资本主义生产的巨大增长，各民族的杂居和人们在愈益广阔的土地上的结合，都十分肯定地证实了马克思的思想。

鲍威尔想把社会主义社会看做"一幅由许多个人的民族联盟和地域团体构成的五光十色的图画"，其实就是暗中企图把巴枯宁的学说改头换面来代替马克思的社会主义学说。社会主义的历史表明，任何这样的企图本身都包含着必然破产的因素。

至于鲍威尔竭力推崇的"社会主义的民族原则"，那就更不用说了。这个"原则"，在我们看来，就是想用资产阶级的"民族原则"代替社会主义的阶级斗争原则。如果民族自治是从这种可疑的原则出发，那就必须承认民族自治只能有害于工人运动。

固然这种民族主义并不如此明显，因为它是用社会主义的辞藻巧妙地伪装起来的，但是正因为如此，它对无产阶级就更加有害。公开的民族主义总可以对付，因为它是不难识破的。要和伪装的不易识破的民族主义作斗争，那就困难得多。它既然装上社会主义的铁甲，也就较难攻破而更加顽强了。它既然存在于工人中间，散播各民族工人互相猜忌、彼此隔离的有害思想，也就把环境弄得乌烟瘴气了。

但是民族自治的害处还不止如此。它不仅造成各民族彼此隔离的基础，而且造成分裂统一的工人运动的基础。民族自治的思想为统一的工人政党分成一些按民族建立的单独的政党造成一种心理上的前提。党一分裂，工会就跟着分裂，结果是彼此完全隔离。统一的阶级运动就这样分成一些单

---

① 见本章前一部分。

独的民族细流。

奥国，"民族自治"的故乡，在这方面提供了最惨痛的例证。奥国社会民主党本是一个统一的党，从一八九七年（党的维姆堡代表大会）起它就开始分裂成几个单独的党。从党的布隆代表大会（一八九九年）采纳了民族自治以后，分裂的程度更加深了，最后竟使一个统一的国际主义的政党分成了现在的六个民族政党，其中捷克族的社会民主党甚至不愿和日耳曼族的社会民主党打交道。

但是工会和党是有联系的。奥国党内和工会内的主要工作都是由工人中的社会民主党人担任的。这就令人担忧党内的分离主义会使工会也走上分离主义的道路而陷于分裂。事实果然如此：工会也按民族分开了。现在甚至常有这样的事情发生，就是捷克族工人破坏日耳曼族工人的罢工，或在选举市政局时和捷克族资本家一起反对日耳曼族工人。

由此可见，民族文化自治并不能解决民族问题。不仅如此，它还使民族问题更尖锐，更紊乱，更容易使工人运动的统一遭受破坏，使工人们彼此按民族隔阂开来，使他们中间的纠纷加剧下去。

这就是民族自治的收获。

五、崩得，它的民族主义，它的分离主义

上面我们说过，鲍威尔虽然认为民族自治对捷克人、波兰人等是必需的，但是他反对给犹太人这种自治。对"工人阶级应否为犹太人民要求自治"这个问题，鲍威尔回答道："民族自治不能成为犹太工人的要求。"[①]根据鲍威尔的意见，原因在于"资本主义社会不让他们（即犹太人。——斯大林注）保全为一个民族"[②]。

简言之，犹太民族将不再存在，所以无从为谁要求民族自治了。犹太人在被同化着。

对犹太民族命运所持的这种观点并不是新的。马克思早在四十年代就有过这种观点[③]，他当时所指的主要是德国的犹太人。考茨基在一九〇三年重述过这种观点[④]，他当时所指的是俄国的犹太人。现在鲍威尔在谈到

---

① 见鲍威尔《民族问题和社会民主党》，第三八一、三九六页。
② 同上，第三八九页。
③ 见马克思《论犹太问题》，一九〇六年版。
④ 见考茨基《基什涅夫惨案和犹太问题》，一九〇三年版。

奥国的犹太人时又重述这种观点，不过有一点差别，就是他所否认的不是犹太民族的现在，而是犹太民族的将来。

鲍威尔认为犹太人之所以不能保全为一个民族，在于"犹太人没有单独的居住地区"①。这种解释基本上虽然正确，但还没有说出全部真理。问题首先在于犹太人没有一个和土地相联系的广大的稳定的阶层，这样一个阶层是不仅作为民族骨干，而且作为"民族"市场自然地把一个民族联结起来的。俄国的五六百万犹太人只有百分之三到百分之四和农业有一些联系。其余百分之九十六从事商业、工业和在城市机关中工作，一般地住在城市里，并分散在俄国各处，无论在哪一省都不占多数。

可见以少数民族资格杂居在其他民族区域里的犹太人主要是以工业家、商人和自由职业者的身分为"异"族服务的，在语言等各方面自然也就适应"异族"。所有这一切，再加上随着资本主义发展而来的各个民族的日益杂处，就使犹太人受到同化。"特许犹太居住区"的废除只能加速这种同化。

因此，为俄国的犹太人要求民族自治的问题是有些滑稽可笑的：有人竟主张替一个前途被否定、存在与否尚待证明的民族要求自治！

虽然如此，崩得还是采取了这种滑稽可笑的动摇不定的立场，竟在其第六次代表大会上（一九〇五年）通过了主张民族自治的"民族纲领"。

驱使崩得走这一步的有两种情况。

第一种情况，即崩得作为犹太社会民主主义工人组织，而且仅仅作为犹太社会民主主义工人组织而存在。早在一八九七年以前，那些在犹太工人中进行工作的社会民主主义小组就已经打算建立一个"纯粹犹太工人组织"②。一八九七年，他们果然建立了这样一个组织，即联合成为崩得了。这是俄国社会民主党事实上还没有作为一个整体而存在的时候。从那时起，崩得不断发展和扩大起来，在俄国社会民主党处境惨淡的时候日益显露头角……可是二十世纪到来了。群众性的工人运动开始了。波兰社会民主党成长起来并把犹太工人吸引到群众斗争中去了。俄国社会民主党成长起来并把"崩得"工人吸引到自己方面来了。崩得那种没有地域基础的民族圈

---

① 见鲍威尔《民族问题和社会民主党》，第三八八页。
② 见卡斯切梁斯基编的《民族运动的形式……》，第七七二页。

子愈见狭小了。一个问题摆在崩得面前：或者是融化到总的国际浪潮中去，或者是坚持自己的独立存在，做一个超地域的组织。崩得选择了后者。

所谓"犹太无产阶级唯一代表"的崩得的"理论"就这样形成了。

但是要"简单地"随便为这个奇怪的"理论"作辩护已经不可能了，必须有某种"原则性的"根据、"原则性的"理由才行。民族文化自治就成了这样的根据。崩得从奥国社会民主党那里抄来了民族文化自治就抓住不放。即使奥国人民没有这样的纲领，崩得也一定会想出一个来，以便"从原则上"为自己的独立存在作辩护。

这样，崩得在一九〇一年（第四次代表大会）作了一番怯懦的尝试以后，终于在一九〇五年（第六次代表大会）通过了"民族纲领"。

第二种情况，即犹太人作为个别的少数民族在其他多数民族密集的各完整区域中所处的特殊地位。我们已经说过这种地位使犹太人不成其为一个民族，使他们走上被同化的道路。但这是客观的过程。主观上，在犹太人头脑中，这一过程却引起了反应，提出了保障少数民族权利、保障不受同化的问题。崩得既然宣扬犹太"民族"富有生命力，就不能不采取主张"保障"的立场；既然采取了这种立场，就不能不采纳民族自治。因此，如果崩得能够抓住什么自治，那就只能是民族自治，即民族文化自治：犹太人的地域上政治上的自治是谈不上的，因为犹太人没有一定的完整的地域。

值得注意的是崩得一开始就强调说，民族自治的特点就是保障少数民族的权利，保障民族的"自由发展"。这就难怪出席俄国社会民主党第二次代表大会的崩得代表哥里德勃拉特要说民族自治就是"保障它们（即各个民族。——斯大林注）充分自由发展文化的机关"[①]。崩得思想的拥护者也是抱着这种主张加入社会民主党第四届杜马党团的……

崩得就这样采取了主张犹太人民族自治的可笑的立场。

上面我们已经一般地分析了民族自治。这一分析说明了民族自治的归宿就是民族主义。下面我们就会看到崩得果然得到了这样的结局。不过崩得还从特殊方面即从保障少数民族权利方面来考察民族自治。我们也就从这个特殊方面来分析问题吧。这样做之所以尤其必要，是因为少数民族问

---

[①] 见《第二次代表大会记录》，第一七六页。

题（不仅是犹太少数民族问题）对社会民主党具有重大的意义。

总之，就是"保障"各民族"充分自由发展文化的机关"。

但"保障……的机关"究竟是什么呢？

这首先就是石普林格尔和鲍威尔的"民族委员会"，一种类似掌管文化事宜的议会。

可是这种机关能否保障民族"充分自由发展文化"呢？掌管文化事宜的议会能否保障民族免于民族主义的迫害呢？

崩得认为能保障。

但历史证明恰恰相反。

俄属波兰曾经有过议会，一种政治性的议会，它当然力求保障波兰人自由"发展文化"，可是它不但没有做到这一点，反而在和俄国一般政治条件作力量悬殊的斗争中垮台了。

芬兰早就有了议会，它也力求保护芬兰民族不受"侵犯"，但它在这方面究竟有多少成绩是有目共睹的。

当然，议会是有各种各样的，对付按民主原则组织起来的芬兰议会不像对付贵族的波兰议会那样容易。但是有决定意义的终究不是议会本身，而是俄国的一般制度；如果俄国目前还像过去一样，像废除波兰议会时一样，存在着野蛮的亚洲式的社会政治制度，那末芬兰议会的处境就要坏的多。况且"侵犯"芬兰的政策正在加紧推行，决不能说这种政策遭受过失败……

政治议会这种历史上形成的古老机关尚且如此，年轻的议会，年轻的机关，尤其像"文化"议会这样软弱的机关，就更不能保障民族的自由发展了。

问题显然不在于"机关"，而在于国内的一般制度。国家没有民主化，民族"充分自由发展文化"也就没有保障。可以肯定地说，国家愈民主，对"民族自由"的"侵犯"就愈少，免受"侵犯"的保障就愈多。

俄国是半亚洲式的国家，所以这里的"侵犯"政策往往采取极粗暴的方式，即蹂躏的方式。不用说，所谓"保障"在俄国是少到最低限度的。

德国已经是多少有些政治自由的欧洲式的国家。无怪乎那里的"侵犯"政策从来不采取蹂躏的方式。

在法国，"保障"当然更多些，因为法国比德国民主。

瑞士更不用说了。那里由于有高度的、虽然是资产阶级的民主，各民族都自由地生活着，不管它们是少数民族或多数民族都是一样的。

总之，崩得硬说"机关"本身能保障各民族充分发展文化，这是十分荒唐的。

也许有人会指出，崩得自己也认为俄国的民主化是"建立机关"和保障自由的先决条件。但这是不对的。从《崩得第八次代表会议文件汇编》中可以看出，崩得想在俄国现存制度的基础上通过"改革"犹太教公会去达到成立这种"机关"的目的。

有一个崩得领袖在这次代表会议上说过："犹太教公会能成为将来的民族文化自治的核心。民族文化自治是民族自我服务的形式，是满足民族需要的形式。犹太教公会这一形式也包含着同样的内容。这是一条链子的几个环节，是一个进化过程中的几个阶段。"①

代表会议根据这一点决定必须争取"改革犹太教公会，通过立法手续把它变成世俗机关"，即按民主原则组织起来的机关②。

显然，崩得当做条件和保障的并不是俄国的民主化，而是犹太人将来的"世俗机关"，这种机关是用"改革犹太教公会"的方法根据"立法"手续，即经过杜马而成立的。

然而我们已经看到，如果在整个国家内没有民主制度，"机关"本身是不能尽"保障"之职的。

那末，在将来的民主制度下究竟怎样呢？在民主制度下是不是也需要有专门的"文化机关"来"保障……"呢？例如民主的瑞士在这方面的情形是怎样的呢？那里有没有石普林格尔的"民族委员会"之类专门的文化机关呢？那里并没有这种机关。那末，在那里占少数的例如意大利人的文化利益是不是因此受到损害呢？这类事情还没有听说过。这是完全可以理解的，因为瑞士国内的民主制度使一切似乎能"保障……的"专门文化"机关"都成为多余的了。

总之，在现时是软弱的，在将来是多余的，——民族文化自治机关就是如此，民族自治就是如此。

---

① 见《崩得第八次代表会议文件汇编》一九一一年版，第六十二页。
② 同上，第八十三页至第八十四页。

可是，如果把这种民族自治强加于一个存在和前途都成问题的"民族"身上，那末它的害处就更大了。在这种情况下，主张民族自治的人必然要维护和保全"民族"的一切特点，而不管它是有益的还是有害的，只求"拯救民族"免于同化，只求"保全"民族。

崩得必然会走上这条危险的道路。而它事实上已经走上了这条道路。我们所指的是崩得最近几次代表会议所通过的关于"安息日"、"行话"等等尽人皆知的决议。

社会民主党努力为一切民族争取本族语言权，但崩得并不以此为满足，它还要求"特别坚决地"捍卫"犹太语言权"①，而且崩得自己在第四届杜马选举时，"宁愿选举他们（即覆选人）中间答应捍卫犹太语言权的人"②。

不是共同的本族语言权，而是单独的犹太语言权，行话权！让各个民族的工人首先去为本族语言而斗争：犹太人为犹太语言而斗争，格鲁吉亚人为格鲁吉亚语言而斗争等等。为各民族共同的权利而斗争是次要的事情。你尽可不承认一切被压迫民族的本族语言权，只要你承认行话权，你就可以放心：崩得会投票拥护你，崩得"宁愿选举"你。

那末，崩得和资产阶级民族主义者究竟有什么区别呢？

社会民主党要求规定每周必须有一个休息日，可是崩得并不以此为满足，它还要求用"立法手续""保证犹太无产阶级有权过安息日，不得强迫他们也过另一个节日"③。

应该想到崩得会"更进一步"要求有权过一切旧的犹太节日。如果崩得不幸，犹太工人已抛弃迷信，不愿过这种节日，那末崩得就要用争取过"安息日的权利"的宣传去叫他们想起安息日，在他们身上培植所谓"安息日精神"……

因此，完全可以理解崩得第八次代表会议上许多发言人发表的"热烈的言论"，要求设立"犹太医院"，说"病人在自己人中间觉得愉快些"，"犹太工人在波兰工人中间会觉得不愉快，而在犹太店铺老板中间会觉得愉快"④。

---

① 见《崩得第八次代表会议文件汇编》，第八十五页。
② 见《崩得第九次代表会议文件汇编》，一九一二年版，第四十二页。
③ 见《崩得第八次代表会议文件汇编》，第八十三页。
④ 同上书，第六十八页。

保存一切犹太的东西，保全犹太人的一切民族特点，以至保全显然对无产阶级有害的特点，把犹太人和一切非犹太的东西隔开，甚至主张设立特别医院，——请看崩得堕落到了什么地步！

普列汉诺夫同志说崩得"要使社会主义适应民族主义"，这是千真万确的。当然，柯索夫斯基和像他那样的崩得分子可以骂普列汉诺夫为"煽动分子"①（纸上不妨乱骂），然而熟悉崩得活动的人不难看出这些勇士们简直是怕说出关于自己的实话，于是用"煽动"一类的恶毒字眼来掩护自己……

崩得在民族问题上既然采取这样的立场，在组织问题上自然就走上使犹太工人陷于孤立的道路，走上在社会民主党内结成各民族集团的道路。民族自治的逻辑就是如此！

崩得果然从"唯一代表"论进到工人"民族划分"论了。崩得要求俄国社会民主党"在自己的组织结构上按民族实行划分"②。然后，它又由"划分"论"进一步"走到了"独存"论。无怪乎在崩得第八次代表会议上有人说"民族生存就是独存"③。

组织上的联邦主义包含着瓦解和分离主义的成分。崩得正在走向分离主义。

它实在是走投无路了。它那种超地域组织的地位驱使它走上分离主义的道路。崩得没有一定的完整的地域，它是在"别人的"地域上活动的，然而和它来往密切的波兰、拉脱维亚以及俄国的社会民主党都是国际主义的地域性的集体。结果便是这些集体每扩大一步都使崩得多受一分"损失"，使崩得的活动场所缩小，二者必居其一：或者是整个俄国社会民主党应按民族联邦主义原则实行改组，那时崩得就有可能"保障"自己拥有犹太无产阶级；或者是这些集团的国际主义地域原则仍然有效，那时崩得就要像波兰和拉脱维亚的社会民主党那样按国际主义原则实行改组。

崩得一开始就要求"俄国社会民主党按联邦原则实行改组"④，原因就在这里。

---

① 见《我们的曙光》杂志一九一二年第九、十两期合刊，第一二〇页。
② 《关于崩得第七次代表大会的通报》，第七页。
③ 见《崩得第八次代表会议文件汇编》，第七十二页。
④ 见《民族自治和按联邦原则改组俄国社会民主党的问题》，一九〇二年崩得版。

一九〇六年，崩得因受下层群众要求统一的浪潮所迫而选定了中间道路，加入了俄国社会民主党。但它是怎样加入的呢？波兰和拉脱维亚的社会民主党加入俄国社会民主党是为了和平地共同进行工作，但崩得加入的目的是为联邦制而战斗。崩得首领麦迭姆当时就是这样说的："我们不是为了太平生活，而是为了斗争才加入的。太平生活是没有的，只有马尼洛夫之流才会盼望在最近的将来能享受太平生活。崩得应当从头到脚地武装起来去加入党。"①

如果认为这是出于麦迭姆的恶意，那就错了。问题并不在于恶意，而在于崩得的特殊立场，由于这种立场，它就不能不和建立在国际主义原则上的俄国社会民主党作斗争。崩得既然和俄国社会民主党作斗争，自然就破坏了统一的利益。最后，事情竟发展到崩得违背了党章，在选举第四届杜马时联合波兰民族主义者反对波兰社会民主党人，因而和俄国社会民主党正式决裂。

显然，崩得认为决裂是它的独立自主活动最好的保障。

组织上"划分"的"原则"就这样导致了分离主义，引起了完全决裂。

从前崩得和旧《火星报》辩论联邦制问题时说："《火星报》想使我们相信崩得对俄国社会民主党的联邦关系一定会削弱它们彼此间的联系。我们不能援引俄国实践来驳斥这种意见，原因很简单：俄国社会民主党不是联邦制的团体。然而我们可以援引奥国社会民主党大有教益的经验，因为奥国社会民主党根据一八九七年党代表大会的决议而变成了一个联邦性的组织。"②

这是在一九〇二年写的。

现在已经是一九一三年了。现在我们有了俄国的"实践"，也有了"奥国社会民主党的经验"。

这些"实践"和"经验"究竟说明什么呢？

我们先来看"奥国社会民主党大有教益的经验"吧。一八九六年以前，奥国还存在着统一的社会民主党。就在这一年，捷克人在伦敦国际代

---

① 见《我们的话》杂志第三期，一九〇六年维里诺版，第二十四页。
② 见《论民族自治问题……》，一九〇二年崩得版，第十七页。

表大会上首先要求单独的代表权,并取得了这种代表权。一八九七年,在党的维也纳(维姆堡)代表大会上正式宣告取消统一的党,而成立了六个民族"社会民主主义团体"的联邦制同盟。后来这些"团体"又都变成了独立的政党。这些政党彼此又渐渐断绝了关系。接着国会党团也随着党而分裂,成立了几个民族"俱乐部"。后来工会也按民族分裂了,最后甚至连合作社也被殃及了,捷克分离主义者竟号召工人拆散合作社①。至于分离主义的宣传可以削弱工人的团结精神,往往推动他们走上工贼的道路,那就更不用说了。

总之,"奥国社会民主党大有教益的经验"证明崩得是错误的,旧《火星报》是正确的。奥国党内联邦主义造成了丑恶已极的分离主义,破坏了工人运动的统一。

上面我们已经看到,"俄国实践"也证明了这一点。崩得分离主义者也像捷克分离主义者一样和统一的俄国社会民主党决裂了。至于工会,崩得的工会,那末它们一开始就是按民族原则组织起来的,就是说,和其他民族的工人是隔绝的。

完全独存,完全决裂,——这就是联邦主义的"俄国实践"所表明的。

这种情形自然要削弱工人的团结精神,使他们的意志沮丧,而且这种沮丧现象也侵入崩得里面了。我们指的是犹太工人和波兰工人因失业问题而发生日益频繁的冲突。请看崩得第九次代表会议关于这个问题所发的议论吧:"……我们把排挤我们的波兰工人看成暴徒,看成黄色工人;我们不支持他们的罢工,而要破坏他们的罢工。第二、我们用排挤对付排挤:他们不许犹太工人进工厂做工,我们就不许波兰工人进手工作坊做工……如果我们不把这件事抓到自己手里来,工人就会跟着别人走。"②

崩得代表会议就是这样谈论团结精神的。

这真是登峰造极的"划分"和"独存"。崩得已经达到了目的:它已经把各民族的工人分离得厮打起来,分离得做起工贼来了。不这样是不行的,因为"如果我们不把这件事抓到自己的手里来,工人就会跟着别人

---

① 见《Dokumente des Separatismus》(《分离主义的文件》)第二十九页所援引的瓦聂克的小册子的一段话。
② 见《崩得第九次代表会议文件汇编》,第十九页。

走"……

工人运动的瓦解,社会民主党队伍中意志的沮丧,——这就是崩得联邦主义造成的恶果。

由此可见,民族文化自治的思想及其所造成的气氛,在俄国比在奥国更为有害。

六、高加索人,取消派代表会议

前面我们已经说到,抗拒不住民族主义"时疫"的一部分高加索社会民主党人发生了动摇。这种动摇表现在这些社会民主党人步崩得的后尘(虽然这很奇怪)而宣布了民族文化自治。

全高加索实行区域自治,高加索境内各民族实行民族文化自治,——上述社会民主党人(顺便说一下,他们是附和俄国取消派的)就是这样表述自己的要求的。

请听听他们公认的领袖,并非无名的诺某所说的话吧:"谁都知道,高加索无论按居民的人种成分或按地域和农业发展程度来说,都和中部各省大不相同。要开发并在物质上发展这样的边疆,就需要有本地的工作人员,需要有熟悉当地特点、习惯于当地气候和文化的行家。一切以开发本地为目的的法律都必须由当地颁布,并由当地人材去执行。因此,颁布和当地各项问题有关的法律的权限是属于高加索中央自治机关的……所以高加索中央机关的职权就在于颁布旨在开发本地经济富源,促使边疆物质繁荣的法律。"①

总之,就是高加索的区域自治。

如果把诺某提出的那些有点含糊不清互不连贯的理由撇开不谈,那就应该承认他的结论是正确的。由于高加索居民成分及其生活条件有许多特点,在全国性的宪法范围内实行高加索区域自治(这一点诺某也不否认)确实是必要的。这一点是俄国社会民主党也承认了的,它在第二次代表大会上曾宣布:"凡是生活条件和居民成分与俄国本部各地不同的边区皆得实行区域自理。"

马尔托夫把这一条提交第二次代表大会讨论时,曾这样申述其理由:"俄国幅员的辽阔和我们的集中管理的经验,使我们有理由认为在芬兰、波

---

① 见格鲁吉亚文的《我们的生活报》,一九一二年第十二号。

兰、立陶宛和高加索这样大的地域单位实行区域自理是必要而合理的。"

由此可见，应当把区域自理了解为区域自治。

但是诺某还要更进一步。他认为高加索区域自治所包括的"只是问题的一方面"。

"到现在为止，我们所说的只是本地生活的物质上的发展。但可以促进边疆经济发展的不仅是经济上的活动，而且还有精神上文化上的活动"……"文化上很强的民族，在经济方面也是很强的"……"但是只有用民族的语言才能发展民族的文化"……"因此，凡与本族语言有关的问题都是民族文化问题。教育、诉讼、教会、文学、艺术、科学、戏剧等等问题便是这样的问题。从物质上发展边疆的事业把各民族联合在一起，而民族文化事业却使各民族彼此分开，使每个民族单独进行活动。前一种活动是和一定的地域相联系的"……"民族文化事业则不然。这种事业并不和一定的地域相联系，而和一定民族的存在相联系。格鲁吉亚语言的命运是任何地方的格鲁吉亚人同样关心的。如果以为格鲁吉亚文化只和住在格鲁吉亚的格鲁吉亚人有关，那就太无知了。举阿尔明尼亚的教会为例。各地和各国的阿尔明尼亚人都参加管理教会的事务，地域在这里是不起任何作用的。或者，例如创办格鲁吉亚博物馆，无论梯弗里斯的格鲁吉亚人或巴库、库泰依斯、彼得堡及其他各地的格鲁吉亚人都是关心的。这就是说，一切民族文化事业均应由各有关民族自己去掌管和领导。我们主张高加索各民族实行民族文化自治"[①]。

简言之，文化不等于地域，地域也不等于文化，所以必须实行民族文化自治。诺某可以替民族文化自治辩护的不过如此而已。

我们在这里不再一般地谈民族文化自治，因为前面我们已经把它的坏处说明了。现在我们只想指出一般说来是毫无用处的民族文化自治，如果从高加索的条件来看，那更是毫无意义和荒谬绝伦的。

原因如下：民族文化自治是以具有发达的文化和文学的、较为发展的民族为前提的。没有这些条件，这种自治就会失去任何意义而变为无稽之谈。但是高加索许多族只有原始的文化，他们虽有特殊的语言，但没有本族的文学；况且这些族都处于过渡阶段，一部分在被同化，一部分在向前

---

① 见格鲁吉亚文的《我们的生活报》一九一二年第十二号。

发展。怎样在他们那里实行民族文化自治呢？怎样对待这些族呢？怎样以民族文化自治为必然前提把他们"组织"成一些单独的民族文化联盟呢？

怎样对待那些操着不同的语言但没有自己的文学的明格列里人、阿布哈兹人、阿扎里人、斯万人、列兹金人等呢？应当把他们列入哪个民族呢？能不能把他们"组织"成一些民族联盟呢？应当以什么"文化事业"为中心把他们"组织"起来呢？

怎样对待那些在南高加索正受格鲁吉亚人同化（但还远没有完全被同化）、那些在北高加索一部分正受俄罗斯人同化、一部分又正在向前发展、创造着本族文学的沃舍梯人呢？怎样把他们"组织"成统一的民族联盟呢？

把那些操着格鲁吉亚语言但过着土耳其文化生活并信奉伊斯兰教的阿扎里人列入哪个民族联盟呢？是不是以宗教事业为标准叫他们脱离格鲁吉亚人而单独"组织"起来，同时又以其他文化事业为标准叫他们和格鲁吉亚人一起"组织"起来呢？还有科布列特人呢？英谷什人呢？英格洛伊人呢？

把许多族摈弃在外，这算什么自治呢？

不，这并不是解决民族问题的办法，这是胡思乱想的结果。

好吧，我们就来假设一下不可假设的东西，假定我们这位诸某的民族文化自治已经实现了，那末它会把事情弄到什么地步，会导致什么结果呢？例如拿南高加索那些识字人数的百分比少到最低限度、学校由万能的毛拉主持、文化渗透了宗教精神的鞑靼人来说吧……不难了解，把他们"组织"成民族文化联盟，就是让毛拉站在他们头上，就是任凭反动的毛拉去宰割他们，就是替鞑靼群众的死敌建立一座在精神上奴役这些群众的新堡垒。

可是，社会民主党人什么时候曾给反动分子助长声势呢？

把南高加索的鞑靼人圈到一个替最凶恶的反动分子奴役群众的民族文化联盟中去，——难道高加索取消派再不能"宣布"一种较好的办法吗？……

不，这不是解决民族问题的办法。

只有把后进的民族和族纳入高度文化的总轨道才能解决高加索的民族问题。只有这种解决方法才是社会民主党所能采纳的进步的解决方法。高加索区域自治之可以采纳，在于它把后进的民族引上总的文化发展的大道，帮助它们跳出小民族闭关自守的狭隘范围，推动它们前进，使它们易于享受高度文化的成果。民族文化自治却适得其反，因为它把各民族禁锢在旧的狭隘范围内，把它们固定在文化发展的低级阶段，妨碍它们走上高级的文化阶段。

因此，民族自治使区域自治丧失它的优点，把区域自治化为乌有。

正因为如此，诺某所提议的那种混合式的自治，即将民族文化自治和区域自治配合起来的自治，也是毫无用处的。这种反常的配合不但无益，反而有害，因为它除了阻碍后进的民族的发展以外，还会把区域自治变成被组织在民族联盟内的各民族互相冲突的舞台。

这样，一般说来是毫无用处的民族文化自治，在高加索就会变成毫无意义的反动的妄想了。

诺某及其高加索同道者的民族文化自治就是如此。

高加索取消派是否会"前进一步"，是否会在组织问题上也效法崩得，这有待将来的事实证明。到现在为止，在社会民主党的历史中总是先有组织上的联邦主义，然后才有纲领上的民族自治。奥国社会民主党人从一八九七年起就实行了组织上的联邦主义，而民族自治纲领是两年以后（一八九九年）才通过的。崩得分子第一次明确地叫喊民族自治是在一九〇一年，而组织上的联邦主义远自一八九七年就实行了。

高加索取消派是从末尾开始，即从民族自治开始做起的。如果他们还继续跟着崩得走，那末他们就得先把目前这个早在九十年代末根据国际主义原则建立起来的组织机构全部摧毁。

但是通过工人暂时尚不明瞭的民族自治纲领是很容易的，而要摧毁高加索各民族的工人苦心培育出来、多年建立起来的机关，那就很困难了。只要一开始实行这种赫罗斯特拉特的想法，工人们就会睁开眼睛，看出民族文化自治的民族主义实质了。

如果说高加索人用来解决民族问题的是一种平常的方式，即口头讨论和文字辩论的方式，那末取消派的全俄代表会议却想出了一种完全不平常的方式。一种简便的方式。请听吧："据高加索代表团报告……必须提出民族文化自治的要求。代表会议在听取了这个报告以后，对这一要求的实质不表示意见，认定对党纲中承认每一民族均有自决权的条文这样解释和党纲原意并不抵触。"

总之,首先是"对这一"问题的"实质不表示意见",然后却来"认定"。真是一种新奇的方式……

究竟这个新奇的代表会议"认定"了什么呢?

就是认定民族文化自治的"要求"是和承认民族自决权的党纲"原意并不抵触"的。

我们就来分析一下这个论点吧。

民族自决的条文所说的是民族权利。根据这个条文,民族不仅有权实行自治,而且有权实行分离。条文上所讲的是政治上的自决。取消派竟企图曲解整个国际社会民主主义运动中早已规定的这种政治上的民族自决权,这想欺骗谁呢?

或许取消派会规避问题,用诡辩为自己辩护,说民族文化自治和民族权利"并不抵触"吧?也就是说,如果某个国家的一切民族都同意按民族文化自治原则处理自己的事情,那末所有这些民族就完全有权这样去做,谁也不能强迫他们接受别的政治生活方式。真是既新颖又聪明。是否还要加上一句:一般讲来,民族有权废除自己的宪法,有权用专横制度代替宪法,有权恢复旧制度,因为民族,也只有民族本身才有权决定自己的命运。重说一遍:在这个意义上讲,无论民族文化自治或任何一种民族的反动措施都和民族权利"并不抵触"。

可敬的代表会议想说的是不是这一点呢?

不,不是这一点。它分明说:民族文化自治不是和民族权利,而是和党纲"原意""并不抵触"。这里所说的是党纲,而不是民族权利。

这也是可以理解的。如果某个民族向取消派代表会议请求指示,那末代表会议就会直接认定该民族有民族文化自治权。但是向代表会议请求指示的并不是民族,而是高加索社会民主党人的"代表团",固然这个代表团所代表的是一些不好的社会民主党人,但究竟是社会民主党人。并且他们所过问的不是民族权利,而是民族文化自治是否和社会民主党的原则矛盾,是否和社会民主党党纲的"原意""抵触"。

总之,民族权利和社会民主党党纲的"原意"并不是一个东西。

显然也有这么些要求,它们虽然和民族权利并不抵触,但可能和党纲"原意"抵触。

例如社会民主党的党纲上有信教自由一条。按照这一条，任何一群人都有权信奉任何一种宗教：天主教、正教等。社会民主党反对一切宗教压制，反对压制正教徒、天主教徒和新教徒。这是否就意味着天主教和新教等和党纲"原意并不抵触"呢？不，不是这个意思。社会民主党始终反对压制天主教和新教，始终维护各民族有信奉任何一种宗教的权利，但同时它要根据无产阶级的真正利益去进行反对天主教、反对新教和反对正教的宣传，以便获得社会主义世界观的胜利。

社会民主党之所以要这样做，在于新教、天主教和正教等等无疑是和党纲"原意抵触"的，即和无产阶级的真正利益抵触的。

自决权问题也是如此。各民族有权按照自己的愿望处理自己的事情，有权保存自己的任何一种民族机关，无论是有害的还是有益的，谁也不能（没有权利！）用强迫手段干涉任何一个民族的生活。但这并不是说社会民主党就不进行斗争，不进行宣传反对各民族的有害的机关，反对各民族的不适当的要求。相反地，社会民主党必须进行这种宣传，必须努力影响各民族的意志，使各民族按照最适合于无产阶级利益的方式来处理本民族的事情。正因为如此，社会民主党要为民族自决权而斗争，同时要进行宣传，比方说，既要反对鞑靼人实行分离，又要反对高加索各民族实行民族文化自治，因为二者虽然和这些民族的权利并不抵触，可是和党纲"原意"抵触，即和高加索无产阶级的利益抵触。

显然，"民族权利"和党纲"原意"是两个完全不同的东西。党纲"原意"表现无产阶级在自己的纲领中科学地规定的利益，民族权利却可能依各阶级（资产阶级、贵族和僧侣等等）的势力和影响为转移，而表现其中任何一个阶级的利益。前者是马克思主义者的义务，后者是由各阶级所组成的民族的权利。谈论民族权利和社会民主主义原则是否"抵触"，正像谈论海奥勃斯金字塔和臭名远扬的取消派代表会议是否"抵触"一样，二者是根本不能相提并论的。

由此可见，可敬的代表会议竟无可宽恕地把两种完全不同的东西混淆起来了。结果得到的不是解决民族问题的办法，而是一套谬论，依照这种谬论，民族权利和社会民主党的原则"并不抵触"，因此，民族的每一要求都能和无产阶级的利益相容，因此，力求自决的民族的任何一种要求都不会和党纲"原意抵触"！

他们太滥用逻辑了……

在这套谬论的基础上，也就产生了取消派代表会议臭名远扬的决议，按照这个决议，民族文化自治的要求和党纲"原意并不抵触"。

但是取消派代表会议所违背的不仅是逻辑的规律。

它还违背它对俄国社会民主党所负的义务，批准了民族文化自治。它确实违背党纲"原意"，因为大家知道，通过这个纲领的第二次代表大会是断然否决了民族文化自治的。请看这次代表大会上有关这个问题的发言吧：

"哥里德勃拉特（崩得代表）说：……我认为必须设立一些能保障各民族自由发展文化的特别机关，因此我提议在第八条上补充一句：'并设立一些保障它们充分自由发展文化的机关。'（大家知道，这就是崩得的民族文化自治的条文。——斯大林注）

马尔丁诺夫指出，应该设立也能保障局部利益的总机关，任何保障民族自由发展文化的特别机关都是不能设立的。

叶哥罗夫说：在民族问题方面，我们只能采纳消极的建议，就是说，我们反对对民族的一切限制。但某一民族是否会作为一个民族发展下去，这和我们社会民主党人无关。这是一个自发的过程。

柯里佐夫说：崩得代表一听见有人说到他们的民族主义就感到委屈。然而一位崩得代表提出的修正案却带着纯粹民族主义的性质。他们竟要求我们采取非常积极的办法去维持那些甚至已在衰亡的民族。"

……结果，"哥里德勃拉特的修正案以多数对三票被否决了"。

总之，取消派代表会议显然是和党纲"原意抵触"的。它违背了党纲。

现在取消派企图为自己辩护，竟求援于斯德哥尔摩代表大会，似乎这次大会批准了民族文化自治。例如柯索夫斯基说："大家知道，根据斯德哥尔摩代表大会达成的协议，崩得可以保留自己的民族纲领（直到民族问题在全党代表大会上获得解决时为止）。这次代表大会承认了民族文化自治无论如何和全党纲领并不抵触。"①

但取消派的企图是徒然的。斯德哥尔摩代表大会并没有考虑批准崩得

---

① 见《我们的曙光》杂志一九一二年第九、十两期合刊，第一二〇页。

的纲领，而只同意暂时把这一问题作为悬案。勇敢的柯索夫斯基竟没有勇气说出全部真情。然而事实毕竟是事实。且看："加林提出修正案：'民族纲领问题因代表大会没有讨论而留作悬案。'（五十票赞成，三十二票反对。）

有人问：留作悬案是什么意思？

主席答：我们说把民族问题留作悬案，这就是说，崩得在下届代表大会以前可以保留自己对这一问题所作的决定。"[①]

可见代表大会甚至"没有讨论"崩得的民族纲领这一问题，只是把它留作"悬案"，让崩得自己在下届全党代表大会以前去决定自己纲领的命运。换句话说，斯德哥尔摩代表大会规避了这个问题，对民族文化自治未置可否。

可是取消派代表会议对这个问题作了十分确定的评价，认为民族文化自治可以采纳，并根据党纲批准了它。

差别是有目共睹的。

由此可见，取消派代表会议虽然用尽了一切狡猾手段，但并不能使民族问题有丝毫进展。

在崩得和高加索民族主义者取消派面前献媚，——这就是代表会议所能施展的全副本领。

七、俄国的民族问题

最后，我们还必须提出一个积极解决民族问题的办法。

我们的出发点是：民族问题只有同俄国目前的形势密切联系起来才能得到解决。

俄国正处在过渡时期，"正常的""宪制的"生活还没有确立，政治的危机还没有克服。狂风暴雨和"纠纷扰攘"的日子还在前面。因此，现在和将来的运动就是争取完全民主化的运动。

民族问题也应该同这个运动联系起来加以考察。

总之，国家完全民主化是解决民族问题的基础和条件。

在解决问题时，不仅要估计到国内的情况，而且要估计到国外的情况。俄国位于欧洲和亚洲之间，奥国和中国之间。民主主义在亚洲的增长是必

---

[①] 见《我们的话》杂志一九〇六年第八期，第五十三页。

不可免的。帝国主义在欧洲的增长不是偶然的。资本在欧洲已感到地盘狭小，于是冲入异国去寻找新的市场、廉价的劳动力、新的投资场所。但是这就会引起国际纠纷和战争。谁也不能说巴尔干战争是纠纷的终结，而不是纠纷的开始。因此，完全可能造成一种内外形势结合在一起的局面，那时俄国某个民族将认为必须提出和解决本身独立的问题。在这种情况下加以阻碍，当然不是马克思主义者的事情。

由此可见，俄国马克思主义者不能不主张民族自决权。

总之，自决权是解决民族问题的一个必要条件。

其次，对那些由于某种原因而宁愿留在整体范围内的民族怎么办呢？

我们已经知道民族文化自治是不适用的。第一、它是勉强凑成的，不切实际的，因为它要把一些被实际生活拆散和转移到全国各地去的人勉强凑成一个民族。第二、它驱使大家走向民族主义，因为它主张人们按民族标准"划分"，主张"组织"民族，主张"保全"和培植"民族特点"，——这些都绝非社会民主党所应做的事情。莱哈斯拉特中的莫拉维亚族分离主义者离开日耳曼族社会民主党议员而同莫拉维亚族资产阶级议员合并为一个所谓莫拉维亚"集团"，这不是偶然的。崩得的分离主义者沉溺于民族主义，赞美"安息日"和"行话"，这也不是偶然的。在杜马中还没有崩得议员，在崩得活动的区域里却有教权主义的反动的犹太教公会，崩得目前就在这个公会的"领导机关"里策划犹太工人和犹太资产者"合伙"①。民族文化自治的逻辑本来就是如此。

总之，民族自治是不能解决问题的。

出路何在呢？

正确解决问题的唯一办法就是区域自治，就是像波兰、立陶宛、乌克兰、高加索等固定了的地域单位的自治。

区域自治的优点首先在于实行的时候所遇到的不是没有地域的空中楼阁，而是居住于一定地域上的一定居民。其次，区域自治不是把人们按民族划分的，不是巩固民族壁垒的，相反地，是打破这种壁垒，把居民统一起来，以便为实现另一种划分即按阶级划分开辟道路的。最后，它使大家不必等待总的中央机关的决议而能最适当地利用本地区的天然富源并发展

---

① 见《崩得第八次代表会议文件汇编》中关于犹太教公会的决议末尾一段。

生产力，——这样的职能是民族文化自治所没有的。

总之，区域自治是解决民族问题的一个必要条件。

无疑地，不论哪一个区域都不是清一色的单一民族区，因为每个区域里都杂居着少数民族。例如波兰有犹太人，立陶宛有拉脱维亚人，高加索有俄罗斯人，乌克兰有波兰人等等。因此，有人就要担心少数民族会受多数民族的压迫。但是只有当国家还保存着旧制度的时候，这种担忧才有根据。如果国家具有完备的民主制度，这种担忧就没有任何根据了。

有人提议把散居各地的少数民族结成一个统一的民族联盟。但少数民族所需要的不是勉强凑成的联盟，而是他们在当地拥有实权。没有完全的民主化，这种联盟能给他们什么呢？或者有了完全的民主化，民族联盟又有什么必要呢？

少数民族特别关心的是什么呢？

少数民族感到不满的不是没有民族联盟，而是没有使用本族语言的权利。让他们使用本族语言，这种不满就会自行消失了。

少数民族感到不满的不是没有勉强凑成的联盟，而是他们没有本族的学校。给他们这种学校，这种不满就失去任何根据了。

少数民族感到不满的不是没有民族联盟，而是没有信仰（信教）、迁徙等等的自由。给他们这种自由，他们就不再会不满了。

总之，在一切方面（语言、学校等等）实行民族平等是解决民族问题的一个必要条件。因此，必须在国家完全民主化的基础上颁布全国性的法律，无例外地禁止民族享有任何特权，禁止对少数民族权利加以任何妨碍或限制。

这样，也只有这样，才能实际地而不是纸上空谈地保障少数民族的权利。

关于组织上的联邦主义和民族文化自治彼此之间有没有逻辑上的联系，可争可不争。但民族文化自治替那种可能演变为完全分裂即演变为分离主义的、漫无边际的联邦主义造成有利条件，却是无可争辩的。如果奥国的捷克人和俄国的崩得分子从自治开始，继而进到联邦制，最后竟转到分离主义，那末无疑地，民族文化自治自然而然散播的民族主义气氛，在这方面是起了巨大的作用的。民族自治和组织上的联邦制携手并进不是偶然的。这也是可以理解的，因为两者都要求按民族划分，两者都是提议按民族进行组织。相同处是没有疑问的，不同的只是前者要求划分一般居民，后者则要求划分工人社会民主党党员。

我们知道按民族划分工人会引起怎样的结果。统一的工人政党的瓦解，工会按民族的分裂，民族纠纷的尖锐化，民族的工贼行为，社会民主党内的精神涣散，——这就是组织上实行联邦主义的结果。奥国社会民主党的历史和俄国崩得的活动都雄辩地证明了这一点。

对付这种情况的唯一手段就是根据国际主义原则来进行组织。

在各地把俄国各民族的工人团结成统一的完整的集体，再把这些集体团结成统一的党，——这就是我们的任务。

显而易见，这样建党并不是排斥而是预计到各个区域在统一的党的整体内实行广泛的自治。

高加索的经验表明这种组织形式是完全适当的。如果说高加索人已经能够消除阿尔明尼亚工人和鞑靼工人间的民族纠纷，如果说他们已经能够使居民避免互相残杀和互相枪击，如果说在巴库这个民族杂处的地方现在已经没有发生民族冲突的可能，如果说在那里已经能够把工人群众纳入强大运动的统一正轨，那末，高加索社会民主党的国际主义建党原则在这方面是起了不小作用的。

组织形式不仅影响到实际工作，它还在工人的全部精神生活上打上不可磨灭的烙印。工人过着自己的组织的生活，在自己的组织中获得精神上的发展并受到教育。他既在自己的组织中交往，每次都在那里和自己的别族同志相见，和他们一起在共同集体的领导下进行共同的斗争，当然就深刻地意识到工人首先是一个阶级家庭中的成员，是统一的社会主义大军中的成员。这对于工人阶级的广大阶层就不能不有极大的教育意义。

因此，国际主义的组织形式是培养同志情感的学校，是拥护国际主义的最强有力的宣传。

按民族建立的组织却不然。工人如按民族来组织，就会局限在民族的小圈子里，彼此被组织上的壁垒隔离开来。这样，所强调的就不是工人彼此共同之点，而是他们彼此不同之点。在这里，工人首先是自己民族中的一员，如犹太人、波兰人等等。无怪乎组织上的民族联邦主义只能使工人养成民族独存的精神。

因此，民族的组织形式是培养民族狭隘性和民族保守性的学校。

这样，摆在我们面前的是两种原则上不同的组织形式：国际主义团结的形式和在组织上按民族"划分"工人的形式。

调和这两种形式的企图直到今天也没有什么成绩。奥国社会民主党在一八九七年维姆堡代表大会上制定的调和性的党章已成了废物。奥国党已经四分五裂，并殃及了工会。"调和"原来不仅是空想的，而且是有害的。石特拉塞尔说得对："分离主义在党的维姆堡代表大会上初次奏了凯歌。"① 俄国的情形也是如此。在斯德哥尔摩代表大会上和崩得的联邦主义所达成的"调和"，结果是完全破产了。崩得破坏了斯德哥尔摩的妥协。从斯德哥尔摩大会后第一天起，崩得就成了各地工人联合为各族工人统一组织的道路上的绊脚石。虽然俄国社会民主党在一九〇七年和一九〇八年再三要求最后实现各族工人自下而上的统一，但崩得还是顽固地继续实行它的分离主义的策略。崩得起初主张实行组织上的民族自治，继而事实上已转到联邦制，以便最后完全决裂，实行分离主义。它既然和俄国社会民主党决裂，也就给俄国社会民主党带来了离散和混乱。不妨回忆一下亚格洛事件。

因此，"调和"的办法应该抛弃，因为它是空想的，有害的。

二者必居其一：或者是接受崩得的联邦主义，那末俄国社会民主党就要根据按民族"划分"工人的原则来实行改组；或者是采取国际主义的组织形式，那末崩得就要根据区域自治的原则，按照高加索、拉脱维亚和波兰的社会民主党的榜样来实行改组，而为犹太工人和俄国其他各族工人的直接统一开辟道路。

中间道路是没有的：原则只会战胜，不会"调和"。

总之，工人的国际主义团结的原则是解决民族问题的一个必要条件。

——《马克思主义和民族问题》，摘自《斯大林全集》第2卷，人民出版社1953年第1版，第289—358页。

**11. 如何摆脱民族压迫**

旧俄身上有许多使它蒙受耻辱的脓疮，民族压迫就是其中的一个。

宗教迫害和民族迫害，强迫"异族人"俄罗斯化，排挤民族文化机关，剥夺选举权，剥夺移动自由，挑拨各民族互相攻击，蹂躏和残杀，——这就是令人感到可耻的民族压迫。

---

① 见石特拉塞尔《Der Arbeiter und die Nation》（《工人和民族》）一九一二年版。

如何摆脱民族压迫呢？

没落的土地贵族是民族压迫的社会基础，是民族压迫的鼓舞力量。它和政权愈接近，它掌握政权愈牢固，民族压迫就愈残酷，压迫的方式也就愈野蛮。

在旧俄，当旧的农奴主土地贵族掌握政权的时候，民族压迫非常厉害，并且往往酿成蹂躏（蹂躏犹太人）和残杀（阿尔明尼亚人和鞑靼人互相残杀）。

在英国，土地贵族（大地主）和资产阶级分掌政权，那里早已没有这种土地贵族的独占统治了，因此，民族压迫比较缓和，不那么残忍。当然，这里不包括战争时期的情况，在战争进程中，政权一转入大地主手中，民族压迫就大大加剧了（例如对爱尔兰人、印度人的迫害）。

在瑞士和美国，没有而且不曾有过大地主统治，那里的政权完全掌握在资产阶级手中，因此，各民族的发展比较自由，一般说来，民族压迫几乎不存在。

这一切所以如此，主要是因为土地贵族按其本身地位来说是（不能不是！）各种自由（包括民族自由）的最坚决和最不可调和的敌人，是因为一般自由（包括民族自由）会破坏（不能不破坏！）土地贵族政治统治的基础。

把封建贵族赶出政治舞台，从他们手中把政权夺取过来，——这也就等于消灭民族压迫并为民族自由创造必要的实际条件。

既然俄国革命获得了胜利，它就创造了这些实际条件，即推翻了封建农奴主的政权并确立了自由。

现在必须：

（一）把摆脱了压迫的各民族的权利规定出来；

（二）把这些权利用法律固定下来。

在这个基础上也就产生了临时政府关于取消信教限制和民族限制的法令。

被日益发展的革命所驱使的临时政府应当在解放俄国各民族方面采取这第一个步骤，现在它已经采取了。

法令的内容归结起来大体上就是取消对非俄罗斯民族和非正教徒的下述几种公民权利的限制：（一）对定居、居住和移动的限制；（二）对取得财产权等的限制；（三）对从事各种手工业、商业等的限制；（四）对加入股份公司及其他公司的限制；（五）对担任国家机关职务等的限制；（六）对入学的限制；（七）在私人公司的文牍工作方面，在各种私立学校的教学工作方面，在商业簿记方面，对使用俄语以外的其他语言和方言的限制。

临时政府的法令就是如此。

过去一直受到怀疑的俄国各民族现在可以自由地呼吸，可以感觉到自己是俄国的公民了。

这一切都是很好的。

但是，如果以为这个法令已经足以保证民族自由，以为解除民族压迫的事业已经彻底完成，那就犯了不可饶恕的错误。

首先，法令没有规定各民族在语言方面的平等权利。法令最后一条说，在私人公司的文牍工作方面，在私立学校的教学工作方面，有使用俄语以外的其他语言的权利。但是，对于那些不说俄语的非俄罗斯民族公民聚居的区域（南高加索、土尔克斯坦、乌克兰、立陶宛等地）该怎么办呢？毫无疑问，这些区域将有（一定会有）自己的议会，因而也将有"文牍工作"（决不是"私人的"！），以及学校（不仅是"私立的"！）的"教学工作"，——这一切当然不仅要用俄语，而且也要用本地语言。临时政府是不是想把俄语宣布为国语，从而剥夺上述区域在自己的决不是"私人的"机关中用本族语言来进行"文牍工作"和"教学工作"的权利呢？显然是这样。但是除了头脑简单的人以外，谁能相信这就是"言论报"和"日报"的资产阶级长舌妇到处吹嘘的民族权利完全平等呢？谁不明白这就是使各民族在语言方面权利不平等的事实合法化呢？

其次，谁想确立真正的民族权利平等，谁就不能只限于采用取消限制的消极办法，而应当由取消限制进而采取保证消灭民族压迫的积极方案。

因此，必须宣布：

（一）凡在经济上构成一个整体、居民具有特殊的生活习惯和民族成分、并用本族语言进行"文牍工作"和"教学工作"的区域都可以实行政治自治（不是联邦制！）；

（二）凡由于某种原因不能留在国家整体范围内的民族都有自决权。

这就是真正消灭民族压迫和保证在资本主义制度下所能实行的最高限

度的民族自由的道路。

——《论取消民族限制》，摘自《斯大林全集》第3卷，人民出版社1955年版，第17—20页。

**12. 民族压迫是什么**

民族压迫是什么？民族压迫就是帝国主义集团剥削和掠夺被压迫民族的一套办法，就是他们用强力限制被压迫民族的权利的各种办法。这一切总括起来就构成了通常称为民族压迫政策的那一政策的轮廓。

——《俄国社会民主工党（布尔什维克）第七次代表会议（四月代表会议）》，摘自《斯大林全集》第3卷，人民出版社1955年第1版，第47—48页。

**13. 不同的国家对民族有不同的态度**

一个政权是依靠哪些阶级来实行它的民族压迫政策的？要解决这个问题，必须了解为什么在不同的国家有不同的民族压迫方式，为什么某一国家的民族压迫比别一国家的民族压迫要沉重和粗暴。例如在英国和奥匈帝国，民族压迫从来没有采取过蹂躏的方式，它所采取的方式是限制被压迫民族的民族权利。但是在俄国，民族压迫往往采取蹂躏和残杀的方式。而在某些国家则根本没有对付少数民族的特殊办法。例如在瑞士就没有民族压迫，那里自由地居住着法兰西人、意大利人、日耳曼人。

为什么在不同的国家对民族有不同的态度呢？

因为这些国家的民主程度不同。从前，当旧的土地贵族掌握俄国国家政权的时候，民族压迫会采取而且实际上采取了残杀和蹂躏的野蛮方式。在有一定程度的民主和政治自由的英国，民族压迫没有那么粗暴。至于瑞士，因为它是近于民主社会的，所以这个国家的各民族都有相当充分的自由。一句话，国家愈民主，民族压迫就愈轻，反过来说也是一样。既然我们认为民主和掌握政权的一定的阶级有关，那么从这一观点出发我们就可以说：旧的土地贵族愈接近政权，像旧的沙皇制度的俄国那样，民族压迫就愈残酷，其方式也就愈野蛮。

但是，支持民族压迫的不仅有土地贵族。除他们以外还有别的力量——帝国主义集团，这些集团把他们在殖民地惯用的奴役各民族的方法搬到本国内部，因而成了土地贵族的天然同盟者。跟在他们后面的是小资产阶级、一部分知识分子和一部分工人上层分子，他们也分享掠夺的果实。

这样，就形成了一个以土地贵族和财政贵族为首的、包括各种支持民族压迫的社会力量的合唱队。要建立真正的民主制度，首先必须扫净地基，把这个合唱队从政治舞台上清扫出去。

——《俄国社会民主工党（布尔什维克）第七次代表会议（四月代表会议）》，摘自《斯大林全集》第3卷，人民出版社1955年第1版，第48—49页。

### 14. 怎样安排被压迫民族的政治生活

怎样安排被压迫民族的政治生活？对于这个问题必须这样回答：应当使俄国国内各被压迫民族有权利自己决定，愿意留在俄罗斯国家内还是愿意分离为独立的国家。现在我们面前摆着芬兰人民和临时政府之间的实际冲突。芬兰人民的代表，社会民主党的代表，要求临时政府把芬兰人民在并入俄国以前所享有的权利归还他们。临时政府拒绝这个要求，不承认芬兰人民有自主权。我们应当站在哪一方面呢？显然应当站在芬兰人民方面，因为承认把任何一个民族强留在统一的国家范围内是不可思议的。我们提出民族自决权的原则，也就把反对民族压迫的斗争提到了反对我们的共同敌人——帝国主义的斗争的高度。不这样做，我们就会成为帝国主义者的帮凶。如果我们社会民主党人拒绝承认芬兰人民有表示其分离意志的权利和实现这种意志的权利，那我们就会变成沙皇制度的政策的继承人。

决不容许把民族有权利自由分离的问题和某一民族在某一时期是否一定要实行分离的问题混为一谈。对于这个问题，无产阶级政党在每个不同的场合应当根据其具体情况截然有别地加以解决。我们承认被压迫民族有分离的权利，有决定自己的政治命运的权利，但这并不是说这样我们就解决了某个民族在目前是否应当和俄罗斯国家分离的问题。我可以承认某一民族有分离的权利，但这还不是说我一定要它这样做。一个民族有分离的权利，但是根据具体条件它也可以不行使这种权利。而我们有根据无产阶级的利益，根据无产阶级革命的利益来鼓动赞成分离或反对分离的自由。总之，分离的问题在每个不同的场合要根据具体情况分别加以解决，正因为如此，不应当把承认分离权的问题和在某些条件下实行分离是否适当的问题混为一谈。比如说，从南高加索和俄国的共同发展以及无产阶级斗争的一些条件等等着想，我个人是反对南高加索分离的。但是，如果南高加索各民族仍旧要求分离，那么它们当然可以分离，而且它们是不会遭到我们的反对的。

——《俄国社会民主工党（布尔什维克）第七次代表会议（四月代表会议）》，摘自《斯大林全集》第3卷，人民出版社1955年第1版，第49—50页。

### 15. 对于愿意留在俄罗斯国家范围内民族如何办理

对于那些愿意留在俄罗斯国家范围内的民族怎么办？如果说各民族过去不信任俄罗斯，那么这种不信任首先是由沙皇制度的政策培植的。既然沙皇制度已经不存在了，既然它的压迫政策已经不存在了，那么对俄罗斯的不信任就必然减弱，对它的向心力就必然增长。我认为在沙皇制度被推翻之后，十分之九的民族是不愿意分离的。所以党主张，凡是不愿意分离而具有特殊的生活习惯和语言的区域，如南高加索、土尔克斯坦、乌克兰等，都可以实行区域自治。这种自治区域的边界应当由当地居民根据经济、生活习惯等条件来自行决定。

和区域自治相对峙的有另外一个方案，这个方案是崩得而首先是石普林格尔和鲍威尔在很早以前就推荐的，他们都提出了民族文化自治原则。我认为这个方案是社会民主党所不能接受的。它的实质是：俄国应当成为民族联盟，而民族应当成为个人联盟，不管这些个人居住在国内哪一个地区，都应当凑成统一的共同体。所有俄罗斯人，所有阿尔明尼亚人等，不分地域，都组织在自己的特别的民族联盟中，然后加入全俄国的民族联盟。这个方案是极端不适宜和不妥当的。因为资本主义的发展已经驱散了整批整批的人，使他们离开本民族而散居在俄国的各个角落。在经济条件所造成的民族散居的情形下，硬把各该民族的各个人凑在一起就是用人工方法来组织民族，建立民族。而用人工方法把人们凑成民族，就是陷于民族主义的观点。崩得所提出的这个方案是社会民主党所不能赞同的。这个方案在一九一二年我们党的代表会议上已经被否决，而且除了崩得以外，它在社会民主党人中间一般是不受欢迎的。这个方案又叫做文化自治，因为它从和民族有利害关系的各种问题中分出了一类文化问题，并把这种问题交给民族联盟去处理。这种分法的出发点是认为文化可以把民族联合成统一的整体。这个方案认为在民族内部一方面有分裂民族的利益，例如经济利益，另一方面又有把民族结成一个整体的利益，文化问题正是这样的问题。

——《俄国社会民主工党（布尔什维克）第七次代表会议（四月代表会议）》，摘自《斯大林全集》第3卷，人民出版社1955年第1版，第50—51页。

**16. 反革命和俄国各民族**

在革命和民主改革的时期，运动是在解放的旗帜下进行的。

农民从地主的无限权力下解放出来了。工人从工厂当局的任意蹂躏下解放出来了。士兵从将军的专横暴戾下解放出来了……

这种解放的过程也不能不触及多少世纪以来一直受着沙皇制度压迫的俄国各民族。

民族"平等"的法令的颁布和民族限制的实际取消，乌克兰人、芬兰人、白俄罗斯人的代表大会和关于联邦共和国的问题，民族自决权的郑重宣布和"不加阻挠"的官方许诺，——这一切都说明俄国各民族展开了伟大的解放运动。

这是革命时期的事情，当时地主退出了舞台，而帝国主义资产阶级则处于民主派的压力之下。

随着地主（将军们！）的重掌政权和反革命资产阶级的取得胜利，情形完全改变了。

关于自决的"伟大言词"和"不加阻扰"的庄严许诺被遗忘了。制造了令人难以置信的障碍，甚至直接干涉各民族的内部生活。解散了芬兰议会并威胁说："如果需要的话，将宣布芬兰戒严。"（八月九日《晚间报》）对乌克兰拉达和书记处展开了进攻，这显然是企图使乌克兰的自治失去领导。同时采用了挑拨民族冲突和罪恶地诬蔑为"叛逆"这种卑鄙的老手段，以便把反革命沙文主义的势力发动起来，使民族解放的思想淹没在血泊中，在俄国各民族之间挖掘一道鸿沟，播下互相敌视的种子，从而使革命的敌人拍手称快。

这样就给这些民族联合为统一友爱大家庭事业带来致命的打击。

因为不言而喻，对各民族"寻衅"的政策不能联合而只能分散各民族，加强它们的"分离"趋势。

因为不言而喻，反革命资产阶级所实行的民族压迫政策有使俄国"解体"的危险，尽管资产阶级报刊如此假仁假义地大声疾呼反对这种"解体"。

因为不言而喻，挑拨民族冲突的政策是卑鄙的政策，它加深各民族之间的猜疑和敌视，分裂全俄国无产阶级的力量，破坏革命的基础。

正因为如此，我们完全同情那些自然要反对这种政策的没有充分权利的被压迫民族。

正因为如此，我们要把我们的矛头对准那些在民族"自决"的幌子下实行帝国主义兼并和强迫"联合"的政策的人。

我们完全不反对把各民族联合为一个国家整体。我们决不主张把大国分裂成小国。因为不言而喻，把小国联合为大国是促进社会主义实现的条件之一。

我们坚决主张这个联合是自愿的，因为只有这样的联合才是真正的和巩固的。

但是要做到这一点，首先必须完全地和无条件地承认俄国各民族有自决的权利，以至有从俄国分离出去的权利。

其次，必须用实际行动来证实这种口头上的承认，立即让各民族在其立宪会议上确定它们的领土和政治组织形式。

只有这样的政策才能加强各民族之间的信任和友谊。

只有这样的政策才能为各民族真正联合的事业开辟道路。

毫无疑问，俄国各民族不会是绝无过错的，它们在安排自己的生活时也可能犯这样或那样的错误。俄国马克思主义者的责任就是向它们，首先是向它们的无产者指出这些错误，力求用批评的方法，用说服的方法来纠正这些错误。但是，任何人也没有权利对各民族的内部生活强加干涉和以强力"纠正"它们的错误。各民族有全权处理自己的内部生活，并有权利按照自己的愿望来安排自己的生活。

这就是革命所宣布的，现在被反革命所践踏的俄国各民族的基本要求。

当反革命还掌握政权的时候，要实现这些要求是不可能的。

革命胜利，——这是俄国各民族摆脱民族压迫的唯一道路。

结论只有一个：摆脱民族压迫的问题是政权问题。民族压迫的根源在于地主和帝国主义资产阶级的统治。把政权交给无产阶级和革命农民，——这就等于使俄国各民族从民族压迫下完全解放出来。

或者俄国各民族支持工人夺取政权的革命斗争，那么它们将得到解放；或者它们不支持这个斗争，那么它们就看不到自己的解放，正像看不到自己的耳朵一样。

——《反革命和俄国各民族》，摘自《斯大林全集》第3卷，人民出版社1955年第1版，第195—198页。

### 17. 关于民族问题的报告

报告人指出，民族问题是目前俄国特别关心的问题之一。由于大俄罗斯人不占俄国人口的绝大多数并被居住在俄国边疆地区的其他"弱小"民族团团包围着，这个问题就显得更加严重。

沙皇政府鉴于民族问题的严重性，曾经极力严酷处理民族事务。它实行了强迫边疆地区各民族俄罗斯化的政策，它的方法是禁止使用本族语言、蹂躏和其他迫害。

克伦斯基的联合政府消灭了这些民族障碍，但是由于它的阶级性，没有能够彻底解决民族问题。革命初期的政府不但没有走上彻底解放各民族的道路，而且往往不惜采取高压手段来镇压民族运动，像对乌克兰和芬兰那样。

只有苏维埃政权才公开宣布了一切民族都有直到同俄国完全分离的自决权。在这一方面，新政权甚至比某些民族内部的民族集团还要激进。

虽然如此，在人民委员会和各边疆地区之间仍然发生了许多冲突。不过，这些冲突不是围绕着民族问题，而恰恰是围绕着政权问题。讲演人举出许多例子，说明由有产阶级上层代表匆忙拼凑起来的各边疆地区资产阶级民族主义政府如何极力藉口解决自己的民族问题而对苏维埃和其他革命组织进行一定的斗争。各边疆地区和中央苏维埃政权之间所发生的一切冲突的根源都在于政权问题。某些区域的资产阶级集团力图给这些冲突涂上民族的色彩，只是因为这样对他们有利，便于他们用民族的外衣来掩盖同本区域劳动群众的政权进行斗争。

讲演人详细说明了拉达的例子，令人信服地证明乌克兰资产阶级沙文主义集团如何利用自决原则来实现其本阶级的帝国主义目的。

这一切表明必须把自决原则解释为该民族的劳动群众的自决权，而不是资产阶级的自决权。自决原则应当是争取社会主义的手段，应当服从社会主义的原则。

关于俄罗斯共和国的联邦制度问题，讲演人指出：苏维埃联邦的最高机关应该是苏维埃代表大会。在代表大会闭会期间，中央执行委员会行使代表大会的职权。

——《在全俄工兵农代表苏维埃第三次代表大会上的讲话》，摘自《斯大林全集》第 4 卷，人民出版社 1956 年第 1 版，第 28—29 页。

**18. 关于民族问题报告的结论**

斯大林同志就所提出的关于俄罗斯共和国联邦机关的决议做了结论。

他指出，所提出的决议并不是法律，它只是拟定了俄罗斯联邦共和国未来宪法的一般原则。

在两个政治派别即民族主义反革命和苏维埃政权之间的斗争还没有结束以前，是谈不到制定明确规定苏维埃共和国国家机构一切细节的严密宪法的。

这个决议只包含宪法的一般原则，这些原则将交由中央执行委员会详细研究并提请下一次苏维埃代表大会最后批准。

有人责备苏维埃政权在和资产阶级拉达斗争时表现得过分严酷。斯大林同志在回答这种责备时指出，因为这是和披上民族民主外衣的资产阶级反革命进行斗争。

斯大林同志着重指出，领导拉达的某些政治活动家（如文尼阡柯）的民主招牌决不是实行真正民主政策的保障。

我们判断拉达不是根据它的言论，而是根据它的行动。

拉达中的"社会主义者"的社会主义究竟表现在哪里呢？

口头上他们在宣言中宣称自己主张把全部土地交给人民，而实际上他们却在他们颁布的说明书中加以限制，宣布地主的一部分土地是神圣不可侵犯的，不应当交给人民。

口头上他们宣称自己顺从苏维埃，而实际上他们却和苏维埃进行殊死斗争，解除苏维埃军队的武装，逮捕苏维埃的工作人员，杜绝苏维埃继续存在的任何可能。

口头上他们说忠于革命，而实际上却表明自己是革命的最凶恶的敌人。

他们说在反对顿河反革命的斗争中保持中立，而实际上却给卡列金将军以直接的和积极的援助，帮助枪杀苏维埃军队，不让粮食北运。

这一切都是人所共知的事实，至于拉达在本质上是资产阶级的和反革命的这一点，也是毫无疑问的。

马尔托夫在这里所说的苏维埃反对民主派的斗争究竟是什么呢？

右派发言人，特别是马尔托夫，称赞拉达并替他辩护，大概是因为看到拉达的政策反映了他们自己的政策。妥协派先生们把他们如此称心的这个一切阶级的联合政权——拉达看做立宪会议的雏形。大概拉达听到右派代表的发言以后也会衷心地称赞他们。难怪常言道：臭气相投。

其次，讲演人谈到高加索的自决，并且根据确实材料证明，高加索行政委员会正对高加索的苏维埃组织和前线的苏维埃实行公然侵犯的政策，同时和高加索反革命运动的英雄普尔热瓦尔斯基将军保持联系。

根据这一切情况来看，必须继续进行所谓内战，这种内战实质上是两个派别之间的斗争，一个派别力图在各边疆地区建立妥协主义的联合政权，另一个派别则为建立社会主义政权，为建立劳动群众即工兵农代表苏维埃的政权而斗争。

人民委员会和各边疆地区资产阶级民族主义联合政府之间所发生的那些尖锐冲突的内容和历史意义就是如此。这些政府说他们进行斗争是为了捍卫民族独立，这种借口不过是他们向劳动人民进攻的一种虚伪掩饰而已。

马尔托夫责备苏维埃政权自相矛盾，说它一面要求在俄国各边疆地区建立无产阶级政权，一面又对托洛茨基在布列斯特所坚持的在库尔兰、立陶宛、波兰等地实行全民投票表示满意。斯大林同志在回答这种责备时指出，当西部地区还没有苏维埃，当那里还没有社会主义革命的时候，要求在那里建立苏维埃政权，那是愚蠢之至的。

讲演人说：如果依照马尔托夫的方案去做，那就不得不在不仅没有苏维埃，而且还没有开辟走向苏维埃道路的地方臆造苏维埃。在这种情况下说通过苏维埃来实行自决，那是荒谬绝伦的。

报告人在结束报告时再一次谈到民主派右翼和左翼之间的基本分歧。左翼争取建立下层的专政及多数人对少数人的统治，而右翼则建议曳足后退，退到已经走过的资产阶级议会制度的阶段上去。法国和美国的议会制度的经验明显地表明，经过普选制度产生的表面上民主的政权，实际上是和真正民主制相去很远而且背道而驰的一种同财政资本结合的联合政权。在法国，在这个资产阶级民主制的国家里，议员是由全民选举的，但是部长是由里昂银行指派的。在美国，选举是普遍的，但是执掌政权的是亿万富翁洛克菲勒的傀儡。

讲演人问道：难道这不是事实吗？是的，我们已经埋葬了资产阶级的议会制度，马尔托夫分子要把我们拖到三月革命时期去是枉费心机的。我们工人代表必须使人民不仅成为投票者，而且成为统治者。执政的并不是选举者和投票者，而是统治者。

——《在全俄工兵农代表苏维埃第三次代表大会上的讲话》，摘自《斯大林全集》第4卷，人民出版社1956年第1版，第31—34页。

### 19. 在现有一切压迫形式中，民族压迫是最精巧最危险的一种形式

请允许我代表中央苏维埃政权向你们声明：人民委员会一向认为而且现在还认为，援助东部各民族首先是受践踏最甚的东部伊斯兰教民族的被压迫被剥削群众的解放运动是自己神圣的职责。我国革命的全部性质，苏维埃政权的本质，整个国际环境，乃至俄国在帝国主义的欧洲和被压迫的亚洲之间所处的地理位置，都无疑地决定苏维埃政权应该采取兄弟般支持东部各被压迫民族解放斗争的政策。

在现有一切压迫形式中，民族压迫是最精巧最危险的一种形式。所以精巧，是因为它便于掩盖资产阶级的强盗面目。所以危险，是因为它挑起民族冲突来巧妙地使资产阶级免受打击。过去欧洲的掠夺者所以能够把工人抛到世界屠场上去互相残杀，至今他们所以还能够使这种屠杀继续下去，其原因之一就是麻醉欧洲工人头脑的资产阶级民族主义的力量还没有枯竭。民族主义——这是资产阶级最后的阵地；要彻底战胜资产阶级，就必须把它打出这个阵地。但是不谈民族问题，忽视和否定民族问题，像我们某些同志所做的那样，这还不就是摧毁民族主义。远远不是！民族虚无主义只能对社会主义事业有害，对资产阶级民族主义者有利。要摧毁民族主义，首先必须提出并解决民族问题。但是要公开地、用社会主义方式来解决民族问题，就必须把它放到苏维埃的轨道上来，使它完完全全服从组织在苏维埃中的劳动群众的利益。这样，也只有这样，才能击落资产阶级手中最后的精神武器。现在建立鞑靼—巴什基里亚自治共和国，就是实际解决对我国整个革命很重要的这一总问题。让这个自治共和国成为给东部伊斯兰教民族照耀摆脱压迫道路的活的灯塔吧！

——《在鞑靼—巴什基里亚苏维埃共和国成立大会筹备会议上的讲话》，摘自《斯大林全集》第4卷，人民出版社1956年第1版，第83—84页。

### 20. 十月革命和民族问题

民族问题不能认为是什么独立自在的、一成不变的问题。民族问题只

是改造现存制度总问题的一部分，它完全是由社会环境的条件、国家政权的性质并且一般地是由社会发展的全部进程决定的。这在俄国革命时期表现得特别明显，当时民族问题和俄国边疆地区的民族运动随着革命的进程和结局而迅速和明显地改变自己的内容。

一、二月革命和民族问题

在俄国资产阶级革命时代（一九一七年二月），各边疆地区的民族运动带有资产阶级解放运动的性质。世世代代受"旧制度"压迫和剥削的俄国各民族，初次感觉到自己的力量并奋起投入反对压迫者的战斗。"消灭民族压迫"，这就是当时运动的口号。俄国各边疆地区转瞬间布满了"全民族"机关。领导运动的是各民族的资产阶级民主主义知识分子。拉脱维亚、爱沙尼亚边区、立陶宛、格鲁吉亚、阿尔明尼亚、阿捷尔拜疆、北高加索、柯尔克兹和伏尔加河中游地区的"民族委员会"；乌克兰和白俄罗斯的"拉达"；贝萨拉比亚的"斯法图尔—采利"；克里木和巴什基里亚的"库鲁尔泰"；土尔克斯坦的"自治政府"，——这些就是各民族的资产阶级把各种力量聚集在它们周围的"全民族"机构。当时的问题是摆脱沙皇制度这一民族压迫的"基本原因"和成立资产阶级民族国家。当时民族自决权被解释为各边疆地区民族的资产阶级夺取政权并利用二月革命成立"自己的"民族国家的权利。革命进一步发展的问题，没有列入而且也不能列入上述资产阶级机构所考虑的范围之内。并且没有注意到，前来代替沙皇制度的是赤裸裸的、不戴假面具的帝国主义，这个帝国主义是各民族的更强大更危险的敌人，它是新的民族压迫的基础。

但是，沙皇制度的消灭和资产阶级的当政并没有使民族压迫消灭。旧的粗暴的民族压迫形式，被新的精致的因而是更危险的压迫形式所代替。李沃夫—米留可夫—克伦斯基政府不但没有放弃民族压迫的政策，而且还组织了反对芬兰（一九一七年夏季解散议会）和乌克兰（捣毁乌克兰的文化机关）的新进攻。不仅如此，这个本性是帝国主义的政府为了征服新的土地、新的殖民地和民族，还号召居民继续进行战争。推动这个政府这样做的，不仅是帝国主义的内在本性，而且还由于西方存在着老帝国主义国家，这些国家不可抑制地力图统辖新的土地和民族，有使这个政府势力范围缩小的危险。帝国主义国家为征服小民族而进行斗争（这些国家生存的条件），——这就是在帝国主义战争进程中展现的一幅图画。沙皇制度的消灭和米留可夫—克伦斯基政府的上台，丝毫没有使这幅丑恶的图画有一点改观。既然各边疆地区的"全民族"机构表现出实现国家独立的趋向，自然它们就遭到俄国帝国主义政府方面的猛烈反对。既然它们在建立民族资产阶级的政权的时候，把"自己的"工人和农民的根本利益置诸不顾，所以就引起了工人和农民的埋怨和不满。所谓"民族部队"只是火上加油：对付从上面来的危险，它们无能为力，而从下面来的危险，它们又只能使它加强和加深。"全民族"机构既无法抵御外来的打击，又无法对付内部的爆发。刚刚萌芽的资产阶级民族国家，还没有来得及开花，就开始凋谢了。

这样，对于自决原则的旧的资产阶级民主主义的解释就成了空谈，失去了它的革命意义。很明显，在这种情况下，就谈不到消灭民族压迫和确保小民族国家的独立了。显然，不同帝国主义决裂，不推翻"自己的"民族资产阶级，不由劳动群众自己来掌握政权，被压迫民族劳动群众是不能解放的，民族压迫是不能消灭的。

这在十月革命以后表现得特别明显。

二、十月革命和民族问题

二月革命包含着不可调和的内部矛盾。革命是由工人和农民（士兵）的努力完成的，但是革命的结果，政权不是归工人和农民，而是归资产阶级所有了。工人和农民进行革命，是想要结束战争，取得和平。但是掌握了政权的资产阶级，却力图利用群众的革命热情来继续战争，反对和平。国内的经济破坏和粮食恐慌要求为了工人的利益剥夺资本和工业企业，为了农民的利益没收地主的土地，但是米留可夫—克伦斯基的资产阶级政府却保卫地主和资本家的利益，坚决保护他们，使他们不受工人和农民的侵害。这是靠工人和农民的手进行的有利于剥削者的资产阶级革命。

当时国家仍然呻吟在帝国主义战争、经济崩溃和粮食恐慌的重压之下。前线土崩瓦解。工厂时常停工。国内饥荒日益严重。含有内部矛盾的二月革命显然不足以"救国"了。米留可夫—克伦斯基政府显然没有能力来解决革命的根本问题了。

为了使国家摆脱帝国主义战争和经济崩溃的绝境，必须实行新的社会主义革命。

这个革命随着十月变革而到来了。

十月革命推翻了地主和资产阶级的政权，而代之以工人和农民的政府，一举而解决了二月革命的矛盾。废除地主富农的无限权力，把土地交给农村的劳动群众使用；没收工厂，把它们交给工人管理；同帝国主义决裂，结束掠夺性的战争；公布密约，揭穿侵占别国领土的政策；最后，宣布被压迫民族劳动群众实行自决，承认芬兰独立，——这些就是苏维埃政权在苏维埃革命初期所实施的主要措施。

这是真正的社会主义革命。

在中部开始的革命，是不能长久地停留在中部狭窄地域范围内的。革命在中部胜利后，就必然要扩展到各边疆地区去。果然，革命浪潮从革命的最初几天起就从北部泛滥到全俄国，席卷了一个又一个边疆地区。但是它在边疆地区碰到了堤坝，这就是在十月革命以前就已经成立的"民族委员会"和区域的"政府"（顿河、库班、西伯利亚）。原来这些"民族政府"连听都不愿意听社会主义革命。它们在本性上是资产阶级政府，根本不愿意破坏旧的资产阶级秩序，相反地，它们认为有义务来全力保存并巩固这一秩序。它们在本质上是帝国主义政府，根本不愿意同帝国主义决裂，相反地，只要有机会，它们从不放松去侵占并统辖"异"民族的几块或几小块领土。所以，各边疆地区的"民族政府"向中部的社会主义政府宣战是并不奇怪的。它们一经宣战，自然就成了纠集俄国一切反革命势力的反动基地。谁都知道，所有被驱逐出俄国的反革命分子都奔向这些基地，他们在这些基地上编成了白卫"民族"部队。

但是，除了"民族政府"，在各边疆地区还有各民族的工人和农民。他们在十月革命以前就已经仿照俄国中部的工兵农代表苏维埃组织了自己的革命的工兵农代表苏维埃，从来没有同自己的北部弟兄断绝过联系。他们同样力求战胜资产阶级，他们同样为社会主义的胜利而斗争。所以，他们和"自己的"民族政府的冲突与日俱增是并不奇怪的。十月革命只是巩固了边疆地区的工人和农民同俄国的工人和农民的联盟，鼓舞了他们对社会主义胜利的信心。而"民族政府"对苏维埃政权的战争则使各民族的群众同这些"政府"的冲突达到完全决裂的地步，达到以公开起义反对它们的地步。

这样就形成了反对俄国各边疆地区民族资产阶级"政府"的反革命联盟的全俄国工人和农民的社会主义联盟。

有些人把各边疆地区"政府"的斗争描绘成反对苏维埃政权的"无情的中央集权制"、争取民族解放的斗争。这是完全不对的。世界上没有一个政权像俄国的苏维埃政权这样允许如此广泛的地方分权制,世界上没有一个政府像俄国的苏维埃政权这样给予各民族如此充分的民族自由。各边疆地区"政府"的斗争过去是而且现在仍然是资产阶级反革命势力反对社会主义的斗争。打出民族旗帜只是为了欺骗群众,因为它是一面便于掩盖民族资产阶级反革命阴谋的受人欢迎的旗帜。

但是,各"民族"政府和区域"政府"所进行的斗争是力量悬殊的斗争,"民族政府"两面受敌:外受俄国苏维埃政权攻击,内受"自己的"工人和农民攻击。因此,它们经过最初几次战斗以后就不得不退却了。芬兰工人、托尔帕利的起义和资产阶级"上议院"的逃亡,乌克兰工农的起义和资产阶级"拉达"的逃亡,顿河、库班、西伯利亚工农的起义和卡列金、科尔尼洛夫、西伯利亚"政府"的崩溃,土尔克斯坦贫农的起义和"自治政府"的逃亡,高加索的土地革命和格鲁吉亚、阿尔明尼亚、阿捷尔拜疆的"民族委员会"的完全孤立无援,——这些就是表明各边疆地区"政府"完全脱离了"自己的"劳动群众的尽人皆知的事实。被彻底击溃的"民族政府""不得不"求助于西方帝国主义者,求助于全世界各民族数百年来的压迫者和剥削者来对付"自己的"工人和农民。

这样就开始了外国干涉和边疆地区沦陷的时期,这个时期再一次揭穿了"民族"政府和区域"政府"的反革命性。

只是现在大家才明白:民族资产阶级追求的并不是使"自己的人民"从民族压迫下解放出来,而是从人们身上榨取利润的自由,是保存自己的特权和资本的自由。

只是现在才知道:不和帝国主义决裂,不推翻被压迫民族的资产阶级,政权不转到这些民族的劳动群众的手里,被压迫民族就不能解放。

对自决原则的旧的资产阶级的看法和"全部政权归民族资产阶级"的口号就这样被革命进程本身所揭穿了,抛弃了。对自决原则的社会主义的看法和"全部政权归被压迫民族劳动群众"的口号则获得了被采用的全部权利和机会。

这样,十月革命结束了旧的资产阶级的民族解放运动,开辟了被压迫民族工人和农民的新的社会主义运动的纪元,这个运动的目的在于反对一切压迫（也包括民族压迫），反对"自己的"和异族的资产阶级政权，反对整个帝国主义。

三、十月革命的世界意义

十月革命在俄国中部胜利并蔓延到许多边疆地区后，就不能局限于俄国领土范围之内了。在帝国主义世界大战和下层民众普遍不满的气氛中，它不能不波及邻近国家。俄国同帝国主义决裂并摆脱掠夺性的战争；公布密约，庄严地废除侵占别国领土的政策；宣布民族自由，承认芬兰独立；宣告俄国为"苏维埃民族共和国联邦"，苏维埃政权向世界发出对帝国主义进行坚决斗争的战斗呼声，——所有这一切不能不对被奴役的东方和流血殆尽的西方发生重大影响。

果然，十月革命是世界上第一个打破了东方被压迫民族劳动群众数百年来的沉睡并把他们卷入反对世界帝国主义斗争的革命。在波斯、中国和印度效法俄国的苏维埃成立工农苏维埃的事实，充分有力地说明这一点。

十月革命是世界上第一个成为西方工人和士兵解救自己的活榜样并推动他们走上真正能摆脱战争和帝国主义压迫的道路的革命。奥匈帝国和德国的工人和士兵的起义，工兵代表苏维埃的成立，奥匈帝国没有充分权利的各族人民反对民族压迫的革命斗争，都十分雄辩地说明这一点。

问题完全不在于东方的斗争乃至西方的斗争还没有摆脱资产阶级民族主义的杂质；问题在于反帝国主义的斗争开始了，这个斗争正在继续进行并且一定会达到它的逻辑的结局。

外国干涉和"外国"帝国主义者的占领政策，只是使革命危机尖锐化，把更多的民族卷入斗争，扩大同帝国主义作革命搏斗的地区。

这样，十月革命就在落后的东方各族人民和先进的西方各族人民之间建立了联系，把他们拉进反对帝国主义的共同阵营。

这样，民族问题就从反对民族压迫的局部问题发展成为各民族、各殖民地和半殖民地从帝国主义压迫下解放出来的总问题。

第二国际及其首领考茨基的该死的罪过之一，就是他们对民族自决问题的看法始终和资产阶级的看法相同，不了解民族自决的革命意义，不会或是不愿意把民族问题放在和帝国主义进行公开斗争的革命基础上，不会或是不愿意把民族问题和殖民地解放问题联系起来。

鲍威尔和伦纳一类奥国社会民主党人愚蠢的地方，其实就在于他们不了解民族问题和政权问题的不可分割的联系，力图把民族问题和政治分开并把它限制在文化教育问题范围之内，忘记了帝国主义和被帝国主义奴役的殖民地的存在这样的"小事"。

有人说，在社会主义革命日益高涨的情势下，自决和"保卫祖国"的原则已经被事变进程本身废弃了。事实上，被废弃的不是自决和"保卫祖国"的原则，而是对这些原则的资产阶级的解释。只要看一看呻吟在帝国主义压迫之下和渴求解放的沦陷区，只要看一看为保卫社会主义祖国不受帝国主义强盗侵害而进行着革命战争的俄国，只要想一想奥匈帝国目前爆发的事变，只要看一看那些已经自行组织苏维埃的被奴役的殖民地和半殖民地（印度、波斯、中国），就足以理解按照社会主义解释的自决原则的全部革命意义了。

十月革命的伟大的世界意义主要在于：

（一）它扩大了民族问题的范围，使民族问题从欧洲反对民族压迫的局部问题变为各被压迫民族、各殖民地和半殖民地从帝国主义压迫下解放出来的总问题；

（二）它给这一解放开辟了广泛的可能性和现实的道路，这就大大促进了西方和东方的被压迫民族的解放事业，把他们汇总到胜利的反帝国主义斗争的巨流中去；

（三）它从而在社会主义的西方和被奴役的东方之间架起了一座桥梁，建成了一条从西方无产者经过俄国革命到东方被压迫民族的新的反对世界帝国主义的革命战线。

这其实也就说明了为什么东方和西方的劳动人民和被剥削群众现在以难于描述的热情对待俄国的无产阶级。

这主要也就说明了为什么全世界的帝国主义强盗目前这样疯狂地攻击苏维埃俄国。

——《十月革命和民族问题》，摘自《斯大林全集》第4卷，人民出版社1956年第1版，第140—149页。

**21. 政府对民族问题的政策**

一年前，在十月革命前，俄国处在分崩离析的状态中。古老的"辽阔广大的俄罗斯强国"，旁边有许多力图脱离俄国的新兴的小"国"——当时的情况就是这样。

十月革命和布列斯特和约只是加深和进一步促进了分裂的过程。人们已经开始说大俄罗斯，而不说俄罗斯了，同时各边疆地区成立的对中部的社会主义苏维埃政府满怀敌意的资产阶级政府也向苏维埃政府宣战了。

毫无疑问，除此以外在各边疆地区还有工农苏维埃力图和中部统一的强烈愿望。但是这种愿望被干涉内政的外国帝国主义者的相反意向所压制并且被压下去了。

当时充当首要角色的奥德帝国主义者巧妙地利用旧俄的分裂，大量供应各边疆地区政府反对中部所必需的一切，占领了某些边疆地区并一般地促进了俄国的彻底分裂。协约国帝国主义者不愿落在奥德的后面，也走上了同样的道路。

布尔什维克党的敌人当然把分裂的罪过推到苏维埃政权身上。但是不难理解，苏维埃政权不能而且也不愿意阻止这种不可避免的暂时分裂过程。苏维埃政权知道，俄国用帝国主义的刺刀所维持的强制性的统一，必然会随着俄国帝国主义的崩溃而瓦解。苏维埃政权是不违背自己的本性的，它不能用俄国帝国主义的方法来维持统一。苏维埃政权懂得，社会主义所需要的不是随便一种统一，而是兄弟的统一；这种统一只有通过俄国各民族劳动阶级自愿联盟才能实现，否则就根本不能实现……

奥德帝国主义的溃败开辟了一个新局面。一方面，饱受沦陷灾难的各边疆地区产生了对俄罗斯无产阶级及其国家建设形式的强烈向往，这种向往压倒了各边疆地区政府分离的挣扎。另一方面，阻碍沦陷区劳动群众表现自己政治面貌的外国武装力量（奥德帝国主义）不再存在了。随后在沦陷区掀起的强大的革命高潮和许多工农民族共和国的成立，使人对沦陷区的政治趋向不再怀疑了。俄国苏维埃政权根据各民族苏维埃政府的请求无条件地承认了已经成立的各苏维埃共和国的完全独立。苏维埃政权这样做是遵守自己久经考验的老政策的，这个政策反对对各民族使用任何强力，要求各民族劳动群众有充分的发展自由。苏维埃政权知道，只有在相互信任的基础上才能产生相互了解，只有在相互了解的基础上才能建立各族人民的持久的、牢不可破的联盟。

苏维埃政权的敌人没有忘记再一次责备苏维埃政权，说它有分裂俄国的"新企图"。其中最反动的分子觉察到各边疆地区倾向于中部，就标榜出复兴"大俄罗斯"（当然是用火和剑，用推翻苏维埃政权的办法）的

"新"口号。昨天还企图把俄国分成许多独立反革命基地的克拉斯诺夫分子和邓尼金分子、高尔察克分子和柴可夫斯基分子，今天却突然满脑子"全俄国家的""思想"。昨天还在玩弄分裂俄国把戏的英法资本家代理人（不能否认他们有政治敏感），今天却猛然换了一套把戏，一下子就成立了整整两个"全俄"政府（在西伯利亚和南方）。这一切无疑地说明，各边疆地区不可遏止地倾向于中部，国内外反革命分子现在都在竭力利用这种倾向。

不用说，在俄国各民族劳动群众进行了一年半的革命工作之后，"旧俄国"（当然连同旧制度）复辟者的反革命野心是注定要破产的。而我们的反革命分子的计划愈空幻，苏维埃政权的完全以俄国各族人民兄弟般相互信任为依据的政策就显得愈现实。不仅如此，在目前国际环境下，这个政策是唯一现实唯一革命的政策。

最近白俄罗斯共和国苏维埃代表大会关于同俄罗斯苏维埃共和国建立联邦关系的宣言就有力地证明了这一点。事情是这样的：不久以前被承认独立的白俄罗斯苏维埃共和国现在在他们的苏维埃代表大会上自愿宣布同俄罗斯共和国建立联盟。白俄罗斯苏维埃代表大会在其二月三日的宣言中声明："只有一切现在独立的苏维埃共和国的劳动人民结成自由自愿的联盟，才能保证工人和农民在同整个其余的资本主义世界的斗争中获得胜利。"

"一切独立的苏维埃共和国的劳动人民结成自愿的联盟"……这正是苏维埃政权一向反复指出的各族人民联合的道路，这条道路目前正在产生着良好的效果。

此外，白俄罗斯苏维埃代表大会决定和立陶宛共和国联合，并且认为这两个共和国必须同俄罗斯苏维埃共和国建立联邦关系。据电讯，立陶宛苏维埃政府也持有同样的观点，而且在立陶宛所有政党中最有威信的立陶宛共产党的代表会议也确认立陶宛苏维埃政府的立场。有一切理由可以期望：目前正在筹备的立陶宛苏维埃代表大会将走同样的道路。

这是苏维埃政权关于民族问题的政策的正确性的又一个证明。

俄国各族人民就是这样从旧的帝国主义统一的瓦解，经过独立的苏维埃共和国，达到新的自愿的兄弟的统一。

毫无疑问，这并不是一条最容易走的道路，但是它是导向俄国各民族劳动群众的持久的、牢不可破的社会主义联盟的唯一道路。

——《政府对民族问题的政策》，摘自《斯大林全集》第4卷，人民出版社1956年第1版，第200—203页。

### 22. 苏维埃政权对俄国民族问题的政策

俄国三年来的革命和国内战争证明，如果没有俄国中部和俄国边疆地区的相互支持，革命就不可能胜利，俄国就不可能从帝国主义铁爪下解放出来。如果没有富产原料、燃料和食物的边疆地区的援助，俄国中部这个世界革命的策源地就不能维持长久。同样地，如果没有比较发达的俄国中部在政治上、军事上和组织上的援助，俄国边疆地区也必然要遭受帝国主义的奴役。比较发达的无产阶级的西方没有不大发达但富有原料和燃料的农民的东方的支持，就不能致世界资产阶级于死命，如果这个原理是正确的，那么另一个原理，即比较发达的俄国中部没有不大发达但富有必需资源的俄国边疆地区的支持，就不能把革命事业进行到底，同样是正确的。

协约国从苏维埃政府出现的最初几天起无疑地就考虑到了这种情况，当时它（协约国）实行了经济上包围俄国中部的计划，使最重要的边疆地区和俄国中部分离。后来，从一九一八年到一九二〇年，经济上包围俄国的计划是协约国各次进攻俄国的始终不变的基础，目前协约国在乌克兰、阿捷尔拜疆和土尔克斯坦玩弄的阴谋诡计也不例外。

因此，保证俄国中部和边疆地区之间的巩固联盟具有很大的意义。

所以，在俄国中部和边疆地区之间必须建立一定的关系，建立一定的联系，以保证它们之间的紧密的牢不可破的联盟。

而这种关系应当是怎样的呢？它们应当具有什么样的形式呢？

换句话说：苏维埃政权对俄国民族问题的政策是怎样的呢？

要求把边疆地区同俄国分离作为中部和边疆地区之间的关系的形式，这种要求应当摈弃，因为它不仅同中部和边疆地区之间建立联盟这一问题的提法本身是抵触的，而且首先因为它同中部和边疆地区人民群众的利益是根本抵触的。至于边疆地区的分离会破坏激发西方和东方解放运动的俄国中部的革命威力，而分离出去的边疆地区本身必然会受国际帝国主义的奴役，那就更不用说了。只要看一看从俄国分离出去的格鲁吉亚、阿尔明尼亚、波兰和芬兰等等（它们只保留了独立的外貌，而实际上已经变为协约国的十足的附庸国），只要回想一下乌克兰和阿捷尔拜疆不久以前的历史

（前者被德国资本侵吞，后者被协约国侵吞），就会明白在目前的国际条件下要求边疆地区实行分离的全部反革命性。在无产阶级俄国和帝国主义协约国之间展开殊死斗争的环境中，边疆地区只能有两条出路：

或者和俄国在一起，那么边疆地区的劳动群众就能摆脱帝国主义的压迫；

或者和协约国在一起，那么必然就要受帝国主义的奴役。

第三条出路是没有的。

格鲁吉亚、阿尔明尼亚、波兰和芬兰等等这些所谓独立国家的所谓独立，只不过是掩饰这些所谓国家对某一帝国主义集团完全依附的骗人幌子而已。

当然，俄国的边疆地区，居住在这些地区的民族和部落，也和其他一切民族一样、有同俄国分离的不可剥夺的权利；如果这些民族中的某一民族的大多数人民决定同俄国分离，像一九一七年芬兰所发生的那样，那么俄国大概必须确认事实而批准分离。但是，这里说的不是民族权利，这种权利是无可争辩的，这里说的是中部和边疆地区人民群众的利益以及由这种利益所决定的宣传的性质。如果我们党不愿意背弃自己，如果我们党想要根据一定的方向去影响各民族劳动群众的意志，它（党）就一定要进行这种宣传。而人民群众的利益告诉我们，在革命的现阶段要求边疆地区分离是极端反革命的。

要求把所谓民族文化自治作为俄国中部和边疆地区之间的联盟的形式，这种要求同样也应当摒弃。近十年来奥匈帝国（民族文化自治的故乡）的实践完全证明民族文化自治作为多民族国家各族劳动群众之间的联盟的形式是转瞬即逝的，不现实的。石普林格尔和鲍威尔这两个民族文化自治的创立者就是一个活的证据，现在他们的玄妙的民族纲领已经完全破产了。最后，俄国的民族文化自治的传布者——闻名一时的崩得，不久以前自己也不得不正式承认民族文化自治的无用，公开声明：

"在资本主义制度范围内提出的民族文化自治的要求，在社会主义革命的条件下失去了它的意义。"

只有具有特殊的生活习惯和民族成分的边疆地区的区域自治，才是中部和边疆地区之间的联盟的唯一适当的形式；这种自治必须用联邦关系的纽带把俄国边疆地区和中部联结起来。这就是苏维埃政权从它出现的最初的日子里就宣布了的而且现在以行政公社和苏维埃自治共和国的形式在边疆地区所实行的那种苏维埃自治。

苏维埃自治并不是一种凝固的、一成不变的东西，它可以有各种各样的形式和不同的发展阶段。它从狭隘的行政自治（伏尔加河流域的德意志人、楚瓦什人、卡列里亚人）过渡到比较广泛的政治自治（巴什基里亚人、伏尔加河流域的鞑靼人、柯尔克兹人），从广泛的政治自治过渡到更加扩大的自治形式（乌克兰、土尔克斯坦），最后，从乌克兰式的自治过渡到最高的自治形式即条约关系（阿捷尔拜疆）。苏维埃自治的这种伸缩性，是它的主要优点之一，因为它（伸缩性）可以照顾到俄国处在文化发展和经济发展的各种不同阶段的各式各样的边疆地区。三年来苏维埃政权对俄国民族问题的政策表明，苏维埃政权通过各种形式实行苏维埃自治的道路是正确的，因为只是由于实行了这种政策，苏维埃政权才给自己开辟了通向俄国边疆地区的穷乡僻壤的道路，发动了最落后的、民族成分最复杂的群众参加政治生活，通过各种各样的线索把这些群众同中部联结起来，——这样的任务，世界上不但没有一个政府解决过，而且也没有一个政府提出过。根据苏维埃自治原则重新划分俄国行政区域的工作还没有完成，北高加索人、卡尔梅克人、切列米斯人、沃加克人、布里亚特人和其他民族还在等待这个问题的解决。但是不管未来俄国行政区划图是什么样子，不管这一方面有什么缺点，应当承认，俄国根据区域自治原则重新划分行政区域，就是已经在把边疆地区团结在无产阶级中部的道路上，在使政权接近边疆地区广大人民群众的道路上向前迈进了一大步。

但是，宣布某一种苏维埃自治的形式，颁布相应的法令和决议，甚至建立边疆地区的政府即自治共和国的区域人民委员会，都还远不足以巩固边疆地区和中部之间的联盟。要巩固这种联盟，首先必须消灭沙皇政府的野蛮政策留给边疆地区的遗产——疏远和闭塞，宗法制度和文化落后；对中部的不信任。沙皇政府故意在边疆地区培植宗法式的封建压迫，以使群众永被奴役，愚昧无知。沙皇政府故意把边疆地区的好地方塞满殖民分子，把当地各民族的群众挤到坏地方去而加深民族纠纷。沙皇政府限制而且有时干脆取消当地的学校、剧院和教育机关，以使群众愚昧无知。沙皇政府压制当地居民中的优秀人士的一切主动性。最后，沙皇政府扼杀边疆地区人民群众的一切积极性。沙皇政府的这一切办法在当地各民族群众中间造成了对俄罗斯的一切的极深刻的不信任,这种不信任有时变成敌视态度。要巩固俄国中部和边疆地区之间的联盟,就必须消灭这种不信任,就必须造成互相谅解和友好信任的气氛。而要消灭不信任,首先就必须帮助边疆地区人民群众摆脱宗法式封建压迫的残余,必须废除殖民分子的种种特权,必须使人民群众享受到革命的物质福利。

简单地说:必须向群众证明,无产阶级的俄国中部是保护他们的利益的,而且只是保护他们的利益;而要证明这一点,就必须不只是采取镇压殖民者和资产阶级民族主义者一种办法,这种办法往往完全不能为群众所了解,而首先是要采取循序渐进的和周密考虑的经济政策。

大家知道,自由派要求实行普遍义务教育。边疆地区的共产党员不能比自由派更右,如果这些共产党员想要消灭人民的愚昧无知,如果他们想要在精神上使俄国的中部和边疆地区接近起来,那就应该在那里实行普遍义务教育。但是为了做到这一点,必须发展当地的民族学校、民族剧院、民族教育机关,提高边疆地区人民群众的文化水平,因为几乎用不着证明,愚昧无知是苏维埃政权最危险的敌人。我们不知道,我们在这方面的工作一般成绩怎样,但是据我们所知,在一个非常重要的边疆地区,当地的教育人民委员部总共只拿它的经费的百分之十用在当地学校方面。如果这是确实的,那就必须承认,在这一方面,很遗憾,我们同"旧制度"相差无几。

不能把苏维埃政权看成是脱离人民的政权,恰恰相反,它是唯一的来自俄国人民群众并为他们所亲近和爱戴的一种政权。其实这也就说明,为什么苏维埃政权通常在危急关头会表现出空前未有的力量和韧性。

必须使苏维埃政权同样成为俄国边疆地区人民群众所亲近和爱戴的政权。但是,苏维埃政权要成为人民群众所亲近的政权,首先应该成为他们所了解的政权。因此,必须使边疆地区的一切苏维埃机关,即法院、行政机关、经济机关、直接政权机关(以及党的机关)尽可能由熟悉当地居民生活方式、风俗、习惯和语言的当地人组成,必须把当地人民群众中的一切优秀人士吸收到这些机关中来,必须把当地劳动群众吸引到国家各个管理部门(包括军事部门)里来,必须使群众看到苏维埃政权及其机关是他们自己努力的结果,是他们的愿望的体现。只有用这种办法才能在群众和政权之间建立不可摧毁的精神联系,只有用这种办法才能使苏维埃政权成为边疆地区劳动群众所了解和亲近的政权。

有些同志把俄国各自治共和国并且一般地把苏维埃自治看成虽然是必要的，但是毕竟是一种暂时的坏事情，认为由于某些情况不得不允许这种坏事情存在，但是必须同它作斗争，以便将来铲除它。几乎用不着证明，这种观点是根本不对的，无论如何同苏维埃政权对民族问题的政策没有任何相同之处。不能把苏维埃自治看成一种抽象的和臆造的东西，尤其不能认为它是宣言式的空洞诺言。苏维埃自治是边疆地区和俄国中部实行联合的一种最实际最具体的形式。谁也不会否认，既然乌克兰、阿捷尔拜疆、土尔克斯坦、柯尔克兹、巴什基里亚、鞑靼及其他边疆地区要力求达到人民群众的文化繁荣和物质繁荣，那就不能没有本民族的学校，不能没有主要由当地人组成的法院、行政机关和政权机关。并且，不广泛设立地方学校，不成立由熟悉居民生活习惯和语言的人组成的法院、行政机关、政权机关等等，就不可能使这些区域真正苏维埃化，就不可能使这些区域变成苏维埃国家，同俄国中部紧密地结成一个国家整体。而设立使用本民族语言的学校、法院、行政机关和政权机关，也正就是真正实现苏维埃自治，因为苏维埃自治不是别的，正是所有这些具有乌克兰、土尔克斯坦、柯尔克兹等等民族形式的机关的总和。

既然如此，怎么还能认真地说苏维埃自治是转瞬即逝的，必须同它作斗争之类的话呢？

二者必居其一：

或者乌克兰、阿捷尔拜疆、柯尔克兹、乌兹别克、巴什基里亚及其他民族的语言是真实的现实，因此，这些区域绝对需要发展本民族的学校和由当地人组成的法院、行政机关和政权机关，那么苏维埃自治在这些区域里就应当无条件地彻底实行；

或者乌克兰、阿捷尔拜疆和其他民族的语言是凭空臆造，因此也就不需要使用本民族语言的学校和其他机关，那么苏维埃自治就应该当做废物抛掉。

想找第三条道路，不是不明事理，就是可悲的轻率。

在实现苏维埃自治的道路上的严重障碍之一，是边疆地区十分缺乏当地出身的知识分子，苏维埃和党的所有一切工作部门都缺乏指导员。这种缺乏不能不阻碍边疆地区的教育工作和革命建设工作。而正因为如此，丢开这些为数很少的地方知识分子是愚蠢的，是对事业有害的。这些知识分子也许愿意为人民群众服务，但是他们不能这样做，也许因为他们不是共产党员，他们认为自己被不信任的气氛所包围，怕可能遭到迫害。对于这种人，采取吸引他们参加苏维埃工作的政策，采取吸收他们在工业、农业、粮食及其他部门担任工作的政策，以便使他们逐渐苏维埃化，可能是有成效的。因为未必能够断定说，这些知识分子比那些反革命的军事专家还不可靠，而那些军事专家，尽管是反革命的，但是仍然被吸收参加了工作，并且后来在极重要的岗位上苏维埃化了。

但是，利用民族知识分子还远不足以满足对于指导员的需要。同时还必须在边疆地区大量开办训练班和学校来为一切管理部门培养当地人的指导干部。因为很明显，如果没有这种干部，要设立使用本民族语言的本民族的学校、法院、行政机关和其他机关是极端困难的。

在实现苏维埃自治的道路上的另一个同样严重的障碍，是某些同志在边疆地区苏维埃化的工作中所表现的那种急躁情绪，这种情绪常常变成粗暴无礼的行为。如果这些同志决意要在那些比俄国中部落后整整一个历史时期的地区，在那些还没有完全消灭中世纪经济结构的地区用"英雄的努力"来实行"纯粹的共产主义"，那么可以肯定地说，这种骑兵式袭击，这种"共产主义"是不会带来什么好处的。我们想提醒这些同志记住我们党纲中的人所共知的一条，这就是：

"俄国共产党抱着历史观点和阶级观点，考虑到该民族处于历史发展的哪一阶段：是从中世纪制度进到资产阶级民主制，还是从资产阶级民主制进到苏维埃的或无产阶级的民主制等等。"

又说：

"在任何情况下，曾经是压迫民族的那些民族的无产阶级，对于被压迫民族或没有充分权利的民族的劳动群众的民族感情残余，必须特别留心，特别注意。"

这就是说，例如在阿捷尔拜疆，采用直接增添住户到他人住宅里去的方法会使阿捷尔拜疆群众离开我们，因为他们认为住宅和家园是神圣不可侵犯的，很明显，这种直接增添住户的方法就需要代之以间接的迂回的方法，以达到同样的目的。再举一个例子来说，宗教成见很深的达格斯坦群众是"根据沙利阿特"跟着共产党人走的，很明显，在这个国家进行反宗教偏见的斗争，就应当以间接的比较慎重的方法来代替直接的方法。如此等等。

简单地说：必须放弃使落后人民群众"立即共产主义化"的骑兵式袭击，采取谨慎小心和深思熟虑的把这些群众逐步引入苏维埃发展总轨道的政策。

实现苏维埃自治的实际条件大致就是这样，执行这些条件，就能保证俄国中部和边疆地区在精神上接近并建立巩固的革命联盟。

苏维埃俄国正在进行世界上空前未有的实验：在统一的无产阶级国家范围内，根据相互信任的原则，根据自愿的、兄弟般的协议的原则组织许多民族和部落的合作。三年来的革命证明，这个实验有获得成功的一切条件。但是，只有我们在地方上实行的民族问题方面的实际政策同已经宣布的、具有各种形式和不同程度的苏维埃自治的要求相一致的情况下，只有我们在地方上实行的每一个实际措施都会促进边疆地区人民群众去接触符合他们生活习惯和民族面貌形式的最高的无产阶级精神文化和物质文化的情况下，才能指望这种实验获得完全胜利。

这就是巩固俄国中部和俄国边疆地区之间的革命联盟的保证。协约国的种种阴谋诡计在这个联盟面前都会彻底破产的。

——《苏维埃政权对俄国民族问题的政策》，摘自《斯大林全集》第4卷，人民出版社1956年第1版，第312—321页。

**23. 资本主义制度和民族压迫**

一、现代民族是一定时代即资本主义上升时代的产物。封建主义消灭和资本主义发展的过程同时就是人们形成为民族的过程。英吉利人、法兰西人、德意志人、意大利人都是在资本主义打破封建割据局面而胜利发展时形成民族的。

二、凡民族的形成和中央集权国家的建立在时间上大体一致的地方，那里的民族自然就具有国家的外貌，发展成独立的资产阶级国家。英国（爱尔兰除外）、法国、意大利的情形都是如此。东欧却与此相反，由于自卫（抵御土耳其人、蒙古人和其他人的侵犯）的需要而加速的中央集权国家的建立早于封建主义的消灭，因而也早于民族的形成。所以这些地方的民族没有发展成也不能发展成民族国家，而建立了一些混合的多民族的资产阶级国家，这些国家通常都由一个强大的统治民族和几个弱小的从属民族组成。奥地利、匈牙利、俄国就是这样。

三、像法国和意大利这种最初主要是依靠本民族力量的民族国家，一般说来是没有民族压迫的。而建筑在一个民族（确切些说是这个民族的统治阶级）对其余民族的统治上面的多民族国家则与此相反，它们是民族压迫和民族运动的发源地和主要舞台。统治民族的利益和从属民族的利益之间的矛盾如果不解决，多民族的国家就不能稳固地存在。多民族的资产阶级国家的悲剧就在于它无力解决这些矛盾，它想在保存私有制和阶级不平等的情况下使各民族"平等"并"保护"少数民族，结果每一次总是失败，民族冲突更加尖锐化。

四、欧洲资本主义的进一步发展，对新的销售市场的需要，对原料和燃料的需求，帝国主义的发展，资本的输出以及海上和铁路交通干线的必须保证，一方面促使旧的民族国家去夺取新的领土，促使旧的民族国家变成必然有民族压迫和民族冲突的多民族（殖民）国家（英国、法国、德国、意大利），另一方面加强了旧的多民族国家的统治民族的野心，它们不仅想保持原有的国界，还想向外扩张，靠侵占邻国使新的（弱小的）民族隶属于自己。于是民族问题扩大了，并且终于自然而然地同整个殖民地问题融合起来了，而民族压迫就由国内的问题变成国际的问题，变成帝国主义"大"国为征服弱小的没有充分权利的民族而进行斗争（和战争）的问题。

五、帝国主义战争彻底揭露了资产阶级多民族国家的不可调和的民族矛盾和内部的软弱，它使战胜的殖民国家（英国、法国、意大利）内部的民族冲突极端尖锐化，使战败的旧的多民族国家（奥地利、匈牙利、一九一七年的俄国）彻底崩溃，最后，使新的资产阶级民族国家（波兰、捷克斯洛伐克、南斯拉夫、芬兰、格鲁吉亚、阿尔明尼亚等）组织起来，——这是资产阶级解决民族问题的最"激进的"办法。但是新的独立的民族国家的组成并没有确立也不可能确立各民族的和睦共处，没有消除也不可能消除民族不平等和民族压迫，因为建立在私有制和阶级不平等基础上的新的民族国家自己要存在下去，那就必须——

（甲）压迫自己的少数民族（波兰压迫白俄罗斯人、犹太人、立陶宛人、乌克兰人；格鲁吉亚压迫沃舍梯人、阿布哈兹人、阿尔明尼亚人；南斯拉夫压迫克罗地亚人、波斯尼亚人等等）；

（乙）靠侵占邻国来扩张自己的领土，这就会引起冲突和战争（波兰侵犯立陶宛、乌克兰、俄罗斯；南斯拉夫侵犯保加利亚；格鲁吉亚侵犯阿尔明尼亚、土耳其等等）；

（丙）在财政、经济和军事方面依附帝国主义"大"国。

六、这样，战后时期便展现了一幅令人不愉快的图画——民族仇视，不平等，压迫，冲突，战争，文明国家各民族相互之间以及它们对没有充分权利的各民族所进行的帝国主义野蛮行为。一方面，几个"大"国压迫和剥削所有附属的和"独立的"（实际上完全是附属的）民族国家，这些强国彼此间为争夺剥削各民族国家的独占权而斗争；另一方面，附属的和"独立的"民族国家为反对"大"国的难以忍受的压迫而斗争；民族国家彼此间为扩张自己的民族领土而斗争；民族国家各自为压迫自己的被压迫少数民族而斗争。最后，殖民地反对"大"国的解放运动日益加强，这些"大"国内部以及一般都有几个少数民族的民族国家内部的民族冲突日益尖锐。

帝国主义战争所遗留下来的"和平图画"就是这样。

资产阶级社会在解决民族问题方面完全破产了。

——《论党在民族问题方面的当前任务》，摘自《斯大林全集》第5卷，人民出版社1957年第1版，第14—17页。

**24. 苏维埃制度和民族自由**

一、私有制和资本必然使人们离散，燃起民族纷争，加强民族压迫，而集体所有制和劳动却必然使人们接近，去除民族纷争，消灭民族压迫。没有民族压迫，资本主义的存在是不可思议的，同样，没有被压迫民族的解放，没有民族自由，社会主义的存在也是不可思议的。只要充满民族主义偏见的农民（以及整个小资产阶级）跟着资产阶级走，沙文主义和民族斗争就必不可免，相反地，如果农民跟着无产阶级走，也就是说如果无产阶级专政有了保证，那就可以认为民族和平和民族自由有了保证。因此，苏维埃的胜利和无产阶级专政的确立是消灭民族压迫、确立民族平等、保证少数民族权利的基本条件。

二、苏维埃革命的经验完全证实了这个原理，苏维埃制度在俄国的确立和各民族有国家分离权的宣布，根本改变了俄国各民族劳动群众之间的关系，消除了过去的民族仇视，摧毁了民族压迫的基础，因而不仅取得了俄国其他民族工人兄弟对俄罗斯工人的信任，也取得了欧洲和亚洲各民族工人兄弟对俄罗斯工人的信任，并且已经把这种信任化为为共同事业奋斗的热情和决心。苏维埃共和国在阿捷尔拜疆和阿尔明尼亚的成立也获得了同样的结果，民族冲突消灭了，土耳其和阿尔明尼亚劳动群众间、阿尔明尼亚和阿捷尔拜疆劳动群众间的"百年"仇视也消除了。苏维埃在匈牙利、巴伐利亚和拉脱维亚的暂时胜利也是一样。另一方面，可以确信地说，不消灭自己国家里的民族仇视和民族压迫，没有西方和东方各民族劳动群众对俄罗斯工人的信任和热情支援，俄罗斯工人就不能战胜高尔察克和邓尼金，而阿捷尔拜疆共和国和阿尔明尼亚共和国也就不能立足。各苏维埃共和国的巩固和民族压迫的消灭，是劳动人民摆脱帝国主义奴役的同一过程的两个方面。

三、各苏维埃共和国的存在，即使是面积很小的苏维埃共和国的存在，对帝国主义都是致命的威胁。这个威胁不仅在于各苏维埃共和国同帝国主义断绝关系后已经由殖民地和半殖民地变成真正独立的国家，因而使帝国主义者失去了一块额外的领土和额外的收入，而首先在于各苏维埃共和国的存在本身，这些共和国在镇压资产阶级和巩固无产阶级专政的道路上所走的每一步，都是反对资本主义和帝国主义的最有力的鼓动，都是号召附属国摆脱帝国主义奴役的鼓动，都是使各色各样的资本主义瓦解和解体的不可克服的因素。因此，帝国主义"大"国就必然要反对苏维埃共和国，力图消灭这些共和国。"大"国同苏维埃俄国斗争的历史，"大"国唆使一个个边疆地区的资产阶级政府和一群群反革命将军反对苏维埃俄国，严密封锁它和竭力设法在经济上孤立它的历史，雄辩地说明在目前的国际关系中，在资本主义包围的情况下，任何一个单独的苏维埃共和国都不能认为自己能保证不会在经济上枯竭，不会在军事上被世界帝国主义打败。

四、因此，各苏维埃共和国孤立的存在是不稳固不牢靠的，因为资本主义国家威胁着它们的生存。第一、各苏维埃共和国国防的共同利益，第二、恢复被战争破坏的生产力的任务，第三、产粮的苏维埃共和国给予不产粮各苏维埃共和国必要的粮食帮助，——这三者绝对要求各个苏维埃共和国建立国家联盟，这是免遭帝国主义奴役和民族压迫的唯一道路。从"本族的"和"异族的"资产阶级手中解放出来的各民族苏维埃共和国，只有联合成紧密的国家联盟才能使自己生存下去，才能战胜帝国主义的联合力量，否则就要完全失败。

五、以军事和经济事务的共同要求为基础的苏维埃共和国联邦，是国家联盟的一般形式，这种形式可以——

（甲）保证各个共和国和整个联邦的完整性和经济发展；

（乙）把不同发展阶段上的不同民族和部族的一切不同的生活习惯、文化和经济状况包罗在一起，并根据这种不同情况采用这种或那种联邦形式；

（丙）建立那些把自己的命运同联邦的命运这样或那样联系起来的民族和部族的和睦共处和兄弟合作。

俄国采用各种形式的联邦的经验，从以苏维埃自治（柯尔克兹、巴什基里亚、鞑靼、山民、达格斯坦）为基础的联邦，过渡到以与各独立苏维埃共和国（乌克兰、阿捷尔拜疆）建立条约关系为基础的联邦以及介于这二者之间的形式（土尔克斯坦、白俄罗斯）的经验，完全证实把联邦作为各苏维埃共和国国家联盟的一般形式是很适当很灵活的。

六、但是，只有依靠加入国相互信任和自愿协议，联邦才能巩固，才能得到实际的效果。俄罗斯苏维埃联邦社会主义共和国是世界上对许多民族和部族和睦共处及兄弟合作的试验获得成功的唯一国家，因为这里既没有统治者，也没有从属者；既没有宗主国，也没有殖民地；既没有帝国主义，也没有民族压迫，——这里联邦是以各民族劳动群众的相互信任和自愿联合的愿望为基础的。联邦的这种自愿性质今后还必须继续保持，因为只有这样的联邦才能成为一种过渡形式，使世界各国劳动人民达到在统一的世界经济范围内的高度团结，这种团结的必要性已愈来愈明显了。

——《论党在民族问题方面的当前任务》，摘自《斯大林全集》第5卷，人民出版社1957年第1版，第17—20页。

## 25. 俄国共产党的当前任务

一、俄罗斯苏维埃联邦社会主义共和国和同它联盟的各苏维埃共和国约有一亿四千万人口。其中非大俄罗斯人（乌克兰人、白俄罗斯人、柯尔克兹人、乌兹别克人、土尔克明人、塔吉克人、阿捷尔拜疆人、伏尔加河流域的鞑靼人、克里木的鞑靼人、布哈拉人、希瓦人、巴什基里亚人、阿尔明尼亚人、彻岑人、卡巴尔达人、沃舍梯人、切尔克斯人、英谷什人、卡拉恰也夫人、巴尔卡尔人、卡尔梅克人、卡列里亚人、阿瓦里亚人、达尔根人、卡集·库穆赫人、库林人、库梅克人、马里人、楚瓦什人、沃加克人、伏尔加河流域的日耳曼人、布里亚特人、雅库特人等）约有六千五百万。

沙皇政府，地主和资产阶级对这些民族的政策是：铲除它们中间任何国家制度的萌芽，摧残它们的文化，限制它们的语言，使它们愚昧无知，尽量使它们俄罗斯化。实行这种政策的结果，使这些民族不能充分发展并造成了它们政治上的落后。

现在，当这些地区的地主和资产阶级也已经被推翻，人民群众宣布建立苏维埃政权的时候，党的任务就是帮助非大俄罗斯各族劳动群众赶上走在前面的俄罗斯中部，帮助它们：

（甲）在他们那里发展和巩固适合他们民族面貌的形式的苏维埃国家制度；

（乙）在他们那里设立使用本族语言的、由熟悉当地居民生活习惯和心理的本地人组成的法院、行政、经济和政权机关；

（丙）在他们那里发展使用本族语言的报刊、学校、剧院、文娱事业以及一般文化教育机关。

二、在六千五百万非大俄罗斯人口中，除了在某种程度上已经经过工业资本主义时期的乌克兰、白俄罗斯、阿捷尔拜疆的一小部分和阿尔明尼亚以外，剩下的约二千五百万主要是突厥语系人口（土尔克斯坦、阿捷尔拜疆大部分、达格斯坦、山民、鞑靼人、巴什基里亚人、柯尔克兹人等），他们还没有来得及经过资本主义的发展，没有或者几乎没有自己的工业无产阶级，多半还保存着游牧经济和父权制氏族生活方式（柯尔克兹、巴什基里亚、北高加索），或者还没有脱离半父权半封建的原始生活方式（阿捷尔拜疆、克里木等），但是已被纳入苏维埃发展的总轨道。

党对这些民族的劳动群众的任务，就是帮助他们消灭父权制封建关系的残余，并且以劳动农民苏维埃为基础，通过在这些民族中间建立坚强的共产党组织的办法帮助他们参加苏维埃经济建设，这些共产党组织要能够利用俄罗斯工人和农民在苏维埃经济建设方面的经验，同时要能够在自己的建设工作中估计到每个民族的具体经济状况、阶级结构、文化和生活习惯的一切特点，而不是机械地搬用只适用于另一种经济发展较高阶段的俄国中部的经济措施。

三、在二千五百万主要是突厥语系人口中，除了阿捷尔拜疆、土尔克斯坦大部分、鞑靼人（伏尔加河流域的和克里木的）、布哈拉、希瓦、达格斯坦、一部分山民（卡巴尔达人、切尔克斯人、巴尔卡尔人）和其他某些已经定居并固定在一定地域的民族以外，剩下的约六百万是柯尔克兹人、巴什基里亚人、彻岑人、沃舍梯人、英谷什人，他们的土地直到最近还是俄罗斯移民的殖民对象，这些俄罗斯移民夺去了他们较好的耕地，一步步地把他们排挤到贫瘠的荒地上去。

沙皇政府、地主和资产阶级的政策就是在这些地区的俄罗斯农民和哥萨克中间培植更多的富农分子，把他们变成满足大国野心的可靠支柱。实行这种政策的结果就是当地的土著居民（柯尔克兹人、巴什基里亚人）被排挤到穷乡僻壤而逐渐死亡。

党对这些民族的劳动群众的任务，就是把他们和当地俄罗斯居民中的劳动群众为摆脱富农、特别是为摆脱掠夺成性的大俄罗斯富农的压迫而进行斗争的力量联合起来，用一切力量和一切手段帮助他们打倒富农殖民者，从而保证他们有可耕的、为过人的生活所必需的土地。

四、除了上述那些具有一定阶级结构和占有一定地域的民族和部族以外，俄罗斯苏维埃联邦社会主义共和国境内还有一些流动的民族集团和少数民族（拉脱维亚人、爱沙尼亚人、波兰人、犹太人以及其他少数民族），它们掺杂在其他聚居的民族中，多半没有一定的阶级结构，也没有一定的地域。沙皇政府的政策就是采用一切手段，直到采用蹂躏的手段（蹂躏犹太人）来消灭这些少数民族。

现在，当民族特权已经消灭，民族平权已经实现，少数民族自由发展的权利已为苏维埃制度性质本身所保证的时候，党对这些民族集团的劳动群众的任务就是帮助他们充分利用这个给他们保证了的自由发展的权利。

五、边疆地区共产党组织的发展是在某些特殊条件下进行的，这些条件阻碍了党在这些地区的正常成长。一方面，在边疆地区工作的大俄罗斯共产党员是在"统治"民族存在的条件下成长起来的，他们不知道什么是民族压迫，往往缩小民族特点在党的工作中的意义，或者完全不重视民族特点，在自己的工作中不考虑某一民族的阶级结构、文化、生活习惯和过去历史的特点，因而把党在民族问题方面的政策庸俗化和歪曲了。这种情况就使他们脱离共产主义而倾向于大国主义、殖民主义、大俄罗斯沙文主义。另一方面，当地土著居民中的共产党员经历过民族压迫的苦难时期，他们还没有完全摆脱民族压迫的魔影,往往夸大民族特点在党的工作中的意义,抹杀劳动者的阶级利益,或者把某一民族劳动者的利益和这一民族"全民族的"利益简单地混淆起来,不善于把前者同后者区别开来,根据劳动者的利益进行党的工作。这种情况也就使他们脱离共产主义而倾向于资产阶级民主的民族主义,这种民族主义有时具有大伊斯兰主义、大突厥主义的形式(在东方)。

代表大会坚决斥责了这两种对共产主义事业有害的和危险的倾向,认为必须指出第一种倾向即大国主义、殖民主义倾向是特别危险和特别有害的。代表大会提醒大家,不铲除党的队伍中的殖民主义和民族主义残余,就不可能在边疆地区建立在国际主义基础上把当地居民和俄罗斯居民中的无产阶级分子团结在自己队伍中的坚强的、联系群众的、真正的共产党组织。因此,代表大会认为,消除共产主义中的民族主义的、首先是殖民主义的动摇,是党在边疆地区最重要的任务之一。

六、由于军事战线上的胜利,特别是在消灭弗兰格尔以后,在一些没有或者几乎没有工业无产阶级的落后边疆地区,市侩民族主义分子为了升官发财而纷纷争取入党。这些人考虑到党实际上占着统治地位,常常涂上共产主义的色彩,整批整批地钻到党里来,把掩饰不周的沙文主义和腐化思想带到党里来,边疆地区的党组织一般说来是软弱的,它们并不总是能够抵挡得住通过吸收新党员"扩大"党的那种诱惑。

代表大会号召同一切混进无产阶级政里来的冒牌共产党员作坚决斗争,警告党不要靠吸收知识分子中市侩民族主义分子来"扩大"自己的队伍。代表大会认为,应当主要依靠吸收边疆地区的无产者、贫农和劳动农民来充实边疆地区的党,同时,应当用改善边疆地区党组织成员质量的办法来进行巩固党组织的工作。

——《论党在民族问题方面的当前任务》,摘自《斯大林全集》第5卷,人民出版社1957年第1版,第20—24页。

### 26. 解决民族问题必须确定的几个前提

在直接谈到党在民族问题方面当前的具体任务以前,必须确定几个前提,没有这些前提,民族问题就不能解决,这些前提涉及民族的出现、民族压迫的产生、民族压迫在历史发展进程中的形式以及民族问题在各个不同发展时期的解决方式等问题。

这样的时期有三个。

第一个时期是西方封建主义消灭和资本主义胜利的时期。人们就是在这个时期形成民族的。我指的是英国（爱尔兰除外）、法国和意大利这样的国家。在西方，即在英国、法国、意大利和德国的部分地区，封建主义消灭和人们形成为民族的时期与中央集权国家出现的时期在时间上大体是一致的，因此那里的民族在其发展时就具有国家的形式。这些国家内部没有其他比较大的民族集团，因此那里也就没有民族压迫。

在东欧恰恰相反，民族形成和封建割据消灭的过程与中央集权国家建立的过程在时间上不是一致的。我指的是匈牙利、奥地利和俄国。在这些国家中，资本主义的发展还没有开始，也许刚刚开始，然而为了抵御土耳其人、蒙古人和其他东方人的侵犯，必须立即建立能够抵御外侮的中央集权国家。由于东欧中央集权国家出现的过程比民族形成的过程要快些，所以在那里就建立了混合的国家，这些国家是由尚未形成为民族但已结合在一个国家中的几族人民组成的。

这样，第一个时期的特征就是在资本主义初期出现了民族，并且在西欧产生了没有民族压迫的纯粹的民族国家，在东欧则产生了多民族国家。在这些多民族国家里，有一个比较发达的民族居于统治地位，其余不大发达的民族则在政治上以至后来在经济上都受统治民族支配。东欧的这些多民族国家成了民族压迫的发源地，而民族压迫产生了民族冲突、民族运动、民族问题和解决这一问题的各种方式。

民族压迫和反抗民族压迫的斗争方式发展的第二个时期，是西方帝国主义出现的时期。这时，资本主义为了寻求销售市场、原料、燃料和廉价劳动力，为了争取输出资本和获得铁路与海上的交通干线而跳出了民族国家的范围，靠侵占远近各邻国来扩张自己的领土。在这第二个时期，西方的旧民族国家英国、意大利和法国已不再是民族国家了，就是说，它们因夺得了新的领土而变成了多民族的殖民国家，因而也就成了在东欧早已存在的那种民族压迫和殖民压迫的舞台。在东欧，这个时期的特征是从属民族（捷克人、波兰人、乌克兰人）觉醒和兴起了，这种情况在帝国主义战争以后就造成了旧的资产阶级多民族国家的崩溃和在所谓的列强奴役下的新的民族国家的成立。

第三个时期是苏维埃时期，是资本主义消灭和民族压迫消除的时期，这时，统治民族和从属民族、殖民地和宗主国的问题都放到历史档案库里去了。这时，我们看到在俄罗斯苏维埃联邦社会主义共和国的领土上有许多民族站起来了，它们有着同等发展的权利，但是由于经济、政治和文化的落后，还保存着历史上遗留下来的某些不平等。这种民族不平等的实质是：由于历史的发展，我们从过去继承了一种遗产，这就是一个民族即大俄罗斯民族在政治上和工业上比其他民族发达些。因此就产生了事实上的不平等，这种不平等不是一年之内就能铲除的，但是，只要在经济、政治和文化方面帮助各落后民族和部族，就一定能够把它铲除。

这就是历史上所经过的民族问题发展的三个时期。

前两个时期有一个共同的特征。那就是在这两个时期内，有些民族受到压迫和奴役，因此民族斗争仍然存在，民族问题没有解决。然而它们之间是有差别的。在第一个时期，民族问题并没有越出个别多民族国家的范围，只是涉及不多的几个民族，主要是欧洲的一些民族；而在第二个时期，民族问题就由国内的问题变成国际的问题，变成帝国主义国家彼此间为了控制没有充分权利的民族、为了使欧洲境外的新的部族和部落隶属于自己而进行战争的问题了。

这样，过去仅仅对那些文明国家有意义的民族问题，在这个时期就失去了它的孤立性，而同整个殖民地问题融合起来了。

民族问题发展成整个殖民地问题，并不是历史上的偶然事件。这一发展首先是因为在帝国主义战争时期，各交战国的帝国主义集团本身不得不求助于殖民地，从殖民地获得人力来建立军队。毫无疑问，这一过程，即帝国主义者必然求助于殖民地各落后部族的过程，不能不唤醒这些部落和部族去谋求解放，进行斗争。其次第二个因素是各帝国主义集团瓜分土耳其并且使它亡国的尝试，这一因素使民族问题扩大和发展成了整个殖民地问题，使它由解放运动的星星之火变成燎原烈火，蔓延到全球各地。土耳其在国家制度方面是伊斯兰教民族中比较发达的一个国家，它不堪忍受这种前途，于是就举起了斗争的旗帜，把东方各民族团结在自己周围来反对帝国主义。第三个因素是苏维埃俄国的出现。苏维埃俄国反对帝国主义的斗争已经取得了一系列的胜利，这就自然而然地鼓舞了东方各被压迫民族，唤醒了它们，发动它们去进行斗争，从而为建立一条从爱尔兰到印度的被压迫民族的共同战线提供了可能性。

民族压迫发展的第二个阶段的这一切因素造成了这样的结果：资产阶级社会不仅没有解决民族问题，不仅没有奠定民族之间的和平，反而使民族斗争的星星之火燃烧成被压迫民族、殖民地和半殖民地反对世界帝国主义斗争的燎原烈火。

很明显，唯一能够解决民族问题的制度，唯一能够创造条件保证不同民族和部落和睦共处、兄弟合作的制度，是苏维埃政权的制度，是无产阶级专政的制度。

未必用得着证明，在资本统治下，在生产资料私有制和阶级存在的情况下，民族权利平等是不可能得到保证的，只要资本政权还存在，只要争夺生产资料的斗争还在进行，就不可能有任何的民族权利平等，也不可能有各民族劳动群众之间的合作。历史证明，消灭民族权力不平等的唯一方法，建立被压迫民族和非被压迫民族劳动群众兄弟合作的制度的唯一方法，就是消灭资本主义和建立苏维埃制度。

其次，历史说明，虽然某些民族已经从本民族的资产阶级以及从"异族的"资产阶级压迫下解放出来，就是说，虽然它们自己已经建立了苏维埃制度，但是在帝国主义存在的情况下，没有邻近的苏维埃共和国在经济和军事方面的援助，它们就不能单独存在和顺利地捍卫自己的单独存在。匈牙利的例子雄辩地证明：如果没有各苏维埃共和国的国家联盟，如果它们没有团结成统一的军事经济力量，那么无论在军事战线上或经济战线上都不可能抵挡住世界帝国主义的联合力量。

苏维埃共和国联邦是国家联盟最适当的形式，俄罗斯苏维埃联邦社会主义共和国就是这一形式活的体现。

——《俄共（布）第十次代表大会》（1921年3月8日至16日），摘自《斯大林全集》第5卷，人民出版社1957年第1版，第27—31页。

**27. 党在民族问题方面的当前任务**

虽然俄罗斯和同它联盟的各共和国在苏维埃制度下已经没有统治民族和无权民族、宗主国和殖民地、被剥削者和剥削者了，但是民族问题在俄罗斯仍然存在。俄罗斯苏维埃联邦社会主义共和国的民族问题的实质就是要消灭过去遗留下来的某些民族的事实上的落后性（经济的、政治的、文化的），使各落后民族有可能在政治、文化和经济方面赶上俄国中部。

在旧制度下，沙皇政权不努力也不可能努力发展乌克兰、阿捷尔拜疆、土尔克斯坦和其他边疆地区的国家制度，它反对发展边疆地区国家制度，也反对发展它们的文化，力图用暴力同化当地的土著居民。

其次，旧的国家、地主和资本家留下了像柯尔克兹人、彻岑人、沃舍梯人这些被摧残的部落，它们的土地过去是俄罗斯哥萨克和富农分子的殖民对象。它们过去注定要遭到浩劫和灭亡。

其次，大俄罗斯民族过去是统治民族，它的这种地位甚至在俄罗斯共产党员中间也留下了一些影响，这些俄罗斯共产党员不善于或者不愿意去接近当地居民中的劳动群众，不善于或者不愿意去了解他们的需要并帮助他们摆脱落后和不文明。我指的是为数不多的一些俄罗斯共产党员，他们在自己的工作中忽视边疆地区的生活习惯和文化的特点，有时表现出俄罗斯大国沙文主义的倾向。

再次，非俄罗斯民族受过民族压迫，它们的这种地位对当地居民中的共产党员也不无影响，这些共产党员有时不善于把本民族劳动群众的阶级利益同所谓"全民的"利益区别开来。我指的是有时在非俄罗斯共产党员中间可以看到的地方民族主义倾向，这种倾向在东方就表现为大伊斯兰主义、大突厥主义。

最后，必须把柯尔克兹人、巴什基里亚人和一些山民部落从死亡中拯救出来，剥夺富农殖民者以保证他们得到必要的土地。

构成我国民族问题实质的一些问题和任务就是这样。

——《俄共（布）第十次代表大会》（1921年3月8日至16日），摘自《斯大林全集》第5卷，人民出版社1957年第1版，第31—32页。

**28. 谈谈使我们共产党在边疆地区的政策适合于那些主要存在于东部的经济生活的特殊条件的任务**

在说明了党在民族问题方面的这些当前的任务之后，我想来谈谈一般的任务，即谈谈使我们共产党在边疆地区的政策适合于那些主要存在于东部的经济生活的特殊条件的任务。

问题在于：有许多部族，主要是突厥语系各部族（它们大约有二千五百万人），还没有经过或者还没有来得及经过工业资本主义时期，因此，它们没有或者几乎没有工业无产阶级，它们必须越过工业资本主义，从原始经济形态转到苏维埃经济阶段。为了进行这项艰巨的但决不是不可能的工作，必须考虑到这些部族的经济状况，甚至要考虑到它们过去的历史、生活习惯和文化的一切特点。把那些在俄国中部行之有效的有意义的措施搬到这些部族里去，是不可思议的和危险的。显然，在实行俄罗斯苏维埃联邦社会主义共和国的经济政策时，一定要注意到我们在这些边疆地区所碰到的经济状况、阶级结构和过去历史方面的一切特点。更不用说有些荒唐的事情是必须消除的，例如柯尔克兹伊斯兰教居民从来不养猪，而粮食人民委员部却按摊派方式要他们交猪。从这个例子中可以看出，有些人是多么不愿意注意初到那里去的人一眼就可以看出的生活习惯的特点。

刚才有人递了一张条子给我，要我答复契切林同志的论文。同志们，契切林的论文我仔细地读过了，我认为他的论文除了舞文弄墨以外，别的什么也没有。这篇论文中有四点错误或者说四点误解。

首先，契切林同志有否认帝国主义国家之间矛盾的倾向，他过高估计了帝国主义者的国际联合，而忽略了和过低估计了各帝国主义集团之间和各帝国主义国家（法国、美国、英国、日本等）之间的内部矛盾，可是这种矛盾存在着，并且正酝酿着战争。他过高估计了帝国主义上层联合的因素，而过低估计了这个"托拉斯"内部的矛盾。可是这些矛盾存在着，外交人民委员部的活动正是以这些矛盾为依据的。

其次，契切林同志犯了第二个错误。他过低估计了占统治地位的列强同不久前成立的在财政上和军事上受这些列强支配的民族国家（捷克斯洛伐克、波兰、芬兰等）之间的矛盾。契切林同志完全忽略了这样的事实：尽管这些民族国家隶属于列强，或者确切些说，正是由于这种隶属关系，列强同这些国家之间才存在着各种矛盾，例如在列强同波兰、爱沙尼亚等国的谈判中就显露出了这些矛盾。外交人民委员部存在的作用就在于估计这一切矛盾，以这些矛盾为依据，并在这些矛盾的范围内随机应变。契切林同志竟过低估计了这一点，令人大为吃惊。

契切林同志的第三个错误，就是他过多地谈论民族自决这个实际上已变成便于帝国主义者利用的空洞口号。奇怪的是契切林同志竟忘记了我们抛弃这个口号已经两年了。在我们党纲中已经不再有这个口号了。我们党纲中所说的已经不是民族自决这个十分含糊的口号，而是各民族有国家分离权这个更清楚更明确的口号。这是两个不同的东西。奇怪的是契切林同志在他的论文中没有考虑到这一点，因此，他对那个已经是含糊不清的口号提出的一切反对意见都是无的放矢，因为不论在我的提纲中或者在党纲中，一个字也没有提到"自决"。那里谈到的只是关于各民族的国家分离权问题。而现在，在殖民地的解放运动蓬勃发展的时候，这个口号对我们来说是革命的口号。因为各苏维埃国家是根据自愿原则联合成联邦的，所以加入俄罗斯苏维埃联邦社会主义共和国的各民族按照自己的意志没有使用分离权。因为我们所说的是那些受英国、法国、美国、日本压制的殖民地，是阿拉伯、美索不达米亚、土耳其、印度斯坦这类从属国家，即那些殖民地国家和半殖民地国家，所以各民族有分离权的口号就是革命的口号，抛弃这个口号就是为帝国主义者效劳。

……

我们可以得出如下的结论：资产阶级社会不仅不能解决民族问题，反而在"解决"民族问题的尝试中使民族问题扩大为殖民问题了，并且造成了一条从爱尔兰到印度斯坦的反对自己的新战线。唯一能够提出和解决民族问题的国家是以生产资料和生产工具集体所有制为基础的国家，即苏维埃国家。在苏维埃联邦国家内，不再有被压迫民族和统治民族，民族压迫已经消灭，但是，由于文化较发达的民族和文化不大发达的民族之间还存在着旧的资产阶级制度遗留下来的事实上的不平等（文化的、经济的、政治的），民族问题就具有一种形式，这种形式要求规定一些措施来帮助各落后民族和部族的劳动群众在经济、政治和文化上繁荣起来，使他们有可能赶上走在前面的无产阶级的俄国中部。

——《俄共（布）第十次代表大会》（1921年3月8日至16日），摘自《斯大林全集》第5卷，人民出版社1957年第1版，第32—35页。

### 29.《俄共（布）第十次代表大会》结论

这次代表大会在民族问题的讨论方面最大的特征，就是我们已经从发表关于民族问题的宣言，经过重新划分俄国行政区域，进到在实践上提出问题了。在十月革命初期，我们只是宣布了民族分离权。在一九一八年和一九二〇年，为了使各落后民族的劳动群众接近俄罗斯无产阶级，我们按照民族特征重新划分了俄国的行政区域。而现在，在这次代表大会上，我们则把党对各自治区和同俄罗斯联盟的各独立共和国的劳动群众和小资产阶级分子应当采取的政策问题完全提到实践上来了。

……

俄国共有二十二个边疆地区，在这些边疆地区中，有的工业非常发达，在工业方面和俄国中部很少有差别，有的还没有经过资本主义阶段，同俄国中部有根本的差别，另一种则是完全闭塞的。要把边疆地区这一切不同的情况都非常具体地包括在提纲内是不可能的。决不能要求有全党意义的提纲仅仅带有土尔克斯坦的性质，仅仅带有阿捷尔拜疆或乌克兰的性质。必须撇开细节，抓住各个边疆地区的共同特点，把它们列入提纲。其他起草提纲的方法在天地间是没有的。

必须把非大俄罗斯民族划分为几类，这在提纲中已经做了。非俄罗斯民族大约有六千五百万人。所有这些非俄罗斯民族的共同特点是它们在国家制度的发展方面都落后于俄国中部。我们的任务是尽一切力量帮助这些民族，帮助它们的无产阶级分子和劳动者发展使用本民族语言的苏维埃国家机关。这种共同之点在提纲中，在提纲的实践部分中，都已经提到了。

其次，如果要使各边疆地区的特点更加具体化，就必须从大约六千五百万非俄罗斯民族的总人口中划出二千五百万左右还没有经过资本主义的突厥语系民族人口。米高扬同志说阿捷尔拜疆的发展程度在某些方面比俄罗斯各省高，这是不对的。他显然是把巴库和阿捷尔拜疆混为一谈了。巴库不是从阿捷尔拜疆内部发展起来的，而是经过诺贝尔、路特希尔德、维沙乌等人的努力从上面建造起来的。至于阿捷尔拜疆本身，那它是一个最落后的父权制封建关系的国家。因此，我把整个阿捷尔拜疆列入没有经过资本主义的一类边疆地区，对于这类边疆地区，必须采用特殊的方法把它们纳入苏维埃经济的轨道。关于这一点提纲里也说到了。

其次，还有第三类，这一类的人口不超过六百万，主要是还保留着氏族生活方式的游牧部落，它们还没有进入农业经济。这主要是柯尔克兹人、土尔克斯坦北部、巴什基里亚人、彻岑人、沃舍梯人、英谷什人。对于这一类民族，首先必须保证它们有土地。这里没有让柯尔克兹人和巴什基里亚人发言就停止了讨论。他们对于居于山地的巴什基里亚、柯尔克兹和山民因无土地而日渐死亡的痛苦，是能够谈得更多一些的。而萨发罗夫关于这一点所说的只能涉及六百万人口的这一类。因此，把萨发罗夫的实际建议运用到一切边疆地区是不可想像的，因为对其余的约有六千万人口的非俄罗斯民族来说，这些修正是毫无疑义的。正因为如此，我不反对把萨发罗夫对某些民族所提出的某几点意见加以具体化、补充和修正，但是必须说明，决不能到处运用这些修正。其次，我必须对萨发罗夫的一项修正提出批评。在他这项修正中有一句关于"民族文化自决"的话。

那里写道："在十月革命以前，由于实行帝国主义的政策，俄国东部边疆地区的殖民地和半殖民地各族人民无法通过实行本民族文化自决和用本族语言进行教育的方法来利用资本主义文明的文化成果"等等。

我必须说，我不能接受这项修正，因为它带有崩得主义的色彩。民族文化自决是崩得的公式。我们早就抛弃了那些含糊不清的自决口号，恢复它们是没有必要的。而且这整句话不过是一些字的矫揉造作的堆砌。

其次，我接到一张条子，上面说我们共产党员似乎在人为地培植白俄罗斯民族。这是不对的，因为白俄罗斯民族存在着，它有和俄罗斯语言不同的语言，因此，只有使用白俄罗斯本族的语言，才能提高白俄罗斯人民的文化。大约五年前，关于乌克兰，关于乌克兰民族，也有人说过同样的话。就在不久以前还有人说，乌克兰共和国和乌克兰民族是德国人臆造出来的。可是很明显，乌克兰民族存在着，发展它的文化是共产党员的义务。违背历史是不行的。很明显，如果乌克兰的各个城市至今还是俄罗斯人占优势，那么随着时间的推移，这些城市必然会乌克兰化。大约四十年前，里加是一个德国人的城市，但是，由于城市是依靠农村发展的，而农村又是民族的保存者，因此里加现在就成了纯粹拉脱维亚人的城市了。大约五十年前，匈牙利所有的城市都带有德国性质，可是它们现在都马札尔化了。白俄罗斯将来也会这样，虽然现在在它的各个城市中非白俄罗斯人还占优势。

——《俄共（布）第十次代表大会》（1921年3月8日至16日），摘自《斯大林全集》第5卷，人民出版社1957年第1版，第36—39页。

### 30. 对于民族问题新提法的最显著特征的四个要点

共产党人对民族问题的提法，和第二国际及第二半国际的活动家、各式各样的"社会主义的"政党、"社会民主主义的"政党、孟什维克党、社会革命党等有本质的不同。

指出作为民族问题新提法的最显著的特征的四个要点是特别重要的，因为它们在对民族问题的新旧理解之间划了一条分界线。

第一个要点是作为局部的民族问题和作为整体的殖民地解放的总问题融合起来了。在第二国际时代，通常都把民族问题限制在只和"文明"民族有关的问题的狭隘范围内。爱尔兰人、捷克人、波兰人、芬兰人、塞尔维亚人、阿尔明尼亚人、犹太人以及欧洲其他一些民族,——第二国际所关心的就是这些没有充分权利的民族的命运。而那些遭受最粗暴最残酷的民族压迫的千百万亚洲人民和非洲人民,通常都不放在"社会主义者"的眼里。他们不敢把白种人和黑种人、"不文明的"黑人和"文明的"爱尔兰人、"落后的"印度人和"有教养的"波兰人相提并论。当时人们都默默地认为:如果也需要为欧洲没有充分权利的民族的解放而斗争,那末"正派的社会主义者"就完全不应当真正谈到为"保存""文明"所"必需"的殖民地的解放。这些所谓社会主义者甚至并不认为,如果亚洲和非洲殖民地人民不摆脱帝国主义的压迫,欧洲民族压迫的消灭是不能想像的,他们并不认为前者和后者是有机地联系着的。共产党人首先揭示了民族问题和殖民地问题的联系,从理论上论证了这一联系,并且把它作为自己革命实践的基础。因而,白种人和黑种人之间、帝国主义的"文明的"奴隶和"不文明的"奴隶之间的那堵墙就被推倒了。这种情况大大地促进了把落后的殖民地的斗争和先进的无产阶级的斗争配合起来反对共同敌人、反对帝国主义的事业。

第二个要点是各民族和殖民地有国家分离权、有成立独立国家的权利这一明确的革命口号代替了含糊不清的民族自决权口号。第二国际的活动家在谈到自决权的时候,通常总是不提国家分离权,至多只把自决权解释为一般自治权。民族问题"专家"石普林格尔和鲍威尔甚至把自决权变成欧洲被压迫民族的文化自治权,就是说,被压迫民族在全部政治(和经济)权力仍旧掌握在统治民族手中的条件下有设立自己的文化机关的权利。换句话说,就是把没有充分权利的民族的自决权变成统治民族享有政治权力的特权,而关于国家分离的问题则撇开不谈。第二国际的思想首领考茨基本上同意石普林格尔和鲍威尔对自决所做的这个实质上是帝国主义的解释。帝国主义者抓住这个对他们有利的自决口号的特点并把它宣布为自己的口号,这是不足为奇的。大家知道,以奴役各族人民为目的的帝国主义战争,就是在自决的旗帜下进行的。因此,含糊不清的自决口号就从民族解放、民族权利平等的工具变成驯服各民族的工具,变成使各民族顺从帝国主义的工具了。最近几年的世界事物的进程,欧洲革命的逻辑以及殖民地解放运动的增长,都要求抛弃这个已变成反动的口号,而代之以另一个革命的口号,即能够消除没有充分权利的民族的劳动群众对统治民族无产者不信任的气氛的口号，能够为民族权利平等和这些民族劳动者的团结扫清道路的口号。共产党人提出的各民族和殖民地有国家分离权的口号就是这样的口号。

这个口号的优点就在于它能够——

（一）消灭某一民族劳动者怀疑另一民族劳动者有掠夺意图的任何根据，从而为相互信任和自愿联合打下基础；

（二）摘下帝国主义者一面虚伪地谈论自决，一面却力图使没有充分权利的民族和殖民地顺从自己并把它们强留在自己的帝国主义国家范围内的假面具，从而加强没有充分权利的民族和殖民地反对帝国主义的解放斗争。

未必用得着证明，如果俄罗斯工人在取得政权以后不宣布各民族有国家分离权，如果他们不用事实证明自己有实现各民族的这个不可剥夺的权利的决心，如果他们不放弃对芬兰的"权利"（一九一七年），如果他们不从波斯北部撤出军队（一九一七年），如果他们不放弃对蒙古、中国某些领土的野心等等，那末他们就不会得到西方和东方其他民族的同志对自己的同情。

同样不容置疑，用自决的旗帜巧妙地掩盖起来的帝国主义者的政策，近来在东方仍然接二连三地遭到失败的原因之一，就是这种政策在那里遇到了在以各民族有国家分离权的口号的精神进行鼓动的基础上成长起来的日益发展的解放运动。这一点是那些因巴库"行动和宣传委员会"犯了一些不关紧要的过错而拼命辱骂它的第二国际和第二半国际的英雄们所不了解的，但是任何一个愿意知道上述"委员会"成立一年以来的活动和近两三年来亚洲和非洲殖民地的解放运动的人，都一定会了解的。

第三个要点是对民族殖民地问题同资本政权、推翻资本主义和无产阶级专政问题之间的有机联系的揭示。在第二国际时代，民族问题的范围被缩小到极点，通常被看做是孤立的、同未来的无产阶级革命没有联系的。人们当时都默默地认为，在无产阶级革命以前，只要在资本主义范围内实行一些改良的办法，民族问题就会"自然而然地"解决，认为不根本解决民族问题，无产阶级革命也能实现，相反地，不推翻资本政权，没有无产阶级革命的胜利和在无产阶级革命胜利以前，民族问题也能解决。这种实质上是帝国主义对事物的看法像一根红线贯穿在石普林格尔和鲍威尔关于民族问题的人所共知的著作中。但是最近十年以来，对民族问题的这种理解被证明是完全错误的和十分腐朽的。帝国主义战争表明，近几年来的革命实践也再次证实——

（一）民族问题和殖民地问题是同摆脱资本政权问题分不开的；

（二）帝国主义（资本主义的最高形式）不在政治上和经济上奴役没有充分权利的民族和殖民地就不能生存；

（三）没有充分权利的民族和殖民地不推翻资本政权就不能获得解放；

（四）没有充分权利的民族和殖民地不摆脱帝国主义的压迫，无产阶级的胜利就不能巩固。

如果欧洲和美洲可以叫做社会主义和帝国主义之间进行主要战斗的前线和舞台，那末具有原料、燃料、粮食和大批人力的没有充分权利的民族和殖民地就应当算做帝国主义的后方和后备军。为了赢得战争的胜利，不仅要在前线打胜仗，而且要使敌人的后方、敌人的后备军革命化。因此，只有在无产阶级善于把自己的革命斗争同没有充分权利的民族和殖民地劳动群众的解放运动结合起来反对帝国主义者政权和争取无产阶级专政的情况下，世界无产阶级革命的胜利才能认为有保证。第二国际和第二半国际的活动家忽略了这件"小事"，把民族殖民地问题同在西方日益高涨的无产阶级革命时代的政权问题分割开来了。

第四个要点是给民族问题加进了新的因素，即加进了使各民族在事实上（不只是在法律上）平等的因素（帮助和协助落后民族提高到走在它们前面的民族的文化水平和经济水平），这是建立各民族劳动群众之间兄弟合作的条件之一。在第二国际时代，通常只限于宣布"民族权利平等"。至多也不过是要求实现这种权利平等。但是民族权利平等本身是很重要的政治成果，如果没有足够的手段和可能来行使这个极重要的权利，那它就有变成空谈的危险。毫无疑问，落后民族的劳动群众没有力量像先进民族的劳动群众那样享用"民族权利平等"给他们的权利，因为某些民族从过去继承下来的落后性（文化的、经济的）不是一两年内就能消灭的，人们还是能感觉得到的。这种情况在俄国也可以感觉得到，这里有许多民族还没有来得及经过资本主义，而有些民族根本没有进入资本主义，没有或者几乎没有自己的无产阶级，这里民族权利平等虽然已经完全实现，但是，由于文化上和经济上的落后，这些民族的劳动群众还没有力量充分使用他们已经取得的权利。这种情况在西方无产阶级胜利后的"第二天"还将更强烈地使人感觉得到,因为那时处于各个极不相同的发展阶段的无数落后的殖民地和半殖民地都必将登上舞台。正因为如此,胜利了的先进民族的无产阶级必须帮助,真正地和长期地帮助落后民族的劳动群众发展文化和经济,帮助他们提高到高级发展阶段,赶上走在前面的民族。没有这种帮助,就不可能建立为社会主义最终胜利所十分必需的不同民族和部族的劳动者在统一的世界经济范围内的和睦共处和兄弟合作。

由此应当得出结论说,不能只限于"民族权利平等",必须从"民族权利平等"转到采取使各民族事实上平等的办法,转到制定并实行下列实际措施:

（一）研究落后民族和部族的经济状况、生活习惯和文化;

（二）发展它们的文化;

（三）对它们进行政治教育;

（四）把它们逐步地无痛苦地引向高级的经济形式;

（五）建立落后民族劳动者和先进民族劳动者之间的经济合作。

——《论民族问题的提法》,摘自《斯大林全集》第5卷,人民出版社1957年第1版,第42—47页。

### 31. 十月革命和俄国共产党人的民族政策

十月革命的力量之一,就在于它和西方的历次革命不同,它把千百万小资产阶级群众,首先是把他们中间最强大的人数最多的阶层——农民团结在俄国无产阶级的周围。因此,俄国资产阶级就陷于孤立,失去了军队,而俄国无产阶级就变成了国家命运的主宰者。不这样,俄国工人就保持不住政权。

和平、土地革命和民族自由——这就是使幅员广阔的俄国的二十多个民族的农民集合在俄国无产阶级红旗周围的三个基本要素。

头两个要素在这里没有必要谈了,因为在书刊上已经谈得够多了,而且不谈也是很清楚的。至于第三个要素,即俄国共产党人的民族政策,看来,它的重要性人们还没有完全了解。因此,不妨简单地谈谈。

首先,在俄罗斯苏维埃联邦社会主义共和国（芬兰、爱沙尼亚、拉脱维亚、立陶宛、波兰除外）的一亿四千万人口中,大俄罗斯人不超过七千五百万,其余的六千五百万人都是非大俄罗斯民族。

其次，这些民族主要是居住在边疆地区，即军事上最容易被攻破的地方，这些边疆地区富产原料、燃料和粮食。

此外，这些边疆地区在工业方面和军事方面没有俄国中部发达（或者完全不发达），因此，没有俄国中部军事和经济方面的帮助，它们就无力捍卫自己的独立生存，正像俄国中部没有边疆地区在燃料、原料和粮食方面的帮助就不能保持自己军事和经济的威力一样。

这些情况加上共产主义民族纲领的某些原理，就决定了俄国共产党人的民族政策的性质。

这个政策的实质可以用下面几句话来表述：放弃对非俄罗斯民族居住地区各种各样的"要求"和"权利"；承认（不是在口头上，而是在事实上）这些民族有成立独立国家的权利；使这些民族同俄国中部在军事和经济方面建立自愿的联盟；帮助落后民族发展文化和经济，否则所谓"民族权利平等"就会变成空谈；这一切都是以农民的彻底解放和把全部政权集中在边疆地区各民族的劳动者手中为基础的，——俄国共产党人的民族政策就是如此。

不用说，如果执掌政权的俄罗斯工人不用事实证明自己有实行这种民族政策的决心，如果他们不放弃对芬兰的"权利"，如果他们不从波斯北部撤出军队，如果他们不打消俄国帝国主义者对蒙古和中国某些地区的野心，如果他们不帮助旧俄帝国的落后民族使用本民族语言发展文化和国家制度，那末他们就不会取得本国的其他民族的同志，首先是没有充分权利的民族的被压迫群众对自己的同情和信任。

只有在这种信任的基础上，俄罗斯苏维埃联邦社会主义共和国各族人民的牢不可破的联盟才能产生，这种联盟是各式各样的"外交"诡计和处心积虑地实行的"封锁"所无力反对的。

不仅如此，俄罗斯工人如果没有旧俄边疆地区的被压迫群众对自己的这种同情和信任，就不能战胜高尔察克、邓尼金和弗兰格尔。不应当忘记，这些叛乱将军的活动地区只限于那些以非俄罗斯民族为主的边疆地区，由于高尔察克、邓尼金和弗兰格尔实行帝国主义的和俄罗斯化的政策，这些边疆地区的非俄罗斯民族不能不憎恨他们。协约国干预这件事并支持这些将军时所能依靠的只是边疆地区的俄罗斯化分子。这样，协约国只能挑起边疆地区居民对叛乱将军的憎恨并加深他们对苏维埃政权的同情。

这种情况决定了高尔察克、邓尼金和弗兰格尔后方的软弱性，也决定了他们前线的软弱性，归根到底也就是决定了他们的失败。

但是俄国共产党人的民族政策，并不只是在俄罗斯苏维埃联邦社会主义共和国和同它联盟的各苏维埃共和国范围内获得了良好的效果。事实上，这种效果也在各邻国同俄罗斯苏维埃联邦社会主义共和国的关系上间接地表现出来了。过去把俄国看做妖魔鬼怪的土耳其、波斯、阿富汗、印度和东方其他国家同俄国的关系的根本改善，就是一件连克逊爵士那样勇敢的政治家也不敢反驳的事实。未必用得着证明，如果在苏维埃政权建立四年以来，在俄罗斯苏维埃联邦社会主义共和国内没有一贯实行上述的民族政策，那末上面所说的各个邻国同俄罗斯关系的根本改变就是不可能的。

一般说来，俄国共产党人的民族政策所获得的结果就是如此。正是在现在，在苏维埃政权建立四周年的时候，当沉重的战争已经结束，大规模的建设工作已经开始，为了一眼看清过去而不由自主地回顾一下已经走过的道路的时候，这些结果就看得特别清楚了。

——《十月革命和俄国共产党人的民族政策》，摘自《斯大林全集》第5卷，人民出版社1957年第1版，第91—94页。

### 32. 党和国家建设中的民族问题

一、资本主义的发展早在前一世纪就呈现出一种趋向：生产方式和交换方式国际化，民族闭关自守状态消灭，各民族在经济上接近，广大领土逐渐联合成一个相互联系的整体。资本主义的进一步发展，世界市场的扩大，海上和铁路交通干线的敷设和资本的输出等等，更加强了这种趋向，并且用国际分工和各方面相互依赖的纽带把各个极不相同的民族联系起来了。既然这一过程反映了生产力的蓬勃发展，既然它促进了民族隔阂和不同民族利益对立性的消灭，那末它过去是现在仍然是一个进步过程，因为它在准备未来世界社会主义经济的物质前提。

二、但是这种趋向是通过各种与其内在的历史意义完全不相适应的特殊形式发展起来的。在资本主义发展进程中，各民族的相互依赖和各个地域的经济联合，不是通过作为平等单位的各民族合作建立起来的，而是通过一些民族征服另一些民族、比较发达的民族压迫和剥削不大发达的民族建立起来的。对殖民地的掠夺和侵略，民族的压迫和不平等，帝国主义的专横暴虐，对殖民地的奴役和民族的毫无权利，以及"文明的"民族为了统治"不文明的"民族而进行的斗争，——这些就是各民族经济上接近的过程所通过的形式。因此，除了联合趋向以外，还产生了消灭这种强制联合形式的趋向，产生了被压迫的殖民地和附属民族争取摆脱帝国主义压迫的斗争。既然这第二种趋向是表明被压迫群众对帝国主义的联合形式的愤怒，既然它要求各民族根据合作和自愿联合的原则联合起来，那末它过去是现在仍然是一种进步趋向，因为它在准备未来世界社会主义经济的精神前提。

三、在多民族资产阶级国家近五十年来的历史中，充满了以资本主义固有的形式表现出来的这两种基本趋向之间的斗争。在资本主义发展的范围内，这两种趋向之间的不可调和的矛盾是各资产阶级殖民国家内部的软弱和固有的不稳定的基础。这些国家内部不可避免的冲突和这些国家间不可避免的战争；老殖民国家的崩溃和新殖民国家的形成；对殖民地的新的角逐和多民族国家的新的崩溃，这种崩溃所引起的对世界政治地图的重新绘制，——这就是这个基本矛盾所引起的后果。一方面，旧俄、奥匈帝国和土耳其的瓦解，另一方面，大不列颠和旧德意志这些殖民国家的历史，以及帝国主义"大"战、殖民地民族和没有充分权利的民族的革命运动的增长，——这一切以及诸如此类的事实清楚地说明多民族资产阶级国家是不稳定的，不巩固的。

因此，各民族在经济上的联合过程和这种联合的帝国主义方式之间的不可调和的矛盾决定资产阶级没有能力、没有办法、也没有力量找到解决民族问题的正确途径。

四、我们党估计到了这种情况，它以民族自决权，以各民族有成立独立国家的权利作为自己的民族政策的基础。党在它一成立的时候，在它的第一次代表大会（一八九八年）上，当资本主义在民族问题方面的矛盾还没有十分明显地确定的时候，就承认各民族有这个不可剥夺的权利。后来，直到十月革命，它在它的历次代表大会和代表会议的专门决议和决定中毫不更改地确认了自己的民族纲领。帝国主义战争以及同它相联系的声势浩大的殖民地革命运动，只不过再次确认了党关于民族问题的决议。这些决议的要点是：

（甲）坚决摒弃对各民族的种种强制形式；

（乙）承认各民族有安排自己命运的平等权利和主权；

（丙）承认只有根据合作和自愿原则才能实现各民族的牢固联合这一原理；

（丁）宣布只有推翻资本政权才能实现这种联合的真理。

我们党在自己的工作中不倦地拿这个民族解放纲领同沙皇政府的公开压迫政策以及孟什维克和社会革命党人的不彻底的半帝国主义政策相对抗。沙皇政府的俄罗斯化政策在沙皇政府和旧俄各民族之间挖掘了一条鸿沟，孟什维克和社会革命党人的半帝国主义政策使这些民族的优秀分子离开了克伦斯基统治，而我们党的解放政策则取得了这些民族的广大群众在他们反对沙皇制度和俄国帝国主义资产阶级的斗争中对自己的同情和支持。毫无疑问，这种同情和支持是我们党取得十月革命胜利的决定性因素之一。

五、十月革命给我们党关于民族问题的决议做出了实践的总结。十月革命推翻了民族压迫的主要代表地主和资本家的政权，使无产阶级掌握了政权，从而一下子扭断了民族压迫的锁链，根本改变了各民族间的旧关系，消除了过去的民族仇视，为各民族的合作扫清了地盘，不仅取得了俄国其他民族兄弟对俄罗斯无产阶级的信任，而且取得了欧洲和亚洲各民族兄弟对俄罗斯无产阶级的信任。未必用得着证明，没有这种信任，俄罗斯无产阶级就不能战胜高尔察克、邓尼金、尤登尼奇和弗兰格尔。另一方面，毫无疑问，如果在俄国中部不建立无产阶级专政，各被压迫民族就不能获得解放。只要资本掌握着政权，只要充满民族主义偏见的过去"统治"民族的小资产阶级首先是农民跟着资本家走，民族仇视和民族冲突就必不可免；相反地，如果农民和其他小资产阶级阶层跟着无产阶级走，也就是说，如果无产阶级专政有了保证，那就可以认为民族和平和民族自由有了保证。因此，苏维埃的胜利和无产阶级专政的确立，是各民族在统一的国家联盟内能够藉以建立兄弟合作的基础。

六、但十月革命的成果不只限于消灭民族压迫和建立民族联合的基础。十月革命在自己的发展过程中还制定了这种联合的形式，规定了各民族联合成一个联盟国家所应遵循的基本路线。在革命初期，各民族的劳动群众初次感到自己是独立的民族单位，而外国干涉的威胁还没有成为实际危险，这时各民族的合作还没有完全固定的严格确定的形式。在国内战争和武装干涉时期，各民族共和国军事自卫的利益已提到首要地位，而经济建设问题还没有提到日程上来，这时合作采取了军事联盟的形式。最后，在战后时期，恢复被战争破坏的生产力问题已提到首位，这时军事联盟就用经济联盟补充了。各民族共和国联合成苏维埃社会主义共和国联盟是合作形式发展的最终阶段，这一次已经具有各民族在军事、经济和政治上联合成一个统一的多民族的苏维埃国家的性质了。

因此，无产阶级在苏维埃制度中找到了正确解决民族问题的钥匙，发现了根据民族权利平等和自愿的原则组织稳固的多民族国家的道路。

七、但是找到正确解决民族问题的钥匙，还不能说是完全地彻底地解决了民族问题，还不能说这一解决已经完全具体而实际地实现了。要正确实现十月革命所提出的民族纲领，还必须克服过去民族压迫时期遗留给我们的那些障碍，这些障碍在短时期内是不能一下子铲除掉的。

第一，这种遗产是大国沙文主义残余，大国沙文主义是大俄罗斯人过去的特权地位的反映。这种残余还存在于我们中央和地方的苏维埃工作人员头脑中，盘踞在我们中央和地方的国家机关里，它们得到因实行新经济政策而日益猖獗的"新"路标转换派①的大俄罗斯沙文主义思潮的支援。这种残余在实践中的表现是俄罗斯苏维埃官僚对各民族共和国的需要和要求采取傲慢轻视态度和冷酷无情的官僚主义态度。只有在我们国家机关的实际工作中毅然决然地消灭这种残余，多民族的苏维埃国家才能成为真正巩固的国家，各民族的合作才能成为真正兄弟般的合作。因此，同大俄罗斯沙文主义残余作坚决斗争是我们党当前的第一项任务。

第二，这种遗产是共和国联盟各民族在事实上即在经济上和文化上的不平等。十月革命所获得的各民族在法律上的平等是各民族的伟大胜利，但是这种平等本身不能解决整个民族问题。许多共和国和民族没有经过或者几乎没有经过资本主义，没有或者几乎没有自己的无产阶级，因而在经济上和文化上都很落后，不能充分享用民族权利平等给它们的权利和可能，它们得不到外来的真正而长期的帮助，就不能提高到高级发展阶段，因而也不能赶上走在前面的民族。产生这种事实上不平等的原因，不仅在于这

---

① 路标转换派是一个资产阶级政派，一九二一年在流亡国外的俄国白卫分子中间组成，由出版《路标转换》杂志（最初曾以此名出版过一本文集）的尼·乌斯特里雅洛夫、尤·克柳奇尼柯夫等人的集团领导。路标转换派的思想反映了那些放弃同苏维埃政权进行公开武装斗争的资产阶级的观点。路标转换派分子指望苏维埃制度由于苏维埃俄国实行新经济政策而逐渐变为资产阶级民主制度。

些民族的历史，也在于沙皇政府和俄国资产阶级的政策，沙皇政府和俄国资产阶级力图使边疆地区变成受工业发达的中部地区剥削的纯原料产地。在短时期内铲除这种不平等现象，在一两年内消灭这种遗产是不可能的。我们党的第十次代表大会就已指出"消灭民族在事实上的不平等是一个长期的过程，要求我们同民族压迫和对殖民地实行奴役的一切残余作不屈不挠的斗争"。但是，我们一定要把它铲除掉。而且只有通过俄罗斯无产阶级给予联盟各落后民族真正的长期的帮助，使它们在经济和文化方面繁荣起来，才能把它铲除掉。不这样，就没有理由指望在统一的联盟国家范围内建立各民族的正确的巩固的合作。因此，为消灭各民族在事实上的不平等而斗争，为提高各落后民族的文化和经济水平而斗争，是我们党当前的第二项任务。

最后，这种遗产是许多民族中间的民族主义残余，这些民族曾经受过沉重的民族压迫，还没有摆脱过去的民族耻辱感。民族之间的某种疏远和过去被压迫民族对俄罗斯人采取的措施的不完全信任，就是这种残余的实际表现。但是，在某些有几个民族的共和国内，这种防御性的民族主义往往变成进攻性的民族主义，变成这些共和国内较强大的民族反对弱小民族的顽固的沙文主义。反对阿尔明尼亚人、沃舍梯人、阿札里人和阿布哈兹人的格鲁吉亚沙文主义（在格鲁吉亚）；反对阿尔明尼亚人的阿捷尔拜疆沙文主义（在阿捷尔拜疆）；反对土尔克明人和柯尔克兹人的乌兹别克沙文主义（在布哈拉和花剌子模），——这种种形式的沙文主义是一种极大的祸害，它们因受新经济政策和竞争的条件的激励而日益猖獗，有使某些民族共和国变成争吵和纠纷的舞台的危险。不用说，所有这些现象都阻碍着各民族真正联合成一个统一的国家联盟的事业。既然民族主义残余是反对大俄罗斯沙文主义的一种特殊防御形式；那末同大俄罗斯沙文主义作坚决斗争就是铲除民族主义残余的最可靠的手段。既然这种残余在变成反对各个共和国的弱小民族集团的地方沙文主义，那末同这种残余作直接斗争就是党员的义务。因此，同民族主义残余首先是同这种残余的沙文主义形式作斗争，是我们党当前的第三项任务。

八、中央和地方很大一部分苏维埃官僚不是把共和国联盟看做旨在保证各民族共和国自由发展的各平等国家单位的联盟，而是把它看做取消这些共和国的一个步骤，看做成立所谓"统一而不可分的整体"的开端，这一事实应当认为是旧遗产的鲜明表现之一。代表大会斥责了这种看法，认为它是反无产阶级的、反动的，同时号召党员密切注意，不要让有沙文主义情绪的苏维埃官僚利用各共和国的联合和各人民委员部的合并来掩盖他们忽视各民族共和国经济和文化需要的企图。各人民委员部的合并是对苏维埃机关的考验：如果这一实验在实践中产生了大国主义倾向，那么党就不得不采取最坚决的办法来反对这种歪曲，甚至提出撤销某些人民委员部的合并问题，直到苏维埃机关经过适当的改造，能够用真正无产阶级和真正兄弟般的精神注意小民族和落后民族的需要和要求为止。

九、既然共和国联盟是各民族共处的新形式，是各民族在统一的联盟国家内合作的新形式，而在这个联盟国家内应当在各民族共同工作过程中铲除上述残余，那末联盟的最高机关就应当不仅要充分反映联盟内各民族的共同需要和要求，而且要充分反映个别民族的特殊需要和要求。因此，除了现存的代表整个联盟劳动群众的不分民族的联盟中央机关以外，还应当根据平等原则设立代表各民族的专门机关。这样组织联盟中央机关会使我们有充分可能倾听各民族的需要和要求，及时给它们必要的帮助，造成完全相互信任的环境，从而用最无痛苦的方法消灭上述遗产。

十、代表大会根据上述各点，建议党员采取下列实际措施：

（甲）在联盟最高机关系统内，根据平等原则设立一个代表所有民族共和国和民族地区的专门机关；

（乙）联盟各人民委员部应根据保证满足联盟各民族的需要和要求的原则来建立；

（丙）各民族共和国和各民族地区的机关主要应当由熟悉各该民族的语言、生活方式和风俗习惯的本地人组成。

——《党和国家建设中的民族问题》，摘自《斯大林全集》第5卷，人民出版社1957年第1版，第149—156页。

### 33. 民族主义倾向和大俄罗斯沙文主义倾向的危害

一、在大多数民族共和国里，我们的党组织是在不十分有利于自己成长和巩固的条件下发展的。这些共和国在经济上落后，民族无产阶级人数很少，缺乏甚至没有本地的党的老干部，缺乏用本族语言出版的有内容的马克思主义书刊，党的教育工作很差，还存在着激进民族主义传统（至今还没有消灭）的残余，——这一切在当地共产党员中间产生了过高估计民族特点、过低估计无产阶级阶级利益的一定倾向，即民族主义倾向。这种现象在有几个民族的共和国里表现得特别危险，在那里，这种现象往往具有较强民族的共产党员反对弱小民族（格鲁吉亚、阿捷尔拜疆、布哈拉、花剌子模）的共产党员的沙文主义倾向的形式。民族主义倾向的害处在于：它阻碍民族无产阶级摆脱民族资产阶级思想影响的过程，它给各民族的无产者团结成一个统一的国际主义组织的事业带来困难。

二、另一方面，在党中央机关和各民族共和国的共产党组织中，俄罗斯民族的党的老干部人数很多，他们不熟悉这些共和国劳动群众的风俗习惯和语言，因此不能经常关心劳动群众的需求，这就使我们党产生了在党的工作中过低估计民族特点和民族语言的倾向，产生了对这种特点采取傲慢轻视的态度，即大俄罗斯沙文主义倾向。这种倾向所以有害，不仅因为它阻碍了本地的通晓民族语言的共产党干部的形成，造成了使党脱离各民族共和国无产阶级群众的危险，而且首先因为它滋养和培植上面所说的民族主义倾向，增加了我们同这种倾向作斗争的困难。

三、代表大会斥责了这两种倾向，认为它们对共产主义事业都是有害的、危险的，并且提醒党员注意大俄罗斯沙文主义倾向是特别有害和特别危险的，同时号召全党迅速消灭我们党的建设中的这些旧的残余。

代表大会责成中央委员会实行下列各项实际措施：

（甲）成立由各民族共和国当地党的工作人员组成的高级马克思主义学习小组；

（乙）增加用本族语言出版的有原则性的马克思主义书刊；

（丙）加强东方民族大学和它各地的分校；

（丁）在各民族共产党中央委员会下设立由当地工作人员组成的指导组；

（戊）增加用本族语言出版的党的群众性书刊；

（己）加强各共和国的党的教育工作；

（庚）加强各共和国的青年工作。

——《党和国家建设中的民族问题》，摘自《斯大林全集》第5卷，人民出版社1957年第1版，第156—158页。

### 34. 民族问题的国际意义

自十月革命以来，我们已经是第三次讨论民族问题了。第一次是在第八次代表大会上，第二次是在第十次代表大会上，第三次就是在这次代表大会上。这是不是表明我们对民族问题的看法发生了什么根本的改变呢？不是的，我们对民族问题的根本看法仍然和十月革命以前和以后一样。但是，自第十次代表大会以来，从已经成为重要的革命后备力量的东方各国的作用日益增长这点来说，国际形势是改变了。这是第一。第二、自第十次代表大会以来，我们党的内部状况因实行新经济政策也有了某些改变。这一切新的因素必须估计到并加以总结。在这个意义上应当说，在第十二次代表大会上是重新提出了民族问题。

民族问题的国际意义。同志们，你们知道，由于历史命运的支配，我们苏维埃联邦目前是世界革命的先进部队。你们知道，我们首先突破了整个资本主义战线，由于命运的支配，我们走在别人的前面。你们知道，我们在前进中曾经一直走到华沙，后来我们退却了，在我们认为最牢固的阵地上站稳了脚。从那时起，我们过渡到新经济政策，从那时起，我们考虑到应当放慢国际革命运动的速度，从那时起，我们实行的已经不是进攻政策，而是防御政策了。我们在华沙遭到失败（不必掩盖真相）以后，就不能再前进了，因为会有脱离后方的危险，而我们的后方是农民的后方，此外，我们跑得太远，就有脱离命运所给予我们的革命后备力量即西方和东方的后备力量的危险。正因为如此，我们对内转变到实行新经济政策，对外转变到实行缓步前进的方针，我们决定必须略事休息，医治一下自己的创伤，医治一下先进部队无产阶级的创伤，同农民的后方建立联系，并继续在落后于我们的后备力量即西方后备力量和作为世界资本主义主要后方的重要的东方后备力量中进行工作。这些后备力量，这些重要的而且是作为世界帝国主义后方的后备力量，正是我们在讨论民族问题时所要谈的问题。

二者必居其一：或者我们把帝国主义的大后方——东方殖民地国家和半殖民地国家发动起来，使它们革命化，从而加速帝国主义的崩溃；或者我们在这方面遭到失败，因而巩固了帝国主义，削弱了我们运动的力量。问题就是这样摆着的。

问题在于整个东方把我们共和国联盟看做实验场。或者我们在这个联盟范围内在实践中正确地解决民族问题，就是说，或者我们在这里，在这个联盟范围内，在各民族之间建立起真正兄弟般的关系，建立起真正的合作，那末整个东方就会看到，我们的联邦是它的解放的旗帜，是它的先进部队，它应当跟随这支部队前进，——这将是世界帝国主义崩溃的开端。或者我们在这方面犯错误，破坏过去被压迫民族对俄国无产阶级的信任，失掉共和国联盟在东方心目中的吸引力，那末帝国主义就会胜利，我们就会失败。

民族问题的国际意义就在这里。

——《俄共（布）第十二次代表大会》之三《关于党和国家建设中的民族问题的报告》，摘自《斯大林全集》第5卷，人民出版社1957年第1版，第192—194页。

**35. 从内部状况方面来说，民族问题对我们也是很重要的**

从内部状况方面来说，民族问题对我们也是很重要的，这不仅因为在数量上过去的统治民族大约有七千五百万人，其余的民族大约有六千五百万人（这毕竟是一个不小的数目），不仅因为过去的被压迫民族占据着经济发展方面最需要的地区和军事战略方面最重要的据点，而首先因为这两年来我们实行了所谓新经济政策，大俄罗斯民族主义就日益发展，日益猖獗，产生了路标转换派的思想，出现了通过和平方式建立邓尼金所未能建立的东西即所谓"统一而不可分的整体"的意图。

这样，由于实行新经济政策，在我们内部生活中正在产生一种新的力量——大俄罗斯沙文主义，这种沙文主义盘踞在我们的机关里，它不仅透进了苏维埃机关而且透进了党的机关，它在我们联邦的各个角落里蔓延着，并在形成这样一种情况：如果我们不坚决回击这种新的力量，如果我们不把它连根拔掉（新经济政策的条件在培植它），就会使过去统治民族的无产阶级和过去被压迫民族的农民有分裂的危险，而这就意味着无产阶级专政的垮台。

可是新经济政策不仅在培植大俄罗斯沙文主义，而且还在培植地方沙文主义，特别是在有好几个民族的共和国里。我指的是格鲁吉亚、阿捷尔拜疆、布哈拉和土尔克斯坦部分地区，这些共和国都有好几个民族，这些民族的先进分子大概不久就要开始互争雄长。当然，这种地方沙文主义就其力量来说没有大俄罗斯沙文主义那样危险。但它毕竟是一种危险，它会使某些共和国变成民族纠纷的舞台，会切断那里的国际主义联系。

这就是说明民族问题在一般情况下，特别是在目前时期具有头等重要意义的一些国际和国内方面的理由。

——《俄共（布）第十二次代表大会》之三《关于党和国家建设中的民族问题的报告》，摘自《斯大林全集》第 5 卷，人民出版社 1957 年第 1 版，第 194—195 页。

### 36. 民族问题的阶级实质

民族问题的阶级实质是什么呢？在现今苏维埃发展的条件下，民族问题的阶级实质就是在过去统治民族的无产阶级和过去被压迫民族的农民之间建立正确的相互关系。结合问题在这里已经讨论得很充分了，但是根据加米涅夫、加里宁、索柯里尼柯夫、李可夫、托洛茨基等人的报告讨论结合问题时，主要涉及的是俄罗斯无产阶级对俄罗斯农民的关系。在这里，在民族问题方面，有更复杂的关系。在这里，我们涉及的问题，是在过去统治民族的无产阶级（它是我们全联邦无产阶级中最有文化的一个阶层）和农民（主要是过去被压迫民族的农民）之间建立正确的相互关系。这就是民族问题的阶级实质。如果无产阶级能同其他民族的农民建立一种关系，这种关系能够摧毁对全部俄罗斯人不信任（这种不信任是数十年来沙皇政府的政策造成的，是它种下的恶根）的一切残余，此外，如果俄罗斯无产阶级不仅能使无产阶级和俄罗斯农民之间，而且使无产阶级和过去被压迫民族的农民之间得到充分的相互了解和信任，建立真正的联盟，那么任务就算解决了。为此，就必须使无产阶级政权对于其他民族的农民也像对于俄罗斯的农民一样是亲近的。为了使苏维埃政权成为对其他民族的农民同样亲近的政权，就必须使苏锥埃政权成为其他民族的农民所了解的政权，它必须使用本族语言办事，学校和政权机关必须由熟悉非俄罗斯民族的语言、风俗习惯和生活方式的本地人组成。只有这些共和国的政权机关用本族语言说话和工作的时候，苏维埃政权（直到最近还是俄罗斯的政权）才不仅能够成为俄罗斯的政权，而且能够成为各民族的政权，成为过去被压迫民族的农民所亲近的政权。

这就是在一般情况下，特别是在苏维埃环境下民族问题的基础之一。

——《俄共（布）第十二次代表大会》之三《关于党和国家建设中的民族问题的报告》，摘自《斯大林全集》第 5 卷，人民出版社 1957 年第 1 版，第 195—196 页。

**37. 一九二三年，解决民族问题的特征和采取的形式**

现在，在一九二三年，解决民族问题的特征是什么呢？在一九二三年，民族方面需要解决的问题采取的是什么形式呢？采取的形式是在我们联邦的各民族之间建立经济、军事、政治方面的合作。我指的是各民族之间的关系。民族问题根本上要解决的任务是在过去统治民族的无产阶级和其他民族的农民之间建立正确的关系，而目前所采取的是特殊形式，即在过去被分离而现在联合在统一国家范围内的各民族之间建立合作和兄弟般共处的关系。

这就是一九二三年民族问题所采取的形式的实质。

这种国家联合的具体形式就是共和国联盟，我们去年年底在苏维埃代表大会上就讨论过并且建立了这个联盟。

这个联盟的基础是联盟成员的自愿联合和法律上的平等。所以要做到自愿和平等，是因为我们的民族纲领是从各民族有成立独立国家的权利（过去叫做自决权）这一点出发的。从这一点出发，我们应当肯定地说，任何民族联盟，任何组成统一国家的民族联合，如果它不以完全自愿为基础，如果各民族自己不愿意联合，那是决不能牢固的。第二个基础是加入联盟的各民族在法律上的平等。这是很容易理解的。现在不谈事实上的平等，这个问题我在后面再谈，因为在先进民族和落后民族之间确立事实上的平等是一件很复杂很艰巨的工作，需要很多年才能完成。我现在谈谈法律上的平等。这种平等表现在：加入联盟的各个共和国，即南高加索、白俄罗斯、乌克兰和俄罗斯苏维埃联邦社会主义共和国这四个共和国都在同样程度上享受联盟的利益，同时也都在同样程度上为了联盟的利益放弃自己的某些独立的权利。如果俄罗斯苏维埃联邦社会主义共和国、乌克兰、白俄罗斯和南高加索共和国都不设立外交人民委员部，那就很明显，撤销各共和国的外交人民委员部而在共和国联盟内设立统一的外交人民委员部，必然会使这些共和国原有的独立受到同等程度的某种限制。很明显，过去这些共和国都设有自己的对外贸易人民委员部，现在为了在共和国联盟内设立共同的对外贸易人民委员部，就把俄罗斯苏维埃社会主义共和国和其他各共和国的对外贸易人民委员部撤销了，这样，这些共和国过去充分享有的独立就受到了某种限制，但是缩小这种独立是为了联盟的共同利益，如此等等。有些人提出了一个纯经院式的问题：各共和国在联合以后是否还是独立的？这是一个经院式的问题。各共和国的独立是要受到限制的，因为任何一种联合都会使联合者原有的权利受到某些限制。不过每个共和国都无条件地保留着独立的基本因素，这至少是因为每个共和国都有单方面退出联盟的权利。

总之，在目前，在我们所处的情况下，民族问题的具体形式可归结为建立各民族经济、外交和军事方面的合作问题。我们应当在这几方面把这些共和国联合成一个统一的联盟——苏维埃社会主义共和国联盟。目前民族问题的具体形式可归结为这一点。

——《俄共（布）第十二次代表大会》之三《关于党和国家建设中的民族问题的报告》，摘自《斯大林全集》第5卷，人民出版社1957年第1版，第196—197页。

### 38. 促进各民族联合成一个国家的因素和阻碍这种联合的因素

在我们所处的情况下，不仅有许多促进各民族联合成一个国家的因素，也有许多阻碍这种联合的因素。

促进联合的因素你们是知道的，这首先是苏维埃政权建立以前所确立的并由苏维埃政权巩固了的各民族在经济上的接近，是我们苏维埃政权建立以前所确立的并由我们苏维埃政权巩固了的各民族之间的某种分工。这就是促进各共和国联合成联盟的基本因素。促进联合的第二个因素应当认为是苏维埃政权的性质。这是很容易理解的。苏维埃政权是工人的政权，是无产阶级专政，苏维埃政权的性质促使联盟内的各共和国和各民族的劳动者彼此友好相处。这是很容易理解的。促进联合的第三个因素就是帝国主义的包围，共和国联盟不得不在这种包围的环境下进行活动。

但是也有妨碍和阻碍这种联合的因素。我已经说过，阻碍各共和国联合成一个统一联盟的主要力量就是在新经济政策条件下在我国日益发展的大俄罗斯沙文主义。同志们，路标转换派受到大批苏维埃官僚的拥护决不是偶然的。这决不是偶然的。路标转换派先生们夸奖共产党布尔什维克也不是偶然的，他们好像在说：你们尽情谈论布尔什维克主义吧，尽情谈论你们的国际主义趋向吧，不过我们知道，你们是要建立邓尼金所未能建立起来的东西，你们布尔什维克已经恢复了大俄罗斯思想，或者至少将来要恢复大俄罗斯思想。这一切都不是偶然的。这种思想甚至透进了我们党的某些机关，这也不是偶然的。在二月全会上第一次提出设立第二院的问题时，我亲眼看到中央委员中有人发表与共产主义不符的演说，发表了完全违背国际主义的演说。所有这些都是一种时代的现象，都是一种流行病。由此产生的主要危险是：由于新经济政策的实行，大国沙文主义在我们这里不是与日俱增而是与时俱增，它竭力排斥一切非俄罗斯的东西，竭力使一切管理机关都掌握在俄罗斯人手中，并竭力压制非俄罗斯的东西。主要的危险是：在这种政策下我们有丧失过去被压迫民族对俄罗斯无产者的信任的危险，这种信任是俄罗斯无产者在十月革命的日子里取得的，当时他们打倒了地主和俄罗斯资本家，摧毁了俄国内部的民族压迫，从波斯、蒙古撤出军队，宣布芬兰、阿尔明尼亚独立，总之，把民族问题提到了崭新的基础上。如果我们大家不武装起来反对这种新的——再说一遍——大俄罗斯沙文主义，不反对这种正在扩展蔓延，正在一点一滴地渗入我们工作人员的耳目，一步一步地腐蚀我们工作人员的大俄罗斯沙文主义，我们就会把十月革命的日子里所取得的信任丧失无遗。同志们，这种危险我们无论如何要把它铲除掉。否则我们就会有丧失过去被压迫民族工农的信任的危险，我们就会有使这些民族和俄罗斯无产阶级之间的关系破裂的危险，因而我们就会有在我们专政体系中造成裂口的危险。

同志们，不要忘记，我们所以能举着展开的大旗反对克伦斯基并推翻临时政府，其原因之一就在于我们背后有那些期待俄罗斯无产者来解放它们的被压迫民族的信任。不要忘记被压迫民族这样的后备力量，虽然它们沉默着，但是它们的沉默压制着和决定着很多东西。人们往往感觉不到这一点，但是这些民族活着，存在着，决不能把它们忘记。不要忘记，如果在高尔察克、邓尼金、弗兰格尔和尤登尼奇的后方没有所谓"异族人"，如果没有过去被压迫民族用它们对俄罗斯无产者的那种默默的同情来破坏这些将军的后方（同志们，默默的同情是我们发展中的一种特殊因素，这种因素谁也看不到、听不见，但它决定着一切），如果我们没有这种同情，那末我们就打不倒这些将军中的任何一个。当我们向这些将军进攻的时侯，他们的后方便开始瓦解了。为什么呢？因为这些将军依靠的是哥萨克中的殖民分子，他们在被压迫民族面前描绘了一幅继续压迫它们的远景，使被压迫民族不得不投入我们的怀抱，而我们是高举大旗解放这些被压迫民族的。这就是决定这些将军命运的东西，这就是被我军的胜利所掩盖了的然而终究还是决定一切的综合因素。这一点是决不能忘记的。正因为如此，我们在同新的沙文主义情绪作斗争时必须来一个急剧的大转弯,必须当众揭露我们机关中那些忘记我们在十月革命中所获得的成果,忘记我们应该珍视的过去被压迫民族的信任的官僚和党员同志。

应该懂得,如果听任大俄罗斯沙文主义这种力量蓬勃发展,猖獗横行,我们就得不到过去被压迫民族的任何信任,就不能在统一的联盟内建立起任何合作,也就没有任何共和国联盟。

这就是阻碍各民族和各共和国联合成统一联盟的第一个因素,也是最危险的因素。

同志们,妨碍过去被压迫民族团结在俄罗斯无产阶级周围的第二个因素,是沙皇统治时期遗留下来的各民族事实上的不平等。

我们已经宣布了法律上的平等,并且正在实现这种平等,这种平等虽然在各苏维埃共和国的发展史上有极重大的意义,但是它毕竟同事实上的平等还相距很远。所有落后的民族和部族在形式上和我们联邦内其他一切先进民族享有同等权利。可是不幸的是:有些民族没有自己的无产者,没有经过甚至还没有开始工业的发展,文化上极端落后,完全没有力量享用革命给它们的权利。同志们,这是一个比学校问题更重要的问题。我们有些同志认为,只要把学校和语言问题放在第一位,问题就解决了。同志们,这是不对的,单靠学校是无济于事的,学校本身在发展,语言也在发展,可是事实上的不平等仍然是一切不满和摩擦的根源。在这里单靠学校和语言不能解决问题,还需要我们给文化上和经济上落后的各民族的劳动群众以真实的、经常的、真诚的和真正无产阶级的帮助。除了学校和语言以外,俄罗斯无产阶级必须采取一切办法在各边疆地区、在文化上落后的各共和国(它们落后并不是它们自己的过错,而是人们过去把它们当做原料产地的缘故)内建立工业基地。在这方面已经做了一些尝试。格鲁吉亚已经从莫斯科搬去了一个工厂。这个工厂大概很快就会开工。布哈拉也搬去了一个工厂,而且还可以搬去四个。土尔克斯坦正在搬一个大工厂。总之,一切事实表明,这些在经济上落后和没有无产阶级的共和国必须在俄罗斯无产阶级的帮助下建立自己的工业基地,哪怕是很小的工业基地,以便在这些基地产生一批当地的无产者,使他们成为俄罗斯无产者和农民同这些共和国劳动群众沟通关系的桥梁。因此,我们在这方面应当认真工作,在这里单靠学校是不能解决问题的。

但是还有阻碍各共和国联合成一个联盟的第三个因素，就是各个共和国的民族主义。新经济政策不仅对俄罗斯居民，而且对非俄罗斯居民发生作用。新经济政策不仅使俄罗斯中部的私营工商业，而且使各个共和国的私营工商业得到发展。正是这个新经济政策本身和同它相联系的私人资本使格鲁吉亚、阿捷尔拜疆、乌兹别克等地的民族主义发育滋长。当然，如果没有大俄罗斯沙文主义（这种沙文主义是进攻性的，因为它现在很强大，过去也很强大，它还保存着压迫人和鄙视人的习惯），那末地方沙文主义（这是对大俄罗斯沙文主义的答复）也许只会有最小限度的、极微小的表现，因为归根到底反俄罗斯的民族主义只是一种防御性的形式，只是一种反对大俄罗斯民族主义、反对大俄罗斯沙文主义的畸形的防御形式。如果这种民族主义只是防御性的，那就用不着为它喊叫了。那就可以集中自己活动的全部力量和斗争的全部力量来反对大俄罗斯沙文主义，并且相信只要打垮这个强敌，也就会接着打垮反俄罗斯的民族主义，因为这种民族主义，再说一遍，归根到底是大俄罗斯民族主义的反应，是对它的答复，是一种防御。是的，如果各地的反俄罗斯民族主义只不过是对大俄罗斯民族主义的反应，那末情形确实是如此。可是不幸的是：在某些共和国里，这种防御性的民族主义正在变成进攻性的民族主义。

就拿格鲁吉亚来说。那里百分之三十以上是非格鲁吉亚居民，其中有阿尔明尼亚人、阿布哈兹人、阿札里人、沃舍梯人、鞑靼人。为首的是格鲁吉亚人。在格鲁吉亚一部分共产党员中间产生了并且正在发展着一种不大重视这些小民族的思想，认为他们文化较低，不太发达，可以不必重视他们。这是一种沙文主义，有害而危险的沙文主义，因为它可以把小小的格鲁吉亚共和国变成纠纷的舞台。而且已经把它变成纠纷的舞台了。

再拿阿捷尔拜疆来说。主要是阿捷尔拜疆族，可是也有阿尔明尼亚人。在部分阿捷尔拜疆人中间也有这样的倾向，这种倾向有时很露骨，他们认为阿捷尔拜疆人是土著居民，而阿尔明尼亚人是外来的，因此可以把他们放到较次要的地位，不必重视他们的利益。这也是沙文主义。这种沙文主义会破坏民族平等这个苏维埃政权的基础。

再拿布哈拉来说。在布哈拉那里有三个民族：乌兹别克人，是主要民族；土尔克明人，从布哈拉的沙文主义观点看来，是一个"次要"的民族；柯尔克兹人。在那里柯尔克兹人很少，看来也是"次要"的民族。

花剌子模的情况也是这样，那里有土尔克明人和乌兹别克人。乌兹别克人是主要民族，土尔克明人是"次要"的民族。

这一切都导致冲突，导致苏维埃政权的削弱。这种地方沙文主义倾向也是应当根除的。当然，同在民族问题总体系中占四分之三的大俄罗斯沙文主义比较起来，地方沙文主义并不那么严重，但是，它对于当地的工作、当地的居民和各民族共和国本身的和平发展却有头等重要的意义。

这种沙文主义有时会发生很有趣的演变。我指的是南高加索。你们知道，南高加索是由包括十个民族的三个共和国组成的。南高加索早就是一个互相残杀和纠纷的舞台，后来，在孟什维克主义和达什纳克党人统治时期，又成了战争的舞台。格鲁吉亚和阿尔明尼亚的战争你们是知道的。一九〇五年年初和年底在阿捷尔拜疆发生的互相残杀你们也是知道的。我可以举出许多地区占多数的阿尔明尼亚人把其余的鞑靼居民杀光的事实，例如赞格祖尔。还可以拿另一个省份——纳希切万做例子。那边鞑靼人占优势，他们把所有的阿尔明尼亚人都杀光了。这正是在阿尔明尼亚和格鲁吉亚挣脱帝国主义枷锁以前发生的。（有人喊道："这是他们解决民族问题的办法。"）当然，这也是解决民族问题的一种方式。但这不是苏维埃的解决方式。这种民族之间互相仇视的情况当然和俄罗斯工人无关，因为互相斗争的是鞑靼人和阿尔明尼亚人，俄罗斯人并没有参加。正因为如此，必须在南高加索设立一个能调整各民族之间的相互关系的专门机关。

可以大胆地说，过去统治民族的无产阶级和其余一切民族的劳动者之间的相互关系问题要占整个民族问题的四分之三。而过去被压迫民族的相互关系问题则仅占这个问题的四分之一。

在这种互相不信任的环境里，如果苏维埃政权不能在南高加索设立一个可以调解摩擦和冲突的民族和平机关，那末我们就会回到人们互相残杀的沙皇统治时代或达什纳克党人、木沙瓦特党人、孟什维克的时代。正因为如此，中央曾三次确认有必要保存南高加索联邦这个维护民族和平的机关。

我们过去和现在都有这样一批格鲁吉亚共产党员，他们不反对格鲁吉亚同共和国联盟联合，但是，他们反对通过南高加索联邦实行这一联合。你们看到没有，他们愿意跟联盟更接近些，他们说在我们格鲁吉亚人和共和国联盟之间不需要南高加索联邦这样的中间物，说联邦是多余的。这听起来似乎很革命。

但这是别有用心的。第一、这种论调表明,在格鲁吉亚,同俄罗斯人的关系在民族问题方面仅有次要意义,因为这些倾向分子同志(大家都这样称呼他们)丝毫不反对格鲁吉亚直接同联盟联合,也就是说,他们并不害怕大俄罗斯沙文主义,认为它反正是要被砍倒的,或者它是没有决定意义的。显然,他们更害怕南高加索联邦。为什么呢?为什么过去厮杀很久、互相残杀、互相掠夺的南高加索三个主要民族,在现在,在苏维埃政权终于在它们之间建立了联邦这种兄弟般的联盟关系的时候,在这个联邦已结出良好的果实的时候,一定要切断这种联邦关系呢?同志们,原因何在呢?

原因在于南高加索的联邦关系使格鲁吉亚丧失了因地理位置可以获得的那些特权。请你们自己判断吧。格鲁吉亚有自己的港口——巴土姆,从这里可以输入西方的商品;格鲁吉亚有梯弗里斯这样的铁路枢纽站,这是阿尔明尼亚人的必经之路,同时也是阿捷尔拜疆从巴土姆取得商品的必经之路。如果格鲁吉亚是一个单独的共和国,如果它不加入南高加索联邦,那它就可以向不能不利用梯弗里斯的阿尔明尼亚和不能不利用巴土姆的阿捷尔拜疆提出某种小小的最后通牒。这对格鲁吉亚是有一些好处的。人所共知的粗暴的边防法令正是格鲁吉亚制定的,这并不是偶然的。现在人们把这一过错推在谢烈布利雅柯夫身上。就算是他的过错吧,但是要知道这项法令是在格鲁吉亚产生的,而不是在阿捷尔拜疆或阿尔明尼亚产生的。

其次,这里还有另一个原因。梯弗里斯是格鲁吉亚的首都,但是那里的格鲁吉亚人不超过百分之三十,而阿尔明尼亚人不下于百分之三十五,其次是其他民族。你们看,这就是格鲁吉亚首都的情况。如果格鲁吉亚是一个单独的共和国,那就可以迁走一些居民,比如说,把阿尔明尼亚人从梯弗里斯迁走。格鲁吉亚曾经通过一项人所共知的"调整"梯弗里斯人口的法令,据马哈拉泽同志说,这项法令并不是用来对付阿尔明尼亚人的。迁走一些居民的目的就是使梯弗里斯的阿尔明尼亚人逐年少于格鲁吉亚人,从而把梯弗里斯变成真正的格鲁吉亚首都。即使他们取消了关于迁徙的法令。可是他们还有许多办法,许多灵活的方式(例如"疏散"),依靠它们就可以在遵守国际主义的幌子下使梯弗里斯的阿尔明尼亚人减少。

这就是格鲁吉亚倾向分子不愿意丢掉的一些地理上的有利条件和格鲁吉亚人在梯弗里斯因人数比阿尔明尼亚人少而处的不利地位,这些情况促使我们的倾向分子为反对联邦而斗争。孟什维克曾经毫无顾忌地把阿尔明尼亚人和鞑靼人逐出梯弗里斯。而现在，在苏维埃政权下，不能再驱逐了，所以就要退出联邦，那时将获得法律上的可能单独进行一些活动，就能充分利用格鲁吉亚人的有利地位来对付阿捷尔拜疆和阿尔明尼亚。这样一来，就会造成格鲁吉亚人在南高加索内部的特权地位。全部危险就在这里。

我们能不能忽视南高加索民族和平的利益而创造一种使格鲁吉亚人对阿尔明尼亚和阿捷尔拜疆两共和国处于特权地位的条件呢？不，我们不能容许这样做。

有一种旧的管理民族的特别制度，就是资产阶级政权笼络一些民族，给它们特权，鄙视其余的民族，不肯同它们打交道。这样，它笼络了一个民族，就可以通过它去践踏其余的民族。例如奥地利就是这样做的。大家还记得奥地利的一个部长贝斯特的言论吧，他把匈牙利的一个部长请去说："你管你们的一群，我来对付我们的一群。"这就是说，你压榨和践踏你们匈牙利的民族，我来践踏我们奥地利的民族。你和我都是特权民族，让我们来践踏其余的民族。

奥地利也是这样对待国内的波兰人的。奥地利人笼络波兰人，给他们特权，使波兰人帮助奥地利人巩固他们在波兰的阵地，因此让波兰人有可能扼杀加里西亚。

分出几个民族，给它们特权，以便对付其余的民族，这种制度是一种特殊的纯粹奥地利式的制度。从官僚制度的观点来看，这是一种"经济的"管理方式，因为这只要同一个民族打交道就够了；但是从政治的观点来看，这必然招致国家的灭亡，因为破坏民族平等原则，容许一个民族有某些特权，就是置自己的民族政策于死地。

现在英国也完全是这样管理印度的。为了从官僚制度的观点来更容易地对付印度的各民族和各部落，英国把印度划分为英属印度（二亿四千万人口）和土著印度（七千二百万人口）。为什么呢？因为英国想分出一部分民族，给它们特权，以便于管理其余的民族。印度有几百个民族，于是英国决定：与其同这些民族打交道，不如分出几个民族，给它们某些特权，通过它们来管理其他民族，因为第一、在这种情况下，其余民族的不满就会针对这些特权民族，而不会针对英国；第二、同两三个民族"打交道"

要合算些。

这也是一种管理制度，英国式的管理制度。这种制度会造成什么结果呢？会使机关"省钱"，这是对的。但是，同志们，如果撇开官僚主义的方便不说，那末英国在印度的统治就必然死亡，在这种制度下英国的管理和英国的统治都必然死亡，正如二乘二等于四一样。

我们的同志，格鲁吉亚的倾向分子正在把我们推上这条危险的道路，因为他们违反党的一切规章反对联邦，因为他们想退出联邦以保持他们的有利地位。他们把我们推上给他们某些特权而牺牲阿尔明尼亚和阿捷尔拜疆两共和国的利益的道路。我们不能走这条道路，因为这必然会使我们的全部政策和南高加索的苏维埃政权死亡。

我们格鲁吉亚的同志已经觉察到了这个危险，这不是偶然的。这种格鲁吉亚的沙文主义对阿尔明尼亚人和阿捷尔拜疆人采取了攻势，使格鲁吉亚共产党感到不安。格鲁吉亚共产党自公开以来召开过两次代表大会，每次都一致否决了倾向分子同志们的观点，这是完全可以理解的，因为在目前条件下，不建立南高加索联邦，就无法在高加索维护和平和建立平等。决不容许一个民族比另一个民族享有更多的特权。我们的同志已经觉察到这一点。这就说明为什么穆吉万集团斗争了两年还只是一小撮人，而且常常为格鲁吉亚共产党所摒弃。

列宁同志那样着急和那样坚持立即成立联邦，也不是偶然的。我们中央曾三次确认建立南高加索联邦的必要性，这个联邦要有自己的中央执行委员会和执行机关，它的决定各共和国必须执行，这也不是偶然的。捷尔任斯基同志领导的以及加米涅夫和古比雪夫领导的两个委员会到莫斯科以后说非成立联邦不可，这也不是偶然的。

最后，《社会主义通报》的孟什维克对我们的倾向分子同志反对联邦的斗争大加称赞，并对他们爱护备至，这也不是偶然的，因为他们臭味相投。

——《俄共（布）第十二次代表大会》之三《关于党和国家建设中的民族问题的报告》，摘自《斯大林全集》第5卷，人民出版社1957年第1版，第197—208页。

### 39. 分析克服阻碍联合的三个因素——大俄罗斯沙文主义、各民族事实上的不平等、地方民族主义的手段或方法

现在来分析一下我们必须用来克服阻碍联合的三个因素——大俄罗斯

沙文主义、各民族事实上的不平等、地方民族主义（特别是当它变成沙文主义的时候）的手段或方法。在能够帮助我们无痛苦地铲除全部阻碍各民族接近的旧遗产的手段中，我提出三个来谈谈。

第一个手段是采取一切办法使各共和国的苏维埃政权成为人们所了解和亲近的政权，使它不仅成为俄罗斯的政权，而且成为各民族的政权。为此就必须不仅使学校，而且使一切机关，一切党的机关和苏维埃机关逐步民族化，使用群众所懂得的语言，在适合本民族生活习惯的条件下进行工作。只有在这种条件下，我们才有可能把苏维埃政权从俄罗斯的政权变成各民族的政权，变成所有共和国特别是那些在经济上和文化上落后的共和国的劳动群众所亲近、了解和爱戴的政权。

第二个能够有助于我们无痛苦地铲除沙皇制度和资产阶级所留下的遗产的手段，就是共和国联盟各人民委员部应当这样来组织：至少使各个主要民族在部务会议中都有自己的人参加，造成一种使各个共和国的需要和要求都能无条件得到满足的环境。

第三个手段是必须在我们的中央最高机关中设立一个能够反映所有的共和国和民族的需要和要求的机关。

我希望你们特别注意最后这一点。

如果我们能在联盟中央执行委员会内设立两个平等的院，第一院由联盟苏维埃代表大会选出，不分民族，第二院由各共和国和各民族地区选出（各共和国的代表人数相等，各民族地区的代表人数也相等），并由共和国联盟苏维埃代表大会批准，我想那时我们的最高机关就能不仅反映所有劳动者的阶级利益，而且反映纯粹民族的需求。这样我们就会有一个能反映共和国联盟境内各民族、各部族和各部落特殊利益的机关。同志们，联盟总共不下一亿四千万人，其中约有六千五百万是非俄罗斯人，在这种条件下，如果在这里，在莫斯科，在最高机关内没有这些民族派来的代表，没有这种不仅反映整个无产阶级的共同利益，而且反映特殊的独特的民族利益的代表，那就不可能管理这样的国家。同志们，没有这个条件就不可能进行管理。没有这种晴雨表，没有这种能够表达各个民族特殊需要的人，就不可能进行管理。

——《俄共（布）第十二次代表大会》之三《关于党和国家建设中的民族问题的报告》，摘自《斯大林全集》第5卷，人民出版社1957年第1

版，第 209—210 页。

### 40. 关于党和国家建设中的民族问题的报告的总结

民族问题的重要性是由新的国际形势决定的，是由下面的事实决定的，我们必须在这里，在俄国，在我们联邦内正确地模范地解决民族问题，以便给东方的那些重要的革命后备力量做出榜样，从而增强它们对我们联邦的信心和向往。

从内部状况来说，新经济政策的条件、日益猖獗的大俄罗斯沙文主义和地方沙文主义也都使我们不得不强调民族问题的特殊重要性。

其次，我说过，民族问题的实质就是在过去统治民族的无产阶级和过去被统治民族的农民之间建立正确的关系，从这个观点来看，目前民族问题的具体形式就是寻求在共和国联盟内、在统一的国家内建立各族人民合作的途径和手段。

其次，我谈过促进这种民族接近的各种因素。我也谈过阻碍这种联合的各种因素。我特别谈到大俄罗斯沙文主义，认为它是一种日益猖獗的力量。这种力量是主要的危险，因为它能破坏过去各被压迫民族对俄罗斯无产阶级的信任。这是我们最危险的敌人，我们必须把它打倒，因为打倒了它就是把某些共和国内过去保存下来的、现在正在发展的民族主义打倒十分之九。

其次，我们还面临着一种危险，就是有一些同志会把我们推上给一些民族特权而损害其他民族的利益的道路。我已经说过，我们不能走这条道路，因为它会破坏民族和平，摧毁其他民族群众对苏维埃政权的信任。

其次，我说过，在中央执行委员会内设立第二院是使我们可能最无痛苦地铲除这些阻碍联合的因素的主要手段。关于第二院我在中央二月全会上谈得比较露骨，而在提纲中谈得比较含蓄，目的是使同志们也许有可能找出其他更灵活的方式，找出其他能反映各民族利益的更适当的机关。

结论就是这样。

我认为，只有走这条道路，我们才能正确地解决民族问题，才能高举无产阶级革命的大旗，才能把在未来的无产阶级同帝国主义的搏斗中将起决定作用的重要革命后备力量——东方各国的同情和信任集合在这一旗帜的周围。

——《俄共（布）第十二次代表大会》之三《关于党和国家建设中的民

族问题的报告》，摘自《斯大林全集》第 5 卷，人民出版社 1957 年第 1 版，第 212—213 页。

**41.《关于党和国家建设中的民族问题的报告》的几个问题的商榷意见**

第一个问题是以布哈林和拉柯夫斯基为首的一些同志过分强调了民族问题的意义，夸大了民族问题，并且因民族问题而忽视社会问题，即工人阶级的政权问题。

我们共产党员看得很清楚，我们全部工作的基础是巩固工人政权的工作，只有在这个前提下我们才能谈另一个问题——民族问题，这是一个很重要的问题，但它是从属于前一问题的。有人对我们说，不能委屈少数民族。这是完全正确的，我同意这一点，不应当委屈少数民族。但是如果因此而创造出一种新的理论，说必须使大俄罗斯无产阶级在对过去被压迫民族的关系上处于不平等的地位，——那就是胡说八道了。在列宁同志的一篇著名论文中只是文字上的一种表现方法，布哈林竟把它变成了完整的口号。可是很明显，无产阶级专政的政治基础首先而且主要是中部地区即工业地区，而不是边疆地区即农民地区。如果我们矫枉过正地偏向农民的边疆地区而损害无产阶级地区的利益，那就会造成无产阶级专政体系的裂痕。同志们，这是危险的。在政策上既不能过左，也不能过右。

应当记住，除了民族自决权以外，还有工人阶级巩固自己政权的权利，自决权从属于后一权利。有时候会发生自决权同另一个权利，即同最高权利——执政的工人阶级巩固自己政权的权利相抵触的情况。在这种情况下，——必须直截了当地说——自决权不能而且不应当成为工人阶级实现自己专政权利的障碍。前者必须向后者让步。例如一九二〇年的情况就是这样，当时我们为了保卫工人阶级的政权，不得不进军华沙。

因此，在对各少数民族许下种种诺言的时候，在奉承各民族代表的时候，如像某些同志在这次代表大会上所做的那样，不应当忘记，应当记住：在我们国内外条件下，民族问题的活动范围和所谓管辖范围要受制于"工人问题"这个一切问题中的基本问题的活动范围和管辖范围。

许多人引证弗拉基米尔·伊里奇的札记和论文中的话。我本来不想引证我的导师列宁同志的话，因为他不在这里，我怕可能引证得不正确，不恰当。然而我必须引证一段已成为公理的不会引起任何误解的话，以便使同志们对于民族问题所占的比重不发生怀疑。列宁同志在论民族自决权这篇论文中分析马克思关于民族问题的一封信时,做了这样的结论:

"民族问题和'工人问题'比较起来,只有从属的意义,这在马克思看来是无可置疑的。"① 这里总共只有一行字,但是它解决了一切问题。这是某些热心过度的同志应当牢牢记住的。

第二个问题是关于大俄罗斯沙文主义和地方沙文主义问题。拉柯夫斯基和布哈林都在这里发了言,特别是布哈林,他建议删去关于地方沙文主义危害性的那一点。他们说用不着为地方沙文主义这样的蛆虫操心,因为我们有大俄罗斯沙文主义这样的"歌利亚"。一般说来,布哈林有忏悔的情绪。这是可以理解的,因为他几年来一直否认自决权,对民族有罪,现在该是他忏悔的时候了。可是他在忏悔之后,又走上了另一个极端。奇怪的是布哈林竟号召党也仿效他的榜样来忏悔,虽然全世界都知道,这和党毫不相干,因为党一成立(一八九八年)就承认自决权,因此它没有什么可忏悔的。问题在于布哈林不了解民族问题的实质。当人们说在民族问题上必须把反对大俄罗斯沙文主义的斗争放在首位的时候,那是想指出俄罗斯的共产党员的义务,想说明俄罗斯的共产党员有同俄罗斯的沙文主义进行斗争的义务。如果从事反对俄罗斯沙文主义斗争的不是俄罗斯的共产党员而是土尔克斯坦或格鲁吉亚的共产党员,那末这种斗争就会被认为是反俄罗斯的沙文主义了。这会把全部事情弄糟,并且会使大俄罗斯沙文主义变本加厉。只有俄罗斯的共产党员才能从事反对大俄罗斯沙文主义的斗争,并把它进行到底。

当人们建议同地方沙文主义进行斗争的时候,那是想要说明什么呢?那是想指出地方共产党员的义务,指出非俄罗斯共产党员有同自己的沙文主义进行斗争的义务。难道能否认反俄罗斯沙文主义倾向存在的事实吗?要知道,整个代表大会亲眼看到,地方的沙文主义,即格鲁吉亚、巴什基里亚等等的沙文主义存在着,需要同它进行斗争。俄罗斯的共产党员不能同鞑靼的、格鲁吉亚的、巴什基里亚的沙文主义进行斗争,因为如果俄罗斯的共产党员担负起反对鞑靼的或格鲁吉亚的沙文主义斗争的艰巨任务,

---

① 见弗·伊·列宁的《论民族自决权》(《列宁全集》第四版第二十卷第四〇六页,《列宁文选》两卷集一九五六年人民出版社第一卷第八五九页)。——正文第二一五页。

那末这一斗争就会被认为是大俄罗斯沙文主义者反对鞑靼人或格鲁吉亚人的斗争。这会把全部事情弄糟。只有鞑靼、格鲁吉亚等等的共产党员才能反对鞑靼、格鲁吉亚等等的沙文主义，只有格鲁吉亚的共产党员才能顺利地同自己的格鲁吉亚的民族主义或沙文主义进行斗争。这就是非俄罗斯共产党员的义务。正因为如此，在提纲中必须指出两方面的任务，即俄罗斯共产党员的任务（我指的是反对大俄罗斯沙文主义的斗争）和非俄罗斯共产党员的任务（我指的是他们反对反阿尔明尼亚的、反鞑靼的、反俄罗斯的沙文主义的斗争）。否则提纲就是片面的，不论在国家建设中或党的建设中都没有任何国际主义。

如果我们只是同大俄罗斯沙文主义进行斗争，那末这一斗争就会遮盖住鞑靼等等沙文主义者所进行的斗争。后一种斗争正在各地展开，而且在现在，在新经济政策条件下是特别危险的。我们不能不进行两条战线的斗争，只有进行两条战线的斗争——一方面同我们建设工作中的主要危险大俄罗斯沙文主义作斗争；另一方面同地方沙文主义作斗争——我们才能取得胜利，不进行这两方面的斗争，俄罗斯的工农和其他民族的工农之间就不会有任何团结。不这样，就会助长地方沙文主义的气焰，造成奖励地方沙文主义的政策，这是我们不能容许的。

让我在这里引证一下列宁同志的话。我本来不想这样做，但是因为在我们的代表大会上有许多同志随便引证列宁同志的话，歪曲了他的话，那就让我来读一下列宁同志的一篇人所共知的论文中的几句话：

"无产阶级应当要求被'它的'民族所压迫的殖民地和民族有政治分离的自由。不这样，无产阶级的国际主义就仍然是一句空话，被压迫民族的工人和压迫民族的工人之间的相互信任和阶级团结就不可能实现。"

这可以说是统治民族或过去统治民族的无产者的义务。其次，列宁谈到过去被压迫民族的无产者或共产党员的义务时说：

"另一方面，被压迫民族的社会主义者必须特别坚持和实现被压迫民族的工人和压迫民族的工人之间的无条件的（包括组织上的）大团结。否则在资产阶级的各式各样的诡计、叛变和欺骗下就不可能捍卫住无产阶级的独立政策和它同其他国家无产阶级的阶级团结。因为各被压迫民族的资产阶级经常把民族解放的口号变成欺骗工人的手段。"

可是，如果要追随列宁同志前进（在座的有些同志是向他宣过誓的），那就必须把同大俄罗斯沙文主义作斗争和同地方沙文主义作斗争这两个提纲保留在决议案中,并把它们看做一种现象的两个方面,看做同沙文主义作斗争的提纲。

我就以此结束我对发言人提出的反对意见。

——《俄共(布)第十二次代表大会》之四《关于党和国家建设中的民族问题的报告的结论》,摘自《斯大林全集》第5卷,人民出版社1957年第1版,第214—218页。

### 42. 民族问题组的工作

民族问题组采纳了中央的提纲作为决议的基础。它未加修改地保留了这个提纲中的六点:第一、第二、第三、第四、第五和第六各点。组内首先在下面这个问题上展开了争论:是否应该先把各自治共和国从俄罗斯苏维埃联邦社会主义共和国内分出去,再把高加索各独立共和国从南高加索联邦内分出去,让它们分别加入共和国联盟。这个建议是格鲁吉亚的一部分同志提出的,大家知道,这个建议并没有得到格鲁吉亚、阿尔明尼亚和阿捷尔拜疆的代表团的支持。民族问题组讨论了这个问题,绝大多数主张保留提纲中所发挥的那个论点,就是说,俄罗斯苏维埃联邦社会主义共和国应该是一个完整的单位,南高加索联邦也应该是一个完整的单位,它们就用这种形式加入共和国联盟。格鲁吉亚的这一部分同志提出的建议并没有一一进行表决,因为提这些建议的人看到他们的建议没有得到支持就把它们撤回了。在这个问题上,争论是激烈的。

展开争论的第二个问题是关于如何组织第二院的问题。一部分同志(少数)建议第二院不应当由各共和国、各民族和各地区的代表组成,而应当只由俄罗斯苏维埃联邦社会主义共和国、南高加索联邦、白俄罗斯和乌克兰这四个共和国的代表来组成。多数否决了这个建议,民族问题组也反对这个建议,认为这样来设立第二院比较适当:根据平等原则各共和国(不管是独立的还是自治的)和各民族地区都有代表参加。现在我不想陈述理由,因为这少数人的代表拉柯夫斯基将在这里发言论证他的那个在组内没有通过的建议。等他发表了意见,我再来谈我的看法。

对是否应当给提纲加进一个修改意见,即指出在解决民族问题时必须不仅指靠东方而且要指靠西方的问题,也进行了不很激烈的争论。民族问题组对这个修改意见进行了表决。这个少数人的修改意见就是拉柯夫斯基的修改意见。民族问题组否决了这个修改意见。等拉柯夫斯基发表意见以后，我还要谈这个问题。

现在我来读一下我们已经采纳的那些修改意见。前六点我们是无条件地采纳了。在第七点第二段第三行"因此坚决反对"这几个字前面加进下面一段话：

"若干民族共和国（乌克兰、白俄罗斯、阿捷尔拜疆和土尔克斯坦）内的情况所以日益复杂，是因为作为苏维埃政权主要支柱的工人阶级的很大一部分属于大俄罗斯民族。在这些地区内，城乡之间的结合、工农之间的结合受到党的机关和苏维埃机关内大俄罗斯沙文主义残余的极大阻挠。在这种情况下，谈论俄罗斯文化的优越性和提出水平较高的俄罗斯文化必然战胜较落后民族的（乌克兰的、阿捷尔拜疆的、乌兹别克的、柯尔克兹等等的）文化的论点，无非是企图巩固大俄罗斯民族的统治。"

我所以采纳这个修改意见，是因为它可以使提纲更加完善。

第二个修改意见也是关于第七点的。在"否则就没有根据指望"这句话前面加进下面一段话：

"这种帮助首先应当表现在：采取一系列实际措施在过去被压迫民族的共和国内建立工业基地，并且尽量吸引当地居民参加这一工作。最后，根据第十次代表大会的决议，这种帮助应当同劳动群众反对当地的和外来的上层剥削分子（这种剥削分子因实行新经济政策而日益增多），争取巩固自己的社会阵地的斗争相辅而行。因为这些共和国多半是农业地区，所以内部的社会措施首先应当沿着把国有的闲置土地分给劳动群众这条道路前进。"

下面还是关于第七点的。在第二段中间讲到格鲁吉亚、阿捷尔拜疆等等的沙文主义的地方加进"阿尔明尼亚等等的沙文主义"几个字。阿尔明尼亚的同志希望不要委屈阿尔明尼亚人，希望也提到他们的沙文主义。

其次，在提纲的第八点"统一而不可分的整体"几个字后面插进下面一段话：

"俄罗斯苏维埃联邦社会主义共和国的某些主管机关企图使各自治共和国的独立的委员部也受它们的管辖并为撤销这些委员部开辟道路，这也应该认为是旧遗产带来的一种后果。"

其次，在第八点插进下面一句话：

"并宣布各民族共和国有存在和进一步发展的绝对必要性。"

其次是第九点。开头的几句话应当是：

"各共和国的工人和农民根据平等和自愿的原则建立起来的共和国联盟，是无产阶级在调整各独立国家之间的相互关系方面所做的第一次实验，也是建立未来的全世界苏维埃劳动共和国的第一个步骤。"

第十点有一个"甲"项，在"甲"项前面插进一个"甲"项，其内容如下：

"（甲）在设立联盟中央机关时，必须保证各共和国在它们的相互关系上和对联盟中央权力机关的关系上，权利和义务一律平等。"

其次，把原来"甲"项的内容作为"乙"项的内容：

"（乙）在联盟最高机关系统内，根据平等原则设立一个代表所有民族共和国和民族地区的专门机关，并尽可能考虑到使这些共和国内一切民族都有代表参加。"

其次，把原来"乙"项的内容作为现在"丙"项的内容：

"（丙）联盟执行机关应根据下述原则建立：保证各共和国都有代表实际参加并满足联盟内各族人民的需要和要求。"

其次，增加"丁"项：

"（丁）赋予各共和国相当广泛的财政权（其中包括预算权），以保证它们能够发挥自己在国家行政、文化和经济方面的主动性。"

其次，把原来的"丙"项当作"戊"项：

"（戊）各民族共和国和各民族地区的机关主要应由熟悉各该民族的语言、生活方式和风俗习惯的当地人组成。"

其次，另外增加一项，作为"己"项：

"（己）颁布特别法令，在为当地居民、民族居民和少数民族服务的一切国家机关和一切机构内，保证使用本民族语言；颁布法律，对一切侵犯民族权利，特别是少数民族权利的人，用最严厉的革命手段予以追究和惩治。"

其次，增补一项"庚"：

"（庚）加强红军的教育工作，以联盟各族人民友爱和团结的思想教育红军，采取实际措施组织民族部队，遵行各项为保证各共和国有充分国防力量而必需的措施。"

这就是民族组所采纳的各项补充，我不反对这些补充，因为它们可以使提纲更加具体。

"至于第二部分，并没有作比较重大的修改。有一些不大的修改，民族问题组所选出的委员会决定把它们转交下届中央委员会。"

因此，第二部分仍照原来印发的材料，没有改动。

——《俄共（布）第十二次代表大会》之四《关于党和国家建设中的民族问题的报告的结论》，摘自《斯大林全集》第 5 卷，人民出版社 1957 年第 1 版，第 218—223 页。

### 43. 关于民族问题组的工作的补充

同志们，我在向你们报告民族问题组的工作时，还忘记提到两点不能不提到的小补充。在第十点的"乙"项中谈到根据平等原则设立一个代表所有民族共和国和民族地区的专门机关的地方，必须加一句"并尽可能考虑到这些共和国内的一切民族"，因为有些要派代表参加第二院的共和国里有好几个民族。例如土尔克斯坦，在那里除了乌兹别克人，还有土尔克明人、柯尔克兹人和其他部族，因此在规定代表资格时必须使这些部族中的每一个部族都有代表参加。

在第二部分的结尾再补充一段话，这就是：

"由于各自治共和国、各独立共和国和一般边疆地区的负责工作人员的活动有极大的重要性（建立某一共和国的劳动者和整个联盟的其余劳动者的联系），代表大会责成中央特别仔细地挑选这些工作人员，以便能够完全保证真正贯彻党在民族问题方面的决议。"

其次，就拉狄克发言中的一个意见谈一两句话。这是阿尔明尼亚的同志要求我谈的。在我看来，这个意见是不符合事实的。拉狄克在这里说，阿尔明尼亚人在阿捷尔拜疆压迫或可能压迫阿捷尔拜疆人，或者相反，阿捷尔拜疆人在阿尔明尼亚可能压迫阿尔明尼亚人。我必须说，天地间根本没有这样的现象。相反的现象倒是有的：在阿捷尔拜疆占多数的阿捷尔拜疆人压迫和屠杀阿尔明尼亚人，像在纳希切万所发生的那样，那里阿尔明尼亚人几乎全被杀光；而阿尔明尼亚人在他们的阿尔明尼亚也几乎把所有的鞑靼人都杀光了。这种事情在赞格祖尔就发生过。但是少数人要在别的国家里压迫多数人，——这种反常的事情从未有过。

——《俄共（布）第十二次代表大会》之六《对民族问题委员会的报告

的补充》,摘自《斯大林全集》第 5 卷,人民出版社 1957 年第 1 版,第 227—228 页。

### 44. 党在民族问题方面工作的总路线

从反对离开党的第十二次代表大会的立场的意义上来说,党在民族问题方面的工作路线应当由这次代表大会关于民族问题决议中有关的几点,即决议中第一部分的第七点和第二部分的第一、第二、第三各点来确定。

党的根本任务之一就是在当地居民的无产阶级分子和半无产阶级分子中培育和发展各民族共和国和各民族地区的年轻的共产党组织,用一切办法协助这些组织站稳脚跟、受到真正的共产主义教育并把即使在开始时为数不多然而是真正国际主义的共产党干部团结起来。只有当真正名副其实的共产党组织在各共和国和各地区巩固的时候,苏维埃政权才能在这些地方巩固起来。

但是各共和国和各地区的共产党员应当记住,单是拿居民的社会成分不同这一点来说,他们那里的情况就已经和共和国联盟各工业中心大不相同了,因此在边疆地区必须常常采用不同的工作方法。特别是在这里,在竭力争取当地居民中的劳动群众的支持时,必须比在中部地区更加热诚地欢迎那些革命民主人士,甚至欢迎那些仅仅忠顺于苏维埃政权的分子。各共和国和各地区内,本地的知识分子的作用在许多方面同共和国联盟中部地区的知识分子是不同的。边疆地区本地的知识分子工作人员极感缺乏,所以应当尽一切力量把他们每一个人都吸引到苏维埃政权方面来。

边疆地区的共产党员应当记住:我是共产党员,因此我应当根据当地的情况来行动,向当地民族中的那些愿意和能够在苏维埃制度范围内忠顺地工作的分子让步。这并不是排斥而是预计到要有系统地进行维护马克思主义原则、维护真正的国际主义、反对民族主义倾向的思想斗争。只有这样,才能顺利地铲除地方民族主义,使当地的广大居民阶层转到苏维埃政权方面来。

——《党在民族问题方面工作的总路线》,摘自《斯大林全集》第 5 卷,人民出版社 1957 年第 1 版,第 239—240 页。

### 45. 列宁主义的基础——民族问题

关于这个题目我来讲两个主要问题:

(甲)问题的提法;

（乙）被压迫民族解放运动和无产阶级革命。

（一）问题的提法。最近二十年来，民族问题发生了许多极重大的变化。第二国际时期的民族问题和列宁主义时期的民族问题远不是一回事。不仅按范围来说，而且按内在性质来说，它们都是大不相同的。

从前，通常都把民族问题限制在主要和"文明"民族有关的问题的狭隘范围内。爱尔兰人、匈牙利人、波兰人、芬兰人、塞尔维亚人以及欧洲其他一些民族，——第二国际的活动家所关心的就是这些没有充分权利的民族的命运。而那些遭受最粗糙最残酷的民族压迫的千百万亚洲人民和非洲人民，通常都不放在他们的眼里。他们不敢把白种人和黑种人，"文明人"和"不文明人"相提并论。两三个空空洞洞、不痛不痒、竭力回避殖民地解放问题的决议，——这就是第二国际的活动家所能藉以自夸的一切。现在，民族问题方面的这种两重性和不彻底性可以说已经被消灭了。列宁主义揭露了这种极不相称的现象，拆毁了横在白种人和黑种人，欧洲人和亚洲人，帝国主义的"文明"奴隶和"不文明"奴隶之间的墙壁，因而把民族问题和殖民地问题联结起来了。于是民族问题就由局部的和国内的问题变成了一般的和国际的问题，变成了附属国和殖民地被压迫民族摆脱帝国主义桎梏的世界问题。

从前，通常都把民族自决原则加以曲解，往往把它缩小为民族自治权。第二国际的某些首领甚至把自决权变成文化自治权，就是说，被压迫民族有设立自己的文化机关的权利，而让全部政权仍旧掌握在统治民族手中。结果就使民族自决的思想有从反对吞并政策的工具变成替吞并政策辩护的工具的危险。现在，这种胡涂观念可以说已经被克服了。列宁主义扩大了民族自决的概念，把它解释为附属国和殖民地被压迫民族有完全分离的权利，各民族有成立独立国家的权利。于是就排除了把自决权解释为自治权来替吞并政策辩护的可能。于是民族自决原则就由欺骗群众的工具（在帝国主义战争时期，它无疑是被社会沙文主义者用来做这种工具的）变成了揭露一切帝国主义野心和沙文主义阴谋的工具，变成了用国际主义精神对群众进行政治教育的工具。

从前，通常都把被压迫民族问题看做纯粹法权的问题。冠冕堂皇地宣布"民族的平等权利"，发表无数关于"民族平等"的宣言，——这就是第二国际各党所心满意足的事情。它们抹杀了这样一个事实，就是在帝主义时代,当某一些民族靠剥削另一些民族生存的时候,所谓"民族平等"不过是对于被压迫民族的嘲弄。现在,民族问题方面的这种资产阶级的法权观点可以说已经被揭穿了。列宁主义把民族问题从大吹大擂的宣言的天空拉到地上来,指出如果无产阶级政党不直接援助被压迫民族的解放斗争,"民族平等"的宣言就是空洞的虚伪的宣言。于是被压迫民族问题就成了援助、帮助,真正地经常地帮助被压迫民族反对帝国主义,争取真正的民族平等,争取成立独立国家的问题。

从前,通常都用改良主义的观点来看民族问题,把它看做一个单独的孤立的问题,看做和资本政权、推翻帝国主义、实现无产阶级革命这一总问题无关的问题。人们当时都默默地认为,欧洲无产阶级不和殖民地解放运动直接结成联盟也能取得胜利;民族殖民地问题可以离开无产阶革命的大道,可以不进行反帝的革命斗争,而悄悄地"自由地"得到解决。现在,这种反革命的观点可以说已经被揭穿了。列宁主义已经证明,帝国主义战争和俄国革命也已经证实:民族问题只有和无产阶级革命相联系并在无产阶级革命的基础上才能得到解决,两方革命必须同殖民地和附属国反帝解放运动结成革命的联盟才能取得胜利。民族问题是无产阶级革命总问题的一部分,是无产阶级专政问题的一部分。

问题是这样:被压迫国家革命解放运动所含有的革命的可能性是否已经用完?如果还没有用完,是否有希望、有根据把这种可能性用于无产阶级革命,把附属国和殖民地国家由帝国主义资产阶级的后备军变为革命无产阶级的后备军,变为革命无产阶级的同盟者?

列宁主义对这个问题的答复是肯定的,即认为被压迫国家民族解放运动含有革命能力,认为可以把这种革命能力用于推翻共同的敌人,用于推翻帝国主义。帝国主义发展的规律、帝国主义战争和俄国革命完全证实了列宁主义关于这点的结论。

由此可见,"统治"民族的无产阶级必须援助,必须坚决地积极地援助各被压迫民族和附属民族的民族解放运动。

这当然不是说,无产阶级在任何地方和任何时候,在每个具体情况下,都应当援助任何一种民族运动。这里所说的是要援助目的在于削弱帝国主义、推翻帝国主义,而不在于巩固和保持帝国主义的那种民族运动。有时候,个别被压迫国家的民族运动会和无产阶级运动发展的利益相冲突。不言而喻，在这种情况下是谈不到什么援助的。民族权利问题并不是一个独立自在的问题，而是无产阶级革命总问题的一部分，它服从整体，要求从整体的观点来观察。马克思在十九世纪四十年代拥护波兰人和匈牙利人的民族运动，而反对捷克人和南方斯拉夫人的民族运动。为什么呢？因为当时捷克人和南方斯拉夫人是"反动民族"，是欧洲的"俄国前哨"，是专制制度的前哨，而当时波兰人和匈牙利人却是反对专制制度的"革命民族"。因为当时援助捷克人和南方斯拉夫人的民族运动就是间接援助欧洲革命运动的最危险的敌人沙皇制度。

列宁说："民主运动的个别要求，包括民族自决在内，并不是什么绝对的东西，而是整个民主主义世界运动中的一部分。在个别的具体情况下，部分可能和总体相矛盾，那时就必须抛弃这一部分。"（见《列宁全集》第四版第二十二卷第三二六页）关于个别的民族运动问题，关于这些运动可能具有的反动性问题（当然，如果不是从形式上，不是从抽象的法权观点，而是从革命运动的利益的观点来具体地估量这些运动）就是这样。

关于一般民族运动的革命性也应该这样说。极大多数民族运动所无疑具有的革命性，也和某些个别的民族运动所可能具有的反动性一样，是相对的和独特的。在帝国主义压迫的情况下，民族运动的革命性完全不一定要以这个运动有无产阶级分子参加、有革命的或共和的纲领、有民主的基础为前提。阿富汗国王为阿富汗独立而进行的斗争在客观上是革命的斗争，因为这个斗争能够削弱、瓦解和毁坏帝国主义，虽然阿富汗国王及其战友抱有君主制的观点；可是像克伦斯基和策烈铁里、列诺得尔和谢德曼、切尔诺夫和唐恩、韩德逊和克莱因斯这些"激烈的"民主主义者和"社会主义者"、"革命家"和共和主义者在帝国主义战争时期所进行的斗争却是反动的斗争，因为这个斗争的结果是粉饰并巩固帝国主义，使帝国主义取得胜利。埃及的商人和资产阶级知识分子为埃及独立而进行的斗争，由于同样的原因，在客观上也是革命的斗争，虽然埃及民族运动的首领是资产阶级出身，具有资产阶级身分，并反对社会主义，然而英国"工人"政府为保持埃及的附属地位而进行的斗争，由于同样的原因，却是反动的斗争，虽然这个政府的阁员是无产阶级出身，具有无产阶级身分，并"拥护"社会主义。更不必说其他较大的殖民地和附属国，如印度和中国的民族运动了。这些国家在争取解放的道路上的每一步骤，即使违反形式上的民主的要求，也是对帝国主义的一个非常沉重的打击，就是说，毫无疑问是革命的步骤。

列宁说得对：在估量被压迫国家的民族运动时不要以形式上的民主为标准，而要以反帝国主义斗争总结算中的实际结果为标准，就是说："不要孤立地看，而要以世界范围为标准。"（见《列宁全集》第四版第二十二卷第三二六页）

（二）被压迫民族解放运动和无产阶级革命。列宁主义在解决民族问题时是从下列原理出发的：

（甲）世界已经分成两个阵营：一个是拥有财政资本并剥削地球上绝大多数居民的为数极少的文明民族的阵营，另一个是组成这个绝大多数的殖民地和附属国被压迫被剥削民族的阵营；

（乙）被财政资本压迫和剥削的殖民地和附属国是帝国主义最巨大的后备力量和最重要的实力来源；

（丙）附属国和殖民地国家被压迫民族所进行的反帝革命斗争是他们摆脱压迫和剥削的唯一道路；

（丁）最重要的殖民地和附属国已经走上民族解放运动的道路，这个运动不能不引起全世界资本主义的危机；

（戊）发达的国家的无产阶级运动和殖民地民族解放运动的利益，要求把这两种革命运动结合成一条反对共同的敌人、反对帝国主义的共同的战线；

（己）如果不建立并巩固共同的革命战线，那末发达的国家中的工人阶级就不能胜利，被压迫民族就不能从帝国主义的桎梏下解放出来；

（庚）如果压迫民族的无产阶级不直接而坚决地援助被压迫民族的解放运动来反对"本国的"帝国主义，那末就不可能建立共同的革命战线，因为"压迫其他民族的民族是不能自由的"（恩格斯）；

（辛）这种援助就是坚持、维护和实行下列口号：民族有分离权，有成立独立国家的权利；

（壬）不实行这个口号，就不能保证各民族在统一的世界经济中的联合和合作，而这种统一的世界经济是世界社会主义胜利的物质基础；

（癸）这种联合只能是自愿的，是在各民族相互信任和友爱的基础上产生的。由此就产生了民族问题上的两个方面，即两个趋向：一个趋向是在帝国主义压迫和殖民地剥削的基础上产生的，它力求在政治上摆脱帝国主义束缚而成立独立的民族国家；另一个趋向是因世界市场和世界经济的形成而产生的，它力求使各民族在经济上彼此接近。

列宁说："在资本主义的发展过程中，可以看见民族问题上的两个历史趋向。第一个趋向就是民族生活和民族运动的觉醒，反对一切民族压迫的斗争，民族国家的建立。第二个趋向就是民族间各种联系的发展和日趋频繁，民族壁垒的破坏，资本、一般经济生活、政治、科学等等的国际统一的形成。

这两个趋向都是资本主义的世界规律。第一个趋向在资本主义发展初期占优势，第二个趋向标志着资本主义已经成熟而快要转变到社会主义社会。"（见《列宁全集》第四版第二十卷第十一页）

对于帝国主义，这两个趋向是一个不可调和的矛盾，因为帝国主义如果不剥削殖民地，如果不用暴力把殖民地束缚在"统一的整体"范围内，就不能生存；因为帝国主义只有靠吞并和夺取殖民地才能使各民族互相接近，否则它根本就不成其为帝国主义了。

对于共产主义，恰恰相反，这两个趋向不过是一个问题即被压迫民族摆脱帝国主义压迫这一问题的两个方面，因为共产主义知道：各民族在统一的世界经济中的联合，只有根据相互信任和自愿协定的原则才能实现；各民族的自愿联合，只有经过使殖民地从"统一的"帝国主义"整体"分离出来的道路，经过使殖民地变为独立国家的道路才能达到。

因此，必须顽强地、不断地、坚决地反对各统治民族（英、法、美、意、日等）的"社会主义者"的大国沙文主义，这些"社会主义者"不愿意反对本国帝国主义政府，不愿意援助"他们的"殖民地被压迫民族的摆脱压迫、争取国家独立的斗争。

不进行这样的斗争，就不能以真正的国际主义精神、以接近附属国和殖民地劳动群众的精神、以真正准备无产阶级革命的精神来教育统治民族的工人阶级。如果俄国无产阶级没有得到旧俄帝国内各被压迫民族的同情和援助，那末俄国革命就不会胜利，而高尔察克和邓尼金也就不会被击溃。但是要取得这些民族的同情和援助，俄国无产阶级当时首先必须打断俄国帝国主义的锁链，使这些民族摆脱民族压迫。

不这样做，就不能巩固苏维埃政权，就不能树立真正的国际主义，就不能建立各民族合作的卓越组织，这个组织叫做苏维埃社会主义共和国联盟，它是各民族将来在统一的世界经济中联合的实际榜样。

因此，必须反对各被压迫国家社会党人的民族闭关主义、狭隘观点和单干思想，这些社会党人不愿意超出自己的民族狭隘眼界，不了解本国解放运动和统治国无产阶级运动之间的联系。

不进行这样的斗争，就不能保持被压迫民族无产阶级的独立政策，就不能保持它和统治国无产阶级在推翻共同的敌人、推翻帝国主义的斗争中的阶级团结。

不进行这样的斗争，就不能实现国际主义。

这就是以革命的国际主义精神来教育统治民族和被压迫民族的劳动群众的道路。

请看列宁对于共产主义运动以国际主义精神教育工人的这个两方面的工作是怎样说的：

"这种教育工作……在压迫的大民族中和被压迫的小民族中，在吞并的民族中和被吞并的民族中，具体地说能够相同吗？

显然不能。要达到使一切民族有完全的平等权利、能密切接近和进而融合为一的共同目的，显然要走各不相同的具体道路，例如要达到一张纸的中心点，可以从纸的一端向左走，也可以从纸的另一端向右走。如果压迫的、吞并的大民族中的社会民主党人仅仅一般地鼓吹民族融合，而忘记了，哪怕是一分钟忘记了'他的'尼古拉第二、'他的'威廉、乔治、彭加勒等等也主张和小民族融合（用吞并手段），忘记了尼古拉第二主张和加里西亚'融合'、威廉第二主张和比利时'融合'等等，那末这样的社会民主党人在理论上是可笑的教条主义者，在实践上是帝国主义的帮凶。

在压迫国家里，工人的国际主义教育的重心就是要宣传并坚持被压迫国家的分离自由。否则就不会有国际主义。压迫民族的任何一个社会民主党人如果不进行这种宣传，那末我们就可以而且应该把他鄙视为帝国主义者，鄙视为恶棍。这是一个无条件的要求，哪怕在社会主义未实现以前分离的只有千分之一是可能的和'可以实现的'……

相反地，小民族的社会民主党人应当以我们社会民主主义党人这个总公式——各民族'自愿联合'的末尾两个字为其鼓动工作的重心。他可以既赞成本民族的政治独立，又赞成本民族加入邻近某个国家，而不违反他的作为国际主义者的义务。可是,他在任何场合都应当反对小民族的狭隘观点、闭关主义和单干思想,而主张顾全整体和总体,主张部分利益服从全体利益。

对问题未加思索的人会以为压迫民族的社会民主党人坚持'分离自由'而被压迫民族的社会民主党人坚持'联合自由'是'矛盾的'。可是只要稍微思索一下,就可以知道要达到国际主义和民族融合这一目的,除了实行这个原理以外,是没有而且不可能有其他的道路的。"(见《列宁全集》第四版第二十二卷第三三〇页至第三三二页)

——《论列宁主义基础(在斯维尔德洛夫大学的演讲)》之《六、民族问题》,摘自《斯大林全集》第6卷,人民出版社1956年第1版,第121—131页。

**46. 论南斯拉夫的民族问题**

我认为谢米奇没有完全理解布尔什维克对民族问题的提法的实质。无论在十月革命以前或在十月革命以后,布尔什维克从来没有把民族问题和革命总问题分开。布尔什维克对民族问题的看法的实质,就是始终把民族问题和革命前途密切联系起来。

谢米奇引证了列宁的话,说列宁曾经主张把解决民族问题的某种办法规定在宪法中。显然,谢米奇想以此来说明列宁似乎曾经认为民族问题是立宪问题,即不是革命问题而是改良问题。这完全不对。列宁从来没有陷入而且也不可能陷入立宪的幻想。只要看一看他的著作,就会深信这一点。列宁谈到过宪法,但他所指的并不是解决民族问题的立宪道路,而是革命道路,也就是说,他把宪法看做革命胜利的成果。在我们苏联也有宪法,并且它反映了解决民族问题的某种办法。可是这个宪法的问世不是和资产阶级妥协的结果,而是革命胜利的结果。

其次,谢米奇援引了斯大林在一九一二年所写的那本大家都知道的关于民族问题的小册子[①],竭力想从那里找到哪怕只能间接证实他正确的一些话。但是,这种引证是枉费心机的,因为不仅这些话,就连稍微能证实他对民族问题的"立宪"观点正确的间接暗示,他也没有找到,而且不可

---

[①] 见约·维·斯大林《马克思主义和民族问题》(见《斯大林全集》一九五三年人民出版社版第二卷第二八九页至第三五八页)。

能找到。为了证实这一点，我可以提醒谢米奇注意斯大林那本小册子中的一段话，那里是把奥国解决民族问题的办法（立宪的）和俄国马克思主义者的办法（革命的）对照起来谈的。

这段话就是：

"奥国人是想用微小的改良、缓慢的步骤来实现'民族自由'的。他们提出民族文化自治作为实际办法时，完全没有指望根本的改变，没有指望他们远景中所没有的民主解放运动。然而，俄国的马克思主义者把'民族自由'的问题和可能的根本改变联系在一起，和民主解放运动联系在一起，他们没有理由指望改良。这就使俄国各民族可能的命运问题发生根本的变化。"

看来是很明白了。

这并不是斯大林个人的观点，而是俄国马克思主义者共同的观点，俄国马克思主义者过去和现在都把民族问题和革命总问题密切联系起来看。

可以毫不勉强地说，民族问题的提法在俄国马克思主义历史上有两个阶段：第一是十月革命以前的阶段，第二是十月革命阶段。在第一个阶段，民族问题被看成是资产阶级民主革命总问题的一部分，即无产阶级和农民专政问题的一部分。在第二个阶段，民族问题已经扩大和转变为殖民地问题，民族问题已经从国内问题变成世界问题，因而民族问题已经被看成是无产阶级革命总问题的一部分，无产阶级专政问题的一部分。可见，不论第一个阶段或第二个阶段的看法都是极其革命的。

我认为谢米奇还没有把这一切完全弄清楚。因此，他企图把民族问题贬低为立宪问题，即把民族问题看成改良问题。

这个错误使他产生了另一个错误，就是他不愿意把民族问题看成实质上是农民问题。不是土地问题，而是农民问题，因为这是两个不同的问题。不能把民族问题和农民问题混为一谈，这是完全正确的，因为民族问题除了包含农民问题以外，还包含民族文化问题、民族国家问题等等。但是民族问题的基础，它的内在实质仍然是农民问题，这也是毫无疑义的。这也就说明农民是民族运动的主力军，没有农民这支军队，就没有而且也不可能有声势浩大的民族运动。所谓民族问题实质上是农民问题，正是指这一点说的。我认为谢米奇不愿意接受这种说法，是由于他过低估计了民族运动的内部威力，不了解民族运动的深刻的人民性和深刻的革命性。这是很危险的，因为这实际上意味着过低估计蕴藏在运动中，比如蕴藏在克罗地亚人争取民族自由的运动中的潜在力量，会使南斯拉夫共产党全党发生严重纠纷。

这就是谢米奇的第二个错误。

谢米奇企图脱离国际形势和欧洲可能的前途来谈论南斯拉夫的民族问题，这无疑也应该认为是错误的。谢米奇根据目前在克罗地亚人和斯洛文尼亚人中没有强大的争取独立的人民运动这一点，就得出结论说，民族分离权问题是一个纯理论的问题，而决不是一个现实问题。这当然是不对的。就算这个问题在目前不是现实问题，可是一旦战争爆发（或在战争爆发的时候），一旦欧洲革命爆发（或在欧洲革命爆发的时候），这个问题就会成为一个很现实的问题。从帝国主义的本质和发展来看，战争一定会爆发，他们一定会在那里打起来，这是不容置疑的。

一九一二年，当我们俄国马克思主义者拟定第一个民族纲领草案的时候，在俄罗斯帝国的任何一个边疆地区都还没有强大的争取独立的运动。然而当时我们认为有必要把民族自决权即每个民族都有分离和建立独立国家的权利这一条列入我们的纲领。为什么呢？因为我们不但以当时已经有的情况为出发点，而且以整个国际关系体系中不断发展和日益迫近的情况为出发点，也就是说，我们那时不但估计到当前的情况，而且估计到将来的情况。我们知道，如果某一个民族要求分离，那末俄国马克思主义者就要为保证这个民族获得分离权而斗争。谢米奇在演说中不止一次地引证斯大林关于民族问题的小册子中的话。斯大林在这本小册子中关于自决和独立是这样说的：

"帝国主义在欧洲的增长不是偶然的。资本在欧洲已感到地盘狭小，于是冲入异国去寻找新的市场、廉价的劳动力、新的投资场所。但是这就会引起国际纠纷和战争……完全可能造成一种内外形势结合在一起的局面，那时俄国某个民族将认为必须提出和解决本身独立的问题。在这种情况下加以阻碍，当然不是马克思主义者的事情。"

这段话还是在一九一二年写的。你们知道，这个论点后来在战时和战后，特别是在俄国无产阶级专政胜利以后完全被证实了。

特别是现在，在压迫国家的民族革命运动日益深入和俄国革命取得胜利以后，应当更有理由估计到整个欧洲特别是南斯拉夫的这种可能性。同时应当注意下面这种情况：南斯拉夫不是一个完全独立的国家，它和某些帝国主义集团有联系，因而它无法退出南斯拉夫外部所进行的激烈的角斗。如果你们要为南斯拉夫党起草民族纲领，——现在要谈的正是这个问题，——那末必须记住，这个纲领不但应该以当前的情况为出发点，而且应该以日益发展的和由于国际关系的变化而必然产生的情况为出发点。正因为如此，我认为必须把民族自决权问题看成是一个现实的迫切的问题。

现在来谈谈民族纲领。民族纲领的出发点应当是南斯拉夫苏维埃革命的原理：不推翻资产阶级，不取得革命胜利，民族问题便不可能得到比较满意的解决。当然也可能有例外。比如战前挪威脱离瑞典就是一个例外，列宁在他的一篇文章①中详细地谈过这个问题。不过这是在战前，在各种顺利情况偶然凑合的条件下发生的。战后，特别是俄国苏维埃革命胜利以后，就未必能发生这种事情。至少产生这种可能性的机会现在已经少到可以说是等于零了。既然如此，那末很明显，我们不能制定等于零的纲领。正因为如此，革命的原理应当是民族纲领的出发点。

其次，一定要把关于直到国家分离的民族自决权这一专门条文列入民族纲领。为什么在目前的国内和国际条件下，非有这一条不可，这一点我在上面已经讲过了。

最后，在纲领中还应当包括一项允许那些认为不必同南斯拉夫分离的南斯拉夫境内各民族实行民族区域自治的专门条文。有些人认为必须排斥这种结合，这是不正确的，不对的。在一定的条件下，由于南斯拉夫苏维埃革命的胜利，很可能会有某些民族不愿意分离，像在我们俄国所发生的那样。显然，为了适应这种情况，纲领中就必须有自治这一条，以便把南斯拉夫国家改变成以苏维埃制度为基础的各民族自治国家的联邦。

总之，给那些愿意分离的民族以分离权，给那些愿意留在南斯拉夫国家范围内的民族以自治权。

为了避免误会起见，我必须说明，不应当把分离的权利理解为分离的义务，分离的责任。每个民族都可以行使这种分离权，但是也可以不行使这个权利，如果它不愿意行使这个权利，那是它自己的事情，这一点不能

---

① 见弗·伊·列宁《论民族自决权》（见《列宁全集》第四版第二十卷第三六五页至第四二四页，《列宁文选》两卷集一九五七年人民出版社版第一卷第八二一页至第八七八页）。

不注意到。有些同志把分离的权利理解为分离的义务，比如说，要求克罗地亚人无论如何要分离。这种看法是不正确的，必须抛弃。决不能把权利和义务混为一谈。

——《论南斯拉夫的民族问题》，摘自《斯大林全集》第 7 卷，人民出版社 1958 年第 1 版，第 59—64 页。

### 47. 关于谢米奇文章中的民族问题

现在，在南斯拉夫委员会会议上经过争论以后，谢米奇在文章中表示完全赞同俄共（布）驻共产国际代表团的立场，这一点是值得欢迎的。但是，如果根据这一点就认为俄共（布）代表团和谢米奇之间在南斯拉夫委员会会议上争论以前或争论期间不曾有过意见分歧，那是不正确的。看来，谢米奇正是想这样来看民族问题上的意见分歧的，他力图把这些意见分歧归结为误会。但是很可惜，他大错特错了。他在文章中硬说，同他的论战是由"许多误会"促成的，而这些误会是由于他在南斯拉夫委员会会议上的"一次没有被全部翻译过来的"演说所引起的。换句话说，这里的过错是在翻译员，不知为什么这个翻译员没有把谢米奇的演说全部翻译过来。为了维护真理，我不得不声明，谢米奇的这种断言是完全不符合实际情况的。如果谢米奇能够从他在南斯拉夫委员会会议上所发表的演说（现在保存在共产国际的档案馆里）中引用一些话来证实他的这种说法，那当然要好些。但是不知为什么他并没有这样做。因此，我不得不代替谢米奇来完成这个不大愉快的但是完全必要的手续。

甚至现在，当谢米奇表示完全赞同俄共（布）代表团的立场的时候，他的立场仍然有不少不明确的地方，因此就更有这样做的必要。

我在南斯拉夫委员会会议上所做的演说（见《布尔什维克》杂志第七期）中曾经谈到三个问题上的意见分歧：（一）关于解决民族问题的途径问题；（二）关于在当前历史时代民族运动的社会内容问题；（三）关于国际因素在民族问题中的作用问题。

关于第一个问题，我曾经肯定地说，谢米奇"没有完全理解布尔什维克对民族问题的提法的实质"，他把民族问题和革命总问题分开，因此走上了把民族问题归结为立宪问题的道路。

这样说对不对呢？

请你们读一读谢米奇在一九二五年三月三十日南斯拉夫委员会会议上

所发表的演说中的一段话，请你们自己判断吧：

"能不能把民族问题归结为立宪问题呢？首先从理论上来谈这个问题。比如说，在某一个国家里有甲、乙、丙三个民族。这三个民族都表示它们愿意生活在一个国家里。在这种情况下，问题究竟在哪里呢？当然是在这个国家的内部关系的调整上。就是说，这是立宪方面的问题。在这种理论前提，民族问题就归结为立宪问题……如果在这种理论前提下我们把民族问题归结为立宪问题，那就必须说，——我经常强调这一点，——直到分离的民族自决权是解决立宪问题的条件。我只是在这种看法下提出立宪问题的。"

我认为没有必要进一步解释谢米奇演说中的这一段话。很明显，谁把民族问题看成无产阶级革命总问题的一个组成部分，谁就不会把民族问题归结为立宪问题。反过来说，只有把民族问题和无产阶级革命总问题分开的人，才会把民族问题归结为立宪问题。

在谢米奇的演说中有这样一种说法：没有革命斗争就不能争得民族自决权。谢米奇说："很明显，只有通过革命斗争才能争得这种权利。用议会斗争的方法是不能争得这种权利的，只有通过群众性的革命行动才能取得这种权利。"但什么是"革命斗争"和"革命行动"呢？能不能把"革命斗争"和"革命行动"同推翻统治阶级、夺取政权以及争取革命胜利（解决民族问题的条件）等量齐观呢？当然不能。把革命的胜利说成是解决民族问题的基本条件，这是一回事；把"革命行动"和"革命斗争"当做解决民族问题的条件，这完全是另一回事。必须指出，改良的道路即立宪的道路完全不排斥"革命行动"和"革命斗争"。在确定某个政党是革命的政党还是改良主义的政党的时候，起决定作用的不应当认为是"革命行动"本身，而应当认为是党采取和利用"革命行动"所要达到的政治目的和政治任务。大家知道，在一九零六年第一届杜马解散以后，俄国的孟什维克曾经提议组织"总罢工"，甚至提议组织"武装起义"。但这丝毫不妨碍他们仍然是孟什维克。他们当时提议这样做是为了什么呢？当然不是为了摧毁沙皇制度和组织革命的彻底胜利，而是为了对沙皇政府"施加压力"，以期实行改良，扩大"宪法"的范围，召集"改善了的"杜马。在保留统治阶级政权的情况下，为了改良旧制度而采取"革命行动"，这是一回事，这是立宪的道路。为了摧毁旧制度，为了推翻统治阶级而采取

"革命行动",这是另一回事,这是革命的道路,这是取得革命彻底胜利的道路。这里是有根本的差别的。

正因为如此,我认为谢米奇在把民族问题归结为立宪问题的时候所说的关于"革命斗争"的那些话并没有推翻而只是证实了我的说法,即谢米奇"没有完全理解布尔什维克对民族问题的提法的实质",因为他没有了解到,不应当孤立地看民族问题,而应当把民族问题和革命胜利问题密切联系起来看,把它看成革命总问题的一部分。

我坚持这一点,决不是说我对谢米奇在这个问题上的错误有什么新的看法。丝毫没有。曼努伊里斯基同志早在共产国际第五次代表大会①上就已经谈到谢米奇的这个错误,他说:

"谢米奇在他的《从马克思主义的观点来看民族问题》这本小册子中以及在南斯拉夫共产党机关报《拉德尼克》上发表的几篇文章中,都提出把修改宪法的斗争作为共产党的实践口号,就是说,他实际上把整个民族自决问题仅仅归结为立宪问题。"(见第五次代表大会速记记录第五九六页至第五九七页)

季诺维也夫在南斯拉夫委员会会议上也谈到过这个错误,他说:

"在谢米奇的前途中显然缺少一样小东西——革命",民族问题是"革命的问题,而不是立宪的问题"(见《真理报》第八十三号)。

俄共(布)驻共产国际的代表们对谢米奇的错误所提出的这一切意见决不可能是偶然的,没有根据的。无风是不起浪的。

关于谢米奇的第一个错误即基本错误就是如此。

他的其余的错误都是从这个基本错误中直接产生出来的。

关于第二个问题,我在我的演说(见《布尔什维克》杂志第七期)中曾经肯定地说,谢米奇"不愿意把民族问题看成实质上是农民问题"。

这样说对不对呢?

请你们读一读谢米奇在南斯拉夫委员会会议上所发表的演说中的一段话,请你们自己判断吧:

谢米奇问道:"南斯拉夫民族运动的社会意义是什么呢?"他接着就答

---

① 共产国际第五次代表大会于一九二四年六月十七日至七月八日在莫斯科举行,德·查·曼努伊里斯基于六月三十日在代表大会上做了关于民族问题的报告。

道：“这个社会内容就是塞尔维亚资本同克罗地亚资本和斯洛文尼亚资本之间的竞争。”（见谢米奇在南斯拉夫委员会会议上的演说）

斯洛文尼亚资产阶级和克罗地亚资产阶级同塞尔维亚资产阶级之间的竞争在这里不能不起一定的作用，这当然是毫无疑义的。但是，把民族运动的社会意义说成是各个不同民族的资产阶级之间的竞争的人，不会把民族问题看成实质上是农民问题，这同样是毫无疑义的。现在，当民族问题已经从地方的和国内的问题变成世界的问题，变成殖民地和从属民族反对帝国主义的问题的时候，民族问题的实质是什么呢？现在民族问题的实质是：殖民地和从属民族的人民群众反对统治民族中的帝国主义资产阶级对这些殖民地和这些民族的财政剥削、政治奴役和文化奴役。在民族问题的这种提法下，各个不同民族的资产阶级之间的竞争能有什么意义呢？无疑是没有决定性的意义的，在某种场合连重大的意义都没有。十分明显，这里的问题主要不在于某一个民族的资产阶级在竞争中打败或者可能打败另一个民族的资产阶级，而在于统治民族中的帝国主义集团剥削和压迫殖民地和从属民族的基本群众首先是农民群众；帝国主义集团压迫和剥削他们，就促使他们加入反对帝国主义的斗争，使他们成为无产阶级革命的同盟者。如果把民族运动的社会意义归结为各个不同民族的资产阶级之间的竞争，就不能把民族问题看成实质上是农民问题。反过来说，如果把民族问题看成实质上是农民问题，就不能把民族运动的社会意义说成是各个不同民族的资产阶级之间的竞争。在这两个公式之间是无论如何不能划等号的。

谢米奇引证了斯大林在一九一二年末所写的《马克思主义和民族问题》这本小册子中的一句话。那里说道：“在资本主义上升时期，民族斗争是资产阶级之间的斗争。”显然，他想用这句话来暗示他给目前历史条件下的民族运动的社会意义所下的定义是正确的。但是，斯大林的小册子是在帝国主义大战以前写的，当时民族问题在马克思主义者看来还不是一个具有全世界意义的问题，当时马克思主义者提出的关于自决权的基本要求不是被看做无产阶级革命的一部分，而是被看做资产阶级民主革命的一部分。从那时候起，国际形势起了根本的变化，战争和俄国的十月革命把民族问题从资产阶级民主革命的一部分变成了无产阶级社会主义革命的一部分，如果看不到这一点，那就太可笑了。早在一九一六年十月，列宁在他的《关于自决问题的争论总结》①一文中就说过：民族问题中自决权这个要点已不再是整个民主运动的一部分，它已经成为整个无产阶级社会主义革命的一个组成部分。更不用说列宁以及俄国共产主义的其他代表后来论述民族问题的著作了。既然如此，那末在现在，当我们由于新的历史环境而进入了新的时代即无产阶级革命的时代的时候，谢米奇引证斯大林在俄国资产阶级民主革命时期所写的小册子中的一些话能有什么意义呢？只能有这样的意义：谢米奇离开空间和时间，离开当前的历史环境来引证别人的话，因而违反了辩证法最基本的要求，他没有考虑到在某一个历史环境下是正确的东西在另一个历史环境下可能是不正确的。我在南斯拉夫委员会会议上所做的演说中说过，俄国布尔什维克对民族问题的提法应当分为两个阶段：十月革命以前的阶段和十月革命阶段。前一阶段进行的是资产阶级民主革命，民族问题被看做整个民主运动的一部分；后一阶段进行的已经是无产阶级革命，民族问题已经成为无产阶级革命的一个组成部分。未必用得着证明，这种区别具有决定性的意义。恐怕谢米奇还没有理解民族问题提法的两个阶段之间的这种区别的用意和意义。

正因为如此，我认为谢米奇企图不把民族运动看成实质上是农民问题，而把它看成各个不同民族的资产阶级之间的竞争问题，"是由于他过低估计了民族运动的内部威力，不了解民族运动的深刻的人民性和深刻的革命性"（见《布尔什维克》杂志第七期）。

谢米奇的第二个错误就是如此。

值得注意的是，季诺维也夫在南斯拉夫委员会会议上所发表的演说中也谈到过谢米奇的这个错误，他说：

"谢米奇说，南斯拉夫的农民运动是由资产阶级领导的，因此它是不革命的。他的这个论断是不正确的。"（见《真理报》第八十三号）

这是不是巧合呢？当然不是！

这是那句话：无风是不起浪的。

最后，关于第三个问题，我曾经肯定地说，谢米奇"企图脱离国际形势和欧洲可能的前途来谈论南斯拉夫的民族问题"。

这样说对不对呢？

---

① 见《列宁全集》第四版第二十二卷第三〇六页至第三四四页。

是对的。因为谢米奇在他的演说中甚至没有间接暗示过下面这一点：在现今条件下国际形势是解决民族问题的最重要的因素，对南斯拉夫来说尤其如此。南斯拉夫国家本身是由于两个主要的帝国主义联盟的格斗而形成的，南斯拉夫无法跳出它周围的帝国主义国家间目前所进行的激烈的角斗，——这些事实谢米奇都没有看到。谢米奇说他完全考虑到可能使自决权问题成为迫切实践问题的国际形势的某些变化，这种说法在现在，在目前的国际形势下，应当认为已经不够了。现在的问题完全不在于在遥远的和可能设想的未来国际形势起某些的变化情况下承认民族自决权问题的迫切性，因为现在连资产阶级的民主主义者在必要时也可以承认这种前途。现在的问题不在这里，而在于不要把因战争和暴力而形成的现在南斯拉夫的国界问题变成解决民族问题的出发点和法律根据。二者必居其一：或者民族自决问题即根本改变南斯拉夫的国界问题是民族纲领的附加物，这种附加物将在遥远的未来隐隐约约地出现；或者这个问题是民族纲领的基础。很明显，自决权这一点无论如何不能既是南斯拉夫共产党民族纲领的附加物，又是这一纲领的基础。恐怕谢米奇还要继续把自决权看成民族纲领的未来附加物。

正因为如此，我认为谢米奇把民族问题和一般国际形势问题分开了，因此他的关于自决权的问题即关于改变南斯拉夫的国界问题实际上并不是一个现实问题，而是一个学院式的问题。

谢米奇的第三个错误就是如此。

值得注意的是，曼努伊里斯基同志在共产国际第五次代表大会上所做的报告中也谈到了谢米奇的这个错误，他说：

"谢米奇对民族问题的整个提法的基本前提，是认为无产阶级应当在由多次战争和种种暴行所形成的资产阶级国家的疆界内夺取这个国家。"（见共产国际第五次代表大会速记记录第五九七页）

能不能认为这是巧合呢？当然不能！

再说一遍：无风是不起浪的。

——《再论民族问题》，摘自《斯大林全集》第 7 卷，人民出版社 1958 年第 1 版，第 179—188 页。

**48. 和第一个美国工人代表团的谈话——在对少数民族的政策上俄国和资本主义国家的基本差别是什么？**

答：你们指的大概是苏联境内那些从前受沙皇制度和俄罗斯剥削阶级

压迫、没有自己国家组织的民族。

基本的差别是：在资本主义国家里存在着民族压迫和民族奴役，而在我们苏联，这两种东西都已经根本消灭了。

在资本主义国家那里，除了头等民族即享有特权的民族、"有国家的"民族以外，还有次等民族即"没有国家的"民族，主权不完整的、被剥夺了某些权利首先是被剥夺了成立国家的权利的民族。而在我们苏联，情形完全不同，所有这些民族不平等和民族压迫的表现都消灭了。在我国，一切民族都是平等的，有主权的，因为从前占统治地位的大俄罗斯民族的民族特权和国家特权都取消了。

当然，问题不在于发表民族平等的宣言。各种各样的资产阶级政党和社会民主党都发表了不少民族平等的宣言。这些宣言要是不付诸实现，那又有什么价值呢？问题在于消灭那些作为民族压迫的代表者、制造者和实行者的阶级。以前我国的地主和资本家就是这样的阶级。我们推翻了这些阶级，因而也就消灭了民族压迫的可能性。正因为我们推翻了这些阶级，我们才有可能实现真正的民族平等。

我们这里就把这叫做实现民族自决以至民族分离的思想。正因为我们实现了民族自决，我们才消除了苏联各民族劳动群众之间互不信任的心理，并在自愿原则上把各民族联合成一个联盟国家。现在的苏维埃社会主义共和国联盟就是我们实现民族政策的结果，就是苏联各民族自愿结合为一个联盟国家的表现。

几乎无须证明，资本主义国家在民族问题上要采取这样的政策是不可能的，因为那里还是资本家在执掌政权，而资本家是民族压迫政策的制造者和实行者。

不能不指出这样一个事实：领导苏联最高政权机关即苏维埃中央执行委员会的，并不一定是俄罗斯人的主席，而是按照加入苏联的六个加盟共和国的数目而定的六个主席，其中一个是俄罗斯人（加里宁），另一个是乌克兰人（彼得罗夫斯基），第三个是白俄罗斯人（切尔维雅柯夫），第四个是阿捷尔拜疆人（穆萨别柯夫），第五个是土尔克明人（艾塔柯夫），第六个是乌兹别克人（斐祖拉·霍扎也夫）。这个事实就是我们民族政策的一个鲜明表现。不用说，任何一个资产阶级共和国，不管它多么民主，也不会采取这种措施。可是这种措施在我们看来却是由我们全部民族平等政策产生出来的一个不言而喻的事实。

第九个问题：美国工人领袖用两种理由来为他们所进行的反对共产党人的斗争做辩护：

（一）共产党人在工会内部进行派别斗争，攻击工会中非激进的负责人，以此破坏工人运动；

（二）美国共产党人接受莫斯科的命令，他们既然对外国组织比对本国工会更忠诚，他们也就不能成为好的工会活动家。

怎样才能消除这些障碍，是美国共产党人能够和美国工人运动的其他组织共同进行工作？

答：我以为美国工人首领为他们所进行的反对共产党人的斗争做辩护的企图是经不起任何批评的。任何人都还没有证明过而且也不能证明共产党人是破坏工人运动的。但是，共产党人是全世界工人运动（包括美国工人运动）的最忠实最勇敢的战士，这一点却应当认为完全得到证明了。

在工人罢工和游行示威的时候，共产党人总是走在工人阶级的最前列，最先承受资本家的打击，而改良主义的工人首领这时却躲在资本家的后院里，这难道不是事实吗？共产党人对改良主义的工人首领的这种懦怯和反动行为，怎能不加以批评呢？这种批评只会活跃和加强工人运动，这难道还不明显吗？

固然，这种批评会破坏反动的工人首领的威信。但这又有什么了不起呢？反动的工人首领尽可以提出反批评，而不应把共产党人赶出工会。

——《和第一个美国工人代表团的谈话》，摘自《斯大林全集》第10卷，人民出版社1954年第1版，第110—112页。

**49. 致玛·依·乌里杨诺娃同志、答勒·米赫里逊同志的关于民族问题的来信的回复**

几天前收到你寄来的米赫里逊同志关于民族问题一信的抄本。现在简单答复如下：

（一）布略特的同志们曾经问我："通过在我们各个自治共和国领域内发展起来的民族文化向统一的全人类文化过渡，这应当怎样理解？"（见斯大林《列宁主义问题》第二五九页）我回答他们说，这种过渡应当这样理解：不是通过"在社会主义时期随着一切语言的消亡而形成的统一的全人类的语言"，而是通过各民族之以符合这些民族的语言和生活的形式去参加按内容来说是无产阶级的全人类文化（见《列宁主义问题》）。为了说明这一点，我引证了我国革命发展方面的许多事实，因为这个革命唤醒并加强了早先遭受排挤的民族及其文化。争论的就是这个问题。

米赫里逊同志没有了解争论的实质。

（二）米赫里逊同志对我所说的"在社会主义时期"（见上文）这几个字，对我所提的一些民族同化的过程并不等于一般民族的消灭这一论断吹毛求疵，断言斯大林的某些说法会给人以口实，把它们说成是在民族问题上"对列宁主义的修正"。而且他还引证了列宁的一段话："社会主义的目的不只是要消灭人类分为许多小国家的现象和各民族间的任何隔离状态，不只是要使各民族互相亲近，而且要使各民族融为一体。"

首先，我想米赫里逊同志是撇开了布略特的同志们信中的那种问题提法，而这种提法斯大林在东方劳动者共产主义大学的演说中无论如何是不能撇开的。布略特人指的正是通过民族文化向全人类文化过渡，而且布略特的同志们大概以为起初将是民族文化，然后才是全人类文化。斯大林在答复时反驳了这个看法，指出这种过渡不会是采取布略特人所设想的那种方式，而会是采取民族文化（就形式来说）和全人类文化（就内容来说）在苏联各民族中同时发展的方式，只有采取这种过渡方式，才能使各民族参加全人类文化（见《列宁主义问题》）。

其次，我想米赫里逊同志没有了解我的答复的意思。我所说的我国的"社会主义时期"，是指我国的社会主义建设时期，而不是指社会主义的"最后"胜利，这种胜利只有在国际范围内即只有当社会主义在世界各国或几个最重要的国家内获得胜利时才能到来。从我在东方劳动者共产主义大学的演说中对整个问题的提法看来，这是很清楚的。是不是可以断言，在我国的社会主义建设时期（"社会主义时期"）内，即社会主义在其他国家胜利以前，我国各民族一定会消失而融合成一个有共同语言的统一民族呢？我想是不可以的。不但如此，在无产阶级专政在全世界范围内获得胜利以后，甚至在这以后，民族差别和国家差别还会存在很久。

列宁说得非常对："各民族间和各国间的民族差别和国家差别……甚至在无产阶级专政在全世界范围内实现以后也还要保持很久很久。"（见《列宁全集》第四版第三十一卷第七十二页）

那么，对米赫里逊同志引证的列宁所说过的社会主义的目的归根到底就是各民族融为一体这段话应怎样了解呢？我想不应像米赫里逊同志那样去了解这段话。因为从上面所说的可以看出，列宁在这段话中把各民族融为一体看作社会主义的最终任务，这个任务只有"在无产阶级专政在全世界范围内实现以后"过了"很久很久的"时期，由于社会主义在世界各国内获得胜利才能实现。

可见米赫里逊同志没有了解列宁的话。

（三）我觉得斯大林的"说法"不需要"再明确化"。我迫切地等待着，看反对派敢不敢在党的代表大会期间的公开论战中提一提民族问题的原则方面。就怕他们不敢，因为自从季诺维也夫在中央委员会和中央监察委员会全会上的发言失败以后，反对派在其最近提出的"政纲"中对民族文化问题是宁可完全保持缄默的。万一反对派分子硬敢来试一下，那对党是更好的，因为党只会从这里得到好处。

——《致玛·依·乌里杨诺娃同志，答勒·米赫里逊同志》，摘自《斯大林全集》第10卷，人民出版社1954年第1版，第129—131页。

### 50. 关于"民族"概念

俄国马克思主义者早已有了自己的民族理论。依据这个理论，民族是人们在历史上形成的有共同语言、共同地域、共同经济生活以及表现于共同的民族文化特点上的共同心理素质这四个基本特征的稳定的共同体。大家知道，这个理论已经是我们党内所公认的了。

从你们的信中可以看出，你们认为这个理论不够完备。因此，你们建议给民族的四个特征加上第五个特征，这就是：具有自己的单独的民族国家。你们认为没有这第五个特征，就没有而且不可能有民族。

我认为你们所提出的、给"民族"概念加上新的第五个特征的那个公式是大错特错的，不论在理论上或者实践上——政治上都不能证明是对的。

按照你们的公式，就只好仅仅承认那些和其他国家分离而有自己的单独国家的民族才是民族，而一切不能成立独立国家的被压迫民族，就只好从民族范畴中一笔勾销，并且被压迫民族反对民族压迫的斗争，殖民地各族人民反对帝国主义的斗争，也只好从"民族运动"、"民族解放运动"概念中取消了。

不仅如此，按照你们的公式，就只好认定：

（甲）爱尔兰人只是在"爱尔兰自由国"成立以后才成为民族，而在这以前他们不是民族；

（乙）挪威人在挪威从瑞典分离出来以前不是民族，而只是在分离以后才成为民族；

（丙）乌克兰人在乌克兰是沙皇俄国的组成部分的时候不是民族，他们只是在中央拉达和斯柯罗帕茨基统领统治之下从苏维埃俄国分离出来以后才成为民族，但是他们在把自己的乌克兰苏维埃共和国同其他苏维埃共和国联合为苏维埃社会主义共和国联盟以后，又不再是民族了。

这样的例子是举不胜举的。

显然，使人得出这样荒谬的结论的公式不能认为是科学的公式。

在实践上——政治上：你们的公式不可避免地会引导到替民族压迫、帝国主义压迫做辩护，这种压迫的体现者根本不承认那些没有自己单独的民族国家的被压迫的和没有充分权利的民族是真正的民族，他们认为这种情况给了他们压迫这些民族的权利。

更不必说，你们的公式会引导到替我们各苏维埃共和国内的资产阶级民族主义者做辩护，这些人硬说各苏维埃民族在把自己的民族苏维埃共和国联合为苏维埃社会主义共和国联盟以后就不再是民族了。

关于"补充"和"修改"俄国马克思主义民族理论的问题就是如此。

剩下的只有一个出路：承认俄国马克思主义民族理论是唯一正确的理论。

——《民族问题和列宁主义（答梅什柯夫、柯瓦里楚克及其他同志）》，摘自《斯大林全集》第11卷，人民出版社1955年第1版，第286—288页。

### 51. 民族的产生和发展

你们的严重错误之一就是：你们把现有一切民族都搅在一起，看不见它们之间的原则差别。

世界上有各种不同的民族。有一些民族是在资本主义上升时代发展起来的，当时资产阶级打破封建主义和封建割据局面而把民族集合为一体并使它凝固起来了。这就是所谓"现代"民族。

你们断定说：民族还在资本主义以前就已经产生并存在了。但是，在资本主义以前，在封建主义时期，既然国家分裂为各个独立的公国，这些公国不仅没有用民族的纽带彼此联系起来，而且根本否认这种纽带的必要性，那末民族怎么能产生和存在呢？和你们的错误论断相反，在资本主义以前的时期是没有而且不可能有民族的，因为当时还没有民族市场，还没有民族的经济中心和文化中心，因而还没有那些消灭各该族人民经济的分散状态和把各该族人民历来彼此隔绝的各个部分结合为一个民族整体的因素。

当然，民族的要素——语言、地域、文化共同性等等——不是从天上掉下来的，而是还在资本主义以前的时期逐渐形成的。但是这些要素当时还处在萌芽状态，至多也不过是将来在一定的有利条件下使民族有可能形成的一种潜在因素。这种潜在因素只有在资本主义上升并有了民族市场、经济中心和文化中心的时期才变成了现实。

说到这里，应该指出列宁在《什么是"人民之友"以及他们如何攻击社会民主主义者？》一书中关于民族的产生问题所讲的那些出色的话。民粹派分子米海洛夫斯基从氏族联系的发展中推论出民族联系和民族统一的产生；列宁在和他论战的时候说到：

"这样说来，民族联系乃是氏族联系的延续和综合！米海洛夫斯基先生关于社会历史的观念，大概是取材于一些用作小学教材的童话。按这个启蒙课本的原理说来，社会历史是这样的：起初是家庭，这是任何一个社会的细胞……然后家庭发展为部落，部落又发展为国家。米海洛夫斯基先生郑重其事地重复这种幼稚的胡说，这不过表明（除其他一切外）他甚至对俄国历史的进程也没有任何概念。在古俄罗斯还可以说有过氏族生活，而在中世纪，在莫斯科皇朝时代，这种氏族联系毫无疑义已不存在了，就是说，当时国家完全不是建立在氏族的联合上，而是建立在地方的联合上：地主和教堂接纳了从各地来的农民，而这样组成的村社纯粹是地域性的联合。但在当时很难说已有真正的民族联系：当时国家分成各个领地，其中有一部分甚至是公国，这些公国还保存着从前那种自治制度的鲜明遗迹，有其管理方面的特点，有时候还保存着自己的特殊的军队（地方诸侯是带领着自己的军队去作战的）、特殊的税关等等。仅仅在俄国历史的新时期中（大约自十七世纪起），这一切区域、领地和公国才真正在事实上融合成一个整体。请最可尊敬的米海洛夫斯基先生注意，这种融合并不是由氏族联系引起的，甚至不是由它的延续和综合引起的，而是由各个区域间日益频繁的交换，由逐渐增长的商品流通，由各个不大的地方市场集中成一个全俄市场引起的。既然这个过程的领导者和主人翁是商人资本家，所以这种民族联系的建立也就无非是资产阶级联系的建立。"（见《列宁全集》第四版第一卷第一三七页至第一三八页）

所谓"现代"民族产生的情形就是如此。

资产阶级及其民族主义的政党在这个时期始终是这种民族的主要领导力量。为了"民族统一"而鼓吹民族内部的阶级和平；掠夺异民族的领土来扩大本民族的领土；不信任和仇视异民族；压迫少数民族；同帝国主义结成统一战线，——这就是这种民族的思想内容和社会政治内容。

这种民族应该评定为资产阶级民族。例如法兰西、英吉利、意大利、北美利坚以及其他类似的民族就是这样的民族。在我国无产阶级专政和苏维埃制度建立以前的俄罗斯、乌克兰、鞑靼、阿尔明尼亚、格鲁吉亚以及俄国其他的民族也是这样的资产阶级民族。

显然，这种民族的命运是和资本主义的命运联系在一起的，随着资本主义的灭亡，这种民族势必退出舞台。

在斯大林的《马克思主义和民族问题》小册子中说，"民族不是普通的历史范畴，而是一定时代即资本主义上升时代的历史范畴"，"民族运动实质上既是资产阶级的运动，它的命运自然就和资产阶级的命运联系在一起"，"只有资产阶级灭亡，民族运动才会彻底灭亡"，"只有在社会主义世界里，完全的和平才能建立起来"，这里指的正是这种资产阶级民族。

关于资产阶级民族的情形就是如此。

但是世界上还有其他的民族。这就是新式民族即苏维埃民族，这种民族是在俄国资本主义推翻以后，在资产阶级及其民族主义政党消灭以后，在苏维埃制度确立以后，在旧式民族即资产阶级民族的基础上发展和形成的。

工人阶级及其国际主义的政党是团结和领导这些新式民族的力量。为了消灭资本主义残余，为了胜利地建设社会主义，工人阶级和劳动农民在民族内部结成联盟；为了各个民族及少数民族的平等权利和自由发展而消灭民族压迫的残余；为了建立各族人民间的友谊和确立国际主义而消灭民族主义的残余；在反对侵略和侵略战争的政策的斗争中，在反对帝国主义的斗争中同一切被压迫的和没有充分权利的民族结成统一战线，——这就是这种民族的精神面貌和社会政治面貌。

这种民族应该评定为社会主义民族。

这些新式民族是由于资本主义被消灭而在旧式民族即资产阶级民族的基础上通过以社会主义精神根本改造旧式民族而产生和发展起来的。谁也不能否认，现在苏联各社会主义民族——俄罗斯民族、乌克兰民族、白俄罗斯民族、鞑靼民族、巴什基尔民族、乌兹别克民族、哈萨克民族、阿捷尔拜疆民族、格鲁吉亚民族、阿尔明尼亚民族以及其他各民族——不论按阶级成分和精神面貌说来，或者按社会政治的利益和趋向说来，都和旧俄境内各个相当的旧式民族即资产阶级民族根本不同。

这就是历史所知道的两种民族类型。

你们不同意把民族的命运（这里指旧式民族即资产阶级民族的命运）和资本主义的命运联系在一起。你们不同意旧式民族即资产阶级民族随着资本主义的消灭也将消灭的论点。可是，如果不把这些民族的命运和资本主义的命运联系在一起，究竟又能把它和什么东西联系在一起呢？随着资本主义的消失，它所产生的资产阶级民族也势必消失，这难道很难理解吗？难道你们认为旧式民族即资产阶级民族在苏维埃制度下，在无产阶级专政下也能存在和发展吗？这怎么行……

你们担心在资本主义制度下存在的民族的消灭就等于所有民族的消灭，任何民族的消灭。为什么呢？有什么根据呢？除了资产阶级民族以外，还存在着其他的民族，社会主义民族，它们的团结性和生命力远远超过了任何资产阶级民族，这难道你们不知道吗？

你们的错误就在于：除了资产阶级民族以外，你们看不见其他的民族，因而你们忽视了在旧式民族即资产阶级民族废墟上产生的苏联各社会主义民族形成的整个时代。

问题就在于：资产阶级民族的消灭并不就是所有民族的消灭，而仅仅是资产阶级民族的消灭。在旧式民族即资产阶级民族的废墟上，新式民族即社会主义民族产生和发展起来，这种民族比任何资产阶级民族都团结得多，因为它们没有那些腐蚀资产阶级民族的不可调和的阶级矛盾，而且它们的全民性远远超过了任何资产阶级民族。

——《民族问题和列宁主义（答梅什柯夫、柯瓦里楚克及其他同志）》，摘自《斯大林全集》第 11 卷，人民出版社 1955 年第 1 版，第 288—293 页。

## 52. 党在民族问题上的政策

你们的错误之一在于：你们不是把民族问题看做社会的社会政治发展总问题的一部分，从属于这个总问题的一部分，而是看做某种独立自在的和永恒的、在历史进程中基本上不变更自己的方向和性质的东西。因此，你们看不见每个马克思主义者所看到的东西，这就是：民族问题并不是始终具有同样的性质，民族运动的性质和任务是依革命发展的不同时期而变更的。

这一点在逻辑上也就说明这样一个可悲的事实：你们如此轻率地把革命发展的各不相同的时期混为一谈，搅在一起，不懂得在发展的各个不同阶段上革命的性质和任务的变化会引起民族问题的性质和任务的相应的变化，党在民族问题上的政策也要随之而改变，因此，不能把党在民族问题上的和革命发展某一时期相联系的政策同这个时期硬行分开，而随便搬到另一个时期。

俄国马克思主义者所持的出发点始终是下面这个原理：民族问题是革命发展总问题的一部分，在革命的各个不同阶段上民族问题具有和各该历史时期的革命性质相适应的各种不同的任务，因此，党在民族问题上的政策也就随之而改变。

在第一次世界大战爆发前的时期，历史在俄国提出了资产阶级民主革命作为当前的任务，俄国马克思主义者就把民族问题的解决和俄国民主变革的命运联系在一起。我们党认为：推翻沙皇制度，消灭封建残余并实现国家完全民主化，就是在资本主义范围内可能做到的解决民族问题的最好办法。

党在这个时期的政策就是如此。

列宁关于民族问题的一些著名论文就是属于这个时期的，其中有一篇是《关于民族问题的批评意见》，在这篇文章中列宁写到：

"……我肯定地说：如果资本主义世界一般地还有解决民族问题的可能，那就只有一个办法，这个办法就是实现彻底的民主主义。为了证明这一点，我顺便举了瑞士做例子。"（见《列宁全集》第四版第二十卷第二十三页）

斯大林的《马克思主义和民族问题》小册子也是属于这个时期的，在这个小册子中也写道：

"只有资产阶级灭亡,民族运动才会彻底灭亡。只有在社会主义世界里,完全的和平才能建立起来。可是把民族斗争减到最小限度,从根本上消除它,尽量使它无害于无产阶级,这在资本主义范围内也是可以做到的。瑞士和美国的例子就可以证明这一点。为此就必须使国家民主化,使各个民族有自由发展的可能。"

在后一个时期,在第一次世界大战时期,两个帝国主义联盟间的长期战争摧毁了世界帝国主义的威力,世界资本主义体系的危机达到了极点,殖民地和附属国也随同"宗主国"的工人阶级加入了解放运动,民族问题转变为民族殖民地问题,先进资本主义国家的工人阶级同殖民地和附属国的被压迫民族的统一战线开始变为实际的力量,社会主义革命因而成了当前的问题,——在这个时期,俄国马克思主义者已经不能满足于前一时期的政策,他们认为必须把民族殖民地问题的解决和社会主义变革的命运联系在一起。

党认为:推翻资产阶级政权和建立无产阶级专政,把帝国主义军队从殖民地和附属国境内驱逐出去并保证殖民地和附属国有分离和成立自己的民族国家的权利,消除民族仇视和民族主义并巩固各族人民间的国际联系,组织统一的社会主义国民经济和在这个基础上树立各族人民间兄弟般的合作,就是在这个时期的条件下解决民族殖民地问题的最好办法。

党在这个时期的政策就是如此。

这个时期还远没有充分显示自己的力量,因为它才刚刚开始,可是毫无疑问,它将表现出自己的决定作用……

应当单独提出我国革命发展的目前时期和党的当前政策的问题。

应该指出:我国暂时还是决心推翻资本主义的唯一的国家。而且它实际上已推翻了资本主义,建立了无产阶级专政。

因此,无产阶级专政在世界范围内的实现,尤其是社会主义在一切国家内的胜利,暂时还是很远的事。

其次,应该指出:我们既然推翻了早已摒弃自己的旧民主主义传统的资产阶级政权,也就附带地解决了"国家完全民主化"的任务,消灭了民族压迫制度和实现了我国各民族的权利平等。

大家知道,这些办法是消灭民族主义和民族仇视、确立各族人民互相信任的最好的方法。

最后，应该指出：民族压迫的消灭已经导致我国先前各被压迫民族的民族复兴，它们的民族文化的发展，我国各族人民友好的民族间的联系的巩固和他们在社会主义建设事业中的合作的建立。

必须记住：这些复兴起来的民族已经不是资产阶级所领导的旧式民族即资产阶级民族，而是在旧式民族的废墟上产生的、劳动群众的国际主义政党所领导的新式民族即社会主义民族。

因此，党认为必须帮助我国各个已经复兴的民族完全站立起来，振兴和发展自己的民族文化，兴办使用本民族语言的学校、剧院和其他文化机关，使党的、工会的、合作社的、国家的、经济的机关民族化，就是说，使这些机关在人员成分上是本民族的，培养本民族的党和苏维埃的干部，制裁所有那些企图阻挠党的这种政策的分子（固然人数不多）。

这就是说，党支持而且将来也要支持我国各族人民的民族文化的发展和繁荣，党将鼓励巩固我国各个新式民族即社会主义民族的事业，党将保护和捍卫这个事业而反对所有一切反列宁主义的分子。

从你们的信中可以看出，你们不赞成我们党的这种政策。第一、这是因为你们把新式民族即社会主义民族和旧式民族即资产阶级民族混淆起来，不懂得我们新式苏维埃民族的民族文化按内容来说是社会主义的文化。第二、这是因为——请原谅我不客气——你们在列宁主义问题方面很蹩脚，并且对民族问题了解很差。

请你们至少注意一下下面这个粗浅的道理。我们都在讲我国有进行文化革命的必要。如果认真地对待这件事情而不是夸夸其谈，那末在这方面至少必须实现第一个步骤：首先使初等教育成为不分民族的全国公民的义务教育，然后中等教育也如此。显然，不这样做，我国任何的文化发展都是不可能的，更不用说所谓文化革命了。而且不这样做，我国就既不会有工业和农业的真正高涨，也不会有可靠的国防。

但是，既然我国文盲的比例还很高，我国许多民族中文盲竟达百分之八十到九十，那末怎样才能做到这一点呢？

为此必须在全国建立稠密的使用本民族语言的学校网，供给精通本民族语言的教师干部。

为此必须使所有的管理机关，从党的和工会的机关到国家的和经济的机关都民族化，就是说，使这些机关在人员成分上是本民族的。

为此必须兴办使用本民族语言的报刊、剧院、电影院和其他文化机关。

有人会问：为什么要使用本民族语言呢？这是因为千百万人民群众只有使用本民族语言才能在文化、政治和经济发展方面获得巨大的进步。

既然如此，我认为就不怎么难以了解：列宁主义者在民族问题上除了我国现行政策以外，不能实行任何别的政策，当然，如果他们愿意继续做列宁主义者的话。

——《民族问题和列宁主义（答梅什柯夫、柯瓦里楚克及其他同志）》，摘自《斯大林全集》第11卷，人民出版社1955年第1版，第300—305页。

### 53. 关于民族问题的回答

第二类条子涉及的是民族问题。其中有一张条子我认为最有趣，它把我在第十六次代表大会上的报告中关于民族语言问题的解释和一九二五年我在东方民族大学的演说①中的解释做了比较，认为里面有一些不清楚的地方需要加以说明。这张条子上写道："那时你反对社会主义时期（在一个国家内）各民族语言会消亡而形成一种共同语言的理论（考茨基的理论），但是现在你在第十六次代表大会上的报告中却说共产党人主张各民族文化和各民族语言融合成一种有共同语言的共同文化（社会主义在全世界范围内胜利的时期），——这里有没有不清楚的地方？"

我认为这里既没有不清楚的地方，也没有任何矛盾的地方。我在一九二五年的演说中反对过考茨基的民族沙文主义理论，照这个理论的说法，如果十九世纪中叶无产阶级革命在德奥联邦获得胜利，那就一定会使各民族融合为一个有共同的德意志语言的共同的德意志民族，并使捷克人德意志化。我当时援引社会主义在苏联胜利后我国生活中的一些推翻了这个理论的事实来反对这个反马克思主义、反列宁主义的理论。我现在还是反对这个理论，这一点从我在第十六次代表大会上的报告中可以看出。我所以反对，是因为各民族，比如说苏联各民族，会融合为一个有共同的大俄罗斯语言的共同的大俄罗斯民族的理论是民族沙文主义的理论，是反对列宁主义的理论，它和列宁主义的基本原理是矛盾的，这个原理认为，民族差

---

① 约·维·斯大林《论东方民族大学的政治任务》（见《斯大林全集》俄文版第七卷第一三三页至第一五二页）。

别在最近时期内不会消失，这些差别即使在无产阶级革命在全世界范围内获得胜利以后还一定会存在很久。

至于民族文化和民族语言的更远的前途，那末我向来都是坚持而且现在还是坚持列宁的这一观点：在社会主义在全世界范围内胜利的时期，当社会主义已经巩固并且深入到日常生活的时候，各民族语言必然会融合为一种共同的语言，这种语言当然不会是大俄罗斯语言，也不会是德意志语言，而将是某种新的语言。关于这一点，我在第十六次代表大会上的报告中也肯定地说过了。

这里究竟有什么不清楚的地方，究竟有什么需要加以说明的呢？

看来写这张条子的人至少有两件事情没有完全弄清楚。

首先，他们没有弄清楚一个事实，就是我们苏联已经进入社会主义时期，虽然我们已经进入这个时期，但是各民族不仅没有消亡，反而在发展和繁荣起来。事实上，我们是否已经进入社会主义时期呢？我们所处的这个时期通常叫做从资本主义到社会主义的过渡时期。它在一九一八年叫做过渡时期，那时列宁在他的著名论文《论"左派"幼稚病和小资产阶级性》①中第一次阐述了这个时期及其经济生活中的五种成分。它在目前，在一九三〇年也叫做过渡时期，这时这些经济成分中有几种已经衰老，快要灭亡了，而其中有一种，即工业和农业方面的新成分，却在空前迅速地增长和发展起来。能不能说这两个过渡时期完全相同，它们彼此之间没有根本的区别呢？显然不能。

一九一八年我们在国民经济方面的情形怎样呢？工业遭到破坏，只能制造打火机，集体农庄和国营农场还没有成为普遍现象，城市中的"新"资产阶级和农村中的富农阶级正在增长。

现在我们的情形怎样呢？社会主义工业已经恢复，并且正在进行改造，国营农场和集体农庄体系有了充分的发展，单是它们的春季播种面积就占苏联全部播种面积的百分之四十以上，城市中的"新"资产阶级正在灭亡，农村中的富农阶级正在灭亡。

那时也是过渡时期，现在也是过渡时期。但它们毕竟是彼此根本不同的，是有天壤之别的。毕竟没有人能够否认我们已经踏上消灭最后一个严

---

① 《列宁全集》第四版第二十七卷第二九一页至第三一九页。

重的资本主义阶级即富农阶级的门槛。很明显，我们已经走出旧意义上的过渡时期而进入在全线直接展开大规模社会主义建设的时期。很明显，虽然我们离建成社会主义社会和消灭阶级差别还很远，但是我们已经进入社会主义时期，因为现在社会主义成分掌握着整个国民经济中的一切经济杠杆。虽然如此，可是各民族语言不仅没有消亡，没有融合为一种共同语言，恰恰相反，各民族文化和各民族语言正在发展和繁荣起来。显然，认为在展开大规模社会主义建设的时期，在一个国家内实行社会主义的时期，一个国家范围内的各民族语言会消亡而融合为一种共同语言的理论是不正确的理论，是反马克思主义、反列宁主义的理论。

第二、写这张条子的人没有弄清楚，民族语言的消亡和融合为一种共同语言的问题不是国家内部的问题，不是社会主义在一个国家内胜利的问题，而是国际问题，是社会主义在国际范围内胜利的问题。写这张条子的人不懂得，社会主义在一个国家内的胜利和社会主义在国际范围内的胜利不能混为一谈。列宁说，民族差别即使在无产阶级专政在国际范围内获得胜利以后还会存在很久，这不是没有道理的。

此外，还必须注意到和苏联若干民族有关的一种情况。在苏联版图内有乌克兰，而在其他国家版图内还有另外的乌克兰。在苏联版图内有白俄罗斯，而在其他国家版图内还有另外的白俄罗斯。你们是不是认为乌克兰语言和白俄罗斯语言问题可以不考虑这些特殊条件而得到解决呢？

其次，再拿分布在苏联南部边境从阿捷尔拜疆到哈萨克斯坦和布里亚特——蒙古的各民族来说吧。所有这些民族的情况也和乌克兰、白俄罗斯一样。显然，这里也必须注意到这些民族发展的特殊条件。

所有这一类同民族文化和民族语言有关的问题都不能在一个国家范围内，在苏联范围内得到解决，这不是很明显吗？

——《联共（布）中央委员会向第十六次代表大会的政治报告的结论》，摘自《斯大林全集》第13卷，人民出版社1956年第1版，第5—8页。

### 54. 论反犹太主义（答美国犹太电讯社问）

民族沙文主义和种族沙文主义是人吃人时代特有的仇视人类的习气的残余。种族沙文主义的极端形式反犹太主义是人吃人恶习的最危险的残余。

反犹太主义对剥削者是有利的，因为它是使资本主义躲开劳动者打击的避雷针。反犹太主义对劳动者是危险的，因为它是使劳动者离开正路而走入丛莽密林的歧途。因此，作为彻底的国际主义者的共产党人不能不是反犹太主义的势不两立的死敌。

在苏联，反犹太主义是作为一种极端敌视苏维埃制度的现象而受到法律极严厉的追究的。依照苏联法律，积极的反犹太主义者应判处死刑。

——《论反犹太主义（答美国犹太电讯社问）》，摘自《斯大林全集》第13卷，人民出版社1956年第1版，第28页。

### 55. 关于民族问题，有一部分党员持有一种危险的糊涂观点

再如拿民族问题来说吧。在这里，在民族问题方面，也和在其他问题方面一样，有一部分党员持有一种能造成相当危险的糊涂观点。我说过资本主义残余的生命力。应当指出，在民族问题方面，人们意识中的资本主义残余比在其他任何方面都更有生命力。所以更有生命力，是因为它们有可能用民族外衣很好地伪装起来。很多人认为斯克雷普尼克的堕落变节是个别的例外事件。这是不对的。斯克雷普尼克和他的集团在乌克兰的堕落变节并不是例外事件。在其他民族共和国里，个别同志也有这种错误。

民族主义倾向，不管是大俄罗斯民族主义倾向还是地方民族主义倾向，是什么意思呢？民族主义倾向就是使工人阶级的国际主义政策迁就资产阶级的民族主义政策。民族主义倾向反映出"自己的""民族的"资产阶级企图破坏苏维埃制度而恢复资本主义。可见这两种倾向的根源是共同的。这个根源就是离开列宁的国际主义。如果你们想打击这两种倾向，那就首先应当打击这个根源，打击那些离开国际主义的人，不管他们倾向于地方民族主义还是倾向于大俄罗斯民族主义。

有人在争论：哪一种倾向是主要危险，大俄罗斯民族主义倾向还是地方民族主义倾向？在目前条件下，这是一种表面的因而也是空泛的争论。如果想提出一种对任何时间和条件都适用的辨别主要危险和非主要危险的现成方法，那就愚蠢了。世界上根本没有这种方法。主要危险就是人们停止和它作斗争因而让它发展到危害国家的那种倾向。

在乌克兰，乌克兰民族主义倾向在不久以前还不是主要危险，但是当人们停止和它作斗争而让它发展到和武装干涉者结合起来的时候，这种倾向就成了主要危险。解决什么是民族问题方面的主要危险的问题不是靠空泛的表面的争论，而是靠对当时的实际情况进行马克思主义的分析，靠研究这方面所犯的错误。

——《在党的第十七次代表大会上关于联共（布）中央工作的总结报告》，摘自《斯大林全集》第 13 卷，人民出版社 1956 年第 1 版，第 319—320 页。

### 56. 民族权利是否会受损害

在宪法草案第二章内已经写明，苏联是享有平等权利的各民族的自由联盟。是不是需要在说明苏联社会阶级成分而不是说明苏联社会民族成分的宪法草案第 1 条里，重复这一公式呢？显然不需要。至于苏联各民族和种族的权利，在宪法草案第二、第十和第十一章内都已说明。从这几章可以清楚地看到，苏联各民族和种族，在全国经济、政治、社会和文化生活各方面都享有同等的权利。所以，根本谈不到民族权利会受损害。

——《关于苏联宪法草案〔1936 年 11 月 25 日在全苏苏维埃第八次（非常）代表大会上的报告〕》，摘自《斯大林文集》，人民出版社 1985 年第 1 版，第 121 页。

### 57. 关于宪法草案的修改

有人提议，把第 22、23、24、25、26、27、28、29 等条内容关于加盟共和国所属各边疆区和各州行政区域划分的详细记载删去。我认为这个提议也是不能采纳的。在苏联有些人非常喜欢不厌其烦地改变各边疆区和各州的界线，以致在工作中造成混乱和缺乏信心。宪法草案正是要给这些人一个限制。这是很好的，因为在这方面，也象在其他许多方面一样，我们要有自信的气氛，要有稳定性、明确性。

第五个修改意见是关于第 33 条的。提意见的人认为建立两院制是不适当的，提议取消民族院。我认为这个意见也是不正确的。如果苏联是一个单民族的国家，那么一院制会比两院制好。但是苏联不是单民族的国家。大家知道，苏联是多民族的国家。我们有一个不分民族而代表苏联一切劳动者共同利益的最高机关。这就是联盟院。可是，苏联各民族除了共同利益以外，还有与民族特点有关的各自特有的特别利益。可以忽视这些特别利益吗？不可以。是不是需要一个正是反映这些特别利益的专门最高机关呢？绝对需要。无疑，没有这样一个机关，就无法管理苏联这样一个多民族的国家。这样的机关就是第二院，即苏联民族院。

有人援引欧美各国议会史中的事实，说两院制在这些国家里只有坏处，第二院一般都成了反动的中心，成为前进的障碍。所有这一切都是对的。

可是，这些现象所以发生，是因为这些国家里的两院是不平等的。大家知道，第二院往往比第一院有更多的权利，而且第二院照例不是通过民主方式成立的，往往是用上面指定议员的方式成立的。毫无疑问，如果两院平等，第二院也象第一院那样用民主方式成立，就不会有这种坏处。

——《关于苏联宪法草案［1936年11月25日在全苏苏维埃第八次（非常）代表大会上的报告］》，摘自《斯大林文集》，人民出版社1985年第1版，第124—125页。

## 二　论国家、领土与主权

**1. 敌人就是整个资产阶级有组织的力量，即拥有军队、法庭、警察、监狱和宪兵的现代资本主义国家**

各烟草工厂和铁路工厂中无组织的罢工接二连三地发生了。这种情况在我们这里发生在一八九七年至一八九八年，在俄罗斯则稍微早一些。当时必须及时给以帮助，而社会民主派也就赶紧去帮助了。要求缩短工作日、废除罚款、提高工资等等的斗争开始了。社会民主派清清楚楚知道，工人运动的发展不能局限于这些琐碎的要求，这些要求并不是运动的目的，而只是达到目的的一种手段。尽管这些要求是琐碎的，尽管各个城市和地区的工人今天还是各自分散地进行斗争，但这个斗争本身将使工人认识到，只有整个工人阶级团结成统一的、强大的、有组织的力量去冲击他们的敌人时，才能得到完全的胜利。这个斗争也将向工人表明，他们除了自己的直接敌人资本家而外，还有另一个更警觉的敌人，这个敌人就是整个资产阶级有组织的力量，即拥有军队、法庭、警察、监狱和宪兵的现代资本主义国家。既然西欧的工人要改善自己生活状况的任何最小的试图都会碰到资产阶级政权的压制，既然在已经争得人权的西欧，工人也得与政府当局进行直接的斗争，那末俄国工人在自己的运动中就一定更会和专制政权发生冲突，这个政权之所以是任何工人运动的警觉的敌人，不仅因为它保卫资本家，而且因为它既是专制政权，就不能容忍各个社会阶级的独立自主活动，特别是不能容忍这个比其他阶级更受压迫更受践踏的工人阶级的独立自主活动。

——《俄国社会民主党及其当前任务》，摘自《斯大林全集》第1卷，人民出版社1953年第1版，第12页。

**2. "统一而不可分的"俄国并不存在**

大胆宣布"俄国是统一而不可分的"时代已经过去了。现在连小孩子也知道"统一而不可分的"俄国并不存在，它早就分成两个对立的阶级，即资产阶级和无产阶级。现在谁都晓得这两个阶级间的斗争已变成我国现代生活所赖以旋转的轴心。

——《无产阶级和无产阶级政党》，摘自《斯大林全集》第1卷，人民出版社1953年第1版，第55页。

### 3. 俄罗斯联邦共和国的组织

由于近日在苏维埃报刊上对建立俄罗斯联邦的原则和方式问题展开了讨论，本报记者特请民族事务人民委员斯大林同志就这一问题发表意见。

斯大林同志对于本报记者所提出的几个问题做了如下答复。

**资产阶级民主制的联邦**

在现有一切联邦制联合中，最能代表资产阶级民主制度的是美国和瑞士的联邦。这两个国家是在历史上由许多独立国家经过邦联而形成联邦的，但是它们实际上已经变成单一制的国家，仅仅保留了联邦制的形式。从独立到单一制的整个发展过程是经过许多次的暴力、压迫和民族战争的。只要回忆一下美国的南北战争和瑞士的宗得崩德同其余各邦的战争就够了。这里不能不指出，瑞士各邦和美国各州不是按照民族特征，甚至不是按照经济特征建立的，而是完全由于偶然，即由于外来移民或村社偶然占领了某些领土而建立的。

**在形成中的俄罗斯联邦同这种联邦有什么区别**

目前俄国正在建立的联邦将是而且应该是完全不同的东西。

第一、俄国分离出去的各区域就生活习惯和民族成分来说都是完全固定的单位。乌克兰、克里木、波兰、南高加索、土尔克斯坦、伏尔加河中游、柯尔克兹边区和中部的不同不仅在于地理位置（是边疆地区！），而且还在于都是完整的经济地域，其居民具有一定的生活习惯和民族成分。

第二、这些区域并不是自由独立的地域，而是被强迫并入全俄政治机体的单位，它们现在渴望得到必要的行动自由，建立联邦关系或完全独立。这些地域"联合"的历史就是旧俄当局施行暴力和压迫的整幅图画。在俄国建立联邦制度将意味着这些地域和居住在这些地域的各族人民摆脱旧的帝国主义的压迫。从单一制走向联邦制！

第三、在西方的联邦国家那里，领导国家生活建设的是帝国主义资产阶级。"联合"不会没有暴力，这是并不奇怪的。在我们俄国这里则恰恰相反，领导政治建设的是帝国主义的死敌无产阶级。因此，俄国可以并且必须在各民族自由联盟的基础上建立联邦制度。

这就是俄国的联邦和西方的联邦之间的本质差别。

**建立俄罗斯联邦的原则**

斯大林同志接着说：由此可见，俄罗斯联邦不是各个独立城市的联盟

（像资产阶级报刊的漫画家所想像的那样）或一般区域的联盟（像我们某些同志所揣度的那样），而是在历史上分离出来的、有特殊的生活习惯和民族成分的一定地域的联盟。这里问题决不在于某些区域的地理位置，甚至不在于某些地域有江河（土尔克斯坦）、山脉（西伯利亚）、或草原（土尔克斯坦）和中部相隔。拉奇斯所宣传的这种地理联邦制和苏维埃第三次代表大会所宣布的联邦制毫无相同之处。波兰和乌克兰并没有山脉和江河同中部相隔，但是谁也不会武断地说，没有这些地理特征，上述区域就不能有自由自决的权利。

斯大林同志说：另一方面，毫无疑问，莫斯科的区域分离派的特殊联邦制（他们力图把莫斯科周围的十四个省人为地联合起来）也和苏维埃第三次代表大会关于联邦问题的人所共知的决议毫无相同之处。总共不过包括几个省的中部纺织区无疑是一个完整的经济单位，像这样的地区无疑将由自己的区域机关即最高国民经济委员会的一个独立部门来管理。可是在没落的卡卢加和工业区伊万诺沃—沃兹涅先斯克之间能有什么相同之处呢？现在的区域人民委员会根据什么特征要把它们"联合"起来呢？真是莫名其妙。

**俄罗斯联邦共和国的成员**

显然，应该而且可以成为联邦的主体的不是任何地区和单位，也不是任何地理上的地域，而只能是自然地具有特殊的生活习惯、特殊的民族成分和某种最低限度的经济地域的完整性的一定区域。这样的区域就是波兰、乌克兰、芬兰、克里木、南高加索（而南高加索还可以分成若干一定的民族地域单位，如格鲁吉亚、阿尔明尼亚、阿捷尔拜疆—鞑靼等等）、土尔克斯坦、柯尔克兹边区、鞑靼—巴什基里亚地区和西伯利亚等等。

**加入联邦的区域的权利。少数民族的权利**

这些加入联邦的区域的权限将在整个苏维埃联邦的建设过程中非常具体地规定出来，但是这些权利的一般轮廓现在就可以勾画出来了。陆海军、外交、铁路、邮电、货币、通商条约和总的经济、财政、金融政策，——这一切大概将是中央人民委员会的职权范围。其余一切事宜，首先是一般法令的执行方式、学校、诉讼、行政管理等等，则归区域人民委员会负责。无论在诉讼方面或在学校中，都不得强制采用任何"国"语！每个区域选择一种或者几种适应当地居民民族成分的语言，并且在一切社会机关和政治机关中都要遵守少数民族语言和多数民族语言完全平等的原则。

## 中央政权的建立

中央政权的建立，它的组织方式是由俄罗斯联邦的特点决定的。美国和瑞士的联邦院实际上形成了两院制：一方面是根据普选原则选出的议会，另一方面是由各州或各邦组成的联邦院。这也就是事实上造成资产阶级立法滞缓的那种两院制。不用说，俄国的劳动群众是不会同意这种两院制的。至于这种制度和社会主义的基本要求完全不符合，那就更不用说了。

斯大林同志接着说：我们认为，俄罗斯联邦的最高权力机关将是由俄国全体劳动群众选出的苏维埃代表大会或代行其职权的中央执行委员会。并且必须抛弃那种认为普选制"原则"绝对正确的资产阶级偏见。选举权想必只给那些被剥夺的或至少不剥削他人劳动的居民阶层。这是无产阶级和贫农专政这一事实的自然结果。

## 政权的执行机关

至于俄罗斯联邦政权的执行机关，即中央人民委员会，我们认为应该是由苏维埃代表大会从中央和加入联邦的各区域所提出的候选人中选出。这样，在中央执行委员会和人民委员会之间就不会有而且不应该有所谓第二院了。毫无疑问，在建立政权方面，实践会创造出而且大概正在创造出使各区域的和中央的利益结合起来的其他更适宜和更有伸缩性的形式。但是有一点是毫无疑问的：无论实践创造出什么样的形式，它决不会复活已经被我们的革命铲除和埋葬了的两院制。

## 联邦制的过渡作用

我们的谈话人接着说：在我看来，这就是我们眼前正在形成的俄罗斯联邦的一般轮廓。很多人倾向于把联邦制度看做最稳固的甚至是理想的制度，并且时常以美国、加拿大和瑞士为例。可是，历史证明迷恋联邦制是不对的。第一、美国和瑞士已经不是联邦国家。它们在十九世纪六十年代曾经是联邦国家，从十九世纪末全部政权由各州、各邦转归中央联邦政府的时候起，它们事实上已经变成单一制的国家了。

历史证明，美国和瑞士的联邦制是各州、各邦从独立走向完全联合的过渡阶段。联邦制作为从独立到帝国主义单一制的过渡阶段是一种完全适宜的形式，但是各州、各邦联合成统一的国家整体的条件一成熟，联邦制就被废除和抛弃了。

**俄罗斯联邦政治建设的过程。俄国的联邦制是走向社会主义单一制的过渡阶段**

俄国的政治建设是相反地进行的。这里沙皇时代的强制性的单一制正被自愿的联邦制所代替，以便逐渐使联邦制让位给俄国各民族和各部落劳动群众的兄弟般的自愿联合。斯大林同志在结束谈话的时候说：俄国的联邦制也同美国和瑞士的联邦制一样注定要起过渡作用，过渡到将来的社会主义单一制。

——《俄罗斯联邦共和国的组织（和〈真理报〉记者的谈话）》，摘自《斯大林全集》第4卷，人民出版社1956年第1版，第63—68页。

### 4. 关于自治

这个会议的目的是组织本区域苏维埃共和国成立大会筹备委员会。将来的成立大会的目的是确定鞑靼—巴什基里亚自治区的疆界和性质。自治思想是给各民族带来自由的十月革命的本质产生的。人民委员会在十月的日子里发表的俄国各民族人民权利宣言和苏维埃第三次代表大会宣布俄国为具有特殊生活习惯和民族成分的居民的自治区联邦的著名决议，不过是十月革命的本质在形式上的表现。

苏维埃第三次代表大会提出了苏维埃共和国宪法的总纲，号召俄国各民族的劳动人民表示他们愿意在自己的区域内建立怎样的具体的政治组织形式，以及他们愿意和中央建立怎样的关系。在所有的区域中，似乎只有芬兰和乌克兰作了肯定的表示……表示要独立。而当人民委员会确信在这些国家中争取独立的不仅是资产阶级而且也有无产阶级分子之后，这些国家就毫无阻碍地获得了它们所要求的东西。

至于其他区域，它们的劳动人民在民族运动的问题上是有些消极的。而他们愈消极，资产阶级就表现得愈积极。几乎在所有的区域内都建立了资产阶级自治团体，它们组织了"民族委员会"，在自己的区域里划分了各个拥有民族部队、民族预算等的民族集团，这样就把自己的地区变成了民族斗争和沙文主义的舞台。这些自治团体（我指的是鞑靼、巴什基里亚、柯尔克兹、格鲁吉亚、阿尔明尼亚等的"民族委员会"），所有这些"民族委员会"都追求一个目的：获得自治，使中央政权不干涉它们的事务，不监视它们。"让我们自治，那我们就承认中央苏维埃政权，可是地方苏维埃我们不能承认，它们不应当干涉我们的事情，我们要怎样组织就怎样组织，想怎样组织就怎样组织，我们愿意怎样对付本民族的工人和农民就怎样对付。"这实质上是资产阶级的自治，要求对自治区内"自己的"劳动者实行全权统治的资产者所追求的自治。

不言而喻，苏维埃政权不能批准这种自治。给予自治竟是为了使自治区的全部政权属于要求不受苏维埃干涉的民族资产阶级，把鞑靼、巴什基里亚、格鲁吉亚、柯尔克兹、阿尔明尼亚等民族的工人交给鞑靼、格鲁吉亚、阿尔明尼亚以及其他民族的资产者去宰割，——不，苏维埃政权不能这样做。

自治是一种形式。全部问题在于这种形式包含的是什么样的阶级内容。苏维埃政权决不反对自治，它主张自治，但是它主张的是全部政权掌握在工人和农民手里的自治，是各民族的资产者不仅无权执政而且无权参加政府机关选举的自治。

根据苏维埃原则实行的自治就是这种自治。

有两种类型的自治。第一种类型是纯粹民族主义的自治。这种自治是超地域地根据民族主义原则建立起来的。"民族委员会"，由这些委员会支配的民族部队，居民划分为几个民族集团，由此必然发生的民族纷争，——这些就是这种类型的自治的结果。这种类型的自治必然使工农代表苏维埃灭亡。资产阶级拉达曾经追求过这种类型的自治。拉达为了自己的成长和发展自然不得不同工农苏维埃作战。在南高加索，由于存在着阿尔明尼亚、格鲁吉亚和鞑靼民族委员会，也造成了同样的结果。格格奇柯利向南高加索工兵农代表苏维埃和行政委员会所说的话是很对的："你们是否知道，行政委员会和工兵农代表苏维埃已经形同虚设，因为全部权力实际上已经转到拥有自己民族部队的民族委员会手中了。"

这种类型的自治我们是根本反对的。

我们主张另一种类型的自治，即一个或几个民族在人数上占优势的区域的自治。没有任何民族集团，没有任何民族壁垒！自治应该是依靠工兵农代表苏维埃的苏维埃自治。这就是说，该区域的居民不应当按照民族特征划分，而应当按照阶级特征划分。具有阶级性的工兵农代表苏维埃是自治的基础，自治是这些工兵农代表苏维埃的苏维埃的意志的表现形式——这就是我们所主张的苏维埃自治的性质。

资产阶级世界给自治区域对中央的关系确定了一种固定形式。我指的是北美、加拿大和瑞士。在这些国家里，中央政权是由各州（或各邦）全体居民所选出的全国议会和各州（或各邦）政府所选出的联邦院这两个平行的机关组成的。这样就形成了立法滞缓、扼杀任何革命事业的两院制。

我们反对在国内实行这种政权建设制度。我们反对它，不仅因为社会主义根本否定这种两院制，而且还因为实际考虑到目前的局势。问题在于：在目前过渡时期，资产阶级已被打垮，但还没有被镇压下去；由于资产阶级内的阴谋诡计而加深了的经济破坏和粮食恐慌还没有消除；资本主义旧世界已经被摧毁，但是社会主义新世界还没有建成，——在这个时候，国家必须有一个能够彻底镇压社会主义的敌人，组织新的共产主义经济的强有力的全俄政权。简单地说，我们必须有一个通常所说的城乡无产阶级专政。在这个时候，如果建立同中央政权平行的地方和区域的自主政权机关，那实际上就会使任何政权瓦解而倒退到资本主义。正因为如此，必须使中央政权掌握全国一切重要职权，而把纯系地方性的主要是行政、政治、文化方面的职权交给地方机关。诸如学校、法院、行政管理、必要的政治措施、实施适合于民族生活条件的一般法令的方式和方法，——这一切都要用当地居民懂得的本族语言。这就是为什么大家公认的由区域中央执行委员会领导的区域组织这一类型是这种自治最适当的形式。

这就是目前过渡时期所必需的那种自治，所以必需，是由巩固无产阶级专政的利益以及俄国各民族的无产阶级对资产阶级民族主义这一帝国主义最后堡垒所进行的共同斗争决定的。这一切十分明白地确定了我们这次会议的任务。会议将听取各地的报告，以便了解本区域各族劳动群众的一般要求。其次，会议将制定初步的地域概图，这个地域的劳动人民将参加区域苏维埃共和国成立大会的选举，并且享有选举权的不仅是本自治地区的，而且还有邻近地区的组成苏维埃的劳动群众。最后，会议将选出负责召开本区域苏维埃共和国成立大会的筹备委员会。自治问题的解决，自治权限的确定和区域境界的最后划定等工作交给成立大会。

——《在鞑靼—巴什基里亚苏维埃共和国成立大会筹备会议上的讲话》，摘自《斯大林全集》第 4 卷，人民出版社 1956 年第 1 版，第 79—83 页。

**5.《真理报》记者**：各独立共和国联合的运动是由谁发起的？

斯大林：运动是由各共和国自己发起的。大约在三个月以前，南高加索各共和国的领导集团就提出了关于建立各苏维埃社会主义共和国统一的经济战线和把各共和国联合成一个联盟国家的问题。当时在阿捷尔拜疆、格鲁吉亚和阿尔明尼亚的一些地区把这个问题提交党员群众广泛地进行了讨论，从有关的决议中可以看出，这个问题激起了空前未有的热情。几乎与此同时，在乌克兰和白俄罗斯也提出了联合的问题，这个问题在那里的广大党员群众中间，也和南高加索一样，引起了极热烈的反应。

这些情况无疑说明这个运动富有生命力，也说明各共和国的联合问题确实已经成熟了。

——《关于各独立民族共和国的联合问题——和〈真理报〉记者的谈话》，摘自《斯大林全集》第5卷，人民出版社1957年第1版，第114页。

**6.《真理报》记者：各独立共和国联合运动是怎样引起的，它的主要原因是什么？**

斯大林：主要是经济方面的原因。帮助农民经济，发展工业，改进交通联络工具，财政问题，关于租让制和其他经济协定的问题，作为商品买卖者在国外市场上一致行动，——这就是产生成立共和国联盟的运动的一些问题。一方面内战使我们各共和国内部的经济资源枯竭，另一方面没有较多的外资流入，这就造成这样一种情况：我们各苏维埃共和国中没有一个能够靠本身的力量来恢复自己的经济。现在，当各苏维埃共和国在内战结束后第一次认真着手解决经济问题的时候，当在工作过程中第一次感到靠各个共和国孤军作战十分不够而完全有必要联合行动并在经济方面联合起来的时候，当感到这种联合是真正恢复工业和农业的唯一途径的时候，这种情况就特别显著了。

但是要把各个共和国的经济活动真正联合起来，直到把它们联合成统一的经济联盟，就必须建立一些能够沿着一条确定的道路指导这些共和国的经济生活的相当的常设联盟机关。正因为如此，这些共和国之间原有的经济协定和贸易协定现在就显得不够了。正因为如此，建立共和国联盟的运动的发展超过了这些协定并提出了各共和国的联合问题。

——《关于各独立民族共和国的联合问题——和〈真理报〉记者的谈话》，摘自《斯大林全集》第5卷，人民出版社1957年第1版，第114—115页。

**7.《真理报》记者：各独立共和国联合趋向是一种崭新的现象，还是有它的历史？**

斯大林：各独立共和国的联合运动并不是一种什么突如其来的和"空前未有的"新现象。它有自己的历史。这个联合运动经过了两个发展阶段，现在它已进入第三个阶段。

第一个阶段是一九一八年至一九二一年，也就是武装干涉和内战时期，当时致命的危险威胁着各共和国的生存，当时这些共和国为了保卫自己的生存不得不在军事方面联合起来。这个阶段是以各苏维埃共和国的军事联合、军事联盟而告结束的。

第二个阶段是一九二一年底到一九二二年初，也就是热那亚会议和海牙会议时期，当时西方资本主义列强对武装干涉的力量丧失了信心，试图不用军事方式而用外交方式在各苏维埃共和国内恢复资本主义所有制，当时各苏维埃共和国的统一的外交战线是抵挡西方列强攻击必不可少的手段。在这个基础上就产生了八个友好的独立共和国和俄罗斯苏维埃联邦社会主义共和国在热那亚会议开幕前签订的著名协定①，这个协定不是别的，正是各苏维埃共和国的外交联合。第二个阶段即我们各共和国的外交联盟阶段就是这样结束的。

现在各民族共和国的联合运动已进入第三个阶段即经济联合阶段。不难理解，第三个阶段是联合运动的前两个阶段发展的结果。

——《关于各独立民族共和国的联合问题——和〈真理报〉记者的谈话》，摘自《斯大林全集》第5卷，人民出版社1957年第1版，第115—116页。

**8.《真理报》记者：是否应当由此得出结论说，各共和国联合的结果，和远东共和国一样，必定是同俄罗斯合并，同俄罗斯融合？**

斯大林：不，不是这个意思！远东共和国②和上述各民族共和国之间有原则的差别：

---

① 指阿捷尔拜疆、阿尔明尼亚、格鲁吉亚、白俄罗斯、乌克兰、花剌子模、布哈拉、远东等独立共和国的全权代表和俄罗斯苏维埃联邦社会主义共和国的全权代表于一九二二年二月二十二日在莫斯科签订的关于授权俄罗斯苏维埃联邦社会主义共和国代表其他共和国出席热那亚全欧经济会议的协定。

② 远东共和国于一九二〇年四月成立，一九二二年十一月取消。远东共和国包括贝加尔湖沿岸地区、外贝加尔湖地区、阿穆尔省、沿海区、堪察加和库页岛北部。

（甲）前者完全不是按照民族特征，而是根据策略上的理由（考虑到资产阶级民主的形式可以成为反对日本和其他列强的帝国主义野心的可靠保障）用人工建立起的（当作缓冲地带）；后者则相反，它们是各有关民族发展的自然产物，主要是以民族特征为基础的；

（乙）远东共和国可以取消，这丝毫不会触犯该共和国多数居民的民族利益（因为他们同俄罗斯大多数居民一样都是俄罗斯人），但是取消各民族共和国就是要求取消非俄罗斯民族和使它们俄罗斯化的一种反动的荒谬举动，就是反动的唐·吉诃德式的举动，这种举动连黑帮分子叔尔根这样的俄罗斯沙文主义黑暗势力派也会反对的。

正因为如此，在远东共和国确信资产阶级民主的形式不适于作为反对帝国主义者的保障以后，它就能自行消亡，成为俄罗斯的一个组成部分，成为像乌拉尔或西伯利亚那样的不设立人民委员会和中央执行委员会的地区；而民族共和国是完全建立在另一种基础上的，只要产生它们的各民族还存在，只要民族语言、民族文化、生活方式和风俗习惯还存在，它们就不能取消，就不能没有自己的中央执行委员会和人民委员会，就不能没有自己的民族基础。这就说明为什么各民族苏维埃共和国联合成一个联盟国家的结果，不可能是它们同俄罗斯合并，同俄罗斯融合。

——《关于各独立民族共和国的联合问题——和〈真理报〉记者的谈话》，摘自《斯大林全集》第5卷，人民出版社1957年第1版，第116—117页。

**9.《真理报》记者：在你看来，各共和国联合成统一的联盟的性质和形式是怎样的？**

斯大林：联合的性质应当是自愿的，完全自愿的，每个民族共和国都应当有退出联盟的权利。因此，自愿原则应当作为签订成立苏维埃社会主义共和国联盟的条约的基础。

签订联合条约的有：俄罗斯苏维埃联邦社会主义共和国（是一个完整的联邦单位）、南高加索联邦①（也是一个完整的联邦单位）、乌克兰和白

---

① 南高加索联邦，即南高加索各苏维埃社会主义共和国联邦制同盟，于一九二二年三月十二日在格鲁吉亚、阿捷尔拜疆和阿尔明尼亚中央执行委员会全权代表会议上成立。一九二二年十二月联邦制同盟改为南高加索苏维埃社会主义共和国。南高加索联邦存在到一九三六年。根据一九三六年苏联宪法的规定，阿尔明尼亚、阿捷尔拜疆和格鲁吉亚等苏维埃社会主义共和国作为加盟共和国加入苏联。

俄罗斯。布哈拉和花刺子模①不是社会主义共和国，而只是人民苏维埃共和国，当自然发展还没有使它们变成社会主义共和国以前，它们还可能留在这个联合以外。

苏维埃社会主义共和国联盟的最高机关是联盟中央执行委员会和联盟人民委员会，前者由各加盟共和国按它们所代表的人口的比例选出；后者是联盟中央执行委员会的执行机关，由联盟中央执行委员会选出。

联盟中央执行委员会的职权是：制定加入联盟的各共和国和各联邦的政治生活和经济生活的基本领导原则。

联盟人民委员会的职权是：

（甲）直接和统一管理联盟的军事、外交、对外贸易、铁路和邮电各项事务；

（乙）领导加入联盟的各共和国和各联邦的财政、粮食、国民经济、劳动和检查等委员部的工作，而这些共和国和联邦的内务、农业、教育、司法、社会救济、人民保健各委员部仍由这些共和国和联邦统一和直接管辖。

在我看来，这就是联合成共和国联盟的一般形式，在各民族共和国的联合运动进程中所能摸索到的也就是这样的形式。

有一种意见认为除了两个联盟机关（中央执行委员会和人民委员会）以外，还必须设立介于二者之间的第三个联盟机关，即所谓各民族都有同等名额的代表参加的上议院。毫无疑问，这种意见是得不到各民族共和国的赞同的，这至少是因为设有上议院的两院制起码是和目前发展阶段上的苏维埃建设不相容的。

——《关于各独立民族共和国的联合问题——和〈真理报〉记者的谈话》，摘自《斯大林全集》第5卷，人民出版社1957年第1版，第117—118页。

---

① 布哈拉人民苏维埃共和国和花刺子模人民苏维埃共和国是从前布哈拉汗国和希瓦汗国境内的人民起义胜利后于一九二〇年成立的。一九二四年底和一九二五年初，由于中亚细亚各国按民族特征划分疆界，布哈拉共和国和花刺子模共和国的领土被划入新成立的土尔克明苏维埃社会主义加盟共和国和乌兹别克苏维埃社会主义加盟共和国、塔吉克苏维埃社会主义自治共和国和卡拉—卡尔帕克自治区。

**10.《真理报》记者：**在你看来，共和国联盟是否很快就能实现，它的国际意义如何？

**斯大林：**我认为共和国联盟成立的日子为时不远了。完全可能，联盟的成立和即将到来的俄罗斯苏维埃联邦社会主义共和国苏维埃第十次代表大会的召开会在同一个时间。

至于这个联盟的国际意义，那就几乎用不着特别说明了。如果说各苏维埃共和国的军事联盟在内战时期使我们能够打退我们敌人的军事干涉，它们的外交联盟在热那亚会议和海牙会议时期有助于我们抵抗协约国的外交进攻，那末毫无疑问，各苏维埃共和国联合成一个联盟国家将创立一种军事的和经济的全面合作形式，这种形式能够根本促进各苏维埃共和国的经济繁荣，使它们变成反对国际资本主义侵犯的堡垒。

——《关于各独立民族共和国的联合问题——和〈真理报〉记者的谈话》，摘自《斯大林全集》第5卷，人民出版社1957年第1版，第118—119页。

**11. 苏维埃政权建立五年以来发展的总结**

今天是苏维埃政权历史的转折点。它在已经过去的旧时期和已经开始的新时期之间竖立了一个路标。在旧时期，各苏维埃共和国虽然是同时行动，但是是各自为政的，它们首先关心的是自己的生存问题；在新时期，各苏维埃共和国孤立存在的局面已经结束，它们正在联合成统一的联盟国家，以便顺利地同经济破坏作斗争，苏维埃政权所考虑的已经不只是生存问题了，而且还有如何发展成一支能够影响和改变国际局势以利于劳动者的严重的国际力量的问题。

五年前的苏维埃政权是怎样的政权呢？它是一个几乎不引人注目的渺小的政权，所有的敌人都讥笑它，很多朋友怜惜它。这是军事破坏时期，当时苏维埃政权与其说是依靠本身的力量，不如说是依靠敌人的软弱无力，因为当时苏维埃政权的敌人分裂成两个联盟，一个是奥德联盟，一个是英法联盟；它们彼此间忙于战争，没有可能掉转枪口来反对苏维埃政权。这是苏维埃政权历史上的军事破坏时期。但在反对高尔察克和邓尼金的斗争中，苏维埃政权建立了红军，胜利地摆脱了军事破坏时期。

以后就开始了苏维埃政权历史上的第二个时期，即同经济破坏作斗争的时期。这个时期还远没有结束，但是已经有了成就，因为在这个时期苏维埃政权战胜了去年国内发生的饥荒。在这个时期，农业大大发展了，轻工业也大大活跃了。我们已经有了优秀的工业领导干部，他们是我们的希望，我们的依靠。但是要战胜经济破坏，这一切还远远不够。要粉碎和消除经济破坏，还必须把各苏维埃共和国的力量集中起来，必须把各共和国的一切财政和经济力量投到恢复我们各基本工业部门方面去。因此，各苏维埃共和国必须联合成一个联盟国家。今天就是我们各共和国为了集中力量恢复我们的经济而联合成一个国家的日子。

同军事破坏作斗争的时期使我们建立了苏维埃政权存在的基础之一——红军。后一个时期，即同经济破坏作斗争的时期，将赋予我们新的国家形式——苏维埃社会主义共和国联盟，这个联盟无疑地会推进苏维埃经济的恢复事业。

现在的苏维埃政权是怎样的政权呢？它是一个伟大的劳动人民的强国，敌人已经不再讥笑它，而是切齿痛恨它了。

苏维埃政权建立五年以来发展的总结就是如此。

但是，同志们，今天不只是做总结的日子，同时也是新俄国战胜旧俄国，战胜作为欧洲宪兵的俄国，战胜作为亚洲刽子手的俄国的日子。今天是新俄国高奏凯歌的日子，新俄国扭断了民族压迫的锁链，组织了对资本的胜利，建立了无产阶级专政，唤醒了东方各族人民，鼓舞着西方工人，把红旗由党的旗帜变成国家的旗帜，并把各苏维埃共和国各族人民集合在这面旗帜周围，以便把他们联合成一个国家，联合成未来的世界苏维埃社会主义共和国的雏形——苏维埃社会主义共和国联盟。

有人常常骂我们共产党人，说我们没有能力从事建设。让苏维埃政权建立五年以来的历史作为共产党人也善于从事建设的证据吧。今天开幕的苏维埃代表大会的使命是批准昨天全权代表团会议所通过的关于共和国联盟的成立宣言和成立条约，让这次联盟代表大会向那一切还没有丧失理解力的人们表明：共产党人既善于破坏旧制度，也善于建设新制度。

——《关于苏维埃社会主义共和国联盟的成立》，摘自《斯大林全集》第5卷，人民出版社1957年第1版，第129—131页。

**12. 论工农政府问题（答德米特利也夫）之"不能像某些同志那样地提问题"**

不能像某些同志那样地提问题："工农政府是实际存在，还是一个鼓动口号。"不能说：虽然事实上我们没有工农政府，但是我们可以把工农政府当做一个鼓动口号来谈。这样提问题，就等于说我们党可以提出些虚伪透顶的口号，这些口号事实上不能成立，党自己也不相信，但党还是把它们提出来欺骗群众。这只有社会革命党人、孟什维克、资产阶级民主派才做得出，因为言行不一致和欺骗群众是这些垂死党派的一种主要工具。但我们党在任何时候和任何条件下都不会这样提问题，因为它是马克思主义的党，是列宁主义的党，是日益上升的、从言行一致中汲取力量的党；它不欺骗群众，它对群众说的都是实话，它把自己的政策建立在对阶级力量的科学分析上，而不建立在欺骗宣传上。

问题应该这样提：或者是我们没有工农政府，那么就应当把工农政府这个口号当做不需要的和虚伪的口号予以抛弃；或者是事实上我们有工农政府，并且这个政府的存在适合于阶级力量的状况，那么工农政府这个口号就是正确的和革命的口号。不是前者，就是后者。在这里必须有所选择。

——《论工农政府问题（答德米特利也夫）》，摘自《斯大林全集》第9卷，人民出版社1954年第1版，第163—164页。

### 13. 论工农政府问题（答德米特利也夫）之"基本错误"

（甲）你把关于我们政府的问题与关于我们国家的问题混为一谈了；

（乙）你把我们国家和我们政府的阶级性质问题与我们政府的日常政策问题混为一谈了。

不能把我们国家和我们政府混淆起来，也就是说，不能把二者等量齐观。我们的国家是无产阶级掌握国家政权的组织，这个政权的使命是镇压剥削者的反抗，组织社会主义经济，消灭阶级等等。我们的政府则是这个国家组织的上层机构，是它的上层领导机构。政府可能犯错误，它可能犯一些使无产阶级专政遭受暂时挫折的错误，但这并不是说无产阶级专政这个过渡时期的建国原则是不正确的，或者是错误的。这只是说上层领导机构不好，上层领导机构的政策即政府的政策不符合于无产阶级专政，这种政策应当加以修改，使之符合于无产阶级专政的要求。

国家和政府按其阶级性质来说是同一的，但是政府的范围比较狭小，政府不包括国家。它们之间是有机地联系着的，是相互依存的，但这并不是说可以把二者混为一谈。

由此你可以知道，不能把关于我们国家的问题与关于我们政府的问题混淆起来，正像不能把关于无产阶级的问题与关于无产阶级的上层领导机构的问题混淆起来一样。

但是，把我们国家和我们政府的阶级性质问题与我们政府的日常政策问题混淆起来是更不能容许的。我们国家和我们政府的阶级性质不言而喻是无产阶级的。我们国家和我们政府的目的也是清楚的，就是镇压剥削者的反抗，组织社会主义经济，消灭阶级等等。这一切都是明明白白的。

在这种情况下，我们政府的日常政策问题究竟是什么呢？这就是我们这个农民国家无产阶级专政的阶级目的藉以实现的方法和手段的问题。无产阶级国家之所以必要，是为了镇压剥削者的反抗，组织社会主义经济，消灭阶级等等。我们政府之所以必要，除了这一切以外，还为了规定种种方法和手段（即日常政策），没有这些方法和手段，要在我们无产阶级占少数而农民占大多数的国家中完成上述各项任务是不可想像的。

这是些什么方法和手段，归结起来，它们究竟是些什么呢？归结起来，基本上就是用以保持并巩固工人与基本农民群众的联盟、保持并巩固执政的无产阶级在这个联盟中的领导作用的种种措施。几乎无须证明，如果站在这种联盟之外和不顾这种联盟，我们的政府就会软弱无力，我们就没有可能实现我刚才所说的无产阶级专政的那些任务。这个联盟，这个结合将存在多久？苏联政府巩固这个联盟，巩固这个结合的政策将继续到什么时候？显然，只要有阶级，只要作为阶级社会的表现、作为无产阶级专政的表现的政府存在时，这个联盟就会存在，这个政策就会继续下去。

同时必须注意到：

（甲）我们需要工农联盟，并不是为了把农民作为一个阶级保存下来，而是为了在符合于社会主义建设胜利的利益的方针下教育和改造农民；

（乙）苏联政府实行巩固这个联盟的政策，并不是为了巩固阶级，而是为了消灭阶级，为了加快消灭阶级的速度。

所以列宁说的完全对：

"专政的最高原则就是维护无产阶级与农民的联盟，使无产阶级能够保持领导作用和国家政权。"（见《列宁全集》第四版第三十二卷第四六六页）

无须证明，正是列宁的这个原理，而不是别的原理，才是苏联政府在其日常政策中的领导路线，在发展的现阶段，苏联政府的政策实质上正是保持并巩固工人和基本农民群众的这种联盟的政策。在这个意义上，仅仅在这个意义上，而不是在其阶级性质的意义上，苏联政府才是工农政府。

不承认这一点，就是离开了列宁主义的道路，走上了否定结合的思想、否定无产阶级和劳动农民群众联盟的思想的道路。

不承认这一点，就是认为结合是一种诡计，而不是现实的革命事业，就是认为我们施行新经济政策是为了"鼓动"，而不是为了和基本农民群众共同进行社会主义建设。

不承认这一点，就是认为基本农民群众的根本利益不是我们的革命所能满足的，认为这些利益和无产阶级的利益有不可调和的矛盾，认为我们不能够而且不应该和基本农民群众共同建设社会主义，认为列宁的合作化计划是不能成立的，认为孟什维克及其应声虫是正确的等等。

只要提出这些问题，就会懂得对这个极其重要的结合问题采取"鼓动"态度，那是毫无原则和根本无用的。正因为如此，我在自己的《问题和答复》中说，工农政府这个口号既不是"欺骗宣传"，也不是"鼓动的"手腕，而是绝对正确的和革命的口号。

简单地说，国家和政府的阶级性质（它规定我国革命发展的基本目的）问题是一回事，而政府的日常政策问题，为实现这些目的所必需的方法和手段的问题，是另一回事。这两个问题无疑是相互联系着的。但这并不是说二者是同一的，可以把它们混为一谈。

由此你可以知道，不能把国家和政府的阶级性质问题与政府的日常政策问题混淆起来。

有人会说这里有矛盾，怎能把按阶级性质来说是无产阶级的政府叫做工农政府呢？但这里的矛盾是臆造出来的。老实说，这里的"矛盾"是和我们有些自作聪明的人从列宁关于无产阶级专政的两个公式中硬找出来的那种矛盾一样。列宁的第一个公式说："无产阶级专政是一个阶级的政权。"（见《列宁全集》第四版第二十九卷第四七二页）而第二个公式说："无产阶级专政是劳动者的先锋队无产阶级与人数众多的非无产阶级的劳动阶层（小资产阶级、小业主、农民、知识分子等等）所结成的特种形式的阶级联盟。"（见《列宁全集》第四版第二十九卷第三五〇页）

这两个公式有没有矛盾？当然没有。既然如此，在阶级联盟的情况下，譬如说在和基本农民群众结成阶级联盟的情况下，又怎样实现一个阶级

（无产阶级）的政权呢？办法就是实现执政的无产阶级（"劳动者的先锋队"）在这个联盟中的领导作用。一个阶级即无产阶级的政权是藉助于这个阶级和基本农民群众的联盟并对后者实行国家领导而实现的，——这就是这两个公式的基本思想。这里有什么矛盾呢？

无产阶级对基本农民群众的国家领导是什么意思呢？这是不是像我们争取无产阶级和农民专政的资产阶级民主革命时期有过的那种领导呢？不是的，不是那种领导。无产阶级对农民的国家领导是无产阶级专政下的领导。无产阶级的国家领导意味着：

（甲）资产阶级已被推翻；

（乙）无产阶级已掌握政权；

（丙）无产阶级不和其他阶级分掌政权；

（丁）无产阶级领导着基本农民群众建设社会主义。

无产阶级在资产阶级民主革命时期，在无产阶级和农民专政时期的领导意味着：

（甲）资本主义作为一个基础保留下来；

（乙）革命的民主资产阶级掌握政权，它在政权的成分中占优势；

（丙）民主资产阶级和无产阶级分掌政权；

（丁）无产阶级使农民摆脱资产阶级政党的影响，在思想上政治上领导他们，并准备推翻资本主义的斗争。

由此可见，这里的差别是根本的差别。

对于工农政府问题也应该这样说。我们政府的无产阶级性质和由此产生的社会主义任务，不仅不阻碍政府，反而推动它，必然推动它去实行保持并巩固工农联盟的政策，因为工农联盟是在我们农民国家中完成无产阶级专政的社会主义阶级任务的最重要的手段，因此，这种政府叫做工农政府，这里会有什么矛盾呢？

列宁实行工农政府这个口号并把我们的政府叫做工农政府，是正确的，这难道不明显吗？

总之应该说，藉以在我国实现一个阶级的政权即无产阶级的政权的《无产阶级专政制度》，是一种颇为复杂的东西。我知道这种复杂性是有些同志所不喜欢的，是不合他们口味的。我知道，其中有许多同志从"最省力的原则"出发，宁愿与比较简单比较容易的制度打交道。但有什么办法呢，第一、列宁主义实际上怎样，就应当怎样了解它（不能把列宁主义简单化和庸俗化），第二、历史证明，最简单和最容易的"理论"并非常常是最正确的。

——《论工农政府问题（答德米特利也夫）》，摘自《斯大林全集》第9卷，人民出版社1954年第1版，第164—170页。

### 14. 如何"摆脱"对列宁著作"误解"的出路

你在信中抱怨说：

"所有阐明这个问题的同志的罪过在于他们或者只谈政府，或者只谈国家，因此都没有给一个彻底的答复，完全忽视了这两种概念之间应有怎样的关系。"

我承认我们的领导同志的确有这种"罪过"，特别是就下面这种情况来说：有些不很用心的"读者"，自己不想好好地钻研列宁的著作，而要求别人替他们把每一个句子都解释得清清楚楚。但有什么办法呢，第一、我们的领导同志忙于日常工作，不可能把列宁主义像一般所说的，逐条加以解释；第二、也应该给"读者"留下些东西，他们终究应该由草率地阅读列宁的著作转而认真地研究列宁主义。同时必须指出，如果"读者"不认真地研究列宁主义，那末，像你这样的怨言和"误解"是永远会发生的。

例如拿我们的国家问题来说吧。显然，我们的国家无论按其阶级性质或者按其纲领、按其基本任务、按其所作所为来说，都是一个无产阶级的国家，工人的国家，固然它还带着某种"官僚主义的病态"。请回忆一下列宁的定义：

"工人国家是一种抽象概念。而事实上我们有一个工人的国家，其特点是：第一、在国内占人口多数的不是工人而是农民；第二、这个工人国家还带着官僚主义的病态。"（见《列宁全集》第四版第三十二卷第二十七页至第二十八页）

恐怕只有孟什维克、社会革命党人和我们某些反对派分子才会怀疑这一点。列宁屡次解释：我们的国家是无产阶级专政的国家，而无产阶级专政是一个阶级的政权，即无产阶级的政权。所有这些都是大家老早知道的。可是有不少"读者"，过去抱怨现在还在抱怨列宁有时称我们的国家为"工农"国家。不难了解，列宁在这种场合并不是说明我们的国家的阶级性质，更不是否定这个国家的无产阶级性质，而是说明苏维埃国家的无产阶级性质使无产阶级和基本农民群众的结合成为必要，因此，苏维埃政府的政策应当以巩固这种结合为目的。

请看一下《列宁全集》第三版第二十二卷第一七四页，第二十五卷第五十、第八十两页，第二十六卷第四十、六十七、二〇七、二一六各页，第二十七卷第四十七页。在所有这些著作和其他一些著作中，列宁都称我们的国家为"工农"国家。但奇怪的是有人还不明白：列宁在所有这些场合都不是说明我们国家的阶级性质，而是规定巩固结合的政策，这种政策是由我们农民国家条件下的我们国家的无产阶级性质和社会主义的任务产生的。在这种有条件有限度的意义上，而且仅仅在这种意义上才能说"工农"国家，列宁在其著作中的上述地方也正是这样说的。

至于我们国家的阶级性质，我在上面已经说过，列宁对此下了一个不容有任何曲解的最确切的定义：我国是一个农民占人口多数的带着官僚主义病态的工人国家。看来是清楚了。可是有些只会"读"字句而不愿领会其内容的"读者"仍在继续埋怨列宁在我们国家的性质问题上把他们"弄糊涂了"，而"学生们"却不愿把"糊涂的东西""弄明白"。真有点可笑……

你要问：摆脱"误解"的出路究竟在哪里呢？

在我看来，出路只有一条：研究列宁的著作不在抓住个别的片段，而在抓住本质，研究时要严肃认真，要深思熟虑，要下功夫。

——《论工农政府问题（答德米特利也夫）》，摘自《斯大林全集》第9卷，人民出版社1954年第1版，第170—172页。

**15. 关于国家的几个理论问题**

必须指出，在我们的宣传和思想工作中还有一个缺点，这就是我们有些同志对几个具有重大实际意义的理论问题缺乏十分明确的认识，有一种糊涂观念。我所指的是关于国家、而特别是关于我们社会主义国家的问题，以及关于我们苏维埃知识分子的问题。

人们有时问道："我们这里的剥削阶级已被消灭了，国内已不再有敌对阶级了，没有什么人可以镇压了，这就是说，国家已不再需要了，国家应当消亡才是，那么我们为什么不促使我们的社会主义国家消亡呢？为什么我们不努力取消国家呢？难道现在还不是把这全部国家废物完全抛掉的时候吗？"

或者还有人这样问："我们这里的剥削阶级已被消灭，社会主义已经基本上建立起来，我们正向共产主义前进，而马克思主义关于国家的学说认为，在共产主义制度下不应当有任何国家，那么为什么我们不促使我们的社会主义国家消亡呢？难道现在还不是把国家送进古物陈列馆的时候吗？"

这些问题证明，发问的人是非常认真地熟读了马克思和恩格斯关于国家学说的个别原理。但是这些问题同时又说明，发问的同志并没有了解这一学说的实质，并没有弄清这一学说的个别原理究竟是在什么样的历史条件下制定的，尤其是不了解当前的国际环境，他们忽视了资本主义的包围和由此产生的对社会主义国家的种种危险的事实。从这些问题中，不仅可以看出他们低估了资本主义包围的事实，而且还可以看出他们低估了资产阶级国家及其机关派遣间谍、杀人凶手和暗害分子到我们国家里来、并力图寻找时机对我国实行武装侵犯的作用和意义；从这些问题中，同样可以看出他们也低估了我们的社会主义国家及其军事机关、惩罚机关和侦察机关是保卫社会主义国家免受外来侵犯所必需的那种作用和意义。必须承认，犯这种低估过失的不仅是上面所讲的那些同志。在某种程度上，我们全体布尔什维克毫无例外地都犯了这种过失。我们直到最近，即在1937—1938年间，才知道托洛茨基派和布哈林派的上层分子所干的间谍活动和阴谋勾当，而从材料上却可以看出，早在十月革命的初期，这些老爷就充当了外国谍报机关的间谍，并进行了阴谋活动，——这难道不奇怪吗？我们怎么会忽视这样严重的事情呢？这个过失应该如何解释呢？人们通常总是这样来回答：我们没有料到这些人竟会堕落到这样卑鄙的地步。可是，这不能算是解释，尤其不能当作辩护的理由，因为我们犯了过失的事实始终是事实。那么这一过失应该如何解释呢？这一过失应当这样来解释：人们低估了我们周围的资产阶级国家机器和资产阶级国家的谍报机关的力量和意义，它们竭力利用人们的弱点，利用人们的虚荣心，利用人们的无气节而把他们网罗到自己的间谍网中，用他们来包围我们苏维埃国家机关。这一过失应当这样来解释：人们低估了我们社会主义国家机器和我们国家的侦察机关的作用和意义，低估了这个侦察机关，却胡说什么苏维埃国家的侦察机关是不值一提和无关紧要的东西，胡说什么苏维埃侦察机关也和苏维埃国家本身一样，很快就要被送进古物陈列馆去。

我们的这种低估态度，是在什么基础上产生的呢？

这种态度是由马克思主义关于国家学说的某些一般原理还有不完善和不充实的地方而产生的。它所以能够流行起来，是因为我们对国家理论中的一些问题抱着一种不能容许的疏忽态度，虽然我们二十年来的国家活动的实际经验给我们提供了进行理论总结的丰富材料，虽然只要我们愿意，我们就能顺利地弥补这个理论上的缺陷。我们忘记了列宁的一个极重要的指示，他认为我们俄国马克思主义者在理论上有义务进一步探讨马克思主义的理论。关于这点，列宁说道：

"我们决不把马克思的理论看作某种一成不变的和神圣不可侵犯的东西；恰恰相反，我们深信：它只是给一种科学奠定了基础，社会主义者如果不愿落后于实际生活，就应当在各方面把这门科学向前推进。我们认为，对于俄国社会主义者来说，尤其需要独立地探讨马克思的理论，因为它所提供的只是一般的指导原理，而这些原理的应用，具体地说，在英国不同于法国，在法国不同于德国，在德国又不同于俄国。"（《列宁全集》俄文第3版第2卷第492页）①

例如，我们看一看恩格斯关于社会主义关于国家发展论的经典性的公式：

"当不再有需要加以镇压的社会阶级的时候，当阶级统治和根源于至今的生产无政府状态的生存斗争已被消除，而由此二者产生的冲突和极端行动也随着被消除了的时候，就不再有什么需要镇压了，也就不再需要国家这种特殊的镇压力量了。国家真正作为整个社会的代表所采取的第一个行动，即以社会的名义占有生产资料，同时也是它作为国家所采取的最后一个独立行动。那时，国家政权对社会关系的干预将先后在各个领域中成为多余的事情而自行停止下来。那时，对人的统治将由对物的管理和对生产过程的领导所代替。国家不是'被废除'的，它是自行消亡的。"（弗·恩格斯《反杜林论》1933年党的出版社版第202页）②

恩格斯的这个原理是否正确呢？

是的，是正确的，但是只有在具有下面两个条件中的一个条件时才是

---

① 见《列宁选集》第2版第1卷第203页。
② 见《马克思恩格斯选集》第3卷第320—321页。

正确的：（一）如果仅仅从一国内部的发展来研究社会主义国家，而预先撇开国际因素，并且为了便于研究起见，把它看作是一个离开国际环境而孤立存在的国家；或者是（二）如果假定社会主义已经在一切国家或大多数国家获得了胜利，社会主义的包围已经代替了资本主义的包围，外来侵犯的威胁已不再存在，军队和国家已没有必要加强。

可是，假如社会主义仅仅是在单独一个国家里获得了胜利，因此无论如何也不能撇开国际条件不顾，那又应当怎样呢？对于这个问题，恩格斯的公式没有给予回答。恩格斯本来就没有给自己提出这样的问题，因此他也就不会回答这个问题。恩格斯是从社会主义已经大致同时地在一切国家或大多数国家获得了胜利这个假定出发的。所以，恩格斯在这里研究的并不是某一国的某个具体的社会主义国家，而是假定社会主义已在大多数国家获得了胜利的条件下的一般的社会主义国家的发展，其公式是："假定社会主义已在大多数国家获得了胜利，试问：在这种情形下，无产阶级的社会主义国家应当发生怎样的变化？"只是因为问题带有这样一般的抽象的性质，所以恩格斯在研究社会主义国家问题时，完全撇开了象国际条件、国际环境这样的因素。

但是由此应该得出结论：不能把恩格斯关于一般社会主义国家的命运的一般公式，推广运用到社会主义在单独一个国家中获得胜利的这种个别的具体的情况，这个国家还受着资本主义的包围，还受着外来武装侵犯的威胁，因此不能撇开国际环境不顾，它应当拥有训练得很好的军队，组织得很好的惩罚机关和坚强的侦察机关，因而应当拥有自己的十分强有力的国家，以便保护社会主义的成果免受外来的侵犯。

不能要求距今45—55年以前的马克思主义经典作家预见到每一个别国家在遥远的将来所发生的所有一切历史曲折。如果要求马克思主义的经典作家对每一个别国家在50—100年以后可能发生的一切理论问题都给我们作出现成答案，使我们这些马克思主义经典作家的后代可以安然地躺在暖炕上来咀嚼这些现成的答案，那就太可笑了。但是我们可以而且应当要求现代的马克思列宁主义者不局限于背熟马克思主义的个别的一般原理，而要领会马克思主义的实质，学会经常考虑到社会主义国家在我国存在二十年的经验，最后，并学会根据这个经验和马克思主义的实质，把马克思主义的个别的一般的原理具体化，使其更加确切和完善。列宁在1917年8

月，即在十月革命和苏维埃国家共和国成立以前的几个月，写了他那部名著《国家与革命》。列宁认为他这部著作的主要任务就是捍卫马克思和恩格斯关于国家的学说，使它不被机会主义者歪曲和庸俗化。列宁本来还打算写《国家与革命》一书的第二部分，以便把1905年和1917年俄国革命的经验作一个基本的总结。毫无疑问，列宁在想他这本书的第二部分里根据苏维埃政权在我国存在的经验，来进一步探讨和发展关于国家的理论。可是，他的逝世使他未能完成这一任务。但是列宁所没有来得及完成的事业，应该由他的学生们来完成。

国家是在社会分裂为敌对阶级的基础上产生的，国家的产生是为了少数剥削者的利益来控制多数被剥削者。国家政权的工具，主要集中于军队、惩罚机关、侦察机关和监狱。国家的活动表现为两种基本的职能：内部的（主要的）职能是控制多数被剥削者；外部的（非主要的）职能是靠侵略别国领土来扩大本国统治阶级的领土，或者是保护本国的领土不受别国的侵犯。从前的奴隶占有制度和封建制度下的情形是这样。现在的资本主义制度下的情形也是这样。

要推翻资本主义，不仅必须把资产阶级赶下台，不仅必须剥夺资本家，而且还必须完全打碎资产阶级的国家机器，即打碎它的旧军队、它的官僚机构、它的警察机关，而代之以新的无产阶级的国家，新的社会主义的国家。大家知道，布尔什维克正是这样做的。但是决不能由此得出结论说，新的无产阶级国家不能够保存某些根据无产阶级国家需要而改变过的旧国家的职能。尤其不能由此得出结论说，我们社会主义国家的形式应当始终不变，我们国家的一切原有职能在将来也应当完全保存下去。事实上，由于我国的发展和外部环境的变化，我们国家的形式正在发生变化，而且将来还会发生变化。

列宁说得完全对：

"资产阶级国家虽然形式极其繁杂，但本质是一个：所有这些国家，不管怎样，归根到底一定是资产阶级专政。从资本主义过渡到共产主义，当然不能不产生非常丰富和繁杂的政治形式，但本质必然是一个，就是无产阶级专政。"（《列宁全集》俄文第3版第21卷第393页）①

---

① 见《列宁选集》第2版第3卷第200页。

自十月革命以来，我们的社会主义国家在其发展中，经历了两个主要阶段：

第一阶段是从十月革命起到各剥削阶级被消灭为止这一时期。这个时期的基本任务就是镇压被推翻了的阶级的反抗，组织国防以抵御武装干涉者的侵犯，恢复工业和农业，准备条件消灭资本主义分子。因此我们的国家在这个时期中实现了两个基本的职能。第一个职能是镇压国内被推翻了的阶级。这一点使我们的国家在外表上和从前的国家很相似，因为从前那些国家的职能也是要镇压不顺从的人，但是这里有一个原则上的区别，就是我们的国家是为了多数劳动者的利益来镇压少数剥削者，而从前的国家却是为了少数剥削者的利益来镇压多数被剥削者。第二个职能是保卫国家以防外来的侵犯。这一点也使我们的国家在外表上和从前的国家很相似，因为从前的国家也用武装保护自己，但是这里也有一个原则上的区别，就是我们的国家反对外来的侵犯是为了保护大多数劳动者的成果，而从前的国家反对外来的侵犯，却是为了保护少数剥削者的财富和特权。这里还有第三个职能，这就是我们国家机关的经济组织工作和文化教育工作，其目的是要发展新的社会主义经济的萌芽，用社会主义精神改造人。不过，这个新的职能在这个时期并没有得到重大的发展。

第二个阶段是从消灭城乡资本主义分子起到社会主义经济体系完全胜利和通过新宪法为止这一时期。这个时期的基本任务就是在全国组织社会主义经济，消灭资本主义分子的最后残余，组织文化革命，组织完全现代化的军队来保卫国家。于是我们社会主义国家的职能也因此而改变了。在国内实行武力镇压的职能已经消失了，消亡了，因为剥削制度已被消灭，剥削者已不存在，再没有什么人需要镇压了。代替镇压职能的，是国家保护社会主义财产免受盗贼和人民财富盗窃者损害的职能。武装保护国家以防外来侵犯的职能则完全保存着，因此红军、海军以及为缉捕和惩罚外国谍报机关派到我国来的间谍、杀人凶手和暗害分子所必需的惩罚机关和侦察机关，也都保存着。国家机关的经济组织工作和文化教育工作的职能仍然保存着，而且得到了充分的发展。现在，我们的国家在国内的基本任务，就是进行和平的经济组织工作和文化教育工作。至于我们的军队、惩罚机关和侦察机关，那么它们的矛头已经不是针对国内，而是针对国外去对付外部敌人了。

由此可见，我国现在是一个全新的社会主义国家，是历史上从未有过的国家，并且按其形式和职能来说是和第一阶段的社会主义国家大不相同的。

但是，发展过程不能就此停止。我们还要前进，向共产主义前进。那么我们的国家是不是在共产主义时期也要保存下来呢？

是的，要保存下来，假如那时资本主义的包围尚未消灭，假如那时外来的武装侵犯危险尚未消除的话。同时很明显的是，我们国家的形式，又会随着国内外环境的改变而改变。

不，不被保存下来而要消亡下去，假如那时资本主义的包围已经消灭，假如那时社会主义的包围已经代替资本主义的包围的话。

关于社会主义国家问题的情形，就是这样。

——《在党的第十八次代表大会上关于联共（布）中央工作的总结报告》，摘自《斯大林文集》，人民出版社1985年第1版，第275—282页。

### 16. 关于社会主义国家命运的问题

恩格斯在《反杜林论》中说：社会主义革命胜利以后，国家应当消亡。[①] 在我国社会主义革命胜利以后，我们党内的一些书呆子和死啃书本的人便以此为根据，开始要求党采取措施使我们的国家尽快地消亡，把国家机关解散，把常备军取消。

但是苏联的马克思主义者，根据对当代世界形势的研究，得出了结论：在资本主义包围存在的条件下，在社会主义革命只在一个国家内取得胜利，而所有其他国家被资本主义所统治的时候，革命胜利了的国家，要想不被资本主义的包围击溃，就不应当削弱而应当大力加强自己的国家，加强自己的国家机关、侦察机关和军队。俄国马克思主义者得出结论：恩格斯的公式是指社会主义在一切国家或大多数国家内获得胜利而言的，当社会主义在单独一个国家内获得胜利，而其他一切国家仍被资本主义所统治的时候，这个公式就不适用了。

由此可见，关于社会主义国家命运问题，这里有两个不同的互相排斥的公式。

——《马克思主义和语言学问题（答阿·霍洛波夫同志）》，摘自《斯大林文集》，人民出版社1985年第1版，第582—583页。

---

① 参看《马克思恩格斯选集》第3卷第320页。

## 三 关于中国的问题

**1. 关于中国革命的性质**

列宁说过,中国人在最近期间将有自己的一九〇五年。某些同志把这句话了解为在中国人那里一定会一模一样地重演我们俄国一九〇五年所发生过的事情。同志们,这是不对的。列宁根本不是说中国革命将是俄国一九〇五年革命的翻版。列宁只是说中国人将有自己的一九〇五年。这就是说,除一九〇五年革命的一般特点外,中国革命将还有它自己独有的特点,而这些特点又一定会给中国革命印上自己的特别标记。

这些特点是什么呢?

第一个特点是中国革命既是资产阶级民主革命,又是把自己的锋芒指向外国帝国主义在中国的统治的民族解放革命。这就是它首先和一九〇五年俄国革命不同的地方。因为帝国主义在中国的统治不仅表现在它的军事威力上,而且首先表现在中国工业的命脉即铁路、工厂、矿山、银行等都处在外国帝国主义者支配或控制之下。由此可以得出结论,和外国帝国主义及其中国走狗作斗争的问题不能不在中国革命中发生重大作用。这就使中国革命和世界各国无产者反对帝国主义的革命直接连接起来。

中国革命的第二个特点是中国大民族资产阶级极端软弱,它比一九〇五年时期的俄国资产阶级软弱得多。这是不言而喻的。既然工业的命脉集中在外国帝国主义者手里,中国大民族资产阶级就不会不软弱和落后。在这一方面,米夫说中国民族资产阶级的软弱是中国革命特有的事实之一,是完全正确的。由此应该得出结论,中国革命的倡导者和领导者,中国农民的领袖,必不可免地要由中国无产阶级及其政党来担任。

同时不应该忘记中国革命的第三个特点,就是在中国旁边有苏联存在着并且发展着,它的革命经验和它的帮助必然使中国无产阶级易于进行反对帝国主义和反对中国中世纪封建残余的斗争。

决定中国革命的性质和方向的中国革命的主要特点就是如此。

——《论中国革命的前途(一九二六年十一月三十日在共产国际执行委员会中国委员会会议上的演说)》,摘自《斯大林全集》第8卷,人民出版社1954年第1版,第321—323页。

**2. 帝国主义和帝国主义对中国的干涉**

上述提纲的第一个缺点是它们都忽略了或低估了帝国主义对中国的干涉问题。要是细读这些提纲，就可能认为目前中国其实并没有帝国主义的干涉，只有北军对南军的战争，或一派军阀对另一派军阀的战争。并且有些人惯于把干涉了解为这样一种情况，就是有外国军队开入中国境内的事实；如果没有这种事实，那就不是干涉。

同志们，这是极严重的错误。干涉绝不限于军队入境，而军队入境也决不是干涉的主要特点。在资本主义国家现今革命运动的条件下，在外国军队直接入境可能引起许多抗议和冲突的时候，干涉已带有比较圆滑的性质和比较隐蔽的形式。帝国主义在现今的条件下进行干涉，偏重于采取在附属国内组织内战的办法，采取资助反革命势力反对革命的办法，采取在精神上和财政上支持其中国走狗反对革命的办法。帝国主义者喜欢把邓尼金和高尔察克、尤登尼奇和弗兰格里反对俄国革命的斗争描绘为纯粹的国内斗争。但是我们大家都知道，而且不仅我们，连全世界都知道，站在这些反革命的俄国将军背后的是英、美、法、日帝国主义者，假使没有他们的支持，俄国根本不会有严重的内战。关于中国也必须这样说。假使各国帝国主义者不鼓励吴佩孚和孙传芳、张作霖和张宗昌，假使各国帝国主义者不供给他们款项、军械、教官、"顾问"等等，这些反革命军阀反对中国革命的斗争简直是不可能的。

广东军队的力量在哪里呢？在于他们有思想，有热情，这鼓舞着他们为解除帝国主义的羁绊而斗争，在于他们给中国带来解放。中国反革命军阀的力量在哪里呢？在于他们背后站着各帝国主义者，站着中国所有一切铁路、租界、工厂、银行和洋行的老板。

因此，问题不仅仅在于或者甚至并不在于外国军队的入境，而在于各国帝国主义者给予中国反革命的援助。假他人之手进行干涉，——这是现在帝国主义干涉的主要特点。

因此，帝国主义对中国的干涉是毫无疑问的事实，中国革命也正是把自己的锋芒指向这一事实。

因此，谁忽略或低估帝国主义干涉中国的事实，谁就是忽略或低估中国最主要和最基本的东西。

据说日本帝国主义者对广东派和整个中国革命有表示"好感"的某些

迹象。据说美国帝国主义者在这方面也不落后于日本帝国主义者。同志们，这是自己骗自己。必须善于区别帝国主义者（包括日、美帝国主义者）的政策的本质和它的伪装。列宁常说，革命者很难被棍棒和拳头制服，可是，他们有时却很容易被亲善制服。同志们，永远不要忘记列宁说的这个真理。不管怎样，显然日、美帝国主义者倒很好地领会了这个真理的意义。因此，必须把帝国主义者对广东派的亲善和恭维跟下述事实严格地区分开来：殷殷地表示亲善的帝国主义者紧紧地抓住"自己"在中国的租界和铁路，无论如何不肯放弃。

——《论中国革命的前途（一九二六年十一月三十日在共产国际执行委员会中国委员会会议上的演说）》，摘自《斯大林全集》第8卷，人民出版社1954年第1版，第323—325页。

**3. 中国的革命军队**

对于上述提纲的第二个意见是关于中国革命军队的问题。因为军队问题在这些提纲中都被忽略或低估了。提纲的第二个缺点就在这里。通常不是把广东军队的北进看做中国革命的展开，而是看做广东军阀对吴佩孚和孙传芳的战争，看做一些军阀和另一些军阀争雄称霸的战争。同志们，这是极严重的错误。中国的革命军队是中国工农争取自身解放的极重要的因素。在今年五月或六月以前，有人估计冯玉祥军队失败后中国的局势是反动势力得势，可是后来，在今年夏天，当广东派常胜军向北推进而占领湖北时，局面就根本改观而有利于革命了，难道这是偶然的吗？不，这不是偶然的。因为广东军队的推进就是对帝国主义的打击，对其中国走狗的打击，就是一般地给中国一切革命分子，特别是给工人以集会自由、罢工自由、出版自由、结社自由。中国革命军队的特点和极重要的意义就在这里。

从前，在十八世纪和十九世纪，革命是这样开始的，通常是大部分没有武装或武装很差的人民举行起义，他们和旧政权的军队发生冲突，他们竭力瓦解这种军队，或者至少把一部分军队拉到自己方面来。这是过去革命爆发的典型形式。一九〇五年我们俄国的情形也是这样。中国的情况却不同。在中国，和旧政府的军队对抗的，不是没有武装的人民，而是以革命军队为代表的武装的人民。在中国，是武装的革命反对武装的反革命。这是中国革命的特点之一和优点之一。中国革命军队的特殊意义正在这里。

这就是为什么对革命军队的过低估计是上述提纲的不可容许的缺点。

由此应得出结论，中国共产党人应当特别注意军队工作。

第一、中国共产党人应当尽力加强军队中的的政治工作，竭力使军队成为中国革命思想的真正的和模范的体现者。这一点所以特别必要，因为和国民党没有丝毫共同点的各种各样的军阀现在都依附广东派，依附这个正在摧毁中国人民公敌的力量，而他们在依附广东派时，也把腐化作风带进了军队。要使这种"同盟者"不发生坏影响，或者使他们成为真正的国民党人，只有加强政治工作并建立对他们的革命监督才能办到。不这样做，军队就会陷于极困难的境地。

第二、中国革命者，包括共产党人在内，应当着手深入研究军事。他们不应当把军事看做次要的事情，因为军事在中国现在是中国革命极重要的因素。中国革命者，其中包括共产党人，应当学好军事，以便逐渐前进并在革命军队中担任某些领导职务。要使中国革命军队循着正确道路径向目的前进，其保证就在这里。不这样做，军队中的动摇和犹豫就会不可避免。

——《论中国革命的前途（一九二六年十一月三十日在共产国际执行委员会中国委员会会议上的演说）》，摘自《斯大林全集》第8卷，人民出版社1954年第1版，第325—326页。

**4. 中国未来政权的性质**

第三个意见是提纲中对于中国未来革命政权性质的问题没有估计到或者估计不足。米夫在他的提纲中接触到这个问题，这也就是他的贡献。但是他在接触到这个问题的时候，不知道怕什么，不敢把问题彻底阐明。米夫认为中国未来的革命政权将是由无产阶级领导的革命小资产阶级的政权。这是什么意思呢？孟什维克和社会革命党人在一九一七年二月革命时期也是小资产阶级政党，并且在某种程度上是革命的政党。这是不是说中国未来的革命政权将是社会革命党人—孟什维克的政权呢？不，不是这个意思。为什么呢？因为社会革命党人—孟什维克的政权在本质上是帝国主义的政权，而中国未来的革命政权不会不是反帝国主义的政权。这里有根本的差别。

麦克唐纳政府甚至是"工人的"政权，但它同时又是帝国主义的政府，因为它是以保存英国的帝国主义政权例如在印度和埃及的政权为基础的。中国未来的革命政权优于麦克唐纳政府的地方就是它将是反帝国主义的政权。

问题不仅在于广东政权（未来全中国革命政权的萌芽）的资产阶级民主主义性质，而首先在于这个政权是并且不会不是反帝国主义的政权，这个政权的每一进展都是对世界帝国主义的打击，因而也是有利于世界革命运动的打击。

列宁说得对，既然从前，在世界革命时代到来以前，民族解放运动是整个民主运动的一部分，那么现在，在俄国苏维埃革命胜利和世界革命时代到来以后，民族解放运动就是世界无产阶级革命的一部分了。

这个特点米夫没有估计到。

我以为中国未来的革命政权，就其性质来说，大体上将类似我们在一九〇五年所说的那种政权，即无产阶级和农民民主专政之类的政权，然而有一个差别，这主要将是反帝国主义的政权。

这就是中国走向非资本主义发展，或者更确切些说，走向社会主义发展的过渡政权。

这将是中国革命应当走的方向。

下面三种情况有利于这条革命的发展道路：

第一、中国革命是民族解放革命，它将把自己的锋芒指向帝国主义及其在中国的走狗；

第二、中国的大民族资产阶级是软弱的，比一九〇五年时期俄国的民族资产阶级更软弱，这使无产阶级的领导权，使无产阶级政党对中国农民的领导易于实现；

第三、中国革命将在可能利用苏联胜利了的革命的经验和帮助的情况下发展起来。

这条道路是否一定胜利并且绝对胜利，这要取决于许多情况。但不管怎样，有一点是很明显的，中国共产党人的基本任务正是为中国革命的这条发展道路而斗争。

由此就产生了中国共产党人在怎样对待国民党和中国未来革命政权这个问题上的任务。有人说，中国共产党人应当退出国民党。同志们，这是不对的。中国共产党人现在退出国民党将是极严重的错误。中国革命的全部进程、它的性质、它的前途都毫无疑问地说明中国共产党人应当留在国民党内，并且在那里加紧自己的工作。

但是，中国共产党可不可以参加未来的革命政权呢？不仅可以而且必须参加。中国革命的进程、它的性质、它的前途都雄辩地说明中国共产党必须参加中国未来的革命政权。

真正实现中国无产阶级领导权的必要保证之一就在这里。

——《论中国革命的前途（一九二六年十一月三十日在共产国际执行委员会中国委员会会议上的演说）》，摘自《斯大林全集》第 8 卷，人民出版社 1954 年第 1 版，第 327—329 页。

**5. 中国的农民问题**

第四个意见是关于中国的农民问题。米夫认为必须立即提出成立苏维埃即在中国农村成立农民苏维埃的口号。我认为这是一个错误。米夫往前跑得太远了。不能撇开中国的工业中心而在农村建立苏维埃。而且在中国工业中心组织苏维埃的问题现在还不是迫切的问题。此外，必须注意：不能脱离环境来看苏维埃。苏维埃，这里说的是农民苏维埃，只有在中国已处于摧毁旧事物并创造新政权的农民运动最高涨的时期，并且估计到中国工业中心已经冲破堤防而进入成立苏维埃政权的阶段，才组织得成。可以不可以说中国农民和整个中国革命已经进入这个阶段了呢？不，不可以。因此，现在谈苏维埃就是往前跑得太远了。因此，现在应该提出的不是苏维埃的问题，而是成立农民委员会的问题。我是指由农民中选举出来的农民委员会，这种农民委员会能够规定农民的基本要求，并将采取一切办法用革命手段来实现这些要求。这种农民委员会应当成为一种枢轴，使农村中的革命在其周围展开。

我知道在国民党人中间，甚至在中国共产党人中间，有些人认为不能在农村掀起革命，他们害怕把农民卷入革命以后会破坏反帝国主义的统一战线。同志们，这是极端荒谬的。把中国农民卷入革命愈迅速愈彻底，中国反帝国主义的战线就愈有力愈强大。提纲起草人，特别是谭平山和拉费斯说得完全正确，他们断言立即满足农民一些最迫切的要求是中国革命胜利的最必要的条件。我认为现在应该打破某些国民党分子行动中所表现的对农民的冷淡和"中立"了。我认为不论中国共产党或国民党（也就是广东政权）都应当立即从言论转到行动，提出立刻就满足农民最切身要求的问题。

在这方面前途会怎样，可以而且应该达到什么程度——这要看革命的进程而定。我以为归根到底应该引导到土地国有化。无论如何我们不能誓死拒绝土地国有化这样的口号。

为了唤起中国千百万农民参加革命，中国革命者应当走哪些道路呢？

我认为在当前条件下可以谈到的只有三条道路：

第一条道路就是成立农民委员会以及中国革命者加入这种委员会来影响农民的道路。我认为农民协会将聚集在农民委员会的周围，或者把农民协会变成农民委员会，使它具有为实现农民的要求所必须的某种权力。关于这条道路，我在前面已经说过了。但是只有这条道路是不够的。如果以为中国有足够的革命者来做这件事情，那就可笑了。中国约有四亿人口。其中约三亿五千万是汉族。其中十分之九以上是农民。如果以为几万个中国革命者就能汲干这个农民的汪洋大海，那就弄错了。这就是说，还需要其他道路。

第二条道路就是通过新的人民革命政权的机关来影响农民的道路。无疑地，在新解放的省份里将成立广东政权这种类型的新政权。无疑地，这种政权和这种政权的机关，如果要真正推进革命，就应当设法满足农民最迫切的要求。所以中国共产党人和一般革命者的任务就在于加入新政权机关，使这个机关接近农民群众，并通过这个机关来帮助农民群众满足他们的迫切要求，至于采用没收地主土地的办法还是采用减税减租的办法，则看情况而定。

第三条道路就是通过革命军队来影响农民。我已经讲过革命军队在中国革命中的极重要的意义。中国革命军队是这样的一种力量，它第一个打进新的省份，它第一个深入农民群众，农民首先凭它来判断新政权，判断新政权质量的好坏。农民对新政权、对国民党和对整个中国革命的态度，首先是看革命军队的行为，看它对农民和地主的态度，看它帮助农民的决心而定的。如果注意到有不少可疑分子混进了中国革命军队，这些分子可能使军队的面貌变坏，那就可以明白军队的政治面貌以及它的农民政策在农民心目中有多么重大的意义。因此，中国共产党人和一般中国革命者应当采取一切办法使军队中反农民的分子不发生坏影响，保持军队的革命精神，并做到使军队帮助农民，唤起农民参加革命。

据说在中国，人们都热烈欢迎革命军队，但是后来，在军队驻扎下来以后，就有些失望了。我们苏联在国内战争时期也有过同样的情形。这是由于军队解放了新的省份而在那里驻扎下来的时候,不得不这样或那样地靠周围的居民来养活。我们苏联革命者通常用如下的方法能够弥补这些缺点:我们竭力通过军队来帮助农民反对地主。必须使中国革命者也学会通过军队实行正确的农民政策来弥补这些缺点。

——《论中国革命的前途(一九二六年十一月三十日在共产国际执行委员会中国委员会会议上的演说)》,摘自《斯大林全集》第 8 卷,人民出版社 1954 年第 1 版,第 329—332 页。

### 6. 中国的无产阶级和无产阶级领导权

第五个意见是关于中国无产阶级的问题。我认为在提纲中对于中国工人阶级的作用和意义强调得不够。拉费斯问道:中国共产党人应当面向谁——面向国民党的左派还是中间派?奇怪的问题。我认为中国共产党人首先应当面向无产阶级,并使中国解放运动的活动者都面向革命。只有这样,问题才会提得正确。我知道在中国共产党人中间,有些同志认为工人为改善他们的物质生活状况和法权地位而举行罢工是不应该的,劝告工人不要罢工。(喊声:"广州和上海都有过这样的事情。")同志们,这是很大的错误。这是极严重地低估了中国无产阶级的作用和比重。在提纲中应当指出这一极端不好的现象。如果中国共产党人不利用目前有利的形势,帮助工人(即使通过罢工的方法)改善他们的物质生活状况和法权地位,那就是很大的错误。如果这样,中国还要革命做什么呢?在罢工时期,无产阶级的子女被帝国主义的走狗鞭笞和拷打,这样的无产阶级是不能成为领导力量的。无论如何必须消灭这种中世纪的祸害,使中国无产阶级者感觉到自己的力量和尊严,使他们能够领导革命运动。没有这一点,中国革命就休想获得胜利。因此,中国工人阶级为了认真改善他们的地位而提出的经济和法权的要求,应当在提纲中占有适当地位。(米夫说:"在提纲中已经说到这一点。")是的,在提纲中已经说到这一点,但是可惜这些要求提得不够突出。

——《论中国革命的前途(一九二六年十一月三十日在共产国际执行委员会中国委员会会议上的演说)》,摘自《斯大林全集》第 8 卷,人民出版社 1954 年第 1 版,第 332—333 页。

### 7. 中国的青年问题

第六个意见是关于中国的青年问题。真奇怪,提纲中竟没有考虑到这个问题。然而青年问题现在在中国是有非常重要的意义的。谭平山的报告中讲到了这个问题，但是可惜讲得不够突出。青年问题现在在中国有头等重要的意义。学生青年（革命学生）、工人青年、农民青年——所有这些青年，如果使他们受国民党的思想和政治影响的话，都是一种可以推动革命一日千里地前进的力量。必须注意，谁也不像中国青年那样深刻而敏锐地体验到帝国主义的压迫，谁也不像中国青年那样尖锐而痛楚地感觉到必须和这种压迫作斗争。就尽力加强青年工作这一点来说，中国共产党和中国革命者应当尽量估计到这种情况。在中国问题的提纲中，青年应当占有自己的地位。

——《论中国革命的前途（一九二六年十一月三十日在共产国际执行委员会中国委员会会议上的演说）》，摘自《斯大林全集》第 8 卷，人民出版社 1954 年第 1 版，第 333—334 页。

### 8. 关于中国问题的几个结论

我想就中国反帝国主义斗争和农民问题方面指出几个结论。

无疑地，中国共产党现在不能只限于要求废除不平等条约了。现在甚至连张学良这样的反革命者也赞成这个要求了。显然，中国共产党应当更进一步。

其次，必须在自己面前提出铁路国有的问题作为远景。这是必要的，而且应该向这一方面做去。

再其次，必须注意到把最重要的工厂收归国有的远景。在这方面首先摆着的问题是把那些对中国人民特别仇视和特别富于侵略性的业主的企业收归国有。接着必须把农民问题向前推进，使它与中国革命前途联系起来。我认为最后还应该做到为农民没收地主的土地，并使土地国有。

其余的问题是不言而喻的。

同志们，我想提出的意见就是这些。

——《论中国革命的前途（一九二六年十一月三十日在共产国际执行委员会中国委员会会议上的演说）》，摘自《斯大林全集》第 8 卷，人民出版社 1954 年第 1 版，第 334 页。

### 9. 中国革命的前途

决定中国革命性质的基本事实是：

（甲）中国的半殖民地地位和帝国主义的财政经济的统治；

（乙）因军阀和官僚的压迫而加重的封建残余的压迫；

（丙）千百万工农群众日益发展的反封建官僚压迫、反军阀、反帝国主义的革命斗争；

（丁）民族资产阶级在政治上的软弱性，它对帝国主义的依赖性，它对革命运动规模的畏惧；

（戊）无产阶级日益增长的革命积极性，无产阶级在千百万劳动群众中的威信的增长；

（己）中国邻邦无产阶级专政的存在。

由此就产生了中国事件发展的两条道路：

或者是民族资产阶级击败无产阶级，和帝国主义勾结起来，共同进攻革命，以便建立资本主义的统治而结束革命；

或者是无产阶级把民族资产阶级挤到一边，巩固自己的领导权，率领城乡千百万劳动群众克服民族资产阶级的反抗，取得资产阶级民主革命的完全胜利，然后把它逐渐转移到社会主义革命的轨道上，并取得由此而产生的一切结果。

二者必居其一。

世界资本主义的危机和苏联无产阶级专政的存在（这一专政的经验可为中国无产阶级有成效地加以利用）大大地促进了中国革命走第二条道路的可能性。

另一方面，帝国主义基本上是以统一战线来进攻中国革命的，现时在帝国主义者中间已没有像十月革命以前存在于帝国主义阵营内部并削弱了帝国主义的那种分裂和战争，——这一事实说明中国革命在走向胜利的道路上遇到的困难要比俄国革命多得多，在这一革命进程中，投敌和叛变的事件也将比苏联内战时期多得多。

因此，这两条革命道路之间的斗争是中国革命的特点。

正因为如此，共产党人的基本任务就是为中国革命的第二条道路的胜利而奋斗。

——《中国革命问题［联共（布）中央批准的给宣传员的提纲]》，摘自《斯大林全集》第9卷，人民出版社1954年第1版，第199—200页。

**10. 中国革命的第一阶段**

在中国革命的第一个时期，在第一次北伐时期，当国民革命军迫近长江，节节胜利，而工人和农民的强大运动还来不及展开的时候，民族资产阶级（不是买办）是和革命一道前进的。这是全民族联合战线的革命。

这并不是说革命和民族资产阶级之间没有矛盾。这只是说，民族资产阶级在支持革命时，竭力利用革命以达到自己的目的，限制革命的规模，使革命主要沿着争夺地盘的路线进行。这个时期国民党内右派和左派间的斗争就是这些矛盾的反映。一九二六年三月蒋介石要把共产党人逐出国民党的企图就是民族资产阶级想压制革命的第一次重大的企图。大家知道，当时联共（布）中央认为"必须执行把共产党保留在国民党内的路线"，应当"使国民党右派退出国民党或把他们开除出去"（一九二六年四月）。

这条路线使革命进一步展开，使左派与共产党人在国民党内和国民政府内亲密合作，使国民党的统一巩固起来，同时揭露并孤立国民党右派，使之服从国民党的纪律；如果右派服从国民党的纪律，就利用他们，利用他们的联系和他们的经验，如果右派破坏这种纪律并背叛革命利益，就把他们逐出国民党。

后来的事件完全证实了这条路线的正确性。农村中农民运动的猛烈发展以及农民协会和农民委员会的建立，城市里汹涌的罢工浪潮以及工会委员会的成立，国民革命军向帝国主义海陆军包围着的上海的胜利推进，——诸如此类的事实都说明当时所采取的路线是唯一正确的路线。

只有这一情况能够说明下列事实：一九二七年二月国民党右派企图分裂国民党并在南昌成立新中央，这一企图在武汉的革命的国民党一致反对之下遭到了破产。

但这个企图是一种征兆，表示国内正进行着阶级力量的重新结合，右派和民族资产阶级不会安心，他们将加紧反革命的工作。

因此，联共（布）中央在一九二七年三月说得很对：

（甲）"现在由于阶级力量的重新结合和帝国主义军队的集中，中国革命正处于危机关头，它进一步的胜利只有在发展群众运动这一坚定的方针之下才有可能"；

（乙）"必须坚持武装工农、把各地方的农民委员会变为拥有武装自卫力量的实际政权机关的方针"；

（丙）"共产党不应当隐瞒国民党右派的背叛和反动的政策，应当用揭穿右派的办法把群众动员到国民党和中国共产党的周围"（一九二七年三月三日）。

因此不难了解，后来革命的巨大规模和帝国主义者在上海的袭击，不能不把中国民族资产阶级抛入反革命的阵营，正像国民革命军的占领上海和上海工人的罢工不能不使帝国主义者联合起来绞杀革命一样。

事情正是这样发生的。南京的炮声在这方面就成了中国斗争力量重新划清界限的信号。帝国主义者炮轰南京并提出最后通牒，是想表明他们在寻求民族资产阶级的支持以共同反对中国革命。

蒋介石屠杀工人群众并实行政变，就像是响应帝国主义者的号召，表明他决心同民族资产阶级一起勾结帝国主义者以反对中国工人和农民。

——《中国革命问题［联共（布）中央批准的给宣传员的提纲］》，摘自《斯大林全集》第9卷，人民出版社1954年第1版，第200—203页。

**11. 中国革命的第二阶段**

蒋介石的政变表示民族资产阶级退出革命，国内反革命中心已经产生，国民党右派已同帝国主义勾结起来反对中国革命。

蒋介石的政变表明从此以后中国南部将有两个阵营、两个政府、两个军队、两个中心：武汉的革命中心和南京的反革命中心。

蒋介石的政变表明革命已进入其发展的第二阶段，已开始从全民族联合战线的革命转变为千百万工农群众的革命，转变为土地革命，这个革命将加强和扩大反帝国主义、反土豪劣绅和封建地主、反军阀和蒋介石反革命集团的斗争。

这就是说，革命的两条道路之间的斗争，拥护进一步展开革命的人们和主张消灭革命的人们之间的斗争，将日益加剧，充满当前整个革命时期。

这就是说，武汉的革命的国民党既然与军阀制度和帝国主义作坚决斗争，事实上将逐渐变成无产阶级和农民的革命民主专政机关；而南京的蒋介石反革命集团既然脱离工农并勾结帝国主义，终究要遭受和军阀同样的命运。

由此可见，保持国民党的统一的政策，在国民党内孤立右派并为了革命目的而利用右派的政策，已不能适应革命的新任务了。这个政策应当代之以坚决把右派逐出国民党的政策，和右派作坚决斗争乃至在政治上把他们消灭干净的政策，把国家全部政权集中于革命的国民党、没有右派分子的国民党、作为左派国民党人和共产党联盟的国民党手中的政策。

其次，由此可见，左派和共产党人在国民党内密切合作的政策在现阶段上具有特殊的力量和特殊的意义，这种合作反映出国民党外渐渐形成的工农联盟，没有这种合作，革命的胜利是不可能的。

再其次，由此可见，革命的国民党的力量的主要来源是进一步展开工农革命运动和巩固工农群众组织——革命农民委员会、工会以及其他作为将来苏维埃的准备因素的群众革命组织，革命胜利的基本保证是千百万劳动群众革命积极性的增长，而对反革命的主要解毒剂则是工人和农民的武装。

最后，由此可见，共产党在与革命的国民党人在同一队伍中战斗的时候比任何时候都更应当保持自己的独立性，这是保证无产阶级在资产阶级民主革命中的领导权的必要条件。

——《中国革命问题［联共（布）中央批准的给宣传员的提纲］》，摘自《斯大林全集》第9卷，人民出版社1954年第1版，第203—204页。

### 12. 反对派的错误

反对派（拉狄克及其同伙）的基本错误是他们不懂得中国革命的性质，不懂得中国革命现在处于什么阶段，不懂得中国革命目前的国际环境。

反对派要求中国革命以类似十月革命的速度发展起来。反对派不满上海工人没有去和帝国主义者及其走狗进行决战。

但是他们不懂得中国革命不能以很快的速度发展起来，其中原因之一是目前的国际环境不像一九一七年那样有利（帝国主义者之间没有战争）。

他们不懂得在后备军还没有跟上的不利条件下是不能进行决战的，例如布尔什维克不论在一九一七年四月或七月都没有进行决战。

反对派不懂得在不利的条件下不避免决战（在可以避免的时候）就是帮助革命的敌人。反对派要求立即在中国成立工农兵代表苏维埃。然而现在成立苏维埃是什么意思呢？

第一、苏维埃不是任何时候都可以成立的，——苏维埃只有在革命浪潮特别高涨的时期才能成立。

第二、苏维埃不是为了空谈而成立的，苏维埃首先是作为和现存政权进行斗争的机关、作为夺取政权的机关而成立的。一九〇五年的情况是这样，一九一七年的情况也是这样。

但是目前，例如在武汉政府活动地区内成立苏维埃是什么意思呢？这就是说，提出反对这个地区内的现存政权的口号，这就是说，提出成立新的政权机关的口号，提出反对革命的国民党（和左派国民党人结成联盟的共产党人也加入其中）的政权的口号，因为现时在这个地区内，除了革命的国民党的政权而外，并没有其他的政权。

其次，这就是说，把两种任务混淆起来了。一种任务是成立和巩固现在革命的国民党所依靠的工农群众组织，例如罢工委员会、农民协会、农民委员会、工会委员会、工厂委员会等等；另一种任务是成立作为新型国家政权的苏维埃制度以代替革命的国民党的政权。

最后，这就是说，他们不懂得中国革命目前处于什么阶段。这就是说，给中国人民的敌人以新的武器来和革命作斗争，来制造新的传奇，说中国现在不是在进行民族革命，而是在人为地移植"莫斯科的苏维埃化"。

可见反对派提出在目前成立苏维埃的口号是有利于中国革命的敌人的。

反对派认为共产党加入国民党是不适当的。因此，反对派认为共产党最好退出国民党。但是现在，当整个帝国主义匪帮及其一切走狗要求把共产党人赶出国民党的时候，共产党退出国民党是什么意思呢？这就是说，退出战场，抛弃自己在国民党内的同盟者，使革命的敌人称快。这就是说，削弱共产党，破坏革命的国民党，帮助上海的卡维涅克们，把中国一切旗帜中最受欢迎的国民党旗帜交给国民党右派。

现在帝国主义者、军阀和国民党右派所要求的正是这一点。

由此可见，反对派主张共产党在目前退出国民党是有利于中国革命的敌人的。

因此，不久以前我党中央全会坚决地摒弃了反对派的政纲是完全正确的。

——《中国革命问题［联共（布）中央批准的给宣传员的提纲]》，摘自《斯大林全集》第9卷，人民出版社1954年第1版，第204—207页。

**13. 论中国革命的几个问题——答马尔秋林同志**

你写给《农村共产党人》杂志编辑部的关于中国苏维埃问题的信，已由编辑部转来由我答复。我对你的信做一个简短的答复，想你不会有异议吧。

马尔秋林同志，我以为你的信是由误会引起的。理由如下：

（一）在斯大林的给宣传员的提纲中反对在目前的中国立即成立工农

兵代表苏维埃。你在反驳斯大林时，却援引列宁在共产国际第二次代表大会上的提纲和演说，其实这些提纲和演说只说到农民苏维埃，劳动者苏维埃，劳动人民苏维埃，没有一句话说到成立工人代表苏维埃。

为什么列宁在自己的提纲或演说中都没有说到成立工人代表苏维埃呢？因为列宁在演说和提纲中指的都是"还谈不到纯粹无产阶级运动"、"几乎没有工业无产阶级"的国家（见《列宁全集》第四版第三十一卷第二一八页）。列宁在演说中直截了当地说，他指的是中亚细亚、波斯那样"几乎没有工业无产阶级"的国家（同上）。

中国有上海、汉口、南京、长沙等等工业中心，有将近三百万组织在工会里的工人，能不能把中国列入那样的国家呢？显然是不能的。

显然，说到有一定数量的工业无产阶级的现代中国的时候，必须注意到不仅要成立农民苏维埃或劳动者苏维埃，而且要成立工人和农民代表苏维埃。

如果说的是波斯、阿富汗等等国家，那就是另一回事了。但是大家知道，斯大林的提纲中所指的是中国，而不是波斯、阿富汗等等国家。

因此，你反驳斯大林，你援引列宁在共产国际第二次代表大会上的演说和提纲，这是不正确的，这是无的放矢。

（二）你的来信里摘引了共产国际第二次代表大会关于民族和殖民地问题的《补充提纲》，这个提纲说东方"无产阶级政党应当加紧宣传共产主义思想，一有可能就建立工人和农民苏维埃"。同时你把这个《补充提纲》和从其中摘出的引文说成似乎是列宁写的。这是不对的，马尔秋林同志。在这里你简直弄错了。《补充提纲》是罗易写的。它是作为罗易的提纲经第二次代表大会通过来"补充"列宁的提纲的（见共产国际第二次代表大会速记记录第一二二页至第一二六页）。

为什么需要《补充提纲》呢？为的是从那些没有工业无产阶级的落后的殖民地国家中特别划出中国和印度这样的国家，因为不能断言这两个国家"几乎没有工业无产阶级"。你看一下这个《补充提纲》就会了解那里主要是指中国和印度（见共产国际第二次代表大会速记记录第一二二页）。

为什么要以罗易的特别提纲来"补充"列宁的提纲呢？这是因为列宁的提纲是在第二次代表大会开幕以前，在殖民地国家代表到达以前，在第二次代表大会专门委员会讨论以前早就写成和发表的。可是大会专门委员会在讨论时发现有必要把中国、印度这样的国家从东方落后殖民地中划分出来，所以要有一个《补充提纲》。

因此，不能把列宁的演说和提纲与罗易的《补充提纲》混淆起来，同样不可忘记：谈到中国、印度这样的国家时，必须注意到要成立的是工人和农民苏维埃，而不仅是农民苏维埃。

（三）在中国要不要成立工人和农民苏维埃呢？要，一定要。斯大林的给宣传员的提纲就直截了当地说到了这一点。这个提纲说：

"革命的国民党的力量的主要来源是进一步展开工农革命运动和巩固工农群众组织——革命农民委员会、工会以及其他作为将来苏维埃的准备因素的群众革命组织……"

全部问题是在什么时候，在什么条件下，在什么环境中成立苏维埃。

工人代表苏维埃是工人阶级的包括一切的因而是最好的革命组织。但这并不是说，在任何时候和在任何条件下都可以成立工人代表苏维埃。一九〇六年夏天，在革命退潮以后，彼得堡工人代表苏维埃第一任主席赫鲁斯塔寥夫提出了成立工人代表苏维埃的问题，列宁当时反驳他说：目前后卫队（农民）还没有赶上先锋队（无产阶级），成立工人代表苏维埃是不适当的。列宁是完全对的。为什么呢？因为工人代表苏维埃不是工人的普通组织。工人代表苏维埃是工人阶级和现存政权作斗争的机关，是起义机关，是新的革命政权机关，而且只有作为这样的机关，它们才能发展和巩固。如果没有反对现存政权的群众性的直接斗争的条件，没有反对现存政权的群众起义的条件，没有组织新的革命政权的条件，那么成立工人苏维埃就是不适当的，因为没有这样的条件，它们就会有腐朽的危险，有变成空谈场所的危险。

列宁关于工人代表苏维埃说道：

"工人代表苏维埃是群众直接斗争的机关"……"不是一种什么理论，不是任何一个人的号召，不是某个人想出来的策略，不是党的学说，而是事实的力量使这些非党的群众机关必须起义，并使这些机关成为起义机关。现在建立这样的机关就是成立起义机关，号召建立这样的机关就是号召起义。忘记这一点或对广大人民群众隐瞒这一点，那就是最不可饶恕的近视和最恶劣的政策。"（见《列宁全集》第四版第十一卷第一〇三页至第一〇四页）

他又说：

"一九〇五年和一九一七年两次革命的全部经验，以及布尔什维克党多年来的一切决定和一切政治声明，归结起来就是：工兵代表苏维埃，只有作为起义机关，只有作为革命政权机关，才是现实的。没有这个任务，苏维埃就是空洞的玩物，势必引起群众的麻木、冷淡、失望，因为群众对决议和抗议的无限重复表示厌恶是完全应该的。"（见《列宁全集》第四版第二十六卷第一一七页）

这样说来，在今天中国的南部，例如在革命的国民党正掌握政权、运动正在"全部政权归革命的国民党"这个口号下向前发展的武汉政府地区，号召立即成立工农兵代表苏维埃是什么意思呢？现在号召在这个地区成立工农代表苏维埃，就是号召起义以反对革命的国民党的政权。这是否适当呢？显然是不适当的。显然，谁号召在这个地区立即成立工人代表苏维埃，谁就是企图跳过中国革命的国民党阶段，谁就是冒险把中国革命置于极端困难的境地。

马尔秋林同志，关于在中国立即成立工农兵代表苏维埃的问题就是如此。

共产国际第二次代表大会上曾通过一项标题为《在什么时候和在什么条件下可以建立工人代表苏维埃》的特别决议。这项决议是列宁在场时通过的。我劝你看一看这项决议。它还是有意义的（见共产国际第二次代表大会速记记录第五八〇页至第五八三页）。

（四）什么时候需要在中国成立工农代表苏维埃呢？在中国成立工农代表苏维埃，一定要在这样的时机，就是胜利的土地革命全面展开的时候，作为中国革命民粹派（国民党左派）和共产党的联盟的国民党开始衰落的时候，还未胜利而且不是很快就会胜利的资产阶级民主革命开始显露其坏的一面的时候，从现今国民党型的国家组织逐步地进到新的无产阶级型的国家组织成为必要的时候。

共产国际第二次代表大会通过的罗易的《补充提纲》对工农苏维埃所谈到的那一段人所共知的话，正是应当这样去理解的。

这个时机是否来到了呢？

无须证明，这样的时机还没有来到。

那么现在做什么呢？现在要使中国的土地革命扩大和深入。要成立并巩固种种工农群众组织,从工会委员会和罢工委员会到农民协会和农民革命委员会,以便随着革命运动的发展和胜利把这些组织变为将来工农兵代表苏维埃的组织上和政治上的基础。

现在的任务就在于此。

——《论中国革命的几个问题（答马尔秋林同志）》,摘自《斯大林全集》第9卷,人民出版社1954年第1版,第211—216页。

### 14. 关于中国革命的几个小问题

最近几天托洛茨基关于中国问题给执行委员会写了这么多的论著、提纲和书信,我们要批判反对派,材料不会是不够的。

因此,我将根据这些文件来批判托洛茨基的错误,我不怀疑,这个批判同时将是对托洛茨基今天演说的基础的批判。

我将尽可能在论战中排除个人的成分。托洛茨基和季诺维也夫对联共（布）中央政治局和共产国际执委会主席团的个别委员的个人攻击是不值一谈的。

看来托洛茨基想在共产国际执行委员会会议上把自己扮成一个英雄,使执行委员会把讨论战争危险,中国革命等等问题变成讨论托洛茨基的问题。我想,托洛茨基是不值得予以这样大的注意的。况且,与其说他像个英雄,不如说像个演员,把演员和英雄混为一谈无论如何是不行的。

托洛茨基和季诺维也夫这样一些被执行委员会第七次扩大全会揭穿了他们的社会民主主义倾向的人,痛骂布尔什维克,这对布哈林或斯大林并不是什么侮辱,这一点我就不讲了。相反地,要是托洛茨基和季诺维也夫型的半孟什维克赞扬我而不骂我,那对我倒是莫大的侮辱。

反对派现在的这种派别言论是否违背了他们在一九二六年十月十六日所承担的义务,这一点我也不多讲了。托洛茨基认定,根据反对派一九二六年十月十六日的声明,他有权坚持自己的观点。这当然是对的。但是,如果托洛茨基要硬说声明的内容只限于这一点,这就只能叫做诡辩,不能叫做别的。

在反对派十月十六日的声明中不仅说到反对派有权坚持自己的观点,而且说到这些观点只有在党所许可的范围内才能坚持,派别活动应当抛弃和肃清,反对派必须"无条件地服从"党的意志和中央的决定,反对派不仅应当服从这些决定,而且应当诚心诚意地"实行"这些决定。

既然如此，是否还需要证明反对派一九二六年十月十六日的声明已经被他们自己极粗暴地破坏和撕得粉碎了呢？

在反对派的许多提纲、论文和演说中，下流地和极端污蔑地歪曲了联共（布）中央和共产国际关于中国问题的立场，这一点我也不多说了。托洛茨基和季诺维也夫不断地硬说联共（布）中央和共产国际似乎过去坚持而且现在还在坚持"支持"中国民族资产阶级的政策。

托洛茨基和季诺维也夫的这个论断是捏造、诽谤、故意歪曲事实，这几乎是用不着证明的。实际上，当中国革命还是全民族联合战线的革命的时候，联共（布）中央和共产国际所坚持的不是支持民族资产阶级的政策，而是利用民族资产阶级的政策；后来当中国革命已成为土地革命而民族资产阶级开始离开革命的时候，联共（布）中央和共产国际就用和民族资产阶级进行武装斗争的政策代替了那一个政策。

只要看看这些文件，如第七次扩大全会的决议、共产国际执行委员会的著名宣言、斯大林的给宣传员的提纲，以及布哈林日前交给共产国际执行委员会主席团的提纲，就会确信这一点。

反对派的倒霉正在于他们不造谣不歪曲就活不下去。

——《中国革命和共产国际的任务（一九二七年五月二十四日在共产国际执行委员会第八次全会第十次会议上的演说）》，摘自《斯大林全集》第9卷，人民出版社1954年第1版，第257—259页。

### 15. 农民土地革命是资产阶级民主革命的基础

托洛茨基的基本错误在于他不懂得中国革命的意义和性质。共产国际的出发点是：封建残余是现时在中国推动土地革命的压迫的主要因素。共产国际的出发点是：中国农村中的封建残余和这种残余上面的全部军阀官僚上层建筑及其督军、省长、将军、张作霖之流等等，是现在的土地革命藉以发生和日益展开的基础。

既然很多省份里农民收入的百分之七十归地主豪绅所有，既然武装的和非武装的地主不仅握有经济权力，而且握有行政和司法权力，既然直到现在一些省份里还有中世纪的买卖妇女和儿童的事情，那就不能不承认封建残余是中国各省的压迫的主要形式。

正因为封建残余及其全部军阀官僚上层建筑是中国国内的压迫的主要形式，正因为如此，现在中国正经历着一个按其力量和规模来说是最伟大的土地革命。

而土地革命是什么呢？土地革命正是资产阶级民主革命的基础和内容。正因为如此，所以共产国际说，中国目前正经历着资产阶级民主革命。但中国的资产阶级民主革命不仅反对封建残余，同时也反对帝国主义。

为什么呢？

因为帝国主义及其在中国的全部财政的和军事的力量，乃是支持、鼓舞、培植和保存封建残余及其全部军阀官僚上层建筑的力量。

因为不同时进行革命斗争以反对在中国的帝国主义，就不能肃清中国的封建残余。

因为谁要肃清中国的封建残余，谁就一定要和在中国的帝国主义和帝国主义集团作斗争。

因为不和帝国主义作坚决的斗争，就不能打倒并肃清中国的封建残余。

正因为如此，所以共产国际说，中国的资产阶级民主革命同时是反帝国主义的革命。

这样，中国现在的革命便是两条革命运动（反对封建残余运动和反帝国主义运动）巨流的汇合。中国的资产阶级民主革命是反封建残余的斗争和反帝国主义的斗争的结合。

共产国际〔自然联共（布）中央也是这样〕在中国革命问题上的整个路线的出发点就是如此。

而托洛茨基对中国问题的立场的出发点是什么呢？他是和刚才说过的共产国际的观点正相对立的。托洛茨基不是完全不承认中国封建残余的存在，就是认为这些封建残余没有决定的意义。托洛茨基（自然反对派也是这样）对中国封建官僚压迫的力量和意义估计过低，以为中国民族革命的基本原因是中国关税受帝国主义国家的控制。

请让我引证托洛茨基几天以前送交联共（布）中央和共产国际执行委员会的众所周知的提纲吧。托洛茨基这个提纲的标题是《中国革命和斯大林的提纲》。

托洛茨基在这个提纲中写道：

"布哈林藉口'封建残余'在中国经济中似乎起主要作用来为机会主义的妥协路线辩护，他这种企图是毫无根据的。即使布哈林对中国经济的估计是根据经济的分析，而不是根据一些烦琐哲学的定义，'封建残余'

仍旧不能替如此明显地促进了四月政变的政策作辩护。中国革命具有民族资产阶级的性质，其基本原因在于中国资本主义生产力的发展受阻于中国关税受帝国主义国家的控制。"（见托洛茨基《中国革命和斯大林的提纲》）

不仔细看这一段引文就会以为托洛茨基不是反对共产国际在中国革命性质问题上的路线，而是反对布哈林的"妥协政策"。这当然是不对的，事实上在这一段引文中所说的是否认封建残余在中国的"主要作用"。事实上这里所说的是把中国现在日益展开的土地革命宣布为上层的革命，所谓反关税的革命。

托洛茨基在这里所以要把布哈林的"妥协政策"说一顿，其目的是为了掩盖自己背叛共产国际路线的行为。直截了当地说，这是托洛茨基惯用的欺骗手法。

这样，在托洛茨基看来，中国封建残余及其全部军阀官僚上层建筑，不是目前中国革命的基本发条，而是次要的、不大的、只配放在引号里面的力量。

这样，在托洛茨基看来，中国民族革命的"基本原因"是中国关税受帝国主义者的控制，因此，中国革命主要是所谓反关税的革命。

托洛茨基的论调的出发点就是如此。

托洛茨基对中国革命性质所持的观点就是如此。

请让我指出：这种观点正是张作霖"陛下"的五等文官的观点。

如果托洛茨基的观点是正确的，那就应该承认张作霖和蒋介石也是对的，因为他们既不要土地革命，也不要工人革命，他们所要达到的只是废除不平等条约和实现中国的关税自主。

托洛茨基的观点已经是张作霖和蒋介石的办事员的观点了。

如果封建残余应该放在引号里面，如果共产国际宣称封建残余在革命现阶段上有主要的意义是不对的，如果中国革命的基础是关税不自主，而不是和封建残余及支持这些残余的帝国主义作斗争，那么，中国的土地革命还有什么内容呢？

中国的土地革命和没收地主土地的要求从哪里来的呢？在这种情况下有什么根据认为中国革命是资产阶级民主革命呢？土地革命是资产阶级民主革命的基础，这难道不是事实吗？难道土地革命能够从天上掉下来吗？

在湖南、湖北、河南等等省份里，千百万的农民被卷进极伟大的土地革命中，农民在这些省份里建立起自己的政权、自己的法庭、自己的自卫力量，赶走地主，"用平民手段"制裁他们，这难道不是事实吗？

如果封建军阀的压迫不是中国的压迫的主要形式，那么，这样强大的土地运动是从哪里来的呢？

如果不承认帝国主义是压迫中国人民的封建主和军阀的基本同盟者，那么，千百万农民的这种声势浩大的运动怎能同时具有反帝国主义的性质呢？

仅湖南一省的农民协会现在就有二百五十余万会员，这难道不是事实吗？而这种会员在湖北和河南现在有多少呢？最近期间在中国其他省份又将有多少呢？

还有"红枪会"、"硬肚"等等，——难道这一切都是捏造而不是现实吗？

难道可以真正地断言以没收地主的土地为口号的千百万农民的土地革命不是反对真正的不容怀疑的封建残余，而是反对想象出来的引号里的封建残余吗？

托洛茨基的观点已经是张作霖"陛下"的办事员的观点了，这难道不明显吗？

由此可见，我们有两条基本路线：

（甲）共产国际的路线——估计到中国存在着封建残余这一压迫的主要形式，估计到强大土地运动的决定意义，估计到封建残余和帝国主义的联系，估计到中国革命的资产阶级民主性质及其反帝国主义斗争的突出性；

（乙）托洛茨基的路线——否认封建军阀压迫的主要意义，看不见中国土地革命运动的决定意义，并且仅以要求中国关税自主的中国资本主义的利益来说明中国革命的反帝国主义的性质。

托洛茨基（自然反对派也是这样）的基本错误在于低估了中国的土地革命，不懂得这个革命的资产阶级民主性质，否认中国千百万人所参加的土地运动的前提，低估了农民在中国革命中的作用。

这种错误对托洛茨基来说并不是新的错误。它是托洛茨基在和布尔什维克主义作斗争的整个时期中整个路线的极显著的特点。

低估农民在资产阶级民主革命中的作用这一错误，从一九〇五年起就和托洛茨基形影不离，它在一九一七年二月革命前夜表现得特别明显，并且直到现在也没有离开托洛茨基。

请让我举出几件托洛茨基反对列宁主义的事实，例如举出一九一七年二月革命前夜的事实，那是我们正走向俄国资产阶级民主革命的胜利。

当时托洛茨基硬说，既然农民中间的分化已经加剧，既然目前我们这里存在着帝国主义的统治，并且无产阶级把自己和资产阶级民族对立起来，那么农民的作用就会降低，而土地革命就不会有一九〇五年所赋予它的那种意义了。

列宁对这一点是怎样回答的呢？请让我从一九一五年列举关于农民在俄国资产阶级民主革命中的作用问题的论文中引出的一段话来：

"托洛茨基的奇特的理论（指托洛茨基的《不断革命论》。——斯大林注）从布尔什维克这里摄取了号召无产阶级进行坚决革命斗争并夺取政权的思想，而从孟什维克那里摄取了'否认'农民作用的思想。农民呢，分为阶层了，分化了，他们可能有的革命作用渐渐消失了；在俄国'民族'革命是不可能了，因为'我们生活在帝国主义时代'，而'帝国主义不是把资产阶级民族和旧制度对立起来，而是把无产阶级和资产阶级民族对立起来'。

这真是一个'玩弄字眼'（帝国主义这个字眼）的滑稽例子！如果在俄国无产阶级已经和'资产阶级民族'对立起来，那就是说，俄国面临社会主义革命了！！那么'没收地主的土地'的口号（托洛茨基继一九一二年一月代表会议之后在一九一五年重复说的）就不对了，那么不应当说'工人的革命的'政府，而应当说'工人的社会主义的'政府了！！托洛茨基糊涂到什么程度，从他的这句话里就可以看出来：无产阶级也以坚决性吸引'非无产阶级的（！）人民群众'（第二一七号）！！托洛茨基不会想到：如果无产阶级吸引农村非无产阶级群众去没收地主的土地并推翻君主制，那么这将是俄国'民族资产阶级革命'的完成，这将是无产阶级和农民的革命民主专政！

一九〇五年至一九一五年这整整十年，这伟大的十年，证明了俄国革命有两条阶级路线，而且只有两条阶级路线。农民的分化加强了农民内部的阶级斗争，唤醒了很多在政治上睡觉的分子，使农村无产阶级接近了城市无产阶级（从一九〇六年起，布尔什维克就主张要特别组织农村无产阶级，并把这个要求列入了孟什维克占多数的斯德哥尔摩代表大会的决议中)。但是'农民'和马尔柯夫之流—罗曼诺夫之流—赫沃斯托夫之流的对抗却加强了，增长了，尖锐化了。这是一个很明显的真理，甚至托洛茨基在巴黎写的几十篇文章的千言万语都'推翻'不了它。托洛茨基实际上是帮助俄国那些把'否认'农民的作用理解为不愿意发动农民起来革命的自由主义的工人政治家！而现在关键就在这里。"（见《列宁全集》第四版第二十一卷第三八一页至第三八二页）

托洛茨基公式的特点在于他看见资产阶级，看见无产阶级，而看不见农民，不了解农民在资产阶级民主革命中的作用，——正是这个特点构成了反对派在中国问题上的基本错误。

托洛茨基和反对派在中国革命性质问题上的"半孟什维主义"也正是在这里。

从这个基本错误中产生了反对派的其他一切错误，产生了反对派在中国问题提纲中的一切糊涂观念。

——《中国革命和共产国际的任务（一九二七年五月二十四日在共产国际执行委员会第八次全会第十次会议上的演说）》，摘自《斯大林全集》第9卷，人民出版社1954年第1版，第259—267页。

### 16. 屠杀共产党人的南京右派国民党及与共产党人保持联盟的武汉左派国民党

就拿武汉问题做例子吧。共产国际关于武汉的革命作用的问题的方针是人所共知的，而且是很清楚的。既然中国正经历着土地革命，既然土地革命的胜利是资产阶级民主革命的胜利，是无产阶级和农民革命专政的胜利，既然南京是国内反革命的中心，而武汉是中国革命运动的中心，那么，在保证无产阶级及其政党在国民党党内和国民党党外的领导作用的条件下，必须支持武汉国民党，共产党人必须参加武汉国民党及其革命政府。

现在的武汉政府是不是无产阶级和农民的革命民主专政的机关呢？不，暂时还不是，而且不会很快就成为这样的机关。但是在革命进一步发展时，在这一革命取得胜利时，它是有一切机会发展成这样的机关的。

共产国际的方针就是如此。

托洛茨基看问题则完全不同。他认为武汉是"空架子"，而不是革命运动的中心。对于左派国民党现在代表什么这个问题，托洛茨基回答说："暂时还不代表什么，或几乎不代表什么。"

就说武汉是空架子吧。既然武汉是空架子,那么,托洛茨基为什么不要求和这个空架子作坚决的斗争呢?从什么时候起,共产党人竟开始支持空架子,参加空架子,领导空架子呢?共产党人必须和空架子作斗争,这难道不是事实吗?共产党人拒绝和空架子作斗争,便是欺骗无产阶级和农民,这难道不是事实吗?为什么托洛茨基不提议和空架子作斗争,即使采取共产党人立即退出武汉国民党和武汉政府的办法呢?为什么托洛茨基提议留在这个空架子里,不退出这个空架子呢?这里的逻辑何在?

这种"逻辑上的"不对头是不是由于托洛茨基对武汉指手划脚地讲了一顿,把它叫做空架子,然后又胆怯起来,不敢在自己的提纲里做出相当的结论呢?

或者拿季诺维也夫做例子来说。季诺维也夫在他今年四月提交联共(布)中央全会的提纲中,把武汉国民党估计为一九二○年时期的基马尔派的政府。但基马尔派的政府是反对工人和农民的政府,是没有而且不能有共产党人的位置的政府。看来从对武汉的这种评价中只能得出一个结论:和武汉作坚决的斗争,推翻武汉政府。具有人类的普通逻辑的普通人是会这样想的。

季诺维也夫却不这样想。他把汉口的武汉政府估计为基马尔派的政府,同时提议给这个政府以最有力的支持,提议共产党人不要退出这个政府,不要离开武汉国民党等等。他直截了当地说:

"必须给汉口以最有力的和全面的帮助,从那里组织对卡维涅克们的反击。在最近时期必须集中力量帮助汉口组织起来和巩固起来。"(见季诺维也夫的提纲)

谁能懂得呵!

托洛茨基说武汉(汉口)是空架子。相反地,季诺维也夫却断言武汉是基马尔派的政府。由此应该做出结论:和空架子作斗争,为推翻武汉政府而斗争。然而不管托洛茨基也罢,季诺维也夫也罢,都不敢做出从他们的前提中必然产生的结论,而季诺维也夫甚至更进一步,提议给"汉口以最有力的和全面的帮助"。

这一切说明什么呢?说明反对派纠缠在矛盾里了。他们失去了逻辑思考的能力,丧失了一切前途。

观点糊涂,在武汉问题上失去任何前途,——如果一般说来可以把糊涂叫做方针的话，这就是托洛茨基和反对派的方针。

——《中国革命和共产国际的任务（一九二七年五月二十四日在共产国际执行委员会第八次全会第十次会议上的演说）》，摘自《斯大林全集》第9卷，人民出版社1954年第1版，第267—269页。

### 17. 论中国工农代表苏维埃

或者再拿中国工农代表苏维埃问题做个例子吧。

关于组织苏维埃的问题，我们有共产国际第二次代表大会所通过的三个决议：列宁论在落后国家中成立非无产阶级的农民苏维埃的提纲，罗易论在中国、印度这样的国家里成立工农苏维埃的提纲，以及论《在什么时候和在什么条件下可以建立工人代表苏维埃》的特别提纲。

列宁的提纲是说明在没有或几乎没有工业无产阶级的中亚细亚诸国成立"农民的"、"人民的"非无产阶级的苏维埃。列宁的提纲里没有一句话说到在这样的国家成立工人代表苏维埃。并且列宁的提纲认为苏联无产阶级对落后国家的革命的直接援助是在这些国家里成立并发展"农民的"、"人民的"苏维埃的必要条件之一。显然，这个提纲指的不是中国或印度，因为在这些国家里有一定数量的工业无产阶级，并且在这些国家里建立工人苏维埃在一定条件下是成立农民苏维埃的先决条件；这个提纲主要指的是其他较落后的例如波斯等等国家。

罗易的提纲主要是指已有工业无产阶级的中国和印度。这个提纲建议在一定条件下，在从资产阶级革命到无产阶级革命的过渡时期，成立工农代表苏维埃。显然，这个提纲对中国有直接的关系。

标题为《在什么时候和在什么条件下可以建立工人代表苏维埃》的第二次代表大会的特别提纲根据俄国和德国革命的经验说明了工人代表苏维埃的作用。这个提纲断言："没有无产阶级革命的苏维埃不可避免地会变成对苏维埃的讽刺。"显然，在讨论立即在中国成立工农代表苏维埃问题时，我们也应当考虑到最后这个提纲。

如果同时考虑到目前中国的形势和作为革命运动中心的武汉国民党的存在，以及共产国际第二次代表大会的后两个提纲的指示，那么，在中国立即成立工农代表苏维埃的问题是怎样的呢？

现在，例如在武汉政府活动地区内成立工农代表苏维埃，这就是建立两重政权，这就是提出推翻左派国民党和在中国成立新的苏维埃政权的斗争口号。

工农代表苏维埃是为推翻现存政权而斗争的机关，是为新政权而斗争的机关。工农代表苏维埃的出现不能造成两重政权，而两重政权又不能不使全部政权应当归谁的问题尖锐化起来。

俄国在一九一七年三月、四月、五月、六月的情形是怎样的呢？当时存在着临时政府，它握有一半政权，而且也许是较为实在的政权，因为当时军队还是支持它的。与此同时，还存在着工兵代表苏维埃，它们也握有似乎一半政权，虽然不是像临时政府那样实在的政权。当时布尔什维克的口号是取消临时政府，把全部政权转归工兵代表苏维埃。当时布尔什维克中间谁也没有想到加入临时政府，因为既要推翻这个政府，就不能加入这个政府。

能不能说一九一七年三月至六月俄国的形势类似于现在中国的形势呢？不，不能这样说。所以不能这样说，不仅由于俄国当时面临着无产阶级革命，中国现在则面临着资产阶级民主革命，而且由于俄国临时政府是反革命的和帝国主义的政府，现在的武汉政府则是反帝国主义的和资产阶级民主主义意义下的革命的政府。

反对派在这方面向我们建议些什么呢？

反对派建议在中国立即成立工农兵代表苏维埃，作为组织革命运动的中心。但工农代表苏维埃并不只是组织革命运动的中心。它们首先而且主要是反对现存政权的起义机关，是建立新的革命政权的机关。反对派不懂得：工农代表苏维埃，只有作为起义机关，只有作为新政权机关，才能变成革命运动的中心。不这样，工人代表苏维埃就会变成空架子，变成现存政权的附属品，就像一九一八年在德国和一九一七年七月在俄国发生过的情形一样。

反对派是否懂得现时在中国成立工农代表苏维埃，就是造成苏维埃和武汉政府这两重政权，而且必不可避免要提出推翻武汉政府的口号呢？

我很怀疑季诺维也夫懂得这个简单的道理。但托洛茨基是完全明白这一点的，因为他在自己的提纲中直截了当地说："苏维埃的口号就是号召经过两重政权的过渡制度去建立实际的政权机关。"（见托洛茨基的提纲《中国革命和斯大林的提纲》）

由此可见，我们在中国成立苏维埃，同时就是建立"两重政权的制度",就是推翻武汉政府和建立新的革命的政权。大概托洛茨基在这里是拿俄国革命历史中一九一七年十月革命前一个时期的事变作样本的。当时在我国的确有过两重政权,当时我们的确推翻了临时政府。

但是我已经说过,当时谁也没有想到加入临时政府。为什么托洛茨基不建议共产党人现在立即退出国民党和武汉政府呢?怎能成立苏维埃,建立两重政权的制度,同时又加入你要推翻的武汉政府呢?托洛茨基的提纲没有回答这个问题。

显然,托洛茨基在这里已无望地陷入他自己的矛盾的迷宫里了。他把资产阶级民主革命和无产阶级革命混淆起来了。他"忘记了"中国的资产阶级民主革命不仅没有完结,不仅没有胜利,而且只处在它发展的第一阶段。托洛茨基不懂得拒绝支持武汉政府,提出两重政权的口号,现在用立即成立苏维埃的办法来推翻武汉政府,就是给蒋介石和张作霖以直接的和明显的援助。

有人向我们说:既然如此,又怎样去了解一九○五年在俄国成立工人代表苏维埃呢,难道当时我们不是经历着资产阶级民主革命吗?

但是,第一、当时只有两个苏维埃,一个在彼得堡,一个在莫斯科,这两个苏维埃的存在并没有造成俄国苏维埃政权系统。

第二、彼得堡和莫斯科的苏维埃当时都是反对旧的沙皇政权的起义机关,这再度证实:不可把苏维埃看做仅仅是组织革命的中心,苏维埃只有作为起义机关和新政权机关才能作为这样的中心。

第三、工人苏维埃的历史说明:只有具备了从资产阶级民主革命直接过渡到无产阶级革命的顺利条件,也就是只有具备了从资产阶级政权过渡到无产阶级专政的顺利条件,这样的苏维埃才能存在和进一步发展。

一九○五年彼得堡和莫斯科的工人苏维埃,以及一九一八年德国的工人苏维埃所以灭亡,不都是由于当时没有这样的顺利条件吗?

假如一九○五年在俄国存在着类似现在中国左派国民党这样的广大革命组织,那么可能当时在俄国就不会有苏维埃了。但是,这样的组织当时在俄国是不能存在的,因为在俄罗斯工农中间没有民族压迫的因素,俄罗斯人自己就在压迫其他民族,而类似左派国民党这样的组织,只有在受到外国帝国主义者的民族压迫的环境中才能产生,因为这种压迫会把国内革命分子都集中到一个广大的组织里去。

只有瞎子才会否认左派国民党有革命斗争机关的作用，有反对中国封建残余和帝国主义的起义机关的作用。

但是，由此应得出什么结论呢？

由此应得出这个结论：中国左派国民党对现在中国资产阶级民主革命所起的作用，近乎苏维埃在一九○五年对俄国资产阶级民主革命所起的那种作用。

假如中国没有像左派国民党这样一个很受欢迎的革命民主的组织，那就是另外一回事了。但是，既然有了这样一个特殊的革命组织，适合于中国条件的特点，并以证明自己适合于中国资产阶级民主革命的进一步发展，那么在资产阶级民主革命刚刚开始，还没有胜利，而且不会很快胜利的现在，就把这个费了多年时间才成立起来的组织加以破坏，未免太愚蠢太无知了。

某些同志根据这一点做出结论说，将来在过渡到无产阶级革命的时候，也可以利用国民党作为无产阶级专政的国家组织形式，而且他们把这一点看做从资产阶级民主革命和平地过渡到无产阶级革命的可能性。

一般说来，革命和平发展的可能性当然不是没有的。在我们俄国，在一九一七年初，也曾谈到革命有经过苏维埃而和平发展的可能性。

但是，第一、国民党不是苏维埃，说国民党适合于资产阶级民主革命发展的事业，并不是说国民党就能适合于无产阶级革命发展的事业，其实，工人代表苏维埃才是无产阶级专政最适合的形式；

第二、即使在一九一七年俄国苏维埃的条件下，和平地过渡到无产阶级革命事实上也是不可能的；

第三、中国的无产阶级中心是那样地稀少，而中国革命的敌人是那样地强大和众多，以致革命的每一推进和帝国主义者的每一进攻，都必然会使国民党发生新的分化，使共产党因国民党的威信降低而更为加强起来。

我想，中国革命的和平发展道路应该认为是不可能的。

我想，在中国，在从资产阶级民主革命到无产阶级革命的过渡时期是不得不成立工农代表苏维埃的。因为在现今的条件下，没有工农代表苏维埃，这种过渡是不可能的。

必须首先在全中国展开土地运动，必须巩固武汉并支持它和封建官僚制度作斗争，必须帮助武汉战胜反革命，必须在各地广泛地发展农民协会、工会和其他革命组织作为将来成立苏维埃的基础，必须使中国共产党巩固自己在农民和军队中的势力，——只有在这以后，才可以成立当做为新政权而斗争的机关、当做两重政权的要素、当做准备从资产阶级民主革命过渡到无产阶级革命的要素的工农代表苏维埃。

在中国成立工人苏维埃，不是一句空话，不是一篇空洞的"革命的"演说。不能像托洛茨基那样轻率地看这个问题。

首先，成立工农苏维埃就是说要退出国民党，因为不能既成立苏维埃，推进两重政权，号召工农建立新政权，同时又留在国民党及其政府里面。

其次，成立工人代表苏维埃就是说要以国民党外的联盟，要以类似一九一七年十月布尔什维克和左派社会革命党人的联盟的那种联盟，代替现在国民党党内的联盟。

为什么呢？

因为如果在那里，在资产阶级民主革命的条件下，问题是建立无产阶级和农民的革命专政，而在国民党党内结成联盟的政策是完全适合于这一点的，那么在这里，在成立苏维埃的条件下和在过渡到无产阶级革命的条件下，问题将是建立无产阶级专政，建立苏维埃政权，而要准备并建立这种政权，则只有在一个政党即共产党的领导下才有可能。

其次，工人代表苏维埃是使共产党人负有义务的。现在中国工人每月得八个卢布到十五个卢布，生活条件极恶劣，工作时间非常长。这种情形必须立即结束，而且可以结束，只要增加工资、实行八小时工作制、改善工人阶级的居住条件等等。但是，在工人代表苏维埃的条件下，工人是不会满足于这一点的。他们会向共产党人说（而且他们是对的）：既然我们有苏维埃，而苏维埃又是政权机关，就不能压一压资产阶级，"稍微"剥夺资产阶级一下吗？如果共产党人在工农代表苏维埃存在的条件下不走上剥夺资产阶级的道路，那么他们就会成为空谈家了。

试问，现在，在革命现阶段上，是否可以而且需要走这条道路呢？

不，不需要。

将来，在工农代表苏维埃的条件下，是否可以而且需要拒绝剥夺资产阶级呢？不，不可以。如果以为在这种情形下可以保持共产党人在国民党党内的联盟，那就是流于妄想，不了解从资产阶级革命到无产阶级革命的过渡时期中阶级力量斗争的诀窍。

在中国建立工农代表苏维埃的问题就是如此。

由此可见，这个问题并不像某些托洛茨基和季诺维也夫之流的极轻率的人向我们描述的那样简单。

从原则上来看，一般地是不是容许马克思主义者和革命资产阶级一起参加一个共同的革命民主政党或一个共同的革命民主政府并在那里与之合作呢？

某些反对派以为这是不可容许的。然而马克思主义的历史表明，在一定条件下和一定时期内，这种参加是完全容许的。

我可以举出马克思一八四八年在德国反对专制制度的革命时期的例子。当时马克思和他的同志加入了莱茵省的资产阶级民主联盟，当时这个革命的民主政党的机关报《新莱茵报》就是由马克思主编的。

马克思和他的同志处在这个资产阶级民主联盟内，把革命资产阶级向前推进，同时用一切办法批判自己的右派同盟者的不彻底性，正像中国共产党处在国民党内应当用一切办法批判自己的同盟者左派国民党人的动摇和不彻底一样。

大家知道，直到一八四九年春天，马克思和他的同志才脱离了这个资产阶级民主联盟，并着手成立一个具有完全独立的阶级政策的独立的工人阶级组织。

由此可见，马克思甚至比作为无产阶级独立的阶级政党加入国民党的中国共产党走得更远。

马克思和他的同志在一八四八年加入这个资产阶级民主联盟是否适当，是可争论可不争论的。例如罗莎·卢森堡认为马克思不应当加入这个资产阶级民主联盟。这是策略问题。但是，在原则上，马克思和恩格斯认为在资产阶级民主革命时期，在一定条件下和一定时期内，加入资产阶级革命政党是可能的而且是适当的，——这是无可怀疑的。至于说到马克思主义者在一定条件下和一定环境中参加革命民主政府并在那里与革命资产阶级合作，那么，关于这一点，我们已有恩格斯和列宁这样的马克思主义者的指示。大家知道，恩格斯在他的小册子《在工作中的巴枯宁主义者》中是赞成参加这种政府的。大家知道，列宁在一九〇五年也是主张容许参加资产阶级民主革命政府的。

——《中国革命和共产国际的任务（一九二七年五月二十四日在共产国

际执行委员会第八次全会第十次会议上的演说)》，摘自《斯大林全集》第9卷，人民出版社1954年第1版，第269—278页。

**18. 两条路线**

在我们面前有两条完全不同的关于中国问题的路线：共产国际的路线与托洛茨基和季诺维也夫的路线。

共产国际的路线。封建残余和依靠这种残余并为各国帝国主义者所竭力支持的官僚军阀上层建筑是中国现状中的基本事实。

中国目前正经历着既反对封建残余又反对帝国主义的土地革命。

土地革命是中国资产阶级民主革命的基础和内容。

武汉国民党和武汉政府是资产阶级民主革命运动的中心。

南京和南京政府是国内反革命的中心。

支持武汉的政策同时就是展开资产阶级民主革命并取得由此而产生的一切结果的政策。由此便有了共产党人之参加武汉国民党和武汉革命政府，这一参加并不排斥共产党人用一切办法批评国民党党内自己的同盟者的不彻底和动摇，而是以此为前提。

应当利用共产党人的这种参加使无产阶级便于在中国资产阶级民主革命中起领导者的作用，并促使过渡到无产阶级革命的时期更快地到来。

到了资产阶级民主革命接近完全胜利的时候，到了在资产阶级革命进程中显露出过渡到无产阶级革命的道路的时候，到了那个时候，就必须成立当做两重政权的要素、当做为新政权而斗争的机关、当做新政权即苏维埃政权的机关的工农兵代表苏维埃。

到了那个时候，共产党人在国民党党内的联盟应当代之以在国民党外的联盟，而共产党则应成为中国新的革命的唯一领导者。

现在，当资产阶级民主革命还处在发展的最初阶段的时候，当国民党是最适合于并且最能适应中国特点的民族民主革命组织形式的时候，像托洛茨基和季诺维也夫所做的那样，提议立即成立工农代表苏维埃和立即建立两重政权，——这就是瓦解革命运动，削弱武汉，促使武汉垮台，帮助张作霖和蒋介石。

托洛茨基和季诺维也夫的路线。中国的封建残余乃是布哈林的捏造。在中国，封建残余不是完全没有，就是微乎其微，没有什么重大的意义。

原来土地革命现在在中国是有的。但它从何而来。连鬼也不知道。

既然这种土地革命是有的，那当然只好设法支持它了。

现在主要的不是土地革命，而是争取中国关税自主的革命，即所谓反关税的革命。

武汉国民党和武汉政府不是"空架子"（托洛茨基）就是基马尔主义（季诺维也夫）。

一方面，必须建立两重政权以推翻武汉政府，其办法是立即成立苏维埃（托洛茨基）。另一方面，必须巩固武汉政府，必须给武汉政府以有力的和全面的帮助，其办法原来也是立即成立苏维埃（季诺维也夫）。

照例说来，共产党人应该立即退出这个"空架子"，退出武汉政府和武汉国民党。可是最好是让他们留在这个"空架子"里，就是既留在武汉政府里又留在武汉国民党里。既然武汉是"空架子"，为什么他们还要留在武汉呢，——这实在只有上帝才知道。谁要是不同意这一点，谁就是奸贼和叛徒。

所谓托洛茨基和季诺维也夫的路线就是如此。

几乎再想不出比这种所谓路线更荒谬更糊涂的东西了。

得到的印象是：我们不是和马克思主义者打交道，而是和一些脱离实际生活的办事员，或者说得好一些，和"革命的"旅行家打交道。这些旅行家游历了苏胡姆和基斯洛沃得斯克之类的地方，忽略了提出中国革命基本方针的共产国际执行委员会第七次扩大全会，后来从报纸上得知中国确实爆发了什么革命，既像土地革命，又像反关税革命，于是就决定写一堆提纲，四月写了一个提纲，五月初写了一个提纲，五月底又写了一个提纲，把这一堆提纲写好，就扔给共产国际执行委员会，他们以为这许多糊涂的和矛盾的提纲就是挽救中国革命的主要手段。

同志们，这就是中国革命问题上的两条路线。

你们必须在这两条路线中间加以选择。

同志们，我要结束我的讲话了。

我想在最后用几句话谈谈托洛茨基和季诺维也夫的派别言论在当前的政治意义和作用。他们抱怨说，没有给他们充分的自由来对联共（布）中央和共产国际执委会进行闻所未闻的谩骂和不能容许的斥责。他们抱怨共产国际和联共（布）的"制度"。实质上，他们要得到瓦解共产国际和联共（布）的自由。实质上，他们要把马斯洛夫一伙人的作风移植到共产国际和联共（布）里来。

同志们，我应当说，托洛茨基所选择的攻击党和共产国际的时机太不恰当了。我刚刚得到英国保守党政府决定和苏联绝交的消息。用不着证明，现在到处都会展开对共产党人的进攻。这种进攻已经开始了。有些是以战争和干涉来威胁联共（布）。另一些则是以分裂来威胁联共（布）。正在建立一种从张伯伦到托洛茨基的统一战线之类的东西。

可能是想用这个来吓唬我们。但是，几乎用不着证明，布尔什维克并不是胆小的孩子。在布尔什维主义历史上有过不少这样的"战线"。布尔什维主义历史表明，这些"战线"都被布尔什维克的革命的决心和无比的勇敢——粉碎了。

不用怀疑，我们也能够粉碎这种新的"战线"。

——《中国革命和共产国际的任务（一九二七年五月二十四日在共产国际执行委员会第八次全会第十次会议上的演说）》，摘自《斯大林全集》第9卷，人民出版社1954年第1版，第278—282页。

## 四　论边疆民族语言问题

**民族和民族语言的未来**

你们犯了一个严重的错误，在社会主义在一个国家内胜利的时期和社会主义在世界范围内胜利的时期之间划了一个等号，认定不仅在社会主义在世界范围内胜利的时候，而且在社会主义在一个国家内胜利的时候，民族差别和民族语言的消失、民族的融合以及统一的共同的语言的形成都是可能的和必要的。在这里，你们把完全不同的东西混淆起来了，即把"民族压迫的消灭"和"民族差别的消灭"混淆起来了，把"民族国家壁垒的消灭"和"民族的消亡"、"民族的融合"混淆起来了。

不能不指出，把这些各不相同的概念混淆起来，对于马克思主义者是完全不能容许的。在我们这里，在我们国家中，民族压迫早已消灭了，但是由此决不应该得出结论说：民族差别已经消失了，我国各民族已经消灭了。在我们这里，在我们国家中，民族国家壁垒如边防、税关早已取消了，但是由此决不应该得出结论说：各个民族已经融合起来了，各种民族语言已经消失了，这些民族语言已经被我们一切民族的某种共同语言代替了。

你们不满意我在东方民族共产主义大学里的演说（一九二五年），因为在那次演说中我否认了下面这个论点的正确性：在社会主义在一个国家内，例如在我们国家内胜利的时候，各种民族语言将要消亡，各个民族将要融合起来，而且将要出现一种共同语言来代替各种民族语言。

你们认为我这种说法和列宁的一个著名论点是矛盾的，这个论点是：社会主义的目的不只是要消灭人类分为许多小国家的现象和各民族间的任何隔离状态，不只是要使各民族互相亲近，而且要使各民族融为一体。

其次，你们认为我这种说法和列宁的另一个论点也是矛盾的，这个论点是：在社会主义在世界范围内胜利的时候，民族差别和民族语言将开始消亡；在这个胜利以后，各种民族语言将开始被一种共同语言所代替。

同志们，这是完全不对的。这是严重的错误。

我在前面已经说过，把"社会主义在一个国家内胜利"和"社会主义在全世界范围内胜利"这些各不相同的现象混为一谈，搅在一起，对于马克思主义者是不能容许的。不应该忘记：这些各不相同的现象反映着两个完全不同的时代，这两个时代不仅在时间上（这是很重要的），而且在本质上都是互不相同的。

民族猜疑、民族隔阂、民族仇视、民族冲突，当然不是被某种"天生的"民族恶感推动着和支持着的，而是被帝国主义征服异民族的野心以及这些民族对于民族奴役的威胁所感到的恐惧推动着和支持着的。毫无疑问，只要世界帝国主义存在，这种野心和这种恐惧也将存在，——因此，在绝大多数国家里，民族猜疑、民族隔阂、民族仇视、民族冲突也将存在。能不能断言一个国家内社会主义的胜利和帝国主义的消灭就是大多数国家内帝国主义和民族压迫的消灭呢？显然不能。由此应该得出结论说：社会主义在一个国家内的胜利虽然严重地削弱了世界帝国主义，但是仍然没有创造而且不能创造为世界各个民族和各种民族语言融合为一个共同的整体所必需的条件。

社会主义在全世界范围内胜利的时期和社会主义在一个国家内胜利的时期的区别，首先在于前者消灭一切国家里的帝国主义，消灭征服异民族的野心以及对于民族奴役的威胁所感到的恐惧，根本消除民族猜疑和民族仇视，把各个民族在统一的世界社会主义经济体系内联合起来，从而创造为一切民族逐渐融合为一个整体所必需的实际条件。

这就是这两个时期的根本区别。

由此应该得出结论说：把这两个不同的时期混为一谈，搅在一起，就是犯了不可饶恕的错误。请看我在东方劳动者共产主义大学里的演说吧。在这个演说中说：

> 人们（例如考茨基）谈论在社会主义时期随着一切语言的消亡而形成的统一的全人类的语言。我不大相信这个无所不包的统一语言的理论。无论如何，经验不是证实而是推翻了这种理论。直到现在，情形是这样的：社会主义革命并没有减少而是增加了语言的数目，因为它震动了人类的最下层，把他们推上政治舞台，唤起早先大家不知道或很少知道的许多新的民族追求新的生活。谁能想到过去的沙皇俄国是一个至少有五十个民族和民族集团的国家呢？可是十月革命打断了旧的锁链，把许多被遗忘了的民族和族推上舞台，给了他们新的生活和新的发展。

从这段引文中可以看出，我是反对考茨基这一类的人的，因为他（即考茨基）对于民族问题始终是门外汉，他不了解民族发展的诀窍，不理解民族稳定性的巨大力量，他认为远在社会主义胜利以前，还在资产阶级民主制度下，民族融合就已经是可能的，他奴颜婢膝地赞扬日耳曼人在捷克的同化"工作"，轻率地断定捷克人差不多已被日耳曼化了，捷克人作为一个民族是没有前途的。

其次，从这段引文中可以看出，我在演说中所指的并不是社会主义在世界范围内胜利的时期，而仅仅是社会主义在一个国家内胜利的时期。并且我当时认定（现在继续认定）：社会主义在一个国家内胜利的时期没有提供各个民族和各种民族语言的融合所必需的条件，相反地，这个时期为以前受沙皇帝国主义压迫而现在被苏维埃革命从民族压迫下解放出来的各民族的复兴和繁荣造成有利的环境。

最后，从这段引文中可以看出，你们忽视了两个不同的历史时期之间的巨大差别，因而不了解斯大林演说的含义，结果就陷入了你们自己的错误的迷宫。

现在来看一看列宁关于社会主义在世界范围内胜利以后各个民族消亡和融合的几个论点。

请看从一九一六年出版的列宁的《社会主义革命和民族自决权》一文中引用的列宁的一个论点，这个论点不知为什么在你们的信中没有全部引证出来：

"社会主义的目的不只是要消灭人类分为许多小国家的现象和各民族间的任何隔离状态，不只是要使各民族互相亲近，而且要使各民族融为一体……正如人类只有经过被压迫阶级专政的过渡时期才能达到阶级的消灭一样，人类只有经过一切被压迫民族完全解放即他们有分离自由的过渡时期，才能达到各民族必然的融合。"（见《列宁全集》第四版第二十二卷第一三五页至第一三六页）

请看列宁的另一个论点，这也是你们没有全部引证出来的。

"只要各民族间和各国间的民族差别和国家差别还存在（这些差别甚至在无产阶级专政在全世界范围内实现以后也还要保持很久很久），那末各国共产主义工人运动的国际策略的统一所要求的不是消除多样性，不是消灭民族差别（这在目前是可笑的幻想），而是在运用共产主义基本原则

（苏维埃政权和无产阶级专政）时，把这些原则在细节上加以正确的变更，使这些原则正确地适应并且适用于民族的和民族国家的差别。"（见《列宁全集》第四版第三十一卷第七十二页）

应当指出，这段引文是从列宁的《共产主义运动中的"左派"幼稚病》一书中摘引来的，这本书是在一九二〇年即社会主义革命在一个国家内胜利以后，社会主义在我国胜利以后出版的。

从这些引文中可以看出，列宁不是把民族差别消亡和民族融合的过程归入社会主义在一个国家内胜利的时期，而是仅仅归入无产阶级专政在全世界范围内实现以后的时期，就是说，归入社会主义在一切国家内胜利的时期即世界社会主义经济基础已经奠定的时期。

其次，从这些引文中可以看出，列宁认为把民族差别消亡的过程归入社会主义在一个国家内，在我们国家内胜利时期的企图是"可笑的幻想"。

此外，从这些引文中可以看出，斯大林在东方劳动者共产主义大学所发表的演说中否定社会主义在一个国家内，在我们国家内胜利的时期民族差别和民族语言消亡的可能性是绝对正确的，而你们坚持一种和斯大林的论点完全相反的意见是绝对错误的。

最后，从这些引文中可以看出，你们把社会主义胜利的两个不同的时期混淆起来是不了解列宁，歪曲列宁在民族问题方面的路线，因此不由自主地走上了背离列宁主义的道路。

如果认为在世界帝国主义刚刚失败以后，可以用所谓从上面下命令的方式一下子实现民族差别的消灭和民族语言的消亡，那是不正确的。这种看法是最错误不过的了。企图用从上面下命令的办法，用强迫的办法来实现各民族的融合，——这就是帮助帝国主义者，断送民族解放事业，葬送组织各民族互相合作和兄弟般团结的事业。这样的政策无异于同化政策。

你们当然知道，同化政策是马克思列宁主义的武库中绝对不容许有的，因为它是反人民、反革命的政策，是有害的政策。

此外，大家知道，民族和民族语言的特点是具有非常的稳定性以及对同化政策的巨大抗拒力。土耳其的同化主义者（所有同化主义者中最残酷的一种）蹂躏和摧残巴尔干各民族达几百年，但是他们不仅没有能够消灭这些民族，反而不得不投降了。沙皇俄国的俄罗斯化主义者和普鲁士德国的日耳曼化主义者，其残酷几乎不亚于土耳其同化主义者，他们摧残和蹂蹂波兰民族有一百多年，正如波斯和土耳其的同化主义者摧残、蹂躏和戕害阿尔明尼亚民族和格鲁吉亚民族达几百年一样，但是他们不仅没有能够消灭这些民族，反而也不得不投降了。

必须考虑到所有这些情况，以便从世界帝国主义刚刚失败以后民族发展的观点来正确地预见事变可能的进程。

如果认为全世界无产阶级专政时期的第一个阶段将是民族和民族语言消亡的开始，将是统一的共同语言形成的开始，那是错误的。相反地，在第一个阶段民族压迫将被彻底消灭，这个阶段将是以前被压迫的民族和民族语言发展和繁荣的阶段，将是确立各民族平等权利的阶段，将是消灭民族互相猜疑的阶段，将是建立和巩固各民族间国际联系的阶段。

只有在全世界无产阶级专政时期的第二个阶段，随着统一的世界社会主义经济的逐渐形成而代替世界资本主义经济，类似共同语言的东西才会开始形成，因为只有在这个阶段，各民族才会感觉到除了自己的民族语言以外，还必须有民族间的一种共同语言，——这是为了交际的便利，为了经济、文化和政治方面合作的便利。总之，在这个阶段民族语言和民族间共同的语言将平行地存在。可能是这样：最先形成的将不是一个一切民族共同的、具有一种共同语言的世界经济中心，而是几个各自包括一批民族的、具有这一批民族的共同语言的区域经济中心，只有在这以后，这些中心才会联合为一个共同的、具有一切民族的一种共同语言的世界社会主义经济中心。

在全世界无产阶级专政时期的后一个阶段，当世界社会主义经济体系已经充分巩固，社会主义已经深入到各族人民的日常生活中，各民族已经在实践中深信共同语言优越于民族语言的时候，民族差别和民族语言才开始消亡而让位于一切人们共同的世界语言。

在我看来，各民族的未来的大致的图画，各民族在将来融合的道路上发展的图画就是如此。

——《民族问题和列宁主义（答梅什柯夫、柯瓦里楚克及其他同志）》，摘自《斯大林全集》第11卷，人民出版社1955年第1版，第293—300页。

# 摘编后记

历经近三个寒暑，《马克思、恩格斯、列宁、斯大林论国家统一与领土主权》终于脱稿了。

本书由于逢春、冯建勇、吕文利三人合作完成。其中，于逢春负责"上卷"：《马克思恩格斯论国家统一与领土主权》，冯建勇负责"中卷"：《列宁论国家统一与领土主权》，吕文利负责"下卷"：《斯大林论国家统一与领土主权》的摘编工作。

摘编期间，三人曾就体例、摘选范围与每一个小标题的拟定等反复讨论，并彼此交换稿件纠错，最后由于逢春统稿。

摘编者

2014年3月于北京